BAU- UND KUNSTDENKMÄLER VON WESTFALEN

BAU- UND KUNSTDENKMÄLER VON WESTFALEN

HERAUSGEGEBEN VOM
LANDSCHAFTSVERBAND WESTFALEN-LIPPE,
LWL-AMT FÜR DENKMALPFLEGE IN WESTFALEN

EHEMALS WESTFÄLISCHES AMT FÜR DENKMALPFLEGE

50. BAND/TEIL I

2007

KLARTEXT VERLAG

STADT MINDEN

BEARBEITET VON
FRED KASPAR UND ULF-DIETRICH KORN

EINFÜHRUNGEN UND DARSTELLUNG DER PRÄGENDEN STRUKTUREN

TEILBAND 3:
REGISTER

BEARBEITET VON
PETER BARTHOLD UND FRED KASPAR

UNTER MITARBEIT VON

ULF-DIETRICH KORN
UND
MARION NIEMEYER-TEWES

Gedruckt mit Unterstützung des Ministeriums für Bauen und Verkehr des Landes Nordrhein-Westfalen und der Stadt Minden

Gesamtredaktion und Gestaltung: Friederike Lichtwark

Bibliografische Information der Deutschen Nationalbibliothek:
Die Deutsche Nationalbibliothek verzeichnet diese Publikation in der
Deutschen Nationalbibliografie; detaillierte bibliografische Daten
sind im Internet über http://dnb.d-nb.de abrufbar.

© 2007 Landschaftsverband Westfalen-Lippe, LWL-Amt für Denkmalpflege in Westfalen

Digitale Druckvorstufe: rk-design & technik, Ralf Klie und Megalith, Friederike Lichtwark, Drensteinfurt
Satz aus Adobe Caslon
Papier: Ikono silk
Druck und Verarbeitung: Druckhaus Cramer, Greven

Alle Rechte vorbehalten.
ISBN 978-3-88474-631-8

INHALT

VI Register	1
VI.1 Monografien zu Künstlern und Bauschaffenden	1

Verzeichnis der Architekten, Bauunternehmer, Handwerker und Spekulanten sowie der Künstler für wandfeste und frei bewegliche Ausstattungen und Denkmale und ihrer nachweisbaren Werke (16.–20. Jahrhundert)

VI.1.1 Einleitung	1
Titel der im Baugewerbe tätigen Personen und die Ausbildungsvoraussetzungen	2
Aufbau der städtischen Bauverwaltung	5
Staatliche Bauverwaltungen in Minden	6
Militärbauverwaltung	14
VI.1.2 Alphabetisches Verzeichnis der Künstler und Bauschaffenden und ihrer Werke	16
VI.2 Verzeichnis besonderer Bezeichnungen, ehemaliger und heutiger Straßennamen, Ortsbenennungen und Einrichtungen	519
VI.3 Verzeichnis der benutzten Quellen	535
VI.4 Literaturverzeichnis	539
Abkürzungen	595
Abbildungsnachweis	598

Karten als Beilage:
Stadtplan des untersuchten Gebietes
Grundkarte der Altstadt

VI REGISTER

VI.1 Monografien zu Künstlern und Bauschaffenden – Verzeichnis der Architekten, Bauunternehmer, Handwerker und Spekulanten sowie der Künstler für wandfeste und frei bewegliche Ausstattungen und Denkmale und ihrer nachweisbaren Werke (16.–20. Jahrhundert)

VI.1.1 Einleitung

Das Verzeichnis umfaßt alle diejenigen Arbeiten, die innerhalb des Untersuchungsgebiets erfaßt werden konnten. Soweit dies erkennbar war, wurden die Arbeiten jeweils nach planenden und ausführenden Personen unterschieden. Sowohl die in Minden als auch die in den umliegenden Dörfern aber auch in weiter entfernten Orten bestehenden Betriebe wurden unter ihren offiziellen Namen erfaßt. Soweit es gelang, sind den einzelnen Verzeichnissen ein Lebenslauf des Handwerkers oder Künstlers, die Firmengeschichte oder weitere Informationen vorangestellt.

Die für die einzelnen Personen und Betriebe nachgewiesenen Arbeiten werden chronologisch und innerhalb der einzelnen Jahre dann alphabetisch nach Adressen aufgelistet, wobei jeweils auch der Auftraggeber genannt wurde (mit Ausnahme kleinerer Umbauten). Soweit bekannt, sind auch über das Untersuchungsgebiet hinaus weitere Aktivitäten der Handwerker und Firmen erfaßt. Die außerhalb von Minden ansässigen Betriebe und Personen sind in ihren für Minden relevanten Beiträgen so vollständig wie möglich erfaßt, während ihre andernorts erstellten Bauten nur in Beispielen aufgeführt oder aber – dann vermerkt – ausdrücklich ausgeschlossen sind.

Es kann trotz der zum Teil umfangreichen Listen nicht davon ausgegangen werden, daß auch nur andeutungsweise vollständige Werkverzeichnisse einzelner Handwerker der Stadt entstanden sind. So sind in der Regel die Tiefbauarbeiten, die seit der Mitte des 19. Jahrhunderts im Zuge der Entwässerung, später auch der Kanalisation oder von Straßenausbauten einen oft erheblichen Umfang in den Auftragsbüchern der Firmen einnahmen, nicht erfaßt. Auch gab es im Bereich der vielen Kleinbauten und Reparaturen sicherlich eine große Palette von nicht erfaßten, auch nicht beantragten Maßnahmen.

Nach dem Ersten Weltkrieg führte die mit dem Einsatz erster Automobile größer werdende Mobilität der Menschen zudem zu einen zunehmend größeren Aktionsrahmen. Nun übernahmen zum einen einheimische Firmen und Architekten vermehrt Aufträge in Nachbargemeinden (die hier aber nur in wenigen Ausnahmen dokumentiert werden konnten), zum anderen drängten dort ansässige Firmen auf den Mindener Markt (wie an der immer größer werdenden Zahl von handelnden Personen deutlich wird). Dennoch dürfte das Verzeichnis – zumindest was die in Minden selbst ansässigen Firmen und Handwerker betrifft – einen guten Überblick über die Schwerpunkte ihrer Arbeiten geben.

TITEL DER IM BAUGEWERBE TÄTIGEN PERSONEN UND DIE AUSBILDUNGSVORAUSSETZUNGEN

Traditionell wurde die Befähigung zum selbständigen Errichten von Gebäuden bzw. der Überwachung des Bauwesens durch das Handwerk selbst organisiert. Hierfür bestand bis in das 19. Jahrhundert das zünftisch gebundene Lehrsystem aus Lehrling, Geselle und Meister, das insbesondere auf der Vermittlung überkommener Erfahrungswerte aufbaute.

Bis 1770 gab es selbst für die Mitglieder der in der staatlichen Bauverwaltung tätigen Beamten keine geregelte Ausbildung, auch fehlte eine einheitliche Überwachung des öffentlichen Bauwesens. Die handelnden Personen entstammten daher sehr unterschiedlichen Berufsbildern und waren etwa Offiziere, Ingenieure, Landmesser oder Handwerksmeister. Als halbamtliche Personen standen ihnen vereidigte Handwerksmeister als »Amtszimmer- und Amtsmaurermeister« zur Seite, die Baumaßnahmen im Einzelnen zu prüfen, aber auch eine Kontrolle der übrigen Meister durchzuführen hatten. (Auch innerhalb der Stadt Minden selbst bestand ein entsprechendes System der Bauverwaltung. Auch hier handelten vereidigte Handwerker, die in der Neuzeit unter der Kontrolle der vom Rat ernannten Stadtbauschreiber und Stadtbaumeister standen.)

Bei der Einrichtung der Kriegs- und Domänenkammer im Jahre 1723 wurde das Amt des Landbaumeisters geschaffen, dem ein Landbauschreiber beigeordnet ist. Ab 1770 wurde im Zuge einer Verwaltungsreform dem Landbaumeister ein Baudirektor bei der Regierung vorgeordnet und zudem die untergeordneten Baukonduktoren eingeführt. Ebenfalls ab 1770 mußte für die Einsetzung als Landbaumeister eine Prüfung vor dem in diesem Jahr zur Vereinheitlichung des Bauwesens gegründeten Oberbaudepartement in Berlin und für die Einstellung als Baukonduktor ein Feldmesserexamen abgelegt werden.

Als staatliche Ausbildungsstätte des Bauwesens wurde 1799 die Bauakademie in Berlin eingerichtet. Seit 1830 richtete man nach und nach in den Provinzen Baugewerkschulen ein, wobei die erste schon im Winter 1830/1831 in dem Minden nahen hannoverschen Holzminden auf Initiative des dortigen Baukonduktors Friedrich Ludwig Haarmann entstand. Die bald zahlreicher werdenden Baugewerkschulen wurden in der Regel als staatliche Fachschulen eingerichtet, an denen Bauhandwerker (Maurer, Zimmerer, Dachdecker, Schlosser etc.) in jeweils viersemestrigen Lehrgängen so qualifiziert werden sollten, daß sie im Staatsdienst als mittlere technische Beamte oder in der Privatwirtschaft auf Stellen mit größerer Verantwortung eingesetzt werden konnten. Neben den in den Schulen absolvierten Blockveranstaltungen arbeiteten die Schüler auf dem Bau und erwarben dort ihre praktischen Fähigkeiten. Gründungsdaten der weiteren Baugewerkschulen in Nordwestdeutschland (siehe auch GRÜNER 1967):

1831	Nienburg an der Weser (zunächst Privatschule des Baurates Quest-Faslem, 1853 verstaatlicht)
1864	Höxter (zunächst Privatschule, ab 1876 verstaatlicht)
1874	Bad Münder am Deister (1875 nach Buxtehude verlegt und 1889 verstaatlicht)
1875	Hildesheim
1877	Oldenburg
1891	Lemgo
	Stadthagen
1897	Detmold
1898	Münster

1905/1911 Lage/Lippe (privates »politechnisches Institut und Technikum« von Berger; 1908 auch mit einem Zweigbetrieb in Bielefeld)
1910 Lage/Lippe, Lange Straße 124 (privates Technikum)

Seit dem frühen 19. Jahrhundert kam es auch zur Gründung von Gewerbeschulen bzw. sogenannter Handwerker-Fortbildungsschulen. Die Notwendigkeit für diese Schulen ergab sich nicht zuletzt daraus, daß seit 1821 die alten Handwerkervereinigungen nicht mehr für die Meisterprüfung zuständig waren. Die neuen Schulen wurden in der Regel als Sonntags-, Winter- oder Abendschulen geführt und entstanden zunächst unter der Leitung von Provinzverwaltungen, bald aber auch durch Städte: 1818 wurde die erste Schule dieser Art in Aachen gegründet, die aus einer privaten Bauhandwerkerschule hervorging. 1822 entstanden weitere Schulen in Münster und Potsdam und 1824 in Hagen. Von 1829 bis 1833 bestand eine freiwillige Abendschule auch in Detmold (sie wurde 1843 zur Berufsschule, seit 1873 zur städtischen Berufsschule), 1831 in Bielefeld, 1833 in Köln, 1841 in Halberstadt, 1856 in Warendorf und 1869 in Lemgo. Besonders die 1824 eröffnete Provinzialgewerbeschule in Hagen entwickelte sich zu einer bedeutenden Anstalt (GRÜNER 1967).

Für die Zeit um 1825 ist eine solche Anstalt auch schon in Minden (bis um 1851) als »Bau- und Handwerkerschule« nachzuweisen. Sie stand unter der Leitung des Mindener Architekten Julius Burgheim und war in seinem Privathaus an der Tränkestraße 3 untergebracht. 1857 betrieb dann der Zimmermeister August Assmann in dem schon seit 1852 von ihm angemieteten Haus Brüderstraße 26 eine »Privatschule für Bauhandwerker« (Adressbuch 1857).

Der 1848 gegründete Baugewerke-Verein Minden hatte das Ziel, eine Bau-Handwerkerschule zu gründen, wobei man als deren Dirigenten den Bau-Inspektor Goeker vorsah (KAM, Mi, E 377). Die Schule scheint allerdings zunächst nicht realisiert worden zu sein. Erst 1856 konnte die »städtische Gewerbliche Fortbildungsschule« durch Bürgermeister Poelmann eröffnet werden. In der Schule, deren Unterricht in der Mädchen-Mittelschule stattfand, wurden 1914 insgesamt 557 Schüler unterrichtet (NORDSIEK 1991, S. 59).

1809 wurden von der französischen Besatzungmacht im Königreich Westfalen alle Handwerksorganisationen aufgelöst und 1810/1811 dann die allgemeine Gewerbefreiheit eingeführt. Damit entfiel auch die in Selbstverwaltung der Handwerker betriebene Ausbildung und Qualitätssicherung. Den Zünften war damit ihr Monopol auf die Ausbildung der Handwerker und die Erteilung von Arbeitsplätzen genommen. Auch nach dem erneuten Aufbau der staatlichen Strukturen in Preußen ab 1814 wurde die Wiedereinrichtung der Zünfte nicht mehr betrieben, sondern nach der neuen Gewerbeordnung galten Handwerkervereinigungen nur noch als freie Vereine, aus denen vielfach Innungen hervorgingen. Der preußische Staat griff vielmehr zunehmend in die Ausbildung und Befähigungsprüfung der im privaten Baugewerbe Arbeitenden ein: Am 9.9.1811 wurden die Kriterien festgelegt, auf Grund derer sich ein Meister nach Vorlage von Zeugnissen als selbständiger Handwerker – auch auf dem Lande – niederlassen konnte. Weitere Prüfungskriterien wurden in weiteren Erlassen vom 12.11.1812, 28.6.1821 und 15.11.1833 festgelegt, die bis zur Einführung der allgemeinen Gewerbefreiheit 1869 in Kraft blieben; seit 1821 wurde die Meisterprüfung staatlich kontrolliert (zwischen 1832 und 1868 wurden wegen der in dieser Zeit vorgeschriebenen Führung des Meistertitels jeweils im Regierungsblatt Minden die neuen Meisterkonzessionen im Regierungsbezirk Minden genannt und ausgewertet).

Mit Datum vom 9.2.1849 wurde die Gewerbefreiheit für Preußen wieder in Teilen eingeschränkt. Zugleich erließ man neue Vorschriften über die Ausbildung der im Baufach arbeitenden Personen. Folgende Stufen der Ausbildung bzw. folgende Abschlußtitel wurden festgelegt:

Malerinnung, Abschluß des Lehrlingsjahres am 24.3.1938

1.) Bauführer, 2.) Baumeister mit Fachrichtung Landbau oder Wege- und Wasserbau, 3.) Privatbaumeister. Der Titel Bauführer konnte nach Bestehen der ersten Prüfung für den höheren staatlichen Dienst geführt werden. Die Vorschriften wurden mit Datum vom 18.3.1855 noch einmal verbessert, und hierbei festgelegt, daß Voraussetzung für die Ablegung einer Prüfung zum Privatbaumeister neben der Ausbildung im Baufach mit Abschluß eines Bauführers ein dreijähriges Studium sowie auch eine Ausbildung im praktischen Bauhandwerk mit einer Meisterprüfung sei. Der Begriff eines (Privat-)Baumeisters scheint synonym mit der allmählich aufkommenden Bezeichnung Architekt verwendet worden zu sein. Mit letzterem Titel bezeichneten sich in Minden vor etwa 1880 nur Julius Burgheim und Wilhelm Moelle.

Der Titel Baugewerkmeister wurde als Ersatz der bislang obligatorischen Meisterprüfung auf Grund einer staatlichen Abschlußprüfung verliehen, die seit Einführung der unbedingten Gewerbefreiheit auf der Grundlage der Reichsgewerbeordnung vom 21.6.1869 an den bestehenden Baugewerbeschulen abgenommen wurde. Nach dem damit vollzogenen Fortfall des Zwangs zur Ablegung einer Meisterprüfung und einem danach bald festzustellenden allgemeinen Verfall der handwerklichen Qualitäten in den ausgeführten Arbeiten wurde 1882 in Preußen eine ministerielle Prüfungsordnung eingeführt. Mit der Gewerbenovelle von 1881 (Ergänzungen von 1886 und 1887) wurden den neu gegründeten Innungen öffentlich-rechtliche Befugnisse übertragen, unter anderem die Prüfung der Gewerbetreibenden. Auf Grund des Handwerkergesetzes vom 26.7.1897 kam es zur Bildung von Handwerkskammern und Zwangsinnungen, die die Qualifikation der Handwerker überwachten. Seit 1902 durften sich nur diejenigen »Meister« nennen, die eine Prüfung abgelegt hatten

oder aber vor dem 1.10.1877 geboren waren bzw. sich vor dem 1.10.1901 selbständig gemacht hatten und zu diesem Zeitpunkt schon das Recht besaßen, Lehrlinge auszubilden.

Der BDA (Bund Deutscher Architekten) wurde 1906 begründet. Als frühe Mitglieder in Minden und Umgebung lassen sich Heinrich Sielken in Bad Oeynhausen und August Kelpe (1906) sowie Wilhelm Kistenmacher (1909) nachweisen.

AUFBAU DER STÄDTISCHEN BAUVERWALTUNG

Zur Geschichte der städtischen Bauverwaltung und der ihr zu Grunde liegenden Baugesetzgebung siehe Teil I.1, S. 95–123 und zu ihren Aktenbeständen S. 76–83. Im Folgenden eine Zusammenstellung der entscheidenden Amtsfunktionen in hierarchischer Ordnung mit den in den Funktionen nachgewiesenen Inhabern. Wegen der Vielzahl der Funktionen und der im Laufe des 19. Jahrhunderts größer werdenden Zahl von Mitarbeitern beschränkt sich die Zusammenstellung auf die leitenden Ämter (zu den Personen im Einzelnen und ihren Arbeiten siehe unten S. 16 ff.).

STADTBAUMEISTER (EHRENAMTLICHER STADTBAUMEISTER)
1746 J. Carl Weichel
1800/1808 Joh. Andreas Däumer (zugleich Stadtmaurermeister)
1822 Kraushaar
1828/1850 Friedrich Wilhelm Wehking
1855/1863 August Assmann
1863 (?)–1872 Wilhelm Schneider

STADTBAUMEISTER (ALS STÄDTISCHER BEDIENSTETER)
Das Amt wurde nur als Nebentätigkeit wahrgenommen, wobei der Stadtbaumeister die ihm vorgelegten Bauanträge örtlichen Baumeistern zur Prüfung vorlegte (so etwa 1883 dem Baumeister Luhmann).
1872–1877 Gaswerkdirektor Wilhelm Eitner
1878–1883 Gaswerkdirektor Hermann Schneider
1883–1892 Gaswerkdirektor Otto Rumpf

STADTBAURAT (HAUPTAMTLICHER STÄDTISCHER BEDIENSTETER)
1892–1910 August Kersten
Oktober 1910 – März 1923 Adolf Burr
Mai 1924 – September 1924 Reg.-Baurat a. D. Carl Zeuner
Oktober 1924–1933 unbesetzt (durch Carl Bergbrede, Leiter des Hochbauamtes wahrgenommen)
Mai 1934 – September 1943 Theodor Hennemann
Oktober 1943 – März 1946 Dr. Ing. Fritz Schuster/Regierung Minden (kommissarisch)
April 1946–1947 Dr. Ing. Friedrich Slawinski
1947–1949 Karl Bergbrede
1949 – Dezember 1963 Dr. Hans Salbach
Januar 1964 – Dezember 1977 Heinz-Hugo Ast
Januar 1978–1997 Dipl.-Ing. Klaus Kosiek

LEITENDER BAUDIREKTOR
1997–2001 Wolfgang Griesert

STADTZIMMERMEISTER
Vereidigte Handwerkermeister, die als Sachverständige im Auftrage der städtischen Verwaltung gutachterlich tätig wurden.
1658 Jürgen Drewesfreundt
1664 Otto Tiemann
1700 Friedrich Zelle
1712 Heinrich Bickmeyer
1733 Brand
1740 Neumann
1771 Johann Ernst Kloth
1784 Johann Nicolaus Möller
vor 1800 Friedrich Wehking
1800/1805 Johann Henrich Wehking Junior

STADTMAURERMEISTER
Vereidigte Handwerkermeister, die als Sachverständige im Auftrage der städtischen Verwaltung gutachterlich tätig wurden. 1779 verlangte die Regierung zu Minden, daß bei der anstehenden Neubesetzung der Stelle des Stadtmaurermeisters zukünftig nur noch solche Maurermeister zu berücksichtigen seien, die sich einer Prüfung des zuständigen Landbaumeisters unterzogen hätten (JAHR 1929, S. 38).
1658/1664 Henrich Waltemate
1784 Meyning ?
1800/1808 Joh. Andreas Däumer (zugleich Stadtbaumeister)
1810/1816 Heinrich Krah

STADT-BAUSCHREIBER
1782 Tischler Joh. Gabriel Sassenberg
1795 Joh. G. Wehking

STAATLICHE BAUVERWALTUNGEN IN MINDEN

Wegen der Vielzahl der Funktionen und der im Laufe des 19. Jahrhunderts größer werdenden Zahl von Behörden, der ihnen nachgeordneten Abteilungen und der jeweils dort arbeitenden Mitarbeiter beschränkt sich die Zusammenstellung auf die leitenden Ämter (zu den Personen im Einzelnen und ihren Arbeiten siehe das folgende Verzeichnis unter VI.1.6). Ferner wird einleitend die Entwicklung der Verwaltungsstrukturen dokumentiert. Das Verzeichnis der Amtsinhaber ist hierarchisch aufgebaut und entsprechend den einschneidenden Veränderungen der staatlichen Organisationen 1808, 1814 und 1947 nach diesen Epochen gegliedert.

REGIERUNG MINDEN 1723–1808

1723 werden im Zuge der Verwaltungsreform bei der Einrichtung der Kriegs- und Domänenkammern auch erstmals Landbaumeister (oder Bauräte) bei diesen Regierungsbehörden eingesetzt (ab 1770 wurden ihnen noch Baudirektoren vorgeordnet). Bei der Regierung in Minden scheinen schon seit spätestens 1748 zwei Bauräte beschäftigt worden zu sein. Ihnen wurden zunächst Landbauschreiber bzw. Bauinspektoren als Bezirksbaumeister beigeordnet, die ab 1770 als Baukondukteure bezeichnet wurden. 1770 wurde der Bereich Tecklenburg-Lingen von der Regierung Minden abgetrennt und in Lingen eine eigene Kammer-Deputation eingerichtet. Diese Einrichtung wurde 1793 wieder zugunsten von Minden aufgelöst.

1805 war der erste Landbaumeister (Funck) mit dem Wasser- und Chausseebau sowie den Städten Minden, Bielefeld und Herford betraut, der zweite Landbaumeister (Kloth) mit dem Domänen-, Land- und Städtebau sowie den Garnisonsbaugeschäften in Minden, Bielefeld und Herford.

Die Baubeamten führten neben ihren dienstlichen Tätigkeiten eine Vielzahl von Arbeiten auf eigene Rechnungen durch. So erhält etwa der Baumeister Kloth – nach dem offenbar üblichen Satz – für die Revision einer Baurechnung der St. Marien-Kirche, die er im Jahre 1809 im Auftrage der Kirchengemeinde durchführte, pro 100 Rthl einen Lohn von 1/2 Rthl (Kirchenarchiv St. Marien P 14).

Bis zur Einrichtung einer Oberbaudeputation in Berlin im Jahre 1770 handelten allerdings auch die Baudirektoren bei den einzelnen preußischen Kriegs- und Domänenkammern zum Teil auf eigene Rechnung. Erst danach wurden sie zu einer das Bauwesen vereinheitlichenden Oberaufsicht. Seitdem mußten sowohl die Landbaumeister als auch die Baukondukteure vor ihrer Ernennung eine Prüfung vor dieser Behörde ablegen.

LANDBAUMEISTER (BAURAT):
1723–1733 Fabricius (?)
1733–1758 F. Bielitz
1747–1750 Röckener
1749/1764 H. Dames
1764/1774 Le Petit
1766–1769 Johann Gotthelf Angermann
1771–1793 Johann Christoph Schloenbach (zugleich Strombaumeister)
1792–1809 Christian Kloth
1797–1805 Franz Funck (zugleich Strombaumeister)
ab 1805 Kondukteur Johann Ludwig Friemel

BAUDIREKTOR (AB 1770)
ab 1770 Le Petit
1802 Schwaan
1802/1806 Friedrich Andreas Lehmann

WASSERBAUDIREKTOR/STROMBAUDIREKTOR (AB 1770)
1771–1793 Landbaumeister Johann Christoph Schloenbach
1797–1814 Landbaumeister (bis 1805) Franz Funck

BAUINSPEKTOR (AB 1770 »BAUKONDUKTEUR«)
1728 Otto Withus
1748 bis nach 1805 Johann Ludwig Friemel
1750–1765 Gottfried Conrad Wilhelm Struve (zugleich Salineninspektor in Neusalzwerk/Bad Oeynhausen)
1751/1752 P. Rudolphi
ab 1792 bis nach 1805 August Friedrich Menckhoff
ab 1795 Abel Anton Schwartz
ab 1806 Johann Chr. Nauk

LANDBAUSCHREIBER
1737 Sandrock
1737 R. Köhnemann
1752 Schmidt
1755–1782 Menckhoff

STAATLICHE VERWALTUNG ZWISCHEN 1808 UND 1815 (UNTERPRÄFEKTUR MINDEN)

Mit Datum vom 31.3.1808 stellte die Kriegs- und Domänenkammer Minden ihren Dienst ein und wurde innerhalb des neu geschaffenen Weserdepartements mit Sitz in Osnabrück durch die französische Distriktverwaltung unter dem Vorsitz eines Unterpräfekten in Minden ersetzt.

PREUSSISCHE REGIERUNG MINDEN 1815–1947

Nach der erneuten preußischen Übernahme der Verwaltungen im Herbst 1813 wurden 1815 die preußischen Provinzen neu geordnet und die Regierung in Minden der neu gegründeten Provinz Westfalen mit Sitz in Münster unterstellt. Hierbei wurden in der Folge auch die die Unterprefäkturen ersetzenden Distriktverwaltungen wieder in Kriegs- und Domänenkammern umgewandelt.

Mit der Wiedereinrichtung der preußischen Behörden in Minden wurde bei der Regierung ab 1816 als technischer Rat ein Baurat bei der Kriegs- und Domänenkammer eingeführt, dessen Aufgaben man schon 1820 in die beiden Bereiche eines Land- und eines Wasserbaurates aufteilte. Hintergrund war die am 30.4.1815 erlassene Verordnung zur verbesserten Einrichtung der Provinzialbehörden, wonach den Bezirkregierungen als Organ des preußischen Finanzministers auch die Verwaltung des Bauwesens sowohl mit Rücksicht auf Land- als auch auf Wasserbau zugewiesen wurde. Die Leitung der drei Abteilungen (Hochbau, Wegebau und Wasserbau) unterlag fortan zwei als Regierungs- und Baurat bezeichneten Landbauräten, von denen sich der zweite entsprechend seinem Tätigkeitsschwerpunkt als Regierungs- und Wasserbaurat bezeichnete. Für die einzelnen ihnen nachgeordneten Baukreise (Minden, Bielefeld, Höxter und Paderborn) unterstanden ihnen Bauinspektoren, die in aller Regel die konkreten Planungen erledigten. Für größere Bauaufgaben – etwa im Straßen- oder Wasserbau – konnten zudem besondere Baukondukteure abgeordnet werden, deren Beschäftigung später zur ständigen Einrichtung wurde. Nachdem zum 1.1.1877 die Verwal-

tung der Chaussen auf den neu gegründeten Provinzialverband in Münster übergegangen war, wurde zum 1.10.1877 eine Bauratsstelle eingezogen und fortan an seiner Stelle nur noch ein Hilfsarbeiter beschäftigt. Infolge der Zunahme an ingenieurbautechnischen Geschäften ist die zweite Bauratsstelle – obgleich 1896 auch die Geschäfte der Weserstrombauverwaltung von der Regierung abgetrennt und einer eigenen Behörde übertragen wurden – zum 1.4.1904 wieder eingerichtet worden.

Die eigentliche fachliche Arbeit vor Ort wurde ab 1817 durch die entsprechende Lokalinstanzen, die Bauinspektionen (auch Baukreise genannt) wahrgenommen. Zunächst waren die Bauinspektoren für Land-, Wege- und Wasserbau zugleich zuständig, doch kam es bald zu einer Abtrennung spezieller Tätigkeitsbereiche. Für den Wasserbau waren nun die sogenannten Kribbmeister und für den immer wichtiger werdenden Straßenbau auch selbständig agierende Wegebauinspektoren zuständig. 1852 wurde durch Kabinettordre eine Reform der Bauverwaltung angeordnet, die zum 1.1.1853 in Kraft trat und das Nebeneinander verschiedener Verwaltungsebenen vereinfachen sollte. Hierbei wurden feste Baukreise für die Bauinspektoren bzw. Kreisbaumeister abgegrenzt. Der Baukreis Minden wurde in Minden I und II unterteilt, wobei ersterer Teile des Kreises Minden und Herford umfaßte, letzterer die weiteren Teile dieser beiden Kreise und den Kreis Lübbecke. Hierbei wurde dem Baukreis Minden II auch die Gemeinden Stadt Herford und Stift Berg in Herford (bislang beim Baukreis Bielefeld) zugeordnet. Eine Entlastung trat ein, als 1856 die Kirchen wieder die Baubefugnis erhielten, die sie vor 1803 durchgängig hatten. Sie unterlagen damit fortan bei der Durchführung ihrer Bauprojekte (Kirchen, Schulen, Wohnbauten der Pfarrer und Bediensteten) nicht mehr der staatlichen Aufsicht und Planung.

Der Geschäftssitz des Baukreises Minden II wurde zum 1.2.1873 nach Herford verlegt. 1882 wurden beide Baukreise wieder vereint, da es nun zu einer Trennung einer Abteilung I Wasserbau und einer Abteilung II Land- und Wegebau kam (Leesch 1992, S. 35–36, 109–110). Der Geschäftssitz der Abteilung II (Hochbau) blieb noch bis 1895 in Herford.

Der Wegebau wurde zum 1.1.1877 durch die Provinzialregierung in Münster übernommen (die dort tätigen Wegebauinspektoren wurden 1882 in Landesbauinspektoren umbenannt), während der Wasserbau seit 1885 in mehreren Schritten in eine 1896 neu eingerichtete, eigene staatliche Verwaltung überführt wurde. Hierbei erhielt Minden ein 1896 eingerichtetes Strombauamt (Wasserbauamt Minden I) und 1899 auch ein Meliorationsamt bzw. »Wasserwirtschaftsamt«, so daß die bei der Regierung verbliebene Zuständigkeit im Bauwesen auf Anordnung des Ministeriums für öffentliche Arbeiten vom 20.11.1910 im Jahre 1911 von »Kreisbauinspektion« in »preußisches Hochbauamt« umbenannt wurde.

Die Personalakten der staatlichen Baubeamten werden bei der Dienststelle aufbewahrt, bei der sie ihre letzte Dienstzeit vor der Pensionierung verbrachten. Hier sind jeweils auch die Akten der vorhergehenden Beschäftigung – teilweise einschließlich der Prüfungsakten zur 1. und 2. Staatsprüfung abgegeben worden. Entsprechend dieser Regelung konnte nur ein Teil der Personalakten in den Beständen der bearbeiteten Archive erfaßt werden. Weitere umfangreiche Bestände zum Personal der preußischen Bauverwaltung sind nun auch zu erschließen über: Inventar zur Geschichte der preußischen Bauverwaltung 1723–1848 (Veröffentlichungen aus den Archiven Preußischer Kulturbesitz, Arbeitsberichte 7), Geheimes Staatsarchiv PK zu Berlin 2005.

Der Titel »geh. Baurat« wurde im späteren 19. Jahrhundert regelmäßig etwa 10 Jahre nach Ernennung zum Reg.- und Baurat verliehen.

I. REGIERUNGSBAURAT (LANDBAURAT)
1816–1847 Johann Friedrich Ganzer
1847–1865 Alexander Wesener
1865–1866 Johann Nietz
1866 Fessel
1866–1874 Wilhelm Theodor Keller
1876–1897 Albrecht Bernhard Eitner
1900 Alfred Bohnstedt
1900–1909 Alexander Horn
1910–1924 Valentin Kersten
1911–1921 Carl Zeuner

II. REGIERUNGSBAURAT (WASSERBAURAT)
1816 –1845 Joh. Chr. Friedrich Nauk
1845–1851 Reichmann
1852–1854 Conrad Niermann
1854–1861 Karl-Ludwig Kawerau
1861–1871 Friedrich Monjé
1871–1878 Eduard Heldberg
Ab 1878 blieb das Amt unbesetzt (Wahrnehmung der Aufgaben durch Bauinspektoren). Die Aufgaben wurden ab 1885 von einem eigenen Wasserbaurat übernommen, der ab 1896 dem Wasserbauamt Minden I zugeordnet wurde.

BAUKONDUKTEUR BEI DER REGIERUNG IN MINDEN
1815/1818 F. Stamm (?)
bis um 1825 Klodt (?)
1819/1829 Trippler
1824/1835 Ferdinand Dieckmann
1827 Brass
1818/1834 Fabra
1843/1845 Wendt
1845/1848 Carl Conradi

BAUINSPEKTOR DES BAUKREISES MINDEN (1815–1852)
1816–1825 Kraushaar (auch Stadtbaumeister in Minden)
1817 Johann Friedrich Reimann
1823–1836 Gustav Schelle
1839–1845 Assmus
1845–1856 Goecker

(KREIS-)BAUINSPEKTOR FÜR LANDBAU IN MINDEN (1853–1911)
1853–1863 Jung
1863–1866 von Lesser
1866–1878 Johannes Pietsch
1882 Hendricks
1885 Karl Boltz
1888 Saran
1892 Frz. von Pelser-Berensberg
1895 Mertins (wohnte nicht in Minden)
1896–1911 Stephan Engelmeier

(KREIS-)BAUINSPEKTOR FÜR WASSERBAU IN MINDEN (1853–1896)
1885 Baurat Kullmann (wohnte in Rinteln)
1896 Baurat B. Fechner

KREISSTROMBAUMEISTER IN MINDEN
Auch *Kribbmeister* genannt. Die Funktion wurde 1896 aufgehoben und dem neu gegründeten Wasserbauamt Minden I übertragen.
1855 R. Westphal, Reg.-Baumeister und Kreisbaumeister
1862 Wehrmeister (errichtet sich das Haus Viktoriastraße 2)
1885/1889 Christian Ahlhorn (errichtet sich das Haus Brückenkopf 8)

REGIERUNGSBAUMEISTER
1860 F. Hartung
1889 Wilhelm Theodor Keller
1903/1904 Hummell
1914 Karl Holtvogt
1917–1919 Albert Marx

KREISBAUMEISTER FÜR DEN BAUKREIS MINDEN (BIS 1873)
Sie wurden bis 1852 als Wegebaumeister bezeichnet.
1823–1836 Gustav Schelle
vor 1846–1853 Julius Berghauer
1853–1874 Wilhelm Stahl
ab 1855 R. Westphal
1873–1878 Louis Harhausen
1870/1878 Stoedtner

LEITER/VORSTEHER DES PREUSSISCHEN (STAATLICHEN) HOCHBAUAMTES IN MINDEN (AB 1911)
1911–1927 Heinrich Quast
1927–1946 Hans Gelderblom

WASSERBAUÄMTER MINDEN I UND MINDEN II

Für alle Wasserbaumaßnahmen wurde nach 1815 die der Mindener Regierung nachgeordnete Wasserbauinspektion Minden zuständig, in der die Arbeiten durch einen Bauinspektor geleitet wurden. Sie war seit 1820 dem II. Regierungs- und Wasserbaurat unterstellt. Erst 1879 wurde die Verwaltung der Strombauarbeiten von denen des Landbaumeisters getrennt und die neu geschaffene Dienststelle seit 1882 als »königliche Wasserbauinspektion« bezeichnet. Ihr wurde die ehemals kurhessische Wasserbauinspektion Rinteln ab 1884 zuerst zugeordnet, dann 1892 eingegliedert und als eigene Dienststelle aufgelöst.

Für den größten Teil des Flußufers, das zum preußischen Staat gehörte, wurde zum 1.4.1896 als einheitliche Verwaltung die preußische Weserstrombauverwaltung beim Oberpräsidenten der Provinz Hannover eingerichtet, die auf Vorbereitungen seit 1876 zurückging. Hierbei wurden nun statt der Zuständigkeit der örtlichen Regierungen der Strombauverwaltung nachgeordnete Strombaubezirke eingerichtet. Als regionale Ortsbehörde richtete man für alle konkreten Maßnahmen, Planungen und Geschäfte sowie die Überwachung der Brücken, Fähren und Häfen neben weiteren die Wasserbauinspektion Minden ein, die die Aufgaben der bisherigen Wasserbauinspektion bei der Regierung Minden übernahm. Erst mit diesen Umstrukturierungsmaßnahmen wurde die Realisierung größerer zusammenhängender Projekte möglich. Nach der 1918 erfolgten Auflösung der zwischenzeitlich neben diesen Behörden bestehenden Kanalbaudirektion Hannover wurden die Aufsichtsfunktionen beider Organisationen in der am 1.4.1918 begründeten Wasserstraßendirektion Hannover vereint (Nachfolgebehörde ist seit 1951 die Wasser- und Schiffahrtsdirektion Mitte).

1910 erhielten die regionalen Wasserbauinspektionen die Bezeichnung Wasserbauämter und wurden nun von einem Amtsvorstand geleitet. Hierbei wurde zwischen 1912 und 1914 das Wasserbauamt Minden I für die Weser zuständig, während das neu eingerichtete Wasserbauamt Minden II aus dem bisherigen Kanalbauamt hervorgegangen war. Nachdem das zunächst kleine Wasserbauamt Minden I lange keinen eigenen Dienstsitz aufwies, (die Bauinspektoren im 19. Jahrhundert hatten sogar in ihren Wohnungen gearbeitetet), konnte 1923/1924 als Dienstgebäude der repräsentative Neubau Lindenstraße 39 fertiggestellt werden. Zuvor arbeitete man als Untermieter beim Wasserbauamt II, das in dem 1914 fertiggestellten Dienstgebäude Am Hohen Ufer 1 untergebracht war, dann bis 1921 in der ehemaligen, für den Bau der Unterschleuse erworbenen Fabrik Friedrich-Wilhelm-Straße 32 und von 1921 bis 1924 bei der Stadtverwaltung am Großen Domhof. 1935 wurde im Zuge der Mittelweserkanalisierung für einen begrenzten Zeitraum das »Neubauamt Minden« eingerichtet, zuständig für die Errichtung der Staustufen Petershagen und Schlüsselburg.

WASSERBAUAMT I (BIS 1914 WASSERBAUINSPEKTION, 1939 WASSERSTRASSENAMT MINDEN I BEZEICHNET)

1901–1910 Georg Biedermann
ab 1910–1919 Adolf Thomas (1921 a. D.)
1919 Baumeister Celinsky
1921–1939 Baurat Friedrich Kleinschmidt

WASSERBAUAMT II (BIS 1914 KANALBAUAMT, 1939 WASSERSTRASSENAMT MINDEN II BEZEICHNET)

1910 Baurat Loebell
1919/1921 Wasserbaurat August Dinkgreve
1924/1928 Wasserbaurat Wilhelm Groth
1929/1939 Regierungsbaurat Alexander Strasburger

WASSERWIRTSCHAFTSAMT MINDEN (AB 1899)

1899 wurde in der Provinz Westfalen neben den beiden schon bestehenden Meliorationsbauämtern in Münster I (seit 1859) und II (seit 1893) ein drittes Amt eingerichtet, als dessen Sitz Minden bestimmt wurde. Eine weitere Neuordnung der Bezirke ergab sich 1912 mit der Einrichtung eines vierten Amtes in Lippstadt (zugleich wurde das Amt Münster II nach Hagen verlegt). Bis 1920 war die Bezeichnung des Amtes »Meliorationsbauamt«, bis 1932 »Kulturbauamt«, bis 1939 »Der Kulturbaubcamte«, bis 1973 »Wasserwirtschaftsamt«, seitdem »Amt für Wasser- und Abfallwirtschaft«. Seit 1926 besteht eine Außenstelle in Warburg, seit 1929 in Senne II, seit 1938 in Höxter und Bielefeld, seit 1952 in Lübbecke. Seit 1912 wurde die Aufsicht über die Ämter durch technische Räte bei den Regierungen wahrgenommen (bis 1935 Ibrügger, bis 1947 Momber, dann Heß).
Als Sachbearbeiter für den Kreis Minden war über lange Zeit Hopf tätig.

1953 hatte die Behörde 66 Mitarbeiter (siehe MÜLLN 1953).

LEITER DES WASSERWIRTSCHAFTSAMTES

1899 –1912 Regierungsbaumeister Paul Klinkert
1912–1924 Baurat Heinrich Ibrügger
1924–1928 Karl Helbig
1928–1935 Breustedt (wohnte nicht in Minden)
1935–1939 Dr. Beermann (wohnte nicht in Minden)
1939 bis nach 1953 Dr. Ing. Fritz Schuster

MILITÄRBAUVERWALTUNG

Für Bau und den Unterhalt der Festungsbauwerke und anderer primär militärischen Belangen dienender Bauten war nicht die für das allgemeine staatliche Bauwesen zuständige Behörde bzw. die seit dem späteren 18. Jahrhundert ausgebildete staatliche Bauverwaltung, sondern eine eigene Festungsbaubehörde innerhalb des Kriegsministeriums zuständig. Sie wurde ab 1822 durch J. Georg Hampel geleitet, der eng mit Schinkel zusammenarbeitete. Vor Ort wurden die Bauarbeiten vom jeweiligen Ingenieur vom Platz geplant und in der Ausführung auch geleitet.

Die folgende Aufstellung ist hierarchisch aufgebaut. Informationen über die Struktur der Behörde und der dort tätigen Personen waren nur bruchstückhaft zu ermitteln.

FESTUNGSINGENIEURE (BRANDENBURGISCH-PREUSSISCHE ZEIT)

um 1660 Henrick Ruse
1668/1670 Philipp de Chieze
um 1670 von Eisefeld
1680 Louis N. Hallart
nach 1680 Otto W. Neumann
um 1690 Major Starcke
um 1690/1699 G.O.V. Schnitter
1699/1700 Jean Louis Cayart
1700 Jean de Bodt
1729 Gerhard Cornelius von Walrave
1737 Friedrich Arnold von Foris

LEITENDE INGENIEUR-OFFIZIERE (1813–1815) BZW. INGENIEURS-OFFIZIERE VOM PLATZ (1815–1873)

1813 Capitän von Rohwedel (?)
1814 Major Gottlieb Benjamin Keibel
1815 Major von Kleist II
1815/1816 Major Meinert, Direktor der Mindener Befestigung
1816–1818 Oberstlieutenant/Major Schulz II
1817–1818 Kapitän Wittich
1818–1832 Major Karl Ludwig von Gayette
1822–1837 Hauptmann bzw. (ab 1829) Major Franz Erdmann Konrad von Uthmann
1837–1840 [Name nicht ermittelt]
1840–1846 Major von Scheel I
1846–1851 Major Hardenack
1851–1855 Major Rudolf Viktor Gabriel Pagenstecher
1856–1858 Hauptmann Schulz I
1858–1859 Major Roulland
1858–1863 Hauptmann/Major Heinlé
1863 Hauptmann Maentell
1867 Major Behm
1869/1870 Major von Giese
1871 Major Rotte
1872 Major Scheibert

INGENIEURHAUPTMANN

1814–1818 Rohde
1816–1820 Westphal
1817–1834 Marcus Johann Friedrich Wegelin
1818/1819 Kriele
1820–1825 von Bütow
1821–1852 G. Creuzinger

Als weitere Ingenieurhauptmänner sind bekannt, allerdings ohne Kenntnis ihrer Amtszeiten:
Weber
von Köckritz
Kreutzer
Fischer
von Bamberg
von Untzer

ARTILLERIE-OFFIZIERE VOM PLATZ
1835 Hauptmann Hellbardt
1843/1844 Hauptmann Kühne
1847 Hauptmann Hesse
1850 Hauptmann Schenk
1853 Hauptmann/Oberst Caspary
1856 Hauptmann Protze (oder Protzmann?)
1858 Hauptmann von Seel
1860 Hauptmann von Jagemann
1864 Hauptmann Coester
1865 Major Grapow
1867 Major von Wellmann
1869 Major von Drabich-Waechter

GARNISONSZIMMERMEISTER
1700 Friedrich Lohmeyer

VI.1.6 Alphabetisches Verzeichnis der Künstler und Bauschaffenden und ihrer Werke

Abel, August
Maurermeister (geb. 6.6.1822, gest. 22.7.1864). War verheiratet mit Pauline Schütte (geb. 29.9.1836, gest. 8.2.1924), Tochter des Zimmermeisters Friedrich-Wilhelm Schütte und Schwester der beiden für das Mindener Baugeschehen wichtigen Brüder Ferdinand und Max Schütte (siehe dort). Er legte 1853 seine Meisterprüfung ab, schon 1839 für Arbeiten in St. Martini genannt, und wohnte 1857 Videbullenstraße 17. Die Witwen Pauline Abel und Catharina Abel wohnten 1880 in Videbullenstraße 25 (Adressbuch). Grab des Ehepaares (nach Entwurf 1924 von Karl Krause Junior) auf dem alten Friedhof erhalten.
1858 St. Martini, Dachreparaturen (III, S. 324)
1856–1857 Dom, Abbau des barocken Hochaltars (II, S. 602)
1860 Vinckestraße 3, Domkaplanei (zusammen mit anderen) (Plan: Bauinspektor Jung) (II, S. 1327)
1863 Pionierstraße 7, Wohnhaus und Wirtschaftsgebäude für Kaufmann Krüer

Abbt (auch Abtt), Cordt
Orgelbauer (siehe BRANDHORST 1991 a, S. 279ff.).
1607 Oldenburg, Planungen zur Restaurierung der Orgel in St. Lamberti
1616 Hildesheim, Orgel im Dom (II, S. 820)

Accordi und Bulinski
Bochum.
um 1985 Untersuchung des »Christus am Kreuz« (II, S. 881)
1988 Dom, Restaurierung des »Bischof Bruno von Minden« (II, S. 873)

Ackermann, Friedrich
Maurer, wohnte 1846 zur Miete in dem Haus Lindenstraße 2 rechts.

Adelkop, C.F.
Maler.
1792–1793 Großer Domhof 8, Kurienhof, Neubau des Wohnflügels (zusammen mit anderen) (Plan und Bauleitung: Landbaumeister Kloth) (II, S. 1256)

Adler, Friedrich
Geheimer Oberregierungs-Baurat in Berlin (geb. 15.10.1827, gest. 15.9.1908). Ab 1877 Dezernent für Kirchenbau im preußischen Staatsbauwesen.
1881 Dom, Besichtigung (zusammen mit Dehn-Rotfelser und Spieker) (II, S. 449)
1881 Dom, Sicherung des Chores, Übertragung von Planung und Leitung an Baurat Eitner und Bauinspektor Haupt (II, S. 375)
1881 Dom, Innenrestaurierung des Langhauses, Entwurf zur Neuausmalung (Ausführung: Goldkuhle) (II, S. 458)
1884 Dom, Visitation (II, S. 429)

Adolphi
Tischler, wohnte 1852 Marienkirchhof 3

Aengeneyndt
Architekt und Stadtbauinspektor in Hannover.
1899/1901 Bebauungsplan für Minden

Ahlborn, Johann Conrad
1747/1748 St. Marien, Arbeiten an den Glocken (III, S. 151)
1750/1751 St. Marien, Arbeiten an den Glocken (III, S. 151)

Ahlemann, Walter
Steinmetzbetrieb in Ibbenbüren
bis 1976 Dom, Wiederaufbau des Langhauses, Strebepfeilerbaldachine (II, S. 306)

Ahlert, <u>Rudolf</u> Christian Carl
Architekt. Sohn des Lokomotivführers Friedrich Wilhelm Ahlert (geb. 9.10.1844 in Hausberge, gest. 4.12.1898) und seiner Frau Auguste Gräber (geb. 18.9.1845, gest. 1.2.1927), die auf der Pöttcherstraße 15 und 17 wohnten. Rudolf Ahlert (geb. 29.3.1878, gest. 16.6.1962 in Hamburg) scheint bei seiner Ausbildung zum Techniker zahlreiche verschiedene Orte besucht zu haben und ist 1898 in Minden im Büro Sabirowsky tätig (er wohnte zu dieser Zeit auch im Wohnhaus von Sabirowsky an der Besselstraße 13). 1903 kam Ahlert aus Metz zurück und lebte kurze Zeit bei seiner Mutter, um 1904 ein halbes Jahr nach Hannover und England zu ziehen und wohnte dann Marienwall 15.

Ab 1905 ist seine eigene Bau- und Unternehmertätigkeit in Minden nachweisbar, wobei er zugleich auf vielen unterschiedlichen Gebieten im großen Stil tätig war. Er wohnte nun Poststraße 1, ab April 1912 Hahler Straße 39 und zog 1914 nach Bielefeld, womit seine Mindener Tätigkeit beendet war. Später lebte er in Berlin, wo er wiederum ein Architekturbüro betrieb (1940 versuchte er von dort aus, seine Grundstücke Immenstraße 17 und 19 in Minden zu bebauen). Nachdem er dort ausgebombt wurde, verzieht er zunächst nach Perleberg und läßt sich dann in Hamburg (Meerweinstraße 8) nieder.

Rudolf Ahlert betätigt sich neben der Architektenarbeit in vielfältiger anderer Weise, etwa als Grundstücksmakler. So erwirbt er 1905 ein größeres Gelände an der Viktoriastraße von dem Lademeister Carl Boegel, das er noch im gleichen Jahr parzelliert und als Baugelände zusammen mit Plänen für Neubauten an Beschäftigte der Eisenbahn verkauft, die die Bauten von unterschiedlichen Unternehmern errichten ließen. Er ist auch Gründer einer Baufirma, der Eigenheim GmbH mit Sitz in Hannover (die erst 1937 an das Bankhaus W. Basse/Hannover verkauft wird) und als Bauunternehmer tätig, der die ihm offenstehenden rechtlichen Möglichkeiten für sich auszunutzen versteht. So überschreitet er z.B. mit seinen Bauten an der Hermannstraße regelmäßig die Höhenbeschränkung durch nachträglichen Ausbau der Dachgeschosse. Auch bei seinen anderen Bauten kommt es bei der Abnahme immer wieder zu Beanstandungen in der Ausführung. Ferner bestehen im Einzelnen nicht weiter verfolgbare geschäftliche Beziehungen zu Bauherren (etwa dem Ingenieur Miede in Hannover, wo später auch der Sitz der Eigenheim-Gesellschaft angesiedelt ist). Ahlert betrieb darüber hinaus auch eine Ziegelei, die 1905/1906 einen Teil der Steine für den Bau des neuen Regierungsgebäudes lieferte. Ferner lieferte er auch die dort verwendeten Fliesen in Flur und Eingangshalle.

Sein Bruder August (geb. 26.5.1873) betätigte sich als Kaufmann in Minden und lebte 1900 zusammen mit seiner ersten Frau Margarete Kerl (geb. 20.5.1875 in Nicolai, Kr. Weißenfels) in der Villa Stiftstraße 22 und unterhielt von 1905 bis 1913 eine Baustoffhandlung am Fischerglacis 25, während sein Bruder C. Fritz (geb. 7.1.1870) als Kaufmann auf der Bäckerstraße Nr. 65 wohnte. Die Brüder betrieben auch gemeinsame Geschäfte: so wurden durch den Bauunternehmer R. Ahlert mehrere Bauten für den minderjährigen Sohn Rudolf seines Bruders August errichtet bzw. erworben (Hermannstraße 36, 38).

Die drei Brüder hatten noch weitere Geschwister, so den Bruder Emil Ahlert (geb. 9.9.1880, gest. 22.1.1916), der in Bielefeld lebte und dort mit Lina Fischer verheiratet war (aber in Minden bestattet wurde) und Alfred Ahlert in Berlin. Die Erben Ahlert besaßen große Flächen nördlich der Königstraße, auf denen nach 1930 die Häuser an der Herder-

straße, später auch an der Hahler Straße 44–48a entstanden.

1905	Feldstraße 23 für Lokomotivheizer Wilhelm Schäfer
1905	Fischerallee 1, Anbau
1905	Hahler Straße 54 für den Oberpostassistenten Mester
1905	Hahler Straße 56 für den Obertelegrafenassistenten Wilhelm Hollstein
1905	Viktoriastraße 60 für Lokführer Heinrich Kuhlwilm (Ausführung: Stremming/Barkhausen)
1905	Viktoriastraße 62 für Lokführer Heinrich Dreyer (Ausführung: Baufirma Pook)
1905	Viktoriastraße 64 für Lokführer Heinrich Brandt (Ausführung: Baufirma Pook)
1906	Hufschmiede 23, Umbau
1906	Planung von 4 Häusern neben dem Haus Feldstraße 21
1907	Gutenbergstraße 3/5, Doppelhaus für Kaufmann Bierstedt und Oberpostschaffner Koch
1907	Goebenstraße 20 für Eisenbahnsekretair Henrich Pook
1907	Kaiserstraße 12, Sanierung der Bauschäden mit Decken »System König«
1908	Steinstraße 34 als Unternehmerbau (Ausführung: Baugeschäft Kuhlmann/Barkhausen)
1908/1909	Steinstraße 32 als Unternehmerbau (Ausführung: Baugeschäft Kuhlmann/Barkhausen)
1908	Viktoriastraße 66 für Schlachter Wehrmann
1909	Hermannstraße 38 für den minderjährigen Sohn Rudolf seines Bruders August Ahlert, Vormund dessen Bruder (Baufirma Herwig aus Soest)
1909	Heidestraße 5 für Maurermeister und Bauunternehmer Albert Herweg
1909	Kampstraße 28, Gartenpavillon
1910	Fischerglacis 25, Lagerschuppen für seinen Bruder, Kaufmann C.F. Ahlert
1910	Lichtenbergstraße 18 für eigene Zwecke (bis 1936 in seinem Besitz)
1910	Steinstraße 30 als Unternehmerbau
1910	Steinstraße 32, Umbau des Obergeschosses
1911	Hahler Straße 39 für den Ingenieur Otto Miede in Hannover-Linden (Ausführung: W. Ritzemann)
1913	Steinstraße 24 als Geschäftsführer und Bauleiter der Eigenheim-Gesellschaft m.b.H. auftretend (Plan: B. Barca)
1913	Bleichstraße 6 als Unternehmer der Eigenheim-Gesellschaft m.b.H. (Plan: B. Barca)
1913	Cecilienstraße 4 für Eigenheim-Gesellschaft m.b.H. (Plan: B. Barca, Ausführung: Rommelmann)
1916	Marienstraße 134/136, Nordfriedhof, Grabstein für Emil Ahlert (vermutet)

Weitere Bauten an der Gutenbergstraße
Für die Dampfziegelei Schütte wurden verschiedene Bauten an der Mindener Straße in Petershagen-Heisterholz errichtet.

Ahls, Friedrich
Architekt in Bad Oeynhausen.
1959   Gartenstraße 6 für August Pardey

Ahnefeld, August
Baustoffhändler. War mit Alwine Scheidemann (geb. 18.11.1873, gest. 20.10.1910), Tochter des Zimmermanns Wilhelm Scheidemann verheiratet. 1895 lebte das Ehepaar im Haus der Eltern. 1902 errichteten sie das Wohnhaus und den Lager-Betrieb Stiftsallee 11.

Aktiengesellschaft für Monierbau
Essen.
1903/1905   Weserglacis 2, Regierungsgebäude, Betondecken

Albersmeier, Jörg
Dipl.-Ing. und Architekt in Minden, Zobelweg 8.
1987   Talerweg 6 (Wallfahrtsteich), Umbau
1994/1996 Ritterstraße 3, Sanierung
1995   Königstraße 23, Sanierung
1997   Königstraße 30, Sanierung
1998/2002 Am Exerzierplatz, ehemalige Gneisenau-Kaserne, Umnutzung (zusammen mit Ingenieurbüro Plenge und Friedhelm Schulte) (I.2, S. 864)

Aldegrever, Heinrich
Maler, Kupferstecher und Goldschmied, geb. 1502 Paderborn, gest. zwischen 1555 und 1561 in Soest.
Dom, Ölgemälde des Carolus-Magnus-Altars (vermutet, Gemälde verschollen) (II, S. 624)

Altenburg, Johann Friedrich
Glockengießer in Sachsenhagen bei Stadthagen.
1764   Petershagen, Pfarrkirche, Glocke (nicht erhalten)
1765   Petershagen-Ilse, Schule, Glocke
1768/1769 St. Marien, Arbeiten an der großen Glocke (III, S. 151)
1773/1774 St. Martini, Guß der neuen Glocken (III, S. 338)
1785   Lübbecke-Gehlenbeck, Pfarrkiche, Glocke (nicht erhalten)
1786   Stemwede-Levern, Pfarrkiche, Glocke
1794   Lübbecke-Nettelstedt, Kapelle, Glocke

Altendorf, Wilhelm
Der Tischler und Techniker Wilhelm Altendorf (geb. 1874, gest. 1948) erfand 1906 in Berlin die Format- und Besäumkreissäge und gründet zu ihrer Herstellung eine Maschinenfabrik. 1919 wurde der Betrieb von Berlin nach Minden, der Heimat von Altendorf verlegt, um hier an der Bismarckstraße 39/41 eine Möbelfabrik mit Exportgeschäft einzurichten. Die dafür 1919 errichteten Bauten alle von ihm entworfen und als Holzbauten ausgeführt. Er hatte als Antwort auf die Notsituation nach dem Ersten Weltkrieg eine Billigbauweise entwickelt, die er als Holz-Armier-Massivbau System Altendorf bezeichnete und die er auch als Deutsches Reichspatent anmeldete. Sie bestand aus einem verkleideten Fachwerkgerüst und wurde einige Male in Minden verwirklicht. Die Firma zur Herstellung von Holzbearbeitungsmaschinen spezialisierte sich 1956 auf die alleinige Herstellung von Format- und Besäumkreissägen. 1974 wurde die Produktion in ein neues Betriebsgebäude im Westen von Minden verlegt. 1988 Aufbau eines Zweigwerkes in Hüllhorst und 1990 Erweiterung der Produktionsanlagen (das Archiv der Firma heute im Westfälischen Wirtschaftsarchiv Dortmund).
1919   Bismarckstraße 41, eigenes Wohnhaus
1919/1920 Bismarckstraße 39, eigenes Fabrikgebäude
1921   Aminghauser Straße 58 für Lokführer Christian Lohmeier (Plan: Architekt Moelle)
1921   Im Hohlweg 9 für Kaufmann Max Brinkwart
1921   Königstraße 83 für Bauunternehmer Wilhelm Halstenberg
1922   Bismarckstraße 39, Anbau an die Fabrik
1923   Bismarckstraße 39, zweigeschossiger Lagerschuppen an der eigenen Fabrik

Altvater, Christian
Zimmermann.
um 1845 Wallfahrtsteich 17 als eigenes Wohnhaus

Altvater, Friedrich
Zimmermann, wohnte Bierpohlweg (Minder Heide 58).
1882 Neubau seines eigenen Hauses

Altvater, Heinrich
Maurermeister, wohnte 1906 Königstraße 228, 1914 Königstraße 223.
1906   Bierpohlweg 30 für Tischler Ernst Weitzenkorn (Plan: Wilms)

Altvater, Heinrich
Architekt, wohnte 1931 Königstraße 223.

Altvater, Heinrich
Architekt, betrieb 1968 Immanuelstraße 17 ein Büro für Baustatik

Ambrosius, Karl auch Carl
Baumeister, nannte sich aber auch Architekt und unterhielt ein Bauunternehmen. Darüber hinaus wirkte er als vereidigter Taxator. 1898 besaß er das ehemalige Bankhaus Lampe, Marienwall 5, das er als sein Wohnhaus umnutzte, in dem er 1898/1901 gemeldet war (in der Volkszählung 1900 nicht vermerkt), später aber an die Firma Schütte veräußerte. Ab 1903 nicht mehr in Minden gemeldet.
1896   Bäckerstraße 21/23, Werkstattanbau für Jochmus
1896   Lübbecker Straße 54 für Briefträger a.D. Friedrich Stockkamp
1896   Hahler Straße 20, Magazingebäude der Fabrik Fr. Schroeder
1896   Kaiserstraße 2, Wohnhaus und Werkstattgebäude für Tischlermeister Johannes Schmidt (Ausführung: König)
1896/1897 St. Petri, Turmbau (Plan: Baurat Saran, Königsberg) (III, S. 594)
1897   Bäckerstraße 4 für Schlachtermeister Klopp
1897   Bäckerstraße 6, Neubau des Vorderhauses für Verleger Leonardy
1897   Deichhof 9, Lagerhaus für Klempnermeister Jochmus
1897   Hohnstraße 27, Kaufhaus für Hermann Hagemeyer
1897   Königstraße 3 für Bäckermeister A. Schnelle
1897   Königstraße 80 für Dr. jur. G. Freudenstein
1897/1898 Bäckerstraße 47/49, Wirtschaftsgebäude des Hotels
1898   Blumenstraße 4 für Malermeister C. Ruenbrink (Ausführung: Maurermeister Homann)
1898   Fischerallee 1 für den Eisenbahnstationsassistenten Friedrich Kuntze
1898   Hohnstraße 27, Erweiterung des Kaufhauses für Hermann Hagemeyer
1898   Lindenstraße 1 a, Umbau
1898   Marienwall 5, Umbau für eigene Zwecke
1898   Obermarktstraße 34, Lagerhaus Seifenfabrik Kiel
1898   Bad Oeynhausen, Weststraße 19, Villa
1899   Hohnstraße 29, Umbau des Hauses für Kaufmann Meyer
1899   Stadtbahnhof der Mindener Kreisbahn, Statik des Empfangs- und Verwaltungsgebäudes
1922   Marienwall 5, Umbau

Anckarsvärd, Mikael Gustaf
Schwedischer Lithograf und Zeichner, geb. 25.3.1792, gest. 3.5.1878
1814   Stadtansicht von Minden (II, S. 7)

Andresohn oder **Andersohn**, Erasmus
Zeichner, Kupferstecher und Kalliograph in Leipzig.
1709/1731 Ansicht der Stadt Minden von Süden (III, S. 15, 707)

Angermann, Johann Gotthelf
1766 als Landbaumeister in Minden nachweisbar. Wurde 1769 nach Lingen als Leiter des dort neu eingerichteten Kammer-Deputations-Kollegiums der Kriegs- und Domänenkammer Minden versetzt. 1770 wurde in Lingen ein besonderes Baudepartement eingerichtet, das von dem Kriegs- und Domänenrat sowie Landbaumeister Angermann geleitet wurde. Diese Einrichtung

Baumeister Ambrosius, Briefkopf von 1898

wurde 1793 wieder der KDK Minden unterstellt, wobei Angermann allerdings weiter in Lingen blieb. Dort noch 1806 nachweisbar.

1767   Gutachten über die Anlage eines Salzwerkes bei Brochterbeck (zusammen mit Kriegsrat Rappard)
1767   Bad Oeynhausen, örtliche Bauleitung bei den Neubauten der Saline Neusalzwerk (Leitung: Struve)
1768   Bielefeld, Sparrenburg, Reparaturen am Gefängnis, Bericht

Apel
Maurerpolier.
1833   Dom, Umgestaltung des Inneren, Abbruch des Lettners (zusammen mit Maurermeister Bernhard und Steinhauer Gebhard) (II, S. 576)

Appele, A. F.
Maler.
1755   Dom, Verzeichnis zur Fassung des Dachreiters über der Vierung (II, S. 424)

Firma Arendt, Mildner und Evers GmbH
Hannover.
1924   St. Marien, Erneuerung der Heizungsanlage (III, S. 81)

Aretz, Ulrich und Inge **Aretz-Grannemann**
Dipl.-Ingenieure.
1974   Oberstraße 2, Sanierung für eigene Zwecke
1981   Oberstraße 4

Aries, Hellmuth
Architekturbüro am Schirrhof 9, 1966 Melittastraße 3, wohnte 1966 Solferinostraße 32.
1954   Hahler Straße 25, Garage
1967   Hahler Straße 31, Anbau
1970   Bäckerstraße 58, Neubau Rückgiebel und Umbau Erdgeschoß
1973   Grüner Weg 20, Durchbau
1973   Lübbecker Straße 37 für eigene Zwecke
1973   Lübbecker Straße 37a für eigene Zwecke
1975   Hahler Straße 25, Umbau
1978   Hahler Straße 24, Um- und Erweiterungsbau
1978   Königsglacis 7, Umbau
1983   Marienstraße 39 für Zahnarzt Helmut Rössing

Aries, Thomas
Ing. (grad.) in Minden, Seydlitzstraße 18.

Arndt, Karl
1919 als Architekt in der Baufirma A. Engelmann beschäftigt und auch dort (Stiftstraße 17) wohnend.

Arnold
Regierungsbaumeister.
1910   Oberschleuse des Kanals, Kostenermittlung und Vorplanung

Arnoldt
Regierungs- und Baurat bei der königlichen Eisenbahndirektion in Hannover.
1910/1916 Eisenbahn Minden-Löhne, viergleisiger Ausbau (zusammen mit Regierungs- und Baurat Minten)
1912/1913 Eisenbahnbrücke über die Weser bei Rehme (zusammen mit Regierungsbaumeister Schnell)

Arttrad
Uhrmacher.
1744/1745 St. Marien, Reparatur der Uhr (III, S. 158)

Asmus
Sattler.
1790   Großer Domhof 11, Kuriengebäude, Umbau (zusammen mit anderen) (II, S. 1301)

Assmann, August
Stadtzimmermeister und Baumeister, ferner Brunnenbaumeister und auch Maurermeister. Stammte aus Magdeburg (katholisch?) und ließ sich 1849 in Minden nieder, nachdem er die Meisterprüfung als Zimmermeister abgelegt hatte. Zunächst in dem Haus Bäckerstraße 37 nachweisbar, 1851 zur Miete in dem Haus Brüderstraße 26. 1854 erwarb er das Grundstück Kampstraße 18 und erbaute dort ein neues Haus, das er bis 1860 an die Stadt als Schulhaus vermietete (zu dieser Zeit wohnte er Kampstraße 30), dann aber selbst bezog und auf dem Gelände die von ihm schon vor 1857 bestehende Baufirma einrichtete. 1857 betrieb er in dem Haus Brüderstraße 26 eine Privatschule für Bauhandwerker (Adressbuch 1857). Zwischen 1857 und 1859 beschäftigte er in seiner Baufirma den Polier Carl Sinemus. 1857/1858 errichtete er mit seinem Betrieb die Knochenaschefabrik Hoeker, Friedrich-Wilhelm-Straße 155. Am 20. 8. 1859 Prüfung als Maurermeister (KAM, Mi, F 372). 1860 auch als Brunnenbaumeister bezeichnet. 1864 erstellt er ein Gutachten zum Zustand der Südfront von St. Martini. Er unterhält nun auch einen Bauholzhandel und scheint 1862 zum Stadtbaumeister berufen worden zu sein. 1863 betrieb er in den Hintergebäuden seines Wohnhauses an der Kampstraße 18 auch eine Fabrik zur Wiedergewinnung von Wolle aus alten Lumpen, deren Versicherung wegen der Brandgefahr die Provinzialversicherung nicht übernehmen wollte (KAM, Mi, F 630) und errrichtete in diesem Jahr vor dem Fischertor an der heutigen Werftstraße eine eigene Ziegelei, die er mit 21 000 Thl (zusätzlich 5 500 Thl an Mobilien) versicherte. 1872 wird die Versicherung für diese stillgelegte Zieglei gelöscht (KAM, Mi, F 630, F 1635). Assmann errichtete neben seiner öffentlichen Tätigkeit eine große Zahl von Bauten, die er z.T. in eigener Verwaltung als Zinsobjekte behielt.

Er war ein äußerst aktiver Mann, der neben seinem Engagement in verschiedenen Bereichen des Bauwesens 1859 auch wesentlich bei der Gründung der Freiwilligen Feuerwehr beteiligt war. Im gleichen Jahr ist er Ladenmeister der Zimmermeisterinnung (KAM, Mi, F 208). 1865 gehört er zu den Initiatoren einer ersten »Gemeinnützigen Baugesellschaft« für die Errichtung von Arbeiterwohnungen an der Stiftsallee 13. Assmann fiel allerdings auch immer wieder durch eigenmächtige Handlun-

gen und Unregelmäßigkeiten gegenüber der Obrigkeit auf. So zahlte er 1855 keine Gewerbesteuer und 1858 wurde festgestellt, daß er ohne Berechtigung als Maurermeister arbeitet (KAM, Mi, F 215). 1858 wird er aus der Prüfungskommission für Meister ausgeschlossen, da er es den Kandidaten schwer gemacht hätte, zu bestehen (KAM, Mi, F 372). Schon vor 1856 war August Assmann mit Mathilde Bernhardt, Tochter eines Mindener Maurermeisters verheiratet. Aus dieser Ehe dürfte der Maurermeister Robert Assmann hervorgegangen sein, der allerdings offensichtlich um 1870 Minden verließ.

1851 Minden-Dankersen, Haus Nr. 9, Wohnhaus für Sander
1851 Minden-Dankersen, Haus Nr. 59, Wohnhaus für Brinckmann
1851 Petershagen-Wietersheim, Haus Nr. 38, Wohnhaus für Engelking
1854/1855 Kampstraße 18 als Mietsschulhaus sowie Hintergebäude
1856 Hohnstraße 20, Umbau
1857 Friedrich-Wilhelm-Straße 155, Wohnhaus und Fabrik der Knochensiederei Hoecker
1858 Markt 1, Rathaus, neue Verkaufsbuden in der Laube
1859 Markt 1, Rathaus, Konzept für Fassadenneugestaltung und deren Reparatur
1860 St. Martini, Gutachten zum Fundament eines Südgiebels (III, S. 277)
1860 Martinikirchhof 1, Konzept für ein neues Schulhaus
1860/1861 Martinikirchhof 1, Mädchen-Schulhaus (Plan: W. Moelle)
1860 Vinckestraße 3, Domkaplanei (zusammen mit anderen) (Plan: Bauinspektor Jung) (II, S. 1327)
1861 Markt 1, Rathaus, Konzept für eine Erweiterung des Spritzenhauses zum städtischen Gefängnis
1861 Markt 1, Rathaus, Anbau von Aborten
1861 Opferstraße 11, Abbruch des Hauses (zahlt dafür 120 Thl)
1861 Bäckerstraße 60 (Pläne: Maurermeister Carl Sürth) für Schlachter Vogeler
1862 Vinckestraße 3, Untersuchung gegen Assmann wegen Betrugs bei der Ausschreibung (II, S. 1328)
1862 Ratszelt für das Freischießen, der Bau wird in der Folge jährlich verdungen (Verw. Bericht)
1864 Lindenstraße 12, Schlosserwerkstatt des städtischen Gaswerkes
1864 Fischertor, Spritzenhaus der Fischerstadt, Entwurf und Ausführung
1864 Mitarbeit an der Weserbrücke (sog. »Kettenbrücke«) in der Porta (unter Aufseher Gustav Usadel)
1865 Kampstraße 8, Synagoge und Wohnhaus (Plan: Hoelscher)
1865 Pionierstraße 15 für Goldarbeiter C. Kramer
1865 Stiftsallee 13, Projekt einer Arbeitersiedlung
1866 Umbauplanung für das städtische Haus Königstraße 29/Fröbelstraße
1866 Stiftsallee 13, zwei Projekte für eine Arbeitersiedlung
1867 Kampstraße 18, nördliche Erweiterung
1868 Bäckerstraße 18 für H. F. Büchner
1869/1870 Bahnstraße 6, zwei Beamtenwohnhäuser für die Eisenbahn
1874 Fischertor, Spritzenhaus, Reparatur

Assmann, Friedrich Wilhelm Julius
Silberwarenvertrieb. 1890 in Hamburg ansässig, gründete er 1894 in Lüdenscheid/Westfalen einen eigenen und bis heute bestehenden Betrieb, der bis 1936 auch eine Niederlassung in Berlin unterhielt. Die Firma ist auf die Lieferung von Kirchensilber spezialisiert. Als *Kgl. Hoflieferant* nachgewiesen.

um 1900 St. Simeon, Oblatendose (III, S. 786, 787)

um 1900 St. Martini, Altargerät, heute in St. Jacobus in Hävestädt (III, S. 442 f., 457)
1912 St. Petri, Taufschale, Taufkanne, Oblatendose (III, S. 610)

Assmann, Wilhelm
Zimmermeister.
1915 Friedrich-Wilhelm-Straße 96, Anbau eines Schuppens an die Dampfmühle

Assmus (auch Asmus)
1838 als Wegebaumeister in Halle/Sachsen, ab 1839 als Bauinspektor in Minden; 1845 Wasserbauinspektor in Wetzlar und mit der Schiffbarmachung der Lahn beauftragt; 1848 als zweiter Baurat bei der Regierung in Koblenz, 1851/1856 dort als Baurat nachweisbar.
1838 Dom, Paradies, Kostenanschlag für Reparaturen (II, S. 200)
1839 Brüderstraße 16, Gutachten zum Zustand des Beginenhauses
1839 Brüderstraße 16, Entwurf für eine neue Elementarschule (siehe dazu Fröbelstraße 5)
1839 Domkloster, Pläne zu einem Abort am Ostflügel, Konzept (II, S. 490, 504)
1839 Großer Domhof 3, Kurienhof, Kostenvoranschlag mit Zeichnungen zur Reparatur (II, S. 1204, 1206)
1840/1848 Petershagen-Buchholz, Pfarrhaus (Ausführung: Rippe/Quetzen)
1842 Domstraße 2–6, Zeichnung der Gebäudesituation (II, S. 1439, 1444, Abb. 930 f.)
1868 Großer Domhof 3, Kurienhof, Zeichnung des Ostflügels (II, S. 1204)

Ast, Heinz-Hugo
Dipl.-Ing., Baurat und Stadtbaumeister, 1918 in Wunstorf geboren, studierte er nach dem Abitur in Nienburg und nach dem Krieg in Hannover. Legte 1950 seine Diplom-Hauptprüfung in Karlsruhe ab. Seit 1951 beim Finanzbauamt Minden beschäftigt, wechselte er 1955 als technischer Angestellter in die Bauverwaltung der Stadt Bielefeld, 1958 zur Bauverwaltung Minden. 1961 wurde er als Stadtplaner Beamter auf Lebenszeit und als Nachfolger des Stadtbaurates Dr.-Ing. Salbach zum Leiter des Baudezernates. 1966 wurde er auf Dauer von zwölf Jahren zum Technischen Beigeordneten gewählt. 31.12.1977 ging Ast in Pension (MT vom 30.12.1977).
1963 Immanuelstraße 32 für Stadt Minden
1964/1965 Parkstraße, Gartenmeisterwohnhaus am Alten Friedhof für Stadt Minden
1970 Friedrich-Wilhelm-Straße 34, Ersatzbau des Schleusenmeisterhauses für Stadt Minden

Astmann
1887 Baubeamter im Kriegs-Ministerium Berlin, Bauabteilung.

Audehm, Horst
Architekt in Minden, 1978/1984 Heinrich Heine Weg 11

Babendreyer, Friedrich
Architekt und Zimmermeister. Hatte 1948/1949 eine Bürogemeinschaft mit Möller und wohnte 1947 in dem Haus Hahler Straße 20, 1952/1972 Schenkendorfstraße 1. Friedrich Babendreyer (geb. 3.12.1897 Johnken/Kr. Pr. Eylau, gest. 7.2.1980) war mit Eva Becker (geb. 6.6.1902 Königsberg, gest. 24.11.1975) verheiratet. Die beiden Kinder Felix (geb. 2.12.1927) und Brigitte (geb. 19.4.1939, gest. 9.8.1986) sind in Königsberg geboren, von wo die Familie 1945 nach Minden kam.
1945 Kuhlenstraße 20, Baracke für Rechtsanwalt Karl-Heinz Kemena
1947 Industrieweg 8, Kleinhaus für Knoll AG (Ausführung: Mülmstedt & Rodenberg)
1948 Hahler Straße 20, Wiederaufbau
1948 Markt 7, Wiederaufbau für Heinz Brandt
1948 Marienstraße 20, Wiederaufbau

1949	Besselstraße 26, Wiederaufbau
1949	Hahler Straße 76, Umbau
1949	Luisenstraße 26 für Malermeister Detert
1950	Blumenstraße 14, Wiederaufbau
1950	Königstraße 61, Wiederherstellung
1953	Stiftsallee 29, Fabrikationsumbau
1955	Steinstraße 6 für Doris Reinitz
1957	Simeonglacis 17 für Direktor Ernst Hartmann
1958	Fasanenstraße 28 für Michael Hommernick
1961	Werftstraße 4, Aufstockung des Werkstattgebäudes
1962	Königstraße 61, Erneuerung des Wintergartens
1963	Obermarktstraße 36, Umbau Laden
1967	Königstraße 71, Umbau für Dr. Heinz Babendreyer
1967	Schwichowall 10, Umbau

Babendreyer, Felix
Dipl. Ing., wohnte 1955/1961 wie Friedrich Babendreyer Schenkendorfstraße 1. Felix Babendreyer (geb. 2.12.1927) war mit Evelin Lange (geb. 10.2.1935) verheiratet. Von 1951–1953 war er in Darmstadt (Studium?) gemeldet.

Bach, Johann Christoph Friedrich
Komponist, zweitjüngster Sohn von Johann Sebastian Bach und dessen Schüler. 1750 Kammermusiker am Hof der Grafen von Schaumburg-Lippe in Bückeburg, ab 1758 Konzertmeister und Leiter der Hofkapelle.

| 1794 | Dom, Abnahmebericht zur Reparatur der Westorgel durch Christian Boden/Halberstadt (II, S. 822) |
| 1794 | St. Martini, Abnahme der Orgelreparatur durch Jobst Henrich Müller (III, S. 384) |

Bach-Wild
Kunstwerkstatt in Münster von Lotte Bach und Ziseleurmeisterin Ursula Bach-Wild (geb. 8.1. 1903 Schwerte, gest. 10.3.1987). Erste Werkstatt für künstlerische Metallarbeiten mit ihrem späteren Ehemann Erhard Wild. 1926 Gründung des noch heute bestehenden Betriebes durch Ursula Wild. Als erster Mitarbeiter war Georg Krurup (1897–1980) in den Kunstwerkstätten Bach-Wild tätig. Heutiger Inhaber Joh. Wistuba. U. Bach-Wild stellte nach eigenen Entwürfen vor allem liturgische Geräte, Kruzifixe, Altäre, Tabernakel und religiösen Wandschmuck her.

| 1933/1934 | Dom, Kreuzaltar (Plan: Wilhelm Rave/Münster) (II, S. 644), sechs Silberleuchter (II, S. 968) |
| 1934 | Dom, Tabernakel (II, S. 889) |

Bachfeld
Ingenieur-Offizier. 1854 als Premier-Lieutenant in Minden genannt.

| 1854 | »Traversierung von Fort A und B« (Bahnhofsbefestigung) (I.2, S. 604–606, Abb. 399 f., Kat.-Nr. 313 f.) |

Backel, Johann Christoff
1740 genannt bei Dacharbeiten an St. Martini und für Arbeiten an »Pilaren« des Dominikanerklosters St. Pauli.

Backhaus, B.
Bauunternehmen in Lengerich (Kreis Steinfurt). 1976/1978 Bäckerstraße 61/67, Teilarbeiten

Bade, August
Maurermeister. August Bade (geb. 15.10.1866) war mit Christina (geb. 27.3.1864) verheiratet, die 1895 drei gemeinsame Töchter besaßen. Als Bauunternehmer war er im Bereich der äußeren Marienstraße tätig, wo er eine Anzahl von Wohn- und Mietshäusern errichtet, wohnte nach seinem Zuzug aus Todtenhausen Haus-Nr. 39 zunächst in dem 1894 durch ihn errichteten Haus Marienstraße 178 (alt 138), dann seit 1901 in dem von ihm errichteten Haus Marienstraße 112 (alt 100). Seit 1896 betätigte er sich in zunehmendem Maße als Unterneh-

mer, der größere Grundstücke erwarb und mit bescheidenen Mietshäusern bebaute.

1894	Marienstraße 178 für eigene Zwecke (Plan: F. Rose)
1897	Marienstraße 145 für eigene Zwecke
1899 (?)	Marienstraße 147 für eigene Zwecke
1899	Marienstraße 149 (Plan: Drabert)
1900	Marienstraße 110 (Plan Meyer), zusammen mit Friedrich Rohlfing/Kutenhausen
1901	Marienstraße 112 (Plan: Sassenberg im Büro Drabert)
1901	Marienstraße 151 (Plan: Sassenberg im Büro Drabert)
1903	Marienstraße 120 (Plan: Sassenberg im Büro Drabert)
1903	Marienstraße 118 (nach Plan J. Drabert)

Bade, Heinrich
Maurer, wohnte 1907/1919 in dem ihm gehörenden Haus Königstraße 117.
1911   Königstraße 117, Umbau für eigene Zwecke

Bade, Horst Heinrich
Zimmermeister.
1821   Minden-Hahlen, Hahler Dorfstraße 17, Vorschauer und Wirtschaftsgiebel

Bade, Oskar
Bildhauer, wohnte 1914 Obermarktstraße 34, 1931 als Bildhauermeister Simeonstraße 27

Bahn, Walter
Tischlermeister, Hahler Straße 3–5
1950   Hohnstraße 1, eingeschossiger Neubau, Ladenausbau (mit Bergbrede und Stratmann) (MT vom 25.1.1951)

Bake, W.
1931/1935 in Adressbüchern für Minden nicht nachzuweisen.
1932   Marienstraße 107 für Prokurist Wilhelm Peek

Bakemeier, Rolf
1978/1984 in Minden nicht nachweisbar.
1983   Melittastraße 3, Anbau

Bald, Otto
Kulturbaumeister, wohnte 1931 Wittekindsallee 24.

Balke, Gerhard
Baumeister (geb. 27.2.1873, gest. 24.6.1958). Sohn des Pfarrers Samuel Georg Balke aus Porta Westfalica-Hausberge. Nach seiner Ausbildung von 1897–1904 als Bauführer im Bauamt Bethel der von Bodelschwinghschen Anstalten beschäftigt, dann bis Ende Februar 1907 Stadtbaumeister in Gütersloh. Seitdem als Dritter Baumeister (unter der Leitung von Karl Siebold) wieder im Provinazialkirchlichen Bauamt in Bethel beschäftigt und dort bis zu seiner Pensionierung mit der Planung zahlreicher Kirchenprojekte betraut (siehe ALTHÖFER 1998, S. 67).
1913   Ritterstraße 7 b, reformiertes Gemeindehaus

Balthasar, Johann Henrich
Maurer, 1712 nachzuweisen (KAM, Mi, B 733).

Baltzer, W.
Baumeister.
1865   Großer Domhof 3, nicht ausgeführte Pläne eines Verbindungsbaus zwischen Kurie und Kassengebäude (II, S. 1208)
1865   Kleiner Domhof 7, Austausch von Öfen (Aufsicht) (II, S. 1379)

Bandau, Joachim
Professor an der Kunstakademie in Aachen und Münster (geb. 18.6.1936 Köln). Bildhauer, Objektkünstler und Graphiker.
1988   Tonhallenstraße, Mahnmal für die Opfer der nationalsozialistischen Gewaltherrschaft 1933–1945 (I.2, S. 960 f., Abb. 624)

Bandner
1878 Garnison-Baumeister in Minden, 1880 Garnison-Bauinspektor.
1878 Alte Hausberger Torstraße 5, Hauptwache und Arresthaus (I.2, S. 736–741, Abb. 485–486, Pläne Nr. 1)
1880 St. Marien-Stift, Einrichtung des ehemaligen Festungsgefängnisses zu Kasernierungszwecken, Entwurf (III, S. 227, Abb. 183)

Bange, Ernst
Architekt in Essen-Rüttenscheid.
1915 Marienglacis 23, Neubauprojekt für Antonie Schlüter (nicht ausgeführt)

Bandke, H.
War Anfang 1878 vorübergehend als Baumeister bei der Regierung Minden beschäftigt. Garnison-Bauinspektor (I.2, S. 884).
1879 Lageplan der Befestigungen zwischen Stiftspassage und Marienstraße (I.2, Abb. 580)
1880/1882 »Latrine und Pissoir bei Kaserne No 1« (I.2, S. 363, Abb. 211 f., Kat.-Nr. 186)

Barca, Berthold
Architekt DFA (Deutsche Freie Architektenschaft), wohnte in verschiedenen Mietwohnungen der Häuser Hahler Straße 14, 41 und 55. Geboren am 10.1.1890 in Altona. Im November 1912 von Hamburg in Minden zugezogen und hier wohl vor allem für die Eigenheim-Gesellschaft mbH des Architekten R. Ahlert arbeitend. 1915 zum Militärdienst eingezogen, gefallen am 21.7.1917.
1913 Bleichstraße 6 für Eigenheim-Gesellschaft mbH (R. Ahlert)
1913 Cecilienstraße 4 für Eigenheim-Gesellschaft mbH (R. Ahlert)
1913 Steinstraße 24 für Eigenheim-Gesellschaft mbH (R. Ahlert)
1914 Bleichstraße 8 für Unternehmer A. Rommelmann

Barnefske & Thiele
Baugeschäft und Architektur- und bautechnisches Büro in Hartum. Wurde wohl von den Bauingenieuren Heinz Barnefske und Otto Thiele betrieben.
1953 Minden-Meißen, Grille 16 a für Dr. med. W. Wischmeyer
1956 Marienstraße 26, Umbau

Barner, Hermann
Polier, nach 1945 wohl bei der Maurerfirma C.W. Homann beschäftigt. Möglicherweise der 1955 in Hahlen 405 gemeldete Vorarbeiter Hermann Barner. Anläßlich des Richtfestes

Aufmauern der Gewölbekappen im Mindener Dom unter Polier Hermann Barner, um 1952

Regierungspräsident Galle übergibt das Bundesverdienstkreuz an Polier Hermann Barner (stehend Mitte) und Hans Gelderblom (links), 1953

vom Dom-Langhaus am 3.12.1953 erhielt Hermann Barner (geb. 18.12.1893) zusammen mit dem Regierungsbaumeister Gelderblom das Bundesverdienstkreuz 1. Klasse. Barner entwickelte für die Neueinwölbung des Domes ein spezielles, kostengünstiges Verfahren.

nach 1945 Dom, Wiederaufbau des Querhauses (II, S. 230)

um 1954 Dom, Wiederaufbau des Langhauses, Wölbtechnik (II, S. 302, 360)

Bartels, Adolf
Zeichner (geb. 5.6.1868) verheiratet mit Alma Holle (geb. 11.8.1874), drei Kinder: Architekt Hermann (geb. 14.4.1900), Fritz Louis Adolf (geb. 26.9.1903) und Sofie Luise Ida Margarethe (geb. 29.11.1904). Die Familie wohnte 1896 Brühlstraße 2, 1904 Bachstraße 16 und verzog 1905 nach Münster, Dortmunder Straße 21.

Bartossek, Alois
Bildhauer, kam 1928 nach Minden. 1936 und 1938 Ausstellungen in Minden (Westf. Neueste Nachrichten 15.11.1938 mit Foto). A. Bartossek (geb. 30.1.1899 Tarnowitz/Oberschlesien, gest. 17.11.1956) war mit Anneliese Hoffmann (geb. 29.10.1906, gest. 11.1.1977) von 1935 bis 1949 verheiratet, Töchter: Maria (geb. 4.6.1939) und Ursula (geb. 14.8.1941). 1955 wohnte der Holzbildhauer mit seiner Mutter, der Witwe Maria Bartossek (geb. 19.3.1869 Sachwitz/Kreis Neumarkt, gest. 22.6.1959) Obermarktstraße 5.

1936 Dom, Ablaugen einer Herz-Jesu-Figur (II, S. 818)

Hajo Baruch & Co.
Hamburg.
1908 Tonhallenstraße 3, Stadttheater, Bühnenmöbel

Battermann
Steinbruchbetrieb in Obernkirchen.
1879/1880 Immanuelstraße 2, Neubau Gymnasium, Sandsteinlieferung

Bauamt Bethel
Siehe unter dem Leiter des Bauamtes Karl Siebold.

Bauer, Oswald
Töpfermeister und Ofensetzer, wohnte 1851 »Vor dem Simeonstor«.
1847 Markt 1, Rathaus, Ofen für das Sekretariat

»Energie, Bestimmung, Betrachtung«,
Ausdrucksstudie in Mahagoni, 1941,
Alois Bartossek

Alois Bartossek

1876/1881 Großer Domhof 1–2, Abbruch und/
oder Austausch der (Feilner-?)Öfen im
Regierungsgebäude (II, S. 1200)

um 1878/1879 Großer Domhof 10, Präsidialkurie, Modernisierung (zusammen mit
anderen) (Bauführer: Hölscher) (II,
S. 1295)

Bauer, Karl
Ofensetzer. Wohl Sohn von O. Bauer, wohnte
1895 Deichhof 6.

Bauer
Tischlermeister, wohnte 1851/1857 Pöttcherstraße 10.

Baugewerkenamt Minden
Das Baugewerkenamt unterhielt nach 1920 eine
eigene Wohnungsbaugesellschaft, deren Geschäftsführer der Mindener Architekt Kistenmacher war. Die Gesellschaft errichtete 1925/
1927 nach seinen Plänen (zuletzt zusammen mit
Hans Korth) eine große Siedlung mit 56 Häusern nördlich des Karolingerringes.

1925	Bertramstraße 1–24, Siedlungshäuser für das Baugewerkenamt
1925	Engelbertstraße 5–23, Siedlungshäuser für das Baugewerkenamt
1925	Gerhardstraße 2–26, Siedlungshäuser für das Baugewerkenamt
1925	Karolingerring 53–59, Siedlungshäuser für das Baugewerkenamt
1927	Engelbertstraße 1–3, Siedlungshäuser für das Baugewerkenamt

Bauhütte Minden
Der Betrieb wurde um 1922 durch arbeitslose
und auf den schwarzen Listen der Unternehmer
stehende, gewerkschaftlich organisierte Handwerker gegründet und nannte sich daher
zunächst auch »soziale Baugesellschaft Bauhütte
Minden«. Sie führten sämtliche für den Hausbau notwendigen Gewerke aus und arbeiteten
mit ihnen politisch nahestehenden Architekten
zusammen. Daher wurden die von dem Betrieb
eingereichten Pläne von unterschiedlichen Personen erstellt, aber oft von Richard Moelle, der
sich auch als Geschäftsführer betätigt.

Die Firma hatte zunächst an der Lindenstraße 1a im Komplex des Gewerkschaftshauses ihren Sitz, dann auf dem Grundstück Ritterstraße 9/11 und unterhielt seit 1925 auf dem der Konsum-Genossenschaft gehörenden Gelände Karlstraße 5 einen Bauhof (dort seit 1936 auch das Büro); 1935 Ritterstraße 9/13, 1939 nicht mehr im Adressbuch verzeichnet. 1956 ist der Sitz der Firma Artilleriestraße 9, Leiter ist der Architekt W. Linkemeier.

1923   Friedrich-Wilhelm-Straße 25, Buchdruckerei Weserwarte (Plan: A. Gockel)
1924   Lindenstraße 1 a, Gewerkschaftshaus (Plan: R. Moelle)
1925   Friedrich-Wilhelm-Straße 25, Erweiterung (Plan: R. Moelle)
1925   Karlstraße 5, Lagerschuppen und Zementwarenschuppen (Plan: R. Moelle)
1925   Ritterstraße 13, Werkstatt für Tischler Georg Strutz (Plan: R. Moelle)
1925   Wallfahrtsteich 16 für Arbeiter Wilhelm Bornemann
1927   Hahler Straße 81 für Schneider August Fuhrmann (Plan: Joh. Sierig)
1927   Wittekindsallee 6 für Sparkassen-Oberinspektor Kurt Bockhorn (Plan: R. Moelle)
1927/1928 Hahler Straße 83 für Eisenbahnschaffner a.D. Wilhelm Rose
1928   Hahler Straße 79 für Lehrmeister Wilhelm Arthur Nordmann
1928   Königswall 79, Umbauten für Konsum-Verein
1928/1929 Stiftsallee 22 für Konsum-Verein (Plan: R. Moelle)
1929   Karlstraße 1, Kontrollhäuschen für Konsum und Spargenossenschaft
1930   Königstraße 97 a/97 b für den Gemeinnützigen Bau- und Sparverein
1931   Königstraße 99/99 a/101 für den Gemeinnützigen Bau- und Sparverein
1931   Stiftsallee 22, Lager für Konsum-Verein
1934   Königswall 79, Umbauten für Konsum-Verein
1936   Karlstraße 5, Umbau des Zementwarenschuppens zum Büro der Gesellschaft
1950   Markt 11–13, Renovierung des Kinos »Scala« (MT vom 11.8.1950)
1950   Lindenstraße 29, Bürogebäude für AOK Minden (Plan: Hempel u. Ibrügger)
1950   Marienstraße 37, Umbau der Villa zum Zweifamilienhaus für Hermann Hagemeyer
1951   Roonstraße 5 für Oberinspektor Fritz Dallmeyer (Plan: Slawinski)
1952   Dankerser Straße 1a, Wohn- und Geschäftshaus für Konsumgenossenschaft
1952   Karlstraße 1, Aufstockung des Verwaltungsgebäudes der Konsum- und Spargenossenschaft
1953   Roonstraße 3 für Gartenbauinspektor R. Goosmann (Plan: Hopmeier)
1954   Danziger Straße 5/7 für GSW Minden
1954   Poelmahnstraße 1 für Erna Heitmeier
1955   Gartenstraße 4 für Wilhelm Hartmann/Bückeburg (Unterzeichner ist Wiese)
1955   Jahnstraße 1 für Kurt Gundrum (durch GSW Minden)
1956   Roonstraße 20 für Geschwister Voßmeier (Plan: GSW Minden)
1959   Dorotheenstraße 4 für Margarethe Wiese
1959   Obermarktstraße 27, Umbau (Plan: Brockmann)

Baumann & Schmitz
Architekturbüro von Baumann und Karl-Georg Schmitz in Köln.
1995/1998 Marienwall 26, Dienstgebäude der Landeszentralbank (I.2, S. 818)

Baumewerd, Dieter Georg
Architekt in Münster. Nach dem Studium an der Kunstakademie Düsseldorf (1955–1962) gründete er 1962 ein Architekturbüro. 1965 erhielt er einen Förderpreis zum großen Kunstpreis NRW. Neben einer Professur an der FH Dortmund (1971–1996) war er von 1987–1991 Landesvorsitzender des BDA, Architektenkammer NW. 1995 wurde das Büro auf 16 Mitarbeiter erweitert, ab 2005 Partnerschaft mit Eugen Jagiela und Peter Zipp. Das Büro in Münster, Coerdeplatz 12. Zu weiteren Bauprojekten siehe http://www.baumewerd-architekten.de

1993	Dom, neues Gestühl (II, S. 745)
2005	Dom, Neubau Sakristei
2006	Dom, Betkapelle, Planung und Ausführung

Baumgart, Conrad
Maurer, geboren 1779 in Hannover, wohnte 1815 Priggenhagen 21.

Baumgarten, Conrad
Maurer, geb. um 1765. 1810 verheiratet mit Margarethe Brinkmann.

Baumgarten, Friedrich
Geselle. Geboren 1789 in Schleitz, wohnte 1815 Poststraße 3.

Baumgarten, Heinrich <u>Konrad</u>
Maurermeister und Maler, geb. um 1784. Verheiratet mit Marie Albrecht (1810 Catrine Albrecht). Sein Sohn der Maurermeister Conrad Baumgarten.

Baumgarten, <u>Conrad</u> Johann Friedrich (junior)
Geboren am 18.8.1805 in Minden als Sohn des Maurermeisters Konrad Baumgarten. Seit 9.11.1831 Maurermeister (KAM, Mi, F 372). 1841 wird Maurermeister Baumgarten Junior Mitglied der Prüfungskommission für Bauhandwerker. Er führte ab 1847 als Vertragsunternehmer alle Bauarbeiten für die Köln-Mindener Eisenbahn im Bereich der von Baumeister W. Schneider geleiteten Betriebsinspektion Minden (Strecke Minden bis Rheda) durch. Verheiratet mit Caroline Henkel (geb. 4.5.1815, gest. 9.5.1882). Von den sieben Kindern heirateten die drei Töchter in andere Familien des Mindener Baugewerbes ein (Pauline den Zimmermann Ferdinand Schütte, Emma den Maurermeister Gustav Usadel und Berta den Zimmermeister Carl Krause), die Tochter Lotty (geb. 25.11.1853, gest. 22.8.1885) den Buchdrucker Peter Leonardy (siehe Bäckerstraße 6). Der Sohn Conrad (geb. 6.4.1840, gest. 21.3.1862) sollte den Betrieb fortführen, blieb unverheiratet und starb schon früh; der Betrieb dann von seinem Schwiegersohn Friedrich Schütte übernommen. Über die Kinder Adolf und Agnes nichts weiter bekannt. Conrad Baumgarten 1846/1851 in dem Haus Lindenstraße 26 wohnend starb am 21.1.1867. Die Witwe Caroline Baumgarten lebte 1880 im Haus Königstraße 91 mit ihrer Tochter Agnes (geb. 14.10.1855). Im gleichen Haus wohnte auch der Maurermeister Carl Schnabelrauch.

1836	Markt 1, Rathaus, Reparatur Dach und neuer Ofen
1837	Markt 1, Rathaus, Reparatur des Ratssaales
1840	südliche Simeonstreppe der Stützmauer zum Weingarten, Neubau
1842	Markt 1, Rathaus, Reparatur des Verputzes
1845	Domkloster, Wartung der Dächer (II, S. 514)
1845–1848	Großer Domhof 1, neues Regierungsgebäude (II, S. 1196)
1845	Markt 1, Rathaus, Einbau von Kammern für die Leihanstalt auf dem Boden (Plan und Ausführung)
1846	Bäckerstraße 72, Baugutachten
1847	Domstraße 14, größeres Kamerariat Nr. 147 O, Abbruch/Neubau des Schornsteins (II, S. 1470)

1847–1849 Vinckestraße, Vikarie, kleinere Reparatur (zusammen mit Tischlermeister Holle) (II, S. 1324)
1851 Markt 1, Rathaus, Dach- und Fassadenreparatur
1852 Großer Domhof 3, Kurienhof, Reparatur (zusammen mit Scheidemann und Gauffré) (Aufsicht: Goeker) (II, S. 1207)
1852/1864 Kleiner Domhof 7, Innenarbeiten (II, S. 1379, 1379)
ab 1855 Großer Domhof 1–2, Reparatur des Regierungsgebäudes (II, S. 1200)
1855/1857 Kampstraße 31, Kreis-Gerichtsgebäude und Gefängnis, Maurerarbeiten
1855 Bahnhof, Reparaturen an der großen Drehscheibe der Köln-Mindener Eisenbahn
1856 Domstraße 14, größeres Kamerariat Nr. 147 O, Dachreparatur (II, S. 1471)
1857 Lindenstraße, Erneuerung Kanal Kleiner Domhof-Stadtbach (unter der sogenannten Theaterstraße)
1859 Dom, Sicherung des Chores, Ausbau der Gewölbe (Planung und Leitung: Jung) (II, S. 373 f.)
1860 Dom, Sicherung des Chores, Ausbau gefährdeter Fenstermaßwerke (Planung: Jung, Bauführung: Hölscher) (II, S. 374)
bis 1860 Domkloster, Bauunterhalt der Dächer (II, S. 505)
1860 Vinckestraße 3, Domkaplanei (zusammen mit anderen) (Plan: Bauinspektor Jung) (II, S. 1327)
1863–1864 Dom, Sicherung des Chores, neue Gewölbe (Bauleitung: wohl Baumeister Marx) (II, S. 375)
1863 Brüderstraße 16, Krankenhaus, Neuverputz
1863 Großer Domhof 3, Kurienhof, Neuverputz (II, S. 1207 f.)

Baumgarten, Louis
Maurermeister, geb. um 1822; wohl Bruder von Conrad Baumgarten; 1846/1851 als Maurermeister Baumgarten Junior in dem Haus Königstraße 23 als Mieter nachweisbar, 1853/1878 wohnte er in seinem eigenen Haus Königswall 93.
um 1850 Königswall 93 für eigene Zwecke
1850 Weingarten 25, Reparaturen

Baumgarten, Ernst Johan Conrad
Arbeiter, geb. 14.3.1865 (Eltern: Zigarrenarbeiter Friedrich Baumgarten und Charlotte Wers). Heiratete 1888 Luise Maria Sinemus (Eltern: Maurer August Sinemus und Eleonore Pflume).

Baumgarten, Karl Eduard Konrad
Maurer, Sohn der Minna Baumgarten (später verheiratet mit Tischler Koppisch), heiratete 1914 Luise Krüger, wohnte 1931 Habsburgerring 53.

Baumhold & Kossel
Zementwarenfabrik und Unternehmen für Betonbauten in Bremen und Geestemünde. Aus der Firma ging später der von Paul Kossel (geb. 1876, gest. 1950) begründete Betonbaubetrieb Kossel & Cie mit zahlreichen Niederlassungen in Deutschen Städten hervor (siehe auch dort).
1906 Stiftstraße 4, sog. »Victoria-Decken« (eingespannte Voutenplatten) für Dr. med. Schlüter (Plan: Sielken/Bad Oeynhausen)
1907 Bünde, Eschstraße 15, Geschäftshaus mit »Victoria-Decke« (Plan: H. Wedegärtner/Bünde)

Baur, Ludwig
Maler in Telgte (geb. 1904, gest. 1977). Vor allem als Kirchenkünstler tätig, der als gläubiger Christ seine Werke (Fresken, Glasfenster, Mosaiken) als christliche Verkündigung ansah. 1974 verlieh ihm der Bischof von Münster für

seine besonderen Verdienste die Paulus-Plakette. Er unterhielt seit etwa 1930 eine enge Freundschaft mit dem Künstler Hans Dinnendahl (geb. 1901, gest. 1966). Nachdem sie sich zunächst in Münster niedergelassen hatten, errichteten beide 1936 eine Doppelhausanlage mit jeweils eigenen Ateliers in Telgte, Einener Straße 10/12.

1940 Dom, Farbfassung des Matthias/Laurentius-Altars (Auftrag durch Provinzial-Denkmalamt Münster) (II, S. 650)

Bauteam Projektentwicklung GmbH
Minden.
1998/1999 Simeonscarré, Kammergebäude, Sanierung und technische Modernisierung (Planung: Ingenieurbüro Heinz Ullrich Möller) (I.2, S. 755)
2000 Simeonscarré, Wohnpark (I.2, S. 791)

Beckemeyer, Rudolf
Architekt in Lübbecke, 1973 in Bürogemeinschaft mit Wilkening.
1966 Georgstraße 7 für Wilhelm Beckemeyer
1973 Poelmahnstraße 2 für Dr. Lutz Reichold (als »Invormbau« der Firma Ziegelmontagehaus/Gehlenbeck)

Bekemeyer, Wilhelm
Maurermeister, geb. 2.2.1852 in Hahlen. Verheiratet mit Charlotte, geb. 27.2.1852 in Hahlen. Gemeinsame Kinder: Wilhelm (geb. 5.12.1876), Heinrich (geb. 10.8.1884, 1900 als Tischlerlehrling bezeichnet), Hermann (geb. 14.10.1884) und Carol. (geb. 23.11.1888). Bekemeyer wohnte seit 1880 Hahler Straße 106.
1886 Sandtrift 6 für Packmeister Anton Schulte

Becker
Pflasterer.
1785 Tränke, Erneuerung des Pflasters (zusammen mit Pflasterer Müller)

Becker
1865 Feuerwerker (Pionier) in Minden.
1865 »Entwurf für das Bürogebäude des Artillerie-Depots« (Umbau des Klosters St. Mauritius zum Artillerie-Zeughaus, Königstraße 9–13) (I.2, S. 657–659, Abb. 429 f., Kat.-Nr. 345)

Becker
Maurermeister.
1758 Vinckestraße 3, Vikarie, Besichtigung (zusammen mit Zimmermeister Kloth und Strukturar Zaegel) (II, S. 1322)
1759 Kleiner Domhof 13, Vikariat St. Maria Magdalena, Visitation und Kostenanschlag zu Arbeiten an Dach und Dachboden (zusammen mit Zimmermeister Kloth und Strukturar Zaegel) (II, S. 1420)

Becker, Ernst
Architekt, Dipl.-Ing. (geb. 13.12.1900 Essen, gest. 26.11.1968 Bremen). Nach seinem Studium in Hannover und München von 1923 bis 1924 Leiter der Bauabteilung des Kohlenbergwerkes Minden GmbH (Mitarbeiter hier Dipl.-Ing. Strehl). Nachdem er danach für einige Monate als freier Architekt in Minden ein Büro unterhielt und sich an verschiedenen Wettbewerben beteiligte, verlagerte er dieses noch 1924 nach Bremen-Vegesack. 1929/1938 Lehrer an der technischen Staatslehranstalt in Bremen. Danach wieder freier Architekt in Bremen; 1940/1945 Büro in Posen, danach bis 1969 wieder in Bremen-Vegesack. Er schuf in Bremen zahlreiche Großbauten.

Der Nachlaß des Architekten ist im Archiv der Universität Bremen erhalten.
1922 Hermannstraße 14, Verkaufspavillon für Karl Klopp
1923 Viktoriastraße 52, Bürogebäude für »Westfälische Baugesellschaft GmbH« (Plan von Garnjost unterschrieben)

1923 Sedanstraße 15, Beamtenhaus Kohlenbergwerk Minden (Ausführung: E. Gremmels)
1923 Werftstraße 17/19, Lagerhaus, Wettbewerbsentwurf
1923/1924 Hansastraße 29, Gaswerk, Wettbewerbsentwurf für Maschinenhaus und Ammoniakfabrik
1924 Minden-Meißen, Betriebsgebäude des Kohlenbergwerkes
1926 Grüner Weg 11 für August Gieselmann
1926 Hermannstraße 4, Anbau

Becker, Franz J.
Architekt aus Leichlingen im Rheinland.
1975 Bachstraße 35 für Günter Holland

Becker, Gottlieb
Architekt in Dankersen.
1952 Bachstraße 19, Anbau

Becker, Hermann
Architekt und Mitglied der Reichskammer der bildenden Künste, 1931 noch als Bautechniker bezeichnet, wohnte in der Alten Kirchstraße 20.
1939 Weserstraße 24, Umbauten

Becker, Johannes
Erster nachweisbarer Baumeister, der in fester Anstellung beim Grafenhaus in Bückeburg stand. 1580 als Sohn des Mindener Arztes Becker in dem Haus Brüderstraße 26 geboren. Verheiratet mit Gertrud Minesche aus Minden (ihr Sohn Johann Daniel Becker geb. 1610, gest. 1677 war verheiratet mit Anna Justina von Donop, wurde 1666 geadelt und war Droste des Amtes Reineberg). Wurde Holstein-Schaumburgischer Geheimrat und starb 1632 in Minden (siehe auch bei der Wieden 1991, S. 195).

Becker, Johan
Architekt. Nicht in Minden nachweisbar.
1929 Markt 1, Rathaus, Planung für Rathausumbau

Becker, Wilhelm
Baumeister und Eisenbeton-Ingenieur. Baute ab 1932 ein sehr erfolgreiches Bauunternehmen für Hoch- und Tiefbau auf. Betriebshof und Wohnung zunächst an der Wittekindsallee 1–3, nach Beschlagnahme 1945 auf sein Lagergrundstück Lichtenbergstraße 11–15 gegenüber dem Bahnhof Königstor verlegt. Heute ist Stephan Becker Betriebsinhaber.
1932 Kampstraße 13, Wurstküche auf dem Hof für Schlachtermeister Hans Lobach
1934/1935 Karlstraße 15, Ausbau für Wäschefabrik Poll (Plan: R. Moelle)
1935 Viktoriastraße 44 für Klempnermeister Wilhelm Raube (Plan: R. Moelle)
1936 Marienstraße 39, Umbau für Stadtrat Merten
1937 Besselstraße 15 für Frieda Itzerott (nach Plänen von Heinz Garnjost)
1937 Goebenstraße 15, Wintergartenanbau (Plan: W. Winkelmann/Schramberg)
1937 Karlstraße 11, Aufstockung der Fabrik und Umbau des Maschinenhauses
1937 Lübbecker Straße 48 für Milchhändler Karl Tegeler
1937 Papenmarkt 8, Erweiterung
1938 Hardenbergstraße 13 für Sparkassendirektor Gustav Brinkmann (Plan: Hans Korth)
1939 Karlstraße 7, Umbau des Hinterhauses
1940 Bäckerstraße 58, Luftschutzkeller (Plan: H. Korth)
1940 Rodenbecker Straße 66, Umbau
1942 Lichtenbergstraße 11, Lagerschuppen für eigene Zwecke
1944 Am Fort C 2, Behelfsheim für Heinrich Stege (Plan: Kreisbauamt Minden)
ab 1946 Dom, Wiederaufbau, Maurer- und Betonarbeiten (II, S. 131)
1946 Königstraße 66, Wiederherstellung
1948 Portastraße 12, Behelfsheim für den Sparkassenrendanten Karl Martin
1949 Lichtenbergstraße 11/15, Einfriedung

1950 Kleiner Domhof, Ladenpavillons am Busbahnhof (als Übergangslösung geplant von March) (II, S. 1430, Abb. 923)
1950 Schillerstraße 35, Verwaltungsgebäude und Lager für Firma H.W. Küster (Planung: Hempel und Ibrügger) (MT vom 3.3.1951)
1950 Karlstraße 11, Holzlagerschuppen
1950 Lichtenbergstraße 11, Wohnhaus für eigene Zwecke
1951 Bachstraße 8, Wiederaufbau
1952 Am Fort C 2, Garage
1952 Königstraße 58, Umbau
1952 Königstraße 96, Umbau
1953 Hahler Straße 50 (nach Plänen von Wilhelm Behrens Junior/Bremen)
1953 Lichtenbergstraße 13, Schuppen erweitert
1953 Ringstraße 97, Lagerschuppen für EDEKA
1954 Hansastraße 54, Neubau der Öfen des städtischen Gaswerkes (Plan: H. Koppers/Essen)
1956 Alsenweg 2–10, 5 Häuser für die Bundesfinanzverwaltung
1956 Lichtenbergstraße 15, Bürogebäude für eigene Zwecke
1956 Obermarktstraße 31, Umbau des Erdgeschosses
1956 Ringstraße 97, Hallengarage für EDEKA
1957 Artilleriestraße 3, Gartenhaus (Planverfasser nicht bekannt)
1957 Lichtenbergstraße 13, Lager- und Wohngebäude für eigene Zwecke
1959 Tränkestraße 4, Umbau
1960 Lichtenbergstraße 13, Wohn- und Betriebsgebäude für eigene Zwecke
1961 Lichtenbergstraße 13, Anbau
1963 Ringstraße 93, Fabrikumbau Fa. Lemcke Herrenbekleidung (MT vom 20.12.1963)

Wilhelm Becker

1963 Lichtenbergstraße 13, Betriebsgebäude
1965 Stiftstraße 14, Umbau
1967 Lichtenbergstraße 13, Halle für eigene Zwecke
1968 Gartenstraße 3 für Dr. Günter Eberlein (OKAL-Haus)
1971 Johansenstraße 26/Wittekindsalle 1–3 für eigene Zwecke
1972 Lichtenbergstraße 13, Umbau
1976 Großer Domhof 3, Bankgebäude, Umbau des zweiten OG für die Deutsche Bank (II, S. 1214)
1992 Lichtenbergstraße 13, Umbau
1995 Glacissteg über die Weser, Fundamente
1995 Heidestraße 11, Anbau
1997/1998 Simeonstraße 17

Becker, Wolfgang
Bauunternehmung an der Pöttcherheide 14 in Minden.
1986 Brüderstraße 7, Umbau

Becker & Hegerfeldt
Restauratoren in Stemwede-Haldem.
1980 St. Johannis, Befunduntersuchung der Wand- und Gewölbemalerei (III, S. 38)

Beer, Cornelius de (?)
1692 Stadtansicht von Süd (II, S. 7)

Beermann
Dr. Ing. Beermann war von 1935 bis 1939 Leiter des Wasserwirtschaftsamtes in Minden, dann nach Düsseldorf versetzt und dort noch 1953 Dezernent bei der Regierung.

Beermann, Günter
1977 Bäckerstraße 30/32 für Friedrich Dustmann/Löhne

Beese (Meister Beese)
Zimmermeister.
1752 Dom, Visitation der Dächer (zusammen mit Elverfeld, Zengerle und Süßemilch) (II, S. 422)
1752 Domstraße 4/6, Visitation (zusammen mit Zengerle und Strukturar Elverfeld) (II, S. 1442)
1752 Domstraße 8, Diakonatshaus II, Visitation (zusammen mit Zengerle und Strukturar Elverfeld) (II, S. 1453)
1752 Domstraße 12, Sacellanathaus I, Visitation (zusammen mit Zengerle und Strukturar Elverfeld) (II, S. 1461)
1752 Domstraße 14, zwei Kamerariate und Rektoratshaus, Visitation (zusammen mit Zengerle und Strukturar Elverfeld) (II, S. 1467, 1470, 1473)
1752 Großer Domhof (ohne Nummer), sog. Dom-Fabrikhaus »in Deppen Gange«, Visitation (zusammen mit Zengerle und Strukturar Elverfeld) (II, S. 1256)
1752 Großer Domhof 5, Visitation des Kommendehauses (zusammen mit Zengerle und Strukturar Elverfeld) (II, S. 1228)
1752 Großer Domhof 5, Visitation beider Sacellanathäuser (zusammen mit Zengerle und Strukturar Elverfeld) (II, S. 1229)
1752 Kleiner Domhof 11, Fabrikhaus, Visitation (zusammen mit Zengerle und Strukturar Elverfeld) (II, S. 1409)
1752 Kleiner Domhof 13, Domsyndikathaus/Vikariatshäuser, Visitation (zusammen mit Zengerle und Strukturar Elverfeld) (II, S. 1415, 1417, 1420)
1752 vor Domstraße 1, Succentoratshaus/ Kommende SS. Fabian und Sebastian, Visitation (zusammen mit Zengerle und Strukturar Elverfeld) (II, S. 1437)
1752 Vinckestraße 3, Vikarie, Visitation (zusammen mit Zengerle und Strukturar Elverfeld) (II, S. 1322)
1752 Vinckestraße 5, Rektoratshaus, Visitation (zusammen mit Zengerle und Strukturar Elverfeld) (II, S. 1332)
1752 Pulverstraße 1, zwei Vikariatshäuser, Visitation (zusammen mit Zengerle und Strukturar Elverfeld) (II, S. 1340)

Beeth, Arthur
Bau-Ing., Mitglied im BDB, Marienstraße 10–12.
1960 Marienstraße 2, Anbau Wohn- und Geschäftshaus für Firma Weidenfeller (nur Statik)

Begeyn, Abraham Jansz
Niederländischer Maler und Radierer (geb. 1637 Leiden, gest. 11. 6. 1697 Berlin). Ab 1688 Hofmaler in Berlin. Reiste 1696 im Auftrag von Friedrich III. von Brandenburg durch Norddeutschland, um »Prospekte« von Städten und Orten für geplante Gemälde zu zeichnen.
1696 Stadtansicht Minden von der Nordseite (I, S. 696, Abb. 9; I.2, Abb. 14, II, Abb. 693), Ausschnitt mit Bunter Brücke (V, Abb. 1689)

Behm
Ingenieur-Offizier, geb. 1824, Lieutenant 1843, Kapitän 1856, Major 1866, 1867 Major und Platzingenieur in Minden, Oberst 1872 und Inspektor des Festungsbaus in Straßburg, 1873 aus dem Dienst ausgeschieden (von Bonin II, 1878, S. 308).
1868–1870 Friedrich-Wilhelm-Strasse 15, Bahnhofskaserne, Entwurf (I.2, S. 709–712, Kat.-Nr. 374)

Behning, Heinrich
Dachdeckermeister, geb. 5.4.1865 (reformiert), verheiratet mit Lina (geb. 3.3.1866), wohnte 1895 mit zwei Gehilfen Alte Kirchstraße 25.

Behrbohm, Johan Henrich
Baustoffhändler aus Eder. Verkaufte 1721 an den städtischen Bauhof 3300 Mauersteine, 1850 Dachsteine und 142 Balgen Kalk.

Behrens, Wilhelm, Junior
Architekt BDA, Bremen, Parkallee 42.
1953   Bäckerstraße 13, Kaufhaus für Gebr. Leffers KG/Delmenhorst
1953   Hahler Straße 50 für eigene Zwecke (Ausführung Baufirma W. Becker)

Beine, F.
Schlosser.
1869   Dom, Schlosserarbeiten am Domreventer

Beissian oder **Beissau** (?)
Zimmermeister.
vor 1746 St. Martini, Turmhelm (III, S. 323)
1746/1748 Dom, Kostenanschlag zu neuem Dachreiter über der Vierung (II, S. 422 und III, S. 323)

Beissner
Steinmetzmeister.
bis 1880 Dom, Außenrestaurierung des Langhauses, Wasserspeier der Strebepfeiler (II, S. 300)

Hildesheimer **Benedikt-Meister** und Umkreis
Künstler in der Dürer-Nachfolge. Schaffenszeit 1509–1531.
um 1520 Dom, Madonna mit Jesuskind (Umkreis) (II, S. 796)
um 1520 Dom, Emerentia-Gruppe (Umkreis) (II, S. 799)

Benckert
Uhrmacher in Minden.
1773   Dom, Gutachten zur Uhr (Reparatur: Uhrmacher Walter) (II, S. 860)

Bender
Ing.-Offizier, geb. 1818. War 1834–1846 in Minden als Lieutenant tätig. 1852 Kapitän, 1861 als Major und Platzingenieur von Glatz aus dem Dienst ausgeschieden (von Bonin II, 1878, S. 306).
1834   »Korrigierter Entwurf für das Proviantmagazin« (Martinikirchhof 6 a) (I.2, S. 667–672, Abb. 434–437, Kat.-Nr. 352)
1844–1847 St. Mauritius-Kloster, Umbau zum Artillerie-Zeughaus (I.2, S. 652 f., 655–657, 661 f., Abb. 426, 428, Kat.-Nr. 342, 344, 348 f. – III, S. 479)
1853   Domkloster, Begutachtung der Böden im Ostflügel für die Intendantur des 7. Armeekorps/Münster (zusammen mit anderen) (II, S. 504 f.)

Benevitz, H.
Maler- und Glasergeschäft. 1886 für Arbeiten an einem Kronleuchter von St. Martini genannt.

Berg, Friedrich R. T.
Oberbaurat bei der Stadt Hannover, wo er das Wasserwerk plante. Schon 1871/1873 hatte er den Wasserturm auf dem Werder in Bremen geplant.
1880/1881 Revision der Planungen zur Anlage der Kanalisation (siehe Schierholzstraße 10)

Berg, Fritz
Baugeschäft in Möllbergen.
1952   Fischerglacis 21, Umbau des Hinterhauses
1956   Feldschlößchenweg 8 für Wilhelm Sudmann aus Uchte

Berg, Wilhelm
Maurermeister mit eigenem Baugeschäft an der Stiftsallee 13.
1943   Brüderstraße 21, Dachausbau
1956   Brüderstraße 21, Umbau

Bergbrede, Carl (Karl) Heinrich Wilhelm
Am 24.7.1892 in Porta Westfalica-Barkhausen geboren als Sohn des Zimmermeisters Carl Bergbrede (geb. 16.12.1855, gest. 31.1.1921) und der Charlotte Braunschuh (geb. 10.4.1893, gest. nach 1933). Nach einer vierjährigen Lehre im Betrieb seines Vaters absolvierte er fünf Semester an der Königlichen Baugewerkschule in Nienburg. Während seiner Ausbildung in Nienburg scheint er 1910 als Bauleiter bei dem ebenfalls in Barkhausen lebenden Architekten Hutze und 1913 als Bauleiter bei dem Architekten Moelle in Minden (Goebenstraße 13 und Dessauer Straße) beschäftigt gewesen zu sein. Nach Ablegung seiner Prüfung als Bautechniker vom 9.9.1914 bis zum 20.5.1916 beim königlichen Hochbauamt in Nienburg, danach bis zu seiner Kriegseinberufung zwei Monate beim Königlichen Bauamt Minden beschäftigt. 1915/1918 zum Eisenbahnregiment Nr. 2 eingezogen, nach seiner Wehrmachtsentlassung Ende 1918 vom Hochbauamt Minden als Bauführer beim Neubau des Gymnasiums beschäftigt, bevor er zum 1.4.1920 zur Bauverwaltung der Stadt Minden kam, wo er in der Baupolizei beschäftigt wurde, der auch der Straßenbau und die Hafenverwaltung unterstand. Nach Ausscheiden des Stadtbaurates Burr seit 1923 Leiter des Hochbauamtes und bis zum Eintritt des Stadtbaurates Th. Hennemann im Mai 1934 für alle Hochbauten der Stadt zuständig (auch für den gesamten städtischen Siedlungsbau der Zeit), seitdem stellvertretender Stadtbaurat. 1925 als Oberbausekretär, 1929/1932 auch als Architekt bezeichnet und in Porta Westfalica, Portastraße 120a wohnend. 1932 Stadtbauinspektor beim Stadtbauamt, um 1938 zum Stadtbauoberinspektor befördert und zuständig für Hochbau und Luftschutz (KAM, Mi, G V Nr. 50 und 52). Am 7.9.1944 wurde Bergbrede von der Stadt Minden als Bauleiter des SS-Führungsstabes B 1 beim Ausbau des Weserstollens beordert. Nach den schweren Zerstörungen durch Luftangriffe Ende 1944 in Minden nahm er am 19.12.1944 seinen Dienst beim Hochbauamt für den Wiederaufbau wieder auf. 1950 in Anerkennung seiner Verdienste zum Stadtbaumeister ernannt und in dieser Funktion zum 1.6.1957 pensioniert.

1960/1965 als Stadtbaumeister a. D. in Barkhausen, Gartenweg 7 wohnend. Bergbrede bekleidete auch verschiedene Ämter, etwa im Vorstand des westf. Herbergsverbandes und der Binnenschiffahrtsmission.

Carl Heinrich Wilhelm Bergbrede war seit dem 16.3.1928 mit Johanna Klocke (geb. 4.12.1896 in Ehrentrup bei Lage, als Tochter des Ziegelmeister Simon Klocke und Johanna Bökehof, gest. 16.8.1973) verheiratet. Sein Sohn Günter (geb. 22.4.1929) arbeitete als Dipl.-Ing. bei der Bundesbahn und wurde später nach Frankfurt versetzt, und lebte 1975 in Eschborn. Die Tochter Helga (geb. 4.1.1933) heiratete Ludwig Riemann und arbeitete bis zu ihrer Pensionierung beim Wasserwirtschaftsamt in Minden.

1914   Königgrätzer Straße 21 für Mühlenbauer H. Thielking (Ausführung: Wischmeier/Kutenhausen)
1922   Ehrenmal in Stemmer
1922   Siedlung Hohenzollernring/Wittekindsallee, 11 Doppelwohnhäuser mit Ställen
1922   Siedlung Hohenzollernring/Wittekindsallee, vier Einfamilienwohnhäuser

1922/1923 Wittekindsallee, 7 Doppelwohnhäuser für Reichsbeamte
1922/1923 Hohenstaufenring, Wohnhaus
1922/1923 Hohenzollernring, 4 Einzelhäuser für Reichsbeamte
1922/1923 Hohenzollernring, 4 Doppelhäuser für Staatsbeamte
1922/1923 Hohenstaufenring, 2 Fünffamilienhäuser für Bahn- und Postbedienstete
1922/1923 Hohenstaufenring, Fünffamilienhaus für nicht beamtete Mieter
1923/1924 Hohenstaufenring 58, Fünffamilienhaus
1923/1924 Kuhlenstraße 44, Fünffamilienhaus
1925 Kuhlenstraße/Luisenstraße, Siedlung mit Schlichthäusern
1924/1925 Marienstraße 166, Nordfriedhof, Wohlfahrtsgebäude
1925 Marienstraße 82/86, Projekt einer Stadthalle im Bereich der »Lust«
1925 Marienstraße 134/136, Nordfriedhof, Planungen für ein neues Westportal und ein Wasserbecken
1925 Marienstraße 134/136, Musterentwürfe für Grabsteine auf dem Nordfriedhof
1925 Rodenbecker Straße 41 für Lehrer Wilhelm Horstmann
1925 Portastraße 36, Badehaus II
um 1925 Porta Westfalica-Barkhausen, Reihenweg 7 (Gartenweg 7) Wohnhaus zu eigenen Zwecken
um 1925 Porta Westfalica-Barkhausen, Goethestraße, Mehrfamilienwohnhäuser
1926 Fischertor, Verkehrs- und Bebauungsplanentwurf
1926 Immanuelstraße 32, Elisabeth-Kindergarten für Stadt Minden
1926 Königswall 22, Erweiterungsbau der Margarethenkrippe (Ausführung: E. Gremmels)
1926/1927 Marienstraße 134/136, Nordfriedhof, Wartehalle sowie Umbau des Friedhofswärterhauses

Carl Bergbrede

1927 Brüderstraße 2, Erneuerung der Torflügel
1927 Fröbelstraße 5, Erweiterung der Bürgerschule I
1927 Heidestraße 7, Erweiterung der Bürgerschule II (vermutet)
1927 Glacis, Schwanenteich, Wasservögel-Pavillon (I.2, S. 896, 984, Abb. 590)
1928 Brüderstraße 16, Altenheim, Stall- und Waschgebäude
1928 Großer Domhof 3A, Polizeigefängnis (II, S. 1216, 1219 f., Abb. 750–752)
1928 Immanuelstraße 2, Erweiterung des Schulgebäudes (vermutet)
1928 Marienstraße 75, Garagengebäude für städtischen Betriebshof
1929 Viktoriastraße 2, Bahnhofsbefestigung, Flankenbatterie No 1, Entwurf zum Umbau (I.2, S. 588)

1929 Hafenstraße, Flankenbatterie Nr. 1, Umbau zur Bedürfnisanstalt
1929 Kleiner Domhof 8, Erweiterung und Umbau zur Sparkasse (II, S. 1387, 1390, Abb. 890)
1929 Moltkestraße 9 für Oberpostsekretair Fritz Laufkötter
1931 Friedrichstraße, Planung für Krankenhauserweiterung
1932 Moltkestraße 9, Einfriedung
1933 Markt 28, Umbau als Stadtbibliothek
1933 Rodenbecker Straße 69, Umbau eines Stalles
1934 Am Weserstadion 1, Tribüne und Tribünendach des Stadions und Toilettenanlagen
1936 Brüderstraße 22, Brandversuchshäuschen für die Luftschutzschule
1936 Minden-Meissen, HJ-Jugendherberge (früher Naturfreunde), Um- und Erweiterungsbau
1938/1939 Volksschule in der Siedlung Rodenbeck
1944 Ausbau des Weserstollens
1945 Wiederaufbaukonzept für die zerstörte Stadtmitte, insbesondere den Scharn
1945 Markt 1, Rathaus, Planung für den Wiederaufbau
1946 Portastraße 23, Erweiterungsbau des städtischen Wasserwerkes
1947 Friedrichstraße 9–17, Krankenhaus, Entwurf für ein Schwesternhaus
1947 Kampstraße, Wiederaufbauplan
1948 Bäckerstraße 26, Überarbeitung des Fassadenentwurfs
1949 Marienkirchplatz 5, Trafohaus
1949 Marienstraße 34, Trafohaus mit Abort
1950 Martinikirchplatz, nördliche Treppe zur Marienstraße, Neubau durch Stadt
1951 Immanuelstraße 32, Anbau
1953 Immanuelstraße 20, städtisches Badehaus, Anbau
1954 Brüderstraße 16, Altenheim, Einbau einer Zentralheizung
1959 Marienstraße 86, Umbau und Erweiterung für Schiffahrtsmission
1950 Bierpohlweg 49, Volksschule (vermutet)
1957 Krankenhaus-Erweiterungsbau (Oberbauleitung)
1960 Brühlstraße 34, Kinderheim für Schifferkinder
1965 Porta Westfalica-Barkhausen, Wohnhäuser an der Langen Straße für eigene Zwecke

Bergbrede, Heinrich
1910 Zimmermeister in Porta Westfalica-Barkhausen.

Bergbrede, Heinrich
Baugeschäft in Minden.
1912 Hohenstaufenring 15 für Schuhmacher H. Dallmeier
1924 Portastraße 36, Badehaus II für Witwe Behrens
1928 Lübbecker Straße 1 für Albert Pudenz

Bergbrede, Wilhelm
Tischlermeister in Barkhausen.
1950 Markt 11–13, Renovierung des Kinos »Scala« (MT vom 11.8.1950)
1950 Hohnstraße 1, eingeschossiger Neubau, Ladenausbau (mit Bahn und Stratmann) (MT vom 25.1.1951)
1950 Schillerstraße 35, Verwaltungsgebäude und Lager für Firma H. W. Küster (Planung: Hempel und Ibrügger) (MT vom 3.3.1951)
1950 Lindenstraße 29, Bürogebäude für AOK Minden (Planung: Hempel u. Ibrügger) (MT vom 6.4.1951)

Berger, Wilhelm
Maurer aus Bölhorst Nr. 78, geb. 28.5.1863 und verheiratet mit Henriette (geb. 11.6.1861 in Erder/Detmold). Vier gemeinsame Kinder: Hermann (1888), Gottfried (1890), Amanda

(1892) und Martha (1895). Berger erbaute sich 1891 das Haus Lübbecker Straße 69 und unterhielt dort zeitweise einen Baubetrieb.

1891 Lübbecker Straße 69 für eigene Zwecke (Plan: F. Lange/Häverstedt)
1891 Marienstraße 35, Anbauten
1893 Lübbecker Straße 80, Geräteschuppen für W. Erfmeier
1895 Lübbecker Straße 69, Stallanbau
1934 Lübbecker Straße 69, Stallanbau

Berger, Hermann
Bauunternehmer, wohnte 1939 Lübbecker Straße 72.

Berghauer, Julius
Baumeister und Bauinspektor. Geboren um 1804 und im Sommer 1853 verstorben, verheiratet mit Henriette Schömer. Das Ehepaar wohnte zur Miete im Haus Brüderstraße 29. 1834 wird er Baukondukteur genannt. 1845 fertigt er ein Gutachten über den Zustand der Emporen von St. Martini. In der Zeit von vor 1839 bis 1853 Wegebaumeister/Kreisbaumeister bei der Regierung Minden (1852 als Regierungsbaumeister erwähnt). Ein Sohn der Ehe trat ebenfalls in die preußische Bauverwaltung ein und wurde 1873 Kreisbaumeister in Paderborn und 1874 Bauinspektor in Lignitz.

1834 Borgentreich, katholische Kirche, Aufsicht bei Neubau
1851 Dom, Kostenanschläge zu Fensterreparaturen (Ausführung: Glasermeister H. Hildebrandt) (II, S. 441)
1851 Großer Domhof 7, Kurienhof, Federzeichnung Plattenbelag im Hausflur (II, S. 1258)
1852 Dom, Leitung der Bauaufnahme (Ausführung: Arnold Güldenpfennig) (II, S. 9)
1852 Dom, Westwerk, Gutachten zum Zustand eines Turmgewölbes (II, S. 130)
1852 Dom, Langhaus, Kostenanschlag zur Fenstererneuerung (Grundlage: Bauaufnahme Arnold Güldenpfennig, Ausführung: Franz Schroeder) (II, S. 295, 298)
1852 Dom, Umbau des älteren Chorgestühls (Ausführung: Tischlermeister Weber/Minden; Maler Vordick) (II, S. 736)
1852 Dom, Kostenanschlag zur Anfertigung von neuen Kirchenbänken (II, S. 743)
1852 Dom, Türentwürfe (II, S. 454)
1852 Dom, Planung von Tor, Gitter und Geländer im Außenbereich (1866 Kostenvoranschlag: E. Gauffré, G. Usadel) (II, S. 1176)
1852 Domkloster, Umbau des Südflügels zu Schule und Krankenhaus (Bauleitung: Hartung; Ausführung: Maurermeister Saake, Zimmermeister Schmidt) (II, S. 491, 526, 549, 551, Abb. 370 f., 373–375)
1852/1853 Porta Westfalica-Lerbeck, Pfarrhaus

Berghausen, Heinrich
Fabrik für konzessionierte Blitzableiter in Köln.
1891 St. Marien, Blitzableiter am Turm (III, S. 137)

Bergmann
Maurer in Minden.
1855 Lindenstraße, Mitarbeit am Kanal vom Kleinen Domhof zum Stadtbach
1896 Dom, Sicherung des Chores, Kostenschätzung (zusammen mit anderen) (II, S. 376)

Bergmann, F.A.
Architekt für Bau- und Gartenkunst in Minden, wohnte 1921 in dem durch ihn errichteten Haus Im Bastaugrund 23. Im Adressbuch 1924 nicht mehr genannt.
1919/1920 Im Bastaugrund, Siedlung mit 32 Häusern, Ausführung: M. Schütte und J. Sierig
1921 Lichtenbergstraße 7 für Firma Fritz Schütte (Ziegelei Heisterholz)

Bergolte, Heinrich
Maurermeister, wohnte 1880 Weingarten 25.

Berkemeyer
Maurer- und Zimmermeister.
1880   Brüderstraße 21, Stallgebäude
1881   Lindenstraße 42, Umbau

Bermann
Goldschmied.
1958   Kampstraße 6, Synagoge, Silberleuchter

Bernhard (auch **Bernhardt**), Gottfried <u>Carl</u> (senior)
Am 12.5.1820 als Maurermeister geprüft (KAM, Mi, F 372), geb. 11.9.1796 in Eckartsberge, katholisch, gestorben um 1850. 1822/1839 Besitzer des Hauses Seidenbeutel 9. Der Betrieb wurde von seinem Sohn Carl Bernhard fortgeführt.
1825   Videbullenstraße 17, Umbau und rückwärtiger Flügel für eigene Zwecke
1827–1833 Dom, Bauunterhaltung der Dächer (zusammen mit Klempnermeister Strempel) (II, S. 427)
1827   Dom, Reparatur und Umdeckung von Querhaus- und Chordächern (zusammen mit anderen) (II, S. 427)
1827   Domstraße, Vertrag zu Aufnahme des alten Pflasters und Neupflasterung (II, S. 1435)
1827   Domstraße 14, größeres Kamerariat Nr. 147 O, umfassende Reparatur (II, S. 1470)
1829   St. Marien, löscht zusammen mit Leutnant Schindler Turmbrand (III, S. 137)
um 1830 Videbullenstraße 17, Umbauten für eigene Zwecke
1830   Dom, Umgestaltung des Inneren, Kostenanschlag zu Ausbesserung und Weißen (Planung: Architekt Burgheim) (II, S. 219, 457, 576)
1832   Dom, Westwerk, Säulchen für Zwillingsöffnungen (II, S. 129)
1833   Dom, Umgestaltung des Inneren, Abbruch des Lettners, Erneuerung von Türen und Treppen (zusammen mit Maurerpolier Apel und Steinhauer Gebhard) (II, S. 261, 392, 576)
1833   Dom, Apostelfries im Paradies, Reparatur und Fassung (II, S. 567)

Bernhard, auch **Bernhardt**, Carl Wilhelm (junior)
Maurermeister, als Sohn des Maurermeisters Gottfried Carl Bernhard um 1819 geboren. Wurde 1843 Maurermeister, wohnte 1846 als Mieter in dem Haus Hahler Straße 5. Wenig später erwarb er das Anwesen Videbullenstraße 17, das zum Mittelpunkt seiner Familie und seines Betriebes wurde. 1859 war der Maurermeister Bernhard eine der wesentlichen treibenden Kräfte bei der Gründung der Freiwilligen Feuerwehr. Seine Tochter Mathilde heiratet vor 1856 den Zimmermeister August Assmann.
1843   St. Johannis, Plan für Anbau von Strebepfeilern am Langhaus (III, S. 1, 25, Abb. 13)
1843   Projekt für ein Schulhaus in N. (I, S. 583–584)
1853   Domkloster, Begutachtung der Böden im Ostflügel für die Intendantur des 7. Armeekorps/Münster (zusammen mit anderen) (II, S. 504 f.)

Bernhardt
Zeichner, als Ingenieur-Soldat genannt (I.2, S. 296 f.)
1820   »Kriegs-Pulver-Magazin No 2 im Bastion X« (I.2, S. 296 f., Abb. 160, Kat.-Nr. 144)

Bernhardt, Fr.
Bauführer in Beendorf bei Helmstedt.
1914   Marienglacis 19, Umbauplanung (Ausführung: Schmidt & Langen)

Bernis
Ingenieur-Offizier (geb. 1809). Lieutenant 1829, Kapitän 1848, Major 1856, Oberst 1861 Inspekteur der 4. (Interimistischen) Festungs-Inspektion. 1868 als Generalmajor aus dem Dienst geschieden (von Bonin II, 1878, S. 304).

Berring, Heinrich
1836 als Salinenrendant genannt. Geboren 17.12.1766 in Fabbenstädt. Besaß das Haus-Nr. 352 b (Weingarten 8?).

Berring
Baumeister. Sohn des Heinrich Berring?
1858   Dom, Sicherung des Chores, Bauaufnahme des Gewölbes (Grundlage: Gutachten Stüler 1855, Planung: Jung) (II, S. 259, 261, 368, 373, Abb. 193)

Bertung, A.
vor 1873 Marientor und Marienkirche von Norden (I.2, S. 263. – III, Abb. 46)
nach 1874 Torwache und Militärgefängnis im Tambour vor dem Marientor von Südwesten, Öl auf Pappe (I.2, Abb. 155)

Bertram
Pionier-Offizier. 1885 Major und Kommandert des Hann. Pionier-Bataillon Nr. 10

Besen, Johann Christian Balzer
1764 einer der vier in Minden arbeitenden Zimmermeister. Gehörte 1735 zur Martini-Gemeinde und wird als Zimmermann genannt.

C. Besser Nachfolger
Granitsteinbruch in Königshain.
1913   Kanalbrücke über die Weser, Steinlieferungen

Bessert-Nettelbeck, P.
Berlin.
1912–1914 St. Petri, Instandsetzung und Umbau (III, S. 584)

Beth, Arthur
Bau-Ing., Büro für Baustatik in Minden, 1961 Büro Marienstraße 10/12, Privat Wittekindsallee 9
1958   Ulmenstraße 1, Verkaufshalle für Autos
1963   Klausenwall, Statik und Konstruktion zur Neubauplanung eines Polizeidienstgebäudes (nicht ausgeführt?) (MT vom 3.12.1963)

Bethel, provinzialkirchliches Bauamt (auch kirchliches Bauamt Bethel)
Zunächst Bauamt der von Bodelschwinghschen Anstalten, ab 1906 Provinzialkirchliches Bauamt Bethel in Bielefeld. Siehe unter dessen Leiter Karl Siebold.

Bethinck a. D., <u>Hans</u> Johann (auch Bettinge, Bretting)
Glocken- und Geschützgießer in Minden (nachweisbar zwischen 1584 und 1596 ff.: 1584 als Glockengießer für den Dom genannt, 1588 als städtischer Zeugmeister über das grobe Geschütz und die Gewehre, 1589–1596 ff. als Buxengiesser in Minden sowie 1609 als Küster von St. Martini (vermutlich in Minden).
1584   Dom, Dachreiter über der Vierung, Glocke IX (II, S. 852)
1589   *dubbelte Kartaunen* für Graf Simon VI. zur Lippe (jährliche Zahlungen durch ihn bis 1596 ff.)
1609   St. Simeon, Guß des Taufbeckens (II, S. 851. – III, S. 641, 740, Abb. 503 f.)
1610   Petershagen-Döhren, Kapelle, Glocke

Beton & Monierbau AG Berlin
Aktiengesellschaft für Beton-Großbauten in Berlin.
1902/1903 Weserglacis 2, Regierungsgebäude, Fundamente
1912   Kanalbrücke über die Weser, Brückenbögen von Beton
1912   Schachtschleuse, Betonbauten der Sparkammern

1913 Schachtschleuse, Errichtung der Hochbauten

Beuke, Udo
Leitender Baudirektor bei der Wasser- und Schiffahrtsdirektion Mitte in Hannover, Leiter des Hochbaubüros.
1993/1998 Neue Kanalbrücke über die Weser, Gestaltungskonzept

Beyer
1913 Simeonscarré 2, Kaserne III an der Portastraße, Lageplan (I.2, S. 741, 751, Abb. 488, Pläne Nr. 1)

Beyne
Schlossermeister, wohnte 1851 Seidenbeutel 2.

Bicker, E.
Tischlermeister, wohnte 1851 Bäckerstraße 64, 1862 Brüderhof 2, 1857 Marienwall 41.

Bickmeier, Heinrich
Maurermeister, auch 1712 als Zimmermann und Stadtzimmermeister genannt (KAM, Mi, B 733).
1712 Weserbrücke, Pforthaus am Wesertor, Reparaturen

Bickmeier, Heinrich
Techniker.
1887 Kutenhauser Straße 114 für Maurer Heinrich Riechmann

Bieber & Ronnenburg
Architektenbüro.
1967 Simeonstraße 27, Umbau des Erdgeschosses

Biedermann, Georg
Geb. 13. 7. 1845 Neuhaus a.d. Oster/Kreis Hannover, gest. 11. 12. 1935. 1868–1869 Bauführer Oberschlesische Eisenbahn Breslau, 1870 Bauführer Bau der Venlo-Hamburger Eisen-

Georg Biedermann

bahn, 1875–1877 Regierungsbaumeister bei der Regierung Wiesbaden (Vorbereitungsarbeiten für die Kanalisation von Lahn und Main), 1877–1882 bei der Rheinstrombauverwaltung Coblenz, 1882–1885 erst probeweise und dann als Bauinspektor bei der Landdrosterei Aurich. 1885–1888 Wegebauinspektor bei der Wegebauinspektion Merseburg, 1888–1892 Kreisbauinspektor bei der Regierung Aurich, 1892–1895 Reg.- und Baurat bei der Regierung Posen, 1895–1897 wasserbautechnischer Rat bei der Regierung Cöslin, 1897–1901 bei der Regierung Marienwerder. Von 1901 bis 1910 Reg.- und Baurat in Minden als Geschäftsführer des ingenieurbautechnischen Rats. Nachdem er im Ersten Weltkrieg weiter im Dienst blieb, trat er erst im Jahre 1919 mit 74 Jahren in den Ruhestand (siehe STA DT, M1 Pr. Pers. I Nr. 69–73).

Biedermann war von 1882 (?) bis 1911 mit Clara von Hagen, Tochter des Majors von Hagen (Coblenz) verheiratet. Aus der Ehe gingen fünf Kinder hervor. Von seinen drei Söhnen lebte 1935 nur noch der Major und SS-Kommandeur des Gaues Thüringen, Hermann Biedermann (MT vom 13.12.1935). Georg Biedermann war Mitglied der Weserklausengesellschaft und besonders nach der Pensionierung auch als Künstler (über 500 Zeichnungen und Aquarelle im Mindener Museum erhalten) tätig. 1985 widmete das Mindener Museum Georg Biedermann und Karl Handrick die Ausstellung »Minden – Stadtansichten aus vergangener Zeit«.

Biehle, Johannes
Prof. in Bautzen, Kirchenmusiker (geb. 18.6.1870 in Bautzen, gest. 4.1.1941 Bautzen). 1916 zum Königlich Sächsischen Professor der Musik ernannt. Im gleichen Jahr habilitierte sich B. als Dozent für Raumakustik an der Technischen Hochschule in Berlin-Charlottenburg und wurde 1922 ao. Professor. 1918 erfolgte seine Berufung an die Universität Berlin als Dozent für Musikalische Liturgik und 1920 in das Preußische Kultusministerium als Sachberater für Orgelbau und Glockenfragen. Biehle gilt als Begründer der Glockenwissenschaft.
1923   Dom, Gutachten zur Westorgel (II, S. 827)
1927   Dom, Beratung bei Planung der Querhausorgel (II, S. 838)
1931   Dom, Bauabnahme der Querhausorgel (Entwurf: Konservator der Kunstdenkmäler Hiecke/Berlin; Bauleitung: Regierungsbaurat Quast) (II, S. 839)

Bielert
Kunstmesser.
1792   Tränkestraße 1, Bestandsplan

Bielitz, F.
1733/1758 als Landbaumeister bzw. Landbaurat bei der Regierung Minden nachzuweisen. 1737 auch als Hoff- und Land-Bau-Rath erwähnt (II, S. 419).
1733/1734 Einrichtung eines Gefängnisses in der Bastion neben dem Marientor
1733/1737 Lingen, evangelische Kreuzkirche und Universitätsaula
1734   Porta Westfalica-Holzhausen, Kirche, Umbau (Ausführung: Krückemeyer und Genahl)
1735   Tecklenburg, Anschlag für eine steinerne und eine hölzerne Mühle
1736   St. Petri, Neubau, Entwurfspläne und Kostenanschlag (in GSTA PK, II. HA Generaldirektorium, Abt. 17, Minden Tit. LI Sek. VIII Nr. 2)
1737   Dom, Dacherneuerung der westlichen Langhausjoche, Gutachten für die Regierung (II, S. 419 f.)
1738/1739 Petershagen, Schloß Petershagen, Planung und Anschläge zur Sanierung
1739–1741 St. Petri, Bauleitung bei Errichtung des Dachwerks (III, S. 591)
1745   Preußisch-Oldendorf-Holzhausen, Plan für ein Kurhaus (Kaspar 1993, S. 102)
1746   Hiddenhausen, Pfarrhaus, Anschlag zum Neubau des Kammerfaches
1758   Gut Hollwinkel, Gutachten zum Baubestand (Archiv Schloß Hinnenburg)
um 1800 »Geometrischer Plan eines Stücks des Weeser-Strohmes unterhalb Minden« (V, S. 1756 f., Abb. 1800)

Biermann
Schlossermeister, wohnte 1851 Simeonskirchhof 2 links.

Bies, Horst
Bau-Ingenieur.
1978   Lübbecker Straße 54, Umbau

Birkemeyer, J. F. oder F. F.
Orgelbauer und Organist in Bielefeld.
nach 1807/1808 Stemwede-Wehdem, Kirche, Instandsetzung der dorthin verkauften kleinen Orgel aus dem Dom (II, S. 835)
1809 St. Marien, Kostenanschlag für Orgelneubau (Revision Kloth) (III, S. 171)
1809/1811 St. Marien, Reparatur der Orgel (III, S. 171)
1810/1825 St. Simeon, Kostenanschlag für Orgelreparatur (1810) und Ausführung (1825) (III, S. 624, 745 f.)
1818 St. Marien, erneute Reparaturen der Orgel (III, S. 171)

Bischoff, Alfred
Dipl.-Ingenieur und Architekt in Bad Oeynhausen, wohnte 1957 Westkorso 3.
1957 Simeonglacis 13, Umbau

Bischoff, Wilhelm
Bau-Ingenieur, Architekt und Bauunternehmer in Minden, wohnte 1948 Marienwall 31, 1963 Reiherweg 13. Wilhelm Bischoff (geb. 1.2.1898 Hahlen, gest. 12.12.1963) war mit Marie Twelsing bis 1946 verheiratet, vier Kinder: Gertrud (geb.16.5.1927), Peter (geb. 1.2.1931), Mary (geb.13.4.1932) und Karola (geb. 19.5.1935).
1936 Bleekstraße 9 für Großhändler Wilhelm Riesenberg
1948 Hopfengasse 1, Planungen für ein Wohnhaus
1948 Königstraße 155, Stall und Scheune
1953 Brüderstraße 19, Ausbau des Dachgeschosses
1959 Umradstraße 3, Umbau

Bittener, Johann Michael
Zimmermeister.
1765 Dom, Paradies, Kostenanschlag zur Umlegung des Daches (II, S. 425)

Blankenburg
1851 der einzige Tapezierer(meister?) in Minden, wohnte Scharn 2.

Blass, Peter
Bildhauer (geb. 10.12.1881 in Köln-Deutz), wohnte 1900 in dem Haus Königstraße 8.

Bleichert
Brückenbauanstalt in Neuß.
1938 Teile der Eisenbahnbrücke über die Weser bei Lerbeck (für Brückenbau L. Eilers/Hannover)

Blaessius
Bau-Ingenieur in Rheda-Wiedenbrück.
1973 Wallfahrtsteich 18 d für Eheleute Meier

Bloemart, A. und Umkreis
Maler.
1. Drittel 17. Jh. St. Martini, Martinsbild (Zuschreibung) (III, S. 397, Abb. 272)

Blum, Horst
Leteln.
1971 Friedrich-Wilhelm-Straße 20, Wohnhaus mit Tankstelle für Hermann Knoop

Blume, Heinrich
Maschinenbautechniker.
1936 Marienstraße 144 a, eigenes Wohnhaus (Ausführung: Mülmstedt & Rodenberg)

Bn
Signatur eines Lithographen.
um 1850 Dom, Innenansicht nach Osten, nach M. C. Gregorovius/S. Quaglio (II, Abb. 11)

Bochumer Verein
1842 von Jacob Mayer und Eduard Kühne gegründet, stellte Gussstahlglocken nach eigenem Patent von 1852 her. Später erweiterte man die Produktpalette auf Radsätze und Radreifen für Eisenbahnen und Straßenbahnen. In den beiden Weltkriegen wurden vom Bochumer Verein auch Rüstungsgüter produziert.

Ein Großgeläute des Unternehmens, bestehend aus 6 Glocken, hängt in der Reinoldikirche in Dortmund.

In den 1960er Jahren wurde das Unternehmen vom Krupp-Konzern komplett übernommen. Kurz darauf wurde die Produktion von Glocken eingestellt. Die Konzernmutter trennte sich 20 Jahre später von dem Bochumer Unternehmen, das später den alten Namen »Bochumer Verein Verkehrstechnik GmbH« wieder annahm. Das Unternehmen ist heute wieder als Lieferant für die Eisenbahn tätig

1865 St. Marien, Angebot für neue Glocken (III, S. 152)
1921/1922 St. Marien, neue Glocken (III, S. 155–157)

Bock, Daniel Friedrich
Zimmermeister und Tischler.
1721 Großer Domhof 9, Kurienhof, Reparaturen (II, S. 1277)
1721 Markt 1, Rathaus, Neubau des Fleischscharren unter der Laube
1722 Großer Domhof zwischen 9 und 10, Torhaus mit Hieronymuskapelle, Reparaturen zusammen mit Maurer Hermann Bredenbach (II, S. 1287)
1723 Lindenstraße 42, Tischlerarbeiten an der Priggenhäger Mühle (KAM, Mi, C 268, 3 alt)

Bock, A.
Baudirektor in Hannover und Direktor der dortigen städtischen Kanalisation und Wasserwerke.
1899/1901 Planungen zur Verlegung der Bastau
1902/1903 Planungen zur Erweiterung der Kanalisation und Errichtung Rechenhaus (siehe Schierholzstraße 10)

Bock, Friedrich Wilhelm
Berliner Hofmaler (geb. 1759 Potsdam, gest. 1805 Berlin)
1787 Markt 1, Rathaus, Porträt Friedrich II, der Große (Kopie)

Bock
Zimmermeister.
1781 Rhaden, Pfarrhaus, Projekt für einen Neubau

Bock
Malermeister, wohnte 1851 Kampstraße 2.

Bock
Ingenieur-Offizier (geb. 1816), 1846 in Minden nachweisbar. Lieutenant 1837, Kapitän 1852, Major 1861, Oberst 1868, General-Major 1873. In diesem Jahr als Inspektor der 2. Festungs-Inspektion aus dem Dienst geschieden (VON BONIN II, 1878, S. 306).
1846 Rayonplan der Festung (vervollständigt 1866) (I.2, S. 171, Abb. 73, Kat.-Nr. 45)

Bockmeyer, Johan
Faßmaler.
um 1610 St. Martini, Faßmalerei des Epitaphs Sobbe/Cholwoes (Schnitzwerk: Meister Bernt Schüeteler; Tafelgemälde: Meister Hermann Mattemann) (III, S. 391)

Boden oder **Bode**, Christian
Orgelbauer in Halberstadt.
1792 St. Mauritius, Renovierung der Orgel (III, S. 531)
1792 St. Simeon, Kostenanschlag für Orgelreparatur (III, S. 641, 744)
1792/1794 Dom, Orgel, Reparatur (Abnahmebericht: Johann Christoph Friedrich Bach/Bückeburg) (II, S. 822)

de Bodt, Jean
Ingenieur-Offizier und Architekt (geb. 1670 Paris, gest. 1745 Dresden). Hugenotte, der 1685 zum Kadettendienst und zur Architekten-Ausbildung zu Wilhelm von Oranien ging und mit diesem 1689 nach England und 1695 nach Berlin kam. Dort Aufsicht über alle Schloß- und Militärbauten; um 1700 einer der führenden Festungs-Ingenieure Brandenburgs. 1706 Direktor der Ingenieure; 1715 Generalmajor und Kommandant in Wesel. 1726 oder 1728 geht er als General-Lieutenant und Chef des Ingenieur-Corps nach Sachsen. Dort 1738 Direktor des Zivilbauwesens und 1741 General der Infanterie (HECKMANN 1998, S. 203–226).
1700   Denkschrift zum Ausbau der Festung Minden (zusammen mit Cayart) (I.2 S. 32, 96)
1701   Potsdam, Fortunaportal
1706–1708 Berlin, Unter den Linden, Zeughaus, Fertigstellung
1718/1722 Wesel, Festung, Berliner Tor

Böcker (oder **Böckener**)
Maurermeister.
1749   Tränke, Anschlag zur Errichtung einer Brustmauer am Hafenbecken

Böger, Anton
Maurer, erwarb 1833 das Haus Bartlingshof 8, wo er bis zu seinem Tode um 1850 wohnte.
1833   Bartlingshof 8 als eigenes Wohnhaus
1838   Bartlingshof 8, Umbauten
1850   Bartlingshof 8, Umbauten

Böhme oder **Böhne**, H.
Uhrmacher, wohnte 1851 Kampstraße 24. 1860 für die Wartung der Uhr von St. Martini genannt.
1859   St. Martini, Reparatur der Turmuhr (III, S. 277)

Böhne, August
1948 technischer Angestellter in der Firma Gremmels.
1959   Brühlstraße 9 für Tischlermeister Wilhelm Diesbach

Böndel, Hermann
Bürger in der Fischerstadt.
1678   Rodenbecker Straße 7, Windmühle für die Stadt Minden

Böndel, **Böndell** oder **Bondell**, Conrad
Glaser. 1748 für Arbeiten in St. Marien genannt.
1755   St. Petri, Reparaturen (III, S. 580)
1752   Großer Domhof zwischen 9 und 10, Torhaus mit Hieronymuskapelle, Kapellenfenster (II, S. 1287)
1761   Großer Domhof 10, Kurienhof, Kostenanschlag zur Reparatur (zusammen mit anderen) (II, S. 1291)

Böker
Bau-Ingenieur in Lübbecke-Nettelstedt.
1968   Prinzenstraße 3, Umbau für die Loge

Böning
Anstreichermeister, wohnte 1851 Lindenstraße 8.

Böse, Hans
Baumeister, 1954 Eigentümer des Hauses Marienstraße 61.
1954   Marienstraße 61, Garagen

Bösensell
Garnison-Baubeamter/-Bauinspektor in Minden, wohnte 1893 Stiftstraße 31.
1874   Simeonsplatz 6, Garnison-Waschanstalt, Bau des Kesselhauses (Planung) (I.2, S. 504)
1890   Simonsplatz 6, Garnison-Waschanstalt, Erweiterung durch Giebelanbau (Planung) (I.2, S. 504)

1894/1895 Planung der Vinckestraße, Gutachten zur Verkehrsbelastung der Domkirche (II, S. 1309)
1895/1897 St. Marien, Stift, Berichtigung der Risse und Schnitte des Kasernement am Stift von 1880 (III, S. 227)
1896 St. Mauritius, Wiederherstellung (III, S. 479 f., 500)
1898 Simonsplatz 6, Garnison-Waschanstalt, Neubau des Maschinisten-Hauses (Planung) (I.2, S. 504)

Boethke
Ingenieur-Offizier (geb. 1787, gest. 1852). Lieutenant 1814, Kapitän 1818, Major 1842, Oberst und Inspektor der 6. Festungs-Inspektion (von Bonin II, 1878, S. 301).

Boettger
Regierungsbaumeister in Herford.
1881 Dom, Querhaus, Neuverglasung, Alternativen zu Haupts Entwürfen von 1880/1881 (II, S. 443, 449, Abb. 324 f.)

Bohlmann, Friedrich Wilhelm
Dipl.-Ing. in Minden, 1984 Südbruch 82.

Bohnstedt, Alfred
Regierungsbaurat, wohnte 1900 Marienstraße 21.

Bohm
Landmesser.
1909 Simeonsplatz, Gemarkungskarte, Aufnahme (zusammen mit Steuerinspektor Suckow) (Kartierung: Riechert) (I.2, S. 734, 751)

Bollmann, Ekkehard
Prof. Dipl.-Ingenieur mit Büro in Hannover (zeitweise auch Niederlassung in Minden). Unterhielt 1971 zunächst ein Büro in Gemeinschaft mit dem Mindener Architekten Ibrügger Junior und dann in wechselnder Gemeinschaft mit Bischof, Dipl.-Ing. E. Friedemann, Hass, Labsch, Hiltmann und Pieper. 2004 stellvertretender Vorsitzender der »Freunde des Fachbereichs Architektur der Universität Hannover«.
1976 Königstraße 22–28, Wohnungskomplex für GSW Minden
1977/1978 Johannisstraße 8
1978 Seidenbeutel 4
1979/1980 Marienwall 21, Wohn- und Geschäftshaus mit Kaufhaus Compass
1980/1882 Marienwall 23/25, Büro- und Wohnhaus für GSW Minden
1981 Hufschmiede 1, Umbau
1981/1982 Marienwall 29 für GSW Minden und Deutscher Gewerkschaftsbund

Boltz, Karl
1882/1885 Bauinspektor bei der Regierung in Minden, wohnte Oberstraße 66.

Bomann, Ludwig
Schmiedemeister. Lieferte 1709 einen Ofen für die Stube Hinterhaus Königstraße 36.

Bonato, Victor
Maler und Objektkünstler (1934 Köln). Lebt in Bonn-Niederkassel.
1986 Königswall 8, Justizzentrum, Waage (Cortenstahl-Skulptur) (I.2, S. 957 f.)

Bonner Fahnenfabrik
Von Josef Meyer aus Koblenz 1866 in Bonn gegründet. Zahlreiche Prädikate als »Kaiserlicher Hoflieferant«. Die GmbH heute bereits in der 5. Generation im Familienbesitz.
1881/1882 Großer Domhof 1–2, Fahnen für das Regierungsgebäude (II, S. 1200)

Bonorden, Hieronimus
1646 Bild- und Steinhauermeister in Obernkirchen (KAM, Mi, B 99/19).

Boost & Düster
Schalen-Beton-Schnellbau in Minden.
1949 Herderstraße 23/25 für GSW Minden

Borgolte, Heinrich
Maurermeister, geb. 21.5.1852 in Stale/Höxter (katholisch) und mit Minna verheiratet. Gemeinsame Kinder: Minna (geb. 22.2.1876 Hannover, evangelisch), Heinrich (geb. 21.11.1877 Minden, katholisch) und Emma (geb. 31.12.1879 Minden, evangelisch). 1879 erbaute er sich das Haus Weingarten 25. 1885 in Minden nicht mehr nachweisbar.

1878	Rodenbecker Straße 46, Aufstockung Hinterhaus
1879	Königstraße 49, Umbau
1879	Trippeldamm 38, Badehaus am Bad Rodenbeck
1879	Weingarten 25, Wohnhaus für sich und seinen Betrieb

Borgmann, August
Zimmermeister, geb. 20.4.1872, wohnte 1895 im dem 1887 errichteten Haus seines Vaters Wilhelm Borgmann am Bierpohlweg 19.

Borgmann, <u>Hermann</u> Heinrich
Zimmermeister und Bauunternehmer aus Kutenhausen Nr. 27, der offensichtlich mit dem im Zuge der Entfestigung der Stadt 1873 einsetzenden Baugeschehen um 1876 nach Minden übersiedelte. 1859 wurde er als Lehrling beim Zimmermeister Assmann eingeschrieben und wohnte in Kutenhausen Nr. 53 (KAM, Mi, F 208). Er führte Massivbauten aus, wobei er oft auch nach Plänen, die andere für ihn erstellten (etwa Luhmann und der Zimmermeister Seisel) arbeitete. Viele Bauten wurden als Unternehmerbauten errichtet, die während oder nach der Fertigstellung veräußert wurden, wobei er auch größere Grundstücke aufsiedelte (etwa 1879/1880 die Ecke zwischen Paulinen- und Stiftstraße).

Bei einem 1956 erfolgten Umbau der Colosseum-Lichtspiele nach einem Brand fanden die Bauhandwerker unter einer Eisensäule einen Brettausschnitt mit einer Bauinschrift, die die damalige Belegschaft aufzählt: »Erbaut im Jahre 1878 von Zimmermeister H. Borgmann aus Kutenhausen und dessen Gesellen: Der Zimmerpolier Heinrich Danzinger aus Kutenhausen, der Zimmermann Wilhelm Wiese aus Kutenhausen, der Zimmermann Heinrich Gieseking aus Kutenhausen, der Zimmermann Heinrich Seele aus Todtenhausen. Den 18. Oktober 1878« (MT vom 14.1.1956)

1873/1874	Paulinenstraße 8 für den Lokführer a.D. Fr. Westphal
1874	Paulinenstraße 8, Stallgebäude
1875	Bachstraße 47 (nach Plan von Luhmann) für Ökonom Branahl
1875	Feldstraße 15 (nach Plan von Luhmann) für Bahnhofsarbeiter Daniel Sassenberg
1875	Stiftstraße 23 für Arbeiter Kortum (Plan: R. Hoelscher) zusammen mit Maurer Keimler/Kutenhausen
1876	Marienglacis 29 für den Zigarrenfabrikanten C. Höker/Bremen (Plan: Luhmann), zusammen mit C. Röckemann/Kutenhausen und W. Niermann
1876	Marienglacis 33 für Paul Kern
1876	Stiftsallee 2/4, Gasthaus mit Saal »Deutsche Reichshalle« für Schankwirt Wilhelm Krüger (Plan: Chr. Luhmann)
1877	Marienglacis 33, Wirtschaftsgebäude für Paul Kern
1877	Rodenbecker Straße 46 für Kasernenwächter Aug. Heitmann (Plan und zusammen mit Luhmann)
1878	Bachstraße 45 (nach Plan von Luhmann) für Ökonom Branahl
1878	Hermannstraße 8, Holles Kolosseum, Mitarbeit bei Neubau durch Maurermeister Sipp
1878	Marienglacis 29, Stallanbau
1878	Stiftstraße 24 (nach Plan von Seisel) als Unternehmerbau
1878	Paulinenstraße 10 (nach Plan von Seisel) als Unternehmerbau

1879 Stiftstraße 22 (nach Plan von Seisel) als Unternehmerbau
1880 Bachstraße 45, Wirtschaftsgebäude (nach Plan von Seisel)
1880 Marienglacis 29, Aufstockung des Anbaus
1880 Marienstraße 39 für Lehrer Carl Steinmann
1880 Marienstraße 41 für den Hufeisenfabrikanten Fritz Homann
1880 Stiftstraße 26 für Gerichtsschreiber Auf der Heyde
1880/1881 Stiftstraße 28 als Unternehmerbau
1881 Marienglacis 29, Balkonanbau
1881/1882 Marienstraße 44 für Lehrer Karl Bahlke
1882 Stiftstraße 28, Verandaanbau

Borgmann, Hermann Heinrich
Bautechniker und Zimmermeister, geb. 27.12.1873 als Sohn des Landwirtes und Arbeiters Wilhelm Borgmann (geb. 12.8.1832 in Holzhausen II) und der Ehefrau Luise (geb. 5.7.1836 in Holzhausen II). Er scheint vor allem im Auftrage des als Bauunternehmer tätigen Maurermeisters August Rodenberg gearbeitet zu haben. Absolvierte 1895 vermutlich eine Gewerbeschule und wohnte 1900 zusammen mit seinem Bruder, dem Zimmermann August Borgmann (geb. 20.4.1872) im elterlichen Haus Bierpohlweg 19. 1901 erbaut er sich nach eigenen Entwürfen das Zweifamilienwohnhaus Stiftsallee 16 das er selbst bewohnt. Seit 1910 als Zimmermeister genannt, 1939 als Rentner bezeichnet. 1955 bewohnte der Sohn, der Kreisobersekretär Hermann Borgmann das Haus Stiftsallee 16.

1901 Stiftsallee 16 für eigene Zwecke
1901/1902 Stitfsallee 18 für eigene Zwecke
1904 Grüner Weg 6, Einfriedung
1904 Hahler Straße 98
1904 Stiftstraße 45 für Lokführer Hermann Münichhausen
1905 Grüner Weg 3 für Kolon Wilhelm Schäkel
1905 Kuhlenstraße 45 für Buchhalter Georg Todt
1905 Kutenhauser Straße 18, Lagerschuppen für Maurermeister A. Rodenberg
1905 Kutenhauser Straße 95, Erweiterung des Holzlagerschuppens
1905 Stiftsallee 6, Wagenremise
1905 Stiftsallee 25, Dachausbau
1906 Bierpohlweg 18 für Arbeiter Christian Bente
1906 Stiftsallee 67, Stallanbau
1906 Stiftstraße 23, Scheune für Otto Kortum
1907 Grüner Weg 5, Wohnhaus für Kolon Wilhelm Schäkel
1907 Kutenhauser Straße 93, Umbau
1908 Bierpohlweg 29 für Metalldreher Gustav Borgmann
1908 Königstraße 130, Wagenremise
1908 Paulinenstraße 8, Anbau eines Stalles
1908 Weg in die Hanebek 13, Anbau Stall
1910 Kutenhauser Straße 34, Schuppen
1910 Marienstraße 125 für Steinhauermeister Chr. Tüting
1911 Kutenhauser Straße 17, Plan für Bauunternehmer Aug. Rodenberg
1912 Stiftsallee 18 a für seinen Bruder, den Zimmermann August Borgmann
1912/1913 Stiftsallee 20, Wohnhaus für eigene Zwecke

Borgmann, H.
1928 Fasanenstraße 9, Wohnhaus für Polizeihauptwachtmeister Heinrich Fleßner
1928 Ulmenstraße 18, Wohnhaus für Polizei-Oberwachtmeister Karl Surmeister

Borgmann, J. W.
1900 im Büro des Architekten Kelpe beschäftigt.

Borgmann, Wilhelm
Maurer. Scheint um 1880 das 1878 von seiner verwitweten und aus Holzhausen II, Nr. 46 stammenden Mutter erbaute Haus Sandtrift 16 geerbt zu haben, wo er neben seiner Arbeit als Maurer auch eine Landwirtschaft betrieb. Um 1902 Verkauf des Hauses, wohnte 1898 auf dem Bierpohl.
1886 Sandtrift 16, Anbau an das eigene Haus (Plan: Horstmann/Hahlen) zusammen mit Zimmermeister Riechmann
1896 Kutenhauser Straße 114, Planung Stall und Backhaus für Maurer Riechmann

Borgmann, Wilhelm
Maurer, wohl Sohn des Maurers Wilhelm Borgmann. Am 20.5.1905 in Hahlen geboren, von 1928 bis 1929 in Minden in der Lehre.

Bork, Norbert
Student (?) in Braunschweig.
1961 Dom, Aufmaß des Ostportals (Südquerarm) (II, Abb. 175)

Borring
Königlicher Baumeister. Vermutlich der dänische Architekt Knud Borring. Geboren 23.4.1838 in Kopenhagen, gestorben 2.1.1915 in Gentöfte bei Kopenhagen. Nach einer Ausbildung als Zimmermann und Landwirt war er 3 Jahre in einem Zeichenbüro beschäftigt. Er reiste nach England und Frankreich um Eisenkonstruktionen zu studieren. Als Architekt baute er hauptsächlich in ländlichen Gegenden Rittergüter, Bauernhöfe und Wirtschaftsgebäude. Borring war einer der ersten Architekten, der ganze Gebäude in Beton ausführte.
1863 Porta Westfalica-Costedt, Gutshaus Rothenhof

Boshardt, Emil
Dachdecker.
1874/1876 Dom, Westwerk, Neudeckung in Schiefer (Planung: Pietsch) (II, S. 429)

Bosse, Wilhelm
Baumeister und Bauunternehmer, wohnte 1939 Kutenhauserstraße 15.

Bost, Karl
Maurerpolier, wohnte 1939 Bastaustraße 20.

Botta, Mario
Architekt in Lugano/Schweiz, geb. 1.4.1943 in Mendrisio, Kanton Tessin. Ehrenmitglied des Bundes Deutscher Architekten.
1999–2001 Simeonscarré 1, Verwaltungsgebäude der Fa. Harting (I.2, S. 791, 798 f., Abb. 523 f.)

Bourdet, Bartholomé Robert
Von 1766 bis 1777 Generalinspekteur der Häfen, Deiche, Domänen und Schleusen mit direkter Unterstellung unter Friedrich II. in preußischen Diensten in Berlin (geb. 1720 Frankreich, gest. 3.2.1799 Potsdam) und seit 1788 von Friedrich Wilhelm II, zum Lehrer an der neu gegründeten Ingenieur-Akademie in Potsdam ernannt (siehe auch HECKMANN 1998, S. 391–393).
1768 Weserbrücke, Konstruktionszeichnungen für die sechs Eisbrecher aus Holz (V, Abb. 1672)

Bracht
Dachdeckermeister. Siehe unter Pracht.

Fa. Brandenburg
1929 Dom, Reparatur der Uhr (vermutet) (II, S. 860)

Bradenkamp, Johann Jürgen
Glaser in Minden; 1732 zur St. Martini-Gemeinde gehörend (Kreiskirchenamt Minden, St. Martini).
1743 Kampstraße, unbekanntes Haus im Bereich Stiftskurien von St. Martini, Reparaturen

Brandhorst, A.
Architekt in Hille.
1911 Ringstraße 111, Planungen für einen Schuppen

Brandt
Zimmermeister.
1732 Lindenstraße 42, Reparaturen an der städtischen Priggenhäger Mühle

Brandt, Wilhelm
Maurermeister und Bauunternehmer in Costedt.
1924 Oberstraße 50 für Tischlermeister Eduard Holland

Brass
Baukondukteur bei der Regierung in Minden.
1827 Planung für den Ausbau der Marienstraße

Brasse, Heinrich
Zimmermann, wohnte 1876 am Bierpohl.
1876 Weg in die Hanebek 13 für Zigarrenarbeiter Wilhelm Tüting

Braunschweig
Steinbruchbetrieb in Ibbenbüren.
ab 1952 Dom, Wiederaufbau des Chores, Lieferung von Sandsteinen (II, S. 379)

Brecker
Zimmergeselle.
um 1780 Simeonskirchhof 3 für eigene Zwecke (vermutet)

Bredenbach, Hermann
Maurermeister.
1721 Großer Domhof 9, Kurienhof, Reparatur (II, S. 1277)
1722 Großer Domhof zwischen 9 und 10, Torhaus mit Hieronymuskapelle, Reparatur (zusammen mit Tischler Daniel Friedrich) (II, S. 1287)

Breissau
Zimmermeister.
1743/1749 St. Petri, Dacharbeiten (III, S. 580)

Bremser, C. (Karl)
Bautechniker, geb. 29.6.1888, wohnte 1910 Bachstraße 6 bei seinen Eltern, dem Oberbahnassistenten Franz Bremser (geb. 9.8.1854 in Neuwiedt) und Anna (geb. 25.11.1859 in Minden).
1910 Heidestraße 16 für Lehrer Beissner, Bauleitung und Unterzeichner des Planes

Breuer, Carl
Architekt in Dortmund, Kaiser-Wilhelm-Allee 30. Dort mindestens bis 1931 nachzuweisen.
1896/1897 Dortmund, Mittelstraße 4, Wohnhaus für Werkführer Hubert Kallen (Ausführung: Julius Schmidt)
1900 Königsglacis 15 für Witwe Wollbrink (Ausführung: Sierig)
1912 Herten, Ewaldstraße 50/52, Wohn- und Geschäftshaus
1922 Dortmund, Märkische Straße 56/58, Wohn- und Geschäftshaus für Westdeutsche Kreditanstalt
1928 Dortmund-Gartenstadt, Thierschweg 1, Wohnhaus für W. Kieninger.

Brill, Heinrich
Bauunternehmen.
1924 Sedanstraße 9 für Lademeister Carl Schuntermann

Brink, Hermann
Bauunternehmer in Minden-Bölhorst, der Betrieb 1931 Lübbecker Straße 86, 1939 Simeonstorsche Feldmark 1.
1926 Kuckuckstraße 6 für Oberpostsekretär Carl Dammeyer
1927 Lübbecker Straße 75 für Rudolf Thiele
1927 Rodenbecker Straße 81 für Kaufmann Walter Flores (Ausführung: Prange/Cammer)

1928   Lübbecker Straße 74 für Zugführer Fritz Stremming
1945   Lübbecker Straße 80, Wiederaufbau

Brinckmann
Orgelbauer in Herford. Er wartete die Orgeln in Eidinghausen, Volmerdingsen, Bergkirchen und Hille (BRANDHORST 1991 a, Anm. 112, S. 284. – BRÜGGE 1996, S. 128).

Brinkmann
Uhrmacher, wohnte 1851 Scharn 13.
1826   St. Martini, Reparatur der Orgel (III, S. 384)

Brinkmann, Heinrich
Maurer, geb. 8.11.1855 in Costedt und verheiratet mit Lina (geb. 9.3.1858 in Barkhausen). Sohn Heinrich (geb. 14.9.1883 in Barkhausen), wohnte 1895 Hahler Straße 78.

Brinkmann, Heinrich
Maurer aus Minden-Leteln Nr. 42.
1888/1889 Hahler Straße 78 als eigenes Haus

Brinkmann, Heinrich
Malermeister aus Paderborn, 1895 Bartlingshof 8.
1880/1881 Dom, Innenrestaurierung des Langhauses, Kostenanschläge zur Innenausmalung (II, S. 458)
1912–1914 St. Petri, Anstreicherarbeiten bei Instandsetzung und Umbau (III, S. 584)

Brinkmann, Ludwig
Maurer in Holzhausen an der Porta (geb. 21.7.1907). Betrieb bestand vom 11.10.1937 bis 31.12.1969.
1952   Neutorstraße 16 für Dipl. Volkswirt Hubert Dammann

Brinkmeier, Heinrich
Bauunternehmer. Betrieb war 1939 an der Kuhlenstraße 41.

Brinkwedde, A.
Ingenieur in Osnabrück.
1883   Immanuelstraße 20, Gutachten zum geplanten städtischen Badehaus

Brodnitz & Seydel
Maschinenbauanstalt in Berlin.
1888   Kessel Nr. 287 (seit 1921 im Kesselhaus der Staatswerft, Bauhofstraße 11/17)

Brockhinke, Anton
Anton Becker, genannt Brockhinke. Bildhauer und Kunsttischler in Wiedenbrück.
1914   Dom, Maria-Hilf-Altar (II, S. 679)

Brockhinke, Theodor
Bildhauer in Wiedenbrück (geb. 6.5.1839 Beckum, gest. 7.8.1890 Wiedenbrück). Nach seiner Lehre als Tischler und Ornamentiker in Beckum in der Werkstatt des Begründers der »Wiedenbrücker Schule«, Franz-Anton Goldkuhle, als Werkstattleiter tätig. 1868 gründete er eine eigene Werkstatt für Altarbau, die sein Schwiegersohn Anton Becker (geb. 27.5.1862 in Hellefeld, Kreis Arnsberg, gest. 7.2.1945 in Wiedenbrück) nach dem Tod des Firmengründers weiterführte. Becker arbeitete jedoch nicht praktisch, sondern beschaffte Aufträge, überwachte die Arbeiten und pflegte Kontakte zu namhaften Baumeistern und Architekten.
1875   Bochum, katholische Pfarrkirche, Rosenkranzaltar
1884/1890–1892 Dom, Wiederaufbau und Ergänzung des barocken Hochaltars (zusammen mit Mormann/Wiedenbrück) (II, S. 603–607)
1897/1898 Bad Driburg, Lange Straße, Pfarrkirche, Ausstattung

Bröcker
Meister Bröker erstellte 1787 den Postwege-Besichtigungs-Rapport.

Broerken, Egbert
Bildhauer (geb. 1950). Lebt und arbeitet auf Haus Nehlen in Welver bei Soest. Schuf zwischen 1990 und 2003 zahlreiche Modelle für Blinde und Sehende, die in Bayreuth, Braunschweig, Celle, Halberstadt, Hameln, Holzminden, Kulmbach, Lübeck, Münster, Neuß, Osnabrück und Soest aufgestellt sind.
1998   Kleiner Domhof, Bronzemodell der Domfreiheit (I.2, S. 965, Abb. 628)

Broix
Sektions-Lieutenant.
1851   Stadtbach, Nivellement-Plan (IV, Abb. 6)

Brotzmann
Glashändler, wohnte 1851 Bäckerstraße 4 (1857 nicht mehr erwähnt).

Brüggemann, Bernhard
Ingenieurbüro in Braunschweig.
1983   Dom, Sicherung des Querhauses, Gutachten zu Bodenbewegungen (II, S. 136)
1984   Dom, Mauerwerksanierung des Westwerks, Planung und Schadenskartierung (II, S. 127, 136)
1989   Dom, Planung eines hölzernen Dachreiters über der Vierung (zusammen mit W. Rösner) (II, S. 431)
1990   Dom, Sicherung des Querhauses, Mauerwerksuntersuchungen des Nordarms (II, S. 222)
1990   Dom, Sicherung des Chores, Mauerwerksuntersuchung (II, S. 262)
1992   Dom, Sicherung des Querhauses, Mauerwerksuntersuchungen des Südarms (II, S. 222)

Brüggemann, Johann Christian Friedrich
Geboren am 15.9.1758 in Minden. Nach seinem Studium in Göttingen und Halle zunächst Referendar bei der Stadt Minden, dann 1786 Senator- und Gerichtsassessor, 1789 Forstcommissar, später Forst- und Polizeimeister in Minden (Kohl 1942, S. 37). Er verstarb vor 1819, seine Witwe in diesem Jahr (PIB 15, 1820).
1787   Karte der Wege vor dem Wesertor
1787   Situationsplan der Gärten vor dem Königstor
1787   Situationsplan der Gärten vor dem Marientor
1787   Situationsplan der Gärten vor dem Fischertor
1789   Situationsplan der Gärten vor dem Simeonstor
1798   Spezialaufnahme der Häuser in der Stadt Minden (I, S. 89)
1800   Markt, Berechnungen für die Neupflasterung
1803/1804 Leitung der Neupflasterung der Straßen in der Stadt (nach Planung: Goecker)
1806   Priggenhagen 3, Baugutachten
1810   Bäckerstraße, Erneuerung der Pflasterung

Brügger
Architekt in Minden.
1950   Prinzenstraße 12, Anbau

Brünig, Th.
1932   Viktoriastraße 54, Umbauplanung

J. C. C. Bruns
Druck- und Verlagshaus. 1834 erwarb Johann Christian Conrad Bruns die seit 1816 in Minden ansässige Druckerei Bösendahl. Nach dem Tod des Vaters 1877 übernahm Gustav Bruns das Unternehmen. 1881 der Verlag J. C. C. Bruns gegründet. Stammsitz an der Obermarktstraße. Seit 1973 neues Druckhaus am Trippeldamm.
1878   Übersichtsplan der Festungswerke, Lithographie (I.2, Abb. 577)

Bruns, Karl
Architekt in Hohenhausen/Kreis Lippe.
1961 Heidestraße 5, Anbau

Bucholtz, August
1880 Bauführer im Baugeschäft Friedrich Pook. Bucholtz wurde am 12.3.1854 in Falkenberg? bei Delmenhorst geboren.

Büchtemann
Maler, Münster.
1864–1865 Dom, Chor, Innenraumfassung (Farbgebung: Stüler 1864, Entwurf und Ausführung mit F. A. Mohrien) (II, S. 457 f.)

Bücker, Hans-Gerhard
Bildhauer in Beckum-Vellern. Schuf in Warendorf-Freckenhorst einen Kreuzweg (II, S. 892).
1953/1954 Dortmund, Bonifatiusstraße 3, Taufbrunnen
1958 Dom, Kreuzweg (Rahmen: Elmar Hillebrand 1994) (II, S. 892)
1969 Dom, Fassung der Anna Selbdritt (II, S. 804)
1985 Dom, Paradies, Bronzefigur der Pauline von Mallinckrodt (II, S. 780)
1994 Dom, Gestaltung der Glocke II des Westwerks (II, S. 855)

Bültemeier, Gustav
Architekt, wohnte 1955 Friedrich-Wilhelm-Straße 35.

Bünemann, Heinz
Dipl.-Ing. und Architekt in Lübbecke.
1953 Königswall 93, Anbau an die Klinik Dr. Happel
bis 1953 Dom, Wiederaufbau des Chores, Dachstühle von Polygon und Chorquadrat (II, S. 431)

Büscher, Heinrich
Bauunternehmer in Bückeburg.
1954 Bachstraße 47, Umbau und Erweiterung

Büttner
Blei- und Ziegeldachmeister. 1765 für Ausbesserungarbeiten an der Bleideckung des Chores sowie Kalkanstrich der Dächer von St. Martini genannt.

Büttner, Ludwig
Steinsetzer, wohnte 1846 Weingarten 15. (Ein Soldat Johannes Büttner schon 1792 in dem Haus Pöttcherstraße 12 und ab 1798 dann Oberstraße 12).
nach 1829 Domstraße, Umpflasterung (Kostenanschlag und Skizze: Bauinspektor Schelle) (II, S. 1435)
1858 Tränke, Umlegung der Pflasterung

Büttner, Max
Tiefbauunternehmen in Minden (bis 1937), gegründet 1863 durch den Steinsetzer oder Pflastermeister Max Büttner. 1890 lebte Max Büttner (geb. 2.8.1838, evangelisch) mit seiner Ehefrau Luise (geb. 20.4.1838 katholisch), dem Sohn Max (geb. 3.7.1869) und der Pflegetochter Maria Köthe (geb. 18.10.1877) im Haus Greisenbruchstraße 10. 1895 lebte auch der Sohn und Pflastermeister Carl Büttner (geb. 31.7.1874) im Haus.
Der Betrieb befand sich zunächst in dem Haus Greisenbruchstraße 10, wobei man anscheinend nur Pflasterarbeiten ausführte und ein Fuhrunternehmen betrieb (seit 1882 Konzession für einen Pferdeomnibus zwischen Bahnhof und Stadt). Um 1906 wurde der Betrieb in den Besitz des Sohnes Carl Büttner in das weitläufige Anwesen Kampstraße 18 verlegt. Seit etwa 1920 war Paul Müller, der zuvor ein eigenes Bauunternehmen betrieben hatte, als Prokurist der im Besitz der Witwe Mathilde Büttner (in zweiter Ehe vor 1932 mit Herrn Deters verheiratet) befindlichen Firma tätig, die nun auch Eisenbetonbauten im Bereich des Hochbaus ausführte. 1937 Konkurs.

1888   Domstraße 12, Hof der Knabenschule, Kostenanschlag für Pflasterung (II, S. 1463)
1905/1906 Weserglacis 2, Regierungsgebäude, Pflasterarbeiten
1906   Klausenwall, Schmuckpflasterung auf den Trottoirs vor dem Regierungsgebäude
1908   Tonhallenstraße 5, Kreishaus, Pflasterarbeiten
1909   Kampstraße 18, Schuppen für eigene Zwecke
1909   Klausenwall, Pflasterarbeiten
1910   Kampstraße 18, Büro für eigene Zwecke
1910   Klausenwall, Pflasterarbeiten
1912–1914 St. Petri, Instandsetzung und Umbau (III, S. 584)
1920   Kampstraße 18, Umbau
1928   Karlstraße 5, Bäckereigebäude der Konsum- und Spargenossenschaft (Plan: R. Moelle)

Buddenbohm, Wilhelm & Partner
Architekturbüro in Petershagen-Friedewalde.
1990   Stiftstraße 47 f
1991   Melittastraße 5

Buhrmester
Zimmermann aus Dankersen Nr. 74.
1879   Viktoriastraße 53 für Bremser Heinrich Meyer

Burgheim, Julius
Baumeister. Wurde am 3. oder 11.3.1799 in Herford geboren, gehörte zur jüdischen Gemeinde Minden und starb dort am 9.11.1857. Aus der vermutlich zwischen 1848 und 1851 geschlossenen Ehe mit Therese Liebmann ging wohl als einziges Kind der in Minden lebende Rechtsanwalt und spätere Justizrat Paul Burgheim (geb. 1.6.1854, gest. 27.12.1926) hervor (dazu weiter unten).

Nach einem Bericht des Regierungspräsidenten von 1828 habe Julius Burgheim in Berlin und Paris die Architektur studiert und demnächst seine Kenntnisse, besonders in der schönen Baukunst und seinen Reisen nach Wien, Dresden und mehreren Hauptstädten Deutschlands erweitert. *Durch die ihn projectierten und ausgeführten wohl gelungenen Bauten ... hat derselbe zugleich seine Qualifikation zu Bauausführungen bestätigt* (ZINN 1968, S. 142, Anm. 104 und 163). Spätestens ab 1825 ist er in Minden nachzuweisen, wo er sich zunächst noch Geometer nannte und mit der Leitung der neuen Bau- und Handwerkerschule beauftragt wurde. Diese polytechnische Schule bezweckte die Fortbildung der Handwerker (Schröder 1886, S. 690). 1833 wurde im Amtsblatt festgestellt, der Architekt Burgheim sei berechtigt, als Baumeister ein Gewerbe auszuführen, da er dies bereits vor 1821 betrieben habe. 1828/1829 war er auf Vermittlung von Wesermann auch wieder in Elberfeld tätig. Er bezeichnete sich als Architekt, später auch als Doktor der Philosophie oder Privat-Baumeister und als Leiter (»Dirigent«) der Baugewerbe- und Sonntagsschule in Minden, an der mehrere der später in Minden tätigen Maurermeister jeweils in den Wintern eine Ausbildung erhielten (so etwa 1856/1859 der Maurer C. Sinemus). Burgheim gehört nach seiner steuerlichen Veranlagung 1849 zur Oberschicht in der Stadt (Herzig 1978, S. 58). Im November 1839 pachtete er das Gelände einer ehemaligen Kurie von St. Johannis (Marienwall 23), wo er seinen Werkshof und Baubetrieb mit einem eigenen Steinmetzbetrieb einrichtete, der 1858 nach seinem Tode vom kurz zuvor zugezogenen Baumeister Wilhelm Moelle übernommen werden konnte.

Über seine umfangreichen Tätigkeiten im Bereich des Bauwesens hinaus entfaltete er aber auch zahlreiche andere Aktivitäten: so war er 1834 Eigentümer der Flußbadeanstalt an der Weser, gehörte 1840 zu den Personen, die Aktien der Rhein-Weser-Eisenbahn gezeichnet

hatten, erschien 1857 als Händler von Fliesen und Baumaterialien wie Marmor, Sandstein und Sandsteinplatten für Dächer, wofür er schon 1847 einen eigenen Ausladeplatz am Weserhafen in der Bastaumündung gegenüber von seinem Haus angepachtet hatte (siehe I.2, S. 329 f., Kat.-Nr. 168, Abb. 187), und besaß zudem eine Zementfabrik (in Lerbeck?). Um 1835 erwarb Architekt Burgheim das Haus Greisenbruchstraße 30 und 1853 besaß zudem das Haus Steinweg 4 in der Fischerstadt, das er ebenfalls vermietete. Burgheim lebte 1846/1853 in seinem Haus Tränkestraße 3 zusammen mit seinem aus Herford stammenden Vater (wohnte dort 1827 in dem Haus Neuer Markt 3) Simon Joel Burgheim (geb. 1765 in Herford, gest. 1.4.1855), der sich als *Partikulier* (wohl Rentner oder Privatmann) bezeichnete. In diesem Haus läßt sich 1853 auch die von Burgheim geleitete Baugewerbeschule nachweisen. 1854 nimmt er den Neubauer Heinrich Wattenberg aus Häverstedt Nr. 150 und Theodor Georg Adolph Amelung aus Lübeck für 4 Jahre als Steinhauerlehrlinge auf (KAM, Mi, F 179). Die zahlreichen, auf dem jüdischen Friedhof in Porta Westfalica-Hausberge erhaltenen Grabsteine dürften aus seinem Betrieb stammen.

Zur gleichen Zeit ist in Minden auch der Kaufmann Moritz Burgheim (geb. 7.3.1800 in Herford, gest. 31.7.1857) nachzuweisen, offensichtlich ein Bruder von Julius, der um 1845/1850 Mieter des Hauses Brüderstraße 2 war und 1850 das als jüdisches Schulhaus genutzte Haus Ritterstraße 16 erwarb, wo er bis zu seinem Tode eine Steindruckerei betrieb, die zumindest bis 1862 von seiner Witwe Johanna Burgheim weitergeführt wurde (VON SCHROEDER 1966, S. 49). 1853/1856 hatte der *Lithograph Burgheim* auch Räumlichkeiten im Haus Ritterstraße 30 angemietet, in denen er eine Druckerei betrieb, in der unter anderem auch verschiedene Stadtansichten von Herford und Bielefeld herausgegeben wurden. Am 9.1.1853 wird die aus Moritz Burgheims Ehe mit Johanna Reimann stammende Tochter Agnes Henriette geboren.

Während die Grabsteine der Familie für die Zeit vor 1890 auf dem jüdischen Friedhof in Hausberge erhalten sind (darunter auch die wohl von Julius selbst entworfene Säule für sein Grab), sind die späteren Gräber auf den jüdischen Friedhöfen von Minden und Vlotho überliefert.

Aus seiner Lehrtätigkeit gingen zwei nachweisbare Lehrbücher hervor: »Sammlung leicht auszuführender Grab-Monumente, aufgenommen auf den vorzüglichsten Kirchhöfen Deutschlands und Frankreichs« erschienen 1846 bei Vellhagen & Klasing in Bielefeld. Ferner: »Die Geometrie in ihrer Anwendung auf das Gewerbe der Schreiner zum Selbstunterricht nebst 9 Tafeln und 227 Figuren« erschienen um 1850 im Verlag Eßmann zu Minden. Inzwischen lassen sich mehrere nach seinem Tafelwerk entstandene Grabdenkmäler nachweisen, darunter sein eigenes (SEIB 1989).

Jacob Paul Burgheim (geb. 1.6.1854, gest. 27.12.1926), der einzige Sohn aus der Ehe zwischen Julius Burgheim und Therese Liebmann, heiratete am 29.8.1884 Anna Rüdenberg (geb. 13.11.1860 Vlotho, gest. 26.4.1924, beerdigt auf der Familiengrabstätte in Vlotho), Tochter von Marcus Moses Rüdenberg (geb. 1786) und Rosa Steinberg (frdl. Hinweis: Andreas Rinne, Herford). Paul Burgheim verstarb kinderlos, zuletzt wohnhaft in dem Haus Königstraße 72.

Julius Burgheims Witwe Therese lebte 1873 Ritterstraße 4 und 1885/1895 im Haushalt ihres Sohnes Paul an der Kampstraße 16.

1826/1828 Bielefeld, *Communal-Saal* (wohl der Konzertsaal der Gesellschaft Harmonie)
1826/1828 Bielefeld, ein Landhaus (wohl Detmolder Straße 38 – siehe SCHREIBER 1969, S. 290)
1826/1828 Wohnhaus für Kaufmann Levison (wohl Kampstraße 20)
1826 Markt 10 für Kaufmann Jacob Levison
vor 1828 Gartenhaus für Gebrüder Levison

Stadtbaurat Burr,
stehend links neben der Karte,
im Magistrat zu Minden, 1919.

1828	Marktplatz, Aufmaß der anstehenden Bebauung
1828/1829	Elberfeld, Rathaus, Bauleitung beim Neubau (siehe ZINN 1968, S. 32, 163)
1830	Dom, Umgestaltung des Inneren, Planung und Kostenanschlag zur Neufassung und -ausstattung (II, S. 200, 219, 260, 392, 454, 456, 576, 602, 631, 671, 724, 729, 735, 746 f., 751, 824, 860)
1830	Marienstraße 18 für die Kaufleute Weddigen
1831	Brüderstraße 16, Beginenhaus, Kostenanschlag für Reparatur
um 1832	Parkstraße, Grabstein für den Apotheker F.W. Beissenhirtz (vermutet)
1833	Dom, Umgestaltung des Inneren, Entwurf neugotischer Beichtstühle
um 1835	Obermarktstraße 31 für Kaufmann Louis Levison (vermutet)
1853	Marktplatz, Kandelaber für die neue Gasbeleuchtung
1855/1857	Kampstraße 31, Gerichtsgebäude, Werksteinlieferungen und Werksteinarbeiten

Burr, Adolf

Stadtbaurat von Minden vom 1.10.1910 bis 31.3.1923. Am 25.9.1872 in Heidenheim an der Brenz geboren und verheiratet mit Margarete Grabow aus Prenzlau (geb. 16.7.1875). Nachdem er sein Studium mit dem Staatsexamen 1898 beendet hatte, war er im Staatsdienst und zog 1910 als Regierungsbaurat a.D. von Prenzlau nach Minden, um hier die Nachfolge des Stadtbaumeisters Kersten als Stadtbaurat anzutreten. 1914/1915 zum Kriegsdienst eingezogen. Nachdem er am 30.3.1922 erneut für 12 Jahre in sein Amt gewählt wurde, ließ er sich zum 31.3.1923 aus gesundheitlichen Gründen in den Ruhestand versetzen und starb am 25.12.1942. Nach seinem Zuzug nach Minden wohnte er zunächst bis 1912 in dem Haus Kaiserstraße 6, dann bis zu seinem Wegzug nach Stuttgart 1923 in dem von ihm erbauten, äußerst anspruchsvollen Haus Marienstraße 74. Dieser Bau dokumentiert deutlich seine Bevorzugung neoklassizistischer Architekturgestaltung, wobei er im Gegensatz zu seinen Vorgängern starken Einfluß auf das Schaffen der örtlichen Architekten und die Durchsetzung seiner Vorstellungen nahm. So revidierte er

Entwurf des Stadbaurats Burr, Gewerbe-, Industrie- und Kunst-Ausstellung 6. Juni bis 6. September 1914

Gewerbe-, Industrie- und Kunst-Ausstellung 6. Juni bis 6. September 1914

häufig im Genehmigungsverfahren Fassadenentwürfe und versuchte dem Stadtbild eine starke, von eigenen Vorstellungen bestimmte Gestalt zu verleihen.

1911 Ritterstraße 21, Toilettenhaus an der Bürgerschule II
1911 Ritterstraße 21, Anbau des Knabenschulhauses an der Alten Kirchstraße
1911 Steinstraße 12, Fassadenentwurf für Architekt Zimmerling
1911 Steinstraße 14, Fassadenentwurf für Architekt Zimmerling
1911 Stiftstraße 52/Wilhelmstraße 26, Fassadenentwurf für Architekt Zimmerling
1912 Fröbelstraße 5, Toilettenhaus an der Bürgerschule I
1912 Ritterstraße 21, Verlängerung der städtischen Turnhalle
1912 Prinzenstraße 3, städtisches Eichamt
1912/1913 Marienstraße 74, eigene Villa (Ausführung: Baugeschäft Sipp)
1913 Im Schweinebruch 2, Bootshaus für »Jung-Deutschland«
1913 Hermannstraße 21, Umbauten im Elektrizitätswerk
1914 Blumenstraße 8, Fassadenentwurf für Bautechniker A. Hattenhauer
1914 Fischerallee 4, Verwaltungsgebäude der EMR

1914 Hermannstraße 21, Umbauten im Elektrizitätswerk

1914 Hermannstraße 23, Werkstatt- und Lagergebäude der EMR

1914 Königsplatz, Bauten der Gewerbeausstellung sowie Spritzenhaus

1914/1915 Hermannstraße 23, Wagenhalle für EMR

1915 Stiftstraße 23, neue Fassade für die Scheune an der Paulinenstraße

1916 Hermannstraße 56, neue Fassade für die Scheune an der Werftstraße

1916 Königswall 22, Margarethen-Kinderkrippe (Ausführung: Usadel)

1916 Werftstraße 17, Planungen für ein städtisches Lagerhaus am Abstiegshafen

1917 Werftstraße 17, provisorisches städtisches Lagerhaus am Abstiegshafen

1919 Portastraße 21, Straßenbahndepot (Ausführung: Stübbe & Schubli/Bremen)

1922 Werftstraße 17, Lokschuppen am städtischen Lagerhaus

1923 Fischertor, Planungen für einen Handelshof

1923 Parkstraße 4, Überarbeitung des Fassadenentwurfs

Busch, Gebrüder
Holzschneiderei, Dampfsägemühle und Kistenfabrik. 1895 auf dem Firmengelände Friedrich-Wilhelm-Straße 115.

Busch, Theodor
Architekt in Düsseldorf (1954 in Bürogemeinschaft mit Jan van Treek)

1953/1954 Blücherstraße 16–32, Besatzwohnungen (Ausführung: Westfälische Handwerks AG/Dortmund)

1954/1957 Fasanenstraße 42–54, Besatzwohnungen (Ausführung: Westfälische Handwerksbau AG/Dortmund)

1954/1957 Habichtsweg 2–16, Besatzwohnungen (Ausführung: Westfälische Handwerksbau AG/Dortmund)

1954/1957 Hohenstaufenweg 46–84, Besatzwohnungen (Ausführung: Westfälische Handwerksbau AG/Dortmund)

1954/1957 Kuckuckstraße 49–55, Besatzwohnungen (Ausführung: Westfälische Handwerksbau AG/Dortmund)

1954/1957 Sperberweg 15, 2–20, Besatzwohnungen (Ausführung: Westfälische Handwerksbau AG/Dortmund)

1954/1957 Zeisigweg 7–13, Besatzwohnungen (Ausführung: Westfälische Handwerksbau AG/Dortmund)

1955 Alsenweg 20, Austauschwohnungen (Ausführung: Westfälische Handwerksbau AG/Dortmund)

1955 Lübbecker Straße, Austauschwohnungen (Ausführung: Westfälische Handwerksbau AG/Dortmund)

1956 Alsenweg 2–10, Austauschwohnungen (Ausführung: Baugeschäft W. Becker)

1956 Alsenweg 12–18, Austauschwohnungen

1956 Lübbecker Straße, Austauschwohnungen (Ausführung: Westfälische Handwerksbau AG/Dortmund)

1960 Bastaustraße, Austauschwohnungen (Ausführung: Westfälische Handwerksbau AG/Dortmund)

1961 Sandtrift, Besatzwohnungen (Ausführung: Westfälische Handwerksbau AG/Dortmund)

Buschendorf, Wilhelm
Holzhandel und Cementfabrik, wohnte 1851/1857 Tränkestraße 1.

Busse, Carl Ferdinand (später **von Busse**)
Geheimer Oberbaurat in Berlin (geb. 11.6.1802 Gut Prillwitz bei Stargard, gest. 5.4.1868 Berlin). Nach Studium an der Berliner Bauakademie 1827 Baumeisterprüfung; seit 1830 Assistent – zur Erleichterung seiner Dienstge-

schäfte – von C. F. Schinkel bei der Oberbaudeputation; seit 1837 als deren ordentliches Mitglied zuständig für die staatlichen Bauvorhaben in den Provinzen Westfalen, der Rheinprovinz und Schlesien, ab 1847 auch für alle preußischen Postbauten. Von 1848 bis 1866 Direktor der Bauakademie. Nach der Neuorganisation der staatlichen Bauverwaltung in Preußen seit 1851 gehörte er der Abteilung für das Bauwesen im Ministerium Handel, Gewerbe und öffentliche Arbeiten an.

1838 Münster, Hüfferstraße, Pläne für eine medizinisch-chirurgische Lehranstalt (SCHREIBER 1969, S. 283)
1839/1843 Löhne, evangelische Kirche
1840/1843 Münster, Gartenstraße, Strafanstalt, Ausführung 1845/1853 Unternehmer K. Kluck (SCHREIBER 1969, S. 283)
1844 Ratibor, Strafanstalt
um 1844 Berlin-Moabit, Strafanstalt
1844/1847 Großer Domhof 1–2, neues Regierungsgebäude, Gutachten zur Planung (II, S. 1192–1194, 1197)
1844/1853 Wuppertal-Elberfeld, Landgericht
1846 Domkloster, Südflügel, Revision der Umbauplanung von Goeker (II, S. 513)
um 1845 Münster-St. Mauritz, Plan für ein Pastorenwohnhaus
1846/1847 Soest, Wiesenkirche, Plan für ein Pastorenwohnhaus (Ausführung 1847/1849 Cuno)
1850/1853 Warendorf, Molkenstraße 9, Kreisgericht (Mitarbeit an der Planung)
1853 Kampstraße 31, Kreisgericht und Gefängnis, Gutachten zur Planung Bauinspektor Goecker
1853/1854 Kampstraße 31, Entwurf für das Gerichtsgebäude mit Gefängnis (Ausführung bis 1858)
1854/1857 Bad Oeynhausen, Herforder Straße, Badehaus I (Ausführung: Goeker bzw. 1854/1855 J.B. Cremer)
1855 Münster, Domplatz 6/7, Anbau einer Poststation
1855 Bad Bertrich, Brunnenhalle
1856/1858 Bad Oeynhausen, Trinkhalle Bitterbrunnen (zugeschrieben)
1856/1859 Bonn, Landgericht
1858 Bad Oeynhausen, Badehaus II (erschlossen)
1858 Bad Oeynhausen, Augustaplatz, Dunstbadehaus
1860/1872 Aachen, Adalbertsteinweg, Vollzugsanstalt
1863 Hagen, Kreisgerichtshaus, Entwurf
1866/1868 Wuppertal-Elberfeld, Postamt Mariapfortenstraße
1868/1869 Bad Bertrich, katholische Kirche

Busse, Christian
Bauunternehmer in Wietersheim, zunächst Haus Nr. 79, ab etwa 1910 Haus Nr. 6.
1904 Aminghauser Straße 43, Stallanbau
1907 Friedrich-Wilhelm-Straße 121, Speisehaus, Umbau Bekleberei und Kesselhaus (Plan: Büro Kelpe)
1910 Friedrich-Wilhelm-Straße 87 für Schneidermeister Heinrich Fromme
1911 Petershagen-Frille, Neubau der Kirche (zusammen mit Carl Prange, Cammer) (Plan: Kelpe)
1912 Friedrich-Wilhelm-Straße 96, Anbau eines Schuppens an die Remise
1922 Feldstraße 11 für Wachtmeister Karl Hoeke
1928 Friedrich-Wilhelm-Straße 121, Erweiterungsbau der Fabrik Gebr. Busch
1929 Friedrich-Wilhelm-Straße 129, Neubau der Kegelbahn für Wirt Willy Richter

Busse, Ernst
Zimmermann. Geboren um 1820, 1846/1853 Besitzer des Hauses Königswall 25.

Busse, G. A. (?)
Faßmaler.
1764 St. Marien, Farbfassung des Kanzelkorbes (III, S. 167)

Busse, Gottlieb
Maurer, Baugeschäft in Frille Nr. 49 (geb. 20.5.1889).
1934   Bachstraße 15, Umbauten
1949   Viktoriastraße 6 für Wilhelm Nolting

Busse, Willhelm
Zimmermeister aus Frille.
1905   Dankerser Straße 48 für Molkereibesitzer Hermann Schäkel

Butzke, F.
Berlin.
1825   »Garnison-Lazarett, Berliner Vorentwurf« (Portastraße 9) (I.2, S. 448–450, Abb. 280, Kat.-Nr. 227)

Bussmann
Kirchenmaler in Stemwede-Levern.

1953/1954 St. Marien, Ausmalung (III, S. 86, 224)
1963   St. Marien, Malerarbeiten (III, S. 81)

Calamé, Karl Ferdinand
Geboren um 1792. Regierungs-Kanzlist in Minden; wohnte 1846 bei dem Hofrat Dr. Meyer an der Obermarktstraße 24. Verfaßte ein Buch über den Dom zu Minden.
1836/1838 Dom, Innenansicht nach Osten und Grundriß (II, S. 8, Abb. 421, 478, 502), Grundriß (II, S. 9)
1841   Dom, Kurzbeschreibung (II, S. 8)
1864   Minden, Stadtplan

Camphausen, Wilhelm
Militär- und Schlachtenmaler (geb. 8.2.1818 in Düsseldorf, gest. 18.6.1885 ebenda). Schuf in späteren Jahren vor allem Darstellungen zur vaterländischen und preußischen Geschichte.
vor 1866 Markt 1, Rathaus, Porträt Wilhelms I.
vor 1866 Markt 1, Rathaus, Porträt des Großen Kurfürsten
vor 1866 Markt 1, Rathaus, Porträt Friedrichs II. (der Große)

Cappelmann, Gottfried
Tischlermeister.
1727   Kleiner Domhof 13, Domsyndikathaus, Reparatur (zusammen mit anderen) (II, S. 1415)

Carato
Maurermeister.
1700   Brüderstraße 26, Neubau Scheune, Fundamente und Ausfachung

Cardinal, R.
Dipl.-Ingenieur.
1977   Brühlstraße 34, Erweiterung des Schiffskinderheimes

Carrel
Schieferdecker in Bielefeld.
1818   Herford, St. Marien, Reparaturen an Kirchendach und Turm
1822   Dom, Reparatur des Dachreiters über der Vierung (zusammen mit anderen) (II, S. 427)
1823   Markt 1, Rathaus, Deckung des Turmes

Caspary
1853 Hauptmann und Artillerie-Offizier vom Platz in Minden. 1866 Oberst und Regiments-Kommandeur in Minden, 7. Artillerie-Regiment.
1853   »Wagenhaus No 2, Projekt« (Simeonsplatz 21) (Entwurf zugeschrieben) (I.2, S. 471–474, Abb. 296 f., Kat.-Nr. 239)

Casper
Architekt bei der Kanalbauverwaltung.
1911/1912 Schachtschleuse, Architekt der Gestaltung

Fa. Cassau
Werkstätte für kirchliche Gold- und Silberschmiedekunst in Paderborn. Hermann Cassau (geb. 1842, gest. 1901) gründete die Firma 1892

mit 7 Mitarbeitern. Sein Sohn Bernhard (geb. 1883, gest. 1958) führte die Firma weiter. Seine Nachfolge übernahm Sohn Heribert Cassau (geb. 1914, gest. 1986), ausgebildet in Regensburg, Köln und Krefeld. Sein Sohn Bernd (geb. 5.5.1952) leitet seit 1986 die Werkstatt. Er studierte in Düsseldorf, Meisterprüfung 1981.

um 1950 Dom, Ziborium (Bernard Cassau, II, S. 930)
1976 Dom, Tabernakel der Klosterkapelle (Entwurf: Elmar Hillebrand/Köln 1974) (II, S. 890)
um 1980 Dom, Hostienschale (II, S. 931)

Cassel, Heinrich
Baugewerksmeister, technischer Aufsichtsbeamter oder auch Revisionsingenieur, wohnte 1927 Immanuelstraße 28, 1929 Immanuelstraße 12.

Cayart, Jean Louis (auch Cayard oder Cayaert)
Ingenieur (geb. 1645 La Chapelle, gest. 1702 Berlin). Lernte unter Vauban und kam 1687 als Réfugié in brandenburgische Dienste. Schneller Aufstieg zum Festungs-Baumeister des Kurfürsten von Brandenburg. 1695 Oberingenieur der churmärkischen und hinterpommerschen Festungen. Legte 1695 ein Réglement über die praktische Ausführung von Festungsbauten vor (siehe HAGEMANN 1985, S. 88 f., Abb. 53–58. – HECKMANN 1998, S. 97 ff.).
1689 Lippstadt, Projekte für den Ausbau der Festung (I.2 S. 31)
1697 Lippstadt, Projekte für den Ausbau der Festung (I.2 S. 31)
1699 Stadt- und Festungsplan (I.2, S. 32, 96–105, Abb. 41–42, 112 f., Kat.-Nr. 16)
1700 Denkschrift für den Ausbau der Festung mit Grundriß der Festungsanlagen (zusammen mit Jean de Bodt) (I.2 S. 32, 96, 111–115)
1701 Berlin, Gendarmenmarkt, Entwurf der Französischen Kirche

Chevalier
Ingenieur-Lieutenant in Minden.
1856/1868 »Grenzkarte der Bahnhofsbefestigung« (I.2, S. 619–621, Abb. 408, Kat.-Nr. 325)
1857 Hafenstraße 4, Wallmeisterhaus

Christiani & Nielsen
Maschinenfabrik in Hamburg.
1913/1914 Antriebseinrichtungen (Patent Nyholm) für die Oberschleuse zwischen Kanal und Hafen

Cielobatzkie, Otto
Bildhauer, wohnte 1924 Lübbecker Straße 58.

Clausing
Schmiedemeister, wohnte 1851 Deichhof 14. Der Betrieb wird von seinen Nachfahren bis in das 20. Jahrhundert weitergeführt.

Clauss
Malermeister, wohnte 1851 Kleiner Domhof 2.
1837–1839 St. Marien, Reinigung und Neufassung von Innenraum und Ausstattung (III, S. 71, 166, 168 f., 171, 177, 180, 222)

Clauss, Gottlieb
Bauunternehmen.
1959 Stiftstraße 25, Umbau

Clerget, Hubert
Architektur- und Landschaftsmaler (1818–1899).
1885 Ansicht der Stadt Minden von Osten (I.1, Abb. 42)

Cloth siehe Kloth

Collier, Gustave
Glockengießermeister in Berlin.
1877 Dom, Gutachten zu den Glocken (II, S. 846)

Conradi, Carl
1845/1848 als Bauconducteur bei der Regierung Minden nachgewiesen. Geb. um 1808, wohnte 1846 in dem Haus Bäckerstraße 71 zur Miete.
1845–1848 Großer Domhof 1–2, neues Regierungsgebäude, Bauleitung (II, S. 1195–1197)

Contag, Werner
Regierungsbaurat. Leiter der Wohnhaus Minden GmbH (siehe dort).
1945/1946 Porta-Westfalica, erste Entwürfe für den Weserbrückenneubau an der Porta (MT vom 17.11.1950)

Cordes
Organist des Paderborner Domes.
1908 Dom, Gutachten zur Westorgel (II, S. 825)

Cordes, August
Brunnenbauer in Hannover.
1897 Dom, Sicherung des Chores, Bohrungen zur Fundamentuntersuchung (II, S. 259, 376)

Corell, Friedrich
Baukonstrukteur und Maschinenfabrik in Neustadt an der Haardt.
1901 Friedrich-Wilhelm-Straße 79, großes Lagerhaus (nicht ausgeführt)

Cornelius
Tischlermeister, wohnte 1851 Königstraße 47, 1852 Königstraße 48.

Costede, Heinrich (siehe auch **Kostede**)
Glaser.
1669 Kleiner Domhof 1, Lieferung von neuen Fenstern

Covlin
Bauconducteur.
1844/1848 Leitung der Baustelle Weserbrücke der Köln-Mindener Eisenbahn (Plan: G. Schelle)

Creuzinger, G. A. (auch Creusinger)
1821 Lieutenant, 1829 Ingenieur-Lieutenant, 1839 Premier-Lieutenant, 1841 Ingenieur-Hauptmann, 1852 Ingenieur-Capitain bei der Fortifikation Minden.
1817 »Grundriß und Schnitt der Hohen Front« (I.2, S. 191, Abb. 84, Kat.-Nr. 58)
1821 »Hornwerk Fischerstadt mit Montalmembertschem Turm« (I.2, S. 308 f., Abb. 169, Kat.-Nr. 154)
1823 »Kriegs-Pulver-Magazine No 3 und 4« (I.2, S. 374–376, Abb. 220, Kat.-Nr. 190)
vor 1825 (?) »Garnisons-Lazarett, Projekt 1« (Portastraße 9) (Entwurf von Uthmann zugeschrieben) (I.2, S. 445–447, Abb. 278 f., Kat.-Nr. 225 f.)
1825 »Tor im Reduit vor dem Marientor (I.2, S. 266, Abb. 138, Kat.-Nr. 118)
1825 »Wesertor« (Bauaufnahmen) (I.2, S. 332–337, Abb. 189–192, Kat.-Nr. 170 f.)
nach 1825 oder 1828 »Lageplan der Hausberger Front mit projektierten Lazarettbauten« (I.2, S. 443–445, Abb. 277, Kat.-Nr. 223)
vor 1827 »Entwurf für die Defensions-Kaserne« (Simeonsplatz 12) (Entwurf von Uthmann zugeschrieben) (I.2, S. 415–422, Abb. 253–256, Kat.-Nr. 210–213)
nach 1825 »Lageplan der Hausberger Front mit projektierten Lazarettbauten« (I.2, S. 443 f., Abb. 277, Kat.-Nr. 224)
1827 »Marientor« (I.2, S. 260 f., Abb. 134, Kat.-Nr. 114)

ca. 1828 »Garnison-Lazarett, Projekt II« (Portastraße 9) (I.2, S. 450–453, Abb. 281 f., Kat.-Nr. 228 f.)
1829 Hohe Straße 8, Bestandspläne
1830 »Hauptgraben-Caponière am Neuen Tor« (I.2, S. 238 f., Abb. 118, Kat.-Nr. 95)
um 1830/1832 »Garnison-Lazarett, Ausführungsplan, Grundrisse, Schnitte, Ansichten« (Entwurf: von Uthmann) (I.2, S. 454–458, Abb. 282–285, Kat.-Nr. 230–232)
1839 »Fischertor und Wachtkasematte« (kopiert durch Lehrs/Festungs-Bauschreiber) (I.2, S. 300 f., Abb. 163, Kat.-Nr. 149)
1839 »Kriegs-Pulver-Magazin No 5 im Bastion I« (I.2, S. 339 f., Abb. 196, Kat.-Nr. 173)
1840 »Anschluß des Hornwerks Fischerstadt an die Weser« (I.2, S. 317 f., Kat.-Nr. 157)
1840 »Garnison-Lazarett, Plan für die Bombenbalkendecke« (Portastraße 9) (I.2, S. 459–461, Abb. 289, Kat.-Nr. 233)
1841 »Blockhaus No 10 vor dem äußeren Fischertor« (I.2, S. 319, Abb. 179, Kat.-Nr. 158)
1843 »Blockhaus No 7 und Barardeau vor Bastion V der Hausberger Front« (I.2, S. 397 f., Abb. 235, Kat.-Nr. 204)
1844 »Königstor und Hauptgraben-Caponière« (I.2, S. 219, Abb. 104, Kat.-Nr. 79)
1852 Markt 13, Bestandspläne der Hauptwache

Crones, Josef
Bauführer, geb. 20. 6. 1848 in Köln und mit Anna (geb. 24. 2. 1850 Duisburg) verheiratet. Beide katholisch. Zwei Töchter (1874 u. 1876) in Duisburg geboren, demnach vermutlich erst danach nach Minden gezogen (1880 Johannisstraße 10).
1879/1880 Immanuelstraße 2, Neubau Gymnasium, Bauleitung und Teilentwürfe

Cronjäger, Hugo
Dipl.-Ing., Architekt in Minden. Geb. 1930 in Gießen, gelernter Zimmermann, 1973 Professor für Gestaltungslehre an der FH Bielefeld.
1974 Martinikirchhof 9, Sanierung

Cuhlemann
Schlosser.
1760 Kleiner Domhof 13, Domsyndikathaus, Reparatur (zusammen mit anderen) (II, S. 1415)

Custodis, Alphons
Schornsteinbauanstalt in Düsseldorf.
1924 Hansastraße 29, Schornstein des Gaswerkes

Cyclop-Werke
Motorenwerk in Berlin.
1913 Hauptpumpwerk am Kanal, Lieferung der vier großen Pumpen

Daake
Schreiner.
1815 Kaserne am Paradeplatz, Aufstellen und Reparatur von 195 Bettgestellen und Fensterreparaturen (zusammen mit Schlosser Müller, Glaser LeDoux und Köhler) (I.2, S. 356)

Däumer, Johann Andreas (**auch Deumer**)
Maurermeister. Zog 1793 als Neubürger aus Zaboden in der Grafschaft Graitz als Maurergeselle in Minden zu (KAM, Mi, C 126) und verstarb am 20. 3. 1813 hier 41jährig. 1800/1808 ist er sowohl als Stadtbaumeister als auch als Stadtmaurermeister nachzuweisen und fertigte in dieser Zeit zahlreiche Pläne anläßlich des Straßenausbaus in der Stadt an (Bäckerstraße, Markt, Mühlengasse, Schlachte). 1810 ließ er die Pumpe auf dem Markt bei der Umgestaltung des Platzes versetzen. Im selben Jahr ist eine Reparatur der Gruftgewölbe von St. Martini belegt.

Seit 1808 wohnte er in dem von ihm errichteten Haus Pöttcherstraße 12 rechts, das nach seinem Tode der Maurermeister Meyer übernahm. 1809 ersteigerte er die Reste des städtischen Galgens an der Johansenstraße. In erster Ehe verheiratet mit Henriette Amalie Wulff. Aus dieser Ehe der Sohn Friedrich Ferdinand (geb. 24.7.1802). Vor 1807 verheiratet mit Johanne Charlotte Müller. Sohn dieser Ehe der Maurermeister Franz Däumer.

1793 Großer Domhof 10, Kurienhof, Untersuchung des Zustands (II, S. 1292)
1795 Domstraße 14, Rektoratshaus Nr. 147 P, Kostenanschlag zur statischen Sicherung und Innenausbau (nicht ausgeführt) (II, S. 1473)
1796 Großer Domhof 9, Kurienhof, Untersuchung des Zustands (zusammen mit anderen) (Gutachten für Prozeß wegen schlechter Bauausführung durch Kloth) (II, S. 1282)
1798 Domkloster, Kostenanschlag zu Umbauten im Ostflügel (zusammen mit Zimmermeister Imkamp) (II, S. 500)
1798 Domkloster, Taxierung der Kapellen am Westflügel zwecks Verkauf nach Abbruch (II, S. 500)
1800 Lindenstraße, Plan des nördlichen Straßenabschnitts (IV, Abb. 779)
1800 St. Martini, Arbeiten am Kirchendach (III, S. 324)
1800 Obermarktstraße 34, Bestandsplan, Umbauplanung
1800 Videbullenstraße 11, Reparaturen
1801 Dom, Westwerk, Anschlag zur Instandsetzung (Leitung: Strukturar Gibmeier) (II, S. 129)
1801 Dom, Langhaus, vermutlich Dachreparatur für Domkapitel (zusammen mit Zimmermeister Imkamp) (II, S. 297)
1801 Martinikirchhof 5, Reparaturen
um 1800 Scharnstraße 1, Gutachten zum Bauzustand
1801 Tränke, Bestandsplan des Hafens und der anliegenden Bauten
1802 Alte Kirchstraße 17/19, Baugutachten
1802 Bartlingshof 10, Reparatur
1802 Markt 1, Rathaus, Kostenanschlag und Bestandsplan zur sog. »Schulzenburg«
1803 Bäckerstraße 17, Gutachten über Bauzustand und Kostenanschlag der Reparatur
1804 Alte Kirchstraße 14, als Unternehmer
1804 Bäckerstraße 68 und 70, Plan zur Lage der Häuser (IV, Abb. 233)
1804 Simeonstraße 34, Gutachten zum Kanal unter der Simeonstraße
1805 Bäckerstraße 56, Kostenanschlag zur Reparatur
1805 Obermarktstraße 9, Bestandsplan der Hofbebauung
1805 Ritterstraße 1, Umbauten
1805 Weserbrücke (Bogen der Bastaubrücke unter der Bäckerstraße), Reparatur
1806 Simeonstraße, Leitung des Ausbaus zur Staatschaussee
1807 Pöttcherstraße 12 rechts für eigene Zwecke
1808 Steinweg, Neupflasterung
1808 Weserstraße 8, Gutachten über Bauzustand und Teilabbruch
1809 Johansenstraße 26, Taxierung des städtischen Galgens
1810 Markt, Verlegung der Pumpe vor dem Haus Markt 12
1810 Weserstraße 10, Reparatur

Däumer, Franz Friedrich Philipp
Maurermeister (gest. 1836). Am 30.7.1798 als Sohn des Maurermeisters Johann Andreas Däumer in Minden geboren, seit 6.9.1827 Meister (KAM, Mi, F 372). Schon 1820 bei Arbeiten in St. Martini erwähnt. Wohnte 1815 zur Miete in Pöttcherstraße 21, 1828 in dem Haus Ritterstraße 28, 1830 in seinem Elternhaus Pöttcherstraße 12 und ab 1832 in dem von ihm erworbenen Haus Hahler Straße 3.

1828 Großer und Kleiner Domhof, Wartung der Pflasterung (II, S. 1350)
1829 Stadtbach, Brücke der Poststraße
1830 Stützmauer, Reparatur eines Abschnittes unterhalb des Simeonskirchhofes
1831 Alte Kirchstraße 11, Küsterhaus, Anschlag zur Renovierung
1833 Hahler Straße 3, Umbau für eigene Zwecke
1833 St. Marien, Dachreparatur (III, S. 123)
1833 Kaserne am Paradeplatz, Dachdeckung (I.2, S. 359)
1837 Parkstraße, Leichen- und Wärterhaus am Friedhof (Plan 1833 von Trippler)

Dageloh
Tischlermeister, wohnte 1851 Königswall 97.

Dagemüller, Cord
Zimmer- oder Mühlenbaumeister.
1732 Mühlenwerk der Schiffsmühle der Familie Vögeler

Dahl, F.
Civil-Ingenieur.
1875 Friedrich-Wilhelm-Straße 121, zweiter Schornstein der Fabrik Gebr. Busch

Dallmeier
Maurer in Bölhorst.
1877 Lübbecker Straße 82 für Bremser Otto Homann (Plan: Luhmann)

Damer, Anton
1737 für Arbeiten in St. Martini genannt.

Dames, H.
Königlich preußischer Landbaurat/Baurat bei der Regierung Minden.
um 1750 Herford, Alter Markt 12, Gutachten zum Bauzustand des Turms der alten Marktkirche
1752/1754 Dom, Leitung der Dachsanierung von Westwerk, Chor und Querhaus mit entsprechenden Kostenanschlägen (II, S. 424, Abb. 312, 315)
1752 St. Marien, Gutachten zum nicht ausgeführten Struwe-Plan für Turmhelm (III, S. 136)
1754 Dom, Kostenanschlag zum Dachreiter über der Vierung (II, S. 424)
1754 Dom, Zeichnung zum Dachreiter (nicht ausgeführt) (II, S. 424, Abb. 313)
1754 St. Petri, Prüfung und Korrektur des Kostenanschlags zur Reparatur (III, S. 580)
1755 Porta Westfalica-Veltheim, Pfarrhaus, Kostenanschlag zur Reparatur
1755/1756 Bad Oeynhausen-Eidinghausen, Pfarrhaus (Ausführung: Zimmermeister Jaeger)
1759 Petershagen-Heisterholz, Brückenbau, Anschlag
1760 Minden-Todtenhausen, Poststraße Minden-Bremen, Brückenbau
1764 St. Simeon, drei Entwürfe für neue Turmspitze (nicht erhalten) (III, S. 641, 710)

Dammann
Rechengehilfe bei der königlichen Spezialkommission (Katasteramt) in Bad Oeynhausen.
1904 Konzept für die Erweiterung des Straßennetzes der Stadt Minden

Dammer, Cord
Zimmer- oder Schiffszimmermeister in Hameln.
1732 Schiffsbau als Grundlage der Schiffsmühle der Familie Vögeler

Dammert
Ingenieur-Kapitän aus Hannover.
1842/1845 Vermessungen und Vorplanungen der Eisenbahn Minden-Hannover

Dammeyer
Drechsler, wohnte 1798 Königswall 87 (vorher dort Fr. Vögeler, danach Johan Heinrich Lucas).

Daniel, Carl Ludwig
1878/1880 Rechnungsrat. Geb. 29.7.1813, in Erfurt, evangelisch, verheiratet mit Catharina (geb. 6.4.1815 Nordhausen, katholisch).

Daniel, Georg
1846 als Sergant in der VII. Pionier-Abteilung. 1848 als Pionier-Sergant a.D. bezeichnet, der in der Fortificationsverwaltung als Zeichner arbeitet. 1854 zum Wallmeister befördert. Steigt 1867 zum Fortifications-Sekretär auf, wohnte 1865 in dem Haus Vinckestraße 1 und 1873 in dem Haus Großer Domhof 5.

1825	»Marientor und Ravelin« (I.2, S. 266, Abb. 138, Kat.-Nr. 119)
1842–1851	»Friedens-Pulver-Magazine« (I.2, S. 720–725, 727 f., Abb. 474–476, Kat.-Nr. 380–384, 386)
1845–1867	Bahnhofsbefestigung (zusammen mit anderen) (I.2, S. 56, 514–524, 532–536, 567–570, 580 f., 583, 585–588, 589 f., 598 f., 602, 615, Abb. 332–336, 341 f., 365, 380 f., 385–388, 396, 406, Kat.-Nr. 262–268, 274–277, 293 f., 297, 299, 301 f., 307, 311, 321)
ab 1847	St. Mauritius-Kloster, Umbau zum Artilleriezeughof (zusammen mit anderen) (I.2, S. 637–639, 642 f., 650 f., 654, Abb. 417–419, 421, 425, 427, Kat.-Nr. 334, 336a, 340, 343. – III, S. 479)
1848	»Armierungsplan für die Festung« (kopiert durch B. Voigt) (I.2, S. 173, Abb. 74, Kat.-Nr. 46)
1849	»Militär-Ökonomie-Gebäude« (Simeonsplatz 4) (I.2, S. 468–471, Abb. 294 f., Kat.-Nr. 238)
1850	»Das Hahler Tor« (I.2, S. 244, Abb. 123, Kat.-Nr. 101)
1850	Großer Domhof 8, Kurie, Bauaufnahme (II, S. 1264, Abb. 795)
1850	Kampstraße 17, Kommandantenhaus, Bauaufnahme (IV, Abb. 571)
1851	Stadtbach, Nivellement-Plan (vermutet) (IV, Abb. 7)
1851	Bahnhofsanlage, Kopie der Katasterpläne (V, Abb. 1713)
1851	»Brücke vor dem Marientor« (I.2, S. 268, Abb. 140, Kat.-Nr. 120)
1851	»Fischertor und Redan X« (I.2, S. 302, Abb. 164 f., Kat.-Nr. 150)
1851	»Wassertor« (I.2, S. 304 f., Abb. 167, Kat.-Nr. 152)
1851	»Gewehrkoffer und Zugbrücke am äußeren Fischertor« (I.2, S. 321 f., Abb. 181 f., Kat.-Nr. 161 f.)
1852	»Defensions-Kaserne« (Simeonsplatz 12) (I.2, S. 427, Kat.-Nr. 216)
1854	»Proviantmagazin, Bestandzeichnung« (Martinikirchhof 6a) (I.2, S. 675–677, Abb. 439, Kat.-Nr. 356 f.)
1854	»Garnisonbäckerei, Bestandzeichnung« (Martinikirchhof 7) (I.2, S. 683–687, Abb. 445 f., Kat.-Nr. 360 f.)
1854	Hohe Straße 8, Proviantamt, Bauaufnahme (IV, Abb. 439)
1854	St. Martini, Stiftsgebäude, Aufnahme des Kreuzgangflügels mit altem Proviantamt (Hohe Straße 8) (III, S. 470, 472, Abb. 327 f.)
1854	Königswall 5, Bauaufnahme (IV, Abb. 731)
1854	»Wagenhaus No 2, Projekt, Kopie« (Simoensplatz 21) (I.2, S. 474–480, Abb. 297–305, Kat.-Nr. 240)
1856–1858	»Schaftsholz-Schuppen, Fassadenentwurf, Ausführungspläne und Einrichtungsplan« (I.2, S. 480–486, Abb. 307–312, Kat.-Nr. 241–244)
1858	»Laboratorium im Bastion II« (kopiert durch Wolf. Ingenieur-Lieutenant) (I.2, S. 352 f., Abb. 205 f., Kat.-Nr. 182)
1859	»Kriegs-Pulver-Magazin No. 1« (I.2, S. 206, Abb. 95, Kat.-Nr. 71)
1859	»Latrine und Pissoir bei Kaserne No 1« (I.2, S. 362 f., Abb. 210, Kat.-Nr. 186)

wohl 1859 »Plan für die Verlegung der Gasleitung zwischen Bahnhofsbefestigung und Stadt« (I.2, S. 508 f., Abb. 328, Kat.-Nr. 259)
1863 Königswall 89, Bauaufnahme (IV, Abb. 755)
1863/1864 »Entwurf zur Sicherung des Kriegs-Pulver-Magazins No 2« (I.2, S. 299 f., 342 f., Abb. 162, 198, Kat.-Nr. 146, 148, 175)
1864/1865 »Bombensichere Verstärkung des Hahler Tores« (I.2, S. 246, Abb. 124, Kat.-Nr. 103)
1864/1865 »Contrescapen-Galerie vor Bastion VIII« (I.2, S. 252 f., Abb. 129, Kat.-Nr. 108)
1865 »Kriegslaboratorium im Bastion IX« (I.2, S. 292–296., Abb. 157–159, Kat.-Nr. 141–143)
1865 »Schaftholz-Magazin, Entwurf zur Trockenlegung« (I.2, S. 487 f., Abb. 311, Kat.-Nr. 245)
1865 »Sicherung der Poterne 3 in der Hausberger Front« (I.2, S. 382–384, Abb. 226 f., Kat.-Nr. 195 f.)
1866 »Verbrauchs-Pulver-Magazin im Ravelin Neutor« (I.2, S. 241, Kat.-Nr. 98)
1867 »Contrescarpen-Galerie vor Bastion VIII« (I.2, S. 255, Kat.-Nr. 109)
1867 »Geschoßladestelle im Ravelin Marientor« (zusammen mit Langen) (I.2, S. 278 f., Abb. 147, Kat.-Nr. 127)
1869 »Brücke über den Festungsgraben im Zuge der Stiftspassage« (zusammen mit Langen) (I.2, S. 285 f., Kat.-Nr. 135)
1874 »Lageplan der Hausberger Front«, »Wall- und Grabenprofile der Hausberger Front« (I.2, S. 387, 388 f., Kat.-Nr. 197a, 197b)
1875 Übersichts-Plan von Minden (II, S. 1348)

Dankberg, G.
Eisengießerei in Berlin, Wilhelmstraße.
1861 Markt 1, Rathaus, Ofen für das Zimmer des Bürgermeisters

de Backer, Jost
Antwerpener Erzgießerwerkstatt.
1583 St. Martini, Taufe (nicht gesichert) (III, S. 378)

de Buhr, Jan
Bildhauer und Restaurator, Krummhörn-Pewsum.
1979 Dom, Festigung und Kunststeinabguß des Jungfrauenportals (II, S. 306)
1987–1988 Dom, Restaurierung des Mallinckrodt-Epitaphs (II, S. 681, Abb. 510)
1988 Dom, Restaurierung des Grappendorf-Epitaphs (II, S. 687, Abb. 516)
1988 Dom, Restaurierung des Jungfrauenportals (II, S 333)

de Clerk (auch de Clerck), Hendrik
Geboren um 1570 in Brüssel, vermutlich Schüler Marten de Vos'. Er starb wohl 1629.
um 1620 Dom, »Veronika mit dem Schweißtuch« (II, S. 872)

Deek
Maurer, wohnte 1853 in dem Haus Wolfskuhle 2/4.

Deilmann, Harald
Prof. Dipl.-Ingenieur in Münster (geb. 30.8.1920 Gladbeck). Nach Abitur 1938 in Münster Studium, Wehrdienst und anschließender Kriegsgefangenschaft Studium im Camp Concordia/Kansas und im Camp Trinidad/Colorado. 1946–1948 Studium der Architektur an der TH Stuttgart. Nach Beteiligungen an diversen Sozietäten eröffnete er 1955 ein eigenes Büro in Münster. Von 1963–1968 Professor für Gebäudelehre und Entwerfen an der TH Stuttgart und Gründung eines Büros in Stuttgart. 1964 Begründer und bis 1969 erster Direktor des Instituts für Gebäudekunde der Universität Stuttgart. Ab 1967 Mitglied in der Akademie der Künste in Berlin. 1969–1975

Lehrstuhl für Bauplanung, Abteilung Raumplanung an der Universität Dortmund. Gleichzeitig Gründung eines Büros in Dortmund. 1975–1985 Dekan der Abteilung Bauwesen an der Universität Dortmund. 1991 Niederlassung in Potsdam.

1952–1955 Münster, Stadttheater
1957   Nordwalde, Rathaus
1958/1960 Beckum-Neubeckum, Rathaus
1961   Münster, Ludgeriplatz, Kreishaus des Landkreises Münster
1971/1974 Rheda-Wiedenbrück, Rathaus in Rheda
1976–1978 Kleiner Domhof, Erweiterungsbau der Stadtverwaltung (II, S. 1432)
1977   Scharn 4, Anbau nach Osten
1979/1981 Düsseldorf, Rheinturm

Firma Deppen
Osnabrück.
1938–1941 Dom, Langhaus, Neuverglasung (ikonographisches Programm: Propst Parensen, Entwurf: Prof. Ernst Fey, Leitung: Knoch) (II, S. 444)

Deringer, Johann
Als Maler aus Hamburg genannt. Wurde am 2.2.1721 auf dem »Neuen Kirchhof« der St. Martini-Gemeinde beerdigt (KKA Minden).

Derix, Hein
Glasmalereibetrieb in Kevelaer/Rheinland.
1956–1957 Dom, Wiederaufbau, Ausführung der Fenster (Entwurf: Vinzenz Pieper 1955) (II, S. 445)

Dessauer, Walter
Architekt und Baumeister BDB, Ingenieur (grad.). Am 31.7.1912 in Stralsund geboren. Von 1927 bis 1931 in der Maurerlehre, dann in der höheren Staatslehranstalt für Hoch- und Tiefbau in Stettin, wo er als Hochbauingenieur abschloß. 1941 legte er die Prüfung als Baumeister in Stettin ab. Nachdem er von 1934 bis 1944 im Hochbau bei der Reichsbahn beschäftigt war, arbeitete er 1945/1946 als Bauführer bei dem Baugeschäft Rathert in Minden, dann dort als Maurer bei verschiedenen Betrieben. 1948 eröffnete er ein eigenes Architekturbüro in dem Haus Kampstraße 16. Dieses später (nach 1957) in der Marienwallstraße 31 und (ab etwa 1968) in Bürogemeinschaft mit Ing. (grad.) Karl Heinz Fegel in der Nettelbeckstraße 29. Bei dem Umbau des Hauses Bäckerstraße 59 kam es 1952 auf Grund gravierender Planungsfehler zu einem Teileinsturz, wobei es auch ein Todesopfer gab.

Dessauer wohnte 1945 Kleine Dombrede 14, 1946 Georgstraße, 1950 Bäckerstraße 24, 1954 Kampstraße 16, 1965 Nettelbeckstraße 29 und ab 1984 Herderstraße 19.

1948   Am Bahnhof Minden-Stadt 4, Geräteschuppen der Gärtnerei Friedrichs
1948   Kutenhauser Straße 102, Lagerhalle
1949   Königstraße 48 Lagerschuppen (für Grundstück Königstraße 40)
1949   Königstraße 49, Gewächshaus
1949   Kuhlenstraße 11, Gewächshaus für Willi Rudolph
1949   Lübbecker Straße 84 a, Planungen für den Tischlermeister Chr. Oetting
1949   Oberstraße 14, Erweiterung
1949   Rosentalstraße 9 für Tabakgroßhändler Robert Wolfgang
1949   Schwarzer Weg 12, Treppenhausanbau
1949/1950 Hermannstraße 52, Tankstelle und Werkstatt Kuloge & Sohn
1951   Albrechtstraße 8, Holzlagerschuppen für Niemann & Richmann
1951   Bäckerstraße 62, Ladenumbau und Planung einer Passage zum Domhof
1951   Kaiserstraße 3, Plan für Verkaufshalle
1951   Kuhlenstraße 22 für Julius Lax
1951   Scharnstraße 13, Umbau der Gastwirtschaft
1952   Bäckerstraße 59, Umbau
1952   Bäckerstraße 66, Umbau der Gastwirtschaft

1952/1958 Stiftsallee 25, Saalanbau für Wirt Strucks
1953/1954 Marienstraße 10, Wohnhaus und Kino Regina
1954 Deichhof 17, Garagen für Hauderei Hermann Harig
1954 Königstraße 96, Umbau
1954 Kuhlenstraße 16 a, Erweiterung des Gartenhauses
1954 Lindenstraße 1 a, Einbau Empore in den Saal
1954 Marienstraße 14, Wohn- und Geschäftshaus für R. Lindner
1954 Marienstraße 38 a, Verkaufspavillon für Ludwig Kopp
1954 Stiftstraße 52, Schaufenstereinbau
1954 Ulmenstraße 1, Um- und Erweiterungsbau zur Raststätte
1955 Bäckerstraße 21/23, Abortanbau
1955 Bäckerstraße 62, Ladenumbau
1955 Friedrichstraße 1 a, Verkaufsbude (nicht ausgeführt)
1955 Herderstraße 2 für Rechtsanwalt Herbert Wullutzki
1955 Kampstraße 9, Umbau zum Kaffee
1955 Kampstraße 16, Umbau und Neugestaltung
1955 Marienstraße 36, Anbau eines Verkaufspavillons
1956 Kampstraße 13/15, dritter Bauabschnitt für Fleischer F. Lobach
1956 Marienstraße 36, Umbau des Hauses
1956 Marienwall 11, Umbau
1957 Kampstraße 11, Aufbau eines ersten Obergeschosses
1957 Kutenhauser Straße 53, Umbau
1957 Königstraße 120, Umbau
1957 Rodenbecker Straße 47 für Bäcker H. Redeker
1957 Stiftstraße 18, Anbau eines Wohnhauses
1957 Viktoriastraße 20 a, Anbau
1958 Bäckerstraße 47/49, Umbau
1958 Kampstraße 13, Garagen
1958 Ringstraße 114, Esso-Tankstelle
1958 Paulinenstraße 3, Ausstellungspavillon für Optiker Lihra
1959 Dankerser Straße 42, Umbau Stall zu Wohnung
1959 Deichhof 13, Umbau
1959 Friedrich-Wilhelm-Straße 3, Aufstockung (nicht ausgeführt)
1959 Friedrich-Wilhelm-Straße 79, Tankstelle
1959 Klausenwall 22, Umbauten
1959 Viktoriastraße 27, Umbau und Aufstockung
1960 Blumenstraße 14, Umbauten
1960 Blumenstraße 23 für Herbert Grönegreß
1960 Blumenstraße 25, Einbau Hallenbad
1960 Brückenkopf 2 a, Umbau
1960 Schwarzer Weg 16, Wohnhaus für Großhändler Gustav Jacobi
1961 Simeonstraße 35, Neubebauung (nicht ausgeführt)
1962 Bäckerstraße 6, Umbau
1962 Dankerser Straße 17 a für Dipl. Chem. R. Hentzschel
1962 Festungsstraße 3, Umbau des Bürogebäudes
1962 Fischerglacis 25, Lagergebäude
1962 Lindenstraße 13, Umbau der Fabrik zu Büros
1962 Marienstraße 36, Umbau des Hauses
1962 Marienstraße 56 a, Lagerhaus An der Hochzeitstreppe 1 für Kayser & Meyer
1962 Wallfahrtsteich 26 für Hans Jürgen Ronike
1963 Marienstraße 111 a für Ursula Stephan
1963 Ulmenstraße 1, Autoverkaufshalle zur Ringstraße und Aufstockung des Hauses
1963 Viktoriastraße 44, Werkshalle für Ankerwicklerei
1964 Sandtrift 47, Umbau
1965 An der Hochzeitstreppe 4 für den Fabrikanten H. Waltke (Plan: Gildemeister/Bremen)

1966 Steinstraße 15, Umbau und Erweiterung
1968 Kaiserstraße 7, Um- und Neubau für Kaufmann Wilhelm Stark
1968 Simeonstraße 37, Neubau Gaststätte
1968 Werftstraße 4, Aufstockung
1968 Fischerglacis 25, Umbau
1969 Fischerallee 2, Umbau
1969 Dankerser Straße 3, Umbau
1970 Grüner Weg 8, Anbau
1971 Stiftsallee 3, Garage
1971 Stiftsallee 38, Umbau
1973 Hahler Straße 83, Anbau
1973 Simeonstraße 19, Umbau
1976 Stiftsallee 3, Einfriedung

Deuker, August
Iserlohn.
1905 Blumenstraße 7 für Katasterzeichner G. Krending (Ausführung: G. Kuhlmann)

Deutsche Maschinenfabrik AG
Duisburg.
1913 Abstiegshafen, Kran für Stadt Minden
1919 Abstiegshafen, zwei Portalkräne für Stadt Minden

Deutsche Röhrenwerke AG
1926 werden bei der Gründung der Vereinigten Stahlwerke AG die von der Gelsenkirchener Bergwerks AG (GBAG), den Rheinischen Stahlwerken, dem Phoenix und von Thyssen eingebrachten Röhrenwerke in den Werksgruppen Düsseldorf und Mülheim konzentriert. 1934 werden sie zur Betriebsgesellschaft Deutsche Röhrenwerke AG zusammengeschlossen. Im Zuge der Entflechtung der Vereinigten Stahlwerke AG nach dem Zweiten Weltkrieg ensteht 1948 die Rheinische Röhrenwerke AG, die die Anlagen der Werke Mülheim, Dinslaken, Oberbilk und Lierenfeld, Hilden und Immigrath übernimmt.
1947/1948 Dom, Wiederaufbau des Querhauses, Dachstuhl aus Eisenröhren (vermutet) (II, S. 418, 430)

Devaranne
Berlin. Gießerei und Fabrik für Zinkgußornamente.
1847 Großer Domhof 1–2, neues Regierungsgebäude (II, S. 1199)

Dey
Malermeister, wohnte 1851 Papenmarkt 8.

Dieckerhoff
1796 als *Planeur* (wohl Vermesser) bei der Planung zum Bau der Chaussee Clus-Minden-Porta beschäftigt und 1797/1799 (zusammen mit Inspektor Wesermann) mit der Leitung der Bauarbeiten betraut. Möglicherweise handelt es sich um den Wegebaumeister Heinrich Wilhelm Dieckhoff, der 1845 pensioniert wurde (siehe hierzu die Akte GSTA PK, I. HA Rep 89 geh. Zivilkabinett, jüng. Periode, Nr. 7026).

Diederich
Maurermeister, wohnte 1818 in dem ihm gehörenden Haus Weringarten 7, wo später auch sein Sohn Reinhard Diederich lebte.

Dielsmann
Soldat.
1755 St. Petri, Neubau: *Zuweisung der Fenster-Gewölbe* (III, S. 580)

Diekmann, (auch Dieckmann bzw. Dickmann) <u>Ferdinand</u> Heinrich
Königlicher Baurat (geb. 1803 Herford, gest. 1872 Hagen). Sohn des Herforder Organisten Johann Christian Dickmann. Verheiratet mit Johanna Luise Schonebaum aus Minden (Stammbaum siehe: Der Märker 1999, S. 161). 1823 Dienstantritt als Feldmesser. Von 1824 bis 1840 als Baukonducteur bei der Regierung Minden. 1840/1850 Wegebaumeister in Iserlohn; 1853 Kreisbaumeister in Iserlohn; 1858 Kreisbauinspektor in Hagen. 1870 in Hagen als königlicher Baurat pensioniert (siehe BARTH 1982, S. 867 f. – ALEWELD 1989, S. 38, 46, 241, 262).

1824 Karte der Weser bei Minden (V, S. 1757)
1832/1833 Stemwede-Dielingen, Pfarrhaus (Ausführung: Höcker/Dielingen)
1833 Enger, Steinstraße 21, Pfarrhaus, Projekt
1833 Borgentreich, katholische Pfarrkirche, Überarbeitung der bisherigen Neubaupläne
1834 Petershagen, Pfarrhaus der II. Pfarre
1835 St. Marien, Erläuterungsprotokoll zur Instandsetzung (Planungen?) (III, S. 71)
1835 Porta Westfalica-Veltheim, Pfarrhaus, Projekt
1834/1839 Löhne, evangelische Kirche
1835 Markt 1, Rathaus, Planungen für einen Balkon vor der Front
1835 Vlotho-Valdorf, Gutachten und Plan zur Erweiterung der Kirche
1837 Großer Domhof 3A, Umnutzung zu Leichen- und Spritzenhaus, Projekt (II, S. 1216, 1218, Abb. 748)
1839 Hohenwepel, katholische Kirche St. Margaretha
1839 Lichtenau-Dalheim, Umbau eines Klosterflügels zum Wohnhaus (Pieper 2000, S. 262)
1840 Kaserne No 1 am Bastion III/XI, Kostenanschläge (I.2, S. 361 f., Kat.-Nr. 185)
1840–1841 Dom, Paradies, Neuplanung der Westwand (II, S. 201)
1842 Hagen-Hohenlimburg, Projekt für eine Synagoge
1853/1854 Iserlohn, allgemeines Krankenhaus
1860 Herdecke, katholische Kirche

Diekmann
Regierungsbaurat bei der Bezirksregierung in Detmold.
1951/1953 Hermannstraße 1, Arbeitsamt

Diener, Friedrich
Zimmermann, geboren um 1800, wohnte 1846/1853 zur Miete in dem Haus Oberstraße 48.

Diepholz, Eike
1977 Wallfahrtsteich 14 als eigenes Wohnhaus

Diepholzer Fertighaus GmbH
1970 Ulmenstraße 13 für Kauffrau Marie Ungelenk
1971 Marienstraße 58 b für Ingenieur Gerd Lange

Dieselhorst, Johann
Zimmermeister. War ab 1723 Pächter der Kumpfmühle am Steinweg.

Dinkgreve, August
Baurat, ab 1919 Leiter des Wasserbauamtes Minden II, wohnte 1919 Marienstraße 25.
1911/1912 Marienstraße, Brücke über den Kanal
1911/1912 Kutenhauser Straße, Brücke über den Kanal
1912 Alte Aminghauser Straße, Brücke über das Unterhaupt der Oberschleuse
1917 Alte Aminghauser Straße, Brücke über den Kanal
1919 Oberschleuse, Schleusenwärterhaus

Dinklen, Friedhelm
1734 zu Arbeiten an der Treppe im Turm von St. Martini genannt.

Dinnendahl, Johann
Mechanikus. Stammte aus Niederweniger/Ruhr, wo er 1780 als Müllersohn geboren wurde. Nachdem er in Mülheim/Ruhr eine Eisengießerei gegründet hatte, zog er 1837 nach Minden, wo er zunächst im Dorf Meißen lebte. Er gehörte zu den schillerndsten Personen der frühen Mindener Industriegeschichte, der zahlreiche Aktivitäten im Bereich des Bergbaus, der Eisengießerei und der Zementherstellung entwickelte. Für letztere gründete er 1837 eine Fabrikation zusammen mit dem Bauinspektor Schelle, der später leitender Planer der 1847 fertig gestellten Bahnanlagen in Minden wurde.

1840 erwarb er das Anwesen Viktoriastraße 39/41, wo er – wegen fehlender Mittel nur in kleinen Schritten – eine Eisenhütte und mechanische Werkstatt aufbaute. In seiner Fabrik arbeiteten zwischen 30 und 50 Personen und es wurden Teile für die im Bau befindliche Eisenbahn, aber auch Maschinen hergestellt. Nach Eröffnung der Bahn im Oktober 1847 ging der Betrieb der Firma zurück, so daß Dinnendahl ihn verkaufen wollte. Am 18.10.1849 verstarb er (ausführlich dazu I.1, S. 528–530 auch 394, 546). Zu seinem Leben siehe Behrens 1974.

1844   Angebot zur Lieferung von eisernen Platten als Belag der Martinitreppe
1846/1847 Dampfmaschine für Müller Gößling in Hausberge
1846/1847 Dampfmaschine für Kaufmann und Schiffseigner Georg Rolff
1847   Bahnhof Minden, Empfangsgebäude, Dekorationselemente in den Giebeln, eventuell auch Fensterrahmen aus Eisen (vermutet)

Dirky
Architekt.
1898   Kampstraße 17, Offizier-Speiseanstalt, neue Dekoration der Repräsentationsräume

Distel
Architekt bei der Wasserstraßendirektion Hannover.
1922/1923 Bauhofstraße 17, Maschinenbauamt der Staatswerft

Diterich, Friedrich Wilhelm
Architekt in Berlin, Kriegs- und Domänenrat (1702–1782).
1740   Alte Kirchstraße 9–15, Gutachten zur Instandsetzung der Klosterkirche als Kornmagazin (vermutet)

Dittrich, Werner
Architekt, wohnte 1955/1966 Weserstraße 1.

1956   Marienstraße 56 a, Anbau
1957   Fischerglacis 21, Umbau zur Pension
1957   Lindenstraße 23, Umbau des Harmonie-Saalbaus
1958   Kaiserstraße 3, Umbau
1959   Jagdweg 10, Erweiterung
1960   Alte Aminghauser Straße 38, Umbau

Dodt
Kataster-Kontrolleur, wohnte 1857 Simeonstraße 22.

Doege
Garnisons-Baubeamter/-inspektor.
1897   St. Mauritius, Skizzen der Gewölbemalerei (III, S. 480, Abb. 344)
1897   Simeonsplatz 3, Trainschuppen/Proviantmagazin, Bauaufnahme (Simeonsplatz 3) (I.2, S. 409, 413)
1897   »Korrigierter Entwurf für das Proviantmagazin« (Martinikirchhof 6a) (Nachtrag) (I.2, S. 673, Kat.-Nr. 353)
1898   Pionierstraße 2, Entwurf der Decke für den Speisesaal des Offizierskasinos
1898   Plan zum Stand der Entfestigungsarbeiten bei Fort A (I.2, Abb. 583)
1902   Martinikirchhof 6a, Proviant/Körnermagazin, Fundamentverstärkung (I.2, S. 677, Kat.-Nr. 359)

Döhrmann, Ferdinand
Cat.-Secr., wird 1876 im Adressbuch als »Architekt« genannt, wohnte Brüderstraße 26.

Doemk, Theodor
Herford.
1898   »Hauptgraben und gedeckter Weg vor dem Königstor« (I.2, S. 256, Abb. 131, Kat.-Nr. 111)

Dörmann, Friedrich
Holzhändler, wohnte 1895 Bäckerstraße 61.

Dörmann, Karl
Holzhändler und Möbelfabrikant. Vermutlich Sohn des Holzhändlers Friedrich Dörmann. 1908 Möbelfabrikant Dörmann; 1918 Mindener Möbelfabrik GmbH (Inhaber sind Konrad Schwab und Paul Kaiser, die auch im Betrieb wohnen); April 1919 statt Möbelfabrik Karl Dörmann nun Möbelfabrik Karl Döhrmann OHG; seit Nov. 1919 Westfälische Sperrholzindustrie GmbH; 1923 Meester; 1925 Gebr. Moser GmbH, Möbelfabrik Moser; 1970 Winter KG Minden, Fertigung von Einrichtungen für Banken und Verwaltungen.

Der Betrieb befand sich wohl seit 1897 auf dem Gelände Fischerglacis 21. Wohl seit 1897 hatte Zimmermeister Wilhelm Plöger auf dem bis 1909 Dörmann gehörenden Gelände Fischerglacis 21 den Lager- und Betriebshof seines Baugeschäftes (hier dürfte ein Zusammenhang mit dem Baustoffhandel von C.F. Ahlert (Fischerglacis 25) sowie dem großen Zimmereibetrieb von Schütte & Wiese auf dem südlich anschließenden Gebiet bestehen), wofür verschiedene Lagerschuppen errichtet wurden. 1908 wird die Fläche zudem von dem Baugeschäft Emil Gremmels als Lager genutzt. 1944/1945 bestand auf dem Gelände ein Arbeitslager für ausländische Kriegsgefangene, die in dem für die Kriegswirtschaft wichtigen Industriebetrieb arbeiten mußten (Nordsiek 1995, S. 48).

Döx
Tischlermeister, der seit etwa 1745 in dem ihm gehörenden Haus Brüderstraße 27 arbeitete. Sein Sohn Gottfried übernahm später die Werkstatt.

Döx, Gottfried
Tischlermeister. Sohn des Tischlers Döx, geb. um 1768, verheiratet seit 3.5.1796 mit Anna Elisabeth Kostede. Sohn dieser Ehe der Tischlermeister Friedrich Döx. Die Familie zwischen 1750 und 1880 in dem Haus Brüderstraße 27 nachzuweisen. 1820 und 1821 mit Arbeiten für St. Martini genannt.
1797   St. Martini, Reparatur eines Kirchenstuhls (?) (III, S. 371)
1800   Videbullenstraße 11, Reparaturen
1801   St. Martini, Reparatur eines kleinen Altars (?) (III, S. 371)
1819   Alte Kirchstraße 11, Küsterhaus, Reparaturen
1820/1821 Videbullenstraße 11, Reparatur des Pfarrhauses

Dohm
Maurermeister.
1801   Weserbrücke und Bunte Brücke, Pflasterarbeiten auf und vor den Brücken

Dohm
Steinhauermeister in Obernkirchen.
1830   Lieferung der Steinstufen für die Martinitreppe

Domizlaff, Hildegard
Goldschmiedin, geb. 26.1.1898 Erfurt evangelisch, gest. 22.2.1987 Köln. Ausbildung in Leipzig, Weimar und Hamburg. Konvertierte 1919 zum Katholizismus. Sie lebte in Soest, Münster und ab 1925 in Köln. Sie widmete sich hauptsächlich dem sakralen Bereich, neben graphischen Arbeiten Stücke sehr unterschiedlicher Materialwahl und Dimension, vom Schmuckstück bis zur Großplastik.
1958   Dom, Bischofsstab (II, S. 1050)
1958/1959 Dom, Pektorale (II, S. 1051)

Domeier
1828   Aufnahme der Urkatasterkarte Flur Dombrede (V, Abb. 1321)
1829   Aufnahme der Urkatasterkarte Flur Kuhbaumsfeld/Friedrich-Wilhelm-Straße (V, Abb. 1323)

Dombauhütte Paderborn
um 1948 Dom, Wiederaufbau des Westwerks, Säulen der Kaiserloge (Entwurf: wohl March) (II, S. 134)

Dortmunder Union AG
Brückenbauanstalt.
1933   Kreuz für das Schlageter-Denkmal auf dem Jacobsberg (seit 1934 Marienstraße 134, Nordfriedhof)
1956   Hahler Straße, Brücke über den Kanal

Douglas-Hills
Professor, Heisterholz.
1956–1962 Dom, Anfertigung der Türblätter (Gipsmodell: Egon Ehrath) (II, S. 455)
1957   Kleiner Domhof, Skizze des Platzes mit Brunnen (II, S. 1355)

Doven, Andreas
1708 Glaser.

Doven
Provisor.
1749   St. Marien, Untersuchung von Sturmschäden (zusammen mit Zimmermeister Weichell) (III, S. 135)

Doux, F.
Tischler, wohnte 1852 Brüderstraße 27.

Drabert, Heinrich Wilhelm Julius
Architekt und Bauunternehmer (geb. 3.4.1870 Köln-Deutz). Julius Drabert stammte aus einer alten und weitverzweigten Mindener Handwerkerfamilie, die lange auf der Hufschmiede lebte. Schon vor 1800 ist dort der Schuhmacher Johan Caspar Friedrich Trabert oder Trawe (geb. 8.11.1758, gest. 8.5.1837, bestattet auf eigenem Grund bei Hahnen-Mühle, Stiftstraße 68) in dem Haus Hufschmiede 19 nachweisbar. Eines seiner vier Kinder, der Sohn Johann Heinrich Drabert (geb. 16.6.1806, gest. 28.8.1882) wurde Schlossermeister, der ebenfalls in dem Haus Hufschmiede 17 lebte. Aus seiner 1835 geschlossenen Ehe mit Marie Sophie Keller (geb. 1810 in Rahden) gingen 9 das Erwachsenenalter erreichende Kinder hervor, wobei die Familie schon 1878 in dem Haus Brüderstraße 23 wohnte. Fünf dieser Söhne waren im Metallgewerbe oder im technischen Bereich tätig: 1) Heinrich Gottlieb (geb. 18.9.1836), führte als ältester Sohn den Betrieb seines Vaters fort und errichtete 1859 als Schlosser zusammen mit seinem Vater das noch heute stehendes Haus Hufschmiede 9. 2) Theodor Julius (geb. 3.6.1838), heiratete die Zimmermannstochter Christiane Scheidemann (geb. 25.4.1843, gest. 5.3.1916, starb Hahler Straße 59) und wurde Eisenbahnsekretair. Er verzog nach Deutz bei Köln. Aus ihrer Ehe gingen drei Kinder hervor, von denen der Sohn Heinrich Wilhelm Julius sich nach 1890 als Architekt wieder in Minden niederließ (dazu weiter unten). 3) August Hermann (geb. 16.9.1842) wurde Schlosser und übernahm den väterlichen Betrieb auf der Hufschmiede 17. 4) Friedrich Wilhelm (geb. 19.6.1844) wurde Lokomotivführer und lebte noch 1908 in dem Haus Brüderstraße 23. Sein Sohn Wilhelm (geb. 28.1.1881, gest. 27.5.1970) wurde Ingenieur. 5) Johann Friedrich oder Fritz (geb. 20.10.1853) nannte sich zunächst Maschinist und lebte in Dützen bei Minden, bevor er 1898 eine Schmiede an der Wilhelmstraße 13/17 einrichtete, aus der sich schnell die Fabrik Drabert & Söhne entwickelte (zur Firmengeschichte siehe dort).

Julius Drabert ist 1890 erstmals wieder in Minden nachzuweisen, wobei er als Bauführer an der Erweiterung des Schulhauses in Rodenbeck arbeitete. Vor 1895 eröffnete er mit nicht 25 Jahren ein eigenes Architekturbüro, in dem in den nächsten 10 Jahren eine Vielzahl von Bauten entworfen wurden. 1895 heiratete er in Völklingen Otilie Anna Teutsch (geb. 4.11.1870 in Püttlingen bei Saarbrücken). Das Ehepaar wohnte nach der Übersiedlung nach

Minden zunächst an der Marienstraße 89, dann in den durch den Architekten selbst errichteten Häusern Wilhelmstraße 12 bzw. Cecilienstraße 14, 1911 im Haus Hermannstraße 66 und 1916 Hahler Straße 59 (von seinem Vetter Albert Scheidemann erbaut). Danach sind sie nicht mehr in Minden nachweisbar. Ihr 1896 geborener Sohn Julius zog um 1916 nach Bad Nenndorf, wo er 1978 verstarb.

1901/1903 beschäftigte er in seinem Büro den Maurermeister Albert Sassenberg, der dort Zeichnungen anfertigte. Julius Drabert betätigte sich in großem Maße auch als Bauunternehmer, während die reine Entwurfstätigkeit für ihn untergeordnet blieb. So baute er ab 1896 auf seine Kosten an der Wilhelmstraße/Caecilienstraße auf einem angekauften und dann parzellierten Grundstück innerhalb von fünf Jahren eine große Anzahl von Häusern, die er alle kurze Zeit nach der Fertigstellung wieder veräußerte: Wilhelmstraße 8, 10, 11, 12, 14, 16, 18 sowie Caecilienstraße 9, 11 und 14, ferner zusammen mit dem Zimmermeister A. Scheidemann das Haus Wilhelmstraße 9. Die Bauten wurden alle in recht unterschiedlichen Standard errichtet, so daß unterschiedlichste Mietergruppen angesprochen wurden. Ab 1904 begann er eine Fläche im nördlichen Bereich der Marienstraße zu bebauen, die zunächst für 6 Häuser vorgesehen war (errichtet nur Nr. 168 und 172). Die von Drabert entworfenen Bauten orientieren sich in der Ausstattung teilweise am gehobenen zeitgenössischen Standard und weisen nach 1900 in der Regel Badezimmer sowie Toiletten in der Wohnung auf. Hingegen folgt er in der Gestaltung, die sich fast durchgängig an Formen der Renaissance orientiert, eher überkommenen Vorstellungen und bleibt in der Ausarbeitung seiner Entwürfe deutlich unter dem Durchschnitt des Mindener Baugeschehens – möglicherweise ein Grund seines nicht länger anhaltenden Erfolges.

1895 Hahler Straße 94 für Schaffner Heinrich Baake

1895 Hermannstraße 56, Werkstatt mit Wohnung für den Tischler Carl Huly

1895 Hufschmiede 3 für den Buchbindermeister Schander

1896 Wilhelmstraße 14

1897 Artilleriestraße 4, Umbau

1897 Artilleriestraße 6, Ladenanbau für Schlachtermeister Carl Vogeler Junior

1897 Hermannstraße 66 für Lokführer Tusche

1897 Poststraße 6, Werkstatt für Schmiedemeister Ed. Melzig (Ausführung: Maurermeister Pook)

1898 Besselstraße 8, Wiederaufbau des Schuppens

1898 Cecilienstraße 14 für eigene Zwecke

1898 Hermannstraße 64 für Lokführer Tusche

1898 Rodenbecker Straße 49 für Postschaffner W. Köhring

1898 Wilhelmstraße 15, Werkstatt für Fritz Drabert

1898/1899 Wilhelmstraße 10/12 als Unternehmerbau

1899 Marienstraße 149 für Maurermeister A. Bade

1899 Rodenbecker Straße 57 für Tischlermeister Heinrich Rohlfing

1899/1900 Cecilienstraße 9 für eigene Zwecke

1899 Hahler Straße 51 für Gendarm Heinrich Sander

1899 Wilhelmstraße 16 als Unternehmerbau

1900 Cecilienstraße 11 für eigene Zwecke

1900 Dankerser Straße 22

1900 Wilhelmstraße 8, Stallgebäude für eigene Zwecke

1900 Wilhelmstraße 18 als Unternehmerbau

1901 Dankerser Straße 28

1901 Kuhlenstraße 25 für Lokführer Gustav Grote

1901 Marienstraße 112 für Maurermeister August Bade (Plan: Sassenberg)

1901 Marienstraße 151 für Maurermeister August Bade (Plan: Sassenberg)

1901 Wilhelmstraße 8 als eigenes Mietshaus
1901 Wilhelmstraße 9 (Plan: Sassenberg) als Unternehmerbau (zusammen mit Zimmermeister A. Scheidemann)
1902 Alte Sandtrift 16, Dachausbau
1902 Artilleriestraße 10 für Tischler Saar
1902 Dankerser Straße 37 für Bremser Carl Hanke
1902 Kutenhauser Straße 89 für Arbeiter Heinrich Horstmann
1902 Kutenhauser Straße 95, Anbau Stallgebäude
1902 Rodenbecker Straße 35, Stallgebäude und Anbau für Dr. Ohlemann
1902 Stiftsallee 11, Wohnhaus und Lagerhaus für Baustoffhändler August Ahnefeld
1902 Wilhelmstraße 15, Anbau der Werkstatt
1903 Dankerser Straße 24 für Heinrich Ottensmeyer
1903 Goebenstraße 5 für eigene Zwecke
1903 Kutenhauser Straße 44, Anbau Stall
1903 Marienstraße 91, Abortanbau
1903 Marienstraße 118 für Maurermeister August Bade
1903 Marienstraße 120 für Maurermeister August Bade (Plan: Sassenberg)
1904 Marienstraße 168 für eigene Zwecke
1904/1905 Marienstraße 172 für eigene Zwecke
1905 Artilleriestraße 16, rückwärtige Erweiterung
1906 Kutenhauser Straße 44, Umbau
1907 Kutenhauser Straße 44, Anbau
1908 Lübbecker Straße 80, massiver Giebel
1910 Kutenhauser Straße 44, Schuppen
1911 Feldstraße 19 für Lokheizer Bornmüller
1911 Grüner Weg 8, Düngergrube
1912 Grüner Weg 5, Umbau
1912 Lübbecker Straße 80, Stallanbau
1913 Kutenhauser Straße 95, Umbau des Stallbereiches
1913 Marienstraße 71 für Maurer Heinrich von Behren

Johann Friedrich Drabert

1913 Stiftsallee 11, Lagerhaus, Stall und Remise für Baustoffhändler August Ahnefeld
1917 Gelände der Gneisenau-Kaserne, Eingangstor vom Soldatenfriedhof des Infanterie-Regiments No 15 (I.2, S. 936)
1917 Marienstraße 134/136, Nordfriedhof, Grabstein für seinen Bruder Fritz Drabert (vermutet)
1919 Wilhelmstraße 15, Dachwerk der Fabrikhalle für seinen eigenen Betrieb

Drabert, Johann Friedrich, genannt Fritz
Geb. 20.10.1853, gest. 24.1.1917, Bruder des Mindener Architekten Julius Drabert. Begründer einer Schmiede und Kunstschlosserei, aus der sich schnell ein bedeutender Eisen- und Stahlbaubetrieb an der Wilhelmstraße 13/17

entwickelte (zur Firmengeschichte siehe dort). Der Sohn Fritz (geb. 11.10.1912) gründete als Dr. Ing. 1961 eine Stahlmöbelfabrik.
1901   Königswall 20, Gitter (zugeschrieben)
1908   Tonhallenstraße 5, Kreishaus, Geländer
1908   Königstraße 78, Zaun
1908   Tonhallenstraße 3, Stadttheater, Teile der Bühneneinrichtung
1909   Tonhallenstraße 3, Stadttheater, Rabitzgewölbe über dem Zuschauerraum
1910   Viktoriastraße 59, Zaun
1913   Schachtschleuse am Kanal, Dachstühle der Türme
1917   schmiedeeisernes Tor für den Friedhof des Infanterieregimentes 15 in Wicres/Nordfrankreich (seit 1937 in der Gneisenau-Kaserne auf der Grille bei Minden)

Draesel, Wolfgang
Mitarbeiter im Mindener Büro von Werner March. Draesel war schon seit spätestens 1937 vielfach Mitarbeiter bei Projekten von W. March (siehe SCHMIDT 1992).
1947   Wiederaufbaukonzept der Innenstadt von Minden (Mitarbeit bei W. March)
1949   Marienwall, Wiederaufstellung Denkmal für den Großen Kurfürst (Mitarbeit bei W. March)

Drake, Julius
Zimmermeister. Gehörte 1733 zur St. Martini-Gemeinde (KAM, Mi, C 832 und KKA Minden).
1733   Bäckerstraße 66, Wiederaufbau des Hinterhauses

Drake, Heinrich
Drechslermeister (Kunstdrechsler). Besaß um 1820–1834 das Haus Bäckerstraße 69. Verheiratet mit Metta Krüger (geb. 1788, gest. 4.10.1825).

Drechsler, Herman Ludwig
Steinhauer aus Hannover. 1817 beim Festungsbau.

Dreesmann, Hans
Architekt und Ingenieur, wohnte 1972 Schwarzer Weg 22.
1971   Schwarzer Weg 22, Erweiterungsbau
1977   Marienstraße 15, Saalbau für die Landeskirchliche Gemeinschaft

Drengemann, Gerhard
Architekt, Büro 1966/1972 in der Kanaluferstraße 34.

Drion, Fr. (Tryon)
Tischlermeister. Seine einzige Tochter Johanne Cath. Sophie Drion heiratete 1796 den Tischlermeister Heinrich Daniel Gotlieb Zegerlin aus Bergen auf Rügen, der auch später Drions Haus Nr. 741 b am Deichhof übernahm.

Drögemeyer, A. (Drögemeier)
Tischlermeister, wohnte 1851 Leiterstraße 1, 1852/1857 Kampstraße 5.

Drögemeier, Christian Johann
Zimmermeister, wohnte in der Fischerstadt in dem Haus Nr. 850 am Steinweg. Sein Sohn wohl der Tischlermeister J.C. Drögemeier.
1723   Lindenstraße 42, Reparaturen an der städtischen Priggenhäger Mühle

Drögemeier, Johann Christian
Tischlermeister. Wohl Sohn des Zimmermeisters C.J. Drögemeier. Starb am 2.7.1806 in seinem Haus Nr. 850 am Steinweg, das er von seinem Vater ererbt hatte.

Droste, Fritz
Architekt in Schnathorst.
1937   Lübbecker Straße 44, Wohnhaus für Schriftsetzer Albert Korff

Droste, Heinrich
Glaser. 1715 genannt.

Dudwiesius, Daniel
Legte am 11.9.1829 in Minden die Zimmermeisterprüfung ab und ist hier noch 1832 wohnhaft (KAM, Mi, F 372).

Dühre, Paul
Schmied.
1753   St. Marien, Neubau des Turmhelms, Schmiedearbeiten (Plan: Kloth) (III, S. 136)

Dürr & Co.
Röhren- und Kesselfabrik in Düsseldorf-Ratingen.
1903   Karlstraße 12, Kessel Nr. 437 (von 1889) für Walzwerk Hoppe & Homann
1903   Karlstraße 12, Kessel Nr. 428 für Walzwerk Hoppe & Homann

Dürr, Walter
Architekt, Dipl.-Ing. in Rotenburg an der Wümme.
1950   Friedrich-Wilhelm-Straße 12, Lagerhalle für Altwarenhandel Berg
1951   Festungsstraße 5, Lagerhalle für Altwarenhandel Berg

Düsterdiek, Kurt
1973   Wallfahrtsteich 18 c für Eheleute Simmet

Düx, Gerhardt
Werkmeister in der Steinhauerwerkstatt des Baumeister Moelle. 1885 Steinmetzpolier, seit 1890 als Steinhauermeister und Steinmetzmeister bezeichnet. Wohnte 1880 Friedrich-Wilhelm-Straße 70, seit 1885 Oberstraße 68, 1910 Schlachthausstraße 2. Düx (geb. 11.2.1845 Bonn, gest. 11.12.1912), war katholisch und mit Maria Hilker (geb. 15.5.1855 Windheim/Minden, evangelisch) verheiratet. Aus dieser Ehe gingen die Kinder Minna (geb. 6.12.1880), Heinrich (geb. 2.6.1883), Anna (geb. 6.1.1887) und Hermann (geb. 4.11.1889, gest. 20.3.1944) hervor. 1910 wird Hermann als Schlossergeselle genannt, 1914/1924 wohnte die Witwe Düx Königstraße 41.
1886   Grabdenkmal für den Regierungs- und Schulrat Theodor Voigt (1836–1886), (Mindener Zeitung 11.11.1886)

Dustmann, Hanns
Dipl.-Ing. und Architekt BDA und Prof. (geb. 25.5.1902 Herford-Diebrock, gest. 26.4.1979 Bielefeld). Sohn eines Lehrers. Nach Abitur in Herford im Jahre 1922 Studium an den technischen Hochschulen in Hannover und München mit Abschluß 1928 in Hannover. Studienreisen in zahlreiche Länder, 1928/1929 Mitarbeiter beim Hochschulneubauamt in Hannover und wenig später bis 1933 in den Büros von Prof. Gropius in Hannover. Nachdem er 1933 in die SS eintrat, verlor er seinen Posten als Chefarchitekt im Büro von Walter Gropius und verzog nach Berlin. Dort zunächst im Büro von Prof. G. Wolff, bevor er sich 1935 dort als freischaffender Architekt niederließ; wenig später Ernennung zum »Reichsarchitekten der Hitler-Jugend«. Sein Büro, zu dem auch ein Zweigbüro in Wien gehörte, umfaßte bald bis zu 40 Arbeiter und erlangte in Wettbewerben viele erste Preise. 1942 erhielt er von der technischen Hochschule Berlin-Charlottenburg den Titel eines ordentlichen Professors für Entwerfen. Ab 1943 gehörte er zum »Arbeitsstab Wiederaufbauplanung« unter der Leitung von Wolters.
Nach 1945 ließ er sich – wohl auf Vermittlung von Niemeyer, den er aus dem Wiederaufbaustab kannte und der zu dieser Zeit Landrat

in Bielefeld war – in Bielefeld als Architekt nieder (das Hauptbüro wurde 1953 nach Düsseldorf verlegt (Berliner Allee) und wurde später von seinem seit 1960 in der Firma arbeitenden Partner Dipl.-Ing. F. W. Trappmann mit dem Standort in Bielefeld fortgeführt). Er wurde zum Chefarchitekten der Victoria-Versicherung. In dieser Phase erstellte sein Büro allein Pläne für über 1000 Verwaltungs- und Bürogebäude. Bis zum Tode am 28. April 1979 als Architekt tätig (zu Leben und Werk siehe jetzt: Eva Maria KRAUSSE-JÜNEMANN: Hans Dustmann (1902–1979): Kontinuität und Wandel im Werk eines Architekten von der Weimarer Republik bis zum Ende der fünfziger Jahre, Kiel 2002).

1937 Berlin-Charlottenburg, HJ-Munsterheim (zusammen mit Robert Braun)
1938 Berlin, Hochschulstadt, Entwürfe
1938 Stuttgart, Gebietsführerschule der schwäbischen Hitlerjugend
Berlin, Café Kranzler
Berlin, Kaufhaus Bilka
Bielefeld, Haus »Brücke« am Markt
Bielefeld-Brackwede, Rathaus
Bielefeld-Brackwede, Stadtsparkasse
Bielefeld, Kreissparkasse
Bielefeld, Stadtsparkasse
Bielefeld, Landesstraßenbauamt
Bielefeld, Sparkasse an der Obernstraße
Bonn, Bebauung des Tulpenfeldes mit Ministerien
Bonn, Bundespressehaus
1948 ff Herford, Leitplan für Wiederaufbau der zerstörten Innenstadtbereiche
1948 Düsseldorf, Konzept für das »Graf-Adolf-Haus« als Hochhaus (mit Nentrich, Heuser und Rosskotten)
1949 Herford, Lutherstraße, Plan zur Anlage und Parzellierung
1949 Düsseldorf, Konzept für ein Hochhaus für die Technische Hochschule
1949 Bielefeld, Wertherstraße 39, Wohnhaus Hans Asemissen
1949/1950 Herford, Stadtholzstraße 14, Villa für Carl Ernstmeier (Ausführung: Gresselmeyer & Eßmann)
1952 Bielefeld, Mercedes-Halle (Bauten in Westfalen 1945–1957, Nr. 187)
1952 Düsseldorf, Königsallee, Hochhaus für die Viktoria-Versicherung
1953/1954 Bielefeld, Westdeutsche Landesbank (Bauten in Westfalen 1945–1957, Nr. 158)
1954/1956 Hannover, Georgsplatz 1, Verwaltung der NordLB
1954 Rheda-Wiedenbrück - Rheda, Realschule (Bauten in Westfalen 1945–1957, Nr. 87)
Essen, Hochhaus RWE
Essen, Hochhaus Thyssen-Rheinstahl
Wuppertal, Hauptverwaltung der vereinigten Glanzstoffwerke
Bonn-Bad Godesberg, Verwaltung der Allianz-Versicherung
Bonn, Industrie- und Handelstag
1956/1957 Bad Oeynhausen, Rathaus
1957/1958 Berlin, Kurfürstendamm, Café Kranzler
1966/1967 Königstraße 231, Straßenmeisterei für den Landschaftsverband Westfalen-Lippe

Dustmann, Rudolf
Dipl.-Ingenieur und Architekt. Er unterhielt schon 1936 ein Architekturbüro in Vlotho, das von der Kirchenbauverwaltung als Erfahren im Kirchenbau empfohlen wurde. 1939 zog er dann in Minden in das von ihm erworbene Haus Marienstraße 56 a, das er durch einen eigenen Büroanbau erweiterte, bevor er 1941 Gudrun Hattenhauer (Tochter von Wilhelm Hattenhauer) heiratete und in ihr Elternhaus am Markt 6 verzog (seit 1965 lebte er wieder in Vlotho). In zweiter Ehe war er mit Ina-Maria Korth verheiratet, Tochter des Mindener Architekten Hans Korth. 1966/1972 Solferinostraße 34 gemeldet.

Anlaß seines Umzuges nach Minden dürfte der im Januar 1939 erfolgte Auftrag der Stadt gewesen sein, die Architekturleistungen zum Bau der geplanten Luftschutzräume zu übernehmen. Schon im Mai 1939 teilte er aber der Stadt mit, daß er wegen Überlastung keine weiteren Aufträge mehr übernehmen könne (KAM, Mi, G V, Nr. 52) und bearbeitete fortan vor allem private Aufträge.

1938 Minden-Rodenbeck, Planung von 10 Lehrerwohnungen für die Volksschule der Siedlung Rodenbeck
1939 Marienstraße 56 a, Umbau für eigene Zwecke
1939 Brühlstraße 21 für Uniformfabrik H. Muermann
1939 Lindenstraße 23, Harmonie, Umbauten
1939 Marienstraße 56 a, Büroanbau für eigene Zwecke
1939 Hiddenhausen, evangelische Kirche, Umgestaltung
1946 Goebenstraße 36, Behelfsheim
1946 Paulinenstraße 5, Gemeindehaus (zusammen mit Hans Korth) für Immanuelgemeinde (Ausführung: Rathert)
1947 Hohnstraße 31, Umbau im Hinterhaus
1948 Marienstraße 26, Behelfshaus für Geschäft und Wohnung Wilhelm Ankelen
1948 Markt 6, Umbau
1948 Obermarktstraße 29, Einbau eines Ladens und Umbau
1949 Hahler Straße 66/66 a für Wohnhaus Minden GmbH
1949 Hahler Straße 68/68 a für Wohnhaus Minden GmbH
1949 Hahler Straße 70/70 a für Wohnhaus Minden GmbH
1949 Manteuffelstraße 3 für Kaufmann Richard Vorwald
1949 Markt 6, Umbau des Hinterhauses
1949 Rosentalstraße 14 für Heinrich Petri
1949 Scharn 1, Wiederaufbau und Erweiterung des Hinterhauses für Konditor Carl Schmidt
1949 Scharn 17, Umbau (Ausführung: Sierig)
1949 Simeonglacis 21, Projekt für Dr. G. Rumpff (Firma Höltke)
1950 Bäckerstraße 34, Einbau eines Ladens im Hinterhaus Großer Domhof 5 (II, S. 1230, 1231)
1950 Kampstraße 22, Wiederaufbau 1. Bauabschnitt für Rechtsanwalt Stiller
1950 Königstraße 39, Umbau Erdgeschoß
1950 Kuckuckstraße 18/20, Fabrikhalle für Brücker & Zschetzsche
1950 Markt 6, Ausbau des Dachgeschosses
1950 Salierstraße 8 für Fritz Pfannschmidt
1951 Bleichstraße 8 b, Wohnhaus für Dieter Müller
1951 Hansastraße 23 für Elke Kemper (Ausführung E. Rathert)
1951 Markt 6, Umbau des Erdgeschosses
1952 Domkloster, Entwässerung Domschule, Pläne (II, S. 491)
1952/1953 Domkloster, Neubau des Westflügels als Domschule (II, S. 491)
1952 Hahler Straße 45, Umbau
1952 Königswall 93, Neubau eines Treppenhauses
1952 Obermarktstraße 2/4, Umbau des Erdgeschosses
1952 Stiftstraße 25, Umbau des Hauses für Dieter Kemper
1953 Rodenbecker Straße 80 für Kaufmann Hugo Kannengießer
1954 Fischerallee 3 a, Wohnheim des evangelischen Hilfswerkes
1954 Königstraße 58, Umbau
1954/1955 Hiddenhausen, evangelische Kirche, Umgestaltung
1955 Brühlstraße 18, Umbau der Fabrik Muermann
1956 Am Brühl 8, Umbau des Gebäudes

1956	Brühlstraße 18, Neubau Westflügel der Fabrik Muermann
1956	Alte Sandtrift 1, Ladengeschäft
1956	Am Brühl 7, Wohnheim des Synoldalverbandes Minden für Jungarbeiter
1956	Markt 6, Wiederaufbau für R. Zahnow
1956	Ringstraße 116 für Helga Schmitz
1956	Scharn 10, Anbau an Verkaufspavillon
1957	Friedrich-Wilhelm-Straße 89, Aufstockung Halle für Ronicke & Söhne
1958	Feldstraße 8 für Kaufmann Herbert Schulz
1958	Goebenstraße 15, Umbauten
1958	Gustav-Adolf-Straße 6, Altersheim für den Synodal-Verband Minden
1958	Industrieweg 5, Sägewerk Wilhelm Lück
1959	Alte Sandtrift 3 für Wilhelm Stumpf
1959	Düppelstraße 9 für Elli Plös
1959	Friedrich-Wilhelm-Straße 89, Anbau Halle für Ronicke & Söhne
1960	Hohnstraße 1, Wiederaufbaukonzept
1961	Friedrich-Wilhelm-Straße 89, Fabrikhalle für Ronicke & Söhne
1961	Viktoriastraße 35, Wohn- und Geschäftshaus als Anbau für Kurt Tewer
1965	Porta Westfalica-Hausberge, 24 Wohneinheiten in Neu-Costedt (zusammen mit H. P. Korth)

Dyckerhoff & Widmann AG
Zementwerk mit großem Baubetrieb (für Betonbauten) in Wiesbaden-Biebrich
1887	Druckbehälter für städtisches Wasserwerk (siehe Portastraße 21)
1911/1912	Brücke der Kreisbahnstrecke nach Uchte über den Kanal
1911/1912	Brücke der Marienstraße über den Kanal
1911/1912	Brücke der Kutenhauser Straße über den Kanal
1921/1925	Friedrich-Wilhelm-Straße 89, Fabrikgebäude für Baumgarten & Co (nach Plan: R. Moelle)
1950/1951	Großer Domhof 6, Neubau Postgebäude (MT vom 9.3.1951)

Ebeling, G.
Klempnermeister, wohnte 1851 Obermarktstraße 17.
| 1869 | Markt 1, Rathaus, Zinkblechdeckung auf dem Turm |

Ebeling (Eberling), Albert
Klempnermeister (geb. 30.6.1851) und verheiratet mit Emma (geb. 5.3.1859 in Göttingen), wohnten 1880 Königstraße 2. 1889/1890 Aufbringen des Längssatteldaches über dem Mittelschiff von St. Martini (zusammen mit Zimmermeister Scheidemann).

Ebeling, Albert
Geschäft für Lampen- und Lackierwaren in Minden.
| 1886 | St. Martini, Ausstattung der Sakristei (III, S. 466) |

Ebeling, Albert
Architekt. Geb. 1.9.1858 Kahne, Kreis Wolfenbüttel. 1914/1916 als Mitabeiter der Baufirma Gremmels nachweisbar, wo er verantwortlich Bauentwürfe bearbeitete. 1918 nach Kassel verzogen.

Ebeling, August
Steinmetz, wohnte 1912 Lübbecker Straße 31.

Ebeling, Paul
Steinbruchbesitzer in Obernkirchen.
| um 1948 | Dom, Wiederaufbau des Westwerks, Lieferung von Haussteinen und fertigen Säulenschäften (II, S. 134) |

Ebeling, Reinhold
Restaurateur, Kirchenmaler und Kunstmaler in Hannover. Er hat u. a. die Altarbilder der Altstädter Kirche in Bielefeld restauriert.
| 1910 | Bad Sassendorf, ev. Kirche, Restaurierung der Wandmalerei |

1911/1912 St. Simeon, Brüstungsfüllungen der ehemaligen Westempore (III, S. 753)
1912 St. Marien, Entwurf für Gewölbeausmalung u. a. (III, S. 57, 81, 85)
1912 St. Simeon, Ausmalung von Schiff und Chor (III, S. 644, 663)
1927 St. Martini, Restaurierung von Gemälden (III, S. 373, 397, 399, 401)
1928 St. Martini, Restaurierung der Emporengemälde (III, S. 389)

Eberhard, Hermann
Geboren 1771, seit 1803 als Architekt und Wasserbauinspektor in Höxter ansässig. Nahm dort seine Wohnung im ehemaligen Kloster Corvey. Von 1814–1839 preußischer Bauinspektor für den Kreis Höxter, später Landbaumeister mit Sitz in Höxter (für die Kreise Höxter, Brakel und Warburg), 1839 pensioniert (siehe Sagebiel 1973. – Grunsky 1998, S. 108–132). Eberhard wurde im Januar 1816 nach Minden gerufen, um hier den Abbruch und die notwendige Taxation von Häusern durchzuführen, die im Zuge des Festungsbaus im Wege waren (STA DT, M1 I C, Nr. 799).
1805 Höxter-Corvey, Pläne für die Einrichtung einer Wohnung für die oranische Regierung
1805/1820 Höxter-Corvey, bauliche Betreuung der Staatsdomäne Corvey
1812/1816 Großeneder, katholische Kirche St. Peter und Paul
1818/1821 Amelunxen, katholische Kirche St. Peter und Paul
1819/1823 Bad Driburg, gräfliche Kuranlagen, Vorplanungen Kaffeehaus und Wandelhalle
1820/1821 Höxter-Corvey, Pläne für die Einrichtung einer Wohnung für Landgraf von Hessen
1823/1826 Bad Driburg, katholische Kirche, Erweiterung, Gutachten zur Notwendigkeit und Bauabnahme
1824 Höxter, Projekt für eine Brücke über die Weser mit Trageketten
1825 Brakel-Erkeln, Pfarrhaus
1825 Nieheim-Sommersell, Grevenburg, Bestandsaufnahme
um 1825 Höxter-Bruchhausen, Pfarrhaus
1828 Willebadessen-Peckelsheim, Projekt für eine evangelische Kirche
um 1830 Borgentreich, Schule
1831 Warburg, Neustädter Pfarrkirche, Dachreparatur
1831/1832 Höxter, Neubau der Weserbrücke (Bauleitung: Bau-Conducteur Goeker)
1837 Bad Driburg-Pömbsen, Pfarrhaus und Wirtschaftsgebäude

Eberlein, Friedrich
Schlossermeister, wohnte 1845/1853 Simeonstraße 23.

Echterbecker
Tischlerei in Bielefeld. Carl Echterbecker stammte aus Versmold und gründete am 2. 2. 1883 in Bielefeld eine Möbelfabrik und Tischlerei unter dem Namen »Echterbecker & Tiekötter«, die bald überregional wegen der besonderen Qualität ihrer Arbeiten bekannt wurde. Carl Echterbecker, Mitbegründer der Handwerker- und Kunstgewerbeschule in Bielefeld, schied 1911 aus dem Betrieb aus und starb mit 84 Jahren am 8. 2. 1933 in Bielefeld.
1905/1906 Weserglacis 2, Regierungsgebäude, Ausstattung Großer Sitzungssaal und Eßzimmer der Dienstwohnung

Eckert, Gustav
Bauunternehmen in der Bastorpstraße 8.
1957 Hermannstraße 29, Umbau und Erweiterung
1960 Im Hohlweg 4 für Vermessungsrat Heinrich Buhr
1967 Portastraße 16, Umbau

Eckhardt, E.
Architekt in Bremen.
1898   St. Martini, Projekt für einen neuen Turm

Edeler, Hanß
1622 Bürger und Steinhändler in Obernkirchen (KAM, Mi B 275 alt)

Egeling, O.
Bauführer.
1878   Alte Hausberger Torstraße 5, Hauptwache und Arresthaus (I.2, S. 736–741, Abb. 484, Pläne Nr. 1)

Egger, Franz
Orgelbaumeister in Paderborn.
um 1913 Dom, Kostenanschlag zur Instandsetzung der Westorgel (II, S. 826)

Eggert
Bau- bzw. Regierungsrat, Ministerium für öffentliche Arbeiten, Abteilung Bauwesen in Berlin.
1896   Dom, Sicherung des Chores, Gutachten (zusammen mit Bau- und Regierungsräten Steinhausen und Spitta) (II, S. 376)
1897   Dom, Sicherung des Chores, technisches Gutachten (zusammen mit Hinkeldeyn) (II, S. 376)

Ehlers, Karl
Geb. 1904 Hollenbeck, gest. 1973 Detmold. Nach Studium an der Kunstgewerbeschule in Essen und der Kunstakademie in Düsseldorf (1929 Gastatelier in der Kunstakademie in Istambul) als freischaffender Künster in Detmold lebend. Ab 1957 Professor an der Werkkunstschule in Münster für freie und angewandte Plastik. 1954 Verleihung des »Konrad-von-Soest-Preises« (Westfälischer Kunstpreis) des Landschaftsverbandes Westfalen-Lippe (siehe Erna EHLERS: Karl Ehlers – Das Plastische Werk, Marl 1984).

1939   Mülheim/Ruhr, Figur »Jobst, der Kandidat«
1949   Dom, Wiederaufbau des Westwerks, Kapitelle der Ostgalerie (Wettbewerb) (II, S. 135)
1954   Dom, Wiederaufbau des Langhauses, Pfeilerkapitelle (Wettbewerb) (II, S. 304, 348, 358)
1955   Dom, Entwurf eines Taufsteins (II, S. 728)
1957   Detmold, Marktplatz, Erlöserkirche, Schlußsteine
1966   Bielefeld, Neustädter Pfarrkirche St. Marien, Giebelfenster und Turmhahn

Ehlert, Hartmut
Dipl.-Ingenieur, Architekt in Rinteln-Schloß Arensburg.

Ehlis
Tischlermeister, wohnte 1851 Greisenbruchstraße 9.

Ehrenberg
Drechsler, wohnte 1804 Hohnstraße 18. Starb vor 1806.

Ehrencreutz, Jesper
Gießermeister in Ehrendahls Bruk/Schweden.
um 1710 Kanonenrohr am Schwichow-Denkmal (I.2, S. 919 f., Abb. 603c)

Ehrhardt, E.
Bauinspektor und Architekt in Bremen.
1898   St. Martini, Entwurf des Westturms (III, S. 332, 340, 342, Abb. 231)

Ehrhardt
Prof. in Berlin (siehe Ehrath, Egon)
1957   Dom, Tabernakel des Vierungsaltars (II, S. 889)

Ehrath, Egon
Gold- oder Silberschmied. Prof. in Berlin-Lichterfelde. Geb. 14.12.1905. Mitglied der Reichskammer der bildenden Künste bis 1945. Lehrte an der Hochschule der Künste Berlin. Arbeitete möglicherweise auf Vermittlung Werner Marchs für den Mindener Dom.
um 1954 Dom, Bronzetabernakel des Vierungsaltars (II, S. 645)
1956 Dom, Gipsmodell für neue Türblätter (II, S. 455)

Eichhoff
1801 als Tagelöhner (II, S. 501) genannt, später vermutlich Maurermeister (II, S. 129).
1801 Domkloster, Reparatur des Reventerdaches (II, S. 501)
1804 Dom, Westwerk, Kostenanschlag zur Reparatur (Leitung: Gibmeier) (II, S. 129)
1804 Domkloster, Abbau von Grabsteinen (II, S. 703)

Eickhoff, Hans
Maurermeister in Minden-Bölhorst, Zuschlag 15 (geb. 20.3.1931).
1968 Weserstraße 12, Umbau

Eickhoff, Dr.
Inhaber eines Planungsbüros in Hannover. Führte nach 1960 im Auftrag der Stadt Minden weitgehend die Planungen der städtischen Entwässerungsbauten aus.

Eidinger, Wilhelm
Maurer, geboren um 1820, wohnte 1846 in dem Haus Weserstraße 12.

Eigenrauch, Christian
Zimmermann, 1846 in Minder Heide Nr. 16 wohnhaft.

Eigenrauch, Karl
Architekt in Porta Westfalica-Hausberge, Ortsstraße 8, 1938 Mitglied in der Reichskammer der bildenden Künste. Karl Eigenrauch starb fast 75jährig am 24.1.1965. Er war mit Elfriede Epping verheiratet; Kinder: Walter, Horst und Luise (später Ebert).
1925 Porta Westfalica-Hausberge, evangelische Kirche, Anbau eines Raumes für die Kriegerehrung
1928 Steinstraße 20 a für den Eisenbahn-Betriebsassistenten Heinrich Brandt aus Holzhausen II
1930 Ritterstraße 18, Umbau des Saals
1930 Viktoriastraße 22, Erweiterung der Tankstelle
1935 Dankerser Straße 54 für Lokführer Heinrich Wehrmann
1936 Brückenkopf 3, Erweiterung der Fabrik (Ausführung: Gremmels)
1937 Brückenkopf 1, Balkonneubau
1937 Johansenstraße 2, Einfriedung
1938 Brückenkopf 3, Garage und Bunker (Ausführung: Gremmels)
1938 Simeonglacis 9 für Mittelschullehrer Ernst Gottschalk
1952 Obermarktstraße 23, Gutachten über Zustand der Scheune
1954 Nach Poggenmühle 4, Sanierung für Firma Mesch
1960 Porta Westfalica-Hausberge, Ortstraße, Neubau Gemeindehaus

Eilers, C.
Maurergeselle, 1872/76 von der Stadt Minden als Kanalaufseher beschäftigt, wohnte 1876 Königswall 33.

Eilers, Louis
Firma für Eisenbahn-, Hoch- und Brückenbau. 1871 als Schmiede in Hannover gegründet, seit 1901 das Werk nach Hannover-Herrenhausen verlegt. Bei überregionaler Bedeutung des Betriebes Erstellung zahlreicher Großbauten, so

etwa 1909 die dritte Halle des Hauptbahnhofes Hannover.

- 1904/1905 St. Martini, Konzept für einen neuen Turmhelm (III, S. 342)
- 1914/1915 Weserbrücke, Umbau und Verbreiterung
- 1918 Bahnhof Minden, Betriebsbahnhof, Wagenschnellausbesserungswerkstatt
- 1938 Eisenbahnbrücke über die Weser bei Lerbeck
- 1963 Schachtschleuse, Hubtor am Unterhaupt

Eisenhütte Prinz Rudolph
Eisenhütte bei Dülmen.
- 1847 Großer Domhof 1–2, neues Regierungsgebäude, Eisentreppe (II, S. 1199)

Eiselen, Max
Postbaurat in Minden, wohnte 1906 Königstraße 72. Max Eiselen (geb. 3.9.1854 in Magdeburg) war mit Margarethe Cäsar (geb. 11.10.1862 in Hattendorf) verheiratet. Die beiden Kinder Siegfried (geb. 12.11.1890) und Irmgard (geb. 2.11.1892) wurden in Arkona, Transvaal (heute Südafrika) geboren.
- 1902 Bielefeld, Hauptpostamt
- 1904 Großer Domhof 6, Postgebäude, Umbau und Erweiterung (II, S. 1240, 1242, Abb. 766–768)
- 1904/1905 Großer Domhof (ohne Nummer), ehemalige Domkurie, Ansichten und Lagepläne (II, 1249, Abb. 781–783)
- 1904/1905 Großer Domhof (ohne Nummer), Fabrikhaus »in Deppen Gange«, Lageplan (II, 1256, Abb. 781)
- 1906 Rödinghausen-Bruchmühlen, Mietpostamt

Eitner, Albrecht Bernhard
Regierungsbaurat, geb. 29.6.1832 in Steinau a./O (Schlesien) evangelisch, gest. 11.7.1903 Liegnitz. Verheiratet seit 1864 mit Emma Haas (geb. 24.9.1842 in Bauerwitz Leobschutz). Am 20.11.1852 als Bauführer vereidigt und danach an verschiedenen Orten beschäftigt. Am 13.8.1858 zum Baumeister ernannt; von 24.12.1865 bis 1870 Kreisbaumeister in Tilsit (Felix geb. 26.2.1865 Leobschutz, Paul geb. 1867 in Tilsit), von 1871–1875 Bauinspektor in Landsberg an der Warthe (Clara geb. 25.4.1873 in Landsberg). Zum 1.1.1876 Ernennung zum Regierungs- und Baurat mit einem Jahresgehalt von 4200 Mark und Versetzung zur Regierung in Minden (Wilhelm geb. 12.6.1878). Ab Dezember 1877 Mitglied des Kuratoriums des königlichen Bades Oeynhausen (statt Heldberg). 1891 Ernennung zum geh. Baurat. Zum 1.8.1897 Versetzung in den Ruhestand. Nach der Pensionierung verzog er nach Liegnitz.

Schon 1876 baute er sich eine eigene Villa am Königsglacis 7 (nicht zu verwechseln mit dem Direktor Eitner, der von 1873 bis 1877 in Minden das Gaswerk leitete und zugleich das Amt des Stadtbaumeisters bekleidete).

- 1876 Königsglacis 7 als eigenes Wohnhaus (Ausführung: G. Usadel und Schütte & Krause)
- 1879 Vinckestraße 1, Kurienhof, Taxation (II, S. 1316)
- 1880/1883 Herford, Eimter Straße 15, Justizvollzugsanstalt, Bauüberwachung
- 1884 St. Marien, Revision von Moelles Zustandsbericht (III, S. 76)
- 1879/1886 Dom, Außenrestaurierung des Langhauses, Zeichnungen zur Maßwerkerneuerung (Ausführung: W. Moelle, Entwurf Neuverglasung: von der Forst) (II, S. 295)
- 1880 Dom, Sicherung des Chores, Stellungnahme gegen Unterfangung (Stüler 1860, Pietsch 1879) (II, S. 375)
- 1881 Dom, Sicherung des Chores, Bauplanung und -leitung (zusammen mit Bauinspektor Haupt) (II, S. 375)
- 1886 Dom, Sicherung des Chores, Gutachten (zusammen mit Regierungsrat von Bülow) (II, S. 375 f.)

Eitner, Wilhelm
Gaswerkdirektor. Stammte aus Cöslin und wurde am 1.4.1872 zum Direktor der städtischen Gasanstalt ernannt, eine Aufgabe, die zugleich mit der Aufgabe des Stadtbaumeisters verbunden war. Er verließ Minden zum 1.10.1877, um als Direktor des Wasser- und Gaswerkes nach Heidelberg zu gehen. Sein Nachfolger wurde Gaswerkdirektor Schneider aus Dortmund-Hörde. Eitner wohnte 1876 Friedrich-Wilhelm-Straße 6.

1873 Brüderstraße 1, Wasserbehälter beim städtischen Spritzenhaus (Ausführung: König & Schäffer)
1876 Minden-Rodenbeck, Mitteldamm 52, Vorplanung einer städtischen Volksschule (Plan: Luhmann)

Eitner, Wilhelm
Wohl ein Sohn des 1872–1877 in Minden tätigen Gaswerkdirektors und Stadtbaumeisters Wilhelm Eitner oder des von 1875–1885 in Minden arbeitenden Regierungs- und Baurats Albrecht Eitner.

1902 St. Martini, Entwurf des Westturms (III, S. 332, 340, Abb. 232)

Eivel (Eiwell)
Nagelschmiedemeister, wohnte 1851 Kampstraße 34.

Elbers, Hermann
Bautechniker, seit 1912 Bauunternehmer. Elbers (geb. 7.11.1875 in Gronau) war mit Clara Morgenstern (geb. 10.2.1878 in Ronneburg) verheiratet (Tochter Hermine wurde 19.12.1905 geboren). Wohnte 1910 Luisenstraße 10, 1912 Blumenstraße 14 (bei Kelpe). Fertigte auch Zeichnungen für den Maurermeister Heinrich von Behren. 1913 verzog die Familie nach Volksdorf bei Stadthagen, wo Hermenn Elbers eine Stelle als Kanalbauaufseher antrat.

1911 Lübbecker Straße 98 für Schaffner Ludwig Mertens
1911 Kutenhauser Straße 26 für Maschinist Paul Stellbrink (Planung für den Maurermeister Heinrich von Behren)

Ellbecke
Sattlermeister.
1796 St. Marien, Sattlerarbeiten an Kanzel und Diakonatsstuhl (III, S. 168)

Elliger, Bert
Seit 1978 in Bürogemeinschaft mit H.P. Korth (siehe dort).

Elverfeld (auch **Elverfeldt**)
Strukturar am Mindener Dom.
1738 Dom, Dach des Langhauses, Schadensmeldungen (II, S. 421)
1739/1740 Domkloster, Reparaturvorschläge zu Schäden am Westflügel (II, S. 496)
1746 Dom, Dachreiter, Schadensmeldung und Forderung eines Neubaus (S. 422)
1749 Dom, Dachreiter, Zustandsprotokoll mit Beschreibung (II, S. 434)

Encke, Eberhard Ferdiand Feodor
Bildhauer und Medailleur in Berlin (geb. 27.10.1881, gest. 26.10.1936). 1907 erhielt er den Rom-Preis der Preußischen Akademie der Künste zu Berlin und ging danach für mehrere Jahre auf Studienreise nach Rom. Er kam in die Meisterklasse von Louis Tuaillon. Danach ließ er sich in Berlin nieder. Er schuf später zahlreiche Denkmäler in seiner Heimatstadt.

1911 St. Petersburg, Deutsche Botschaft, Roßlenkergruppe
1913 Hamburg-Harburg, Ringkämpfer-Denkmal
1921 Königsglacis, Relief am Denkmal FAR 58
1927 Berlin-Wilmersdorf, Krematorium, Die Trauernde

Ende, Hermann Gustav Louis
Architekt (geb. 4.3.1829 Landsberg/Warthe, gest. 10.8.1907 Berlin). Studierte bis 1855 an der Bauakademie in Berlin, dann bis 1857 Bauführer, bis 1859 Italien- und Griechenlandreise, finanziert aus dem 1855 verliehenen Staatspreis der Akademie der Künste. Nach der Baumeisterprüfung gründete er zusammen mit W. Böckmann das später international tätige Baubüro Ende & Böckmann in Berlin (bis 1895). Seit 1874 Mitglied der Akademie der Künste, ab 1878 Professor an der Bauakademie bzw. der TH Berlin, seit 1878 Mitglied der technischen Baudeputation und seit 1880 auch der Akademie des Bauwesens (Werke siehe KIELING 1987, S. 230 f.).
1866/1867 Großer Domhof, Denkmal für die Gefallenen der Kriege 1864 und 1866, Entwurf (Ausführung: Baumeister Moelle) (I.2, S. 921 f., Abb. 605)

Engel, Franz Philipp
1810 Drechsler in Minden. Engel (geb. um 1780) heiratete 1810 Justine Friederike Sassen (geb. um 1788). 1857 wohnte der Drechsler Engel Kampstraße 5.

Engel, Günter
Dipl.-Ingenieur. Zunächst als Architekt in Porta Westfalica-Barkhausen tätig, dann Inhaber des Dachdeckerbetriebes und Teerpappenhandels Engel & Schaper an der Wittekindsallee 22 a. Günter Engel (geb. 7.3.1915 in Schneidemühl) war mit Irmgard Zeitz (geb. 28.4.1919 in Berlin-Wilmersdorf) verheiratet; Kinder: Dietrich (geb. 19.9.1942 Stettin), Dörte (geb. 10.6.1951 Hameln), Ulrich (geb. 10.1.1955 in Minden) und Thomas (?).
1952   Gartenstraße 5 a, Umbau

Engel, Thomas
Architekt, geb. 25.10.1958 als Sohn von Brigitte Schaper (und Dipl.-Ing. Günter Engel?). Studium in Hamburg. Seit 2004 alleiniger Inhaber des Architekturbüros Parallel, Minden (siehe auch unter Parallel).
2005   Portastraße 2, Umbau

Engelkamp
1967   Viktoriastraße 54, Wohnhaus für Martha Schwichow

Engelke, Herbert
Architekt in Bielefeld.
1929   Kuhlenstraße 3 für Studienrat Fritz Behrens (Ausführung Maurermeister Homann)

Engelking, Heinrich
Maurermeister, Baugeschäft in Minden-Meißen.
1930   Sedanstraße 13 für E. Bonorden
1937   Kuhlenstraße 43 für Karl Butterweck

Engelking, W.
1967   Viktoriastraße 54

Engelmann, Arthur
Ingenieur (geb. 14.1.1869 in Erfurt) verheiratet mit Anna Salomon (geb. 4.5.1871 in Hötensleben). Die Kinder Anna (6.2.1899) und Richard (13.9.1904) in Luthe geboren. Übernahm wohl 1910 die Baufirma des schon 1911 verstorbenen Gustav Niermann (dieser arbeitete zunächst noch als Architekt in der Firma), die er zunächst als »G. Niermann Nachfahren«, später unter seinem Namen weiterführte. 1914 der Betrieb an der Stiftstraße 19. 1919 wird in der Firma der Architekt Karl Arndt beschäftigt. Auflösung des Betriebes, der sich bald auf den Hoch- und Tiefbau, Beton- und Eisenbetonbau spezialisierte, wohl 1930, da die Familie in diesem Jahr nach Hannover verzieht.
1911   Dankerser Straße 20, Unternehmerbau
1911   Stiftstraße 19, Um- und Erweiterungsbau als eigenes Bürogebäude (Plan: G. Niermann)
1912   Heidestraße 15, Verandaanbau

1913	Bäckerstraße 66, Umbau
1913	Stiftstraße 19, Umbau
1914	Blumenstraße 19 für Prof. Meinhold (nach Plan: Siebold/Bethel)
1917	Kutenhauser Straße 2/4, Oelfabrik Hahnel & Ries (mit Betonkonstruktion des Daches)
1918	Dankerser Straße 11b/c, Mietshaus (Unternehmerbau)
1918	Kutenhauser Straße 2/4, Anbau an die Fabrik
1918	Stiftstraße 17, Pferdestallgebäude für den eigenen Baubetrieb
1919	Stiftstraße 17, zwei Schuppen für den eigenen Baubetrieb
1921	Bleichstraße 28 für Otto Schlötel (nach Plan: Kistenmacher)
1921/1922	Kurfürstenstraße 2 für den Fabrikanten Fritz Noll (Plan: Prof. Kanold/Hannover, Bauleitung: R. Moelle)
1923	Stiftstraße 22, Anbau
1924	Stiftstraße 17, Umbauten des eigenen Wohnhauses

Engelmann
Baugeschäft in Minden.
1966   Dessauer Straße 29, Anbau

Engelmann
Baurat bei der Regierung in Minden.
1899   Herford, Stift-Berg, Renovierung der Stiftskirche

Engelmeier, Franz <u>Stephan</u>
Geb. 6.7.1842 Delbrück-Westerloh/Kr. Paderborn, evangelisch. Am 7.9.1867 Vereidigung als Feldmesser. 3.9.1868 Baumeisterprüfung, ab 30.6.1871 als Bauführer bei der königlichen Eisenbahndirektion in Elberfeld. 28.5.1877 Ernennung zum Regierungs-Baumeister. 1880/1881 bei der Kreisbauinspektion Montabauer, von 1881–1884 beim kommunalländischen Verband für den Reg.-Bezirk Wiesbaden, danach bis 1887 als Reg.-Baumeister in Siegburg und von 1887 bis 1896 als Kreisbauinspektor in Birnbaum. Vom 1.7.1896 bis zum Eintritt in den Ruhestand am 1.10.1911 als Baurat bei der Regierung Minden für den Baukreis Minden II (Hochbau) beschäftigt. 1906 Ernennung zum geh. Baurat. Bei der Pensionierung Verleihung des Kronenordens 3. Klasse (Nach STA DT, M1, pr. Per. II, Nr. 56), wohnte 1901 Marienglacis 31.

1887	Siegburg, Seminargebäude
1897	Dom, Sicherung des Chores, Leitung der Fundamentuntersuchung (Ausführung: August Cordes) (II, S. 259, 368, 376)
1898	Domstraße 14, Domschule, Planung Abwasseranschluß (II, S. 1475 f.)
1899	Dom, Kostenanschlag zu Restaurierung und Ergänzung des Marienkrönungsaltars (II, S. 588)
1899	Dom, Turm des Westwerks, Planung Reparaturen (II, S. 131)
1903	Dom, Querhaus, Planung Erneuerung des abgängigen Portalarchitravs (nicht ausgeführt) (II, S. 221)
1899/1900	Dom, Sicherung des Chores, Leitung der Fundamentunterfangung (Planung: Grahmann und Paetz 1898; Ausführung: Gustav Usadel, Heinrich Scheidemann) (II, S. 368, 377, 379, Abb. 280)
1900	Dom, Umbauplanung des Inneren (II, S. 300)
1900	Dom, Umbauplanung der Hallensüdseite (II, S. 742)
1900/1911/1912	Dom, Entwürfe zu Windfängen (II, S. 454)
1901	Dom, Kostenanschlag zur Anfertigung neuer Kirchenbänke (Ausführung: Tischlermeister Kamlah und Ronicke) (II, S. 743)
1901	Obermarktstraße 2, Statik
1902/1905	Weserglacis 2, Regierungsgebäude, Bauleitung
1903	Dom, Westwerk, Reparaturen am Nordportal (II, S. 221)

1903 Dom, Langhaus, Trockenlegung von Fundamenten (II, S. 300)
1904 Dom, Fundamentzeichnung zum Chor (II, S. 369, 379)
1905 Domkloster, Ostflügel, Taxierung und Pläne (II, S. 507, 591, Abb. 360 f.)
1905 Kleiner Domhof 7, Taxierung mit Plänen (II, S. 1375, 1380, Abb. 884 f.)
1905/1906 Großer Domhof 10–11, Umbau zu Pfarramt (Ausführung: Architekt Wilhelm Meyer) (II, S. 1290, 1296, 1300, Abb. 823)
1906 Dom, Vierung, Austausch von Hölzern und Ziegelsteinen (II, S. 430)
1907 Domkloster, Umlegung der Aborte, Bauleitung (II, S. 491, 522)
1908 Kleiner Domhof 13, Hauptzollamt, Grundriß und Schnitte (II, S. 1423)

Engert, Eugen
Firma für Wasserwerksbau in Minden. Ging aus einem 1877 gegründeten Installationsgeschäft des Klempnermeisters Carl Engert in Leipzig hervor, das sich auf Hauswasser-Versorgungsanlagen und Brunnenanlagen für städtische Wasserwerke spezialisierte. Sein Sohn Eugen Engert übernahm 1905 den Betrieb, baute ihn aus, verunglückte 1930 tödlich in der Schweiz. 1932 trat der Bauingenieur Alfred Donath in den Betrieb ein und erweiterte ihn vom Handwerksbetrieb zum Industrieunternehmen. 1947 wurde in Minden eine Zweigniederlassung des Betriebes gegründet. Donath verließ mit seiner Familie Anfang 1948 Leipzig und siedelte nach Minden über. 1952 erfolgte die entschädigungslose Enteignung des Leipziger Stammhauses mit über 300 Beschäftigten. Minden wurde nun zum Hauptsitz der Firma. Ende der 1950er Jahre übernahm man die Firma Gebrüder Hamann, zwei Jahre später die Firma Hermann Lange GmbH mit über 120 Mitarbeitern. Seit 1960 war der Dipl.-Kaufmann Dr. Joachim Donath, seit 1973 der Dipl.-Ingenieur Alexander Donath im Unternehmen tätig.

Enke, Eberhard
Bildhauer und Medailleur in Berlin.
1921 Königsglacis, Bronzereliefs für das Denkmal des Feldartillerieregiments 58 (Denkmal: Karl Krause) (I.2, S. 942–945, Abb. 615 f.)

Erfurth, Heinrich
Maurer, wohnte 1846 zur Miete in dem Haus Opferstraße 6.

Ericke
Architekt.
1897 St. Mauritius, Bauaufnahme (III, S. 480)

Ernsting
Tischlermeister, wohnte 1851 Weingarten 2

Ernsting, Johann Jost
Nagelschmiede. Der Betrieb über einen längeren Zeitraum und mehrere Generationen im Haus Hufschmiede 2 nachweisbar. 1743 Nagelschmied Meister Johann Ernsting; 1781 Nagelschmied Joh. Henrich Ernsting, 1791/1796 Witwe Ernsting, 1798/1805 Schmied Ernsting, 1818 Witwe Ernsting. Nach 1818 wird der Betrieb wohl vom Schmied Friedrich Peter weitergeführt (1832/1853 dort genannt). 1755 für Reparaturen an St. Petri genannt.
1721 Großer Domhof 9, Kurienhof, Reparatur (II, S. 1277)
1777/1778 Domkloster, Baumaßnahmen an der Kapitelstube (zusammen mit anderen) (II, S. 497)

Ernsting, Ernst Heinrich
Zimmermeister. Starb am 10.6.1770 mit 30 Jahren an der *Wassersucht* (?). Seine Witwe heiratete 1774 den Schustermeister Klothacke.
1768/1769 St. Marien, Glockenstuhl, Zimmerarbeiten und Bauholz (III, S. 157)
1769 Großer Domhof (ohne Nummer), ehemalige Domkurie, Anschlag zur Reparatur (zusammen mit anderen) (II, S. 1250)

1769/1770 Kampstraße 33, Neubau Pfarrhaus St. Marien (zusammen mit Maurermeister Meining)

Ernsting, Wilhelm
Baugeschäft in Porta Westfalica.
1909 Lübbecker Straße 8, Einfriedung

Erping, Peter
Architekt in Bünde. 1902/1903 als Bautechniker im Büro des Architekten Heinrich Schierbaum/Bünde in der Funktion eines Bauführers beschäftigt, dessen Büro er dann möglicherweise auch übernahm. Führte dann ein »Technisches Büro und Baugeschäft« in Bünde/Westfalen, später als »Architekturbüro« bezeichnet.
1904 Bünde, Hochstraße 5, Maschinenhausanbau an Zigarrenfabrik von E.H. Meyer
1905 Bünde, Herforder Straße 16, Wohnhaus für Stadtsekretär Th. Kohlstruck
1906 Friedrich-Wilhelm-Straße 129, Neubau Saal für Wirt Fritz Tiemann
1907 Bünde, Hochstraße 5, Projekt für ein Lagerhaus
1907 Bünde, Hochstraße 5, Maschinenhausanbau an Zigarrenfabrik von E.H. Meyer
1907 Bünde, Wilhelmstraße 94, Umbau
1908 Bünde, Borriestraße 7, Zigarrenfabrik J. Meyer & Co.
1908/1909 Bünde, Kaiser-Wilhelm-Straße 12, Villa für Amtsrichter Wilhelm Vocke
1911 Bünde, Blumenstraße 4/6, Zigarrenfabrik für A. Schuster
1911 Bünde, Wasserbreite 39/41, Erweiterung des Lagerhauses Porzellanhandel Severin
1913 Bünde, Wilhelmstraße 94 a, Fabrikgebäude und Remise für Tabakfabrik »Blöbaum & Brune«
1913 Bünde, Eschstraße 41 a, Schaufensterumbau
1915 Bünde, Wasserbreite 30, Wohnhaus und Einfriedung für Kaufmann Schröder
1921 Bünde, Klinkstraße 22, Umbau für Zwecke der Bünder Abendgesellschaft
1922 Bünde, Eschstraße 58, Einfriedung
1924 Bünde, Hauptstraße 9, Projekt für ein Kino
1925 Hermannstraße 61, Wohnhaus für Lokführer Julius Göke
1925 Bünde, Wasserbreite 16, Umbau des Wirtschaftsgebäudes
1925/1926 Bünde, Eschstraße 58, Wohnhaus für den Zigarrenfabrikanten Wilhelm Bastert
1926 Bünde, Eschstraße 39 a, Umbau
1935 Bünde, Steinmeisterstraße 13/15, Umbau »Stadtgarten«
1947 Bünde, Am Brunnen 13, Umbauten

Eschenberg, J. H.
1801 Domstraße 14, kleines Kamerariat Nr. 147 N, schadhafte Bretter über den Fenstern mit Teer und Pech geschlossen (II, S. 1468)

Eustermann, Joseph
Maurermeister in Wiedenbrück, der das erfolgreiche Baugeschäft seines Vaters, des Maurermeisters Georg Eustermann fortführte.
1899 Goebenstraße 12 für den Telegrafenassistenten Friedrich Eustermann (Ausführung: König)

Everding, Wilhelm
Maurermeister aus Röcke.
1927 Lübbecker Straße 27, Umbau
1927/1928 Königgrätzer Straße 22 für den Bahnbetriebsassistenten Franz Sowade
1928 Hahler Straße 90 für den Polizeiassistenten August Mey
1931 Waterloostraße 26 für Wilhelm Hagemeier

Evermann, Hans
Zimmermann. Wurde am 3.2.1721 auf dem Bauhof an der Lindenstraße 1 beerdigt (KKA Minden, St. Martini).

Evers, Fred
Technischer Angestellter, wohnte 1960 Bachstraße 69, 1968 Weserstadion 1.
1959 Bachstraße 1, Milchbar für Frtz Pook
1963 Bachstraße 71, Umbauten

Ewerbeck, Friedrich
1862–1864 (Druck) teilrekonstruierte Westansicht (II, S. 216 f., Abb. 133.3)

Faber, Georg
Architekt, geb. 18.11.1885 in Minden. Zog 1916 aus Bückeburg zu und wohnte 1916 in dem Haus Marienstraße 41, bevor er 1917 zum Militär eingezogen wurde.

Fahlmann, Johann Conrad
1732 Lindenstraße 42, Lieferung von Mühlsteinen für die städtische Priggenhäger Mühle

Fabra
Bau-Kondukteur bei der Regierung Minden (1818–1834 nachgewiesen). 1849 Bauinspektor in Paderborn; 1852 Wegebaumeister in Kreuznach, 1853 Landbaumeister in Köln, 1857 Eisenbahnbaumeister in Saarbrücken. Starb 1865 (siehe Weyres/Mann 1968, S. 46). Auch als Bauführer tätig (II, S. 743).
1818 Großer Domhof 1–2, Alte Regierung, Ostansicht und Lageplan (II, S. 1183, Abb. 712, 719)
1820 Alte Kirchstraße 9–15, Bestandspläne (IV, Abb. 27)
zwischen 1825–1836 Dom, Ansichten und Lageplan (II, Abb. 3)
1825 Großer Domhof 10–11, Bauaufnahme und Lageplan für Bauinspektor Gantzer (II, S. 1290, 1295, 1300 f., Abb. 816, 822)
1832 Dom, Bauführung der Restaurierung (Pläne: Stier; Gutachten: Schinkel) (II, S. 70, 457)
1834 Dom, Umgestaltung des Inneren, Kostenanschlag zur Anfertigung von Kirchenbänken (Ausführung: Tischlermeister Müller) (II, S. 743)
1834 Dom, Umgestaltung des Inneren, Bestuhlung, Kostenberechnung (Ausführung: Müller) (II, S. 743)
1834 Kopie der 1824 erstellten Karte der Weser bei Minden
1835 Dom, Dachreiter, Reparaturen an Dach und Wetterboden (II, S. 418, 428, 434, Abb. 317)
1849 Lichtenau-Dalheim, Klosteranlage, Beschreibung der Bartholomäuskapelle (Pieper 2000, S. 144)
1850 Vinckestraße 1, Kurienhof, Kostenbeschränkung für Wiederherstellung (II, S. 1315)

Fabricius
Baumeister bzw. (1729) als Landbaumeister in Hausberge bezeichnet.
1727 Weserbrücke, Gutachten
1729 Petershagen-Friedewalde, Haus Himmelreich, Gutachten zum Bauzustand

Falbe, Joachim Martin
Maler und Porträtist (Berlin 1709–1782).
1742 Markt 1, Rathaus, Portät Friedrich II, der Große (Kopie)

Falke
Zimmermeister aus Bückeburg.
1800 Bau der Bunten Brücke über die Weser (Planung: Strombaumeister Funck)

Falke, Kurt
Architekt BDB, wohnte bis 1960 in Meißen, spätestens 1964 in seinem eigenen Neubau mit

Büro Sedanstraße 39, in dessen Umgebung er eine Vielzahl von Bauten errichtete, wohnte 1984 In den Bärenkämpen 1, 1998 Heinrich-Lübke Straße 37.

1950	Kutenhauser Straße 92 für Albert Altvater	
1953	Feldstraße 12 für Fritz Meyer	
1954	Blumenstraße 10 für Frl. Hildegard Hermjohannes	
1954	Schwarzer Weg 14, Anbau an Lager	
1955	Rodenbecker Straße 77 a für Gastwirt Max Friedriszik	
1956	Bachstraße 19, Umbauten	
1956	Bäckerstraße 26, Wiederaufbau Wohn- und Geschäftshaus für G. Müller	
1958	Feldstraße 10 für Otto Böning	
1959	Sedanstraße 14 für Techniker Werner Witte	
1959	Sedanstraße 16 für Ingeborg Vorhölter	
1959	Viktoriastraße 57, Ladenbau für Gärtnerei Sahler	
1960	Feldstraße 8 a	
1960	Schwarzer Weg 14, Lagerschuppen	
1960	Sedanstraße 39, eigenes Wohnhaus mit Büro	
1960	Simeonstraße 15	
1961	Lübbecker Straße 3 für Kaufmann Willi Greinert Junior	
1961	Sedanstraße 21 für Edeltraut Lunte	
1961	Sedanstraße 35 für Christine Weitzenkorn	
1961	Sedanstraße 37 für Bankdirektor Fritz Kuhlmann	
1961	Ulmenstraße 1 a für Adele Hülsmann	
1962	Dankerser Straße 42 a	
1962	Fasanenstraße 7 für Kriminalsekretair i.R. H. Fleßner (Ausführung: Hartmann & Niermann)	
1962	Sedanstraße 23 für Oberlehrer Anton Vossen	
1963	Petersilienstraße 20, Um- und Neubau einer Schlachterei für H. Neuhoff	
1963	Stiftstraße 22 a für Herbert Kratzenberg	
1963	Viktoriastraße 68 a für Erbengemeinschaft Schaper	
1963	Pulverstraße 3, Umbau des Erdgeschosses	
1965	Alte Sandtrift 8, Vierfamlienhaus für die jüdische Kultusgemeinde	
1965	Sandtrift 36, Wohn- und Geschäftshaus	
1965	Stiftstraße 6 für Zahnarzt Dr. Stapff	
1967	Sandtrift 45, Ladenanbauten	
1968	Feldstraße 15 für Otto Steinhoff	
1968	Rodenbecker Straße 77 c	
1968	Sedanstraße 39, Erweiterung des eigenen Wohnhauses	
1969	Viktoriastraße 57, Ladenneubau für Gärtnerei Sahler	
1970	Stiftsallee 34 für Familie Rasche	
1970/1971	Grüner Weg 32–58 mit 14 Reihenhäusern für die Falke KG, Wohnungsbaugesellschaft	
1971	Sedanstraße 18 (Überarbeitung der Pläne von Klaus Moelle)	
1973	Viktoriastraße 65 für Edith Roschlau	

Fanger, A. G.
Schlosser. 1786 bis 1797 mehrfach für Arbeiten in St. Martini genannt.
1791	St. Martini, Reparatur am Turm (III, S. 338)
1799	St. Martini, Sakristei, Reparatur eines Schlosses (III, S. 468)

Fanger, Conrad
Schlosser, wohnte 1832 Ritterstraße 16.
1819	St. Martini, Stiftsgebäude, Schlosserarbeiten (III, S. 471)

Fasterling (auch Faserling), <u>Friedrich</u> Anton
1709/1730 Glaser in Minden, wohnte in der Pfarre St. Martini (KKA Minden).
1709	Königstraße 36, Fensterlieferung
1721	Großer Domhof 9, Kurienhof, Reparatur (II, S. 1277)

1727 Kleiner Domhof 13, Domsyndikathaus, Reparatur (zusammen mit anderen) (II, S. 1415)

Fechner, B.
1895 als Wasserbauinspektor für den Lokal-Bau bei der Regierung Minden zuständig, wohnte 1896 Simeonglacis 3.

Fegel, Karl-Heinz
Dipl.-Ingenieur, Architekt BDB. Zunächst in Bürogemeinschaft (ab etwa 1968) mit Walter Dessauer (siehe auch dort), 1970/1972 eigenes Büro Saarring 29.
1985 Königstraße 76, Umbau

Feien, Jakob
Schlossermeister, wohnte 1895 Obermarktstraße 5. Feien (geb. 27.4.1848, katholisch, Königswinter, Kreis Siegburg) verheiratet mit Anna (geb. 9.6.1855). Im Haushalt lebt 1895 der Schlossergeselle Peter Greif (geb. 7.3.1864) und der Lehrling Carl Heinemann (geb. 11.5.1880), 1900 der Geselle Karl Brandel (geb. 25.2.1882 Wägstedt, katholisch). 1893 plante Feien, für sich ein neues Wohn- und Geschäftshaus mit Werkstatt auf dem Grundstück Lindenstraße 33 errichten zu lassen (nicht ausgeführt). 1912 wohnte der Schlossermeister Gottfried Funken ebenfalls in Obermarktstraße 5, der später vermutlich die Schlosserei übernahm.
1903 (?) Dom, Arbeiten am Stuhl der Uhrglocke (II, S. 847)

Feilner
Ofenproduzent, Berlin.
1847 Großer Domhof 1–2, Regierungsgebäude, Musterzeichnungen für große, dekorative Öfen (II, S. 1198)

Feith
Orgelbaufirma in Paderborn.
1904 Dom, Zeichnungen der Westorgel für die Regierung (II, S. 821)

1907 Dom, Untersuchung der Westorgel (II, S. 825)
1913 Dom, Zeichnungen der Westorgel (II, S. 821)

Feldkötter, Karl
Bauunternehmer in Porta Westfalica-Nammen.
1949/1950 Bürgermeister-Kleine-Straße 8 für Oberingenieur Hermann Bakemeier

Feldwisch, Albert
1902 Mitarbeiter bei der Erstellung von LUDORFF 1902.

Fenestra Crittal
Fensterbau, Düsseldorf.
1955/1956 Dom, Wiederaufbau des Westwerks, Einfachverglasung im Paradies-Obergeschoß (II, S. 444 f.)

Ferber, Hilde(gard Marianne Antonie)
Kunsterzieherin, Religionspädagogin, Gestalterin von Glasfenstern, geb. 13.10.1901 Wetzlar a. d. Lahn, gest. 21. Juli 1967 Rotenburg a. d. Fulda. Tochter des Malermeisters Christian Ferber (geb. 1872) und der Johanna Ebertz (geb. 1876); 1928 Studienreise nach Oberitalien. Im selben Jahr stellt sie in Bielefeld erstmals eigene Arbeiten aus und beschickt eine Ausstellung mit dem »Bertrambund« in der Bessel-Oberrealschule (heute: Domschule) Minden. Bereits seit 1935 entwarf sie für etliche Kirchen in Westfalen Glasfenster. Bis zu ihrer Pensionierung 1962 war sie Studienrätin in Bielefeld.
1957 St. Martini, Sakristei, Entwürfe der Neuverglasung (Empfehlung durch Prof. Arnold Rickert/Bielefeld; Ausführung: W. Heberle/Hagen-Haspe) (III, S. 468)

Fessel
Fessel wird 1866 zum Regierungs- und Baurat bei der Regierung in Minden ernannt und übernimmt kommissarisch für einige Monate dieses Amt, bevor er nach Oppeln versetzt wird.

Feuchtinger, Max-Erich
Professor Dr. Ing. (geb. 9.9.1909, gest. 29.6.1960). Prof. an der TH Stuttgart, 1957–1960 Direktor am dortigen Institut für Straßenverkehrstechnik.
1946/1951 Domhöfe, Gutachten zur Platzgestaltung und Neubebauung (zusammen mit den Professoren Gruber und Flesche) (II, S. 1354, 1408, 1429)

Fey, Ernst
Prof. in Berlin-Lichterfelde
1932–1940 Dom, Planung der neuen Innenausmalung (Ausführung: Maler Keitz) (II, S. 460)
1938–1941 Dom, Wiederaufbau des Langhauses, Entwurf zur Neuverglasung (Leitung: Knoch, ikonographisches Programm: Propst Parensen, Ausführung: Firma Deppen) (II, S. 444)
1941 Dom, Wiederaufbau des Querhauses, Entwurf zur Neuverglasung (nicht ausgeführt) (II, S. 444)

Fick, Roderich
Architekt und Professor der Architektur (geb. 1886 Würzburg, gest. 1955). Nach Abschluß des Studiums und Anstellungen in verschiedenen Architektenbüros (A. von Senger/Zürich, Griesebach & Steinmetz/Berlin) 1914–1916 Leiter des Dezernats für Hoch- und Tiefbau beim deutschen Gouvernement für Kamerun in Duala. Nach Entlassung aus der Internierungshaft seit 1920 als selbständiger Architekt in Herrsching am Ammersee. 1927–1929 Assistent für Freihandzeichnen an der TH München. Durch das 1935/1936 errichtete Haus der Ärzte in München fiel er Hitler als besonders geeigneter Architekt auf. 1936–1945 ordentlicher Professor für Entwerfen an der TH München. 1937 Eintritt in die NSDAP. Ab 1936 an zahlreichen großen Bauprojekten des Deutschen Staates (etwa am Obersalzberg und in München) beteiligt. 1939–1945 Reichsbaurat für die Stadt Linz/Donau. 1945 dienstenthoben, aber 1948 von der Spruchkammer Starnberg als Mitläufer eingestuft. 1950 Ernennung zum Mitglied der Bayerischen Akademie der Schönen Künste. Auch nach 1945 hat er bis zu seinem Tode viele Großprojekte in Süddeutschland bearbeitet (Nerdinger 1985 S. 219 ff. – Nerdinger 1993, S. 105, 203–204). Der traditionellen Architekturrichtung verbunden, die in der Baupflege wurzelte und sowohl Sachlichkeit und Werkgerechtigkeit wie auch Schlichtheit rühmte.
1933 Schweinfurt, Ernst-Sachs-Bad
1935 München, Brienner Straße, Haus der Ärzte
ab 1936 Pullach, Staatssiedlung Rudolf Hess
1939/1941 Linz, Donaubrücke mit stadtseitiger Bebauung des Brückenkopfes
1950 Rodenbecker Straße 21, Villa und Garten für Brennereibesitzer Wilhelm Strothmann
1950 München, Verlagsgebäude C.H. Beck
1954 Nördlingen, Druckerei C.H. Beck
1955 Herrsching, evangelische Kirche

Fiedler
Bauaufseher, wohnte 1857 Kampstraße 24.

Fincke, M.
Zimmermeister.
1756 Großer Domhof (ohne Nummer), ehemalige Domkurie, Anschlag zur Reparatur (zusammen mit Zengerle, Gabriel Sassenberg und J.H. Kostede) (II, S. 1250)

Fischbach
Maler in Minden (?). In den Adressbüchern 1862/1865 und 1868 nicht genannt.
1865 Dom, Innenrestaurierung des Chores, Angebot zur Neufassung des Inneren (Ausführung: Mohrien und Büchtermann) (II, S. 457)

Fischer
Lieutenant.
ab 1814 oder später Neubefestigung (I.2, S. 50)

Fischer
Maler in Krefeld.
1880   Dom, Innenrestaurierung des Langhauses, Kostenanschlag zur Innenausmalung (II, S. 458)

Fischer, August Christian
Glasermeister.
1767   Dom, neue Bleiverglasung im Chor (zusammen mit Abraham LeDoux) (II, S. 439)

Fischer, Dirk
Dipl.-Ing. mit Büro in Lübbecke.
1997   Simeonglacis 5, Umbau und Erweiterung zur Wohnanlage

Fischer, G. H.
Architekt, Wuppertal-Barmen.
1871   St. Marien, Empfehlung von der Forsts für Neuverglasung (III, S. 100)

Fischer, Gerhard Wilhelm
Goldschmied, in der ersten Hälfte des 18. Jahrhunderts in Minden tätig.
1. Hälfte 18. Jh. St. Marien, Kelch (III, S. 213)
1720   St. Simeon, Kelch (III, S. 784)

Fischer, Hans
Architekt beim Westfälischen Amt für Denkmalpflege, Münster.
1950/1952 Ritterstraße 23, Ausstattungsdetails
1950/1952 Ritterstraße 25, Ausstattungsdetails

Fischer, Theodor
Bau.-Ingenieur in Minden, wohnte 1968/1972 Hohe Land 34.
1969   Königswall 8 a, Erweiterung des städtischen Hallenbades

Fischhaupt, Christian Friedrich
Tischlermeister, wohnte 1819 mit seiner Ehefrau Henriette Dorothea Rahtert (geb. in Petershagen) Greisenbruchstraße 20. Der Bruder Friedrich Wilhelm Fischhaupt ist ebenfalls Tischlermeister und 1819 Taufpate des Sohnes August Wilhelm.

Fischhaupt, Friedrich Wilhelm
Tischlermeister, Bruder von Christian Friedrich Fischhaupt und 1819 Taufpate für seinen Neffen August Wilhelm.

Fischhaupt
Tischlermeister, wohnte 1851 Weingarten 22, 1851/1857 Rampenloch 3.

Fischkamp
Tischlermeister
1796   Großer Domhof 9, Kurienhof, Untersuchung des Zustands (zusammen mit anderen) (Gutachten für Prozeß wegen schlechter Bauausführung durch Kloth) (II, S. 1282)

Flatz
Zeichenlehrer. 1845 Neubürger, 1852 nicht mehr in Minden nachweisbar.

Flegel, Gotthard
Architekt und Bauingenieur, wohnte 1955/1972 Habsburgerring 59.
1955   Oberstraße 62, Umbau und Erweiterung

Fleischmann, Friedrich
Zeichner.
um 1810 Ansicht von Weserbrücke, Stadt und Porta von Nordosten (I, Abb. 90; V, Abb. 1245)

Flemming, Heinrich
Malermeister, wohnte zwischen etwa 1760 und 1805 in dem ihm gehörenden Haus Pöttcherstraße 18.
1767 Opferstraße 11, Reparaturen
1769 Großer Domhof (ohne Nummer), ehemalige Domkurie, Malerarbeiten (II, S. 1251)

Fa. **Flentrop Orgelbouws**
Orgelbauanstalt in Zaandam/Niederlande.
1973 St. Petri, Orgel (III, S. 603)

Flesche, Herman
Prof. Dr. Architekt, Maler (geb. 21.10.1886 Rheinbrohl, gest. 4.1.1972 Braunschweig). 1906 bis 1908 Studium der Kunstgeschichte an der TH Braunschweig. 1908 bis 1913 Studium der Architektur in Braunschweig. 1914 bis 1918 Kriegseinsatz. 1919 Promotion. 1921 Habilitation. 1919 bis 1924 Stadtbaumeister in Braunschweig. 1924 Professor für Städtebau an der TH Braunschweig. Am 1. Mai 1933 trat Flesche in die NSDAP ein. Außerdem war er Mitglied der SS. Von 1933 bis 1939 leitete er die Altstadtsanierung in Braunschweig, 1946 wurde er suspendiert, später wieder zugelassen. 1954 Emeritierung.
1946/1951 Domhöfe, Gutachten zur Platzgestaltung und Neubebauung (zusammen mit den Professoren Gruber und Feuchtinger) (II, S. 1354, 1408, 1429)

Flessner, Friedrich
Drechsler, wohnte 1766/1798 Königswall Haus-Nr. 556.

Flohr, Carl
Maschinenfabrik in Berlin.
1905/1906 Weserglacis 2, Regierungsgebäude, Aufzüge
1912 Bäckerstraße 49, Fahrstuhl für Hotel »Stadt London« (Planung: Kistenmacher)

Florentz
Drechsler.
1740 Markt 1, Rathaus, neue Stühle für den Ratssaal

Flotho, Hugo
Bautechniker. Am 31.8.1888 als Sohn des Eisenbahngehilfen Friedrich Flotho und seiner Ehefaru Karoline Oesting in Minden geboren und Kutenhauser Straße 22 a wohnend. Nach der Mittelschule Lehre beim Maurermeister Niermann, dann als Geselle bei verschiedenen Firmen in Minden und Bielefeld. Von 1907 bis 1908 zur Weiterbildung als Zeichner beim städtischen Bauamt, danach 1908/1909 Besuch der Baugewerkschule in Erfurt und 1909/1911 in Kassel, wo er 1911 die Prüfung als Bautechniker ablegte. Danach beim Stadtbauamt in Schroda/Bezirk Posen beschäftigt. Von 1911 bis 1912 Militärdienst, danach als Hilfstechniker beim Militärbauamt Minden beschäftigt. Seit April 1914 als Assistent beim Stadtbauamt beschäftigt und von dort September 1915 zum Kriegsdienst eingezogen. 1917 gefallen.
1913 Kutenhauser Straße 22 für seine Mutter, die Witwe Karoline Flotho (Ausführung: Baugeschäft H. von Behren)
1913 Bauleitung Artillerie-Wagenhaus
1913 Bauleitung Unteroffizier-Speiseanstalt der Kaserne III
1913 Bauleitung Anbau an Kaserne III

Otto Flügel AG
Baufirma in Mannheim.
1912/1913 Hilfspumpwerk an der Kanalbrücke

Flug
Maler in Berlin.
1643 Markt 1, Rathaus, Bild Friedrich Wilhelm, der Große Kurfürst (Kopie von P. Sembtner) für den Ratssaal

Frank, E.
Zeichner.
um 1901 Ansicht der Stadt Minden von Osten (I, Abb. 45)

Franke, Christian
Maurerpolier, wohnte 1927 Bleichstraße 24.

Franke, Friedrich
Maurer und jüngster Sohn (geb. 13. 5. 1883) des Maurers Wilhelm Franke. Übernahm sein Elternhaus am »Weg in die Hanebek« Nr. 31 von seiner verwitweten Mutter.
1909 Weg in die Hanebek 31 für eigene Zwecke (Plan: A. Hoppmann)

Franke, Günter
Bau-Ingenieur, wohnte Im Hohlweg 9.
1955 Im Hohlweg 7, Anbau
1958 Im Hohlweg 7 a für Hermann Schonhofen (Ausführung: Baugeschäft Haake/ Eickhorst)
1963 Im Hohlweg 7 a, Umbau
1963 Im Hohlweg 9 a für Hermann Schonhofen
1965 Königstraße 58, Umbau

Franke, Heinrich
Maurerpolier, erwarb 1910 das Haus Stiftsallee 75 als Wohnung.

Franke (Francke), Johann Heinrich Christoph
Maler und Porträtist in Berlin (geb. 1738 Havelberg, gest. 1792 Berlin). Schüler von Anna Rosina de Gasc und seit 1786 Mitglied der Berliner Akademie.
1764 Markt 1, Rathaus, Porträt Friedrich II., der Große (Kopie)
1764 Herford, Brüderstraße, Krameramtshaus, Sitzungszimmer, Porträt Friedrich II., der Große (Kopie)

Franke, Wilhelm
Maurer, wohnte 1882 in dem Haus »Weg in die Hanebek« Nr. 31. Wilhelm Franke (geb. 3. 9. 1837 Todtenhausen) war mit Christine (geb. 24. 5. 1837 Friedewalde) verheiratet. Ein Sohn von ihm der Maurer Friedrich Franke.
1882 Stiftsallee 53 für Bahnhofsarbeiter Christian Franke (Plan und Mitarbeit: Zimmermeiser Rose)

Franke, Wolf
Ingenieur und Baurat bei der Kanalbaudirektion in Hannover. Geboren 27. 5. 1886 in Duisburg-Ruhrort und verheiratet mit Lily Warnecke aus Hamburg-Altona. Zog im Januar 1910 von Hannover nach Minden und übersiedelte 1913 nach Königstein bei Frankfurt.
1911/1912 Oberschleuse des Kanals, Vorentwurf und Entwurf

Frantz, Otto
Ober-Postbausekretär, wohnte 1908 Stiftstraße 36.
1907/1908 Bierpohlweg 41 für Postschaffner Friedrich Volkening (Ausführung: Riechmann)

Franzmeier
Steinhauerpolier in Aulhausen.
1886 St. Martini, Arbeiten an Sakristeimauer und -fenstern (III, S. 466)

Fredeking oder **Frederking**, Johann Henrich
1740/1741 St. Martini, Arbeiten an Kanzel und Altar (III, S. 374)

Frederking, Rudolph Christian
Dachdecker.
1721 Großer Domhof 9, Kurienhof, Reparatur (II, S. 1277)

Frericks, Adolf
Architekt in Münster, Langenstraße 38.
1929   Sedanstraße 6 für Witwe Held
1930   Schwabenring 77 für Paul Haus
1930   Schwabenring 79 für Bund der Kinderreichen
1930   Schwabenring 81 für Bund der Kinderreichen
1930   Schwabenring 83 für Bund der Kinderreichen

Frese, Theophilus Wilhelm
Bildhauer in Bremen.
1737   St. Petri, Entwurfszeichnung zum Neubau der Kirche (nicht ausgeführt)

Frevel, Hermann Heinrich Ludwig
Drechsler, war 1802 mit Charlotte Nottingen verheiratet.

Frey, Ernst
Kunstmaler in Berlin-Friedenau.
1906   Weserglacis 2, Regierungsgebäude, Entwurf der Innenausmalung der Haupträume
1908   Tonhallenstraße 5, Kreishaus, Ausmalung

Freymuth, Hans-Joachim
Bildhauer, geb. 1941 Minden. Seit 1985 in Millstadt am See als freischaffender Künstler tätig.
1994   Alter Friedhof/Parkstraße, Skulpturengruppe Rio 92 – Rio 2100 (I.2, S. 963)

Freymuth, Wilhelm (auch Freimuth)
Steinmetzmeister und Bildhauer, wohnte 1908 Marienstraße 87, 1914 Stiftsallee 13.

Freystadt
Glasmaler in Hannover.
1889   St. Martini, Verglasung der Chorfenster (zusammen mit Henning und Andres) (III, S. 282 f.)

Fricke, Dietrich
Pumpenmacher, wohnte 1744 Hufschmiede 19. 1802 dort auch Soldat und Pumpenmacher Rietz.
1723   Markt 1, Rathaus, neue Pumpe auf dem Weinkeller

Friedrich
Tischler.
1769   Großer Domhof (ohne Nummer), ehemalige Domkurie, Teilerneuerung Innenausstattung zusammen mit Gabriel Sassenberg jun. (II, S. 1251)

Friemel, C. H.
Maler.
1755   Dom, Fassung des Dachreiters über der Vierung (II, S. 424)

Friemel, Johann Christoph
Von 1722/1736 Hofmaler und Landmesser in Lippe-Detmold, wo er nicht nur eine größere Zahl von Porträts der Herrschaft erstellte, sondern auch große Flächen des Landes vermaß und aufnahm. 1692 in Minden (in der Pfarre des Doms) geboren, offensichtlich als Sohn des Zeugwebers Johann Friemel, der sich 1699 bemühte, das Haus Kleiner Domhof 1 zu pachten. Nachdem es in Detmold zu Zerwürfnissen kam, verzog er wieder nach Minden, wo er 1738/1751 in dem Haus Brüderstraße 14 wohnte. War verheiratet mit Marie Elisabeth (?), deren Mindener Elternhaus 1743 wegen ausstehender Arztrechnungen versteigert wurde. Wurde am 29.11.1753 auf dem Friedhof von St. Martini beerdigt (Stöwer 1956).
1750   Blomberg (Kr. Lippe), Karte der Stadtflur
1753   St. Marien, neuer Turmhelm, Vergoldung der Helmkugel zusammen mit Goldschmied H. Koch (III, S. 136)

Friemel, Johann Ludwig
Baukondukteur bei der Regierung in Minden. 1726 wohl als Sohn des Malers Johann Christian (oder Christoph) Friemel geboren. Nach Studium in Berlin wurde der Ingenieur Friemel als Geometer und Baumeister bei der Kriegs- und Domänenkammer in Minden beschäftigt, um den Landbaumeister Bielitz zu entlasten. 1751/1781 als Ingenieur, 1783 als Baukondukteur, 1798 als Zeichner, 1800 als Landmesser und 1805 als Bauconducteur bezeichnet und zu dieser Zeit wohl mit der Wahrnehmung der Aufgaben eines Landbaumeisters betraut.

Verheiratet mit Christine Benecke. Seit 1747 in dem Haus Kampstraße 16 wohnhaft, wohnte spätestens ab 1780 bis 1809 in dem ererbten Haus Kampstraße 16, zuletzt ab 1809 in der Stiftskurie Martinikirchhof 7 und starb wohl 1810.

- 1751 Bad Oeynhausen-Eidinghausen, Projekt für ein Pfarrhaus
- 1769 Großer Domhof 7–11, Grundstücks- und Wegesituation hinter den Kurien (II, S. 1257, 1264, 1276, 1286, 1294, 1300, Abb. 785)
- 1784 Viktoriastraße, Aufnahme der alten Straße (V, Abb. 1698)
- 1784 Bad Oeynhausen-Eidinghausen, Kirche, Bestandsplan und Projekt Anbau
- 1786 Lübbecke-Nettelstedt, Schulhaus
- 1788 Tränke, Bestandspläne des Hafens und der anliegenden Bauten
- 1789 Marienstraße Nr. 740, Bestandsaufnahme wegen Neubau eines Gefängnisses
- 1789 Petershagen, Poststraße Minden-Bremen, hölzerne Brücke über die Aue bei der Roten Mühle, Anschlag
- 1796 Großer Domhof 9, Untersuchung Zustand wegen mangelhaft ausgeführtem Wirtschaftsgebäude durch Kloth (II, S. 1276, 1281)
- 1798 Chausseebau, Aufnahme der benötigten Grundstücke und Vermessungsarbeiten
- 1798 Rödinghausen, Vermessung der zehntpflichtigen Ländereien
- 1800 Portastraße, *Handplan der zu vertheilenden alte Wege* (STA MS, KDK Mi. 3574) (V, Abb. 1700)
- 1800 Lannertstraße, *Handzeichnung der Weges Strecke durchs Dorf A(u)fhausen bis ans Chaussée Haus soweit solcher zur Entschädigung gezogen werden kann* (STA MS, KDK Mi, Nr. 3574) (I,2 S. 21, Abb. 9)
- 1800 Viktoriastraße, Aufnahme der neu zu trassierenden Straße (V, Abb. 1699)
- 1800 Petershagen-Schlüsselburg, Plan der Ellerbracksbreite (LINNEMEIER 1986, Abb. 77)
- 1800 Petershagen-Schlüsselburg, Plan der Windmühlenbreite (LINNEMEIER 1986, Abb. 78)
- 1800 Herford, Minoritenkloster (Zuchthaus), Ansichten
- 1804 Königswall 97, Taxation

Friemel, Wilhelm Christian
Konducteur und Maler. Möglicherweise ein Sohn des Zeugwebers Wilhelm Friemel, der 1699 das Haus Kleiner Domhof mietete und wohl Bruder des Malers Johann Christoph Friemel (die überlieferten Nachrichten lassen sich nicht immer eindeutig einem der Brüder zuordnen). Er mietete ab 1716 das Haus Kleiner Domhof 3, wohnte 1743/1751 in Bäckerstraße 27 und ist danach wieder bis nach 1752 in dem Haus Kleiner Domhof 3 nachzuweisen.

Friemel
Baukondukteur. Sohn des Baumeisters Johann Ludwig Friemel.
- 1814 Planaufnahme der Gärten vor dem Marientor

1816 St. Johannis, Vergabe von Abbrucharbeiten im Auftrag von Oberingenieur Ganzer (Ausführung: Maurermeister Meyer) (III, S. 23)
1816 Neubefestigung (I.2 S. 47)
1817 Oberstraße, Haus Nr. 763, Gutachten
1817 Oberstraße, Haus Nr. 764, Gutachten
1817 Oberstraße, Haus Nr. 769, Gutachten
1818 Festungsbau, Taxation von Grundstücken und zum Abbruch vorgesehener Häuser (zusammen mit Stadtmaurermeister Georg Krah, Zimmermeister Georg Heinrich Wehking, Regierungsbaumeister Ganzer) (I.2 S. 44)
1818 Königswall 97, Gutachten
1818 Königswall 99, Gutachten
1822 Königswall, Haus Nr. 689, Gutachten
1822 Königswall, Haus Nr. 690, Gutachten

Frintrop
Baurat bei der KEPA-Kaufhaus Gesellschaft in Essen.
1960 Scharn 3/5, Kaufhaus

Fritz, Gerhard
Architekt.
1962 Herderstraße 20 als eigenes Wohnhaus
1971 Herderstraße 22, Ledigenwohnhaus

Frölke, Heinrich
Tischler aus Leteln Nr. 14, seit 1878 in dem von ihm errichteten Haus Kutenhauser Straße 81.
1878 Kutenhauser Straße 81, Wohnhaus für eigene Zwecke

Frömelt
Städtischer Baurat beim Hochbauamt Minden.
1967 Brüderstraße 16/18, städtisches Altenheim

Frohne (& Hesse)
Planungsbüro in Minden, zunächst als Bürogemeinschaft mit Rolf Frohne und Ulrich Hesse.
1995 Königstraße 25/27, Sanierung
1997/1999 Brüderstraße 20, Sanierung
1999 Opferstraße 9, Sanierung

From
Geb. 1792, gest. 1857. 1813 Lieutenant, 1816 Kapitän, 1829 Major, 1842 Oberst und 1848 General-Major. 1824 Ingenieur vom Platz in der Festung Thorn. Später Inspekteur der 2. Ingenieurs-Inspektion. 1852 als General-Lieutenant aus dem Dienst geschieden.
1824 Thorn, Plan der Heeresbäckerei

Fromme, August
Maurermeister (?) in Hahlen.
1910 Königstraße 122 für Hilfsschaffner August Helbing

Frormann, Fritz
Am 29.12.1878 in Wolfenbüttel als Sohn der Eheleute Kaufmann Karl Frormann (geb. 5.5.1849 Rahden) und Luise (geb. 23.3.1855) geboren. Kam mit seinen Eltern vor 1880 nach Minden (der Vater war Mitinhaber des Altwarenhandels Salomon, Königswall 7 und besaß später auch die Häuser Königstraße 39 und Brüderstraße 19). Die Familie lebte bis nach 1895 in Brüderstraße 27, danach in Brüderstraße 19. Nach seinem Abitur 1897 Lehre als Landvermesser bei der Spezialkommission in Minden, danach Studium an der landwirtschaftlichen Hochschule in Berlin und in Bonn-Poppelsdorf. 1903 Landmesserexamen und seit 1.12.1904 bei der Stadt Minden als städtischer Landvermesser. In dieser Eigenschaft bis 1934 Leiter des städtischen Vermessungsamtes und für alle Grundgeschäfte der Stadt zuständig, wohnte 1927 als Vermessungsdirektor in Göbenstraße 9. Frormann starb 59jährig am 17.4.1938 im Haus Hardenbergstraße 17 und hinterließ seine beiden Töchter Gertrud und Inge.

Frühling, Franz
Oberbausekretär.
1924 Parkstraße 6 für eigene Zwecke (Ausführung: Homann)

Frühling, Herbert
Kreisbaudirektor des Kreises Minden-Lübbecke
1969/1977 Portastraße 13, Bauleitung des neuen Kreishauses

Frühsorge, Carl
um 1880 Ansicht der Stadt Minden von Norden aus der Vogelschau (I, Abb. 41; II, S. 8)

Fuchs, Alois Dr.
Theologe und Kunsthistoriker, Paderborn. Geb. 9.6.1877 Andernach, gest. 25.6.1971 Paderborn.
1949 Dom, Wiederaufbau des Westwerks, denkmalpflegerisches Gutachten (II, S. 1359)
1954 Dom, Gestaltung des Vierungsaltars (zusammen mit Joseph Tack) (Entwürfe: W. March) (II, S. 644 f.)

Fuchs, Walter
Bauführer. 1927/1929 Oberbausekretär beim städtischen Hochbauamt, wohnte 1929 Manteuffelstraße 2.

Fürstenau, Dr.
Geheimer Oberbaurat.
1928 Fuldastraße, Gesamtplanung des Sympher-Denkmals (Entwurf: Lüdtcke) (Ausführung: Homann und Tüting) (I.2, S. 949–953, Abb. 620–622)

Fuhrmann, Albert
Maler, wohnte 1900/1912 Greisenbruchstraße 7. Albert Fuhrmann (geb. 7.12.1873 in Groß-Kreutz, Kreis Belzig) war mit Agnes (geb. 23.9.1876 Minden) verheiratet.
1912–1914 St. Petri, Instandsetzung und Umbau (III, S. 584)

Fuhs, (Paul)
Vermutlich der 1903 als Kataster-Eleve bezeichnete Paul Fuhs. Wurde am 30.10.1885 als Sohn des Lokführer Carl Fuhs in Hufschmiede 9 geboren.
1903 Lübbecker Straße 52, Stallanbau

Funck, <u>Franz</u> Ernst Theodor (auch Funk)
Landbaumeister (geb. 21.9.1768 in Meckenburg-Strelitz, gest. Juni 1820). Nach Studium in Frankfurt/Oder und Berlin zunächst in Berlin als Bauinspektor, dann 1786 Feldmesser, seit 1795 Baumeister, 1797 als zweiter Landbaumeister in Minden angestellt (KOHL 1943, S. 41). 1799 Land- und Strombaumeister bei der Regierung in Minden, ab 15.8.1805 wegen anderweitiger Aufgaben von den Verpflichtungen des Landbaumeisters (zu Gunsten von Landbaumeister Kloth) entbunden und nur noch für den Wasserbau zuständig (KAM, Mi, C 829). Er war darüber hinaus für den Ausbau der Saline von Neusalzwerk im nahegelegenen Oeynhausen verantwortlich, wohnte in dem Haus Markt 20 zur Miete und unterhielt den Garten Lindenstraße 25. 1814 wird der Strombaumeister Funck Mitglied der Oberbaudeputation in Berlin und zuständig für alle Wasserbauarbeiten jenseits der Elbe; seit 1816 geh. Oberbaurat in der technischen Oberbaudeputation in Berlin (VON WESTPHALEN 1980, S. 673). Siehe die nicht ausgewerteten Personalakten in GStaA PK, I. HA Rep 93 D, technische Oberbaudeputation, Nr. 14 sowie II. HA Generaldirektorium, Abt. 30.I, Oberbaudepartement, Nr. 49).

Veröffentlichungen: Beschreibung der Saline Neusalzwerk im Königreich Westphalen, Lemgo 1809. 1812 Buch über den Bau der Bunten Brücke; 1820 Versuch einer auf Theorie und Erfahrung gegründeten Darstellung der wichtigsten Lehren der Hydrotechnik, Band 1. Berlin 1820.
um 1795 Lindenstraße 1 a, Gartenhaus für Medizinalrat Hermes

1799 Roßmühle Wehking Junior, Gutachten zur technischen Ausstattung
1799 Musterentwürfe für Lehmhäuser im Auftrage der Regierung Minden (STA MS, KDK Minden, Nr. 3326)
1800 Weser, Bunte Brücke (Ausführung: Zimmermeister Falke/Bückeburg)
1800 Markt, Berechnung für die Neupflasterung
um 1800 Herford, Brüderstraße, Bestandspläne der reformierten Kirche
1801 Chaussee Minden–Bückeburg, Plan der Weserbrücken (V, Abb. 1666 und 1690)
1802 Markt 1, Rathaus, Revision des Anschlages zur Sanierung der sog. »Schulzenburg«
1802 Konzept für den Bau einer Chaussee von Minden nach Osnabrück
1802 Entwurf für ein Trauermonument am neuen Friedhof an der Stiftstraße (Plansammlung STA MS)
1802 Bad Oeynhausen, Werrebrücke in Neusalzwerk
1802 Herford, Gutachten wegen Land beim Siel am Bergertor
1802/1803 Chaussee Bückeburg–Rinteln, Planung und Bauleitung
1803 Porta Westfalica, Chausseegeldeinnehmerhaus bei Kleinenbremen (V, Abb. 1702)
1803 Bad Oeynhausen, Werre, Projekt für ein neues Sielwehr
1804/1811 Leitung der Planung zum Ausbau der Chaussee durch die Altstadt Minden (mit Ober-Ingenieur Held)
1805 Herford, Abtei, Kostenanschlag und Plan der Remise (Revision)
1806 Bad Oeynhausen, Werrestauwehr
1806 Bad Oeynhausen, nördlich der Jägerbrücke, Bohrung einer Solequelle (später »Bülowbrunnen«)
1808 Obermarktstraße, Planung für den Umbau
1809 Hohn-, Scharnstraße und Hahler Straße, Planungen des Umbaus und Pflasterung
1814 Weserbrücke, Reparaturen (vermutet)

Funcke, Christian
Zimmermeister.
1755 Kostenanschlag für den Bau einer Windmühle auf dem Stadtwall

Funcke, Gottlieb
Drechsler, wohnte 1804 Königstraße 2.

Funk, Adolf
Architekt, Ingenieur und Baurat bzw. Oberbaurat (geb. 22.3.1817 Lindhorst bei Stadthagen, gest. 15.6.1889 Hannover). Nach einem Studium an der PTS Hannover vor allem im Straßen- und Eisenbahnbau beschäftigt. 1845 Bauinspektor der Regierung in Hannover. Seit März 1845 als leitender Planer für den Bau der Bahnstrecke von Minden nach Hannover eingesetzt und – zusammen mit Ludwig Debo (1818–1905) – für die Detailplanungen aller Bauten an dieser Strecke verantwortlich. Daher offenbar auch Planer für die Anlagen des Hannoverschen Bahnhofs innerhalb des Bahnhofs Minden und der Bahnanlagen auf den in Schaumburg-Lippe liegenden Stationen der Strecke in Bückeburg, Kirchhorst, Stadthagen und Lindhorst (die Hochbauten wurden von anderen Planern erstellt). 1852/1856 ist er leitender Planer beim Bau der Hannoverschen Westbahn (Löhne–Osnabrück) und plante hierbei 1855 auch den Hannoverschen Bahnhof in Osnabrück. Später erstellte er 1858/1860 zusammen mit C. W. Hase und J. Rasch auch das Empfangsgebäude auf dem Bahnhof in Nordstemmen sowie ebenfalls mit J. Rasch 1862/1864 die Irrenanstalt in Göttingen sowie 1864/1867 die Irrenanstalt in Osnabrück (zum weiteren Werk siehe auch KOKKELING 1998, S. 526). 1877/1878 legte er als Oberbaurat ein Neubauprojekt für den Kölner Hauptbahnhof vor. Siehe FUNK/DEBO 1851.

Funk, Carl Heinrich Lorenz
Landschaftsmaler und Professor für Malerei in Stuttgart, geb. 12.12.1807 in Herford als Sohn des gräfl.-bückeburgischen Hof- und seit etwa 1805 in Herford ansässigen Kunstmalers Wilhelm Ernst Funk, Sohn des gräfl. Bückeburgischen Majors Johann Caspar Funk (geb. 1776). Starb am 22.11.1877 in Stuttgart. Siehe Martina WIRSIG, Heinrich Funk 1807–1877. Münster 1987.

Funke, Franz
Zimmermann aus Beberstadt bei Mühlhausen Regierungsbezirk Erfurt. 1845 Mindener Neubürger.

Funke, Louis (auch Funk)
Uhrmacher, geb. um 1807, wohnte 1846/1851 Königstraße 2 links.

Funke, Oskar
Ingenieur und Architekt, zunächst (1899) in Osnabrück, später in Hannover tätig.
- 1899 Bartlingshof 11/13, Arbeitssaal der Kistenfabrik Sültemeyer (Ausführung: Maurermeister Schnabelrauch)
- 1909 Herford, Mindener Straße, Firma Ernstmeier, Erneuerung der eisernen Dachkonstruktionen über den Fabrikhallen

Funken, Gottfried
Schlossermeister und Bauschlosserei in Minden. 1919 wohnte Funken Obermarktstraße 5, wo er vermutlich die in einer Scheune hinter Markt 20 liegende Werkstatt zusammen mit dem Schlossermeister Jacob Feien betrieb.
- 1950 Dom, Aufbau des Glockenstuhls im Westwerk (Konstruktionsplanung: Petit & Gebr. Edelbrock) (II, S. 852)
- 1950/1951 Großer Domhof 6, Neubau Postgebäude, Schlosserarbeiten (MT vom 9.3.1951)

Furbisch
Steinhauermeister.
- 1835 südl. Simeonstreppe der Stützmauer (nicht ausgeführter Kostenanschlag)

Furtwängler & Hammer
Orgelbauanstalt in Hannover.
- 1889/1890 St. Martini, Umbau der Orgel (III, S. 282, 384)
- 1891 St. Marien, Gutachten zur bestehenden Orgel und Kostenanschläge für Orgelneubau (III, S. 172)
- 1893/1894 St. Marien, Orgelneubau mit Wartungsvertrag (III, S. 173)
- 1907 Dom, Gutachten zur Westorgel (II, S. 825)
- 1911/1912 St. Simeon, neue Orgel im ersten Geschoß des Nordturms (III, S. 746)
- 1917 St. Martini, Ausbau der Zinnpfeifen zu Kriegszwecken, Einbau neuer Pfeifen aus Zinn (III, S. 348)
- nach 1913 St. Petri, Neubau einer Orgel (III, S. 602)
- 1920 Dom, Reparatur der Westorgel (II, S. 827)
- 1948 St. Martini, Reparatur und Umbau der Orgel (III, S. 386)

Fußmann, Daniel
Zimmermeister, geboren um 1804. 1846/1853 Besitzer des Hauses Oberstraße 54.

Gärtner, E.A. & R. Stiens
Architekturbüro BDA in Essen
- 1977 Bäckerstraße 51/59, Kaufhaus für C & A Brenninkmeyer/Düsseldorf

Ganzer oder **Gantzer**, Johann Friedrich
Regierungsbaurat (geb. 14.6.1775 Brandenburg/Havel, gest. 24.11.1858 Bad Oeynhausen). Nach Prüfung als Feldmesser 1796/1799 zunächst in Südpreußen tätig und 1800 zum Kriegsdienst eingezogen; 1803 als Bauinspektor

in Wesel und als Bauführer in Paderborn nachweisbar; 1803 als Bauinspektor in Paderborn ernannt, dann 1804/1806 Regierungs-Bauinspektor in Minden, 1809 Bauinspektor im Fulda-Departement; Seit 1811 Baurat, 1813/1815 Oberingenieur und wohnhaft in Porta Westfalica-Hausberge; 1815 auch als Landbaumeister und Baudirektor bezeichnet; ab 1815 für über 30 Jahre in Minden als Regierungs- und Baurat in der Stellung eines Landbaurates (II.) bei der Regierung. 1838 Ernennung zum Geheimen Regierungsrat; zum 1.7.1847 Versetzung in den Ruhestand. 1846 bis 1853 wohnte er in dem Haus seines Schwiegersohnes in der Kampstraße 14, danach in dem von seinem Schwiegersohn um 1848 neu erbauten Haus Kampstraße 16. (VON WESTPHALEN 1980, S. 674. – BARTH 1982, S 882. – LEESCH 1992, S. 109. – STA DT Pr. Pers. II Nr. 62). Seine Tochter Adolphine Philippine Louise (geb. 1808) heiratete 1829 in der Petri-Kirche zu Minden Franz Friedrich Carl von Vincke, Sohn des Capitains von Vincke.

1802	Beverungen-Tietelsen, katholische Kirche St. Bartholomäus
1806	Lichtenau-Dalheim, Gutachten zum Baubestand des Klosters (PIEPER 2000, S. 204)
1815	Neubefestigung (I.2, S. 40)
1815	St. Johannis, Plan zum Umbau als Fahrzeugschuppen (III, S. 1, 22 f.)
1815	St. Johannis, Taxation der dem Stift gehörenden Häuser (III, S. 9)
1815	St. Mauritius, Klostergebäude, Anschlag zum Umbau des Kreuzganges (III, S. 549)
1815	Rosentalstraße 1–5, Umbau Gartenhaus zum Munitions-Labor (Ausführung Maurermeister Krah)
1816	St. Mauritius, Klostergebäude, Gutachten zur Bausubstanz (Freigabe zum Abbruch) (III, S. 550)
1816	Kaserne am Paradeplatz, Bericht mit Umbauvorschlägen (I.2, S. 357)
1816/1817	Hüllhorst-Schnathorst, Pfarrhaus (Ausführung: Reineking/Oberlübbe)
1817	Großer Domhof 8, Kurienhof, Flügelbau Dienstwohnung des Regierungspräsidenten (II, S. 1266 f.)
1817	Kuhtor (Königstor), Gutachten zur Bausubstanz
1818	Festungsbau, Taxation von Grundstücken und zum Abbruch vorgesehener Häuser (zusammen mit Stadtmauermeister Georg Krah, Regierungs-Baukondukteur und Landmesser Friemel, Zimmermeister Wehking) (I.2, S. 44)
1818	Simeonsplatz 3, Alternativplanung für den Trainschuppen/Proviantmagazin (I.2, S. 404)
1819	Alte Kirchstraße 9–15, Gutachten zum Umbau
1821	Großer Domhof 8, Kurienhof, Lageplan (II, S. 1265, Abb. 796)
1822	Porta-Westfalica, Entwurf für ein zentrales Kriegerehrenmal auf dem Jacobsberg
1822	Bad Driburg, gräfliches Bad, Begutachtung Neubau Kaffeehaus und große Galerie
1822/1824	Borgentreich-Bühne, Kirche, Neubau Langhaus
1823	Büren-Wewelsburg, Burganlage, Zustandsbericht
1823	Hille-Hartum, Pfarrhaus
1823	Bericht über vorhandene Denkmäler im Regierungsbezirk Minden (SCHREIBER 1969, S. 191)
1823/1825	Herford, Stift Berg, Marienkirche, Restaurierung
1825	Großer Domhof 11, Kurienhof, Baubeschreibung und Grundrisse (II, S. 1301, 1304)
1827	Lichtenau-Dalheim, Gutachten zur Nutzung des Klosters (PIEPER 2000, S. 215)
1828	Willebadessen-Peckelsheim, evangelische Kirche, Revision und Änderungsvorschläge

1831/1833 Borgentreich, Kirche St. Johannis, Revision und Änderungsvorschläge der Neubaupläne
1832/1833 Dom, Umgestaltung des Inneren, Neufassung
1835 Herford, Komturstraße, Johanniter-Kommende, Bauaufnahme und Kostenanschlag zum Umbau
1840 Kirchlengern-Quernheim, Pfarrhaus, Projekt
1840 Hüllhorst-Schnathorst, Pfarrhaus
1840 Porta Westfalica-Veltheim, Pfarrhaus
1841 Rheda-Wiedenbrück-Rheda, katholische Kirche St. Clemens
1843 Großer Domhof 1, Konzept Neubau Regierungsgebäude (II, S. 1192–1194, 1202, Abb. 725–729)
1845 Großer Domhof 3, Skizze für die zeitweise Unterbringung der Regierung (II, S. 1204, 1206)
um 1848 Kampstraße 16 für Geheimrat von Vincke (vermutet)

Garnjost, Heinrich (auch Heinz)
Architekt BDA, Mitglied in der Reichskammer der bildenden Künste Nr. 614. Heinrich Garnjost wurde am 26.9.1891 als ältester von drei Söhnen des Lehrers August Garnjost (geb. 1.12.1860 in Salzuflen Schötmar) und seiner Frau Marie (geb. 23.10.1869 in Schwerte) in Minden geboren. Die Familie lebte Königstraße 89. Ein Schreiber Garnjost arbeitet 1909 im Büro des Bauunternehmers Wilhelm Plöger. 1924 betrieb Garnjost eine Bürogemeinschaft mit Nefferdorf/Bielefeld; 1933 kauft er das Haus Luisenstraße 7, das er zu eigenen Zwecken umbaut. Heinz Garnjost war mit Erna Richter verheiratet. Aus dieser Ehe gingen die Kinder Horst (1958 Bauingenieur, verheiratet mit Anneliese Beckmann), Ruth (verheiratet mit Peter Mavius?) hervor.

Sein Bruder Dr.-Ing. e.H. Ernst Garnjost (geb. 23.1.1900) arbeitete nach seinem Studium bei der Hanomag (1921), dann bei den M.A.N.-Werken in Nürnberg und wurde 1942 in den Vorstand der Gutehoffnungshütte in Oberhausen berufen, dem er bis in die Nachkriegszeit angehörte.

1923 Viktoriastraße 54, Bürogebäude der Westfälischen Baugesellschaft GmbH
1924 Hufschmiede 17/19, Umbau für Tischlerei Ronicke
1924 Kampstraße 30, Umbau Lagerhaus zum Ausstellungsgebäude für Tischlerei Ronicke
1924 Lindenstraße 21, Umbau und Erweiterung des Saals zum Varieté für den Wirt Zirwas
1925 Hufschmiede 17, Erweiterung der Ausstellungshalle für Tischlerei Ronicke
1926 Pionierstraße 1 a, Aufstockung des Lagerhauses
1927 Königswall 75, Umbau
1927 Marienwall 27, Umbau
1927 Paulinenstraße 1, Umbau (für Witwe Kersten)
1928 Marienwall 27, Umbau
1929 Fischertor 1, Umbau
1929 Steinstraße 9 für Dr. med. Robert Nußbaum (Ausführung: E. Gremmels)
1929 Ulmenstraße 16 für Studienrat Dr. Fritz Kirchhoff
1930 Bäckerstraße 44, Planungen für Umbau
1930 Kampstraße 28, Umbau Lagerhaus
1930 Kisaustraße 1, Garagengebäude
1930 Lindenstraße 25, Umbau
1930 Marienstraße 68 a für Zahnarzt Dr. Fritz Dammeyer
1930 Marienwall 27, Anbauten
1930 Ritterstraße 7a, Gemeindeamt für die reformierte Kirchengemeinde
1932 Kurfürstenstraße 4, Umbauten
1933 Bleekstraße 5 für Kaufmann Heinrich Ostmann
1933 Fischerglacis 23, Dachausbau
1933 Königstraße 76, Umbau
1933 Königswall 75, Umbau
1933 Kuhlenstraße 3, Umbau

1933 Luisenstraße 7, Anbau für eigene Zwecke
1933 Obermarktstraße 34, Umbau des Erdgeschosses
1934 Kisaustraße 1, Büroanbau
1934 Marienwall 27, Umbauten
1935 Bäckerstraße 48, Umbau
1935 Im Schweinebruch 1, Bootshaus für die Rudergesellschaft Wittekind (Ausführung: Homann)
1935 Marienstraße 51 für Bürogehilfen Richard Dekkers
1935/1936 Marienstraße 48 für Baustoffhändler Anton Hieb
1937 Artilleriestraße 3 für Firma Fr. Drabert & Söhne
1937 Besselstraße 15 (Ausführung Baugeschäft W. Becker) für Frida Itzerott
1937 Simeonglacis 17 b für Kaufmann Wilhelm Kühne
1937 Obermarktstraße 34, Lagerhaus Petrikirchweg 2 für Gustav Jacobi
1938 Marienstraße 55 für Direktor Wilhelm Stute
1938 Moltkestraße 27 für Martin Baade
1938 Rodenbeck, Bauleitung der geplanten Volksschule (Plan: Scholle)
1939 Melittastraße 17, Fabrikhalle für die Peschke-Flugzeugwerke
1939 Roonstraße 15 für Kaufmann G. Ronicke
1940 Am Alten Weserhafen 6, Anbau Bürogebäude
1941 Bäckerstraße 52, Umbau des Hinterhauses
1941 Schwarzer Weg 12, Umbau
1942 Brühlstraße 18, Dachsanierung Fabrik Muermann
1942 Schwarzer Weg 12, Umbau
1943 Am Alten Weserhafen, Wohnbaracke für Arbeiter
1945 Kaiserstraße 11, Umbau des Ladens
1945 Kuckuckstraße 18, Umbau für Wilhelm Zschetzsche
1946 Kuckuckstraße 18/20, Pförtnerhaus Brücker & Zschetzsche (Ausführung E. Gremmels)
1946 Marienstraße 20, Plan zum Wiederaufbau
1947 Gartenstraße 5 a, Bürogebäude für Dachdecker Max Schaper
1948 Schwarzer Weg 12, Einbau eines Kühlhauses
1949 Kisaustraße 1, Bürogebäude für Farbenhandel Gebr. Schlau
1950 Hahler Straße 21, Wohn- und Geschäftsgebäude für die Ländliche Zentralkasse
1950 Königstraße 49, Umbau
1950 Markt 5, Wiederaufbauplanung
1950 Marienstraße 48, Reparaturen für Erna Hieb
1951 Bäckerstraße 1, Umbau (Ausführung: Homann)
1952 Brückenkopf 2 a, Umbau
1952 Königswall 18, Umbau (Ausführung: von Behren)
1953/1954 Bäckerstraße 15, Umbau
1954 Bäckerstraße 17/19, Neubau für Goldschmied Wilhelm Gerdsmeier
1954/1955 Deichhofpassage, Ausstellungsgebäude

Gauffré (auch Gauffrè, Gauffrés, Gauffres), Ernst

Schlossermeister, Bruder des Schlossers Martin Gauffré. Arbeitete später zusammen mit seinem Sohn Georg. 1846/1850 wohnte er in dem Haus Hohnstraße 6, 1853 dann in dem Haus Johannisstraße 7.

1843 Dom, Arbeiten am Glockenstuhl (zusammen mit Zimmermeister Kemena) (II, S. 846)
1844 Domkloster, Arbeiten am Südflügel (II, S. 512)
1845–1848 Großer Domhof 1, neues Regierungsgebäude (II, S. 1196, 1199)

1850 Kleiner Domhof 7, Reparatur der Hoftorflügel (zusammen mit Schütte und Vordiek) (II, S. 1379)
1850 Dom, Chor, Fensterreparatur (Anweisung: Regierungsrat Niermann) (II, S. 370)
1852 Dom, Westwerk, Eisenfenster (II, S. 130)
1852 Großer Domhof 3, Kurienhof, Reparatur (zusammen mit Baumgarten und Scheidemann) (Bauaufsicht: Goeker) (II, S. 1207)
1853 Kleiner Domhof 7, Schlosserarbeiten (II, S. 1379)
1863 Dom, Sicherung des Chores, Eisenarbeiten für Gewölbeverankerung (II, S. 374)
1863 Dom, Sicherung des Chores, Materiallieferung für Neuverglasung (zusammen mit Schmiedemeister Homann) (Planung: von Lesser) (II, S. 441)
1866 Domaußenbereich, Kostenanschlag zu Tor, Gitter und Geländer (Planung: Bauinspektor Berghauer) (II, S. 1176)
1866 Domstraße 14, größeres Kamerariat Nr. 147 O, Reparatur der Ofenrohre (II, S. 1471)
1867 Vinckestraße 3, Domkaplanei, Reparatur (zusammen mit anderen) (II, S. 1328)
um 1878/1879 Großer Domhof 10, Präsidialkurie, Modernisierung (zusammen mit anderen) (Bauführer: Hölscher) (II, S. 1295)
1880 Dom, Aufhängung der Westorgel (Kostenanschlag: Haupt) (II, S. 825)
1880 Dom, Verlegung von Leitungen (Abnahme: Uhrmacher Hillermann) (II, S. 860)

Gauffré, Martin
Schlossermeister, Bruder von Ernst Gauffré (II, S. 1196), wohnte 1846/1878 in dem ihm gehörenden Haus Kampstraße 11.
1845–1848 Großer Domhof 1, neues Regierungsgebäude (II, S. 1196, 1199)
1871 Domstraße 14, größeres Kamerariat Nr. 147 O, eiserne Kochmaschine für den Küster (II, S. 1471)
um 1878/1879 Großer Domhof 10, Präsidialkurie, Modernisierung (zusammen mit anderen) (Bauführer: Hölscher) (II, S. 1295)

Gauffrés, Otto
Uhrmacher, wohnte 1919 in dem Haus Hohnstraße 22, 1935 dort zusammen mit dem Uhrmacher Albert Gauffrés (seinem Sohn?).
1911 Dom, Reparatur der Uhr (II, S. 860)

Gauß
Geometer.
1855 Hafeneisenbahn, Kartierung einer möglichen Trasse

Gay, Wilhelm
Tischler und Zeichner, wohnte 1929/1935 Marienwall 10/12. Vermutlich Bruder des Architekten Paul Gay.

Gay, Paul
Architekt. Am 20.10.1922 in Osnabrück geboren, seit 1929 in Minden (der Vater Paul Gay war mit Sophie Heewerth, geb. 1887, gest. 27.2.1951, verheiratet und betrieb als Diakon offenbar das Evangelische Vereinshaus, Hospiz und Herberge zur Heimat mit Wanderarbeitsstätte im Haus Marienwall 10/12). Von 1938 bis 1940 Lehre beim Zimmermeister Karl Scheidemann, dann bis 1941 auf der Bauschule in Lage/Lippe, danach bis 1945 Kriegsdienst. Nachdem er zunächst als Zimmermann bei der Firma Polensky & Zöllner arbeitete, vom Winter 1945 bis 1949 wieder Studium an der

H.T.L. Lage, wo er das Examen als Hochbauingenieur ablegte. 1948 zudem Gesellenprüfung als Zimmermann. Von Mai 1949 bis September 1950 bei der Wohnhaus Minden GmbH (siehe I,2, S. 449–452) beschäftigt, wo er Entwürfe für die zahlreichen, in dieser Zeit entstandenen Wohnhäuser ausarbeitete, dann bis September 1951 bei der örtlichen Bauleitung der Oberpostdirektion Münster, seit 1952 freiberuflicher Architekt mit Büro in Porta Westfalica-Barkhausen, Laurastraße 6, 1958 Lindenstraße 10, 1961 Fischerglacis 23. Mitglied im BDB.

1955 im Haus Laurastraße 5 der Bau-Ing. Johannes Gay genannt. 1984/1991 in Laurastraße 5 Helga (1994 letztmalig alleine) und Thomas Gay genannt.

1949	Paulinenstraße 17, Miethäuser für Wohnhaus Minden GmbH (Ausführung: Dr. Wiesner)
1950	Melittastraße 18/20 für Wohnhaus Minden GmbH
1951	Lübbecker Straße 84 a für Tischlermeister Chr. Oetting
1951	Melittastraße 22/24/26 für Wohnhaus Minden GmbH
1954	Robert-Koch-Straße 1 für Rechtsanwalt Hermann Botterbusch (Ausführung: E. Rathert)
1954	Stiftstraße 1, Umbau des Erdgeschosses
1955	Friedrichstraße, Krankenhaus, Bauleitung beim Erweiterungsbau
1956	Kampstraße 12, Wohn- und Geschäftshaus für Bruno und Walter Diener
1958	Paulinenstraße 6 a für Kaufmann Max Weidenfeller
1958	Paulinenstraße 8, Garage
1959	Fischerglacis 21, Umbau des Hinterhauses
1960	Marienstraße 2, Anbau Wohn- und Geschäftshaus für Firma Weidenfeller (mit Körber)
1961	Kampstraße 7, Umbau
1961	Viktoriastraße 30, Fabrik mit Wohnhaus für Möhlmann & Witte
1963	Hafenstraße 14, Umbauten der Werkstätten

Geb, <u>Friedrich</u> Gottfried
Architekt in Hannover (geb. 29.8.1847 Waldau, gest. 16.2.1927 Hannover). Nach Besuch der höheren Gewerbeschule in Kassel (Prof. Ungewitter) zunächst Bauführer beim Architekten Zindel (Essen) und von 1868 bis 1873 im Büro von E. Oppler (Hannover), dann ab 1873 als Privatarchitekt in Hannover. Dort für zahlreiche Großbauten wie Hotels und Banken, etwa die 1887 fertiggestellte Georgshalle des Hotels Kasten oder das 1901 erstellte Haupttreppenhaus des Hotels Royal verantwortlich (Werke siehe KOKKELING 1998, S. 526–527). Von 1881 bis 1908 Privatdozent für Architektur an der TH Hannover, ab 1894 zum Professor ernannt.

1891	Bäckerstraße 31/33 (Ausführung: Schnabelrauch) für Gebr. Sehlbrede
1902	Detmold, Lange Straße 40, Kaufhaus für Wilhelm Sonntag

Gebauer, Ernst
Maler.

1826	Weserglacis 2, Regierungsgebäude, Gemälde König Friedrich Wilhelm III. beim Einzug in Paris 1814

Gebauer, Friedrich
Maschinenbaufabrik in Berlin NW 87.

1913/1914 Antrieb der Tore der Schachtschleuse
1913/1914 Antrieb der Tore der Oberschleuse

Gebhard
Steinhauer.

1833	Dom, Umgestaltung des Inneren, Abbruch des Lettners (zusammen mit Maurermeister Bernhard und Maurerpolier Apel) (II, S. 576)

Gebhardt, A.
1899 als Landschaftsgärtner in Minden tätig und als Mieter in dem Haus Königswall 95 niedergelassen (Anzeige siehe I.1, Abb. 86), 1900 Königstraße 41. In der Volkszählung 1900 unter beiden Adressen nicht verzeichnet!

Gedien, Eduard
Drechslermeister. Betrieb 1895 kurz vor dem Abbruch des Hauses Kleiner Domhof 2/4 dort eine Drechslerei.

Geffers, Kurt
Innenarchitekt, 1966 Ringstraße 59.

Gelderblom, Hans
Dipl.-Ingenieur, 1927 bis 1946 Oberregierungs- und Baurat in Minden. Geboren am 18.3.1879 in Essen-Steele als Sohn eines Hauptlehrers, gestorben am 22.9.1966 in Minden. Verheiratet mit Lydia Trechsel (geb. 6.8.1880 Spiez/Schweiz, gest. 11.6.1967 in Herford). Das Ehepaar wohnte über Jahrzehnte in dem Haus Königstraße 55. Ihr Sohn Hans Joachim wurde ebenfalls Architekt. Nach dem Tod ihres Mannes zog die Witwe zu ihrem Sohn Hans nach Herford, Amtshausstraße 4, wo sie im folgenden Jahr ebenfalls verstarb.

Nach Studium an der TH Darmstadt und Berlin-Charlottenburg (19.1.1904 Dipl.-Ing.) zum 1.2.1904 Eintritt als Reg.-Bauführer in den Staatsdienst. Nach Ablegung der Großen Staatsprüfung seit 15.5.1907 Regierungs-Baumeister. Dann Laufbahn in der preußischen Bauverwaltung, zunächst in Hersfeld, bis 1910 Schubin (Reg.-Bezirk Bromberg), 1910/1915 Polizeipräsidium Berlin, dann vom 1.12.1915 als Reg.-und Baurat bis 1927 Leiter des Staatshochbauamtes in Genthin. Seit 15.11.1927 als Regierungsbaurat beim preußischen Bauamt in Minden (in Nachfolge von H. Quast) und zunächst Leiter des Dezernates Hochbau, später nach Ernennung zum Oberregierungs- und Oberbaurat am 1.1.1934 Leiter aller Dezernate.

Seit 1935 auch Mitglied im Aufsichtsrat der Ravensberger Heimstättengesellschaft/Bielefeld. Die Betreuung des Mindener Domes gehörte zu seinen dienstlichen Aufgaben, dessen Wiederaufbau er ab 1946 wesentlich beeinflußte, auch nach seiner Pensionierung wegen Überschreitung der Altersgrenze zum 8.2.1946 weiterführte und mit verschiedenen Publikationen begleitete (nach STA DT, M1, pr. Per. Nr. 960 – siehe auch KORN 1966 mit Bibliografie). Seit 1946 Leiter des Bauausschusses des Dombauvereins und mit der Leitung der Baustelle beauftragt (Planung und künstlerische Leitung: Prof. March). Mitglied im Amt für Kirchenbau und kirchliche Kunst der Evangelischen Kirche von Westfalen. Anläßlich des Richtfestes vom Dom-Langhaus am 3.12.1953 erhielt er zusammen mit dem Maurerpolier Barner das Bundesverdienstkreuz Erster Klasse. Seit 1962 Ehrenmitglied des Mindener Geschichtsvereins; am 17.3.1964 Verleihung des Ehrenringes der Stadt Minden und am 18.3.1964 Verleihung der Nicolaus-Meyer-Medaille des Mindener Geschichtsvereins.

1904   Rheydt, Gefängnis, Bauleitung
1936–1949, 1955 Dom, Grabungen (II, S. 96–126, 261)
1946   Dom, Gründung des Dombauvereins (zusammen mit anderen) (II, S. 74)
ab 1946 Dom und Domkloster, technische Leitung des Wiederaufbaus (II, S. 74, 131, 134, 221)
1946   Dom, Wiederaufbau des Westwerks, Planung der rekonstruierenden Wiederherstellung (Ergänzungen und Teilerneuerungen) (II, S. 131)
1946/1948 Dom, Wiederaufbau des Langhauses, Planung als Freiluft-Sakralraum (II, S. 300)
1948   Dom, Wiederaufbau des Querhauses, Entwürfe zum Nordportal (II, S. 218, 222)
1948   Dom, Wiederaufbau des Querhauses, Rekonstruktionszeichnungen zum Rad-

Hans Gelderblom, um 1952

fenster (Nordwand) (Ausführung: Fa. TUBAG/Essen) (II, S. 218, 222)

1948 Dom, Wiederaufbau des Westwerks, Planung der oberen Treppe im Südturm (II, S. 128)

1949 Dom, Wiederaufbau des Westwerks, Planung der Arkadensäulen (II, S. 128)

1949 Dom, Wiederaufbau des Westwerks, Bestandszeichnung Arkaden der sog. Kaiserloge (Ostwand) (II, S. 134)

1949 Dom, Wiederaufbau des Westwerks, Planung zu Giebeln und Dachwerken (II, S. 127, 295, 301, 418, 430)

1956 Dom, Wiederaufbau des Westwerks, Planung zur Einrichtung des Dombaumuseums im Obergeschoß des Paradieses (Ausführung bis 1959) (II, S. 203)

1957 Dom, Fund- und Grabungsdokumentation, Zeichnungen von Baudetails (Manuskript) (II, S. 96 f., 127, 199, 218, 260, 295, Abb. 17, 19, 24, 26, 32, 38, 42, 45, 65, 122, 124, 181, 190, 207)

Gelderblom, Hans Joachim
Architekt. Sohn des Oberregierungsbaurates Hans Gelderblom. Verfertigte als Prüfungsarbeit seines Architekturstudiums 1933 die Bauaufnahme der Freitreppe vor dem Haus Tränkestraße 5. Wurde 1947 zum Kreisbaurat in Herford ernannt, zuletzt bis 1973 dort Kreisbaudirektor. 1967 Vorsitzender des »Herforder Kunstvereins«. Hans Gelderblom (geb. 13.10.1910 Berlin) war mit Annemarie Greger verheiratet, drei Kinder: Hans (geb. 15.5.1939 Elbing), Barbara (geb. 1.3.1941 Schwetz) und Bernhardt (geb. 9.3.1943 Schwetz).

1933 Tränkestraße 5, Freitreppe, Bauaufnahme

1952 Bünde, Eschstraße 43, Wagenhalle für einen Röntgenwagen des Kreisgesundheitsamtes Herford

1955/1957 Herford, Amtshausstraße, Hochhaus der Kreisverwaltung Herford

1959 Bünde, Eschstraße 43, Umbau

1967 Herford, Deichtorwall, Planungen für einen Erweiterungsbau des städt. Museums

Gemeinnützige Bau- und Produktionsgesellschaft mbH Minden und Umgebung
Unterschrift R. Moelle, die Firma wird 1922 durch den Bauführer Ferdinand Grannemann geleitet.
1922 Hafenstraße 4, Umbau
1922/1923 Portastraße 33 für den Kreis Minden (Pläne: Hans Korth)

Genahl (auch Genal), Anton
Maurermeister.
1700 Großer Domhof 9, Kurienhof, Besichtigung und Kostenanschlag zur Reparatur (II, S. 1277)
1721 Großer Domhof 9, Kurienhof, Reparatur (II, S. 1277)
1730 Deichhof, Vikariatshaus Anna I, Reparatur
1733 Bäckerstraße 66, Stallgebäude und Wiederherstellung des Hintergebäudes für J.L. Brüning
1734 Porta Westfalica-Holzhausen, Kirche, Umbau (Plan: Bielitz), zusammen mit Krückemeyer

Genahl, Heinrich
Maurermeister.
1727 Kleiner Domhof 13, Domsyndikathaus, Reparatur (zusammen mit anderen) (II, S. 1415)

Gerardi
Architekt in Berlin.
1875 Entwurf für das Denkmal für die Gefallenen des Krieges 1870/1871 (nicht ausgeführt) (abgelehntes Angebot zur Ausführung: Goldkuhle/Wiedenbrück) (I.2, S. 925)

Gerdien
Baumeister. Arbeitete 1865 als Vertretung bei der Regierung Minden, wohnte Obermarktstraße 14.

Gereke
Streckenbauleiter bei der Kanalbauverwaltung.
1911 Mitarbeit an der Planung zur Kanalbrücke über die Weser

Gerhards & Matzke
Architekturbüro in Hannover.
1978 Gutenbergstraße 4 für Julius Girolani

Gerken, Johan Hinrich
(Zimmer?)meister. Schmiedemeister.
1709 Königstraße 36, eine Stube, eine Kammer und einen Bosen

Gerle, Karl
Architekt in Essen (geb. 1903, gest. 1962), der als Christ neben Hermann Gutmann und Helmut Goldschmidt nach 1945 die meisten Synagogen in Deutschland plante (Birkmann/Stratmann 1998, S. 185).
1955 Recklinghausen, Am Polizeipräsidium, Synagoge
1956/1957 Kampstraße 6, Gemeindehaus mit Synagoge für die jüdische Gemeinde Minden
1959 Kampstraße 6, Plan für Umbau der Synagoge
Hagen, Synagoge
Paderborn, Synagoge

Gerke, Jürgen
Zimmermeister.
1709 Königstraße 36, Umbauten

Gerlach
Glaser.
1792–1793 Großer Domhof 8, Kurienhof, Arbeiten am neuen Wohnflügel (zusammen mit anderen) (Planung und Leitung: Landbaumeister Kloth) (II, S. 1256)

Gernun, Ludwig
Schornsteinfegermeister (geb. 4.7.1840 Hausberge), verheiratet mit Laura (geb. 11.9.1855),

gemeinsame Tochter Helene (geb. 20. 7. 1890). Die Familie wohnte 1900 mit dem Schornsteinfegergesellen Kurt Böhme (geb. 5. 2. 1872 Stössen/Weissenfels) Weingarten 6 zur Miete.

Gesing, Jupp
Maler und Glasmaler, geb. 1922 Herne.
1952/1953 Herne, Bahnhof, Fenster
1958   Kampstraße 10, Synagoge, Bleiverglasung

Geutebrück, Albert
Architekt, wohnte 1846 zur Miete in Bäckerstraße 28.

Gibmeier
Vikar am Mindener Dom, der in seiner Funktion als Strukturar die Kirchenfabrik bzw. den Strukturarfond verwaltete (siehe hierzu allgemein II, S. 84).
1800   Domstraße 14, beide Kamerariate, Kostenanschlag zur Umdeckung (II, S. 1467, 1470)
1800   Dom, Schadensmeldungen zur Bleideckung von Chor und Westwerk mit Reparaturvorschlägen (II, S. 426)
1800   Dom, Langhaus, Schadensbericht zu Strebepfeiler-Tabernakeln mit Reparaturvorschlägen (II, S. 297)
1801   Dom, Schadensmeldungen zu Fenstern und Dachreiter über der Vierung mit Reparaturvorschlägen (II, S. 440, 426)
1801/1802 Domkloster, Schadensmeldung zu Fenstern (wohl im Ostflügel) (II, S. 501)
1802   Domkloster, umfangreiche Meldungen zu Schäden am Ostflügel (II, S. 502)
1804   Domkloster, Planungen zum Abbruch des Westflügels zwecks Materialgewinnung für Reparaturen des Kreuzhofes (Abbruch 1804/1805) (II, S. 501)
1804   Dom, erneute Schadensmeldung zu Chorfenstern (II, S. 440)
1804   Domkloster, Schadensmeldung zum Westgiebel des Südflügels und Dachwerk des Ostflügels (II, S. 502)
1808   Domkloster, Kostenanschlag zum Abbruch des Südflügels zwecks Materialgewinnung für Reparaturen (II, S. 503)

Giermann
1902   Verlegung der Bastau, Gestaltungskonzept für das Gelände westlich der Simeonstraße (I.2, S. 899)

Giese, H.G.
Erdbaulaboratorium Hannover.
1972   Großer Domhof 8, Bankgebäude, Bodenprüfung vor Anbau von Kassenhalle mit Parkgarage (II, S. 1275)
1977   Kleiner Domhof 10, Bodenuntersuchung vor Neubau Haus am Dom (II, S. 1408)

Gieselmann, Philipp
1744   Dom, Dachwerkerneuerung des Langhauses, Vertrag über Bauholz mit genauer Auflistung der Hölzer (II, S. 421)

Gieseking
Zimmermeister.
1770   Porta-Westfalica, Reparatur des landesherrlichen Kalkofens (zusammen mit Maurermeister Albert)

Gieseking
Mühlenbaumeister in Porta Westfalica-Neesen.
1846   Friedrich-Wilhelm-Straße 117, Windmühle für Georg Schütte

Gieseking
Chaussee-Oberaufseher.
1884   Aminghauser Straße, Ausbau als Chaussee
1884   Kutenhauser Straße, Ausbau und Begradigung

Gieseking, August
Maurer und offenbar Sohn des Maurers W. Gieseking. Stammte von dem Neubauernhof Kutenhauser Straße 86, wo er bis 1899 wohnte. Er erwarb 1894 das Anwesen Alte Sandtrift 14/16 und erbaute sich 1899 das Haus Alte Sandtrift 12.
1898   Kutenhauser Straße 34 (als Unternehmerbau ?)
1899   Alte Sandtrift 12 (nach Plan: Horstmann/Hahlen) für eigene Zwecke
1909   Königswall 77, Anbau eines Lagerhauses
1910   Stiftsallee 79 für Heizer Wilhelm Dörmann (Plan: O. Heurich)

Gieseking, G.
Bau- u. Möbeltischlerei, 1927 Kutenhauser Straße 96 (Inhaber: Wilhelm Gieseking).
1926   Immanuelstraße 32, Tischlerarbeiten

Gieseking, Johann Friedrich Christian
Zimmergeselle aus Kutenhausen. 1806 von der Witwe des Zimmermeisters Meyer als Polier angestellt, um die von ihrem Sohn angefangenen Arbeiten zu Ende zu führen. 1819 erwirbt er den früheren Gesundbrunnen auf der Fischerstadt (siehe Oberstraße 66). 1819 als Zimmermeister, 1821 Zimmermann bezeichnet. Pachtet für das Jahr 1819 den städtischen Bauhof an der Alten Kirchstraße für 5 Rthl jährlich als Zimmerplatz.
1821   Kampstraße 22, Reparaturen am 2. Pfarrhaus von St. Martini

Gieseking, W.
Maurer. Stammte aus dem Neubauernhof Kutenhauser Straße 86, wo er sich 1889 nach Plänen des Zimmermeisters Schwier ein neues Haus errichten ließ.
1889   Kutenhauser Straße 86 (nach Plan: Zimermeister Schwier)
1891   Kutenhauser Straße 86, Anbau (nach Plan: Maurermeister Horstmann/Hahlen)

Gießelmann, Heinrich
Architekt und Bauunternehmen in Bad Oeynhausen-Neustadt.
1932   Bleekstraße 3 für Oberwachtmeister Ferdinand Sensmeier
1951   Ulmenstraße 21, Planung für ein Haus
1956   Ulmenstraße 21 für Lina Tiemann

Gildemeister, Eberhard
Dipl. Ing, BDA, Büro in Bremen.
1965   An der Hochzeitstreppe 4, Wohnhaus für den Fabrikanten Harald Waltke (örtliche Bauleitung: W. Dessauer)

Girolani (Petrucco & Girolani)
Marmorschleiferei aus Hannover, seit 1901 Betrieb in Minden, Gutenbergstraße 4. Die Firma wohl bis 1925 bestehend.

Glauert, Erich
Bauunternehmer, Baumeister und Architekt aus Lerbeck. Unterhielt wohl seit 1935 in Minden unter der Adresse Robert-Koch-Straße 4 ein Baugeschäft und errichtete sich im gleichen Jahr an dieser Straße Nr. 21 auch ein eigenes Wohnhaus. Der Betrieb 1939 Bismarckstraße 21. Erich Glauert (geb. 4.3.1905, 31.12.1945 für tot erklärt) war mit Erna Bakemeier (geb. 22.9.1912 Neesen) verheiratet. Drei Kinder: Hans Joachim (geb. 17.7.1938) und die Zwillinge Heiko und Erich (geb. 3.2.1944).
1922   Viktoriastraße 29 für Schneidermeister Friedrich Höltkemeyer
1931   Herderstraße 21 für die Witwe des Postinspektors Miram
1933   Blücherstraße 15 für Lokführer H. Hahne
1933   Blumenstraße 30 für Lokführer Karl Gottschalk
1933   Marienstraße 38 für G. Körtner
1934   Königsglacis 1 für Bankinspektor Wilhelm Rohlfing
1934   Kuhlenstraße 59 für Kaufmann Karl Finke

1934	Steinstraße 34 a für Telegrafeninspektor Wilhelm Pocker
1935	Bismarckstraße 21 für eigene Zwecke
1935	Cecilienstraße 1 für den Bankbeamten Karl Lange
1935	Friedrichstraße 6 für Stadtinspektor Christian Held
1935/1936	Feldstraße 4 für Wilhelm Kruse
1936	Dankerser Straße 22, Anbau
1936	Gartenstraße 8 für den Gutsverwalter August Limberg
1936	Hardenbergstraße 14 für Radiohändler Heinz Brandt
1936	Hardenbergstraße 21 für den Baumeister Richard Jurgscheit
1936	Kuhlenstraße 7 für Obertelegrafen-Inspektor Ernst Höfer
1936	Roonstraße 2 für Kaufmann Albin Schneider
1936/1937	Herderstraße 12 für Dr. jur. Hermann Lagemann
1937	Bismarckstraße 27 für Kreisausschußinspektor Leopold Heinrich
1937	Herderstraße 9 für Kaufmann W. Muß
1937	Kuhlenstraße 20 für W. Bokemeyer
1937/1938	Paulinenstraße 19 für Dr. Breidthardt
1949	Königstraße 95 b für Fahrlehrer Josef Jopp (Plan: K. Strangmann)

Gockel, A.
Fertigte 1923 Pläne für die Bauhütte Minden.
1923   Friedrich-Wilhelm-Straße 25 für die Druckerei Weserwarte

Gockel, Heinrich Melchior
Geboren 1778, spätestens 1798 Wegeaufseher bei der Regierung Minden, seit 1803 Bauinspektor im Kreis Paderborn und dort vor 1813 zum Kreisbaumeister ernannt (VON WESTPHALEN 1980, S. 678). In dieser Position bis 1846 tätig (siehe die nicht ausgewertete Personalakte GSTA PK, I. HA Rep 89 geh. Zivilkabinett, jüng. Periode, Nr. 7680).

1798	Vermessungsarbeiten für den Bau der Chaussee Minden–Clus
1798	Vermessungsarbeiten für den Bau der Chaussee Minden–Neusalzwerk (Leitung: Wege-Inspektor Wesermann)
1799	Portastraße, Kartierung der für den Chaussee *verdorbenen* Grundstücke
1800	Portastraße, Handzeichnung der alten Wegestrecken (STA MS, KDK Minden, Nr. 3574)
1801	Herford, Holland 41, ehemaliges Fraternhaus, Grundrißaufnahme
1802	Chaussee Minden-Kleinenbremen, Konzepte der Trassenführung (V, Abb. 1701)
1816/1818	Lichtenau-Dalheim, Am Kloster 1/3, 5/7 und Am Nieder Kley 50, Kolonistenhäuser der Domäne
1816	Lichtenau-Elisenhof, Gutshof (PIEPER 2000, S. 230)
1824	Lichtenau-Dalheim, Kloster Dalheim, Gutachten zum Bauzustand (PIEPER 2000, S. 127, 140)
1827	Paderborn, Kapuzinessenkloster, Konzept zum Umbau in ein Krankenhaus
1828	Lichtenau-Dalheim, Kloster Dalheim, Neuer Schafstall (PIEPER 2000, S. 214–216)
1828	Lichtenau-Husen, Gutshof, Umbau des Wohnhauses (PIEPER 2000, S. 232)
1833/1836	Borgentreich, katholische Kirche St. Johannes Bapt.
1839	Lichtenau-Dalheim, Kloster Dalheim, Federviehhaus (PIEPER 2000, S. 216–218)
1841/1845	Bad Lippspringe, evangelische Kirche und Schule
1843/1844	Lichtenau-Dalheim, Kloster Dalheim, Kartoffelkeller (PIEPER 2000, S. 224)

Göbbels, H.F.
Architekt in Düsseldorf.
1965   Hahler Straße 2 für Versicherung »Alte Volksfürsorge« in Hamburg

Goecker
Wegebaumeister, 1805 in Herford wohnend.
1804 Planungen für den Straßenausbau in der Stadt im Zuge des Chausseebaus
1805 Anschlag zur Pflasterung der Ritterstraße und der Kampstraße

Goecker, Ernst (auch Goeker)
Bauinspektor.
1830 Großer Domhof 1–2, Regierungsgebäude, Nordflügel (Kassenbau) (vermutlich Planung) (II, S. 1185)
1844 Großer Domhof 1–2, Regierungsgebäude, Bestandszeichnung des Nordflügels (II, S. 1189 f., 1192, Abb. 718)
1844 Großer Domhof 1–2, erster Entwurf zum Neubau des Regierungsgebäudes (nicht ausgeführt) (II, S. 1183, 1193, 1201 f., Abb. 718)
1844 Großer Domhof 1–2, Regierungsgebäude, Entwurf zum Verbindungsbau zwischen Regierungsgebäude und Hauptzollamt (II, S. 1216, 1423, Abb. 718)
1845 Domkloster, nicht ausgeführte Planungen mit Kostenanschlag zum Umbau des Südflügels (Museum/Turnhalle) (Revisionen: von Quast und Busse) (II, S. 512–514, Abb. 367–369)
1845–1848 Großer Domhof 1, Regierungsgebäude, Entwurf und Bauleitung des Neubaus (Bauführer: Conradi) (II, S. 1192, 1194–1197)
1846 Bäckerstraße 72, Gutachten über Bauzustand
1846 Großer Domhof, Kostenvoranschlag zur Pflasterung (II, S. 1176)
1846 Großer Domhof 1–2, Regierungsgebäude, Untersuchung des rückwärtigen Anbaus (II, S. 1186, 1198)
1846/1847 Vinckestraße 1, Kurienhof, nicht ausgeführte Planung für Umbau zu Mädchenschule und Kleinkinder-Bewahranstalt (II, S. 1310, 1313, 1317, Abb. 830)
1847 Großer Domhof 8, Kurienhof, Umbauprojekt zur *Offizier-Speise-Anstalt* (II, S. 1267)
1848/1855 Bahnhofsbefestigung (mit anderen) (I.2, S. 594, 612, Kat.-Nr. 319)
1848 Domkloster, Südflügel, Gutachten zum Bauzustand (II, S. 515)
1848 Großer Domhof 3, Kurienhof, Kostenanschlag zur Renovierung für Hauptinspektor/-kassierer Tilly (II, S. 1207)
1848 Vinckestraße 1, Kurienhof, Bauinventar und Bestandszeichnung (II, S. 1313)
1849 Domkloster, Südflügel, Beschreibung und Taxierung (II, S. 515)
1849 Domstraße 14, größeres Kamerariat Nr. 147 O, Gutachten zu Reparatur und Durchbau (II, S. 1470)
1849 Großer Domhof 8, Kurienhof, Lageplan und Beschreibung (II, S. 1264, 1268–1271, Abb. 794)
1849 Großer Domhof 8, Kurienhof, Reparatur und Umbau zur Kaserne (II, S. 1264, 1267 f., Abb. 793)
1850 Vinckestraße 3, Vikarie, Kostenanschlag zur Reparatur (II, S. 1324)
1850/1857 Preußisch-Ströhen, evangelische Kirche
1852 Großer Domhof 3, Kurienhof, Aufsicht über Reparatur (II, S. 1207)
1854 Domkloster, Gutachten zu den Böden im Ostflügel (II, S. 505)
1855 Domkloster, Kostenanschlag zu Sicherungsarbeiten am Ostflügel (Fundamentuntersuchung: Maurermeister Schroeder) (II, S. 505)
1855 Dom, Sicherung des Chores, Gutachten zum Bauzustand (II, S. 371, 602)
1855 Vinckestraße 1, Kurienhof, Zustandsbeschreibung von Einfahrtstür und Mauer (II, S. 1315)
1861 Großer Domhof 3A, Berechnung von Grundstückskosten für Carl Rousseau (II, S. 1218)

Goecker (auch Gocker oder Goeker), Johann Friedrich Wilhelm
Wasserbauinspektor und Festungs-Baukondukteur. 1791 in Vlotho geboren (wohl als Sohn des dortigen Akzise- und Zollinspektors Johan Henrich Goecker und seiner Frau Christine Margarethe Meyer), 1809 Eintritt in den Staatsdienst als Baukondukteur, 1815 Festungs-Baukondukteur in Minden. 1819/1821 Bauinspektor in Unna-Königsborn, 1827/1842 dort als Salinen-Bau-Inspektor nachweisbar; 1843 Bau- und Gradierinspektor in Königsborn. Offensichtlich Bruder des 1815 in Minden wohnenden Justiz-Kommissars Carl Ludwig Gocker (geboren 1788 in Vlotho). Johann Friedrich Wilhelm Goecker wurde 1847 pensioniert und ihm hierbei der Rote Adlerorden, 2. Klasse mit Eichenlaub überreicht.

1819/1821	Werl-Westtönnen, St. Cäcilia (Bauleitung; Plan: Plaßmann)
1820	Dortmund, Marktplatz, Aufmaß des Oberbergamtes
1827	Unna, Kasino der Societät, Entwurf

Goeker (auch Gocker, Goecker, Göcker oder Göker), Heinrich Wilhelm
Am 12.1.1803 als Sohn des Pfarrers Friedrich Göker in Schlüsselburg geboren, ab 1805 in Versmold aufgewachsen. 1819/1821 Gymnasiast in Osnabrück; 1821–1824 als Praktikant bei Vermessungen der Regierungsbezirke Minden, Münster und Arnsberg beschäftigt. 1825 Feldmesserexamen bei der Regierung in Minden, danach Studium des Bauwesens in Berlin; 1828/1829 Volontär beim Neubau des königlichen Museums in Berlin; 1829 Prüfung als Baumeister und zum 9.4.1829 Anstellung als Baukondukteur in Minden (1831 in Höxter tätig); 1832 Überstellung zur Regierung Arnsberg; 1835 Wegebaumeister im Reg.-Bezirk Münster und ab 1837 Wegebaumeister in Dülmen; ab 1839 in Höxter als Wasserbaumeister (Nachfolge Eberhard); 1841 Ernennung zum Land- und Wasserbauinspektor in Höxter; 1844 Versetzung als Wasserbauinspektor nach Minden, wo er 1846 mit Frau, sechs Kindern und zwei Mägden in dem Haus Königstraße 29 wohnt. 1848 Vorsitzender des neu gegründeten Baugewerkevereins Minden, für den er auch Dirigent der geplanten Bau- und Handwerkerschule werden sollte (KAM, Mi, E 377). 1852/1853 Wasserbauinspektor in Hamm. 1856 zum Marine-Hafenbaudirektor in Münster ernannt und wenig später nach Heppens versetzt, um den beginnenden Bau des preußischen Kriegshafens am Jadebusen zu planen (seit 1869 Wilhelmshaven). 1862/1868 Hafenbaudirektor der königlichen Werft in Danzig; 1869 in Heppens die Ernennung zum geheimen Baurat. Zugleich Hafenbaudirektor bei der Admiralität in Berlin. Starb am 6.9.1886 als königl. Geh. Baurat a. D. in Höxter.

1831/1832	Höxter, Bauleitung beim Neubau der Weserbrücke (Plan: Bauinspektor Eberhard)
1833/1836	Borgentreich, katholische Kirche, Überarbeitung der Pläne von Baukondukteuer Stratmann/Paderborn
1839	Willebadessen-Peckelsheim, evangelische Kirche
1845	Poststraße 5, Erweiterungsbau
1847	Friedrich-Wilhelm-Straße 4, Zollamt, Wohnhaus, Stallgebäude und Zollschuppen (vermutet)
1846/1847	»Ausladeplatz vor dem Wassertor« (I.2, S. 328–330, Abb. 186–187, Kat.-Nr. 167–168)
1848	Preußisch-Oldendorf, Spiegelstraße 3, Pfarrhaus, Gutachten zum Bauzustand
1848	Rahden-Preußisch-Ströhen, Pfarrhaus (Ausführung: Bock/Rahden)
1848	Weserbrücke, Neubau von zwei hölzernen Jochen und Erneuerung der Eisbrecher (V, Abb. 1671)
1850	Gutachten über die Vorflut der Bastau
1850	Rahden-Preußisch-Ströhen, Entwurf zur evangelischen Kirche (KLUGE 1975, S. 252)

1850/1851 Bad Oeynhausen, Kurhaus
1851 Kampstraße 31, Situationspläne für die 15 vorgeschlagenen Bauplätze des neuen Gerichtsgebäudes
1851 Bad Oeynhausen, Bade- und Kuranlagen, Leitung der Ausbauten
1852/1857 Bad Oeynhausen, Badehaus I nach einem Konzept von C. F. Busse/Berlin (KÖSTER 1985, S. 22 f.)
1852 Gutachten über die Revision von Dampfkesseln
1852 Kampstraße 31, Pläne für das neue Gerichtsgebäude und das Gefängnis
1853 Bad Oeynhausen, Planungen für eine evangelische und eine katholische Kirche (KÖSTER 1985, S. 37)
1853/1855 Kaiserstraße 33, Oberpostdirektion, Planungen und Bauleitung (mit Bauführer Petersen)
1853 Poststraße 7, Situationsplan
1854/1856 Kampstraße 31, Gerichtsgebäude mit Gefängnis: Detailentwürfe, Kostenvoranschläge und Bauleitung

Gögemann, Heinrich
Maurer, geboren um 1803. War 1846 Eigentümer des Hauses Steinweg 4.

Göing (auch Göying)
Schmiedemeister, hat vor 1818 den Betrieb seines Vorgängers Buchmann in Hufschmiede 7 übernommen.

Görling
Zimmermeister aus Minden-Dankersen, Haus Nr. 43.
1892 Aminghauser Straße 51 für Arbeiter Heinrich Möller (Entwurf: Maurermeister Chr. Luhmann)

Goldkuhle, Joh.
Essen-Ruhr.
1912–1914 St. Petri, Instandsetzung und Umbau (III, S. 584)

Goldkuhle, Georg
Maler in Wiedenbrück. Die Werkstatt wurde nach Goldkuhles Tod 1901 von dessen Sohn Eduard weitergeführt (II, S. 589, 649).
19. Jh. Dom, Farbfassung einer Pietà (II, S. 774)
1875 Denkmal für die Gefallenen des Krieges 1870/1871, Angebot zur Ausführung (abgelehnt) (nicht ausgeführter Entwurf: Gerardi) (I.2, S. 925)
1878 Dom, Überholung der barocken Reliquienschränke (II, S. 751)
1881–1884 Dom, Innenrestaurierung Langhaus, Ausmalung (Grundlage: Entwurf Adlers 1881) (II, S. 448, 458)
1882 Dom, Innenrestaurierung Querhaus, Kostenanschlag zur Ausmalung (II, S. 458)
1882–1884 Dom, Innenrestaurierung Querhaus, Gerüststellung und Ausmalung (II, S. 458 f.)
1882–1884 Dom, Polychromierung zweier Skulpturen (II, S. 781)
1882–1884 Dom, Außenrestaurierung Langhaus, Farbfassung der Strebepfeilerfiguren (II, S. 300)
um 1883 Dom, Instandsetzung Sakristei, Neuausmalung (Planung: Harhausen) (II, S. 393)
1883–1885 Dom, Innenrestaurierung Sakristei und Paradies, Vorbereitung und Ausmalung (II, S. 458)
1884 Dom, Innenrestaurierung Chor, Planung und Kostenanschlag zur Ausmalung (II, S. 460)
1884 Dom, Wiederherstellung von Holzfiguren des Kreuzaltars (II, S. 640), Fassung der Uhr (II, S. 860), Restaurierung des Reliquienschreins aus Stift Schildesche (II, S. 1007, 1010)
1884–1886 Dom, Restaurierung Kanzel (Revision des Kostenanschlags: Baumeister Arnold Güldenpfennig 1885) (II, S. 713 f.)

1885 Dom, Arbeiten an der Taufanlage (zusammen mit Gehilfen A. Conrad) (II, S. 724 f.)

1888/1899–1904 Dom, Teilrestaurierung und Ergänzung Marienkrönungsaltar (mit Mormann/Wiedenbrück und Zimmermeister Scheidemann) (II, S. 586–593, 595)

1889 Dom, Polychromierung des barocken Michaelsaltars (II, S. 662)

1890/1891 Dom, verkleinerte Replik Marienkrönungsaltar (mit Mormann/Wiedenbrück) (II, S. 601)

1890–1902 Dom, Teilrestaurierung Matthiasaltar (mit Mormann/Wiedenbrück) (Leitung: Baurat Engelmeier) (II, S. 649)

1895 Dom, Angebot zu Kreuzweg (II, S. 891)

1907 Dom, Farbfassung Hl. Antonius mit Jesuskind und Hl. Bonifatius (Fertigstellung: Mormann/Wiedenbrück; Lieferung und Anbringung: Altarbauer Schweppenstedde/Wiedenbrück) (II, S. 816)

Goldmann, J.
Maler, Bildhauer und Vergolder (1846 wohnte Jude Jacob Goldmann Obermarktstraße 13 ?).

1830 (?) Dom, Umgestaltung des Inneren, Reinigung, Marmorierung und Ergänzung des barocken Hochaltars (II, S. 602)

1830 Dom, Umgestaltung des Inneren, Umsetzen und Restaurieren des Kreuzaltars (Stifteraltar von Vincke) (II, S. 638)

1832/1833 Dom, Umgestaltung des Inneren, Ergänzung der Pfeilerfiguren im Langhaus (II, S. 769), Restaurierung und Neufassung des gotischen Kreuzes (II, S. 788), Vergoldung von Uhr (II, S. 860) und Kandelabern (II, S. 863)

1834 Dom, Umgestaltung des Inneren, Schriftzug über Grab Christi (II, S. 392)

Gooße
Maurer, wohnte 1853 zur Miete in Oberstraße 4.

Gorgonen
Kulturkreis für Bildende Kunst, Literatur und Musik, der sich regelmäßig im Schloß Petershagen traf. Der Name leitete sich vom Schutzpatron des Petershäger Schlosses und des Mindener Domes St. Gorgonius ab. Den Gorgonen gehörten u. a. die Maler Ernst Ruhe, Arnold Willings und Hans Möller-Porta, der Bildhauer Rudolf Ahlers, die Literaten E. M. Braschke, Jürgen Soehnke und Herbert Kreft, der Musiker Ernst David Kühne, der Architekt H. Lohse an.

Goosmann
Stadtgarteninspektor; Nachfolger von Stadtgarteninspektor Seelig.

um 1955 Marienstraße 134/136, Nordfriedhof, Erweiterungsplanung

Goße, August
Ofensetzer, wohnte 1895 Kampstraße 13 rechts.

Gosse, Carl
Steinhauer, wohnte 1819 Brüderstraße 19.

Gotta, Martin
Kirchenmaler in Hannover.

1925 St. Marien, Ausmalung und Restaurierung der Ausstattung (Fassungsentwurf: Rüter/Düsseldorf) (III, S. 81, 168, 175, 187, 192, 197)

Gottfried, Hermann
Glasmaler in Bergisch-Gladbach.

1989/1990 St. Mauritius, Entwurf Verglasung Westfenster (III, S. 514)

Gotthold
Uhrmacher, wohnte 1851 Obermarktstraße 4.

1865 St. Simeon, Wartungsvertrag mit der Stadt für die Turmuhren von St. Martini, St. Marien und St. Simeon (III, S. 634)

Gotthold, Ferdinand
Uhrmacher, wohnte 1895 Simeonstraße 35.

Gottlob, Fritz
Architekt in Berlin (1859–1920), der vor allem Neubauten von Kirchen in Berlin und Umgebung plante. Gab im Jahre 1900 das Buch »Formenlehre der norddeutschen Backsteingotik – ein Handbuch zum Gebrauch für die Praxis und zum Selbststudium« heraus, das schon 1907 in zweiter Auflage erschien.
1900   Berlin-Groß-Lichterfelde, Pauluskirche
1903/1906 Königstraße 60, Offizier-Speiseanstalt (Ausarbeitung der Vorentwürfe von Baurat Schmedding)
1907/1910 Berlin-Neukölln, Fuldastraße 50, Martin-Luther-Kirche
1913/1916 Berlin-Neukölln, Hertastraße 11, Philipp-Melanchton-Kirche

Gottschall
Schmiedemeister, wohnte 1851 Kleiner Domhof 3/5.

Gouffres, Johann Friedrich
Schlossermeister, wohnte 1804 Pöttcherstraße 13.

Grabe, Hermann
Stemmer bei Rinteln, Haus Nr. 10.
1962   Meißen, Grille 12 für Heinrich Thiemann

Gräper, Heinrich
Maurermeister in Petershagen-Eldagsen Nr. 100.
1957/1958 Gustav-Adolf-Straße 12 für Irmgard Holz
1958   Gustav-Adolf-Straße 20 für Milchkaufmann Peter Müller
1958   Gustav-Adolf-Straße 22 für Karl Heinz Holz
1959   Hahler Straße 101 für Richard Blümel
1967/1969 Brüderstraße 16/18, städtisches Altersheim
1972   Prinzenstraße 6, Umbau

Gräpner, Wilhelm
Baugeschäft in Todtenhausen, Haus Nr. 200. Später von Ernst Gräpner fortgeführt und 1950/1951 als Gräpner, Gieseking & Co. bezeichnet.
1910/1911 Königstraße 37, Umbau und neue Fassade (Plan: O. Heurich)
1912   Grüner Weg 17 für Arbeiter Christian Röthemeyer
1913   Ritterstraße 13, Umbau der Werkstatt
1927   Rodenbecker Straße 79 b für Witwe Louise von Behren
1928   Bachstraße 31 für Witwe Hilde Mummert
1928   Kisaustraße 1, Projekt für ein Wohnhaus
1929   Marienwall 27, Tankstelle
1929   Rodenbecker Straße 76 für Wilhelm Kahre
1931   Bleekstraße 1 für Kaufmann Albert Gemlau
1933   Grüner Weg 17, Aufstockung
1950   Hahler Straße 29, Umbau (Plan: E. Hildebrand/ Oldenburg)
1951   Rodenbecker Straße 68
1951   Simeonglacis 13 b für Schwester Therese Kohlhase
1952   Oberstraße 68, Lagerhalle an der Schlachthofstraße 4 für Heizungsbau Fr. Gottschalk
1953   Blücherstraße 2 für Kohlenhändler Gerhard Graf
1953   Rodenbecker Straße 79 a, Anbau
1957   Alte Aminghauser Straße 1 für Arno Arnold

Graevenitz, Fritz von
Künstler, geb. 16.5.1892 Stuttgart, gest. 6.6.1959 Stuttgart. Erschuf hauptsächlich Ehrenmale, Brunnen, Porträts und Tierfiguren im öffentlichen Raum.
1955   Dom, Entwurf eines Taufsteins (II, S. 728)

Graff, A.
1807 (?) Parkstraße, Grundplan für die Anlage des Friedhofes
1819 Alte Kirchstraße 9, Gymnasium, Bestandsplan (IV, Abb. 26)
um 1820 Alte Kirchstraße 9 hinten links, Bestandsplan (IV, Abb. 25)

Grahl
1822 Großer Domhof 7, Kurienhof, Lageplan (vermutet) (II, S. 1257 f., Abb. 1822)

Grahmann
Regierungsbaurat.
1898 Dom, Sicherung Chor, Planung der Fundamentunterfangung (zusammen mit Regierunsbaumeister Paetz) (Leitung: Baurat Engelmeier) (II, S. 369, 377)

Grannemann, Ferdinand
Bauunternehmen in Porta Westfalica-Barkhausen. Der Bauführer Grannemann ist 1922 Geschäftsführer der Gemeinnützigen Bau- und Produktionsgesellschaft in Minden. 1928 ist er Teilhaber des Baugeschäftes von Behren & Grannemann (siehe dort) und eröffnete dann eine eigene Firma in Porta Westfalica. 1931 die Firma F. & L. Grannemann Nettelbeckstraße 32a.
1936 Moltkestraße 5 für Ingenieur Friedrich Grannemann
1952 Johannisstraße 1a, Umbau des Daches

Grannemann, Hartmut
Bau-Ingenieur bei der Firma Rohlfing in Diepenau.
1991 Hahler Straße 73 für Wohnbau Schaumburg/Hessisch-Oldendorf
1994 Artilleriestraße 5 für D & H Eigenheim GmbH

Grass
Tischlermeister, wohnte 1851 Simeonstraße 38.

Grassow, H.
Maler.
1912–1914 St. Petri, Instandsetzung und Umbau (III, S. 548)

Gray, Jens
Reproduktionsgrafiker in Hamburg (Tätigkeit zwischen 1842 und 1868 nachgewiesen).
1838 (Druck) Dom, Ansicht von Nordosten (zusammen mit August Wenderoth) (II, Abb. 4)

Gregorovius, Michael Carl
Maler. Bis 1815 Volontär beim Ing.-Corps in Minden, später als Vedutenmaler in Danzig ansässig.
1815 Dom, Innenansicht nach Osten (II, Abb. 420, 553)
1819 Dom, Innenansicht nach Osten (II, Abb. 10)

Gremmels, Emil
Geb. kurz nach 1880, gest. 1950 oder kurz danach. Architekt, der auch eine Baufirma betrieb. Zunächst ist er 1904 bei der Baufirma Usadel als Zeichner und Entwerfer beschäftigt und machte sich spätestens 1907 als Architekt selbständig (inseriert 1908 *Architektur: Baubureau Weserstraße 1*). 1914/1916 werden in seiner Firma erstellte Pläne von dem Architekten A. Ebeling unterzeichnet. Offensichtlich schon seit der Gründung seiner eigenen Firma unterhielt er über Jahrzehnte (noch 1949) sein Büro in dem Hause Wesertor 1/Bäckerstraße 71 (das dem 1909 verstorbenen Baumeister Schneider gehörte). 1908 hatte er einen Lagerplatz auf dem Gelände des Baugeschäftes der Zimmerei Plöger, Fischerglacis 21. Nach dem Ersten Weltkrieg versuchte er mit seinem Baubetrieb neue Märkte zu erschließen, in dem er sich insbesondere den neuen Bautechniken und Baufor-

men wie etwa dem Betonbau zuwandte. So nannte sich die Firma 1925 Emil Gremmels, Stahlbetonbau. Seit 1927 unterhielt man auf dem angepachteten Gelände Brühlstraße 20 einen Lagerplatz.

Nach 1945 ist die immer noch in dem Haus Bäckerstraße 71 ansässige Firma im Besitz des Architekten H. Stremming. Nachdem der Lagerplatz 1948 auf dem Pionier-Wasserübungsplatz eingerichtet war, wurden Büro und Werksplatz 1949 für etwa zwei Jahre auf dem Grundstück Goebenstraße 54a untergebracht, da die Firma *Bauindustrie E. Gremmels* in diesen Jahren eine umfangreiche Siedlung mit 200 Wohneinheiten errichtete.

Unmittelbar nach dem Ende des Zweiten Weltkrieges eröffnete die Firma 1946 ein Architekturbüro, dessen architektonische Leitung Heinrich Staubermann übertragen wurde. Geschäftsführer war 1948 der Oberingenieur Carl Hübenthal. Das Büro plante und leitete nicht nur große Baumaßnahmen, sondern die Firma entwickelte (durch Architekt Stremming) mit Unterstützung der englischen Militärregierung die Bauweise AULEI (dafür die eigene Baugesellschaft mit diesem Namen unter der gleichen Adresse gegründet), bei der man ohne sogenannte Engpaßbaustoffe auskam. Als Musterbau wurde das Haus Sympherstraße 33 durch die Feldschlößchen-Brauerei errichtet.

Emil Gremmels

1905/1909 Bäckerstraße 7, Druckerei für Verleger Leonardy
1907 Besselstraße 19/Blumenstraße 9 für Frantz und den Schirmfabrikanten Meyer (Pläne: Kelpe)
1907 Kaiserstraße 6, Ausbau des Daches
1907 Karlstraße 9, Wohnhaus und Nebengebäude für Mindener Möbelfabrik
1907 Karlstraße 11, Fabrikgebäude für Mindener Möbelfabrik
1908 Markt 9, rückwärtiger Anbau
1908 Viktoriastraße 48, Anbau eines Büffetraums an den Saal der Grille
1908 Viktoriastraße 48, Wirtschaftsgebäude bei der Grille
1908 Viktoriastraße 48, Gartenpavillon
1909 Lübbecker Straße 19 für Viehhändler Adolf Strauß
1909 Marienwall 2, Ausbau des Daches
1909 Uferstraße 3, Ausbau des Daches
1910 Bäckerstraße 45, Hinterhaus, Einbau eines feuerfesten Treppenhauses
1910 Bäckerstraße 51, Umbau
1910 Bäckerstraße 58, Umbau und Erweiterung
1910 Ritterstraße 12, Hinterhaus für Malermeister W. D'Arragon (Vorentwurf R. Moelle)
1911 Bäckerstraße 11, Umbau und Aufstockung für Uhrmacher L. Strack
1911 Pionierstraße 1 für Kaufmann W. Willms
1911 Pionierstraße 1a, Umbau des Erdgeschosses
1911 Steinweg 6, Umbau und Neubau des Treppenhauses

Baufirma Gremmels, Belegschaft, 30er Jahre des 20. Jahrhunderts

1912   Fischerglacis 25, Bürogebäude für Baustoffhandel Otto Marowsky
1912   Friedrich-Wilhelm-Straße 13, Umbau (Plan: Conrad Reich/Koblenz)
1912   Kaiserstraße 2, Wintergarten
1912   Kutenhauser Straße 13, Umbauten
1912   Markt 9, Kinogebäude für Wilhelm Grothe
1912/1913 Kaiserstraße 31, Hotelneubau für Restaurateur Fr. Ernst
1912   Ritterstraße 12, Umbau des Altbaus
1913   Am Fort C 9, Umbau zur Reithalle
1913   Fischerallee 13, Umbau (Plan: Bauverwaltung der Kreisbahn)
1914   Königsplatz, Ausstellung GEWA, Niedersächsisches Haus als Ausschank der Kornbrennerei Arning
1914   Königswall 20, Garage für E. Lange
1914   Lübbecker Straße 19, Windfanganbau
1916   Bahnhof Minden-Stadt, Erweiterung des Güterschuppens
1916   Friedrich-Wilhelm-Straße 19, Erker

1919   Bäckerstraße 43, Umbau
1919   Stiftsallee 11, Windfang
1920   Stiftsallee 11, Stallgebäude
1920   Bäckerstraße 44, Umbau
1920   Friedrich-Wilhelm-Straße 121, Erweiterung Schmiede der Fabrik Gebr. Busch
1921/1925 Friedrich-Wilhelm-Straße 89, Fabrikbau für Baumgarten & Co (Plan: R. Moelle)
1922   Industrieweg 2, Beamtenwohnhaus für Baugesellschaft Michelsohn
1922   Viktoriastraße 12, Gartenhaus für Fabrikdirektor A. Baumgarten
1923   Sedanstraße 15, Beamtenwohnhaus Kohlenbergwerk Minden (Plan: Becker)
1924   Kaiserstraße 11, Ausbau des Flügelbaus
1924   Kleiner Domhof 6, Veränderungen Außenbau (Plan: Schroeder) (II, S. 1367, 1370)

Jahr	Eintrag	Jahr	Eintrag
1925	Am Alten Weserhafen 1 a, Kornhaus (Plan: R. Moelle)	1931	Lindenstraße 35, LKW-Garage
1925	Bäckerstraße 25, Hintergebäude, Umbau	1932	Hohnstraße 27, Umbau im Kaufhaus Hermann Hagemeyer
1925	Albrechtstraße 7, Menagengebäude Glashütte (Plan: Bauverwaltung der Hütte)	1933	Lindenstraße 35, Einbau von Trägerdecken im Fabrikgebäude
		1934	Obermarktstraße 29, Umbauten
1925	Am Schweinebruch 1, Bootshaus für den Pionierübungsplatz	1934	Tränkestraße 14, Umbau des Bauteils Marienwall 7
1925	Kaiserstraße 12, Deckensanierung	1935	Lindenstraße 46, Umbau des Gasthauses
1926	Bäckerstraße 8, für Leonardy, Ausführung (Plan: Kistenmacher)	1935	Simeonstraße 32, Umbauten
1926	Großer Domhof 4, Garage (*Auto-Einstellhalle*) im Hinterhaus (II, S. 1221, 1224)	1936	Brückenkopf 3, Erweiterung der Fabrik (Plan: Eigenrauch)
		1936	Kampstraße 13, Umbau des Ladens
		1936	Lindenstraße 35, Autogarage
1926	Königswall 22, Margarethenkrippe, Erweiterung und Einfriedung zur Parkstraße (Plan: Bergbrede/Hochbauamt)	1937	Bäckerstraße 66, Toilettenanbau
		1937	Lindenstraße 44, Garagenhof
		1937	Lindenstraße 46, Wagenheber an Tankstelle
1927	Königswall 22, Erweiterung der Margarethen-Kinderkrippe	1937	Obermarktstraße 35, Umbauten
1927	Marienstraße 16, Umbau und neue Fassade	1938	Brückenkopf 3, Bunker und Garagenbau (Plan: Eigenrauch)
1927	Marienwall 11 (Plan: Kistenmacher) für Kaufmann Hermann Tegtmeier	1938	Tränkestraße 3, Waschküche im Lagerhaus
1928	Bäckerstraße 68, Umbau und Neuverputz	1939	Bäckerstraße 46, Umbau
		1940	Brühlstraße 20, Lagerschuppen für eigene Zwecke
1928	Melittastraße 10, Anbau	1945	Bäckerstraße 48, Wiederaufbau
1929	Im Schweinebruch 5, Anbau an das Bootshaus für den Mindener Ruder-Verein (Plan: Sierig)	1946	Domkloster, Wiederaufbau des Südflügels (Planung: March) (II, S. 524)
		1946	Kuhlenstraße 18/20, Pförtnerhaus für Brücker & Zschetzsche (Plan: Garnjost)
1929	Karlstraße 9, Lagerhaus für Möbelfabrik Moser		
1929	Lindenstraße 35, Aufstockung	1946	Sympherstraße 33 für Feldschlößchen-Brauerei (System AULEI)
1929	Priggenhagen 23, Werkstatt für Schlossermeister Hermann Weber	1947	Bäckerstraße 64, Umbauplanung
1929	Steinstraße 9 für Dr. med. Roert Nußbaum (Plan: Garnjost)	1947	Marienstraße 65, Notwohnung und Lager für Julius Wolters OHG
1929	Tränkestraße 12, Anbau Waschküche	1947	Marienwall 8, Umbau des Lagerhauses
1931	Bäckerstraße 74/76, Umbau des Erdgeschosses	1947	Hameln, Angestelltensiedlung der AEG
		1947	Heiligenhaus, Fabrikgebäude der AEG
1931	Blumenstraße 37 für den Fabrikanten August Sültemeyer (Plan: Meyer)	1947	Mülheim/Ruhr, AEG Betriebsgebäude
		1948	Bäckerstraße 47/49, Neugestaltung der Fassade
1931	Fasanenstraße 1, Gartenhalle für Wilhelm Benker		

1948   Bierpohlweg 35 für Geschäftsführer Carl Hübenthal (Plan: Staubermann)
1948   Im Hohlweg 2 für Transportunternehmer Ferdinand Kirchhof (System AULEI)
1948   Jagdweg 10, Erweiterung für Bäcker Friedel Finke
1949   Brühlstraße 29/31, Beamtensiedlung für das Eisenbahnzentralamt, 2. BA, (Block 5)
1949   Goebenstraße 54 a, Büro- und Wohnhaus für eigene Zwecke
1949   Goebenstraße 21–31, Beamtensiedlung für das Eisenbahnzentralamt, 1. BA aus drei Doppelwohnhäusern
1949   Goebenstraße 33–55, Beamtensiedlung für das Eisenbahnzentralamt, 2. BA aus sieben Doppelwohnhäusern
1949/1950 Salierstraße 1 für Reichsbahnrat H. Lutz

Grappendorf
Tischlermeister, wohnte 1851 Priggenhagen 23.

Grappendorf, Albert
Malermeister, wohnte 1903 in dem ihm gehörenden Haus Hahler Straße 1.
1903   Hahler Straße 1, Ausmalung des eigenen Hauses

Greven, Heinrich von
Steinhauer in Minden.
1570   Bückeburg, Steinbruch am Bückeberg, Erker für das Schloß Ulenburg (GAUL 1974, S. 206)

Gröne
Tischlermeister, wohnte 1851 Videbullenstraße 10.

Gronemeyer & Banck
Dampfkesselschmiede in Bielefeld-Brackwede. Die Firma wurde 1881 durch den Ingenieur Heinrich Gronemeyer (1839–1890) und seinen Vetter, der Kaufmann Carl Banck (1825–1899) in der Nähe des Bahnhofs Brackwede am Mühlenweg als Kesselschmiede gegründet. Der Betrieb 1972 nach Steinhagen verlegt (das Archiv der Firma heute im Westfälischen Wirtschaftsarchiv Dortmund).
1883   Friedrich-Wilhelm-Straße 8, Kessel Nr. 545 für das städtische Gaswerk
1883   Stiftstraße 53, Kessel Nr. 735 für die Hufeisenfarbik Hoppe & Homann
1885   Friedrich-Wilhelm-Straße 93, Kessel Nr. 1467 für die Papierfabrik Niederstedt
1901   Friedrich-Wilhelm-Straße 8, Kessel Nr. 3288 und 3289 für das städtische Gaswerk
1907   Festungsstraße 3, Kessel Nr. 3418 für Dachpappenfabrik Timmermann
1919   Petersilienstraße 15, Kessel für Färberei Otto Kiel

Grotemeyer, Fritz (Friedrich Albert Theresia)
Geschichts- und Porträtmaler. Geboren am 19.6.1864 als Sohn eines Konditors in Münster/Westfalen. Nach Ausbildung als Textilkaufmann seit 1887 Schüler der Berliner Akademie der Künste, seit 1893 Meisterschüler von Adolf von Menzel sowie seit 1894 von Friedrich und Anton von Werner. Nach einer Tätigkeit als Bildberichterstatter von den Kriegsfronten läßt er sich 1918 als Künstler in Berlin nieder. Seit 1945 in Witten und Münster, wo er am 28.7.1947 verstirbt.
1942/1943 Markt 1, Rathaus, Ratssaal. Zyklus von neun Gemälden mit Bildern aus der Geschichte der Stadt Minden

Groth, Wilhelm
Dr. Ing., Regierungs- und Baurat, 1926/1928 Leiter des Wasserbauamtes II (Kanalbauamt) Minden, wohnte 1927 Am hohen Ufer 1.

Gruber, Karl
Geb. 1885, gest. 1966. Dr. Ing. und Bauhistoriker. Ab 1932 Professor für Architektur in Darmstadt.
1946/1951 Domhöfe, Gutachten zu Platzgestaltung und Neubebauung (zusammen mit den Professoren Flesche und Feuchtinger) (II, S. 1354, 1408, 1429)

Franz Gruber & Co.
Theatermaler in Hamburg.
1908   Tonhallenstraße 3, Stadttheater, Bühnenausstattung

Grünberg, Wilhelm
Dipl. Ing. und Regierungsbaumeister (geb. 10.2.1903 Ahlbeck/Usedom, gest. 23.12.1977). 1934 wurde Grünberg vom Hochbauamt Hanau zum Staatshochbauamt Minden versetzt (MT vom 16.5.1934). 1935 wohnte er Schenkendorffstraße 35.

Grün & Bilfinger AG
Der Baubetrieb wurde 1880 in Mannheim gegründet. 1906 in eine Aktiengesellschaft umgewandelt, da sich die Firma zu einem Spezialbetrieb für Großbauten mit zahlreichen Niederlassungen im In- und Ausland entwickelt hatte.
1911/1915 Kanalbrücke über die Weser, verschiedene Teilaufträge
1912/1914 Hauptpumpwerk an der Kanalbrücke, Rohbau

Gründling, P.
Architekt in Leipzig.
1883   Königstraße 73, für den Maurermeister G. Ed. König

Grüne (auch Gröne)
Tischler, wohnte 1852/1857 Videbullenstraße 10.

Grunen
Maurergeselle.
1755   St. Petri, Reparaturen (III, S. 580)

Gruson-Werke
Maschinenfabrik und Eisengießerei in Magdeburg-Buckau. 1855 durch H. Gruson als Eisenfabrik gegründet und seit 1891 Teil des Firmenverbundes der Gußstahlfabrik Friedr. Krupp in Essen.
1896   Weser-Schlachte, neuer Laufkran
1913/1914 Antrieb der Schachtschleuse
1913/1914 Antrieb der Oberschleuse
1924   Antrieb der Unterschleuse

GSW Minden
Gemeinnützige Siedlungs- und Wohnungsbaugesellschaft eGmbH in Minden führte als Bauträger für private Bauherren Bauvorhaben durch. Ausführlich siehe I.1, S. 447–449.
1954   Bachstraße 67 für Peter Haak/Leteln (Ausführung: Baugeschäft Rathert)
1954   Jagdweg 9 für Benno Kerkering
1954   Manteuffelstraße 20 für Hermann Brocks
1955   Feldstraße 14/16 für Walter Möller und Willi Berg
1956   Bachstraße 43
1957/1958 Bachstraße 17
1958   Sedanstraße 13 für Sparkasseninspektor Karl Rodemann
1961   Bachstraße 7
1962   Bachstraße 43 a
1963   Sedanstraße 33 für Edward Lister

Güldenpfennig, Arnold
Königlicher Geheimer Baurat, Diözesan- und Dombaumeister zu Paderborn (geb. 13.12.1830 Warburg, gest. 23.9.1908 Paderborn). Nach Schul- und Lehrzeit in Münster und als Baueleve in Minden Studium der Architektur an der Bauakademie in Berlin. 1854 Baumeisterexamen, danach bis 1856 im Büro des Diözesanbaumeisters Uhlmann in Paderborn. 1856

übernahm er – erst 25jährig – die Stelle des Diözesan- und Dombaumeisters in Paderborn. Verheiratet mit Auguste Volmer, der Schwester des Architekten Rudolf Volmer. Aus der Ehe gingen 10 Kinder hervor. Seine Söhne Jürgen und Hans Alex wurden ebenfalls erfolgreiche Architekten.

Güldenpfennig errichtete zwischen 1854 und seinem Tode 1908 zahlreiche Großbauten in und um Paderborn. In seinem Büro beschäftigte er viele Mitarbeiter, unter andem auch Franz Mündelein oder Fritz Sirenberg (zur Biografie siehe: Westfälisches Lebensbilder XV, Münster 1990. – STEINMANN/SCHWIETERS/ASSMANN 1994, S. 79. – HOHMANN 1990, S. 307–320).

1850   Gütersloh, St. Pancratius
1852   Dom, Vermessungzeichnungen (verloren) (Leitung: Bauinspektor Berghauer) (II, S. 9)
1854/1857 Paderborn, Warburger Straße, Mutterhaus für den Orden »Schwestern der christlichen Liebe«
1855/1860 Paderborn, Marienplatz, Mariensäule
1859   Paderborn, Dom, Umbau des Paradieses
1862   Salzkotten-Niederntudorf, St. Matthäus-Kirche, Turm
1863/1866 Werl-Büderich, St. Kunibert
1864/1866 Paderborn, Warburger Straße, Mütterhaus der Schwestern der christlichen Liebe, Konraduskapelle
1864/1866 Salzkotten-Wewer, Gut Wewer, Wirtschaftsgebäude (Mitarbeit von Carl Schäfer)
1865/1866 Paderborn, Maspernplatz, Umbau des Pristerseminars
1865/1866 Paderborn, Heierstor, bischöfliches Konvikt
1866/1867 Geseke, Marktplatz 10, St. Petri, Revision und Beratung beim Umbau der Dachwerke
1866/1870 Paderborn, Ostenfriedhof, Langenohl-Kapelle
1867   Paderborn, Liboristraße 4 für Landgerichtsrat A. Hüffer
1868   Paderborn, Liboriberg 8 als eigenes Wohnhaus
1869/1872 Warburg-Borlinghausen, St. Maria
1870   Paderborn, Gierstraße 1, Kirche der Jesuiten (zugeschrieben, nicht fertiggestellt)
1873   Werl-Westönnen, Haus Lohe, Umbauplanung
1878   Borchen-Nordborchen, Mallinckrodtstraße 6, Haus Mallinckrodt, Umbau
1878   Paderborn-Elsen, Salzkottener Straße, Gut Warthe, Gutshaus für Frhr. Hermann von Brenken
um 1880 Paderborn, Thisaut 1, Johannes-Hatzfeld Haus (zugeschrieben)
1882   Paderborn, Kasseler Straße, Waisenhaus
1882   Dom, Erweiterungsplanung zur Bühne der Westorgel (II, S. 825)
1885 (?) Dom, Gutachten gegen Wiederaufstellung des barocken Hochaltars (II, S. 603)
1885   Dom, Revision des Kostenanschlags von Georg Goldkuhle zur Restaurierung der Kanzel (II, S. 714)
1885   Paderborn-Wewer, St. Johannes
1885   Lichtenau-Helmern, Kirche (Ausführung: Maurermeister Köhler/Atteln)
1885   Marsberg-Essentho, St. Antonius, Projekt für einen Turm aus Fachwerk
1885/1887 Paderborn, Am Busdorf, Kloster der Barmherzigen Schwestern
1887   Paderborn, Am Busdorf, Gebäudes des Gesellenvereins
1889/1890 Castrop-Rauxel, Pfarrkirche St. Lambertus (Ausführung: A. Franke/ Wanne)
1889/1891 Gütersloh, katholische Kirche
um 1890 Paderborn, Ostfriedhof, Grabstätte König

1892 Paderborn, Am Busdorf, Kloster der Barmherzigen Schwestern, Erweiterung
1892 Rüthen-Langenstraße, St. Johannes Baptist
1893 Paderborn, Schule am Gierstor (Ausführung: Kruse)
1893 Lichtenau, Atteln, Pfarrkirche, Gutachten und Plan zur Erweiterung
1893/1895 Paderborn, Leostraße, Leokonvikt
1894/1895 Paderborn, Warburger Straße, Mütterhaus der Schwestern der christlichen Liebe, Erweiterung
1885 Lichtenau-Helmern, Kirche (Ausführung: Köhler)
1895/1896 Bad Driburg, St. Peter und Paul
1897/1898 Salzkotten-Thüle, St. Laurentius, Erweiterung
1898 Paderborn, Herz-Jesu-Kirche
1897/1900 Bad Lippspringe, katholische Kirche St. Martin
1908 Paderborn, Kreishaus
1908 Paderborn, Generalkonvikt
Paderbon, Herz-Jesu-Kirche
Paderborn, Mutterhaus der Vinzentinerinnen
Paderborn, Dom, Planung und Leitung der Restaurierung

Gundlach
Tischlermeister, wohnte 1851 Vor dem Wesertor 18.

Gunkel, Jürgen
Dipl.-Ing. und Architekt, später in einer Bürogemeinschaft mit Partnern, Büro Ruhrstraße 29.
1989 Kuhlenstraße 51
1990 Kuhlenstraße 14
1991 Oberstraße 52

Gunter (auch **Günter** oder **Günther**), Heinrich
Tischlermeister (geb. um 1736, gest. 8.5.1808), war mit Christ. Soph. Margr. Meyer verheiratet und wohnte zuletzt Johannisstraße 3. 1776/1777 und 1779 bei Arbeiten in St. Marien genannt.
1777 Marienwall, Haus 761 l für Polizeimeister Briest
1792 Großer Domhof 8, Kurienhof, Reparatur der Decken (II, S. 1265)
vor 1801 Großer Domhof 10, Kurienhof, Reparatur (zusammen mit anderen) (II, S. 1292)

Gunzenhauser, Alfred
Regierungsbaumeister, später Architekt BDA in Stuttgart.
1961/1962 Königstraße 54/56 für Allianz-Versicherung AG in Stuttgart

Guse, Johann Georg
Kupferschmied.
1770 St. Martini, Chor, Umlegen des Bleidachs (III, S. 324)

Gutehoffnungshütte AG
Sterkrade.
1960 Oberschleuse am Kanal, Neubau der Maschinentechnik

Haake, Christian
Zimmermeister in Hille-Hartum.
1869 Stiftsallee 34 für Arbeitsmann Heinrich Rasche

Haake, Christian
Maurermeister und Bauunternehmer, Betrieb 1914 an der Kutenhauserstraße 53.

Haake, Friedrich
Architekt in Porta Westfalica-Neesen, 1966 Büro Graf-Wilhelm-Straße 39.
1967 Steinstraße 16, Umbau

Haake, Günther
Bau-Ingenieur, der ein Baugeschäft in Eickhorst betrieb.

1958 Im Hohlweg 7 a für Hermann Schonhofen (Plan: G. Franke)

Haake, Wilhelm
Architekt BDA in Hille-Hartum.
1950 Hille-Südhemmern, Neubau Schule (Planung mit Baurat Knoch) (MT vom 2.2.1951)
1956 Minden-Hahlen, Neubau Friedhofskapelle (MT vom 14.1.1956)
1960 Rodenbecker Straße 77 b für Aletta Busse
1962 Bürgermeister-Kleine-Straße 4 für Lokführer Horst-Günter Gieseking
1971 Kuhlenstraße 12, Anbau
1983 Stiftsallee 29, Anbau

Haake
Zimmermeister in Hille-Hartum.
1911 Königstraße 123 für Bahnarbeiter Chr. Becker

Haake
Uhrmacher, wohnte 1851 Scharn 11.

Habdank, Walter
Maler und Grafiker in München (geb. 1930, gest. 2001). Bearbeitete insbesondere biblische Szenen, die in Wand- und Altarbilder, Glasfenster und Mosaiken für Kirchen, Krankenhäuser und Altenheime umgesetzt wurden.
1994 Dom, Gestaltung der Glocke IV des Westwerks (II, S. 856)

Hachtenberg, H.
1914 Königstraße 35, Planungen für einen Umbau des Hauses

Hackländer, Emil
Architekt und Stadtbaumeister in Osnabrück. Nach Studium an der PTS Hannover 1846–1852 zunächst Bauleiter im Büro von C.W. Hase, später Stadtbaumeister von Harburg, dann 1871(?)–1896 Stadtbaumeister in Osnabrück (Werke siehe auch KOKKELING 1998, S. 530 und Osnabrücker Mitteilungen 81, 1976, S. 4 f.).
1873 Immanuelstraße 2, Planungen für ein neues Gymnasium
1873/1879 Immanuelstraße 2, Turnhalle

Häfeker (Heveker), Hans
1709 Töpfermeister und Ofensetzer.

Haefele, Fritz
Heizungs- und Kesselbaufabrik in Hannover.
1899 Immanuelstraße 20, städtisches Badehaus, Kessel- und Heizungsanlage
1902 Immanuelstraße 20, städtisches Badehaus, Erweiterung der Kessel- und Heizungsanlage
1907 Friedrichstraße 9/17, Niederdruck-Dampfheizung für das städtische Krankenhaus

Fa. Otto Hägemann
Kunst- und Metallgießerei in Hannover.
frühes 20. Jh. St. Martini, Taufschale (III, S. 449)
1911/1912 St. Simeon, Restaurierung der Taufe und Anfertigung neuer Kronleuchter (III, S. 644, 743, 781)
vor 1925 St. Martini, Kronleuchter (III, S. 439, 441)
um 1925 St. Marien, Beleuchtungskörper (III, S. 81)
1930er Jahre St. Marien, Altarleuchter (vermutet) (III, S. 218)

Haferburg, Eugen
Bauingenieur, wohnte 1961 Diemelstraße 17
1960 Wallfahrtsteich 22 für eigene Zwecke
1970 Wallfahrtsteich 22, Anbau

Haffner, Leopold
Aicha vorm Wald.
1994 Dom, Gestaltung Glocke I und IV des Westwerks (II, S. 855)

Hagans, Christian
Maschinen- und Lokomotivfabrik in Erfurt. Gegründet 1857 durch den Schmied Christian Hagans (1829–1908) als Gießerei. Vor 1865 Bau von Dampfkesseln, seit 1872 auch von Dampflokomotiven, wobei sich das Werk auf die Herstellung von Schmalspurlokomotiven spezialisiert. Im Zuge der Betriebserweiterung wird um 1900 die Verlagerung nach Minden erwogen, dann aber ab 1903 ein neues Werk in dem Erfurter Vorort Ilversgofen errichtet. 1916 wird das Werk an die R. Wolf AG Magdeburg-Buckau verkauft. 1920 verläßt die 1000. Lok die Fabrik, die 1928 geschlossen wird. Bis zu diesem Zeitpunkt waren 1252 Lokomotiven hergestellt worden (Baum/Moritz 1997, S. 34 ff.).
1893   Tramway-Lok Nr. 276 für die Straßenbahn Minden (V, S. 1713–1720)
1893   Tramway-Lok Nr. 277 für die Straßenbahn Minden (V, S. 1713–1720)
1894   Tender-Lok Nr. 287 für die Straßenbahn Minden (V, S. 17113–1720)
1894   Tender-Lok Nr. 288 für die Straßenbahn Minden (V, S. 1713–1720)
1896   Tender-Lok Nr. 293 für die Straßenbahn Minden (V, S. 1713–1720)

Hage, F.
Glaser, wohnte 1857 Greisenbruchstraße 22.

Hagebölling, Wilfried
Bildhauer in Paderborn (geb. 9.6.1941 in Berlin).
1987   Martinikirchhof, Keil-Stück (Cortenstahl) (I.2, S. 958)

Hagemann, Carl
Glasmaler in Münster.
1864   Dom, Sicherung Chor, Neuverglasung (Planung: Stüler 1856 und von Lesser vor 1864, Revision: von Quast 1864) (II, S. 441, 450, Abb. 461)
1864–1865 Dom, Sicherung Chor, Neuverglasung weiterer Fenster (Planung: von Lesser 1864, Revision: von Quast 1864) (II, S. 442, 450)

Hagemeister, Werner
Bildhauer in Düsseldorf.
1916   Immanuelstraße 32, Elisabeth-Kindergarten, Kinderfiguren an der Fassade und Reliefs am Eingang

Hagg
Planungsgruppe in Bremen.
1992   Werftstraße 13, Omnibusbetriebshof für die Verkehrsbetriebe Minden-Ravensberg

Hahn
Büro in Osnabrück, Mitglied des VBI.
1988   Marienwall 5, Umbau

Haidacher, Louis
Vom 1.2.1896 bis 1921 Leiter der Bauabteilung der Mindener Kreisbahnen, deren Anlage und Gestalt er weitgehend prägte (siehe dazu auch Teil V, S. 1721–1722). Zunächst als Oberingenieur bezeichnet, später als Direktor war er verantwortlich für alle Hochbauten, die von der Bahn errichtet wurden, darunter allein über zwanzig Bahnhöfe mit Nebenbauten.

Louis Haidacher wurde am 12.6.1858 in Ebber bei Kufstein (Tirol/Österreich) geboren, seine Frau stammte aus Mondsee (Oberösterreich). Sie hatten zwei Töchter. Er studierte an der TH Wien, wo er 1883 als Ingenieur sein Examen ablegte. An verschiedenen Stationen lernte er anschließend den Bahnbau: bis 1886 bei der Südbahn in Wien, anschließend zwei Jahre in Salzburg, dann in München bei der Lokalbahn AG und in Köln, wo er am Bau von Neben- und Kleinbahnen beteiligt war.

Haidacher wohnte bis zum Abschluß der großen Bauprojekte der Kreisbahn 1912 in der Beamtenwohnung des Empfangsgebäudes Minden-Stadt, die dann von dem technischen Direktor Gehlhaus übernommen wurde (nach

KAM, Kreisausschuß Mi, Nr. 2374). In diesem Jahr bezog er die von ihm in der Nähe erbaute Villa Fischerglacis 1, die er jedoch schon 1918 verkaufte. Seidem ist er unter der Adresse Bäckerstraße 2 nachzuweisen. Gehlhaus hingegen wohnte zunächst Fischerglacis, bis er sich 1904 ebenfalls in unmittelbarer Nähe des Bahnhofes Minden-Stadt ein aufwendiges Wohnhaus an der Goebenstraße 9 errichten ließ.

Hainholz
Maschinenbauanstalt in Hannover.
1897   Markt 1, Rathaus, Dampfheizung

Halekotte, Johannes
Werl.
1994   Dom, Gestaltung der Glocke III des Westwerks (II, S. 855)

Halekotte, Theo
Glockensachverständiger des Bistums Paderborn. Wohnt in Werl.
1994   Dom, Konzeption des Geläuts (Guß: Glockengießerei Hans August Mark/Brockscheid; Inschrift: Doris Richtzenhain/Minden) (II, S. 854)

Fa. Halbfeld
Kottenheim.
1954   Dom, Wiederaufbau des Langhauses, Lieferung von Eifeltuff für die Gewölbe (II, S. 302)

Hallart, Louis N.
Ingenieur-Offizier in brandenburgischen Diensten. Lebte in Berlin (I.2, S. 31).
1680   Bestandsplan der Festung (I.2, S. 31, 79, Abb. 32 und 33, Kat.-Nr. 7 und 8)
1680   Lippstadt, Entwurf und Reinzeichnung der Festung (I.2, S. 82)
1680   Wesel, Bestandszeichnung der Festung (I.2, S. 82)

Hallen- & Garagenbau
1923   Kuckuckstraße 25, Fabrikerweiterung (Plan: R. Moelle & Söhne)

Hallinger & Co
Tiefbauunternehmen in Essen.
1921/1923 Ausschachtungen für den zweiten Weserabstieg des Kanals und die Unterschleuse

Halstenberg, Albert
Architekt (geb. 20.9.1885 Bölhorst, gest. 20.5.1959), war mit Magdalene Hartung (geb. 15.8.1883 Bückeburg, gest. 21.1.1949 Volmerdingsen) seit 1920 verheiratet. Halstenberg wohnte 1914 Weingarten 6, später Frankenring 14, dann Ringstraße 46.

Halstenberg, Heinrich
Maurermeister und Begründer eines großen, von seinen Söhnen Wilhelm und Albert fortgeführten Bauunternehmens. Betrieb 1914 Weingarten 6.
1895   Lübbecker Straße 32, Umbau
1903   Artilleriestraße 10 für Tischler Wilhelm Saar
1908   Kisaustraße 1, Abortanbau
1908/1909 Lübbecker Straße 108 für Metalldreher Karl Lohmeier
1911   Lübbecker Straße 56 für Bahnarbeiter Carl Thieleke
1913   Greisenbruchstraße 12, Umbau

Halstenberg, Wilhelm bzw. Gebr.
Bauunternehmen und Planungsbüro. Wilhelm Halstenberg war Maurermeister und übernahm offenbar den Baubetrieb von seinem Vater, dem Maurermeister Heinrich Halstenberg, wobei er später auch seinen Bruder, den Architekten Albert Halstenberg aufnahm (1939 Frankenring 14). Die Firma richtete 1917 einen Betriebshof an der Königstraße 81 ein, wobei 1921 beide Brüder daneben auch eigene Wohnhäuser errichteten (z. B. Königstraße 83). Die Firma

nannte sich seit 1921 Mindener Eisenbetonwerft GmbH, seit 1923 MEWAG (siehe auch dort). Eine Tochter von Wilhelm Halstenberg heiratete den Architekten Zimmerling.

1916	Friedrich-Wilhelm-Straße 105, Glashütte, Lagergebäude
1917	Friedrich-Wilhelm-Straße 105, Glashütte, Korbflechterei und Einfriedung
1917	Königstraße 81, Lagerschuppen der eigenen Firma
1919	Königswall 18, Einfassungsmauer
1919	Königstraße 81, Lagerschuppen der eigenen Firma
1919	Königstraße 86, Kontor, Wage und Schuppen für den Kohlenhandel Louis Schünke
1919	Melittastraße 10, Anbau (Plan: Zimmerling)
1919	Portastraße 16, Ausbau des Dachgeschosses
1919/1920	Weingarten 6, Lagerhaus
1921	Kampstraße 30, Lagerschuppen für Tischlerei Ronike
1921	Königstraße 83, Wohnhaus für eigene Zwecke (nach Holz-Armier-Massivbau System Altendorf)
1922	Kampstraße 30, Anbau Treppenhaus an Lagerhaus
1922	Klausenwall 12 für Firma Küster GmbH (Plan: Prof. Kanold/Hannover)
1922	Königsstraße 51, Mehllagerhaus
1922	Königsstraße 81, Kontorhaus der eigenen Firma
1923	Johansenstraße 2 für den Fabrikanten Adolf Baumgarten (Plan: R. Moelle)
1923	Königstraße 81, Lagerschuppen der eigenen Firma
1923	Stiftstraße 60, Gartenhaus für Witwe Ronike
1927	Königstraße 79, Treibhaus für Heinrich Böhne
1949	Königstraße 49 Lagerschuppen der eigenen Firma

Halstenberg, Jörg
Zusammen mit Hans-Günter Waltke in der »Planungsgruppe Minden« (siehe dort)

Hamann, Friedrich
Maurermeister. Stammte aus Schönebeck, wo er um 1781 geboren worden war. Starb als Witwer am 9.10.1826 in seinem 1816 erworbenen Haus Seidenbeutel 6, in dem später noch sein Sohn Carl Eduard Heinrich lebte.

Hanauske, Werner
Architekt. Bückeburg.
1964   Stiftstraße 41 für Antje Beyer

Handrick, Karl
Bauzeichner, geboren am 3.8.1892 als erstes von fünf Kindern des Weinkaufmanns und Kellermeisters Ernst Handrick und Anna Boeke. 1907 begann er eine Lehre beim städtischen Bauamt. 1912 wechselte er als Bauzeichner zur Hochbauabteilung. 1923 wurde er zum Wohlfahrtsamt versetzt, aber weiterhin mit zeichnerischen Aufgaben betraut. Von 1944 bis zu seiner Pensionierung 1957 war Handrick als Standesbeamter tätig. Auch in dieser Zeit zeichnete er für die Stadt (Wiederaufbau Rathaus, Urkunden, Ehrenbürgerbriefe) und für die Kirchen (Urkunde Wiederaufbau Dom, Gedenkbücher St. Marien, St. Martini und Petrikirche).

Karl Handrick war seit 1919 mit Sophie Kütemeier verheiratet (Sohn Gerhard und Tochter Ilse) und wohnte Brüderstraße 18. 1964 verzog er nach dem Tod seiner Frau zu der Familie seiner Tochter Ilse Faeger (gest. 16.6.1996) nach Hamm. Handrick starb im Juni 1991.

Bereits als junger Mann zeichnete er in der Freizeit mit seinen Freunden Ernst Heinrichs, Friedrich Rürup und Wilhelm Tiemeyer. 1985 widmete das Mindener Museum Georg Biedermann und Karl Handrick die Ausstellung »Minden – Stadtansichten aus vergangener Zeit«.

Bauzeichner und Standesbeamter Karl Handrick, im Standesamt Minden, 1948

Hanke, K.
Tischlermeister, wohnte 1852/1857 Petersilienstraße 7.

Hanke, Heinrich
Bauunternehmer in Hartum.
1923/1924 Bürgermeister-Kleine-Straße 6 für Lokführer August Gieseking
1929   Sandtrift 34 für Heinrich Thielking
1954   Bachstraße 27, Anbau

Hannoversche Maschinenbau-Actien-Gesellschaft (vormals Georg Egestorff)
1835 als Maschinenbauanstalt in Hannover-Linden gegründet. Seit 1836 Herstellung von Dampfmaschinen, seit 1846 von Lokomotiven. Später Umwandlung in eine Aktiengesellschaft unter der Bezeichnung HANOMAG.
1902   Hermannstraße 21, Elektrizitätswerk, Kessel Nr. 5013 und Nr. 5014

Hanse-Fertighaus
Hermann Wandke in Lübeck-Travemünde.
1966   Hansastraße 24 für Walter Klein

Hardenack
Ingenieur-Offizier (geb. 1786). 1846–1851 Major und Platz-Ingenieur bei der Festungsverwaltung Minden. War vorher in Posen am Bau der Festung tätig gewesen und hatte dort die neupreußische Festungsmanier kennengelernt (I.2, S. 54).
1845–1867 Bahnhofsbefestigung, Planungskonzept Gesamtanlage (zusammen mit anderen) (I.2, S. 54)
1846   »Rondell und Ausladeplatz vor dem Wassertor« (I.2, S. 329 f., Abb. 187, Kat.-Nr. 168)
1847   »Ausladeplatz vor dem Wassertor« (I.2, S. 328, Abb. 186, Kat.-Nr. 167)
1850   St. Mauritius-Kloster, Wohnung Zeuglieutenant (zusammen mit Schenk) (III, S. 479, 562)

Harhausen, Louis (auch Harthausen und Harlinghausen)
1873–1878 als Kreisbaumeister in Minden, 1882 und 1886 als Kreisinspektor, 1883 und 1891/1893 als königlicher Baurat in Herford bezeichnet. 1886 für ein Gutachten zu St. Ma-

rien genannt. Stammte aus Minden (Sohn des dortigen Buchhalters Louis Harhausen) und wohnte zunächst im elterlichen Haus Fischertor 2. Verheiratet mit Karoline Bertha Kerstein aus Herford, Tochter des dortigen Sanitätsrates Dr. Ernst August Kerstein. Das Ehepaar erbte um 1890 das große Anwesen Auf der Freiheit 1 in Herford aus dem Besitz der Schwiegermutter, geb. Karoline Consbruch (wo sie wohl auch zeitweilig wohnten), das sie 1893 an die kaiserliche Postverwaltung verkauften.

1882 Dom, Sicherung des Chores, Zustandsbericht zu bestehender Gewölbeverankerung sowie Kostenanschlag zu deren Reparatur (II, S. 375)
1883 Dom, Paradies, Planung der Farbfassung des Apostelfrieses (II, S. 459, 567)
1883 Dom, Sakristei, Planung von Instandsetzung und Trockenlegung (Ausführung: Maurer Usadel, Maler Goldkuhle) (II, S. 393)
1887 Dom, Kostenanschlag zur Wiederaufstellung des barocken Hochaltars (Zeichnung: W. Moelle) (II, S. 604)
1889 Dom, Langhaus, Vorschlag zur Trockenlegung und Neufassung von salzbelasteten Bereichen (II, S. 460)
1896 Dom, Sicherung des Chores, erneute Untersuchung mit Zustandsbericht (II, S. 376)
1896 Dom, Sicherung des Chores, weitere Kostenschätzung (zusammen mit anderen) (II, S. 376)
1890 Domstraße 14, größeres Kamerariat Nr. 147 O, Visitation (II, S. 1471)
1891 Domstraße 14, kleines Kamerariat, Rektoratshaus und Domschule, Visitation (II, S. 1469, 1475, 1476)
1895 Vinckestraße 3, Domkaplanei, Abwasserplan (II, S. 1328)
1896 Dom, Abnahme des wiederaufgestellten barocken Hochaltars (II, S. 607)

Harkort
Mechanische Werkstätten in Wetter a. d. Ruhr.
1832 Alte Kirchstraße 13, Dampfkessel für die Zuckerfabrik

Harkort, J. C.
Stahlbaufirma in Duisburg.
1924 Tore der Unterschleuse am zweiten Weserabstieg des Kanals

Harmeier, H.
Techniker.
1903 Kutenhauser Straße 18 für Maurermeister August Rodenberg

Harms, Diedrich
Glockengießer in Minden.
1680 Minden-Hahlen, Kapelle, Glocke
1691 Minden-Dankersen, Kirche, Glocke
1695 Herford-Herringhausen, Glocke

Harten & Manz
Tapetenfirma.
1790 Großer Domhof 11, Kuriengebäude, bei Umbau von Sattler Asmus für zwei Zimmer verwendet (II, S. 1301)

Hartel, Hermann
Ingenieur bzw. Architekt, der nur kurze Zeit in Minden gewirkt hat und auch ein eigenes Baugeschäft unterhielt. Geboren am 3.11.1872 in Köln (reformiert), wohnte er 1911 in dem Haus Simeonstraße 17, dann 1911/1914 in Porta Westfalica-Barkhausen (Portastraße 281), danach wieder in Minden (Lübbecker Straße 10). 1916 verzog er nach Siberfurth in Anhalt. 1911 betrieb er in Minden ein Spezialbüro für Entwurf und Bauausführung zeitgemäßer Landhausbauten. Dabei scheint er mit dem Bauunternehmer Hitzemann zusammengearbeitet zu haben.
1911 Lichtenbergstraße 16 für Lademeister a.D. Karl Boegel
1911 Steinstraße 28 für eigene Zwecke (Ausführung: Hitzemann)

Hartjenstein, Friedrich
Architekt BDA in Hannover, der dort insbesondere Großhotels plante, etwa das Zentral-Hotel an der Friedrichstraße 143–149.
1914/1916 Bad Oeynhausen, Badehotel »Königshof« einschließlich königl. Badeanstalt
1915/1916 Bäckerstraße 47/49, Umbau des Hotels
1920/1929 Bad Oeynhausen, Siedlung Hindenburgstraße/Wiesenstraße mit 56 Wohnungen
1926 Markt 22, Anbau eines Kinos (nicht ausgeführt)
1927 Hannover-Linden, Limmerstraße, Kaufhaus am Küchengarten
1930 Hannover-Linden, Schwarzer Bär 2, Capitol-Hochhaus an der Ihmebrücke

Hartmann
Ingenieur-Hauptmann (I.2, S. 660).
1872 »Ställe und Latrinen« (Umbau des St. Mauritius-Klosters zum Artillerie-Zeughof) (I.2, S. 660 f., Kat.-Nr. 347, 374a)

Hartmann
Provinzial-Baumeister in Münster. 1902 Mitarbeiter bei der Erstellung von LUDORFF 1902.

Hartmann, Walter
Bauunternehmen 1964 Trippeldamm 12, 1972 Goethestraße 3.
1965 Lübbecker Straße 108, Umbau
1985 Königstraße 76, Anbau

Hartmann & Niermann
Bauunternehmen.
1960 Simeonstraße 15, für Schlachtermeister Helmut Neuhoff
1962 Fasanenstraße 7 für Heinrich Fleßner (Plan: K. Falke)

Hartung, F.
Regierungs-Baumeister, seit 1851 Bürger in Minden. 1853 als Bauinspektor erwähnt. Als er sich 1860 zur Bauleitung an der Töchterschule (Martinikirchhof 1) bewarb, gab er als Referenz an, daß er schon verschiedene Vermessungen auf Bauaufnahmen für die Stadt gemacht habe sowie Bauleitung und Abwicklungsarbeiten bei der Köln-Mindener Eisenbahn (KAM, Mi, F 2071). Verstarb vor 1862 (im Adressbuch 1862 wird nur die Witwe des Baumeisters Hartung genannt).
1853 Dom, Dachreiter über der Vierung, Kostenanschlag zu Schieferdeckung (II, S. 428, 434, Abb. 317)
1853–1854 Kleiner Domhof 7, Revision von Rechnungen (Reparaturen Brüder Gauffré, Tischler G. Tipper, Maler August Lock) (II, S. 1379)
1854 Dom, Grundriß (II, S. 391)
1854 Dom, Sicherung des Chores, Gutachten zum Bauzustand (II, S. 259, 368, 370)
1855 Dom, Sicherung des Chores, Bericht zur Fundamentuntersuchung (II, S. 371, S. 1151)
1856 Dom, Sicherung des Chores, Planungen zur Neufundamentierung (II, Abb. 281)
1858 Simeonstraße 28, Lageplan der beiden Utluchten
1858–1860 Domkloster, Umbau des Südflügels zu Schule und Krankenhaus, Bauleitung (Planung: Berghauer; Ausführung: Maurermeister Saake, Zimmermeister Schmidt)
1859 Dom, Außenrestaurierung des Langhauses, Planung zu Strebepfeilern (II, S. 295 f., 298)
1865–1868 Domkloster, Südflügel, Bauleitung bei der Fortsetzung des Umbaus (Bauführer: Marx) (II, S. 520 f.)

Hasse
Landmesser oder Kartograph.
vor 1813 Lageplan der Weser bei Minden mit Fischerstadt und Brückenkopf (I.2, S. 133, Abb. 55, Kat.-Nr. 28)

Hasenjäger, Hans Hinrich
1715 Kalkschläger.

Hattenhauer, Albert
Bautechniker und Bauführer, geb. am 19.8.1878 in Minden als Sohn des Kaufmanns Albert Hattenhauer (wohnte zur Miete in Bäckerstraße 13), verheiratet mit Gertrud Schmidt (geb. 14.7.1893 in Tunzenhausen, Kreis Weißensee/Thüringen). Unterhielt später auch ein eigenes Bauunternehmen in Minden.
1914 Blumenstraße 8 für eigene Zwecke (Fassade: Stadtbaurat Burr)
1927 Brückenkopf 3, Erneuerung des Schuppens
1929 Johannisstraße 3, Um- und Ausbau
1931 Kampstraße 24, Umbau der Werkstatt

Hau
Regierungsbaumeister.
1884 Großer Domhof 1–2, Regierungsgebäude, Übersicht über baulichen Bestand (II, S. 1201)

Hauck
Landmesser. 1884 als Kataster-Supernumenar bezeichnet, wohnte Königstraße 128.
1884 »Fort C, Außenanlagen« (Bahnhofsbefestigung) (Am Fort 12) (I.2, S. 572, Abb. 367–379, Kat.-Nr. 296)

Hauenstein
Regierungs- und Baurat.
1921 Friedrich-Wilhelm-Straße 95, Schleusenwärterdienstgehöft

Hauke, Josef
Vermessungsingenieur (geb. 31.1.1873 in Bomeise/Oberschlesien). Zunächst beim Katasteramt Minden beschäftigt, wechselte er 1901 zum städtischen Vermessungsamt, da er wegen der Verwaltung seines Grundbesitzes in Minden bleiben wollte. Nach seiner Kündigung zum Februar 1909 bezeichnete er sich auch als Bauunternehmer und bebaute danach verschiedene große Flächen, die er nach und nach an der Hermannstraße erwarb. Ausschlaggebend dürfte hier die Eröffnung der Kreisbahn im November 1899 gewesen sein, die diesem Stadtgebiet einen enormen Aufschwung bescherte. So entstanden in den Jahren 1900 bis 1904 für ihn die Miethäuser Hermannstraße 28–34 auf einem vom Nagelschmied Carl Langhammer erworbenen Grundstück, dann 1904/1905 Hermannstraße 2 und 25, danach 1905 auf einem weiteren, erworbenen großen Grundstück zwischen Hermannstraße, Brühlstraße und Hansastraße die Bauten Hermannstraße 37 und 39 und 1911 Brühlstraße 1. Er selbst wohnte zunächst in dem Haus Hermannstraße 64 zur Miete (bei dem Lokführer Tusche, mit dem er später auch mehrere Bauprojekte gemeinsam durchführte) und bezog 1904 das Haus Hermannstraße 30, ab 1911 Brühlstraße 1. Die finanzielle Grundlage seiner Bautätigkeit soll die Auszahlung einer großen Versicherungssumme nach einem Unglücksfall unmittelbar vor Eröffnung der Kreisbahn gewesen sein, bei dem er beide Beine verlor.

Er scheint die ab 1900 in schneller Folge errichteten Bauten in keinem Falle selbst geplant oder ausgeführt zu haben, sondern beschränkte sich auf deren Finanzierung und Vermietung. Dabei errichtete er mehrere Bauten zusammen mit dem Lokführer Ferdinand Tusche, offensichtlich weil dieser ererbte Grundstücke in die Projekte einbringen konnte (Hermannstraße 2 und 25). Tusche hatte zudem einen Bruder Georg Tusche, der als Vermesser ebenfalls um 1905 im städtischen Ver-

messungsamt tätig gewesen war (1910 dann in Hannover-Döhren wohnend). Fast alle Bauten wurden durch das Maurergeschäft Stremming in Barkhausen errichtet, seit 1904 jedoch nach Planungen des jungen Architekten Kistenmacher. Damit verbunden ist auch eine deutliche Umorientierung der Mieterschaft. Während die zuvor erbauten Häuser eher einen schlichten Standard zeigten, sind die späteren Bauten von guter Ausstattung und architektonischem Anspruch. 1912 besaß Hauke 47 Mietwohnungen. Ab 1920 wurden die meisten seiner Häuser verkauft, andere wie etwa Nr. 25 und 30 befanden sich noch 1937 in seinem Besitz. In dem Haus Nr. 25 betrieb sein Bruder E. Hauke, später Josef Hauke selbst ein Kolonialwarengeschäft. Bis 1951 sind die Bauten im Besitz des Lebensmittelhändlers Karl Hauke.

1900   Hermannstraße 26/28 durch Maurermeister Stremming/Barkhausen (6 Wohnungen)
1900/1901 Hermannstraße 32/34 durch Maurermeister Stremming/Barkhausen (6 Wohnungen)
1903/1904 Hermannstraße 30 durch Maurermeister Stremming/Barkkhausen; Umplanung: Kistenmacher (8 Wohnungen)
1904/1905 Hermannstraße 2 (Plan: W. Kistenmacher) durch Maurermeister G. Kuhlmann/Todtenhausen (8 Wohnungen)
1904/1905 Hermannstraße 25 (Plan: W. Kistenmacher) durch Maurermeister Stremming/Barkhausen (10 Wohnungen)
1905   Hermannstraße 37/39 (6 Wohnungen)
1910   Hermannstraße 66, Plan zum Verandaanbau
1911   Brühlstraße 1 (Plan: Architekt Würdemann) mit 3 Wohnungen
1911   Feldstraße 20 für Postschaffner Karl Kollmann

Haupt
Kreis-Bauinspektor, wohnte nicht in Minden.
1880   Domstraße 14, Rektoratshaus Nr. 147 P, Abbruchvorschlag (II, S. 1474)
1880   Großer Domhof 1–2, Regierungsgebäude, Umbauentwurf (?)
ab 1880 Dom, wohl Leitung der Restaurierungs-Maßnahmen (II, S. 443, 458, 460)
1880   Dom, Innenrestaurierung Langhaus, Farbskizze zur Neufassung (II, S. 458)
1880   Dom, Kostenanschlag zur Aufhängung Westorgel (Ausführung: Schlossermeister Gauffrés) (II, S. 825)
1880   Dom, Paradies, Kostenanschlag zur Restaurierung des Westportals (Ausführung: W. Moelle) (II, S. 202, 454, Abb. 145)
1880   Dom, Instandsetzung Querhaus, Kostenanschlag Dachreparatur (Ausführung: W. Menke, C. Jochmus) (II, S. 429)
1880–1882 Dom, Instandsetzung Querhaus, Erneuerung Maßwerk und Verglasung, Planung, Entwürfe und Leitung (Revision: Eitner; Ausführung Maßwerk: W. Moelle 1879–1882, Ausführung Verglasung: Lübeck 1881–1882) (II, S. 221, 439, 443, 449, Abb. 326)
1881   Dom, Sicherung Chor, Schadensmeldung (II, S. 375)
1881   Dom, Bauplanung und -leitung (mit Baurat Eitner) (S. 375)
1881   Dom, Gutachten Fundamentunterfangung (II, S. 375)

Haupt
Architekt.
1933   Fischerallee 9, Zählerwerkstatt für das EMR

Haupt, Werner
Ingenieur für Hochbau in Rinteln.
1961   Dankerser Straße 32 für J. Kirchhoff
1964   Sedanstraße 4, Anbau

Hause, Johann Jürgen
Maurermeister.
1709   Königstraße 36, Umbauten

Haverkamp, Wilhelm
Bildhauer, Professor am Kunstgewerbemuseum in Berlin (geb. 4.3.1864 Senden/Westfalen, gest. 1929 Berlin). Einer der bedeutenden deutschen Bildhauer der Zeit vor dem Ersten Weltkrieg. Er hat zahlreiche Denkmäler für Persönlichkeiten aus der preußischen und deutschen Geschichte sowie mehrere Kriegerdenkmäler geschaffen. Ein großer Teil seiner Werke, die in den ehem. deutschen Ostgebieten, in Preußen und in den preußischen Westprovinzen standen, dürfte durch Kriegseinwirkungen vernichtet worden sein.
1899–1901 Weserglacis, Denkmal Großer Kurfürst, Entwurf (Guß: Aktiengesellschaft Lauchhammer, Sockel: Wölfel & Herold) (I.2, S. 929–932, Abb. 608 f.)

Hawa
Maschinenfabrik in Hannover.
1921   Portalkran für den Abstiegshafen

Heberle, W.
Glasmalereiwerkstatt in Hagen-Haspe.
1957   St. Martini, Sakristei, Neuverglasung (Entwurf: Hilde Ferber/Bielefeld) (III, S. 468)

Hecker, Hans (siehe Hekker)

Hecker, Heinrich
Baubetrieb in Oldenburg i. O.
1988/1989 Schachtschleuse, Sanierung und Umbau

Heckhoff
1882 als Regierungs-Baumeister genannt.
1882   Leitung bei der Anlage der städtischen Kanalisation

Heckhoff, K.
Garnisons-Bau-Inspektor/*Garnisons-Bau-Beamter* (I.2, S. 430).
1880/1882 »Latrine und Pissoir bei Kaserne No 1« (I.2, S. 363, Abb. 211 f., Kat.-Nr. 186)
1882   »Umbauprojekt für die Defensions-Kaserne« (Simeonsplatz 12) (I.2, S. 430–433, Abb. 264 f., Kat.-Nr. 219 f.)
1883   St. Mauritius-Kloster, Umbau zum Artillerie-Zeughof (I.2, S. 655)
1884   Kampstraße 17, Offizier-Speise-Anstalt, Erweiterungsbau

Heckmann, Josef
Holzbildhauer in Münster, Krumme Straße 22.
1939–1940 Dom, Marienaltar (Tischlerarbeiten: Langela/Münster; Farbfassung: Rüsenberg/Münster) (II, S. 664)

Hector
Tischlermeister, wohnte 1851 Brüderstraße 26.

Hederich, F.W. (auch Heinrichs)
1817   Ansicht der Stadt Minden von Süden (I, Abb. 20)
1819   Ansicht der Stadt Minden von Nordosten (I, S. 708 Nr. 21 und II, S. 7)

Heeren, Friedrich David
Orgelbauer und Sachverständiger in Höxter.
1827   Dom, Gutachten zur Westorgel für die Regierung (II, S. 823)

Hehl, Christoph Carl Adolf
Architekt in Hannover (geb. 11.10.1847 Kassel, gest. 18.6.1911 Berlin-Charlottenburg). Schüler von Georg Gottlieb Ungewitter in Kassel und zum Kreis um Conrad Wilhelm Hase in Hannover gehörend (siehe REUTHER 1969. – BEHRENS 1973 und KOKKELING 1998, S. 534–535). Zunächst im Büro von Edwin Oppler in Hannover beschäftigt. Später Professor für mittelalterliche Baukunst an der TU Berlin.

(nur Bauten in Westfalen):
1879/1880 Marienstraße 15, für Oberbürgermeister Heinrich Brüning
1879/1880 Marienstraße 32, Villa für den Fabrikanten Fritz Leonhardi
1880 Bünde, Eschstraße 54, Villa Grüter
1881/1883 Bielefeld-Brackwede, Auf dem Kupferhammer, Villa Möller
1885 Bünde, Eschstraße 16, Umbau des Hauses für den Apotheker Dr. Biermann (zugeschrieben)
1888/1889 Marienstraße 45, Villa für Hauptmann Strosser (Ausführung: Maurermeister König)
1889/1890 Bünde, Steinmeisterstraße 13/15, »Stadtgarten« (zugeschrieben), Ausführung: Jahns/Bünde
1890/1891 Oerlinghausen, Detmolder Straße, Villa Müller

Heerde, H.
in Horn/Lippe.
1908 Bachstraße 65, Planung des Hauses für Wilhelm Heerde

Heidemann, August
Tischlermeister, wohnte in dem ihm gehörenden Haus Rampenloch 9, (1895 Königswall 63).
1877 Rampenloch 9, Aufstockung des eigenen Hauses

Heidemann, Christian
Maurermeister (?) (geb. 4.3.1821), verheiratet mit Luise (geb. 15.2.1819).

Heidemann, Julius
Maurermeister, Baugewerksmeister und Bauunternehmer, geb. 7.8.1854 (Vater: Christian Heidemann), verheiratet mit Luise (geb. 15.7.1854). 1868 erhält der Maurergeselle Julius Heidemann aus Minden seinen Meisterbrief, wohnte 1873/1878 als Maurerpolier in dem Haus Umradstraße 20, seit 1896 in dem von ihm erworbenen Haus Brüderstraße 14.

Heidemann verstarb 47jährig am 28.9.1901. Er war Schriftführer des Baugewerkenamtes und Arbeitgeberbundes.
1874 Portastraße 36, Gasthaus und Saal für Behrens (Pläne und Mitarbeit: Zimmermeister Scheidemann)
1878 Hermannstraße 22 für den Lokführer Wilhelm Heidemann
1878 Kampstraße 28, Lagerhaus für Kaufmann Moritz Hammerschlag
1880 Rodenbecker Straße 46, Hinterhaus, Anbau Pferdestall für Kasernenwärter Heitmann
1883 Königstraße 26, Ausbau der Scheune zur Wohnung (Plan: Luhmann)
1889 Brückenkopf 8 für Kribbmeister Ahlhorn
1891 St. Martini, Instand- und Umsetzen von Grabsteinen (III, S. 411)
1894 Friedrich-Wilhelm-Straße 11, Umbau
1896 Brüderstraße 14, Umbau für eigene Zwecke
1897 Dankerser Straße 41 für Gepäckträger Wilhelm Piecht
1897/1898 Dankerser Straße 45 für Bahnhofsarbeiter Carl Eix
1897 Königstraße 40, Erweiterung Kesselgebäude Sültemeyer
1898 Bachstraße 48 für Lokheizer Kortmeyer
1898 Kuhlenstraße 27 für Arbeiter Wilhelm Rohlfing

Johannes **Heil** OHG
Fertighaus-Fabrikation in Hartenfels.
1964 Hermannstraße 45 a (Typ A - Idealhaus)

Heiler
Maurermeister. Kaufte 1781 das Haus Königstraße 49 und baute es für eigene Zwecke um, ist aber 1783 schon verstorben.

Heiler, Johann Friedrich
In Minden als Sohn des wohl 1783 verstorbenen Maurermeisters Heiler geboren (Witwe in diesem Jahr genannt), 1794 als Maurergeselle in das Bürgerbuch aufgenommen (KAM, Mi, C 126). Als Maurermeister, auch als Feldmaurermeister bezeichnet.
1799   Ritterstraße 14, Essigfabrik mit Kohlefeuerung, für Kaufmann Carl Friedrich Arning

Heine, Christian
Drechsler, wohnte 1804/1809 Königswall 35.

Heine, Heinrich
Zimmermann, geb. 22.3.1851 in Stadthagen, verheiratet mit Caroline (geb. 20.1.1850). Zwei gemeinsame Töchter: Wilhelmine (28.8.1880) und Caroline (26.10.1894), wohnte 1887 in Clus Nr. 83 (bei Minden) und ließ sich dann durch den Maurermeister Pook das bescheidene Haus Stiftsallee 6 für eigene Zwecke erbauen. Heinrich Heine starb zwischen 1896 und 1900. Das Haus wird 1901 auf seinen Schwiegersohn, den Arbeiter Max Harkowsky übertragen.
1886   Kutenhauser Straße 49 für Wegewärter Wilhelm Becker (Plan: Horstmann)
1892   Alte Sandtrift 30 für Schmied Leopold Gieseking
1892   Steinstraße 15, Verandaanbau
1893   Steinstraße 13, Dachausbauten
1895   Bierpohlweg 18, Wagenschuppen
1895   Kutenhauser Straße 12 für Fabrikarbeiter Hermann Heinrich Niermeyer
1897   Kutenhauser Straße 49, Stallanbau
1897   Marienstraße 150 für Arbeiter Heinrich Schwier
1897   Marienstraße 158 für Fabrikarbeiter Ludwig Bötsch
1898   Grüner Weg 20, Umbau
1898   Kutenhauser Straße 53, Anbau
1898   Marienstraße 154 für Vorarbeiter August Berg

Heine, Paul
Maurermeister, geb. 28.10.1873 in Allstedt/Weimar, verheiratet mit Minna (geb. 24.3.1874 in Veltheim/Minden), wohnte 1900 Bachstraße 50, 1914 Bachstraße 11, 1912 als Bauunternehmer bezeichnet.
1903   Bachstraße 13 (als Unternehmer)
1904   Georgstraße 1, Mietshaus für eigene Zwecke
1905   Bachstraße 11, Mietshaus für eigene Zwecke
1912   Bachstraße 11, Stallgebäude
1914   Königgrätzer Straße 15 als Unternehmer (Pläne: R. Moelle)

Heine
Maurermeister, wohnte 1853 zur Miete beim Maurermeister Friedrich Meyer (Oberstraße 28).

Heine
Nagelschmiedemeister, wohnte 1853 Leiterstraße 1–3 (zu Obermarktstraße 17).

Heinert
Maurermeister. 1818 Besitzer des Hauses Priggenhagen 10.
1820   Brüderstraße 16, Beginenhaus, Dachreparatur
1822   Brüderstraße 16, Beginenhaus, Dachreparatur
1822   Obermarktstraße 36, Hospital, Reparatur der Friedhofsmauer

Heinlé, M.
Ingenieur-Offizier (geb. 1814). 1859/1862 Major und Platz-Ingenieur bei der Militärverwaltung Minden. 1835 als Lieutenant, 1850 als Kapitän und 1860 als Major, dann 1871 als Major z. D. und stellvertretender Platz-Ingenieur bezeichnet.
1860   »Bombenfeste Verstärkung des Hahler Tores« (I.2, S. 245, Kat.-Nr. 102)

1860 »Brücke vor dem Fischertor« (I.2, S. 303 f., Abb. 166, Kat.-Nr. 151)
1861 Kampstraße 17, Plan für die Offizier-Speise-Anstalt der Garnisonsverwaltung
1862 »Rayonplan« (I.2, S. 178, Abb. 77, Kat.-Nr. 50)

Heinze
Architekt.
1904 Rodenbecker Straße 66 für Briefträger Heinrich Redecker

Heinrichs, F.W. siehe Hederich

Hekker, Hans
Als *Wallzimmermeister* genannt. Am 4.5.1731 auf dem Bauhof an der Lindenstraße bestattet (KKA Minden, St. Martini).

Helbig, Karl
Regierungsbaurat, 1924–1928 Leiter des Wasserwirtschaftsamtes, wohnte 1927 Königstraße 14.

Held, Simon Heinrich
Zimmergeselle und Soldat, erwarb 1780 das Haus Bartlingshof 3, wo er bis vor 1798 lebte.
1780 Bartlingshof 3 für eigene Zwecke

Held
Oberingenieur. Möglicherweise der Departementsbaumeister Carl Samuel Held, der 1814 Mitarbeiter bei der Oberbaudeputation in Berlin wurde und am 27.6.1819 verstarb.
1810/1811 Marktplatz, Neugestaltung und Neupflasterung

Held & Francke AG
Baufirma in Berlin.
1911/1912 Schachtschleuse, Rohbau der Schleusenkammer
1912 Hauptpumpwerk an der Kanalbrücke, Ausschachtung und Sockel
1913 Bauhofstraße, Bauhof, Fundament des Drehkrans
1913 Oberschleuse des zweiten Weserabstiegs, Betonarbeiten
1913 Schachtschleuse, Verkleidung der Hochbauten

Heldberg, Eduard
Architekt (geb. 1829, gest. 4.9.1891 Trier). 1858 Regierungsbaumeister in Hannover. Bis 1871 als Bauinspektor bei der Regierung Hannover (Landdrostei Hannover) beschäftigt und dort 1855/1866 mit der Leitung der Ausbauarbeiten am Welfenschloß in Hannover betreut (Planung von Tramm). 1865 legte er einen Idealplan für den Ausbau des Brunnenplatzes von Bad Pyrmont vor, 1868 wird dort nach seinen Plänen der neue Brunnentempel und die Wandelbahn errichtet. Nach Annektion des Königreiches Hannover durch Preußen im Jahre 1866 war er seit 1870 kommissarisch in Minden (auf der Stelle des Regierungs- und Baurates Monjé) tätig. 1871 zum Ober-Bauinspektor ernannt und auf die Stelle eines Regierungs- und Baurates bei der Regierung in Minden versetzt. 1873 (wohnte Bäckerstraße 34) Ernennung zum Regierungs- und Baurat in Minden. Im Oktober 1878 zur Regierung in Trier versetzt und dort bis 1891 Regierungs- und Baurat. Starb 1891 in Trier als Geheimer Regierungsrat (siehe auch Weyres/Mann 1968, S. 55. – Kokkeling 1998, S. 535).
1876/1880 Immanuelstraße 2, Neubau Gymnasium (nur Planung)

Hellbardt
1835 als Hauptmann und Artillerie-Offizier vom Platz in Minden genannt.

Heller
Schlossermeister.
1902 Dom, Laufrollen zu den Glocken (II, S. 846)

Heller, C.L.
Seit etwa 1918 bestehender Stahlbaubetrieb an der Lindenstraße 17/19, später im Besitz von Bähren & Merhoff.
1951 Dom, Wiederaufbau des Westwerks, Turmfenster (Entwurf: March) (II, S. 444)
1951/1955 Markt 1, eiserne Türen für Neubau des Rathauses

Roger von **Helmarshausen**
Bedeutender Künstler, Goldschmied und Autor. Möglicherweise identisch mit dem Benediktinermönch Theophilus Presbyter. Seine Lebensdaten sind nur näherungsweise bekannt (geb. um 1070, gest. nach 1125 in Helmarshausen). Stammte vermutlich aus dem maasländischen Kloster Stavelot. Zwischen 1100 und 1107 wirkte er in St. Pantaleon in Köln, danach im Kloster Helmarshausen (heute Bad Karlshafen) im Weserbergland, dessen Kunstwerkstatt er begründete.
12. Jh. Dom, sog. Mindener Kruzifixus (II, S. 970)

Hellmeier
1860 als Zeichner und Feuerwerker im 4. Artillerie-Regiment in Minden genannt.
1860 Festung Minden und Umgebung (zusammen mit Matthaesius) (I.2, S. 176, Kat.-Nr. 49)

Helmeke, auch Helmecke und Helmcke
Baumeister, wohnte 1862 Bäckerstraße 18.
1862 Große Domhof 3A, Antrag zu Latrinenbau für Carl Rousseau (II, S. 1218 f.)
1862 Vinckestraße 1, Kurienhof, Feststellung von Mängeln (II, S. 1315)
1862 Vinckestraße 3, Gutachten zur neuen Domkaplanei (II, S. 1327)
1862/1863 Kleiner Domhof 7, Reparatur (II, S. 1379)

Helms, Karl
Maurerpolier (geb. 1873, gest. 9. 8. 1950), war mit Luise Dröge verheiratet, wohnte 1931/1950 Kuhlenstraße 70.

Hempel & Ibrügger
Von 1948 bis 1960 bestehende Bürogemeinschaft zwischen den beiden aus Minden stammenden, aber vor 1945 nicht in Minden tätigen Architekten Wihelm Hempel und Heinz Ibrügger (siehe jeweils auch dort), zu der um 1952/1953 auch noch ein Herr Maiborn gehörte. Das Büro übernahm ab 1948 als Ortsplaner die Bauleitplanungen des Amtes, später der Gemeinde Kirchlengern/Kr. Herford (später noch vom Sohn Ibrügger fortgeführt). Das Büro 1947/1948 in Löhne und von 1948 bis 1960 im Gebäude der Stadtsparkasse am Kleinen Domhof 6.
1946/1949 Brüderstraße 2, Wiederherstellung des Hauses
1948 Wirtschaftsplan für das Amt Kirchlengern
1949 Bürgermeister-Kleine-Straße 1/3/5 für Wohnhaus Minden GmbH
1949 Bürgermeister-Kleine-Straße 7/9/11 für Wohnhaus Minden GmbH
ab 1949 Kleiner Domhof 8, Wiederaufbau Erweiterungsbau Domstraße/Lindenstraße (II, S. 1389, 1390)
1949 Friedrichstraße 14/16/18 für Wohnhaus Minden GmbH
1949 Friedrichstraße 18a/18b für Wohnhaus Minden GmbH
1949 Hahler Straße 49 a/49 b für Wohnhaus Minden GmbH
1949 Hohe Straße 5 a, Wohn- und Wirtschaftsgebäude für Kaufmann W. Stellhorn
1949 Kutenhauser Straße 3, Aufstockung für Wohnung
1949 Marienstraße 103, provisorisches Verkaufshäuschen für Steinhauer Fritz Hollo

1949	Nettelbeckstraße 1/3/5 für GSW Minden	1955	Cheruskerstraße, Wohnhaus Ibrügger
1950	Blumenstraße 24 a, Gartenhaus für Georg Ronike	1955	Scharn 6 für Kaufmann Carl Riechmann (Ausführung: Mülmstedt & Rodenberg)

1949 Nettelbeckstraße 1/3/5 für GSW Minden
1950 Blumenstraße 24 a, Gartenhaus für Georg Ronike
1950 Hahler Straße 38 für Jakob Suhr
1950 Kampstraße 9, Wiederaufbau Vorderhaus, 1. Bauabschnitt
1950 Klausenwall 10 für Frau Baljé
1950 Lindenstraße 29, Bürogebäude für AOK Minden
1950 Schillerstraße 35, Verwaltungsgebäude und Lager für Firma H.W. Küster
1950/1951 Rosentalstraße 6 für Allgemeine Innungskrankenkasse
1951 Goebenstraße 54 a, Umbau
1951 Kuhlenstraße 13 für Günter Greeve
1951 Markt 3, Umbau Geschäftshaus Becker
1951 Stiftstraße 16, Umbau zur Klinik Dr. Schauz
1952 Kleiner Domhof 6, Erweiterung des Geschäftshauses der Stadtsparkasse
1952 Kleiner Domhof 8, Umbau zur Sparkasse (zusammen mit Nr. 6) (II, S. 1390)
1952 Lindenstraße 1 a, Anbau
1952 Stiftstraße 33, Wohnhaus mit Praxis für Dr. Uphoff
1953 Bäckerstraße 64, Umbau und neue Fassade für Bäckermeister Hochstein
1953 Scharn 9, Hauptgebäude der Kreissparkasse Minden
1953 Ulmenstraße 9 für Wilhelm Walbom
1953 Wittekindsalle, Wohnhaus Hempel
1954 Cheruskerstraße 6, Wohnhaus Strehlow
1954 Karolingerring 39, Wohnhaus mit Praxis Dr. Rohlfing
1954 Scharn 4 für Eisenwarenhandel Gustav Höltke (1. BA)
1954 Werfststraße 6, Fahrzeughalle und Verwaltung für Kuloge KG
1955 Bachstraße 37 für Fritz Thomas
1955 Bleichstraße 20, Erweiterung der Klinik Baumhöfener

1955 Cheruskerstraße, Wohnhaus Ibrügger
1955 Scharn 6 für Kaufmann Carl Riechmann (Ausführung: Mülmstedt & Rodenberg)
1955/1956 Hahler Straße 48/48 a für Wohnhaus Minden GmbH
1956 Gustav-Adolf-Straße 4 für Dr. Heinrich Homölle
1956 Hahler Straße 34, Ledigenwohnheim für Wohnhaus Minden GmbH (Ausführung: E. Rathert)
1956 Hahler Straße 44/46 für Wohnhaus Minden GmbH
1956 Hermannstraße 27/27 a für Wohnhaus Minden GmbH
1956 Opferstraße 1, Planungskonzept eines Anbaus
1956 Einfamilienhäuser an der Leonhardistraße für GSW Minden
1956 Einfamilienhäuser an der Nicolaus-Meyer-Straße für GSW Minden
1956 Einfamilienhäuser an der Reckerstraße für GSW Minden
1956 Einfamilienhäuser an der Voglerstraße für GSW Minden
1957 Bleichstraße 4, Umbau und Ausbau des Dachgeschosses
1957 Bleichstraße 82, Diakonissenmutterhaus »Salem«, Feierabendhaus und Pastorenhaus
1957 Simeonstraße 1, Umbau
1957 Petershagen, Volksschule
1958 An der Hochzeitstreppe 2, Wohnhaus für Gerda und Wilhelm Hartmann
1958 Bäckerstraße 74/76, Umbau des Erdgeschosses
1958 Blumenstraße 24 a für Gabriele Baukloh
1958 Marienstraße 80
1958 Ringstraße, Verwaltungsgebäude der Melitta-Werke
1958 Bad Lippspringe, Leitplan und Wirtschaftsplan der Stadt

1959/1960 Kleiner Domhof 6 und 8, Um- und Neubauten Sparkasse (II, S. 1391)

1959 Ringstraße, Papierfabrik der Melitta-Werke

1959 Ritterstraße 18, Umbau

1959 Rodenbecker Straße 49 für Malermeister Willi Greinert

1959 Wilhelmstraße 3, Anbau

1960 Scharn 6, Erweiterung der Ladenpassage

1960 Stiftsallee 23 für Stadtsparkasse Minden

1960/1961 Kampstraße 28/32, Neubau Möbelhaus Ronicke für Gabriele Baukloh (Ausführung: Rathert)

Hempel, Wilhelm
Dipl.-Ingenieur und Architekt BDA (geb. 3.2.1905, gest. 14.2.1980). Als Sohn des Mehlkaufmanns Ludwig Hempel (siehe Manteuffelstraße 2) in Minden aufgewachsen, studierte er nach seinem Abitur am Besselgymasium Architektur an den TU Berlin (Prof. Tessenow). Danach übernahm er eine private Bauschule in Bückeburg. Zusammen mit Heinz Ibrügger erster Preis im Wettbewerb zum Wiederaufbau der Stadtmitte Minden 1947. Nachdem er ein eigenes Büro 1947 in Löhne, dann in Herford (hier als Mitarbeiter sein Neffe, der Architekt A. Münstermann) unterhielt, bildete er von 1948 bis 1960 eine Bürogemeinschaft mit Heinz Ibrügger und führte danach bis 1973 ein eigenes Büro Kleiner Domhof 6. Hempel war mit Helene Bald (geb. 3.5.1917 in Buschhütten/Siegen, gest. 12.06.1979 Celle) verheiratet, Sohn Ludwig (geb. 20.1.1950) verzog 1970. 1952 wohnte die Familie Goebenstraße 52, 1953/1972 Wittekindsallee 49.

1924 Stiftstraße 57, Stallgebäude für Schlachter Hermann Gieseking

1946 Brüderstraße 4, Unterkellerung des Hofes für Kaufmann Karl Ludwig

1947 Brückenkopf 9, Umbau (Ausführung: Mülmstedt & Rodenberg)

Wilhelm Hempel

1947 Scharn, Wiederaufbaukonzept (1. Preis), Mitarbeiter war Konstantin Koretzki

1953 Wittekindsallee (?), eigenes Wohnhaus

1956 Lindenstraße 23, Colosseum-Lichtspiele, Umbau nach Brand (MT vom 14.1.1956)

1960 Lübbecker Straße 12, Umbau Büro zur Wohnung

1960 Obermarktstraße 26, Betriebsgebäude am Trockenhof für Druckerei Bruns

1961 Gartenstraße 5, Garagen für Max Schaper

1961 Goebenstraße 77

1962 Lindenstraße 1 a, Anbau Nebengebäude

1963 Bäckerstraße 24, Umbau des Ladens

1963 Johanniskirchhof 2, Instandsetzung

1963 Obermarktstraße 33, Geschäftsumbau

1964 Brückenkopf 14, Erweiterung des Bootshauses

1964   Gartenstraße 7 für Frieda Luise Schlomann
1964   Marienstraße 72, Anbau für Fahrstuhl
1964   Dützen, Neubau Wichern-Gemeindehaus
1965   Scharn 6, Umbau
1967   Friedrich-Wilhelm-Straße 7 a, Umbau
1967/1968 und 1970 Kleiner Domhof 6 und 8, Umbau des Erweiterungsbaues (II, S. 1374, 1391, Abb. 891)
1967   Obermarktstraße 2/4, Umbau Erdgeschoß
1967   Stiftstraße 25, Erweiterung des Hauses für Dieter Kemper
1968   Bäckerstraße 11, Umbau
1968   Fischerallee 1, Umbau
1969   Weg in die Hanebek 12, Pfarrhaus für St. Marien
1969/1971 Sedanstraße 17, evangelisches Gemeindehaus und Kindergarten
1971   Stiftstraße 2, Wettbewerbsentwurf für Neubau Gemeindezentrum St. Marien
1973   Hufschmiede 1, Umbau

Hendricks (auch **Hendericks** oder **Henderichs**)
Königlicher Kreis-Bauinspektor.
1882   St. Marien, Revision von Moelles Kostenanschlag zur Restaurierung des Inneren (III, S. 73)
1882   Dom, Innenrestaurierung des Langhauses, Planung Neuverputz bis Sohlbankhöhe (II, S. 458)

Henke, Theodor
Bildhauer in Bad Oeynhausen (1923–1980). Nach Studium an den Kunstwerkschulen Münster und Bielefeld legte er seinen Meisterbrief als Steinmetz und Holzbildhauer ab und gründete in Bad Oeynhausen einen Steinmetzbetrieb. Henke war Obermeister der Steinmetzinnung und Dozent an der FH Detmold Fachbereich Innenarchitektur.
1956   Löhne-Wittel, Lukaskirche, Altar, Kanzel und Taufstein

1966   Bad Oeynhausen, Mahnmal für die Toten des Zweiten Weltkrieges
1969   Vlotho-Wehrendorf, Kreuzkirche, Taufstein mit Bronzeschale
1978   Bäckerstraße, »Weserspucker« (I.2, S. 956)

Henneking
Dr. Ing. 1928 Stadtbaurat und Regierungsbaumeister a. D.; zuvor Beratender Ingenieur in Magdeburg. In den Adressbüchern 1927 und 1929 nicht aufgeführt.

Hennemann, Theodor
Regierungsbaumeister a.D.; ab 16.5.1934 als städtischer Baurat Leiter des Stadtbauamtes und ab 8.9.1936 zum technischen Dezernenten ernannt. Bis September 1943 Stadtbaurat in Minden und Leiter von Hochbauamt, Straßenbauamt, Tiefbauamt, Vermessungsamt, Stadtgartenamt, Hafenverwaltung und Feuerwehr (KAM, Mi, G V, Nr. 52); wohnte Besselstraße 8. In diesen Funktionen war er insbesondere mit den Großbauvorhaben der Zeit betraut wie etwa den Siedlungsvorhaben Kuhlenkamp, den Stadterweiterungen in der Minder Heide und in Rodenbeck einschließlich des Straßenbaus oder der geplanten Umgestaltung des Simeonsplatzes zu einem neuen städtischen Mittelpunkt. Von den Zeitgenossen wurde insbesondere gelobt, daß er neben seinen Fähigkeiten als Baubeamter ein guter Architekt sei, der es geschafft habe, *eine anständige und disziplinierte Baugesinnung in die Stadt getragen* und die zuvor bestehende Vielfalt der Gestaltungsstile unterbunden zu haben. Von April 1941 bis Juli 1942 war er zur Wehrmacht eingezogen, danach wieder bei der Stadt Minden. Seit Mai 1943 zur Bearbeitung von Sofort-Maßnahmen nach Fliegerschäden zur Stadtverwaltung Düsseldorf abgeordnet, wurde er von der Stadt Düsseldorf ab 1.9.1943 als Stadtbaudirektor bestellt und mit der Leitung des neu eingerichteten Kriegsbauamtes betraut, aber zugleich ab 22.5.1943 auch zur

Stadt Krefeld abgeordnet, um dort als kommissarischer Baudezernent die Planungen in der seit dem 22.6.1943 weitgehend zerstörten Stadt zu übernehmen.

Theo Hennemann (geb. 21.1.1901 in Darmstadt) war mit Ursula Fickwirth (geb. 2.2.1911 in Minden) verheiratet (zwei Kinder: Ulrike geb. 11.3.1943 und Klaus geb. 25.3. 1945). Die Familie wohnte bis 1945 Hardenbergstraße 16, danach Marienstraße 115 und verzieht 1949 nach Wuppertal-Barmen.

1934 Marienstraße 134/136, Gestaltung der Gefallenenehrung auf dem Nordfriedhof
1935 Minder Heide, Flugplatz mit Flugzeughalle
1936 Kuhlenkamp, Bebauungsplan für 300 Wohnungen (Planung und Durchführung: Westfälische Heimstätte)
1937 Rodenbeck, Bebauungsplan für 430 Wohnungen (Planung und Durchführung: Westfälische Heimstätte)
1938 Kuhlenkamp, Planungen einer sechsklassigen Volksschule
1939 Bearbeitung einer Baupolizeiverordnung
1939 Barbeitung einer Ortssatzung zur Erhaltung und Gestaltung des Orts- und Landschaftsbildes
1939 Bau von 30 öffentlichen Luftschutzräumen und weiterer Luftschutzmaßnahmen
1940 Bebauungspläne für 450 Mietwohnungen der Wohnhaus Minden GmbH
1940 Friedrichstraße 9–17, Planungskonzept Krankenhauserweiterung (Detailplanungen durch Hopmann)
1940/1941 Simeonsplatz, Umgestaltungsplanungen zu einem NSDAP-Forum (Zeichner: H. Weber) (I.2, S. 902–907, Abb. 594–597)

Henniger
Maurermeister. Zog 1793 als Neubürger aus Gositz in Sachsen nach Minden (KAM, Mi, C 126). 1804 für Arbeiten in St. Martini genannt. 1798 wohnte er zur Miete in Bäckerstraße 28, um 1802 das Haus Rampenloch 3 für eigene Zwecke zu errichten, wo er allerdings schon 1805 verstarb.

1793 Großer Domhof 9, Kurienhof, Neubau (Plan: Kloth 1793) (II, S. 1281)
1796/1797 Petershagen-Windheim, Pfarrhaus (zusammen mit Wehking) nach Plan Landbaumeister Kloht
1798 Großer Domhof 7, Kurienhof, Kostenanschlag und Zeichnung für massiven Neubau für Mieter Dr. med. Harmes (II, S. 1260)
1799 Weserbrücke (Bastaubrücke), Reparatur des Bogens und der anschließenden Hausfundamente
1802 Rampenloch 3, eigenes Wohnhaus
1803 Bäckerstraße 17, Kostenanschlag zur Wiederherstellung

Henninger oder **Henning & Andres**
Glasmalerwerkstatt in Hannover.
1889 St. Martini, Verglasung der Chorfenster (III, S. 282 f., 308)
1911/1912 St. Simeon, einige Chor- und Langhausfenster (III, S. 644, 667, 674, 676 f., Abb. 456)

Henke, Theodor
Bildhauer in Bad Oeynhausen.
1968 Dom, Gedenkstein an den Wiederaufbau im Paradies (II, S. 779)
1968 Apostelleuchter im Langhaus (II, S. 863)
1969 Dom, Relief zur Geschichte des Domes im Paradies (II, S. 780)

Henschel
Tischlermeister, wohnte 1851/1857 Pöttcherstraße 13.

Henschel, Adolph
Schlossermeister, wohnte 1862/1880 Deichhof 18. Henschel (geb. 23.5.1831, katholisch) war mit Luise (geb. 19.1.1852 Barntrup, evangelisch) verheiratet.
1860   Vinckestraße 3, Domkaplanei (zusammen mit anderen) (Plan: Jung) (II, S. 1327)

Henz, <u>Ludwig</u> Benjamin
Geb. 1798 Magdeburg, gest. 1860. 1836 Wasserbauingenieur in Hattingen, später Regierungs- und Baurat. Königlicher Kommissar der Köln-Mindener Eisenbahn. Siehe Schmidt-Rusch 2003.
1836   Vermessungsarbeiten für die projektierte Bahnlinie Minden-Lippstadt
1842   Planungen zum Bau der Eisenbahn bei Paderborn
1849/1853 Vorsitzender der Westfälischen Eisenbahn-Gesellschaft und Leiter der Arbeiten an der Strecke Paderborn-Warburg einschließlich der Viadukte bei Altenbeken

Henz
1811 Baukondukteur.
1811   Vreden, St. Georg, Konzept zum Wiederaufbau des Turms

Henzel, W.
Architekt.
1924   Rosentalstraße 3, Automobilausstellungshalle für Studenroth & Schramke
1925   Marienstraße 93 für Malermeister Heinrich Weber (Ausführung: Mülmstedt & Rodenberg)

Herbst, Otto Hermann
Architekt.
1949/1950 Gutenbergstraße 3/5 für westfälische Heimstätte (Plan: Prof. Werner March)

Herforder Betonbau Brand & Co
1921 (?) Wohnhaus der Gebrüder Halstenberg, Hohlsteindecke System Sieler
1922   Kurfürstenstraße 4 (Plan: Prof. Kanold/Hannover) für den Fabrikanten Heinrich Noll, Hohlsteindecke System Sieler

Herforder Elektricitäts-Werke Bokelmann & Kuhlo
1913   Dom, eiserner Glockenstuhl und elektrisches Läutewerk (II, S. 847)
1925   Dom, Überholung des Läutewerks im Westwerk (II, S. 847)
1950   Dom, Läutewerk im Westwerk (II, S. 853)

Herlitzius, Josef
Architekt in Hannover, Hildesheimer Straße 175.
1937   Friedrich-Wilhelm-Straße 1, Generalsanierung des Hotels

Herrmann
1869   Großer Domhof 1–2, Verbindungstrakt zwischen Regierungsgebäude und Kurienhof, Bauführung (II, S. 1208)

Hermann, Gabriel
Seilermeister.
1822   Dom, Reparatur des Dachreiters über der Vierung (zusammen mit anderen) (II, S. 427)

Herrmann, Johann Christian
Seilermeister.
1801   Domkloster, Tau für Krangaupe (II, S. 501)

Herrmann, Carl
Seilermeister.
1880   Dom, Uhrleine (II, S. 860)

Herrmann, Paul
Architekt in Spenge (Kr. Herford).
1975 Hausberger Straße 7, neuapostolische Kirche

Hermeling, Gabriel
Hofgoldschmied und Graveur in Köln. 1861 übernimmt er die Leitung der väterlichen Werkstatt Werner Hermeling.
Ende des 19. Jh. Dom, Erneuerung eines Kelches aus dem 14. Jh. (II, S. 904 f.)

Hermeking
Schmiedemeister, wohnte 1851 Greisenbruchstraße 30, 1852 Kampstraße 32.
1827 Dom, Reparatur und Umdeckung von Querhaus- und Chordächern (zusammen mit anderen) (II, S. 427)

Herrscher, E.
Glashändler, wohnte 1851/1857 Königstraße 37.

Hersen, Rudolf (auch Heerse)
Schmiedemeister, wohnte ab 1750 Priggenhagen 12. 1750/1751 für Arbeiten an St. Marien genannt. Starb vor 1781.
1755 St. Petri, Reparaturen (III, S. 580)

Hertel, Hilger (d. J.)
Regierungs-Baumeister. Sohn des Architekten Hilger Hertel d. Ä. (geb. 21.3.1860 Kevelaer, gest. 1918) und Bruder des Architekten Bernhard Hertel. Studierte seit 1882 Bauwissenschaften in München, 1883/1884 Berlin und ab 1884 in Münster. Ab Januar 1887 Regierungsbauführer. Führte nach dem Tode des Vaters zusammen mit seinem Bruder bis 1899 das Architektenbüro in Münster weiter und eröffnete danach ein eigenes Büro in Münster. Plante zahlreiche Kirchenneubauten in Westfalen.
1898 St. Mauritius, Wiederherstellungspläne mit Kostenanschlägen (nicht ausgeführt) (Revision: Intendantur- und Baurat Schmedding/Münster sowie Schönhals/ Bauabteilung des Kriegsministeriums Berlin) (III, S. 480, 502, Abb. 337 f.)

Herting, Georg
Bildhauer und Professor (geb. 1872, gest. 1951) in Hannover. Unter anderem an der Ausstattung des Hannoverschen Rathauses (1910/1913) und des von Celle und den Fassaden der Balsen-Fabrik (1910/1911) sowie der Hanomag-Fabrik in Hannover (1916) beteiligt.
1906 Marienstraße 134/136, Nordfriedhof, Kapelle, Figuren am Eingang
1909 Marienstraße 134/136, Nordfriedhof, Skulptur für Grabstätte Leonhardi
1936/1937 Tonhallenstraße 2, Sparkassengebäude, Allegorie auf die Sparsamkeit (I.2, S. 954)

Herweg, Albert
Maurermeister und Bauunternehmer. Am 27.4.1884 in Hühnfeld bei Fulda geboren, lebte er 1909 als Bauunternehmer in Soest, zog dann im August dieses Jahres nach Minden, wo er zunächst in dem Haus Königswall 55 wohnte, 1910 Königsglacis 4. Schon 1910 verzog er zu seinem Bruder nach Mönchengladbach.
1909 Hermannstraße 38 für Rudolf Ahlert (Plan: R. Ahlert)
1909 Heidestraße 5 für eigene Zwecke (Plan: R. Ahlert)

Hesse, A.
Architekt.
1985 Bäckerstraße 16, Umbau

Hesse
Schlossermeister, wohnte 1851 Bäckerstraße 58.
1822 Dom, Reparatur des Dachreiters über der Vierung (zusammen mit anderen) (II, S. 427)

Hesse
Artillerie-Offizier. 1847 Hauptmann und Artillerie-Offizier vom Platz in Minden genannt.

Hessling-Eberstein
Bezirksgeometer.
1843 Königswall, Baufluchtenplan (IV, Abb. 746)

Hetzer, Carl Friedrich Otto
Geboren 11.4.1846 in Kleinobringen bei Weimar, gest. 1911. Ab 1891 großherzoglicher Hofzimmermeister. Gründete eine Holzbaufirma, die Leimholzbinder entwickelte und sich bald auf freitragende Dachwerke spezialisierte (seit 1900 mit einem Doppel-T-Profil versehen und patentiert). 1906 wurde ein freitragendes Dachwerk aus gerundeten Leimbindern patentiert, das als »Hetzersche Holzbauweise« bekannt wurde. Die Firma gilt als Begründer des modernen Holzleimbaus.
1888 Hagen, Schlachthofhalle (1912 erweitert)
um 1900 Hagen, Schwimmhalle (erweitert 1902)
1908/1909 Hagen, Stadtgartenhalle, Dachwerk
1909/1911 Finnentrop-Lenhausen, Schützenhalle
1914 Minderheide, Flugzeughalle (seit 1921/1925 nach Am Alten Weserhafen, Weserwerft versetzt).
um 1910 Bielefeld, Schule
um 1910 Herford, zwei Schulen
um 1910 Wanne, Kirche
1913 hinter Pionierstraße 4, Pionierkaserne bei Fort B, Reithaus, Lieferung von Leimholzbindern (I.2, S. 838)

Heubes
Vermesser.
1844 Köln-Mindener Eisenbahn, Mitvermessung der Bahntrasse Minden-Rehme

Heuer, Conrad
Tischler.
1712 Martinikirchhof 9, Reparatur
1712 Kleiner Domhof 1, Ausbau der Gerichtsstube
1712 Markt 1, kleine Reparatur auf dem Weinkeller
1715 Kleiner Domhof 1, Lieferung eines Schrankes auf der Gerichtsstube
1724 Markt 1, Rathaus, Reparaturen in der Gerichtsstube

Heuer, Friedrich
Zimmermann, geb. 11.5.1860 in Todtenhausen.
1887 Kutenhauser Straße 48 für eigene Zwecke

Heurich, Oskar
Architekt in Minden. Ab 1906 in Minden bis 1919 mit oft wechselnden Adressen nachweisbar: 1906 Königswall 11, 1908 Priggenhagen 3, 1910 Brüderhofstraße 2, 1912 Opferstraße 5, 1914 Markt 9. Seit 1919 bis 1939 wohnhaft Kleiner Domhof 7.
1901 Dankerser Straße 38 (Planzeichnung für Bauunternehmer Fr. Stremming/Barkhausen)
1902 Hermannstraße 54, Einfriedung
1902 Wilhelmstraße 11 für Zimmermeister Heinrich Scheidemann
1903 Dankerser Straße 46 für Bremser Friedrich Nottmeier
1903 Hafenstraße 16, Entwurf der Fassade (der Bau von Schnabelrauch) für Kaufmann W. H. Müller
1907/1908 Ritterstraße 15, Umbauten
1908 Portastraße 69, Windfang vor dem Gasthaus
1909 Friedrichstraße 5, Mietshaus für Lokführer H. Moehle (Ausführung: Fr. Stremming)
1909/1910 Petersilienstraße 7, An- und Umbau
1910 Fischerglacis 21 für Zimmermeister W. Plöger
1910 Immanuelstraße 10, Anbau eines Fachwerkerkers

1910 Königstraße 7, Erweiterung Konfirmandensaal von St. Simeon
1910 Ritterstraße 18, Hinterhaus für Gastwirt Ferdinand Bohneburg
1910 Stiftsallee 79 für Heizer Wilhelm Dörmann (Ausführung: Maurermeister Gieseking)
1910/1911 Königstraße 37, Umbau und neue Fassade (Ausführung: Gräpner/Todtenhausen)
1911 Königswall 79, Anbau für Konsum-Verein
1911/1912 Hermannstraße 55 für Eisenbahn-Betriebssekretär Heinrich Oelkers
1912 Königswall 79, Anbau für Konsum-Verein
1919 Portastraße 35 für Uhrmachermeister Fr. A. Kröher
1920 Königswall 79, Umbau des Anbaus für Konsum-Verein
1923 Kleiner Domhof 9, Umbau (II, S. 1394, Abb. 897)
1927 Tränkestraße 143, Sanierung und Wiederherstellung
1929 Bäckerstraße 46, Anbau
1938 Lübbecker Straße 54, Garage

Heyd, Ludwig Daniel
Bildhauer in Kassel (gest. 1901 in Kassel). Zusammen mit seinem Bruder Johann Wolfgang Mitglied der 1777 von Landgraf Friedrich II. gegründeten Kunstakademie. 1781–1798 Arbeit für Schloß Weißenstein (Wilhelmshöhe) und das Fridericianum.
1799 St. Petri, Kirchhof, Grabmal für von Waegern (Entwurf: W. A. Strack/Bückeburg)

Hiddesen, Heinrich
Architekt, 1958 in Hausberge, 1963 in Rinteln wohnend.
1958 Viktoriastraße 22, Wohnhauses, Umbau
1962 Viktoriastraße 24, Umbau und Neubau der Tankstelle

Hiecke, D. D.
Konservator der Kunstdenkmäler/Berlin.
1929 Dom, Prospektgestaltung der Querhausorgel (Gesamtentwurf: Johannes Klais/Bonn; Bauleitung: Regierungsbaurat Quast) (II, S. 839, Abb. 660)

Hildebrand, Ernst
Architekt in Oldenburg i. O.
1950 Hahler Straße 29, Umbau für Apotheker Böhm aus Görlitz (Ausführung: Gräpner, Gieseking & Co./Todtenhausen

Hildebrandt
Bauführer. 1877 in der Garnisons-Bauverwaltung Minden beschäftigt. 1885 Regierungs-Baumeister in Münster.
1877 »Projekt zur Aufstockung der Defensions-Kaserne« (Simeonsplatz 12) (Entwurf Pietsch zugeschrieben) (I.2, S. 428–430, Abb. 262 f., Kat.-Nr. 217 f.)

Hildebrandt oder **Hillebrandt**, H.
Glasermeister, wohnte 1851 Johannisstraße 5.
1818 St. Martini, neue Fenster (III, S. 468)
1826 Großer Domhof 1–2, Regierungsgebäude, Arbeiten am Kassenbau (II, S. 1184)
1851 Dom, Fensterreparatur (II, S. 441)

Hildebrandt, H.
Glasermeister, wohnte 1851 Bäckerstraße 25. Sohn des H. Hildebrandt, der 1851 Johannisstraße 5 wohnte (?).

Hillebrandt, Josef
Maurermeister und Baugeschäft an der Königstraße 61.
1949 Hahler Straße 58 für Wohnhaus Minden GmbH

Hillebrand, Elmar
Bildhauer in Köln (geb. 12. 10. 1925 Köln). Ab 1967 Professor am Lehrstuhl für Plastik im Fachbereich Architektur an der RWTH Aachen.

1970–1972 Dom, Sakramentshaus (Ausführung: Höhler-Müller/Villmar) (II, S. 889)
1971 Dom, Entwurf des Vierungsaltars (II, S. 645)
1971/1972 Dom, Neugestaltung der Sockelzone im Inneren des Chores (Ausführung: Höhler-Müller/Villmar) (II, S. 262, 277)
1971/1972 Dom, Choraltar (Ausführung: Winter/Limburg) (II, S. 614)
1971/1972 Dom, Lesepulte (Bronzeguß: Fa. Luciano Polzzoni und Giuseppe Lotito/Köln-Nippes) (II, S. 723)
um 1972 Dom, Untersuchung einiger Skulpturen (zusammen mit Werkstatt Höhler-Müller/Villmar) (II, S. 777)
1974 Dom, Pläne für Chororgel (II, S. 842),
1974 Dom, Osterleuchter (Bronzeguß: Hon Sang Tong/Weiß) (II, S. 864),
1974 Dom, Tabernakel der Klosterkapelle (Ausführung: Fa. Cassau/Paderborn 1976) (II, S. 890)
1975 Dom, Unterbau des Kreuzaltars/Stifteraltars von Vincke (II, S. 638),
1975 Dom, Altarblock des Zelebrationsaltars in der Marienkapelle des Michaelsklosters (II, S. 680)
1975 Domkloster, Brunnen im Kreuzhof (Ausführung: Höhler-Müller/Villmar) (II, S. 526, 558)
1994 Dom, Entwurf der Chorschranke (II, S. 581)
1994 Dom, Konsole und Hintergrundmalerei der Madonna mit der Taube (II, S. 803)
1994 Dom, Rahmen der Kreuzwegstationen von Hans Bücker 1958 (II, S. 892)

Hillenkötter & Ronsiek
Fabrik für Fahrstühle in Bielefeld.
1935 Karlstraße 15, Aufzug Nr. 1587 für Wäschefabrik Poll

Hillmann (auch Hillemann), Georg
Uhrmacher (1895 wohnte Georg Hillemann Hohnstraße 25).
1861 Dom, Abnahme der Uhrreparatur durch Uhrmacher Kiche (II, S. 860)
1880 Dom, Abnahme der Uhrreparatur durch Uhrmacher Müller (II, S. 860)
1874 St. Marien, Reparatur der Turmuhr (III, S. 159)

Hiltscher
Architekt.
1950 Goebenstraße 48/50, Entwurf für Wohnhaus Minden GmbH
1950 Hardenbergstraße 19/19 a, Entwurf für Wohnhaus Minden GmbH
1951 Hardenbergstraße 21 a/Moltkestraße 1 für Wohnhaus Minden GmbH

Hilsur-Fertighaus
Hersteller von Fertighäusern in Bad Oeynhausen.
1979 Kuhlenstraße 16 a

Hindermann, August
Bautechniker (möglicherweise Sohn des 1847 verstorbenen Zimmermeisters Carl Hindermann aus Herford), der sich nach der Fertigstellung der unter seiner Leitung errichteten Weserbrücke aus Mangel an Aufträgen auch als Gastwirt betätigte (offensichtlich stammte seine Frau aus einer Wirtsfamilie), wohnte zunächst bis um 1874 in dem Haus Markt 5 und betrieb dann 1874/1884 das Gasthaus Aschentrupp (Scharnstraße 13). 1885 war Hindermann wieder als Techniker tätig und wohnte Kampstraße 25 (weitere von ihm erstellte Bauten bislang nicht bekannt). Seine Tocher Aenny (geb.

1872) wurde eine bekannte Sängerin (siehe KEBER 1951).

1871/1873 Leitung des Neubaus der Weserbrücke (nach Plänen des Bauinspektors Pietsch)

Hinz, Erich
Regierungsbaumeister (geb. 22.1.1890 in Tilsit), kam Anfang 1944 aus Berlin-Südende nach Minden, wohnte anfangs in Leteln Nr.18, 1946 Göbenstraße 6, 1947 Marienstraße 115a, 1949 Bachstraße 4 und seit 1950 in Neesen, Hausbergerstraße 33. 1950 wird Hinz als Bauunternehmer, 1952 als Regierungsbaumeister a. D. bezeichnet.

1950/1951 Großer Domhof 6, Neubau Postgebäude (MT vom 9.3.1951)
1952 Königstraße 104, Umbau

Hitzemann, Wilhelm
Maurermeister und Bauunternehmer, wohnte 1911 Stiftsallee 30.

1910 Fischerglacis 25, Schuppen für Baustoffhandel C. F. Ahlert
1911 Steinstraße 26 (Plan: Kistenmacher) für eigene Zwecke
1911 Steinstraße 28 (nach Plan: Hermann Hartel)

Hitzig, Georg Friedrich Heinrich
Privat-Architekt in Berlin (geb. 8.4.1811 Berlin, gest. 11.10.1881 Berlin). Nach Studium an der Berliner Bauakademie (bei Schinkel) und 1837 zweiter Baumeister-Prüfung Niederlassung in Berlin als Architekt. Dort mit zahlreichen Großbauten beschäftigt, etwa der Börse, der Reichsbank und dem Polytechnikum in Charlottenburg. Mitbegründer der »Zeitschrift für Bauwesen« und Mitglied der Baudeputation, der Akademie der Künste und mehrerer Kunstakademien.

1879/1880 Immanuelstraße 2, Neubau Gymnasium, Vorentwurf zur Ausstattung der Aula

HMP
Wohl das Monogramm eines Faßmalers, das im Umfeld von Stenelt-Werken mehrfach zu beobachten ist (II, S. 692).

1629 Dom, Fassung des Mallinckrodt-Epitaphs von Adam Stenelt (II, S. 689)

Höger
Wegebedienter und offensichtlich auch Planer, am 6.1.1801 in der Position eines Wegewärters vereidigt.

1800 Planung der Chaussee Rinteln-Bückeburg

Hoefft, Johann Gottfried
Schlossermeister.

1774 Großer Domhof 5, Kommendehaus, Kostenanschlag zur Reparatur (II, S. 1228)

Höhler-Müller (auch Fa. Müller oder Werkstatt Höhler)
Villmar a. d. Lahn.

1971/1972 Dom, Erneuerung der Sockelzone im Chorinneren (Entwurf: Prof. Elmar Hillebrand/Weiss bei Köln) (II, S. 262)
1972/1975 Dom, Untersuchung und Ergänzung von Skulpturen (II, S. 777)
1975 Dom, Brunnen im Kreuzhof (Entwurf: Prof. Elmar Hillebrand) (II, S. 526)

Hölscher, Hermann
1861 als Feldmesser vereidigt. Vielleicht Bruder von Robert Hölscher (siehe unten). 1857 betrieb Hölscher eine Agentur (Feuerversicherung Thuringia und Auswanderungen für das Haus Pokrantz in Bremen) in Marienwall 1.

Hoelscher (oder Hölscher), Robert
Bauführer. Stammte aus Paderborn, wo er am 4.5.1831 (evangelisch) geboren wurde. Lebte wohl seit 1862 unverheiratet in Minden, zunächst 1862 Obermarktstraße 3 und Lindenstraße 3 genannt, dann Bäckerstraße 56 (im

gleichen Haus wohnte auch Wilhelm Moelle), später am kleinen Domhof und an der Lindenstraße und 1880 Bäckerstraße 52 (hier letztmalig in Minden erwähnt). Er hatte eine Ausbildung als Bauführer erhalten und scheint zunächst 1862 bei der Regierung tätig geworden zu sein. Später betrieb er ein eigenes Büro und bezeichnete sich als Baumeister bzw. Architekt. Von Ende November 1876 bis Anfang März 1877 vertrat R. Hoelscher seinen Bruder, den Landbaumeister Hoelscher im Baubezirk Detmold bei Hoch- und Wegebaugeschäften (STA DT, D 106, Detmold, Nr. 1680).

Robert Hoelscher war mit dem Baumeister Moelle befreundet, wobei letzterer in seinen Lebenserinnerungen berichtet, daß der Betrieb von Hoelscher später durch die aufkommende Konkurrenz zerstört wurde. Während Moelle sich vornehmlich den öffentlichen Bauaufgaben widmete, soll sich Hoelscher auf den Privatbau beschränkt haben. Um 1862/1865 arbeitete in seinem Büro der junge Maurer Gustav Usadel. 1878 bewarb er sich ohne Erfolg auf die Stelle eines Stadtbaumeisters von Detmold (GÜNTZEL 1997, S. 169).

1860	Dom, Sicherung des Chores, Ausbau gefährdeter Fenster (Planung: Jung, Ausführung: Maurermeister Baumgarten) (II, S. 374)
1861	Großer Domhof 3A, Taxierung und Grundrißskizze (II, S. 1218)
1862	Vinckestraße 3, Untersuchung gegen Hölscher wegen verschwundener Ziegel (II, S. 1328)
1863	Pionierstraße 3–5 (erschlossen) für Kaufmann Spatz
1863	Markt 12 für Buchhändler Volkening (vermutet)
1865	Kampstraße 8, Synagoge und Wohnhaus (Ausführung: Maurermeister Assmann)
1865	Kleiner Domhof 3, Lageplan (II, S. 1359, Abb. 865)
1865	Kleiner Domhof 147 a, Anbauten an Neubau Kaufmann A. Boas
1866	Fischertor 1 für Kaufmann Stumpe
1873/185	Vlotho, Brauerei Volbracht, Brauereigebäude
1874	Marienglacis 37, Wohnhaus für den Fabrikanten Noll
1874	Marienglacis 43, Wirtschaftsgebäude Stiftstraße 8 für Kaufmann Otto Quante
1874	Stiftstraße 23 für Arbeiter Kortum (Ausführung Borgmann und Maurer Keimler aus Kutenhausen)
1874/1875	Marienglacis 39, Fabrikanlage für den Fabrikanten Noll
1875	Marienstraße 23 für Kaufmann Müller (erschlossen)
1875	Stiftstraße 27 für Georg Weinberg
1876/1877	Großer Domhof 1–2, Reparatur am Regierungsgebäude (Bauleitung: Kreisbaumeister Stoedtner) (II, S. 1200)
1876	Kleiner Domhof 8 für Kommerzienrat Robert Noll (Ausführung: Schmidt & Langen) (II, S. 1389, Abb. 887 f.)
ab 1878	Großer Domhof 10, Präsidialkurie, Modernisierung (Bauführung) (II, S. 1295)
1878	Marienstraße 17, Wohnhaus für Kaufmann W. Boas
1878	Viktoriastraße 48, Saalanbau am Gasthaus Grille für Johann Theodor Vogeler
1879	Marienstraße 11 für Kaufmann A. Goldschmidt (Ausführung: Schmidt & Langen)
1879	Stiftstraße 34 für Werkführer Gustav Bösel (Ausführung: Schmidt & Langen)
1880	Marienstraße 21 für Louis Schröder
1880	Marienglacis 35 für Friedrich Noll (Pläne auch von J. Meyer), (Ausführung: Schmmidt & Langen)
1880	Marienstraße 52 für Conditor Ferdinand Rousseau

1881 Bäckerstraße 23 für Klempnermeister C. Jochmus (Ausführung: Usadel und Schütte & Krause)
1881 Marienstraße 56, Villa für Unternehmer Fr. Schaupensteiner (Ausführung: Schmidt & Langen sowie Schütte & Krause)
1882 Bäckerstraße 23
1882 Marienwall 6 für Kohlenhändler Heinrich Wiese (Ausführung: Schütte & Krause).
1894 Bäckerstraße 71, Skizze zur Lage des Eingangs

Hölterhoff, Heinrich
Fabrikant und Inhaber der seit 1897 bestehenden Fabrik für Öle und Fette (siehe Stiftsallee 25 und 29).
1897 Stiftsallee 29, Entwurf des Fabrikgebäudes
1897 Stiftsallee 29, Entwurf Kesselhaus und Schornstein
1900 Stiftsallee 29, Anbau (Ausführung: W. Riechmann)

Höltkemeier, Wilhelm
Zimmer- und Tischlermeister in Meißen.
1903 Meißen, Grille 18 für Lokheizer Friedrich Prasuhn
1904 Meißen, Grille 26 für Bahnarbeiter Carl Acker
1904 Meißen, Grille 28 für Lokheizer Heinrich Deerberg
1904 Meißen, Grille 30 für Bahnschlosser Heinrich Hohmeier

Höltkemeyer, Friedrich
Architekt und Bauunternehmer in Porta Westfalica-Vennebeck, 1928 in Porta Westfalica-Barkhausen, 1929 dann Höltkemeyer & Kuhlmann.
1913 Dankerser Straße 18 für Schaffner Adolf Severing

1913 Steinstraße 16 für Bäckermeister Fritz Bendix (nach Plan: Zimmerling)
1928 Rodenbecker Straße 78 für Gewerbekontrolleur Heinrich Dresing
1929 Rodenbecker Straße 72 für die Witwe Berta Orthmann

Hoeneck, Christoph
Architekt BDA in Beckum.
1972/1974 Markt 24/26 Neubau der Spar- und Darlehenskasse Minden

Höxtermann
Maurer in Minden, 1857 wohl beim Maurermeister Baumgarten beschäftigt.
1857 Lindenstraße, Mitarbeit am Kanal zwischen Kleiner Domhof und Stadtbach

Hoffmann, Andreas
Bildhauer in Wien.
1664 Dom, Kanzel (zusammen mit vier Schreinern) (II, S. 713, 721)

Hoffmann, Franz
Kupferschläger.
1721 Großer Domhof 9, Kurienhof, Reparatur (II, S. 1277)

Hohl, C. A. Max
Architekt in Hamburg.
1891 Rodenbecker Straße 23 für den Fabrikanten Georg Zschetzsche (Ausführung: Schmidt & Langen)

Hohmeier, Friedrich
Baugeschäft in Scheie Nr. 8 bei Bückeburg.
1932 Kleine Dombrede 16 für Eisenbahner August Rodenberg
1933 Kleine Dombrede 18 für den Handlungsgehilfen H. F. Schäfer

Hollar, Wenzel
Zeichner und Kupferstecher (geb. 13.7.1607 Prag, gest. 25.3.1677 London). Gehörte zu sei-

ner Zeit zu den bedeutendsten Vertretern des Genres. Kam 1627 nach Frankfurt, wo er bei Matthias Merian lernte und in seinem Verlag mitarbeitete. Bis 1637 reiste er vor allem in Deutschland, um Städtebilder vor Ort zu dokumentieren. Lebte ab 1637 in England.

1633/1634 Vedoute der Stadt Minden (zugeschrieben), gestochen und gedruckt 1641 von M. Merian (I.1, S. 694 Kat.-Nr. 6. – I.2, Abb. 2. – II, Abb. 691. – III, Abb. 2, 47, 229, 424. – IV, Abb. 20, 1652)

Holle, Friedrich
Tischlermeister, wohnte 1806 in Johannisstraße 3 und 1829/1832 in Hohnstraße 10. Verheiratet mit Sophie Dorothee Grüter (gest. 23.9.1805).

Holle, Hermann
Tischlermeister. Wohl Sohn des Tischlers Friedrich Holle, wohnte 1846 in Scharnstraße 4, 1851 in Bäckerstraße 17, 1857 in Johanniskirchhof 8 zur Miete, bevor er 1875 das Grundstück Hermannstraße 4 erwarb, wo er ein großes Wohnhaus errichtete. Ab 1878 besaß er auch die anschließende Gaststätte Hermannstraße 6/8, die er fortan mit Saalbetrieb als »Holles Colosseum« selbst betrieb.

1847–1849 Vinckestraße, Vikarie, kleinere Reparatur (mit Baumgarten) (II, S. 1324)
1852 Markt 1, Rathaus, neue Fenster für Bürgermeisterzimmer

Hollmann, Friedrich
Maurermeister in Gütersloh.
1911 Hahler Straße 100 für Lokführer Heinrich Haversiek

Hollo, Friedrich Wilhelm Christian
Steinmetzmeister (Steinhauer), geb. 24.11.1846 Minden. Der bis heute bestehende Betrieb seit 1874 in dem Anwesen Marienstraße 103/105 (Neubau durch Maurermeister G. Sipp) von

Friedrich Wilhelm Christian Hollo

Hollo begründete und heute unter der Leitung seiner Urenkelin Regina Storm-Hollo.
1920 Gedenkstein für die Gefallenen des Gymnasiums und der Oberrealschule 1914–18, Findling aus Rolfshagen (MT vom 10.10.1920)

Hollo, <u>Fritz</u> Wilhelm Karl
Steinmetzmeister. Fritz Hollo wurde am 13.8.1879 als Sohn des Steinmetzmeister Friedrich Hollo geboren. Mit der Eröffnung des neuen Nordfriedhofes gelangte der Betrieb in eine besonders günstige Lage, fast unmittelbar vor dem Friedhofstor.
Hollo war mit Anna Ernsting (geb. 11.8.1889 Ilserheide, gest. 1.2.1969) verheiratete. Er verstarb am 24.3.1957.
um 1948 Dom, Wiederaufbau des Westwerks, Steinmetzarbeiten (II, S. 134)
1953/1954 Dom, Wiederaufbau des Langhauses, Vervollständigung der Fenster (II, S. 301)
1953 Markt, Rathausneubau (zusammen mit Wilhelm Meyer und Christian Tüting)

Fritz Hollo, Junior und Senior, mit Firmenwappen aus Sandstein zum 80jährigen Firmenjubliläum, 1954

Belegschaft des Steinmetzbetriebes Hollo, 1954

Hollo, Fritz Wilhelm Max
Steinmetzmeister. Fritz Hollo wurde am 17.5.1921 als Sohn des Steinmetzmeister Fritz Wilhelm Karl geboren. Nach der Mittleren Reife erlernte er im elterlichen Betrieb das Steinbildhauer-Handwerk.

Nach dem Arbeitsdienst in Frankreich, als Soldat an der Ostfront gelangte er nach 1945 aus amerikanischer Kriegsgefangenschaft nach Minden zurück. Nach dem Besuch der Fachschule in Bielefeld legte er 1948 die Meisterprüfung ab. Nach dem Tod seines Vaters Fritz Wilhelm Karl Hollo übernahm er 1957 in dritter Generation den Familienbetrieb. Fritz Hollo verstarb 80jährig am 24.12.2001. 1956–1973 war Fritz Hollo Mitglied im Rat der Stadt Minden, ab 1969 Mitglied im Kreistag. Von 1979 bis 1984 war er stellvertretender Landrat des Kreises Minden-Lübbecke. (MT vom 27.12.2001). Fritz Hollo war mit Hannelore (geb. 31.1.1926 Heiligenkirchen) verheiratet. Die gemeinsame Tochter Regina Storm-Hollo übernahm später den Betrieb und führt ihn bis heute (siehe dort).

1955 Stiftsallee 2 a für Hermann Reinking, (Ausführung sämtlicher Marmorarbeiten)
1963 Unterdamm 32, Neubau der Erlöserkirche, Altar aus Obernkirchener Sandstein (MT vom 14.12.1963)
bis 1976 Dom, Wiederaufbau des Langhauses, Strebepfeilerbaldachine (II, S. 306)

Hollo, Heinrich Friedrich Christian
Maurer (geb. 3.9.1849 Bergkirchen/Hof Nr. 34, gest. 3.8.1878). War zweimal verheiratet.

Hollo, Karl
Bauschreiber. Um 1806 geboren, 1846 vier Kinder: Karl (8 Jahre), Johanne (14), Betti (7) und Gustav (5). War vermutlich in 1. Ehe mit Charlotte Leopold (geb. 15.6.1808, gest. 3.12.1841) aus Hannover verheiratet (Grabstein auf altem Friedhof erhalten). Vater von Friedrich Hollo?

Hollo, Wilhelm
Maurer und Schlachter (geb. 13.2.1841 Todtenhausen, gest. 18.5.1908) war mit Sofie Eitemüller (geb. 28.11.1847 Stemmer, gest. 15.8.1908) verheiratet. Die Familie wohnte mit den Kindern Christine (geb. 3.11.1878), Ferdinand (geb. 3.12.1882) und Heinrich (geb. 3.5.1887) am Wallfahrtsteich 7. Die beiden Söhne wurden Lehrer.

Holstein-Haus
Fertighaus-Herstellung
1976 Am Brühl 15 für Eheleute Leyk

Holtkemeyer, Heinrich
Maurermeister und Baugeschäft in Porta Westfalica-Barkhausen.
1956 Fuldastraße 28 für Dammwärter Wilhelm Spilker

Holtvogt, Karl
Regierungsbaumeister bei der Strombauverwaltung Minden, wohnte 1914 Königstraße 45.
1913/1914 Weserbrücke, Planungsarbeiten zum Umbau

Holtz
Architekt in Halle a. d. S.
1904 Marienstraße 134/136, Nordfriedhof, prämierter Wettbewerbsentwurf für die Kapelle

Holzkämper, B.
Ingenieur der Firma Plan-Haus OHG in Hannover.
1978 Bachstraße 39 für P.G. Haak

Holzmann
Dipl. Ing, Architekt.
1947 Friedrich-Wilhelm-Straße 98, Betriebsgebäude der Westfälischen Beton- und Apparatebau GmbH in Dortmund-Marten (nicht ausgeführt)

Philipp **Holzmann** AG
Baufirma in Frankfurt a. M.
1923/1924 Betonarbeiten an der Unterschleuse des zweiten Weserabstiegs des Kanals
1923/1924 Brücke der Friedrich-Wilhelm-Straße über das Unterhaupt der Unterschleuse
1993/1998 Neue Kanalbrücke über die Weser (zusammen mit Josef Möbius Baugesellschaft)

Homann, H. G.
Schmiedemeister, wohnte 1851 Deichhof 15.
1863 Dom, Sicherung des Chores, Lieferung von Eisenteilen für Gewölbeanker (Leitung: vermutlich Baumeister Marx, Ausführung: Ernst Gauffrès) (II, S. 374)
1863 Dom, Chorfenster, Materiallieferung für Neuverglasung (zusammen mit Ernst Gauffrès) (Planung: von Lesser) (II, S. 441)

Homann, C. R.
Klempner und »Fabrik von Lampen und eisernen verzinnten Gesundheits-Küchen-Geräten«, wohnte 1851 Obermarktstraße 5.

1843   Portastraße 9, Garnison-Lazarett, Kostenanschlag für Schieferdeckung (I.2, S. 460)

1847   Großer Domhof 1, neues Regierungsgebäude (II, S. 1198)

Homann, Franz W.
Maurermeister, Unternehmer. Hatte 1873 eine »Cementniederlage« in Porta Westfalica-Lerbeck.

1832/1833   Brüderstraße 16, Sanierung und Neugestaltung des Krankenhauses (erschlossen)

1833   Brüderstraße 16, Auftrag zur Wiederherstellung des Beginenhauses

1836   nördliche Simeonstreppe der Stützmauer zwischen Simeonskichhof und Simeonstraße

1845–48 Großer Domhof 1, neues Regierungsgebäude (II, S. 1196 f.)

1849   Kampstraße 27 für eigene Zwecke

um 1850 Kampstraße 25 für eigene Zwecke

Homann, <u>Carl Wilhelm</u> Julius
Baugewerksmeister. Als Sohn des Böttchermeisters Ludwig Homann und der Wilhelmine Friedrich aus Liebenau am 2.5.1860 in dem Haus Videbullenstraße 12 geboren. Aus seiner Ehe mit Luise Rehdig (geb. 8.9.1862, gest. 19.3.1921) ging die Tochter Martha hervor. Nach seiner Ausbildung baute er in dem elterlichen Anwesen Videbullenstraße seit etwa 1883 einen eigenen Baubetrieb auf, der schon bald einen größeren Umfang annahm. Hierfür erwarb er 1900 das westlich anschließende Grundstück und errichtete dort nach Abbruch des alten Hauses ein Miethaus und dahinter Lagerschuppen. C.W. Homann fertigte Zeichnungen und Kostenanschläge an und wird als vereidigter Taxator bezeichnet. Seine Firma erstellte komplette Bauten, wesentliche Teile der städtischen Entwässerungs- und Kanalisationsanlagen und betrieb einen Baustoffhandel. 1897 wird hier Christian Franke aus Friedewalde Nr. 14 als Polier beschäftigt (siehe Kutenhauser Straße 20). 1911 in der Firma H. Kummer nachweisbar, der Entwürfe bearbeitete und später in das städtische Hochbauamt wechselte. Seit spätestens 1918 unterhielt man an der Rodenbecker Straße 70 einen noch 1969 bestehenden Lagerplatz. Homann war von 1905 bis zu seinem Tod Mitglied des Aufsichtsrates der Gewerbebank e.G.m.b.H. Minden. Er starb am 6.5.1928.

Die Firma wurde nach C.W. Homanns Tod 1928 von seinem Schwiegersohn, dem Maurermeister Ludwig Jäger übernommen und bestand unter dem alten Namen noch bis nach 1960 an alter Stelle. Allerdings hatte man schon vor 1944 auf dem Grundstück Roonstraße 7 einen Lagerplatz eingerichtet, an dem L. Jäger 1953 auch sein eigenes Wohnhaus errichtete. Die Firma war wesentlich beim Wiederaufbau des Domes beschäftigt, Polier war in dieser Zeit H. Barner.

1883   Königstraße 128, Wohnhaus für Robert Zumpft (Plan: Luhmann)

1883   Königstraße 128, Fabrik für Gebrüder Zumpft (Plan: Otto Zumpft)

1888   Königstraße 131, Scheune für Kaufmann W. Hoffmann

1890   Königstraße 128, Anbauten für Otto Zumpft

1890   Marientorweg 1, Umbau

1891   Immanuelstraße 5 für den Schirmfabrikanten Hermann Meyer

1891   Weingarten 34 für Tischler August Lange

1892   Hohnstraße 27, Lagerhaus für Kaufmann Hermann Hagemeyer

1893   Bäckerstraße 62 für die Kaufleute Nölting & Meyer

1893   Lindenstraße 31, Renovierung Haus, Umbau Hinterhaus und Gartenhaus für Stadtrat Lück

1893 Lindenstraße 33, Projekt einer Bebauung für Schlossermeister Feien

1894 Lindenstraße 33, Projekt einer Bebauung für Schlossermeister Feien

1894 Lindenstraße 33, Wohnhaus für den Fabrikanten Kaschel

1894 Lindenstraße 33, Projekt für ein Hintergebäude für den Fabrikanten Kaschel

1894 Bäckerstraße 35, Umbau und neue Fassade für Kaufmann Karl Bohne

1894 Videbullenstraße 11, I. Pfarrhaus St. Martini (nicht ausgeführter Entwurf)

1895 Lindenstraße 33, Wirtschaftsgebäude für den Fabrikanten Kaschel

1895 Lindenstraße 33, Holzveranda

1895 Rodenbecker Straße 53 für Gärtnermeister H. Tinnefeld

1896 Blumenstraße 4 für Malermeister C. Ruenbrink (Plan: Baumeister Ambrosius)

1896 Marienstraße 28, Umbauten (nach Plänen von Kelpe & Meyer)

1897 Marienstraße 57 für Zahlmesiter Carl Homann

1897/1898 Kutenhauser Straße 20 für Maurerpolier Christian Franke

1898 Hahler Straße 11, Umbau

1898 Marienstraße 42, Um- und Anbau

1899 Goebenstraße 3 für Polizeikommissar Junge-Illies

1899 Scharnstraße 29, Umbau des Vorderhauses für den Möbelfabrikanten Hermann Meyer

1900 Videbullenstraße 18, neue Fassade

1900/1901 Videbullenstraße 14, Mietshaus für eigene Zwecke

1901 Goebenstraße 18 für den Zugführer K. Werkmeister

1902 Bäckerstraße 76, Umbau des Erdgeschosses

1902 Königstraße 40, Toranlage

1902 Obermarktstraße 35, Umbau (Plan: M. Schütte)

1902/1903 Uferstraße 3 für Klempnermeister G. Waag

1903 Bäckerstraße 35, Umbau und Erweiterung für Kaufmann Wilhelm Schmidt

1904 Videbullenstraße 12, Lagerschuppen für eigenen Betrieb

1904 Videbullenstraße 14, Veranda am eigenen Haus

1905 Deichhof 5, Ausbau Scheune zu Wohnhaus für Wilhelm Weber

1905 Lindenstraße 33, Projekt zur Erweiterung des Hintergebäudes

1905/1906 Lindenstraße 35, Fabrikgebäude für Stoffdruckerei Küster (Plan: Kistenmacher)

1906 Rodenbecker Straße 45 für den Fabrikanten Heinrich Brücker

1906 Videbullenstraße 23, Werkstattgebäude

1906/1907 Lindenstraße 37, Villa für Hermann Kaschel (Plan: Kistenmacher)

1907 Bäckerstraße 18, Hinterhaus (nach Plänen A. Kelpe) für Schuhmachermeister C. Wehrmann

1907 Königstraße 87, Umbau

1907 Lindenstraße 35, Kesselhausanbau

1908 Obermarktstraße 25, Umbau Erdgeschoß

1908 Rodenbecker Straße 68 für den Buchhalter W. Heumann

1908 Videbullenstraße 12, Umbau und neue Fassade für eigenes Haus

1908 Videbullenstraße 21, Waschküche

1909 Goebenstraße 11 für Witwe Oberlehrer Schack

1909 Videbullenstraße 12, Umbau der Treppe

1910–1912 Domkloster, Ostflügel, erste Umbauphase (Planung: Architekt Wilhelm Meyer) (II, S. 507, Abb. 362 f.)

1910 Deichhof 3, Lagerhaus für Kaufmann Wilhelm Schmidt

1911 Marienstraße 49 für Kaufmann Wilhelm Schmidt (Entwurf: M. Zimmerling)

1911 Königstraße 24, Schaufenster

1911	Königstraße 80, Umbau des Dachgeschosses	1928	Fuldastraße, Sympher-Denkmal, Ausführung zusammen mit Tüting (Gesamtplanung: Dr. Fürstenau, Entwurf: Lüdtcke) (I.2, S. 949–953, Abb. 620–622)
1911	Wilhelmstraße 2 für Kaufmann Wilhelm Schmidt (Entwurf: M. Zimmerling)		
1911/1912	Videbullenstraße 20, Mietshaus für Sophie Dreyer	1928	Fasanenstraße 3 für Major a. D. Dr. Franz Harke
1912	Blumenstraße 24 für Hauptmann Carl Pasdach	1929	Bäckerstraße 68, Umbau
1912	Deichhof 12, Treppenhauseinbau	1929	Kuhlenstraße 3 für Studienrat Fritz Behrens (Plan: Engelke/Bielefeld)
1912	Kutenhauser Straße 20, Anbau	1929	Markt 20, Verkaufssaal für Karl Schmieding (Plan: Karl Krause)
1913	Königstraße 24, Schaufenster		
1913	Marienstraße 37, Umbau für Hermann Hagemeyer (Plan: Kelpe)	1929	Moltkestraße 7 für Elisabeth Reinshagen
1913	Scharnstraße 14 (heute Scharn 18) für Korbmachermeister G. Witzel	1930	Hahler Straße 80 für Stadtkassenobersekretair Wilhelm Wöhlert
1913	Videbullenstraße 14, Verandabaufbau	1930	Rodenbecker Straße 43 für Malermeister Friedrich Höltkemeier
1914	Obermarktstraße 21, Umbau der Obergeschosse und Balkone	1932	Obermarktstraße 9, Umbau des Erdgeschosses
1914	Fischerallee 4, Neubau Verwaltungsgebäude des Elektrizitätswerkes	1933	Domstraße 4/6, Anbau einer Waschküche (II, S. 1444, 1447)
1915	Johannisstraße 5, Um- und Ausbau	1934	Domstraße 4/6, Innenarbeiten (zusammen mit Zimmerer Steindrescher, Dachdecker Maranca und Klempner Maranca) (II, S. 1447)
1917	Lindenstraße 29, Umbau		
1918	Rodenbecker Straße 70, Lagerschuppen für eigene Zwecke		
1919	Bleichstraße 10, Umbau		
1921	Bäckerstraße 1, Umbau	1934	Besselstraße 4 für Musiklehrer Stern
1922	Lübbecker Straße 76 für Lokführer Heinrich Riechmann	1934	Hahler Straße 49 für Schumachermeister Emil Henkefend
1923	Bäckerstraße 3, Umbau Hinterhaus	1935	Im Schweinebruch 1, Bootshaus für die Rudergesellschaft Wittekind (Plan: Garnjost)
1923	Rosentalstraße 1, Umbau zur Fabrik		
1924	Bäckerstraße 16, Umbauten		
1924	Königstraße 24, Schornstein	1935	Salierstraße 2 für Witwe Bachmann
1924	Parkstraße 6 für Oberbausekretair Franz Frühling nach seinem Entwurf	1937	Ulmenstraße 15 für Marie Ungelenk
		1938	Hansastraße 12 für Lokführer Heinrich Tebbe (Plan: Hans Wieland/Hausberge)
1925	Bäckerstraße 1, Umbau		
1925	Marienwall 14, Wagenhalle für Clausing Nachf.		
1927	Videbullenstraße 14, Umbau im Hinterhaus	1938	Hardenbergstraße 12 für Kaufmann Theodor Simemus
1927	Videbullenstraße 16 für Schlachtermeister Karl Busse	1939	Bäckerstraße 3, Umbau und neue Fassade (nach Plan: Ingendoh/Oberhausen)
1927	Wilhelmstraße 5, Umbau		
1927	Wolfskuhle 8, Lagerhaus für Carl Todt	1944	Roonstraße 7, Lagerschuppen für eigene Zwecke

ab 1946 Dom, Wiederaufbau, Maurer- und Betonarbeiten (II, S. 131, 289)
1946 Hahler Straße 49, Werkstattanbau
1948 Roonstraße 7, Lagerschuppen für eigene Zwecke
1950 Königstraße 5, Lagerhaus für Tapetengeschäft Heinrich Schnelle
1950 Roonstraße 9 für Magdalena Schwarze (Plan: L. Klein)
1951 Bäckerstraße 1, Umbau (Plan: Garnjost)
1952 Großer Domhof zwischen 9 und 10, Garage (II, S. 1289)
1952 Neutorstraße 23 für Wohnhaus Minden GmbH
1952 Steinstraße 10 für Wohnhaus Minden GmbH (Plan: Humbert)
1952 Ritterstraße 23, Restaurierung der Auslucht
1953 Bäckerstraße 1, Umbau
1953 Bartlingshof 7, Lagerschuppen
1953 Hermannstraße 15, Erweiterung der Werkstatt
1953 Roonstraße 7, Wohnhaus für den Eigentümer des Betriebes L. Jäger (nach seinen Plänen)
1957 Hahler Straße 49, rückwärtiger Anbau
1957 Roonstraße 11 für Studienrat Hermann Möller (Plan: Schlusche)
1958 Marienstraße 9, Garagenhof
1960 Bäckerstraße 64, Umbau
1960 Bürgermeister-Kleine-Straße 10 für Frl. Magdalena Henkefend
1960 Kuhlenstraße 11, Umbau und Erweiterung
1962 Wilhelmstraße 5, Umbau
1963 Bäckerstraße 3, Umbau Scheune
1965/1967 Manteuffelstraße 11 für Wilhelm Schnelle (Plan: H.F. Möller)
1966 Bäckerstraße 1, Umbau
1971 Bäckerstraße 1, Umbau

Honeck, Chr.
Baugeschäft in Beckum (Kr. Warendorf).
1957 Großer Domhof 8, Bankgebäude, Wiederaufbau für Dresdner Bank (II, S. 1275 f., Abb. 803)

Hopff, Peter
Architekt in Porta Westfalica-Hausberge, später in Röcke bei Bückeburg.
1971 Brühlstraße 33, Klinik für Dr. Baumhöfener
1975 Weserstraße 8, Sanierung
1983 Hohe Straße 5, Sanierung
1986 Hahler Straße 91, Anbau

Hopmann
Pumpenmacher in Kutenhausen.
1845 Vinckestraße 3, Vikarie, Auswechseln von Pumpenrohren (II, S. 1324)
1847 und 1853 Domstraße, Erneuerung der Pumpe vor dem Küsterhaus (II, S. 1436)

Hopmann, Ernst
Dipl.-Ing. und Architekt. Geboren am 17.1. 1895 als Sohn des Landgerichtsrates Paul Hopmann in Kleve am Niederrhein. Nach Abitur und Kriegsdienst Studium an der TH Aachen, wo er 1922 die Diplomprüfung ablegte. Danach mehrere Jahre Angestellter bei verschiedenen Architekten und Behörden, seit 1928 nach Wettbewerbserfolgen selbständiger Architekt in Köln, wo er in der Norbertstraße 7 ein größeres Büro betrieb. In dieser Zeit neben Privat- und Gewerbebauten auch Bau von Jugendherbergen im Rheinland und in Westfalen, Siedlungen für die »Gemeinnützige AG für Wohnungsbau in Köln«, die »Westfälische Heimstätte«, »Rheinische Wohnungsfürsorge« und den »Gemeinnützigen Bauverein Sprockhövel« (siehe Baugilde 20, 1939). Von 10/1940 bis 12/1946 in Minden als Leiter des Stadtplanungsamtes beschäftigt, wo er insbesondere Bebauungspläne – insbesondere für die Bautätigkeit nach dem Krieg durch

die Wohnhaus Minden GmbH erstellte. Von 5/1943 bis 4/1945 zur Organisation Todt in Berlin (Abt. Industriebau) abgeordnet. Ab 1949 technischer Beigeordneter der Stadt Gevelsberg.

1940   Konzepte für Siedlungsbauten durch die Wohnhaus Minden GmbH
1940   Friedrichstraße 9–17, Krankenhaus, Planung für eine Erweiterung
1941   Markt 1, Rathaus, Konzept für die Umgestaltung des Ratssaales ?
1942   Scharnstraße/Hohnstraße, Konzepte für die Sanierung
1945   Kleiner Domhof 8, Plan für den Wiederaufbau der Stadtsparkasse
1945   Scharn, Bestandspläne und Entwurf zu einem Fluchtlinienplan als Wiederaufbaukonzept

Hoppe, Gebrüder
Architekturbüro in Minden, 1966/1968 Kampstraße 25. Helfried Hoppe (Architekt) wohnte Fischerallee 1, Reinhard Hoppe (Architekt) Hohenstaufenring 8.
1966   Bleekstraße 11 a für Kurt Gundrum

Hoppmann, August
Zimmermeister aus dem Gehöft Minder Heide Nr. 18, wohnte 1897 zur Miete in Stiftsallee 92 und erbaute sich dann das Haus Stiftsallee 62, wo er in den folgenden Jahren einen bis 1919 bestehenden eigenen Baubetrieb aufbaute. Wohl wegen wirtschaftlicher Schwierigkeiten 1918 Umzug in das Nebengebäude Stiftsallee 62 a, 1919 zur Stiftsallee 71. Der Betrieb später von seinem Sohn August fortgeführt.
1898   Weg in die Hanebek 18 für Hilfsbremser Friedrich Hachmeister (Plan von Zimmermeister Rose überarbeitet)
1902   Grüner Weg 8 für Hilfsweichensteller Heinrich Schweitzer
1903   Stiftsallee 62 a, Werkstattgebäude für eigene Zwecke
1904   Stiftsallee 77 für Schmied Karl Schleehäuser (Plan: F. Rose)
1905   Stiftsallee 62, Stallanbau für eigene Zwecke
1909   Weg in die Hanebek 31 für Maurer Friedrich Franke
1910   Stiftsallee 55 für Bahnarbeiter Ferdinand Hoppmann
1910   Stiftsallee 62, eigenes Wohnhaus (Plan: Rose)
1912   Stiftsallee 62 a, Erweiterung der eigenen Werkstatt

Hoppmann, August
Zimmermann und Sohn des Zimmermanns August Hoppmann.
1926   Stiftsallee 31 für eigene Zwecke

Horn, Alexander
Regierungsbaumeister (geb. 23.7.1848 Landsberg a. Warthe, gest. 11.11.1909 in Minden). 1870 ff. Studium an der Berliner Bauakademie bis zum Bauführerexamen. 1869/1870 und während der Studienzeit 1871 bei der Direktion der Königlichen Eisenbahn in Elberfeld sowie 1872 bei der Direktion der Rheinischen Eisenbahn in Köln beschäftigt, 1874–1877 Bauführer bei der kaiserlichen Generaldirektion der Reichseisenbahn in Elsass-Lothringen. 1877–1878 Vorbereitung zur Baumeisterprüfung, seit 1879 Regierungsbaumeister, 1881–1882 bei der Direktion der Oels-Gnesener Eisenbahn, und 1882–1888 bei der königlichen Eisenbahndirektion Magdeburg. 1888–1897 als Landbau- und Kreisbauinspektor bei der Regierung und in der Kreisbauinspektionsstelle in Merseburg (dort für Fragen der Denkmalpflege und Wiederherstellung zahlreicher Kirchen zuständig). 1898–1900 Regierungs- und Baurat bei der Regierung in Stade, 1900–1909 Regierungs- und Baurat in Minden. Mitherausgeber der 1906 erschienenen Festschrift zum Neubau des Regierungsgebäudes in Minden. 1907 Ernennung zum Oberbaurat. 1909 Verleihung des Roten Adlerordens 3. Klasse mit Schleife (siehe STA DT, M 1 Pr. Pers. I Nr. 430, 431 und 432).

Mitglied der 1906 gegründeten Prov.-Kommission zum Schutz und Erhaltung der Denkmäler in der Provinz Westfalen. Gründungs- und Vorstandsmitglied sowie Leiter der 1. Komission des Minden-Ravensbergischen Hauptvereins für Heimatschutz und Denkmalpflege (siehe Nachruf in Ravensberger Blätter 10/1910, Nr. 12, S. 85).

Verheiratet seit 1884 (in Potsdam) mit Franziska Agathe <u>Martha</u> Maass (geb. 12.12.1862 in Gransee, gest. nach 1920), der Tochter des Kreisbaumeisters Otto Adalbert Martin Maas, wohnte 1906 Vinckestraße 4.

1879–1881 Breslau, Universitätsbauten
1900 Klausenwall, Regierungsgebäude, Oberbauleitung
1905 St. Martini, Entwurf des Westturms (III, S. 332, 342)
1905/1906 Herford, Neustädter Markt 1, Pfarrkirche St. Johannis, Gutachten zur Fundamentsanierung, Leitung der Kirchensanierung

Horn, Günter
Ing. Grad. für Bauwesen (geb. 11.11.1935 Wanne-Eickel) seit 1961 mit Büro in Minden-Meißen, Grille 60. Später in Bürogemeinschaft mit Partnern.
1966 Marienstraße 2, Umbau
1969 Bäckerstraße 50, Umbau
1972 Memelstraße 4, Büro- und Wohngebäude für H.H. Weber
1979 Grüner Weg 7 für Eheleute Güldenpfennig
1983 Weserstraße 25/31, Eigentumswohnungsanlage
1987 Roonstraße 6 für Planungsteam Benz & Kolbe/Bückeburg
1990 Roonstraße 22
1997 Gustav-Adolf-Straße 1
1997 Immanuelstraße 18

Horngrün
Schieferdecker.
nach 1870 Großer Domhof 1–2, Reparatur am Regierungsgebäude (II, S. 1200)

Horst
1930 Architekt beim Preußischen Hochbauamt Minden.
1930 Bessel-Oberrealschule Erweiterung (Plan in Zusammenarbeit mit Reg. Baurat Quast)

Horstmann
Stemmer.
1911 Kutenhauser Straße 86, Wagenremise

Horstmann, Heinrich
Schmiedemeister und Landwirt (geb. 1891, gest. 23.1.1965), wohnte Rodenbecker Straße 105.

Horstmann, Wilhelm
Maurer aus Hahlen.
1881 Königstraße 108 für Zigarrensortierer Fr. Kloth
1883 Wallfahrtsteich 21 für Müller Chr. Rohlfing (Plan: Luhmann)
1884 Alte Sandtrift 1, Anbau (Ausführung: Maurermeister Sierig und Zimmermann Rose)
1884 Königstraße 130, Stallanbau
1885 Hahler Straße 94, Erweiterung
1886 Alte Sandtrift 16, Anbau (Ausführung: Maurer Borgmann und Zimmermeister Riechmann)
1886 Kutenhauser Straße 49 für Wegewärter Wilhelm Becker (Ausführung: Zimmermann H. Heine)
1886 Kutenhauser Straße 93 für H. Krumme/Todtenhausen
1886 Kutenhauser Straße 95 für Kaufmann H. Krumme
1888 Königstraße 132, Stallanbau
1889 Kutenhauser Straße 95, Stallgebäude

1890 Alte Sandtrift 14, Scheune
1891 Alte Sandtrift 5, Wohnhaus für Tischler Christian Peek
1891 Kutenhauser Straße 86, Anbau für Maurer W. Gieseking
1892 Alte Sandtrift 7 für Bahnhofsarbeiter Julius Pfreund (Ausführung: W. Riechmann)
1893 Alte Sandtrift 21 für Arbeiter Heinrich Möhle
1893 Marienstraße 91 für Schriftsetzer Fr. Schwier
1893 Rodenbecker Straße 67 für Bremser Louis Schrader
1894 Kutenhauser Straße 95, Holzlagerschuppen
1895 Alte Sandtrift 29 für Maurermeister Heinrich Meier (nur Plan)
1895 Alte Sandtrift 31 für Arbeiter Friedrich Weike
1895 Lübbecker Straße 39 für Zigarrensortierer Wilhelm Heinemann
1895 Marienstraße 142 für Zigarrenarbeiter Heinrich Buhrmeister
1898 Stiftsallee 67 für Tischler Christian Meinsen (Ausführung: F. Rose)
1899 Alte Sandtrift 12, Wohnhaus für Maurer August Gieseking

Horstmann, Wilhelm
Bauunternehmer in Hahlen.
1949 Bürgermeister-Kleine-Straße 6 für Lokführer August Gieseking
1956 Minden-Hahlen, Neubau Friedhofskapelle (MT vom 14.1.1956)

van Houten (auch van Hauden), Jan
Pflastermeister oder Steinsetzermeister. Führte im Zuge der umfangreichen Straßenerneuerungen zu Beginn des 19. Jahrhunderts weitgehend alle Pflasterarbeiten in der Stadt Minden aus, wofür er für die Chausseeflächen in der Stadt 1810 einen über 10 Jahre laufenden Generalvertrag von der Regierung Minden erhielt.

1804 Poststraße, Pflasterung
1807/1811 Weserbrücke, Pflasterarbeiten
1809 Pulverstraße, Pflasterung
1810 Kampstraße, Pflasterung
1810 Ritterstraße, Pflasterung
1815 Domstraße, Kostenanschlag und Vermessung zur Pflasterung (II, S. 1434 f.)
1816 Hohe Straße, Pflasterung
1816 Papenmarkt, Pflasterung
1819 Kleiner Domhof, Pflasterung (Kostenanschlag und Planung: Kraushaar) (II, S. 1350)
1820 Pulverstraße, Pflasterung
1822 Lindenstraße, Pflasterung

Huber, Jürgen
Dipl.-Ing.
1962 Herderstraße 14 für Fritz Brändlein

Hubracht
Pumpenmacher.
1866 Domstraße, Erneuerung der Pumpe vor dem Küsterhaus (II, S. 1436)

Hübener, Heinz
Architekt, 1968/1970 Hausbergerstraße 4.

Hübotter, (Peter), Ledeboer, (Bert) und Busch (Egon)
Architektengemeinschaft in Hannover. 1949 von Peter Hübotter (geb. 1928, gest. 2002) gegründet. Heute unter dem Namen Hübotter + Stürken von Tobias Hübotter und Gert Stürken geführt.
1957 Helgoland, Kirchenneubau
1963 Unterdamm 32, Neubau der Erlöserkirche (MT vom 14.12.1963)

Hülsenbeck, G.
Malermeister und Tapetenhandlung, wohnte 1851/1857 Königstraße 29.

Hünninghaus, Wolfgang
Architekt in Porta Westfalica-Barkhausen (die Firma nennt sich auch All-Bau). Büro 1964 Lessingstraße 7, 1966/1972 Kisaustraße 2.
1966 Dankerser Straße 4 für Ingrid Preuß
1967 Fuldastraße 4, Neubau Bürogebäude und Werkshalle
1969 Friedrich-Wilhelm-Straße 79, Umbau und Erweiterung des Verwaltungsgebäudes
1971 Roonstraße 2 a für eigene Zwecke
1972 Dankerser Straße 6, Verkaufs- und Lagerhaus
1974 Karlstraße 25, Kasino der Firma Knoll
1977 Johannisstraße 5/7 für Klaus Pieper
1979 Obermarktstraße 33 ff., Planungen für Obermarktzentrum
1980 Marienstraße 32, Planungen für einen Hotelkomplex
1981 Bäckerstraße 62, Umbau des Ladens
1985 Fischerallee 2, Umbauten

Hüser
Kataster-Geometer. Leiter der Urkatasteraufnahme in Minden 1828/1830. Mitarbeiter der Vermesser Müller und Schlüter I.
1829 Urhandrisse der Stadt Minden (II, Abb. 698)

Hüser & Co
Baugesellschaft für Cement-Stein-Fabrikation in Düsseldorf-Oberkassel.
1911/1912 Brücke Beethovenstraße über den Kanal
1011/1912 Brücke Zähringer Allee über den Kanal
1912 Eisenbahn-Brücke über die Weser bei Rehme, Pfeiler des Bauwerkes

Hüttemann, Fritz
Architekt in Bielefeld (geb. 5. 3. 1894 in Schildesche, gest. 23. 2. 1967 Bielefeld), verheiratet mit Trudel Lüngen. Nach einer Maurerlehre Studium zum Bauingenieur. Ließ sich 1927 in Bielefeld als freischaffender Architekt nieder. Später Ratsherr in Bielefeld. Wesentlich am Wiederaufbau der zerstörten Stadt Bielfeld beteiligt. Errichtete unter anderem die drei größten Kinos der Stadt, eine Siedlung am Buschkamp und war an der Planung der Sennestadt beteiligt. Vertrauensmann der Bausparkasse Wüstenrot und Vereidigter Sachverständiger der Industrie- und Handelskammer zu Bielefeld.
1935 Marienstraße 56 a für Dr. med. G. Wentz

Hüttenrauch
Zwischen etwa 1895 und 1900 Bürogemeinschaft mit Maurermeister A. Knothe. In Adressbüchern u. Volkszählung nicht erwähnt.

Huhn, Ernst und Günter G.
Architekturbüro in Düsseldorf. Ernst Huhn (geb. 1894, gest. 1964) betrieb ein Architekturbüro, das sich inbesondere durch die Planung von Lichtspielhäusern und Kinos hervortat und später von seinem Sohn Günter Huhn (gestorben 1984) übernommen wurde. Es bestand über Jahrzehnte auch eine Bürogemeinschaft mit den Architekten Fahr und Seidel.
1927 Im Schweinebruch 25, Bootshaus für Rudergesellschaft »Wittekind« (Ausführung: Westfälische Baugesellschaft)
1929 Markt 11, Lichtspielhaus »Scala«
1932 Osnabrück, Große Straße, »Universum«
1935 Osnabrück, Große Straße, »Capitol«, Neue Fassade
um 1935 Siegen, Apollo-Theater
um 1935 Köln, Apollo-Theater
1936 Bielefeld, Bahnhofstraße 4, »Capitol-Lichtspieltheater«
1939 Weingarten 18, Brennereianbau für Kornbrennerei Strothmann (Ausführung Sierig)
1940 Stiftstraße 3, Brennerei II für Kornbrennerei Strothmann

1948 Stiftstraße 3, Wiederaufbau der Brennerei II Kornbrennerei Strothmann
1967 Weingarten 12, Betriebsgebäude für Kornbrennerei Strothmann (Ausführung Sierig)
1967 Weingarten 16, Brennereilager für Kornbrennerei Strothmann (Ausführung Sierig)

Huly, Karl (oder Carl)
Tischlermeister. Schon 1886 für St. Marien genannt. Baute sich ab 1895 auf dem Grundstück Hermannstraße 56 einen eigenen Betrieb auf, der bald eine Möbelfabrikation mit Sarglager und Möbeltransport umfaßte und sich nach dem Ersten Weltkrieg zu einer international tätigen Spedition mit eigenen Möbelwerkstätten und einer Möbelpolieranstalt wandelte. 1937 wird der Betrieb an den Möbelfabrikanten Kändler vermietet und später von diesem ganz übernommen und 1952 geschlossen.

Karl Huly, geb. 20.2.1852 in Neuenknick, lebte 1900 mit seiner Frau Sophie (geb. 20.2.1858 in Bohnhorst/Stolzenau) und den Kindern Hermann (geb. 23.10.1878), Sophie (geb. 11.10.1885) und Wilhelm (geb. 3.2.1899), sowie 2 Tischlergesellen und 2 Schülern im Haus Hermannstraße 56. 1895 war er Fischerstadt 8 gemeldet.
1899 Bleichstraße 20, Verandaanbau am Wohnhaus

Humbert
Arbeitete als cand. archit. 1952 für die Wohnhaus Minden GmbH.
1952 Steinstraße 10 für Wohnhaus Minden GmbH (Ausführung C.W. Homann)

Hummell
Architekt in Kassel.
1904 Marienstraße 134/136, Nordfriedhof, prämierter Wettbewerbsentwurf für die Kapelle

Hummell, Max
Regierungs-Baumeister (geb. 23.2.1872 Dreye, reformiert) verheiratet mit Friederike Pieper (geb. 5.6.1878 Delbrück b. Bremen), zwei Töchter: Charlotte (geb. 18.11.1905) und Gertrud (28.8.1907). Die Familie wohnte zur Miete 1903 Stiftstraße 11, 1904 Bäckerstraße 49 und Victoriastraße 19, 1905 Göbenstraße 7, 1909 Rodenbeckerstraße 25 und verzog 1912 nach Lippstadt.
1903/1904 Weserglacis, vier neue Bastaubrücken, Bauleitung (Ausführung: Maurermeister Sierig, Liebold & Co/Holzminden) (I.2, S. 897–899)

Hummel-Hausbau GmbH
Bückeburg.
1984 Jagdweg 15
1984/1986 Marienstraße 38 (Plan: W.D. Stein)
1985 Goebenstraße 17
1985 Marienwall 9
1987 Weingarten 38 und 40
1987/1988 Simeonglacis 17a/17b (Pläne: W. Ulbrich/Bad Eilsen)
1988 Simeonglacis 23a
1988/1989 Simeonglacis 19 (Pläne: W. Ulbrich/Bad Eilsen)
1991 Rosentalstraße 10
1992 Blumenstraße 25
1995 Kuhlenstraße 5
1996 Immanuelstraße 9
1997 Immanuelstraße 11

Hunger, Fritz sen.
Dachdeckermeister (geb. 13.5.1892, gest. 6.12.1977) war mit Friederike Friding (geb. 29.5.1897, gest. 10.6.1974) verheiratet. Die Familie lebte Sandtrift 13, 1946 Dessauerstraße 22, 1947 Stiftsalle 6 und ab 1964 Hahler Straße 141. Der Betrieb wurde später von seinem Sohn Horst weitergeführt.
1950 Lindenstraße 29, Bürogebäude für AOK Minden (Planung: Hempel u. Ibrügger)

Hunger, Horst
Dachdeckermeister (geb. 12.2.1937, gest. 2006). Nach seiner Meisterprüfung trat er 1961 in den väterlichen Betrieb ein. Hunger engagierte sich in zahlreichen Handwerksgremien: 1985–2002 war er Kreishandwerksmeister, 1975–2002 Obermeister des Dach-, Wand- und Abdichtungshandwerks. Er war u. a. öffentlich bestellter und vereidigter Sachverständiger, im Landesvorstand der Innungskrankenkasse (IKK) sowie ehrenamtlicher Richter am Arbeitsgericht Minden. Von 1984 bis 1994 war er Stadtverordneter im Mindener Rat.

Husemeier, Wilhelm
Architekt BDB mit Baugeschäft in Minden-Bölhorst, das Büro zunächst an der Schierholzstraße.
1955   Königgrätzer Straße 16
1955   Werftstraße 4, Aufstockung des Wohnhauses
1956   Stiftsallee 29, Umbau
1957   Dankerser Straße 22
1960   Porta Westfalica-Barkhausen, Turnhalle
1961   Minden-Dützen, Neubau Schule
1964   Lübbecker Straße 8, Einfriedung
1966   Kutenhauser Straße 57 a für Gerhard Schulz

Hutze, Heinrich
Baumeister bzw. Architekt in Porta Westfalica. Er stammte aus einer alten Bauernfamilie aus Aulhausen (Hof Nr. 16) im Bereich des heutigen Ortsteils Barkhausen, wo sein Vater als nachgeborener Sohn eine Neubauernstelle (Aulhausen Nr. 91, heute Portastraße 31) errichtete. Von dort aus betrieb dieser zusammen mit seinem Bruder, der auf dem seit 1678 belegten elterlichen Hof lebte, einen von der Familie gepachteten Steinbruch unterhalb des späteren Kaiserdenkmals. Beide Brüder verunglückten tödlich bei dieser Arbeit, so daß Heinrich Hutze seinen Vater schon mit 4 Jahren verlor.

Er wurde am 5.11.1853 geboren und wurde von seiner Mutter Wilhelmine Witthaus erzogen.

Nach Erinnerungen aus der Familie soll Hutze auf der Baugewerkschule in Höxter seine Ausbildung erhalten haben (dazu und zur Familiengeschichte KAM, Mi, W 1077). Nach seiner Niederlassung als Architekt verkaufte er das Elternhaus und erwarb statt dessen das benachbarte alte Sommerhaus der Mindener Familie Muermann (Aulhausen Nr. 129, heute Portastraße 29), das er in mehreren Schritten zwischen 1878 und 1888 in origineller Gestaltung in aufwendigen Formen der Neorenaissance zu einem repräsentativen Anwesen und Aushängeschild seines Könnens ausbaute. Dabei wurde das im Südgiebel 1878 datierte Haus mit reichen Sandsteinarbeiten verkleidet und durch Aus- und Anbauten erweitert. Seit der Eröffnung der auf der Portastraße verlaufenden Dampfstraßenbahn Minden-Porta im Jahre 1893 hatte das Anwesen einen unmittelbaren Anschluß nach Minden.

Er heiratete die ebenfalls aus dem Ort stammende Helene Nottmeyer (geb. 21.5.1857, gest. 22.3.1922), Tochter des Hüttendirektors der beim Dorf gelegenen Friedrichshütte (für seinen Schwiegervater konnte er auch gegenüber von seinem Haus das »Hotel zur Westfälische Pforte« erweitern). Aus dieser Ehe stammen zwei Kinder: die 1922 unverheiratete Tochter Magdalene und der Sohn Martin. Dr. Martin Hutze (geb. 2.12.1894, gest. 26.2.1968) wohnte später im Elternhaus und ließ sich in Minden als Rechtsanwalt und Notar nieder, wo er auch durch die englischen Besatzungsstreitkräfte vom 3.5.1945 bis 3.10.1946 das Amt eines Bürgermeisters dieser Stadt übertragen bekam (Nordsiek 1995, S. 258).

Neben der umfangreichen Architektentätigkeit, die Heinrich Hutze schon mit 25 Jahren Kirchenneubauten ermöglichte und den Schwerpunkt immer im Bereich großer Bauten (insbesondere etwa 25 Kirchen, daneben auch

mehrere Hotels und Saalbauten, aber auch Industriebauten) hatte, führte er auch (1903–1908 nachweisbar) für die Amtsverwaltung Hausberge (zu der auch die Mindener Vororte Zollern sowie Meißen gehörten) sowohl die bautechnische Prüfung der dort eingereichten Bauanträge als auch deren Abnahmen durch. 1885 ist Hutze Mitbegründer der »Allgemeinen Kranken und Unterstützungskasse«, deren Vorsitzender er 1913 ist. 1886 ist er Vertrauensmann der Hannoverschen-Baugewerks-Berufsgenossenschaft, 1895 Vorsitzender der Kirchenbaukommission der St. Martini-Kirche in Minden und stellte als solcher auch einen ausführlichen Kostenanschlag zum Neubau des Pfarrhauses an der Videbullenstraße 11 auf. Später ist er über lange Zeit Mitglied in der Hausberger Baukommission. Hutze starb am 19.12.1913 in seinem Wohnhaus in Barkhausen im Alter von 60 Jahren (siehe auch KLUGE 1978, S. 297).

1879/1881 Gütersloh-Isselhorst, evangelische Kirche
1884/1886 St. Martini, Restaurierung der Sakristei und des Mauerwerks von Chor und Querhaus (III, S. 278, 280, 330, 466 f., 469)
1887 Porta Westfalica, Schule Osterfeldstraße 14
1887 Rödinghausen, Kirchweg 4, II. Pfarre, Pfarrhaus
1887 Hüllhorst, Pfarrhaus
1889 Porta Westfalica-Hausberge, Hauptstraße 45, Wohn- und Geschäftshaus für R. Homann
1889 Porta Westfalica-Neesen, Haus Nr. 76
um 1890 Porta Westfalica-Barkhausen, Portastraße 8, Hotel Westfälische Pforte (heute »Malche«), Erweiterung
1890/1891 Porta Westfalica-Hausberge, Pfarrhaus
1888/1892 Porta Westfalica-Lerbeck, evangelische Kirche
1889/1892 Hille-Hartum, evangelische Kirche (siehe BRANDHORST 1967)
1892/1896 Bad Oeynhausen-Eidinghausen, evangelische Kirche
1892 Portastraße 73 für Schlossermeister August Dreyer
1893 Porta Westfalica-Wittekindsburg (nach mündlicher Tradition der Familie)
1894 Porta Westfalica-Kleinenbremen, evangelische Kirche
1894 Porta Westfalica-Lerbeck, Pfarrhaus-Erweiterung
1894 Porta Westfalica-Lerbeck Hotel »Großer Kurfürst« (nach mündlicher Tradition der Familie)
1895 Portastraße 71 für Schlosser Friedrich Kohlmeier
1895 Videbullenstraße 11, I. Pfarrhaus von St. Martini (nicht ausgeführter Entwurf)
1896 Am Fort C. Scheune für Gutsbesitzer H. Pleuger
1895 Porta Westfalica-Nammen, Planungen Schule
1896 Bünde, Wasserbreite 5, Tabaklagerhaus für Zigarrenfabrik Engelhardt & Biermann
1896 Porta Westfalica-Lerbeck, Umbau der Öfen der Glasfabrik »Berghütte«
1896 Porta Westfalica-Barkhausen, Hotel Kaiserhof (nach mündlicher Tradition der Familie)
1896 Porta Westfalica-Barkhausen, Hotel Kaiserhof, Saalbau für 2735 Personen
1898/1899 Porta Westfalica-Barkhausen, Pfarrhaus
1899 Hahler Straße 18, Erker und Veranda für den Fabrikanten G. Meyer
1899 Bünde, Bahnhofstraße 66, Wohnhaus für Geschäftsführer Carl Wulkow
1899 Bünde, Bahnhofstraße 68, Wohnhaus für Geschwister Wortmann
1899 Porta Westfalica-Barkhausen, evangelische Kirche
1889 Porta Westfalica-Barkhausen, Haus Nr. 147, Umbau

1899	Porta Westfalica-Lerbeck, Glasfabrik Porta Westfalica, Erweiterung Gemengehaus	1908	Uferstraße 5, »Automobilhaus« und Vergrößerung der Terrasse
1900/1902	Porta Westfalica, Bismarckturm auf dem Jacobsberg	1908/1909	Vlotho, Herforder Straße 8, Bürgerschule I
1901	Bünde, Eschstraße 20, Wohn- und Geschäftshaus für W. Schröder	1909	Porta Westfalica-Hausberge, Osthaus-Stiftung: Kindergarten, Altersheim, Gemeindehaus und Schwesternstation
1901	Porta Westfalica-Barkhausen, Portastraße, Handels- und Gasthaus für Fritz Böschemeyer	1909	Porta Westfalica-Veltheim, Pfarrhaus
1901	Porta Westfalica-Lerbeck, Schulerweiterung	1909/1911	Porta Westfalica-Hausberge, Kleffmann-Schule
1902	Porta Westfalica-Lerbeck, Hausberger Straße 10–14, Zementfabrik F. Bauer, Zementöfen	1910	Porta Westfalica-Veltheim, Schule
		1910	Porta Westfalica-Veltheim, Pfarrhaus, Umbau

1902/1903 Uferstraße 5, Villa für Kommerzienrat Th. Meyer

1903 Hahler Straße 33, Villa für Rentier Gustav Meyer

1903 Uferstraße 1, Villa für Prof. Th. Westerwick

1904 Hahler Straße 18, Einfriedung

1904 Marienstraße 3, Pfarrhaus I für St. Marien (nicht ausgeführte Alternativplanung)

1904 Marienstraße 5, Küsterhaus St. Marien (nicht ausgeführte Alternativplanung)

1904 Markt 14, Schaufensterumbau

1905 Hahler Straße 18, Umbau des Dachgeschosses für Rentier Gustav Meyer

1905 Markt 15, Umbau

1905 Obermarktstraße 17, Lagerhaus, Anbau eines Treppenhauses

1905/1907 Holzwickede (Kr. Unna), evangelische Kirche

1906 Porta Westfalica-Hausberge, Amtshaus

1906 Porta Westfalica-Holtrup, Pfarrhaus

1907 Lübbecker Straße 21, Stallanbau

1907/1908 Altena (Märkischer Kreis), reformierte Kirche, Bauleitung und Turmneubau

1908 Königsglacis 5, Ausbauten der Villa für Frhr. von Bischoffshausen

1911 Marienstraße 70, Einfassung und Bauleitung (Pläne von Kersten) für Gutsbesitzer H. Osthaus

1911/1912 Bochum-Dahlhausen, Lutherkirche

1912 Minden-Meißen, Grundschule Forststraße, Erweiterung

Huxoll
Katastervermesser (1849/1857).
1849 Bahnhofsanlage, Katasterplan (V, Abb. 1713)

Ibrügger, Heinrich
Oberregierungs- und Baurat. Aus Artern (Sachsen), später Breslau, seit 1912 bei der Regierung Minden als Leiter des Wasserwirtschaftsamtes. Von 1924 bis 1935 bei der Regierung Minden als Regierungsbaurat unter anderem für die Aufsicht über das Wasserwirtschaftsamt tätig, wohnte 1924/1927 Paulinenstraße 3.

Ibrügger, Heinz
Dipl.-Ingenieur und Architekt BDA (geb. 1909, gest. 1983). Sohn des Oberregierungs- und Baurates Paul Ibrügger. Abitur am Ratsgymnasium Minden. 1947 zusammen mit Wilhelm Hempel erster Preisträger beim Wettbewerb zum Wiederaufbau der Innenstadt von Minden. Seit 1948 in der Bürogemeinschaft Hempel & Ibrügger (siehe dort), danach eigenes Planungsbüro in Minden, Scharn 6. Baute sich

1955 sein eigenes Wohnhaus an der Cheruskerstraße 2. Sein Sohn Lothar Ibrügger wurde ebenfalls Architekt.

Ibrügger, Lothar
Architekt, später MDB. Unterhielt 1971 zusammen mit Bollmann ein Planungsbüro, der später in anderen Bürogemeinschaften tätig wurde.
1971   städtebauliches Gutachten zur Sanierung der Altstadt

Iburg, Fr.
Kunst- und Bauglaserei. 1895/1907 wird die Glaserei von der Witwe Ernestine Iburg im Haus Hohnstraße 19 betrieben.
1861   Dom, Arbeiten (II, S. 441)
1880   Dom, Außenrestaurierung des Langhauses, Einsetzen der Neuverglasung (Entwurf: von der Forst) (II, S. 443)
1891   St. Marien, Ausbau und Lagerung der Fenster während der Restaurierung (III, S. 80, 102)
1912–1914 St. Petri, Instandsetzung und Umbau

IGZ
Unbekannter Goldschmiedemeister.
letztes Viertel 17. Jahrhundert   Dom, Messkelch (II, S. 915)

Ilgenstein
Wohnte wohl um 1750 in dem Haus Obermarktstraße 6.
1731   Markt 1, Rathaus, neue Decke in der Ratsstube

Ilgner
Ingenieur-Offizier (geb. 1829). 1848 als Lieutenant, 1861 als Kapitän und 1870 als Major genannt. 1865 Ingenieur-Hauptmann in Minden. Als Platz-Ingenieur von Pillau aus dem Dienst geschieden (von Bonin II, 1878, S. 309).

Imkamp, Johann
Kam 1797 als Zimmergeselle und Mühlenmeister aus Bielefeld (dort sind im Bereich der Gemeinde Senne im frühen 19. Jahrhundert verschiedene Bauten eines Zimmermeisters Johann Henrich Imkamp nachzuweisen. Dieser stammte von dem dortigen Hof Nr. 50: Johann im Kampe; heute Bielefeld-Senne, Unterkampweg 50). Imkamp wollte sich in Minden als Meister niederlassen. Hierzu mußte er ein Meisterstück im Hause des Altmeisters verfertigen. Um den Eindruck der Parteilichkeit zu vermeiden, ließ Altmeister J. H. Wehking Junior (ebenfalls Zimmer- und Mühlenbaumeister) das zu fertigende Meisterstück durch Landbaumeister Cloth bestimmen. Dieser verlangte den Entwurf eines zweistöckigen Fachwerkbaus für einen Kaufmann, der mit verschiedenen Waren handele, wobei neben den Grundrissen und Fassaden auch die Kostenberechnungen zu erstellen seien. Nach deren Vorlage wurde er noch im gleichen Jahr in das Zimmergewerk der Stadt Minden aufgenommen (KAM, Mi, C 347). 1804 wohnte Imkamp zur Miete in Bäckerstraße 15, erwarb dann aber von Zimmermeister Wehking das Anwesen Brüderstraße 26.
1796   Großer Domhof 9, Kurienhof, Gutachten über den Zustand (zusammen mit anderen) (für Prozeß wegen schlechter Bauausführung durch Kloth) (II, S. 1282)
1797/1798 Domkloster, Abbruch der westlichen Doppelkapelle, neue Kapitelstube im Ostflügel, Verkürzung der Pastorenkapelle (zusammen mit anderen) (II, S. 500, 527)
1798   Domkloster, Kostenanschlag zu Umbauten im Ostflügel (zusammen mit Maurermeister Däumer) (II, S. 500)
1798   Königstraße 5, Baugutachten und Vorschlag zum Umbau

1799   Großer Domhof 10, Kurienhof, Abstützungen für den hinteren Teil der Kurie (II, S. 1292)
1800   Kleiner Domhof 7, Stallneubau (II, S. 1375, 1377, Abb. 878)
1801   Dom, Langhaus, vermutlich Dachreparatur für Domkapitel (zusammen mit Maurermeister Däumer) (II, S. 297)
1801   Dom, Vierungsdachreiter, Kostenanschlag zur Versteifung (Planung: Gibmeier) (II, S. 426)
[1802] Großer Domhof 1–2, Kollegiengebäude, Zeichnung des Fußweges durch den Bogen (II, S. 1183)
1802   Großer Domhof 10, Kurienhof, Kostenanschlag zur Reparatur (II, S. 1292)
1802   Bartlingshof 10, Instandsetzung
1802   Brüderstraße 26, Renovierung seines eigenen Anwesens
1802   Kleiner Domhof 13, Gebäudesituation (II, S. 1421, 1423, 1425, Abb. 914)
1802   Markt 1, Rathaus, Sanierung der sogenannten »Schulzenburg«
1804   Dom, Westwerk, Geländer (II, S. 129)
1804   Domkloster, Kostenanschlag zu Umbaumaßnahmen im Ostflügel (Planung: Gibmeier) (II, S. 501)
1804   Domkloster, Neuladung und -deckung des Ostflügels (II, S. 502)
1804   Domkloster, provisorische Dachwerkreparatur am Südflügel (Planung: Landbaumeister Kloth) (II, S. 502)

Ingendoh
Architekt in Oberhausen-Sterkrade.
1939   Bäckerstraße 3, Umbau und neue Fassade (Ausführung: Homann)

Interplan
Architektenbüro in Bielefeld von Gregor Wannenmacher und Joh. Erberhard Roosen.
1977   Bäckerstraße 31/33, Umbau

Irmer & Elze
Heizungsbau Bad Oeynhausen.
1929   Kleiner Domhof 8, Erweiterung und Umbau zur Sparkasse/Zentralheizung (Plan: Städtisches Hochbauamt/Bergbrede)

Isermann, Ludwig
Am 25. 3. 1867 geboren, gest. 28. 11. 1937. Ab dem 2. 11. 1892 als Garteninspektor, später als Stadtgarten-Direktor bis zum 1. 4. 1925 in Diensten der Stadt Minden (Nachfolger war Seelig) und hier für zahlreiche Garten-, Park- und Platzgestaltungen, insbesondere im Bereich der Glacis-Anlagen sowie die Friedhöfe verantwortlich. Seine Anstellung dürfte im Zusammenhang mit der seit 1890 durch die Stadtverwaltung übernommenen Ausgestaltung der Glacisanlagen stehen. Auch 1900 bei St. Marien genannt.

Seit 1893 verheiratet mit Sophie Petersen (geb. 2. 12. 1866, gest. 7. 4. 1949). Das Ehepaar errichtete sich 1905 das repräsentative Wohnhaus Steinstraße 36/Ecke Friedrichstraße. Nachdem dieses Haus jedoch schon bald wieder verkauft wurde, wohnten sie 1918 bis zu seinem Tod Stiftstraße 38 zur Miete. Die Grabstätte Isermann ist auf dem Nordfriedhof erhalten.

Ludwig Isermann beriet auch in Bad Salzuflen die Salinenverwaltung beim Ausbau des Kurparkes und war langjähriges Vorstandsmitglied und Ehrenmitglied vom »Bismarckbund an der Porta Westf.« sowie lange Jahre Ortsführer der »Technischen Nothilfe Minden«, ferner Ehrenvorsitzender vom »Gartenbauverein Minden« und Mitglied der »Kriegerkameradschaft Minden«.

1892   Portastraße 36, Gartenanlage an der Henriettenquelle für Wirt Behrens
1901   Klausenwall, Schmuckplatz um das Denkmal für den Großen Kurfürsten Friedrich Wilhelm von Brandenburg (I.2, S. 932)

1903 Marienstraße 134/136, Nordfriedhof, Planung
1905/1906 Klausenwall, Schmuckplatz um das Denkmal vor dem Regierungsgebäude
1906 Parkstraße, Schmuckplatz vor dem Nord- und dem Südtor des Friedhofes
1906 Redan X, Gartenanlage (I.2, S. 895, Abb. 588)
1908 Marienstraße 134/136, Nordfriedhof, Aussichtsterrasse mit Hochkreuz
1913 Nach den Bülten, Gestaltungsplanung für den jüdischen Friedhof
1914 Königsplatz, Gartengestaltung des Ausstellungsgeländes der Gewerbeausstellung

Jachnick
Ingenieur-Offizier (geb. 1770). 1792 Lieutenant, 1807 Kapitän, 1815 Major, 1831 Oberst. 1837 als Generalmajor aus dem Dienst geschieden, zuletzt Inspektor der 2. rheinischen Festungs-Inspektion (VON BONIN II, 1878, S. 299).

Jacke, D.
Tischlermeister, wohnte 1851/1857 Königswall 77.

Jacke, Heinz
Architekt in Petershagen-Eldagsen.
1971 Paulinenstraße 6 a, Umbauten

Jacobi, Wilhelm (auch Jacoby)
Zimmermeister, bezeichnete sich auch als Baugewerksmeister, Techniker oder Bautechniker, später auch als Gerichtstaxator. Wilhelm Nicolaus Andreas Jacobi (geb. 27.1.1857, gest. 22.7.1931, katholisch) stammte aus Minden (Eltern: Carl Jacobi und Luise Schröder) und war seit 1887 mit der Mindenerin Ottilie Brandenburg (geb. 6.2.1860, gest. 3.11.1921) verheiratet. Sie hatten drei Kinder (Sohn Wilhelm lebte 1931 nicht in Minden), die ab 1906 alle aus Minden fortzogen. Die Familie lebte Königsglacis 1, nach 1906 in dem vom Schwiegervater, dem Büchsenmacher Th. Brandenburg (siehe Obermarktstraße 38) als Sommerhaus errichteten Haus Simeonglacis 23. Nach Jacobis Tod lebte dort die unverheiratete Schwester oder Tochter Emilie.

Wilhelm Jacobi lernte zunächst das Handwerk des Zimmermeisters, um sich dann auf einer Baugewerkschule weiterbilden zu lassen. 1885 bis März 1886 arbeitete er als Zeichner bzw. Techniker beim Stadtbauamt, quittierte dann aber den Dienst, um Teilhaber des Geschäftes des Zimmermeisters Lück zu werden (KAM; Mi, G V, Nr. 36), das er schon wenige Jahre später unter seinem Namen (bzw. zunächst Christ. Lück Nachfolger) weiterführte, wobei der Betrieb wohl 1893 vom angestammten Gelände an der Lindenstraße 31 verzog.

1886 Dankerser Straße 38 für Schaffner Heinrich Höltkemeyer (Ausführung: Maurer H. Wehrmann und Zimmermeister A. Otte)
1891 Festungsstraße 1, großes Stallgebäude für Holzhändler Friedrich Rüping
1891 Lübbecker Straße 12, Holzschuppen für Kistenfabrik Hermann Peters
1892 Brüderstraße 1 a, Ausbau des Dachgeschosses
1892 Videbullenstraße 18, Aufstockung
1895 Simeonglacis 23 für seinen Schwiegervater Th. Brandenburg
1896 Lübbecker Straße 12, Holzschuppen für Kistenfabrik Hermann Peters
1897 Obermarktstraße 25, Umbauten
1897 Rodenbecker Straße 55 für Tischlermeister H. Rohlfing
1899 Marienstraße 95 für den Obertelegrafen-Assistenten Hugo Reetz
1900 Wallfahrtsteich 7 für Wilhelm Huxoll
1904 Königstraße 18, Stallgebäude, Umbau
1906 Brüderstraße 29, Wiederherstellung und Umbau
1905 Portastraße 14, Lagerhaus für August Fuhs (Plan: F. Sielemann/Detmold)
1905 Viktoriastraße 7, Erweiterung

1908 Bäckerstraße 46, Anbau
1908 Königswall 79 a, Werkstatt für Tischler Karl Vieweg (Decken von Poetsch)
1908 Pulverstraße 4, Grundrisse und Schnitte (II, S. 1346, Abb. 853)
1910 Weingarten 18, Ausbau des Dachgeschosses
1911 Kuhlenstraße 45, Häckselfabrikationsgebäude
1911/1912 Viktoriastraße 7, Aufbau
1912 Hahler Straße 77, Umbau
1912 Ritterstraße 18, Umbau und Erweiterung Saal zu Kino
1913 Obermarktstraße 23, Umbau Hintergebäude Kisaustraße 12
1925 Marienwall 41, Umbau
1928 Königstraße 18, Planungen für Umbau

Jager
Kriegs Commisair.
1783 Kleiner Domhof 11, Fabrikhaus, Taxierung (II, S. 1409)

Jäger, Gottfried
1895 Dankerser Straße 25

Jäger, Ludwig
Maurermeister und Inhaber der eingesessenen Baufirma C. W. Homann (geb. 21.8.1894, gest. 2.4.1972), war mit Martha Homann verheiratet (geb. 14.6.1895, gest. 1.2.1970). Aus dieser Ehe stammt die Tochter Ilse (geb. 16.2.1922) (siehe dort).
1953 Roonstraße 7 als eigenes Wohnhaus

Jäger
Bau-Ingenieur in Minden-Dankersen.
1967 Kaiserstraße 10, Umbau des Rückgebäudes

Jäger/Gries/Brunzema
Architekturbüro in Hamburg.
1983 Gustav-Adolf-Straße 6, Altenkrankenhaus für das Diakonische Werk

Jänicke
Schieferdecker in Bielefeld.
1836 Dom, Umdecken von Dachflächen (II, S. 428)

Jänicke, Gustav
Architekt in Berlin, der verschiedene Entwürfe fertigte, die dann durch den Mindener Architekten W. Meyer eingereicht und im Bau ausgeführt wurden.
1898 Artilleriestraße 7 für Schneidermeister Hermann Grans
1898 Marienstraße 2 für Büro W. Meyer
1898 Ritterstraße 24 für Bäckermeister W. Tiemann für Büro W. Meyer (Ausführung: Schmidt & Langen)

Janitz, Wolfgang
Bau-Ingenieur und Architekt BDB. Seit etwa 1969 in Bürogemeinschaft mit Horst Müller, wohnte 1958/1970 Lichtenbergstraße 13.
1930 Bauhofstraße 4, Dambalkenschuppen
1958 Bauhofstraße 1, Bootshaus
1961 Bierpohlweg 28, Autohalle zum Saarring
1963 Grüner Weg 13, Umbau
1967 Scharn 10, Anbau

Jansen, Hermann
Architekt und Professor in Berlin (geb. 28.5.1869 Aachen, gest. 20.2.1945 Berlin).
1920/1922 Überarbeitung des Bebauungsplanes der Stadt Minden

Jansen, Peter
Kevelaer.
1910 Dom, Verkündigungsgruppe, Kopie, Farbfassung durch August Mormann/Wiedenbrück (vermutet) (II, S. 783)

Janssen, Josef
Architekt in Krefeld.
1950 Manteuffelstraße 10 für Fritz Donner
1962 Goebenstraße 11, Umbauten für Fritz Donner

Jender, Jürgen
1983 Marienstraße 42 für Müller & Jender

Jerrentrup
Kataster-Supernumerar 1857.

Firma **Jettmann**
Glashandel und Glaserei in Minden.
1968 Dom, Wiederaufbau des Westwerks, Verglasung von Schlitzfenstern (II, S. 445)

Jochheim, Wolfgang M.
Architekt (geb. 3.9.1929 Gleiwitz), wohnte 1959 Bachstraße 100, 1963/1984 Düppelstraße 9.
1961 Dorotheenstraße 1 für Felix Mehlau
1963 Düppelstraße 9, Umbau für eigene Zwecke
1963 Kutenhauser Straße 3, Kaffeerösterei für Paul Henke
1965 Großer Domhof 3, Bankgebäude, Innenumbau durch die Deutsche Bank (II, S. 1214)
1978/1980 Bäckerstraße 28 für Giovanni Campo-Bagatin

Jochmus, Carl
Klempnermeister und Dachdecker. Die Firma bestand bis ins 20. Jahrhundert fort.
1867 Kleiner Domhof 7, Wasserableitung (II, S. 1379)
nach 1870 Großer Domhof 1–2, Reparatur am Regierungsgebäude (II, S. 1200)
1876 Großer Domhof 3, Kurienhof, Außenreparatur (zusammen mit W. Menke, H. Spier, A. Mohrien) (II, S. 1208)
um 1878/1879 Großer Domhof 10, Präsidialkurie, Modernisierung (zusammen mit anderen) (Bauführer: Hölscher) (II, S. 1295)
1880 Dom, Instandsetzung des Querhauses, Dachreparatur (zusammen mit W. Menke) (II, S. 429)

Klempnermeister Carl Jochmus

1882 Dom, Sicherung des Chores, Reparatur der Bleirinnen (II, S. 429)
1885 St. Marien, Bleideckung des Kirchturms (III, S. 137)
1886 Dom, Westwerk, Schallarkaden (II, S. 131)
1886–87 Dom, Sicherung des Chores, Dachreparaturen (zusammen mit anderen) (II, S. 429)
1899 Dom, Westwerk, Umdeckung mit Blei, Leitung (II, S. 429)
1911/1912 St. Simeon, Installation der elektrischen Beleuchtung (III, S. 781, 783)
1929 Kleiner Domhof 8, Erweiterung und Umbau zur Sparkasse/Installationsarbeiten (Plan: Städtisches Hochbauamt/Bergbrede)

Jochmus, Gabriel
1721/1723 als Bauverordneter der Stadt Minden genannt (KAM, Mi, B 730 und C 268,3 alt). Am 8.10.1730 wird der Kaufmann Gabriel Jochmus in der St. Pauli-Kirche beerdigt (KKA, St. Martini).

Jochmus, Wilhelm
Glasermeister, geb. um 1787. 1813 (Sohn Philip Carl geboren) mit Marie Elisabeth Kreutzmeyer verheiratet, wohnte 1818/1832 Johannisstraße 7.
1818   Dom, Reparatur von Chorfenstern (II, S. 441)
1827   Großer Domhof 1–2, Regierungsgebäude, Arbeiten am Kassenbau (II, S. 1184)

Jochmus
Glasermeister, wohnte 1851 Weingarten 14.

Jochmus
Glasermeister, wohnte 1851 Ritterstraße 5.

Jöke, Johannes
Maurer (katholisch), geb. um 1821, wohnte 1846 Oberstraße 34 zur Miete.

Johann, P.
Tischler, wohnte 1851 Marienstraße 1, 1852 Bäckerstraße 31, 1857 Bäckerstraße 17.

Meister **Joist**
Orgelbauer. 1592 in Osnabrück, Minden und Lübbecke nachgewiesen.
1591   St. Martini, Orgel (vermutet) (III, S. 383)

Jonas
Mindener Baumeister. 1603/1604 im Dienst des Rates von Stadthagen nachzuweisen (Masuch 1958, S. 12).

Jordan-Eigenheim GmbH
Minden-Todtenhausen.
1993   Rosentalstraße 12
1994   Manteuffelstraße 7
1994   Manteuffelstraße 9 a/b
1995   Manteuffelstraße 11
1997   Rosentalstraße 18

Jose, Georg
Maurer, geb. um 1824, wohnte 1846 in Steinweg 1 zur Miete.

Jostmann, B.
Glasmalereiwerkstatt in Paderborn-Elsen.
1989/1990 Kirche St. Mauritius, Verglasung des Westfensters (Entwurf: Erentrud Trost; Maßwerkfenster: Werner Rösner) (III, S. 514)

Jucho, C. A.
Brückenbauanstalt in Dortmund. Die Firma wurde 1870 unter der Assistenz von Caspar Heinrich Jucho durch Karl Backhaus gegründet und 1872 in die »Dortmunder Brückenbau-Aktiengesellschaft« umgewandelt. 1877 von Jucho übernommen und in »C. A. Jucho Brückenbauanstalt« umbenannt; 1974 geschlossen (BOHRMANN 1994, S. 57–61). Caspar Heinrich Jucho wurde am 2.3.1843 in Dortmund geboren, war dort nach einer Ausbildung als Ingenieur seit 1866 tätig und starb am 1.2.1906. Nach seinem Tode wurde der Betrieb von seinem Sohn, Stahlbauingenieur Heinrich Jucho übernommen. Er war mit einer Tochter des Unternehmers Hoesch verheiratet und übte zahlreiche überregionale Ehrenämter und ständepolitische Aufgaben aus. Die Firma hatte schon bald einen bekannten Namen für eiserne Brückenbauten, wobei ihre Spezialität in der Auswechslung und der damit verbundenen Verschiebung von Großbrücken bestand. 1905 werden in dem Werk über 500 Personen beschäftigt, das zunehmend bedeutende Großaufträge ausführte, so 1911 die Rampen für die Eisenbahn-Hochbrücke in Rendsburg.
1912   Bad Oeynhausen, Eisenbahnbrücke über die Weser bei Rehme, Oberbau
1924   Eisenbahnbrücke der Hafenbahn über den zweiten Weserabstieg (Plan: Reichsbahndirektion Hannover)

Jüngling, Dietrich Heinrich
1796 geboren. 1821 Goldarbeiter in Minden, Mieter eines Kirchstuhles in St. Marien (SCHEFFLER 1973, S. 752 f. Nr. 18), wohnte 1851 Obermarktstraße 3.
1828   St. Martini, zwei Abendmahlskannen (III, S. 446 f.)
1. Hälfte 19. Jahrhundert St. Martini, Patene (III, S. 444)
1861   St. Marien, Altargeräte (III, S. 211)

Jürgens, Witwe
Führte 1851 die Glaserei ihres Mannes im Haus Hohnstraße 30 fort.

Jürgens
Tischlermeister, wohnte 1851 Weingarten 18.

Jürres
Bau-Ingenieur. 1955 beschäftigt bei der Firma Kornbrennerei Strothmann.
1955   Weingarten 22, Treppenhausanbau und Umbau für Herrn Strothmann

Jung
Architekt und Bauinspektor (vor 1854 bis 1863) bei der Regierung, wohnte 1851/1862 in dem Haus Kampstraße 25/27. Übernahm vertretungsweise Teile der Aufgaben des 1858 erkrankten und 1860 verstorbenen Regierungs- und Baurats Kawerau.
1857   Dom, Sicherung des Chores, Kostenanschlag zu provisorischer Trennwand, Einrüsten und Abbau der Gewölbe (Revision: Stüler) (II, S. 259, 368, 372 f.)
1858–1864 Dom, Sicherung des Chores, Planung und Bauleitung von Gewölbeverankerung und -erneuerung (Grundlage: Gutachten 1852–1856; Ausführung: Maurermeister Baumgarten, Zimmermeister Scheidemann, Ernst Gauffrès, Schmiedemeister Homann) (II, S. 219, 373–375)
1858   Dom, Kostenanschlag zu neuem Hochaltar (II, S. 602)
1854   Hafeneisenbahn, Nivellementsplan
1856   Kostenermittlung für den Ausbau der Buhnen im Weserstrom
1856   Kaiserstraße 33, Bauleitung bei Neubau Oberpostdirektion
1858   Vinckestraße 3, Vikarie, Gutachten zum (baufälligen) Zustand des Vikariatshauses sowie Pläne für Neubau (Domkaplanei) (II, S. 1324, Abb. 838–840)
1858–1860 St. Martini, Planung und Leitung der Innenrestaurierung (Bauaufnahme: W. Moelle) (III, S. 277)
1859   Königswall 89, Taxierung des Kreisgefängnisses
1860   Dom, Planungen und Kostenanschläge zu Dacherneuerung, Langhausrestaurierung, Vervollständigung der Innenaustattung (II, S. 298, 428, 748)
1860   Domstraße 8, Dommädchenschule, Gutachten Zustand (II, S. 1455 f.)
1860   Domstraße 12, Knabenschule, Beschreibung (II, S. 1465)
1860   Domstraße 14, kleines Kamerariat Nr. 147 N, Beschreibung (II, S. 1468 f.)
1860   Großer Domhof 3, Kurienhof, Kostenanschlag zur Dachreparatur (II, S. 1207)
1860/1861 Vinckestraße 1, Kurienhof, Remise (Ausführung unklar) (II, S. 1315)
1861   Dom, Querhaus, Kostenanschlag zur Neudeckung in Schiefer (II, S. 428)
1861   Weserbrücke, Anschlag zum Umbau
1862/1863 Kleiner Domhof 7, Gutachten und Kostenanschlag zur Reparatur (Ausführung unklar) (II, S. 1379)

Jungmann, Carl
Maurer.
1896   Lübbecker Straße 66 für sich (Plan: Bernhard Wilcke)

Jurgscheid, Richard
Baumeister, wohnte 1936 Wilhelmstraße 18 und ließ sich in diesem Jahr durch das Baugeschäft Glauert das Haus Hardenbergstraße 21 errichten.

Jurkscheit, Harald
Dipl.-Ingenieur, wohnte 1952 Königstraße 72.
1954   Moltkestraße 21 für Selma Jurkscheit

Kaeferle, Fritz
Maschinenbau in Hannover.
1899   Immanuelstraße 20, städtisches Badehaus, Dampfheizung
1899   Immanuelstraße 22, städtische Turnhalle, Dampfheizung
1905/1906 Weserglacis 2, Regierungsgebäude, Heizungsanlage
1908   Tonhallenstraße 5, Kreishaus, Heizungsanlage

Kämper, Philipp
Maurer, um 1800 geboren, wohnte 1846 in seinem Haus Steinweg 5.

Käsler, Friedrich
Baugeschäft in Dützen.
1963   Lübbecker Straße 40 a

Käuffer & Co.
Mainz.
1888   Brüderstraße 16, Krankenhaus, Heizungsanlage

Kahrg
1750/1751 St. Marien, Arbeiten am Turm (III, S. 135)

Kaiser
Ingenieur-Premierlieutenant in Minden.
1840   Graben-Camponièren und Kommunikation am Ravelin Königstor (I.2, S. 225 f., Abb. 108, Kat.-Nr. 84)

Kaiser
Tischlermeister, wohnte 1851/1857 Königstraße 31.

Kallenbach, G.G./ **Schmitt**, Jakob
1850   (Druck) Dom, teilrekonstruierte Westansicht (II, S. 216 f., Abb. 133.1)
1850   (Druck) Dom, Zeichnung Säule Südarkade (II, S. 199)
1850   (Druck) Dom, Fenstermaßwerke des Langhauses (II, S. 295)

Kamlah, G.
Tischlermeister aus Braunschweig, wohnte 1851 Simeonstraße 18, 1857 Scharn 4, 1857 Scharn 6 und ab 1880 in dem vom ihm erworbenen Haus Lindenstraße 9. Dort läßt er Werkstätten errichten, wobei sie bald zu einem größeren Betrieb ausgebaut werden (1886 nach Brand mit Neubau eines Wohn- und Geschäftshauses). 1905 als mechanische Tischlerei bezeichnet. Die Firma wird unter dem Namen G. Kamlah später auch von seinem Sohn Ludwig Kamlah fortgeführt. Vor 1931 nicht mehr bestehend.

Kamlah, Hans
Kunstgewerbler. 1892 geborener Sohn des Tischlermeister Ludwig Kamlah, wohnte 1931 im Haus seines Bruders Ludwig Kamlah an der Lindenstraße 9.

Kamlah, Ludwig
Tischlermeister, geboren 16.12.1852 als Sohn des Tischlermeister G. Kamlah. Er führte die Werkstatt in dem vom Vater erworbenen Haus weiter. War mit Martha Baalhorn (geb. 15.1.1854) aus Stargard/Regenwaldt verheiratet. 1900 werden fünf gemeinsame Kinder aus dieser Ehe genannt: Viktoria (geb. 1885), Ludwig (geb. 1887), Clara (geb. 1890), Hans (geb. 1892) und Grete (geb. 1896).
um 1878/1879 Großer Domhof 10, Präsidialkurie, Modernisierung (mit anderen) (Bauführer: Hölscher) (II, S. 1295)

1896 Dom, Aufstellung des neugotischen Marienaltars (Entwurf und Ausführung: Schweppenstedde/Wiedenbrück) (II, S. 663)
1900/1901 Dom, Umsetzen des Taufsteins und Veränderung der Treppe zum Taufstein (II, S. 725)
1896 Dom, Postamente für barocke Reliquienschränke (II, S. 751)
1902 Dom, Anfertigung neuer Kirchenbänke (zusammen mit Tischlermeister Ronicke) (II, S. 743)
1904 Dom, Sicherung des Chores, Rechnung (II, S. 377)
1904 Simeonstraße 4, Hofüberdachung
1905/1906 Weserglacis 2, Regierungsgebäude, Ausstattungen: Türen, Parkett, Treppe und Bibliothek
1907 Tonhallenstraße 5, Kreishaus, Tischlerarbeiten und Parkett im Großen Sitzungssaal

Kamlah, Ludwig
Tischlermeister, auch als Werkmeister bezeichnet (geb. 1887). Sohn des Tischlermeister Ludwig Kamlah, der den von seinem Großvater begründeten Betrieb bis etwa 1931 im Elternhaus Lindenstraße fortführte.

Kampa-Haus AG
International agierende Firma für die Fertighaus-Fabrikation mit Sitz in Minden. Der seit 1960 bestehende Betrieb ging aus der im Jahre 1900 an der Lübbecker Straße in Minden-Dützen gegründeten Bautischlerei des Tischlermeisters Heinrich Rolf hervor. Die Tischlerei wurde 1945 durch seinen Schwiegersohn Eugen Kampa aus Waldmohr in der Pfalz übernommen, der 1960 die Herstellung von Garten- und Wochenendhäusern aufnahm. Sein Sohn, Bauingenieur und Architekt Wilfried Kampa wandelte den Betrieb zum 1.5.1966 in die »Eugen Kampa Wochenendhausbau KG« um, wenige Jahre später nach Erweiterung des Produktionsspektrums in »Eugen Kampa KG Fertighausbau« und 1985 in die »Kampa-Haus AG« umbenannt. Nachdem die Fertigbauten zunächst durch eine externe Organisation vertrieben wurden, wurde 1977 der eigene Vertrieb aufgebaut. 1972 entstand ein zweiter Produktionsstandort in Waldmohr/Pfalz, 1974 ein drittes Werk in Kinding/Bayern und 1991 ein viertes Werk in Linthe/Brandenburg. Seit 1996 an der Börse notiert. 1999 übernahm man die Firma Novy-Haus in Österreich und 2002 die Firma ExNorm.
1979 Blumenstraße 27 für Renate Benz
1981 Kuhlenstraße 45 a
1988 Stiftstraße 43 a für Gieseking
1990 Alte Sandtrift 3 a
1994 Lindenstraße 48/50, Hotelkomplex
1995/1997 Petersilienstraße 1 ff., Wohnhauskomplex

Kannegiess, Walter
Architekt, Büro 1961/1972 in der Lindenstraße 3.

Kanold, <u>Paul</u> Georg
Geb. 18.4.1874 Breslau, gest. 14.10.1946 Hannover). Studierte bei Carl Schäfer in Berlin und Karlsruhe (hierbei Mitarbeit an Carl Schäfers Buch: Deutsche Holzbaukunst). Erhielt 1901 den Schinkelpreis für seinen Entwurf eines prinzlichen Palais in Berlin. Am 4.7.1901 zum Regierungsbaumeister in Berlin ernannt, am 12.11.1907 zum Landbauinspektor. Ab dem 1.1.1908 Stadtbauinspektor in Frankfurt a. M., von Juli 1911 bis Oktober 1940 Professor für Baukunst an der TH Hannover, wo er zunächst das Fach Städtebau und Entwerfen, seit 1919 den Bereich Baugeschichte sowie farbige Architektur vertrat. 1925 richtete er dort (als Schüler von Carl Schäfer) das Schäfer-Archiv ein. Seit 1930 Mitglied der freien deutschen Akademie des Städtebaus in Berlin.

Nachdem er durch das Bauprojekt des Regierungsgebäudes in Minden bekannt geworden war, wurden ihm später verschiedentlich aus

Tischlerinnung, 1912

den führenden bürgerlichen Kreisen der Stadt Aufträge für private Wohngebäude übertragen, wobei offensichtlich insbesondere Fragen aufwendiger Innenausstattung verfolgt wurden. Kanold blieb aber auch privat mit Minden verbunden, da er die Tochter des hier ansässigen geheimen Regierungs- und Gewerberates Karl Müller geheiratet hatte, deren Familie er oft in ihrer Wohnung Vinckestraße 9 besuchte.

Der Nachlaß von Paul Kanold wird in der Universitätsbibliothek Hannover aufbewahrt.

1904/1906 Wesserglacis 2, Regierungsgebäude, künstlerische Gestaltung Inneres und Äußeres

1906 Marienstraße 45 »Kaiservilla«, Umbauten für den Fabrikanten Rudolf Leonhardi

1906/1908 Tonhallenstraße 5, Kreishaus (Bauleitung: Karl Oberle)

1907/1909 Tonhallenstraße 3, Stadttheater, Überarbeitung der Planung und äußere Gestaltung

1907/1909 Frankfurt/Main, Schaumannkai 71, Museum Liebieghaus, Erweiterung

1909 Hameln-Holtensen, Kirchenschiff von St. Ägidius

1909 Tonhallenstraße 4, Alternativplanung für das Gesellschaftshaus der »Ressource«

1909 Domstraße 14, Domschule, Kanalanschluß (II, S. 1476)

1912 Marienstraße 70, Ausstattung (vermutet)

1912/1918 Herford, Abteistraße, Rathaus (Bauleitung durch Ernst Geist/Herford)
1914/1918 Herford, Abteistraße, Markthalle (Bauleitung durch Ernst Geist/Herford)
1915 Marienstraße 32, Umbau und Modernisierung für Kommerzienrat Fritz Leonhardi (Bauleitung: W. Meyer)
1915 Marienstraße 45, Wintergarten für Rudolf Leonhardi (Bauleitung: W. Meyer)
1920 Kurfürstenstraße, Gartenplanung und Einfassung für das Gelände der Fabrikanten Noll
1921 Herford, Gutachter für »Gemeinnützige Siedlung Herford« zum Bau der Siedlung Bismarckstraße
1921/1922 Kurfürstenstraße 2 für den Fabrikanten F. Noll (Bauleitung R. Moelle; Ausführung A. Engelmann)
1922 Klausenwall 12, Personalwohnhaus mit Garagen für Firma Küster (Ausführung: Gebr. Halstenberg)
1922 Hannover-Hainholz, Siegmundstraße 17, Verwaltungsgebäude »Vereinigte Schmirgel- und Maschinenfabriken AG«
1922/1923 Kurfürstenstraße 4 für den Fabrikanten H. Noll (Bauleitung: R. Moelle; Ausführung: König/Bad Oeynhausen)
um 1923 Klausenwall 14 für den Fabrikanten Eduard Balje (vermutet)
1925 Hausberger Straße 6 für Th. Meyer (Ausführung durch MEWAG, örtliche Leitung: M. Zimmerling)
1925 Kurfürstenstraße 4, Garagengebäude für H. Noll
1925 Neuplatz, Planungen einer Ladenreihe für die St. Marienkirchengemeinde
1925/1927 Herford, Bielefelder Straße 3, Verwaltungsgebäude der »Elektrizitätswerke Minden-Ravensberg« (EMR)
1927 Bünde, Kriegerehrenmal auf dem Kirchhof, Wettbewerbsbeitrag (siehe Bauwettbewerbe 20, 1927, S. 26)

Kantoch
Artillerie-Offizier. 1865 als Major und Artillerie-Offizier vom Platz (geschäftsführend für die 3. Artillerie-Festungs-Inspektion) belegt.

Kastrop, Barthold
1. Viertel 16. Jh. Dom, Matthias/Laurentius-Altar (vermutet) (II, S. 657)

Kastrup, Ernst
Architekt in Bielefeld. 1908 in Bielefeld geboren. Nach Besuch der staatlichen Baugewerbeschule in Höxter Studium des Tief-und Brückenbaus. Nach seinem Examen 1928 zunächst Bauführer und Architekt im Baugeschäft Aug. Meier KG, dann Assistent des Architekten Prof. Grießler. Ließ sich in Bielefeld zum 1.6.1936 als freischaffender Architekt nieder. Im Zweiten Weltkrieg Bauberater der Kriegsmarine an der Kanalküste in Frankreich. Wesentlich am Wiederaufbau der Stadt Bielefeld beteiligt, aber auch Gewinner zahlreicher Wettbewerbe für Großbauten im Bereich von Ostwestfalen.
1940 Lübbecker Straße 12, Kleinkaliberschießstand für Firma Dr. Ing. Boehme

Karrenfuhr, Albert
Architekt in Bielefeld.
1971 Dankerser Straße 30 für Bonin-Bauträger

Kauert
Kataster-Supernumerar 1857.

Kaufhold, Carl
Architekt, Büro 1952/1964 Unterdamm 37.

Kaufmann
Tischlermeister, wohnte 1851 Greisenbruchstraße 7.

Kaule, Gustav
Hofsteinmetzmeister. Betrieb 1898 eine Bild- und Steinhauerei mit Herstellung von Grabsteinen am Königswall/Ecke Rodenbecker Straße.

Kauhn oder **Kuhn**
Orgelbaufirma in Männebach/Schweiz.
1993   Dom, Prospekt der neuen Westorgel (II, S. 841)

Kaupmann, Dieter
Bautechniker und Architekt.
1970   Königstraße 100 für Hellmuth Aries
1978   Salierstraße 10, Anbau
1981   Viktoriastraße 19, Supermarkt

Kaup
1947 Bauinspektor bei der Regierung Minden, 1950 Regierungsbauinspektor beim Staatshochbauamt.
1947   Friedrichstraße 20, Kleinwohnhaus für eigene Zwecke
1950   Minden-Kutenhausen, Neubau Schule (Bauleitung) (MT vom 30.9.1950)

Kaupp
Baubeamter. 1857 Chausseeaufseher, wohnte Simeonstraße 22.

Kawerau, Karl-Ludwig
Regierungs- u. Baurat (geb. 19.12.1800 Elbing, gest. 3.12.1860 Minden). Nach vierjährigem Studium in Berlin (1820 Feldmesserexamen) und Ablegung der zweiten Staatsprüfung als Land- und Wasserbaumeister am 26.10.1829 von 1829–1837 Baukonduktor bei der Regierung in Merseburg, dann bis 1842 Wegebaumeister in Eisleben und danach am 1.4.1842 zum königlichen Bauinspektor bei der Regierung in Münster – Nachfolger von Ritter – ernannt und dort bis 1853 beschäftigt (zuständig für die Kreise Münster, Warendorf, Steinfurt und Tecklenburg). 1854 Oberbauinspektor in Münster. Vom 11.9.1854 bis zu seinem Tode 1860 als Regierungs- und Baurat (Nachfolger von Conrad Rembert Franz Niermann) bei der Regierung Minden beschäftigt. 1855 Mitglied des Kuratoriums der Königlichen Badeanstalt Oeynhausen. Ritter des Roten Adlerordens IV. Klasse.

1820/1824   Stromvermessung der Oder in Schlesien
1822/1826   Straßenbauten an der Elbe (Reg.-Bezirk Merseburg)
1830/1832   Zeitz, Hauptzollamt Neubau
1842   Emsdetten, katholische Kirche, Bauleitung (Plan: Stüler/Berlin)
1845/1846   Tecklenburg, katholische Kirche St. Michael
1845/1848   Emsdetten, St. Pankratius, Bauleitung und Detailplanung
1845/1848   Münster-Mecklenbeck, katholische Kirche St. Anna
1846   Ahlen-Vorhelm, Pfarrkirche, Gutachten zum Bauzustand
1846   Warendorf, Klosterstraße, Entwurf Neubau Pastorat (BAUMEIER 1974, S. 43)
1846   Telgte, Ritterstraße 9, Reparaturen am Schulhaus
1847   Bad Oeynhausen, Badehaus I, Bauleitung, Beschaffung Möblierung in Berlin (KÖSTER 1985, S. 27)
1847   Ibbenbüren, evangelische Kirche, Neubau des Daches
1849   Beelen, St. Johannis, Neubauprojekt
1850   Rheine, Klosterstraße 8, Umbau ehemaliges Kloster zum Land- und Stadtgericht (mit Konduktor Cuno)
1850/1851   Hörstel-Riesenbeck, katholische Kirche St. Calixtus, Erhöhung Turm
1851   Lengerich, Rathausplatz 4, sog. Römer, Konzept für einen Umbau zum Rathaus
1851   Ibbenbüren, evangelische Kirche, Wiederaufbau Turm

1852 Sendenhorst, katholische Kirche, Bestandsaufmaß des Altbaus
1853/1854 Ladbergen, evangelische Kirche (Überarbeitung durch Stüler/Berlin)
1855 Löhne, Prüfung der Bahnanlagen und Betriebsgenehmigung für die Strecke nach Osnabrück
1855/1856 Steinfurt-Burgsteinfurt, kleine evangelische Kirche, Umbau
1857/1858 Bad Oeynhausen, Kanalstraße, Dunstbadehaus (Ausführung: Sabirowsky)

Keck, Bernhard
Architekt und Bauunternehmer, wohnte 1911 Fischerglacis 28, 1912 Kaiserstraße 9 und 1913 Hermannstraße 28.
1913 Dankerser Straße 11/11 a, Mietshaus (Unternehmerbau)

Kehr
Prof. Dr. Ing. (habil.) in Hannover
1955 Werftstraße 7, Kläranlage der Stadt
1971 Generalkanalkonzept für Stadt Minden (siehe Schierholzstraße 10)

Keibel, Gottlieb Benjamin Gotthilf
Ingenieur-Offizier (geb. 1770 Pasewalk, gest. 21. 10. 1835 Berlin). 1788 Lieutenant, 1801/1808 Kapitän, 1813 Major, 1815 Oberst-Lieutenant, 1818 Oberst, 1822 Generalmajor. Trat 1810 in das reorganisierte Ingenieurs-Corps über. Am 11. 1. 1814 nach Minden abgeordnet. 1821 Inspekteur der 1. rheinischen Festungs-Inspektion (VON BONIN I, 1877, S. 302 und II, 1878, S 299. – MEINHARDT 1958, S. 42).
1814–1816 Neubefestigung (Zeichner: Rohde) (I.2, S. 39–44, 142, Kat.-Nr. 60)

Keill oder **Kehl**, Christoph
1664 Mitglied der Sachverständigenkommission, die den Wert des bischöflichen Hofes bestimmen sollte. In dieser Funktion zeichnet er die wesentlichen Gebäude des bischöflichen Hofes sowie der Nordseite des Domes (II, Abb. 692) (LINNEMEIER 1996).
1664 Nordansicht des Domes mit den Häuserzeilen am Großen und Kleinen Domhof (II, Abb. 1–2, 692)
1677 Markt 1, Rathaus, Gemälde der Verurteilung Christi für den Ratssaal (heute in St. Martini) (III, S. 175, Abb. 270)
2. H. 17. Jh. St. Marien, Triptichon mit Passionszenen (III, S. 177)

Keimler
Maurermeister aus Kutenhausen.
1875 Stiftstraße 23 für Arbeiter Kortum (zusammen mit Zimmermeister Borgmann) (Plan: Hoelscher)

Keiser
Ingenieur-Offizier (geb. 1802). 1824 Lieutenant, 1844 Kapitän, 1852 Major bzw. Oberst, 1864 General-Major, 1867 General-Lieutenant und Inspekteur der 1. Ingenieur-Inspektion. 1868 aus dem Dienst geschieden (VON BONIN II, 1878, S. 304).

Keitz
Maler.
1932–1940 Dom, Neuausmalung des Inneren (Planung: Prof. Ernst Fey) (II, S. 460)

Kelle, Jacob Heinrich Jacob
Zimmermeister. Besaß 1743/1751 das Haus Königswall 11.

Keller
Meister. Wird 1744/1745 mit Arbeiten an den Glocken von St. Marien genannt.

Keller
Uhrmacher.
1776 Dom, Reparatur der Uhr (II, S. 860)

Keller, Anton
Bau-Ingenieur, unterhält ein Baugeschäft in Hahlen, wohnte 1955 Lange Wand 17.
1953   Königstraße 79, Blumenverkaufspavillon für Heinz Höfert
1959   Hahler Straße 92 für Artur Burkel
1960   Grüner Weg 3, Ladenanbau

Keller, Christian
1966   Gustav-Adolf-Straße 16 für Fleischermeister Gustav Thon

Keller, Ferdinand
Maler (geb. 1842 Karlsruhe, gest. 1922 Baden-Baden).
1888   Markt 1, Rathaus, Apotheose Kaiser Wilhelms I.

Keller, Wilhelm Theodor
1866–1875 Regierungsbaurat in Minden. Keller (geb. 9. 2. 1802, gest. Ende 1877) war 1820–1825 bei der Regierung Frankfurt/Oder beschäftigt, 1826–1829 Studium an der Kunstakademie in Berlin. 1829 bei der Regierung in Liegnitz, 1839–1840 bei der Regierung in Düsseldorf, 1840 bei der Bauinspektion in Xanten, 1842–1849 als Landbaumeister in Düsseldorf und Neuß, 1849–1852 bei der Bauinspektion Siegen, 1852–1855 bei der Bauinspektion Soest und 1855 bis 1866 als Ober-Bauinspektor und Baurat in Sigmaringen beschäftigt. In diesem Jahr zum Regierungs- und Baurat ernannt und nach Minden versetzt. Dort mit Ernennung zum Geheimen Regierungsrat ab Januar 1875 in den Ruhestand versetzt (siehe STA DT, M 1Pr. Pers. II Nr. 83). War mit Josephine Gebolin von Waldstein verheiratet.
1889   Bunte Brücke über die Weser, Leitung des Neubaus

Kelling, Emil
Ingenieur in Dresden.
1879/1880 Immanuelstraße 2, Gymnasium, Heizungs- und Lüftungsanlage

Kellinger, Stephan
Glaser in Lemgo.
1633   Dom, Chorfenster (II, S. 439)

Kelpe, August
Architekt (geb. 29. 4. 1866 in Schlewecke, Kr. Gandersheim, gest. 6. 12. 1940 Hannover), verheiratet mit Marie Thrane (geb. 11. 10. 1865 in Hadersleben). Das Ehepaar hatte drei Söhne und eine Tochter. Der noch in Hannover am 28. 6. 1889 geborene Sohn Georg bezeichnete sich schon 1908 als Maler und verbrachte einen längeren Aufenthalt in Brüssel, bevor er 1910 nach Strelitz verzog. Der Sohn Karl und die Tochter Ilse Emma Marie wurden ebenso in Minden geboren wie der Sohn Paul (geb. 1902, gest. 1985 Austin, Texas). Paul Kelpe studierte Architektur und Kunstgeschichte in Hannover und emigrierte 1925 in die USA, wo er zu einem bekannten Maler wurde, aber auch an verschiedenen Universitäten bis 1969 Kunst und Kunstgeschichte lehrte).

August Kelpe zählte schon 1906 zu den Mitgliedern des in Hannover ansässigen BDA (Bund deutscher Architekten). Schon während seines Studiums 1889–1892 an der TH Hannover (siehe KOKKELING 1998, S. 540) zog er im Winter 1889/1890 nach Minden (im Adressbuch 1895 nicht genannt!), wo er zunächst eine offensichtlich sehr erfolgreiche Bürogemeinschaft »Kelpe & Meyer« mit dem Bauführer Meyer unterhielt. Man trennte sich offensichtlich (wegen nicht näher bekannter Meinungsverschiedenheiten) 1896 während der Planungsphase des Komplexes Blumenstraße 12/Ecke Besselstraße, bei dem zunächst beide als Bauherren eines Teilbaus auftraten, der Teil von Meyer dann aber nicht mehr errichtet wurde. Das Büro nannte sich nun A. Kelpe, technisches Büro für Hochbau, Architektur und Kunstgewerbe und war in einem Anbau des Hauses Blumenstraße 12 untergebracht, in dem Kelpe fortan auch wohnte. Dort lassen sich auch verschiedene Mitarbeiter nachweisen, etwa 1900

Borgmann und 1906 C. Kollmeyer. Wie üblich, scheint auch Kelpe sein in dem erfolgreichen Büro erwirtschaftetes Vermögen in der Errichtung von Mietshäusern angelegt zu haben: 1896 Blumenstraße 12, 1898/1899 Blumenstraße 6 und 1903 Blumenstraße 14.

1905 findet sich Kelpe im Vorstand der Harmonie-Gesellschaft, für die er auch verschiedene kleinere Bauprojekte durchführte. Zugleich scheint er aber auch Mitglied der Loge »Wittekind zur Westphälischen Pforte« gewesen zu sein, dessen Gebäude er umbaute. 1906 verzog er nach Düsseldorf, behielt aber auch noch einen Wohnsitz in Minden, bevor er sich dann im Oktober 1911 wieder in Hannover niederließ, von dort aus aber auch noch Mindener Projekte betreute. Noch 1919 war er dort tätig und verwaltet von dort auch seinen Mindener Hausbesitz Blumenstraße 6, 11, 12 und 14, der dann wohl 1925 verkauft wurde.

<u>Architekt Kelpe</u>
1891 Bockenem, Pfarrhaus
1891 Besselstraße 24 (Bauführung Meyer)
1892 Besselstraße 22 für Schmied Kriegel (Bauführung Meyer)

<u>Büro Kelpe und Meyer</u>
1893 Marienstraße 23, Umbau des Lagerhauses
1894 Bäckerstraße 9, neue Fassade für Kaufmann Kiel
1894 Festungsstraße 3, Dachpappenfabrik Timmermann
1894 Simeonstraße 1
1894 Videbullenstraße 11, I. Pfarrhaus von St. Martini (vier nicht ausgeführte Entwürfe)
1894/1895 Domstraße 8, Dommädchenschule, Toilettenanlage und Anbau (II, S. 1455)
1895 Alte Sandtrift 7, Umbau
1895 Festungsstraße 3, Dachpappenfabrik Timmermann, Fabrikationsgebäude
1895 Königstraße 33, Schaufenstereinbau
1895 Königstraße 104, Wohnhaus und Stall für Rentner Hermann Becker
1895 Lindenstraße 5 für Bäckermeister Hoppe
1895 Marienstraße 23, Stallgebäude für Kaufmann Gotthold
1895 Markt 3, Lagerschuppen
1895 Petersilienstraße 11, Wäschereigebäude Rupprecht
1895 Ritterstraße 1, Wohn- und Geschäftshaus für Schlosser Feien
1895 Simeonstraße 7 für Kaufmann Niebur (Ausführung: Schmidt & Langen)
1895 Videbullenstraße 11, I. Pfarrhaus für die Martinigemeinde
1895 Priggenhagen 6, Lagerhaus für Kaufmann Niebur (Ausführung Schmidt & Langen)
1895/1896 Bachstraße 10, Zuckersiederei Hachenberg
1896 Bäckerstraße 22 für Kaufmann W. Siekmeyer
1896 Blumenstraße 12/Besselstraße für Kelpe und Meyer (letzter Teil nicht ausgeführt)
1896 Friedrich-Wilhelm-Straße 121, Neubau von Teilen der Fabrik Gebr. Busch
1896 Hohnstraße 5, Kaufhaus Endeler & Kumpf
1896 Kleiner Domhof 2/4 für Kaufmann W. Raab
1896 Markt 3, Wohn- und Geschäftshaus für Kaufmann Lilienthal
1896 Marienstraße 28, Umbau für den Schirmfabrikanten Hermann Meyer (Ausführung: C. W. Homann)
1896 Videbullenstraße 11, Pfarrhaus von St. Martini (Ausführung: Maurermeister Knothe und Zimmermeister Rose)
1896 Obermarktstraße 17 (Projekt Umbau) für die Kaufleute Niethack
1896 Stiftsallee 25, Umbau Scheune zum Wohnhaus für H. Hölterhoff
1896 Stiftsallee 25, Anbau von Werkstatt und Stall für H. Hölterhoff

1896/1897 Königstraße 92 für Rentmeister W. Klussmann
1897 Bäckerstraße 2 für Bäckermeister W. Richard
1897 Friedrich-Wilhelm-Straße 121, Bürogebäude, Pferdestall und Remise für Firma Gebr. Busch
1897 Hahler Straße 20 für Fabrikbesitzer Fr. Schröder
1897 Marienstraße 28, Erweiterung für den Schirmfabrikanten Herm. Meyer
1897 Rodenbecker Straße 37 für Steuersekretär H. Zastrow
1897 Simeonstraße 5, Erweiterung, Fassaden (Entwurf Baukörper: W. Meyer)

<u>Büro Kelpe</u>
1895 Domstraße 10, Westerweiterung zur Nutzung als Kolpinghaus (II, S. 1457 f., Abb. 943)
1896 Blumenstraße 12 (eigener Bau)
1897 Brückenkopf 4, Wohnhaus und Fabrik für den Essigfabrikanten Haber (Ausführung: Maurermeister König)
1897 Rosental 3, neuer Saalbau
1897/1898 Bad Salzuflen, Am Markt 16, Wohn- und Geschäftshaus für Buchdrucker H. Uekermann
1898 Artilleriestraße 2 für Fleischermeister C. Vogeler Junior
1898 Königswall 93 a, Klinikanbau für Dr. Happel & Walzberg
1898 Markt 10, Umbau für Druckereibesitzer Köhler
1898 Bäckerstraße 11, Umbau und neue Fassade für Kaufmann Huge (Ausführung: Sierig)
1898 Besselstraße 34 für Bildhauer Rudolf Tannhäuser
1898 Brückenkopf 4 für den Fabrikanten Haber
1898 Hufschmiede 19, Werkstattgebäude für Tischlerei Ronicke
1898 Königswall 93 a, Klinik von Dr. Happel und Dr. Walzenberg
1898 Lindenstraße 23, Umbau des Saals der Harmonie
1898 Marienstraße 8, Umbau Vorderhaus und Lagerhaus
1898 Marienstraße 64 für Kaufmann Böker
1898 Markt 10, Umbau für Buchhändler Köhler
1898 Melittastraße 3, Fabrikgebäude für Fleischermeister C. Vogeler Junior
1898 Bad Oeynhausen, Westcorso 6 für Rechtsanwalt Ley (Köster 1985, S. 64)
1898/1899 Blumenstraße 6 als Mietshaus für eigene Zwecke
1898/1899 Wilhelmstraße 4 für Buchhalter Schürmann
1899 Festungsstraße 3, Dachpappenfabrik Timmermann, Lagerschuppen
1899 Fischerglacis 13 für Kaufmann Hempell
1899 Immanuelstraße 20, städtisches Badehaus
1899 Kaiserstraße 6 für Kaufmann Meinecke
1899 Lindenstraße 23, Haus der Harmonie, Umbauten wegen Brandschutz
1899 Markt 8, Fassade und Umbau für Apotheker Dr. Hartmann
1899 Marienstraße 8, Lagerhausanbau
1899 Melittastraße 3, Umbau
1899 Tränkestraße 1, Wohn- und Geschäftshaus sowie Lagerhaus für Lagemann & Schelken
1899 Wilhelmstraße 4
1899/1900 Goebenstraße 14 für Kaufmann Reuter (Ausführung: Maurermeister Sabirowsky)
1899/1900 Goebenstraße 16 für Witwe Kelb
1899/1900 Manteuffelstraße 2 für Kaufmann Ludwig Hempel
1900 Bäckerstraße 29, Umbau und neue Fassade für Kaufmann Weber
1900 Bäckerstraße 36, Umbau für Kaufmann Reuter
1900 Friedrich-Wilhelm-Straße 121, Holzlagerschuppen bei Fabrik Gebr. Busch

1900 Immanuelstraße 5, Stallgebäude, Überarbeitung der Pläne von Zimmermeister Max Müller
1900 Marienglacis 13, Blumenverkaufshalle für Gustav Stolle
1900 Marienstraße 10, Anbau eines Clubzimmers
1900 Marienstraße 15, Anbau für Oskar Kiel
1900 Markt 6, neue Fassade für Kaufmann Hattenhauer
1900 Ritterstraße 1, Umbau des Erdgeschosses
1901 Bäckerstraße 38, Umbau des Erdgeschosses
1901 Fischerglacis 15 für Kaufmann Gustav Rackelmann
1901 Friedrich-Wilhelm-Straße 121, Anbauten, Erhöhung Schornstein bei Fabrik Gebr. Busch
1901 Friedrich-Wilhelm-Straße 141, Kunstwollfabrik Noll, Wäscherei- und Färbereigebäude
1901 Hahler Straße 57, Werkstattgebäude für Zimmerei Scheidemann
1901 Kaiserstraße 7/9, Aufstockung und Neugestaltung für den Fabrikanten Hoberg
1901 Melittastraße 17, Fabrik für Schroeder & Sohn
1901 Rodenbecker Straße 23, Erweiterung Villa Zschetzsche
1901/1902 Königswall 20, Wohnhaus für Papiergroßhändler F. Lange
1901/1902 Hermannstraße 21, städtisches Elektrizitätswerk
1902 Bäckerstraße 21/23, Umbauten im Obergeschoß
1902 Bäckerstraße 39, Vorderhaus und Backhaus für Bäcker Finke (Ausführung: Maurermeister Sierig)
1902 Friedrich-Wilhelm-Straße 121, Maschinenhaus der Fabrik Gebr. Busch
1902 Hahler Straße 59 für Zimmermeister Albert Scheidemann (Ausführung: G. Usadel und H. Scheidemann)
1902 Hufschmiede 17, Geschäftshaus für Tischlermeister Ronicke
1902 Immanuelstraße 20, städtisches Badehaus, Erweiterung
1902 Kasernenstraße 4/6, Umbau
1902 Kleiner Domhof 8, Toranlage und Remise
1902 Königswall 20 für Kaufmann Lange
1902 Königstraße 40, Erhöhung Schornstein der Fabrik Sültemeyer
1902 Marienstraße 33, Verandaumbau und Terrasse für den Fabrikanten Fritz Homann
1902 Marienstraße 72 für Regierungsassessor Siegfried Süs
1902 Weberberg 3, Lagerhaus für Tischlermeister Ronicke
1902/1903 Brüningstraße 2, Erweiterungsbau der städtischen Töchterschule
1903 Blumenstraße 14 als aufwendiges Mietshaus für eigene Zwecke
1903 Friedrich-Wilhelm-Straße 141, Kunstwollfabrik Noll, Lagerschuppen und Nottreppe
1903 Kaiserstraße 12 für Apotheker Ohly (Ausführung: Maurermeister Pook)
1903 Kutenhauser Straße 13, Wasch- und Plättanstalt Brilliant für Fritz Schaeffer
1903/1904 Melittastraße 19, Wohnhaus für die Fabrikanten Schroeder & Sohn
1904 Bäckerstraße 22, Umbau
1904 Fischerglacis 9, Kinderschule II der St. Mariengemeinde
1904 Hufschmiede 1 für Goldschmied Meyer
1904 Marienstraße 45, Umbauten für den Fabrikanten Rudolf Leonhardi
1904 Rodenbecker Straße 35, Umbau für Frau C. Ed. Müller
1905 Brüderstraße 22, Umbau des Logengebäudes

1905	Festungsstraße 5, Lagerhaus für Rohproduktenhandel S. Salomon	1907	Blumenstraße 9/Besselstraße 19 für Frantz und Meyer (Ausführung: Gremmels)
1905	Immanuelstraße, Anbau an das städtische Badehaus	1907	Friedrich-Wilhelm-Straße 121, Speisehaus, Erweiterung Kleberei und Umbau Kesselhaus der Fabrik Gebr. Busch (Ausführung: Busse/Wietersheim)
1905	Kleiner Domhof 2, Lagerhaus für Kaufmann Raab		
1905	Marienstraße 3, Pfarrhaus I für St. Marien		
1905	Marienstraße 5, Küsterhaus mit Konfirmandensälen für St. Marien	1907	Friedrich-Wilhelm-Straße 141, Kunstwollfabrik Noll, Bau von zwei Lagerschuppen
1905	Marienstraße 45, Umbauten		
1905	Markt 11, Umbau Hotel Victoria	1907	Marienstraße 26, Garage für den Fabrikanten Meyer
1905	Ringstraße 97, Seifenfabrik Kiel, Fabrikgebäude, Kontor- und Wohnhaus (Ausführung G. Ed. König)	1907	Marienstraße 45, Gewächshaus für den Fabrikanten Rudolf Leonhardi
1905/1906	Königstraße 2, Wohn- und Geschäftshaus für Kaufmann Weber	1907	Manteuffelstraße 2, Anbau von Veranda und Balkons
1906	Friedrich-Wilhelm-Straße 141, Kunstwollfabrik Noll, Sortierraumanbau	1907	Ringstraße 97, Erhöhung des Packhauses der Seifenfabrik Kiel
1806	Kleiner Domhof 8, Torportal mit Wagenremise (II, S. 1387, 1389 f., Abb. 889)	1907/1908	Simeonglacis 13 für Schriftsteller Max Bruns, Bauleitung nach Planung von J. Lang/München
1906	Königstraße 40, Aufstockung Maschinenhaus Sültemeyer	1908	Alte Aminghauser Straße 34, Haus IV der Arbeitersiedlung Busch
1906	Königswall 103/105, Anbau Toiletten und Waschküche für Dr. Happel	1908	Alte Aminghauser Straße 36, Haus V der Arbeitersiedlung Busch
1906	Marienstraße 52, Umbau und Erweiterung	1908	Friedrich-Wilhelm-Straße 141, Kunstwollfabrik Noll, Betondecken und Lagerschuppen
1906	Markt 20, Neubau eines Kaufhauses für Hermann Schmieding (nicht ausgeführt)		
		1908	Marienstraße 26, Wohnhaus für den Schirmfabrikanten Hermann Meyer
1906	Ringstraße 97, Lagerschuppen und Einfriedung der Seifenfabrik Kiel (Ausführung: G. Ed. König)	1908	Rodenbecker Straße 27, Umbau
		1908	Simeonglacis 13, Einfriedung für Max Bruns
1906	Stiftstraße 32, Umbau	1909	Alte Aminghauser Straße 38, Haus VI der Arbeitersiedlung Busch
1907	Alte Aminghauser Straße 32, Haus I der Arbeitersiedlung Busch		
1907	Alte Aminghauser Straße 42, Haus II der Arbeitersiedlung Busch	1909	Markt 20, Neubau des Vorderhauses für Kaufmann Schmieding
1907	Alte Aminghauser Straße 44, Haus III der Arbeitersiedlung Busch	1909	Marienstraße 13, Umbauten für Wilhelm Ruoff
		1909/1910	Tonhallenstraße 4, Gesellschaftshaus der »Ressource«
1907	Bäckerstraße 18, Hinterhaus für Schuhmacher C. Wehrmann (Ausführung: Homann)	1910	Bäckerstraße 39, Anbau an das rückwärtige Backhaus

1910 Bäckerstraße 45, Umbau für die Privatbank zu Gotha
1910/1911 Petershagen-Frille, evangelische Kirche
1911 Friedrich-Wilhelm-Straße 121, Wiederaufbau der Fabrik Gebr. Busch
1912 Friedrich-Wilhelm-Straße 107, Beamtenwohnhaus für Kommerzienrat Robert Noll
1912 Friedrich-Wilhelm-Straße 121, Stallgebäude und Trockenraum der Fabrik Gebr. Busch
1912 Friedrich-Wilhelm-Straße 141, Kunstwollfabrik Noll, Lagerschuppen
1912 Marienglacis 37, Umbau Wohnhaus für den Maschinenfabrikanten Georg Noll
1913 Bückeburg-Seggebruch, evangelische Kirche
1913 Hohnstraße 27, Umbau Kaufhaus Hermann Hagemeyer
1913 Marienstraße 37, Verandaanbau für Kaufmann H. Hagemeyer (Ausführung: Homann)
1913 Markt 20, Umbau des Flügelbaus für Kaufmann Schmieding
1914 Bäckerstraße 22, Umbau

Kelpe, Karl
Techniker, nur 1898 im Adressbuch verzeichnet, wohnte Hermannstraße 32. Verwandtschaft zu August Kelpe unklar.

Kemenah (auch **Kemena**), Ernst
Zimmermeister in Leteln bei Minden. Wird 1842 Zimmermeister sowohl für Land- wie für Wasserbauten.
1843 Dom, Arbeiten am Glockenstuhl (zusammen mit Schlossermeister Gauffrès) (II, S. 846)
1845 Großer Domhof 1, neues Regierungsgebäude (II, S. 1196)

Kenne (?)
Maurermeister.
1761 Großer Domhof 10, Kurienhof, Kostenanschlag zur Reparatur (zusammen mit anderen) (II, S. 1291)

Kenterzinsky
Tischlermeister, wohnte 1851 Kampstraße 3.

Kerkhoff, Karl
Architekt in Vlotho-Uffeln.
1937 Viktoriastraße 4 für Karl Kerkhoff
1938 Viktoriastraße 2, Anbau für Karl Kerkhoff
1956 Memelstraße 2 für Wilhelm Petersen

Kern
Uhrmacher.
1746/1747/1749 St. Marien, Arbeiten an den Glocken (III, S. 151)

Kerrl, Jürgen
1712 als Maurermeister in Minden genannt (KAM, B 733).

Kerstein
Maler.
1727 Kleiner Domhof 13, Domsyndikathaus, Reparatur (zusammen mit anderen) (II, S. 1415)

Kerstein, Gustav Heinrich
Geboren am 25.1.1788 in Minden, 1807 als Bauschüler (seit 1805) bei der KDK Minden bezeichnet (siehe Kohl 1943, S. 45).
1807 Aufnahme der Obermarktstraße als Grundlage der Bepflasterung

Kersten, Johannes August
Architekt und Stadtbaumeister in Minden. Er wurde am 23.8.1854 in Teutschental/Manfelder Seekreis als Sohn des Anstaltsvorstehers Gottlieb Kersten geboren und starb als Stadtbaurat a.D. nach schwerem Leiden am

Stadtbaurat August Kersten mit Frau, um 1890

27.1.1914 in Minden (Grabstein auf dem Nordfriedhof erhalten?). Aus seiner Ehe mit Julie Karoline Emma Brinkmann (geb. 21.2. 1868, gest. 6.12.1957) aus Minden, Hohnstraße 23, stammte die Tochter Elisabeth, die 1925 den Mindener Bankbeamten Wilhelm Brand heiratete. – Bei dem schon 1910 in Minden tätigen Regierungs- und Baurat Valentin Kersten, der 1953 hier im Alter von 96 Jahren verstarb, handelt es sich nicht um einen direkten Verwandten des Stadtbaumeisters Kersten.

Bevor Kersten 1892 die zum ersten Mal hauptberuflich besetzte Stelle des Stadtbaumeisters in Minden (das Amt zuvor vom Gasdirektor Otto Rumpf wahrgenommen) übernahm und bis zu seiner frühen Pensionierung 1910 führte, unterhielt er ein Architekturbüro in Hannover, von wo aus er schon Bauprojekte in Minden entwarf, wobei insbesondere eine ganze Gruppe von Bauten an der Besselstraße entstand. Ferner übernahm er ab 1886 die Wiederherstellung der Martini-Kirche und ab 1890 auch der Marien-Kirche. Die örtliche Bauleitung der Baustellen in Minden übernahm in diesen Jahren der ebenfalls aus Hannover stammende Bauführer Wilhelm Meyer (arbeitete ab 1892 mit August Kelpe zusammen in einer Bürogemeinschaft und führte ab 1896 ein selbständiges Büro in Minden). Beide errichteten 1891 zusammen das Haus Besselstraße 24. Nach seinem Zuzug in Minden wohnte Kersten zunächst in dem Haus Heidestraße 11, bevor er 1895 das Anwesen Paulinenstraße 1 erwarb, wo er bis zu seinem Tode 1912 wohnte (es wurde 1901 durch das Haus Marienstraße 25 erweitert). Seine Witwe verzog später zur Bäckerstraße 2, dann in das von ihrem Mann erbaute und ihr gehörende Haus Marienstraße 25 (Familie der Tochter).

Nachdem er 1892 die Stelle als Stadtbaumeister in Minden übernommen hatte, lassen sich bis zu seiner Pensionierung kaum noch eigene architektonische Entwürfe nachweisen, die außerhalb seines dienstlichen Feldes entstanden. Eine Ausnahme bilden die beiden ihm selbst gehörenden Bauten Paulinenstraße 1 und Marienstraße 25, die er 1900 umbaute bzw. 1901 errichtete (wegen Befangenheit des städtischen Bauamtes wurden die Bauabnahmen hier durch einen Regierungsbaurat vorgenommen). Erst nach seiner Pensionierung 1910 betrieb er offensichtlich in kleinerem Umfang erneut ein eigenes Büro (während seine Position nun vom Stadtbaurat Burr übernommen wurde). Dabei zeichnete er 1908 auch vereinzelt Pläne für andere Büros, so etwa für die Firma G. Ed.

König Nachfahren. 1912 werden nach seinen Plänen eine Vielzahl von Wohnungen sehr unterschiedlichen Zuschnitts für den Beamtenwohnungsbauverein errichtet. Auffallend bleibt bei einer Übersicht über das Schaffen von Kersten, daß er offensichtlich ein weitdenkender und glänzender Städtebauer gewesen ist, seine Fähigkeiten hingegen weniger in der Ausarbeitung von Einzelentwürfen gelegen haben. Insofern war die Aufgabe seines Büros in Hannover und die Übernahme der Stelle eines Stadbaurates ganz offensichtlich eine konsequente Entscheidung.

Als erster hauptberuflicher Stadtbaumeister Mindens hatte er zunächst für die Festlegung zahlreicher Fluchtlinien innerhalb des sich schnell ausweitenden Stadtgebietes zu sorgen. Auf seinen Einfluß hin wurde dabei zum ersten Mal bei einzelnen Straßen die Baufluchtlinie hinter die Straßenfluchtlinie zurückverlegt, so daß Wohnstraßen mit Vorgärten entstanden (etwa die Wilhelmstraße und die Besselstraße). Auf sein Betreiben wurde 1897 der Hannoveraner Stadtauinspektor Aengeneyndt mit der Ausarbeitung eines generellen Bebauungsplanes für die Stadt beauftragt, der im Jahre 1901 fertiggestellt werden konnte. Kersten erwickelte aber auch eigene umfangreiche städtebauliche Aktivitäten, die bis heute entscheidend für das Stadtbild Mindens geblieben sind. Deutlich ist sein Einfluß etwa an der südlichen Bebauung der Kaiserstraße zwischen den beiden Weserbrücken oder an dem weitreichenden Klausenwallprojekt zu sehen, wobei es ihm jedesmal gelang, nicht nur die unterschiedlichen Bauherren, sondern auch verschiedenste Architekten einer gemeinsamen Planung zu verpflichten.

Siehe: Die Restaurierung der Martini-Kirche in Minden. In: Wiener Bauindustriezeitung 8, 1891, S. 234.

1886–1893	St. Martini, Bauaufnahme, Planung und Leitung der Restaurierung (III, S. 78, 264, 280–283, 303, 319, 321, 331 f., 338–340, 343, 347, 404, 466 f., Abb. 185–188)
1887	St. Martini, erstes Projekt für einen neuen Turm
1890	St. Martini, zweites Projekt für einen neuen Turm
1890	St. Martini, Planung des Hochaltars mit Altaraufsatz (Ausführung: Massler/Hannover) (III, S. 282, 374)
1889	Hahler Straße 18 für Brauereidirektor Josef Ostrop
1890/1891	Heidestraße 15 für Telegrafenmechaniker Hagemann
1891	Besselstraße 24, Entwurf und Bau zusammen mit Bauführer W. Meyer
1891	Besselstraße 32 für Lehrer Christian Lindenberg
1891	Obermarktstraße 1, Neubau am Markt für Gastwirt F. Kleiter
1891/1892	Besselstraße 20, Entwurf für Sekretär Wienrich (Bauführer: W. Meyer)
1891	St. Marien, Boden und Dach der Sakristei (III, S. 224)
1891/1892	St. Marien, Leitung der Restaurierung und Neugestaltung des Inneren (III, S. 57 f., 71, 78, 80, 84, 97, 102, 113, 123, 129, 137, 141, 164, 166, 168, 222 f., 224, 226, Abb. 53–55)
1892	Besselstraße 22, Entwurf für Schmied Kriegel (Bauführer: W. Meyer)
1892	Besselstraße 26, Entwurf für Rechnungsrat H. Lange
1892	Hohnstraße 5, Lagerhaus für Endeler & Kumpf
1892	Obermarktstraße 15, neue Fassade und Umbau für Kaufmann A. Creydt (Bauführer: W. Meyer)
1892	Obermarktstraße 35, Saalanbau für Wirt Goliberzuch (Bauführer: W. Meyer)
1892/1894	Heidestraße 7, Bürgerschule II
1893/1899	Hopsten-Schale, evangelische Kirche, Erweiterung
1893/1894	Brüningstraße 2, städtische Töchterschule

1894	Markt 1, altes Rathaus, Außen-Renovierung	1905/1907	Tonhallenstraße 3, Stadttheater, Umplanung der Pläne von Carl Moritz (Mitarbeit C. Matthey)
1894	Petershagen-Lahde, Entwurf der evangelischen Kirche	1906/1909	Großer Domhof 1–2, ehemaliges Regierungsgebäude, Einbau von Toiletten (II, S. 1192, 1201, Abb. 730)
1895	Ritterstraße 21, Aufstockung des Knabenschulhauses an der Alten Kirchstraße	1906	Hafenstraße 2, II. Parrhaus St. Mariengemeinde (nicht ausgeführter Entwurf)
1895/1897	Markt 1, Planung und Bauleitung beim Umbau und Sanierung des Rathauses	1906	Markt 1, Altes Rathaus, Umbau des Inneren
1896	Brüderstraße 16, Krankenhaus, Planungen für eine Krankenbaracke und einen Anbau	1907/1908	Kleiner Domhof 1, Planung und Bauleitung der Rathauserweiterung
1897	Heidestraße 7, Erweiterung der Bürgerschule II	1907	Lindenstraße 3, Neugestaltung der Seitenfront zur Tonhallenstraße
1898	Markt 1, Rathaus, Planung neuer Nebengebäude auf dem Hof	1908	Fischerglacis 11, Wohnhaus für Kaufmann Heinrich Petri (Ausführung: G. König)
1900	Friedrichstraße 9/17, Entwurf für ein Krankenhaus	1908	Hafenstraße 16, Erweiterung der Schule
1900	Kampstraße 24, Werkstatt für Handelsmann F. Rosenfeld	1908/1909	Kleiner Domhof 3, Ansichten, Grundrisse und Schnitte (II, S. 1359, 1361, Abb. 864, 866 f.)
1900	St. Marien, Grundriß der Kirche (III, S. 57)	1908/1909	Bastaubrücke Johansenstraße (städtischer Entwurf) (I.2, S. 900, Abb. 593)
1900/1901	Paulinenstraße 1, Erweiterung und Umbau des eigenen Hauses (Ausführung: Sierig)	1908	Simeonglacis 2, städtische Bedürfnisanstalt
1901	Marienstraße 25 als eigenes Mietshaus (Ausführung: Sierig)	1908/1909	Brüningstraße 2, Erweiterungsbau der städtischen Mädchenschule
1902	Mitarbeiter bei der Erstellung von LUDORFF 1902.	1909	Domstraße 2, Kanalanschluß (II, S. 1439, Abb. 928)
1903	Kampstraße 21, Aufstockung des Schulgebäudes	1909	Domstraße 8, Mädchenschule, Kanalanschluß (II, S. 1455 f., Abb. 939)
1903/1904	Marienstraße 136, Wohnhaus des Friedhofsgärtners	1910	Markt 1, Rathaus, Planung neuer Toilettenanlagen
1903/1904	Marienstraße 134/136, Eingangsportale zum Nordfriedhof an der Marienstraße und »Nach Poggenmühle«	1910	Fröbelstraße 5, Bürgerschule I, Umbau
		1910/1911	Johansenstraße 1, Offizierspeiseanstalt
1904	Hafenstraße 16, Hafenschule	1910/1911	Marienstraße 70 für Gutsbesitzer H. Osthaus (Ausführung: G. Ed. König)
1904	Markt 1, Rathaus, Planungen für Registraturanbau	1910/1911	Marienstraße 111 für Lokführer Karl Gieseking
1905/1906	Marienstraße 134/136, Kapelle auf dem Nordfriedhof	1910/1911	Bleichstraße 2 für Chauffeur August Meyer
		1911	Lindenstraße 18/22, Erweiterungsbau der Zigarrenfabrik Leonhardi

1911 Bismarckstraße 18/20 für Beamtenwohnungsbauverein
1911 Hardenbergstraße 23–33 für Beamtenwohnungsbauverein
1911 Robert-Koch-Straße 7–11 für Beamtenwohnungsbauverein
1911/1912 Robert-Koch-Straße 4 für Beamtenwohnungsbauverein
1911/1912 Hardenbergstraße 32–36 Miethäuser für Beamtenwohnungsbauverein
1912 Moltkestraße 2/4 für Beamtenwohnungsbauverein
1912 Nettelbeckstraße 2, 4/6, 8/10, 12/14, 16/18, 20/22 für Beamtenwohnungsbauverein
1913 Bad Salzuflen, Kinderheilanstalt (für 250 Mädchen) für fürstl. lipp. Badeverwaltung

Kersten, Valentin
Architekt und später Regierungs- und Baurat bei der Regierung in Minden (von 1910 ? bis zu seiner Pensionierung um 1924). Wohl nicht verwandt mit dem Mindener Stadtbaumeister A. Kersten. Valentin Kersten (geb. 1.5.1857 Kassel, reformiert, gest. 18.6.1953 Minden) war der Sohn des August Wilhelm Kersten und seiner Frau Eva Catharina Schüßler und heiratete Emilie W. E. Erdmann. Nach einer Ausbildung an der Provinzialgewerbeschule in Kassel zunächst Tätigkeit in einer Maschinenfabrik, dann 1875/1879 Studium an der PTS Hannover und etwa 1883/1884 Mitarbeit im Büro von C. Hehl/Hannover, hier Bauleitung beim Rathaus in Hannover-Linden (KOKKELINK 1998, S. 540), wohnte 1910/1918 Fischerglacis 11, dann bis etwa 1940 Blumenstraße 21, danach bei seiner Tochter Gutenbergstraße 14. Kinder: die Lehrerin Gertrud Kersten und der Arzt Wilhelm Kersten (geb. 5.10.1890 Frankfurt/Main), der noch 1921 bei seinen Eltern in dem Haus Blumenstraße 21 wohnte.

Kerstin
Organist der reformierten Kirche, Minden.
1810 St. Marien, Revision des Kostenanschlags zur Orgelreparatur von Birkemeyer (III, S. 171)

Keyser
Schlosser.
um 1878/1879 Großer Domhof 10, Präsidialkurie, Modernisierung (mit anderen) (Bauführer: Hölscher) (II, S. 1295)

Kiche
Uhrmacher.
1858 Dom, Reparatur der Uhr (Abnahme: Uhrmacher Hillermann) (II, S. 860)

Kienlein, J.
Maler, wohnte 1851 Tränkestraße 12, 1852 Videbullenstraße 24.
1830 (?) Dom, Umgestaltung des Inneren, Reparatur und Neuanstrich von Türen, Arbeiten am Taufbecken (Planung und Leitung: Burgheim) (II, S. 454, 724)
1833 Dom, Umgestaltung des Inneren, Reinigung und Fassung der Kommunionbank (II, S. 746)
1834 Dom, Umgestaltung des Inneren, Fassung von Beichtstühlen und Reliquienschrank (II, S. 748, 751)

Kierrmann, Gustav
1752–1772 Gießermeister in Åkers Bruk/Schweden (I.2, S. 916).
1770 Schwichowwall, Schwichowdenkmal, 6 Kanonenrohre (I.2, S. 916, Abb. 603a)

Killier, Chistoffer
Maurermeister. 1732 als Mitglied der St. Martini-Pfarre genannt (KKA Minden).
1737 Alte Kirchstraße 16, Konrektoratshaus für Stadt Minden

Kind, August
Architekt. Geboren um 1826, wohnte 1846 zur Miete in dem Haus Markt 2.

Kiene-Bau KG
Baugeschäft mit Beton-Fertigteil-Fabrik in Stadthagen von Robert Kiene.
1970   Luisenstraße 12
1970   Luisenstraße 14/14 a
1970/1971 Danziger Straße 2/4
1982   Dorotheenstraße 3–11
1983   Königstraße 77 a
1991   Heidestraße 11
1991   Lichtenbergstraße 10
1993   Bierpohlweg 19
1993   Cecilienstraße 8
1994   Marienstraße 43 a
1994   Marienstraße 45, Sanierung

Kienlein
Maler.
1833   Domkloster, Weißen von Grabsteinen (II, S. 704)

Kieschke, Paul
Geheimer Oberbaurat in Berlin (geb. 1851, gest. 1905). Ein großer Planbestand in der Plansammlung der Universitätsbibliothek TU Berlin erhalten.
1892/1894 Berlin, Leipziger Straße 125, Gebäude für das Ministerium für öffentliche Arbeiten
1899/1903 Hannover, Hardenbergstraße, Gebäude für das Polizeipräsidium
1901/1903 Berlin, Jägerstraße 21, Gebäude der preußischen Staatsbank
1902   Weserglacis 2, Planung für das Regierungsgebäude
1903   Koblenz, Planung für das Regierungsgebäude
1903   Potsdam, Planung für das Regierungsgebäude

Kilger (Killger), Christoph
Maurer, 1739 Maurermeister an der Petrikirche.
1721   Großer Domhof 9, Kurienhof, Reparatur (mit Anton Genahl) (II, S. 1277)

Killing, K.
Regierungsbaumeister. 1893 als bautechnischer Hilfsarbeiter bei der Regierung Minden, wohnte Königstraße 73.

Kinkelbur, August
Architekt in Hille-Rothenuffeln.
1933   Lübbecker Straße 27 für Arbeiter Friedrich Köster

Kirchfink, C.
Architekt in Oberhausen-Sterkrade.
1936   Steinstraße 31 für Ingenieur Hans Kolf

Kirchhof
Architekt in Minden.
1989   Hufschmiede 15, Sanierung

Kirchhoff, Gernot
Ab 1946 Mitarbeiter im Mindener Büro von Werner March, 1950/1962 im Büro von Dr. Slawinski. 1972 vereideter Sachverständiger für das Hochbauwesen, wohnte 1952 Goebenstraße 22, 1964/1972 Goebenstraße 11, 1984 Zwischen den Wegen 21
1946   Großer Domhof und Dom (Mitarbeit bei der Wiederaufbauplanung von W. March)
1947   Marienstraße 134/136, Nordfriedhof, Grabstätte Strohtmann (Mitarbeit bei der Planung von W. March)
1947   Königswall 105, Gartenhäuser Strohtmann (Mitarbeit bei der Planung von W. March)
1950   Rodenbecker Straße 12, Essigfabrik Strohtmann (Mitarbeit bei der Planung von W. March)
1967   Weingarten 26, Garagengebäude

1972 Weingarten 16, Aufstockung des Lagerbaus Kornbrennerei Strothmann (Ausführung Sierig)
1989 Hufschmiede 17/19, Neubau des Wohn- und Geschäftshauses

Kirchner, Willy
Dipl.-Ing. und Baurat a. D. in Bielefeld. Geboren am 20.11.1909 in Stuttgart. Architekturstudium an der TH in Stuttgart und Berlin. Danach in Berlin tätig, wo er insbesondere Sportanlagen plante und errichtete, seit 1946 bei der Bauverwaltung in Bielefeld. 1948–1951 Leiter des Hochbauamtes der Stadt Bielefeld, dann bis 1979 technischer Leiter bei der Baugesellschaft Sparrenberg (Teil des Oetker-Konzerns). Plante eine Vielzahl von Sportstätten und Bauten im Zusammenhang mit dem Oetker-Konzern. Starb am 4.2.1991 in Bielefeld.
1956 Bielefeld, städtisches Hallenbad
1960 Königswall 8 a, Hallenbad für Stadt Minden
1966 Bünde, Borriesstraße 72, Hallenbad für Heinrich Hensiek
Bielefeld, Hallenbad am Kesselbrink
Bielefeld, Sportzentrum Gadderbaum

Kirpe, Zacharias
1747 Großer Domhof 9, Kurienhof, vermutlich kleinere Reparatur (II, S. 1277)

Kirschstein, Christian
Architekt.
1975 Kaiserstraße 7, Erweiterung des Kaufhauses
1977 Obermarktstraße 24, Umbau des Erdgeschosses

Kiss, Martin
Architekt in Bielefeld.
1984 Greisenbruchstraße 14–18 für Willy Kissel

Kissing, Reinhold
Architekt BDA in Osnabrück.
1954 Sedanstraße 4 für Wilhelm Schulte
1955 Marienglacis 15, Haus nach »Neu-Norm« für Gustav Hattenhauer (zusammen mit Uekermann/Vlotho)

Kistenmacher, <u>Wilhelm</u> Hans Georg
Architekt in Minden (geb. 17.6.1880, gest. 22.5.1930). Offensichtlich kam der junge Kistenmacher nach abgeschlossener Architektenausbildung im Herbst 1903 nach Minden, wo er zunächst mit einer Umplanung eines im Bau befindlichen Hauses in Formen der Wiener Sezession in Erscheinung trat, dann 1904 für kurze Zeit im städtischen Bauamt beschäftigt war, um sich noch im gleichen Jahr selbständig zu machen. Er unterhielt bald ein großes und erfolgreiches Büreau für Bauausführungen aller Art, Architektur und Kunstgewerbe (Briefkopf von 1909) und war Mitglied im BDA. 1912 bezeichnet er sich als Architekt und als vereidigter Sachverständiger für Taxation von Gebäuden und Liegenschaften, in dem 1912 bis 1924 auch der Maurer Heinrich Stremming aus Barkhausen beschäftigt ist (zu dieser Firma bestanden seit seinen beruflichen Anfängen engste Kontakte und man errichtete gemeinsam eine Anzahl von großen Bauten). Er dürfte Mitglied der Bürgergesellschaft »Harmonie« gewesen sein, für die er verschiedene Bauprojekte durchführte. Kistenmacher war Mitglied des Krieger Verein Minden sowie 2. Vorsitzender des »Fischerei-Verein Minden e.V.«

Über seine familiären Verhältnisse ist kaum etwas bekannt. Seine 1927 verstorbene und bis zuletzt in seinem Haushalt lebende Mutter Magdalena stammte aus Salnns bei Schwarzenbeck, wo sie am 5.4.1850 geboren worden war. Kistenmacher wohnte bis 1909 in dem Haus Goebenstraße 12, wo er auch auch sein Büro unterhielt, um dann in das von ihm erbaute Haus Goebenstraße 22 zu ziehen, wo er in den folgenden Jahrzehnten lebte und arbeitete. Aus

seiner Ehe mit Klara Liesbeth Lässig stammten die Söhne Hans (keine weiteren Daten bekannt) und Helmuth (geb. 14.11.1906, gest. 29.5. 1970), der 1929 als Student nach Berlin verzog. Ob Gustav Kistenmacher ein weiterer Sohn des Architekten war, konnte nicht geklärt werden (er wird in der Todesanzeige von Wilhelm Kistenmacher nicht genannt). Er veröffentlichte 1950 in Tübingen ein Buch unter dem Titel: Fertighäuser. Montagebauweisen, industrielles Bauen (ein Kistenmacher ist 1952 Baumeister der Zeche in Unna-Königsborn).

Kistenmachers Klientel setzte sich aus dem gehobenen Bürgertum zusammen, wobei er das Arbeitsfeld des Architekten Kelpe nach dessen Fortzug aus Minden übernehmen konnte. Neben dem hervorgehobenen Wohnbau und der Errichtung großer Wohn- und Geschäftshäuser in der Innenstadt beschäftigte er sich insbesondere auch mit dem Industriebau und war insbesondere der Reformarchitektur zugewandt, aber später auch – und nicht nur im Bereich der Gestaltung – neuen Strömungen der Bauentwicklung gegenüber aufgeschlossen. Nach dem Ersten Weltrieg beschäftigte er sich vor allem mit kleineren Baumaßnahmen, aber ab 1923 auch mit einigen ausgesprochenen Großprojekten, wobei die Aufträge aus dem örtlichen Gewerbe und der Industrie stammten. Hier wandte er (parallel zu Richard Moelle) modernste Bautechniken, insbesondere den Eisenbetonbau an. 1925 ist er Geschäftsführer des Baugewerkenamtes, das zwischen 1925 und 1927 nach seinen Plänen (zuletzt zusammen mit Hans Korth) eine große Siedlung mit 54 Häusern und zahlreichen Wohnungen nördlich des Karolingerringes erstellte.

1903/1904 Hermannstraße 30, Fassade für Josef Hauke (Umplanung der Pläne: Maurermeister Stremming/Barkhausen)
1904 Aminghauser Straße 56, Wohnhaus und Stall für Gärtner Carl Heper
1904 Bäckerstraße 34, Umbau des Hinterhauses Großer Domhof 5 für Feinkosthändler Karl Frerich (II, S. 1230 f., Abb. 761)
1904 Friedrich-Wilhelm-Straße 13, Umbau und Aufstockung des Hotels Korte
1904/1905 Hermannstraße 2 für Josef Hauke und Ferd. Tusche (Ausführung: G. Kuhlmann/Todtenhausen)
1904/1905 Hermannstraße 25 für Josef Hauke (Ausführung: Maurermeister Stremming/Barkhausen)
1905 Aminghauser Straße 56, Gewächshaus für Gärtner Carl Heper
1905 Bäckerstraße 47/49, Umbau des Hinterhauses des Hotels
1905 Blumenstraße 7, Fassade für Katasterzeichner G. Krending (Ausführung: G. Kuhlmann)
1905 Hermannstraße 37/39 für Josef Hauke (Ausführung: Stremming/Barkhausen)
1905 Königstraße 86, Umbau
1905 Lindenstraße 33, Erweiterung des Hintergebäudes für den Fabrikanten Kaschel
1905 Markt 12, Schaufenstereinbau
1905/1906 Lindenstraße 35, Fabrikgebäude für Stoffdruckerei Küster (Ausführung: Homann)
1906 Fort C, Einrichtung der Farbenfabrik Cordes & Co
1906 Kleiner Domhof 7, Sanierung des Fachwerks und Umbau zum Hotel (II, S. 1376)
1906 Vinckestraße 9, Wohn- und Geschäfts- sowie Lagerhaus für Adolf Koldewey
1906/1907 Festungsstraße 3, Bürogebäude der Dachpappenfabrik Timmermann
1906/1907 Hafenstraße 2, Pfarrhaus der St. Marien-Kirchengemeinde
1906/1907 Lindenstraße 37, Villa für Hermann Kaschel (Ausführung: C.W.Homann)
1907 Marienstraße 114, Umbauten
1907 Marienwall 10/12, Umbau und Erweiterung des evangelischen Vereinshauses

1907	Wilhelmstraße 18, Um- und Erweiterungsbau für Kaufmann Walter Vogeler
1907/1908	Friedrichstraße 8 für Kaufmann K. Bergkirch
1907/1908	Vinckestraße 7 für Schuhmachermeister Jos. Daniel Kruse
1908	Kampstraße 35 für Rechtsanwalt Engelsing (vermutet)
1908	Markt 4, Umbau
1909	Goebenstraße 22 (als eigenes Wohnhaus)
1909	Johanniskirchhof 2, Umbau für Schlosser Voss
1909	Königstraße 40, Abortanlage Firma Sültemeyer
1909	Markt 22, Umbauten zu Gasthaus
1909	Viktoriastraße 56 für Gastwirt Heinrich Brüning
1909	Viktoriastraße 58 für Gastwirt Heinrich Brüning
1909/1910	Bäckerstraße 11, Umbauten und Neubau Hintergebäude (für Kaufmann Huge)
1910	Blumenstraße 4, Gartenhaus aus Spalierlatten für Obermusikmeister Wichmann
1910	Fischerglacis 21 für Zimmermeister Plöger (nicht ausgeführt)
1910	Rodenbecker Straße 8, Wiederherstellung nach Brandschaden
1910/1911	Brühlstraße 2, Umbau und Aufstockung für Witwe Sicars
1910/1911	Obermarktstraße 15, Wohn- und Geschäftshaus für Kaufmann A. Creydt
1911	Am Fort C 9, Planung zum Umbau zur Dachpappenfabrik für Heinrich Hölterhoff (nicht ausgeführt)
1911	Bäckerstraße 7, Umbau
1911	Bäckerstraße 20, Planungen für neue Fassade und Umbau für Schlachter H. Schwiering
1911	Kaiserstraße 8, Umbau des Erdgeschosses
1911	Steinstraße 26 für den Bauunternehmer Wilhelm Hitzemann
1912	Bäckerstraße 12, Umbau des Hinterhauses
1912	Bäckerstraße 47/49, Einbau Fahrstuhl (von C. Flohr/Berlin)
1912	Festungsstraße 3, Dachpappenfabrik Timmermann, Arbeiteraufenthaltsgebäude
1912	Fischerglacis 1 für Kreisbahn-Obering. L. Haidacher (Ausführung: Schmidt & Langen)
1912	Goebenstraße 15 für den Kleinbahnkontrolleur R. Habermann
1912	Hohnstraße 27, Umbau Kaufhaus Hermann Hagemeyer
1912	Karlstraße 23, Farbenfabrikgebäude mit Wohnhaus für Cordes & Co.
1912	Kleiner Domhof 6, Kurienhof, Umbau zur Konditorei (II, S. 1367, 1369, Abb. 874
1912	Königstraße 41, Umbau des Erdgeschosses
1912	Markt 10, Umbau
1912	Obermarktstraße 1, Umbau des Erdgeschosses
1912	Ritterstraße 10, Vorder- und Hinterhaus für Malermeister D'Arragon
1912	Wilhelmstraße 15, Umbau und Erweiterung der Werkstatt von Fritz Drabert
1912/1913	Simeonglacis 19 für Kaufmann Karl Hempell
1913	Bäckerstraße 47/49, Glasdach über dem Eingang
1913	Großer Domhof 8, Erweiterung des Bankgebäudes (Anbau) (II, S. 1271 f.)
1913	Kutenhauser Straße 62 für Arbeiter August Röper
1913/1914	Bäckerstraße 74/76, Wohn- und Geschäftshaus für Kaufmann Adolf Koldewey
1913	Hohnstraße 27, Umbau der Schaufenster am Kaufhaus Hermann Hagemeyer

1913 Wilhelmstraße 15, Stallung für Fritz Drabert
1914 Bäckerstraße 72, Aufstockung
1914 Fischerglacis 23, Anbau
1914 Tonhallenstraße 5/7, Kreishaus, Planung für Umbau des Kassenflügels
1914 Lindenstraße 23, Umbauprojekt für das Gesellschaftshaus Harmonie
1919 Stadtbahnhof der Kreisbahn, provisorisches Empfangsgebäude an der Hermannstraße
1919 Bäckerstraße 21/23, Umbau der rückwärtigen Werkstatt
1919 Bäckerstraße 34, Umbauten
1919 Bäckerstraße 47/49, neue Fassade des Hotels »König von Preußen«
1919 Königstraße 47, Ladenanbau für Eisenhandlung Griese (Königstraße 45)
1919 Lindenstraße 23, Umbau des Gesellschaftshauses der Harmonie
1920/1924 Goebenstraße 24 für Holzhändler Friedrich Ernst
1920 Karlstraße 48, Umbau des Sägewerkes zur Lokhalle der Kreisbahn
1921 Bäckerstraße 74/76, Umbauten
1921 Bleichstraße 28 für Otto Schlötel (Ausführung durch Baugeschäft A. Engelmann)
1921 Hermannstraße 8, Umbau von Saal und Gastwirtschaft
1921 Lübbecker Straße 12, Fabrikerweiterung für W.H. Kaufmann
1921 Tonhallenstraße 5, Umbau des Kassenflügels im Kreishaus
1922 Bäckerstraße 74/76. Umbauten
1922 Johannisstraße 6 rechts, Umbau für Heinrich Möller
1923 Karlstraße 15, Schokoladenfabrik Eberts (Ausführung: K. Weber/Porta)
1923 Markt 22, Umbauten
1923 Simeonstraße 4, Umbau des Erdgeschosses
1924 Johannisstraße 3, Wiederaufbau (nicht ausgeführt)
1924 Klausenwall 22 für Uhrmacher Ewald Siede
1924 Parkstraße 24 für Fabrikdirektor Otto Schulz
1924 Rodenbecker Straße 19 für Max Feige
1924/1925 Bäckerstraße 61, Wohn- und Geschäftshaus für Heinrich Möller
1925 Bäckerstraße 47/49, Umbau
1925 Bertramstraße 1–24, Siedlungshäuser für das Baugewerkenamt
1925 Engelbertstraße 1–23, Siedlungshäuser für das Baugewerkenamt
1925 Gerhardstraße 2–26, Siedlungshäuser für das Baugewerkenamt
1925 Karolingerring 53–59, Siedlungshäuser für das Baugewerkenamt
1925 Kutenhauser Straße 3, Lagerhaus für Baustoffhandel Gustav König
1925 Obermarktstraße 25, Umbau des Ladens und Vergrößerung Schaufenster
1926 Bäckerstraße 8, für Druckerei Leonardy (Ausführung Firma Emil Gremmels)
1926 Kutenhauser Straße 5, Lagerschuppen für Baustoffhandel Gustav König
1926 Rosentalstraße 3, Landwirtschaftsschule für Kreis Minden
1926 Rosentalstraße 5, Beamtenwohnhaus für Kreis Minden
1927 Kaiserstraße 11, Umbau des Ladengeschäftes
1927 Kutenhauser Straße 95, Umbau und Erweiterung als Gasthaus
1927 Marienstraße 5, Anbau Büro
1927 Marienwall 11 für Kaufmann H. Tetmeier (Ausführung: E. Gremmels)
1928 Festungsstraße 3, Verwaltungsgebäude der Kistenfabrik Timmermann
1928 Wilhelmstraße 15, Lagerhaus für die Firma Drabert

Klahn
Architekt.
1904/06 Heidestraße 10, kaiserliche Oberpostdirektion, Bauleitung

Klais, Johannes
Orgelbauer in Bonn.
1913/1914 Dom, Erneuerungs- und Instandsetzungsplanungen zur Westorgel (II, S. 821, 826, 837)
1926–1931 Dom, Querhausorgel (Revision: Erzdiözesanbaumeister Heinrich Renard und Joseph van Geisten BDA, Köln; Prospektgestaltung: Hiecke/Berlin; Bauleitung: Quast) (II, S. 836–838, Abb. 658 f.)
1927 Dom, Interimsorgel (II, S. 827)
1955 Dom, Angebot zu einer Westorgel (II, S. 841)
1993 Dom, Prospektentwürfe zu neuer Westorgel (II, S. 841)

Klaßmeier
Orgelbauer in Kirchheide
1910 Wehdem, Neubau im alten Gehäuse der nach Wehdem verkauften kleinen Domorgel (II, S. 835)

Klausing, Heinrich Christian (auch Hinrich)
Orgelbauer in Herford.
1695 Dom, Stimmen der Westorgel (II, S. 822)
1703 Dom, Reparatur der Westorgel (vermutet) (II, S. 822)
1703 St. Mauritius, Orgel (III, XXV, S. 55, 531)

Kleffmeier
Bildhauer in Obernkirchen.
1598 St. Marien, Taufstein (vermutet) (III, S. 166)

Klein
Prof.
um 1894 Dom, Kreuzweg, Öl auf Kupfer (Rahmen: H. Volkhausen) (II, S. 891)

Klein, Ludwig
Baugewerksmeister, Architekt und Bau-Ingenieur mit Baugeschäft; wohnte 1929/1932 Stiftsallee 2, 1950/1972 Saar-Ring 15. 1932 Gründer der »Randsiedlungs-Gemeinschaft«, die eine Siedlung mit 100 Lehmhäusern an der Seydlitzstraße errichten wollte. Die Siedlung wurde 1932/1933 in reduzierter Form unter Leitung der Dünner Heimstätte am Schwabenring ausgeführt.
1929 Brühlstraße 6 für Ferdinand Wege
1929 Hermannstraße 57 für Reinigungsbesitzer Otto Osten (Ausführung: Karl Scheidemann)
1929 Viktoriastraße 37 für Malermeister Heinrich Bickmeier
1930 Salierstraße 4 für H. Nerge
1950 Roonstraße 15 für Magdalena Schwarze (Ausführung: Homann)
1950 Stiftsallee 5, Wiederaufbau eines Behelfsheimes für Melitta-Werke
1951 Marienstraße 61, Konzept für Anbau eines Magazin- und Bürogebäudes
1956 Kutenhauser Straße 40 für Helmut Meier
1956 Stiftsallee 3, Umbau
1959 Grüner Weg 3, Garagen

Kleinert
Legte 1817 in Minden die Maurermeisterprüfung ab (KAM, Mi, F 372).

Kleist, Udo
Architekt (geb. 15.6.1938 Pyritz/Pommern), seit 1945 in Porta Westfalica-Eisbergen. Absolvierte seit 1954 eine Maurerlehre, anschließend Gesellenzeit und studierte von 1960 bis 1963 an der staatlichen Ingenieur-Schule für Bauwesen in Siegen, wo er 1963 die Prüfung als Hochbauingenieur ablegte. Von 1963 bis 1965 bei der Stadt Minden in der Hochbauabteilung beschäftigt (Planungen für das Krankenhaus und Schulen), seitdem als selbständiger Architekt tätig. Büro 1970/1980 Fischerglacis 3, 2006 Kuckuckstraße 35.
1976 Bierpohlweg 53, Dachausbau
1978 Rosentalstraße 1

1981 Stiftstraße 47 a/b
1982 Poelmahnstraße 5
1983 Stiftstraße 49, Umbau
1988 Bäckerstraße 33, Umbau des Hinterhauses zur Deichhofstraße
1989 Hufschmiede 11, Sanierung
1991 Königstraße 84, Wintergarten (Bürogemeinschaft Kleist & Rasch)
1992 Bäckerstraße 41 und 43, Umbau und Erweiterung

Kleukert
Meliorationsbauinspektor bei der Regierung Minden.
1903/1904 Leitung der Bauarbeiten zur Bastauverlegung (Auftrag von 1901)

Kliche & Pfeifer
Architektur-Büro in Hannover.
1962 Fuldastraße 4, Werkshalle

Kling
Regierungsbaumeister (geb. 1903), In dieser Funktion 1937 bei der Heeres-Neubauleitung in Minden.
1935/1936 Am Exerzierplatz 5–9 / An der Grille 2 / Gneisenaustraße 2 und 6 / Zur Schmiede 7, Gneisenaukaserne, Bauleitung (I.2, S. 854–864, Abb. 564–571)
1935/1936 Porta Westfalica, Auf der Grille (Vikotoriastraße Minden), Gneisenaukaserne
1936 Simeonscarré 2, Kaserne III, Umbau-Entwürfe (I.2, S. 741, Abb. 492, 495, Pläne Nr. 2, 3)
1937 Viktoriastraße 21 b, Exerzierhaus, Umbau (I.2, S. 833)

Klimpel, Doris siehe **Richtzenhain**, Doris

Klinkert, Paul
Regierungsbaumeister in Liegnitz. Wurde 1899 zum ersten Leiter des Wasserwirtschaftsamtes Minden berufen, wohnte 1910 Kaiserstraße 8 und wurde 1912 nach Magdeburg versetzt.

Klöpping
Techniker und Zeichner in der Garnisons-Bauverwaltung.
1878 St. Marienstift, Situationsplan des Festungsgefängnisses sowie Grundrisse der als Gefängnisse dienenden Gebäude des Festungsgefängnisses zu Minden (III, S. 227, Abb. 157, 162)
1878 »Festungsgefängnis« (Lageplan und Einzelbauten) (I.2, S. 290–292, Abb. 156, Kat.-Nr. 139 f. – III, Abb. 162)

Kloth, Jacob
Holzhändler.
1739 Dominikanerkirche St. Pauli, Stuhlbänke für evangelisch-reformierte Gemeinde (III, S. 577)
1740 St. Petri, Holzlieferung für Dachwerk (III, S. 591)

Kloth, Johann Christian
Zog um 1735 aus dem nördlich von Minden liegenden Dorf Todtenhausen nach Minden und bezeichnete sich als Mühlenbaumeister und Zimmermeister. 1751 wurde festgestellt, daß er nicht als Zimmermeister zugelassen ist, aber als solcher arbeitete. 1754 wurde er als Mitmeister in das Zimmergewerk aufgenommen, da er schon seit 20 Jahren für die Mindener Domänenkammer Mühlen gebaut und repariert habe. Zudem forderte 1755 die Regierung den Schutz seiner Zimmertätigkeit (siehe KAM, Mi, C 345). 1764 als einer der vier in der Stadt arbeitenden Zimmermeister genannt.
1737 Dom, durchgehendes Dach mit liegendem Stuhl über den beiden westlichen Jochen (Ausführung: Zimmermeister A. Ruprecht) (II, Abb. 311)
1740 Domkloster, Gutachten zur Erneuerung des Westflügels (II, S. 496)
1740 Steinweg, Reparatur der Kumpfmühle

1744/1745	Dom, Langhaus, Erneuerung des Dachwerks (II, S. 417, 421, Abb. 310)
1746	Königstraße 7, Abbruch Kornhaus des Domkapitels
1748/1755	Dom, Dachreiter über der Vierung (II, S. 422, 424, 434, Abb. 314)
1749	Dom, weitere Konstruktionszeichnungen zu einem neuen Dachreiter über der Vierung (II, S. 417)
1751	St. Marien, Abbruch und Neubau des Turmhelmes, Plan und Ausführung (III, S. 70, 125, 135 f., 148, Abb. 101)
1751/1752	Bad Oeynhausen-Eidinghausen, Projekt für ein Pfarrhaus
1752	Dom, Kostenanschlag zu Neubau des Dachreiters sowie Reparatur der Querhaus- und Chordächer (Leitung: Baurat Dames) (II, S. 423 f., 845)
1754	Greisenbruchstraße, Planungen zum Wiederaufbau seines eigenen abgebrannten Hauses
1754	Lindenstraße 25 (?), Lusthaus im Bruchgarten von Kammersekretair Könemann
1755	Kampstraße 33, Holzlieferung zum Pfarrhaus von St. Marien
1770	Weserbrücke, Errichtung von drei Eisbrechern im Strom

Kloth/Kloht, Johann Ernst
Zimmermeister. Wohl Sohn des Johann Christian Kloth und 1764 als Zimmermeister in Minden zugelassen (KAM, Mi, C 345) und schon in diesem Jahr als einer der vier in der Stadt arbeitenden Zimmermeister genannt, 1771 Stadtzimmermeister (KAM, Mi, C 347). Für seinen eigenen Besitz erbaute er 1763 das Haus Greisenbruchstraße 24, das 1775 ein Obergeschoß erhielt und nun an vier Parteien vermietet wurde. Er kam auch in den Besitz der Wallfahrtsteich-Mühlen vor der Stadt (Wallfahrtsteich 21) und starb vor 1791. In diesem Jahr verkaufen die Erben des Zimmer- und Mühlenbaumeisters Kloth aus Kutenhausen die Wallfahrtsteich-Mühlen sowie sein Mietshaus Greisenbruchstraße 24.

1758	Vinckestraße 3, Vikarie, Visitation (mit Maurermeister Becker) (II, S. 1322)
1759	Kleiner Domhof 13, Vikariatshaus, Kostenanschlag Dacharbeiten (mit Maurermeister Becker) (II, S. 1420)
1763	Greisenbruchstraße 24 für eigene Zwecke
1767	Lindenstraße 44, Neubau der Lohmühle am Priggenhagen
1767	Großer Domhof 5, Reparaturanschlag der Sacellanathäuschen (II, S. 1229)
1769	Domstraße 4/6, Vikarienhaus, umfangreiche Reparatur (zusammen mit anderen) (II, S. 1442 f.)
1769	Großer Domhof (ohne Nummer), ehemalige Domkurie, Innenumbau (II, S. 1250)
1770	Großer Domhof 10, Kurienhof, Reparaturanschlag (zusammen mit anderen) (II, S. 1291)
1774	Domstraße 14, zwei Kamerariate, Reparaturanschlag (zusammen mit Meining) (II, S. 1467, 1470)
1774	Großer Domhof 5, Reparaturanschlag des Kommendehauses (II, S. 1228)
1774/1775	St. Marien, Arbeiten an Kirchturm und Predigerhaus (III, S. 136)
1775	Greisenbruchstraße 24, Erweiterung
1777	Domstraße 12, Sacellanathaus I, Reparaturanschlag (II, S. 1461)
1777	Großer Domhof 10, Kurienhof, Reparaturanschlag (zusammen mit anderen) (II, S. 1292)
1777/1778	Domkloster, Baumaßnahmen an der Kapitelstube (zusammen mit anderen) (II, S. 497)
1782	Brüderstraße 8 für Buchdrucker Enax (zusammen mit Maurermeister Wolff)
1783	Bäckerstraße 37, Gutachten über die ausgeführten Arbeiten

Kloth, Christian (auch Cloth)
Wegebaumeister, 1793 bis 1809 Landbaumeister bei der Regierung in Minden. Der cand. Amth Christian Kloth mit Feldmesserexamen wurde 1790 bei der Regierung Minden angestellt und bewarb sich 1791 mit seinem Baumeister-Prüfungsattest auf eine Landbaumeisterstelle. Bestallung zum Landbaumeister am 20.3.1792.

1809 Gutachten über den Zustand des großen Glintweges (V, Fasanenstraße)
1809 Hufschmiede, Planung zum Ausbau der Straße
Anfang 19. Jahrhundert Alte Kirchstraße 9–15, Bestandsplan städtischer Bauhof (IV, Abb. 24)

Klodt (auch Klohd bzw. Kloht oder Kloth), Johann Georg (Heinrich) Jun.
Landbaumeister bzw. Districts-Baumeister (geb. 8.11.1764 in Minden, vor 1807 mit vier Söhnen verwitwet, gest. um 1826), Sohn des aus Detmold 1747 nach Minden zugezogenen Müllers Johann Georg Klodt (siehe dazu I.1, S. 485 f.). Er studierte in Berlin und wird 1791 als erster Minden-Ravensbergischer Land-Baumeister bezeichnet (KOHL 1943, S. 46), ferner daselbst Wegebaumeister. 1807 als Distrikt-Baumeister in Minden genannt. Betrieb aber auch die vom Vater ererbten Mühlenbetriebe. 1795/1797 lebte er zur Miete in dem Vikarienhaus Vinckestraße 3. 1804 ist er Eigentümer der Deichmühle, der Windmühle auf dem Brückenkopf sowie einer Schiffsmühle auf der Weser. 1806 wird der Landbaumeister Kloth als Eigentümer des Hauses Vinckestraße 7 genannt. Drei seiner vier Söhne lebten 1815 noch mit ihrem Vater in dem Haus Hahler Straße 4: 1) Carl (geb. 1794); 2) August (geb. 1796); 3) Heinrich (geb. 1798). 1805 wird er von der königlichen Regierung mit der Wahrnehmung der hiesigen städtischen – und Garnisons-Bausachen, ... jedoch mit Ausschluß der Wasser- und Brückenbauten an der Weser betraut, da der Landbaumeister Funck zu stark anderweitig beschäftigt sei (KAM, Mi, C 829). In seiner Tätigkeit als Landbaumeister scheint er nicht besonders befähigt gewesen zu sein, da der Präsident von Vincke 1801 beim Neubau der Schule in Vennebeck besonderen Wert darauf legte, daß sich Kloth nicht einmischen möge (freundl. Hinweis Th. Spohn nach STA MS, KDK Mi, 3358). 1809 als District-Baumeister und 1822 als Bau-Conducteur bezeichnet.

1791 Großer Domhof 9, Kurienhof, nicht ausgeführte Planung mit Kostenanschlag (II, S. 1276, 1280)
1792 Großer Domhof 9, Kurienhof, Prüfung Pläne Landbaumeisters Vagedes zum Neubau (II, S. 1280)
1792–1793 Großer Domhof 8, Kurienhof, Neubau (Entwurf und Bauleitung) (II, S. 1265)
1793 Großer Domhof 9, Kurienhof mit Torhaus, Gutachten der von Vagedes vorgelegten Pläne sowie ausgeführter Planung (Ausführung: Wehdeking, Henniger, Wolff, Petersen) (II, S. 1280 f., 1288 f.)
1794 St. Simeon, Gutachten zum Bauzustand des Kirchturms (III, S. 712 f.)
1794 Bielefeld, Burg Sparrenburg, Abbruch steinerner Turm und Reparaturen (Ausführung Menckhoff)
1795 Großer Domhof 9, Kurienhof, Wirtschaftsgebäude (Kostenanschlag: Henniger) (II, S. 1276)
1796 Marienkirchplatz 5, Revision der Baurechnung
1796/1797 Petershagen-Windheim, Pfarrhaus (Ausführung: Wehking und Henniger)
1797 Vinckestraße 7, Neubau (vermutet) (II, S. 1338)
1797 Rahden, Projekt für ein Pfarrhaus der II. Pfarre
1799 Weserbrücke (Brücke über die Bastau), Gutachten über den Zustand des Brückenbogens

1799/1802 Petershagen-Heimsen, Pfarrhaus (Ausführung: Bruns/Rasbend)
1800 Domstraße 14, Rektoratshaus Nr. 147 P, Gutachten über Baumaßnahmen (II, S. 1474)
1800 Großer Domhof 9, Kurienhof, Revision (II, S. 1281)
1800 Rahden, Pfarrhaus der II. Pfarre
1800/1803 Versmold-Bockhorst, Pfarrhaus, Gutachten zum Bauzustand
1801 Kampstraße 10, Gutachten zum Bauzustand
1801 St. Martini, Revision der Reparaturrechnung über Maler-, Glaser- und Zimmerarbeiten (III, S. 276)
1801 Lienen (Kr. Steinfurt), kath Kirche, Erweiterung und Umbau (STA MS, Plansammlung)
1801/1802 Halle, Schulhaus (Konzept)
1801/1802 Porta Westfalica-Holtrup, Pfarrhaus
1801/1803 Stemwede-Wehdem, Pfarrkirche (Ausführung: Maurermeister Zapfe und Zimmermeister Dinklage)
1802 Löhne-Gohfeld, Pfarrhaus, Kostenanschlag zur Reparatur
1802 Minden-Dützen, Schulhaus
1803–1805 Domstraße 4/6, Rentmeisterkurie (II, S. 1444 f.)
1803/1804 Domkloster, Gutachten zur Giebelsicherung des Südflügels (II, S. 502)
1803 Markt 6, Bauaufnahme der Stützmauer und der Bauruine
1803 St. Martini, Planung der Dachreparaturen (III, S. 324)
1804 Domkloster, Gutachten zum Dachwerk Südflügel (provisorische Reparatur: Imkamp) (II, S. 502)
1804 Domkloster, Ostflügel, Zeichnung des bestehendes Dachwerks (II, Abb. 388)
1804 Domkloster, Gutachten mit Neuplanung Dachwerk Ostflügel (nicht ausgeführt) (II, S. 490, 502, 531–533, Abb. 357) [die Abbildung stellt entgegen ihrer Bildunterschrift die Neuplanung Kloths zum Dachwerk des Ostflügels (Südteil) dar]
1804 Bielefeld-Dornberg, Pfarrhaus, Gutachten zum Bauzustand
1804 Großer Domhof 7, Kurienhof, Neubau mit Scheune (II, S. 1257, 1260–1263, Abb. 786–790, Abb. 791)
1804 Großer Domhof 9, Kurienhof, baubegleitende Untersuchung der wiederverwendeten Fundamente Befunde (II, S. 1282)
1804 Petershagen-Lahde, Pfarrhaus, Gutachten zum Neubauprojekt
1804 Petershagen-Schlüsselburg, Entwurf eines Pfort- und Rathauses (LINNEMEIER 1986, Abb. 40)
1805 Dombezirk, Ausschachtungsarbeiten (Baumaßnahme?) (II, S. 1151)
1805 Halle, Schulhaus
1805 Herford, Stiftbergstraße 32, Kirche St. Marien, Gutachten Bauzustand und zur Sanierung
1805 Herford, Steinweg 23, Pfarrhaus St. Marien, Reparaturanschlag
1805/1807 Großer Domhof 10, Pläne und Kostenanschlag Neubau Kurienhof (Ausführung 1808/1809: Wehdeking) (II, S. 1294)
1805 Petershagen-Buchholz, Projekt eines Pfarrhauses
1806 Großer Domhof 3, Zeichnungen vom Kurienhof (II, S. 1204 f.)
1806 Priggenhagen 3, Baugutachten
1807 Markt 1, Rathaus, Leitung der Restaurierung (Lohn für 11 Wochen 30 Thl)
1807 Herford, Brücke vor dem Steintor (II, S. 1294)
1808 Kleiner Domhof 11, Wichgräflicher Garten, Anweisung zur Instandsetzung des Gartenzaunes (II, S. 1413)
1808/1811 Leitung der Straßenbauarbeiten im Zuge des Chausseebaus durch die Altstadt Minden

1809 Großer Domhof 1–2, Kollegienhaus, Dacherneuerung (II, S. 1184)
1809 Gutachten über den Zustand der Landstraßen vor der Stadt Minden
1809 Bericht des Zustandes der Postwege
1809 Planungen zum Umbau der Steigung an der Hufschmiede
1809 St. Marien, Revision des Kostanschlags zu Orgelneubau/Reparatur von Birkemeyer (III, S. 171)
1809 Stemwede-Wehdem, Projekt für ein Pfarrhaus
1809 Tränke, Bericht über die Tränkebrücke
1810 Bäckerstraße 65, Skizze in Gutachten zur Anlage eines Kanals
1810 Kleiner Domhof 5, Gutachten und Kostenanschlag zur Reparatur (II, S. 1364 f.)
1811 St. Marien, Bestätigung über ordnungsgemäße Ausführung der Orgelreparatur durch Birkemeyer (III, S. 171)
1820 Simeonsplatz 3, Trainschuppen/Proviantmagazin (I.2, S. 411)
um 1820 Alte Kirchstraße 9–15, Plan des Bauhofes (IV, Abb. 24)
1821 Dom, Langhaus, Schadensmeldung über ausgewichene Strebepfeiler (II, S. 297 f.)
1821 Dom, Untersuchung Dachreiter über der Vierung (Kostenanschlag zur Reparatur: Kraushaar 1821; Ausführung: Wehdeking Junior) (II, S. 426, 846, Abb. 316)
1821 Markt 1, Rathaus, Anschlag zur Sanierung des Archivs
1822 Obermarktstraße 36, Bauaufnahme des Hospitals
1825 Markt 1, Rathaus, Anschlag zur Reparatur des nördlichen Anbaus
1826 Markt 1, Rathaus, Aufnahme der Kelleranlagen
1826 Preußisch Oldendorf, Pfarrhaus, Anschlag zur Reparatur

Klönne, August Albert Alexander
Civilingenieur, Erfinder und 1879 Begründer einer Eisen- und Stahlbaufirma in Dortmund (geb. 21. 8. 1849 Mülsborn bei Meschede; gest. 30. 12. 1908 Unna-Königsborn). Der von Sohn und Enkel weitergeführte, zunächst auf Gaswerke-Öfen spezialisierte und 1886 durch den Aufkauf der Dortmunder-Brückenbau-AG von K. Backhaus zu einer allgemeinen Stahlbaufirma erweiterte Betrieb wurde 1966 Teil der Thyssen-Röhrenwerke AG.
1913/1914 Klapptore der Schachtschleuse
1913/1914 Klapptore der Oberschleuse
1978 Schachtschleuse, Hubtor am Unterhaupt

Knackstedt, Adolf
Architekt, zunächst in Porta Westfalica, später in Bückeburg, ab etwa 1936 in Stadthagen ansässig. Er bildete 1928 zusammen mit dem Architekten R. Sturtzkopf in Bückeburg, Bahnhofstraße 14 eine Bürogemeinschaft unter dem Namen »Architektur- und Bauberatungs- Büro Bückeburg«.
1935 Fischerglacis 4 für Versicherungsagent Richard Vorwald
1937 Bachstraße 37 für den Möbelfabrikanten Heinrich Mensching
1937 Waterloostraße 25, Fabrikerweiterung für den Möbelfabrikanten Heinrich Mensching
1938 Bachstraße 37, Gartenplanung

Knackstedt, G.
Architekt in Stadthagen, wohl Sohn des dortigen Architekten Adolf Knackstedt.
1959 Kuckuckstraße 24, Fabrikgebäude für »Ornamin«
1965 Marienstraße 108, Erweiterung

Knappstein
Geometer.
1874 »Brückenkopf während der Befestigung« (I.2, S. 512 f., Abb. 330 f., Kat.-Nr. 261)

Knoch, Paul
Regierungsbaurat in Minden (geb. 17.4.1898 Hannover, gest. 6.12.1982), spätestens 1939 Leiter des Staatshochbauamtes Minden, war vorher offenbar in Aachen tätig, wohnte vor 1945 in dem vom ihm geplanten Haus Herderstraße 11, danach bis 1951 Großer Domhof 6/8 und dann in dem von ihm erbauten Haus Jahnstraße 9. Ab 1955 dann erneut Herderstraße 11. Veröffentlichte 1957 einen Beitrag zum Wiederaufbau des Domes, an dessen Durchführung er wesentlichen Anteil hatte. Paul Knoch war mit Hildegard Weber (geb. 11.1.1900 Lobenstein/Thüringen, gest. 8.8.1976) verheiratet. Gemeinsame Kinder: Klaas (geb. 27.3.1929 Aachen), Wolf-Werner (geb. 27.4.1931 Aachen), Hildegard (geb. 29.12.1933 Aachen, wird 1967 Dr. med und stirbt am 9.12.1973), Peter (geb. 3.3.1935 Aachen, verzog 1963 als Wissenschaftl. Assistent nach Stuttgart), Joachim (geb. 21.7.1936, wird Dipl.-Ing. und verzieht nach 1965 nach Braunschweig) und Dagmar (geb. 5.6.1939, wird Studienrätin in Minden).

Unklar ist das Verwandtschaftsverhältnis zum 1945 in Minden gemeldeten Dipl.-Ing. Wilhelm Knoch (geb. 22.8.1896 Metz) der 1946 nach Hannover zieht.

1936/1937	Herderstraße 11 als eigenes Wohnhaus
1938	Dom, Langhaus, Bauleitung bei Neuverglasung (ikonographisches Programm: Propst Parensen, Entwurf: Prof. Ernst Fey, Ausführung: Firma Deppen) (II, S. 444)
1938	Schierholzstraße, Wohn- und Dienstgebäude des S.W.-Kommandos
ab 1945	Dom, Leitung des Wiederaufbaus (II, S. 74, 221, 301)
1945	Dom, Wiederaufbau des Querhauses, Maßnahmenkatalog (II, S. 221)
1947	Dom, Wiederaufbau des Westwerks, Vorschläge zur statischen Sicherung (II, S. 131)
1947/1949	Kampstraße 31, Wiederaufbau des Kreisgerichtsgebäudes
1949	Dom, Wiederaufbau des Westwerks, Planung der Dächer (II, S. 430)
1949	Dom, Wiederaufbau des Westwerks, Rekonstruktionsvorschlag der Nordseite (II, S. 127 f.)
1950	Hille-Südhemmern, Neubau Schule (Planung mit Architekt Haake) (MT vom 2.2.1951)
1951	Jahnstraße 9 als eigenes Wohnhaus (Vorplanung: R. Moelle)
1952	Dom, Wiederaufbau des Chores, Fundamentverstärkung und -verbreiterung sowie Wiederherstellung des Aufgehenden (II, S. 259, 369, 379)
1952–1954	Dom, Pläne zum Wiederaufbau der Sakristei (II, S. 418, 391)
1954	Dom, Wiederaufbau des Langhauses, Risse, Schnitte, Ansichten (II, S. 295 f.)
1954	Heidestraße 8, Garagengebäude am Behördenhaus
1956	Bad Oeynhausen, Werkstätten der Badeverwaltung
1957	Dom, Wiederaufbau des Westwerks, Planung statischer Sicherungsmaßnahmen (II, S. 128)
1957	Heidestraße 8, Erweiterungsbau des Behördenhauses
1961	Lübbecke, Erweiterung Aufbaugymnasium, Künstlerische Gestaltung des Treppenhausfensters am Klassentrakt
1968/1971	Papenmarkt 2, Planung der Wiederherstellung des sog. Hansehauses

Knövennagel, A.
Dampfkesselfabrikation in Hannover. 1856 gegründet, seit 1860 auch Herstellung von Dampfmaschinen.

1897	Festungsstraße 3, Kessel Nr. 275 von 1875 für Dachpappenfabrik Timmermann

Knoke, Georg
Regierungsbaumeister, wohnte 1924 Marienstraße 40.

Knoop, Friedrich
Zimmermann und Mühlenbaumeister in Petershagen.
1758 Windmühle auf dem Brückenkopf für eigene Zwecke
1796 Antrag auf Bau einer Schiffsmühle auf der Weser

Knorr
Garnison-Baubeamter, Baurat (I.2, S. 751).
1903 Simeonscarré 3, Kammergebäude (I.2, S. 751, Abb. 498 f., Pläne Nr. 1, Blatt 1, 2)
1906 Pionierstraße o. Nr., Pionierkaserne bei Fort B, Übungswerk/Schultercaponière mit Planung für Drahthindernisse (I.2, S 848, Abb. 561)

Knothe, Arnold
Maurermeister und Bauunternehmer. Stammte aus Rodinghof (oder Rödingsdorf) in Sachsen-Weimar (geb. 8. 8. 1867), verheiratet mit Hermine (geb. 14. 3. 1873 in Bensdorf bei Hameln). Als sein Hauptberuf gab er in der Regel den Kohlenhandel an, den er ebenfalls von seinem Hause an der Stiftstraße aus betrieb. Knothe wohnte zunächst in dem Haus Marienstraße 24 und unterhielt ein Büro am Fischerglacis 3, dann Marienstraße 20 (zunächst bis etwa 1900 in Gemeinschaft mit Hüttenrauch). 1899 errichtete er für seine Zwecke das Gebäude Stiftstraße 54, in dem er wohnte und seine Firma leitete. Neben zahlreichen Bauten, die er entwarf und erstellte, entstanden auch Mietshäuser, die er auf eigene Rechnung unterhielt. 1939 wird Knothe als Maurermeister i. R. bezeichnet. Sein im Haus lebender Sohn Arnold Knothe jr. (geb. 26. 1. 1901, gest. 25. 3. 1977) wurde Bankbeamter.
1894 Steinstraße 19 für eigene Zwecke
1896 Heidestraße 3 für Lehrer W. Rather
1896 Königstraße 79 für Briefträger Hermann Böhne
1896 Paulinenstraße 16 für eigene Zwecke
1896 Videbullenstraße 11 Pfarrhaus St. Martini (Plan: Kelpe & Meyer) (zusammen mit Zimmermeister L. Rose/Holzhausen II)
1897 Scharnstraße 13, Umbau
1898 Steinstraße 18 für den Oberpostassistenten Emil Sinemus
1899 Immanuelstraße 20, städtisches Badehaus, Steinlieferung
1899 Stiftstraße 54 für eigene Zwecke
1900 Besselstraße 18 für Oberlandmesser Friedrich Busse (nach Plan: W. Meyer)
1904/1905 Besselstraße 10 für eigene Zwecke (bis etwa 1917)
1904 Stiftstraße 31 für eigene Zwecke
1905 Stiftstraße 31
1907 Besselstraße 10, Verandaanbau
1907 Steinstraße 18, Ausbau
1907 Stiftstraße 31, Anbau
1930 Stiftstraße 58, Schaufenstereinbau
1934 Bleichstraße 8 b, Geräteschuppen für den jüdischen Sportverein »Hellmannia«

Knüsing, Johann Henrich (auch Hermann oder Harmen)
Uhrmacher, wohnte 1696 in Hohnstraße 2 (Engelsburg) und 1721 in dem Haus Bartlingshof 1. Er wurde am 6. 12. 1735 beerdigt (KKA Minden, St. Martini). Wohl sein Sohn Johann Ludwig Knüsing (1729/1743 in Pöttcherstraße 9).
1700 St. Johannis, neue Uhr (III, S. 55)
1718 Markt 1, Rathaus, Uhrtum, Abdeckung und Lieferung der Gewichte
1718/1728 Markt 1, Rathaus, Wartung der Uhr

Knüsing, Ludwig
Schreinermeister.
1729 Markt 1, Rathaus, neuer Schapp unter dem Neuen Werk

Koch
Minden. 1857 Bildhauer und Vergolder, wohnte Hohnstraße 36.
1840 St. Martini, mangelhafte Instandsetzung der Orgel (III, S. 384)

Koch
1904 Mitarbeiter im Büro von Carl Poetsch.

Koch I., Friedrich Christian
Mindener Goldschmied. Überliefert sind die Daten seiner beiden Eheschließungen (1726 bzw. 1732) sowie das seines Begräbnisses (7. 9. 1757). Sein Sohn Friedrich Christian II. war ebenfalls Goldschmied.
1729 Dom, Messkelch (II, S. 914)
1759 Dom, Reparatur eines silbernen Kronleuchters (II, S. 863)

Koch, H.
Goldschmied in Minden.
1753 St. Marien, neuer Turm, Vergoldung der Helmkugel zusammen mit Hofmaler Friemel (III, S. 136)

Koch, J. H. G.
Maurermeister, der am 9. 11. 1831 seine Meisterprüfung bestand und seit 1832 in Minden lebte (KAM, Mi, F 372).

Kochbeck & Kuhlmann
Bauunternehmen in Porta Westfalica-Barkhausen, wohl um 1909 aus dem Geschäft des Maurermeisters Kuhlmann hervorgegangen. Seit 1928 nannte sich die Firma W. und Fr. Kochbeck, später Friedrich Kochbeck (dafür 1929 ein Kuhlmann Teilhaber der Firma Höltkemeyer im gleichen Ort).
1909 Hahler Straße 47 für Lokführer Gottfried Fuhs
1910 Bleichstraße 4 für den Oberpostassistenten Friedrich Koch
1913/1914 Kuckuckstraße 23 für Depotarbeiter Hermann Ems
1914 Kuckuckstraße 21 für Oberfeuerwerker J. Driesch
1921 Königstraße 109/109 a für Oberpostdirektion (Plan: Postbaurat Nissle)
1921 Rosentalstraße 1, Umbau
1925 Königgrätzer Straße 19 für Oberpostschaffner Karl Kanne
1925 Portastraße 4 für Lokführer Friedrich Heidemeyer
1927 Bertramstraße (?) für Buchhalter Kindermann
1927 Hermannnstraße 61, Einfriedung
1927 Königgrätzer Straße 24 für Bahnoberschaffner Ernst Blaune
1927 Moltkestraße 6 für Mittelschullehrer Heinrich Schütte
1928 Lübbecker Straße 46 für Postschaffner Heinrich Reinkens
1929 Georgstraße 11 für Postschaffner Wilhelm Kostede
1950/1951 Scharn 12 für Konditor Karl Konradi

Köhler
Glasermeister.
1815 Kaserne am Paradeplatz, Aufstellen und Reparatur von 195 Bettgestellen und Fensterreparaturen (zusammen mit Schreiner Daake, Schlosser Müller, Glaser LeDoux) (I.2, S. 356)
1827 Dom, Reparatur der Chorfenster (II, S. 441)
1831 Dom, Reparatur von Chorfenstern (II, S. 441)
1828 Domstraße 14, Rektoratshaus Haus-Nr. 147p, Reparatur (II, S. 1474)

Köhler, Kässens & Peter
Architekturbüro in Frankfurt a. M.
1975/1978 Portastraße 7/9, Kinderklinik

Köhlert, Friedhelm
Architekt (Ing. Grad.) in Porta Westfalica-Neesen.

1977 Marienwall 8, Umbau der Remise
1989 Fischerglacis 6 für Bauunternehmen Kiene GmbH

Köhling, H.
Architekt in Halver/Westfalen.
1905 Hafenstraße 2, II. Pfarrhaus von St. Marien (nicht ausgeführter Entwurf)

Köhnemann, Rudolf
Bauschreiber.
1732 Markt 1, Rathaus, kleinere Reparaturen an den Buden unter dem Neuen Werk
1737 Alte Kirchstraße 16, Konrektoratshaus für Stadt Minden, Bauleitung

Köker, Friedrich Wilhelm
Architekt, Petershagen.
1983 Königswall 89 a, Geschäftshaus

Könemann oder **Konemann**, Rudolph
Organist, der auch Orgelbauten durchführte (siehe BRANDHORST 1991 a, S. 283), wohnte Papenmarkt 2. Wird 1770 als Inhaber des Kirchenstuhls Nr. 155 und als Organist in St. Martini genannt (III, S. 384). Undatierter Bericht über die Kriegsschäden bei St. Simeon (III, S. 744, siehe auch REUTER 1965, S. 189, 191ff.).
1755/1784 Dom, Wartung der Westorgel (II, S. 822. – III, S. 171)
1768 Bünde-Quernheim, Reparatur der Orgel
1779 Dom, Reparatur der Orgeln (II, S. 822, 834)
1782/1783 St. Marien, Reparatur der Orgel (III, S. 170 f.)
1784 St. Martini, Reparatur der Orgelbälge (zusammen mit Johann Will. Meyer) (III, S. 384)

Könemann, Wilhelm
1906 Lübbecker Straße 34 für Tischler Karl Lück

Maurermeister König (wohl Carl König)

Familie König
Bauunternehmerfamilie. Den von dieser Unternehmerfamilie errichteten Bauten wurden die Biografien vorangestellt. Die Gebäudeliste ließ sich nicht trennen.

König, Christian August <u>Carl</u> Gustav
Zimmer- und Maurermeister, Architekt und Bauunternehmer. Am 3.4.1872 in Bad Oeynhausen als Sohn des Zimmermeisters <u>Gustav</u> Hermann König geboren. Er übernahm um 1902 das Mindener Baugeschäft seines Onkels Gustav Ed. König. Aus der 1919 geschlossenen Ehe mit der aus Lage/Lippe stammenden Kaufmannstochter Ottilie Editha Hedwig Oberstadt (geb. 7.4.1875) gingen drei Söhne hervor: Walter (geb. 7.4.1900), der Techniker Gustav (geb. 6.7.1901) und der Kaufmann Kurt Martin Hans August (geb. 11.6.1910). Carl König nannte sich später Architekt und wohnte in Bad Oeynhausen, von wo aus er offensichtlich den Betrieb weiterführte.

Briefkopf G. Ed. König Nachf., 1932

König, Gustav
Kaufmann und Architekt VID bzw. VfDA. Sohn von Gustav Hermann König und Bruder des Zimmermeisters und Architekten Carl König. Übernahm wohl 1903 die Fabrik für Bauteile von seinem Onkel Gustav Ed. König. Das Geschäft, das noch bis um 1960 bestand, verlagerte sich aber später auf den Baustoffhandel. Er wohnte 1911 Hahler Straße 41, baute 1911/1912 das Einfamilienhaus Stiftstraße 40, das schon 1913 wieder verkauft wurde, wohnte dann 1913/1919 zur Miete Hahler Straße 31, um dann in das zuvor von seiner Mutter bewohnte Haus Stiftstraße 38 zu ziehen, das er 1929 aufwendig umbauen ließ. 1912 ist er Stadtverordneter.

König, Gustav Eduard
Maurermeister und Bauunternehmer in Minden, Bruder des Zimmermeisters Gustav Hermann König aus Bad Oeynhausen. Am 28.4.1835 in Niederbecksen (Bad Oeynhausen) als Sohn des Kunstmeisters der Saline Neusalzwerk A. König geboren. Er war verheiratet mit Adelheid (geb. 7.9.1836 Gohfeld bei Bad Oeynhausen) und zog kurz vor 1865 nach Minden, wo das Ehepaar spätestens 1873 in dem Haus Hahler Straße 10 wohnte. Wohl 1889 erwarb man dann das Anwesen Hahler Straße 7/9, das zum Mittelpunkt eines umfangreichen Bauunternehmens wurde. In den ersten Jahren wurde die Firma als *König & Schäffer* zusammen mit einem Herrn Schäffer betrieben. 1894/1895 erbaute sich das Ehepaar König das nahegelegene Haus Immanuelstraße 14 als eigene Wohnung. Die Firma wurde um 1903 nach dem Tode des kinderlos gebliebenen Gründers von dem schon vor 1900 am Betrieb wohnenden Carl König übernommen (seitdem als *G. Ed. König Nachfahren* bezeichnet), ein Sohn seines in Bad Oeynhausen als Zimmermann tätigen Bruders Gustav H. König (siehe unten). 1866/1868 führt G. Eduard König als Maurermeister den Umbau des Domreventers zu einem Schul-, Waisen- und Krankenhaus durch, 1876 wird er als Mitbesitzer einer Ziegelei genannt (*König & Schäffer*) und später ist er zusammen mit dem Maurermeister Paul Müller und dem Kaufmann Sieveke Mitinhaber der Dampfziegelei Nordholz (sie erbauten zusammen um 1894 mehrere Häuser an der Immanuelstraße 10–16). Diese Ziegelei wurde 1895 durch die Firma Müller & Comp. (bestehend aus dem Maurermeister Paul Müller, dem Bauunternehmer König und dem Kaufmann Sieveke, die alle in Minden wohnten) am nördlichen Rand der

Stadt Minden bei Todtenhausen gegründet. 1886 war G. Ed. König im Sektions-Vorstand der Hannoverschen-Baugewerks-Berufsgenossenschaft. Inhaber der Firma ist 1908/1912 Witwe G. Ed. König und Wilhelm Schwiering, Geschäftsführer ist der Kaufmann Wiehe (Weserstraße 1). Der Betrieb 1895 mit der Anlage eines Ringofens in Betrieb genommen. 1896 werden zwei weitere Klinkeröfen aufgestellt. 1898 wird der Ringofen nach dem System Meinsohn erneuert. 1928 wird ein neuer Schornstein durch die Ziegel- und Klinkerwerke Nordholz GmbH errichtet (KAM, Mi, 1551, 1535).

1908 werden als besondere Spezialität auch *Kühlanlagen nach bewährten Systemen*, sowie der Eisenbetonbau angegeben, wobei er eine eigene Konstruktion für Massivdecken »System König« entwickelte, die in Minden mehrmals zur Anwendung kamen. Außerdem unterhielt er auch eine Fabrikation von Baumaterialien, für die 1898 an der Kutenhausener Straße 3/5 eine eigene Fabrikationsstätte mit Bahnanschluß angelegt wurde. Dort stellte man *Zementröhren, Gypsstuck, Bauornamente und künstliche Schwemmsteine* her. Dieser Betrieb wurde um 1906 von einem weiteren seiner Neffen, dem Architekten Gustav König übernommen.

König, Gustav Hermann
Zimmermeister aus Bad Oeynhausen. Am 13.12.1837 in Neusalzwerk (heute Bad Oeynhausen) als Sohn von Johann Heinrich August König (geb. 1800, gest. nach 1874), Kunstmeister der dortigen königlichen Saline zu Neusalzwerk geboren. Nach einer Lehre bei seinem Vater erhielt er seine weitere Ausbildung in Bielefeld bei seinem Bruder, dem Zimmermeister August König (dieser begründete in Herford ein ebenfalls sehr erfolgreiches Baugeschäft und Architekturbüro, das später von dessen Sohn, dem überregionalen Architekten Gustav König weitergeführt wurde). Nach der Gesellenprüfung am 29.11.1856 arbeitete er seit Sommer 1857 bei dem Zimmermeister Schütte in Minden, im Herbst dieses Jahres dann in Dortmund, um im Winter 1857/1858 die dritte Klasse der Baugewerbeschule in Holzminden zu besuchen. Im Sommer 1858 war er auf verschiedenen Baustellen in Herford beschäftigt und leistete dann bis 1861 seinen Militärdienst ab. Anschließend war er Polier bei seinem Bruder Heinrich Friedrich Wilhelm König, Zimmermeister in Bad Oeynhausen, 1863 dann wieder beim Militär und legte am 11.4.1864 in Minden die Meisterprüfung ab. Als Aufgabe wurde ihm der Entwurf eines Lagerhauses und einer Hängewerksbrücke gestellt, wobei man als Meisterarbeit das von ihm entworfene Wohnhaus Hennies in Bad Oeynhausen anerkannte (KAM, Mi, F 976). 1869 zog Gustav Hermann König nach Minden und heiratete dort in diesem Jahr Charlotte Marie Krameyer, Tochter eines Mindener Bäckermeisters (ihr Bruder wurde Branddirektor in Berlin, 1920 in Merseburg), die zunächst nach seinem frühen Tode 1898 Königswall 4 wohnte und dann ein durch ihren Schwager erbautes Haus an der Stiftstraße 38 bezog (beide verkauften 1919 Teile einer großen ihnen gehörenden Fläche als Baugrund Stiftstraße 57). Aus der Ehe gingen zwei Töchter sowie zwei Söhne hervor. Sohn Christian August Carl Gustav übernahm um 1903 das von seinem Onkel, dem Maurermeister Gustav Ed. König in Minden begründete Baugeschäft, während der zweite Sohn Gustav den ebenfalls zu diesem Betrieb gehörenden Baustoffhandel mit Zementwarenfabrik an der Kutenhauser Straße 3/5 übernahm (beide verkauften 1904 eine große Fläche als Baugrund an der Stiftstraße 59).

1865–1868 Domkloster, Südflügel, Fortsetzung des Umbaus zu Schule und Krankenhaus (Bauleitung: Hartung, Bauführer: Marx) (II, S. 520)
1869 Lindenstraße 9, Wohnhaus und Scheune für Kaufmann G. Lampe

1870 Hahler Straße 4/6, Umbau und Erweiterung für Bäcker Gustav Schmidt
1871 Kampstraße 33, Pfarrhaus St. Marien (Plan: W. Moelle ?)
1871 Süntelstraße 1, Lagerhaus für Kaufmann Spatz (siehe Pionierstraße 3/5)
1872/1873 Dom, Westwerk, Ausfugen von Mauerwerk (II, S. 130)
1873 Brüderstraße 1, Wasserreservoir vor dem Spritzenhaus (Plan: Gasdirektor Eitner)
1875 Lindenstraße 12/14 für Hauptmann von Hagen und Neukirch (zusammen mit Schütte & Krause)
1875 Marienstraße 37, Wohnhaus für Major von Bersworth (durch König & Schaeffer)
1876 Rodenbecker Straße 29 (durch König & Schaeffer) für Pfarrer Theodor Cremer
1877 Dom, Westwerk, Erneuerung einer Wendeltreppe (Auftraggeber: Kreisbaumeister Stoedtner) (II, S. 131)
1878 Alte Kirchstraße 32 für Wilhelm Ritter
1878 Lindenstraße 34 für Zigarrenmacher C. Kadig
1879 Alte Kirchstraße 30 für Wilhelm Ritter
1879/1880 Immanuelstraße 2, Neubau Gymnasium
1880 Fischerglacis 3 für Zigarrenarbeiter Simeon Siek
1880 Hahler Straße, Fabrikgebäude für Fr. Schröder (nicht ausgeführt)
1880 Markt 1, Rathaus, Einbau eines Kassenlokals
1880 Obermarktstraße 8, Umbau und Erweiterung
1881 Marienstraße 7, Lagerhaus, Kelleranlage und Wohnhaus für Rheder & Zaun (Plan: Oskar Ziegler)
1883 Königstraße 73 für eigene Zwecke (Plan: P. Gründling/Leipzig)
1883/1884 Stiftstraße 58 für Botenmeister Schrage

1884 Bartlingshof 10, Neubau
1884 Steinstraße 13 für Schaffner Wilhelm Kollmeyer
1885 Marienstraße 24 für Zahnarzt Ernst Obermüller
1885 Viktoriastraße 14 für Kaufmann Albert Wiehe
1885/1886 Königstraße 66 für Bertha Sethe
1886 Simeonstraße 20, Umbau
1886 Süntelstraße 3, Umbau
1887 Bäckerstraße 2, Bäckereigebäude auf dem Hof (1897 abgebrochen)
1887 Königstraße 45 für Eisenhändler Carl Griese
1888 Bartlingshof 10, Neubau der zweiten Haushälfte
1888 Fischerallee 7, Lagerhaus für Jardon & Co.
1888 Hahler Straße 28, Umbau und Erweiterung für Barbier Martin Georg Ahrens
1888 Hahler Straße 29 für Superintendent Kindermann
1888 Hahler Straße 41, Umbau für Louis Rasche
1888 Königstraße 45, rückwärtige Anbauten
1888/1889 Hahler Straße 10, Umbau für eigene Zwecke
1888/1889 Marienstraße 45 für Hauptmann Strosser (Plan: C. Hehl/Hannover)
1889 Fischerglacis 5 für Zigarrenarbeiter Christian Horstmann
1889 Fischerglacis 7 für Werkmeister Otto Heuer
1889 Hahler Straße 24 für Regierungs-Sekretair Loges (vermutet)
1890 Fischerglacis 7, Hintergebäude für Werkmeister Otto Heuer
um 1890 Hahler Straße 10, Umbau für eigene Zwecke
1890 Hahler Straße 7, Lagerschuppen für eigenen Bedarf
1890 Hahler Straße 20, Fabrikgebäude für Fr. Schroeder

1890 Königswall 1, Anbau für Wirt A. Kaschitzky
1890 Stiftstraße 62, Fabrikgebäude Ilgner & Co (Plan: O. Ziegler)
1890 Stiftstraße 62, Büroanbau und Zeichensaal
1890/1891 Rodenbecker Straße 31 für Sanitätsrat Dr. Rappmund
1891 Bäckerstraße 49, neues eisernes Treppenhaus im Hotel
1891 Fischerglacis 2, Wohnhaus und Stallgebäude (nach Plan und für Schütte & Krause)
1891 Hahler Straße 14 a für Kohlenhändler H. Wiese
1891 Marienstraße 7, Comptoiranbau, Lagerhaus und Stall
1891 Stiftstraße 62, Hundezwinger für Carl Ilgner & Co
1892 Königstraße 76, Schmiedegebäude für Aug. Bredemeyer
1892 Melittastraße 38, Feldscheune für den Bäcker J. Schmidt
1892 Rosentalstraße 2, Anbau
1892 Stiftsallee 25, Feldscheune für Bäcker J. Schmidt
1893 Bäckerstraße 22, Lagerhaus
1893 Königstraße 73 als Unternehmerbau
1893 Stiftstraße 15 für Kirchendiener Ch. Busse (Plan: Hugo Krause)
1893 Viktoriastraße 49 für Bahnhofsschmied Fritz Meier
1893 Simeonstraße 36, Lagerhaus (Wiederaufbau) für Kaufmann Müller
1893/1894 Marienglacis 27 für den Postassistenten Fr. Hilkemeier
1894 Hahler Straße 20, Anbau an Fabrik
1894 Hahler Straße 74 für Packmeister August Bösche
1894 Königstraße 61, Anbau
1894/1895 Immanuelstraße 14 für eigene Zwecke
1895 Fischerallee 13 für den Postassistenten Fr. Wehmeyer

1895 Hahler Straße 84 für Schneider Ferdinand Schäpsmeier
1895 Immanuelstraße 16, Planung für Maurermeister Paul Müller
1895 Marienstraße 18, Schaufenster
1895 Marienstraße 24, Ausbau des Dachgeschosses
1895 Simeonstraße 32 für Restaurateur G. Neumann (Plan: Architekt Müller)
1896 Blumenstraße 1 für den Postassistenten Fritz Nolting
1896 Goebenstraße 8 für Regierungssekretair Schnatmeyer
1896 Hufschmiede 19, Umbau für Tischlermeister Ronicke
1896 Immanuelstraße 6 für Dr. Sieveke
1896 Kaiserstraße 2, Wohnhaus und Werkstattgebäude für Tischlermeister Johannes Schmidt (Plan: Ambrosius)
1896 Melittastraße 19, Feldscheune für den Bäcker J. Schmidt
1896 Simeonstraße 4, Umbau
1896 Stiftstraße 27, Anbau
1897 Blumenstraße 3 für Postrat Gustav Müller
1897 Brückenkopf 4, Wohnhaus und Fabrik für den Essigfabrikanten Haber (Plan: Architekt Kelpe)
1897 Kampstraße 28, Anbau an das Lagerhaus
1898 Blumenstraße 5 für Oberlehrer Ernst Bischof
1898 Kutenhauser Straße 3/5, Schuppen der eigenen Zementwarenfabrik
1898 Stiftstraße 38 für Witwe Charlotte König
1899 Goebenstraße 12 für den Telegrafenassistenten Friedrich Eustermann (Plan: Maurermeister J. Eustermann/Wiedenbrück)
1899 Gutenbergstraße 7 für Lehrer Christian Waltking
1899 Immanuelstraße 20, städtisches Badehaus, Maurerarbeiten (Plan: Kelpe)

1899	Königstraße 132, Umbau	1904	Kisaustraße 3, Anbau an das Lagerhaus
1899	Kutenhauser Straße 3/5, Schuppen der eigenen Zementwarenfabrik	1904	Hafenstraße 30, Lagerhaus für Kaufmann C.A. Wiehe
1899/1900	Paulinenstraße 15 für den Gasmeister Wilhelm Dreyer	1904	Hahler Straße 9, Umbau des eigenen Hauses
1900	Fischerglacis 5, Anbau für Zigarrensortierer Simon Siek	1904	Marienstraße 10, Umbau (Plan: G. Niermann)
1900	Hahler Straße 29, Verandaanbau	1904	Stiftstraße 59, Wohn- und Geschäftshaus sowie Lagerhaus für Eisenhandel A. Bornemann
1900	Kutenhauser Straße 3/5 Schuppen der eigenen Zementwarenfabrik	1905	Hahler Straße 7, Erweiterung des eigenen Stallgebäudes
1901	Besselstraße 21 für Lehrer August Rathert	1905	Hohnstraße 31, Umbau des Erdgeschosses
1901	Fischerglacis 5, Verandaanbauten	1905	Ringstraße 97, Fabrik- sowie Kontor- und Wohngebäude der Seifenfabrik Kiel nach Plan: A. Kelpe (vermutet)
1901	Hahler Straße 9, Umbau und Ausbau des eigenen Hauses	1906	Bierpohlweg 38, Umbau und Erweiterung für Schlachtermeister F. Schwiering
1901	Hahler Straße 20 a, Aufstockung des Stallgebäudes		
1901	Melittastraße 17, Fabrikanlage für Schroeder & Sohn (nach Plänen von A. Kelpe)	1906	Hahler Straße 7, Verlängerung des eigenen Schuppens und Umbau des Pferdestalls
1901	Rodenbecker Straße 31, Umbau	1906	Kutenhauser Straße 3/5, Schuppen der eigenen Zementwarenfabrik
1901	Stiftstraße 38, Verandaanbau	1906	Marienglacis 13, Anbau
1901	Viktoriastraße 51 für Bremser Heinrich Meyer	1906	Opferstraße 1, Umbau und Neugestaltung der Apotheke
1901	Weserbrücke, Denkmal des Großen Kurfürsten Friedrich Wilhelm von Brandenburg, Ausführung/Aufstellung (Entwurf: Wilhelm Haverkamp) (Guß: Aktiengesellschaft Lauchhammer) (I.2, S. 932)	1906	Ringstraße 97, Lagerschuppen für Seifenfabrik Kiel (Plan: A. Kelpe)
		1906/1907	Vinckestraße 9, Wohn- und Geschäfts- sowie Lagerhaus für A. Koldewey (Plan: Kistenmacher)
1902	Immanuelstraße 20, städtisches Badehaus, Maurerarbeiten (zusammen mit Sabirowsky)	1907	Bäckerstraße 17, Umbau
		1907	Friedrich-Wilhelm-Straße 105, Glashütte, Lagerhaus
1902	Viktoriastraße 55 für Kutscher Karl Korff	1907	Hahler Straße 7, Schuppen für eigene Zwecke
1903	Hahler Straße 7, Gartenlaube am eigenen Wohnhaus	1907	Hahler Straße 9, Keller im eigenen Haus
1903	Hahler Straße 86 für Betriebssekretair Heinrich Kolditz und Lokführer Heinrich Möhle	1907	Hahler Straße 33, Verandaanbau für Rentier Ferd. Schütte
1903	Königstraße 66, Verandaanbau		
1903	Marienwall 27, Umbauten	1908	Fischerglacis 11 für Kaufmann Heinrich Petri (Pläne: A. Kersten)
1903	Kutenhauser Straße 3/5, Schuppen der eigenen Zementwarenfabrik		

1908	Hahler Straße 7, eigener Hühnerstall	1922	Stiftstraße 38, Anbau für Gustav König
1908	Simeonstraße 27 für Kaufmann C. Hempell (Plan: R. Moelle)	1923	Hahler Straße, 7, Anbau an Schuppen
1908	Stiftstraße 28, Anbau	1924	Hahler Straße 7, Anbau und Ausstellungsraum der eigenen Firma
1908/1909	Johansenstraße, Bastaubrücke	1924	Im Schweinebruch 3, Anbau an Bootshaus für den Mindener Ruder-Verein
1909	Blumenstraße 1, Umbau der Veranda		
1909	Bäckerstraße 30, Umbau	1924	Hansastraße 29, Wohlfahrtsgebäude des städt. Gaswerkes (Plan: Tiefbauamt)
1909	Hahler Straße 7, Kontorausbau der eigenen Firma		
1909	Kutenhauser Straße 3/5, Schuppen der eigenen Zementwarenfabrik	1924	Immanuelstraße 15, Planungen für ein Wohnhaus für den Spediteur Georg Maas
1911	Kutenhauser Straße 3/5, Schuppen der eigenen Zementwarenfabrik		
1910/1912	Marienstraße 70, Villa für Gutsbesitzer H. Osthaus (Plan: A. Kersten)	1925	Bäckerstraße 45, Garagenhof
		1925	Blumenstraße 22 für den Fabrikanten C. Heinrich Muermann (Plan: B. Kramer/Bielefeld)
1911	Hahler Straße 7, Erweiterung eines eigenen Schuppens		
1911/1912	Stiftstraße 40 für eigene Zwecke	1925	Gartenstraße 6, Anbau am Gartenhaus
1912	Kisaustraße 12, Schuppenanbau	1925	Hahler Straße 7, Ausbau Dachboden des eigenen Pferdestalls
1912	Ringstraße 97, Anbau eines Lagerhauses		
		1925	Kutenhauser Straße 3/5, Büroeinbau und Umbau der eigenen Zementwarenfabrik
1912	Rodenbecker Straße 86, Umbau		
1912	Stiftstraße 25, Umbau des Hauses (Plan: Kramer/Bielefeld) für Karl Muermann	1926	Kutenhauser Straße 3/5, Lagerschuppen der eigenen Zementwarenfabrik
1912/1913	Prinzenstraße 10 für Rentner J. Wünkhaus	1928	Stiftstraße 59, Ausbau des Dachgeschosses
1913	Heidestraße 17, Anbau	1929	Hardenbergstraße 8, Umbau zu einem Wohnhaus
1913	Hahler Straße 7, Anbau an eigenen Schuppen		
		1929	Stiftstraße 38, Umbau für Gustav König (Plan: Wilhelm F. Schröder)
1913	Hahler Straße 31, Anbau		
1913	Kutenhauser Straße 3/5, Schuppen der eigenen Zementwarenfabrik	1931	Ringstraße 107 für Hubert Ebel
		1932	Königstraße 20, Umbau der Vorderfront
1913	Prinzenstraße 4, Fabrik für Kaufmann W. Brinkmann		
		1933	Königstraße 20, Planungen zum Ausbau des Hinterhauses
1913	Prinzenstraße 6, Wohnhaus für Kaufmann W. Brinkmann		
		1933	Papenmarkt 1, Etagenwohnhaus für W. Stellhorn
1913	Stiftstraße 59, Anbau		
1914	Kampstraße 24, Lageranbau	1934	Dorotheenstraße 5, Lagerhaus und Wagenremise für Richard Fleischer
1914	Kampstraße 28, Schaufenster		
1919	Bäckerstraße 10, Umbau	1934	Hahler Straße 12, Umbau
1921	Im Schweinebruch 3, Erweiterung des Bootshauses für Mindener Ruder-Verein (Plan: Schmidt & Langen)	1935	Lindenstraße 1 a, Umbau Saal

König, Gustav
Baustoffhändler in dem Anwesen Kutenhauser Straße 3–5. Das Verwandschaftsverhältnis zu der weitverzweigten Bauunternehmer-Familie König in Minden und Bad Oeynhausen unklar. Gustav König starb am 8.12.1950 und hinterließ nur seine Schwester Martha König.

König, Paul
Maurermeister und Baugeschäft in Bad Oeynhausen, Heinrichstraße 17.
1922   Kurfürstenstraße 4 für den Fabrikanten Heinrich Noll (Plan: Prof. Kanold/Hannover)

Königlich-Preußische Eisengießerei Berlin
1840/1841 St. Martini, Altarleuchter und Abendmahlskannen (III, S. 442, 453, 455)

Köpke
Architekturbüro in Bielefeld.
1996/1997 Simeonsplatz, Projekt für ein Großkino (I.2, S. 910, Abb. 599)

Körber
Architekt BDA.
1960   Marienstraße 2, Anbau Wohn- und Geschäftshaus für Firma Weidenfeller (mit Paul Gay)

Koerber & Hager
Architektengemeinschaft in Köln, hervorgegangen aus dem Büro von Jürgen Koerber (geb. 18.9.1931 Greitz/Thüringen als Sohn des Architekten Martin Koerber). Seit 1952 eigenes Büro, seit 1973 in Partnerschaft mit Wolfgang Hager. Plant Geschäftshäuser in ganz Deutschland (HAGSPIEL 1996, S. 866f).
1976   Bäckerstraße 47/49, Neubau eines Wohn- und Geschäftshauses

Köster, H.
Bauführer und Techniker, wohnte 1898 Martinikirchhof 5.

1898   Dankerser Straße 44 für den Rangierer Wilhelm Holtkemeier
1898   Feldstraße 21 für Friedrich Bornmüller

Körting AG
Maschinenbauanstalt in Körtingsdorf bei Hannover.
1910   Tonhallenstraße 3, Stadttheater, Heizungsanlage

Kohl, Horst
Als Stadtarchitekt bis zur Pensionierung 1992 Leiter des Hochbauamtes der Stadt Minden (Nachfolger Günter Hick).
1970   Brüningstraße 2, Umbau der städtischen Mädchenschule (?)
1970   Königswall 12, Erweiterung des Schulgebäudes
1970/1971 Königswall 22, Umbau des Kindergartens
1972   Johansenstraße 17, Beckenanlage des städt. Sommerbades
1975   Königswall 16, Tobehalle am Kindergarten
1976   Brünigstraße 2, Erweiterungsbau der städtischen Mädchenschule (?)
1976   Johanniskirchhof 6, Sanierung
1977   Marienwall 10/14, Parkhaus
1978   Simeonsplatz, Projekt für eine Stadthalle (Teil I, 2, S. 908, Abb. 597)
1981/1982 Königswall 105, Umbau
1983/1984 Königswall 99, Umbau und Sanierung
1983/1984 Marienwall 15, Sanierung
1983/1984 Seidenbeutel 1, Sanierung
1984/1985 Königswall 101, Neubau
1990   Marienstraße 134/136, Nordfriedhof, Einrichtung der Kaskaden
1991/1993 Weingarten 20, Umbau zum Kulturkaffee
1992   Marienstraße 134/136, Nordfriedhof, Planungen für einen Glockenturm auf der Kapelle

Kohn, Albert
Ingenieur und Techniker, nannte sich auch Architekt. Geboren am 16.5.1869 in Gollnow, Kr. Nougard (Preußen), verheiratet mit Clara (geb. 23.4.1871 in Swinemünde). Lebte 1895 in Streßnitz/Kr. Kamin, 1897/1899 in Warnemünde und zog Anfang 1900 in Minden zu, wo er eine Wohnung in dem Haus Kaiserstraße 11 nahm (das dem Bauunternehmer Pook gehörte, wo er möglicherweise auch Arbeit fand). 1901 in Kaiserstraße 27, Hinterhaus wohnend.
1900   Friedrich-Wihelm-Straße 96, Wagenremise für Müller Meyer
1901   Hahler Straße 74, Anbau

Kollmeyer, Adolf
Malermeister und Glaser. Bis zum Abbruch des Hauses der Betrieb 1853/1897 in Hufschmiede 2, danach Kampstraße 22.

Kollmeyer, C. oder Joh. ?
Architekt und verwandt mit dem Mindener Malermeister Adolf Kollmeyer. Arbeitet 1906 im Büro des Architekten Kelpe. Wohl danach nach Osnabrück verzogen, wo er ein Büro eröffnet.
1906   Kampstraße 22, Toiletten für Malermeister Ad. Kollmeyer

Konemann, Hermen
1721   Großer Domhof 9, Kurienhof, Lieferung von Backsteinen für Reparaturen (II, S. 1277)

Kopfermann, Sigrid
Künstlerin in Hannover.
1963   Unterdamm 32, Neubau der Erlöserkirche, Farbentwurf für die Fenster (MT vom 14.12.1963)

Fa. Friedrich **Kopp**, später **Kopp & Hempelmann** (?)
Glas- und Holzverarbeitung (I.2, S. 718).

1948   Friedrich-Wilhelm-Strasse 15, Bahnhofs-Kaserne, Bau eines Holzschuppens (I.2, S. 718)
1957   Friedrich-Wilhelm-Strasse 15, Bahnhofs-Kaserne, Bauantrag für einen Holzschuppen (I.2, S. 719)

Kopp, Jürgen
Orgelbauer in Emden.
1990   Dom, Truhenorgel (II, S. 843)

Koppers
Regierungs-Baumeister in Münster (I.2, S. 562).
1886/1887 »Fort B, Umbauprojekt« (Bahnhofsbefestigung) (I.2, S. 562 f., Kat.-Nr. 291)

Heinrich Koppers AG
Essen.
1924   Hansastraße 29, Öfen des städtischen Gaswerkes
1954   Hansastraße 29, Neubau der Öfen des städtischen Gaswerkes (Ausführung: Baugeschäft Becker)

Korfhage & Söhne, Ed.
Uhrenfabrik in Buer bei Melle (Kr. Osnabrück). 1865 für die Uhr, 1918 für die neuen Glocken von St. Marien genannt.
1885   St. Marien, Uhr (III, S. 159)
1891   Simeonsplatz 12, Defesions-Kaserne, Uhrwerk (I.2, S. 436, Abb. 269)
1896   Markt 1, Rathaus, neue Uhr und neue Glocke
1912   St. Simeon, Turmuhr und Glocken (III, S. 730)

Korfloin, G.
1807   Obermarktstraße, Plan zur Pflasterung (IV, Abb. 1123)

Korth, Hans
Architekt BDA. Am 28.9.1886 als Sohn des Architekten Hermann Korth in Stettin geboren. Nach einer Schulausbildung in Berlin (wohin die Familie schon 1888 verzog), begann er zunächst mit einer akademischen Ausbildung als Maler und studierte dann von 1906 bis 1909 Kunstgeschichte an der dortigen Universität, anschließend Architektur an der technischen Hochschule in Berlin-Charlottenburg, wobei er insbesondere Wölfflin, sowie Strack, Wolff, Seesselberg und Hehl als seine Lehrer bezeichnete. Von Oktober 1909 bis Juli 1911 war er zugleich im Büro des bekannten Architekten Kraatz in Berlin-Schöneberg beschäftigt (der insbesondere historische Bauten restaurierte und Bebauungspläne erstellte); danach erhielt er eine Anstellung im Baubüro der Reichsbank zu Berlin, für die er zahlreiche Bankbauten plante und deren Bau auch vor Ort leitete. In diesem Zusammenhang war er seit 1919 als Leiter des dortigen und von ihm geplanten Neubaus der Reichsbank tätig, wobei er nach dessen Fertigstellung in Minden 1922 ein eigenes Büro in dem durch ihn errichteten Neubau Parkstraße 10 eröffnete, das später von seinem Sohn weiter geführt wurde. Kurz nach seinem Zuzug heiratete er Marie Bollmann aus Porta Westfalica-Barkhausen. Schnell verschaffte er seinem Büro einen guten Namen, so daß er bald zu den führenden Architekten der Region zählte und später auch Kreisvorsitzender des BDA wurde. Im Unterschied etwa zum ebenso renomierten Büro Moelle spezialisierte er sich jedoch weniger auf den Industriebau, sondern auf künstlerisch anspruchsvolle Bauten, wie etwa hervorgehobene Wohnbauten sowie Bank- und Verwaltungsgebäude und zahlreiche Schulen. Daneben entwarf er auch Laden- und Geschäfts- sowie Gaststättenausbauten. Nicht zuletzt auf Grund seiner künstlerischen Ausbildung betätigte er sich auch im Bereich des Möbelbaus und trat daneben als Maler hervor. Dabei gelang es ihm immer wieder, die herrschenden Strömungen der Gestaltungsvorstellungen perfekt in sein Werk zu übernehmen, so daß dieses von Bauten des Historismus über solche in kubistischen Formen und des Expressionismus, des Neoklassizismus bis zur Baupflegearchitektur, also die ganze Palette der *Baukunst* der ersten Hälfte des 20. Jahrhunderts umfaßt. Seit 1926 Mitglied im BDA, 1927 im Vorstand des Baugewerkenamtes, zeichnete er die Pläne der durch die Gesellschaft errichteten Häuser Engelbertstraße 2–4 (siehe dazu bei Architekt Kistenmacher). Seit 1933 Mitglied der NSDAP. Während des Zweiten Weltkrieges und unmittelbar danach war H. Korth mit zahlreichen kleinen Planungsarbeiten betraut, da er auf Grund seines Alters nicht mehr zum Wehrdienst eingezogen worden war.

Er wohnte zunächst in Porta Westfalica-Hausberge, Portastraße 281 (das Baubüro der Reichsbank in Lindenstraße 15), dann Hahler Straße 63 und zog dann in das von ihm erbaute Haus Parkstraße 10. Nachdem dieses ab 1945 besetzt war, wohnte er dann bis zu seinem Tode am 3.10.1949 in dem Haus Stiftstraße 27 (zum Werk siehe BARZ 1969). Aus seiner Ehe mit Marie Bollmann (geb. 29.4.1894 Barkhausen, gest. 19.1.1973) gingen zwei Kinder hervor. Während sein Sohn Hans-Peter (geb. 11.8.1934) das väterliche Büro in dem väterlichen Haus übernahm, heiratete die Tochter Ina-Maria (geb. 21.8.1925) den Architekten R. Dustmann.

1909 Berlin, St. Georgen-Friedhof, Erbbegräbnis Gilka Bötzow
1910 Berlin, Badstraße 50, St. Paulskirche, Umbau
1910 Berlin, Badstraße 50, Gemeindehaus der St. Paulsgemeinde
1910 Freienwalde, Umbau des Schlosses für Dr. Walter Rathenau
1910 Landsberg a.d.W., Rittergut Rosswiese, Umbau und Erweiterung
1913/1922 Küstrin, Reichsbankgebäude (heute Postamt)

Hans Korth

1913   Posen, Wilhelmstraße 12, Reichsbankgebäude (Mitarbeit)
1913/1914 Unna, Mozartstraße 1, Reichsbankgebäude
1915   Tilsit, Reichsbankgebäude (Mitarbeit)
1915/1916 Bitterfeld, Reichsbankgebäude
1915/1916 Worms, Karmeliterstraße 12, Reichsbankgebäude
1916/1921 Klausenwall 16, Gebäude der Reichsbank
1918   Berlin, Beymestraße 3, Planung für ein Gemeindehaus der Grunewaldkirche
1918   Schwerin, Planung für ein Reichsbankgebäude
1919   Markt 11, Planung zur Umgestaltung des Viktoriahotelels
1921   Marienstraße 37, Terrassenanbau für Kaufmann Hermann Hagemeyer
1922   Parkstraße 10, Wohnhaus mit Büro für eigene Zwecke (Ausführung: Kuhlmann/Todtenhausen)
1922   Witekindsallee 42 für Wilhelmine Kley

1922/1923 Portastraße 33 für den Kreis Minden (Ausführung: Gemeinnützige Bauproduktionsgessellschaft)
1922/1923 Lübbecke, Bahnhofstraße 6, Kreissparkasse, Um- und Erweiterungsbau
1923   Lübbecke, Wartturmstraße 9 für Carl Gerlach
1924   Kaiserstraße 10, Lagergebäude für Malermeister Ludof Apermann
1924   Königstraße 58 für Dachdecker Heinrich Wessel
1924   Markt 11/13, Planungen für die Neugestaltung des Viktoria-Hotels mit Innenarchitektur
1924   Simeonglacis 21, Gartenhaus für Fritz Marpé
1924/1925 Porta Westfalica-Barkhausen, Denkmalwirtschaft auf dem Wittekindsberg, Umbau und Erweiterung
1925   Bastaugrund, Sommerhaus des Kaufmanns Marpé
1925   Bäckerstraße 4, Umbau

1925 Bäckerstraße 21/23, Umbauten
1925/1926 Porta Westfalica-Veltheim, Denkmal für 81 ertrunkene Reichswehrsoldaten
1925/1926 Petershagen, Nachtigallenweg 9, Volksschule
1926 Rosenthalstraße 3/5, Alternativplanung für die Petersen-Schule
1926 Stiftstraße 39, Umbau
1926 Minden-Hahlen, Königstraße 341, Grundschule
1926 Lübbecke, Bahnhofstraße 6, Garagengebäude für Kreissparkasse
1927 Bäckerstraße 4, Umbau
1927 Hermannstraße 40 für Eisenbahninspektor Adolf Rehling
1927 Marienstraße 62, Umbau und Einfriedung für Lehrer Hermann Laag
1927 Bad Oeynhausen-Werste, Beamtenwohnhaus der Schütte AG, Heisterholz
1927 Berlin, Burgstraße 21/26, Bürohaus der Börse, Umbau und Erweiterung (nur teilweise ausgeführt)
1927 Hille, Bahnhofstraße 14, Lehrerwohnhaus
1927 Hille, Eickhorster Straße 3, alte Volksschule, Umbau
1927 Porta Westfalica-Barkhausen, Denkmalwirtschaft auf dem Wittekindsberg, Erweiterung
1927 Porta Westfalica-Veltheim, Einfriedung des Fährgehöftes
1927 Preußisch-Oldendorf, Kreissparkasse Lübbecke
1927/1928 Neustadt a. Rübenberge-Dudensen, Kriegerdenkmal
1928 Bäckerstraße 18, Umbau
1928 Bäckerstraße 71, Konzept für ein Bürohaus der Mindener Schleppschiffahrts AG
1928 Kampstraße 14, Umbau der Fassade
1928 Minden-Hahlen, Königstraße 324, Wohn- und Geschäftshaus für Christ. Beermann

1928 Petershagen-Heisterholz, Planung für ein Verwaltungsgebäude der Schütte AG
1929 Hohnstraße 1, Umbau der Konditorei Schmidt mit Innenarchitektur
1929 Bad Oeynhausen-Werste, Diesterwegstraße 31, Volksschule
1930 Besselstraße 8 für Direktor Hermann Keller
1930 Brückenkopf 7 a für Dr. med. Richard Böse (Ausführung: Sierig)
1930 Marienstraße 40 a für Rechtsanwalt Dr. jur. Volckmann
1931 Petershagen-Frille, Freithof 14, Pfarrhaus mit Konfirmandensaal
1932 Besselstraße 2 für Dr. F. Ebhardt (Ausführung: Baugeschäft Sierig)
1933 Hohnstraße 29, Kaufhaus Hagemeyer, Erweiterungsplanung (bis 1938 in Etappen durch Baugeschäft Sierig ausgeführt)
1933 Königstraße 58, Nebengebäude
1933 Marienstraße 134/136, Nordfriedhof, Grabmal Familie Neitmann
1933 Stiftstraße 27, Aufstockung des Hauses für Dr. Becker
1933 Bad Oeynhausen-Eidinghausen, Apostelweg 6, Erweiterung der Volksschule
1933/1934 Porta Westfalica-Hausberge, Schlageter-Denkmal auf dem Jacobsberg
1934 Bäckerstraße 66, Umbau des Restaurants
1934 Marienstraße 6, Umbau
1934/1935 Marienstraße 134, Aufstellen des Kreuzes des Schlageter-Denkmals auf dem Nordfriedhof (I.2, S. 954, V, S. 777 f.)
1935 Bäckerstraße 45, Restaurierung der Fassade (Ausführung: Sierig und Wehking/Barkhausen)
1935 Bäckerstraße 51, Umbau und Fassadenveränderung
1935 Bäckerstraße 53, für Erbengemeinschaft Marowsky

1935	Petershagen, Umbau und Instandsetzung des Schlosses	1940	St. Simeon, Luftschutzanlage
1936	Paulinenstraße 20 für Kauffrau Jutta Althoff	1940	Bäckerstraße 58, Einbau von Luftschutzkellern
1936	Löhne-Gohfeld, Weihestraße 39, Um- und Erweiterungsbau der Sparkasse	1940	Bielefeld, Blücherstraße 6, Deutsche Großeinkaufsgesellschaft DEUGRO, Lager- und Betriebsgebäude
1936	Petershagen-Heisterholz, Garagen- und Werkstattgebäude der Schütte AG	1941	Markt 10, Umbau
1936/1937	Tonhallenstraße 2, Gebäude der Kreissparkasse	1942	Festungsstraße 5, Toiletten bei Rohproduktenhandel Berg
1937	Festungsstraße 5, Lagergebäude für Rohproduktenhandel Berg	1942	Festungsstraße 5, Aufenthaltsraum
1937	Marienstraße 37, Gartenhaus für Kaufmann Hermann Hagemeyer	1944	Bäckerstraße 47/49, Plan zur Wiederherstellung der Fassade
1937	Tonhallenstraße 5, Umbau des Wohnhauses für den Landrat	1944	Kampstraße 9, Wiederaufbau des Hauses Buchheister
1937	Viktoriastraße 27, Einbau Bad	1944	Kampstraße 13, Wiederaufbau der Fleischerei Lobach
1938	Bäckerstraße 62, Umbau	1944	Bäckerstraße 34, Wiederaufbauprojekt des Hinterhauses Großer Domhof 5 für Fritz Frerichs (II, S. 1231)
1938	Hardenbergstraße 13 für Gustav Brinkmann (Ausführung: Baugeschäft Becker)		
1938	Harrelkamp 8 für Bernhard Wenzel	1945	Kampstraße 9 bis 13, Wiederaufbauplan
1938	Hausberger Straße 4 für Hubert Homann (Ausführung: Mülmstedt & Rodenberg)	1945	Kampstraße 9, Wiederaufbau
		1945	Markt 3, Wiederherstellung
1938	Stiftstraße 27, Umbau	1945	Nach den Bülten 68, Baracke für H.W. Grabe
1938	Stiftstraße 60, Wohn- und Praxisgebäude für Dr. Langenkämper	1945/1948	Scharn 10, Lagerhaus für Lebensmittelhandel Eickmeier (Ausführung Rathert)
1938/1939	Rodenbecker Straße 52 für Fritz Vieth		
1938/1939	Petershagen, Mindener Straße 15, Wohn- und Geschäftshaus für Robert Lange	1945	Porta Westfalica-Holzhausen, Schloß von Oheimb, Umbau zur Klinik Dr. Ernst Simon
		1946	Aminghauser Straße 56, Pferdestall
1939	Obermarktstraße 11, Umbau des Hintergebäudes	1946	Königswall 4, Werkstatt für Firma Stürenberg
1939	Stiftstraße 22, Umbau des Ladens	1946	Paulinenstraße 5, Gemeindehaus (zusammen mit R. Dustmann) für Immanuelgemeinde (Ausführung 1951: Baugeschäft Rathert)
1939	Bad Oeynhausen-Eidinghausen, Erweiterung der Volksschule		
1939	Bäckerstraße 74/76, Umbau des Ladens		
1939/1940	Königstraße 55 für eigene Zwecke (Ausführung: Mülmstedt & Rodenberg)	1946	Scharn 8, Geschäftsbaracke
		1946	Minden-Aminghausen, Haus Nr. 14, Backofen für Bäckerei H. Wassermann
1940	Bäckerstraße 58, Lufschutzkeller (Ausführung: Becker)	1946/1947	Planungskonzept zum Wiederaufbau des Scharns

1947 Blumenstraße 43, Behelfsheim und Pressebüro Niemerk
1947 Hahler Straße 12, Wiederaufbau und Umbau der Werkstatt
1947 Im Hohlweg 10 für Hermann Kleinbrahm, Baracke des Unternehmens Krömer/Stadthagen
1947 Paulinenstraße 5, Kriegerehrenmal in der Immanuelkirche
1947 Bielefeld, Blücherstraße 6, Wiederaufbau DEUGRO, Lager- und Betriebsgebäude
1948 Bachstraße 44, An- und Umbauten
1948 Bäckerstraße 18, Umbau
1948 Bäckerstraße 26, Wiederaufbauplanung (nicht ausgeführt)
1948 Festungsstraße 5, Verwaltungs- und Betriebsgebäude Rohproduktenhandlung Berg
1948 Hahler Straße 12, Umbau und Erweiterung zur Autowerkstatt
1948 Kampstraße 13/15, Wiederaufbau, Keller und Erdgeschoß
1948 Marienstraße 134/136, Nordfriedhof, Erbbegräbnis Berg
1948 Scharn 8, Hinterhaus für Schlachtermeister H. Schwiering (Ausführung: Mülmstedt & Rodenberg)
1949 Fischerglacis 17, Umbauten
1949 Friedrich-Wilhelm-Straße 91, Holzlagerschuppen
1949 Hermannstraße 4, Umbau J & C. Katers
1949 Kampstraße 13/15, Wiederaufbau, 1. Obergeschoß
1949 Scharn 1, Wiederaufbaukonzept für Konditor Carl Schmidt
1949 Stiftstraße 22, Umbau des Ladens
1950 Festungsstraße 5, Fahrzeugwaage für Rohproduktenhandel Berg

Korth, Hans-Peter
Architekt, 1934 in Minden als Sohn des Architekten Hans Korth geboren und ab 1964 dessen 1949 geschlossenes Büro weiterführend. 1956 bis 1964 Architekturstudium in Hannover, Wien und Berlin (bei Wickop, Ochs, Scharoun und Ungers). Arbeitete schon als Schüler im Büro des Mindener Architekten Hans Dustmann, später Mitarbeit im Büro von Prof. Karl-Wilhelm Ochs. Nach dem Studium zunächst als Architekturjounalist tätig, dann in Berlin kurze Zeit in einer Bürogemeinschaft, dann das von seinem Vater betriebene Büro in den alten Räumen weiterführend. Engagierte sich seit 1967 für die Erhaltung der Altstadt von Minden, seit 1978 Vorsitzender des Kunstvereins Minden, seit 1985 im Bauverein St. Martini, seit 1989 auch im Dombau-Verein Minden. Schwerpunkt seiner Arbeiten im Bereich der Gestaltung von Innenräumen und von Geschäftsräumen. 1974 in einer »Architektengruppe Minden« (zusammen mit Fromlowitz, Lax, Moelle und Otto) tätig; seit 1978 in Bürogemeinschaft mit Bert Elliger (1976 erste Zusammenarbeit).

1961 Martinikirchhof 7, ehemalige Heeresbäckerei, Umbau zum Gemeindehaus St. Martini (I.2, S. 690)
1965 Marienstraße 40 a, Dachausbau
1965 Markt 4, Projekt für ein Terrassenkaffee
1965 Hausberge-Neu-Costedt, Planung von 24 Wohneinheiten
1966 Kaiserstraße 3, Projekt für die Umgestaltung
1966 Unterdamm 83, Nebengebäude
1966 Porta Westfalica-Barkhausen, Bergstraße, Wohnhaus Erdsiek
1967 Hämelstraße 3/5, Büro- und Betriebsgebäude für Großhandlung und Erschließungsstraße
1967 Markt 9, Umbau des Hintergebäudes zur Diskothek
1967 Weserstraße 8, Erneuerung des Hintergebäudes

1968	Stiftstraße 27, Vordach
1969	Markt 4, Umbau des Ladens
1970	Schenkendorfstraße 71 b, Wohnhaus für Guido Sollors
1970	Porta Westfalica-Barkhausen, Wohnhausprojekt Bergstraße für Maximiliane Bickmeier
1970/1972	Ulmenstraße 20 für Paul Heinz Rickert
1971	Markt 3/5, Umbauprojekt
1971	Poststraße 6, Fahrschulgebäude
1971	Stiftstraße 2, Wettbewerbsentwurf für Neubau Gemeindezentrum St. Marien
1971	Lenggries (Oberbayern), Entwurf eines Hauses für Dr. Albert Deimer
1971	Wittekindsalle 42
1971	Gütersloh-Spexard, Berensweg 12, Erweiterung
1971/1972	Wittekindsallee 39, Anbau
1971/1972	Wittekindsalle 45, Umbau
1971/1976	Ringstraße 52/62, Umbau und Hallenneubau für Firma W. Schäferbarthold
1972	Hubertusstraße 5, Wohnhaus mit Arztpraxis für Dr. Peter Rieken
1972/1973	Hahler Straße 29, Umbau
1972/1973	Tränkestraße 4, Umbau und Modernisierung
1973	Lübbecker Straße 20, Umgestaltung der südlichen Fensterfront für Dr. Ing. Boehme & Co.
1973/1974	Porta Westfalica-Mölbergen, Pestalozzistraße 4, Kindergarten
1973/1988	Lübbecker Straße 20, Beratung und Betreuung der Betriebsgebäude Dr. Ing. Boehme & Co.
1974	Markt 6, Umbau des Geschäftes
1974/1976	Bremerhaven, Schulzentrum Bürgerpark (zusammen mit den Mindener Architekten Fromlowitz, Lax und Moelle
1975	Königstraße 26/28, Projekt zur Rettung des sog. Besselschen Hofes
1975	Steinstraße 20 b, Erweiterung
1975	Bad Oeynhausen-Bergkirchen, Bergkirchener Straße 365, Ausbau des Dachgeschosses
1976	Borgholzhausen (Kreis Gütersloh), Wohnhäuser am Kirchplatz (mit Bert Elliger)
1976/1977	Porta Westfalica-Neu-Lerbeck, Am Rottbrink, Kindergarten
1977	Besselstraße 38, Gestaltung der Außentreppe
1977	Hämelstraße 5, Errichtung von Lagerbehältern
1977	Kuhlenstraße 49, Plan Terrassenüberdach und Kamin
1977	Markt 1, Plan zur Umgestaltung des Rathaus-Ostgiebels
1977	Martinikirchhof 5, Instandsetzung
1977	Vinckestraße 4, Dachausbau
1977	Espelkamp-Vehlage, Dreiecksweg 2, Restaurierung eines Fachwerkhauses
1977	Friedewalde, Brandheimer Weg, Umbau
1977	Friedewalde, Wegholmer Straße, Umbau eines Wohnhauses für S. und B. Dammann
1977	Badr-Jeddah (Saudi-Arabien), »Wedding-hall« (zusammen mit Cardinal Consulting Engineers and Architects)
1977	Porta Westfalica-Hausberge, Kempstraße 36, Entwurf für innere Umgestaltung
1977	Petershagen-Bierde, Stehbrink 20, Sanierung eines Fachwerkhauses
1978	Marienglacis 17 a, Einbau einer Wohnung
1978	Umradstraße 14, Restaurierung
1878	Herford, Radewiger Straße 14, Ladeneinrichtung
1978	Halle (Kreis Gütersloh), Vorschläge zur Fassadengestaltung des Geschäftshauses »Haller Kreisblatt«
1979	Amman (Jordanien), Universität, Auditorium/Great Hall (zusammen mit

Thyssen-Engineering/Dortmund und Cardinal Consulting/Bielefeld)
1979/1980 Markt 4, Planungen für ein Geschäftshaus
1980 Marienstraße 70, Umbau und Restaurierung
1980 Minden-Bölhorst, Haldenweg, Entwurf Wohn- und Ateliergebäude Pfleiderer
1981 Domstraße 1, 9 und 10, Erweiterung Kindergarten, Restaurierung der Propstei und des Pastorats
1981 Paulinenstraße 6, Umbau
1981 Porta Westfalica-Nammen, Zum Strahn 4, Wohnhauserweiterung
1981 Halle (Kreis Gütersloh), Gutenbergstraße 2, Verlagsgebäude des »Haller Kreisblatt«
1982 Harrlkamp 11, Anbau
1982 Petershagen-Friedewalde, Friedewalder Straße 24, Schuppen
1982 Porta Westfalica-Neesen, Zur Weser 5, Sanierung eines Fachwerkhauses
1982/1983 Fischerglacis 9, Umbau und Innengestaltung
1983 Angariweg 3, Entwurf Umbau
1983 Bäckerstraße 22, Ladenumbau
1983 Hahler Straße 23, Praxisgebäude für Dr. G. Muhle
1983 Hahler Straße 25, Entwurf Balkonanbau
1984 Bierpohlweg, Entwurf Wohnhaus Bölling
1984 Brückenkopf 7a, Umgestaltung der Wohnung
1984 Königstraße 40, Umbau der Fabrik Bartlingshof 11/13
1984 Markt 4, Umgestaltung der Ladenfront
1985 Hahler Straße 10, Restaurierung
1985 Lindenstraße 6, Sanierung
1985 Markt 6, Gestaltung des chinesischen Restaurants im Hinterhaus
1985 Ritterstraße 33, Gestaltungskonzept Museumskaffee
1985 Petershagen-Lahde, Projekt Wohnhaus Ährenweg 2
1985 Porta Westfalica-Barkhausen, Portastraße 29, Restaurierung des Anwesens
1986 Hahler Straße 5, Umbau
1986 Harrlkamp 11, Umgestaltung Eingang
1986 Hufschmiede 5, Umbau des Ladens
1986 Moltkestraße 6, Umbau
1986 Porta Westfalica-Barkhausen, Philosophenweg, Modernisierung Wohnhaus Dr. Stapff
1986/1987 Kronsbrink 43/45, Modernisierung und Ausbau
1986/1992 Konsumgütermesse Frankfurt, Messestand Orrefors Glasbruk AB Schweden (mit Karin Korth)
1987 Weingarten 12, Umbau der Fabrik Strothmann zum Studiotheater für Stadt Minden
1987 Halle (Kreis Gütersloh), Kamin im Haus Bratvogel
1987 Detmold, Lange Straße 45, Ladeneinrichtung
1987 Petershagen-Friedewalde, Brandheider Weg, Umbau Wohnhaus Huneke
1987/1989 Bochum, Umgestaltung der Paulskirche (mit Holger Rübsamen)
1988 Königstraße 32, Planung zur Sanierung der Kaiservilla
1988 Markt 6, Einbau eines Schuhladens im Kellergeschoß
1988/1989 Stiftstraße 34, An- und Umbau
1989 Kiel, Norddeutsche Straße 60, Umbau
1990 Albertstraße 6, Wohnhaus
1990 Bäckerstraße 9, Sanierung
1990 Unterdamm 10, Anbau eines Praxisflügels
1991/1992 Markt 6, Umgestaltung des Erdgeschosses
1992 Tonhallenstraße 4, Einbau eines Restaurants
1994 Poststraße 1, Sanierung
1994/1995 Am Schäferfeld, Erweiterung und Umgestaltung der Lukaskirche

1995   Markt 3, Umgestaltung der Fassade
1995/1997 Markt 14, Sanierung Hinterhaus
1995   Heringsdorf (Usedom), Neuer Weg 4/5, Sanierung des Baudenkmals Haus Odin
1997   Stadttheater Minden, Bühnenbild für die Kammeroper »Friedrich und Katte« von Wolfgang Knuth

Kossel & Co.
Beton- und Eisenbeton-Unternehmung Paul Kossel & Co., die aus der Zementwarenfabrik Baumhold & Kossel in Bremen hervorging (siehe auch dort). Zahlreiche Niederlassungen in Deutschland, unter anderem in Bielefeld. Unterhält 1916 Zweigniederlassungen in Bremen, Hamburg, Geestemünde, Borkum, Wilhelmshaven, Oldenburg, Osnabrück und Hannover.
1910   Bünde, Bismarckstraße 9 (Plan: Oldemeier/Bielefeld)
1912/1917 Bielefeld, Landgerichtsgebäude, Teilbereiche
1916   Friedrich-Wilhelm-Straße 141, Kunstwollfabrik Noll, Reißereigebäude (Plan: R. Moelle)
1918   Karlstraße 29, Maschinenwerkstatt Michelsohn (Plan: Firma Michelsohn)
1918   Lengerich, Schornstein der Firma Gempt (Plan: Ernst Alberts/Osnabrück)

Kostede, C.
Glasermeister. 1787, 1790 sowie 1792, 1797/1798, 1800/1801 und 1809 für Glaserarbeiten in St. Martini genannt.
1791   St. Martini, Glaserarbeiten (III, S. 468)
1791   Kleiner Domhof 7, Kostenanschlag zu Reparatur und Umbau (zusammen mit anderen) (II, S. 1377)

Kostede, Carl Rudolph
Glaser, geb. um 1784. 1813 (Sohn Johann Friedrich geboren) mit Johanna Dorothea Korff verheiratet.

Kostede, Dietrich
Goldschmied aus Minden, wo er 1545 geboren wurde. Um 1570 nach Braunschweig umgesiedelt. Ließ sich dort 1570 durch Ludger tom Ring porträtieren.

Kostede, Johann Henrich
Glaser.
1756   Großer Domhof (ohne Nummer), ehemalige Domkurie, Anschlag zur Reparatur (zusammen mit Zengerle, Gabriel Sassenberg und Fincke) (II, S. 1250)

Kotzau
Architekt in Minden.
1983   Hausberger Straße 4, Umbau

Kosiek, Klaus
Dipl.-Ing. und Stadtbaurat. Geboren am 6.8.1935 als Sohn des Studienrates Martin Kosiek in Arnswalde. Nach Schulbesuch in Minden 1955/1962 Studium an der TH Hannover; 1962 dort 1. Staatsprüfung und bis 1964 wiss. Assistent am Lehrstuhl für Entwerfen und Gebäudekunde (Prof. E. Zinsser), in Minden 1966 Büro Eckermannweg 5. Nach Referendariat an verschiedenen Orten 1967 Ablegung der 2. Staatsprüfung. Seit 1.4.1967 Leiter des Planungs- und Vermessungsamtes bei der Stadtverwaltung Minden, seit 1.1.1978 dort Stadtbaurat und Beigeordneter. Nach der Verwaltungsreform vom 1.1.1997 bis zur Pensionierung zum 1.1.1998 Fachbereichsleiter und Beigeordneter im Verwaltungsvorstand der Stadt Minden. In dieser Eigenschaft wesentlicher Einfluß auf die gesamte städtische Bautätigkeit, wobei bis auf einzelne Ausnahmen wie Umbau des städt. Theaters, Neubau der Kläranlage und Ausbau der Klausenwallstraße insbesondere die Aufsichts- und Genehmigungspflichten wahrgenommen wurden. Die Hochbauten selbst wurden bis 1992 entworfen vom Stadtarchitekten Horst Kohl, danach Günter Hick, die Entwässerungsbauten überwiegend von Dr. Eick-

hoff/Hannover, die Straßenbauten wesentlich von den Baudirektoren Bernick und Siekmeier, die Park- und Grünanlagen von Gartenbauamtsleiter Peter Reding.

Von 1987 bis 1996 Lehrbeauftragter an der Fachhochschule Bielefeld, Abt. Minden.

1956   Marienstraße 54, Garage
1969   Barbaraweg 24, eigenes Wohnhaus

Kottenkamp, Alb. August
Ofenbauer (?).
1790   Großer Domhof 11, Umbau des Kuriengebäudes, *Piramiden Auffsatz Ofen* (II, S. 1301)

Kraatz
Tischlermeister, wohnte 1851 Pöttcherstraße 20.

Kraatz, Egon
Baumeister in Porta Westfalica-Neesen
1955   Königstraße 128, Umbau
1960   Porta Westfalica-Kleinenbremen, Neubau Sparkassengebäude

Kracht, Karl
Seit 1966 Architekt BDA in Minden (geb. 16.1.1915), wohnte In den Bärenkämpen 2, Büro 1966/1968 Kampstraße 29. Arbeitete zeitweise im Büro Münstermann. Verzog 1978 nach Löhne.

Krämer, Ernst
Bauunternehmen und Sägewerk in Meerbeck.
1949/1952 Hermannstraße 18 für Fritz Raulwig (Plan: Hans Wieland)

Krah, <u>Georg</u> Heinrich
Maurermeister. 1810/1816 Stadtmaurermeister und 1815 auch als Bau-Taxator bezeichnet, der die Bauten taxierte, die für den Festungsbau abgebrochen werden mußten. 1816/1817 Arbeiten an der Wetterfahne von St. Marien, 1828 weitere Arbeiten dort. 1815/1819 besaß er das Haus Hohe Straße 7, 1818 auch die Häuser Deichhof 14 und 16. 1817 erwarb er das große Anwesen Brüderstraße 26, in dem er fortan selbst lebte und um 1825 ein neues Nebenhaus (Königswall 47) als Mietshaus errichtete. Er verstarb am 8.1.1828 durch einen Sturz in den Wallgraben beim Königstor (KAM, Mi, E 128). Aus seiner Ehe mit Charlotte Kammann ging wohl der Maurermeister Heinrich Krah hervor.

1802   Petershagen-Bierde, Windmühle
1810   Petershagen-Schlüsselburg, Schulhauserweiterung (LINNEMEIER 1986, Abb. 116)
1812   Petershagen-Schlüsselburg, Vorwerk Hühnerberg, lange Scheune (LINNEMEIER 1986, S. 87)
1815   Neubefestigung (I.2 S. 40)
1815   Markt 13, Kostenanschläge zu Reparatur und Umbau der Hauptwache
1815   Rosentalstraße 1–5, Umbau Gartenhaus zum Munitions-Labor (Plan: Ganzer)
1816   Königswall, Haus Nr. 556, Gutachten
1816   Kaserne am Paradeplatz, Umbauarbeiten (Planung: Ganzer, Leitung: Kraushaar) (zusammen mit Schlosser Gabriel, Schreiner Gabriel, Glaser LeDoux) (I.2, S. 358)
1817/1818 Brüderstraße 26, Sanierung und neue Fassade zum Königswall
1818   St. Marien, Kostenanschlag zur Dachreparatur (III, S. 123)
1818   Festungsbau, Taxation von Grundstücken und zum Abbruch vorgesehener Häuser (zusammen mit Zimmermeister Georg Heinrich Wehking, Regierungs-Baukonducteur und Landemesser Friemel, Regierungsbaumeister Ganzer) (I.2 S. 44)
um 1825 Königswall 47 für eigene Zwecke

Krah, Heinrich
Zimmergeselle und seit 23.2.1835 Maurermeister (KAM, Mi, F 372). Offensichtlich Sohn des Stadtmaurermeisters Georg Heinrich Krah.
1835   Ritterstraße 20 als Unternehmerbau

Krah, Theodor
Der um 1870/1895 nachweisbare Holzhändler Theodor Krah (siehe Friedrich-Wilhelm-Straße 17 und Hafenstraße 14) möglicherweise ein Nachfahre der Maurermeister Krah.

Kramer
Baumeister. 1865 in dem Haus Stiftstraße 1 wohnend.

Kramer, Bernhard
Architekt BDA in Bielefeld (geb. 25.1.1869 Holte/Kreis Leer, gest. 8.1.1953), verheiratet mit Käte Rüder. Sohn eines Zimmermeisters und Bauunternehmers. Nach Besuch der Bauschule in Buxtehude zunächst Bauführer in Ostpreußen, dann ab 1891 im Baubüro der Anstalt Bethel bei Bielelfeld tätig. Danach Studium an der techn. Hochschule in Berlin. Nach einer kurzen Beschäftigung im Stadtbauamt von Freiburg i. B. machte er sich zum 1.10.1896 in Bielefeld selbständig. Errichtete zahlreiche Großbauten, unter anderem im Auftrage der fürstlich lippischen Badeverwaltung ab 1903 zahlreiche Bauten der weitläufigen Kuranlagen in Bad Salzuflen sowie verschiedene Sparkassengebäude. Seit 1903 Mitglied des BDA und seit 1905 Mitglied der Loge. Ab etwa 1913 war er (als Nachfolger von G. König/Herford) eng mit der Firma Hoffmann's Reisstärke in Bad Salzuflen verbunden, für die er alle Bauprojekte durchführte. Von 1901 bis 1933 Stadtverordneter, teilweise auch Stadtverordnetenvorsteher; 1945–1948 erneut Ratsherr und Mitbegründer des Ortsvereins der CDU. Sein Büro wurde von Dipl.-Ing. Karl-Heinz Kruse fortgeführt.
1898   Bielefeld, Dornberger Straße 30, Wohnhaus für Kaufmann Carl Modersohn
1902   Bad Salzuflen, Am Markt 4, städt. Sparkasse
1903–1918 Bad Salzuflen, Bade- und Kuranlagen
1906/1907 Bielefeld, Textilfabrik Baumhöfer & Heise (Dornbusch)
1907   Bad Salzuflen, fürstliches Bad, Parkstraße 28, Konversationshaus
1910   Bad Salzuflen, Kurpark, Tempel über dem Leopoldsprudel
1910/1911 Bad Salzuflen, Gradierwerk III, Umbau Stirnfront und Errichtung großer Brunnen (Ausführung: C. Strunck)
1912   Stiftstraße 25, Umbau für den Fabrikanten Heinrich Muermann (Ausführung: Baugeschäft König)
1913   Bad Salzuflen, Hoffmanns Stärkefabrik, Hoffmannstraße 3, Umbau
1915   Bielefeld, Niedernstraße 21, Projekt für das Palast-Filmtheater
1925   Blumenstraße 22 für den Fabrikanten Karl Muermann (Ausführung: Baugeschäft König)
Bielefeld, Gebäude der Stadtsparkasse
Bielefeld, Gebäude der Kreissparkasse
Bielefeld, Siedlung Wellensiek
Bielefeld, Sennehof
Bielefeld-Brake, Dürkopp-Siedlung
Bielefeld, Kindermannstift

Kramer, Justus
Zimmermeister.
1699   Brüderstraße 26, Kostenanschlag und Kalkulation für einen Anbau

Krapp, Franz
Architekt (geb. 14.4.1909 Rieste/Kreis Bersebrück, gest. 20.6.1969 Bielefeld), wohnte 1954 Bölhorst 118 in Häverstedt, 1955 Rodenbecker Straße 37, 1966 Oberstraße 11. Krapp war mit Gerda Gerdes (geb. 14.9.1916 Oldenburg) verheiratet. Die beiden Kinder Rainer (geb. 29.5.1944) und Oda (geb. 25.7.1940) wurden in Oldenburg geboren. Bevor die Familie nach

Minden zog lebten sie Wallenhorst 42 Kreis Osnabrück.
1951 Melittastraße 14 für Ernst Sellenriek
1952 Bachstraße 24 für Fleischermeister Chr. Wehrmann
1952 Hahler Straße 67 a für Bäckermeister Herbert Plehn
1952 Melittastraße 16 für Wilhelm Gudehaus (Ausführung: H. Lohse)
1953 Brühlstraße 8 a für Lebensmittelhändler Heinrich Funke
1953 Hermannstraße 14, Wohn- und Geschäftshaus für Carl Klopp
1953 Kuhlenstraße 21 a für Wilhelm Steinbrink
1954 Viktoriastraße 52 c für Rudolf Rothenberg
1955 Albrechtstraße 10, Wohnhaus für Marie Schmidt
1955 Kaiserstraße 15, Umbau Hintgergebäude
1955 Steinstraße 18 a für Chr. Mordt
1956 Gustav-Adolf-Straße 3 für Hans Harms
1959 Hahler Straße 20, Umbau der Fabrik zur Chemikalienhandlung Th. Kirchner
1959 Hermannstraße 14, Hoferweiterung
1964/1965 Oberstraße 48 für Karl Becker
1965 Oberstraße 11, Neubau für Gerhard Klopp

Kraske
Architekt.
1934/1935 Ringstraße 9, Mudrakaserne (neue Pionierkaserne) (I.2, S. 850–853, Abb. 562 f.)

Kratz, F.
Tischler, wohnte 1852/1857 Pöttcherstraße 20.

Kratz, Hajo
Architekt.
1959 Stiftstraße 62, Werkshalle für Maschinenfabrik Noll

Krauß
Maurermeister. Betrieb seit 1837 zusammen mit Wasserbauinspektor Schelle und Mechanikus Dinnendahl in Porta eine Zementfabrik.

Krause
Zimmermeister.
1808 Domkloster, Kostenanschlag zu einem *Stanket in Domskreutzgang* (II, S. 503)

Krause, C.
Zeichner/Zivilist.
vor 1820 »Wallmeisterhaus bei Bastion I« (I.2, S. 344 f., Abb. 199, Kat.-Nr. 177)
vor 1820 »Laboratorium im Bastion II« (I.2, S. 346–348, Abb. 201, Kat.-Nr. 179)

Krause, Gottfried
Zimmergeselle, der 1806/1828 das Haus Bartlingshof 10 besitzt, in dem 1832 noch seine Witwe wohnt.

Krause, Hugo
Architekt, der nur wenige Jahre bis 1894 in Minden arbeitete, 1893 als Bauführer bezeichnet und in dem Haus Bäckerstraße 35 wohnend. Ob ein familiärer Zusammenhang mit dem Zimmermann Karl Krause bestand, ist nicht bekannt.
1893 Stiftstraße 15 für Kirchendiener Ch. Busse (Ausführung: Bauunternehmer König)
1894 Immanuelstraße 10 für Maurermeister Paul Müller
1894 Immanuelstraße 12 für Maurermeister Paul Müller
1894 Kuhlenstraße 35 für Invalide Robert Haensgen (Ausführung: Maurer K. Litzinger)
1894 Rodenbecker Straße 39 für Pflastermeister Max Büttner

Krause, <u>Carl</u> (auch Karl) Philipp Leonhard
Carl Krause wurde am 26.2.1846 in Bünde/Kreis Herford als Sohn von Friedrich Wilhelm Karl Krause (siehe unten) geboren und besuchte ab 1858 das Gymnasium Minden, bevor er 1860 auf Wunsch seines Vaters als Lehrling bei dem Zimmermann Schütte angenommen wurde. Hier tat er sich schnell wegen seiner Fähigkeiten im Zeichnen hervor, wobei er schon bald auch für andere Betriebe (etwa Hoelscher oder den Baumeister Marx) Zeichnungen erstellte und Entwürfe ausarbeitete. Ferner erhielt er eine Ausbildung als Zimmermann. Ab 1863 war er für die Arbeiten der Firma Schütte für die Köln-Mindener Eisenbahn zuständig. 1868/1869 besuchte er (zusammen mit seinen Freunden, dem Zimmermann H. Scheidemann und dem Maurer G. Sipp) die Baugewerbeschule in Höxter, wo er mit der Meisterprüfung abschloß. Arbeitete dann als Bauleiter unter der Leitung des Baumeisters Funk/Osnabrück bei dem Projekt der Venlo-Hamburger Eisenbahn im Bereich der Stichbahn nach Georgsmarienhütte in Hasberge bzw. in Lengerich und trat seit Kriegsbeginn 1870 wieder bei der Firma Schütte in Minden ein. Im April 1872 konnte er zusammen mit Max Schütte den Betrieb von Friedrich Schütte übernehmen, den beide in den folgenden Jahren als Baugewerk Schütte & Krause groß ausbauten, wobei Krause bis zur Trennung nach Streitigkeiten um 1901 die praktische Leitung übernahm (zur Firma siehe unter Schütte & Krause).

1872 heiratete er die Maurerstochter Louise <u>Bertha</u> Baumgarten (geb. 24.4.1851). Aus der Ehe gingen fünf Kinder hervor, von denen der Sohn Karl, der zunächst die Firma weiterführen sollte, später zu einem angesehenen Architekten wurde, der zunächst im Haus seines Vaters wohnte und später ein Büro in Herford unterhielt. Die Tochter Pauline Elisabeth heiratete Robert Vollbracht (Volbracht) in Vlotho. Carl Krause bezeichnete sich schon 1880 als Bauunternehmer (1895 als Baugewerksmeister) war von 1897 bis 1901 Stadtmajor von Minden. Nachdem die Firma 1880 ein neues weitläufiges Betriebsgelände am Marienwall 8 eröffnete, zog er in diesem Jahr in das Haus Hermannstraße 4 zur Miete, bevor er für sich und seine Familie 1884 die Villa Hermannstraße 7 erbaute. Nach seinem Ausscheiden aus der Firma lebte er ab 1903 als Rentner bzw. Privatier in der angekauften und von ihm modernisierten Villa Immanuelstraße 10, während er seinen alten Wohnsitz an Hermann Schlüter verkaufte und die benachbarte, durch die Firma 1891 zu Mietzwecken errichtete, aber ihm überschriebene Villa Fischerglacis 2 vermietete. Carl Krause starb 82jährig am 19.4.1927.

1862   Bahnhof Minden, Brücke am Kölner Tor (Ausführung Friedrich Schütte als Meisterarbeit)
1903   Immanuelstraße 10, Gartenhaus für das eigene Haus

Krause, Friedrich <u>Wilhelm</u> Karl
Am 21.5.1800 als Sohn des Postbeamten Friedrich Wilhelm Karl Krause und der Friederike Krimmel geboren. War zunächst *im Baufach* tätig, dann nach 1826 Katasterzeichner bei der Anlegung des Urkasters. Später Steuerempfänger, zunächst in Lahde, dann in Bünde, seit 1854 in Petershagen, seit 1858 in Minden. Verheiratet mit Henriette Louise Philippine Pemeyer (geb. 10.5.1813 Windheim, gest. 23.11.1878), Tochter des Pastors Daniel Pemeyer in Windheim. Starb am 29.3.1863. Sein Sohn der Zimmermann und Bauunternehmer Carl Krause (siehe oben).

Krause, <u>Karl</u> Otto Leonhard
Architekt BDA (geb. 30.8.1878, gest. 10.3.1950 Herford). Sohn des Mindener Zimmermeisters Carl Krause. Sein Vater hatte zusammen mit Max Schütte 1872 eine Baufirma gegründet, aus der er allerdings um 1902 ausschied, nachdem der Sohn sie zunächst später übernehmen sollte. Zu dieser Zeit wohnte

die Familie in dem Haus Hermannstraße 7 (zur Geschichte dieser Firma siehe unter Schütte & Krause). Karl Krause wurde Architekt und lernte 1905–1909 in Berlin, wo er engen Kontakt zum Bildhauer Hugo Lederer erhielt. Nach seiner Rückkehr wohnte er zunächst in der 1903 bezogenen elterlichen Villa Immanuelstraße 10, wurde 1914 eingezogen und verlegte nach seiner Heirat 1919 mit Hildegard Tintelnot (geb. am 30. 8. 1895 in Vlotho) im November 1920 Büro und Wohnsitz nach Herford. Hier erwarb er das Haus Elisabethstraße 7 und richtete dort sein Büro ein. Er entwarf zahlreiche aufwendige Villen und Wohnhäuser in der ganzen Region, insbesondere in Lübbecke und Herford (dazu siehe MICHELS 1995), darunter aber wenige Bauten in seiner Heimatstadt Minden.

- 1920 Marienstraße 132, Nordfriedhof, Grabmonument der Fabrikantenfamilie Hoppe gnt. Busch
- 1921 Weserglacis, Denkmal des Infanterieregiments Nr. 15 (zugeschrieben) (I.2, S. 938–940, Abb. 613)
- 1921 Königsglacis, Denkmal des Feldartillerieregiments 58 (Bronzereliefs: Eberhard Enke) (I.2, S. 942–945, Abb. 615 f.)
- 1923 St. Martini, Ehrentafel für die Gefallenen Gemeindemitglieder am Vierungspfeiler (MT vom 7. 10. 1923)
- 1924 Parkstraße, Alter Friedhof, Grabstätte für den Maurer August Abel und seine Frau Pauline Schütte
- 1924 Stiftstraße 40, Gartenzimmer- bzw. Wintergartenanbau für Fritz Hoppe (Ausführung: Sierig)
- 1924 Herford, Konzept für ein Kriegerehrenmal auf dem Münsterkirchplatz
- 1925 Herford, Humboldtstraße 6, Wohnhaus für Elektrotechniker H. Höcker
- 1927 Hiddenhausen-Lippinghausen, Milchstraße 17, Villa für den Fabrikanten Meyer-Lippinghausen
- 1927/1928 Bleichstraße 8a für Studienrat Hermann Müller (Ausführung: Baufirma Sipp)
- 1928 Rosentalstraße 4, Wohnhaus mit Praxis für Dr. med. Christian Engel
- 1929 Markt 20, Verkaufssaal des Geschäftshauses Schmieding
- 1930/1931 Bünde, Kleiner Bruchweg 19, Wohnhaus für Finanzamtsvorsteher, Reg.-Rat Dr. Ewald Triebel
- 1933 Lübbecke, Friedhof, Grabmal der Familie Blase
- 1934 Lübbecke, Auf dem Gallenkamp 25, Villa Blase

Krause, Jürgen
Technischer Zeichner in Nordhemmern.
- 1968 Melittastraße 10, Umbau

Krause
Malermeister, wohnte 1851 Lindenstraße 34.
- 1865 Kampstraße 10, Synagoge, Ausmalung

Krause
Schieferdecker.
- nach 1870 Großer Domhof 1–2, Reparatur am Regierungsgebäude (II, S. 1200)

Kraushaar
Hinweise zu den Lebensdaten sind bislang nicht bekannt; möglicherweise Sohn des zweiten reformierten Predigers (1779–1782) Friedrich Jakob Kraushaar in Minden. Nachdem er 1816 zum Landbauinspektor für den Wasserbau ernannt wurde, ist ihm am 23. 2. 1817 auch das Amt eines Bauinspektors übertragen worden (bis nach 1825). Damit war er zuständig für alle königlichen und kommunalen Baugeschäfte in den Kreisen Minden, Rhaden, Bünde und der Stadt Minden (KAM, Mi, F 662). Zugleich scheint er Stadtbaumeister in Minden gewesen zu sein.
- 1816 Kaserne am Paradeplatz, Leitung des Umbaus (Planung: Ganzer) (I.2, S. 358)

1817 »Trainschuppen vor dem Simeonstor« (I.2, S. 399–401, 404, Abb. 236 f., Kat.-Nr. 205 f.)

1817 Johanniskirchhof 6 a, Umbau Scheune zum Landwehrzeughaus

1818 Dom, Besichtigung abgängiger Chorfenster (Reparatur: Jochmus 1818, Köhler 1827) (II, S. 441)

1818 Dom, Abbruch des Kirchenstuhls des Dompropstes (II, S. 742)

1818 Markt 1, Rathaus, Revision der Reparaturplanungen an der Schulzenburg

1818 Planungen für einen Gerichtsneubau mit Gefängnis (KAM, Mi, E 941)

1818 Preußisch Oldendorf, Pfarrhaus der II. Pfarre, Gutachten zum Bauzustand

1818 »Trainschuppen/Proviantmagazin vor dem Simeonsplatz« (Simeonsplatz 3) (I.2, S. 402–415, Abb. 238 f., Kat.-Nr. 207–209)

1818/1819 Kleiner Domhof 7, Kostenanschlag zur Reparatur mit Zeichnung (II, S. 1375, 1378, Abb. 879)

1818/1819 Kleiner Domhof, Situationsskizzen mit Kirchenstuhl des Dompropstes (II, S. 742, Abb. 857 f.)

1818/1824 Kleiner Domhof, Pflasterung (Ausführung: van Houten) (II, S. 1350)

1819 Dom, Langhaus, Gutachten zum Zustand der Strebepfeiler der Südseite (II, S. 297)

1819 Großer Domhof 1–2, Kollegienhaus, Baubeschreibung zwecks Umschichtung des Fonds (II, S. 1184, 1186, 1217)

1819 Großer Domhof 3A, Beschreibung des abgerissenen Eichamtes (II, S. 1217, 1219)

1819 Markt 1, Rathaus, Anschlag und Planung zur Sanierung der sog. Schulzenburg

1819 Vinckestraße 1, Kurienhof, Kostenanschlag für Reparatur (II, S. 1313)

1819/1820 Petershagen, Pfarrhaus

1819/1821 Petershagen-Schlüsselburg, Pfarrhaus (Ausführung: Niemann/Schlüsselburg)

1820–1822 Dom, Reparaturen am Westwerk (vermutlich Bauaufsicht) (Ausführung: Maurermeister Bernhard) (II, S. 129)

1820 Domstraße 14, größeres Kamerariat Nr. 147 O, Kostenanschlag zur Reparatur für Küster Redlich (II, S. 1470)

1820 Kleiner Domhof 7, Umbauvorschläge (II, S. 1375, 1377, Abb. 880)

1820 Martinikirchhof 6 a, Planungen eines mit erstellten Gerichts- und Gefängnishauses

1820 St. Simeon, Aufnahme-Protokoll zur Instandsetzung der Dachdeckung (III, S. 25)

1820 *Aufnahme-Protokoll über … Erbauung einer Train-Remise für 165 Fahrzeuge vor dem Simeonstor* (I.2, S. 406)

1820 Simeonsplatz 3, Trainschuppen/Proviantmagazin, Bauleitung (Simeonsplatz 3) (Planzeichnung: F. Stamm, Bearbeitung/Leitung: Kraushaar, Ausführung: Schieferdecker Luckard, Zimmermeister Scheidemann) (I.2, S. 408)

1821 Dom, Dachreiter über der Vierung, Kostenanschlag zur Reparatur (II, S. 426 f., Abb. 316)

1821 Dom, Westorgel, Abnahme der Reparatur durch Methfessel (II, S. 823)

1821 Kleiner Domhof 13, Domsyndikathaus, nicht ausgeführte Umbauplanung (II, S. 1415, Abb. 913)

1822 St. Marien, Bauaufsicht bei Kirchturmreparatur (III, S. 137)

1822 Parkstraße, Friedhof vor dem Königstor, Planung der Anlage

1822 Poststraße 6, Bestandspläne

1823 Markt 1, Rathausturm, Revision der Planungen

1824 Kleiner Domhof 13, Domsyndikathaus und Vikariat SS. Johannis et Pauli, Taxierung (II, S. 1416, 1418)

1824 Dom, Skizze mit Prieche im Dom (II, S. 749)
1826 Parkstraße, Friedhofstor
1826 Weserlauf, Planungen zum Stromausbau mit Buhnen

Kraushaar
1829 Wasserbauinspektor in Rees am Rhein. Dort 1828 Mitarbeiter der Bauleitung an der Stiftskirche (siehe WEYRES/MANN 1968, S. 63).

Krebaum, Friedrich
Orgelbauer in Eschwege.
1830 St. Martini, Stimmen der Orgel (III, S. 384)

Kreis, Wilhelm
Architekt (geb. 17. 3. 1873 Eltville/Rhein, gest. 13. 8. 1955 Bad Honnef). Nach Studium an den technischen Hochschulen in München, Karlsruhe, Berlin-Charlottenburg und Braunschweig in den Jahren 1893–1897 Staatsexamen in Braunschweig und Ernennung zum Regierungs-Bauführer. Zunächst 1898–1902 Mitarbeit im Büro von Paul Wallot und zugleich Assistent an der Kunstgewerbeschule in Dresden. Ab 1902 selbständiger Architekt und bis 1908 Lehrer an der Kunstgewerbeschule in Dresden. 1908–1919 Direktor der Kunstgewerbeschule in Düsseldorf (Nachfolge von Peter Behrens), danach bis 1941 Professor an der Kunstakademie in Dresden (Professor für Architektur). 1943/45 Präsident der Reichskammer der bildenden Künste.
1896/1897 Völkerschlachtdenkmal in Leipzig, erster Preis im Wettbewerb (Ausführung: Bruno Schmitz)
1898 Erster Preis beim Wettbewerb um die Gestaltung der Bismarcksäulen
1901 Eisenach, Burschenschaftsdenkmal
1906 Dresden, Augustusbrücke
1908/1909 Essen, Verwaltungsgebäude der Emschergenossenschaft
1910/1914 Bühl (Baden), Bühlerhöhe, Sanatorium
1911 Krefeld, Villa Oppenheimer
1911 Bingen, Bismarck-Nationaldenkmal
1911/1912 Herne, Rathaus
1912 Wuppertal-Elberfeld, Kaufhaus Tietz
um 1912 Dortmund, Kaufhaus Althoff
um 1912 Essen, Kaufhaus Althoff
1912/1914 Köln, Kaufhaus Tietz
1913 Leipzig, Ausstellungshalle
1919/1920 Königswall 105, Planungen für ein Landhaus für Wilhelm Strothmann
1920 Bochum, Zeche Hannibal, Koksturm
1922 Weingarten 22, Innenausstattung für Wilhelm Strothmann (erschlossen)
1922/1923 Königswall 97/99 Betriebsgebäude Strothmann (Ausführung MEWAG) (zusammen mit K. A. Jüngst)
1922/1924 Düsseldorf, Museumsneubau
1922/1924 Düsseldorf, Wilhelm-Marx-Haus
1923/1925 Düsseldorf, Reichsbank
1924 Bochum-Höntrop, Essener Straße 197, Verwaltungsgebäude der Krupp-AG
1926 Meißen, Bahnhof
1926/1927 Hattingen, Stadtwald, Kriegerehrenmal an der Schulenburg (sowie zwei Alternativentwürfe)
1927 Bielefeld, Niedernstraße 12, »Gloria-Lichtspieltheater«
1927/1929 Bochum, Harmoniestraße, Hochhaus der Communalbank
1927/1930 Dresden, Hygiene-Museum
1928/1929 Bochum, Kommunalbank
1929/1930 Bad Schwalbach, Kurhotel

Krekeler
Schlossermeister.
1830–1834 Dom, Umgestaltung des Inneren (Planung und Leitung: Burgheim), Vergitterung der Gruftfenster (II, S. 392)
1830–1834 Dom, Türschlösser (II, S. 454)
1830–1834 Dom, Gittertür für spätgotische Wandnische (II, S. 583)

1830–1834 Dom, Arbeiten am Taufbecken (II, S. 724)
1830–1834 Dom, Schlösser für Archivschrank (II, S. 754)
1830–1834 Dom, Beschläge und Schlösser für Beichtstühle und Reliquienschrank (Beichtstühle: Tischlermeister Müller) (II, S. 748)
1830–1834 Dom, Kandelaber und Leuchter (II, S. 863)
1832/1834 Domkloster, Reparaturen am Ostflügel (II, S. 504)

Kretzschmer, Fritz
Bildhauer in Berlin (geb. 1863 Plauen, gest. 1915 Dresden).
1898   Weserglacis, Denkmal des Großen Kurfürsten Wilhelm von Brandenburg, unterlebensgroße Gipsfassung (nicht monumental ausgeführt) (I.2, S. 929, Abb. 608)

Kreutzer
Lieutenant.
ab 1818 oder später Neubefestigung (I.2, S. 50)

Krieger, Gerhard
Architekt.
1963   Königstraße 78 a für Landwirt Heinrich Bredemeyer

Krieger, Wilhelm
Architekt in Vlotho, Mitglied der Reichskammer der bildenden Künste.
1939   Ulmenstraße 21, Projekt für Feldwebel Walter Tiemann

Kriele
Ingenieur-Premierlieutenant.
ab 1814 oder später Neubefestigung (I.2, S. 50)
wohl 1818/1819 Kleiner Domhof 10, Ansichten und Grundrisse (II, S. 1399, Abb. 901)

Kröger, Gerhard Diederich
Maurermeister.
1741   Gutachten zum kleinen Haus der Kurie Kampstraße 10

Kröger, Harmen
Orgelbauer. Zog 1651 nach Minden und von hier 1655 nach Nienburg und starb 1671 in Lengerich/Westfalen (siehe BRANDHORST 1991 a, S. 282).
1651/1652 Celle, Orgel für die Stadtkirche

Kroh
Tischlermeister, wohnte 1851 Weserstraße 22.

Kronenberg, Horst
Dipl.-Ing., Fachhochschule Bielefeld, Abt. Minden.
1992   Dom, Westwerk, Aufmaß der Ostwand (II, S. 128)
1992   Dom, Westwerk, Grundriß des Obergeschosses mit Westempore (II, S. 199)
1996   Dom, Bauaufnahme des Westwerks (II, Abb. 62, 75, 81, 96 f., Beilage 1–3)

Krömer, Ernst
Bauunternehmen in Stadthagen-Meerbeck.
1945   Hahler Straße 55, Behelfsheim für Kapellmeister Heinz Schilling
1947   Im Hohlweg 10, Baracke für Hermann Kleinbrahm (Plan: Korth)

Krone, K.
Architekt in Bad Rehburg.
1978   Hopfengasse 2 für Juwelier Withold Döring

Kropp, Gerhard
Bau-Ingenieur. Unterhält ein Baugeschäft in Uchte-Warmsen.
1968   Marienstraße 68 b für Dr. med. Hans Dammeyer

Krückemeyer
Zimmermeister.
1734   Porta Westfalica-Holzhausen, Kirche, Umbau (Plan: Bielitz) (zusammen mit Maurermeister Genahl)

Krüger, Franz
Porträt- und Tiermaler in Berlin mit bedeutenden Aufträgen (geb. 10.9.1797 Berlin, gest. 21.1.1857 Berlin).
1846   Bildnis König Friedrich Wilhelm IV. in seinem Arbeitszimmer (siehe IV, Markt 1, Ratssaal

Krüger, Radlik & Co.
Maschinenbaubetrieb in Berlin.
1926   Bauhofstraße, Fäkalienhebemaschine auf dem Gelände der Staatswerft (nach System Radlik)

Krüger, Wilhelm
1831   Ansicht der Stadt Minden von Norden (I, Abb. 25)

Krulle I., Ernst
Gold/Silberschmiedemeister (?), 1601–1644 in Bremen bezeugt, Meistermarke: Ligatur EK.
spätes 16. Jh. St. Marien, Kelch (III, S. 212)

Krupp AG siehe auch Gruson-Werke

Kruse, Cordt
1732 Drechsler.

Kruse, Christian Friedrich
Zimmermann, geb. um 1783. 1810 (Tochter Charlotte geboren. Taufpate Zimmermann Friedrich Rolfing aus Kutenhausen) mit Dorothea Richter verheiratet.

Kruse, Heinrich
1700/1712 als Maurer genannt.
1700   Brüderstraße 26, Dachausbesserung

Kruse, Peter
Betreibt 2006 mit Thomas von Kölln ein Architekturbüro Rodenbecker Straße 69.

Kruse, Wilhelm
Zimmermann in Hahlen, Haus Nr. 127.
1910   Friedrich-Wilhelm-Straße 79, Lagerschuppen für Wilhelm Strothmann

Kügler, Ulrich
Bildhauer in Minden und Kunsterzieher am städtischen Gymnasium (geb. 1956 Geseke).
1987   Schwichowwall, »Ohne Titel« (Sandsteinskulptur) (I.2, S. 959)

Kühler
Messerschmiedemeister, wohnte 1851 Obermarktstraße 17.

Kühn, Erich
(geb. 14.3.1902 Dortmund-Lütgendortmund, gest. 7.12.1981). Architekturstudium in München und Berlin, Diplom 1926; 1926/1927 Stadtbauamt Lütgendortmund und Stadtbauamt Kassel, 1928–1930 technischer Sekretär der Allgemeinen Häuserbau AG, Leitung der ersten vollmechanisierten Großbaustelle in Leuna-Merseburg; 1930–1935 freischaffender Architekt in Berlin; 1935–1939 Leiter des Planungsamtes Eberswalde; 1939–1945 Kreisbaurat Minden; 1945 Kreisbaumeister in Minden und Planungsberater beim Oberpräsidenten von Westfalen; 1947 Einrichtung und Leitung eines Amtes für Landespflege bei der Provinzialverwaltung Westfalen; 1947 Leiter der »Gruppe Planung« beim Wiederaufbauministerium NRW und des Städtebauausschusses der Landesregierung; Mitarbeit im Schulbauausschuß und Mitwirkung bei der Formulierung der »Fredeburger Richtlinien«; 1951 Gründung und bis 1965 Leitung der AG für Garten- und Landschaftskultur. Ab 1953 Lehrstuhl für Städtebau und Landesplanung RWTH Aachen, daneben 1955 Gründung eines Büros für Bau-

Erich Kühn

und Stadtplanung (siehe Nachruf in Bauwelt 72, 1981, S. 2112).

Auf Anregung von Erich Kühn soll Professor Werner March 1945 nach Minden gezogen sein.

Veröffentlichung: Ländliche Kleinsiedlungsaufgaben. Beispiel: Kreis Minden. In: Der soziale Wohnungsbau in Deutschland, II, 1942, Heft 11.
1947   Scharn, Wiederaufbaukonzept

Kühn (auch Kühne, oder Küne), (Fr.) W.
Tischlermeister in Minden.
1861   St. Martini, Reparatur der Taufe (III, S. 378)
1861   St. Martini, neuer Rahmen für Martinsbild (III, S. 397)

Kühne
Tischlermeister, wohnte 1851 Videbullenstraße 23.

Kühne
Tischlermeister, wohnte 1851 Greisenbruchstraße 12.

Kühne
Ziegelmeister.
1859/1860 St. Martini, Mitglied der Baukommission für Instandsetzung der Kirche (Leitung: Architekt Jung; Pläne: Wilhelm Moelle) (III, S. 277)

Kühne
Feldmesser. 1894 als Hauptmann und Artillerie-Offizier vom Platz in Minden genannt.
1877   Bahnhof Minden, Bestandsplan der Bahnanlagen (V, Abb. 1716, I.2, S. 527)

Kühne, Willy
Architekt in Hannover.
1951   Viktoriastraße 50, Tankstelle der Shell AG für Otto Busch, Hannover

Kühnen, Peter
Architekt in Minden (geb. 13. 1. 1940 Berlin-Lichterfelde), wohnte 1968 Kuhlenstraße 31, später Büro am Markt 14. 1972/1976 in Bürogemeinschaft mit Mai.
1967   Stiftstraße 60, Umbau
1972   Lübbecker Straße 29, Anbau
1972   Sonneneck 11–15 mit 24 Eigentumswohnungen (durch GSW Minden)
1974/1976 Hufschmiede 27, Sanierung
1981   Melittastraße 5 für Spadaka Minden

Künne, Arnold
Prägeanstalt sowie Gold- und Silberwarenfabrik, 1820 bzw. 1830 in Altena/Westfalen durch Arnold Künne (1796–1872) gegründet. Die Firma wurde später von seinem Sohn Arnold Künne (geb. 1833) fortgeführt. Der Betrieb war auf Kirchensilber spezialisiert (siehe STEFFEN 1998, S. 26 f. – SCHEFFLER 1973, Bd. 1, S. 51. – KRINS 1974).

1888 St. Marien, Oblatendose (vermutet) (III, S. 215)
1890 St. Martini, Abendmahlskelch und Patene (III, S. 444–446)
1892 St. Marien, Kreuz und Taufe mit Lamm (III, S. 163)
um 1900 St. Simeon, Kelch, Abendmahlskanne und Patene (III, S. 784 f.)

Küntzel
Baumeister bei der Regierung in Minden.
1912/1916 Petershagen, Mindener Straße, Amtsgericht (Plan: Regierungs-Baumeister Quast)

Küpper, Elly
1945 Dom, Ergänzungen der Kreuzaltarfiguren (Stifteraltar von Vincke) (II, S. 640)
1945 Dom, Restaurierung und Ergänzungen der Kanzelfiguren (II, S. 715)
1945 Dom, Ergänzung und Fassung einer Pietà (II, S. 793)
1945 Dom, Restaurierung der Emerentia-Gruppe (II, S. 798)
1945 Dom, Restaurierung und Ergänzung einer Madonna (II, S. 808)
1945 Dom, Überarbeitung der Josephfigur mit Jesusknaben (II, S. 810)
1945 Dom, Restaurierung und Ergänzung eines Franziskus (= Antonius?) (II, S. 818)
1945 Dom, Restaurierung der ›Aufnahme Nepomuks in den Himmel‹ (II, S. 868)
1945 Dom, Restaurierung der ›Anbetung der Hirten‹ (II, S. 872)
1945 Dom, Retusche und Rahmung des ›Bischof Bruno von Minden‹ (II, S. 873)
1945 Dom, Aufziehen und Rahmen der ›Himmelfahrt Christi‹ (II, S. 878)
1945 Dom, Arbeiten an ›Christus am Kreuz‹ (II, S. 880)
1945 Dom, Restaurierung des ›Christus am Kreuz‹ (II, S. 881)
1945 Dom, Arbeiten an ›Bischof Herkumbert‹ (II, S. 884)
1945 Dom, Aufziehen und Rahmen der Kreuzwegstationen (II, S. 891)
1946 Dom, Ausbesserung eines Gemäldes auf Kupferplatte (vermutlich Türfüllung eines barocken Reliquienschranks) (II, S. 751)
1946 Dom, Ergänzungen verschiedener Skulpturen (II, S. 774, 776)
1946 Dom, Ergänzungen der Madonna mit der Taube (II, S. 803)

Küppermann
Feuerwerker.
1873 »Grundriß und Wallprofil der Hausberger Front« (I.2, S. 385, Abb. 228, Kat.-Nr. 197)

Küster, H.
Ofenfabrikant.
1845 Großer Domhof 1, neues Regierungsgebäude (II, S. 1196)

Küster, Heinrich
Diplomingenieur beim Kanalbauamt. Geboren 16.1.1879 im Lande Braunschweig, zog er 1907 von Elberfeld nach Minden, wo er 1908 Frieda Freud (die ebenfalls aus dem Kreis Einbeck stammte) heiratete. 1913 verzog das Ehepaar (nach Ferigstellung der Brücke) nach Breslau.
1911 Mitplanung an der Kanalbrücke über die Weser

Küsthardt, Friedrich
Bildhauer in Hildesheim.
1886 Dom, Gutachten zur Wiederaufstellung des barocken Hochaltars für die Regierung (II, S. 604, 609–611)

1887 Dom, Gutachten zur Aufstellung des Marienkrönungsaltars (II, S. 588)
1888 Dom, Untersuchung des eingelagerten barocken Hochaltars (II, S. 606)

Kuhling
Orgelbauer.
1830 St. Martini, Reparaturen an der Orgel (III, S. 384)

Kuhlmann, Carl
Orgelbauer in Gottsbüren.
1828–1829 Dom, Reparatur der Westorgel für die Regierung (zusammen mit Tagelöhner Dreckmeyer) (Grundlage: Gutachten Heerens 1827) (II, S. 823 f.)
1832/1853 Dom, Reinigen und Stimmen der Westorgel (II, S. 824)

Kuhlmann
Uhrmacher, wohnte 1851 Kampstraße 35.
1834/1845 St. Marien, Reparatur der Turmuhr (III, S. 159)
1852 Dom, Reparatur der Uhr (II, S. 860)

Kuhlmann
Maurermeister in Barkhausen, dessen Geschäft um 1909 in den Betrieb Kochbeck & Kuhlmann aufging.
1908 Steinstraße 34 für Unternehmer R. Ahlert
1908/1909 Steinstraße 32 für Unternehmer R. Ahlert

Kuhlmann
Steinmetzmeister mit Betrieb am Wallfahrtsteich.
1945/1948 Brüderstraße 2, Erneuerung der Utlucht

Kuhlmann, Ernst
Architekt in Wetter an der Ruhr.
1889 Bäckerstraße 47, Neubau des Seitenflügels des Hotels »Stadt London«

Kuhlmann, G.
Dachdeckermeister, wohnte 1914 Kampstraße 10 (Nachfolger von Fa. Heinrich Timmermann).
1929 Kleiner Domhof 8, Erweiterung und Umbau zur Sparkasse/Dachdeckerarbeiten (Plan: Städtisches Hochbauamt/Bergbrede)

Kuhlmann, Gottfried
Maurermeister und Bauunternehmer in Todtenhausen, Nr. 161, später Nr. 166. Verwandt mit dem Gastwirt Kuhlmann, Papenmarkt 6.
1904 Papenmarkt 6, Umbauten
1904 Schierholzstraße 10, Wohnhaus an der Rechenanlage der städtischen Kanalisation
1904/1905 Hermannstraße 2 für Josef Hauke und Ferd. Tusche (Plan: Kistenmacher)
1905 Blumenstraße 7 für Katasterzeichner G. Krending (Plan: Deuker/Iserlohn und Kistenmacher)
1909 Besselstraße 38 für Katasterzeichner G. Krending (Plan: W. Meyer)
1910 Stiftsallee 11, Comptoirgebäude für Baustoffhändler August Ahnefeld
1911/1912 Marienstraße 119 für Kaufleute Taske (Plan: M. Zimmerling)
1914 Marienstraße 76, Villa für den Amtsgerichtsrat Nicolaus Vagedes
1925 Alte Sandtrift 21 a für Kaufmann Fritz Rodenberg

Kuhlmann, Wilhelm
Maurermeister und Bauunternehmer aus Todtenhausen.
1910 Hahler Straße 32 für Lokführer Heinrich Dallmeyer
1922 Parkstraße 10 nach Plan und für Architekt Hans Korth
1924 Schwichowall 10 als eigenes Wohnhaus (bis 1961)
1926 Stiftsallee 62, Um- und Erweiterungsbau

Kulka, Dieter
Architekt in Köln.
1991   Domkloster, Entwurf einer Werktagskirche zwischen Kreuzgang und Dom (nicht ausgeführt) (II, S. 526)

Kullmann
Baurat in Rinteln (verstarb zwischen 1896 und 1898).
1893/1896 Planung einer Zahnradbahn Barghausen-Wittekindsberg in Porta Westfalica

Kuhnen, Peter
Architekturbüro in Friedewalde.
1971   Kuhlenstraße 25 a/25 b, Eigentumswohnanlage
1974   Blumenstraße 43 für Friedhelm Rose

Aug. **Kuhnscherf & Söhne**
Kesselfabrik in Dresden.
1925   Karlstraße 1–5, Kessel Nr. 241444 für Konsum- und Spargenossenschaft

Kumm, Hermann
Stadtbauinspektor (geb. 7.11.1875 Pöhlde/Harz, gest. 30.1.1953), 1911 Mitarbeiter im Zeichenbüro des Bauunternehmens C. W. Homann. Oberbausekretär (1927/1929) beim städtischen Hochbauamt (dort Mitarbeit beim Neubau der Gasanstalt), wohnte 1929 Brüderstraße 18. Kumm war mit Marie Rogall (geb. 28.1.1881 Fallersleben, gest. 9.10.1966) verheiratet.
1911   Marienstraße 49, Fassadenentwürfe

Kummer, Wilhelm
Orgelbaubetrieb (um 1835 bis nach 1908). Zunächst 1831 als Revisor der Orgeln im Kreis nachzuweisen und wohl aus Weimar zugezogen. 1840 wird im Amtsblatt mitgeteilt, das neben anderen auch der Orgelbauer Kummer auf Grund bestandener Prüfungen zur Übernahme von Umbauten, Reparaturen und Stimmen von Orgeln berechtigt sei, 1860 Wartung der Orgel in St. Martini, wohnte zunächst Königswall 79a/81 und erwarb um 1860 das große Anwesen Brüderhof 6, in dem er größere Werkstätten einrichten konnte (siehe Brandhorst 1991 a, S. 285). 1880 wohnte W. Kummer (geb. 9.10.1838) mit seiner Ehefrau Luise (geb. 15.4.1853), dem Pflegesohn Hermann Holbe (geb. 9.10.1867 Lemgo) und dem Gehilfen Robert Lustig (geb. 8.1.1844 Breslau) Alte Kirchstraße 18, seit 1885 dann Brüderhof 6.
1839/1842 Herford, Münsterkirche, Umbau der Hauptorgel
1845   Löhne, Neubau der Orgel in der evangelischen Kirche
1846/1849 St. Martini, Erweiterung der Orgel (III, S. 384, 387)
1848   St. Martini, Stimmen der Orgel (III, S. 384)
1849   St. Martini, Erweiterung der Orgel (III, S. 384)
1853   Hille-Hartum, Reparatur der Orgel
1865   Hille-Hartum, Reparatur der Orgel
1868   Dom, Reinigen und Stimmen der Westorgel (II, S. 824)
1872   Dom, Westorgel, Kostenanschlag zur Reinigung und zur Belederung der Bälge (II, S. 824)
1873–1874 Dom, Westorgel, neue Windanlage mit Magazin (II, S. 825 f.)
1875   Hille-Hartum, neuer Prospekt für die Orgel
1879–1880 Dom, Reparatur der Westorgel (Revision des Kostenanschlags: königlicher Musikdirektor Julius Schneider/Berlin) (II, S. 825)
1880   Dom, Reinigung und Reparatur der Westorgel (II, S. 825)
1886   St. Marien, Versetzen der Orgel (III, S. 172)

Kumpf
1885   Kleiner Domhof, Lageplan der Bebauung (II, Abb. 856)

Kuntsch (auch Kuntschin, G.)
Bildhauer und Kunsthandwerker in Wernigerode/Harz, der dort eine Anstalt für kirchliche Kunst betrieb.
1886   St. Marien, neugotischer Altaraufsatz (III, S. 165 f.)

Kurz, Udo
Bildhauer in Minden.
1987   Schwichowwall, »Ohne Titel« (Sandsteinskulptur) (I.2, S. 959)
1990   Portastraße 9, »Liegen, Stehen, Gehen« (Skulpturen) (I.2, S. 962)
1992   Schwichowwall, Sühnestein (Sandsteinskulptur) (I.2, S. 959)

Kutze
Regierungs-Baurat beim Kanalbauamt Minden
1936   Bauhofstraße 11/17, Staatswerft, Kraftfahrzeughalle
1943   Bauhofstraße 11/17, Baracke für Kriegsgefangene

Lachwitz, Hans-Werner
Dipl.-Ingenieur (geb. 16.7.1927 Brieg/Breslau, evangelisch), arbeitete zunächst im Büro von Werner March, später mit eigenem Büro 1961/1970 Hardenbergstraße 8, 1972 Kronenweg. Zog 1953 aus Bad Salzdethfurt, Salzpfännerstraße 2 nach Minden Mitteldamm 19, wohnte 1956–1960 zuletzt in Celle, Hannoversche Straße 13, 1960 Hardenbergstraße 6, 1964 Porta Westfalica-Lerbeck Bergstraße 14 und seit 1964 mit zweitem Wohnsitz Minden Hardenbergstraße 8, 1980 in Porta Westfalica, Kronenbrink 15.
1955   Dom, Wiederaufbau des Langhauses, Ausführungszeichnungen zum Versetzen des Jungfrauenportals (II, S. 306)
1966   Kuhlenstraße 13, Anbau
1972/1973 Martinikirchhof 7, Heeresbäckerei, Umbau zum Gemeindehaus von St. Martini (I.2, S. 691)

1974   Pauline-von-Mallinckrodt-Platz 7, Pfarrhaus St. Simeon
1988   St. Ansgar-Straße, Sanierung des Glockenturms der katholischen St. Ansgar-Kirche

Aktiengesellschaft **Lauchhammer**
1899–1901 Weserglacis, Denkmal Großer Kurfürst, Guß (Entwurf: Wilhelm Haverkamp) (Ausführung des Sockels: Wölfel & Herold) (I.2, S. 929–932, Abb. 608 f.)

Lagemann, Werner
Bau-Ingenieur in Kalletal.

Lampe, Jobst Heinrich
Glockengießer. Meister in Hildesheim.
1704   St. Marien, Guß einer Glocke (III, S. 151)

Landree, Herbert
Petershagen-Lahde.
1960   Petershagen-Lahde, Neubau Friedhofskapelle
1960   Petershagen-Windheim, Neubau SPADAKA
1960   Petershagen-Schlüsselburg, Neubau der Volksschule
1961   Petershagen-Lahde, Neubau Turnhalle
1963   Wallfahrtsteich 2 für Karl Schoppmann

Lang, Josef
Architekt in München-Pasing, der dort vor allem größere Schulbauten plante.
1907   Simeonglacis 13, Entwurf Villa Max Bruns (örtliche Bauleitung 1907/1908 A. Kelpe)
1927   Simeonglacis 13 a (örtliche Bauleitung R. Moelle)

Lange, Carl
Tischlermeister (geb. 18. 2. 1821, gest. 13. 7. 1891), verheiratet mit Louise Müller (geb. 21. 9. 1830, gest. 9. 5. 1905), wohnte 1851 Weingarten 34. Familiengrab auf altem Friedhof erhalten. Louise Lange wohnte zuletzt Alte Kirchstraße 1 bei ihrem Sohn, dem Tischlermeister Heinrich Lange, der dort eine Tischlerei betrieb.

Lange, Carl
Tischlermeister (geb. 11. 12. 1856, gest. 8. 2. 1887). Sohn von Carl Lange und Louise Müller. 1895 werden 3 Tischlermeister Lange genannt: Gottfried Rodenbeckerstraße 7, Heinrich Altekirchstraße 1 und August Weingarten 34, 1895 kommt der Tischlermeister Philipp Lange, Weingarten 23 hinzu.

Lange, Christian
Als Zimmermann, Tischler und Schreiner genannt. Wurde am 17. 1. 1728 auf dem Martinikirchhof begraben.
1763 St. Simeon, Kostenanschlag zur Reparatur der kriegsgeschädigten Kanzel und des Gestühls (III, S. 737, 778)

Lange jun.
Tischlermeister.
1796 Großer Domhof 9, Kurienhof, Untersuchung des Zustands (zusammen mit anderen) (Gutachten für Prozeß wegen schlechter Bauausführung durch Kloth) (II, S. 1282)

Lange, F.
Zimmerer in Häverstädt.
1879 Lübbecker Straße 4 für Schneidermeister Heinrich Bickmeyer (zusammen mit Maurer Stute)
1891 Lübbecker Straße 69 für Maurermeister Wilhelm Berger (dieser auch Ausführung)
1893 Lübbecker Straße 4, Stallanbau

Lange, Johann
Tischlermeister.
1712 Markt 1, Rathaus, Lieferung einer neuen Registraturschranke

Langela
Tischlerei in Münster.
1940 Dom, Tischlerarbeiten Marienaltar (Entwurf: Heckmann/Münster) (II, S. 664)

Langen
1866 Gefreiter bzw. Unteroffizier im siebten Pionier-Bataillon, 1871 Sergant.
1845–1867 Bahnhofsbefestigung (zusammen mit anderen) (I.2, S. 556–558, 621–625, Abb. 357, 409–411, Kat.-Nr. 286, 327–328)
1866 »Artillerie-Feldmaterial-Schuppen, Entwurf zur Erweiterung« (I.2, S. 490 f., Abb. 314, Kat.-Nr. 247)
1866 »Verbrauchs-Pulver-Magazin im Ravelin Neutor« (I.2, S. 242, Abb. 121, Kat.-Nr. 99)
1866 »Pulvermagazin neben dem Hahler Tor« (I.2, S. 248, Abb. 125, Kat.-Nr. 104)
1866 »Verbrauchs-Pulver-Magazin im Hornwerk Fischerstadt« (I.2, S. 325 f., Abb. 184, Kat.-Nr. 164 f.)
1867 »Bastion VII nach Korrektur des Wallgangs« (I.2, S. 229 f., Abb. 112, Kat.-Nr. 88)
1867 »Hohlbauten im Bastion VII« (I.2, S. 230–233, Abb. 113 f., Kat.-Nr. 89–91)
1867 »Contrescarpen-Galerie vor Bastion VIII« (I.2, S. 255, Abb. 130, Kat.-Nr. 110)
1867 »Korrekturbauten im Ravelin Marientor« (I.2, S. 273–275., 280, Abb. 144–146, 149, Kat.-Nr. 124–126, 130 f.)
1867 »Geschoßladestelle im Ravelin Marientor« (zusammen mit Daniel) (I.2, S. 278–280., Abb. 147 f., Kat.-Nr. 127–129)

1867 »Geschützrohrschuppen« (I.2, S. 492–494, Abb. 315 f., Kat.-Nr. 248 f.)
um 1868 »Traversierung des Bastions XII Schwichow« (I.2, S. 205 f., Abb. 94, Kat.-Nr. 70)
1868 »Pulvermagazin neben dem Hahler Tor« (I.2, S. 249, Abb. 126, Kat.-Nr. 105)
1868 »Traversierungsplan« (I.2, S. 185, Abb. 80, Kat.-Nr. 53)
1868 »Hohltraversen im Ravelin Marientor« (I.2, S. 282, Abb. 150, Kat.-Nr. 132)
1868/1869 »Stadt- und Festungsplan« (I.2, S. 185 f., Abb. 81, Kat.-Nr. 54)
1869 »Anlage der Stiftspassage neben dem Marientor« (I.2, S. 283–285, Abb. 151, Kat.-Nr. 133)
1869 »Brücke über den Festungsgraben im Zuge der Stiftspassage« (z. T. zusammen mit Daniel) (I.2, S. 285 f., Kat.-Nr. 134 f.)
1869 »Verwahrungs-Gebäude No 1 auf dem Artillerie-Zeughof, Umbauplan« (I.2, S. 649, Kat.-Nr. 339)
1871 »Revenüenplan der Festung« (I.2, S. 187, Kat.-Nr. 55)
1871 »Stadt- und Festungsplan mit Umgebung« (I.2, S. 187–190, Abb. 82, Kat.-Nr. 56)
1871 »Minden und die weitere Umgebung« (I.2, S. 190, Abb. 83, Kat.-Nr. 57)
1874 »Aufstockung des Batterieturms am Marientor« (I.2, S. 287 f., Abb. 153, Kat.-Nr. 137)

Langen, Engelbert siehe Firma **Schmidt & Langen**

Langenkämper. A.
Zimmermann, wohnte 1891 in dem Haus Stiftsallee 53.
1891 Stiftsallee 70, Umbau für Bahnhofsarbeiter Friedrich Langenkämper

Langhammer
Nagelschmiedemeister, wohnte 1851 Johannisstraße 8.

Langhammer, Carl
Nagelschmiedemeister. Durch den Bauunternehmer und Spekulanten Josef Hauke entstanden in den Jahren 1900 bis 1904 für ihn die Mietshäuser Hermannstraße 28–34 auf einem vom Nagelschmied Carl Langhammer erworbenen Grundstück.

Langmaack, Gerhard und Dieter
Architekturbüro in Hamburg. Gegründet 1922 von Dr. Gerhard (Richard Wilhelm) Langmaack (geb. 19.1.1898 Hamburg, gest. 26.5.1986 Ahrensburg), der als bedeutender Kirchenbaumeister des 20. Jahrhunderts im Umbruch zwischen Historismus und Moderne gilt und mehr als 50 Kirchenbauten entwarf. 1973 übergab er sein seit 1956 gemeinsam geführtes Büro an seinen Sohn. Dr. Ing. Dieter Langmaack (geb. 9.8.1926 Hamburg).
1961 Blücherstraße 15, evangelische Matthäus-Kirche für die St. Mariengemeinde Minden
1961/1962 Hagen, Martin-Luther-Straße, Lutherkirche
1962 St. Marien, Umgestaltung des Hochaltars (III, S. 164)
1962 St. Martini, Entwurf von Vierungsaltar, Lesepult und Kanzel (III, S. 284)

Lanz
Maschinenfabrik
1909 Friedrich-Wilhelm-Straße 96, Kessel Nr. 23 819 für die Dampfmühle

Laspe, Johan Heinrich
Drechslermeister, wohnte 1851/1857 Obermarktstraße 9, führte dort den Betrieb des gleichnamigen Vaters (1851 noch genannt) weiter.

Lau
Tischlermeister, wohnte 1851 wie der Tischlermeister Schlatter Obermarktstraße 6.

Lauterbach & Günther
Glasmalereibetrieb in Hannover.
1892 St. Marien, Fensterentwürfe (Beratung: Prof. Schaper/Hannover) (III, S. 102 f.)

Lauht, Hans Hermann
Zimmermann.
1709/1710 Soodstraße 4/6, Errichtung von zwei Buden für Stadt Minden (zusammen mit Maurermeister Rohr)

Laue, E
Maurermeister in Röcke bei Bückeburg.
1889 Bachstraße 4 für Lokführer Karl Kleine

Lax, Franz Eduard
Maurermeister. Geb. 17.11.1844 als Franz E. Knaust, gest. 11.11.1900. Zur Geschichte siehe V, S. 1235–1238.
1830 Kampstraße 33, Pfarrhaus St. Marien, Reparatur
1830 Gasthaus Kuckuck, Gutachten zum Bau
1833 St. Marien, Vertrag über Umgestaltung der Dächer (III, S. 123)
1833 St. Marien, Beseitigung der Gräber im Kircheninneren und Kauf der Grabsteine (III, S. 187)
1833 Tränke, neue Einfassungsmauer der Bastau hinter Bäckerstraße 71
1836 Domstraße 14, Rektoratshaus Haus-Nr. 147 P, steinerne Gartentreppe (II, S. 1474)
1837 Dom, Bauunterhalt der Domdächer auf zehn Jahre (II, S. 428)
1837 Dom, Dachreparaturen an Sakristei und Paradies (II, S. 428)
1837/1852 Domstraße 8, Dommädchenschule, Kostenanschlag zur Dachreparatur (II, S. 1455)
1837/1852 Domstraße 14, größeres Kamerariat Haus-Nr. 147 O, Kostenanschlag zur Dachreparatur (II, S. 1470)
1837 St. Marien, Instandsetzungsmaßnahmen an Kirche und Ausstattung (III, S. 71, 175)
1837 Pöttcherstraße 26
1839 Dom, Paradies, Reparaturen (Planung und Leitung: Bauinspektor Assmus) (II, S. 200 f.)
1839 St. Marien, Kostenanschlag zu Klempnerarbeiten bei Anbringung eines Blitzableiter (Bauleitung: Wegelin) (III, S. 137)
1841 Dom, Langhaus, steinerne Rinnen (II, S. 428)
1841 Königstraße 31, Reparaturanschlag
1842 Domkloster, Kreuzgang, Ausbessern und Weißen des Putzes sowie Erneuerung des Pflasters (II, S. 504)
um 1843 Rodenbecker Straße 16
um 1843 Wallstraße 2
1844 St. Martini, Dachreparaturen (III, S. 324)
1845 Großer Domhof 1, Abbruch des Regierungsgebäudes (ohne Kassenbau) nach Brand 1842 (II, S. 1185)
1845–1848 Großer Domhof 1, neues Regierungsgebäude (II, S. 1195 f.)
ab 1845 Vinckestraße 3, Vikarie, regelmäßige Dachunterhaltung (II, S. 1324)
1847 St. Martini, Arbeiten am Kirchendach (III, S. 324)
1847 Friedrich-Wilhelm-Straße 3, eigenes Wohnhaus
um 1847 Niedernstraße 1, Scheune
1848 Laxburgstraße 1
1848 Laxburgstraße 3
um 1848 Laxburgstraße 5
um 1848 Laxburgstraße 7
um 1848 Laxburgstraße 9
um 1848 Obere Straße 2/4, Scheune
1849 Königswall 67/Videbullenstraße 26

um 1849 Niedernstraße 3/21, Reihenhäuser zur Vermietung
um 1850 Bertastraße 4
um 1850 Friedrich-Wilhelm-Straße 1
um 1850 Friedrich-Wilhelm-Straße 5
um 1850 Laxburgstraße 6
um 1850 Laxburgstraße 8
um 1850 Ortstraße 2 ?
1852 Domstraße 12, Knabenschule, Kostenanschlag zur Dachreparatur (II, S. 1463)
um 1852 Friedrich-Wilhelm-Straße 7
um 1852 Friedrich-Wilhelm-Straße 9
1853 Königstraße 14 für Kaufmann Reuter (vermutet)
ab 1855 Großer Domhof 1–2, Reparatur am Regierungsgebäude (II, S. 1200)
1855 Pulverstraße 4/6
1857 (vermutet) Königstraße 14 für Kaufmann Reuter
um 1857 Laxburgstraße 2
um 1857 Laxburgstraße 4
um 1858 Bertastraße 1/3
um 1858 Friedrich-Wilhelm-Straße 3, Wasserturm
um 1859 Bertastraße 2
um 1859 Kaiserstraße 27
um 1859 Kaiserstraße 29
1860 Vinckestraße 3, Vikarie, Abbruch (II, S. 1324)
1897–1899 Friedrich-Wilhelm-Straße 37–75, Arbeiterreihenhäuser (I.2, S. 890)

Lax, Karl
Maurer.
1908 Umradstraße 8, Umbau für eigene Zwecke

Lax, Louis
Maurermeister und Bruder des Maurermeisters Franz Lax.
1860 Lindenstraße 26/28 für eigene Zwecke

Lax, Jürgen
Dipl.-Ing. Ab 1977 als Bürogemeinschaft Lax & Schlender, seit 2000 als Lax und Wolf.
1974/1976 Bremerhaven, Schulzentrum Bürgerpark (zusammen mit den Mindener Architekten Fromlowitz, Korth und Moelle)
1975 Stiftstraße 38, Umbau
1977/1978 Umradstraße 7
1978/1982 Alte Kirchstraße 19, Sanierung
1979 Alte Kirchstraße 3, Sanierung
1981 Blumenstraße 31, Anbau
1981 Brüderhof 6, Sanierung
1981 Königstraße 18, Anbau
1891 Königstraße 30, Umbau
1982/1985 Videbullenstraße 23, Sanierung
1983 Königstraße 20 a, Sanierung
1983 Tonhallenstraße 3, Stadttheater, Erweiterung des Foyerflügels
1983/1984 Rodenbecker Straße 3/11 für Verein für freie Sozialarbeit
um 1985 Brüderstraße 3, Sanierung
1986 Greisenbruchstraße 17, Umbau und Sanierung
1987 Simeonstraße 8, Umbau und Sanierung
1987 Bünde, Bahnhofstraße 46, Sanierung
1988 Brüderhof 1, Sanierung
1988 Obermarktstraße 29, Sanierung
1989 Weingarten 4, Sanierung
1990 Ortstraße 3, Sanierung
1990/1991 Ortstraße 1/Weingarten 1 und 3 für GSW Minden
1991/1995 Simeonstraße 19, Sanierung
1991 Simeonstraße 22, Umbau und Sanierung
1991 Simeonstraße 24, Umbau und Sanierung
1991 Simeonstraße 36, Umbau
1992/1993 Hohe Straße 6, Wohnhaus für GSW Minden
1992/1995 Weingarten 52, Sanierung
1993 Brüderstraße 1 a, Um- und Neubau
1993 Hohe Straße 4, Sanierung
1993/1999 Obermarktstraße 18, Sanierung

1994 Obermarktstraße 32, Hinterhaus, Modernisierung
1996 Rodenbecker Straße 10
1997/1998 Obermarktstraße 29, Umbau des Lagerhauses
1997/1998 Simeonstraße 17 für Paritätischer Verein für Sozialarbeit Minden
1998 Obermarktstraße 34, Sanierung
2000 Simeonstraße 20, Wohnhaus

Laxmann, A.C.
1902 Mitarbeiter bei LUDORFF 1902.

Leder, Johannes
Wasserbauinspektor, war mit Agnes Gödeker verheiratet, wohnte Sympherstraße 13 und verstarb fast 76jährig am 26. 1. 1965.

Le Doux (auch LeDoux), Abraham
Glasermeister, wohnte 1766/1781 in dem ihm gehörenden Haus Kampstraße 34, das 1781 durch ihn auch wesentlich umgebaut und erweitert wurde.
1753/1754 St. Marien, Glaserarbeiten (III, S. 100)
1760 Kleiner Domhof 13, Domsyndikathaus, Reparatur (zusammen mit anderen) (II, S. 1415)
1761 Großer Domhof 10, Kurienhof, Kostenanschlag für Reparaturen (zusammen mit anderen) (II, S. 1291)
nach 1763 Großer Domhof zwischen 9 und 10, Torhaus mit Hieronymuskapelle, Kostenanschlag für drei Kapellenfenster (II, S. 1288)
1764 Vinckestraße 1, Kurienhof, Fensterreparaturen und neue Fenster (II, S. 1311)
1765 Vinckestraße 1, Kurienhof, Kostenanschläge zu Reparaturen (zusammen mit anderen) (II, S. 1311)
1767 Dom, Chor, neue Bleiverglasung (zusammen mit Glasermeister August Christian Fischer) (II, S. 439)
1767 Opferstraße 11, Reparatur
1769 Domstraße 4/6, Vikarie St. Katharina, umfangreiche Reparatur (zusammen mit anderen) (II, S. 1442 f.)
1769 Großer Domhof (ohne Nummer), ehemalige Domkurie, Glaserarbeiten (II, S. 1251)
1770 Großer Domhof 10, Kurienhof, kleine Arbeiten (zusammen mit Meining, Sassenberg und Lohaus) (II, S. 1291)
1774 Großer Domhof 5, Reparatur am Kommendehaus (II, S. 1228)
1777 Großer Domhof 10, Kurienhof, Kostenanschlag für Reparaturen (zusammen mit anderen) (II, S. 1292)
1787 Domstraße 14, zwei Kamerariate, Kostenanschlag zur Reparatur (zusammen mit anderen) (II, S. 1467, 1470)
1790 Großer Domhof 11, Kuriengebäude, Umbau (zusammen mit anderen) (II, S. 1301)
1792/1793 St. Marien, Arbeiten an Kirche und Pfarrhäusern (III, S. 70)
1797 Dom, Schadensfeststellung und Fensterreparatur (II, S. 440)
1797/1798 Domkloster, Abbruch der westlichen Doppelkapelle, neue Kapitelstube im Ostflügel und Arbeiten an der östlichen Doppelkapelle (zusammen mit anderen) (II, S. 500)
vor 1801 Großer Domhof 10, Kurienhof, Reparaturen (zusammen mit anderen) (II, S. 1292)
1800/1801 Dom, Fensterreparaturen (II, S. 440)
1801 Domstraße 14, Rektoratshaus Nr. 147 P, Austausch von Fensterscheiben (II, S. 1474)
1807 Großer Domhof 1–2, Kollegienhaus, Arbeiten zusammen mit Schlossermeister Senff (II, S. 1184)

LeDoux, F.
Glasermeister.
1815   Kaserne am Paradeplatz, Aufstellen und Reparatur von 195 Bettgestellen und Fensterreparaturen (zusammen mit Schreiner Daake, Schlosser Müller, Glaser Köhler) (I.2, S. 356)
1816   Kaserne am Paradeplatz, Umbauarbeiten (Planung: Ganzer, Leitung: Kraushaar) (zusammen mit Schlosser Gabriel, Schreiner Gabriel, Maurermeister Krah) (I.2, S. 358)
1817   Dom, Paradies, Kostenanschlag zu Ausbesserungen am gotischen Portal (II, S. 200)
1817   Dom, Kostenanschlag zu Fensterreparaturen (II, S. 440)

LeDoux, Georg Ludwig
Glasermeister und Mitglied der reformierten Gemeinde. Starb am 13.10.1830 mit 36 Jahren an der Schwindsucht.

Lehmann, Friedrich (bzw. Franz) Andreas
1802 Baudirektor bei der Regierung in Minden; 1806 als Kriegs- und Domänenrat sowie Baudirektor im Münsterschen Kammerdepartement verzeichnet. 1816 Baurat in Münster.
1802   Gutachten über das geplante Zuchthaus in Herford
1803   Gutachten über den Zustand der Straßen in der Stadt Minden (V, S. 1644)
1803   Gutachten über den Zustand des Weserstromes mit Plan (V, S. 1756 und Abb. 1240)

Lehr
Zimmermeister.
1733   Bäckerstraße 66, Renovierung des Hinterhauses

Lehrs
1839 Festungs-Bauschreiber in Minden.
1839   »Fischertor und Wachtkasematte« (Kopie) (I.2, S. 300 f., Abb. 63, Kat.-Nr. 149)

Lehzen, Heinrich
Schmiedemeister, wohnte Marienwall 14, starb 83jährig am 17.1.1965.

Leitz, Ludwig
Bildhauer.
1979   Kleiner Domhof, »Die Familie« (Bronzegruppe) (Guß: Strehle/Neuötting) (I.2, S. 956)

Lemcke
Münster.
1949   Dom, Wiederaufbau Westwerk, Beteiligung am Wettbewerb für Kapitelle der Ostgalerie (II, S. 135)

Lempff
Schmied.
1797/1798 Domkloster, Abbruch der westlichen Doppelkapelle, neue Kapitelstube im Ostflügel und Arbeiten an der östlichen Doppelkapelle (zusammen mit anderen) (II, S. 500)

Lenz, Emil
Seit 1946 Architekt in Minden, wohnte und arbeitete in dem Haus Marienstraße 17. Lenz stammte aus Posen, wo er bis 1945 ein eigenes Architekturbüro betrieb und wurde im Mai 1947 zur Leitung des Wiederaufbaus der zerstörten Kanalbrücke über die Weser durch den Reg. Baurat Dipl.-Ing Jensen von Bremerhaven nach Minden gerufen. 1967 Kreistagsabgeordneter der CDU. Lenz (geb. 12.3.1895 Küstrin, gest. 22.3.1967) war mit Luise Schönfeld (geb. 31.5.1890 Zabuo/Posen, gest. 4.1.1961) verheiratet.

1946/1949 Wiederaufbau der Kanalbrücke über die Weser
1949 Fischerglacis 25, Lagerbau
1949/1940 Fischerglacis 25, Umbau und Erweiterung für Gebr. Sievert (Ausführung Mülmstedt & Rodenberg)
1950 Sympherstraße 27, Anbau
1951 Roonstraße 4 für Kaufmann Heinrich Jürgens
1953 Fischerglacis 25, Lagerbau
1953 Stiftsallee 6 für Polstermeister Fritz Mense
1954 Weserstraße 15, Umbau
1955 Steinstraße 9 für Polizeiwachtmeister Heinrich Nußbaum (durch GSW Minden)
1955/1956 Königstraße 107 für Lemhöfer
1960 Marienstraße 142, Umbau und Erweiterung
1961 Simeonstraße 19, Umbau
1962 Festungsstraße 5, Lagerhalle für Rohproduktenhandel Berg
1964 Egestorf/Deister, Wohnhaus für Dipl. Ing Jensen, Leiter der Wasser- und Schiffahrtsdirektion Hannover

Lenz, Rudolf
Architekt in Dortmund.
1913 Kuhlenstraße 49, Wohnhaus mit Stall für den Landwirt Karl Lange

Lenz-Bau AG
Bremen, Obernstraße 45. Stahlbetonarbeiten am Dom.
1953 Dom, Wiederaufbau des Langhauses, Betonskelett (II, S. 301)

Lenzing
Regierungsbaumeister bei der Kanalbaudirektion in Hannover.
1919 Werftstraße 28, Diensthöft für Betriebsleiter des Pumpwerkes

Leo, Peter
Dr. phil., Restaurator und Kunsthistoriker. Unterhielt 1952/1955 zusammen mit dem Architekten H. Lohse eine »Arbeitsgemeinschaft für praktische Denkmalpflege« mit Büro am Großen Domhof 10. Veröffentlichte ein Buch zur Kunstgeschichte Mindens (LEO 1965). Leo (geb. 2.6.1915 Leipzig) war seit 1952 mit der Bidhauerin Gisela Stellbrink (geb. 27.1.1925 Bielefeld) verheiratet. Sie lebten 1952 Artilleriestraße 9, 1956 Artilleriestraße 14 und sind 1957 nach Münster, Moltkestraße 6, verzogen.
1945 Dom, Kreuzaltar/Stifteraltar von Vincke, veränderte Wiederherstellung der Atlarzone (II, S. 638)
1949 Dom, Wiederherstellung und Farbfassung von Portalmadonna und Kanzelfiguren (II, S. 715)
1950 Dom, Gutachten zum Altarbild van Lon (II, S. 865)
1950 St. Marien, Restaurierung des Holle/Horne-Epitaphs (Farbfassung nach Ahnentafel von Prof. Stange, Bielefeld) (III, S. 192)
1951 Dom, Rekonstruktionszeichnung des Von-Langen-Epitaphs (II, S. 693)
1951 St. Marien, Restaurierung des Ilgen-Epitaphs (III, S. 204)
1952 Bäckerstraße 45, Umbau der Fassade (zusammen mit Architekt H. Lohse)
1952 Ritterstraße 23, Restaurierung der Utlucht
1953 (?) Dom, Paradies, Rekonstruktionsskizzen zum Apostelfries (II, S. 567, 569–571)
1955 Markt 1, Rathaus, Ausmalung des Kleinen Saals
1967 St. Marien, Restaurierung des von Gladbeck-Epitaphs (III, S. 187)

Leo-Stellbrink, Gisela
Münster/Minden (siehe Leo, Peter).
1954–1956 Dom, Paradies, Restaurierung des Apostelfrieses (II, S. 569)

Dr. Peter Leo, um 1951.

Gisela Leo-Stellbrink, etwa 1952/53.

1954/1957 Dom, Taufstein (in Zusammenarbeit mit Steinmetzen der *Dombauhütte*) (II, S. 728)
1957   Dom, Restaurierung des Heilig-Geist-Altars (Stifteraltar von Schorlemer) (II, S. 632)
1957   Dom, Rekonstruktionszeichnung des Mallinckrodt-Epitaphs (II, S. 681)
1957   Dom, Arbeiten am Grappendorf-Epitaph (II, S. 687)
1960   Dom, Ergänzungen der Petrusfigur (II, S. 782)

Le Petit
1764 als Landbaumeister bzw. ab 1770 auch als Baurat in Minden nachweisbar.
1764   Poststraße Minden-Bremen, Brücke bei der Roten Mühle, Kostenanschlag
1766   Poststraße Minden-Bremen, hölzerne Brücke bei Petershagen, Kostenanschlag
1774   Lübbecke-Gehlenbeck, Pfarrhaus, Projekt

Leopold
1828/1832 als Rentmeister und 1839 Hofmaurermeister zu Neuhof – Gut Neuhof bei Schlüsselburg – bezeichnet (siehe auch LINNEMEIER 1992, S. 287 und 294) und bis zu diesem Jahr Besitzer des Hauses Brüderstraße 2.

Lerchl, Wilhelm
Dipl.-Ingenieur. Mitarbeiter, später Inhaber der Firma Mülmstedt & Rodenberg (siehe dort).

LERGGELET
Unbekannter Hersteller von liturgischem Gerät. 2. Hälfte 19. Jh. Dom, Turmmonstranz (II, S. 938 f.)

Lessing
Regierungs- und Baurat bei der Wasser- und Schiffahrtsdirektion in Hannover.
1932 Kohlstraße 12/14, Wohnhaus für Beamte des Schlepperamtes (Pläne von 1930)

Lessing, Heinrich
Maler.
nach 1888 Weserglacis 2, Regierungsgebäude, Gemälde von Kaiser Friedrich III

Lesson
Bauinspektor.
1864   Kleiner Domhof 7, Planung von Arbeiten (?) mit Grundrißskizzen (II, S. 1375)

Letemeyer, Joh. Cord
1747   St. Marien, Kirche, Abstämmen der Hölzer für Dachreparaturen (III, S. 133)

Lichner, Max
Bei der Garnisons-Bau-Verwaltung, 1909 beim Militär-Bauamt in Minden (I.2, S. 817). 1910 als Königlicher Baurat bezeichnet, wohnte Brückenkopf 7.
1907   Viktoriastraße 21b, Pionierkaserne bei Fort B, Exerzierhaus (I.2, S. 831, Abb. 549 f.)
1908   Pionierstraße 12, Pionierkaserne bei Fort B, Kammergebäude (I.2, S. 834–836, Abb. 551 f.)
1909   Marienwall 30, Marienwall-Kaserne/Litzmann-Kaserne, Familienwohnhaus (I.2, S. 817, Abb. 535)
1910   Pionierstraße 12b, Pionierkaserne bei Fort B, Geräteschuppen I (I.2, S. 837)
1910   Marienwall, Einfriedigung und Tor (I.2, S. 819, Abb. 539)
1910   Kampstraße 17, Kasino, Umbau
1912   Johansenstraße, Projekt eines Artillerie-Wagenhauses (I.2, S. 776–778, Abb. 514)
1912   Viktoriastraße 21, Pionierkaserne bei Fort B, Pferdestall (I.2, S. 838 f., Abb. 553)
1912/1914 Pionierstraße 6, Pionierkaserne bei Fort B, Mannschaftshaus der Scheinwerferabteilung/Scheinwerferkaserne (I.2, S. 840 f., Abb. 554 f.)
1913   Artilleriestraße 9, städtische Kaserne, Erweiterung und Aufstockung um zwei Geschosse (I.2, S. 809)
1913   Pionierstraße 6, Pionierkaserne bei Fort B, Mannschaftshaus für das Pionier-Bataillon No 6/Doppelkompanie-Kaserne (I.2, S. 843–846, Abb. 558–560)

Liebermann, Josef
Architekturbüro in Schwenningen a. N.
1972   Herderstraße 18 für den Fabrikanten R. Sültemeyer

Liebold & Co AG
Baugesellschaft in Holzminden. Gegründet von dem Architekten B. Liebold, Lehrer an der Baugewerbeschule in Holzminden. Mitarbeiter der in Hannover 1872–1878 erscheinenden Zeitschrift »Die Kunst im Gewerbe« (siehe KÖHLER 1994, S. 63). Vorstand der Gesellschaft 1901 C. Liebold.
1875   Holzminden, Bahnhofstraße 25, Villa Kaufmann F. Planck (Musterbau der Grobmörtelbauweise)
1901   Martinikirchof 6 a, Körnermagazin, Verstärkung des Fundaments (I.2, S. 676 f., Abb. 440)
1902   Weserglacis, vierte Bastaubrücke über den Leinpfad am Weserende (Leitung: Regierungs-Baumeister Hummell) (I.2, S. 897)
1903/1904 Weserglacis, Brücken über die Bastau
1912   Bahnhof, Umbau der Gleisanlagen, des Bahnhofsplatzes und Bau der Unterführungen

Lindemann, Christof
Maurer, wohnte 1846 zur Miete in dem Haus Kisaustraße 8.

Linkemeier, W.
1956 geschäftsführender Architekt der Bauhütte Minden.

Linnemann
1828 Aufnahme der Urkatasterkarte Flur Grille (V, Abb. 1322)

Linnemann, Alexander
Professor in Frankfurt. Führt eigene Glasmalereiwerkstatt.
1901 St. Simeon, Glasmalerei (III, S. 642, 667–669, 672, 690, 692, Abb. 451–455)

Linsel, Richard
Minden.
1970 Bachstraße 10, Entwurf eines Betriebsgebäudes

Litzinger, Konrad
Maurer, wohnte Königstraße 27.
1894 Kuhlenstraße 35 für Invalide Robert Haesgen (Plan: Architekt Krause)

Lock, August
Maler.
1853 Kleiner Domhof 7, Tapezierarbeiten (II, S. 1379)

Fa. Josue Loeb
Basaltlavabruch in Mayen.
1913 Oberschleuse am Kanal, Steinverkleidung

Loebell, Alfred
Oberbaurat und Regierungsbaumeister, als Vorstand des Kanalbauamtes und späteren Wasserbauamtes II (vor 1910 bis nach 1921) bei der Kanalbauverwaltung in Minden in zentraler Stellung tätig und mit wesentlichem Einfluß auf die Gestalt und Ausführung der technischen Hochbauten des Kanals. Loebell (geb. 2.2.1874 Berlin) war mit N. Gress (geb. 22.7.1910 Potsdam) verheiratet, Tochter Liese-Lotte (geb. 7.5.1910). Die Familie wohnte seit 1908 Königsglacis 8, 1916 Simeonglacis 5 und verzog Oktober 1917 nach Hannover.

1910/1911 Schachtschleuse
1912 Brücke aus Eisen über den Kanal der Kreisbahnstrecke nach Lübbecke
1913 Oberschleuse des zweiten Weserabstiegs, Entwurf

Löbl, W. H.
um 1915 Marienstraße 134/136, Nordfriedhof, Konzept für den Ehrenfriedhof

Löfken
Garnisonsbauinspektor bei der Intendantur des IX. Armeekorps in Altona. Später Regierungsbaumeister und freier Architekt in Münster. Leiter des Bauamtes beim Westfälischen Bauernverein. 1908 in den Vorstand der neu begründeten »Kommission für Heimatschutz« berufen. Scheint aus Münster zu stammen (1912 errichtet eine Witwe H. Löfken in Münster an der Sudmühlenstraße 206 einen Bildstock).
1894/1897 Artilleriestraße 9, städtische Kaserne (I.2, S. 803–806, Abb. 526–534)
1900 Warendorf, Vohren 1, Wirtschaftsgebäude für Landrat M. Gerbaulet
1901/1902 Warendorf, Vohren 1, Villa für den Landrat Max Gerbaulet auf dem Hof Afhüppe
1901 Am Alten Weserhafen 1 a, Kornlagerhaus
1903 Warendorf, Am Stadtgraben 4, Wohnhaus mit Praxis für Medizinalrat Dr. Kaloff
1905 Warendorf-Freckenhorst, Hägerort 4, Villa für Gutsbesitzer Brüning
1906 Warendorf, Wallpromenade 19, »Landhaus« für Kreisarzt Dr. Schmidt (Ausführung: Maurermeister Carlé)
1909 Nottuln-Darup, Haus Darup, Ökonomie und Geflügelhaus für Julius von Bönnighausen
1910 Nottuln-Darup, Haus Darup, Gartenanlage (erschlossen)

1912/1913 Nottuln-Darup, Haus Darup, Gewächshaus für Julius von Bönnighausen
1914 Nottuln-Darup, Haus Darup, Gartenhaus (erschlossen) für Julius von Bönnighausen
1914 Rheda-Wiedenbrück-Rheda, Pixeler Straße 2, Villa für Dr. Welp
1921 Warendorf-Freckenhorst, Hägerort 7c, Anbau am Wohnhaus Schulze Osthoff

Loehr von Kirn
Ingenieur-Hauptmann (geb. 1806). 1828 Lieutenant, 1846 Kapitän, 1857 Major und Lehrer an der Artillerie- und Ing.-Schule. 1859 als Oberst aus dem Dienst geschieden (VON BONIN II, 1878, S. 304).
1845–1867 Bahnhofsbefestigung (zusammen mit anderen) (I.2, S. 56, 548–555, 584f., 593, 600, Abb. 353–355, 382, 390, Kat.-Nr. 281, 283f., 300, 305, 308)
(vermutlich) 1849 »Friedens-Pulver-Magazin nebst Enveloppe vor Bastion VIII« (I.2, S. 725fl, Abb. 477, Kat.-Nr. 385)

Lohaus, Gabriel
Schlosser- und Schmiedemeister, wohnte 1780/1804 Bäckerstraße 70. Betrieb wurde 1809 von Schlosser Gewecke (gest. vor 1818) weitergeführt.
1769 Großer Domhof (ohne Nummer), ehemalige Domkurie, Anschlag für Reparaturen (zusammen mit anderen) (II, S. 1250)
1769 Großer Domhof (ohne Nummer), ehemalige Domkurie, Rechnung für Beschläge, Windeisen, Anker, Riegel, Kamin- und Ofentüren (II, S. 1250)
1770 Großer Domhof 10, Kurienhof, kleine Arbeiten (zusammen mit anderen) (II, S. 1291)
1777 Großer Domhof 10, Kurienhof, Kostenanschlag für Reparaturen (zusammen mit anderen) (II, S. 1292)
1777/1778 Domkloster, Baumaßnahmen an der Kapitelstube (zusammen mit anderen) (II, S. 497)
vor 1801 Großer Domhof 10, Kurienhof, Reparaturen (zusammen mit anderen) (II, S. 1292)
1802 Großer Domhof 10, Kurienhof, Kostenanschlag zu Reparaturen (II, S. 1292)

Lohfeld (Lhofeld), Herman
1646 *Mhaurer und Bürger* (KAM, Mi, B 99/19).

Lohmann
Maurer.
1712 Kleiner Domhof 1, Umbau

Lohmann
Baurat in Düsseldorf.
1961 Minden-Leteln, St. Markuskirche für die St. Mariengemeinde

Lohmann, G.
Architekt.
1954 Neubau eines Teiles der Stützmauer unterhalb der Marienkirche

Lohmann, Wilhelm
Steinmetz, 1914 Stiftsallee 62.

Lohmeyer, Friedrich
1689 als Zimmmermeister, 1700 als Garnisons-Zimmermeister genannt. Er ist 1698/1711 als Besitzer des Hauses Ritterstraße 38 nachgewiesen, das er allerdings zeitweise auch vermietete.
1689 Ritterstraße 13, Gutachten zum Bauzustand
1700 Brüderstraße 26, Neubau Scheune, Mitarbeit

Lohmeyer, Heinrich Ludwig
Glockengießer in Gütersloh.
1865   St. Marien, Guß neuer Glocken (III, S. 152, 154)

Lohse, H.
Dipl.-Ingenieur und Architekt. Unterhielt 1952 zusammen mit Dr. Peter Leo eine »Arbeitsgemeinschaft für praktische Denkmalpflege« mit Büro am Großen Domhof 10. Später das Büro in dem Haus Simeonstraße 1.
1952   Bäckerstraße 45, Umbau der Fassade (zusammen mit Dr. Peter Leo)
1952   Melittastraße 16 für Wilhelm Gudehaus (Plan: Franz Krapp)
1953   Friedrichstraße 1 a, Verkaufsstand (nicht ausgeführt)
1953   Obermarktstraße 19, Umbau Schaufenster
1954   Brüderstraße 27, Kellereinbau
1954   Königstraße 14, Umbau des Erdgeschosses

Longworth
Architekt.
1912–1914 St. Petri, Messungen für die Instandsetzung der Kirche (III, S. 584)

Lucas, Johan Heinrich
Drechsler, wohnte 1804/1809 Königswall 87 (vorher die Drechsler Fr. Vögeler und Dammeyer).

Luckard
Schieferdecker.
1820   Simeonsplatz 3, Trainschuppen/Proviantmagazin, Dachdeckerarbeiten (Simeonsplatz 3) (Plan: F. Stamm, Leitung: Bauinspektor Kraushaar) (zusammen mit Zimmermeister Scheidemann) (I.2, S. 408)

Ludecke
Baumeister in Hamburg.
1593/1597 Um- und Ausbau der Weserbrücke

Ludorff, Albert
Geb. 8. 8. 1848 Wetzlar, gest. 8. 4. 1915 Münster). Arbeitete zunächst als königlicher Baurat und trat am 1. 8. 1888 als Regierungsbaumeister bei der Provinzialverwaltung für Westfalen in Münster ein. Zugleich wurde er durch den Provinziallandtag mit der Bestandsaufnahme der Bau- und Kunstdenkmäler betraut. Auf Grund königlicher Kabinettsordre vom 19. 11. 1891 wurde er am 1. 4. 1892 zum ersten Konservator der Provinz Westfalen bestellt (der Provinzialausschuß hatte am 16. 2. 1892 die Gründung einer Provinzialkommission zur Erforschung und zum Schutz der Denkmäler beschlossen). Er hatte diese Funktion bis zu seinem Tode inne (die Stelle wurde danach zunächst wegen des Krieges nicht mehr besetzt und bis 1920 von Landesbaurat Zimmermann ehrenamtlich verwaltet). Erhielt für seine Verdienste den Roten Adlerorden IV. Klasse, wohnte in Münster zuletzt Klosterstraße 10 a. Aus seiner Ehe mit Maria Stalinski gingen die vier Töchter Else (heiratete Dr. Petermann in Bielefeld), Anna (heiratete Dr. Henrich in Trier), Maria (später als Schwester Alberta in Hamburg) und Grete hervor (siehe Archiv LWL Nr. 132, Nr. C 11 A 87).
1880   Lüdinghausen, Burg Lüdinghausen, Neubau Amtshaus-Flügel
1887/1888 Soest, Rathausstraße 8, kaiserliches Postamt (Mitarbeit)
1892   Münster, Bebauungsplan des Gebiets westlich vom Bahnhof
1893   Münster, Herwarthstraße, Vorentwurf für ein Provinzialmuseum
1893   Dom, Grundriß (II, S. 199, Abb. 192)
1885   Domkloster, Grundrisse Süd- und Ostflügel (II, S. 490)
1891/1895 St. Marien, Fotografien (III, S. 58, 116, 118)
1892   St. Marien, Zeichnung (III, S. 57, Abb. 60)
1895 f. St. Johannis, Fotografien und Zeichnungen (III, S. 2, 51 f., 54, Abb. 3 f.)

1895 St. Petri, Fotografien und Zeichnungen (III, S. 575, Abb. 390)
1895/1900 St. Simeon, Zeichnungen (III, S. 624 f., Abb. 425)
1896 Dom, Sicherung des Chores, Untersuchung und Zustandsbericht (II, S. 259, 368, 376)
um 1900 Marienkirchplatz, Zeichnung (III, S. 57 f.)
1901 Markt 1, Rathaus, Aufnahme der Laube
1902 (Druck) Dom, Grundriß (II, S. 9, 218)
1902 (Druck) Dom, Langhaus, Querschnitt (II, S. 295)
1902 Münster, Denkmal Schorlemer-Alst vor dem Landeshaus, Sockel (Figur: Heising)
1904 Markt 1, Rathaus, Alternativplanungen für Registraturanbau
1904 St. Martini, Projekt für einen Turmneubau
1905 Paderborn, St. Bartholomäus, Welle (Projekt)
1907 Geseke, Marktplatz, Kirche St. Petri, Erweiterung, Umplanungen der Pläne von Mündelein

Lübbe, J. H.
Tischlermeister.
1701 Umradstraße 21, Tischlerarbeiten beim Neubau

Hannoversche Glasmalerei Johann **Lübeck**
Verden.
1881–1882 Dom, Querhaus, Neuverglasung von Radfenstern (Planung: Pietsch 1878, Haupt 1880–1882; Maßwerkerneuerung: W. Moelle 1879–1882) (II, S. 443)
1881 Dom, Paradies, Neuverglasung des Oberlichts (Entwurf: möglicherweise Haupt 1880) (II, S. 447, Abb. 145)

Lübke, Wilhelm
Kunsthistoriker, geb. 17. 1. 1826 Dortmund, gest. 1893. Er gehört zu den wichtigsten Kunsthistorikern der zweiten Hälfte des 19. Jahrhunderts und publizierte zahlreiche Standardwerke.
1853 (Druck) Dom, Grundriß (II, S. 9)
1853 (Druck) Dom, teilrekonstruierte Westfassade (II, S. 216 f., Abb. 133.2)
1853 (Druck) Dom, Arkaden südlicher Querhausgiebel (II, S. 218)
1853 (Druck) Dom, Querschnitt Langhaus (II, S. 295)
1853 (Druck) Dom, Fenstermaßwerke im Langhaus

Lübking, Friedrich
Maurer. Wohnt 1846 zur Miete in dem Haus Leiterstraße 5.

Lück, Christian
Zimmermeister (geb. 1. 8. 1837, gest. 16. 12. 1907) verheiratet mit Ottilie Schnelle (geb. 19. 7. 1844, gest. 312. 12. 1921), der Tochter des Bleichereibesitzers Schnelle/Bleichstraße 10. Über seine Geschichte ist bislang kaum etwas bekannt. Er scheint seinen Betrieb 1867 auf einem angekauften Grundstück an der Lindenstraße 31 eröffnet zu haben. Schon 1886 nahm Zimmermeister Lück Wilhelm Jacobi als Teilhaber in sein Geschäft auf, das sich dann schon 1891 als »W. Jacobi (Christ. Lück Nachfolger)« bezeichnete. Die Firma wurde an der bisherigen Stelle 1893 aufgelöst. 1886 bei St. Martini erwähnt. C. Lück war 1886 Vertrauensmann der Hannoverschen-Baugewerks-Berufsgenossenschaft. 1895 ist er auch Stadtrat und im Vorstand der Mindener Straßenbahn. Stadtrat Lück wurde zum wesentlichen Förderer und Betreiber des 1902 durchgeführten Neubaus eines städtischen Krankenhauses an der Friedrichstraße 9/17.

1867 Lindenstraße 31, Wohnhaus und Lagerschuppen für eigene Zwecke (Maurerarbeiten: Sinemus)
1870 Dom, Arbeiten im Domreventer
1873 Alte Aminghauser Straße 11/13, Arbeiterhaus für Firma Gebr. Busch (zusammen mit Maurermeister Sinemus)
1873 Lindenstraße 21, Saalgebäude für den Wirt Röbke
um 1875 Lindenstraße 29 für eigene Zwecke
1875 Lübbecker Straße 12 für Bäcker W. Münstermann (zusammen mit Schmidt & Langen)
1875 Obermarktstraße 20/22 für Hutmacher Kamlah und Goldarbeiter Kremeier
1876 Marienglacis 1, Treibhausprojekt für Kunstgärtner Stolle
1877 Bleichstraße 10, Wohnhaus für Bleicher L. Schnelle
1877 Bleichstraße 10, Waschhaus für die Bleiche L. Schnelle
1877 Königstraße 76 für Schmiedemeister A. Bredemeyer
1877 Marienglacis 9/11, Treibhaus für Kunstgärtner Stolle
1877 Simeonstraße 5, für den Färbereibesitzer H.W. Küster
1878 Hafenstraße 28, Kohlenschuppen (Friedrich-Wilhelm-Straße 33) für C. A. Wiehe
1879 Königstraße 67 für Kaufmann Wilhelm Schröder (zusammen mit Schmidt & Langen)
1879 Königstraße 69 für Kaufmann Georg Fuchs mit Schmidt & Langen)
1879 Marienglacis 41 für den Lehrer Dr. Schroeder (zusammen mit Schmidt & Langen)
1879 Marienglacis 43, Wirtschaftsgebäude Stiftstraße 8 für Kaufmann Otto Quante
1879 Obermarktstraße 26, Lagerhaus Druckerei Bruns (zusammen mit Schmidt & Langen)
1879/1880 Immanuelstraße 2, Turnhalle am Gymnasium (zusammen mit Pook)
1880 Stiftstraße 21 für Bäckermeister Hermann Klopp (zusammen mit Schmidt & Langen)
1881 Marienglacis 43, Umsetzen einer Scheune in der Marienfeldmark
1881 Viktoriastraße 18 (zusammen mit Maurermeister Sipp) für Gutsbesitzer H. Pleuger
1882 Königstraße 3, Wiederaufbau Scheune und Wohnhaus für Bäcker Albert Schnelle
1882 Simeonstraße 4 für Schlachter Carl Meyrahn
1882 Viktoriastraße 18, hölzerne Veranda für Gutsbesitzer H. Pleuger
1882 Obermarktstraße 26, Druckerei Bruns Erweiterung (zusammen mit Schmidt & Langen)
1883 Immanuelstraße 2, Gymnasium, Podium für die Aula
1883 Simeonstraße 3 (Plan und Hauptarbeit durch Schmidt & Langen) für Kürschner Vieweg
1884 Friedrich-Wilhelm-Straße 123 (Ausführung durch Schmidt & Langen) für W. Harmann
1884 Friedrich-Wilhelm-Straße 123, Stallgebäude
1884 Lindenstraße 9, Werkstatt für Tischlermeister Kamlah
1884 Ritterstraße 14, Umbau
1884 Rodenbecker Straße 46, Wagenschuppen
1884 Stiftstraße 21, Anbau (zusammen mit Schmidt & Langen)
1885 Kuckuckstraße 18, Pulvermagazin für Brücker & Zetschzsche
1885 Kuckuckstraße 22, Arbeiterhaus für Brücker & Zetschzsche (zusammen mit Schmidt & Langen)

1887 Friedrich-Wilhelm-Straße 129, Hinterhaus für Gastwirt A. Heintz (Ausführung: Schmidt & Langen)
1887 Kampstraße 14, Umbau für Rechtsanwalt Schulte
1887 Obermarktstraße 16, Hintergebäude für Bäckermeister Ernst Meyer (zusammen mit Schmidt & Langen)
1888 Rodenbecker Straße 79, Gewächshäuser für Wilhelm Bette
1890 Lindenstraße 21, Umbau
1892 Lindenstraße 31, Umbau und Hinterhaus Klausenwall 15

Lücke, Jochen
Architekt in Vlotho.
1984 Hausberger Straße 4, rückwärtige Erweiterung

Lücking, A.L.
Hoch- und Tiefbautechniker in Hannover.
1911 Dankerser Straße 13 (Planung) für Telegrafenleitungsaufseher Wilhelm Lücking

Lüdecke, Julius
Steinhauer, wohnte 1895 Weingarten 6, Werkstatt am Königswall.

Lüders
Schornsteinfegermeister, wohnte 1851 in Tränkestraße 14.

Lüdtcke
Regierungsbaurat in Marburg.
1926 Fuldastraße, Sympher-Denkmal (Gesamtplanung: Dr. Fürstenau) (Ausführung: Homann und Tüting) (I.2, S. 949–953, Abb. 620–622)

Lürmann, Fritz
Ingenieur in Osnabrück.
1884 Friedrich-Wilhelm-Straße 105, Glashütte, Umbau der Öfen
1888 Friedrich-Wilhelm-Straße 105, Glashütte, Errichtung eines dritten Ofens

Lürck, Otto
Zimmermeister.
1881 Schuppen in der Marientorschen Feldmark für Rentier Otto Quante

Lüsing
Regierungs- und Baurat bei der Wasserstraßendirektion Hannover.
1929 Am Alten Weserhafen 5, Wohnhaus mit Stall auf dem Schirrhof
1931 Am Alten Weserhafen 4 a, Arbeiteraufenthaltsgebäude auf dem Schirrhof

Lütgehaus, Bernhard
Regierungs-Oberbauinspektor und Dombaumeister (II, S. 509), (geb. 6.11.1869 Osnabrück), 1906 zog Lütgehaus nach Minden, wohnte 1927 Hardenbergstraße 25, 1945 Hahler Straße 18 und Königswall 43, 1957 Brüderstraße 27.
1924 Großer Domhof 10, Dompfarramt, Teilerneuerung (Ausführung: Maurermeister Sinemus) (II, S. 1296)
1927–1931 Domkloster, Ostflügel, Leitung der zweiten Umbauphase (Planung: Architekt Max Zimmerling; Ausführung: Sinemus, Plöger und Maranca) (II, S. 509)
1936 Großer Domhof 10, Dompfarramt, Instandsetzungsarbeiten (II, S. 1296 f.)

Lüttgen, Hans-Heinz
Architekt in Köln-Braunsfeld, auch Innenarchitekt, Maler, Designer und Dichter (geb. 9.11.1898 Düsseldorf, gest. 7.1.1977 New York). Unterhielt seit etwa 1924 ein eigenes Büro in Köln und wurde dort 1928 Gründungsmitglied des »Blocks Kölner Baukünstler« bzw. etwa zur gleichen Zeit des Ateliers für Kunstgewerbe »Kölner Studio«. 1937 Emigration nach Südamerika, seit etwa 1945 in New York.

Gehörte zum Freundeskreis der Kölner Progressiven um Max Ernst, F.W. Seiwert, H. Hoerle u. a. und plante zahlreiche Bauten in ganz Deutschland (HAGSPIEL 1996, S. 878).

1937 Blumenstraße 25, Villa für den Fabrikanten Horst Benz (Melitta-Werke)

Luft
Nagelschmiedemeister, wohnte 1851 Greisenbruchstraße 8, 1852 Königstraße 10.

Luhmann, Christian
Zimmer- und Maurermeister, nannte sich auch Baumeister oder Bauführer. Stammte aus Bölhorst bei Minden und legte 1853 die Prüfung als Maurermeister ab. Er wohnte Großer Domhof 6. 1855 Prüfung als Zimmermeister in Paderborn. Legte 1859 zusätzlich die Prüfung als Mühlenbaumeister ab, Prüfungsaufgabe war die Konstruktion einer Korn- und Wassermühle, Probearbeit die Erstellung zweier Modelle (dazu KAM, Mi, F 1240 und F 3272). Von etwa 1854 bis 1860 arbeitete der junge Carl Sürth in seiner Firma und lernte hier das Maurerhandwerk. – Er gab zwischen etwa 1855 und 1860 Unterricht an der technischen Winterschule in Minden (des Architekten J. Burgheim). Ferner zeichnete er auch Pläne für andere Handwerker, etwa 1878 für den Zimmermeister Borgmann und bezeichnete sich als Baumeister und Bauunternehmer. Diese Pläne zeichnen sich durchweg durch eine außergewöhnliche Sorgfalt der Darstellung aus und wurden in der Regel auch koloriert eingereicht. 1875 fertigte er für die Stadt Minden die Pläne für die neu durch die Festungswälle zu brechenden Straßen (KAM, Mi, F 2234) und 1883 prüfte er für die Stadt Minden vorgelegte Bauanträge. Christian Luhmann (geb. 22.10.1828 Bölhorst) lebte als Witwer 1880 Obermarktstraße 4 mit seinen Kindern: Bautechniker Oscar (geb. 28.8.1859), Zimmerlehrling Paul (geb. 14.1.1862, 1893 Architekt), Magdalene (geb. 30.7.1864), Max (geb. 17.9.1866) und Wilhelm (geb. 19.1.1870). 1885 lebt die Familie Opferstraße 7, 1893/1898 Videbullenstraße 3, 1900 nicht mehr in Minden genannt. Vermutlich verstarb Christian Luhmann zwischen 1895 und 1900.

1856 Porta Westfalica, Neubau Nottmeyer
1857 Simeonstraße 28, Planungen für eine neue Utlucht
1857/1858 Porta Westfalica-Lerbeck, Dampfmühle
1860 Vinckestraße 3, Domkaplanei (zusammen mit anderen) (Plan: Jung) (II, S. 1327)
1865 Pionierstraße 17 für Tischlermeister F. Niedermeyer
1865 Lübbecke-Gehlenbeck, Pfarrhaus (Plan: Eichholz/Bad Oeynhausen)
1871 Lübbecker Straße 67 für Kohlenhändler Christin Günther
1872/1873 Minden-Dankersen, Pfarrhaus
1873 Ritterstraße 8, Lagerschuppen Seifenfabrik Kiel
1874 Friedrich-Wilhelm-Straße 19, Erweiterung
1874 Königstraße 59 für Lehrer G. Meyer (Ausführung: Sierig)
1874 Königstraße 61 für Kaufmann Louis Rasche (Ausführung: L. Schmiedag)
1874 Simeonglacis 3 für Kaufmann Klünder
1874/1875 Königstraße 94 für Lehrer Gustav Fanger
1874/1875 Viktoriastraße 5, Wohn- und Lagerhaus für Kaufmann L. Spatz
1875 Bachstraße 47 (Ausführung: Zimmermeister Borgmann) für Oekonom Branahl
1875 Feldstraße 15 (Ausführung: Zimmermeister Borgmann) für Bahnhofsarbeiter D. Sassenberg
1875 Rodenbecker Straße 63 für Schuhmacher W. Rohlfing (Ausführung: Maurer Statz/Hartum und Rohlfing)
1875 Sandtrift 45 für Neubauer Friedrich Gleitz

1875	Tränke 4 für Schaffner Quirinus Bonkirch (Ausführung: Zimmermeister Scheidemann)	1879	Kampstraße 9, Wohn- und Geschäftshaus für Bäckermeister Fr. Neuhaus (Ausführung: Pook)
1876	Alte Kirchstraße 28 für Kaufmann Bläser	1880	Lindenstraße 13, Lohgruben
1876	Königstraße 59, Anbau (Ausführung: Schmidt & Langen)	1881	Hahler Straße 69 für Neubauer Christian Stallmann
1876	Minden-Rodenbeck, Mitteldamm 52, städtische Volksschule (nach Skizzen von Stadtbaurat Eitner)	1881	Portastraße 36, Backofenbau
		1881	Weingarten 15/17, Baugutachten
		1882	Hahler Straße 41, Anbau (Ausführung: Niermann)
1876	Marienglacis 29 für den Zigarrenfabrikanten C. Höker/Bremen (Ausführung: Borgmann, Niermann und Röckemann)	1882	Simeonglacis 3, Anbau
		1883	Königstraße 26, Ausbau der Scheune zur Wohnung (Ausführung: Maurermeister Heidemann)
1876	Marienstraße 105, Remise für Steinhauermeister Friedrich Hollo	1883	Königstraße 128 für Robert Zumpft (Ausführung: Maurermeister Homann)
1876	Stiftsallee 2/4, Gasthaus mit Saal »Deutsche Reichshalle« für Wilhelm Krüger (Ausführung: Borgmann)	1883	Tränkestraße 14, Anbau Marienwall 7
		1883	Wallfahrtsteich 21 für Müller Chr. Rohlfing (Ausführung: Maurermeister Horstmann/Hahlen)
1876	Stiftsallee 49, Fabrikgebäude für Johannes H. Meyer		
1877	Lübbecker Straße 82 für Bremser Otto Homann (Ausführung: Maurer Dallmeier/Bölhorst)	1885	Stiftsallee 38, Wohnhausprojekt für Witwe Schlötel
		1886	Kaiserstraße 9, Bauprojekt
1877	Rodenbecker Straße 46 (Ausführung zusammen mit Luhmann) für Kasernenwächter Aug. Heitmann	1886	Portastraße 16 für Lokführer Karl Fuhs
		1887	Greisenbruchstraße 8, Arbeiterwohnhaus für Pflastermeister Max Büttner
1878	Bachstraße 45 (Ausführung durch Zimmermeister Borgmann) für Oekonom Branahl	1887	Hohe Straße 2, Umbauplanung
		1887	Rodenbecker Straße 33 für den Bürgermeister a. D. Schirrmeister
1878	Hahler Straße 28 für Arbeiter Heinrich Haverkamp	1888	Königswall 59 für Schankwirt Eduard Schonebohm
1878	Stiftsallee 1 für Regierungsboten Friedrich Schwier (Ausführung: Prange/Cammer)	1889	Kaiserstraße 7/9, Doppelwohnhaus und Lagerhaus für Gebrüder Hoberg
		1889	Stiftsallee 3 für Packmeister R. Reinking
1878	Stiftstraße 24 (später von Ed. Seisel umgezeichnet und von Borgmann ausgeführt)	1889	Steinstraße 15 für Tischler Wilhelm Saar (vermutet)
		1890	Rodenbecker Straße 53, Gewächshaus für Gärtner H. Tinnefeld
1878	Porta-Lerbeck, Plan und Anschlag für den Schulbau, Ausführung Bauführer Wilkens (siehe Lerbeck 1983, S. 96)	1891	Bierpohlweg 36 für Neubauer und Zimmermann Christian Schwenker
1879	Friedrich-Wilhelm-Straße 96, Anbau an das Nebenhaus für Müller Meyer	1891	Kuhlenstraße 21 für Bremser Wilhelm Schmeißmeyer aus Barkhausen

1891 Lübbecker Straße 41 für Bremser Friedrich Witte
1891 Lübbecker Straße 43 für Bremser Friedrich Nolte
1891 Königstraße 51 für Bäckermeister August Weber
1891 Portastraße 75 für Colon Heinrich Stremming
1891/1892 Kutenhauser Straße 53 für Arbeiter Heinrich Franke
1892 Lindenstraße 46, Umbau und Erweiterung
1892 Lübbecker Straße 25 für Zigarrenarbeiter Heinrich Freimuth
1892 Lübbecker Straße 29 für Arbeiter Christian Rothenberg (vermutet)
1892 Lübbecker Straße 32 für Bremser Wilhelm Pivitt (vermutet)
1892 Obermarktstraße 8, Umbau und neue Fassade
1892 Portastraße 18 für Lokheizer Wilhelm Bock
1893 Markt 26, Umbau des Erdgeschosses
1893 Portastraße 79 für Hilfsbremser Friedrich Knief
1893 Portastraße 81 für Hilfsbremser Friedrich Knief
1894/1895 Martinikirchhof 1, Umbau der Schule zum Pfarrhaus
1896 Kuhlenstraße 37, Stallgebäude für das Droschkendepot Ludewig
1897 Brüderstraße 29, Gartenhaus
1898 Tränkestraße 14, Umbau des Anbaus Marienwall 7

Luhmann, O. W. Paul
Techniker und Bauführer (geb. 14.1.1862), seit 1893 als Architekt bezeichnet. Sohn des Baumeisters Christian Luhmann. Ab 1.3.1886 als Hilfsarbeiter im städtischen Bauamt beschäftigt. 1888 als Techniker im Stadtbauamt bezeichnet und dort zwischen 1888 und 1891 immer wieder als Vertreter des nur nebenamtlich tätigen Stadtbaumeisters für die Belange der Bauaufsicht tätig, der eingereichte Bauanträge revidiert. Nachdem das Amt des Stadtbaurates 1892 erstmals hauptamtlich mit August Kersten besetzt worden war, quittierte er zum 31.3.1892 den Dienst bei der Stadt (KAM, Mi, G V, Nr. 36) und übernahm die noch lange unter dem Namen seines Vaters laufende Firma. 1893 ist in seiner Firma Gustav Niermann als Planzeichner beschäftigt (siehe etwa das Haus Dankerser Straße 16). Eine besondere Spezialität seiner Firma scheint der Bau von Gaststätten mit Saal gewesen zu sein.

1879 St. Martini, Bestandsaufnahme der Grundrisse vom Turm (III, S. 332)
1887 Alte Sandtrift 2 für Bahnhofsarbeiter Wilhelm Knaust (Plan: Zimmermann Rose)
1888 Königswall 59 für Schankwirt Eduard Schonebohm
1889 Hermannstraße 51 für Colon Heinrich Bakemeier
1890 Bachstraße 54 für Lokheizer Fr. Bierbaum
1891 Hermannstraße 53, Wohn- und Wirtschaftsgebäude für Heinrich Bakemeier
1891 Marienglacis 45
1891 Portastraße 69, Gasthaus für Wirt Wilhelm Spilker
1892 Aminghauser Straße 51 für Arbeiter Heinrich Möller (Ausführung: Zimmermeister Görling/Dankersen)
1892 Dankerser Straße 27 für Schaffner Heinrich Hiddensen
1892 Viktoriastraße 47 für Weichensteller Wilhelm Homeier
1893 Bäckerstraße 46, Umbau
1893 Markt 26, Umbau
1893 Portastraße 36, Badehaus für Wirt Behrens
1893/1894 Dankerser Straße 16 (nach Plänen von G. Niermann)
1893/1894 Feldstraße 2 für Schlosser Engelking (nach Plänen von G. Niermann)

1894 Alte Sandtrift 9 für Bahnarbeiter Karl Voges
1894 Fischerallee 5 für Tischlermeister Carl Preuß (Ausführung: Usadel)
1895 Bachstraße 45, Planung für nicht ausgeführten Tanzsaal
1895 Deisterstraße 4/8, Wirtschaftsgebäude für Kaufmann Wills (siehe Pionierstraße 1)
1895 Friedrich-Wilhelm-Straße 32, Fabrik und Wohnhaus für Heldt & Seeger
1895 Fischerallee 5 für Tischlermeister Carl Preuß
1895 Lübbecker Straße 73/75, Gasthaus mit Saalbau für Wilhelm Meyer
1895 Lübbecker Straße 82, Erweiterung des Hauses
1895 Pulverstraße 4, Grundrisse und Schnitte (II, S. 1346, Abb. 852)
1896 Königstraße 49, Lagerhaus für Kaufmann H. Uetrecht
1896 Portastraße 69, Saalbau für Wirt Wilhelm Spilker
1895 Videbullenstraße 11, I. Pfarrhaus von St. Martini (Vorstudien)
1896 Hermannstraße 58 für Lokführer Julius Rinne
1896 Marienstraße 138 für Maschinenmeister Albert Kapf
1896/1897 Goebenstraße 10, Kapelle der Neuapostolischen Gemeinde
1896/1897 Goebenstraße 10, Wohnhaus für den Vorsteher Spilker
1897 Hahler Straße 72 für Werksführer August Grotemeyer
1897 Hermannstraße 53, Stallanbau
1897 Lübbecker Straße 12, Aufstocken des nördlichen Fabrikgebäudes
1897 Portastraße 69, Anbauten an der Gaststätte
1898 Hahler Straße 76 für Lokheizer Heinrich Möhel

1898 Lübbecker Straße 62, Wohn- und Geschäftshaus für Bäcker Diedrich Möhlmeier
1899 Lübbecker Straße 43, Umbau

Lumnitz, Hugo
Innenarchitekt in Minden.
1966 Melittastraße 7, Umbau des eigenen Hauses

Lutz, Gebrüder
Maschinenfabrik in Darmstadt.
1893 Portastraße 36, Kessel Nr. 1167 für Badehaus des Wirtes Oskar Behrens

Maak, Henrich Christoph
Blei- und Schieferdecker.
1755 Dom, Bleideckung des Dachreiters über der Vierung (II, S. 424)

Maaßen, Th.
Architekt, nur im Adressbuch 1873 genannt, wohnte Bäckerstraße 72.

Maentell
Hauptmann und Platzingenieur (geb. 1821). 1840 Lieutenant, 1854 Kapitän, 1863 Major, 1864 Platzingenieur in Minden, 1871 Oberst, 1875 General-Major und Abteilungs-Chef im Ingenieur-Komitee (von Bonin II, 1878, S. 307).
1862/1863 Hohe Straße 8, Verpflegungsamt (vermutet)

Maffei-Schwartzkopf-Werk GmbH
Maschinenbauanstalt in Berlin.
1913 Hauptpumpwerk am Kanal, Lieferung von drei Pumpen und sieben Elektromotoren
1913 Hilfspumpwerk, Lieferung von zwei Pumpen und zwei Elektromotoren
1922 Hauptpumpwerk am Kanal, Lieferung einer Turbine

Mahr
Heizungsfirma in Aachen.
1938   Dom, Heizungsanlage (II, S. 393)
1957   Dom, Wiederaufbau, Heizungsanlage (II, S. 394)

Mai
Tischlermeister.
1866   Dom, Arbeiten im Domreventer

MAN
Maschinenbau-Aktien-Gesellschaft in Nürnberg, Zweigwerk Gustavsburg.
1897   Kreisbahnbrücke über die Weser
1923   Hansastraße 29, Scheibengasbehälter
1925   Hansastraße 29, städtisches Gaswerk, Hochbahn für Kohle

Manfrini, E(nrico)
Goldschmied in Mailand. Geb. um 1914, gest. 15.5.2004. Berater der Pontifikalen Kommission für Heilige Kunst.
1962   Dom, Konzilsring (II, S. 1053)

Manke, Hans Dieter
Architekt in Minden.
1985   Königstraße 18, Dachstuhl
2001   Simeonsplatz 3, Umbauplanung für Trainschuppen/Proviantmagazin (I.2, S. 415)

Mannesmann Hannover
1947/1948 Dom, Wiederaufbau des Querhauses, Dachstuhl aus Eisenröhren (vermutet) (II, S. 430)

Mannsdorf
Baumeister und Baurat. Im Juni 1878 als Landbaumeister zur Regierung in Minden versetzt.
1880   Dom, Sicherung des Chores, Stellungnahme gegen Unterfangung (Stüler 1860, Pietsch 1879) (II, S. 375)

Manzel, Ludwig
Bildhauer in Berlin (geb. 3.6.1858 Kargendorf/Kr. Anklam, gest. Dezember 1936 Berlin). Als Schüler von A. Wolff und F. Schaper 1875–1880 an der Akademie in Berlin. Seit 1889 in Berlin ansässig. 1895 Mitglied der Akademie und 1896 Professor (Kunstgewerbe-Museum). 1903–1925 als Nachfolger von R. Begas Vorsteher eines Meisterateliers.
1906   Weserglacis 2, Regierungsgebäude, Brunnen vor dem Hauptzugang (I.2, S. 935. – IV, S. 115, Abb. 86, 111)

Maranca, Jacob Anton Wilhelm
Zinngießermeister (geb. 1787), seit etwa 1805 in Minden tätig.
1821   St. Martini, zwei Kollektenteller (III, S. 457)
1. Hälfte 19. Jh. St. Martini, Taufschale (III, S. 448 f., Abb. 306)
1845   Großer Domhof 1, neues Regierungsgebäude (II, S. 1196)
19. Jh. St. Martini, Patene (vermutet) (III, S. 444)

Maranca, Hubert und Hans
Installateure (Dachdecker und Klempner II, S. 1447).
1910–1934 Dom, Dachreparaturen (II, S. 430)
1934   Domstraße 4/6, Innenarbeiten (zusammen mit Maurer Homann und Zimmerer Steindrescher) (II, S. 1447)
1934   Großer Domhof 9, Kurienhof (seit 1895 als Propstei genutzt), Erneuerung der Gas- und Wasserleitungen (II, S. 1282)

Maranca, Martin
Klempnermeister, 1895 Werkstatt in der Hohnstraße 4.
1896   Dom, Polygon, Reparatur mit Walzblei (II, S. 429)

March, Werner
Architekt und Professor. Am 17.1.1894 in Berlin-Charlottenburg als Sohn des Baurates Dr. Otto March geboren. Nach seinem Studium seit 1912 an der TH in Berlin und Dresden und Examen im Jahre 1921 arbeitete er seit 1922 als Meisterschüler an der Akademie von German Bestelmeyer und leitete den Umbau des Verwaltungsgebäudes der Reichsschuldenverwaltung in Berlin. 1923 wurde er zum Regierungsbaumeister ernannt und arbeite bis 1925 als Architekt bei der Reichsbank. 1925 eröffnete er ein eigenes Büro, in dem zunächst vor allem Landhäuser entworfen wurden. Bald erhielt er aber auch größere Aufträge, unter denen insbesondere das Reichssportfeld für die Olympischen Spiele 1936 in Berlin zu nennen ist. Im gleichen Jahr erhielt er den Professorentitel.

Unmittelbar nach dem Zusammenbruch des Dritten Reiches kam March aus nicht bekannten Gründen nach Minden, wo er seit dem 14.8.1945 polizeilich gemeldet war. Zunächst fand er Unterkunft bei den Schwestern des Domklosters, die in einem Haus an der Marienstraße untergekommen waren. Nach eigenem Bekunden war er nach Entlassung aus amerikanischer Kriegsgefangenschaft auf *Anraten von Freunden* nach Minden gekommen – einer von ihnen scheint der Mindener Kreisbaurat Kühn gewesen zu sein. Er erhielt hier sogleich Zugang zu den den Wiederaufbau der zerstörten Teile der Innenstadt planenden Architekten, beteiligte sich an der einsetzenden Diskussion, konnte die Planung für einzelne entscheidende Vorhaben wie den Wiederaufbau des Rathauses übernehmen, erhielt im Herbst 1945 von den Schwestern im Domkloster den Auftrag, ihr Gebäude wieder aufzubauen und etwa zur gleichen Zeit von der katholischen Domgemeinde den Auftrag, den Wiederaufbau des Domes vorzubereiten. Weitere Aufträge erhielt er von den evangelischen Kirchengemeinden St. Marien und St. Martini.

1947 wohnte March an der Hahler Straße 63, wo er wohl auch sein Büro betrieb und 1948 eröffnete er in dem von der Stadt bereitgestellten Gutshaus Rodenbeck ein eigenes Büro. Über die zahlreichen ihm übertragenen Arbeiten und die sich daraus ergebenden Honorare schloß March am 16.12.1947 mit dem Bürgermeister Hattenhauer – unter Beteiligung des Regierungsrates Dröse – einen Vertrag (in KAM, Mi, H 60, Nr. 284), wobei ihm für die von der Stadt übertragenen Projekte jeweils die »künstlerische Oberleitung« und angemessene Arbeitsräume zugesprochen wurden. Schwager von Bürgermeister Hattenhauer war der Architekt Rolf Dustmann (siehe Markt 6).

Von Minden aus plante March zudem auch bald größere Bauvorhaben in anderen Städten, wie Münster, Bielefeld, Gütersloh, Essen und Wiesbaden. Zugleich nahm er ab 1948 entscheidende Funktionen im BDA wahr. Als in seinem Mindener Büro tätige Mitarbeiter sind 1945/1950 nachzuweisen: H. Staubermann, G. Kirchhoff, der Student W. Rösner, H. W. Lachwitz, W. Draesel und W. Bentrupp. Werner March scheint auch verschiedene andere und befreundete Planer nach Minden gezogen zu haben.

Während des Wiederaufbaus des Rathauses Minden kam es nach 1952 zunehmend zu schweren Spannungen mit der Stadtverwaltung, die ihn daraufhin von weiteren Aufträgen ausschaltete. Ebenso wuchsen zu dieser Zeit auch die Spannungen zwischen ihm und dem Dombauverein. Auch hier ging es um seine Dominanz bei der künstlerischen Leitung und Gestaltung des Bauprojektes. Seit Februar 1955 lebte W. March wieder in Berlin-Dahlem, behielt allerdings seine Mindener Wohnung im Gutshaus Rodenbeck als zweiten Wohnsitz bei. Von 1953 bis 1962 war er Ordinarius für Städtebau und Siedlungswesen an der TU Berlin und starb am 11.1.1976 in Berlin. Am 24.8.1973 wurde ihm wegen seiner Verdienste um den Wieder-

Werner March, 23. Januar 1954

Werner March

aufbau der Stadt Minden der Ehrenring der Stadt Minden verliehen.

Ein großer Planbestand in der Plansammlung der Universitätsbibliothek TU Berlin erhalten. Zu seinem umfangreichen Werk siehe das Verzeichnis bei SCHMIDT 1988 und 1992.

Hier werden nur seine Mindener Arbeiten aufgeführt und zur Systematisierung in Gruppen zusammengefaßt (in den bislang veröffentlichten Werksverzeichnissen sind diese Projekte teilweise unvollständig und/oder fehlerhaft genannt):

Domkloster, Wiederaufbau
1945 Pläne zur Substanzsicherung (II, S. 74)
1945–1967 künstlerische Leitung des Wiederaufbaus (II, S. 74, 524 f.)
1946 Wiederaufbau, Lageplan (II, S. 491)
1949 Entwurf zu den Fenstern in der Kapelle (Ausführung: Firma Nitsche) (II, S. 524)

1951 Wiederaufbau von Süd- und Ostflügel, Zeichnungen und Pläne (II, S. 490 f., 547, 551, 553 f., Abb. 380–382)
1953/1954 Verbindungsbau zwischen Südflügel und Domschule (Ausführung: C. W. Homann) (II, S. 525)

Dom, Wiederaufbau
ab 1945 künstlerische Leitung (Bauleitung: Scheidt, Aufsicht: Knoch) (II, S. 74 f., 131, 156, 162, 165, 202, 205, 221, 565, 722)
1948 Wiederaufbau des Westwerks, rekonstruierte Ostansicht und Schnitt (II, S. 127)
1948 Wiederaufbau des Westwerks, Planung der Ostwand (II, S. 127, 134 f.)
1949 Wiederaufbau des Westwerks, Planung einer aufgehöhten Wiederherstellung (Ausführung: u. a. Zimmermeister H. W. Wiese) (II, S. 135, 430)

1949 Wiederaufbau des Westwerks, Entwürfe zu Arkadensäulen (II, S. 127)
1949 Wiederaufbau des Westwerks, Entwurf zu Säulenkapitell und -basis für Arkadenpilaster der Kaiserloge (Autorenschaft vermutet) (II, S. 127)
1950 Wiederaufbau des Westwerks, erste Planungen zum Paradies (II, S. 199, 202)
1950 Wiederaufbau des Westwerks, Entwürfe zur Neuverglasung (II, S. 439, 444, 451)
1951 Wiederaufbau des Westwerks, Grundrisse EG, OG, Schnitte (II, S. 199)
1951 Wiederaufbau des Westwerks, veränderte, ausgeführte Planung des Paradieses (II, S. 199, 202, 567, 569)
1952 Wiederaufbau des Westwerks, Pläne zur Neugestaltung des Westportals (II, S. 127, 199)
1956 (?) Dom, Wiederaufbau des Westwerks, Pläne zur Einwölbung der Erdgeschoßkapelle im Nordturm (II, S. 147)
ab 1952 Wiederaufbau des Chores, Instandsetzung des Äußeren (Material: Fa. Braunschweig/Ibbenbüren) (II, S. 75, 379)
1953 Wiederaufbau der Sakristei, Pläne zur Dachgestaltung (II, S. 394, 418, 430)
ab 1953 Wiederaufbau des Langhauses (II, S. 75)
1953/1954 Wiederaufbau des Langhauses, Fenstermaßwerke (Ausführung: Hollo) (II, S. 295, 301)
1953–1956 Wiederaufbau des Langhauses, Einwölbung (Ausführung: Barner) (II, S. 301)
1954 Wiederaufbau des Langhauses, Pfeiler (II, S. 296)
1954/1957 Wiederaufbau des Langhauses, Entwürfe zu Jungfrauenportal und Bischofsportal (II, S. 295, 454 f., 492)
1958–1959 Dom, Wiederaufbau des Langhauses, Vorhalle des Jungfrauenportals (II, S. 525)

Dom, Innenausstattung
um 1955 Kanzel (Reliefentwürfe: Zoltan Szekessy/Düsseldorf)
1955 Entwurf der Westorgel (Ausführung: Seiffert & Söhne/Kevelaer) (II, S. 841)
1956 Entwurf von Gestühl und Beichtstühlen (II, S. 745, 748)
1957 Entwurf von Kommunionbänken (nicht erhalten) (II, S. 746)

Andere Arbeiten in Minden
1945/1946 St. Marienstift, Wiederaufbauplanung des Südflügels (III, S. 241, 246)
1946/1955 St. Marien, künstlerische Beratung beim Wiederaufbau der Kirche (III, S. 81)
1946 St. Marienstift, Projekt für einen Wiederaufbau des Westflügels als Altersheim (III, S. 227, 240 f., Abb. 159)
1946 Marienstraße 3, Pfarrhaus von St. Marien (Ausführung: Baugeschäft Rathert)
ab 1946 Großer und Kleiner Domhof, nicht ausgeführte Neugestaltung (II, S. 1354 f., 1402, 1408, 1428–1432, Abb. 919–921, 923 f.)
ab 1946 Großer Domhof 1, vereinfachter Wiederaufbau als Stadthaus mit neuem Uhrenturm (II, S. 1201)
1946/1947 Großer Domhof 10, Dompfarramt, Wiederaufbauplan (in Zusammenarbeit mit Scheidt/Dombauverein) (Bauleitung, Ausführung: Wiesner & Co./Minden und Gremmels/Minden) (II, S. 1290, 1297, Abb. 818)
1947/1955 Markt 1, Rathaus, Planung für Wiederaufbau (Bauleitung: W. Moelle) (Ausführung: Mülmstedt & Rodenberg)
1947/1948 Marienstraße 20, Beratung zum Wiederaufbau
1947/1948 allgemeines Gutachten zum Wiederaufbau der Innenstadt mit Fluchtlinienplan

1947 Weserbrücke, Neugestaltung des westlichen Brückenkopfes mit Zufahrten von Klausenwall und Marienwall

1947 Martinitreppe, Planung zur Umgestaltung

1947 Marienstraße 134/136, Nordfriedhof, Grabstätte Strothmann (Mitarbeit: G. Kirchhoff)

1947 Scharn, Vorschlag für die Gestaltung der Fassaden im Zuge des Wiederaufbaus

1947 Entwurf einer neuen Straßenführung zwischen Hermannstraße und Bahnhof Oberstadt

1948 Bäckerstraße 47/49, Gegenentwurf zur Fassadengestaltung des Hotels

1948/1949 Königswall 105 und Rodenbecker Straße 13, Gartenhäuser für Firma Strothmann (Mitarbeit: G. Kirchhoff)

1948/1949 Weserbrücke, neuer Sockel und Estrade für das Denkmal des Großen Kurfürsten (I.2, S. 931)

1949 Blumenstraße 16, Besatzerwohnung Nr. 7 für westfälische Heimstätten

1949 Blumenstraße 42, 44, 44 a, 46 und 46 a, 5 Besatzerwohnungen für westfälische Heimstätten

1949 Großer Domhof 3, Treppenhaus am Stadthaus/Bankgebäude

1949 Großer Domhof 11, Grundriß EG mit geplantem Kindergarten (Umbau zur Nutzung durch den Kindergarten erst 1980 II, S. 1302) (II, S. 1300)

1949 Großer Domhof 12 (Gartenbereich von Nr. 11), Kindergarten (II, S. 1306)

1949 Gutenbergstraße 3/5, 2 Besatzerwohnungen

1949 Immanuelstraße 32, Umbau des Kinderheims

ab 1949 Kleiner Domhof, Busbahnhof mit Ladenpavillons (ursprünglich als Übergangslösung geplant) (Ausführung: Fa. Wilhelm Becker/Minden) (II, S. 1430–1432, 1480, Abb. 923 f.)

1949 Königswall 103, Fahrradschuppen der Kornbrennerei Strothmann

1949 Königswall 101/103, Toranlage für Kornbrennerei Strothmann

1949 Marienwall, Neuaufstellung Denkmal für den Großen Kurfürsten an der Weserbrücke (Mitarbeit: W. Draesel)

1949 Steinstraße 27, 29 und 29 a, Besatzerwohnungen 8–10 für westfälische Heimstätten

1949 Steinstraße 39–41, 5 Besatzerwohnungen für westfälische Heimstätten

1949/1950 St. Mauritius, Wiederherstellung der Kirche (III, S. 503 f.)

1949 St. Marien, Empfehlung von Gosens für Entwürfe der Neuverglasung (III, S. 104)

1950 Domstraße 12, Knabenschule, nicht ausgeführte Osterweiterung um drei Achsen (II, S. 1463 f.)

1950 Kleiner Domhof, Ladenzeile

1950 St. Marien, Wiederaufbau der Marientreppe (III, S. 81)

1950 St. Martini, Empfehlung von Gosens für Entwürfe der Neuverglasung (III, S. 309)

1950 Ritterstraße 25, Umbau als städtisches Museum

1950 Rodenbecker Straße 11, Erweiterung der Essigfabrik Strothmann

um 1950 Herford, Löhrstraße 1/3, Verandaanbau für Rechtsanwalt E. Brand

nach 1950 St. Martini, Umgestaltung des Altars unter Verwendung des spätgotischen Kruzifixus als Altaraufsatz (III, S. 265)

1950/1952 Ritterstraße 23, Wiederherstellung des städtischen Museums

1951/1952 Scharn 1, Landesverwaltungsgericht (als Anbau an das alte Rathaus)

1951/1952 Hildesheim, Mitglied der Kommission zum Wiederaufbau des historischen Marktplatzes

1952 St. Marien, Entwurf für Neuverglasung (III, S. 104)

Arbeiten im Rathaus-Saal, 1955

Arbeiten im Rathaus-Saal, 1956

1953/1957 St. Martini, Bauberatung
1953/1954 Minden-Minder Heide, Gemeindezentrum mit St. Lukas-Kirche und Pfarrhaus für St. Mariengemeinde
1954 Minden-Rodenbeck, Kindergarten und Gemeindeschwesterstation
1954/1955 St. Marien, Mitwirkung beim Entwurf zum Orgelneubau (Entwurf und Ausführung: Ott/Göttingen) und Gestaltung des Nordseitenschiffes zum Gedächtnismal für die Gefallenen des Zweiten Weltkrieges (III, S. 174, 208)
1955 Großer Domhof 9, Umbau zu einem Buchladen (II, S. 1276, 1282 f.)

1955/1957 St. Martini, Umbau der Turmhalle zur Kriegergedächtnisstätte und Teile der Ausstattung (III, S. 265, 284, 374, 403, 438)
1957 Minden-Meißen, evangelische Paul-Gerhard-Kirche
1962 St. Martini, Rückbau der Westempore (III, S. 388)

Marcussen & Sohn
Orgelbaufirma in Apenrade/Dänemark.
1974 St. Simeon, Orgel (Entwurf: Arno Schönstedt/Herford und Pastor Raimund Fricke/Minden) (III, S. 747, Abb. 506)

Marin, Johan
Dachdeckermeister, wohnte 1921/34 Weserstraße 24.
1910–1934 Dom, Dachreparaturen (II, S. 430)

Mark, Hans August
Glockengießerei in Brockscheid in der Eifel.
1994   Dom, Guß des Geläuts (Konzeption: Theo Halekotte/Werl; Inschrift: Doris Richzenhain/Minden) (II, S. 854)

Markworth
1856   Hafeneisenbahn, Kopie einer 1855 erstellten Karte

Martens, Wilhelm
Architekt in Berlin (geb. 4. 3. 1842 Segeborg, gest. 22. 1. 1910 Berlin) und verheiratet mit Bertha Antonie Gropius, Tochter des bedeutenden Architekten M. Gropius in Berlin. Studierte an der Baugewerkschule in Holzminden und legte am Polytechnikum Karlsruhe die Bauführerprüfung ab. Nach längerer Arbeit in Süddeutschland und der Schweiz Studium an der Bauakademie Berlin und dann Mitarbeit in der Firma seines Schwiegervaters. Später Privatarchitekt in Berlin, der zahlreiche Großbauten, insbesondere Bankgebäude plante (Werke siehe KIELING 1987, S. 230 f.).
1894   Großer Domhof 8, Bankgebäude für den Mindener Bankverein (II, S. 1271 f., Abb. 797–800)

Martin, Engelhard
Tischler, wohnte seit etwa 1824 bis 1860 in dem ihm gehörenden Haus Opferstraße 9.
1826   Großer Domhof 1–2, Regierungsgebäude, Reparatur (II, S. 1184)
um 1838 Opferstraße, Hinterhaus als eigene Werkstatt ?
1845   Großer Domhof 1, neues Regierungsgebäude (II, S. 1196)

Martin/Lausberg/Wollenburg
Architekturbüro in Bielefeld.
1968/1977 Portastraße 13, Kreishaus für den Kreis Minden-Lübbecke
1978/1980 Portastraße 21, Straßenverkehrsamt des Kreises Minden-Lübbecke

Marx, Albert
Am 4. 12. 1877 in Witten geboren, verheiratet mit Ilia Voss. Lebte 1913 in Witten, bis 1917 in Soest, dann bis 1919 als Regierungsbaumeister in Minden. Hier wohnte er zur Miete, zunächst Goebenstraße 5, dann Simeonglacis 3. 1919 nach Arnsberg verzogen.
1936   Münster, Von Esmarch-Straße 56–58, Standortlazarett

Marx, Carl
Baumeister. Wohl 1860–1866 (ab 1861 nachweisbar) als Baumeister bei der Festungsbaukommission in Minden beschäftigt. 1866–1869 als Stadtbaurat in Thorn und 1869–1876 in Görlitz beschäftigt. Seit 20. 3. 1876 bis zum Eintritt in den Ruhestand am 31. 12. 1899 als Stadtbaurat in Dortmund tätig (Nachfolger wurde Friedrich Kullrich). Nach ihm wurde ein Hafenbecken in Dortmund benannt (möglicherweise war sein Sohn der Dortmunder Architekt Ernst Marx), wohnte 1862 im Haus Bäckerstraße 24.
1860   Dom, Sicherung des Chores, Bauuntersuchung und Kostenanschläge (Grundlage: Gutachten Hübner, Salzenberg und Stüler 1860) (II, S. 368, 374, Abb. 205, 208)
1861   Weserbrücke, Kostenanschlag und Pläne zum Umbau (V, Abb. 1673)
1864   »Garnison-Waschanstalt, Entwurf« (Simeonsplatz 6) (I.2, S. 500–502, Abb. 322 f., Kat.-Nr. 254 f.)
1864   Dom, Außenrestaurierung des Langhauses, zeichnerische Vorlage für Strebepfeiler (Revision: von Lesser, Ausführung: W. Moelle) (II, S. 298, 311, Abb. 223)

1864 Dom, Innenrestaurierung des Chores, Bericht zu neuer Farbfassung (Zeichnungen: F. A. Mohrien) (II, S. 457)
1864 Dom, Instandsetzung der Sakristei, Kostenanschlag mit Entwurfszeichnungen (Revision: Stüler) (II, S. 259, 261, 391, 393, 398–400, Abb. 296–298)
1864 Obermarktstraße 2, Wohn- und Geschäftshaus für Kaufmann Muermann
1864/1865 Porta Westfalica, Kettenbrücke über die Weser
1864 Simeonsplatz, Garnisons-Waschanstalt
1865–1868 Domkloster, Umbau des Südflügels, leitender Bauführer (II, S. 520)
1865 »Marienwall-Kaserne, Kaserne No II, Ausführungspläne« (I.2, S. 693–702, Abb. 451–459, Kat.-Nr. 365–396)
1865 Marienwall 21 und 23, Rauhfutter-Magazine I und II (I.2, S. 703–706, Abb. 460–462, Kat.-Nr. 370 f.)
1867 Dom, Instandsetzung der Sakristei, Pläne zu neuen Dachstühlen (Grundlage: Gutachten von Quast und Stüler 1964) (II, S. 435, Abb. 297 f.)
1878 Dortmund, Badeanstalt mit Hallenbad
1880/1881 Revision der Planung zur ersten Kanalisation (siehe Schierholzstraße 10)
1890/1896 Dortmund, Dortmunder Hafen, Gesamtplanung (Bauleitung: Mathies)

Marx, Ernst
Architekt in Dortmund. Wohl Sohn des Architekten Carl Marx in Dortmund.
1902/1903 Aachen, Nizzaallee 36, Villa für Kommerzienrat F. Tull
1906/1907 Wetter, Theodor-Heuss-Straße 1, Turnhalle

Marx, Samuel
Architekt bei der Firma Krupp in Essen.
1895 Essen-Rüttenscheid, Am Brandenbusch, Siedlung für Beschäftigte bei der Villa Hügel

Massler, Th.
Kunsttischlerei in Hannover, Hagenstraße 67.
1890 St. Martini, Altaraufsatz (Entwurf: Kersten) (III, S. 374)

Mathes
Drechsler, wohnte 1857 Ritterstraße 25.

Mattemann, Herrmann
Malermeister aus Minden.
1598 St. Marien, Taufstein (zusammen mit Bildhauer Kleffmeier, Obernkirchen) (III, S. 166)
um 1610 St. Martini, Tafelgemälde des Epitaphs Sobbe/Cholwoes (Schnitzwerk: Meister Bernt Schüeteler; Faßmalerei: Meister Johan Bockmeyer) (III, S. 391)

Matthaesius
Um 1860 Feuerwerker im 4. Artiellerie-Regiment in Minden.
1860 Festung Minden und Umgebung (zusammen mit Hellmeier/Feuerwerker) (I.2, S. 176 f., Abb. 49, Kat.-Nr. 48)

Matthey, Ernst Emil Max
Stadtbauamtmann und in vielfältiger Weise entscheidende und tragende Person für den Heimatgedanken. Am 1.2.1875 als Sohn eines Maurers in Rudolstadt/Thüringen geboren und nach seiner Gesellenprüfung als Maurer und Steinhauer seit 15.8.1892 für über 50 Jahre bei der Stadt Minden im Bauamt beschäftigt. Zunächst als einziger Mitarbeiter des Stadtbaumeisters Kersten und als Bauführer für die Bauleitung und Abrechnung aller städtischen Bauvorhaben im Hoch-, Straßen- und Tiefbau zuständig, von 1910 bis 1945 auch technischer Leiter des ebenfalls unter seiner Leitung errichteten Stadttheaters. 1912 wird er auch zum Leiter des in dem Haus Ritterstraße 23 neu gegründeten Museums ernannt, eine Aufgabe, die er bis zu seinem Tode 1951 einnahm. Er

gestaltete das Haus um, das in dieser Funktion 1922 eröffnet wurde und trug eine große Sammlung von Spolien vernichteter Bauten in der Stadt zusammen, die an und in dem Haus angebracht wurden. Ferner schrieb er einen ausführlichen Museumsführer, der 1922 bei Leonhardy, Bäckerstraße 8, erschien (zweite Auflage 1929). 1898 wohnte er in einer Pension am Marienwall 10, 1899 dann Bleichstraße 28. Wohl kurz vor 1900 heiratete er Anna (geb. 29.11.1879 in Weißenfels) mit der er 1900 im Haus Wilhelmstraße 12 wohnte. Am 15.1. 1900 wurde der Sohn Fritz geboren. 1929 wohnte Max M. mit (seinem Sohn?) dem Kaufmann Helmut Matthey im Haus Stiftsallee 18. Zum 1.2.1945 in den Ruhestand getreten, starb er am 11.7.1951.

1905/1909 Tonhallenstraße 3, Stadttheater, Mitarbeit an Planung, später Bauleitung

um 1920 Ritterstraße 23, Wiederherstellung, Rückfront Flügel und Hofmauer

1927 Tränkestraße 14, Rekonstruktion des Fachwerks

um 1930 Brüderstraße 18, Zeichnung zu den Baudetails

1937 Entwurf für ein Ehrengeschenk des Kreises für den scheidenden Landrat Petersen

Matthias, Jürgen
Preußisch Oldendorf.
1955/1956 Marienstraße 7, Kino für August Pedey

Matthies
Maurergeselle.
1800 Domkloster, neue Kamerariats-Stube im Ostflügel (zusammen mit H. Wehking) (II, S. 501)

Matthies, Johann
Nagelschmied.

Max Matthey

1721 Großer Domhof 9, Kurienhof, Reparatur (zusammen mit Johann Jost Ernsting) (II, S. 1277)

Mau, Wilhelm
Regierungsbaurat, wohnte 1880 Kampstraße 18 (wird in der Volkszählung 1880 dort nicht genannt).
1884/1885 Großer Domhof 1, Umbau des Regierungsgebäudes

Gebr. Mauder
Firma für Gipsestrich und Terazzo in Halberstadt.
1908 Tonhallenstraße 5, Kreishaus, Fußböden

Mayer
Drechsler, wohnte 1857 Scharn 6.

Mayl
Tischlermeister, wohnte 1851 Kampstraße 30.

Mehrhoff
Holzhausen II.
1895   Sandtrift 36 für Arbeiter Cort H. Thielking

Meiern oder **Meier**, W.
1784   St. Martini, Bekleidung des Altars sowie kleinen Pult an der Taufe und dem Altar (III, S. 374)

Meier, W.
Steinmetz (?).
um 1910 Hochwassermerkstein (I.2, S. 935)

Meil, Johann Wilhelm
Zeichner am Berliner Hoftheater (geb. 23. 10. 1733 Altenburg/Thüringen, gest. 2. 2. 1805 Berlin). Nach Studien in Leipzig seit 1752 in Berlin als Zeichner und Graphiker tätig. Er fertigte Zeichnungen, Radierungen und Kupferstiche als Buchschmuck; Vignetten, Frontispize und Titelblätter u. a. für Werke von Friedrich d. G., Ewald von Kleist, Lessing, Mendelsohn, Goethe und Kleim. 1774 Kostümzeichner für das Berliner Hoftheater, 1766 Mitglied der Berliner Akademie der Künste und 1801 in Nachfolge von Daniel Chodowieckis Direktor der Akademie.
um 1770 Minden, Ansicht von Südosten (I, Nr. 13. – III, S. 15, 707)

Meilich, Wilhelm
Maler.
1845   Großer Domhof 1, neues Regierungsgebäude (II, S. 1196)

Meinert
Platz-Ingenieur.
1815/1816 Leitung des Festungsbaus (I.2, S. 49)

Meinert, Hermann
Baugeschäft in Minden-Kutenhausen, Kutenhauser Straße 223.
1987   Talerweg 6 (Wallfahrtsteich), Umbau

Meining, Johann Heinrich
Maurermeister. Besaß ab 1768 das Haus Kampstraße 37, das durch ihn neu gebaut (und 1776 verkauft) wurde. Hat 1770/1771 Kirchengestühl gemietet, 1775, 1777 und 1782 für St. Marien genannt.
1766   Dom, Kostenanschlag zum Weißen (II, S. 456)
1767   Großer Domhof 5, Kostenanschläge zur Reparatur der Sacellanathäuschen (II, S. 1229)
1769   Domstraße 4/6, Vikarie St. Katharina, umfangreiche Reparatur (zusammen mit anderen) (II, S. 1442 f.)
1769   Großer Domhof (ohne Nummer), Domkurie, Anschlag zur Reparatur (zusammen mit anderen) (II, S. 1250)
1769   Großer Domhof (ohne Nummer), Domkurie, Dachdeckung und Kaminbau (II, S. 1250)
1769/1770 Kampstraße 33, Neubau Pfarrhaus St. Marien (zusammen mit Zimmermeister Ernsting)
1770   Großer Domhof 10, Kurienhof, kleine Arbeiten (zusammen mit Sassenberg, LeDoux und Lohaus) (II, S. 1291)
1770   Kampstraße 37, Neubau für eigene Zwecke
1773/1774 St. Marien, Arbeiten am Kirchendach und an den Pfarrhäusern (III, S. 37, 123)
1774   Großer Domhof 5, Reparatur (II, S. 1228)
1774   Domstraße 14, zwei Kamerariate, Kostenanschlag zur Reparatur (zusammen mit Zimmermeister Kloth) (II, S. 1467, 1470)
1776   Deichhof 13, Reparatur

1777	Großer Domhof zwischen 9 und 10, Torhaus mit Hieronymuskapelle, Besichtigung (II, S. 1288)
1777	Großer Domhof 10, Kurienhof, Kostenanschlag zur Reparatur (zusammen mit anderen) (II, S. 1292)
1777/1778	Domkloster, Baumaßnahmen an der Kapitelstube (zusammen mit anderen) (II, S. 497)
1778	Marienkirchplatz 3, Reparatur
1779	Deichhof, Zehntscheune des Domkapitels, Taxation
1780	Brückenzollhaus auf dem Brückenkopf, Reparatur (zusammen mit Zimmermeister Meyer)
1780	Messarbeiten für den Magistrat der Stadt (KAM, Mi, C 874).
1781	Großer Domhof 9, Kurienhof, Untersuchung Erhaltungszustand (zusammen mit Zimmermeister Wehdeking) (II, S. 1278)
1781	Großer Domhof zwischen 9 und 10, Torhaus mit Hieronymuskapelle, Besichtigung zusammen mit Wehdeking und Kostenanschlag zur Reparatur (II, S. 1288)
1782	Domstraße 14, zwei Kamerariate, Kostenanschläge zur Umdeckung (II, S. 1467, 1470)
1783	Bäckerstraße 37, Gutachten über die ausgeführten Arbeiten
1783	Kleiner Domhof 11, Fabrikhaus (erbaut oder umgebaut) (II, S. 1409)
1787	Domstraße 14, kleines Kamerariat Haus-Nr. 147 N, Kostenanschlag zur Reparatur (zusammen mit anderen) (II, S. 1467)
1788	Großer Domhof 9, Kurienhof, Kostenanschlag zur Reparatur (II, S. 1279)
1788	Vinckestraße 5, Rektoratshaus, Kostenanschlag zur Reparatur (zusammen mit J. N. Möller) (II, S. 1333)
1791	Dom, Sakristei, Visitation (zusammen mit Uhlemann) (II, S. 425)
1791	Deichhof 13, Reparatur
1791	Kleiner Domhof 7, Kostenanschlag zu Reparatur und Umbau (zusammen mit anderen) (II, S. 1377)
1792/1793	St. Marien, Arbeiten an Kirche und Pfarrgebäuden (III, S. 70)

Meissner, Georg Ernst Christian Wilhelm Landbaumeister von Schaumburg-Lippe (geb. 6. 6. 1770 in Ilfeld (Harz), gest. 3. 2. 1824 Eutin). Er arbeitete nach seiner Ausbildung zunächst ab 1792 in Lüneburg (Renovierung von St. Michaelis), dann in Holstein und wurde ab 28. 7. 1796 als schaumburgisch-lippischer Landbaumeister in Bückeburg beschäftigt, wo er vor allem am Bau der Bückeburger Clus sowie dem Ausbau von Bad Eilsen beteiligt war. Wegen Zerwürfnissen mit der Herrschaft kündigte er zum November 1804 seine Stellung und übernahm das Amt des Hofbaumeisters in Eutin; dort ab 1815 als freier Architekt tätig (BEI DER WIEDEN 1991, S. 200–201). Sein Nachfolger in Bückeburg wurde (als Interimslösung zunächst Hofbaumeister Tänzel in Hannover) ab August 1805 Lieutenant Windt.

1796/1799	Bückeburg-Clus, Fertigstellung des Gasthauses (Plan: von Vagedes) und der Parkanlagen
1797/1799	Bad Eilsen, Planungen zur Anlage des Kurortes
1797/1799	Bückeburg, Schulstraße 13 als eigenes Wohnhaus
1799	Bad Eilsen, Konzept zu einem Badehaus und einem Gasthaus
1801/1802	Bad Eilsen, Bade- und Kurhaus
1802	Kampstraße 10 (vermutet) für Propst Schroeder
1802/1803	Bückeburg, Stadtkirche, Empore und Orgelumbau
1803/1804	Bad Eilsen, Badehaus
1804	Bad Eilsen, Logierhaus
1804	Markt 6, Fassadenneubau

Meister Jürgen (Jorgenn)
1559 als Steinhauer in Minden genannt (KAM, Mi, A I, Nr. 639).

Meistermann, Georg
Professor und Glasmaler (geb. 16.6.1911 Solingen, gest. 12.6.1990 Köln). Schuf Hunderte von Entwürfen für Fenster in Kirchen und öffentlichen Gebäuden. Präsident des Deutschen Künstlerbundes (1967–1972).
1955   Dom, Wiederaufbau, Teilnahme am Wettbewerb zur Neuverglasung (II, S. 445)

Mencke oder **Mencken**, Johann Josef
Orgelbauer in Osnabrück, wo er wohl die Werkstatt Berner weiterführte. 1705 als Sohn von Hinrich Mencke (geb. 1677) aus Beckum geboren.
1746/1749 St. Mauritius, Renovierung der Orgel und neues Hauptwerk (III, S. 531)
1748   Obermarktstraße 36, Hospitalkirche, Reparatur der Orgel
1748/1749 St. Marien, Auftrag für Reparatur der Orgel (III, S. 69, 170)
1749   St. Martini, Umbau der Orgel und neues Hauptwerk (III, S. 384, 386)

Menckhof (auch Mönkhof)
Landbauschreiber bei der Kriegs- und Domänenkammer in Minden. Besaß ab 1755 nachweisbar das Haus Markt 18 mit Hinterhaus. Starb 1782 in seinem Haus am Markt (WMA 36, 1782). Sein Sohn möglicherweise der Baukonduktor August Friedrich Menckhoff in Minden.
1765   Petershagen, Poststraße Minden-Bremen, Petersbrücke bei der Ziegelei, Kostenanschlag

Menckhoff, August Friedrich
1781 als Maurermeister in Bielefeld genannt. Vor 1791 langjährig als Baukommissar genannt und ab 1792 als Baukonduktor bei der Kriegs- und Domänenkammer in Minden für Ravensberg beschäftigt. Um 1792 auch für die städtischen Bauten in Bielefeld zuständig, ferner in Ravensberg als Baugutachter bei den Gerichten tätig. 1795 auch als Rentmeister genannt. 1801 Selbstmord.
1781/1782 Steinhagen, Schloß Patthorst für Caspar Heinrich von Closter
1792/1796 Verl, katholische Pfarrkirche St. Anna für die Kaunitz-Rietbergische Regierung (Bauleitung)
1794   Bielefeld, Burg Sparrenburg, Abbruch steinerner Turm und Reparaturen (Plan: Landbaumeister Kloth)
1796   Großer Domhof 9, Kurienhof, Gutachten zu Wohnhaus und Wirtschaftsgebäude (II, S. 1281)

Menckhoff, Christian Friedrich (auch Menkhoff)
Distriktbaumeister in Bielefeld; wohl Sohn des dortigen Maurermeisters Menckhoff. Geboren am 19.12.1780 in Bielefeld. Nach Studium in Berlin seit 1803 bei der KDK Minden als Gebäudetaxator beschäftigt (siehe Kohl 1943, S. 49).
1796   Spenge, Poststraße 22, Pfarrhaus, Anschlag für Neubau des Kammerfaches
1800   Bielefeld-Heepen, Heeper Straße 432, Pfarrhaus, Anschlag für einen Anbau
1801   Gütersloh-Issenhorst, Plan für ein neues Schulhaus
1801   Bielefeld, Schulhaus der Garnison
1804   Bielefeld-Heepen, Altenhagener Straße 1, Pfarrhaus der II. Pfarre, Anschlag zur Reparatur
1808   Herford, Abtei, Bestandspläne der Gebäude
1809   Bielefeld-Brackwede, Berliner Straße, Pfarrhaus, Anschlag zur Reparatur
1811   Herford, Umbau der Coadjutor-Curie des Stiftes zur Gendarmeriekaserne

Menkhoff, Matthias
Meister.
1677   Enger, Stiftskirche, Taufstein

Menckhoff, W.
Verleger in Herford. Gründete dort 1838 einen Verlag, der bald verschiedene Stadtansichten der Region veröffentlichte.

Menke
Dachdeckermeister und Schieferdecker (in der Firma Menke & Horngrün). Schloß 1879 mit der Stadt einen Vertrag zum Unterhalt aller Dächer auf allen städtischen Gebäuden, der bis 1894 verlängert wurde (KAM, Mi, F 272).
nach 1870 Großer Domhof 1–2, Reparatur am Regierungsgebäude (II, S. 1200)
1873–1879 Domkloster, Bauunterhalt der Dächer
1874   Dom, Westwerk, Neudeckung in Schiefer (Planung: Pietsch) (II, S. 429)
1876   Großer Domhof 3, Kurienhof, Reparatur (zusammen mit C. Jochmus, H. Spier und A. Mohrien) (II, S. 1208)
um 1878/1879 Großer Domhof 10, Präsidialkurie, Modernisierung (zusammen mit anderen) (Bauführer: Hölscher) (II, S. 1295)
1879–1885 Domkloster, Bauunterhalt der Dächer (II, S. 505)
1880   Dom, Instandsetzung des Querhauses, Dachreparatur (zusammen mit Carl Jochmus) (II, S. 429)
1881   Dom, Paradies, Reparatur des Pfannendaches (II, S. 429)
1886–1887 Dom, Sicherung des Chores, Dachreparaturen (zusammen mit anderen) (II, S. 429)

Menny, Johann Henrich (Senior)
Maurermeister, geb. 1764, vor 1786 verheiratet, 1796 als Unteroffizier bezeichnet und am 7.4.1825 verstorben. Sohn des Peter Menny, der am 1.11.1817 hundertjährig an Altersschwäche in dem 1803 von seinem Sohn erworbenen Haus Simeonstraße 6 verstarb (hier noch 1832 Witwe Sophie Louise Menny wohnend). Ferner um 1812 Besitzer des Hauses Greisenbruchstraße 11, in dem er seinen Lebensabend verbrachte. Sein Söhne wohl die Maurermeister Lorenz und Peter Menny sowie der Tischlermeister Johann Heinrich Menny.
vor 1801 Großer Domhof 10, Kurienhof, Reparatur (zusammen mit anderen) (II, S. 1292)
1801   Domkloster, Umdeckungs- und Reparaturarbeiten am Ost- und Südflügel (II, S. 501)
1802   Großer Domhof zwischen 9 und 10, Kostenanschlag mit Zeichnung für Wassergang (II, S. 1286, 1288, Abb. 814)
1802   Großer Domhof 10, Kurienhof, Kostenanschlag zur Reparatur (II, S. 1292)
1807/1810 Arbeit an zahlreichen öffentlichen Gebäuden
1808   Kampstraße 17, Kommandantenhaus, Reparatur des Daches
1808   Domkloster, Kostenanschlag zu einem *Stanket in Domskreutzgang* (II, S. 503)

Menny, Daniel Heinrich (Junior)
Maurer- und Zimmermeister, auch Baumeister; am 26.1.1812 als Sohn des Maurermeisters Peter Menny geboren, wohnte im Elternhaus Scharnstraße 7 und heiratete 1838 Mathilde Ebmeyer (geb. 1816), Tochter des Pastors Friedrich Ebmeyer in Kleinenbremen (heute Stadt Porta Westfalica). Louise Menny (geb. 20.11.1849, gest. 28.10.1877), wohl seine Tochter, heiratete am 15.4.1873 den Mindener Maurermeister Carl Friedrich Gottlieb Pook.
1840   Petershagen-Buchholz, Projekt für ein Pfarrhaus
1850   Stadtbach, Gutachten zu Bauarbeiten an der Brücke der Bäckerstraße
1851   Markt 1, Rathaus, Reparatur

| 1852 | Lindenstraße 10, Bestandsplan des Gaswerkes |
| 1853 | Lindenstraße 10, Umbau und Erweiterung des Gaswerkes |

Menny, Heinrich Eduardt
Tischlermeister, am 7.11.1817 als Sohn des Tischlermeisters Johann Heinrich Menny in Minden geboren (wobei der Maurermeister H. Menny Senior als Pate auftritt). Er wurde ebenfalls Tischlermeister und heiratete 1846 seine Kusine Sophie Dorothee Menny, Tochter des verstorben Tischlers Lorenz Ernst Menny. 1851 im elterlichen Wohnhaus Alte Kirchstraße 9, 1873/1896 in dem Haus Hahler Straße 3 wohnend und dort auch arbeitend.

Menny, Johann Heinrich
Tischlermeister und wohl Sohn des Maurermeisters Johann Henrich Menny; verheiratet in erster Ehe mit Franziska Charlotte Lüttger. Er wohnte in dem Haus Alte Kirchstraße 9, in dem 1846 noch seine Witwe Henriette nachzuweisen ist. Sein Sohn aus erster Ehe der Tischlermeister Heinrich Eduardt Menny, am 7.11.1817 geboren (wobei der Maurermeister H. Menny Senior als Pate auftritt), wurde ebenfalls Tischlermeister und heiratete 1846 seine Kusine Sophie Dorothee Menny, Tochter des verstorben Tischlers Lorenz Ernst Menny.

Menny, Lorenz Ernst
Maurer- und Tischlermeister, Sohn des Maurermeisters Johann Heinrich Menny. Starb am 1.10.1834 in seinem vom Vater ererbten Haus Greisenbruchstraße 12. Sein Sohn der Tischlermeister Johann Ernst Heinrich Menny (heiratete 1820 Johanne Frieda Borchard, Tochter des Schuhmachermeisteres Borchard).

Menny, Peter
Maurermeister und Steinhauer. Sohn des Maurermeisters Johann Henrich Menny, nennt sich später auch Baumeister, hat vor 1832 seine Ausbildung abgeschlossen (KAM, Mi, F 372). 1841 scheidet der Maurermeister Menny Senior aus der Prüfungskommission für Bauhandwerker aus. Heiratete 1811 Johanne Juliane Elisabeth Fischer und wohnte seitdem in dem Haus Scharnstraße 7 bei Claus Menny, das später dann in seinen Besitz übergeht und wo er noch 1851 lebt. Sohn der Ehe war der Maurer- und Zimmermeister Daniel Heinrich Menny.

1829	Domstraße 14, Rektoratshaus Nr. 147 P, Reparatur (II, S. 1474)
1829	Markt 1, Rathaus, Einbau der Leihbank
1830	Kleiner Domhof 7, Reparatur der Gartenmauer (II, S. 1378)
1830	Markt 1, Rathaus, Sanierung des Äußeren
1833	Großer Domhof, Reparatur des Pflasters (II, S. 1175)
um 1835	Scharnstraße 7, Wohnhaus für eigene Zwecke
1837	Markt 1, Rathaus, Spritzenhaus auf dem nördlichen Hof
1839	Großer Domhof 3, Kurienhof, Einrichtung eines Aborts (II, S. 1206)

Mensing
Steinhauerbetrieb in Hannover.
1903/1905 Weserglacis 2, Regierungsgebäude, Steinhauerarbeiten an den Außenfronten

Mentzel
Gerüstbaufirma in Bielefeld.
ab 1949 Dom, Wiederaufbau des Westwerks, Konsolgerüste für Erneuerung der Ostgaleriekapitelle (II, S. 135)

Menz, Gottlieb
Zimmergeselle, später Bahnmeister. Zeichnungen aus seiner Hand, die in der Baugewerkschule Minden um 1842 entstanden, sind im

Museum Minden erhalten. Er scheint über lange Zeit bei der Firma Lax beschäftigt worden zu sein und wird 1880 als Bahnmeister bezeichnet. Gottlieb Menz (geb. 15.6.1820 Albrechts/Schleusingen) war mit Auguste (geb. 5.10.1830, gest. nach 1900) verheiratet, drei Kinder: Anna (geb. 9.11.1855), Johanna (geb. 5.10.1875) und Minna (geb. 15.11.1865). Die Familie lebte lange in dem der Firma Lax gehörenden Haus Laxburgstraße 1.

1875   Friedrich-Wilhelm-Straße 21 (möglichweise) für Eduard Lax
1877   Friedrich-Wilhelm-Straße 21 (möglichweise) Schuppen für Eduard Lax
1877   Friedrich-Wilhelm-Straße 21, Anbau Treppenhaus
1879   Niederstraße 1, Lagerhaus für Eduard Lax
1881   Friedrich-Wilhelm-Straße 21, Verandaanbau
1892   Kasernenstraße 8, Umbau für Ed. Lax

Menze
Baumeister.
1853   Mieter in dem Haus Brüderstraße 2 (bei Kaufmann Burgheim)

Menzel
Architekt in Dresden.
1904   Marienstraße 134/136, Nordfriedhof, prämierter Wettbewerbsentwurf für die Kapelle

Merian, Matthaeus d. Ä.
Kupferstecher und Verleger in Frankfurt/Main (geb. 22.9.1593 Basel, gest. 19.6.1650 Schwalbach).
1641/1647 Ansicht der Stadt Minden von Südosten (wohl nach Aufnahme von Wenzel Hollar 1633/1634) (I.1, S. 693 Kat.-Nr. 5. – I.2 Abb. 3. – III, Abb. S. XVII. – V, Abb. 1667)

Mertins
1896 als Bau-Inspektor bei der Regierung Minden beschäftigt.
1896   Dom, Sicherung des Chores, Kostenschätzung (zusammen mit anderen) (II, S. 376)

Messerschmidt, Johann Friedrich
Tischlermeister, wohnte 1813/1819 Greisenbruchstraße 4.

Messerschmidt
Tischlermeister, wohnte 1851 Greisenbruchstraße 5.

Messerschmidt
Regierungs- und Baurat.
1892   Vorplanungen für den Weser-Ems Kanal

Methfessel, Carl
Orgelbauer und Instrumentenmacher. Er ist möglicherweise verwandt mit Georg Friedrich Methfessel, 1818–1834 Stadtmusikant von Minden, der im »Windloch« (Martinikirchhof 10), dem Mindener Stadtmusikanten-Haus wohnt. Er ist kein ausgebildeter Orgelbauer, aber bekannt für fachgerechte Reparaturen und wartete die Orgeln von St. Martini, St. Marien und St. Petri in Minden sowie die Orgeln in Petershagen, Ovenstädt, Buchholz, Schlüsselburg, Heimsen, Windheim, Lahde, Dankersen, Lerbeck, Hausberge und Friedewald (BRANDHORST 1991 a, S. 284) (III, S. 384).
1822   St. Martini, Reparatur der Orgel (III, S. 384)
1823   Minden-Haddenhausen, Schloßkapelle, Arbeiten an der Orgel
1825   St. Martini, Richten der Orgel nach Blitzeinschlag (III, S. 384)
1829   St. Martini, Reparatur des Rückpositivs und Stimmen der Orgel (III, S. 384)

Mettel, Hans
Bildhauer in Frankfurt.
1954 Dom, Wiederaufbau des Langhauses, Pfeilerkapitelle und andere Bauplastik (II, S. 304 f., 349, 351)

Metzler, Wilhelm
Architekt in Arnum bei Hannover.
1967   Jagdweg 6 für Heinz Heimburg

MEWAG, Mindener Eisenbetonwerft GmbH
Der Betrieb 1920 aus dem ehemaligen Baugeschäft der Gebrüder Halstenberg hervorgegangen und zunächst als Mindener Eisenbetonwerft GmbH MEWAG bezeichnet, seit 1923 als »MEWAG«, wobei als Geschäftsführer 1923 W. Halstenberg (siehe auch dort) auftritt. Als Direktor wird Arnold Brune genannt. Baustellenleiter war 1923/1924 der Ingenieur Winkler. Der Betrieb nannte sich aber 1925 auch noch Mindener Eisenbeton (Gebr. Halstenberg GmbH). Für die Firma zeichnete zunächst der Architekt Max Zimmerling Pläne, der auch Teihaber des Betriebes gewesen zu sein scheint.
Parallel zur Namensänderung wurde die Firma in das neue Industriegebiet am neuen Stadthafen umgesiedelt, wo seit 1920 die Eisenbetonwerft der MEWAG unter der Adresse Karlstraße 41 eingerichtet wurde. 1923 wurden – wohl als Ausgliederung – auf dem benachbarten Gelände die »Mindener Wandplattenwerke AG« eingerichtet, die Platten und Kunststeine herstellten. Schon vor 1936 stellte die MEWAG ihre Produktion ein und wurde an die Mindener Wandplattenwerke verkauft, die ihre Produktion ausweiteten und das MEWAG-Gelände mitnutzten.

1920	Karlstraße 45, Schuppen und Bürogebäude für die eigene Wandplattenfabrikation
1921	Karlstraße 45, Eisenbetonwerft und Pförtnerhaus der eigenen Fabrikation
1922	Friedrich-Wilhelm-Straße 79, Kontorhaus an der Straße (Plan: Zimmerling)
1922	Karlstraße 11, Anbau an die Fabrik (Plan: Dipl. Ing. W. Puritz/Hamburg)
1922	Karlstraße 45, Wohlfahrtsgebäude und Werftanlagen der eigenen Firma
1923	Friedrich-Wilhelm-Straße 79, Anbau Lagerhaus (Plan: Zimmerling)
1923	Karlstraße 7, Umbau des Hinterhauses
1923	Karlstraße 11, Anbau an die Fabrik
1923	Karlstraße 19, Lagerhaus für Konsum-Genossenschaft (Plan: Baubüro der Genossenschaft)
1923	Karlstraße 45, Kraftwagenschuppen der eigenen Firma

Mindener Eisenbeton, Briefkopf, 1922

1923 Parkstraße 4 für Schneidermeister Heinrich Freymuth (Plan: Zimmerling)
1923 Königswall 97/99, Betriebsbau Brennerei Strothmann (Plan: Kreis/Düsseldorf)
1923 Lichtenbergstraße 16, Anbau Wohnhaus Paul Kiel (Decken)
1924 Karlstraße 24, Betriebsgebäude der Konsum-Genossenschaft
1924 Priggenhagen 5 und 7, Umbauten für Autohaus F.A. Mosel
1925 Hausberger Straße 6 für Th. Meyer (Plan: Prof. Kanold/Hannover, örtliche Leitung: M. Zimmerling)

Meier
Maurermeister in Lerbeck.
1900/1902 Porta Westfalica, Bismarckturm auf dem Jacobsberg

Meier
Tischler in Minden-Bölhorst Nr. 4.
1893 Lübbecker Straße 23 für Rentner Friedrich Freimuth (nach nicht bekanntem Plan)

Meier
Kupferschmied.
1835/1837 Markt 1, Rathaus, Zifferblatt der neuen Uhr

Meier, Ferdinand
Zimmerei und Baugeschäft am Bierpohlweg 94.
1926 Immanuelstraße 32, Elisabeth-Kindergarten
1932 Bierpohlweg 36, Remise
1939 Roonstraße 18 für Kreissportlehrer Heinrich Bakemeier (Plan: Scholle)
1949 Hahler Straße 63 a, Milchverkaufspavillon für Heinrich Finke
1951 Im Schweinebruch 2, Schuppen und Ballklopfwand für den Mindener Tennisclub e. V. von 1912

Meier, Heinrich
Maurermeister aus Minden-Kutenhausen, Haus Nr. 43.
1895 Sandtrift 29, Wohnhaus für eigene Zwecke (Plan: Maurer Horstmann/Hahlen)

Meyer
Tischlermeister, wohnte Videbullenstraße 19.

Meyer
Zimmermeister.
1721 Kampstraße 18 links

Meyer
Maurermeister, offensichtlich der Sohn des Zimmermeisters J. H. Meyer. Besaß 1804 das elterliche Haus Marienstraße 14, 1818 das Haus Weingarten 16. 1828 besaß er auch Hohe Straße 6. Er verstarb um 1828 (KAM, Mi, E 1029). 1818 bei Arbeiten an der Martini-Kirche erwähnt.
1803 Tränkestraße 10, Umbau
1806 Gasthaus Kuckuck, Gutachten zum Bauzustand
1815 Kaserne, Kostenanschlag für Weißen, Ausbessern von Putzen und Wänden, Öfenputzen und Einmauern von zwei Öfen, Dachreparatur (I.2, S. 356)
1815 Obermarktstraße 31, Wiederaufbau Scheune Kisaustraße 7 für Oberlandesgerichtsrat Rieke
1816 St. Johannis, Abbrucharbeiten (III, S. 16)
1817 St. Martini, Dachreparaturen (III, S. 324)
1819 Markt 1, Rathaus, Sanierung der sog. Schulzenburg
1820 Markt 1, Rathaus, Umbau der Öfen im Gefängnis
1821 Markt 1, Rathaus, Sanierung des Archivgewölbes und neuer Verputz der Fassaden

1822 Markt 1, Rathaus, Reparatur des Schornsteins
1823 Alte Kirchstraße 11, Küsterhaus, Ausbau
1826 Parkstraße, Steinhauerarbeiten am neuen Friedhofstor (vermutet)
1826 (?) Simeonstraße 8 als Unternehmer
1826 Weingarten 24 für Lohmeier
1826 Weingarten 26 für eigene Zwecke
bis 1828 Großer und Kleiner Domhof, Wartung der Pflasterung (II, S. 1350)

Meyer
Maurermeister. Besitzt 1818 das zuvor dem Maurermeister Däumer gehörende Haus Pöttcherstraße 12, wo er mit seinem Sohn Julius auch wohnt.
1827 Simeonskirchhof 3, Reparatur des Pfarrhauses

Meyer
Architekt in Herford.
1961 Alte Hausberger Straße 12, Mehrfamilienhaus für H. P. Haubrock

Meyer, August
1828 Großer Domhof 3A, Handskizze zur Durchfahrt zwischen Großer Domhof 3A und 4 (II, S. 1216)

Meyer, August
Maurerpolier (Weingarten 25). Läßt sich 1901 durch den Bauunternehmer Poetsch sein Haus Bachstraße 38 errichten.

Meyer, Caspar Heinrich
Maurermeister.
1738 Markt 26, Gutachten zum Bauzustand

Meyer, Daniel
Zimmergeselle, später Zimmerpolier. 1804 bei Arbeiten an St. Martini erwähnt.
1767 Weingarten 38 Neubau für eigene Zwecke

1802/1804 Oberstraße 52, Renovierung
1803 Priggenhagen 15 für Schmied Konrad Kuhlmann

Meyer, Elert
Nagelschmied.
1727 Kleiner Domhof 13, Domsyndikathaus, Reparatur (zusammen mit anderen) (II, S. 1415)
1738/1739 St. Martini, Dacharbeiten (III, S. 323)

Meyer, Ernst
Maurer, wohnte 1893 Bachstraße 45.
1892 Bachstraße 57 (eigenes Haus), Stallanbau
1893 Dankerser Straße 33 für Packmeister Friedrich Bake

Meyer, Ernst
Architekt in Röcke.
1951 Sedanstraße 13, Wiederaufbau

Meyer, Friedrich
Zimmermeister.
1770/1771 Kampstraße 33, Pfarrhaus, Neubau (zusammen mit Meining)

Meyer, Friedrich
Starb 77jährig als »*gewesener Kalckmeßer auf der Fischerstadt*« am 31.3.1806, wohnte Steinweg 1 zur Miete.

Meyer, Friedrich
Maurer. 1790 bis 1812 als Besitzer des Hauses Oberstraße 46 nachzuweisen.
1802/1804 Oberstraße 52, Renovierung

Meyer, Friedrich
Maurermeister, geb. um 1798. 1846/1853 als Eigentümer des Hauses Oberstraße 28 nachzuweisen.

Herbert Stendel

Regine Meyer-Stendel

Meyer, Friedrich
Orgelbauer in Herford.
1860–1862 St. Marien, Erneuerung der Orgel (Umbau) (III, S. 171)
1882 Dom, Untersuchung und Reparatur der Westorgel (II, S. 825)

Meyer, Friedrich Wilhelm
Steinmetzbetrieb für Bau und Grabmal. Betrieb 1950 Marienstraße 84. Der Betrieb wurde 1959 an die Fasanenstraße 34 ausgesiedelt, da das alte Betriebsgelände mit der neu anzulegenden Ringstraße überplant wurde. Steinmetzmeister Meyer (geb. 16.6.1906, gest. 31.12.1989), seine Tochter Regine lernte ebenfalls das Steinmetzhandwerk. Der Betrieb wurde 1976 von seiner Tochter und ihrem Ehemann dem Steinmetzmeister Herbert Stendel (geb. 11.6.1939, gest. 23.7.2001) übernommen. Letzterer betrieb seit 1964 und seitdem zusätzlich eine Steinmetzwerkstatt in Porta Westfalica-Holzhausen. Die gemeinsame Tochter Gabriele Stendel-Mercks wurde ebenfalls Steinmetz und Steinbildhauermeister, auch der Bruder Berthold Stendel lernte das Steinmetzhandwerk.
1950/1951 Großer Domhof 6, Neubau Postgebäude, Steinmetzarbeiten (MT vom 9.3.1951)
1951/1952 Markt, Rathausneubau, Steinmetzarbeiten
1998 Kleiner Domhof, Fundament für Bronzemodell der Domfreiheit
2003 Porta Westfalica-Hausberge, jüdischer Friedhof, Fundamentierung der losen Grabsteine

Meyer, Gert
Zimmermann, 1663 genannt (KAM, Mi, B 122).

Meyer, G. H.
1965 Sedanstraße 31 für Dr. B. Hofmann (Ausführung durch A. Niermann/Kutenhausen).

Meyer, Georg
1938 als Regierungs-Oberbauingenieur bei der Regierung in Minden tätig und als Sachverständiger im Sprengwesen für die Sicherheits- und Hilfsdienst im Zuge von Luftschutzmaßnahmen eingesetzt (Tagebuch erhalten in KAM, Mi, W 160).

Meyer, Johann
Zimmermeister.
1746 Großer Domhof 7, Kurienhof, Besichtigung (zusammen mit Zengerle) (II, 1258)

Meyer, Johann Wilhelm
Zimmermeister und Tischlermeister, vor 1802 verstorben. Besaß 1781 das Haus Deichhof 14, wo er auch wohnte sowie das Haus Marienstraße 14. 1784/1786 errichtete er auf eigene Kosten das Haus Deichhof 23. 1806 stellte die Witwe Meyer den Zimmergesellen Gieseking ein, um die von ihrem verstorbenen Sohn begonnenen Arbeiten zu Ende führen zu lassen (KAM, Mi, C 348).
1765 Ritterstraße 23, Umbauten
1766/1768 Greisenbruchstraße 17, Umbau und Sanierung
1767 Ritterstraße 28a/30 Neubau
um 1775 Marienstraße 14 für eigene Zwecke
1776 Bunte Brücke über die Weser, Geländer
1778 Bäckerstraße 54, Taxation
1778 Königstraße 35, Taxation
1778 Marienkirchplatz 3, Reparatur des Küsterhauses
1779 Deichhof Nr. 745 b, Scheune auf dem von Buschen-Hoff
1780 Brückenzollhaus auf dem Brückenkopf, Reparatur (zusammen mit Meining)
1780 Bäckerstraße 17, Baugutachten
1781 Hufschmiede 2, Umbau
1784 Deichhof 23 für eigene Zwecke
1784 St. Martini, Reparatur der Orgelbälge (zusammen mit Organist Konemann) (III, S. 384)

Meyer, J.
1880 Marienglacis 35 für Friedrich Noll (Mitarbeit bei R. Hoelscher)

Meyer, Julius
Osnabrücker Dampfkesselfabrik.
1884 Friedrich-Wilhelm-Straße 105, Glashütte, Kessel 730
1884 Friedrich-Wilhelm-Straße 105, Glashütte, Kessel 849

Meyer, Karl
Dr. Ing. und Regierungsbaumeister. 1910 Hochbautechniker bei der Weserstrombauverwaltung in Hannover. Hatte wesentlichen Anteil an der Ausführungsplanung der zwischen 1912 und 1915 in Minden im Zusammenhang mit dem Bau des Mittellandkanals errichteten Bauwerke und arbeitete zu dieser Zeit im Kanalbauamt unter der Leitung von Baurat Strieboll. Karl Meyer war den Zielen der Heimatschutzbewegung verbunden (siehe hierzu JAKOBI 2004, S. 27–33) und publizierte später seine hieraus erwachsenen Planungen: K. MEYER, Das Dorf Neu-Berich bei Arolsen. In: Der Städtebau 10, 1913 Heft 8, S. 85 und Tafel 43. – K. MEYER, Siedlungsbauten im Bereich der Waldecker Talsperre. In: Zeitschrift für Bauwesen 79, 1923, S. 33.
1905/1914 Edertalsperre, Sperrmauer
1910 Planung der Dorfanlage Neu-Berich
1910 Planung der Dorfanlage Neu-Brinkhausen
1910 Planung der Dorfanlage Neu-Asel
1912/1913 Am Hohen Ufer 9, Diensthöft I für Schleusenverwalter Schachtschleuse (Plan 1911)
1913 Fuldastraße 6–20, Sympherstraße 41/43, Siedlung mit 5 Doppelhäusern für Kanalbauamt II

1914	Am Hohen Ufer 1, Dienstgebäude des Kanalbetriebsamtes
1914	Am Hohen Ufer 7, Diensthöft für Maschinenbauwart Schachtschleuse (Plan 1911)
1914	Im Hohlweg 1, Diensthöft für Maschinenmeister Schachtschleuse
1914	Sympherstraße 11, Diensthöft I für Maschinenmeister der Schachtschleuse (Plan von 1911)
1914	Sympherstraße 13, Diensthöft II für Schleusenmeister der Schachtschleuse (Plan 1911)
1914	Sympherstraße 17, Diensthöft III für Schleusenverwalter der Schachtschleuse (Plan 1914)

Meyer, Philip
1739 bei St. Martini genannt.

Meyer, Rudolf
| 1958 | Kutenhauser Straße 75, Umbau Stall für eigene Zwecke |
| 1980 | Weserstraße 4, Anbau |

Meyer oder Meiern, W.
Tischler oder Schreiner.
| 1784 | St. Martini, Ausstattung (III, S. 374) |

Meyer, Wilhelm
Architekt, wohnte 1927 Hohenzollernring 8.

Meyer, Wilhelm
Architekt, wohnte 1927 Dankerser Straße 22.

Meyer, Wilhelm
Oberbau-Regierungsbausekretär (geb. 4.11.1881 Oldenburg, gest. 6.12.1971 Bad Pyrmont), 1920 nach Minden gezogen, wohnte anfangs Hafenstraße 2 später Hafenstraße 4.

Meyer, Wilhelm
Baumeister (geb. 25.5.1887 Wattenscheid, gest. 20.4.1958 Herzogau in Voithenberge/Bayern), war mit Marianne Stoll (geb. 1.1.1899 Schiltingheim, gest. 6.9.1954) verheiratet, wohnte Portastraße 2.

Meyer, Wilhelm
Maurermeister.
1880	Marienglacis 35 für den Fabrikanten Noll
1893	Dankerser Straße 33
1893	Niedernstraße 1, Umbau
1905	Friedrich-Wilhelm-Straße 105, Glashütte, Umbau des Ofens 1
1907	Pionierstraße 7, Umbau des Wirtschaftsgebäudes

Meyer, Wilhelm
<u>Bauführer</u> und <u>Architekt</u>. Geboren am 2.11.1859 in Gleidingen und von 1891 bis 1918 in Minden ansässig (1891–1903 Besselstraße 24, dann 1903–1918 Gutenbergstraße 10), danach wieder in seinem Studienort Hannover. Er war verheiratet mit Johanne Brandes (geb. 3.11.1856 in Karthaus, gest. 27.5.1910) und in zweiter Ehe mit Valeria Nixdorf (geb. 9.12.1863). Am 20.6.1892 wurde als sein erstes Kind der Sohn Ernst Heinrich Friedrich Wilhelm (genannt Hans) geboren, der 1909 Minden verließ und am 7.6.1965 in Sande/Friesland verstarb.

Schon 1891 war er als Bauführer für den noch nicht in Minden wohnenden Architekten Kelpe/Hannover tätig, arbeitet daneben aber auch eigene Projekte aus. In der gleichen Weise arbeitet er auch für den Hannoveraner Architekten Kersten, mit dem zusammen er bereits 1891 an der Besselstraße 24 ein dann von Meyer bezogenes Wohnhaus errichtet und der 1892 als Stadtbaurat nach Minden kam. Nachdem Kersten damit sein eigenes Büro aufgab, arbeitete Meyer bis 1896 in einer erfolgreichen Bürogemeinschaft mit August Kelpe, doch scheint es dann im Zuge der Errichtung eines gemeinsamen Projektes Besselstraße 30/Blumenstraße 12 zu einem Zerwürfnis gekommen

zu sein. Danach betrieb Meyer ein eigenes Büro in Minden, das bald einen erheblichen Umfang annahm und jedes Jahr eine Vielzahl von Entwürfen bearbeitete. Zwischen 1895 und 1900 führte er darüber hinaus verschiedene große Projekte aus, die durch den Architekten Gustav Jänicke/Berlin entworfen wurden. Ab 1898 verfolgte er zusammen mit Hr. Poggenpohl ein Unternehmerprojekt, wobei die beiden die Gutenbergstraße zunächst als Privatstraße anlegten, um die östlich anschließenden Grundstücke in den nächsten Jahren verkaufen zu können, wobei die Pläne jeweils Meyer erstellte. 1900 zeichnete er auch den Plan des Hauses Marienstraße 110 für den Bauunternehmer August Bade. 1903 beschäftigte er in seinem Büro als Bauführer den spätestens 1905 in Minden selbständigen Architekten Max Zimmerling.

In den meisten seiner Bauten dokumentierte Meyer seine Herkunft aus der Hannoveraner Schule. So zeichnen sich seine Bauten in der Regel nicht nur durch die für die Gestalt bestimmende Verwendung von Backsteinen aus, sondern durch die vielfältige Verwendung von Formsteinen unterschiedlichster Formen und eine starke plastische Durcharbeitung der Fassaden. Die späten von Meyer entworfenen Bauten verdeutlichen aber auch, wie stark er sich bemühte, neue Strömungen der Architekturgestalt zu berücksichtigen, etwa in der der Reformarchitektur verbundenen und schlicht geputzten Villa Paulinenstraße 18 von 1911.

1891 Besselstraße 24, Plan und Bauherr zusammen mit Kersten, von ihm bis 1903 bewohnt
1891 Besselstraße 34 für Bildhauer Rudolf Thannhäuser (nicht ausgeführt)
1892 Besselstraße 20, Bauleitung für Architekt Kersten
1892 Besselstraße 22, Bauleitung für Architekt Kersten
1892 Besselstraße 34, Werkstatt mit Wohnung für Bildhauer Rudolf Thannhäuser
1892 Dankerser Straße 1, Wohn- und Geschäftshaus für den Büchsenmacher Brandenburg
1892 Marienstraße 47 für Rentner Klitzsch
1892 Obermarktstraße 15, neue Fassade und Umbau für Kaufmann A. Creydt (Plan: A. Kersten)
1892 Obermarktstraße 35, Saalanbau für Wirt Goliberzuch (Plan: A. Kersten)
1893 Besselstraße 28 für Postsekretair A. Streich
1893 Feldstraße 6 für den Hilfswagenmeister Friedrich Horstmann
1893 Marienglacis 25 für Kaufmann Gustav Stöver
1893 Marienstraße 78 für Kaufmann Hermann Wielke
1893 Niedernstraße 1, Um- und Erweiterungsbau für Eduard Lax
1893 Rodenbecker Straße 44 für den Oberpostkassen-Rendanten Louis Schulz (Ausführung: Sipp)
1893 Wilhelmstraße 1 für Prof. Dr. Bußmann
1894 Friedrich-Wilhelm-Straße 121, Erweiterung der Fabrik Gebr. Busch
1894 Königstraße 7, Pfarrhaus und Konfirmandensaal St. Simeon (für Pfarrer Büttner)
1894 Simeonstraße 1 für Kaufmann Fritz Marpé
1895 Alte Kirchstraße 11, Neubau für die Zigarrenfabrik Carl Schwake
1895 Marienstraße 23, Umbau des Lagerhauses (Ausführung: Rose)
1895/1895 Rodenbecker Straße 21 für Fabrikbesitzer Heinrich Brücker (Ausführung: Usadel)
1897 Artilleriestraße 12 für Bäckermeister August Fricke
1897 Brückenkopf 6, Wohnhaus und Ateliergebäude für Fotograf Kabus
1897 Hahler Straße 61, Wohnhaus und Stall für Oekonom Friedrich Grotjan

1897	Königstraße 112 für Reg.-Bürodiener W. Dethloff		1899	Gutenbergstraße 2, Wohnhaus und Werkstatt für Tischlermeister Gamm
1897	Königstraße 129 für Schlachtermeister Wilhelm Busse		1899	Lindenstraße 18/22, Erweiterung der Hofunterkellerung (Ausführung: Usadel)
1897	Königswall 75, Fabrikanbau		1899	Stiftstraße 12, Mietshaus für Buchdruckereibesitzer Maximilian Brandt
1897	Oberstraße 9 (nicht ausgeführt)			
1897	Simeonstraße 5, Erweiterung für Färberei Küster (Fassadenpläne von Kelpe)		1899/1900	Marienstraße 2, Wohn- und Geschäftshaus für Friedrich Poggenpohl (Plan: G. Jänike/Berlin)
1897/1898	Artilleriestraße 16 für den Waffenmeister Heinrich Spiekermann		1900	Besselstraße 18 für Oberlandmesser Friedrich Busse (Ausführung: Maurermeister Knothe)
1898	Alte Kirchstraße 11, Bremer Zigarrenfabrik			
1898	Artilleriestraße 7 (Entwurf: Gustav Jänicke/Berlin) für Schneidermeister Hermann Grans		1900	Besselstraße 30 für Rentmeister A. Remmers
			1900	Festungsstraße 3, Dachpappenfabrik Timmermann, Wiederaufbau nach Brand
1898	Brückenkopf 7, Umbau der Fabrik zum Wohnhaus für Getreidehändler G. Böse		1900	Friedrich-Wilhelm-Straße 141, Kunstwollfabrik Noll, zwei Lagerschuppen
1898	Friedrich-Wilhelm-Straße 121, Abortanbau bei Fabrik Gebr. Busch		1900	Lübbecker Straße 12, Bürogebäude für Kistenfabrik Peters & Völker
1898	Königstraße 41, Wohn- und Geschäftshaus für Kaufmann W. Hersemann		1900	Lübbecker Straße 62, Balkonausbau
1898	Königstraße 52, Wohn- und Geschäftshaus für Klempnermeister Grappendorf		1900	Marienstraße 110 für Maurermeister A. Bade und Zimmermann Friedrich Rohlfing
1898	Lindenstraße 18/22, Anbau auf Grundstück Nr. 18 (Ausführung: Usadel)		1900	Paulinenstraße 3, Wohnhaus für G. Steinmeyer
1898	Marienstraße 2 (Entwurf: G. Jänicke/Berlin)		1900	Simeonstraße 1, Umbau
			1900	Stiftstraße 29, Remisengebäude für den Fabrikanten Fritz Leonhardi
1898	Ritterstraße 24 für Bäcker W. Tiemann (Entwurf: G. Jänicke/Berlin) (Ausführung: Schmidt & Langen)		1900/1901	Lübbecker Straße 62, Wiederaufbau nach Brand
1898	Obermarktstraße 17, rückwärtiges Wohn- und Lagerhaus für Kaufmann Nithack		1901	Grüner Weg 6 für Arbeiter Wilhelm Röper
			1901	Gutenbergstraße 4, Lagerschuppen und Werkstatt für Terazzowerk Petrucco & Girolani
1898	Simeonstraße 5, Erker zum Priggenhagen			
1899	Artilleriestraße 14 für den Postassistenten Ludwig Brand		1901	Lindenstraße 18/22, Aufbau auf dem Speisesaal für Zigarrenfabrik Leonhardi (Ausführung: Usadel)
1899	Besselstraße 18 für Oberlandmesser Busse		1901	Lübbecker Straße 10, Dachausbau
1899	Friedrich-Wilhelm-Straße 121, Hofüberdachung bei Firma Gebr. Busch		1901	Lübbecker Straße 62, Lagerhaus

1901	Simeonstraße 7, Umbau des Ladens und Schaufenster für Kaufmann Niebur		1904	Lindenstraße 18/22, Anbau Nr. 22 an Zigarrenfabrik Leonhardi (Ausführung: Usadel)
1901	Simeonstraße 36, Umbau des Erdgeschosses		1904	Lindenstraße 18/22, Aufbau auf Bekleberei (Ausführung: Usadel)
1901	Weingarten 9/11 für Kaufmann Niebur		1904	Marienstraße 23, Erweiterung und Neugestaltung der Fassade (für Kaufmann Gotthold)
1901	Weserstraße 20, Umbau			
1902	Bäckerstraße 27 für Uhrmacher Spilker			
1902	Bäckerstraße 32, für Flandermeyer		1904	Petersilienstraße 11, Erweiterung Wäscherei Rupprecht
1902	Lindenstraße 18/22 Aborte an der Kisau (Ausführung: Usadel)		1904	Rodenbecker Straße 56, Balkonüberdachung
1902	Lübbecker Straße 10, Abortanbau		1905	Gutenbergstraße 13 für Schlossermeister Emil Poggenpohl
1902	Rodenbecker Straße 21, Umbau			
1902	Rodenbecker Straße 55, Anbau		1905	Hahler Straße 61, Verandavorbau
1902	Simeonstraße 29 für Kaufmann Hempell		1905	Hardenbergstraße 8, Lagerhaus und Pferdestall für Kaufmann Max Rasche
1902	Simeonstraße 36 (Umbau) für Kaufmann C. Müller		1905	Königstraße 82, Ausbau des Dachgeschosses
1903	Besselstraße 24, Ausbau des Dachgeschosses		1905	Lindenstraße 9, Umbau des Werkstattgebäudes
1903	Gutenbergstraße 10, für eigenen Besitz und von ihm bis 1918 bewohnt		1905	Lindenstraße 18/22, Umbau des Erdgeschosses im Gebäude Nr. 20
1903	Hahler Straße 20, Umbau der ehemaligen Schroederschen Fabrik		1905	Obermarktstraße 23, Wohn- und Geschäftshaus für Kaufmann Hermann Stucke
1903	Kaiserstraße 4 für den Möbelfabrikanten Schmidt			
1903	Königstraße 33, Aufstockung und neues Giebeldreieck (für Klempnermeister G. Bösel)		1905	Stiftstraße 29, Erweiterung der Remise
			1906	Besselstraße 26, Anbau einer Veranda
			1906	Domkloster, Taxation des Ostflügels für die Gemeinde (Alternativ zu Engelmeier 1905) (II, S. 507, 591)
1903	Königsstraße 61, Anbau für Louis Rasche			
1903	Kuhlenstraße 35/37 Umbau (Ausführung: Schmidt & Langen)		1906	Gutenbergstraße 12 für Steuersekretair W. Geffers
1904	Bäckerstraße 52, für Sattlermeister Bodmann (Ausführung: Maurermeister Sierig)		1906	Marienstraße 2, Umbau des Ladens
			1906	Obermarktstraße 36, Umbau und Erweiterung für Kürschnermeister Vieweg
1904	Bachstraße 10, kleiner Anbau			
1904	Goebenstraße 7, großes Miethaus für Regierungssekretair G. Schilling		1906	Obermarktstraße 38 für Uhrmachermeister Brandenburg (Ausführung: F. Stremming)
1904	Hardenbergstraße 8, Wohnhaus und Lager für Max Rasche (nicht ausgeführt)			
			1907	Bachstraße 10, kleiner Anbau
			1907	Gutenbergstraße 10, Anbau am eigenen Haus
1904	Hohnstraße 3, Lagerhaus für Endeler & Kumpf		1907	Hahler Straße 61, Stallerweiterung

1907	Obermarktstraße 23, Umbau Schaufenster	1910	Portastraße 63 für Schneidermeister Heinrich Freimut
1907	Pionierstraße 7, Pferdestall für Pferdehändler Wilhelm Fraue	1910	Weg in die Hanebek 31, Düngergrube
1907	Vinckestraße 4 für Zahnarzt Robert Meyer	1911	Bäckerstraße 12, Umbau des Ladens
1907	Minden-Haddenhausen, Schule in Biembke	1911	Domstraße 4/6, Kanalisation (II, S. 1444, 1446, Abb. 932)
1907	Hille-Rothenuffeln Nr. 83 für Schankwirt Carl Kleine	1911	Heidestraße 1, Wohnhaus für Pfarrer Kriege
1908	Gutenbergstraße 14 für Amtsgerichtsrat Karl Schröter	1911	Königstraße 112, Umbauten
1908	Kuckuckstraße 25, Bettfederfabrik für Hermann Stucke	1911	Scharnstraße 12 (heute Scharn 14) für Sattlermeister Weber
1909	Besselstraße 34, Wiederaufbau der Werkstatt	1911/1912	Paulinenstraße 18 für Regierungs- und Schulrat Dr. Heilmann
1909	Bleichstraße 20, Wohnhaus und Kornscheune für Tierarzt Friedrich Baumhöfener	1911/1912	St. Simeon, Bauleitung des Turmneubaus (Plan: Karl Siebold; Ausführung: Fa. Plöger) (III, S. 643, 718)
1909	Hahler Straße 52 für Werkmeister Bernhard Schmidt	1911	Weingarten 66, Aufbau auf dem Balkon
1909	Hahler Straße 63 (Umbau einer Scheune zum Wohnhaus) für Fr. Grotjan	1912	Hahler Straße 4/6, Backhaus für Bäckerei Schmidt
1909	Besselstraße 18 a für Stadtrevisor Horstmann	1912	Lindenstraße 35, Schuppen für Stoffdruckerei Küster
1909	Besselstraße 38 für Katasterzeichner G. Krending (Ausführung: G. Kuhlmann/Todtenhausen)	1913	Brückenkopf 6, Umbau und Erweiterung des Fotoateliergebäudes
1909/1910	Häverstädt, drittes Pfarrhaus der St. Martini-Gemeinde Minden	1913	Lindenstraße 35, Erweiterung der Stoffdruckerei Küster
1910	Besselstraße 18 a für Stadtrevisor Fritz Horstmann	1913	Stiftstraße 29, Umbau Stallgebäude zur Garage
1910–1912	Domkloster, Ostflügel, Planung der ersten Umbauphase (Maurerarbeiten: C. W. Homann) (II, S. 490, 507, 528, 555, Abb. 362 f.)	1913/1914	Lübbecke, Niedernstraße 2, Saalbau mit Bühne für H. Spilker
1910	Hille-Oberlübbe, Pfarrhaus (Ausführung: Diekmann/Oberlübbe)	1914	Blumenstraße 26 für Regierungssekretär Moritz Borchard
1910	Königstraße 47, Einfriedungsmauer des Grundstücks	1914	Königstraße 30, Umbau
1910	Marienstraße 45, Umbau Stall zu Garage	1914	Lübbecker Straße 8, Wirtschaftsgebäude für Colon Gottlieb Meyer
1910	Petersilienstraße 21, Umbauten	1914	Lindenstraße 35, Erweiterungsbau der Stofdruckerei Küster
		1914	Marienstraße 45, Autogarage und neues Gewächshaus für Rudolf Leonhardi
		1915	Cecilienstraße 3, Gartenhaus für den Zigarrenfabrikanten Rudolf Leonhardi
		1915	Marienstraße 32, Umbau für Kommerzienrat Fritz Leonhardi (Bauleitung nach Plan: Prof. Kanold/Hannover)

1915 Marienstraße 43, Hühnerstall
1915 Marienstraße 45, Wintergarten für den Fabrikanten Leonhardi (Bauleitung nach Plan: Prof. Kanold/Hannover)
1915 Obermarktstraße 15, Umbau des Erdgeschosses
1916 Marienstraße 15, Umbau für den Fabrikanten Oskar Kiel
1916 Königsglacis 5, Geflügelhaus im Garten
1916 Stiftsallee 11, Comptoirgebäude

Meyer, Wilhelm (auch Meier)
Maurermeister in Porta Westfalica-Lerbeck.
1907 Ringstraße 40 für Stadtschreiber Hermann Haubold
1926 Paulinenstraße 6 für Tierarzt Dr. W. Wegener (nach Plan Joh. Sierig)

Meyer, Wilhelm
Baumeister und Architekt in Hahlen.
1931 Blumenstraße 37 für den Fabrikanten August Sültemeyer (Ausführung: Gremmels)
1953 Lübbecker Straße 80, Umbau
1954 Fasanenstraße 2 für Erich Krahe
1955 Kuhlenstraße 10 für Realschul-Direktor Fritz Westerfeld
1959 Cecilienstraße 12 für Erne Kryzun
1961 Schwarzer Weg 4, Autowerkstatt für Lutz Hermening
1963 Stiftsallee 40, Lagergebäude für Verlag Albert Philler
1965 Hahler Straße 93 für Hans-Werner Panthenius
1967 Fasanenstraße 2 a für Erich Krahe
1969 Hopfengasse 5 für Kaufmann Wilhelm Hovemeyer
1972 Simeonglacis 11, Anbau
1976 Hopfengasse 5, Schwimmhalle für Wilhelm Hovemeyer

Meyer, Wilhelm
Möbelfabrikant (geb. 24.2.1854, gest. 25.4.1914), verheiratet mit Liddy Meyer (geb. 18.10.1861, gest. 8.12.1944), wohnhaft Hohnstraße 29. Gemeinsames Familiengrab mit Sohn Curt (geb. 10.9.1894, gest. 23.10.1917) auf altem Friedhof erhalten. Betrieb seit 1857 ein eigenes Möbelmagazin Hohe Straße 6. Seit 1881 war Wilhelm Meyer Mitglied der »Mindener Freiwillige Feuerwehr« und gehörte auch deren Kapelle, sowie über 10 Jahre dem Vorstand des Kriegervereins Minden an.

Meylich
Malermeister, wohnte 1851 Hufschmiede 11.

Meyning
Maurermeister. 1784 möglicherweise Stadtmauermeister.
1784 Ortstraße 10, Gutachten

Michaelis
Bauinspektor, wohnte 1865 zur Miete in dem Haus Friedrich-Wilhelm-Straße 9.

Michel, Barbara
Dipl.-Ingenieurin und Architektin in Gelsenkirchen-Buer.
1983 Bleichstraße 1, Aufstockung

Michels
Tischlermeister, wohnte 1851 Königstraße 8.

M. Michelsohn & Co
Bauunternehmen aus Porta Westfalica-Hausberge, das sich im Tiefbau betätigte, aber auch verschiedene Kiesgruben unterhielt. Hierzu pachtete man ab 1904 Gelände des Gutes Rothenhof bei Porta Westfalica–Costedt an (1919 bezeichnet als *Mindener Kieswerke Otto Michelsohn*). Die Familie Michelsohn war während des ganzen 19. Jahrhunderts in Hausberge ansässig (zahlreiche Grabstätten und ein Mausoleum für die Familie sind auf dem dorti-

gen jüdischen Friedhof erhalten). Begründer der Betriebe scheint Nathan Michelsohn (geb. 1864 Hausberge, gest. 1953 Johannisburg) – Sohn des Hausberger Kaufmann Moses Michelsohn – gewesen zu sein, der mit Bernhardine Seligmann (geb. 1867, gest. 1965) verheiratet war. Er hat sich neben seinen wirtschaftlichen Aktivitäten auch als Stadtrat von Hausberge und von Minden (1919–1924) betätigt. Für die Verwaltung der Firmen wurde 1903 in Hausberge, Hauptstraße 21 (Haus-Nr. 9) an der Stelle des alten Wohnhauses ein großes Büro- und Wohngebäude errichtet, hinter dem die von Moses Michelsohn 1853 gestiftete Synagoge stand. Später führte Nathan Michelsohn seine verschiedenen Firmen zusammen mit seinem Sohn Otto (geb. 1891 Hausberge, gest. 1992 Baden-Baden). Das offensichtlich weitverzweigte und auch in Hannover tätige Unternehmen unterhielt im Laufe der Zeit auch unterschiedliche Betriebe in der Stadt Minden (dazu siehe unter Karlstraße 23/31). 1899 richtete man einen kleinen Betriebshof mit Gleisanschluß an die neue Kreisbahn auf dem Gelände Festungsstraße 1 ein, der dort bis 1917 bestand. Von hier aus scheint die Firma wesentlich am Aufbau des Gleisnetzes der Kreisbahn mitgewirkt zu haben. Danach scheinen sich die Aktivitäten der beiden an der Hermannstraße 17 wohnenden Kaufleute Otto und Nathan Michelsohn auf die Verwaltung der im Dezember 1927 in Konkurs gegangenen Betriebe konzentriert zu haben, wozu 1921 auch ein eigenes Bürogebäude (Karlstraße 25) errichtet wurde. Die zahlreichen Bauten der ab 1918 an der Karlstraße aufgebauten Maschinenfabrik wurden durch die Firma selbst errichtet, oft auch von nicht näher genannten Mitarbeitern entworfen.

1886   St. Martini, Lieferung von Portasandsteinen für Reparatur des Kirchenmauerwerks (III, S. 287)
1898/1907 Gleisbauarbeiten für die Anlage der Kreisbahn im Stadtgebiet von Minden
1900   Am Alten Weserhafen, Vergrößerung des Weserhafens
1900   Klausenwall, Planierarbeiten im Gelände des neuen Regierungsgebäudes
1911/1914 Bau und Betrieb der Feldbahnen beim Bau des Wasserstraßenkreuzes
1918/1920 Karlstraße 27/31 Maschinenwerkstatt, Montagehalle und Keselschmiede und Nebenbauten der eigenen Maschinenfabrik
1921   Karlstraße 25, eigenes Bürogebäude (Plan: Weidner/Bremen; Statik: K. Volkening)
1921/1923 Feldbahnen beim Bau des zweiten Weserabstiegs und der Unterschleuse (für Hallinger & Co./Essen)
1924   Kaiserstraße 8, Umbau des Hinterhauses

Mindener Eisenbetonbau
1923 (Gebrüder Halstenberg) auch als IBau bezeichnet (Industrie- und Hochbau AG, Zweigniederlassung Minden)
1923   Parkstraße 4, Wohnhaus für Schneidermeister Heinrich Freymuth (Planung: Architekt Zimmerling)
1923   Friedrich-Wilhelm-Straße 79, Lagerhaus (Planung: Architekt Zimmerling)
1924   Hansastraße 29, Apparatehaus des Gaswerkes

Mindener Wandplattenwerke AG
Die Firma besteht seit 1923 in der Form einer AG und hatte sich auf die Herstellung von Ziegeln und Kalksandsteinen spezialisiert. Sie war als Zweigbetrieb aus der MEWAG (Mindener Eisenbetonwerft) an der Karlstraße 41/45 hervorgegangen, die 1920 von dem Baugeschäft des Maurermeisters Halstenberg gegründet worden war. Geschäftsführer der Firma war 1925 Dipl.-Ing. Arnold Brune und 1936 Herr Wedekind, der in diesem Jahr ausschied. 50 Prozent des Kapitals wurden in diesem Jahr von dem neuen Geschäftsführer Schaper aus Osnabrück über-

nommen, 50 Prozent von der Baugesellschaft Sudbrack (Frau Dr. Steinbiss) in Bielefeld. Die Produktion wurde in den folgenden Jahren stark ausgebaut, wobei 1941 *in ganz Deutschland* geliefert wurde (KAM, Mi, G V, 82). Die Fabrikationsstätte wurde 1936 durch das frühere Gelände der MEWAG am Ostufer des Stadthafens (Karlstraße 41) erweitert.

Minten
Regierungs- und Baurat bei der könglichen Eisenbahndirektion Hannover.
1910/1916 Eisenbahn Minden–Löhne, viergleisiger Ausbau (mit Reg. Baurat Arnoldt)

Mitzdeke
Hannover.
1936   Wilhelmstraße 17, Verwaltungsgebäude Firma Drabert (erster Entwurf)

Möbel-Magazin
Am 15.4.1852 gründeten eine Reihe Mindener Tischlermeister das »Möbel-Magazin vereinigter Tischlermeister«. Dem Vorstand gehören die Tischlermeister Fr. Vogeler, E. Menny und Hanke an. Das Verkaufslokal, in dem überwiegend selbst hergestellte Möbel ausgestellt werden, befindet sich in Marienwall 25.

Möbius, Josef
Baugesellschaft.
1993/1998 Neue Kanalbrücke über die Weser (zusammen mit Philipp Holzmann AG)

Möbius, Carl W.
Gemälderestaurator in Hannover.
1891   St. Martini, Restaurierung der Emporengemälde (III, S. 282, 389)

Möhlmann, Bernhard
Dr. Ing., Regierungs- und Baurat (geb. 8.1.1896 Nortup/Bersebrück, katholisch), zog am 7.8.1945 nach Minden. War mit Gertrud Tiedemann (geb. 29.11.1897 Burgdorf/Hannover) verheiratet, zwei Kinder: Heide (geb. 14.11.1935 Verden/Aller) und Freimut (geb. 2.2.1932 Berlin) und wohnte 1945 Marienwall 32, 1946 Klausenwall 8. 1953 verzog die Familie nach Würzburg.
1949   Portastraße 20, Fünffamilienhaus für das Wasserstraßenamt Minden I
1950   Petershagen, Weserstaustufe Petershagen (MT vom 10.4.1951)

Möhlmann, Hans Karl
Bildhauer in Minden (geb. 2.5.1932 Minden, Mutter: Luise Meyer), wohnte Ringstraße 49, war seit 1963 mit Ingrid Otterpohl (geb. 12.3.1937) verheiratet und verzog 1976 nach Porta Westfalica, Sonnenhang 5. (MiMitt 56, 1984, S. 61–63).
1963   Petershagen-Bierde, Entwurf für ein Ehrenmal auf dem Ehrenfriedhof (MT vom 20.12.1963)
1963   Petershagen-Lahde, Entwurf für ein Ehrenmal auf dem Ehrenfriedhof (MT vom 20.12.1963)
1963   Porta Westfalica-Lerbeck, Entwurf für ein Ehrenmal auf dem Ehrenfriedhof (MT vom 12.12.1963)
1966   Petershagen-Lahde, Mahnmal für die im »Arbeitserziehungslager« Lahde umgekommenen Häftlinge
vor 1975 Martinikirchhof 7, ehemalige Heeresbäckerei, bronzene Eingangstür für neue Nutzung als Gemeindehaus (I.2, S. 692)
1980   Altes Rathaus, Uhr am Ostgiebel (I.2, S. 956, Abb. 623)

Mölders & Co
Baufirma in Hildesheim.
1911/1912 Überführung des Kanals über die Friedrich-Wilhelm-Straße

Moelle, Fritz (Friedrich Wilhelm)
Sohn von Richard Moelle, heiratete 1936 in Bielefeld Hildegard Strümpfel (geb. 31.8.1904 in Mühlhausen). Kinder dieser Ehe sind: Annemarie (geb. 25.7.1927), der Architekt Peter Moelle (geb. 18.5.1930), zuletzt Leitender Ministerialrat NRW in Düsseldorf und dort im Referat Städtbau, Oberste Bauaufsichtsbehörde beschäftigt. Johann Wilhelm (geb. 18.6.1935) wurde Malermeister und heiratete 1960 Gisela Teske. Ursula (geb. 6.8.1938) wurde Musikalienhändlerin und Herbert (geb. 7.6.1944) wurde Architekt, verheiratet mit Elke Schary (geb. 8.2.1943 in Friedrichsroda). Fritz Moelle lernte in Karlsruhe bei Professor Caesar, war 1939 Bauassesor beim preußischen Hochbauamt in Minden und eröffnete dann ein Architekturbüro in Melle bei Osnabrück. Dort spezialisierte er sich auf Häuser für Ärzte, entwarf aber auch das dortige evangelische Krankenhaus.

Moelle, Klaus
Sohn des Architekten Wolfgang Moelle (geb. 2.6.1940, heiratete 1970 Doris Else Mutschler).
1973   Oberstraße 52, Bestandsaufmaß

Moelle, Richard
Architekt (geb. 20.5.1868, gest. 5.11.1945). Sohn des Bauführers Wilhelm Moelle, das väterliche Architekturbüro weiterführend. Aus seiner Ehe mit Christine Meurin (geb. 12.1.1867 Trier, gest. 5.11.1952) gingen die beiden Söhne Fritz und Robert Moelle hervor, die beide wiederum Architekten wurden (dazu weiter unten). Weitere Kinder waren die Tochter Anna Marie (geb. 7.9.1895, gest. 17.1.1919). Der Sohn Richard (geb. 24.8.1896 Schluchsee/Baden, gest. 15.2.1976) wurde Schiffsbauingenieur, verheiratet mit Käthe Broderson (geb. 14.7.1903 Bielefeld, gest. 28.12.1975).

Richard Moelle war 1900 und auch noch nach 1919 Vertreter der Witwe Berta des Bauunternehmers und Grundstücksverwalters Ed. Lax und verwaltete ihren umfangreichen Mindener Grundbesitz, nachdem sie nach Bielefeld später Berlin verzog bzw. wickelte die Veräußerung ihres umfangreichen Hausbesitzes in der Stadt ab. In dieser Funktion war er bei zahlreichen Neubauten von Häusern beteiligt, die auf in diesen Jahren aus dem Komplex veräußerten Grundstücken entstanden, aber auch bei Umbauten von ehemaligen Häusern des Laxschen Besitzes. Er selbst wohnte inmitten der Laxburg in dem Haus Laxburg 3, wo er auch sein Büro einrichtete. Zugleich führte er 1908–1919 zahlreiche Siedlungshäuser für den »Mindener Gemeinnützigen Bauverein« aus, wobei er 1913 C. Bergbrede als Bauführer beschäftigte (siehe Goebenstraße 13).

Das Büro spezialisierte sich insbesondere auf den Industriebau und scheint in Minden der entscheidende Wegbereiter des modernen Industriebaus auf der Grundlage des Eisenbetonbaus gewesen zu sein. Ein erster solcher Bau wurde schon 1917 für die Kunstwollfabrik Noll errichtet. In den Jahren zwischen 1921 und 1924 entstanden dann drei weitläufige Industriebauten auf dieser Grundlage, die alle anschließend verputzt und mit einer neoklassizistischen Gestaltung versehen wurden (Friedrich-Wilhelm-Straße 89 sowie Schwarzer Weg 8 und 10). Die ersten Bauten konnten noch nicht von Mindener Firmen ausgeführt werden, sondern mußten auf Grund der neuen Technik an auswärtige Spezialbetriebe vergeben werden. 1922 tritt R. Moelle als Geschäftsführer der *Gemeinnützigen Bauproduktionsgenossenschaft* auf und war ebenso maßgeblich an der *Bauhütte Minden, soziale Baugesellschaft* beteiligt, als deren Geschäftsführer er 1923/1927 auftritt bzw. unter deren Namen er zahlreiche Bauten errichtete oder entwarf. 1927 stempelt sein Büro schon als Richard Moelle & Söhne (wobei offensichtlich nur Robert Moelle – der schon um 1921 hier seine Arbeit begonnen haben dürfte – im Büro blieb), 1939 Büros Laxburgstraße 3 und Bäckerstraße 61. Das Büro noch

1950 unter diesem Namen, Inhaber aber nun sein jünster Sohn Wolfgang Moelle.

wohl 1905 Großer Domhof 3, Bankgebäude (nicht ausgeführt) (II, S. 1214)

1907 Friedrich-Wilhelm-Straße 5, Umbau
1907 Friedrich-Wilhelm-Straße 19, Lagerhaus
1907 Königswall 16, Kindergarten des Vereins Kinderhort
1908 Friedrich-Wilhelm-Straße 129, Umbauten des Wohnhauses
1908 Karlstraße 7, Wohnhaus und Stall für Fuhrunternehmer Fr. Deppe
1908 Niedernstraße 1, Planungen zum Umbau als Gemeindehaus
1908 Uferstraße 1 a, Wohnhaus für den Möbelfabrikanten Joh. Schmidt
1908 Obere Straße 2, Umbauten
1908 Simeonstraße 27 für Kaufmann C. Hempell
1908 Uferstraße 3, Umbau
1908/1910 Waterloostraße 32–38 für den Gemeinnützigen Bauverein
1909 Friedrich-Wilhelm-Straße 129, Wiederaufbau Hinterhaus
1909 Kaiserstraße 27, Umbau
1909 Kaiserstraße 29, Billardhalle
1909 Karlstraße 46, Ausbau
1909 Königswall 16, Einfriedung
1910 Dessauer Straße 4, 6, 8, 10, 12, 14, 16 und 18 für den Gemeinnützigen Bauverein
1910 Bahnhöfe an der Reichsbahnstrecke Minden–Nienburg
1910 Bad Oeynhausen, Ringofen auf Gut Deesberg
1910 Festungsstraße 1, Petroleumlager
1910 Kasernenstraße 4, Büro- und Lagerhaus für Großhandel Aug. Fr. Meinecke
1910 Ritterstraße 10, Hinterhaus (Ausführung: Baufirma Gremmels) für Malermeister D'Arragon
1911 Kasernenstraße 6, Gedenktafel für Dr. jur. Ed. Lax
1911 Kaiserstraße 10 für Fotograf Adolf Zinne
1911 Kutenhauser Straße 65 für den Gemeinnützigen Bauverein
1911 Lichtenbergstraße 20, Erweiterung des Bahnhofs Königstor der Kreisbahn
1911/1912 Dessauer Straße 2 für den Gemeinnützigen Bauverein
1911/1912 Kutenhauser Straße 63 für den Gemeinnützigen Bauverein
1912 Dessauer Straße 19, 20 und 22 für den Gemeinnützigen Bauverein
1912 Friedrich-Wilhelm-Straße 77, Mietshaus für Kaufmann H. Renke
1912 Friedrich-Wilhelm-Straße 81, Wohnhaus mit Büro für Kohlenhändler Daniel Brandt
1912 Hafenstraße 6 Wohn- und Geschäftshaus für Kaiser & Knake, Ofenhandel
1912 Kaiserstraße 10, Gartenhaus
1912 Stiftsallee 25, Umbau zum Gasthaus Parkhaus
1912/1913 Dessauer Straße 21 für den Gemeinnützigen Bauverein
1913 Dessauer Straße 23, 24 und 25 für den Gemeinnützigen Bauverein
1913 Friedrich-Wilhelm-Straße 19, Maschinenfabrik
1913 Friedrich-Wilhelm-Straße 121, Transformatorenhaus der Fabrik Gebr. Busch
1914 Dessauer Straße 27 für den Gemeinnützigen Bauverein
1914 Friedrich-Wilhelm-Straße 88, Wohnhaus Heldt
1913 Goebenstraße 13 für Zahnarzt Otto Klopp
1914 Friedrich-Wilhelm-Straße 88, Wohnhaus für Firma Heldt & Seeger
1914 Königgrätzer Straße 15 für Maurer Paul Heine

1914 Friedrich-Wilhelm-Straße 141, Kunstwollfabrik Noll, Bürogebäude
1914 Viktoriastraße 5, Lagerschuppen
1915/1916 Petershagen, III. Pfarrhaus
1916 Friedrich-Wilhelm-Straße 141, Kunstwollfabrik Noll, Sortiersaal
1917 Friedrich-Wilhelm-Straße 89, Lager der Firma Baumgarten
1917 Friedrich-Wilhelm-Straße 141, Kunstwollfabrik Noll, Reißereigebäude (Ausführung: Kessel & Co/Bielefeld
1917 Rodenbecker Straße 11, Anbau Lager und Einfriedung, Nährmittelfabrik Sieger
1918 Friedrich-Wihelm-Straße 89, Firma Baumgarten, Lageranbau
1918 Kaiserstraße 4, Wiederherstellung und Erweiterung des Werkstattgebäudes
1919 Bäckerstraße 45, Planungen für ein Lichtspieltheater
1919 Bäckerstraße 61, Umbau der Scheune
1919 Dessauer Straße 26/28, 29/31 und 30/32 für den Gemeinnützigen Bauverein
1919 Festungsstraße 1, Maschinenhaus am Sägewerk Friedrich Ernst
1919 Friedrich-Wilhelm-Straße 5, Büroanbau
1919 Friedrich-Wilhelm-Straße 88, Fabrikgebäude und Stall Heldt & Seeger
1919 Friedrich-Wihelm-Straße 89, Firma Baumgarten, Lagerschuppen
1919 Friedrich-Wilhelm-Straße 96, Umsetzen einer Baracke als Lager für Müller Meyer
1919 Friedrich-Wilhelm-Straße 129, Anbau Küche
1919 Pionierstraße 11, Lagerschuppen für das Zementwarenwerk Usadel
1919 Rodenbecker Straße 11, Erweiterung Lager, Nährmittelfabrik Sieger
1919 Waterloostraße 23 für Leitungsaufseher Fritz Kühne
1919 Waterloostraße 25 für Leitungsaufseher Fritz Brunckhorst
1920 Viktoriastraße 2, Bahnhofsbefestigung, Flankenbatterie No 1, Entwurf zum Bau eines Schuppenanbaus (I.2, S. 588, Abb. 520)
1920 Brühlstraße 1, Gartenhaus für Kohlenhändler Brandt
1920 Bad Oeynhausen-Gohfeld, Möbelfabrik Kölling
1921 Aminghauser Straße 58 für Lokführer Chr. Lohmeier (nach System Altendorf)
1921 Festungsstraße 5, Lagerhaus für M. Salomon (nicht ausgeführt)
1921 Friedrichstraße 9, Wohnhaus für Schlossermeister K. Schwartze
1921 Friedrich-Wilhelm-Straße 88, Trafohaus von Heldt & Seeger
1921 Bückeburg, Isolierwerke Bückeburg
1921/1925 Friedrich-Wihelm-Straße 89, Firma Baumgarten, neues Fabrikgebäude (Ausführung: Gremmels und Dickerhoff & Widmann)
1921 Friedrich-Wihelm-Straße 89, Firma Baumgarten, Beamtenwohnhaus
1921 Friedrich-Wihelm-Straße 89, Firma Baumgarten, Lager
1921 Friedrich-Wilhelm-Straße 155, Umbau der Leimfabrik
1921 Kaiserstraße 11, Ladenanbau für Sattler Bodmann
1921/1925 Kaiserstraße 13, Ladenbau für Verleger Carl Beyer
1921/1922 Kurfürstenstraße 2 für den Fabrikanten Fritz Noll (Plan: Prof. Kanold/Hannover), östliche Bauleitung
1921 Ringstraße 97, Anbau an das Kontorgebäude der Seifenfabrik Kiel
1922 Friedrich-Wilhelm-Straße 25, Druckerei
1923 Schwarzer Weg 10, Fabrik Endeler & Kumpff

1922 Friedrich-Wilhelm-Straße 79, Garage
1922 Friedrich-Wilhelm-Straße 79, Betondecke im Lagerhaus (Ausführung: Scheidt in Herford)
1922/1923 Kurfürstenstraße 4 für den Fabrikanten Heinrich Noll (Plan: Prof. Kanold; Ausführung: König/Bad Oeynhausen)
1922 Prinzenstraße 5, Wohnhaus für Kreis Minden
1922 Ringstraße 97, Benzinhäuschen und Umbau Lagerhaus der Seifenfabrik Kiel
1923 Friedrich-Wilhelm-Straße 87, Anbau einer Werkstatt
1923 Johansenstraße 2 für den Fabrikanten Adolf Baumgarten (Ausführung: Gebr. Halstenberg)
1923 Königstraße 19, Ausbau Dachgeschoß
1923 Kuhlenstraße 25, Anbau (Ausführung: Hallen- & Garagenbau)
1923 Lindenstraße 46, Umbau und Erweiterung des ehemaligen Saalbaus für Möbelhändler R. Höppner
1923 Marienwall 8, Umbau der Remise
1923 Marienstraße 37, Einfriedung für Kaufmann Hermann Hagemeyer
1923/1925 Schwarzer Weg 8, Wäschefabrik Lange & Hagemeyer
1923 Schwarzer Weg 10, Lagerhaus für Endeler & Kumpf
1923 Ulmenstraße 1, Villa für Kaufmann H. Hagemeier
1924 Petershagen-Frille, Freithof 20, Wohnhaus mit Scheune (Ausführung: Busse Wietersheim) für Brennereibesitzer Carl Schäkel
1924 Alte Sandtrift 25, Stallgebäude für Händler E. Steinbach
1924 Brühlstraße 1, Kontoranbau für Kohlenhändler Brandt
1924 Hahler Straße 20 a, Benzinhäuschen für Fahrzeughandel Siebe & Priggert
1924 Lindenstraße 1 a, Gewerkschaftshaus (Ausführung: Bauhütte Minden)

1924 Marienstraße 99 für Kaufmann Wilhelm Seele
1925 Am Alten Weserhafen 1a, Kornhaus für Westf. Centralgenossenschaft (Ausführung: E. Gremmels) (Entwurf wohl von Robert Moelle)
1925 Bachstraße 14, Um- und Erweiterungsbauten
1925 Friedrich-Wilhelm-Straße 25, Erweiterungsbau (Pläne für Bauhütte Minden)
1925 Friedrich-Wilhelm-Straße 129, Neubau Saal für Wirt Karl Steinbach
1925 Hohnstraße 27, Umbau im Kaufhaus Hermann Hagemeyer
1925 Karlstraße 1–5, Lagerhaus, Kutscherhaus und Bürohaus für Konsum- und Spargenossenschaft (Ausführung: Westfälische Baugesellschaft)
1925 Karlstraße 5, Schuppen der Bauhütte Minden
1925 Marienstraße 108, Gasthaus Marienhof (bis 1928)
1925 Ringstraße 97, Umbauten in der Seifenfabrik Kiel
1925 Ritterstraße 13, Werkstattgebäude für Tischler Georg Strutz (Ausführung: Bauhütte Minden)
1925 Simeonstraße 9, Saalanbau
1926 Friedrich-Wilhelm-Straße 90, Unterkellerung für H. Noll
1926 Kuhlenstraße 53, Erweiterung
1926 Wilhelmstraße 16, Anbau
1926 Wilhelmstraße 6, örtliche Bauleitung für Bankrat Henning (Plan: A. Ott/Dortmund), Ausführung: K. Weber/Porta
1927 Bahnhofsplatz, Erweiterung Erfrischungshäuschen (für Josef Schmücker)
1927 Johannisstraße 4, Umbau
1927 Karlstraße 1–5, Umbau des Wagenhauses zur Fleischerei, Lagerhaus zur Bäckerei

1927	Karlstraße 5, Bäckereigebäude für Konsum- und Spargenossenschaft (Ausführung: Büttner)	1932	Prinzenstraße 12 für Geschwister Hermening
1927	Obermarktstraße 21, Umbau Schaufenster	1932	Prinzenstraße 14 für Obertelegrafensekretär G. Steinbrecher
1927	Wittekindsallee 6 für den Sparkassenrendanten Kurt Bockhorn (Ausführung: Bauhütte Minden)	1932	Uferstraße 1 a, Umbau
		1933	Fischerallee 1, Umbau
		1933	Friedrich-Wilhelm-Straße 81, Anbau
1927/1928	Simeonglacis 13 a, Bauleitung (Entwurf: Lang/München)	1933	Kampstraße 11, Garagengebäude
		1933	Marienglacis 17, Umbau des Wirtschaftsgebäudes für G. Hattenhauer
1928	Gartenstraße 5 für Max Schaper	1933	Marienstraße 53 für Kaufmann Robert Zahnow
1928	Karlstraße 1–5, Garagengebäude und Einfriedung für Konsum- und Spargenossenschaft	1933	Rodenbecker Straße 19, Anbau
		1934	Besselstraße 19, Umbauten
1928	Ringstraße 97, Portierhaus für Seifenfabrik Kiel	1934	Blücherstraße 3 für Herrn Buchheister
		1934	Karlstraße 15, Ausbau als Wäschefabrik Poll (Ausführung: Baufirma W. Becker)
1928	Uferstraße 1 a, Umbau		
1928	Viktoriastraße 66, Anbau von Wirtschaftsräumen	1934	Obermarktstraße 38, Umbau für Druckereibesitzer Bruns
1928/1929	Stiftsallee 22 für Konsum-Verein Minden (Ausführung: Bauhütte Minden)	1934	Stiftstraße 59, Umbau des Geschäftshauses
1929	Aminghauser Straße 49 für Arbeiter Wilhelm Böhne	1934	Trockenhof 4, Schuppen für Druckereibesitzer Bruns
1929	Simeonglacis 13 a, Einfriedung	1935	Brühlstraße 11–13, kleines Wohnhaus
1929	Viktoriastraße 51, Erweiterung	1935	Brühlstraße 18, Kontoranbau für Uniformfabrik Muermann
1930	Bahnhof Minden der Reichsbahn, Erweiterung Erfrischungshalle auf dem Bahnsteig (für Josef Schmücker)	1935	Königstraße 70 für Verleger Wilhelm Köhler
		1935	Stiftstraße 59, Garagengebäude
1930	Ritterstraße 30, Umbau	1935	Viktoriastraße 44 für Klempnermeister Wilhelm Raube (Ausführung: Baufirma W. Becker)
1931	Am Fort C, Umbau zur Autowerkstatt		
1931	Bäckerstraße 71, Umbau		
1931/1932	Stemwede-Levern, Hügelstraße, Haus Nr. 167, Wohnhaus für Friedrich Kloppenburg	1935/1936	Moltkestraße 11 für Kaufmann Hugo Kannegießer
		1936	Brühlstraße 11/13, Wohnhaus für den Zimmereibetrieb Heinrich Müller
1932	Dankerser Straße 17 für Kohlenhändler Friedrich Nolte aus Dankersen Nr. 217	1936	Hahler Straße 20, Abbruch der Fabrik
		1936	Königstraße 89, Ausbau des Hintergebäudes
1932	Großer Domhof 8, Bankgebäude, Umbau von Keller- und Erdgeschoß (II, S. 1272)		
		1936	Königsglacis 13 für Kaufmann Schelken
1932	Marienstraße 15, Umbauten für Oskar Kiel		

1936/1939 Lübbecker Straße 12, Um- und Erweiterungsbauten der Fabrik Dr. Boehme
1937 Am Brühl 3 für Lotte-Marie Herzig (Ausführung: Riechmann)
1937 Bäckerstraße 38, Erneuerung des Hauses für Paul Stricker
1937 Stiftstraße 11, Umbau im Obergeschoß
1938 Lichtenbergstraße 7, Erweiterung für Firma H.W. Küster
1939 Karlstraße 1, Luftschutzkeller
1939 Lübbecker Straße 12, Garagengebäude
1940 Großer Domhof 8, Bankgebäude, Einbau eines Luftschutzkellers (II, S. 1272)
1940 Marienstraße 5, Luftschutzkeller
1940 Obermarktstraße 13, Hinterhaus, Sanierung
1941 Friedrich-Wilhelm-Straße 143, Garagengebäude für Spedition Richter
1942 Bäckerstraße 28, Umbau Erdgeschoß
1942 Domkloster, Pläne zum Umbau des Ostflüges (Ausführung?) (II, S. 491, 511)
1942 Friedrich-Wilhelm-Straße 79, Wohnlager für Fremdarbeiter
1942 Friedrich-Wilhelm-Straße 129, Wohnbaracke für Fremdarbeiter
1942 Schwarzer Weg 14, Schuppen
1943 Viktoriastraße 54, Umbau
1944 Albrechtstraße 8, Übernachtungsgebäude auf Holzlager Niemann & Richmann
1944 Schwarzer Weg 14, Schuppen

Moelle, Robert
Am 14.1.1903 in Lörrach/Baden als Sohn des Mindener Architekten Richard Moelle geboren, wurde ebenfalls wie Vater und Großvater Architekt und erhielt seine Ausbildung in Karlsruhe bei Professor Caesar. Er spezialisierte sich auf den Industriebau und die Gartenarchitektur und arbeitete im Büro seines Vaters mit. Aus seiner Ehe mit Lina Möller (geb. 24.3.1903 in Osnabrück) gingen folgende Kinder hervor: 1) Konrad (geb. 4.11.1932), Dr. phil. Geologe, 1983 nach Australien ausgewandert, verheiratet mit Eleonora Bolner (geb. 21.2.1933 in Italien). 2) Stefan (geb. 5.8.1936), technischer Angestellter. 3) Marianne (geb. 31.5.1944 in Hamburg).

1925/1927 Am Alten Weserhafen, Kornhaus Minden
1929 Werftstraße 17, Mindener Lagerhaus (Entwurf im Büro seines Vaters)
1948 Kutenhauser Straße 13, Umbau
1951 Jahnstraße 3 für Kaufmann Carl Friedrich Drake
1951 Jahnstraße 5 für eigene Zwecke
1951 Jahnstraße 7, Kaufmann Friedrich Wilhelm Hermening
1951 Jahnstraße 9, erste Planung
1955 Kaiserstraße 15, Zeitungskiosk
1960 Deichhofpassage, Vordach
1968 Umbau und Aufstockung Simeonglacis 13 b
1969 Simeonglacis 13 b, Umbau

Moelle, Wilhelm
Begründer der bedeutensten Architektenfamilie der Stadt, die inzwischen schon in der fünften Generation das seit 1854 bestehende Büro fortführt (siehe auch MENZEL 1930). Am 26.9.1828 oder 1824 (Grabstein) in Aschersleben bei Magdeburg als jüngstes Kind eines wenig zuvor verstorbenen Lehrers geboren. Wilhelm Moelle starb am 9.11.1916 in hohem Alter in Minden und wurde neben seiner Frau Maria Schade in der erhaltenen Grabstätte auf dem Alten Friedhof beigesetzt. Das Ehepaar wohnte 1854 Bäckerstraße 74 zur Miete bei Kaufmann Stuken, 1855 an der Lindenstraße, 1857 Markt 11 (Hotel Victoria), 1862/1865 Bäckerstraße 35, 1866–1896 Friedrich-Wilhelm-Straße 19 (im eigenen vom ihm erbauten Haus), 1898–1905 Lindenstraße 14, 1906 Friedrich-Wilhelm-Straße 5 und 1907 Laxburgstraße 3.

W. Moelle besuchte von 1842 bis 1846 in Halle/Saale die Frankesche Stiftung. Nachdem er schon früh das Baufach anstrebte, schuf er sich mit einer Feldmesserausbildung die notwendige Voraussetzung hierzu. Nach der Schulung arbeitete er ab 1846 als Eleve in Halberstadt und legte 1848 bei der Regierung in Magdeburg die Prüfung als Feldmesser ab, um sich ab April 1850 als Freiwilliger zu verpflichten. Da inzwischen statt dessen eine einjährige Elevenzeit bei einem geprüften Baumeister Voraussetzung geworden war, trat er eine Stelle beim Bauinspektor Stauderer in Halle an. Ab Oktober 1851 war er bei der Bauakademie in Berlin eingeschrieben. Für sein Bauführerexamen im Juni 1854 reicht er die Bauaufnahme einer romanischen Kirchenruine ein. Unmittelbar danach sandte ihn der Direktor der Bauakademie, der Geh. Baurat Busse, nach Minden, um dort seine Pläne des neuen Gerichts- und Gefängnisgebäudes auszuarbeiten und zu veranschlagen. Verschiedene weitere Aufträge führten zu seiner festen Niederlassung in Minden. Im April 1858 konnte er schließlich das bestehende Baugeschäft des im November 1857 verstorbenen Privatbaumeister Burgheim übernehmen, der seinen Lager- und Arbeitsplatz gegenüber der St. Johannis-Kirche (Marienwall 23) hatte (an der Stelle des späteren Heumagazins und neben dem Landwehrzeughaus). Am 11.7.1858 heiratete Moelle seine langjährige Verlobte und Jugendfreundin Marie Schade (geb. 25.12.1827 in Halberstadt, gest. 26.5.1896). Von den fünf Kindern des Ehepaars Moelle: 1) Theodor Carl Friedrich Wilhelm Moelle (geb. 25.3.1863, gest. 18.8.1863), 2) Johanna (geb. 20.10.1861), die 1900 als Malerin bezeichnet wird, 3) Margarethe (geb. 8.8.1864), 4) Gertrud (geb. 30.5.1866), 5) Richard (geb. 20.5.1868, gest. 5.11.1945) wurde der jüngste Sohn Richard Architekt und führte später die Firma seines Vaters weiter. Dieser war ebenso wie sein Vater neuen Techniken und Bauweisen zugetan und setzte so wesentliche Impulse im Bauwesen und Stadtbild von Minden.

Nachdem Moelle noch 1860 an der Stelle des übernommenen Werkplatzes eine Steinhauerwerkstätte errichtet hatte, verkaufte er 1865 das Grundstück und die Bauten an den Militärfiskus auf Abbruch (Löschung der Versicherung über 460 Thl: KAM, Mi, F 630), da an dieser Stelle durch die Militärverwaltung ein Magazin errichtet werden sollte. Statt dessen erbaute er 1866 auf einem als Ersatz vom Staat erworbenen Grundstück nach eigenem Entwurf ein großes neues Wohnhaus mit anschließenden Werkstattgebäuden und großem *Steinhauerplatz* in der Neustadt an der Friedrich-Wilhelm-Straße 19 (KAM, Mi, F 2478). Hier hatte sein Betrieb den notwendigen Platz, aber auch durch die Lage des Hafens und des Bahnhofes in unmittelbarer Nachbarschaft günstige Transportmöglichkeiten, zumal er viel für den Export arbeitete. Das dort errichtete Wohnhaus hebt sich in der reichen Verwendung von Werksteinarbeiten in der Fassade deutlich von den Nachbargebäuden ab und zeigt in der Verwendung neugotischer Formen deutlich seine Handschrift (ähnlich das Wärterhaus am Denkmal Todtenhausen). Das Haus wurde nach dem Tode seiner Frau 1896 an den Kaufmann R. Gelbke verkauft, worauf er nach zwei Umzügen in das Haus Laxburg 3 zur Familie seines Sohnes zog.

Zunächst bezeichnete sich Moelle 1857 als Bauführer, seit 1858 (mit ministerieller Genehmigung) auch als Bildhauer und Steinhauer. Im Frühjahr 1866 Examen als Privatbaumeister (gemeinschaftlich mit Regierungsbaumeister für Hoch- und Wasserbau). Im Zuge der vom ihm durchgeführten Domrestaurierung wird er spätestens 1865 von der Regierung mit dem Titel »Dombaumeister« ausgestattet, 1903/1906 Architekt und Baumeister genannt, 1908–1910 vereidigter Taxator.

1855 ist er Mitglied im Mindener Musikverein, 1857 Mitglied der Loge »Wittekind zur Westfälischen Pforte« und um 1858 Mitbe-

gründer eines dramatischen Lesevereins in Minden. 1887 war bei ihm Herr Düx als Werkführer beschäftigt. Zunächst lag der Schwerpunkt seiner Arbeiten im Bereich der Planung und Ausführung von Steinhauerarbeiten, insbesondere von Denkmalen und Kirchenrestaurierungen. Nach 1866 verlegte er sich mehr auf die Planung von Bauwerken, wobei er sich weitgehend auf den Kirchenbau beschränkte, während er den Privatbau – von einigen Ausnahmen abgesehen – nach eigenem Bekunden seinem Freunde, dem Bauführer Hoelscher überließ. Er soll allein 18 Kirchen ausgeführt, ferner auch die Steinhauerarbeiten zu den von ihm geplanten Kirchenneubauten ausgeführt haben. Konkurrenzentwürfe sind bekannt für die Friedhofskapelle in Minden, den Dom zu Bremen, die Rembertikirche in Bremen und evangelische Kirchen in Bochum, Bielefeld, Magdeburg, Zürich und Holzhausen bei Melle.

Auffallend ist sein breites Kenntnisinteresse, das sich immer wieder auch in Publikationen niederschlug: neben einer umfassenden Kenntnis moderner Techniken (W. MOELLE, Schwebende Bahn bei Minden, Leipzig 1877) und seiner eigenständigen Meinung über besondere Bauaufgaben (MOELLE 1898) lag sein Interesse insbesondere bei historischen Bauten. So stammen nicht nur verschiedene Bauaufnahmen abzubrechender historischer Bauten (unter anderem 1859 der Kreuzgang des Martini-Stiftes) von ihm, sondern er leitete auch die Restaurierungen des Domes und publizierte danach seine 1875/1878 durchgeführten Untersuchungen an den Maßwerkfenstern des Dom-Langhauses (MOELLE 1881), erstellte 1896 einen veröffentlichten Fundbericht über den Abbruch des Hauses Markt 3 (Weserzeitung/Bremen vom 15. und 17.2.1896) oder äußerte sich zur Baugeschichte der Martini-Kirche und dem geplanten Turmbauprojekt (Minden-Lübbecker Kreisblatt vom 17.3.1906).

1854/1857 Kampstraße 31, Gerichtsgebäude (Entwurf: C. F. Busse), Detailplanung und Bauleitung

1855 Vermessung von Meliorationsarbeiten im Kreise Lübbecke einschließlich Planung von Stauanlagen und Erstellung der Geldheberollen der beteiligten Grundeigentümer

1855/1861 Köln, »Dombrücke« (Eisenbahnbrücke von 1855/1859), Steinhauerarbeiten (Entwurf J.H. Strack/Berlin)

1856 Chausseeplanung Minden–Lahde, Minden–Hille, Minden–Petershagen

1857 Hille-Bergkirchen, Denkmal für den Landrat von Schlotheim (Entwurf und Ausführung)

1859 Minden-Todtenhausen, Denkmal und Wärterhaus, Todtenhauser Straße 66 (Entwurf und Ausführung)

1859 St. Martini, Bauaufnahme der Kirche, Remter und Kreuzgang, wofür er täglich 2 Thl, 10 gr erhält (Planung und Leitung der Restaurierung: Jung) (III, S. 264, 277, 314, 319, 321, 470, 472, 476, Abb. 221–223, 326)

1860 Dom, Sicherung des Chores, Steinmetzarbeiten für Gewölbeneubau (II, S. 374)

1860 Vinckestraße 3, neugotisches Portal der neuen Domkaplanei (Entwurf: Jung) (II, S. 1327, Abb. 842)

1861 Martinikirchhof 1, Neubau der Töchterschule an Stelle des Martiniremters (Ausführung: A. Assmann)

1864/1878 Dom, Außenrestaurierung des Langhauses, Instandsetzung von Strebepfeilern (II, S. 298, 310 f.)

1865 Domkloster, Südflügel, Ankauf von Materialen für die Fortsetzung des Umbaus zu Schule und Krankenhaus (Bauleitung: Hartung; Bauführung: Marx) (II, S. 520)

1865 Alte Kirchstraße 9–15, Plan zum Durchbau

um 1865 Spenge, evangelische Kirche, Projekt zur Erweiterung
vor 1866 Simeonsplatz o. Nr., alter Krankenstall (Zuschreibung) (I.2, S. 763 f., Abb. 506)
1866 Friedrich-Wilhelm-Straße 19, eigenes Wohnhaus und Werkstätten
1866/1867 Großer Domhof, Denkmal für die Gefallenen der Kriege 1864 und 1866, Ausführung (Entwurf: Hermann Ende) (I.2, S. 921 f., Abb. 605)
1867/1868 »Artillerie-Pferdeställe« (Simeonsplatz 8) (I.2, S. 494–497, 757–759, Abb. 317–321, Kat.-Nr. 250–252, 502 f.)
1868 Großer Domhof, Denkmal für die Gefallenen des Krieges 1864/1866
1869 Berlin, National-Siegesdenkmal (nach Jahresbericht HK Minden), Probeaufstellung auf Moelles Werkhof
1869 Friedrich-Wilhelm-Straße 11, Wohnhaus für Maurermeister Franz Lax
1869/1873 Bünde, Kaiser-Wilhelm-Straße 18, evangelische Pauluskirche
1870/1871 Hüllhorst, Alte Straße 3, evangelische Kirche
1871 Kampstraße 33, Pfarrhaus St. Marien, Plan und Werksteinarbeiten (erschlossen), Ausführung: König
1872 Petershagen-Lahde, Projekt für eine evangelische Kirche
1873 Markt 22, Neubau der Ressource (Zuschreibung)
1873/1875 Bünde, St. Laurentius, Renovierung und Umgestaltung
1877–1879 Dom, Außenrestaurierung Langhaus, Instandsetzung Maßwerkfenster (Planung: Rinker 1870, Pietsch ab 1877; Entwurf Neuverglasung: von der Forst 1878–1880) (II, S. 295, 298–300, Abb. 221, 227, 231 f., 238, 241 f.)
1877 Bad Oeynhausen-Volmerdingsen, evangelische Kirche
1879 Weserbrücke, Denkmal 1870/1871, Ausführung
1878 Bestwig-Ramsbeck, evangelische Kirche
1878/1880 Espelkamp-Frotheim, evangelische Kirche
1879–1882 Dom, Instandsetzung Querhaus, Erneuerung Fenstermaßwerk (Planung: Pietsch ab 1878, Haupt 1880–1882; Verglasung: Lübeck 1881–1882) (II, S. 218, 221, Abb. 177)
1879 Marienstraße 13, Villa für Dr. L. Steinmeier (Leitung: Architekt Wihler?, Ausführung: Baugeschäft Sipp?)
1879 Weserstraße, Ausführung des Denkmals für den Krieg 1870/1871 (Entwürfe: P. Tornow) (vom Denkmal nur Reste erhalten, in der ehemaligen Kapelle des alten Friedhofs) (I.2, S. 925–928, Abb. 607)
1879 Marienwall 10/12, evangelisches Vereinshaus
1879 Espelkamp-Frotheim, evangelisches Pfarrhaus (Ausführung: Hunke/Lübbecke)
1879/1880 Immanuelstraße 2, Neubau Gymnasium, Sandsteinarbeiten
1880 Brückenkopf 2, Wohnhaus Köhler (Ausführung: Maurermeister Pook)
1880 Bünde, Eschstraße 43, Wohnhaus für den Zigarrenfabrikanten Steinmeister
1880 Elberfeld, Wohnhaus Dr. Nagel
1881 Dom, Langhaus, Druck der Zeichnungen von Fenstermaßwerken (II, S. 295)
1881 St. Marien, Bauaufnahme (III, S. 57 f.)
1881–1891 St. Marien, Leitung Restaurierung (III, S. 71–78, 80, 84, 91, 96, 122–124, 224, 226)
1881/1882 St. Marien, Entwurf einer neuen Empore (III, S. 71, 74)
1882 St. Marien, Entwurf zum Umbau des Inneren (Revision: Königl. Bauinspektor R. Menderichs) (III, S. 57, Abb. 48)
1883 St. Marien, Zustandsbericht (Revision: Eitner/Minden und Adler/Berlin) (III, S. 76)

1883	St. Marien, Planung eines Längssatteldaches (III, S. 123)
1885	Alte Kirchstraße 13, Umbau für Zigarrenfabrik C. Schwake (IV, Abb. 29)
1886	Dom, Kostenanschlag zur Wiederaufstellung des barocken Hochaltars (II, S. 604)
1886	Minden, Grabdenkmal für den Regierungs- und Schulrat Theodor Voigt (1836–1886), (Leitung Werkmeister Dux)
1887	Minderheide, Friedhof, Planungen für das Friedhofskreuz (St. Marien, Archiv, Q 2)
1891	St. Marien, Gutachten gegen Instandsetzungsplan von Kersten (III, S. 78)
1892	Porta Westfalica, Wettbewerbsentwurf für ein Kaiserdenkmal in der Porta
1897	Herford, Stiftbergstraße, St. Marien, Ansicht von Südosten. Tuschzeichnung (SCHREIBER 1969, S. 215)
1897	Domkloster, Planung und Leitung des Kanalanschlusses (II, S. 490, 522)
1899	Dom, Sicherung des Chores, Zeichnungen zu den Unterfangungen (Planung: Grahmann, Paetz) (II, S. 368)
1900	Dom, Sicherung des Chores, Fenstermaßwerke und Chortreppe (II, S. 377)
1900	Goebenstraße 4, Bezirkskommando, Steinhauerarbeiten
1901	Dom, Querhaus, Instandsetzungplanung zum Nordportal (II, Abb. 164, 170)
1901	Dom, Zeichnung des Südportals (II, S. 295)
1902	Mitarbeiter bei der Erstellung von LUDORFF 1902.
1906	Neuplatz, Konzepte für die evangelische Lutherkirche

Hahler Straße, Wohnhaus
Wohnhaus Ecke Pulverstraße
Alsen, Denkmal auf der Insel
Borgholzhausen, Umbau der Kirche
Bremen, Steinhauerarbeiten für mehrere Privathäuser
Bremen, Steinhauerarbeiten für mehrere Kirchen
Dielingen, Umbau der Kirche
Düppeler Schanzen, Denkmal
Köln, Steinhauerarbeiten für den Dom
Köln, Steinhauerarbeiten für das Rathaus
Köln, Steinhauerarbeiten für das Haus des Künstlervereins
Königsberg, Steinhauerarbeiten für das Gebäude der Universität
Königsberg, Steinhauerarbeiten für den Neubau der Börse
Königsberg, Denkmal vor der Universität
Lübbecke, Denkmal

Moelle, Wolfgang
Bautechniker und Architekt (geb. 23. 1. 1913, gest. 18. 4. 1968), jüngster Sohn des Architekten Richard Moelle. Aus seiner Ehe mit Anneliese Wagner (geb. 4. 11. 1919 Kassel) gingen drei Kinder hervor: 1) Klaus, wurde Architekt (siehe weiter oben); 2) Renate (geb. 14. 9. 1941) und 3) Wolfgang (geb. 3. 11. 1950), der nach dem frühen Tode seines Vaters später das Büro in der vierten Generation weiterführte. Während seiner Ausbildung arbeitete er 1937 in dem Büro des Architekten Schmied in Kassel. Die Familie wohnte in dem Haus Laxburgstraße 3, in dem sich auch das schon vom Großvater gegründete und inzwischen Richard Moelle & Sohn genannte Architektenbüro befand. Dieses seit 1945 ganz von seinem Vater übernommen und bis zu seinem frühen Tode weitergeführt.

1939	Karlstraße 29, Einbau einer Zwischendecke im Kornlager
1945	Salierstraße, Umbau Pulverschuppen zur Notwohnung für Strucke
1946	Greisenbruchstraße 19, Dachausbau
1948	Alte Kirchstraße 15, Umbauten
1948	Bäckerstraße 58, Aufstockung (Ausführung: Sierig)

1948/1949 Kuckuckstraße 25, Erweiterung der Fabrik
1948/1949 Windmühlenstraße 20, Wohnhaus für Bruno Schmidt
1949 Simeonstraße 36, Umbau Erdgeschoß
1950 Lübbecker Straße 2, Verkaufspavillion (nicht ausgeführt)
1950 Manteuffelstraße 1 für Dr. Ladewig
1951/1955 Markt 1, Bauleitung Wiederaufbau Rathaus (Planung: Prof. March)
1950 Viktoriastraße 10, Verkaufspavillon für Walter Held
1950 Simeonglacis 15 a für Bäckermeister Alfred Schramm
1951 Königstraße 67, Garagen- und Tankstellengebäude
1951 Kuhlenstraße 5 für B. vor dem Esche
1951 Lübbecker Straße 2, Anbau
1951 Schwarzer Weg 14, Kraftwagenhalle mit Wohnung für Julius Lax
1951 Windmühlenstraße 3, Vierfamilienhaus für Glashütte (Ausführung: Mülmstedt & Rodenberg)
1952 Friedrich-Wilhelm-Straße 100, Fabrikgebäude für Dr. Ing. Hans Mosel
1952 Kuckuckstraße 43 für Karl Hartung
1952 Memelstraße 3 für den Fabrikanten Karl Rust
1952 Uferstraße 3, Garagen
1953 Am Bahnhof Minden-Stadt 2, Wohn- und Geschäftshaus für Großhandel Müller
1953 Neuplatz 1, Gemeindehaus für die St. Marien-Kirchengemeinde
1953 Kaiserstraße 25, Verkaufspavillon
1953 Viktoriastraße 34, Anbau
1954 Ulmenstraße 14, Gartenhaus für Kaufmann Kurt Benker
1955 Fuldastraße 4, Bürogebäude
1955 Goebenstraße 34 für Erwin Wege
1955 Kurfürstenstraße 2, Umbau
1955 Viktoriastraße 56, Umbau
1956 Alte Kirchstraße 15, Bestandspläne
1956 Friedrich-Wilhelm-Straße 89, Hallenneubau für Firma Ronicke & Söhne
1957 Friedrich-Wilhelm-Straße 141, Kunstwollfabrik Noll, Büroanbau
1957 Goebenstraße 32, Wohn- und Geschäftshaus für Hans Westgen
1957 Lübbecker Straße 2 a für Fritz Pfannenschmiedt
1960 Goebenstraße 32, Garage
1961 Windmühlenstraße 20, Büro für Spedition Schmidt
1961 Alte Kirchstraße 9–15, Bestandspläne
1962 Schwarzer Weg 22, Herberge zur Heimat für Synodalverband
1964 Friedrich-Wilhelm-Straße 28, Wohnhaus der Tankstelle für Hermann Knoop
1964 Simeonglacis 15 a, Anbau
1965 Goebenstraße 32, Anbau
1967 Am Brühl 8, Erweiterung des Hauses
1967 Kutenhauser Straße 39, Kindergarten für die St. Marien-Kirchengemeinde
1968 Kuhlenstraße 11, Tagesbildungsstätte und Kindergarten für den Synodalverband der Inneren Mission

Moelle, Wolfgang
Als Sohn des Architekten Wolfgang Moelle am 3.11.1950 geboren, heiratete 1980 Dagmar Carla Kloppenburg. Bau- Ingenieur, der 1968 das Büro seines Vaters, Groß- und Urgroßvaters übernahm. Später (vor 1975) betreibt er das Büro zusammen mit dem Partner Thiele.

1971 Sedanstraße 18 (Pläne von K. Falke überarbeitet)
1974/1976 Bremerhaven, Schulzentrum Bürgerpark (zusammen mit der Mindener Gruppe Fromlowitz, Lax und Korth)
1975 Am Brühl 13 für Ehepaar Witt
1976 Wilhelmstraße 2, Anbau
1977 Jahnstraße 1, Anbau
1977 Wallfahrtsteich 20
1981 Ritterstraße 19, Umbau des Kindergartens

1983 Ritterstraße 30/32 für Wohnhaus Minden GmbH
1984 Stiftsallee 53 für Spar- und Darlehnskasse Minden
1989/1990 Ritterstraße 7, Sanierung
1990 Johanniskirchhof 2, Sanierung
1992 Melittastraße 16, Umbau und Erweiterung
1995 Friedrich-Wilhelm-Straße 5

Möller, E. (auch Moeller)
Architekt. Bei der Eisenbahndirektion Hannover tätig und mit den Hochbauten im Zuge des viergleisigen Ausbaus der Strecke Minden–Löhne betraut.
1910 Bahnhof, Planung für den Umbau des Bahnhofplatzes
1913 Porta Westfalica, Neubau Bahnhof Porta
1913 Bad Oeynhausen, Neubau Bahnhof Bad Oeynhausen-Nord
1913 Löhne, Neubau Bahnhof Löhne

Möller
Zimmermeister.
1565 Petershagen, Pfarrkirche aus Fachwerk

Möller, Heinrich
Oberbausekretär (1927/1929) beim städtischen Hochbauamt, wohnte 1929 Bäckerstraße 21.

Möller, Johann Nicolaus
1780 Zimmermeister; 1784 Stadtzimmermeister.
1779 Deichhof, Zehntscheune des Domkapitels, Taxation
1779 Vinckestraße 1, Kurienhof, Kostenanschlag zur Reparatur der Scheunen (II, S. 1312)
1781 Großer Domhof zwischen 9 und 10, Torhaus mit Hieronymuskapelle, Kostenanschlag für Tor (II, S. 1287)
1782 Bäckerstraße 39, Umbau des Hauses und Erweiterung des Hinterhauses für Kaufmann Davis Harten
1782 Weingarten 44, Erweiterung
1783 Oberstraße, Haus Nr. 768, Gutachten über Zustand
1784 Alte Kirchstraße 29, Bauplan und Errichtung (IV, Abb. 70)
1784 Bleichstraße, Aushebung des Kanals vom Königsborn bis zur Stadtmauer
1785 Marienstraße 3 alt, Projekt für einen Neubau (IV, Abb. 855)
1785 Vinckestraße 3, Vikarie, Kostenanschlag zur Reparatur (II, S. 1323)
1784 Domstraße 14, größeres Kameriat Nr. 147 O, Kostenanschlag zur Dacherneuerung (II, S. 1470)
1794 Steinweg, Haus Nr. 845, Gutachten über Zustand
1784 Ortstraße 10, Gutachten über Zustand
1785 Marienstraße 3 alt, Plan für Neubau
1787 Viktoriastraße 18, Gut Masch, Kostenanschlag zur Reparatur des Hirtenhauses
1788 Vinckestraße 5, Rektoratshaus, Kostenanschlag zur Reparatur (zusammen mit Meining) (II, S. 1333)
1790 Deichhof 13, Kostenanschlag
1791 Greisenbruchstraße 30, Kostenanschlag für Umbau
1791 Lindenstraße 42, Reparaturen an der städtischen Priggenhäger Mühle
1791 Gut Wedigenstein, Umsetzung eines Wirtschaftsgebäudes (LINNEMEIER 1995)
1793 Brüderstraße 18, Renovierung

Möller, Friedrich
Zimmermeister in Evensen.
1892 Viktoriastraße 43 für Schuhmachermeister Wilhelm Kuhlmann
1893 Viktoriastraße 43, Hinterhaus, für Schuhmachermeister Wilhelm Kuhlmann

1899 Dankerser Straße 31 für Schaffner Ernst Hitzemann
1899 Feldstraße 13 für Lokheizer Heinrich Engelking
1899 Viktoriastraße 45 für Bahnsteigschaffner Friedhelm Hohmeyer
1899 Viktoriastraße 47, Umbau und Erweiterung für Weichensteller Wilhelm Hohmeier

Möller, Friedrich
Bautechniker in Essen.
1911 Feldstraße 22 für Postschaffner Heinrich Kollmeier

Möller, Heinz-Friedrich
Bau-Ingenieur BDB, Architekt in Minden, 1949/1955 Hahler Straße 51. Sohn ist der Dipl.-Ingenieur Heinz-Ulrich Möller.
1949 Kleiner Domhof 2, Wiederaufbauplanung
1949 Roonstraße 22 für Studienrat Fr. Wallmeyer
1950 Besselstraße 28, Wiederaufbau (nicht ausgeführt)
1950 Dankerser Straße 56, Werkstatt für Tischler Hermann Kreinberg
1950 Hohnstraße 31, Erneuerung der Stützmauer
1950 Steinstraße 37 für Dr. Ernst Leiste
1950 Viktoriastraße 50 für Karl Pieper (Ausführung: H. von Behren)
1950 Viktoriastraße 50, Werkstattgebäude für Karl Pieper
1951 Cecilienstraße 16 für den Fabrikanten E. Drabert
1951 Marienwall 14, Werkshalle für Clausing & Co.
1953 Kuckuckstraße 25, Büroanbau an die Bettenfabrik Stucke & Co.
1954 Kaiserstraße 11, Umbau
1954 Prinzenstraße 2, Umbauten
1955 Brückenkopf 8 a für Rechtsanwalt Norbert Hering
1955 Hahler Straße 55, Umbauten am eigenen Haus
1956/1957 Manteuffelstraße 11 für Wilhelm Schnelle (Ausführung: C.W. Homann)
1958 Kaiserstraße 11, Umbau
1962 Kaiserstraße 11, Anbau
1962 Königstraße 117, Umbau

Möller, Heinz
Architekt in Stadthagen-Niederwöhren.
1971 Steinstraße 8 a für Eheleute Tielke

Möller, Heinz-Ulrich
Dipl.-Ingenieur in Minden, Sohn des Architekten Heinz-Friedrich Möller
1984 Hahler Straße 51, Modernisierung des eigenen Hauses
1989 Greisenbruchstraße 12, Sanierung
1990 Weserstraße 17, Umbau
1998/1999 Simeonscarré, Kammergebäude, Sanierung und technische Modernisierung (Ausführung: Bauteam Projektentwicklung GmbH) (I.2, S. 755)

Möller & Co., Heinrich
Maschinenfabrik, Kesselschmiede und Eisengießerei in Bielefeld-Brackwede (Kupferhammer). Gegründet 1864. Als Besitzer werden zunächst K. und Theodor Möller geführt, später Heinrich Möller.
1881 Brückenkopf 3, Dampfkessel für die Seifenfabrik Siekmann
1883 Kuckuckstraße 18/20, Kessel Nr. 479 für Zündschnurfabrik Brücker & Zetschzsche
1907 Karlstraße 12, Kessel Nr. 3074 (von 1899) für Walzwerk Hoppe & Homann
1909 Karlstraße 12, Kessel Nr. 4856 für Walzwerk Hoppe & Homann
1916 Karlstraße 12, Kessel Nr. 5700 für Walzwerk Hoppe & Homann
1916 Karlstraße 42/44, Schornstein für Fabrik Stockmeyer

Möller-Porta, Hans fälschlich auch **Müller-Porta**

Er wurde 1908 in Hausberge an der Porta geboren. Nach dem Besuch der Bessel Oberrealschule in Minden vermittelt Dr. Bruno Lange vom Bertram-Bund ihm eine Bildhauerlehre. Anschließend besucht er die Werkkunstschule Bielefeld. Es folgen Ausstellungen u. a. im Folkwang-Museum Essen und dem Paula-Modersohn-Becker-Haus Bremen. 1940 wurde er Soldat und geriet in russische Kriegsgefangenschaft. Nach seiner 1949 erfolgten Rückkehr nach Minden schloß er sich der Künstlergruppe der Gorgonen an. 1962 erlag Hans Möller-Porta seinem aus Rußland mitgebrachten Leiden. 1968 fand eine »Hans Möller-Porta Gedächtnisausstellung« des Kunstvereins Minden im Mindener Museum statt.

1953   Weserglacis, Neufassung Denkmal des Hannoverschen Pionier-Bataillons No 10 für die Gefallenen von 1914–1918 (I.2, S. 947, Abb. 618)

Mönning
Oberbaurat.
1950   Porta Westfalica, Entwürfe für den Weserbrückenneubau an der Porta (MT vom 16. 12. 1950)

Mohr, Carl
Architekt in Berlin.
1950/1951   Friedrichstraße, Klinikum 1, Planung eines Erweiterungsbaus für 800 000 DM (MT vom 2. 3. 1951)

Mohrien, Heinrich
Glasermeister, wohnte 1851 in Priggenhagen 1, 1880 Obermarktstraße 6. Mohrien (geb. 1. 6. 1820) war mit Sophie (geb. 26. 7. 1825) verheiratet. Im Haushalt lebten auch der Sohn und Glasergehilfe Robert Mohrien (geb. 14. 11. 1853) und der Glaserlehrling Fritz Hermeking (geb. 16. 9. 1869 Berlin).
ab 1855   Großer Domhof 1–2, Reparatur am Regierungsgebäude (II, S. 1200)

Hans Möller-Porta, 1953

Mohrien, Robert
Glaser, betreibt seine Glaserei 1895 im Haus Obermarktstraße 6.

Mohrien (auch Morrien), Friedrich August
Maler, wohnte 1873/1878 Hahler Straße 2, ab 1878 Königswall 73.
1863   Großer Domhof 3, Kurienhof, Außenanstrich (Neuverputz: Maurer Baumgarten) (II, S. 1207)
1864–1865 Dom, Innenrestaurierung des Chores, Entwurf und Ausführung der Innenraumfassung (Farbgebung: Stüler 1864) (Ausführung zusammen mit Büchtermann) (II, S. 457)
1865   Kampstraße 10, Synagoge, Ausmalung
1865   Markt 1, Rathaus, Ausmalung des Ratssaales als seine Meisterarbeit

1867   Vinckestraße 3, Domkaplanei, Reparatur (zusammen mit anderen) (II, S. 1328)

1868/1873 Großer Domhof 1–2, Innenausmalung des Regierungsgebäudes (II, S. 1200)

um 1878/1879 Großer Domhof 10, Präsidialkurie, Modernisierung (zusammen mit anderen) (Bauführer: Hölscher) (II, S. 1295)

Monjé, Friedrich Johann

Reg.- u. Baurat (geb. 26.5.1802 Wesel). Am 22.1.1822 als Feldmesser vereidigt, danach 1822 Regierungskonducteur und Geometer in Wesel. 1829 erfolglose Bewerbung um die Stelle des Kreisbaukonducteurs in Elberfeld, danach 1829–1837 Bauinspektor in Arnsberg (Straßenbau), Mai 1837 bis 29.12.1847 Wegebaumeister in Dortmund, von August 1845 bis Ende 1846 als Vertretung der vakanten Baumeisterstelle in Bochum; ab 1848 in Saarbrücken. Dort 1849 Beförderung zum Landbauinspektor (ZINN 1968, S. 168). 1856 in Trier und Beförderung zum Oberbauinspektor. Von 1.3.1856 bis 1861 Oberbauinspektor in Münster (Nachfolge von Goecker). 1857 Beförderung zum Baurat. Am 26.4.1861 als Regierungs- und Baurat (II. Stelle als Wasser- und Wegebau) nach Minden versetzt. Dort zum 23.4.1861 statt Kawerau als Mitglied des Kuratoriums des königlichen Bades Oeynhausen bestellt. Ab Januar 1870 wegen Krankheit nicht mehr arbeitsfähig und die Stelle kommissarisch durch Heldberg verwaltet. Am 1.4.1871 Ernennung zum geh. Regierungsrat und in den Ruhestand versetzt (nach STA DT, M 1, I M, pr. Per. II, Nr. 112–114).

Monjé wohnte 1862 Marienstraße 8 und starb dort vor 1873. Die Witwe Auguste M. verzog später auf die Bäckerstraße 71 zu ihrem Sohn, dem Ökonomen Gustav Monjé.

Moritz, Carl

Architekt in Köln (geb. 27.4.1863 Berlin, gest. 23.8.1944 Berg/Starnberger See). Nach Studium an der TH Charlottenburg zunächst beim Ministerium für öffentliche Arbeiten in Berlin, dort 1893 Regierungsbaumeister. 1894/1895 selbständiger Architekt in Berlin, dann 1896/1898 Stadtbauinspektor in Köln. Von 1898 bis 1934 selbständiger Architekt mit großen Büros in Köln und Düsseldorf mit verschiedenen Partnern. Das Büro Moritz, Betten & Stahl BDA, Köln, Gewerbehaus plante zahlreiche Großbauten und Theaterbauten in ganz Deutschland (siehe dazu HAGSPIEL 1996, S. 892–895 und HAGSPIEL 1998, S. 58–65).

1893   Bielefeld, Johannisberg, II. Preis, Wettbewerb neues Schützenhaus

1898/1899 Köln, Habsburger Ring, Opernhaus

1901/1902 Dortmund, Stadttheater, Teilnahme am beschränkten Wettbewerb (Ausführung: Martin Dülfer)

1904   Bochum-Langendreer, Kirche

1904/1905 Warburg, Milchgastwirtschaft

1904/1908 Warburg, Landfurtweg 45, katholisches Fürsorgeheim »Damianeum« für Erziehungsverein Paderborn

1904/1908 Münster, Kloster und Klosterkirche zum Guten Hirten

1905   Rosental 3, Projekt zum Umbau des Saals zum Stadttheater

1905   Tonhallenstraße 3, Entwurf Stadttheater (Detailzeichnungen durch seinen Mitarbeiter, Architekt Pipping)

1905   Bielefeld, August-Bebel-Straße 213, Reithalle für Bankdirektor K. Osthoff

1906/1907 Siegburg, Wilhelmstraße, Kreishaus und Wohnhaus des Landrates

1907   Iserlohn, Geschäftsstelle des Barmer Bankvereins

1907   Warburg, Kreishaus

1907   Iserlohn, Poth 2, Bankgebäude

1908   Bielefeld, Geschäftsstelle des Barmer Bankvereins

1908 Dortmund, Geschäftsstelle des Barmer Bankvereins
1908 Menden, Krankenhaus
1909 Bielefeld, Haus Kommerzienrat Osthoff
1909 Gütersloh, Geschäftsstelle der Rheinisch-westfälischen Diskontgesellschaft (Dresdner Bank)
1909 Lippstadt, Geschäftsstelle der Rheinisch-westfälischen Diskontgesellschaft
1909 Soest, Geschäftsstelle des Barmer Bankvereins
1909 Bad Neuenahr, Felix-Rütten-Straße 3, Wohnhaus für den Direktor der Bäder-Gesellschaft F. Rütten
1909 Olpe, Villa Dr. Junker
1909/1910 Bielefeld, Kirche
1910 Menden, Kreditbank
1910 Wetter, Kaiserstraße 78, Geschäftsstelle Westdeutscher Bankverein (Sparkassengebäude)
1910 Stralsund, Stadttheater
1912 Menden, Warenhaus Reifenberg
1913 Gelsenkirchen-Buer-Scholven, Kirche und Pfarrhaus
1913 Hagen, Geschäftsstelle der Rheinisch-westfälischen Diskontgesellschaft
1913 Iserlohn, Landhaus Kommerzienrat Fleitmann
1913 Menden, Rathaus
1913 Rheine, Kaiserallee19/Hörstkamp, Villa für den Fabrikanten Wilhelm Jackson
1913/1914 Bad Neuenahr, Kurhotel
1913/1916 Stralsund, Olaf-Palme-Platz 6, Stadttheater
1914 Menden, Hotel Schröder
1914 Menden, Landhaus J. Schmöle
1914 Menden, Landhaus K. Schmöle
1914 Rheine, Landhaus Jackson
1914 Werl, Konvikt
1915 Bochum, Stadttheater
1918 Bünde, Eschstraße 39 a, neue Fassade und Umbau für Barmer Bankverein
1920 Altena, Geschäftsstelle des Barmer Bankvereins
1920 Bochum-Wattenscheid, Stadtkasse
1923 Bochum, Geschäftsstelle des Barmer Bankvereins
1923 Hamm, Geschäftsstelle des Barmer Bankvereins
1923 Hamm, Finanzamt
1928/1930 Münster, Bohlweg, St. Erpho-Kirche

Firma Heine **Moritz**
in Bremen.
1788 St. Martini, Lieferung von englischem Blei für die Dachdeckung (III, S. 324)

Mormann, Georg
Bildhauer in Wiedenbrück.
1880er Dom, Joseph mit Jesusknabe (II, S. 816)
um 1884 Dom, Wiederaufbau und Ergänzung des barocken Hochaltars (II, S. 603–607, 608)
1887 Dom, Restaurierung der Emerentia-Gruppe (vermutet) (II, S. 798)
1888/1899–1904 Dom, Teilrestaurierung und Ergänzung des Marienkrönungsaltars (zusammen mit Georg Goldkuhle und Zimmermeister Scheidemann) (II, S. 586–593, 595)
1890/1891 Dom, verkleinerte Replik des Marienkrönungsaltars (mit Georg Goldkuhle/Wiedenbrück) (II, S. 601)
1890–1902 Dom, Teilrestaurierung des Matthiasaltars (zusammen mit Goldkuhle//Wiedenbrück) (Leitung: Baurat Engelmeier) (II, S. 649)
1892 Dom, Kostenanschlag zur Restaurierung des Heilig-Geist-Altars (Stifteraltar von Schorlemer), des Kreuzaltars (Stifteraltar von Vincke) und des Sakramentsaltars (Stifteraltar von Nagel) (II, S. 631, 638, 672)

1907 Dom, hl. Antonius mit Jesuskind und hl. Bonifatius (Fassung: Goldkuhle/Wiedenbrück; Lieferung und Anbringung: Altarbauer Schweppenstedde/Wiedenbrück) (II, S. 816)
1908 Domkloster, Entwurf einer Totenleuchte (Ausführung: Bildhauer Chr. Tüting/Minden) (II, S. 558)
1910 Dom, Arbeiten am Taufstein (II, S. 725, 727), Kopie einer Verkündigungsgruppe (Farbfassung: Peter Jansen/Kevelaer) (II, S. 783)

Mügge, Hans-Hermann
Architekt in Bad Oeynhausen.
1958 Petersilienstraße 17 für Günter Mügge
1959 Bleekstraße 7 für Robert Twesmann
1963 Sedanstraße 25 für Alfred Meyer
1970 Bäckerstraße 16, Erweiterung

Mühldorfer, J.
Atelier für Theatermalerei und Bühnenbau.
1908 Tonhallenstraße 3, Stadttheater, Bühnenausstattung

Müller
1784 Stadtzimmermeister in Minden (KAM, Mi, C 156,12alt).
1808 Tränkestraße 1, Gutachten über den Bauzustand

Müller
Pflasterer.
1785 Tränke, Erneuerung des Pflasters (zusammen mit dem Pflasterer Becker)

Müller
Vermesser unter der Leitung des Katastergeometers Hüser bei der Urkatasteraufnahme der Stadtflur Minden 1828/1830.

Müller
Schlossermeister.
1804 St. Martini, Reparatur des Schlosses am Aufgang zum Magistratstuhl (III, S. 371)
1815 Kaserne am Paradeplatz, Aufstellen und Reparatur von 195 Bettgestellen und Fensterreparaturen (zusammen mit Schreiner Daake, Glaser LeDoux und Köhler) (I.2, S. 356)

Müller
Schlossermeister, wohnte 1851 Ritterstraße 29.
1835/1837 Markt 1, Rathaus, neues Werk der Uhr

Müller
Uhrmachermeister.
1861 Dom, Reparatur der Uhr (II, S. 860)
1880 Dom, Reparatur der Turmuhr (Abnahme: Uhrmacher Hillermann) (II, S. 860)

Müller
Tischlermeister, wohnte 1851 Oberstraße 66 (hier auch der Tischlermeister Sander).

Müller, B.
Tischlermeister.
vor 1801 Großer Domhof 10–11, Kurienhöfe, Reparatur (zusammen mit anderen) (II, S. 1292, 1301)
1833–1834 Dom, Umgestaltung des Inneren, Anfertigung von Türen (II, S. 392)
1833–1834 Dom, Versetzen und Reparatur der Taufe (II, S. 724)
1833–1834 Dom, Reparatur von Kommunionbank und Reliquienschrank (II, S. 743, 748)
1833–1834 Dom, Bestuhlung und Beichtstühle (II, S. 751)
1833–1834 Dom, Arbeiten in der Uhrkammer (II, S. 860)
1833–1834 Dom, Arbeiten an Kronleuchtern (II, S. 863)

Müller, Carl
Bauunternehmer, Betrieb 1939 Rodenbeckerstraße 98.

Müller, Ferdinand
Klempnermeister in Minden.
1847 Großer Domhof 1, neues Regierungsgebäude (II, S. 1198)
1855 Großer Domhof 3, Kurienhof, Reparatur der Dachrinnen (II, S. 1207)
1860 Vinckestraße 3, Domkaplanei (zusammen mit anderen) (Plan: Jung) (II, S. 1327)

Müller, Franz
Maurermeister, geb. um 1788. Besaß 1832/1853 das Haus Oberstraße 4.

Müller, Fr.
Architekt in Stuttgart.
1904 Marienstraße 134/136, Nordfriedhof, prämierter Wettbewerbsentwurf für die Kapelle

Müller, Friedrich Gottlieb
Geb. 1816, gest. 1908. Maler, Zeichner und Lithograph in Verden/Aller.
1850 Ansicht der Stadt Minden von Nordosten (I, Abb. 30)
1850 Befestigungsanlagen unterhalb der Weserbrücke, aquarellierte Federzeichnung (I.2, S. 312, Abb. 172)
1856/1857 Ansicht der Stadt Minden von Nordosten (I, Abb. 38)
um 1880 Ansicht der Stadt Minden von Nordosten (I, Abb. 40)

Müller, Hans-Joachim
Architekt in Minden.
1962 Königstraße 125, Umbau

Müller, Hans-Jürgen
Architekt in Berlin.
1968 Bäckerstraße 20 für Woll-Laube/Berlin

Müller, Hermann
Drechslermeister. Betrieb spätestens seit 1895 eine Drechslerei im Haus Hohnstraße 24.

Müller, Heinrich
Drechslermeister (geb. 10. 3. 1866, gest. 16. 1. 1954), Sohn des Drechslermeisters Hermann Müller, wohnte 1919 Hohnstraße 24, betrieb dort 1933 ein Ladenlokal (Schirme, Stöcke, Pfeifen) und baute sich 1933 das Wohnhaus Cecilienstraße 6. Lebte später Königstraße 3–5, seit 1952 Bäckerstraße 14.

Müller, Heinrich
Zimmermeister. Übernahm um 1932 den Baubetrieb von Wilhelm Plöger (bislang am Fischerglacis 21) und baute dann ab 1935 auf einem großen Gelände an der Brühlstraße 11/13 einen bis 1954 dort bestehenden neuen Zimmereibetrieb mit verschiedenen Abbundhallen auf. 1946 wird als Spezialität der Firma der Holz- und Barackenbau angegeben.
1935 Brühlstraße 11–13, Werkstattgebäude
1940 Brühlstraße 11–13, Abbundhalle
1946 Kampstraße 30, Wiederaufbau Lagerhaus Ronike
1949 Brühlstraße 11–13, Abbundhalle
1950 Dorotheenstraße 12, Holzhaus für Postarbeiter Wilhelm Vehlewald
1953/1954 Pulverstraße 1, Ladeneinbau und Dachausbau (Bauleitung) (II, S. 1344)

Müller, Horst
Architekt in Minden, seit etwa 1970 in Bürogemeinschaft mit Wolfgang Janitz (siehe auch dort). Müller (geb. 16. 4. 1936 Emsdetten) kam 1965 aus Pforzheim nach Minden und lebte mit seiner Ehefrau Doris Grelewicz (geb. 30. 1. 1939) und zwei Töchtern Neutorstraße 7, später Karolingerring 32.
1953 Gartenstraße 10 für Rechtsanwalt Walter Watermann
1965 Jagdweg 12 für Hans-Werner Schaper
1969 Königstraße 66 a, Umbau

1978   Obermarktstraße 19, Umbau und Erweiterung

Müller, Jobst (Justus) Henrich Wilhelm
Orgelbauer. Geboren am 19.9.1764 in Wittmund/Osfriesland. Seit 1793 in Minden ansässig, heiratete 1794 Christine Charlotte Luise Ulcken. Wohnen 1801/1806 Ritterstraße 6. Arbeitet an den Orgeln der Lübbecker Stadtkirche und der Kirche in Hausberge, beides 1798. 1798/1790 in Lerbeck nachgewiesen, 1801 Reparatur der Herforder Jacobiorgel (siehe BRANDHORST 1991 a, S. 283 f.).

1793   St. Simeon, Reparatur der Orgel (III, S. 744)
1793   St. Martini, Reparatur der Orgel (Überprüfung 1794: Hofkapellmeister Johann Christoph Friedrich Bach/Bückeburg) (III, S. 384)
1798   Lübbecke, Reparatur der Orgel in der Stadtkirche
1798   Porta Westfalica-Hausberge, Reparatur der Orgel
1799   Porta Westfalica-Lerbeck, Reparatur der Orgel
1801   St. Martini, Wartungsvertrag für die Orgel (III, S. 384)
1801   Herford, St. Jacobi, Auftrag zur Reparatur der Orgel
1812   Ritterstraße 7, reformierte Petri-Kirche, Neubau einer Orgel

Müller, J.
Bauführer.
ab 1877 Dom, Bauführung bei Restaurierungsmaßnahmen (II, S. 299)

Müller, J. H.
Architekt in Hannover, Blumenstraße 3.
1927   Steinstraße 20 b für Telegrafendirektor L. Bock von Wülfingen (Ausführung: Sipp)

Müller, Kurt
Architekt in Minden
1977   Königstraße 43, Umbau und Sanierung
1977   Simeonglacis 19, Anbau

Müller, Max
Zimmermeister, später Baugewerksmeister.
1889   Bleichstraße 10, Anbau am Wohnhaus
1889   Königstraße 67, Lagerschuppen für Kaufmann Schröder
1889   Königstraße 74 für Kaufmann August Bracke (Plan: C. Schnabelrauch)
1889   Königstraße 131, Umbau des Hinterhauses
1890   Marienstraße 41, Umbauten
1890   Scharnstraße 15, Umbau
1892   Friedrich-Wilhelm-Straße 123, Stallgebäude
1895   Königstraße 15, Umbau (Pläne und Maurerarbeiten: Schmidt & Langen)
1898   Friedrich-Wilhelm-Straße 113, Anbau im Auftrage der Fima Gebr. Busch
1899   Steinstraße 17, Verandavorbau
1900   Immanuelstraße 5, Wirtschaftsgebäude
1902   Hermannstraße 46 Holzlagerschuppen für Kaufmann Heinrich Schroeder
1902   Königstraße 69, Anbau
1904   Fischerallee 11, Wohn- und Lagerbauten für Petroleumhandel Schäferbartholdt & Fleischer
1904   Hermannstraße 46, drei Holzlagerschuppen für Kaufmann Heinrich Schroeder
1905   Friedrich-Wilhelm-Straße 141, Kunstwollfabrik Noll, Hofüberdachung und Schuppen
1906   Fischerallee 11, Lagerhaus für Petroleumhandel Schäferbartholdt & Fleischer
1907   Fischerallee 11, Anbau am Pferdestall
1914   Dorotheenstraße 5, Lager und Hofmeisterhaus für Richard Fleischer
1914   Dorotheenstraße 5, Wohnhaus für Richard Fleischer (nicht ausgeführt)
1915   Stiftstraße 23, Wiederaufbau der Remise

Müller, Paul
Maurermeister und Bauunternehmer (geb. 14.5.1859 Groß Glogau, gest. 26.6.1924), nannte sich auch Architekt, wohnte 1895 Hahler Straße 10 und ist zusammen mit dem Bauunternehmer G. Ed. König und dem Kaufmann Sieveke Mitinhaber der 1895 eingerichteten Dampfziegelei Nordholz; zunächst Müller & Comp. (siehe dazu unter G. Ed. König). Ab etwa 1920 ist er Prokurist in der Firma Max Büttner, die neben Pflasterarbeiten später auch Eisenbetonarbeiten ausführte.
- 1894   Immanuelstraße 10 als Unternehmerbau (Plan: Hugo Krause) auf Grundstück von Dr. Sieveke
- 1894   Immanuelstraße 12 als Unternehmerbau (Plan: Hugo Krause)
- 1895   Immanuelstraße 16 als Unternehmerbau (Plan: König)
- 1895   Simeonstraße 32 (Ausführung durch G. Ed. König) für Restaurateur G. Neumann

Müller, Wilhelm
Maurermeister und Baubetrieb in Minden-Aminghausen.
- 1885   Stiftsallee 38, Wohnhausprojekt für Witwe Schlötel (Plan: C. Luhmann), zusammen mit Prange/Cammer
- 1911   Stiftstraße 52/Wilhelmstraße 26 für Schlachter Bendix (Plan: M. Zimmerling)

Müller & Bedorf
Hannover.
- 1893   Friedrich-Wilhelm-Straße 111, Holzschuppen aus Eisen der Fabrik Gebr. Busch

Müller & Janitz
Bürogemeinschaft in Minden von Horst Müller (siehe dazu auch weiter oben) und Wolfgang Janitz.
- 1971   Königstraße 66 a, Umbau
- 1973   Brühlstraße 34, Anbau für die evangelische Schiffergemeinde
- 1973   Kurfürstenstraße 2, Umbau
- 1974   Gustav-Adolf-Straße 15/21 für GSW Minden
- 1974   Königstraße 117, Umbau
- 1979   Marienstraße 86, Haus der Schiffergemeinde
- 1981   Weingarten 31/35 für GSW Minden
- 1982   Marienstraße 86, Anbau eines Betsaales
- 1987/1989 Königswall 10/12, Erweiterungsbau der Gesamtschule

Mülmenstedt, Christian
Maurer. Erbaute sich als eigenes Wohnhaus 1896 das Gebäude Bierpohlweg 76. Wohl Vater vom Maurer Heinrich Mülmenstedt, der später die Firma weiterführte.

Mülmenstedt, Heinrich
Maurer und wohl Sohn des Maurers Christian, dessen Betrieb er übernahm. Der Maurerbetrieb 1919 in die Firma Mülmstedt & Rodenberg aufgegangen.
- 1913   Stiftsallee 51 für Schaffner Heinrich Wippermann

Mülmstedt & Rodenberg
Baugeschäft und Planungsbüro in Minden, Herstellung von Betonsteinen und Baustoffhandel. Die Firma entstand 1919 durch Zusammenschluß der beiden an der Kutenhauser Straße ansässigen Betriebe der Maurer Mülmenstedt und Rodenberg (siehe jeweils auch dort), wobei die beiden Gründer die Firma gemeinsam leiteten. Hierbei erstellte letzterer die Planungen. Wilhelm Rodenberg (geb. 1.4.1896, gest. 1957) erhielt vor 1921 eine Ausbildung als Techniker in Nienburg/Weser, nannte sich Architekt und ist 1946/1954 Inhaber der Firma. Ein großer Firmensitz entstand in der Nachbarschaft der Elternhäuser beider Begründer an der Lohrmannstraße 18/22. Die Firma betätigte sich später auch selbst im Woh-

nungsbau und errichtete etwa 1950/1951 am Frankenring eigene Mietshäuser. Spätestens seit 1953 wird Dipl.-Ingenieur Wilhelm Lerchl mit den Planungen betraut, mit der Tochter von Wilhelm Rodenberg verheiratet. 1955 Umwandlung des Betriebes in eine OHG. Ihre Gesellschafterin war Frau Dipl.-Ing. Lerchl, nach dem Tode ihres Vaters alleinige Inhaberin.

- 1919 Stiftstraße 57, Wohnhaus und Stall für Schlachter Hermann Gieseking (Plan: W. Rodenberg)
- 1920 Sandtrift 46 für Tischler Heinrich Bohnenberg (Plan: W. Rodenberg)
- 1921 Königstraße 121 für Wilhelm Waltemate
- 1922 Kutenhauser Straße 34, Stallgebäude
- 1922 Kutenhauser Straße 82 für Wilhelm Rathert
- 1922 Stiftsallee 29, Anbau
- 1923 Fischerglacis 25, Bürogebäude (nicht ausgeführt) für Baustoffhandel Otto Marowsky
- 1923 Friedrich-Wilhelm-Straße 105, Glashütte, Beamtenwohnhaus
- 1923/1924 Barbarastraße 15–25 und Portastraße 56–62, Siedlung des Kohlenbergwerkes Minden (Plan: Strehl)
- 1924 Friedrich-Wilhelm-Straße 26, Verkaufspavillon für Karl Hartung
- 1924 Marienglacis 43, Umbau Wirtschaftsgebäude Stiftstraße 8
- 1925 Blumenstraße 32 für Steuersekretair Wilhelm Pohlmann
- 1925 Blumenstraße 34 für Vermessungsobersekretair Richard Dammann
- 1925 Friedrich-Wilhelm-Straße 105, Glashütte, Pförtnerhaus, Kühlofen und verschiedene Umbauten
- 1925 Kutenhauser Straße 34, Umbau
- 1925 Marienstraße 93 für Malermeister Heinrich Weber (Plan: W. Henzel)
- 1925 Rodenbecker Straße 87 für Schiffsführer W. Rümbke
- 1926 Besselstraße 26 für Eisenbahnsekretär Fritz Schäffer
- 1926 Friedrich-Wilhelm-Straße 105, Glashütte, neues Stahldach auf der Hütte
- 1926 Hermannstraße 63 für Schlosser Hermann Müller
- 1926/1927 Herzog-Ferdinand-Straße 50 für Werkmeister H. Steffen
- 1927 Heidestraße 8, Finanzamtsgebäude (Plan: Reg.-Baurat Quast)
- 1927 Kutenhauser Straße 81, Stallanbau
- 1928 Friedrich-Wilhelm-Straße 105, Glashütte, Korblagerschuppen
- 1928 Hahler Straße 91 für Lehrer Wilhelm Kaiser
- 1928 Marienwall 29, Umbau
- 1928 Weg in die Hanebek 28 für Friedrich Finke
- 1929 Rodenbecker Straße 74 für Matthias Schaath
- 1929 Stiftsallee 31, Erweiterung für Zimmermann August Hoppmann
- 1929 Ulmenstraße 21, Gartenhaus für Fritz Steinmann
- 1930 Friedrich-Wilhelm-Straße 105, Glashütte, Garage
- 1930 Kutenhauser Straße 63, Umbau zur Bäckerei
- 1930 Melittastraße 36 für Lehrer Ferdinand Richmann
- 1931 Kutenhauser Straße 34, Umbau
- 1932 Friedrich-Wilhelm-Straße 105, Glashütte, Sandbunker
- 1933 Paulinenstraße 4 für den Händler Ferdinand Wemhöver
- 1934 Stiftstraße 66 für den Tabakhändler Heinrich Rodenberg
- 1935 Besselstraße 3 für die Witwe Waltke
- 1935 Friedrich-Wilhelm-Straße 36–76, Siedlung der Glashütte, Anbau von Waschküchen
- 1935 Stiftstraße 59, Lagerhausanbau
- 1936 Hafenstraße 14, Garagengebäude für Autohandel

1936 Marienstraße 144 a für Maschinenbautechniker Heinrich Blume (und nach seinen Entwürfen)
1937 Friedrich-Wilhelm-Straße 105, Glashütte, Sortier- und Packschuppen sowie Umbauten
1937 Marienstraße 76, Lagerschuppen
1938 Friedrich-Wilhelm-Straße 105, Glashütte, Umbau Hüttengebäude, Lagerschuppen, Tankstelle
1938 Hausberger Straße 4, Wohnhaus für Hubert Homann (Plan: Hans Korth)
1938 Kaiserstraße 4, Garage
1938 Wilhelmstraße 17, Verwaltungsgebäude Firma Drabert (Plan: M. Zimmerling)
1939 Friedrich-Wilhelm-Straße 105, Glashütte, Lagerschuppen
1939 Königstraße 55 (für Architekt Hans Korth)
1941 Friedrich-Wilhelm-Straße 105, Glashütte, Umbau Ofengebäude II
1941/1942 Kutenhauser Straße 2/4, Luftschutzbau und Entgiftungspark
1945 Dom, Wiederherstellung Westwerk, Plan für die Einrüstung des Inneren (II, S. 131)
1946/1947 Großer Domhof 1, Mitarbeit am Wiederaufbau Stadthaus
1946/1947 Im Hohlweg 8, Kleinhaus für Tabakhändler Heinrich Rodenberg
1947 Brückenkopf 9, Umbau (Plan: Hempel)
1947 Industrieweg 8 Kleinhaus für Knoll AG (Plan: Babendreyer)
1948 Am Alten Weserhafen, Pförtnerhaus
1948 Kampstraße 20, Wiederaufbau der Hintergebäude
1948 Kutenhauser Straße 3, Umbau des Lagerhauses
1948 Nach Poggenmühle 4, Anbau für Firma Mesch
1948 Obermarktstraße 33, neue Ladenfront
1949 Scharn 8, Hintergebäude für Fleischer C. Schwiering (Plan: H. Korth)
1949 Bismarckstraße 22/24/24 für Wohnhaus Minden GmbH
1949 Hohnstraße 31, Umbau
1949/1950 Fischerglacis 25, Anbau und Umbau für Gebr. Sievert (Plan: Lenz)
1950 Esso-Tanklager am Mittellandkanal (Plan: Dipl. Ing. H. Weicke) (MT vom 17. 10. 1950)
1950 Bachstraße 32, Umbau
1951 Kuhlenstraße 82/84, Diakonissenmutterhaus (Plan: Godehard Schwedhelm/München)
1951 Windmühlenstraße 3, Vierfamilienhaus für Glashütte (Plan: W. Moelle)
1952 Bäckerstraße 12, Umbau Hintergebäude zum Geschäftshaus Am Rathaus 20
1952 Hohnstraße 31, Umbau
1952 Kutenhauser Straße 63, Anbau Backstube
1952 Obermarktstraße 6, Umbau
1952 Weg in die Hanebek 31, Dachausbau
1952/1953 Lohrmannstraße 15/17 mit 12 Wohnungen für eigene Zwecke
1953 Brüderstraße 23, Umbau
1953 Kutenhauser Straße 14 mit 6 Wohnungen für eigene Zwecke
1953 Lohrmannstraße 19 mit 6 Wohnungen für eigene Zwecke
1953 Fischerallee 15, Umbauten
1954 Kutenhauser Straße 30 für Amtsgerichtsrat Dr. Fadtke
1954 Obermarktstraße 27, Neubau des Hinterhauses Kisaustraße 11 für Pferdeschlachter Karl Feldmann
1955 Scharn 6 für Kaufmann Carl Riechmann (Plan: Hempel & Ibrügger)
1956 Hermannstraße 62 für Kaufmann Julius Eimer
1956 Steinstraße 43 für Malermeister Ernst Sieloff (nach Plan GSW Minden)
1957 Bauhofstraße 2, Verkaufsstand für K. H. Wilkening (Plan: Lerchl)
1957 Ulmenstraße 21, Anbau
1959 Ortstraße 1, Umbau zum Wohnhaus

1960	Fischerglacis 25, Umbau und Anbau für Gebrüder Sievert
1960/1963	Obermarktstraße 35, Lagerhaus für Firma G. Höltke (Plan: Dipl.-Ing. H. Scheuermann)
1961	Stiftstraße 66, Umbau
1962	Fasanenstraße 32 für Kaufmann Heinrich Fink
1964	Königsglacis 15, Garagenbau
1964	Ulmenstraße 21, Anbau
1970	Jahnstraße 2, Umbau der Turnhalle
1973	Gartenstraße 7, Garage

zu Münster, Georg Ludwig Friedrich Wilhelm Graf

Laienmaler (1776–1844).

1801	Ansicht der Stadt Minden von Süden (I, Nr. 17)

Münstermann, Armin

Dipl.-Ing. und Architekt BDA in Bielefeld, der ein erfolgreiches Zweigbüro in Minden eröffnete und von dort aus wesentlich das Stadtbild der Stadt mitprägte. Kontakt nach Minden erhielt er offenbar über seine Mitarbeit 1948 in dem Herforder Büro des Mindener Architekten W. Hempel (dessen Neffe er war). Nachdem er 1953 beim Domhof-Wettbewerb den ersten Preis errungen hatte, wurde er von der Leitung des Kaufhauses Hagemeyer und dessen Geschäftsführer Herbert Grönegreß über Jahrzehnte mit der Planung und Leitung der gesamten Baumaßnahmen betraut. Münstermann prägte die Umgestaltung des Stadtbildes von Minden zwischen 1955 und 1980 ganz entscheidend mit, wobei er sich zunächst um städtebauliche Lösungen der Bauaufgaben und Eingliederung der Projekte in die umgebenden Bauten bemühte. Später errichtete er zunehmend für die Umgebung maßstabslose Bauten, wobei er auch stark in die Struktur der Altstadt eingriff. Verschiedentlich arbeitete er in seinem großen Büro auch mit anderen Architekten zusammen, so 1957/1964 mit Karl Kracht und 1965/1968 mit Hermann Waltke, der das Zweigbüro in Bielefeld betreute. Seit 1961 unterhielt er sein Büro in dem durch ihn erworbenen Haus Lindenstraße 15, seit 1966 in dem nach seinen Plänen erbauten Haus Marienstraße 10. Das Büro in Bielefeld wurde später wohl von Architekt Oberhaus fortgeführt.

Armin Münstermann (geb. 4.8.1924 Detmold) wohnte in Bielefeld, Detmolder Straße 8 und besaß seit 1958 eine Zweitwohnung (Kampstraße 29, seit 1968 Marienstraße 9) in Minden. Am 2.2.1983 wurde die Zweitwohnung gelöscht.

1952	Kleiner Domhof, Wiederaufbau (1. Preis/Wettbewerb) (II, S. 1429)
1953	Kuhlenstraße 42 für Herbert Groenegreß
1953	Scharn 13, Kaufhaus Hagemeyer (Vorentwurf von W. Nagel), (Ausführung: Sierig)
1953/1954	Scharn 11 für Hagemeyer und Feigel (Ausführung: Sierig)
1954	Kuhlenstraße 44 für Herbert Groenegreß
1954	Marienstraße 37, Umbau des Wintergartens für Hermann Hagemeyer
1954	Markt 14, Neugestaltung der Fassade
1954	Wilhelmstraße 15, Erweiterung der Sozialräume für Firma Drabert
1955	Brüderstraße 6/8 für Kaufmann Ludwig
1955	Brüderstraße 10, Planungen für Bebauung
1955	Kampstraße 1 für Kaufmann Ludwig
1955	Marienstraße 27 für Karl Schlosser
1955	Paulinenstraße 2 für Ehepaar Scheidemann
1955	Pöttcherstraße 1/3 für Heinrich Rahn
1955	Pöttcherstraße 5 für Lina Rahn
1955	Pöttcherstraße 9 für Lina Rahn
1955	Steinstraße 20 c für Werbekaufmann Walter Hilkenbach
1955	Wilhelmstraße 15, Anbau einer Werkhalle für Firma Drabert

1956	Pöttcherstraße 7 für Eva Kramer	1959	Hufschmiede 9, Umbau
1956	Rodenbecker Straße 61 für Karl Vieweg	1959	Lübbecker Straße 12, neue Halle des Fabrikteils Askanierweg 2
1956	Scharn 13, Kaufhaus Hagemeyer, Haupttreppenhaus	1959	Moltkestraße 13 für Dr. Diedrich Lange
1956	Königstraße 1/Simeonstraße 2 (für Bäcker Fritz Rolf)	1959	Robert-Koch-Straße 3 für Dr. Reuter (Ausführung: Baugeschäft Sierig)
1956	Kleine Dombrede 5b/c für Wohnhaus Minden GmbH	1959	Roonstraße 9, Anbau
1956/1958	Königstraße 4/6 Wohn- und Geschäftshaus für Hans Weber, I. Bauabschnitt	1959	Windmühlenstraße 1, Sechsfamilienwohnhaus für Wohnhaus Minden GmbH
1957	Greisenbruchstraße 9, 11 und 13 für Firma Karl Schwarze & Sohn	1959	Simeonstraße 11 für Kaufmann H. Müggenberg
1957	Kuhlenstraße 46/48 für Wohnhaus Minden GmbH	1959/1960	Scharn 8 für Fleischermeister H. Schwiering
1957	Pöttcherstraße 8, Wohn- und Bürohaus für Firma Karl Schwarze & Sohn	1960	Kaiserstraße 2/4, Umbau Erdgeschoß
1957	Pöttcherstraße 8, Fabrikhalle und Lager für Firma Karl Schwarze & Sohn	1960	Kampstraße 18, Garagenhof
		1960	Lübbecker Straße 12, neue Lagerhalle und Umbauten des Fabrikteils Askanierweg 2
1957	Scharn 10 für Lebensmittelhändler W. Eickmeier	1960	Robert-Koch-Straße 3, Schwimmbecken
1957	Scharn 15, Kaufhaus Hagemeyer, Erneuerung Altbau (Ausführung: Sierig)	1960	Ulmenstraße 5 für Rudolf Kuhlmann
		1960	Ulmenstraße 7 für Alfred Kollmeyer
1957/1958	Königstraße 8, Wohn- und Geschäftshaus für Hans Weber, II. Bauabschnitt	1960	Wallfahrtsteich 24
		1960	Wallfahrtsteich 28/30 für Helene Wende
1958	Kuhlenstraße 40 für Herbert Groenegress	1960/1961	Scharn 13/15, Kaufhaus Hagemeyer, rückwärtige Erweiterung (Ausführung: Sierig)
1958	Kuhlenstraße 44, Garagen		
1958	Lindenstraße 26/28 für Erben Beeth	1961	Alte Aminghauser Straße 24, Mietshaus für die Gemeinn. Süddeutsche Siedlungs GmbH
1958	Lübbecker Straße 12, Erweiterung der Fabrik Taubenweg 2		
1958/1959	Hahler Straße 43 für Klara Schröder	1961	Alte Aminghauser Straße 26, Mietshaus für die Gemeinn. Süddeutsche Siedlungs GmbH
1958/1959	Königstraße 10/12, Wohn- und Geschäftshaus für Hans Weber, III. Bauabschnitt		
		1961	Alte Aminghauser Straße 28, Mietshaus für die Gemeinn. Süddeutsche Siedlungs GmbH
1958	Steinstraße 10, Ladenumbau für Wohnhaus Minden GmbH		
1959	Bäckerstraße 54/46 für A. Birkenkämper	1961	Blumenstraße 15 für Dr. Ing. Born
		1961	Kampstraße 17, Garagen für Firma Hagemeyer
1959	Bismarckstraße 31 für Frisör H. Wiese		
1959	Gustav-Adolf-Straße 5 für Dr. Walter Meier	1961	Lindenstraße 15, Umbau

1961	Obermarktstraße 10, Wohn- und Geschäftshaus für Apotheker Albert Andert
1961	Pöttcherstraße 8, Lager- und Werkshalle für Karl Schwarze
1961	Simeonglacis 7 für Dr. Hans Ludwig
1961	Ulmenstraße 4 für Irene Drabert
1961	Videbullenstraße 1, Umbau Erdgeschoß
1961	Viktoriastraße 44, Anbau Lager und Garage
1962	Alte Aminghauser Straße 30, Miethaus für die Gemeinn. Süddeutsche Siedlungs GmbH
1962	Alte Aminghauser Straße 22, Miethaus für die Gemeinn. Süddeutsche Siedlungs GmbH
1962	Bierpohlweg 6 a für F. A. Schnier
1962	Kutenhauser Straße 96, Werkshalle
1963	Jagdweg 9, Umbau und Erweiterung
1963/1965	Königswall 10/12, Aula des Schulzentrums
1963	Wilhelmstraße 22, Schutzdach Betriebsparkplatz der Firma Drabert
1963	Pöttcherstraße 6 für Karl Schwarze
1963	Stiftstraße 42/44, Lager- und Versandgebäude Firma Drabert (Ausführung: K. Strangemann/Döhren)
1964	Hohnstraße 31, Umbau der Geschäftsräume
1964	Königswall 89 a, Fabrikanbau für Tischlermeister Vieweg
1964	Lübbecker Straße 12, Lagerhalle des Fabrikteils Askanierweg 2
1964	Marienstraße 55 a für Erna Traue
1964	Steinstraße 33 für Dr. med Friedrich Rasche
1964/1965	Sandtrift 69, Neubau Zweigstelle Stadtsparkasse
1964/1965	Todtenhausen, Neubau Friedhofskapelle
1964/1966	Markt 3, Neugestaltung der Fassade
1965	Albrechtstraße 12, Miethaus für die Gemeinn. Süddeutsche Siedlungs GmbH
1965	Bierpohlweg 4 a–4 i für Wohnhaus Minden GmbH (9 Wohnhäuser für Landesbedienstete)
1965	Bleekstraße 8 für Dr. jur. Tampitz
1965	Kaiserstraße 8, Umbau für Kaufmann Langbehn
1965	Moltkestraße 5 a für Ursula Reichold
1965/1966	Marienstraße 9 für Dr. O. Klopp
1965/1967	Markt 18, Wohn- und Geschäftshaus
1966	Besselstraße 8, Umbau
1966	Herderstraße 1 für Fred Drabert
1966	Scharn 11, Umbau für Kaufhaus Hagemeyer
1967	Friedrichstraße 2 für Dr. Dietrich Lange
1967	Hohnstraße 31, Umbau und Erweiterung
1967	Markt 20, Umbau des Ladens
1967	Wilhelmstraße 13, Erweiterung Bürogebäude der Firma Drabert
1968	Büntestraße 4/Marienglacis 39/41 für Eigentümergemeinschaft
1968	Kampstraße 18, Verbreiterung der Durchfahrt
1968	Königswall 47, Autoschalter der Stadtsparkasse an der Pöttcherstraße
1968	Wilhelmstraße 15, Umbau und Erweiterung der Fabrik Drabert
1968	Scharn 13/15, Kaufhaus Hagemeyer, Einbau von Rolltreppen
1968	Stiftstraße 60 b für Firma Drabert
1969	Bierpohlweg 6 für Friedrich Wilhelm Schnier
1969	Kaiserstraße 4, Sanierung nach Brandschaden
1969/1970	Kampstraße 19, Parkhaus für Kaufhaus Hagemeyer (Ausführung: Sierig)
1969/1970	Scharn 17, Umbau Kaufhaus Hagemeyer
1970	Herderstraße 4 für Erna Voss
1969	Viktoriastraße 32 a für Zollinspektor Wilhelm Kühne
1970	Lübbecker Straße 12, Umbauten des Fabrikteils Askanierweg 2

1970 Obermarktstraße 10, Erweiterung
1971 Bäckerstraße 3, Überbauung des Hofes
1971 Königswall 47 für Stadtsparkasse Minden
1971 Marienstraße 60, Umbau der Rückgebäude
1971 Stiftstraße 2, Wettbewerbsentwurf Neubau Gemeindezentrum St. Marien
1971 Ulmenstraße 4 a für Irene Drabert
1972 Cecilienstraße 20/22 für eigene Zwecke
1972/1973 Markt 28, Wohn- und Geschäftshaus
1973 Cecilienstraße 20/22 für Fritz Drabert
1973/1974 Scharn 13/17, Erweiterung Keller im Kaufhaus Hagemeyer
1973 Ulmenstraße 12, Schwimmbadanbau für Elsbeth Schoppe
1975 Besselstraße 12 für Kaufmann Tewes
1975 Klausenwall 12 für Prof. Dr. med. Kurt Salfeld
1975 Pöttcherstraße 4 für Wohnhaus Minden GmbH
1975 Pöttcherstraße 10/20, Wohnhausanlage für Wohnhaus Minden GmbH
1975 Weserstraße 32/34, Wohnhausanlage für Wohnhaus Minden
1976 Scharn 17, Neugestaltung der Fassade für Kaufhaus Hagemeyer
1976 Weserstraße 36/42, Wohnhausanlage für Wohnhaus Minden GmbH
1977 Hahler Straße 16, Wohn- und Bürogebäude
1977 Kampstraße 17, Garagen für Kaufhaus Hagemeyer
1977 Obermarktstraße 17, Glasereigebäude auf dem Hof (für Karl Jettmann)
1977 Weserstraße 26/30, Wohnhausanlage für Wohnhaus Minden GmbH
1977 Weserstraße 44/46, Wohnhausanlage für Wohnhaus Minden GmbH
1977/78 Gutenbergstraße 8, Miethaus für eigene Zwecke
1978/1979 Kampstraße 19, Umbau Parkhaus für Kaufhaus Hagemeyer
1978/1979 Königswall 69 für Wohnhaus Minden GmbH
1979 Kampstraße 18/22 Parkhaus Hagemeyer
1979 Marienstraße 9, Umbau
1979/1981 Königswall 49/Brüderstraße 26
1980 Königswall 47, Umbau

Münstermann, Fritz
Bautechniker (geb. 7. 8. 1910 Berlin), zog 1948 aus Bad Salzuflen zu, wohnte 1948 Marienwallstraße 24/26, 1949 Pionierstraße 12, 1950 Simeonsplatz 19 und verzog 1954 nach Köln-Bickendorf, Wacholderweg 3. Ob er in einem verwandschaftlichen Verhältnis zum Architekten Armin Münstermann stand ist unbekannt.

Münter, Josef Daniel
Baumeister.
1711/1712 Weserbrücke, Renovierung und teilweiser Neubau

Müther, Hermann
Bauunternehmung. 1952 ist die Witwe Sophie Müther Inhaberin des Betriebes.
1952 Viktoriastraße 39 a, Fahrzeugwaage

Muhlhoff, Kurt
Architekt in Kleve.
1983 Großer Domhof 3, Bankgebäude, Teilumbau für Landeszentralbank (II, S. 1214)

Muhrmann
Orgelbauer.
1755/1756 St. Marien, Reparatur der Orgel (III, S. 170)

Mund
Maschineninspektor in Hannover.
1907 Tonhallenstraße 3, Stadttheater, Planung der Bühneneinrichtung

Munz OSB, Lioba
Benediktinerin in Fulda. geb. 1913 Bingen, gest. 1997 Fulda. Sie erlernte 1957 die Technik des Emaillierens durch Rudolf Kubesch, Fulda. 1953–1958 studierte sie an der Kölner Werkkunstschule als Meisterschülerin Elisabeth Teskows (geb. 1898, gest. 1992), wo ihr Interesse an antiker Kunst geweckt wurde. Ihr Atelier hatte Lioba Munz in der Abtei zur Hl. Maria, Fulda, der sie seit 1934 angehörte.
1984–1987 Dom, Prozessionskreuz (II, S. 985–988)
1994 Dom, Buchdeckel für ein Evangelistar (Innenseiten: Erentrud Trost OSB/Varensell) (II, S. 993)

Muttrey
Direktor der Weserstrombauverwaltung in Hannover.
1916 Denkschrift zum erweiterten Ausbau der Weser

Mutz
Holzhändler aus Hannoversch-Münden.
1752 Dom, Holzlieferung für Dachwerksanierung von Querhaus und Chor (II, S. 424)

Nagel, Willfried
Architekt in Holzhausen an der Porta, wo er ein »Atelier für Innenarchitektur« betrieb.
1951 Deichhof 3, Umbau zum Wohnhaus für Walter Klopp
1951 Scharn 13, Kaufhaus Hagemeyer (1953 nach Detailplänen von A. Münstermann ausgeführt)
1955 Bleekstraße 6 für Walter Ostmann
1955 Obermarktstraße 5, neue Fassade
1960 Simeonglacis 1, Anbau

Nalenz
Feldmesser.
1878 Bahnhof Minden, Reinzeichnung des Bestandsplanes (V, Abb.1716. – I.2, S. 527)

Narten + Partner, Architekten
Gehrden.
2000/2001 Simeonsplatz 21, ehemaliges Wagenhaus No 2, Umbau zu Geschäftshaus (I.2, S. 479)

Nauk (auch Nauck), Johann Christian <u>Friedrich</u>
Geb. 28.2.1782. Am 13.9.1802 als Feldmesser und am 10.5.1806 als Baukondukteur vereidigt; ab 1809 Distriktbaumeister des Königreiches Westfalen in Minden. 1816 wird der Hauptmann Nauck zum Wasserbaudirektor der Provinz Westfalen berufen. 1816 bis 1820 als II. Regierungs- und Baurat bei der Regierung in Münster tätig; 1818 auf die neu geschaffene Stelle eines Regierungs- und Wasserbaurates bei der Regierung in Minden versetzt (zunächst aber noch bis 1820 wohnhaft in Münster). Nachdem 1842 festgestellt wurde, dass Nauk schon seit Jahren wegen Krankheiten kaum noch arbeiten würde, er aber nicht bereit war, sich pensionieren zu lassen, wurde er zum 1.5.1845 pensioniert. Er lebte bis zum April 1845 in einem danach abgebrochenen Haus in Minden und verzog dann (STA DT, M1, I M, pr. Personen, II, Nr. 117 und 118. Siehe auch VON WESTPHALEN 1980, S. 713. – LEESCH 1992, S. 109).
Eigene Publikation: Die Reise von Höxter nach Minden vom 7. bis 11 Apr. 1837. In: Das Sonntagsblatt Jg. 21 vom 30.4.1837.
1821 Herford, Markt 12, Gutachten zum Zustand des Turms der alten Marktkirche
1824 Bericht über die noch vorhandenen Denkmäler im Regierungsbezirk Minden (SCHREIBER 1969, S. 191)
1831/1832 Bielefeld, St. Jodokus-Kirche, Revision der Umbaupläne und Umplanung (SCHREIBER 1969, S. 228)
1838 Herford-Laer, Glockenweg 30, Schulhaus Hollinde, Revision Pläne des Zimmermeisters Rottmann
1844 Großer Domhof 1, Kritik an Gantzers Neubauplänen zum neuen Regierungsgebäude

Naumburg, Carl
Maurer und Bauunternehmer in Dortmund.
1909   Friedrich-Wilhelm-Straße 1, Umbauten

Naehr, J. E.
Kesselfabrik in Chemnitz.
1883   Kessel (1887 in Lindenstraße 13 eingebaut)

Nebel
Bauinspektor.
1848   Dom, Reparaturen am Westwerk (II, S. 130)

Neef
Maurermeister.
1856   Dom, Kostenanschlag zum Abbau des barocken Hochaltars (II, S. 602)

Nehrmann, Harm
1701 Nagelschmiedemeister.

Neidiger, Eduard
Klempnerei von Eduard Neidinger (geb. 30.5.1873 Schalkau, gest. 17.6.1949) vor 1900 im Haus Obermarktstraße 21 gegründet. Der Betrieb wurde später von den beiden Söhnen Hermann und Rud. Neidinger weitergeführt.
1912–1914   St. Petri, Instandsetzung und Umbau, Gas- und Wasseranlagen (zusammen mit anderen) (III, S. 584)
1929   Kleiner Domhof 8, Erweiterung und Umbau zur Sparkasse (Plan: Städtisches Hochbauamt/Bergbrede)

Nenland
Ingenieur-Offizier (geb. 1803). 1826 Lieutenant, 1845 Kapitän, 1853 Major, 1858 Oberst-Lieutenant, 1860 Oberst, 1865 General-Major. Inspekteur der 3. Ing.-Inspektion. 1868 als General-Lieutenant aus dem Dienst geschieden (von Bonin II, 1878, S. 304).

Netzel, Joahnn
Zimmermeister.
1715   Königstraße 42, Ausbau

Neumann, Otto W.
Ingenieur-Offizier. Er ist möglicherweise mit dem bei von Bonin für 1677 genannen Neumann identisch, der vor Stettin Ingenieur wurde, später Landvermesser war (I.2, S. 31).
nach 1680 Plan der Festung (I.2, S. 87, Abb. 36, Kat.-Nr. 11)

Neumann
Stadtzimmermeister in Minden.
1740   Domkloster, Gutachten zu Schaden am Westflügel (zusammen mit Maurermeister Zengelin) (II, S. 496)

Neuhauß/Neuhauss
1847 als Ing.-Lieutenant in Minden genannt.
1845–1867 Bahnhofsbefestigung, Kölner Eisenbahntor (zusammen mit anderen) (I.2, S. 56, 524 f., 570 f., 589, 596–598, Abb. 337, 366, 388, 395, Kat.-Nr. 269 f., 295, 302, 306)

Neuwertz, A.
1749   Plan des Weserflusses vor der Stadt Minden (V, Abb. 1799)

Niederstädt II., Henrich
Paderborner Goldschmied. 1714 als Bürger von Minden nachweisbar, gest. 19.11.1745. 1716 heiratete er Eva Maria Volmari (gest. 1729), mit der er zwei Söhne und drei Töchter hatte. In zweiter Ehe heiratete er Anna Maria Elisabeth Hesse. Aus der Ehe gingen zwei Töchter hervor.
um 1740 Dom, Weihrauchfaß (II, S. 943 f.)
um 1740 Weihwasserkessel (II, S. 948)
um 1740 Aspergil (II, S. 949)

Niemann, Albrecht
Techniker und Zimmerer in Kutenhausen (geb. 2.12.1901, gest. 16.1.1958), seit 1935 mit Emma Altvater (geb. 23.5.1909) verheiratet, zwei Kinder: Wolfgang (geb. 1938, gest. 1939) und Ruthilde (geb. 9.2.1940, 1959 nach Spiekeroog verzogen).

Niemann, August
Bauunternehmer für Hoch- und Eisenbetonbau in Kutenhausen (geb. 23.3.1895), 1946 in dem Anwesen Hahler Straße 9 (in dem früher das Bauunternehmen König ansässig war), dann wieder in Kutenhausen, Haus Nr. 62. Niemann war seit 1936 mit Frieda Wellensiek (geb. 19.10.1901) verheiratet. Sohn Klaus-Diether (geb. 8.6.1936)

1935 Blumenstraße 50 für Kassenboten Heinrich Müller
1946 Karlstraße 15, Wärterbaracke (aus Betonplatten der Firma Weber/Porta) für Wäschefabrik Poll
1948 Karlstraße 15, Lagerschuppen für Wäschefabrik Poll
1950 Bäckerstraße 62, Wiederaufbau des rückwärtigen Lagergebäudes
1950 Petershagen-Lahde, Neubau Kaufhaus Becker (MT vom 20.10.1950)
1962 Bierpohlweg 39, Umbau
1965 Sedanstraße 31 für Dr. B. Hofmann (nach Plänen von G.H. Meyer)
1975 Markt 7, Hintergebäude

Niemann, Herbert
Kreisoberbaurat in Minden, geboren am 9.1.1904 als Sohn eines Pfarrers in Veltheim. Nach dem Besuch des Gymnasiums in Rinteln studierte er in Darmstadt und Dresden, legte 1927 die Diplom- und 1931 die große Staatsprüfung ab. Beim Heimstättenverein Remscheid sammelte er erste berufliche Erfahrungen, 1934 trat er als Dezernent der Regierung in Oppeln in den öffentlichen Dienst ein und wurde 1937 Leiter des Staatshochbauamtes

Herbert Niemann

Lötzen. Nach der Entlassung aus englischer Kriegsgefangenschaft wurde er 1946 Leiter des Staatshochbauamtes Höxter. Zum 1.1.1948 übernahm er das Baudezernat des Kreises Minden. Von 1949 bis 1970 gehörte er dem Vorstand der Gemeinnützigen Siedlungs- und Wohnungsgenossenschaft Minden an (MT vom 28.7.1977).
Herbert Niemann war mit Dorothea Drescher (geb. 24.2.1912 Czarnikau/Posen, gest. 21.12.1981 Mettmann) verheiratet. Sie wohnten 1948 Königstraße 89 und Wilhelmstraße 14, 1950 Wilhelmstraße 16, 1951–1966 Tonhallenstraße 7 (Dienstwohnung), 1966–1977 Moltkestraße 5a. Am 26.7.1977 verstarb Herbert Niemann 73jährig in Minden.

1949 Friedrichstraße 9/17, Krankenhaus, Planungen zur Erweiterung
1961 Bad Oeynhausen, Neubau Kreisberufsschule

Niemann, G.
1790   Großer Domhof 11, Umbau des Kurienhofes, Pottofen (II, S. 1301)

Niemann, Johann Heinrich
Zimmermann.
1737   Alte Kirchstraße 16, Konrektorhaus für Stadt Minden
1738   Markt 26, Gutachten über den Bauzustand
1745   Kampstraße 18 links, Reparatur Stall am Kurienhaus

Niemeyer, Reinhold
Ab 1950 Architekt und Landesplaner beim Landratsamt im Kreis Bielefeld. Stammte aus Willebadessen-Peckelsheim (Kr. Höxter). Bis 1933 Stadtbaurat in Frankfurt, dann bis 1937 Landesrat der Provinz Sachsen, 1943–1945 Präsident der Deutschen Akademie für Städtebau, Reichs- und Landesplanung und Mitglied im Stab von A. Speer des Reichsministers für Rüstungsbau und Kriegsproduktion. Bei Kriegsende mit einem Teil des Stabes in Höxter-Corvey. Leitete von 1946–1950 als freiberuflicher Chefplaner den Wiederaufbau von Paderborn.
1958   Martinitreppe, Gutachten zur städtebaulichen Situation zwischen Dom und Martinikirchhof

Niermann, <u>Conrad</u> Franz Rembert
Geb. 20.12.1796 Clarholz/Kr. Gütersloh, gest. 27.8.1854 Minden. Entstammte einer alten Kaufmannsfamilie, die seit Generationen am Kirchplatz zu Clarholz (An der Dicken Linde 1/5) niedergelassen war. Nach seiner Ausbildung im Baufach war er zunächst als Bauführer in Koblenz tätig; am 19.10.1826 folgte in Münster die Ernennung zum Baukonducteur für den Kreis Warendorf. Nachdem er schon 1829 als Bau-Sekretär ein umfangreiches Konzept für die Aufgabe eines Kreisbaumeisters vorgelegt hatte und im Frühjahr 1830 als Baucontrolleur in Dortmund beschäftigt war, stellte ihn der Landrat des Kreises Warendorf ab Sommer 1830 als Kreisbaumeister in Warendorf mit einem Gehalt von 100 Thl an (siehe STA MS, Landrat WAF, A 280). Diese neu eingeführte Funktion scheint sich allerdings nicht bewährt zu haben, denn schon 1832 ist Niermann wieder in staatlichen Diensten: ab 31.3.1832 als Wegebauinspektor in den Kreisen Höxter und Wiedenbrück und ab 1833 als Bauinspektor für den Regierungsbezirk Minden mit Wohnsitz in Wiedenbrück (wo er sich ein eigenes Haus erbaute und noch 1842 ansässig war), ab 1833 auch Wegebaumeister für Bielefeld. Später Regierungsbaumeister in Dortmund und ab 25.3.1846 als Regierungs- und Baurat in Minden auf der dort neu eingerichteten Stelle eines Wasserbaurates. Dort ab 1852 Leiter des Baudezernates (wohnte zur Miete in dem Haus Königstraße 24). Niermann führte auch verschiedene Kirchenbauprojekte in Westfalen durch und wurde zum Ritter des Roten Adlerordens IV. Klasse ernannt. Zwei seiner Söhne führten seine berufliche Passion fort: 1) Architekt Carl Ferdinand Niermann (geb. 1832 Höxter, gest. 10.1.1896 Berlin) und 2) Regierungs- und Baurat Carl Theodor Niermann (geb. 1.10.1846 Minden, gest. 5.3.1898 Münster).
Zur Person siehe FLASKAMP 1960, S. 42ff. – NEUGEBAUER 1969, S. 250. – KLUGE 1978, S. 298. – BARTH 1982, S. 917. – STA DT, M 1 Pr. Pers. II Nr. 120.
1826   Warendorf, Klosterstraße 17, Bentheimer Armenhaus, Bestandsplan (BAUMEIER 1974, Abb. 26)
1827   Beelen, Projekt für einen Kirchenneubau (Gutachten zu den Plänen von Thiele/Mettingen)
1827   Münster, Domplatz 1, »Fürstenhof«, Bestandspläne
1827   Warendorf, Brünebrede 61 (siehe BAUMEIER 1974, S. 43)
1827   Warendorf, Klosterstraße 17, Bentheimer Armenhaus, Umbauprojekt (BAUMEIER 1974, Abb. 27)

1827 Warendorf-Freckenhorst, Stiftsmarkt 17, Gutachten zum Neubau (evtl. auch Fassadengestaltung)
1828 Sassenberg-Füchtorf, Pfarrkiche, Gutachten zum Bauzustand mit Plänen
1828/1830 Warendorf, Kurze Kesselstraße 17, Gymnasium (Ausführung: Carlé, Zellmann u. Sparenberg/Warendorf)
1828/1829 Warendorf, Molkenstraße 6, Bauaufnahme der evangelischen Kirche (Schreiner 1969, Abb. 113)
1829 Warendorf-Freckenhorst, St. Petri-Kapelle, Revision Umbau zur Schule (Plan: Müser/Münster)
1829/1830 Warendorf-Milte, St. Johannis (Bauleitung nach Plan von Müser/Münster)
1830 Warendorf, Bühlstraße 14/16, Kämmereistall, Reparatur (Ausführung: H. Carlé)
1830 Warendorf, Münsterstraße 12, Gesellschaftshaus »Harmonie«, neue Dekoration des Saales
1830 Sassenberg, Schulhaus, Reparatur, Anschlag (Revision: Müser)
um 1830 Rheda-Wiedenbrück-Wiedenbrück, Wasserstraße 27, Wohnhaus für Dr. Röttscher
um 1830 Rheda-Wiedenbrück-Wiedenbrück, Lange Straße 4, Wohnhaus für Kaufmann J. Peter Druffel
um 1830 Rheda-Wiedenbrück-Rheda, Wohnhaus für Oekonom J. W. M. Fontaine (später Rathaus)
um 1833 Wiedenbrück, Im Himmelreich 1, eigenes Wohnhaus
um 1840 Wadersloh-Diestedde, Haus Crassenstein, Umbau
um 1840 Rheda-Wiedenbrück-Rheda, Bahnhofstraße 21, Posthotel für Franz Josef Zumbusch
1840/1846 Sassenberg-Füchtorf, Pfarrkirche St. Mariä-Himmelfahrt
1841 Gütersloh-Friedrichsdorf, St. Friedrich, Projekt einer Erweiterung
1841 Rheda-Wiedenbrück-Rheda, St. Clemens (Kostenanschlag zum Plan Ganzer)
1841/1844 Warendorf-Freckenhorst, Stiftskirche, Planung und Leitung der Kirchensanierung
1842 Wadersloh, Schulhaus, Bestandsplan
1842 Herzebrock-Clarholz, An der Dicken Linde 1, Wohnhaus für Kaufmann Georg Gildemeister
1843 Halle-Tatenhausen, Badehaus, Erweiterung (Plan und Bauleitung)
1843 Warendorf-Freckenhorst, Warendorfer Straße, Dechanei, Wirtschaftsgebäude, Revision Umbau
1843/1845 Gütersloh, Kirchstraße 137, Gesellschaftshaus »Eintracht«
1845/1848 Emsdetten, St. Pankratius-Kirche, Bauleitung (Plan: Stüler/Berlin)
1846 Warendorf, Münsterstraße 12, Erweiterung/Umbau Saalbau der Gesellschaft »Harmonie«
1846 Bäckerstraße 72, Bestandsskizze
1847 Lichtenau-Dalheim, Domäne, Ackerbergscheune, Abnahme Sanierung (Pieper 2000, Anm. 614)
1848 Herford, Markt 12, Gutachten zur Reparatur des Turms der alten Marktkirche
1850/1852 Borgentreich-Lütgeneder, St. Michael (Revision des Plans von Uhlmann)
1852 Domkloster, Situationsplan der Choralerei (II, S. 491)
1852 Domkloster, Konzept der Gestaltung einer Krankenhauskapelle im Südflügel (II, S. 517, Abb. 376)
1852/1854 Paderborn-Dahl, Pfarrkirche
1853 Kreis Minden, Vorplanungen für verschiedene Chausseeneubauten (mit Wegebaumeister Stahl)
1853/1857 Salzkotten-Niederntudorf (Kr. Paderborn), Pfarrkiche St. Mathäus
1853/1854 Gütersloh-Friedrichsdorf, St. Friedrich, Projekt, zusammen mit Sohn Carl Ferdinand (1864–1866 ausgeführt)

1854 Kreis Minden, Trassierung des Chausseenetzes (mit Wegebaumeister Stahl)

Niermann, Carl Theodor
Regierungs- und Baurat (geb. 1.10.1846 Minden, gest. 5.3.1898 Münster), Sohn des Bauinspektors Conrad Rembert Niermann. Am 12.11.1869 Ernennung zum Regierungsbauführer. 1882–1883 Reg.-Baumeister in Ziegenhain. März 1883 Versetzung als Kreisbauinspektor nach Goldap und zum 1.12.1887 zum Kreisbauinspektor in Münster (I) ernannt und hier für Stadt- und Landkreis Münster sowie den Landkreis Warendorf links der Ems zuständig. November 1891 nach Kassel als Landbauinspektor und zum 1.1.1892 zur Regierung in Münster versetzt. Dort am 1.4.1892 zum Bauinspektor und zum 20.12.1892 zum Regierungs-Baurat ernannt.

Niermann, Carl Ferdinand
Architekt (geb. 1832 Höxter, gest. 10.1.1896 Berlin-Friedenau), Sohn des Bauinspektors Conrad Rembert Niermann. Einige Pläne in der Plansammlung der Universitätsbibliothek TU Berlin erhalten.
1853 St. Martini, Baufaufnahme (Prüfungsarbeit der Bauakademie in Berlin) (III, S. 264, 466, Abb. 192, 205)
1853/1854 Gütersloh-Friedrichsdorf, St. Friedrich, Projekt, zusammen mit seinem Vater (1864–1866 verwirklicht)

Niermann, Gustav Wilhelm Heinrich
Architekt und Bauunternehmer (geb. 22.3.1856 Dortmund-Aplerbeck, gest. 11.1.1911 Minden). Sohn eines aus Minden stammenden Obersteigers. Nach seinem Zuzug nach Minden vor 1878 lebte das Ehepaar Niermann 1887 zunächst in dem Haus Fischerallee 3, dann aber in dem von Niermann selbst 1892 erbauten Hause Stiftstraße 17. Niermann bezeichnete sich als Maurermeister und Bauunternehmer, nannte sich aber auch Architekt und unterhielt auch eine Zimmerei und Bautischlerei, so daß er für *Ausführung von Neubauten und Bauarbeiten jeder Art* werben konnte. Öfter tritt auch Paul Luhmann als Zeichner von Plänen oder als Statiker von Plänen auf, die Niermann dann als Unternehmer zur Genehmigung einreichte; Luhmann ist darüber hinaus aber auch als Ausführender von Plänen von Niermann nachweisbar, so daß davon auszugehen ist, daß sich beide im Geschäft gegenseitig aushalfen. 1888/1890 werden die Pläne außer von G. Niermann auch von seinem nicht näher bekannten Bruder Hermann Niermann unterschrieben, der dann nur im Jahr 1891 als eigenständiger Architekt in Minden nachzuweisen ist. Er übernahm später die von seinem 1911 verstorbenen Bruder gegründeten Firmen. Niermann unterhielt auf dem Gelände hinter seinem Wohnhaus auch einen Baustoffhandel und -fertigung. So lieferte er 1905/1906 einen Teil des Kalkes, der zum Bau des neuen Regierungsgebäudes verwendet wurde und um 1910 gründete Niermann zusammen mit dem Kaufmann Wöhler die Firma Niermann & Wöhler, die eine große Ziegelei und eine Kiesgrube am Schwarzen Weg nahe dem Bahnhof betrieb. Gustav Niermann war lange Jahre im Vorstand der Hannoverschen Baugewerks-Berufsgenossenschaft sowie Vorsitzender des Baugewerkeamtes Minden und des Vereins der Arbeitgeber und selbständigen Bauinteressenten von Minden und Umgebung.

Die im Besitz des Sohnes Hermann Niermann – 1919 wohnhaft Bäckerstraße 76 – befindliche Firma bestand noch 1919. Die Baufirma Niermann wurde durch den Bauunternehmer Arthur Engelmann übernommen und zunächst als G. Niermann Nachfolger, später dann unter dem Namen Engelmann noch bis etwa 1930 weitergeführt.

Aus der Ehe mit Klara Hillebrand (geb. 5.11.1857 Osnabrück, gest. 15.1.1910) gingen der Sohn Fritz Hermann Gustav (geb. 7.6.1883) und die Tochter Henny (geb. 19.8.1884)

Briefkopf Gustav Niermann, 1895

hervor, die 1905 den Ingenieur Grüning heiratete.
1878/1879 Simeonglacis 5 für Kaufmann Ed. Klünder
1879 Stiftsallee 1, Stall für Regierungsboten Friedrich Schwier
1880 Hahler Straße 31 für Gymnasiallehrer Dr. A. Stange
1880/1881 Domstraße 6, Projekt für Druckereibesitzer Wilhelm Köhler (II, S. 1449 f., Abb. 937)
1881 Hahler Straße 40, Wiederaufbau für Bremser Hohenhaus
1881 Lübbecker Straße 10 für den Fabrikanten W. Münstermann
1881 Lübbecker Straße 80, Umsetzen eines Bauernhauses aus Häverstedt für Wilhelm Röhr
1881 Lübbecker Straße 80, Scheune für Wilhelm Röhr
1882 Hahler Straße 41, Anbau (Plan: Luhmann)
1882/1883 Lindenstraße 25, Fabrikgebäude für Stoffdruckerei Küster
1883 Marienwall 4 für Zahnarzt H. Niemeyer (Ausführung: Schütte & Krause)
1884 Hahler Straße 30 für Zahlmeister Peters
1884 Hahler Straße 41, Anbau
1884 Hermannstraße 36 für Zugführer Valentin Kirmsen
1884/1885 Viktoriastraße 16 für Lokführer Hermann Müller
1885 Hahler Straße 22 für Schornsteinfegermeister G. Lockhaus (vermutet)
1885 Hermannstraße 29 für Bahnhofsschlosser Friedrich Pöpper
1885 Lübbecker Straße 82, Anbau
1885 Melittastraße 10 für Lokführer August Berkenbrink
1885 Paulinenstraße 11 für Regierungs-Kanzlist Adolph Rinne
1886 Heidestraße 13 für Lokführer Julius Kollmeyer
1886 Fischerglacis 17 für Lokführer Heinrich Balke
1886 Fischerglacis 19 für Witwe Inspektor Heinkenschloß
1886 Fischerglacis 23 für Regierungs-Kanzlist Ludwig Weber
1886 Hahler Straße 31, Pferdestall für Lehrer Dr. A. Stange

1886 Hermannstraße 12 für Tischlermeister Heinrich Schweer
1887 Fischerallee 3 für Lokführer Fr. Kausche
1887 Marienstraße 46, Anbau
1887 Rodenbecker Straße 6 für Kreissekretair Antze
1887 Steinstraße 17 für Briefträger A. Lindenberg
1888 Hahler Straße 1 für Rentner August May
1889 Bäckerstraße 59, Gasthaus und Hotel für Gastwirt Beste
1889/1890 Bunte Brücke über die Weser, Ausführung
1889/1890 Hahler Straße 27 für Gymnasial-Lehrer Dr. Schroeder
1890 Hahler Straße 27, Anbau einer Veranda
1890 Königstraße 77 und Zwischenbau zu Nr. 75 für Kaufmann Meyer
1891 Hahler Straße 36 für Gerichtssekretair Schlüter
1891 Minden-Meißen, Dorfschule an der Forststraße
1892 Marienstraße 46, Veranda
1892 Paulinenstraße 11, Anbau
1892 Stiftstraße 17, eigenes Wohnhaus mit Büro
1892 Stiftstraße 22, Umbauten
1892 Simeonstraße 28 für Witwe Wimmer (Ausführung: Schmidt & Krause)
1893 Besselstraße 8, Schuppen
1893/1894 Dankerser Straße 16 für Schaffner Karl Engelking (Ausführung: Maurermeister Luhmann)
1893/1894 Feldstraße 2 für Heinrich Sassenberg (Ausführung: Maurermeister Luhmann)
18894 Hahler Straße 16, Fabrikgebäude für Rieke & Hoberg
1894 Simeonstraße 28, Stallgebäude
1894 Goebenstraße 6 für Katasterzeichner Ernst Göttling
1894 Weingarten 10, Umbau und Erweiterung
1895 Bachstraße 52 für Bahnschlosser Heinrich Grote
1895 Fischerglacis 17, Umbau und Erweiterung
1895 Ritterstraße 13, Neubau des Vorderhauses und Umbau für Kaufmann Leib Levy
1896 Königswall 4, Umbau
1896 Paulinenstraße 14 für den Stationsassistenten Hermann Steinacker
1896 Weingarten 10, Aufstockung Wohnhaus und neue Fassade für Tischlermeister Viehweg
1897 Hahler Straße 55, Umbauten des Hinterhauses
1897 Kampstraße 13, Umbau
1897 Paulinenstraße 14, Anbau Veranda
1897/1898 Hermannstraße 33 für Lokführer Ludwig Cardinal
1898 Brühlstraße 18, Drahtgitterfabrik Knickrehm
1898 Königstraße 98 für Lehrer Reinhard Beyer
1898 Stiftstraße 23, Scheune für Otto Kortum
1898 Stiftstraße 56 für Bäckermeister Fr. Feuring
1899 Brühlstraße 18, Erweiterung der Drahtgitterfabrik Knickrehm
1899 Hermannstraße 12, Werkstattgebäude für Tischlermeister Heinrich Schweer
1899 Stadtbahnhof der Kreisbahn, Nebengebäude
1899 Portastraße 34 für Kaufmann Willibald Rauchhaus
1900 Bachstraße 4, Umbau und Erweiterung der Veranda über dem Eingang
1900 Hahler Straße 53 für Kaufmann Albert Kuhlmeyer
1900 Hermannstraße 36, Einfriedung
1900 Kampstraße 13, Wiederaufbau und Neugestaltung, ferner Lagerhaus für den Zigarrenfabrikanten H. Althoff

1900 Kampstraße 24, Lagerhaus
1901 Königswall 41 für Schmiedemeister Friedrich Jahns
1901 Marienstraße 10, Schaufenster
1901 Marienstraße 157, Wohnhaus, Lagerhaus und Gewächshaus für Gärtner Fritz Kypke
1901 Paulinenstraße 6, Schuppen
1902 Portastraße 34, Verandaanbau
1902 Stiftsallee 6, Wiederaufbau
1903 Dankerser Straße 16, Anbau (nicht ausgeführt)
1903 Hahler Straße 1, Erweiterung
1903 Kampstraße 13, Umbau
1903 Lübbecker Straße 73, Umbauten
1903 Königstraße 19, Einbau Schaufenster
1903 Marienstraße 5, Küsterhaus St. Marien (nicht ausgeführte Alternativplanung)
1903 Simeonglacis 5, Stallgebäude, Anbau
1903/1906 Weserglacis 2, Regierungsgebäude, Maurerarbeiten
1904 Marienstraße 10, Umbau (Ausführung: G. Ed. König)
1904/1906 Klausenwall, Regierungsgebäude, Ausführung der Maurerarbeiten
1905 Kaiserstraße 7, Gartenlaube für Paul Hoberg
1905 Kampstraße 24, Umbau
1905 Königswall 20, Anbauten
1905 Stiftstraße 25, Umbau des Stalls zur Wohnung für Kaufmann Muermann
1906 Bäckerstraße 43, Umbau
1906 Bäckerstraße 50, Sanierung und Neubau Fassade
1906 Cecilienstraße 20/22, Gewächshaus für Gärtner Arthur Schürenberg
1906 Marienstraße 29, Anbau an Lagerhaus
1907 Heidestraße 14 für Stabssekretär a. D. Leopold Kuhr
1907 Stiftstraße 19, Wohnhaus für eigene Zwecke
1907 Vinckestraße 3, Domkaplanei, Kostenanschlag zur fiskalischen Ablösung (II, S. 1329)
1908 Hahler Straße 67 für den Oberpostassistenten Wilhelm Schacher
1908 Neuplatz, Entwässerung
1908 Tonhallenstraße 5, Kreishaus, Einfriedung
1908/1909 Hermannstraße 60 für Bäckermeister Hermann Rippe
1909 Greisenbruchstraße 22, Dachausbau
1909 Hermannstraße 33, Ausbau des Dachgeschosses
1909 Hermannstraße 58, Einfriedung
1909/1910 Blumenstraße 2 für den technischen Eisenbahnsekretair Adolf Evert
1910 Königstraße 14, Neustuckierung der Fassaden, Umbau und neues Wirtschaftsgebäude für Schlachter Neuhaus
1910 Marienstraße 29, Toilettenanbau
1910 Schwarzer Weg 12, vier Trockenschuppen und Pferdestall der Ziegelei Niermann & Wöhler
1910 Stiftstraße 18, Wiederaufbau nach Brandschaden
1911 Stiftstraße 19, Umbau (Ausführung: A. Engelmann)
1911/1912 Bierpohlweg 37 für Postschaffner Friedrich Hedder

Niermann, Johann Henrich
Zimmermann.
1739 Kampstraße 30–34 (unbekanntes Haus), Reparaturen

Niermann, Heinrich
1919 Königstraße 19, Durchbau des Lagerhauses zu einem Wohnhaus

Niermann, Hermann
Architekt, offensichtlich ein Bruder des Maurermeisters G. Niermann, der 1888/1890 auch in dessen Firma arbeitete.
1891 Königstraße 87 für Friedrich Meyer

Niermann, Wilhelm
Maurerpolier in Kutenhausen
1876 Marienglacis 29 für den Zigarrenfabrikanten C. Höker/Bremen (Plan: Luhmann), zusammen mit Borgmann und Röckemann

Niermann & Wöhler
Die Firma, im Besitz von Maurermeister Gustav Niermann und Kaufmann Friedrich Wöhler, wohl von etwa 1910 bis 1918 bestehend, wobei sie umfangreiche Ländereien des Gutsbesitzers Pleuger (siehe Viktoriastraße 18) westlich der Eisenbahn am Schwarzen Weg übernahm, um hier eine schon bestehende Ziegelei (siehe Schwarzer Weg 12–22) sowie eine Kiesbaggerei (siehe Schwarzer Weg 8) zu betreiben. 1912 als Dampfziegelei und Kiesbaggerei Niermann & Wöhler am Schwarzen Weg genannt. Nachdem Niermann 1911 verstarb, wurde der Betrieb wohl ganz von Friedrich Wöhler übernommen. Er wohnte 1908 Königswall 6 und 1912/1919 in dem der Firma nahen Haus Prinzenstraße 1. Hermann Niermann wird (offensichtlich als Teilhaber) noch 1919 als Ziegeleibesitzer genannt.

Nierste, Erhard
Bau-Ing. Grad. in Hannover.
1969 Sedanstraße 10, Anbau

Niestroi, Franz
Architekt, Hahler Straße 71
1950 Hahler Straße 55, Ladenanbau an Hinterhaus

Nietz, Johann
Geb. 12.6.1803 Camnitz bei Tuchel/Westpreußen, gest. nach 1866 Berlin. Verheiratet seit 1845 mit Pauline Steinhaus. 1823 Feldmesser in Bromberg, 1828–1832 Studium an der Bauakademie Berlin, Zeichnete zwei Jahre am Architektur-Werk des Oberlandesbaudirektors Schinkel mit und besuchte Vorlesungen der königlichen Universität und der Bauakademie über Geschichte, monumentale Baukunst, Ästhetik, Land-, Wasser-, Wege-, Brücken-, Strom- und Maschinenbau, seit 1833 bei der Oberbaudeputation beschäftigt, seit 1844 bei der Ministerial-Baukommission. Seit 1850 Regierungs- und Baurat. Zwischen 1848 und 1865 war er mehrmals unentgeltlich als Architekt des Ministeriums für auswärtige Angelegenheiten mit Aufträgen in Paris und Rom. 1865 wurde er von Berlin nach Minden auf die Stelle des I. Regierungs- und Baurates versetzt, trat aber die Stelle aus Krankheitsgründen nicht an. 1866 zum geheimen Regierungsbaurat in Berlin ernannt und zugleich pensioniert (siehe auch KIELING 1987, S. 205). Militärische Laufbahn: 1840 Premier-Lieutenant, 1845 Hauptmann und dann 15 Jahre in der Königlichen vereinigten Artillerie- und Ingenieur-Schule zu Berlin im Bereich der militärischen Wasser-Baukunst beschäftigt (STA DT, M 1 Pr. Pers. II Nr. 121, 122).
1833 Berlin, Neuer Packhof, Erweiterungsbau
1843/1855 Berlin, Kirche St. Johannis, Erweiterung und Turm
1853 Berlin-Spandau-Kanal, Bauleitung
1848 Berlin, Königliche Allgemeine Artillerie- und Ingenieursschule, Bauleitung
1857 Berlin, Charlottenburger Chaussee, Steuerhäuser
weitere Bauten (nach eigenen Angaben)
Berlin-Charlottenburg, Salzmagazin und Hafenanlage
Berlin, Verschönerungsbau des Oranienburger Tores
Berlin-Schöneberg, Pollmannshaus im Botanischen Garten
Berlin, Spreebrücke und Zwillingsbrücke am Humboldthafen
Berlin, Herrenhaus, Erweiterungsbauten
Berlin, Wilhelm-Gymnasium, Bauleitung
Berlin, Bartholomäuskirche, Bauleitung
Berlin, Schuldgefängnis, Bauleitung
Berlin, Anatomie, Bauleitung

Nissle, F.
Postbaurat in Minden.
1921   Lichtenbergstraße 12/12 a, Doppelhaus für die Oberpostdirektion
1921   Königstraße 109/109 a, Doppelhaus für die Oberpostdirektion (Ausführung: Kochbeck & Kuhlmann)
1947   Dom, Nachkriegszustand (II, S. 8)

Firma **Nitschke**, fälschlich **Nitsche**
Glaserei.
1949   Domkloster, Wiederaufbau des Südflügels, Fenster in der Kapelle (Entwurf: March) (II, S. 524)
1968 (?) Dom, Wiederaufbau, Verglasung der Klosterkapelle (Pläne: March) (II, S. 445)

Firma Georg **Noell**
Würzburg.
1951/1952 Dom, Wiederaufbau des Querhauses, Stahlfaltdach (II, S. 430)

Noll
Metallwaren- und Maschinenfabrik in Minden. 1849 durch Elias Noll gegründet und seit 1874 am Marienglacis 37/39 (zur Geschichte siehe dort).
1870   Brüderstraße 16, Krankenhaus, Einrichtung des Badezimmers

Nolting
1857 als Zimmergeselle in Minden-Meißen Nr. 27 (heute Notthorn 4) genannt, 1864 in Meißen Nr. 44 (heute Grille 66). 1872 wohnte der Zimmermann und Taxator Nolting auf Notthorn. Siehe Meißen 1990, S. 137 und 143.
1858   Minden-Meißen, Schule
1864   Minden-Meißen, Nr. 71 (Forststraße 48), Armenhaus der Gemeinde

Nord oder **Nordt**, Eduard
Orgelbauer und Instrumentenmacher, wohnte 1818–1851 in dem ihm gehörenden Haus Hohe Straße 12.

Nord oder **Nordt**, Christoph
Orgelbauer. Stammt wohl aus Magdeburg. Gesellenzeit in Bremen (Brandhorst 1991 a, Anm. 109, S. 283. – Brügge 1996, S. 129).
1815   St. Simeon, Arbeiten an der Orgel (III, S. 745)
1817   St. Martini, Repartur der Orgel (III, S. 384)

Nüchter (?)
1937 Regierungsbaurat beim Heeresbauamt in Minden (I.2, S. 761), im selben Jahr als Regierungsbaurat beim Heeresbauamt II in Bielefeld genannt (I.2, S. 794).
1937   Simeonsplatz 6, neuer Krankenstall, Entwurf (I.2, S. 761)
1937   Simeonsplatz 18, Geschützschuppen (I.2, S. 794)
1939   Simeonscarré, Kaserne III, Ausführungszeichnung (I.2, S. 741, Abb. 494, Pläne Nr. 4)

Nüttgens, Heinrich
Kunstmaler in Düsseldorf.
1901   Dom, Chor, Vorschlag zur Neuausmalung (II, S. 460)

Oberhaus
Architekt in Bielefeld, führte wohl das Büro des Architekten A. Münstermann weiter.
1982   Kampstraße 18, Parkhaus Hagemeyer, Verlegung der Warenannahme
1982/1983 Kampstraße 19, Parkhaus Hagemeyer, Umbau der Einfahrt
1984   Kampstraße 18, Parkhaus Hagemeyer, Aufsetzen einer zusätzlichen Ebene

Oberle, Karl
Architekt (geb. 13.1.1873 Sasbachwalden/Baden) bei der Regierung in Minden (1903–1908), kam 1903 aus Karlsruhe nach Minden, wohnte Obermarktstraße 30, 1905 Brühlstraße 14 und verzog 1908 nach Frankfurt am Main. Ein Teil der Akten aus seinem Büro in Minden der Zeit zwischen 1903 und 1909 ist im Staatsachiv Detmold, Bestand D 72 erhalten geblieben.
1903   Marienglacis 45, Lagerhaus für Kaufmann W. Meier (nicht ausgeführt)
1903   Obermarktstraße 30, Umbau
1906/1908 Tonhallenstraße 5, Kreishaus, Bauleitung für Regierungsbaumeister P. Kanold
1906/1909 Warburg-Wormeln, katholische Kirche, Sanierung
1907   Marienmünster, Instandsetzung der Klosterkirche Marienmünster

Ochsenfarth
Restaurierungsbetrieb in Paderborn.
1987   Dom, Restaurierung des Innenraums (II, S. 460)
1980   St. Simeon, Restaurierung des Gedenkbildes für Bürgermeister Henrich Schmitting und seine Frau (III, S. 764)
1990   Schwichowall 1, Schwichow-Denkmal, Restaurierung (I.2, S. 915)
1990/1991 St. Simeon, Restaurierung der Bilder an den Priechenbrüstungen (III, S. 751)
1992   St. Martini, Restaurierung der Emporenbilder (III, S. 389)

Odenbach, Louis
Ingenieur in Nordwalde, Kr. Steinfurt.
1911   Lindenstraße 35, Kesselhaus für Druckerei Küster

Oetting, H.
Petershagen.
1921   Marienstraße 58, Autohalle für Kaufmann Georg Lange

Oettinger
Ingenieur-Offizier (geb. 1796). 1815 Lieutenant, 1827 Kapitän, 1845 Major und 1858 Oberst. Als Inspekteur der 6. Festungs-Inspektion 1858 aus dem Dienst geschieden (VON BONIN II, 1878, S. 302).

Ohlsson, M. & O.
Glockengießerei in Lübeck.
1913   Dom, Arbeiten an den Glocken (II, S. 845, 847)

Oidtmann, H. (auch **Dr. H. Oidtmann & Co.**)
Dr., Glasmalereibetrieb in Linnich/Rheinland.
1868   St. Petri, Neuverglasung (Grisaille-Rosetten) (III, S. 581)
1956–1957 Dom, Wiederaufbau, Ausführung der Fenster (Entwurf: Alois Wendling 1955) (II, S. 445)

Okal-Fertighäuser
Otto Kreibaum KG. 1959 als Produktionsstätte von Fertighäusern in Lauenstein/Hannover gegründet.
1960   Dankerser Straße 23 a
1964   Bleekstraße 11 für Klaus Strätger
1964   Hopfengasse 5
1968   Gartenstraße 3 für Dr. Günter Eberlein
1969   Marienstraße 145 a für Wilfried Fabry
1969   Sedanstraße 12 für Irmgard Bake

Oldekop
Malermeister. Erwarb um 1795 das große Anwesen Hohe Straße 1.

Orlik, Alfred
Architekt in Minden.
1972   Marienstraße 142, Umbau

Ostendorf, Edith
Textilkünstlerin (geb. 27.1.1911 Altenessen, gest. 1.5.1985 Paderborn), die in Paderborn eine Paramentenwerkstatt betrieb. Ausgebildet wurde Edith Ostendorf an der Werkkunstschule

in Münster, wo sie Lotte Bach und Hildegard Fischer kennenlernte, mit denen sie auch zusammenarbeitete. Nach kurzem Aufenthalt an der Werkkunstschule in Köln eröffnete sie ihre Werkstatt in Paderborn, wo sie liturgische Gewänder herstellte und als Restauratorin arbeitete.

1961 Dom, mehrere Chormäntel (II, S. 1054 f.), Mitra (II, S. 1056), zwei Paar Handschuhe (II, S. 1057 f.)

Ostermann, Laurenz
1559 als Zimmermeister in Minden genannt (KAM, Mi, A I, Nr. 639).

Ostermeyer, Henrich
Meister-Knecht.
1594 St. Simeon, Aufsetzen des Turmhahnes (Turmbau: M. Johan Schirnieke; Schmieden des Hahnes: Jürgen Tacke) (III, S. 705)

Ostermeyer, Rudolff
1622 als Steinhauer in Minden genannt (KAM, Mi B 275 alt).

Ostermeyer, Wilhelm
Bau-Ingenieur in Scheie Nr. 73 (Schaumburg-Lippe), der auch als Unternehmer arbeitete.
1951 Ulmenstraße 11 für Sophie Schröder

Ostwald, Johan Christ.
1768 Maurermeister, wohnte am Neuen Thor.

Ostwald, J. W.
Architekt in Bremen, Büro Contrescarpe 77.
1938 Markt 22, Umbauten im Vorderhaus und Kinoanbau

Ostwaldt
Künstlerin.
1955 Markt 1, Rathaus, Griffe der Türen in Emaille

Ott, Paul
Orgelbauer in Göttingen.
1954/1955 St. Marien, Orgelneubau nach Kriegszerstörung, Entwurf unter Beteiligung Werner Marchs (III, S. 173 f.)
1974 Dom, Continuo-Orgel (II, S. 843)

Ott, Adolf
Architekt BDA (geb. 10.3.1890 Mainz, gest. 9.5.1960 Dortmund), der sich um 1920 mit einem bald überregional tätigen Büro in Dortmund niederließ (1945–1950 in Schmallenberg/Hochsauerland). Plante insbesondere eine große Zahl von Lichtspielhäusern, Theatern, Hotels und Gaststätten in Westfalen mit Schwerpunkt im Raum Dortmund/Bochum sowie Bad Oeynhausen.
1913/1915 Bad Oeynhausen, Kurtheater, örtliche Bauleitung
1914/1917 Königswall 28, staatliches Gymnasium, örtl. Bauleitung (Plan: Reg.-Baumeister Ritter)
1924/1928 Wilhelmstraße 6, Fassade für Bankrat Henning (örtliche Bauleitung: R. Moelle; Ausführung K. Weber/Porta Westfalica)
1926 Dortmund, Ostenhellweg 3, Umbau des Wohn- und Geschäftshauses
1928 Dortmund, Hansastraße 24, Wohn- und Geschäftshaus für Witwe Moritz Kaufmann
1928/1929 Bad Oeynhausen, Herforder Straße 33, Erweiterung Hotel Fürstenhof (KÖSTER 1985, S. 80)
1933/1939 Dortmund, Enscheder Straße 15, Kirche St. Albertus Magnus
1934 Hamm, Ostenallee 62, Villa für Dr. jur. Heinrich Winter
1937 Hamm, Heßlerstraße 26, evangelisches Pfarrhaus, Umbau des Dachgeschosses
1938 Werl, Kirchplatz, Verwaltungsgebäude, Trauungszimmer
um 1940 Dortmund, Stadtschänke
um 1940 Marl-Hüls, Gaststätte Loermühle

vor 1945 Nordkirchen, Schloß Nordkirchen, Umbau
um 1950 Fredeburg, Wiederaufbauplanung
1951 Hamm, Jägerallee 50, Wohnhaus für Dr. H. Schröder (Bauleitung Dohle; Ausf. Bönninghaus)
1953 Herford, Bahnhofsplatz 6, Hotel Stadt Berlin, Umgestaltung
Olpe, Kölner Straße 15, Hotel Tillmann

Otte, Heinrich
Zimmermeister.
1886 Dankerser Straße 38 für Schaffner H. Höltkemeyer (nach Plan Jacobi) mit Maurermeister H. Wehrmann)

Otten, August
Schreiner in Nieheim.
1949 Domkloster, Bänke der Klosterkapelle (II, S. 745)

Otto, Heiner
Architekt.
1982 Videbullenstraße 15, Sanierung

Otto, Oskar
Bautechniker.
1893 Stiftstraße 62, Bauplan Lagerschuppen (ehemals »Interimskirche« aus Lerbeck) (Ausführung: Wickenkamp/Lerbeck)

Owcrzarski, P.
Architekt in Petershagen.
1991/1995 Königstraße 21, Sanierung

Paetz, Wilhelm
Regierungsbaumeister, wohnte 1898 Hohnstraße 31 (heute Scharn 19).
1898 Dom, Sicherung des Chores, Planung der Fundamentunterfangung (zusammen mit Regierunsrat Grahmann) (Leitung: Baurat Engelmeier) (II, S. 368, 377)

Pagenstecher, Rudolf Viktor Gabriel
Ingenieur-Offizier (geb. 24. 4. 1802 Osnabrück, gest. 5. 5. 1889 Pfaffendorf). 1821 Lieutenant, 1842 Hauptmann, 1805 Major. 1851 als Platzingenieur in Minden genannt. 1859 Oberst, 1863 General-Major, 1866 General-Lieutenant und Inspektor der 3. Ingenieur-Inspektion. 1867 aus dem Dienst verabschiedet (VON BONIN II, 1878, S. 203). War wohl über die fortifikatorischen Tagesaufgaben hinaus auch an der Befestigungsgeschichte Mindens interessiert (I.2, S. 126).
1836 »Korrektur der Wasser-Ableitung an der Haupt-Graben-Caponière am Königstor« (I.2, S. 218, Abb. 103, Kat.-Nr. 78)
1837 »Brückenkopf, Änderungsprojekte« (I.2, S. 505 f., Abb. 326, Kat.-Nr. 257)
1837 »Batardeaux bzw. Graben-Caponièren im Brückenkopf« (I.2, S. 507 f., Abb. 327, Kat.-Nr. 258)
1838 »Plan der Festung ... im Jahr 1837« (I.2, S. 157–162, 722, 743, Abb. 19, 67, Kat.-Nr. 39)
1838 »Festungsplan« (I.2, S. 126, Kat.-Nr. 24)
1838/1845 »Bartadeaux und Schleusen« (zusammen mit von Gaertner) (I.2, S. 197–199, Abb. 99, Kat.-Nr. 63)
1852 »Defensions-Kaserne« (Simeonsplatz 12) (I.2, S. 427, Kat.-Nr. 216)
1853 Simeonsplatz, Artilleriewagenhaus No. 2 (zugeschrieben)
1853 Großer Domhof, Domkloster, Begutachtung der Böden im Ostflügel für die Intendantur des 7. Armeekorps/Münster (zusammen mit anderen) (II, S. 504 f.)
1853 »Wagenhaus No 2, Projekt« (Simeonsplatz 21) (Entwurf zugeschrieben) (I.2, S. 471–474, Abb. 296 f., Kat.-Nr. 239)
1855 Großer Domhof 8, Kurienhof, Lageplan und Grundrisse (II, S. 1264)

1856 »Umbau des *Cölner Thores*« (Bahnhofsbefestigung) (I.2, S. 57, 526 f., Abb. 338, Kat.-Nr. 271)

Panzer, Kurt
Inhaber und Leiter der von 1923 bis 1928 bestehenden Baufirma »Westfälische Baugesellschaft« (siehe dort).

Pappert & Weichynik
Architekturbüro in Bielefeld.
1997/1998 Pöttcherstraße 27, Altenwohnungen für AWO

Architekturbüro **Parallel**
1990 von Dipl.-Ing. Thomas Engel und Dipl.-Ing. Gottfried Kasel in Minden gegründet. Seit Anfang 2004 ist Thomas Engel alleiniger Inhaber des Büros.
1995 Simeonsplatz, Stall A und B mit Reitbahn, teilweiser Rückbau (I.2, S. 759)
1999 Simeonsplatz 6, Verbindungsbau zwischen neuem Krankenstall (Nüchter 1937) und Reithalle (I.2, S. 761)
2001 Simeonscarré o. Nr., Krümperschuppen, Umbau (I.2, S. 768, Abb. 509)

Passoth & Beisner
Gleisbaufirma in Osnabrück.
1919 Umbauten des Gleisfeldes im Bahnhof Minden-Stadt der Kreisbahn
1919 Umbauten des Gleisfeldes im Bahnhof Minden-Übergabe der Kreisbahn

Peez, Hubertus
Restaurator in Marsberg-Obermarsberg.
1976 Dom, Restaurierung eines gotischen Kreuzes (II, S. 787)
1978–1980 Dom, Restaurierung Kanzelfiguren (II, S. 715)
1978 Dom, Tür eines barocken Reliquienschranks, Kostenanschlag Restaurierung (II, S. 751)

1978 Dom, Restaurierung Johannesfigur (II, S. 806 f.)
1978 Dom, Kostenanschlag Restaurierung Marienunterweisung und Hl. Agatha (II, S. 814 f.)
1980 Dom, Restaurierung Marienkrönung (II, S. 785)
1980 Dom, Westorgel, Restaurierung und Sicherung der Reste (II, S. 833)
1983 Dom, Restaurierung Madonna mit Taube (II, S. 801–803)
1986 Dom, Kostenanschlag Restaurierung ›Aufnahme Nepomuk in den Himmel‹ (II, S. 868)
1987 Dom, Restaurierung einer Pietà (II, S. 807)
1987 Dom, Restaurierung ›Veronika mit dem Schweißtuch‹ von Hendrik de Clerk (II, S. 870)
1987 Dom, Restaurierung Widmungsbild für Abt Arnold von Huysburg (II, S. 875)
1988 oder früher Dom, Untersuchung und Kostenanschlag zur Restaurierung des ›Bischof Bruno von Minden‹ (II, S. 873)

Pehsehina
Maler.
1822 St. Martini, Reinigung des Martinsbildes (III, S. 397)

Peitsmeier
Uhrmacher, wohnte 1857 Obermarktstraße 20.

Penseler, Kurt
Baurat in Minden (geb. 31.3.1904, gest. 22.6.1945), auf dem Alten Friedhof beerdigt.

Persius
Konservator der Kunstdenkmäler.
1886 Dom, Gutachten zur Wiederaufstellung des barocken Hochaltars (II, S. 604)

Pescheck, Carl Justus Ludwig
Maler und Reproduktionsgrafiker in Dresden (1803–1847).
1838 Dom, Innenansicht nach Osten, nach A. Wenderoth (II, Abb. 12)

Peter, Friedrich
Schmiedemeister, übernimmt vor 1832 das Haus der Witwe Ernsting, Hufschmiede 2 und führt den Betrieb weiter.

Peter, Friedrich
Restaurator und Kirchenmaler in Stemwede-Levern.
o.J. St. Marien, Restaurierung des Gemäldes der Grablegung Christi (III, S. 177)
1962 St. Martini, Restaurierung der Kanzelfassung (III, S. 381)
1964 St. Simeon, Freilegung und Restaurierung der spätgotischen Ausmalung (III, S. 666)
1965/1667 St. Marien, Restaurierung von Kanzelkorb und -tür (III, S. 178)
1966 St. Martini, Orgel, Restaurierung Fassung (III, S. 386)
1967 St. Marien, Restaurierung Epitaph des Joachim von Gladbeck (III, S. 187)
1966 St. Martini, Restaurierung Empore und Brüstungsbilder (III, S. 388)
1966 St. Simeon, Freilegungsproben Kanzel (III, S. 737)
1968 Dom, Restaurierung der Figuren des Kreuzaltars (Stifteraltar von Vincke) (II, S. 640)
1968 Dom, Restaurierung Josephfigur mit Jesusknaben (II, S. 810)
1973 St. Marien, Restaurierung Passionstryptichon (III, S. 175)
1971 Dom, Restaurierung einer Pietà (mit Bildhauer S. Springer/Münster) (II, S. 793)
1974 St. Simeon, Restaurierung Altaraufsatz von 1640, Kanzel und Korver-Epitaph (III, S. 737, 758)
1975/1977/1978 Dom, Restaurierung von Kanzelfiguren (II, S. 715)
1979/1980 St. Johannis, Befunduntersuchung Wand- und Gewölbemalerei (mit Becker & Hegerfeld/Stemwede-Haldem) (III, S. 38)
1983 St. Simeon, Restaurierung der Predella aus dem 15. Jh. (III, S. 734)

Petermann
Tischlermeister, wohnte 1851 Königswall 75.

Peters und Völker
Holzschneiderei, Dampfmühle und Kistenfabrik. 1891–1905 auf dem Firmengelände Lübbecker Straße 12. Hermann Peters war Kaufmann.

Peters
Schmied in Minden.
1830 Martinitreppe, Geländer

Peters, Otto
Glasmalereibetrieb in Paderborn.
1956 Dom, Wiederaufbau, Ausführung der Fenster (Entwurf: Vinzenz Pieper 1955) (II, S. 445)
1987 Dom, Querhaus, Verglasung des Südfensters (II, S. 439, 446)

Peters
Ingenieur.
1880/1881 Planungen zur Anlage der Kanalisation (siehe Schierholzstraße 10)

Petersen, Carl
Bauingenieur (geb. 28.10.1901 Hamburg) kam 1945 nach Minden und wohnte Wittekindsallee 22. War mit Else Schmidt (geb. 20.5.1902 Stuttgart) verheiratet, vier in Hannover geborene Kinder: Siegfried, Renate, Karl-Werner und Elisabeth.

1952   Marienstraße 52, Umbau für Kreis-Handwerkerschaft
1957   Marienstraße 50, Umbau Remise zur Wohnung

Petersen, H.
Tischler.
1793   Großer Domhof 9, Kurienhof, Neubau (Plan: Kloth 1793) (II, S. 1281)

Petersen
Tischlermeister, wohnte 1851 Umradstraße 4.

Petersen
Tischlermeister, wohnte 1851 Pöttcherstraße 14.

Petersenf
Bauführer.
1853   Kaiserstraße 33, Oberpostdirektion, Mitarbeit an der Planung

Petit & Edelbrock
Glockengußanstalt in Gescher/Kr. Coesfeld.
1903   Dom, Neuarmierung der beiden großen Glocken (II, S. 846 f.)
1946–1948 Dom, Umguß der fünf Glocken des Westwerks (II, S. 852 f.)
1949   Dom, Glockenstuhl im Westwerk (Aufbau: Bauschlosserei Gottfried Funken/Minden) (II, S. 852 f.)
1983   St. Ansgar-Straße 6, 4 Glocken für die katholische St. Ansgar-Kirche

Petrucco & Girolani
Spezialfabrik für Mosaiken und Terrazzoarbeiten in Hannover, ferner Marmor- und Steinschleiferei. Die Firma eröffnete 1901 eine eigene Niederlassung in Minden, wozu auf dem Gelände Gutenbergstraße 4 eigene Betriebsgebäude errichtet wurden.
1902   Immanuelstraße 20, städtisches Badehaus, Terrazzoarbeiten

Pfeifer Seil- und Hebetechnik GmbH
Memmingen.
1995   Glacisteg über die Weser (zusammen mit Becker/Minden) nach Plan: Schlaich, Bergermann & Partner

Pfeiffer
Ingenieur in Halle an der Saale.
1886   Portastraße 23, Planung für das städtische Wasserwerk

Pfeiffer, Georg
Architekt in Eisbergen, später Hausberge.
1921   Melittastraße 3, Umbau für Großhändler A. Weinberg
1926   Königstraße 38, Gutachten über den Zustand

Jocob Pickel & Co.
Steinbruch in Kottenheim.
1912   Wasserstraßenkreuz, Verkleidung der Pfeiler der Kanalbrücke über die Weser mit Basaltlava
1913   Wasserstraßenkreuz, Schachtschleuse, Verblendsteine der Hochbauten

Piedboef, Jacques
Kesselfabrikation in Aachen.
1918   Festungsstraße 3, Kessel Nr. 10 486 für Dachpappenfabrik Timmermann

Pieper, A.
Architekt (?) bei der Köln-Mindener Eisenbahn in Köln.
1873   Bahnhof, Anbau eines Telegrafenbüros

Pieper, Fr.
Architekt in Minden.
1912–1914 St. Petri, Instandsetzung und Umbau (zusammen mit anderen) (III, S. 584)

Pieper, Friedrich (Fritz)
Gartentechniker später Gartenarchitekt. Pieper wurde am 14.7.1881 in Barmen als ältestes von sieben Kindern des Gärtners Friedrich Pieper (geb. 9.9.1849 Kleinenmarpe/Detmold) und der Minna (geb. 14.8.1855 Ueppentrup/Detmold) geboren. Die Familie lebte 1900 Büntestraße 2. 1914 betrieb Friedrich Pieper eine Gärtnerei Büntestraße 4, Fritz Pieper unter gleicher Adresse ein Gartenbaugeschäft und an der Hohnstraße 19 ein Blumengeschäft und der jüngere Bruder Wilhelm (geb. 24.8.1888) wurde ebenfalls als Gartentechniker bezeichnet. Die Gärtnerei später von Wilhelm Pieper weiterbetrieben.

1927/1930 Horn-Bad Meinberg, Bad Meinberg, Kuranlagen »Berggarten«.

Pieper, Klaus
Geb. 1913, gest. 1995. Professor für Hochbaustatik an der technischen Universität in Braunschweig.

1978 Dom, Wiederaufbau Querhaus, Gutachten zu Baubewegungen (II, S. 136, 222)

Pieper, Vinzenz
Maler, geb. 1903 Münster, gest. 1981 Münster. Ab 1947 Lehrauftrag an der Kunstgewerbeschule in Münster und von 1955–1969 Professor für freies Zeichnen und Malen an der TU Berlin. Danach Atelier in Münster. Fertigte eine große Zahl von Vorlagen für Fensterverglasungen in Kirchen und öffentlichen Gebäuden.

1956–1957 Dom, Wiederaufbau, Neuverglasung (zusammen mit Anton Wendling) (Wettbewerb 1955) (Ausführung: Otto Peters, Hein Derix) (II, S. 445, 451–453)
1958 Dom, Wiederaufbau Paradies, Entwürfe Tympanongestaltung (nicht ausgeführt) (III, S. 205)

Pier, Hermann
Künstler in Mulartshütte.
1959 Dom, Erzengel Michael (Eingangshalle) (II, S. 779)

Pietsch, Johannes
Baurat. 1840 in Rheine tätig, 1853 in Berlin als Baumeister nachweisbar. 1856 in Breslau und in diesem Jahr zum Kreisbaumeister in Rheine ernannt. In dieser Funktion bis 1866 tätig, dann als Bauinspektor zur Regierung nach Minden versetzt. 1874 wurden wegen des Eingehens der Festung Minden die Kasernen-, Proviant- und Lazarettbauten der Civil-Bauverwaltung (Inspektor Pietsch) überwiesen, der aber dazu Hilfskräfte benötigt. Pietsch erstellte ein Verzeichnis der Bauten (STA DT, M 1 I C, Nr. 206). 1874 nach Fertigstellung der durch ihn geplanten neuen Weserbrücke zum Regierungs- und Baurat in Minden ernannt und 1877 von dort zunächst kommissarisch und 1878 nach Oppeln beurlaubt und 1880 dann von Minden nach Torgau versetzt. Dort noch 1893 nachweisbar (Barth 1982, S. 928. – Harries 1987, S. 406).

Zunächst 1866 kurz in dem neu errichteten Haus des Architekten Wilhelm Moelle und bereits im gleichen Jahr in dem von ihm erworbenen Haus Pionierstraße 7 wohnend.

1840 Rheine, Protokoll der Emsbefahrung
1857 Greven, Revision der Dampfkessel der neuen Spinnerei Becker & Schründer
1858 Gutachten zum Ausbau der Oberems
1866 Großer Domhof 3, Kurienhof, Detailzeichnung zum Abwasserproblem (II, S. 1204, 1208)
1867 Planung städtisches Gaswerk (Friedrich-Wilhelm-Straße 8)
1867 Vinckestraße 3, neue Domkaplanei (II, S. 1327)
1867 Großer Domhof 1–2, Neubau des Verbindungstraktes sowie Umbau des Kurienhofs (Bauführer: Hermann, Bau-

unternehmer: Usadel) (II, S. 1190, 1204, 1209, Abb. 740)
1868 Domkloster, Pläne und Kostenanschlag Verbindung von Ost- und Südflügel (II, S. 505)
1868/1872 Bad Oeynhausen, Planungen und Bauüberwachung evangelische und katholische Kirche (Köster 1985, S. 36–38)
1869/1870 Poststraße 4, Reichsbankgebäude
1871/1874 Weserbrücke, Planung und Leitung des Neubaus
1872/1873 Großer Domhof 10–11, Kurienhöfe, Revision des nicht ausgeführten Saalanbaus (Plan: Thornow) (II, S. 1302)
1872/1874 Bad Oeynhausen, evangelische Auferstehungskirche, Bauleitung
1873–1875 Großer Domhof 10, Präsidialkurie, Modernisierung sowie Einbau eines großen Speisesaales (Bauleitung) (II, S. 1295)
ab 1874 Dom, Außenrestaurierung Langhaus, Planung zu Strebepfeilern (Ausführung: W. Moelle, Steinmetzmeister Beissner) (II, S. 299, 418, 429)
1874 Dom, Westwerk, Planung neue Schieferdeckung (Ausführung: Wilhelm Menke, Emil Boshardt) (II, S. 429)
1875 Dom, Westwerk, Schadensfeststellung und Reparaturvorschläge (II, S. 130 f.)
1876 Espelkamp-Isenstedt-Frotheim, Entwurf neue evangelische Kirche (nicht ausgeführt)
1877 »Projekt zur Aufstockung der Defensions-Kaserne« (Simeonsplatz 12) (Zeichner: Hildebrandt) (I.2, S. 428–430, Abb. 262 f., Kat.-Nr. 217 f.)
1877–1880 Dom, Außenrestaurierung Langhaus, Planung und Kostenanschläge zu Maßwerk und Verglasung (Bauführer: J. Müller, Entwurf Verglasung: von der Forst; Ausführung Maßwerk: W. Moelle) (II, S. 299 f., 442 f.)

1878 Dom, Querhaus, Planung und Leitung Maßwerkerneuerung und Neuverglasung (Ausführung Maßwerk: W. Moelle 1879) (II, S. 221, 442)
1879 Dom, Sicherung Chor, Kostenanschlag (II, S. 375)
1879 Dom, Schadensmeldung Westorgel (Reparatur: Orgelbauer Kummer) (II, S. 825)
1879/1880 Dom, Innenrestaurierung Langhaus, Neufassung (II, S. 458)
1879 Vinckestraße 1, Kurienhof, Ablehnung des Abbruchs sowie Zeichnung der Grundstückssituation (II, S. 1316)

Pipping
Erster Architekt im Büro des Regierungsbaumeisters Carl Moritz in Köln.
1905 Tonhallenstraße 3, Stadttheater, Detailentwürfe

Pisoni, Agostino
1766 Dom, Neufassung, Reparaturen (II, S. 456)

Pistoll, Emil
Betrieb 1926 die Firma »Mindener Terrazzo- u. Kunststein-Industrie« Brühlstraße 14.

Plan-Haus OHG
Baufirma in Hannover.
1978 Bachstraße 39 für P.G. Haak

Planungsgruppe Minden
Bürogemeinschaft von Hans-Günter Waltke und Jörg Halstenberg.
1997 Hahler Straße 5 für Glas-Fischer

Plenge
Ingenieurbüro in Petershagen-Heimsen.
1998/2002 Am Exerzierplatz, ehemalige Gneisenau-Kaserne, Umnutzung (Plan: Jörg Albersmeier) (mit Friedhelm Schulte) (I.2, S. 864)

Plewe, Johann Michael
1733 Drechsler.

Plinke, Hermann
Oberregierungs-und Baurat beim Staatsbauamt Minden, wohnte 1927 Prinzenstraße 8b.

Plisch
Ingenieur (?).
1798   Plan des Weserstromes vor der Stadt Minden (V, S. 1756)

Plöger, August
Bauingenieur.
1960   Bachstraße 41

Plöger, H.G.
Dipl.-Ing. in Detmold.
1955   Hardenbergstraße 6 für Lehrerin Witwe Else Schneider
1958   Lindenstraße 30, Projekt für einen Neubau

Plöger, Wilhelm
Bautechniker und Baugewerksmeister sowie Zimmermeister, der ein Baugeschäft und einen Zimmereibetrieb für Hoch- und Tiefbau unterhielt. Bezeichnete sich auch als Bauunternehmer und vermietete Dampf- und Kunstrammen. Die Firma bestand wohl seit 1897 und scheint um 1908 auch den Baubetrieb von Max Schütte übernommen zu haben. Der Betrieb arbeitete auf dem Gelände Fischerglacis 21, wobei das gepachtete Land erst 1909 erworben werden konnte. Zu dieser Zeit wohnte Plöger am Priggenhagen 19. Während zunächst auf dem Betriebsgelände nur provisorische Gebäude errichtet wurden, erbaute er 1898 in der Besselstraße 11 ein repräsentatives und aufwendiges Wohnhaus, dem 1910 nach Erwerb seines Betriebsgeländes dort ein weiteres nun völlig anders geartetes Wohngebäude mit Konträumen folgte. Er versuchte sich damit deutlich an dem jeweils herrschenden Zeitgeschmack zu orientieren. Der Schwerpunkt der Tätigkeit lag in Tiefbauprojekten, Hallen- und Gerüstbauten, insbesondere solche aus Holz. Um 1932 wurde der Betrieb nach einem Konkurs durch den Zimmermeister Müller übernommen (das Gelände aber in anderen Besitz), der den Betrieb 1935 an die Brühlstraße 11/13 verlegt.

Wilhelm Plöger (geb. 13.12.1871 Bielefeld, reformiert) war mit Martha (geb. 23.6.1874 Detmold, reformiert) verheiratet, 1900 ein Kind: Luise (geb. 22.10.1896).

1897   Kreisbahnbrücke über die Weser, Bau der massiven Pfeiler
1898   Besselstraße 11 nach eigenem Entwurf und für eigene Zwecke
1899   Wallfahrtsteich 20 für Tischler Albrecht Schwier
1902   Friedrich-Wilhelm-Straße 96, Anbau Stall an das Nebenhaus
1903   Aminghauser Straße 43 für Arbeiter Ernst Hiddessen
1907   Fischerallee 2, Gartenlaube
1907   Fischerglacis 21, provisorisches Kontor für eigene Zwecke
1907   Immanuelstraße 10, Automobilhäuschen für Karl Krause
1907   Lübbecker Straße 40 für Hilfsbremser Friedrich Döpkemeier
1907   Tonhallenstraße 5, Kreishaus, Zimmerarbeiten
1907/1908 Lübbecker Straße 8 für Colon Gottlieb Meyer
1908   Fischerglacis 21, Wagenschuppen für eigene Zwecke
1908   Fort C, Bau eines Faßlagers der Farbenfabrik Cordes & Co
1908   Lübbecker Straße 14, Einfriedung aus Holz
1908   Karlstraße 18, Anbau an das Walzwerk von Hoppe & Homann und verschiedene kleine Bauten
1909   Friedrich-Wilhelm-Straße 96, Dampfmühle für Müller Meyer

1909	Karlstraße 12/18, Umfassungsmauer und andere Bauten für Hoppe & Homann	1929	Kleiner Domhof 8, Erweiterung und Umbau zur Sparkasse/Zimmererarbeiten (Plan: Städtisches Hochbauamt/Bergbrede)
1910	Fischerglacis 21, Pferdestall und Schuppen für eigene Zwecke	1931	Dom, Umarbeitung und Umstellung des älteren Chorgestühls (II, S. 737)
1910	Friedrich-Wilhelm-Straße 105, Glashütte, neues Dach auf Hütte I		
1910	Hafenstraße, Lagerhalle für den Holzhandel Gossmann & Jürgens/Hamburg		
1910	Karlstraße 14, Kontorgebäude und verschiedene Bauten für Hoppe & Homann		
1911	Friedrich-Wilhelm-Straße 105, Glashütte, Strohschuppen		
1911	hölzerne Transportbrücke von 540 m über die Weser für den Bau der Kanalbrücke		
1911/1912	St. Simeon, Turmneubau (Plan: Karl Siebold,: W. Meyer) (III, S. 718)		
1912	Königstraße 110, Ausbau des Daches		
1912	Lindenstraße 28, Umbau und Erweiterung		
1912–1914	St. Petri, Instandsetzung und Umbau (zusammen mit anderen) (III, S. 584)		
1912/1914	Schalungs- und Rammarbeiten beim Bau der Kanalbrücke über die Weser		
1913	Fischerglacis 25, Lagerschuppen und Einfriedung		
1913	Lindenstraße 27, Anbau Balkon		
1914	Karlstraße 16, Werkstattgebäude und Lagerschuppen für Hoppe & Homann		
1915	Karlstraße 12/18, Aufenthaltsgebäude und Pförtnerhaus für Hoppe & Homann		
1916	Festungsstraße 3, Dachpappenfabrik Timmermann, Sandschuppen		
1917	St. Marien, Ausbau der Glocken (ohne Namensnennung (III, S. 150 ff., Abb. 110)		
1921	Bahnhof, Erfrischungshäuschen für Bahnhofswirt Josef Schmücker		
1921	Karlstraße 7, Wiederaufbau des Hinterhauses		

Plümer, Wilhelm
Maurer, geb. um 1790, wohnte 1846 zur Miete in dem Haus Oberstraße 4 und 1853 in dem Haus Weserstraße 23.

Plümer
Malermeister, wohnte 1851 Königstraße 5.

Plumeyer, H.
Architekt in Wolfenbüttel.
1989   Obermarktstraße 25, Hinterhaus an der Leiterstraße 17

Pöring, Wolfgang
Bau-Ingenieur, Büro 1964 Elbeweg 15.
1971   Pöttcherstraße 28 für Philipp Bünte

Poetsch, Carl
Maurermeister, Bauunternehmer und Architekt. Carl Poetsch, geb. 19.3.1866 in Zappendorf (Mansfelder Seekreis), war verheiratet mit Metha Schulze (geb. 10.1.1873) aus Braunschweig. Er bezeichnete sich wechselnd als Maurermeister oder als Bauunternehmer, zuletzt auch als Architekt. Zunächst wohnte das Ehepaar in Porta Westfalica-Lerbeck, zog aber um 1891 nach Minden, wo Poetsch offensichtlich sofort eine Fabrikation für Fertigbauteile aus Zement aufbaute (siehe dazu Bahnstraße 4). Er konnte ein großes Gelände von dem früheren Windmüller Meyer (dazu siehe Bachstraße 2) erwerben, auf dem er seit September 1891 in kurzen Abständen die Häuser Bachstraße 6–12 errichtete, später nach weiterem Grunderwerb auch die folgenden Häuser Bachstraße 16 bis 20. Das Ehepaar Poetsch bekam in seiner Mindener Zeit 6 Kinder. Sie wohnten seit Herbst

1892 in dem selbst erbauten Hause Bachstraße 12 und 1900 bis zu ihrem Wegzug 1909 nach Braunschweig in dem ebenfalls von ihm erbauten Haus Bachstraße 16. In Minden lebten eine zeitlang auch weitere Mitglieder der Familie, offensichtlich alles Brüder von Carl Poetsch, die allerdings schon vor ihm wieder die Stadt verließen. In dem benachbarten Haus Bachstraße 18 lebte sein älterer verheirateter Bruder Reinhold Poetsch (geb. 1863), der 1904 nach Güsten in Anhalt verzog. Ebenfalls in der Nachbarschaft wohnte der Tischler Hermann Poetsch (1893 Bachstraße 8 und 1895 Bachstraße 26, wo 1901 noch dessen Witwe lebte; für ihn scheint 1899 eine Werkstatt im Hinterhaus Bachstraße 20 eingerichtet worden zu sein). 1901 ist im Haus Bachstraße 37 auch ein Gemüsehändler Reinhard Poetsch nachzuweisen, der 1903 im Hause Bachstraße 18 lebt.

Poetsch betreibt seit 1892 auf dem Grundstück Bahnstraße 4, das auch über einen Gleisanschluß verfügt, eine Cementwarenfabrik, zunächst »*zur Fabrikation der Böckler'schen Patent-Zement-Dielen*«, die sich bald »*Zementkunststeinfabrik*« nennt. Später übernahm er zudem den benachbarten, auf den Grundstücken Pionierstraße 11/13 bzw. Bahnstraße 6 geführten Baubetrieb von G. Usadel zeitweise in Pacht, der nach 1890 die noch vom Unternehmer Lax durchgeführten Bauprojekte, darunter ab 1897 den Bau einer großen Zahl von Arbeiterhäusern an der Friedrich-Wilhelm-Straße 35–75 betreute (eine zweite solche Reihe von 22 solcher Häuser an der Aminghauser Straße ist nicht mehr über das Planungsstadium hinausgekommen). Nicht wenige der Bauten, die Poetsch errichtete, behielt er in seinem Besitz, wobei sie zum Teil von anderen Familienmitgliedern bewohnt wurden. Dies alles deutet darauf hin, daß er sein Geld nicht als Architekt, sondern in anderen Bereichen, wohl mit seiner Fabrikation von Bauelementen und als Bauunternehmer und Hausbesitzer verdiente. Auch die beiden von ihm an der Viktoriastraße 26 und 28 zwischen 1903 und 1905 errichteten Villen scheinen als Mietobjekte geplant worden zu sein.

Teil seiner Cementwarenfabrikation war auch die »*Cementdielenfabrik Poetsch*«; die eigene Entwicklung einer Deckenkonstruktion ist 1893 erstmals durch einen Stempelaufdruck auf seinem Biefpapier nachzuweisen und wird hier als *In Verwendung beim Gebäude des großen Generalstabs Berlin, Königsplatz* bezeichnet. Decken nach dem *System Poetsch*, die sog. Patentdecke – später auch als *neue feuer-, schall- und schwammsichere Massivdecke »Germania« (System Poetsch) D.R.P. Nr. 113422* bezeichnet *mit Patenten in allen Kulturstaaten* – wurden 1894 in das Badehaus Portastraße 36, 1894/1895 in dem Haus Bachstraße 18, 1895 in dem Hinterhaus Bachstraße 20 (hier wurde eine behördliche Belastungsprobe des Systems durchgeführt) und 1897/1899 in den Häusern Friedrich-Wilhelm-Straße 37–75, 1899 in das Haus Bachstraße 12 und 1902 in den Kindergarten Kasernenstraße 6 eingebaut und sind alle erhalten. 1907 werden diese Deckenkonstruktionen noch in der Fabrik Karlstraße 11 verwendet.

1904 ist ein Hr. Koch Mitarbeiter im Büro von Poetsch, der die Pläne unterzeichnet, 1905 ein Hr. Winterberg. Poetsch geriet schließlich aus unbekannten Gründen in finanzielle Schwierigkeiten, so daß schließlich am 11.3.1909 sein Besitz in eine Zwangsversteigerung kam. Danach ist er nicht mehr in Minden nachzuweisen. Bis zum Konkurs im Jahre 1909 blieben neben mehreren noch unbebauten Grundstücken folgende Bauten in seinem Besitz (einige werden in den folgenden Jahren von einem *Consortium Poetsch* verwaltet): Bachstraße 8/10, 12, 16, 18, 26, 28, 40, ferner Viktoriastraße 28 und mehrere Bauten am Großen Dankerser Feld. Sein Besitz steht noch 1912 unter Zwangsverwaltung, wobei als Eigentümer der Bauten Viktoriastraße 26 und 28 nun die Gießerei Lagemann & Schelken (Bäckerstraße 67) genannt wird.

1891/1892 Bachstraße 6 für Lokführer Hermann Giese

1891/1892 Bachstraße 8 (Unternehmerbau, verkauft an Kaufmann Hachenberg aus Herford)

1892 Bahnstraße 4, Lagerschuppen seiner Fabrik

1892 Bachstraße 10, Fabrikanbau

1892 Bachstraße 12 (Eigentum für eigene Wohnung)

1893 Bachstraße 28 für Carl Kohlemann

1893 Königstraße 51, Anbau eines Stallgebäudes und von Balkonen

1893/1894 Bachstraße 20/20a für Werkmeister Carl Kohlemann (ab 1895 im Eigentum von Poetsch)

1894 Bachstraße 12, Anbau

1894/1895 Bachstraße 18 (Eigentum)

1895 Bachstraße 20, Hinterhaus (Eigentum)

1895 Festungsstraße 3, Dachpappenfabrik Timmermann, großer Lagerschuppen

1896/1897 Bachstraße 16 (Eigentum)

1897 Friedrich-Wilhelm-Straße 11, Wirtschaftsgebäude für Eduard Lax

1897/1899 Friedrich-Wilhelm-Straße 37–75 (10 Mietshäuser für Unternehmer Franz E. Lax)

1898 Friedrich-Wilhelm-Straße 105, Aborte bei der Glashütte

1898 Friedrich-Wilhelm-Straße 105, Packschuppen und Pferdestall der Glashütte

1898 Bahnstraße 4, zwei Lagerschuppen für seine eigene Fabrik

1898 Friedrich-Wilhelm-Straße 11, Erweiterung des Wirtschaftsgebäudes

1899 Bahnstraße 4, Lagerschuppen seiner eigenen Fabrik

1899 Bachstraße 12, Anbau

1900 Kasernenstraße 8, Umbau für Ed. Lax

1901 Bachstraße 38 für Maurerpolier August Meyer

1901 Bachstraße 36 für Bahnhofsarbeiter Julius Pfreudt

1901 Friedrich-Wilhelm-Straße 13, Umbau Hotel Korte

1901 Friedrich-Wilhelm-Straße 19, Abortgebäude

1902 Bachstraße 34 (Unternehmerbau, verkauft an Lokführer Wilhelm Jäger)

1902/1903 Kasernenstraße 6, Kindergarten als Stiftung von Bertha Lax

1903 Bachstraße 32 (Unternehmerbau, verkauft an Lokheizer Theodor Schulte)

1903/1904 Viktoriastraße 26, Villa (Eigentum)

1904 Friedrich-Wilhelm-Straße 35 (Miethaus für das Unternehmen Lax)

1904 Karlstraße 42/44, Wohnhaus, Fabrik und Schuppen der Fabrik Stockmeyer

1904/1905 Viktoriastraße 28, Villa (Eigentum)

1905 Bachstraße 40 (Eigentum)

1905 Marienstraße 3, Pfarrhaus St. Marien (Pläne: Kelpe)

1905 Ortstraße 9, Abortanbau an Scheune

1908 Königswall 79 a, Decken im Werkstattgebäude (Plan: W. Jacobi)

Poetter, E.
Architekt in Minden bzw. Holzhausen I.
1928 Viktoriastraße 2 für Maschinenhandlung Wilhelm Nolting

Poetter & Co
Maschinenbauanstalt in Dortmund.
1903 Karlstraße 18, zwei Dampfhämmer und Fallhammer für das Walzwerk Hoppe & Homann

Pöttger, Rudolf Albert
Kaufmann, der im Holzhandel aktiv war. 1716 werden *zu dem Gebäude am Rathhause* 1814 Fuß Eichenbohlen geliefert (KAM, Mi, B 105 alt), und 1717 wird die Dachdeckung mit 6 Balken Kalk repariert (KAM, Mi, B 732). 1717 liefert er 36 *Dannenwerckdiehlen* an den Städtischen Bauhof.

Poggenpohl
Schmiedemeister, wohnte 1851 Ritterstraße 26/28.

Poggenpohl, Emil
Schmiedemeister, ab 1898 verfolgte er zusammen mit dem Architekten Wilhelm Meyer ein Unternehmerprojekt, wobei die beiden die Gutenbergstraße zunächst als Privatstraße anlegten, um die östlich anschließenden Grundstücke in den nächsten Jahren verkaufen zu können. Dabei erstellte jeweils Meyer die Pläne. Poggenpohl wohnte 1900 in dem von Meyer geplanten Haus Gutenbergstraße 12.

Pohl
Tischlermeister, wohnte 1851 Petersilienstraße 10.

Pohl, Richard
1900 Baurat bei der Regierung Minden (geb. 5.2.1850 Groß-Strelitz), wohnte Marienstraße 39. Sein Nachfolger war 1903 der Reg.- u. Baurat Horn.

Pohlmann
Baukondukteur. 1853 als Mieter in dem Haus Bäckerstraße 64.

Pohmann
Baumeister. 1851 wird sein Nachlaß verkauft.

Polensky & Zöllner
1880 in Driesen (Neumark) gegründet und schon bald mit Zweigniederlassungen weit im Land vertreten, von denen aus verschiedene Großbauprojekte betreut wurden. Nachdem man die Kanalisierung der Mittelweser übernommen hatte, unterhielt die Firma seit 1936 auch eine eigene Niederlassung in Minden, wofür man das Haus Simeonglacis 19 erwarb (1937 wurde eine weitere Niederlassung in Petershagen-Windheim eingerichtet). Die Firma wurde hier von Herrn Leopold vertreten.

1959 befand sich die Niederlassung in dem Haus Johanniskirchhof 6.
1936 ff. Kanalisierung der Mittelweser
1950   Petershagen-Lahde, Neubau Kraftwerk (MT vom 17.2.1951)
1965   Alte Aminghauser Straße, Brücke über Unterhaupt der Oberschleuse, Instandsetzung
1976/1978 Weserbrücke, Umbau und Erweiterung

Polko, Eduard
Eisenbahningenieur (geb. 1820, gest. 1887). Als Betriebsinspektor bei der Köln Mindener Eisenbahn (1852–1876) beschäftigt und hier für den baulichen Unterhalt des Streckenabschnitts Minden–Rheda verantwortlich (sein Mitarbeiter der Baumeister W. Schneider). 1876 im Zusammenhang mit der Verstaatlichung der Köln-Mindener Eisenbahn nach Wetzlar versetzt. Seine Frau war die zu Lebzeiten recht bekannte Schriftstellerin Elise Polko (1823–1899). Das Ehepaar wohnte in der Dienstwohnung über dem südlichen Zugang des Bahnhofs-Empfangsgebäudes (zu Werk und Bedeutung seiner Frau siehe auch V, S. 1686).

Polte, Gerhard
Baugeschäft in Lerbeck.
1971   Sedanstraße 18 nach Plänen von K. Moelle und K. Falke für Malermeister P. Gärtner

Pook, Daniel
Kleinschmiedemeister.
1721   Großer Domhof 9, Kurienhof, Reparatur (II, S. 1277)

Pook, Carl Friedrich Gottlieb
Maurermeister. Am 25.10.1847 in Meerbeck bei Stadthagen (Grafschaft Schaumburg-Lippe) als Sohn des dort ansässigen Maurers Gottlieb Pook geboren. Wurde in Osnabrück als Werkführer ausgebildet, wohnte 1875 in Bad Iburg

und ließ sich zwischen 1875 und 1877 als Maurermeister und Bauunternehmer in Minden nieder, wo er zunächst in dem Haus Videbullenstraße 25 wohnte und 1880 den Betrieb von Schütte & Krause übernahm (zugleich ein Wohnhaus an der Kaiserstraße 11 erbaute), diesen dann wohl 1886 an Sinemus weiter verkaufte, um die Firma nun in großem Maßstab an der Kaiserstraße 11 zu etablieren, wo er sich auch niederließ. Wenn Pook auch in der Frühzeit selbst Bauten entworfen hatte, so scheint sich die Firma bald insbesondere auf die Errichtung von Bauten nach Plänen anderer Architekten spezialisiert zu haben (weswegen das folgende Werkverzeichnis auch sehr unvollständig sein dürfte), zumal es Pook wohl in seinen wohl zunehmend nicht mehr als attraktiv empfundenen Entwürfen offensichtlich nur schwer gelang, die neuen Zeitströmungen der Architektur und Dekoration aufzunehmen. Ausdruck der großen Umsätze des Betriebes dürften die zahlreichen und aufwendigen Bauten sein, die Pook für sich selbst errichtete. Ferner tritt er ab 1894 als Unternehmer auf, der an der Wilhelmstraße auf eigene Rechnung Wohnhäuser errichtete. Nach 1900 bezeichnete er sich auch als Architekt. Zur Firma gehörte eine Kiesgrube im Gebiet von Meißen (unterhalb der Karlstraße), die zu Anfang des 20. Jahrhunderts betrieben wurde (Meißen 1990 S. 127). Hier dürfte er 1906 auch eine Produktion von Zementkunststeinen augenommen haben, die allerdings nicht den 1904 definierten Druckanforderungen für Kalksandsteine entsprachen. Ferner unterhielt man das sog. Weserkieswerk in Holzhausen I (KAM, Kreisausssschuß Minden Nr. 2415).

Am 15.4.1873 heiratete er Louise Menny (geb. 20.11.1849, gest. 28.10.1877), Tochter des aus einer alten Mindener Baugewerbefamilie stammenden Maurermeisters D. Heinrich Menny und nach ihrem frühen Tod in zweiter Ehe Anna Niemeyer (geb. 13.6.1845 in Winzenburg bei Elze/Hannover, gest. um 1920).

Aus beiden Ehen gingen eine Tochter und zwei Söhne hervor: Adele (geb. 7.8.1875 Iburg), Friedrich (geb. 9.5.1879) und Wilhelm (geb. 28.7.1880). Der ältere Sohn Adolf Friedrich (genannt Fritz), wurde Maurermeister und Architekt und arbeitete zunächst im väterlichen Betrieb (errichtete 1906/1907 für sich das Wohnhaus Brückenkopf 9), übernahm diesen aber nach dem Tode des Vaters nicht, sondern verzog 1913 nach Itzehoe (er starb am 27.6.1959 in Bad Oeynhausen). 1880 wohnte im Haushalt auch der Bauführer August Bucholtz (siehe dort).

Friedrich Pook starb am 30.6.1911. Er war zu diesem Zeitpunkt 1. Vorsitzender des Mindener Schützenbundes. Die Baufirma wurde 1911 aufgelöst, das Anwesen nach dem Tode der Witwe Pook um 1920 verkauft.

1876 Minden-Rodenbeck, Mitteldamm 52, Volksschule (Plan: Luhmann) (zusammen mit Schütte & Wiese)

1877 Königsglacis 9 für Oberlehrer Dr. Banning

1878 Königstraße 76, Nebengebäude

1878 Marienstraße 43 für Regierungs-Hauptkassenbuchhalter Stein

1879 Kampstraße 9, Wohn- und Geschäftshaus für Bäckermeister Fr. Neuhaus (Plan: Luhmann)

1879 Marienglacis 9/11, Treibhaus II für Kunstgärtner Stolle

1879 Stiftstraße 25, Villa und Stallgebäude für den Hauptmann und Compagniechef Gerlach

1879/1880 Immanuelstraße 2, Turnhalle am Gymnasium (zusammen mit Lück)

1880 Brückenkopf 2/2a, Wohnhaus und Druckerei Köhler (Pläne: Ziegler und Moelle)

1880 Hohnstraße 29, Nebenhaus für den Möbelfabrikanten Meyer

1880 Kaiserstraße 11 für eigene Zwecke

1881 Königstraße 76, Überdachung des Hofes

»Zeche Meißen«, Abtransport von fertiggestellten Hochlochziegeln zur Baustelle, 1954

1881/1882 Abtragung der Festungswälle zwischen Marientor und Stiftstor (I.2, S. 885)
1882 St. Marien-Kirche, Abbruch des Marienaltars (III, S. 164)
1882 Markt 16, Neubau des Zentral-Hotels Müller
1882 Abbruch des Marienwalls
1882 Rosentalstraße 2 für Rentier E. Homann (Plan: Schütte & Krause)
1883 Brüderstraße 7 für Instrumentenmacher F.W. Trelle
1884 Brüderstraße 7, Abortanlage
1884 Friedrich-Wilhelm-Straße 91, Papierfabrik (Plan: O. Ziegler)
1884 Kaiserstraße 11, Wirtschaftsgebäude für eigene Zwecke
1884 Marienstraße 36 für den Zigarrenfabrikanten Hermann Rocholl (Plan: O. Ziegler)
1884 Marienglacis 9/11, Treibhaus III für Kunstgärtner Stolle
1884 Stiftstraße 14 für Bergrat Carl Goedecke (Plan: O. Ziegler)
1884 Viktoriastraße 48, Wirtschaftsgebäude bei der Gastwirtschaft Grille
1885 Friedrich-Wilhelm-Straße 91, Papierfabrik, Kesselhaus
1885 Marientorweg 1, Scheune für den Viehhändler Otto Quante
1886 Kaiserstraße 11, Anbau einer Terrasse und eines Stallgebäudes für eigene Zwecke
1886 Stiftstraße 16 für den Bergrat E. Goedeke (Plan: O. Ziegler)
1887 Rodenbecker Straße 48 für Lehrer Emil Hilker
1887 Stiftsallee 6 für Zimmermann Heinrich Heine
1887 Stiftsallee 8 für Wagenbauer und Stellmacher Christian Domeyer
1887 Obermarktstraße 35, Umbau (Plan: O. Ziegler)
1888 Königswall 93, Anbau an die Klinik Dr. Happel & Walzberg
1888 Rodenbecker Straße 50 für Lehrer August Beckmann
1888 Weingarten 10, Erweiterung Werkstattbau Tischler Vieweg
1889 Markt 16, Neubau Hinterhaus Opferstraße 8 für Hotelier Müller
1890 Lübbecker Straße 73, Erweiterung
1890 Rodenbecker Straße 48, Stallgebäude
um 1890 Stiftsallee 10 für Thomas Beil ?
1890/1891 Hermannstraße 15 für Malermeister Heinrich Berger

1891 Rodenbecker Straße 56 für den Bahnassistenten Aug. Lehmann
1891/1892 Stiftstraße 48 für den Postassistenten Albert Heinze
1892 Aminghauser Straße 53 für Schlosser Adolf Boje
1892/1893 Marienstraße 47 für Rentier Otto Klitzsch
1893 Rodenbecker Straße 35, Gewächshaus für Dr. Max Ohlemann
1893 Rodenbecker Straße 58 für Kaufmann A. Starke
1894 Wilhelmstraße 3 als Unternehmerbau
1894 Stiftstraße 50 mit Lager und Pferdestall für Kaufmann Rudolf Fleischer
1895 Dankerser Straße 9, Umbauten
1895 Hufschmiede 3 für Buchbindermeister Schander (Plan: J. Drabert)
1895 Kaiserstraße 11, Wohnhausanbau an der Prinzenstraße für eigene Zwecke
1896 Wilhelmstraße 5 als Unternehmerbau
1896 Wilhelmstraße 7 als Unternehmerbau
1896/1897 Lübbecker Straße 35 für Schuhmachermeister Heinrich Krückemeyer
1897 Kaiserstraße 11, Anbau eines Balkonturmes für eigene Zwecke
1897 Poststraße 6, Werkstatt für Schmiedemeister Ed. Melzig (Plan: J. Drabert)
1899 Kaiserstraße 11, Waschküche für eigene Zwecke
1899/1900 Kaiserstraße 15 für eigene Zwecke
1900 Goebenstraße 4, Bezirkskommando
1900 Rodenbecker Straße 56, Verandaanbau
1902 Kampstraße 20, Umbau Hinterhaus
1902 Viktoriastraße 41 a, Wiederaufbau des Hauses für J. Vogeler
1903 Bachstraße 9, Aufstockung des Hauses
1903 Kaiserstraße 12 für Apotheker Ohly (Plan: Kelpe)
1903 Marienstraße 110, Anbau an Stall
1904 Brückenkopf 2 a, Erweiterung der Druckerei
1904 Kaiserstraße 12, Hintergebäude für eigene Zwecke

Zeche Meißen, die im Strangpressverfahren gezogenen Hochlochziegel werden auf Maß geschnitten und in die Trockenkammer transportiert, 1954

1904/1905 Heidestraße 10, Neubau der Oberpostdirektion (nach Plan: Bauabteilung der Detschen Reichspost, Bauleitung: Architekt Klahn/Minden)
1905 Aminghauser Straße 53, Anbau
1905 Im Schweinebruch 3, Bootshaus für den Mindener Ruder-Verein (Ausführung: M. Schütte)
1905 Friedrich-Wilhelm-Straße 129, Saalbau (nicht ausgeführt) für Wirt Fritz Tiemann
1905 Kaiserstraße 11, Schuppen und Umbau der Wirtschaftsgebäude für eigene Zwecke
1905 Prinzenstraße 2, Mietwohnhaus für eigene Zwecke
1905 Viktoriastraße 48, Erweiterung des Saals der Grille

1905	Viktoriastraße 62 für Lokführer Heinrich Dreyer (Plan: R. Ahlert)
1905	Viktoriastraße 64 für Lokführer Heinrich Brandt (Plan: R. Ahlert)
1905	Viktoriastraße 68, Anbau einer Bäckerei für Fr. Schaper
1905/1906	Steinstraße 36 (Plan: Fr. Pook)
1906	Friedrich-Wilhelm-Straße 5, Umbau des Hauses und neue Fassade
1906	Tränkestraße 10, Umbau
1906	Viktoriastraße 62, Windfanganbau
1907	Bäckerstraße 70, Umbau des Erdgeschosses
1907	Vinckestraße 5, Ladenanbau (II, S. 1334, 1336)
1908	Bäckerstraße 72, Umbau des Erdgeschosses
1908	Brückenkopf 7, Einfriedung
1909	Hahler Straße 20, Umbau der Villa
1909	Kaiserstraße 2, Aufstockung des Hauses
1909	Kaiserstraße 11, Umbau des Ladens

Pook, Fritz
Maurermeister und Architekt; Sohn des Maurermeisters Adolf Friedrich Pook. Arbeitete zunächst in der Firma seines Vaters (siehe dort), verließ dann allerdings Minden.
1907   Kuhlenstraße 17, Eiskeller für den Bierverleger Robert Mohrien

Pook, Heinrich
Maurermeister in Stadthagen.
1937   Kutenhauser Straße 16 für den Schiffsführer Wilhelm Köster

Pott, Franz
Ingenieur VBI in Nordhorn.
1982   Simeonglacis, Brücke über die Bastau (Ausführung: Holzbau Röttering/Bad Bentheim)

Pracht (auch Bracht)
Schieferdecker. 1778 werden dem *Meister Bracht* aus Minden zusammen mit Meister Klock aus Bielefeld durch die Regierung in Minden alle Schieferdeckerarbeiten in Minden-Ravensberg übertragen (STA Herford, A 7147), wohnte 1781 *am Johanniskirchhof* (KAM, Mi, C 115), wo er 1750/1781 in dem zum Stift St. Johannis gehörenden Haus Seidenbeutel 8 als Mieter nachzuweisen ist.
1775/1776   St. Marien, Turm- und Kirchendach, Reparaturen (III, S. 126, 136)
1782/1783   St. Marien, Reparaturen am Turm (III, S. 136)

Familie **Prange**
Zimmermeister und Bauunternehmerfamilie in Bückeburg-Cammer, in chronologischer Reihenfolge aufgeführt. Zur Geschichte siehe: BARTHOLD 2005.

Prange, Friedrich
Zimmermeister und Bauunternehmer aus Bückeburg-Cammer. Johan Friedrich Anton Prange (geb. 23. 12. 1835, gest. 1914) stammte vom Hof Cammer 3. Ab 1850 Lehre beim fürstlichen Hofzimmermeister Hütting in Bückeburg, danach ging er mehrere Jahre auf Wanderschaft und legte 1862 seine Meisterprüfung ab. 1860 heiratete er Christina Sophie Marie Rösener (geb. 5. 1. 1840, gest. 22. 2. 1911), mit der er 11 Kinder hatte, von denen mehrere Bauhandwerker wurden. 1870 kaufte Friedrich Prange Teile der Hofstätte Cammer 1 (heute Bückeburg-Cammer, Dankerser Straße 30), pachtete Ackerland dazu und betrieb zeitlebens neben der Zimmerei Landwirtschaft.
1862   Bückeburg-Cammer, Im Grund 24 (Cammer 2), Fachwerkaltenteiler für Heinrich Gottlieb Bade
1864   Petershagen-Frille, Kirchengemeinde, Zimmererarbeiten
1870   Petershagen-Frille, Kirchengemeinde, Zimmererarbeiten

1870 Petershagen-Wietersheim, Lange Straße 26, Kleines Backsteinhallenhaus für Anton Heinrich Meier
1871 Petershagen-Frille, Klappenburg 14 (Schaumburg-Frille 13), Vierständerbau für Christian Friedrich Schwier
1871 Petershagen-Frille, Brunnenweg 2/4, Vierständerbau für Carl Friedrich Kirchhoff
1872 Petershagen-Wietersheim, Lange Straße (Wietersheim 24), Fachwerkscheune für Herman Heinrich Möller
1872 unbekannter Standort, nach Abbruch in Petershagen-Frille, Brunnenweg 22 verkleinert wieder aufgebaut.
1874 Petershagen-Frille, Kirchengemeinde, Reparaturen Kirche
1875 Petershagen-Frille, Kirchengemeinde, Reparaturen
1876 Stockförth 15 (Päpinghausen 2), Backsteinhallenhaus mit hölzernem Deelentor für Christian Friedrich Meier
1876 Petershagen-Frille, Am Brink 26 (Frille 35), Vierständerbau für Anton Friedrich Hahne
1877 Petershagen-Frille, Schaumburger Straße 2 (Frille 1), Backsteinspeicher für Christian Rösener
1878 Stiftsallee 1, Vierfamilienwohnhaus für den Regierungsboten Friedrich Schwier (Plan: Luhmann)
1879 Stockförth 9 b (Päpinghausen 1), Vierständerbau (Altenteiler) für Witwe Christine Marie Meier
1881 Petershagen-Frille, Wietersheimer Straße 24, Backsteinhallenhaus mit massivem Stallanbau für Schildmeier
1883 Päpinghäuser Straße 165 (Päpinghausen 7), Vierständerbau für Johan Heinrich Christian Kerkhoff
1884 Päpinghäuser Straße 40 (Päpinghausen 4), Vierständerbau für Christian Heinrich Gottlieb
1885 Stiftsallee 38, Projekt für Witwe Schlötel (Plan: C. Luhmann) zusammen mit Maurer Müller/Aminghausen. Bau nicht ausgeführt!
1885 Päpinghäuser Straße 139 (Päpinghausen 31), Vierständerbau für Witwer Johann Heinrich Rösener und seine Kinder Louise Marie Eleonore und Heinrich
1885 Petershagen-Frille (Preußisch-Frille), Fehring, Mitteldorf 3, Scheune
1886 Petershagen-Frille, Brakfeld 14 (Frille?)
1886 Petershagen-Frille, Kirchengemeinde, Durchbau Pfarrhaus
1886 Petershagen-Frille, Freithof 10 (Frille 3), Scheune für Carl Heinrich Wilkening 1886 Petershagen-Frille, Klappenburg 7 (Frille 13), Vierständerbau, für Christian Friedrich Schwier
1886 Petershagen-Frille, Schaumburger Straße 18 (Frille 5), Vierständerbau für Anton Friedrich
1886 Petershagen-Frille, Schwarzer Weg 1 (Frille12), Vierständerbau für Anton Friedrich Carl
1887 Aminghauser Heide/Ecke Spleet (Aminghausen 28), Backsteinhallenhaus
1887 Unter den Eichen 49 (Päpinghausen 49 nach Häuserbuch Teil des Hofes Päpinghausen 48), Vierständerbau für Witwe Marie Schäkel
1887 Petershagen-Frille, Kirchengemeinde, Durchbau Pfarrhaus
1887 Petershagen-Frille, Schaumburger Straße 2, Backsteinhallenhaus für Christian Rösener
1887 Petershagen-Frille, Kirchengemeinde, Arbeiten am Küsterhaus
1889 Bückeburg-Cammer, Im Grund 17 (Cammer 4), Vierständerhallenhaus mit Backsteinwohngiebel für Carl Friedrich Heuer

1890 Bückeburg-Cammer, Ziegeleineubau für Colon Brandt
1890 Petershagen-Frille, Erstes Dorf 9 (Schaumburg-Frille 32), Backsteinhallenhaus für Friedrich Volkening
1891 Bachstraße 50, Wohnhaus für Packmeister Adolf Brüning
1892 Bückeburg-Cammer, Vorm Walde 41 (Cammer 14), Backsteinhallenhaus für Anton Meier
1892 Bachstraße 15, Ausbau des Dachgeschosses
1892 Bachstraße 56, Wohnhaus für Lokheizer Wilhelm Mönkhoff
1893 Dankerser Straße 25, Wohnhaus und Werkstattanbau für Neubauer und Schneider Friedrich Harting
1893 Petershagen-Frille, Lichtenberg 28 (Schaumburg-Frille 32), Backsteinhallenhaus für Karl Wilkening
1893 Petershagen-Frille, Lichtenberg 46 (Schaumburg-Frille 16), Backsteinhallenhaus für Friedrich Brinkmann
1894 Bückeburg-Cammer, Im Grund 24 (Cammer 2), Backsteinhallenhaus mit massivem Stallanbau für Colon Heinrich Anton Bade
1894 Dankersen, Flur 2 P. 274/20, Wohnhaus mit Wirtschaftsteil für Dreher Max Kornaczewsky
1894 Petershagen-Frille, Kirchengemeinde, *F. Prange, Zimmermeister in Cammer für 1 Zeichnung* 6.- Mark
1894 Petershagen-Frille, Schwarzer Weg 2, Backsteinhallenhaus für K. Koch
1895 Bückeburg-Cammer, Im Grund 14 (Cammer 5), Backsteinhallenhaus für Colon Anton Rösener
1895 Aminghausen, Nr. 38 (Fl. 6 P. 514/55), Wohnhaus nebst Stallung für Carl Jager
1895 Stockförth 16 (Päpinghausen 30), Backsteinhallenhaus mit Stallanbau für Colon Carl Meier
1895 Petershagen-Frille, Kirchengemeinde, Reparaturen an der Sakristei
1896 Bachstraße 23, Wohnhaus für Glasmacher Carl Möller
1896 Bachstraße 75 (1896 Nr.134), Wohnhaus nebst Stallung für Baggermeister Friedrich Micke
1896 Bachstraße 77 (vorher 13) (1896 bei Nr. 112), Wohnhaus für Dreher Max Kornaczewski
1896 Dankerser Straße 25, Anbau eines Schweinehauses für Friedrich Harting
1896 Dankerser Straße 39, Zweifamilienwohnhaus für Bahnarbeiter Heinrich Mönchhoff
1896 Petershagen-Frille, Holzstraße 13, Backsteinhallenhaus
1896 Petershagen-Frille, Kirchengemeinde, Zimmerer- und Malerarbeiten
1896 Petershagen-Frille, Lichtenberg 46 (Frille 16), Holzschuppen für Friedrich Brinkmann
1897 Bückeburg-Cammer, Holzkamp 3 (Cammer 12), Vierständerhallenhaus für Anton Brinkmann
1897 Bückeburg-Cammer, Vorm Walde 45 (Cammer 45), Backsteinhallenhaus für Heinrich Huck
1897 Bachstraße 15, Einfriedung
1897 Bachstraße 19, Dachgeschoßumbau für H. Meisolle (Plan: gez. Ch. Prange)
1897 Bachstraße 69, Verandavorbau
1897 Petershagen-Frille, Kirchengemeinde, verschiedene Reparaturen
1898 Bückeburg-Cammer, Dankerser Straße 26 (Cammer 18), Backsteinhallenhaus mit Stallanbau für Christian Schering
1898 Bückeburg-Meinsen, Meinser Straße 30 (Meinsen 30), Vierständerhallenhaus mit massivem Wohngiebel für Karl Wilharm
1898 Prangerort 101 (Päpinghausen 41), Backsteinhallenhaus mit Stallung.

1898 Päpinghausen, Stockförth 6 (Päpinghausen 37), Backsteinhallenhaus mit Schmiedebau für Schmiedemeister Christian Busse

1898 Petershagen-Frille, Kirchengemeinde, Arbeiten in der Küsterei

1898 Petershagen-Frille, Lichtenberg 40 (Frille 50), Backsteinhallenhaus mit massivem Stallanbau für Karl Kläsing

1899 Bückeburg-Meinsen, Zu den Brücken 40, Wohnhaus nebst Stallung für Colon Öttking

1899 Petershagen-Frille, Kirchengemeinde, Arbeiten in der Küsterei und im Pfarrhaus

1899 Bückeburg-Meinsen, Meinser Straße 60, Vierständerhallenhaus mit backsteinernem Wohngiebel sowie Stallanbau und freistehender Remise aus Fachwerk für Friedrich Wilkening

Prange, Carl (auch Karl)
Maurermeister und Bauunternehmer aus Bückeburg-Cammer. Sohn des Zimmermeisters Friedrich Prange und Bruder des Zimmermeister Christian Prange. Über den beruflichen Werdegang Carl Friedrich Pranges (geb. 11.7.1875, gest. 28.7.1931) liegen kaum Nachrichten vor. So ist bisher ungeklärt, wo er seine Maurerlehre absolvierte und wann und wo er seinen Meisterbrief erwarb. Der erst 22jährige Maurermeister Carl Friedrich Prange heiratete am 28.5.1898 die 24jährige Christine Sophie Wilhelmine Lohmeyer (geb. 8.11.1873, gest. 3.1.1958), Anerbin vom Hof Cammer 30 (Dankerser Straße 1), mit der er acht gemeinsame Kinder hatte. Carl Prange gründet im gleichen Jahr auf der Hofstätte Cammer 30 einen Maurerbetrieb.

Am 28.7.1931 starb der 56jährige Carl Prange bei einem Verkehrsunfall. Da bis dahin keine Betriebsübergabe erfolgte und sein Sohn Karl (geb. 17.7.1910, gest. 24.3.1968) zwar Maurer war, aber noch keine Meisterprüfung absolviert hatte, geriet der Betrieb in Schwierigkeiten. Bis 1936 wurde das Baugeschäft Carl Prange noch weitergeführt und ging dann in den Baubetrieb Friedrich Prange über.

1899 Petershagen-Frille, Lichtenberg 44 (Schaumburg-Frille 51), Backsteinhallenhaus als Einliegerwohnhaus für Maurer Wilhelm Meisolle auf der Hofstätte Frille 23

1902 Petershagen-Frille, Kirchengemeinde, *Verputzen* der *Küche* in der Küsterei

1905 Bückeburg-Cammer, Cammer Brink 10, *Wohnhaus nebst Viehstall und Wagenremise* für Karl Heine, Cammer Nr. 36

1905 Petershagen-Frille, Brunnenweg 2/4 (Frille 6), Anbau eines Schweinestalles für Kolon Anton Rösener (Plan: *C. Prange*)

1905 Petershagen-Frille, Mitteldorf 8, Neubau einer Hofanlage mit Backsteinhallenhaus, Scheune und Viehstall

1906 Bückeburg-Cammer, Friller Straße 43 (Cammer 43), *Neubau eines neuen Wohn bzw. Stallgebäudes mit Wagenremise* für Schuhmachermeister Friedrich Niemann

1906 Petershagen-Frille, Lichtenberg 42 (Frille 52), Stallanbau für Ziegeleiarbeiter Carl Schönemann

1906 Petershagen-Frille, Lichtenberg 12, Neubau Viehstall für Colon Bredemeier (Frille 4)

1906 Petershagen-Frille, Schaumburger Straße 2 (Frille 1), Backsteinerner Stallanbau für Christian Rösener sowie Modernisierung im Haupthaus (Terrazzo, Treppe, Seitentür, Fenster im Erdgeschoß)

1906 Petershagen-Frille, Kirchengemeinde, Reparaturarbeiten

1907 Petershagen-Frille, Kirchengemeinde, Reparaturen an der Mauer

1907 Petershagen-Frille, Holzschuppen für Christian Rösener

1908 Petershagen-Frille, Kirchengemeinde, Reparaturen

1908 Petershagen-Frille, Brunnenweg 2/4 (Frille 6), Verbreiterung der Stallungen durch Anbau an die südliche Traufwand des Wohnhauses für Kolon Anton Rösener

1909 Bückeburg-Cammer, Cammer Brink 1, Wagenremise für Colon Brandt, Cammer Nr. 33

1909 Bückeburg-Cammer, Cammer Brink 1, Vorbau einer Stallung für Colon Brandt, Cammer Nr. 33

1909 Petershagen-Frille, Brunnenweg 2/4 (Frille 6), Grube nebst Klosettanlage für Leibzüchter Schäkel

1909 Petershagen-Frille, Rothehof 1 (Cammer 7), Remise für Kolon Prange

1909 Petershagen-Frille, Rothehof 1 (Cammer 7), *Anbau eines Stalles sowie Erweiterung der Stube und Küche* für Kolon Prange

1909 Petershagen-Frille, Kirchengemeinde, Maurerarbeit an *der Notkirche*

1910 Bückeburg-Cammer, Cammer Brink 10, Vergrößerung der Stallung für Karl Heine, Cammer Nr. 36

1910 Petershagen-Frille, Brunnenweg 2/4 (Frille 6), Anlage eines Schornsteins in der Stallerweiterung von 1908 für Kolon Anton Rösener

1910 Petershagen-Frille, Lichtenberg 42 (Frille 52), Verlängerung des Stallanbaus für Kolon Carl Schönemann

1910 Petershagen-Frille, Kirchengemeinde, *Maurerarbeit am Schweine- u. Ziegenstall* der Pfarre

1911 Bückeburg-Cammer, Im Grund 36, Anbau für Landwirt Bade

1911 Petershagen-Frille, Maurerarbeiten beim Neubau der Kirche zusammen mit Mauermeister Busse

1911 Petershagen-Frille, Hackshorst 5 (bis 1971 Bückeburg-Hackshorst 5), Entwurf eines neuen Viehstalls für Herrn Diedermann

1911 Petershagen-Frille, Kirchengemeinde, verschiedene Arbeiten

1912 Bückeburg-Cammer, Cammer Brink 1 (Cammer 33), Neubau Hühnerstall für Christian Brandt

1912 Bückeburg-Cammer, Cammer Brink 10, Wagenschuppen für Karl Heine, Cammer Nr. 36

1912 Bückeburg-Cammer, Cammer Brink 12 (Cammer 39), Neubau Hühnerstall an den Westgiebel der Viehküche für Friedrich Diekmann

1912 Petershagen-Frille, Lahder Straße 12 (Schaumburg-Frille 11), Neue Hofanlage für Colon Christian Rösener

1912 Petershagen-Frille, Lichtenberg 2, Backsteinhallenhaus mit angebautem Stallteil für Wilhelm Brandt, Luise Brandt

1912 Petershagen-Frille, Kirchengemeinde, Arbeiten an der Kirche

1913 Bückeburg-Cammer, Cammer Brink 10, Anbau eines Wiegehäuschens für Karl Heine, Cammer Nr. 36

1913 Bückeburg-Cammer, Im Grund 17 (Cammer 4), Neubau Viehstall für Witwe Heuer

1913 Petershagen-Frille, Rothehof 1 (früher Cammer 7), Neue Scheune für Kolon Prange

1913 Petershagen-Frille, Brunnenweg 2/4 (Frille 6) Backsteinernes Wirtschaftsgebäude für Anton Rösener

1913 Petershagen-Frille, Kirchengemeinde, Einfriedung Kirchplatz

1914 Petershagen-Frille, Kirchengemeinde, Maurerarbeiten an der Pfarre

1914 Petershagen-Frille, Lahder Straße 12 (Schaumburg-Frille 11), Holzschuppen für Rösener

1914 Petershagen-Frille, Lichtenberg 46 (Frille 16), Anbau einer Stallung für Fr. Brinkmann

1914	Bückeburg-Cammer, Cammer Brink 7, massiver Hühnerstall für Anton Brandt, Cammer Nr. 35
1915	Petershagen-Frille, Kirchengemeinde, Öfen auf der Pfarre gereinigt
1916	Petershagen-Frille, Kirchengemeinde, Weißen und Reparatur der Stallung der Küsterei sowie Ofenarbeiten
1919	Petershagen-Frille, Brunnenweg 18 (Schaumburg-Frille 27), Umbau der Küche, der Stallungen und der Remise für Gebrüder Louis und Julius Edelstein
1920	Bachstraße 14, Stallgebäude
1920	Viktoriastraße 22, Waage und Büroraum für Landhandel K.F. Lihra
1921	Bachstraße 19, Ladenanbau für Schneidermeister H. Meisolle
1921	Bachstraße 21, Anbau
1921	Bückeburg-Cammer, Cammer Brink 12 (Cammer 39), Massiver Wohnteil an das Wohnende des alten Durchgangsdielenhauses für Diekmann
1921	Bückeburg-Cammer, Friller Straße 20 (Cammer 65), Anbau einer Waschküche und eines Backofens an den Wirtschaftsteil für Fabrikarbeiter Heinrich Wesseling
1922	Bückeburg-Cammer, Cammer Brink 7, Umbauten für Anton Brandt, Cammer Nr. 35
1923	Bückeburg-Cammer, Friller Straße 2 (Cammer 34), Stallanbau zwischen Leibzucht und Wohnhaus für Karl Lohmeier
1924	Bückeburg-Cammer, Cammer Brink 12 (Cammer 39), Abbruch des alten Durchgangsdielenhauses hinter dem neuen Wohnteil und Neubau eines massiven Wirtschaftsteiles in gleicher Breite des Wohnteils für Chr. Diekmann
1925	Petershagen-Frille, Am Brink 26 (Schaumburg-Frille 35), Vergrößerung einer massiven Stallung aus Backstein für Ziegeleibesitzer Anton Hahne (nicht ausgeführt)
1925	Waterloostraße 42, Neubau für Lokführer Fr. Naue aus Herford (Planverfasser: K. Thies)
1926	Feldstraße 33, Wohnhaus für Heizer G. Lichtenberg
1926	Bückeburg-Cammer, Cammer Brink 10 (Cammer Nr. 36), Vorbau einer Stallung für Karl Heine
1927	Feldstraße 31, Wohnhaus für Hermann Fasse
1927	Rodenbecker Straße 81, Neubau für Kaufmann W. Flores (Planverfasser: H. Brink/Böllhorst)
1928	Wittekindsallee 18, Wohnhaus für Oberzollrat Heinrich Prange
1929	Petershagen-Frille, Brunnenweg 2/4 (Frille 6), kleiner Stallanbau für Kolon Anton Rösener (Zimmererarbeiten: Anton Riensche)
1929	Viktoriastraße 66, Anbau Scheune mit Wagenremise
1929	Petershagen-Frille, Mitteldorf 6 (Schaumburg-Frille 8), Schornstein am Haupthaus
1930	Bückeburg-Cammer, Cammer Brink 10 (Cammer Nr. 36), Anbau an Wagenschuppen und Hühnerstall für Karl Heine
1930	Bückeburg-Cammer, Cammer Brink 10 (Cammer Nr. 36), Anbau für Karl Heine
1930	Petershagen-Frille, Lahder Straße 12 (Schaumburg-Frille 11), Massiver Hühnerstall für Rösener
1931	Bückeburg-Cammer, Friller Straße 20 (Cammer 65), Anbau eines Hühnerstalls an den Wirtschaftsteil für Heinrich Wesseling
1931	Petershagen-Frille, Schaumburger Straße 25 (Frille 60), Wohnhaus und Wirtschaftsgebäude für Landwirt Hermann Pöhler

1932	Dankersen, Neubau Vieker (Zimmererarbeiten: Friedrich Prange)
1932	Bückeburg-Cammer, Neubau für Koch (Cammer 21), Zimmererarbeiten: Friedrich Prange)
1932	Petershagen-Frille, Lichtenberg 18 (Frille 58), Wagenschuppen für Gottlieb Schneidewind (Zimmererarbeiten und Plan: Heinrich Wehrmann, Cammer)
1932	Lübbecker Straße 66, Ausbau des Obergeschosses
1932	Bückeburg-Cammer, Vorm Walde 41 (Cammer 14), Stallanbau für Anton Meier (Zimmererarbeiten: Friedrich Prange)
1934	Bückeburg-Cammer, Vorm Walde 41 (Cammer 14), Schuppen in Verlängerung des Backhauses für Anton Meier
1934	Kleine Dombrede 12, Wohnhaus für Friedrich Salse
1934	Königstraße 96, Wohnhaus für Ernst Brandt (Cammer Nr. 35)
1934	Bachstraße 57, Windfang für Oberheizer Heinrich Wüllenweber
1935	Bückeburg-Cammer, Vorm Walde 41 (Cammer 14), Bau eines Grünfutterdoppelsilos für Anton Meier
1935	Bachstraße 26, Wohnhaus für Eheleute Voigt
1935	Cecilienstraße 1 a, Wohnhaus für Wilhelm Scholz
1935	Bückeburg-Cammer (Cammer 5), Silo für Grünfutter für Colon Schäkel
1936	Petershagen-Frille, Schaumburger Straße 2 (Frille 1), Umbau des Altenteils für Christian Rösener
1936	Petershagen-Frille, Schaumburger Straße 47, Aufstockung der Mühle und des Lagers
1936	Petershagen-Frille, Schaumburger Straße 2 (Frille 1), Hühnerstall für Christian Rösener

Prange, Christian

Zimmermeister aus Cammer Nr. 1. Sohn des Zimmermeisters Friedrich Prange und Bruder des Maurermeisters Carl Prange. Christian Anton Heinrich Prange (geb. 28.8.1866, gest. 25.11.1932) absolvierte nach seiner Lehre im väterlichen Zimmereibetrieb 1891/92 und 1893/94 die Baugewerksschule in Holzminden. 1894 heiratete er Christine Marie Luise Brandt von der Stätte Cammer 33. Aus dieser Ehe gingen neun Kinder hervor, von denen der älteste Sohn Friedrich später den Betrieb übernahm. Seit etwa 1894 fertigte Christian Prange überwiegend die Planzeichnungen, seit etwa 1900 führte er den Betrieb, den er allerdings erst nach dem Tod des Vaters 1914 endgültig übernahm.

1900	Bachstraße 44, Zweifamilienwohnhaus für Schiffer Hermann Bierbaum, Überdachung des Perrons (Veranda) und Einfriedungsgitter
1900	Dankerser Straße 55, Wohnhaus für Schlosser Christian Baue
1900	Bachstraße 55, Wohnhaus für Lokheizer Wilhelm Zedler
1900	Petershagen-Frille, Brunnenweg 45 (bis 1971 Bückeburg-Cammer 25), Wohnhaus für Witwe Diekmann
1900	Petershagen-Frille, Lichtenberg 24 (Frille 30), Wohnhaus für Colon Harmening
1900	Petershagen-Frille, Lichtenberg 42 (Frille 52), Wohnhaus für Ziegeleiarbeiter Carl Schönemann
1900	Petershagen-Frille, Kirchengemeinde, *Wohnung einrichten* in der Küsterei und Arbeiten im Pfarrhaus
1900	Petershagen-Frille, Schaumburger Straße 2 (Schaumburg-Frille 1), Backsteinhallenhaus als Altenteiler für Christian Rösener
1901	Bückeburg-Cammer, Dankerser Straße 22 (Cammer 61), Neubau Wohnhaus für Carl Hahne

1901	Bückeburg-Warber, Hof Nr. 8, Torbalken heute in Bückeburg-Meinsen, Reiterhof
1901	Bachstraße 47 (Fl. 15 P. 1179/195 Bachstraße 37), eingeschossiger, unterkellerter Waschküchenanbau mit Pultdach
1901	Bachstraße 53, Wohnhaus für Posthilfsbote Wilhelm Kühne
1901	Petershagen-Frille, Kirchengemeinde, verschiedene Arbeiten
1902	Dankerser Straße 42, Zweifamilienwohnhaus für den Lokheizer Wilhelm Rösener (wohnt bei Leteln Nr. 49)
1902	Petershagen-Frille, Hackshorst 5 (bis 1971 Bückeburg-Hackshorst 5), Wagenhaus und Holzschuppen für Brinksitzer Ernst Diedermann
1902	Petershagen-Frille, Hackshorst 6 (bis 1971 Bückeburg-Hackshorst 6), Westlicher massiver Stallanbau für Colon Blomberg, vermutlich nicht ausgeführt
1902	Petershagen-Frille, Lichtenberg 12, Backsteinhallenhaus für Friedrich Bredemeier (Frille 4), Altenteiler für Friedrich Bredemeier
1902	Petershagen-Frille, Kirchengemeinde, verschiedene Arbeiten
1903	Bückeburg-Cammer, Cammer Brinck 13 (Cammer 38), Anbau eines massiven Kammerfaches für Colon Chr. Hahne
1903	Bachstraße 56, Verlängerung eines Gitters für Lokheizer Wilhelm Mönkhoff
1903	Grille 20, Wohnhaus für Lokheizer Carl Lämke
1903	Petershagen-Frille, Mitteldorf 6 (Schaumburg-Frille 8), Neubau eines Wohnhauses nebst Stallung für Christian Rösener
1904	Bückeburg-Cammer, Friller Straße 26 (Cammer 23), Vergrößerung einer Stube und Kammer für Colon Schütte
1904	Bückeburg-Meinsen, Kriegerweg 1 (Meinsen 48), Schornstein am Wohnzimmer für Colon Bernhardt
1904	Aminghauser Straße 51, Ausbau des Daches
1904	Dankerser Straße 25, Erweiterung der Werkstatt Friedrich Harting
1904	Prangerort 103 (Päpinghausen 45), Backsteinhallenhaus mit Stallung und massiver Remise für Kolon Heinrich Pöhler (Abbruch Jan. 2001)
1904	Petershagen-Frille, Brunnenweg 2/4 (Frille 6), Anbau eines Wohnanbaus an das Wohnhaus für Kolon Anton Rösener
1904	Petershagen-Frille, Freithof 12 (Frille 3), Stallung und Teilunterkellerung des Wohnhauses für Kolon Wilkening
1904	Petershagen-Frille, Lichtenberg 24 (Frille 30), Neuer Schornstein für Colon Harmening
1905	Bückeburg-Cammer, Friller Straße 2 (Cammer 34), Bauantrag zu einem neuen Vorbau, sowie ein neues Backhaus für Colon Lohmeier.
1905	Bückeburg-Meinsen, Kriegerweg 2 (Meinsen 8), Neues Viehhaus für Colon Schildmeier
1905	Petershagen-Frille, Am Brink 26 (Schaumburg-Frille 35), Wagenschuppen nebst Geräteschuppen und Geräteraum für Colon Hahne
1905	Petershagen-Frille, Freithof 2, Kirchengemeinde, Neubau Küsterhaus
1905	Petershagen-Frille, Freithof 20 (Schaumburg-Frille 9), Viehhaus mit Remise für K. Schäkel
1906	Bückeburg-Cammer, Im Grund 23 (Cammer 63), Backhaus für Neubauer Heinrich Friedrich Christian Deterding
1906	Bückeburg-Cammer, Verlängerung des Ringofens um 4 Kammern für Chr. Schäkel

1906	Aminghauser Straße 51, Anbau Stall	1909	Bückeburg-Cammer, Cammer Brink 11, Neubau Wohnhaus und Viehstall für Anton Wesseling Cammer Nr. 37
1906	Dankerser Straße 50, Dreifamilienwohnhaus für Molkereibesitzer Hermann Schäkel aus Frille Nr. 69	1909	Petershagen-Frille, Brunnenweg 15 (Frille 31)
1906	Friedrich-Wilhelm-Straße 105, Anbau an den Kühlofen der Glasfabrik	1909	Petershagen-Frille, Freithof 12 (Frille 3), Anbau Stallung für Colon Wilkening
1906	Petershagen-Frille, Kirchengemeinde, verschiedene Arbeiten	1909	Petershagen-Frille, Lichtenberg 46 (Frille 16), Viehhaus für Friedrich Brinkmann
1906	Petershagen-Frille, Hackshorst 5 (bis 1971 Bückeburg-Hackshorst 5), neuer massiver Vorbau für Colon Diedermann	1910	Bückeburg-Cammer, Cammer Brink 11, Wagenremise für Anton Wesseling Cammer Nr. 37
1907	Bückeburg-Cammer, Im Grund 36, Viehhaus für Colon Christian Bade	1910	Bückeburg-Cammer, Friller Straße 39 (Cammer 53), Abort für Colon Schwier
1907	Aminghauser Straße 51, Unterkellerung	1910	Bückeburg-Cammer, Im Grund 27, Wagenschuppen für Witwe Diekmann
1907	Dankerser Straße 50, Einfriedung des Neubaus für Molkereibesitzer Hermann Schäkel	1910	Petershagen-Frille, Am Brink 26 (Schaumburg-Frille 35), Neubau Wagenschuppen mit Geräteraum für Colon Hahne
1907	Petershagen-Frille, Freithof 4 (Frille 28), Neues Wohnhaus nebst Viehhause für Colon Wiese	1910	Petershagen-Frille, Zimmererarbeiten beim Neubau der Kirche
1907	Petershagen-Frille, Freithof 6 (Schaumburg-Frille 5), Neues Viehhaus für Colon Nobbe	1910	Petershagen-Frille, Kirchengemeinde, Kirchensitzbänke
1907	Petershagen-Frille, Freithof 12 (Frille 3), Wagenremise für Kolon Wilkening	1910	Petershagen-Frille, Holzstraße 6, Backsteinhallenhaus für Anton Derberg
1907	Petershagen-Frille, Kirchengemeinde, verschiedene Arbeiten	1911	Bückeburg-Cammer, Cammer Brink 1 (Cammer 33), Neubau Schweinestall für Christian Brandt
1908	Bückeburg-Cammer, Dankerser Straße 30 (Cammer 1), Neubau der Hausstätte nach Brand des alten Haupthauses der Firma Prange	1911	Bückeburg-Cammer, Cammer Brink 7 (Cammer 35), Anbau einer Stallung für Anton Brandt
1908	Bückeburg-Meinsen, Kriegerweg 2 (Meinsen Nr. 8), Wagenremise für Colon Schildmeier	1911	Bückeburg-Cammer, Cammer Brink 12 (Cammer 39), Massiver Stallanbau mit Wagenschuppen für Friedrich Diekmann
1908	Bückeburg-Meinsen, Meinser Straße 28 (Meinsen 16), Umbau Rückgiebel, neue Treppe und Schornstein für Karl Wilharm	1911	Bückeburg-Cammer, Friller Straße 20, Neubau Wohnhaus mit Stallanbau für Fabrikarbeiter Heinrich Wesseling (wohnt in Petzen Nr. 37)
1908	Aminghauser Straße 45, Wohnhaus für Eisenbahnschmied August Kohlstedt	1911	Bückeburg-Cammer, Im Grund 14 (Cammer 5), Neubau Wagenschuppen
1908	Friedrich-Wilhelm-Straße 129, Anbauten an den Saal		

VI.1 Monografien zu Künstlern und Bauschaffenden – Alphabetisches Verzeichnis

zwischen Viehstall des Neubaus und Altenteiler für Colon Schäkel

1911 Unter den Eichen 6 (Päpinghausen 3), Dreiflügelhofanlage für Kolon Christian Volkening.

1911 Petershagen-Frille, Am Brink 26 (Schaumburg-Frille 35), Vorbau einer massiven Stallung aus Backstein für Colon Hahne

1911 Petershagen-Frille, Kirchengemeinde, Bedachung/Umdeckung Pfarrhaus

1912 Bückeburg-Cammer, Cammer Brink 7, Wagenschuppen für Anton Brandt, Cammer Nr. 35

1912 Bückeburg-Cammer, Cammer Brink 13 (Cammer 38), Anbau eines massiven Viehhauses für Colon Hahne

1912 Bückeburg-Cammer, Im Grund 18 (Cammer 6), Neues Gehöft für Colon Anton Brandt

1912 Bückeburg-Cammer, Im Grund 36, Holzschuppen für Colon Christian Bade

1912 Bückeburg-Meinsen, Kriegerweg 2, *Vorbau vor den Wohnende* für Colon Schildmeier Meinsen Nr. 8

1912 Petershagen-Frille, Erstes Dorf 26 (Schaumburg-Frille 25), Neubau Hofstätte für Colon H. Brinkmann

1912 Petershagen-Frille, Kirchengemeinde, Baumaßnahmen im Pfarrhaus (Zimmererarbeiten bzw. Tischler-, Dachdecker- und Malerarbeiten mit Material)

1913 Bückeburg-Cammer, Friller Straße 29 (Cammer 10), Umsetzen eines Backhauses für Friedrich Schäkel

1913 Petershagen-Frille, Lichtenberg 46 (Frille 16), Stallung für Brinkmann

1913 Petershagen-Frille, Rothehof 1 (früher Cammer 7), Neubau Wohnhaus und Verlängerung der Stallung für Kolon Prange

1913 Petershagen-Frille, Rothehof 1 (Früher Cammer 7), Teilüberdachung des Hofraums für Kolon Bredemeier

1914 Bückeburg-Cammer, Cammer Brink 1 (Cammer 33), Wiegehaus für Christian Brandt

1914 Bückeburg-Cammer, Cammer Brink 7, Hühnerstall für Anton Brandt, Cammer Nr. 35

1914 Petershagen-Frille, Lichtenberg 12, Vorbau eines Wagenschuppens für Colon Bredemeier (Frille 4)

1915 Aminghauser Straße 56, Geräteschuppen

1917 Bückeburg-Cammer, Im Grund 36, Wiederaufbau des Wohnhauses für Colon Christian Bade

1917 Petershagen-Frille, Kirchengemeinde, Abnehmen der Glocken

1919 Bückeburg-Cammer, Friller Straße 39 (Cammer 53), neuer Dachstuhl und kleiner Vorbau für Colon Heinrich Schwier

1919 Bückeburg-Cammer, Im Grund 27, Aufbau eines Schornsteines für Witwe Diekmann

1920 Bückeburg-Cammer, Cammer Brink 1 (Cammer 33), Bienenhaus für Christian Brandt

1920 Bückeburg-Cammer, Schanzenkamp 3 (Cammer 71), Umbau eines Schafstalles zu einem Wohnhaus für Christian Brandt (wohnt Cammer 34)

1920 Bückeburg-Cammer, Im Grund 36, Wagenschuppen für Colon Christian Bade

1921 Bückeburg-Cammer, Friller Straße 26 (Cammer 23), Neubau eines Saales für Friedrich Schütte

1921 Bückeburg-Cammer, Friller Straße 29 (Cammer 10), Neubau eines Schuppens für Friedrich Schäkel

1921 Bückeburg-Cammer, Vorm Walde 41 (Cammer 14), Neubau Wagenschuppen für Meier

1921 Bückeburg-Meinsen, Kriegerweg 2 (Meinsen 8), Wagenremise für Witwe Colon Schildmeier, Meinsen
1921 Minden-Dankersen, Baumaßnahme Lichtenberg
1921 Minden-Leteln, Baumaßnahme für Lohmeier
1922 Bückeburg-Cammer, Friller Straße 26 (Cammer 23), Einbau eines Schornsteines im neuerbauten Saale für Gastwirt Friedrich Schütte
1922 Bückeburg-Cammer, Im Grund 18 (Cammer 6), Stubenschornstein im Altenteil für Colon Anton Brandt
1922 Petershagen-Frille, Erstes Dorf 26 (Schaumburg-Frille 25), Wiederaufbau der abgebrannten Hofstätte für Colon H. Brinkmann
1923 Petershagen-Frille, Schaumburger Straße 2 (Frille 1), Neubau Wagenschuppen für J. A. Rösener
1924 Bückeburg-Cammer, Im Grund 36, Anbau mit Backofen für Colon Christian Bade
1925 Petershagen-Frille, Lichtenberg 38 (Frille 29), Wohnhaus mit Stallanbau für Nahrwold
1925 Petershagen-Windheim, Schule, verschiedene Arbeiten
1925 Glasfabrik Wittekind, verschiedene Arbeiten
1926 Glasfabrik Wittekind, Korblagerschuppen (Maurerarbeiten z.T. Fa. Gremmels)
1926 Bückeburg-Cammer, Im Grund 10 (Cammer 26), Neubau eines Viehhauses für Heinrich Bade
1926 Petershagen-Frille, Lichtenberg 44, Anbau eines Schlachthauses mit Laden an das Wohnhaus für Karl Meisolle
1926 Petershagen-Frille, Lichtenberg 28 (Frille 32), Neubau eines Viehhauses für Harmening
1926 Petershagen-Frille, Schaumburger Straße, Erker für Fehring
1927 Bückeburg-Cammer, Im Grund 10 (Cammer 26), Neubau Wagenschuppen für Heinrich Bade
1927 Bückeburg-Meinsen, Meinser Straße 28 (Meinsen 16), Neubau eines Kornspeichers für Vorsteher Karl Wilharn (Plan: Baugeschäft Ch. Prange, Cammer 1; Unternehmer: Zimmererarbeiten Ch. Prange, Maurerarbeiten: Heinrich Engelking, Warber 35)
1927 Petershagen-Frille, Hackshorst 6 (bis 1971 Bückeburg-Hackshorst 6), massiver Stallanbau nach Osten mit Backofen für Anton Blomberg
1927 Petershagen-Frille, Lichtenberg 12, Eingeschossiger Wohnanbau für Colon Bredemeier
1927 Petershagen-Frille, Schaumburger Straße 12 (Frille 20), Stall für Volkening
1927 Petershagen-Frille, Schaumburger Straße 2 (Frille 2), Wagenremise für Christian Volkening
1928 Bückeburg-Cammer, Cammer Brink 1 (Cammer 33), Hühnerstall für Christian Brandt
1929 Petershagen-Frille, Lichtenberg 12, Hühnerstall für Bredemeier (Frille 4)
1929 Bückeburg-Cammer, Im Grund 36, Stallverlängerung für Colon Christian Bade
1929 Petershagen-Frille, Lichtenberg 46 (Frille 16), Stallung und Geräteschuppen für Fritz Brinkmann
1929 Petershagen-Frille, Schaumburger Straße 12 (Frille 20), Scheune für Christian Volkening
1929 Königgrätzer Straße 3, Wohnhaus für Unterfeldwebel Gustav Jähnke
1929 Königgrätzer Straße 5, Wohnhaus für Eduard Eix
1929 Bückeburg-Cammer, Umbau Fritz Deterding in Cammer

1929 Minden, Umbau für Mindener Lagerhausgesellschaft
1929 Aminghausen, Nr. 3 Neue Fenster und Schiebetore für Karl Schäkel

Prange, Friedrich
1929 übernahm Friedrich Prange (geb. 2.5.1900, gest. 21.10.1975), Christian Pranges ältester Sohn, in der 3. Generation den Betrieb. Er absolvierte im väterlichen Betrieb eine Lehre als Zimmermann, besuchte die Gewerbeschule in Nienburg und 1922 die preußische Baugewerkschule in Hildesheim. Danach arbeitete er als Bauführer bei dem Architekten Wilhelm Kröger in Hannover, ab 1923 dann wohl in gleicher Funktion im väterlichen Betrieb. 1924 legte er seine Prüfung als Zimmermeister ab, und ebenfalls seit 1924 zeichnete Friedrich Prange sämtliche Bauantragspläne. 1929, im Jahr der Betriebsübergabe, heiratete Friedrich Prange die 24jährige Christine Huck aus Aminghausen. Aus dieser Ehe gingen vier Kinder hervor, von denen der Sohn Friedrich später den Betrieb weiterführte.

1946 begann Friedrich Prange auf einem Gelände am Bahnhof in Frille im Auftrag der britischen Besatzungskräfte eine Waggonreparaturwerkstatt aufzubauen, die 1953 aufgegeben und statt dessen zu einer Werkstatt für Treppen und Zimmertüren ausgebaut wurde. Die dort hergestellten Produkte baute man überwiegend in Neubausiedlungen im Ruhrgebiet, dem Rheinland, Niedersachsen, Hamburg, Bremen und Schleswig-Holstein ein. In den beiden Produktionsstätten Cammer (Fenster) und Frille (Türen und Treppen) arbeiteten Anfang der 1960er Jahre etwa 120 Beschäftigte.

1930 Bau Bussing
1930 Petershagen-Frille, Lichtenberg 46 (Frille 16), Anbau für Viehwaage für Fritz Brinkmann
1930 Bau Bredemeier
1930 Waterloostraße 44, für Eisenbahnoberschaffner Ernst Bretthaus
1930 Bau Temme
1930 Bückeburg-Cammer, Umbau v. Blomberg
1930 Petershagen-Frille, Lichtenberg 46 (Frille 16), Wiegehaus für Fritz Brinkmann
1930 Bückeburg-Cammer, Im Grund 18 (Cammer 6), Hühnerhaus für Colon Anton Brandt
1930 Bückeburg-Cammer, Im Grund 14 (Cammer 5), Anbau einer Küche für Colon Schäkel
1930 Bückeburg-Cammer, Im Grund 23 (Cammer 63), Anbau von 2 Zimmern für Witwe Deterding
1931 Petershagen-Lahde, Neubauer Meier ,Neubau oder Umbau
1931 Dankersen, Plöger Umbau
1931 Päpinghausen, Heinrich Hohmeier, Neubau
1931 Petershagen-Wietersheim, Klöpper, Reparatur oder Anbau
1931 Petershagen-Quetzen, Arbeiten für Nahrwold
1932 Dankersen, Neubau Vieker
1932 Minden, Neubauer Salge, Reparatur oder Anbau
1932 Bückeburg-Cammer, Arbeiten für Anton Diekmann
1932 Petershagen-Quetzen, Arbeiten für Heinrich Pleitner
1932 Arbeiten für Hohmeier
1932 Bückeburg-Cammer, Friller Straße 29 (Cammer 10), Aufbau eines neuen Gehöftes für Christian Schäkel
1932 Bückeburg-Cammer, Arbeiten für Christian Schäkel, Cammer 10
1932 Bückeburg-Cammer, Im Grund 3 (Cammer 8), Arbeiten für Maurer Anton Bade
1932 Aminghausen, Arbeiten für Schäkel, Aminghausen Nr. 8
1933 Bückeburg-Cammer, Im Grund 10 (Cammer 26), Ausbau einer Wohnung für Heinrich Bade

1934 Bachstraße 140 (alt 28, vorher Dankersen 233), Dachgeschoßausbau
1934 Bückeburg-Cammer, Im Grund 17 (Cammer 4), Neubau einer Wohnung für Witwe Bakemeier (Planverfasser: Friedrich Prange, Baugeschäft)
1934 Petershagen-Frille, Rothehof 1 (früher Cammer 7) Dachgeschoßausbau für Christian Prange
1936 Bückeburg-Cammer, Im Grund 36, Einrichtung von Zuchtställen in der Scheune des Landwirts Bade
1936 Bückeburg-Cammer, Im Grund 36, Grünfuttersilo für Landwirt Christian Bade
1937 Päpinghausen, Holzschuppen für Heinrich Meier (Päpinghausen 44)
1937 Päpinghausen, Stallbau und Umbau für Christian Rösener (Päpinghausen 4)
1937 Prangerort 101, Garagen und Stallung für Kohlenhändler Christian Möller
1938 Bückeburg-Cammer, Cammer Brink 7, Durchbau Wohnhaus für Frieda Bade geb. Prange, Cammer Nr. 35
1938 Bückeburg-Cammer, Cammer Brink 13, Erweiterung eines Zimmers für Landwirt Hahne, Cammer Nr. 38
1939 Bückeburg-Cammer, Schanzenkamp 30, Neubau Fachwerkwohnhaus für Unternehmer Poll (Planung: Prof. Paul Schmitthenner)
1944 Bückeburg-Cammer, Schanzenkamp 18
1946 Bückeburg-Cammer, Dankerser Straße 22, Wiederaufbau des Wohnhauses für Schlosser Wilhelm Hahne (Plan: Richard Moelle, Minden 19. 2. 1944)
1949 Bückeburg-Cammer, Im Grund 36, Hühnerhaus für Colon Christian Bade
1949 Bückeburg-Cammer, Friller Straße 29 (Cammer 10), Neubau eines Hühnerhauses und eines Wagenschuppens für Frau L. Schäkel
1949 Bückeburg-Cammer, Cammer Brink 7, Garagenanbau für Karl Bade, Cammer Nr. 35
1950 Bückeburg-Cammer, Cammer Brink 10, massive Stallerweiterung für Landwirt Karl Heine
1951 Bückeburg-Cammer, Cammer Brink 7, massiver Hühnerstall für Karl Bade, Cammer Nr. 35
1952 Petershagen-Frille, Schaumburger Straße 40, Wohnhaus für Fritz Volkening
1953 Bückeburg-Cammer, Im Grund 25 (Cammer 3 a), Neubau eines kleinen Wohnhauses für Waldarbeiter Anton Deterding
1953 Bückeburg-Cammer, Im Grund 10 (Cammer 26), Neubau eines Hühnerstalls für Heinrich Bade
1953 Bückeburg-Cammer, Im Grund 10 (Cammer 26), Anbau einer Stellmacherwerkstatt für Stellmacher Heinrich Bade
1953 Petershagen-Frille, Schaumburger Straße 35, Wohnhaus für Heinrich Sümering
1955 Bückeburg-Cammer, Cammer Brink 1 (Cammer 33), Neubau eines Wohn- und Wirtschaftsteils für Landwirt und Schweinemäster Christian Brandt
1957 Bückeburg-Cammer, Im Grund 10 (Cammer 26), unterkellerter Erweiterungsbau für Heinrich Bade
1959 Petershagen-Frille, Lichtenberg 18 (Frille 58), Wohnhausneubau für Gottlieb Schneidewind
1959 Bückeburg-Cammer, Im Grund 23 (Cammer 63), Stallanbau von 2 Zimmern für Witwe Deterding
1960 Bückeburg-Cammer, Friller Straße 26 (Cammer 23), Modernisierung des Saalanbaus für Heinrich Volkening
1960 Bückeburg-Cammer, Cammer Brink 10, Vergrößerung eines Wirtschaftsge-

bäudes, Errichtung eines Schuppens und Herrichtung einer Straßeneinfriedung und Grenzmauer für Karl Heine (Planung und Planverfasser: Karl Prange, Cammer)

1961 Bückeburg-Cammer, Friller Straße 2 (Cammer 34), Wohnhausumbau für Friedrich Watermann.
1964 Bückeburg-Cammer, Friller Straße 2 (Cammer 34), Neubau Watermann
1966 Bückeburg-Cammer, Im Grund 36, Neubau eines Schweinestalles für Christian Bade
1967 Bückeburg-Cammer, Im Grund 10 (Cammer 26), Umbau des Wohnhauses für Heinrich Bade
1968 Bückeburg-Cammer, Im Grund 10 (Cammer 26), Garagenanbau für Heinrich Bade

Prange, Friedrich
Friedrich Prange (geb. 1942), Sohn des Zimmermeister Friedrich (Fritz) Prange erlernte 1961–1963 das Tischlerhandwerk bei dem Tischler- und Zimmereibetrieb Steinhof in Bückeburg, schloß von Herbst 1963 bis Frühjahr 1964 ein Praktikum in der Zimmerei Pöhler in Stadthagen an. Von 1964–1967 absolvierte Friedrich Prange die Ingenieurschule Hildesheim, die er am 1.2.1967 mit einem Diplom abschloß. Danach arbeitete er im elterlichen Betrieb, den er am 1.1.1972 in der vierten Generation übernahm. 1982 wurde ein Konkursverfahren für die zuletzt 60 Beschäftigte umfassende Firma Friedrich Prange, Baubetriebe Holz, Metall- und Kunststoffbearbeitung eröffnet, das 1990 in einen Vergleich gewandelt werden konnte, so dass die Firma nicht gelöscht werden mußte. Aus Friedrich Pranges Ehe mit Heide-Susanne Grumptmann gingen die beiden Söhne Jörn-Christian und Knut hervor.

1976 Bückeburg-Cammer, Friller Straße 29 (Cammer 10), Bau von zwei unterirdischen Güllegruben für Luise Witte

Prange, Jörn-Christian und Knut
Jörn-Christian und Knut Prange, die beiden Söhne des Bauingenieurs Friedrich Prange, sind ebenfalls in der Baubranche tätig:

Jörn-Christian Prange (geb. 1968) absolvierte eine Zimmererlehre, legte 1995 seine Meisterprüfung ab und übernahm danach in der fünften Baugeneration den seit 1982 ruhenden Baubetrieb Friedrich Prange, der schwerpunktmäßig Zimmererarbeiten ausführt.

Knut Prange (geb. 1970) studierte Hochbau an der FH Bielefeld in Minden und arbeitete danach bei dem Prüfstatikbüro Kreuzfeld in Hannover. Seit 1999 betreibt er gemeinsam mit seinem Bruder Jörn-Christian die Firma Prange-Bau, die überwiegend den schlüsselfertigen Neubau von Einfamilienwohnhäusern ausführt.

Prange
Beschäftigt bei der Firma Wasserwerksbau Eugen Engert.
1952 Fuldastraße 4, Bürogebäude
1953 Fuldastraße 4, Lager

Prasuhn, Wilhelm
Architekt BDA, wohnte Minden-Meißen, Büro 1971/2006 Grille 44 a (zunächst in Bürogemeinschaft mit W.D. Stein). Wilhelm Prasuhn (geb. 28.7.1930 Buchholz/Schaumburg) kam 1957 aus Karlsruhe, wohnte anfangs Hahler Straße 63, seit 1958 dann Grille 47.

1970 Steinstraße 45 für Dr. med. Harry Menzelmann
1971 Stiftstraße 2, Wettbewerbsentwurf für Neubau Gemeindezentrum St. Marien
1972 Fuldastraße 4, Umbau der Halle
1977 Bäckerstraße 44/46, Wohn- und Geschäftshaus
1977 Königstraße 37, Umbau Laden
1978 Kuhlenstraße 15, Betriebsgebäude für AUDATEX-Deutschland
1978 Lindenstraße 33, Verwaltungsbäude der AOK Minden-Lübbecke

1978 Prinzenstraße 12, Umbau
1979/1980 Marienstraße 28, Umbau und Erweiterung des Geschäftshauses
1981/1982 Königswall 53, Wohn- und Geschäftshaus
1982 Viktoriastraße 36, Wohnhaus mit Arztpraxis
1983 Marienstraße 108, Anbau eines Bettenhauses
1983/1984 Obermarktstraße 5/7, Wohn- und Geschäftshaus
1987 Obermarktstraße 15, Umbau des östlichen Flügelbaus
1988 Ulmenstraße 21 für Helga Rickert
1988/1990 Königstraße 31, Umbau
1991 Rosentalstraße 10 für Hummel-Hausbau GmbH
1993 Königstraße 33, Umbau
1994 Ulmenstraße 21, Umbau

Preissing
Tischlermeister, wohnte 1851 Rampenloch 11. Im Adressbuch 1857 nicht mehr erwähnt.

Pries, Carl
Zimmermeister in Dützen.
1843 Oberdamm 50, Reparatur

Prinz, Willhelm
Maurermeister (geb. 24.6.1893, gest. 10.10. 1957), war mit Martha Grassow (geb. 5.1. 1886, gest. 22.7.1960) verheiratet, Tochter Elisabeth (geb. 8.1.1929) heiratete später den Fliesenleger Günter Strückmeier. Das seit 1939 nachgewiesene Baugeschäft (Klarastraße 10, hier wohnte die Familie auch), wurde nach Wilhelm Prinz Tod von seinen Erben weiterbetrieben. 1964 führte auf der Betriebsstätte Heinrich Rohlfing ein Baugeschäft und Elisabeth Struckmeyer eine Baustoffhandlung.
1949 Königstraße 104, Anbau (Plan: H. Schwarze)
1953 Königstraße 59, Wintergartenanbau
1959 Bäckerstraße 59, neuer Dachstuhl

1959 Hardenbergstraße 3, Geschäftsgebäude für Fachhandel Goebel
1959 Umradstraße 3, Umbau (Plan: Bischoff)

Probst, Albert
Architekt in Bad Oeynhausen.
1930 Obermarktstraße 12, Umbau
1931 Portastraße 69, Tankstelle DEROP

Protze oder **Protzmann** (?)
Hauptmann und Artillerie-Offizier vom Platz in Minden.
1856 »Pulvermagazin im Ravelin Marientor (I.2, S. 272, Abb. 143, Kat.-Nr. 123)

Pünter
Tischlermeister. 1773 in St. Marien erwähnt.

Puritz, Heinrich Walter
Dipl. Ing. in Hamburg. Teilhaber des Hamburger Büros von Emil Schaudt & H.W. Puritz, das zahlreiche Großbauten schuf, in Hamburg insbesondere zwischen 1910 und 1930 viele Brücken und Bahnhöfe der Hochbahn.
1922 Karlstraße 11, Anbau Fabrik (Ausführung durch MEWAG)
1923 Hansastraße 29, Neubau des städtischen Gaswerkes
1928 Werftstraße 17, Planungen für ein städtisches Lagerhaus am Abstiegshafen

Quante, Otto
Dr. med., Maler und Radierer (siehe Gut Rodenbeck).

Quast, Heinrich
1911 bis 1927 Regierungsbaurat in Minden. Geboren am 8.10.1866 als Sohn des Kaufmanns Rud. Quast in Bad Königsborn bei Unna. Das Studium an der TH Hannover im Hochbaufach (mit Wilhelm Werdelmann) 1885–1890 mit Auszeichnung bestanden und hierbei Schüler von C. W. Haase (KOKKELINK

Otto Quante

1998, S. 582. – Prüfungsakte STA DT, M 1 Pr. Pers. VII Nr. 865); lebte 1966 noch mit hundert Jahren.

Seit 1911 Regierungsbaurat und Vorstand des staatlichen Hochbauamtes in Minden. 1927 pensioniert (Nachfolger wurde Johannes Gelderblom). 1919 wohnte er in dem Haus Wilhelmstraße 18. Veröffentlichte 1932 einen Aufsatz zur neuen Querhausorgel des Mindener Domes.

nach 1907/1908 Stemwede-Wehdem, Instandsetzung der angekauften kleinen Domorgel (II, S. 835)
1911–1914 Dom, Planung von Um- und Neubau der Westorgel (II, S. 821 f., 826, Abb. 649–651)
1912 Dom, Entwurf zum Windfang der Turmvorhalle (II, S. 821, 453 f.)
1912/1916 Petershagen, Mindener Straße, Amtsgericht (Bauleitung Küntzel)
1913/1914 Espelkamp-Frotheim, Am Bruchhügel, Schulhaus
1914/1915 Bad Oeynhausen, Kurtheater (Ober-Bauleitung)
1914/1920 Königswall 28, Ratsgymnasium (Bauleitung: Ritter)
1927 Heidestraße 8, Finanzamtsgebäude (Ausführung: Mülmstedt & Rodenberg)
1928/1932 Kampstraße 31, verschiedene Projekte zu Um- und Erweiterungsbauten des Kreisgerichtes
1930 Bessel-Oberrealschule, Erweiterung (Plan in Zusammenarbeit mit Architekt Horst)
1931 Dom, Bauleitung der Querhausorgel (Entwurf: Konservator der Kunstdenkmäler Hiecke/Berlin)
1932/1938 Dom, Umbau der Sakristei (Planung) (II, S. 391, 393)

Raabe, Erich
1992 Kutenhauser Straße 62 für Karl Husmeier

Raacke, L.
Tischlermeister, wohnte 1852 Scharn 8 links, 1857 Königstraße 15 oder 17.

Rabin siehe Robyn

Radler, J.J. & Sohn
Gießerei in Hildesheim.
1911 St. Simeon, Guß der Glocke für den neuen Turm (III, S. 644, 724, 729)

Radsrat, Erwin (richtig: **Radszat**)
Maurermeister in Minden, wohnte 1986 Hohenzollernring 27.
1975 Königsglacis 17, Aufstockung

Raffloer, E.
Architekt in Gütersloh.
1978 Bäckerstraße 25 (zusammen mit Architekt Joh. Schulde/Minden)

Rahlfs
Geometer-Secretair
1778 Großer Domhof, Projekt: Neuplanung (II, S. 1174, Abb. 711)

Ramnüter, Emil
Die Baufirma von Oskar Ziegler wurde 1900 offensichtlich noch durch den im Haushalt (Stiftstraße 39) lebenden Bauunternehmer Emil Ramnüter abgewickelt, der am 30.11.1871 in Soest geboren wurde und wahrscheinlich mit Ziegler in einem verwandtschaftlichen Verhältnis stand.

Rapior, Suss und Wormuth
Günter Rapior, Eberhard Suss und Prof. Dipl. Ing. Rüdiger Wormuth. Architekturbüro in Osnabrück.
1983 Rittertraße 5, Neubau für die Reformierte Kirchengemeinde

Ziegelei Rasch
in Bad Oeynhausen-Rehme.
1863 Dom, Sicherung des Chores, Lieferung von Leichtziegeln zum Gewölbeneubau (Ausführung: Maurermeister Baumgarten) (II, S. 375)

Rasky, August
Firma in Minden.
1901–1903 Dom, Reparatur von Chorfenstern (Leitung: W. Moelle, Ausführung: August Rosenberg/Fa. Rasky) (II, S. 444)

Rasche
Malermeister, wohnte 1851 Scharn 2.

Ratering, Werner
Bildhauer (geb. 1954 Bad Bentheim), lebt auf Haus Stapel bei Havixbeck (Kr. Coesfeld).
1987 Weserpromenade, Porta Humanica (Sandsteinskulptur) (I.2, S. 958)

Rathert
Zimmermeister in Todtenhausen bei Minden.
1815 Obermarktstraße 31, Wiederaufbau Scheune Kisaustraße 7 für Oberlandesgerichtsrat Rieke
1823 Brüderstraße 15, Kostenanschlag zur Reparatur
1829 Kampstraße 22, Reparatur für Kirchengemeinde St. Martini
1833 Dom, Reparatur der Dachwerke (II, S. 428)

Rathert, Ernst
Bauunternehmer. Geboren am 11.7.1906 in Minden, lernte zunächst das Maurerhandwerk und legte nach dem Besuch der Baugewerbeschule Nienburg/Weser 1927 die Prüfung als Bautechniker (Tiefbau) ab, bevor er 1935 den Titel eines Maurermeisters erwarb. Spätestens 1932 eröffnete er ein Baugeschäft, das er bald recht gut ausweiten konnte. Der Betrieb zunächst in Kutenhausen und in Dankersen und vor 1939 auf einem Betriebshof nördlich der Hermannstraße, im Winkel zwischen der Werftstraße (Nr. 2 sein eigenes 1936 errichtetes Wohnhaus) und der Schierholzstraße (Nr. 15). 1952 wurden dort etwa 110 Personen beschäftigt, wobei in der Regel etwa 8 bis 10 Bauten zugleich erstellt wurden.
1930 Marienstraße 144 b für Milchhändler August Finke
1932 Kutenhauser Straße 86, Stallgebäude
1934 Sympherstraße 19/21 Doppelwohnhaus für Kanalbauverwaltung
1935 Marienstraße 153 für Witwe Frieda Hundertmark
1935 Marienstraße 171 für Maschinist Friedrich Saul
1936 Werftstraße 2 für eigene Zwecke
1937 Kuhlenstraße 12 für Walter Heemeier
1937 Melittastraße 17, Lagerhalle für die Peschke-Flugzeugwerke
1938 Brückenkopf 7, Um- und Anbau

1946 Bäckerstraße 44, Umbau des Hinterhauses
1946 Schierholzstraße 15, Bürobaracke für eigene Zwecke
1946/1951 Paulinenstraße 5, Gemeindehaus der Immanuelgemeinde (Plan: H. Korth/R. Dustmann)
1946/1949 Hermannstraße 43, Wiederaufbau
1947 Dorotheenstraße 5, Wiederaufbau der Betriebsgebäude von Richard Fleischer
1947 Marienstraße 3, Pfarrhaus St. Marien (Plan: Prof. March)
1947 Marienwall 14, Wiederaufbau der Werkstatt von Clausing & Co.
1948 Scharn 10, Lagerhaus (Plan: Hans Korth)
1949 Hermannstraße 55 a für Karl Kuloge
1949 Rosentalstraße 16 für eigene Wohnung
1950 Manteuffelstraße 5 für Flöttmann
1950 Schierholzstraße 15, Lagergebäude für eigene Zwecke
1951 Bäckerstraße 40, Umbau
1951 Besselstraße 28 für Frau Rathert
1952 Scharn 7, Wohn- und Geschäftshaus für eigene Zwecke
1953 Bäckerstraße 40, Umbau
1953 Blumenstraße 12, Miethaus für eigene Zwecke
1953 Scharn 7, Hinterhaus für eigene Zwecke
1954 Bachstraße 67 für Peter Haak/Leteln (Planung GSW Minden)
1954 Fuldastraße 26 für Alfred Haverkamp (Planung GSW Minden)
1954 Robert-Koch-Straße 1 für Rechtsanwalt Hermann Botterbusch (Plan: Paul Gay)
1955 Deichhof 14 für den Friseurmeister August Windheuser
1955 Bismarckstraße 29 für Dorothea Müller
1955 Deichhof 15 für Frisör August Windheuser
1955 Schierholzstraße 15, Erweiterung des Bürogebäudes für eigene Zwecke

Baustelle der Firma Ernst Rathert, Richtfest 1956

1956 Hahler Straße 34 für Wohnhaus Minden GmbH (Plan: Hempel & Ibrügger)
1957 Stiftsallee 49 für Ewald Rathert
1959 Deichhof 12 für Friseur August Windheuser (Plan: Richard Wernicke)
1959 Werftstraße 4, Einfriedung
1959 Schierholzstraße 15, Anbau des Lagers der eigenen Firma
1960 Memelstraße 5 für Karl Kuloge
1960/1961 Kampstraße 28/32, Neubau Möbelhaus Ronicke für Gabriele Baukloh (Plan: Hempel & Ibrügger)
1962 Schierholzstraße 22, Wohnbaracke für Gastarbeiter seiner eigenen Firma
1965 Manteuffelstraße 8 für Hedwig Rathert
1968 Rodenbecker Straße 31, Umbau des Dachgeschosses
1978 Memelstraße 1, Werksarztzentrum (Plan: W. Rösner)

Rauch
Regierungsbaurat a. D. in Heidelberg; Mitglied in der Reichskammer der bildenden Künste Nr. 9512. Vermutlich Vater des Vorstandsvorsitzenden der Schütte A.G. Ernst Rauch, siehe Schütte & Wiese.
1938 Marienstraße 45, Umbau für den Hauptgesellschafter der Ziegelei Schütte, Ernst Rauch

Rauche
Pflastermeister in Hagen.
1800 Markt, Berechnung für Neupflasterung

Raufing, Benn.
Orgelbaumeister.
1726 St. Martini, Reparatur der Orgel (III, S. 384)

Rausch, Ernst
Dr.-Ing., Bauingenieur aus Werther (Kr. Gütersloh).
1946 Dom, Wiederaufbau des Westwerks, Gutachten zur statischen Sicherung (II, S. 131)
1946 Dom, Wiederaufbau des Querhauses, Gutachten zur Gewölbeinstandsetzung (II, S. 221)

Rave, Andreas
Architekt in Münster.
1908 Ringstraße 111, Lagerhaus und Büro für Kaufmann Carl Zimmermann

Recker, Ulrich
Dipl. Ing. mit einem Planungsbüro in Westerstede.
1995 Bahnstraße 1, Zentraler Omnibusbahnhof für Stadt Minden

Redecke, Hans-J.
Architekt (?)
1948 St. Martini, Bauaufnahme (III, S. 265, 290, 352, 463)

Rediger
Maurermeister, 1804 als Mieter in dem Haus Hohnstraße 15.
1803 Weserbrücke, Neubau Torschreiber- und Wachthaus am Wesertor
1804 Simeonstraße 34, Gutachten zum Zustand des Kanals unter der Simeonstraße

Reding, Paul
Waltrop.
1994 Dom, Gestaltung der Glocke VI des Westwerks (II, S. 856)

Reén
1885 Domstraße, Erläuterungsskizze zur Wege- und Baubestandssituation (II, S. 1433)

Rehfeld, Ernst
Ingenieur, 1939 Feldmeister im Reichsarbeitsdienst (wohnte Steinstraße 12), kam 1945 aus Lichtenau nach Meßlingen, und von dort 1947 nach Minden, Hansastraße 29 zurück. Ernst Rehfeld (geb. 29. 7. 1902 Duisburg, gest. 7. 6. 1985 Petershagen) war verheiratet mit Marie-Luise Kriete (geb. 4. 2. 1905 Meßlingen, gest. 4. 9. 1974 Bad Lippspringe), gemeinsame Tochter: Christa (geb. 28. 1. 1943). 1951 errichtete er sein eigenes Wohnhaus Neutorstraße 18.
1951 Neutorstraße 18, Wohnhaus nach eigenen Plänen

Rehwald
Maurer in Minden. Verunglückte am 18. 4. 1823 beim Bau des Kuckeschen Hauses und verstarb nach 24 Stunden (KAM, Mi, E 126).

Reich, Conrad
Architekt in Koblenz (Kaiser-Wilhelm-Ring 37) und dort einer der entscheidenden Planer in der Zeit zwischen 1900 und 1914 (siehe DELLWING/LIESSEM 1996).

1912   Friedrich-Wilhelm-Straße 13, Umbau und Erweiterung des Hotels für A. Reich

Reichensperger, August
Jurist und Politiker. Förderer des Weiterbaus vom Kölner Dom (geb. 22.3.1808 Köln, gest. 16.7.1895 Köln).
1853   Dom, statische Sicherung des Chores, Empfehlung von Vinzenz Statz für Planung (II, S. 370)

Reike
Steinhauer, allerdings ohne Meisterprüfung, zwischen 1845 und 1860 nachzuweisen (KAM, Mi, F 372).
1860   Weserstraße 8, Vorbau

Reimann, Johann Friedrich
1817 als Bauinspektor in Minden genannt. Wird mit Datum vom 25.6.1817 zum Bau-Inspektor des neu eingerichteten Baukreises Bielefeld ernannt und ist in dieser Funktion auch für die Kreise Herford, Halle und Bielefeld zuständig (mit Ausnahme des Chaussee-Bau-Unterhaltes, der beim Baukondukteur Neumann verbleibt – siehe StaA Herford, B 1211); seit 1821 auch für den Kreis Bünde, später zudem für den Kreis Wiedenbrück zuständig). 1832 ist er Besitzer des Hauses Löhrstraße 15 in Herford und verheiratet mit Emilie Möller. 1853 in Herford als Vorsitzender der Prüfungskommission für Bauhandwerker genannt und im gleichen Jahr nach Warburg versetzt. Dort noch 1858 nachweisbar. 1861 als königlicher Baurat a. D. in Herford lebend.
1818   Kirchlengern-Stift Quernheim, Am Herrenhaus 6, Schul- und Küsterhaus (Reparaturanschlag und Plan)
1819   Bünde, Wehmstraße 11, Pfarrhaus, Projekt
1819   Kirchlengern-Stift Quernheim, An der Stiftskirche 11, Reparatur Pfarrhaus (Revision)
1819   Kirchlengern-Stift Quernheim, An der Stiftskirche 15, Pfarrwitwenhaus
1819   Herford, Steinweg 23, Pfarrhaus St. Marien, Einbau einer Konfirmandenstube
1821/1822 Bünde, Wehmstraße 10, II. Pfarrhaus (erschlossen)
1821   Herford, Markt 12, Gutachten zum Bauzustand des Turms der alten Marktkirche
1821   Werther, Pfarrhaus, Reparatur
1822/1823 Herford, Kirche Stift Berg, Gutachten und Kostenanschlag
1823   Kirchlengern-Stift Quernheim, An der Stiftskirche 11, Pfarrhausreparatur (Revision)
1826   Bünde, Wehmstraße 10, II. Pfarrhaus, Erweiterung
1826   Spenge, Poststraße 22, II. Pfarrhaus
1828   Bielefeld-Brackwede, II. Pfarrhaus, Konfirmandensaal, Projekt
1828   Kirchlengern-Stift Quernheim, An der Stiftskirche 11, Pfarrhausreparatur (Revision)
1828   Gütersloh-Friedrichsdorf, Entwurf für ein Bethaus
1828   Bünde, Wehmstraße 11, Pfarrhaus (Ausführung: Zimmermeister Kassebaum)
1829   Spenge, Pfarrhaus, Scheune, Projekt
1832   Kirchlengern-Stift Quernheim, An der Stiftskirche 11, Pfarrscheune, Plan und Anschlag
1832   Bielefeld-Hillegossen, Schulhaus Oldentrup, Projekte
1832/1840 Enger, Pfarrhaus I, Projekte
1834   Bünde, Wehmstraße 11, Gutachten zum Zustand
1834   Bielefeld-Schildesche, Johannisstraße 15, II. Pfarrhaus, Anschlag zur Reparatur
1835   Bielefeld-Schildesche, katholisches Schulhaus, Umbau

1835 Gütersloh-Isselhorst, Schulhaus Hollen, Projekt
1835/1836 Spenge, Poststraße 22, Pfarrhaus, Umbau
1836 Bielefeld-Jöllenbeck, Pfarrhausneubau, Anschlag und Plan
1837 Halle, Gerichtsgebäude (Konzept)
1838 Herford-Laer, Glockenweg 30, Schulhaus Hollinde, Revision der Pläne des Zimmermeisters Rottmann
1840/1853 Bielefeld-Jöllenbeck, verschiedene Projekte für Kirchenneubau
1840 Kirchlengern-Stift Quernheim, Projekt für ein Pfarrhaus
1841 Werther, Pfarrhaus I (Alternativentwurf von Maurermeister Nott/Halle)
1841/1848 Halle, Gerichtsgebäude
1843 Bielefeld-Heepen, Heeper Straße 432, Pfarrhaus, Projekt
1843 Kirchlengern-Stift Quernheim, An der Stiftskirche 11, Neubau Pfarrhaus (Revision evtl. auch Plan)
1848 Herford, Markt 12, Gutachten zur Reparatur des Turms der alten Marktkirche
1850 Kirchlengern-Stift Quernheim, Neubau Pfarrhaus

Reinecke
Steinhauer in Neesen.
1900/1902 Porta Westfalica, Bismarckturm auf dem Jacobsberg

Reinecke, Erich
Stadtbau-Amtsmann.
1969 Lübbecker Straße 39 a als eigenes Wohnhaus

Reinhard, Johannes (Hans)
Bau-Ingenieur. Wohl Sohn des Bau-Ing. Franz Reinhard (1955/1968 Klarastraße 13). Johannes Reinhard (geb. 7.3.1939) war seit 1964 mit Roswitha Willeke (geb. 1.10.1940) verheiratet, zwei Kinder: Oliver und Katrin.
1968 Bleichstraße 5 für Oberstudienrat Dr. Meyer-Holtgreve

Reinking, Ernst
Hochbau-Ing. und Stadtbau-Oberamtsrat (geb. 2.12.1914 Stadthagen, gest. 14.3.1976), verheiratet seit 1939 mit Anna Kording (geb. 9.11.1914 Dankersen) und wohnte zuletzt in Dankersen, Peterstraße 14.

Reiß, Casimir (auch Reiss)
Blechschläger.
1794 Dom, Langhaus, Abnahme der Bleideckung (II, S. 426)
1801 Kleiner Domhof 13, Domsyndikathaus, Beleuchtung (II, S. 1415)

Reiß, Philipp
Blechschläger.
1787 Dom, Westwerk, Kostenanschlag zur Reparatur (II, S. 425)

Reißaus, Gottfried
Drechslermeister (geb. 11.4.1822), wohnte 1851 Hohnstraße 4, 1857 Bäckerstraße 66, 1880 mit Tochter Marie (geb. 14.2.1854) Simeonstraße 27.

Remmingschmidt, F.
Maler.
1904 Klausenwall, Blick nach Nordwesten vor dem Umbau

Remy
Maurermeister.
1808 Kaserne am Paradeplatz, Reparaturarbeiten an der Kaserne (I.2, S. 356)

Rennekamp
Schlossermeister, wohnte 1851 Königstraße 19.

Renner (auch Renn), Johann/Johan Michael
Maurermeister. 1755/1756 bei St. Marien genannt.

wohl nach 1750 Großer Domhof 9, Kurienhof, Kostenanschlag zu Abbruch und Neubau einer baufälligen Utlucht sowie Reparatur (II, S. 1277)
1753   St. Marien, Arbeiten beim Neubau des Turmhelms (Plan: Kloth) (III, S. 136)
1754/1756 Kampstraße 33, Arbeiten am Pfarrhaus von St. Marien

Rensch, Wilhelm
Schornsteinfegermeister und Gastwirt. Rensch (geb. 6.9.1830) wohnte 1851 im Haus zwischen Königswall 41 und 43, 1880 betrieb er neben seiner Tätigkeit als Schornsteinfeger auch eine Gastwirtschaft Königstraße 47.

Firma **Rentrop**
Altena (seit 1888?) (SCHEFFLER 1973, S. 56, Nr. 111, 112, 107).
1888   St. Marien, Oblatendose (vermutet) (III, S. 215)
1890   St. Martini, Altarleuchterpaar der neugotischen Ausstattung (III, S. 456)

Resener, C.
Zeichner.
1823   Schwichowwall, Schwichowdenkmal, Mitarbeit (I, 2, S. 912)

Reuter
1792/1793 St. Marien, Reparatur am Turmdach (zusammen mit Schieferdecker Roczenfüs und Kupferschmied Windel) (III, S. 137)

Reuter
Betrieb 1857 ein Möbelmagazin Königstraße 14.

Rheinen
Eisenbetrieb in Duisburg.
1905/1906 Weserglacis 2, Regierungsgebäude, Lieferung von Gittern und Toren

Riechert
Katasterhilfsarbeiter.
1909   Simeonsplatz, Gemarkungskarte, Kartierung (Aufnahme: Steuerinspektor Suckow, Landvermesser Riechert) (Kartierung: Riechert) (I.2, S. 734, 751)

Richter, August
Steinbildhauer, 1912 Marienstraße 63.
1911   Marienstraße 63 für eigene Zwecke (Plan: M. Zimmerling)
1917   Gelände der Gneisenau-Kaserne, Gefallenen-Denkmal (I.2, S. 936)

Richter, Ernst
Steinbildhauer (geb. 18.12.1881 Gartow/Kreis Lüchow), wohnte 1910 Königswall 95, 1912 Marienstraße 63 jeweils bei seinem Bruder August. Nach seinem Militärdienst 1914–1918 wohnte er Luisenstraße 3, 1921 war er auf Reisen, später war er in Gelsenkirchen-Rotthausen gemeldet.

Richter, Otto
Zimmerei und Holzhandel.
1909   Karlstraße 42/44, Anbau an die Fabrik

Richter, Peter
Dipl.-Ingenieur und Architekt in der Firma ITG (Immobilien Treuhand GmbH)/Düsseldorf.
1983/1985 Obermarktstraße 33 ff., Obermarktzentrum

Ricoeur
1725 als Baumeister genannt (KAM, Mi, C 498).

Riechmann, August
Kutenhausen.
1927 Kutenhauser Straße 114, Scheunenanbau

Riechmann, Heinrich
Zimmererpolier aus Holzhausen II.
1878 Alte Sandtrift 16 für Witwe Borgmann (Plan: Schmidt & Langen) (zusammen mit Maurer Wilhelm Riechmann)
1886 Alte Sandtrift 16, Anbau (Plan: Maurer Horstmann)

Riechmann, Heinrich
Maurer aus Minder Heide Nr. 56.
1887 Kutenhauser Straße 114 für eigene Zwecke (Plan: H. Bickmeier)
1896 Kutenhauser Straße 114, Stall und Backofen für eigene Zwecke (Plan: Borgmann)

Riechmann, Wilhelm
Maurermeister, wohnte 1878 in Holzhausen II (Amt Hartum), Nr. 129 und scheint der Bruder des dort ansässigen Zimmererpoliers Heinrich Riechmann gewesen zu sein. 1900 als Bauunternehmer genannt und wohnhaft in dem durch ihn erbauten Haus Alte Sandtrift 32, 1908 als Bauunternehmer in Minderheide (Stiftsallee 33) genannt. Sein Sohn Ferdinand Riechmann übernahm später das Baugeschäft, das 1966 unter dem Namen Wilhelm Riechmann & Sohn/Holzhausen II läuft.

Ein Ludwig Riechmann wird schon 1906 als Ziegeleibesitzer genannt, der in diesem Jahr die ehemalige Schwiersche Ziegelei in Todtenhausen erwirbt und modernisieren läßt (siehe KAM, Mi, 1532).

Ein Heinrich Walter Riechmann (geb. 9.6.1905) erhielt ebenfalls eine Bauausbildung und wurde 1933 zum Regierungsbaumeister ernannt. 1934 trat er in den Dienst der Reichsbahn.

1878 Alte Sandtrift 16 für Witwe Borgmann (nach Plan: Schmidt & Langen) zusammen mit Heinrich Riechmann
1892 Alte Sandtrift 7 für Bahnhofsarbeiter Julius Pfreundt (Plan: W. Horstmann/Hahlen)
1894 Steinstraße 21 für Postkanzlist H. Grapenkamp
1896 Hahler Straße 84, Einfriedung
1896/1897 Alte Sandtrift 32 für eigene Zwecke
1897 Stiftsallee 62 für Zimmermann August Hoppmann
1899 Hahler Straße 77, Anbau
1899/1900 Stiftsallee 35 für Glasmacher Wilhelm Kramer
1900 Hahler Straße 82 für Postschaffner Wilhelm Lück (Plan: A. Sassenberg)
1900 Stiftsallee 29, Anbau (Plan: H. Hölterhoff)
1900 Stiftsallee 31, Projekt für ein Wohnhaus
1900/1901 Stiftsallee 33, Wohnhaus für eigene Zwecke
1902 Sandtrift 45, Stallanbau
1903 Königstraße 118 für Schuhmachermeister Wilhelm Bruns
1903 Stiftsallee 2/4, Umbauten
1903 Stiftsallee 60, Bierlagergebäude für Wilhelm Weber
1903 Stiftsallee 68 für Arbeiter August Klöpper
1904 Marienstraße 59 für Lehrer Wilhelm Henkelmann
1905 Alte Sandtrift 15/17 für die Zigarrenarbeiter Heinrich und August Hoffmann
1905 Sandtrift 49 für Colon Wilhelm Meinsen
1905 Stiftsallee 33, Remise für eigene Zwecke
1905 Stiftsallee 64, Stallanbau
1906 Bachstraße 32, Stallanbau
1907 Marienstraße 59, Anbau
1907 Stiftsallee 57 für Gartenarbeiter Heinrich Rohlfing

1907/1908 Bierpohlweg 41, für Postschaffner Friedrich Völkening (Plan: Postbausekretair Frantz)
1908 Alte Sandtrift 24 als Unternehmerbau
1909 Alte Sandtrift 22 als Unternehmerbau
1909 Alte Sandtrift 20 a als Unternehmerbau
1909 Sandtrift 47, Umbau
1910 Alte Sandtrift 20 als Unternehmerbau
1910 Bierpohlweg 39, Umbau
1910 Kutenhauser Straße 47, Stallanbau
1910 Stiftsallee 75, Stallanbau
1911 Hahler Straße 77, Um- und Erweiterungsbau
1913 Stiftstraße 4, Anbau einer Speisekammer
1914 Stiftsallee 30, Remise
1914 Stiftsallee 40, Balkonanbau
1914 Stiftsallee 76, Stallanbau
1919 Hahler Straße 73, Umbau
1920 Alte Sandtrift 23 für Postschaffner Fritz Möhle
1921 Alte Sandtrift 30, Umbau
1936 Alte Sandtrift 5, Anbau
1937 Am Brühl 3 für Lotte-Marie Herzig (Plan: R. Moelle & Söhne)
1940 Melittastraße 12 für Hermann Bredemeier
1966 Sandtrift 73 für Elisabeth Borcharding
1969 Grüner Weg 18 für Hedwig Prill
1977 Lübbecker Straße 25, Anbau

Richtzenhain, Doris
Bildhauerin in Minden, geb. 31. 1. 1941. Arbeitete zunächst unter dem Namen ihres ersten Mannes als Doris Klimpel, nahm später ihren Mädchennamen Richtzenhain wieder an und starb am 24. 2. 2007 als verheiratete Klitzsch-Richtzenhain.
1994 Martinitreppe, Bessel-Büste (Bronze) zunächst mit *D*(oris)*K*(limpel) signiert, später geändert in *D*(oris)*R*(ichtzenhain) (I.2, S. 964, Abb. 627)
1994 Dom, künstlerische Gestaltung der Glockeninschriften (Konzeption: Theo Halekotte/Werl; Guß: Glockengießerei Hans August Mark/Brockscheid) (II, S. 854)

Riefstahl, Wilhelm Ludwig Friedrich
Maler und Lithograph (geb. 1827, gest. 1888).
1859 Ansicht der Porta vom Bahnhof Minden aus (I.2, Abb. 22 und Teil V, Abb. 1710)

Rieger
Orgelbaufirma in Wien.
1993 Dom, Prospektentwürfe zu neuer Westorgel (II, S. 842)

Rieke
Architekt in Hannover.
1915 Stiftstraße 31, Umbau für den Bankier Walter Vogeler

Rieke
Architekt in Löhne.
1960 Rodenbecker Straße 35, Umbau

Rieke, Christoph Heinrich
Uhrmacher in Halle/Westfalen.
1740/1741 Dom, Reparatur der Uhr (II, S. 859)

Riess
Drechslermeister, wohnte 1851/1857 Simeonstraße 16.

Riess, Eva
Restauratorin am Kunstgewerbemuseum, Berlin.
1960 Dom, Restaurierung einer Mitra des 14. Jahrhunderts (heute Kunstgewerbemuseum Berlin) (II, S. 1065)

Rietsch, Johann Georg
Pumpenmacher, nutzte 1799 eine seit längerer Zeit wüste Hausstätte (Hufschmiede 6) in der Nähe seiner Werkstatt als Holzlager für seine Bäume (KAM, Mi, C 891).

1803–1806 Kleiner Domhof, Vorsteher der Pumpe (II, S. 1354)
1831 Vinckestraße 3, Vikarie, Reparatur des Brunnens (II, S. 1324)

tom Ring d. J., Ludger
Bildnis- und Genremaler in Münster (geb. 1522, gest. 1584).
1568 Stadtansicht auf dem Bildnis Hermann Huddaeus (I, Abb. 3. – II, S. 7. – III, XVII, S. 15, 127, 132, 148, 150, 331, 335 f., 638, 705, 710, 795, Abb. 96, 227)

Rinker
Bauinspektor.
1870 Dom, Reparatur des Westwerks, Planung und Leitung (?) (II, S. 127, 130, 429)
1870 Dom, Querhaus, Planung der Neuverglasung (Maßwerkerneuerung: W. Moelle 1878–1879) (II, S. 442)
1870/1875 Dom, Außenrestaurierung des Langhauses, Kostenanschlag zur Maßwerkerneuerung und Neuverglasung (Maßwerkerneuerung: W. Moelle ab 1877; Entwurf Verglasung: von der Forst) (II, S. 299, 442)

Rinckert
Glockengießer in Osnabrück. 1774 bei St. Marien erwähnt.

Rinne, Friedrich
Zimmermann. Geboren am 10.3.1875 in Segelhorst. Erwarb 1902 das Haus Alte Sandtrift 16 von Maurermeister Borgmann. War als Maschinenmeister bei der Dampfsägerei Heinrich Albert Scheidemann beschäftigt und verstarb am 9.5.1905 durch einen Arbeitsunfall (wurde vom Treibriemen erfasst und mehrmals um die Welle geschlagen) (MLK 11.5.1905)

Rittelmeier
Ingenieur?
1801 Bunte Brücke, Vermessung der Umgebung und Zufahrten (V, Abb. 1241)

Ritter, Wilhelm
Regierungsbaumeister, später Regierungsbaurat beim Wasserbauamt Minden I und hier insbesondere mit den Bauarbeiten im Zuge des »Neubauamtes für die staatlichen Siedlungen der Wasserstraßendirektion Weser« betraut (Mitarbeiter ist 1923 der Architekt Schuck). Nachdem die Arbeit zunächst in dem umgebauten Gebäude Stiftsallee 25 aufgenommen wurde, ist seit 1924 das neu errichtete Gebäude Lindenstraße 39 Dienstsitz.
1926 legte er eine Dissertation zur Baugeschichte des Mindener Domes vor.
Wilhelm Ritter (geb. 17.5.1889 Altkirch/Els.) war mit Charlotte Peters (geb. 5.7.1888 Mühlhausen?) verheiratet. Tochter Christel wurde am 24.10.1923 in Minden geboren. Die Familie zog 1919 aus Stuttgart zu, wohnte 1919 Markt 11, Steinstraße 15, 1920 Videbullenstraße 9, ab 1923 in der Dienstwohnung Symphorstraße 13 und verzog 1927 nach Frankfurt am Main. Später wieder in Minden nachweisbar.
1914/1920 Königswall 28, Ratsgymnasium
1919 Bauhofstraße 11/17, Staatswerft, Werkstattgebäude, Abortgebäude und Bürobaracke
1921 Bauhofstraße 11/17, Staatswerft, Wertkstättengebäude
1921 Stiftsallee 25, Umbau Stall zum Neubauamt der sog. »Staatlichen Siedlung«
1921/1930 Stiftsallee 37–45 a, »Staatliche Siedlung« mit 34 Häusern für Bedienstete des Schlepperamtes
1922 Bauhofstraße 17, Verwaltungsgebäude der Staatswerft sowie Magazingebäude
1922 Kohlstraße 16, Schleppbetriebsamt

1922 Schleppbetriebshafen an der Kohlstraße, Werkstattgebäude und Aufenthaltsgebäude
nach 1922 Fuldastraße, Entwurf für Sympher-Gedenkstein »Weserblick« (nicht ausgeführt) (I.2, S. 949 f.)
1923 Am Alten Weserhafen 4, Magazingebäude mit Ausbesserungshalle des Schirrhofes
1923/1924 Lindenstraße 39, Dienstgebäude Wasserbauamt Minden I
1924 Schleppbetriebshafen an der Kohlstraße, Umspannturm
1924 Bauhofstraße 11/17, Aufstockung des Magazingebäudes
1925 Bauhofstraße 11/17, Staatswerft, Erweiterung des Werkstattgebäudes sowie Schuppen und Lastkraftwagenhalle
1925 Bauhofstraße 11/17, Staatswerft, Montagehalle an der Werkstatt
1925 Schleppbetriebshafen an der Kohlstraße, Lagerschuppen
1925 Kohlstraße 16, Umbau und Erweiterung
1926 Dom, Zeichnungen (II, S. 127, 199)
1926 (Druck) Dom, Westwerk, Pläne (II, S. 127, 199)
1926 Bauhofstraße 11/17, Staatswerft, Erweiterung des Werkstattgebäudes sowie Kohlenlager
1926 Bauhofstraße 11/17, Staatswerft, Sozialgebäude
1926 Werftstraße, Doppelwohnhaus für Bedienstete des Pumpwerkes
1945–1948 Dom, Westwerk, Leitung der Grabungen (II, S. 97, 111, 188–193)

Ritz, Conrad
Rendant und Organist am Mindener Dom. Wurde am 24.6.1776 in Halberstadt geboren und lebte 1802/1804 in dem Haus Poststraße 1 zur Miete, später in dem Haus des Jacob Rietz, des letzten Kämmerers von St. Martini an der Opferstraße 11.

1810 St. Marien, Revision des von Kloth revidierten Kostenanschlags von Birkemeyer zur Orgelreparatur (zusammen mit dem Organisten der reformierten Kirche Kerstin) (III, S. 171)
1811 St. Mauritius, Taxation zwecks Verkauf der Orgel (III, S. 533)
1832 Dom, Buchführung der Restaurierung (II, S. 70 f.)

Ritzdorf, Karl
Architekt in Mönchengladbach-Rheydt.
1931 Markt 22, Anbau eines Kinos für Meyer (Ausführungsplanung durch Karl Volkening)

Ritzemann, W.
Maurermeister, Betrieb an der Stiftsallee 30.
1911 Hahler Straße 39 für Ingenieur O. Miede/Hannover (Plan: R. Ahlert)

Robyn, Arend (auch Rabin oder Rabbin)
Steinmetzmeister, der sich spätestens 1577 in Minden niederließ und in der Videbullenstraße 4 ein Haus erwarb, wo er bis nach 1588 nachzuweisen ist. Es dürfte sich dabei um einen recht bescheidenen Bau gehandelt haben. Er scheint öfter über längere Zeit auswärts gelebt zu haben, da zwischenzeitlich als Bewohner des Hauses verschiedentlich *die Rabbinsche,* also nur seine Frau genannt wird. Die Schreibweise seines Namens sehr unterschiedlich, zumeist aber als *Rabin* oder *Rabbin* verzeichnet (zu seinem Werk siehe Soenke 1957, 1963 und 1969).
1575 Rinteln, St. Marien, Epitaph für Hans von Oberg
1576 Stadthagen, Schloß, Kamin
1576 Stadthagen, St. Martini, Epitaph für Otto IV und seine zwei Gemahlinnen
1577 Bückeburg, Jetenburger Kapelle, Epitaph für Vogt Melchior Steven
1577 Lübbecke, St. Andreas, Epitaph Westopf
1580 Stadthagen, St. Martini, Epitaph für Vogt Melchior Steven

1590/1600 Königstraße 2, Erker (vermutet)
1601 Stadthagen, Schloß, Bachus-Kamin
1604 Bückeburg, Schloß, Kamin (heute in Stadthagen)

Robyn, Johann
Bildhauer und Steinmetz.
1552 Stadthagen, Tugenbrunnen (heute vor dem Schloß in Bückeburg)
1557 Detmold, Schloß, Steingang im Innenhof

Robyn, Johann (auch Jan II)
Baumeister und Bildhauer aus Ypern und dort wohl um 1525 geboren, später in Mainz und Würzburg tätig; wohl seit 1589 in Minden ansässig und hier noch 1596 nachzuweisen (nach SOENKE 1957).
1593 Hohnstraße 29, Neubau und Fassade für Witwe Kaufmann Thomas von Kampen (Zuschreibung)
um 1595 Bäckerstraße 45, Fassade (Zuschreibung)
um 1595 Hohnstraße 29, Nebenhaus, Erker mit Heldenfries (Zuschreibung)
1595/1596 Stadthagen, Rathaus, Erker

Roczenfüs
Schieferdecker.
1792/1793 St. Marien, Reparaturen am Turmdach (zusammen mit Reuter (?) und Kupferschmied Windel) (III, S. 137)

Rodemann, Heinrich
Zimmermann aus Holzhausen II (Amt Hartum), Haus Nr. 72.
1869 Sandtrift 73 für eigene Zwecke

Rodemeister, Fr.
Tischlermeister, wohnte 1852 Bäckerstraße 31. Im Adressbuch 1857 nicht vermerkt.

Rodenbeck, Cord
Maurer, 1715 nachzuweisen.

Rodenbeck, Heinrich
Zimmer- und Maurermeister sowie Bauunternehmer aus Petershagen-Lahde. In Quetzen geboren. Vor 1866 Zimmermeister und seit 1866 auch Maurermeister.
1878 Petershagen, Goebenstraße 3, Umbau der jüdischen Schule
1903 Friedrich-Wilhelm-Straße 95, Holzlagerschuppen
1904 Bachstraße 25 für Lokheizer August Nolte
1909 Viktoriastraße 66, Anbau von Ställen

Rodenbeck, Gustav
Bauunternehmer in Lahde, wohl Sohn des Zimmermeisters H. Rodenbeck und seine Firma fortführend.
1934 Hansastraße 10 für Christian Peek

Rodenberg, August
Maurermeister (geb. 22.10.1867, gest. 1920), wohnte 1904 im Bierpohlweg 89, 1905 im Bierpohlweg 54 und erbaute sich dann das Haus Bierpohlweg 32. Er war verheiratet mit Karoline Holthöfer (geb. 10.1.1868, gest. 9.7.1926). Aus dieser Ehe gingen 8 Kinder hervor, von denen die Söhne Hermann Georg (geb. 27.2.1905) und Wilhelm (geb. 1.4.1896) später den Betrieb des Vaters übernahmen, während der Sohn Helmut Zimmermann wurde und nach Hamburg ging. Der älteste Sohn Heinrich (geb. 15.10.1893) wurde Kaufmann (sein Geschäft siehe Grüner Weg 8). 1919 ist die Firma in dem Baubetrieb Mülmstedt & Rodenberg aufgegangen (weiter siehe dort).
1898 Kutenhauser Straße 17 als eigenes Wohnhaus von August Rodenberg
1903 Kutenhauser Straße 18 als eigenes Mietshaus (Plan: H. Harmeier)
1905 Bierpohlweg 32 als eigenes Haus (Plan: F. Rose)
1905 Kutenhauser Straße 18, Lagerschuppen für eigenen Betrieb (Plan: H. Borgmann)

1911 Kutenhauser Straße 17, Anbau (Plan: H. Bormann)
1912 Grüner Weg 20, Umbau

Rodenberg, Gerhard
Dipl. Ing. (geb. 8.11.1927 in Dankersen). Nach Besuch der Volksschule Stemmer und des Gymnasiums Petershagen 1941–1948 Studium der Architektur an der TH Braunschweig 1950–1955. Hier auch Malunterricht (Aquarellieren) bei Prof. Rüggeberg. Von 1955–1959 im Büro von Dipl. Ing. Uhde in Braunschweig angestellt, seit 1960 als selbständiger Architekt niedergelassen. Das Büro beteiligte sich mit großem Erfolg bei zahlreichen Wettbewerben und entwickelte eine umfangreiche Tätigkeit im Bereich von Schul- und Sportbauten, Kirchenbauten und Gemeindezentren, Bankgebäuden, Industriebauten und über 60 Einfamilienwohnhäusern. Das Büro wurde 1995–1999 an Dipl.-Ing. Henjes übergeben.

1960 Brüderstraße 10 für Heinz Katthaus (Ausführung: Baugeschäft Sierig)
1961 Johannisstraße 6, Anbau (nicht ausgeführt)
1961 Petershäger Weg 290, Wohnhaus für eigene Zwecke
1961 Minden-Leteln, Schule mit Turnhalle und Schwimmhalle
1961 Hille-Hartum, Schulzentrum
1962 Brühlstraße 23 für Liselotte Duisberg
1962 Minden-Häverstädt, Schulzentrum mit Turnhalle und Lehrerhaus
1963 Petershagen-Friedewalde, Schulzentrum mit Turnhalle und Lehrerhäusern
1964/1965 Dankerser Straße, Um- u. Erweiterungsbau des Pfarrhauses in ein Gemeindehaus (MT vom 30.1./1.2.1965)
1965 Hüllhorst-Oberbauernschaft, Schule mit Turnhalle, Schwimmhalle und Lehrerhaus
1966 Petershagen-Friedewalde, Gemeindezentrum
1966/1967 Kreissporthalle Minden
1967 Hufschmiede 7 für Apotheker Dr. Freymuth
1967 Minden-Dankersen, Kirche, Umbau
1967 Hille-Rothenuffeln, Kirche
1967 Petershagen-Eldagsen, Schule
1967 Porta Westfalica-Barkhausen, Schulzentrum mit Turnhalle und Schwimmhalle
1968 Scharn 9, Kreissparkasse Minden, Autoschalter am Kamp
1968 St. Andreasberg (Harz), Schullandheim des Kreises Minden
1968 Minden-Dankersen, Gemeindezentrum
1968 Minden-Haddenhausen, Friedhofskapelle
1968 Hille-Rothenuffeln, kommunales Gemeindezentrum
1969/1970 Kuhlenstraße 3a für Dipl.-Ing. Wolfgang Hohorst
1970 Petershagen-Eldagsen, Turnhalle
1970 Porta Westfalica-Kleinenbremen, Gotteshütte, Heimbauten
1970 Delmenhorst, Firma GEHE, Lager und Verwaltung
1971 Marienstraße 66, Bürohaus in Bauherrengemeinschaft für eigene Zwecke
1971 Stiftstraße 2, Wettbewerbsentwurf für Neubau Gemeindezentrum St. Marien
1972 Minden-Todtenhausen, Pfarrhaus
1972 Petershagen, Pfarrkirche, Umbau und Sanierung
1975 Minden-Häverstädt, Altenzentrum Deutsches Rotes Kreuz
1975 Unna, Firma GEHE, Erweiterungsgebäude
1979 Scharn 9, Parkhaus der Sparkasse auf dem Grundstück Kampstraße 8
1980 Hansastraße 27, Bürogebäude und Fabrikgebäude für Firma WAGO
1980/1990 Firma Minden, Sanierung Lagergebäude
1983 Scharn 9, Umbau der Schalterhalle der Sparkasse

1983 Minden-Hahlen, Sollingweg 41, Brennerei Strothmann, Neubau Verwaltungs- und Betriebsgebäude
1986 Hansastraße 27, Anbau an Bürogebäude WAGO
1986 Bad Oeynhausen, Wittekindshof, Schule
1986 Obermarktstraße 26, Umbau
1986 Trippeldamm, Firma J.C.C. Bruns, Lager
1987 Obermarktstraße 30, Firma J.C.C. Bruns, Umbau
1987 Porta Westfalica-Kleinenbremen, Gemeindezentrum
1988 Hahler Straße, Firma Schwenker, Bürogebäude
1988 Bad Oeynhausen, Wittekindshof, Werkstattgebäude
1989 Porta Westfalica-Lerbeck, Firma DAL, Verwaltungsgebäude
1990 Kaiserstraße 25, Umbau für Firma Schwenker
1990 Schwerin, Firma GEHE, Neubau
1990/1991 Berlin-Marzahn, Firma GEHE, Umbau und Sanierung
1991 Petershagen-Lahde, Grundschule, Erweiterung
1991 Petershagen-Heisterholz, Tonindustrie Heisterholz, Neubau Ziegelwerk
1992 Halle/Saale, Firma GEHE, Verwaltungsgebäude und Lager
1993 Sondershausen, Firma WAGO, Fabrikgebäude, Hochregallager und Verwaltung
1996 Kassel, Firma GEHE, Verwaltungsgebäude und Lager
2001/2002 Rehburg-Loccum, Clubhaus für Golfclub

Rodenberg, Ludwig Hermann
Bau- und Möbeltischlerei, Bierpohlweg 38.
1955 Stiftsallee 2a für Hermann Reinking, sämtliche Tischlerarbeiten (MT vom 14.1.1956)

Röckemann, Christian
1873 als Zimmermann am Bierpohlweg 104 wohnend; 1876 Maurerpolier in Kutenhausen Nr. 65, später als dortiger Bauunternehmer bezeichnet.
1876 Marienglacis 29 für den Zigarrenfabrikanten C. Höker/Bremen (Plan: Luhmann) (zusammen mit H. Borgmann und W. Niermann)
1911 Marienstraße 174 für Kutscher Emil Römermann

Röckener, (auch Röckner)
1747–1750 (Dom-)Baurat bei der Regierung in Minden.
1747/1748 St. Marien, Rechnung über Auslagen für Dachreparatur (III, S. 134)
1750 St. Marien, Kalkulation zusammen mit Krieges-Commissario Grieffing (III, S. 69)
1750 Bad Oeynhausen-Eidinghausen, Pfarrhaus, Projekt

Röder, Gustav
Gesellschaft in Hannover-Langenhagen.
1913 Aminghauser Straße 56, Gewächshaus
1914 Marienstraße 45, Gewächshaus für den Fabrikanten Rudolf Leonhardi

Rödemeister
Tischlermeister, wohnte 1851 Rampenloch 1.

Röhrig, Maurer
1823 und noch lange danach Eigentümer des Hauses Kerbstraße 1, das er wohl auch selbst errichtete.

Römbke
Maurer- und Zimmermeister, siehe Rümbke.

Röseler, Anton
Dom-Dachdeckermeister in Köln.
1891 St. Marien, Gutachten zur Deckung durch Jochmus 1885 (III, S. 137)

Rößinger, Daniel
Maurermeister. 1722 bei St. Martini genannt.

Rösinger (Rosiger/Reisiger), Samuel
Schon 1712 als Maurermeister genannt.
1715   Bunte Brücke über die Weser, Reparaturen
1715   Markt 1, Rathaus, Überdeckung des östlich vorbeifließenden Stadtbachs
1724   Markt 1, Rathaus, Neubau von zwei Schornsteinen

Rösner, Werner
Architekt und Dipl.-Ingenieur, BDA, (geb. 1929, gest. Juni 2002). Wuchs im Schatten des Mindener Domes auf, dessen Pflege er sein ganzes Leben verbunden blieb. Nach Realschulabschluß, Maurerlehre und Ingenieurstudium in Nienburg/Weser bis 1952 (1949/1950 auch Mitarbeiter im Mindener Büro von Werner March). Danach bis 1954 in Frankfurt/Main und seit 1955 als freischaffender Architekt in Minden. Zunächst in Bürogemeinschaft mit dem Architekten Schlusche (siehe auch dort), dessen Büro Marienstraße 28 er ab 1965 alleine fortführte. Büro 1980 Fischerglacis 11. Architekt der Domgemeinde Minden. Von 1961 bis 1980 Mitglied des Stadtrates von Minden, zeitweilig auch Vorsitzender des Bauausschusses.
1958   Großer Domhof 11, Kindergarten, Grundrisse, Ansichten und Schnitte (II, S. 1300)
1958–1861 Pauline-von-Mallinckrodt-Platz 6/8, St. Mauritius-Kloster, ehemalige neue Propstei und Brauhaus, Planung des Umbaus (zusammen mit Architekt Hans-Gerhard Schlusche) (III, S. 565)
vor 1960 Wettiner Allee 31, Pauluskirche
1960   Sedanstraße 19, Kapelle der Hl. Dreifaltigkeit
1960   Marienstraße 28, Neubau Möbelhaus Böger (Ausführung: Mülmstedt u. Rodenberg) (MT vom 26.11.1960)
1962/1965 St. Ansgar-Straße 6, Katholische St. Ansgar-Kirche mit Pfarrhaus
1965   Königsglacis 5, Umbau des ganzen Hauses
1965   Werftstraße 6, Ausstellungshalle für Kuloge KG
1966   Domkloster, Erneuerungs- und Umbauarbeiten (II, S. 491)
1966/1984 Großer Domhof 10, Dompfarramt, Ansichten, Grundrisse und Lageplan (II, S. 1290, Abb. 819 f.)
1966   Werftstraße 6, Prüfhalle für Kuloge KG
1967   Großer Domhof 9, Kurienhof, Ausbau (II, S. 1276, 1283, Abb. 807 f.)
1967   Königsglacis 15, Dachausbau
1968   Großer Domhof 9, Umbau und Ausbau Buchhandlung
1968   Memelstraße 5, Anbau
1969   Domkloster, Modernisierung des Ostflügels
1969   Besselstraße 36 für Dr. Friedrich Netzer
1969   Friedrich-Wilhelm-Straße 22, Wohnhaus mit Gaststätte für Fritz Droste
1969   Wallfahrtsteich 27 für Dr. med. Hans-Walter Blume
seit Ende 1960er Dom, leitender Architekt (II, S. 77)
1970   Werftstraße 6, Belegschaftsgebäude für Kuloge KG
1970   Ringstraße 11, Ausstellungshalle für Autohaus FORD
1971/1974 Großer Domhof 8, Bankgebäude, Anbau von Kassenhalle mit Tiefgarage (zusammen mit Bauamt der Dresdner Bank/Düsseldorf) (II, S. 1275)
1971   Marienstraße 75, Feuerwache für Stadt Minden
1971   Werftstraße 6, Lackiererei für Kuloge KG
1971   Zum Industriehafen 8, Eisenwarengroßhandlung Lagemann & Schelken
1972   Friedrich-Wilhelm-Straße 22, Anbau

1972	Marienstraße 75, Feuerwache sowie Lagerhalle und Fahrzeughalle für Stadt Minden	1986/1987	St. Mauritius, Renovierung (III, S. 505, 521, Abb. 341)
1973	Bäckerstraße 15, Umbau	1986/1987	Pauline-von Mallinckrodt-Platz 3/5, ehemalige Klausur, Planung und Bauleitung des Umbaus (III, S. 556, Abb. 341)
1974	Dessauer Straße 29, Umbau		
1974	Marienstraße 20, Umbau		
1975	Brühlstraße 20, Toranlage der Fabrik	1987	Ringstraße 55/57, Erweiterungsbauten der Firma Böcker
1975	Domkloster, Umbau von Teilen der Domschule (II, S. 526)		
1976	Bäckerstraße 49, Bauleitung	1988	Kuhlenstraße 82, Auferstehungskirche, Neuverglasung
1976	Poelmahnstraße 3, Anbau		
1976	Kurfürstenstraße 1/3, Mehrfamilienhaus für T. Gössling	1988	St. Mauritius, Westfenster (Verglasung: Erentrud Trost OSB, Varensell) (III, S. 505 f.)
1976	Ulmenstraße 1, Ausstellungshalle zur Ringstraße		
1977	Domkloster, Modernisierung des West- und Südflügels (II, S. 526)	1989	Dom, Planung eines hölzernen Dachreiters über der Vierung (zusammen mit B. Brüggemann) (II, S. 431)
1977	Bäckerstraße 44, Bauleitung		
1977	Memelstraße 3, Anbau Schwimmhalle	1989	Großer Domhof 11, Renovierung und Umbau der Wohnhausfassade (II, S. 1302, Abb. 824 f.)
1978	Bäckerstraße 71, Bauleitung		
1978	Dom, statische Untersuchungen Westwerk, Aufmaß Glockenstube und Galeriegeschoß (II, S. 127)	1989	Königswall 99, Sanierung und Umbau zur Volkshochschule
		1989	Scharnstraße 12, Sanierung
1978	Memelstraße 1a, Werksarztzentrum (Ausführung: E. Rathert)	1991	Großer Domhof 8, Umbau
		1991	Kleiner Domhof 10, kleinerer Umbau (II, S. 1408)
1979	Bäckerstraße, Osthälfte, Spielbrunnen (zusammen mit Prof. Spengelin/Hannover)	1991	Lübbecker Straße 21, Anbau
		1991	Werftstraße 30, Ausbau einer Produktionshalle
1979	Kleiner Domhof 10 (14/30), Haus am Dom (Bauleitung) (Plan: Prof. Spengelin/Hannover)	1992	Goebenstraße 4, Umbau
		1993	Pauline-von-Mallinckrodt-Platz 4, St. Mauritius-Kloster, Schweinestall, Planung des Umbaus (III, S. 574)
1979	Marienstraße 2, Umbau		
1980/1981	Bäckerstraße, Brunnenanlage (zusammen mit Prof. Spengelin) (I.2, S. 962)	1995	Dom, Glockenstuhl und Neueinbau von 8 Glocken
		1995	Sedanstraße 19, katholische Dreifaltigkeitskirche, Glockenturm
1981	Domkloster, Umbau Ostflügel		
1982	Hahler Straße 63, Umbau	1995/1996	Domstraße 12, Knabenschule, Umbau (II, S. 1463, 1465, Abb. 947 f.)
1983	Dom, Langhaus, Rekonstruktion Strebepfeilertabernakel (II, S. 295, 306)		
		1996	Dom, Einbau einer neuen Orgel
1983	Gibeliusweg 2–8	1996	Großer Domhof 12, Kindergarten, Sanierung, Modernisierung (II, S. 1306)
1984	Großer Domhof 9, Kurienhof, Umbau zum Wohnhaus (II, 1276, 1283, Abb. 807 f.)		
		1998–2000	Königstraße 9–13, St. Mauritius-Kloster, ehemalige Klosterscheune, Planung des Umbaus (III, S. 569)
1985	Wettiner Allee 31, Kindergarten		

Röttering
Holzbaufirma in Bad Bentheim.
1982 Simeonglacis, Brücke über die Bastau (Plan: Franz Pott/Nordhorn)

Röwekamp, Wilhelm
Eisenbauwerkstätte und Kunstschmiede in Bielefeld. Gegründet 1880 durch Wilhelm Röwekamp (geb. 1849 Lübbecke, gest. 1925 Bielefeld) an der Hermannstraße in Bielefeld. Die Firma nach dem Ersten Weltkrieg spezialisiert auf eiserne Tragwerke von Dächern über Großbauten und Hallen, aber auch von Kunstschmiedearbeiten für Gitter.
1925 Karlstraße 1/5 Dachwerk des Kornlagers der Konsum- und Spargenossenschaft

Rohde
Ing.-Capitain bzw. Ingenieuroffizier (geb. 1786). Als Lieutenant seit 1814 in Minden, Kapitän 1817, Major 1842. Als Platzingenieur von Glatz/Schlesien 1848 aus dem Dienst geschieden (VON BONIN II, 1878, S. 301).
1814 Situationsplan der Stadt (I.2, S. 39, Kat.-33. – III, S. 18)
1814 Festungsplan – Bestandsaufnahme und erste Neuplanung (Planung: Keibel) (I.2, S. 142, Kat.-Nr. 60)
ab 1814 Neubefestigung (I.2 S. 39, 50, Kat.-Nr. 33)
um 1818 Kleiner Domhof 10, Propstei, Umbau zur Kommandantur (II, S. 1399, 1404, Abb. 899 f.)
um 1820 Notpulvermagazin im Bastion VII (I.2, S. 227, Abb. 110, Kat.-Nr. 86)

Rohde, F.
Tischlermeister, wohnte 1851/1857 Umradstraße 5.

Rohlfing
Zimmermeister aus Kutenhausen. Ist als Landzimmermeister in das Gewerksbuch eingetragen und daher berechtigt, in der Stadt Minden Arbeiten auszuführen. 1751 wird ihm das bei einem Auftrag durch das St. Johannis-Kapitel zu einer Dachrinne durch die Mindener Meister streitig gemacht. Als er 1758 als Mitmeister in Minden aufgenommen werden sollte, fiel er durch die Prüfung (KAM, Mi, C 345).
1758 Lindenstraße 46, Errichtung einer Hütte und von Schabebänken auf dem Gerberhof

Rohlfing, Friedrich Christian
Zimmermeister in Minden-Rodenbeck Nr. 20 (heute Unterdamm 80), von 1874 bis 1908 nachweisbar.
1875 Rodenbecker Straße 63 für Schuhmacher W. Rohlfing (Plan: Luhmann) (zusammen mit Maurer Statz/Hartum)
1897 Kuhlenstraße 19 für Wilhelm Kleine

Rohlfing, Friedrich
Zimmermann in Kutenhausen.
1900 Marienstraße 110 (nach Plan: W. Meyer) zusammen mit Maurermeister Aug. Bade

Rohlfing, H.
Architekt.
1948 Königstraße 155, Umbau des Gasthauses
1970 Portastraße 18 a für Dieter Kohlmeier

Rohlfing, Ludwig
Techniker in Minden, wohl Sohn des Schuhmachermeisters Friedrich Rohlfing (Rodenbecker Straße 63). Sein Bruder wohl der Tischlermeister Heinrich Rohlfing (Rodenbecker Straße 55), sein Onkel der Zimmermeister Fr. Rohlfing. Ludwig Rohlfing (geb. 21.2.1884) kam 1905 aus Höxter (Gewerbeschule?) nach

Hause zurück und ging dann für vier Monate nach Hannover-Lehrte.
1901   Rodenbecker Straße 63, Umbau und Erweiterung für Witwe Rohlfing
1902   Rodenbecker Straße 55, Lagerschuppen für den Tischlermeister H. Rohlfing

Rohlfing, Otto
1948   Umradstraße 4, Umbau des Hinterhauses
1964   Lübbecker Straße 98, Umbauplanung

Rohlfing, Wilhelm
Techniker, der ein Baugeschäft in Hahlen betrieb.
1904   Luisenstraße 5 für Schuhmachermeister Heinrich Helbing
1913   Luisenstraße 17 für Schriftsetzer Julius Neupert
1926   Portastraße 44 für Eisenbahnobersekretair Albert Sassenberg
1927   Rodenbecker Straße 79 a für Heinrich Rahlmeyer
1929   Hahler Straße 95 für Sattler Wilhelm Röbbecke
1930   Lübbecker Straße 2 a, Milchhalle
1931   Hohe Straße 4, Anbau
1933   Lübbecker Straße 2 für Landwirt Gottlieb Meyer-Erbe

Rohlfing
1922 in der Firma Albert Scheidemann beschäftigt.
1922   Bismarckstraße 16 für Albert Scheidemann

Rohlfing, Wilhelm
Geheimer Baurat a. D., wohnte 1927 Paulinenstraße 14.

Rohlfing, Wilhelm
Architekt, wohnte 1939 Rodenbeckerstraße 101.

Rohlfing, Wilhelm
Baugeschäft in Hahlen.
1925   Moltkestraße 14 für Oberpostschaffner Ernst Möller
1925/1926 Moltkestraße 16 für Mittelschullehrer Wilhelm Niemeyer
1926   Steinstraße 20 für Paula Weiskam (Plan: Warmbold/Porta)
1935   Hardenbergstraße 16 für Frl. Elli Wolter
1936   Alte Aminghauser Straße 19/21, Doppelwohnhaus für Kanalbauverwaltung (Ausführung)
1958   Lübbecker Straße 102, Anbau

Rohr
Maurer.
1709/1710 Soodstraße 4/6, Mitarbeit am Neubau von zwei Buden

Rolff, Georg
Holz- und Steinhandlung, Spedition und Schiffseigentümer, wohnte 1851 Weserstraße 8.

Rollier, Hermann
Bautechniker (geb. 2.6.1846, katholisch), wohnte 1895 mit Ehefrau Wilhelmine (geb. 23.3.1838, katholisch), den Kindern Hermine (geb. 29.7.1873) und Franz (geb. 25.8.1875), dem Assistenten Rudolf Jürgens (geb. 25.8.1875, reformiert) und dem Gehilfen Hermann Akemann (geb. 5.8.1871, evangelisch) Obermarktstraße 14.
1895   Bleichstraße 20, Trockenschuppen der Bleiche Baumhöfener
1895   Domstraße 10, Kolpinghaus, Lageplan (II, S. 1457, Abb. 942)
1898   Kuhlenstraße 17, Wohnhaus und Stall für Zigarrenarbeiter Heinrich Schröder
1898   Kutenhauser Straße 34, Stallanbau

Familie Ronicke,
Firmengründer Heinrich Ronicke
(links hinten), daneben seine
beiden Söhne Georg (Mitte) und
Karl (rechts), um 1910

Rommelmann
Zimmermeister in Hahlen Nr. 114.
1886   Königstraße 132 für Heinrich Röthemeyer, Hahlen Nr. 108

Rommelmann, August
Bauunternehmer an der Hahler Straße 128.
1913   Cecilienstraße 4 für Eigenheim GmbH (Plan: B. Barca)
1914   Bleichstraße 8 als Eigentum errichtet (Plan: B. Barca)

Rommelmann, A.
Baugeschäft in Häverstädt.
1928   Jagdweg 11 für Lokführer Friedrich Rommelmann

Ronicke, Heinrich
Seit 1857 bestehende Tischlerei (siehe Hufschmiede 19), aus der später eine Möbelfabrik (siehe Friedrich-Wilhelm-Straße 89) hervorging. Heinrich Ronicke war mit Marie Seedorf (verstarb 76jährig am 16.4.1938) verheiratet und verstarb 61jährig am 12.3.1921. Aus dieser Ehe gingen die Kinder Georg verheiratet mit Luise Obermeier, Karl verheiratet mit Gustl Brüggemann und Marie verheiratet mit Martin Baade hervor. Heinrich Ronicke war Mitbegründer der Tischlerinnung und wurde 1889 Mitglied des Innungsvorstandes, dem er 30 Jahre angehörte. Von 1903 bis 1919 war er Obermeister der Innung. Außerdem war er seit Bestehen der Gewerbebank e.G.m.b.H. Minden Mitglied des Aufsichtsrates und 1916–1921 dessen Vorsitzender und lange Jahre im Präsidium des Kreis-Kriegerverbandes.
1897   Markt 1, Rathaus, Vertäfelung und Decke im neuen Rathaussaal
1899   Immanuelstraße 20, städtisches Badehaus
1902   Dom, Anfertigung neuer Kirchenbänke (zusammen mit Tischlermeister Kamlah) (II, S. 743)
1907   Tonhallenstraße 5, Kreishaus, Tischlerarbeiten Kleiner Saal

Ronicke Möbelfabrik, 1954

Rose, S.E.
Glashändler mit Spedition und Commission, wohnte 1851/1857 Bäckerstraße 33.

Rose, L.
Zimmerarbeiter in Holzhausen II, Nr. 114.
1896   Videbullenstraße 11, Pfarrhaus von St. Martini (Plan: Kelpe & Meyer) (Ausführung: zusammen mit Knothe)

Rose, Ferdinand
Zimmermeister, Stellmacher, Neubauer und Bauunternehmer, wohnte seit 1878 in dem durch ihn errichteten Haus Stiftsallee 71 auf dem *Minder Feld*. Ferdinand Rose (geb. 10.3.1825 Holzhausen II) war mit Marie (geb. 11.10.1831 Holzhausen II) verheiratet. Von den sechs gemeinsamen Kindern wurde Ferdinand (geb. 23.3.1864) ebenfalls Zimmermeister und übernahm spätestens zwischen 1895 und 1900 nach dem Tod des Vaters den Betrieb.
1878   Stiftsallee 71 für eigene Zwecke
1881   Kutenhauser Straße 81, Wagenremise für Tischler Heinrich Frölke (Ausführung: Frölke und Tüting)
1882   Grüner Weg 32, Plan für Neubauer Heinrich Scheidemann (vermutet)
1882   Stiftsallee 53 für Bahnhofsarbeiter Christian Meyer (zusammen mit Maurer Franke)
1884   Alte Sandtrift 1, Anbau (zusammen mit Maurermeister Sierig) (Plan: W. Horstmann/Hahlen)
1884   Bierpohlweg 47 für Schlosser Fritz Drabert
1884   Poststraße 2, Umbau
1885   Stiftsallee 53, Backhaus und Remise
1885   Stiftsallee 58 für Arbeiter Heinrich Thiemann
1885/1886 Artilleriestraße 4 für Steueraufseher Torunsky
1886   Hahler Straße 77 für Wagenrevidierer Wilhelm Mohme
1886   Kutenhauser Straße 57 für Ökonom H. Kanning
1886   Marienwall 4, Aufstockung
1886   Stiftsallee 38 für Hilfsbremser Wilhelm Löffler

1887 Alte Sandtrift 2, Plan für Bahnarbeiter Wilhelm Knaust (Ausführung: Luhmann)
1887 Bierpohlweg 19 für Ökonom Wilhelm Borgmann
1887 Heidestraße 17 für Gerichtsdiener Neumann
1887 Kutenhauser Straße 81, Scheune
1887 Sandtrift 45, Stallgebäude für Neubauer Friedrich Gleitz
1887 Stiftsallee 38, Stallanbau
1887 Stiftsallee 58, Stallanbau
1887/1888 Artilleriestraße 6 für Steueraufseher Torunsky
1888 Bierpohlweg 47, Stallanbau
1888 Bleichstraße 20, Viehstall und Packhaus für Bleicher Baumhöfener
1889 Grüner Weg 20, Wohnteil
1889 Heidestraße 13, Windfangvorbau
1890 Stiftsallee 49, Anbau
1890/1891 Kutenhauser Straße 89 für Arbeiter Heinrich Horstmann
1891 Stiftsallee 70, Backhaus
1892 Bleichstraße 20, Wärterdeckung auf der Bleiche Baumhöfener
1892 Marienstraße 89 für Hugo Reetz
1892 Marienstraße 92 für Hauptmann a. D. August Antze
1893 Dankerser Straße 29 für Eisenbahnpackmeister Karl Röttger
1893 Grüner Weg 13 für Arbeiter Carl Damke
1893 Kutenhauser Straße 81, Anbau Backofen
1893 Lübbecker Straße 12, Verlängerung des östlichen Schuppens
1894 Marienstraße 178 für Maurermeister August Bade
1894 Stiftsallee 49, Anbau

Rose, Ferdinand
Zimmermeister und Bauunternehmer (geb. 23.3.1864 Holzhausen II), war mit Karoline (geb. 15.12.1867) verheiratet, fünf Söhne: Ferdinand (geb. 31.12.1888), Hermann (geb. 19.2.1891), Wilhelm (geb. 7.3.1892, wird Tischler), Heinrich (geb. 11.1.1895) und Oskar (geb. 29.11.1900). Der älteste Sohn Ferdinand wurde ebenfalls Zimmermann und übernahm den Betrieb.

1895 Kutenhauser Straße 15 für Schmied Christian Rose
1895 Marienstraße 23, Umbauten (Plan: W. Meyer)
1896 Stiftsallee 49, Anbau
1896 Stiftstraße 62, Wohnungsanbau an Fabrik für A. Knoop
1897 Stiftsallee 76 für Colon Heinrich Dietrich Kleine gnt. Böhne
1898 Kutenhauser Straße 19 für Arbeiter Wilhelm Kampeter
1898 Kutenhauser Straße 34 für Maurer Gieseking
1898 Stiftsallee 49, Umbau
1898 Stiftsallee 64 für Weichensteller Friedrich Brüggemann
1898 Stiftsallee 67 für Tischler Christian Meinsen (Plan: Maurer Horstmann/Hahlen)
1898 Stiftsallee 71 als eigenes Wohnhaus
1898 Weg in die Hanebek 18, Projekt für einen Neubau
1899 Bleichstraße 20, Remise für Bleicher Baumhöfener
1900 Kutenhauser Straße 89 für Arbeiter Heinrich Horstmann
1900 Stiftsallee 111, Erweiterung des Gasthauses zum Gut Denkmal
1902 Stiftsallee 70, Umbau und Erweiterung
1903 Grüner Weg 6, Remise und Stall
1904 Stiftsallee 77 für Schmied Karl Schlehäuser (Ausführung: A. Hoppmann)

1905   Bierpohlweg 32 für Maurer August Rodenberg

Rose, Ferdinand
Zimmermann und Sohn des Zimmermeister Ferdinand Rose, dessen Baugeschäft er weiter führte. Hierfür wurde um 1910 ein neues Haus an der Stiftsallee 90 errichtet, in dem er 1919 zusammen mit seinen Brüdern, dem Steinsetzer Oskar Rose, dem Vermessungstechniker Heinrich Rose und dem Postaushelfer Hermann Rose lebte. Der Betrieb scheint allerdings kurz danach aufgelöst worden zu sein, denn Ferdinand Rose arbeitete 1921 als Hilfskasernenwärter.
1910   Sandtrift 79, Umbau des Hauses
1910   Stiftsallee 62, Plan für Zimmermann und Bauunternehmer August Hoppmann
1910   Stiftsallee 67, Wiederaufbau
1911   Grüner Weg 6, Remise
1911   Kutenhauser Straße 12, Stallanbau
1911   Kutenhauser Straße 48, Um- und Ausbau
1911   Marienstraße 144, Stallanbau
1911   Stiftsallee 71, Umbau
1912   Kutenhauser Straße 61, Remise (Plan: K. Strohmeyer)
1912   Marienstraße 112, Um- und Erweiterungsbau
1914   Stiftsallee 70, Wagenremise
1917   Alte Sandtrift 2, Wiederaufbau

Rosemeier, Frantz
1646 Bild- und Steinhauergeselle in Obernkirchen (KAM, Mi, B 99/19).

Rosemeyer, Barthold
1712 als Nagelschmied genannt (KAM, Mi, B 728).

Rosemeier, Friedrich
Maurermeister in Coestedt/Meißen.
1955   Fuldastraße 32 für Otto Meyer/ Aminghausen

Rosenberg, Albert
Mitarbeiter der Firma August Rasky, Minden.
1901–1903 Dom, Reparatur von Chorfenstern (II, S. 444)

Rosenkranz, A.
Tischlermeister, wohnte 1851/1857 Videbullenstraße 8.

Rosenkranz, Georg Otto Friedrich
Klempnermeister, geb. 14.5.1854. Sohn von Fr. W. Rosenkranz.

Rosiger, Samuel siehe **Rösinger**

Ross
1864/1866 Feuerwerker und Zeichner in Minden (I.2, S. 343).

1864   »Sicherung des Kriegs-Pulver-Magazins No 5« (I.2, S. 343, Kat.-Nr. 176)
1864   »Garnisonbäckerei, Umbau eines Ofens« (Martinikirchhof 7) (I.2, S. 687, Abb. 447, Kat.-Nr. 362)
1866   »Traversierungsplan für die Festung« (I.2, S. 180, Abb. 78, Kat.-Nr. 51)

Roßtücher
Kataster-Supernumerar 1857.

Roth, Wery
Architekt in Berlin-Dahlem.
1949   Tonhallenstraße 3, Stadtthater, Planungen für einen Umbau

Rotte
Ingenieur-Offizier (geb. 1830). 1848 Lieutenant, 1859 Kapitän, 1870 Major, 1871 Major und Platz-Ingenieur in Minden. Kommandeur des 9. Pionier-Bataillons (VON BONIN II, 1878, S. 309).

Rottmann
Tischlermeister, wohnte 1851 Greisenbruchstraße 17.

Roulland
Ingenieur-Offizier (geb. 1804). 1827 Lieutenant, 1845 Kapitän, 1854 Major und Platzingenieur in Minden. 1859 aus dem Dienst geschieden (VON BONIN II, 1878, S. 304).

Rudloff, P.
1877 Friedrich-Wilhelm-Straße 21, Kegelbahn, für Ed. Lax

Rudolphi, P.
Als Berg-Inspektor und Bau-Inspector bezeichnet.
1751 Bünde, Brunnenstraße, Plan zur Anlage des Gesundbrunnens
1751/1752 St. Marien, nicht ausgeführter Entwurf für den Turmhelm und Revision der Kloth-Pläne (III, S. 135 f., 148, Abb. 98–101)

Rühl, Erich
Stammte aus Minden. Wurde 1940 als Prüfstatiker zugelassen. Als Nachweis seiner Befähigung wurde die Mitarbeit beim Bau des Kiesbunkers der Bauindustrie Gremmels sowie die Arbeit 1938 als Statiker bei der Dachpappenfabrik Timmermann angeführt (KAM, Mi, G V, Nr. 52), wohnte 1955 Dankerser Straße 11a, Büro in der Kaiserstraße 2.

Rümbke, (oder Rümke oder Rümpke, auch Römbke), Ludwig
Maurer- und Zimmermeister sowie Baumeister. Geboren um 1817 in Mehnen. Er wurde 1845 Zimmermeister (damals in Levern wohnhaft) und 1846 Maurermeister und wohnte zu dieser Zeit schon in Minden. Dort zunächst zur Miete in dem Haus Marienwall 27, 1851 in dem Haus Marienstraße 10, 1853 in Ritterstraße 2 und 1857 Brüderstraße 27. 1873 besaß er das Haus Kampstraße 27, wo er auch wohnte (Wilhelm und Friedrich Rümpke aus Petershagen waren 1856/1866 Inhaber der späteren Ziegelei Schütte & Wiese in Heisterholz).
1845 Petershagen, Goebenstraße 3, Synagoge (Plan: Baukonducteur Wendt)
1855 Kampstraße 31, Abbruch
1856 Weserstraße 12, Umbau für eigene Zwecke
1876 Bleichstraße 20, Wirtschaftsgebäude für Bleicher Baumhöfener

Rüschel, Egon
Architekt in Minden, Besselstraße 20. War auch Sachverständiger der IHK Bielefeld.
1951 Königstraße 91, Ladengeschäft für Bäcker Hermann Lühlfs
1957 Hopfengasse 1 für Bierverlag W. Riesenberg

Rüschenschmidt, Hans Walter
Architekt in Münster.
1959 Am Alten Weserhafen 1 a, Getreidesilos für die Bäuerliche Bezugs- und Absatzgenossenschaft
1959 Am Alten Weserhafen 1, Lagerhaus für westf. Zentralgenossenschaft

Rüsenberg
Münster.
1940 Dom, Farbfassung des Marienaltars (Entwurf: Heckmann/Münster) (II, S. 664)

Rüter, Hermann
Firma für Eisenbeton in Hannover-Langenhagen.
1922 Bahnhof, Erweiterung der Lokwerkstätten

Rüter
Kirchenmaler in Düsseldorf.
1912–1914 St. Petri, Instandsetzung und Umbau (zusammen mit anderen) (III, S. 584)

1925 St. Marien, ausgeführter Entwurf zur Ausmalung (Ausführung: Kirchenmaler Martin Gotta/Hannover) (III, S. 81, 85)

Ruhe, Ernst
Künstler in Minden (geb. 13.12.1905 Halberstadt, gest. 21.8.1996). Ernst Ruhe war Kunstmaler, schuf überwiegend Portraits, entwarf aber auch Fenster und Wandmosaiken. Nach Akademiestudien in München und Düsseldorf führten ihn Studienreisen nach Italien, auf den Balkan und nach Nordafrika. Er war Mitglied der Gorgonen, einer Künstlervereinigung im Mindener Raum (siehe dort). Zum Bruch mit der Stadt Minden kam es, nachdem diese eine von ihm nach 1960 künstlerisch gestaltete Mauer auf dem Marktplatz nach 1979 gegen seinen Willen wieder entfernen ließ.

1935 lebte Ruhe in Bad Oeynhausen, Charlottenstraße 11. Die in diesem Jahr geplante Hochzeit mit Jutta von Halle (geb. 3.9.1909, gest. 10.5.1983) wurde 1938 endgültig vom Mindener Bürgermeister mit Berufung auf die jüdischen Großeltern der Braut untersagt. 1944 löste Ruhe seine Wohnung und Werkstatt in Berlin-Dahlem, Hundekehlenstraße 29 auf und ließ sein Mobiliar *an Frl. von Halle nach Heidekrug bei Guben* schicken. Nach dem Krieg zog Ernst Ruhe nach Minden in das Haus Opferstraße 9, das seine Frau geerbt hatte. Spätestens 1949 ist er jedoch in der Kampstraße 9 gemeldet. 1977 zog er wieder in das Haus Opferstraße 9, wo er nach dem Tod seiner Frau zurückgezogen bis zu seinem Tod lebte.

1956 Bad Oeynhausen, Kreisberufsschule, Neubau, künstlerische Ausgestaltung der beiden Treppenhallen in Zusammenarbeit mit dem Maler und Bildhauer Hans Möller und der Bildhauerin Frau Schröder in Gohfeld, (Architekt: Kreishochbauamt Minden)

1957 Petershagen, Volksschule, Erweiterungsbau, künstlerische Gestaltung eines farbigen Hallenfensters (Architekten: Hempel und Ibrügger)

1957 Ringstraße 25, Melitta-Werke, Verwaltungsgebäude, künstlerische Ausgestaltung der Empfangshalle (Architekten: Hempel und Ibrügger)

1958 Brauereistraße 8, Neubau Albert-Schweitzer-Haus, Entwurf farbiger Glasfenster (Architekt: Slawinski)

1958 Heidestraße 8, Erweiterung Behördenhaus, künstlerische Gestaltung von Eingangshalle, Treppenhaus und Aufenthaltsraum (Architekt: Regierungsbaurat Knoch/Staatshochbauamt Minden)

1959 Kleiner Domhof 6–8, Stadtsparkasse, Um- und Neubauten, Ausführung eines künstlerisch gestalteten Fensters am Treppenaufgang zwischen Kassenhalle und Obergeschoss (Architekten: Hempel und Ibrügger)

1960 Heidestraße 10, Erweiterungsbau des Finanzamt-Dienstgebäudes, Entwurf und Ausführung eines Glasmosaiks an einer Wandfläche im Kassenvorraum

1960 Herford, Vlothoer Straße 40, Wentworth-Barracks, BFES-Schule, Künstlerische Gestaltung einer Wand im Treppenhaus, (Architekt: Dipl.-Ing. Witt, Finanzbauamt Bielefeld)

1960 Minden-Rodenbeck, Truppenunterkunft, Künstlerische Ausgestaltung des Speisesaals im Wirtschaftsgebäude

um 1960 Marktplatz, Trennmauer in der Pflasterung

1961 Stiftsallee 23, Neubau Zweigstelle Stadtsparkasse, künstlerische Ausgestaltung der Kassenhalle (Architekten: Hempel und Ibrügger)

1961 Lübbecke, Aufbaugymnasium, Erweiterungsgebäude, künstlerische Gestaltung des Treppenhausfensters am Klassentrakt (Architekt: Regierungsbaurat Knoch/Staatshochbauamt Minden)

Ernst Ruhe

1968   Dom, Wiederaufbau des Westwerks, Verglasung der Marienkapelle (Entwurf und Ausführung) (II, S. 445)

Rummler, Otto, Dr.
Regierungsbaumeister in Minden von 1921/1923 (siehe KAM, Kreisausschuß Mi, Nr. 2377). Geboren am 27.2.1884 in Posen. Arbeitete zunächst in Bielefeld, später in Altona.

Rumpf, Johann Heinrich
Steinhauer. Geboren um 1798 in Werxhausen bei Duderstadt als Sohn des dortigen Maurermeisters Joh. Heinrich Rumpf. Heiratete am 29.10.1820 in der Petri-Kirche Marie Elisabeth Kannejan, geb. Dellbrügge (52 Jahre alt). Eine zweite Ehe ging er am 26.1.1823 in der Martini-Kirche ein.

Rumpff, Otto
Arbeitete bis 1883 als Kreis-Kommunalbaumeister in Altenhundem und wurde zum 1.11.1883 (als Nachfolger von Schneider) zum Stadtbaumeister und Gaswerksdirektor in Minden berufen. Er bezog die Dienstwohnung am Gaswerk, Friedrich-Wilhelm-Straße 8. Ab 1.2.1892 als Stadtbaumeister in Ratibor tätig. In seinem Amt in Minden als Stadtbaurat folgte ihm der Architekt August Kersten. Otto Rumpf (geb. 16.6.1848 Lübeck) war mit Gabriele (geb. 9.12.1856 Görlitz) verheiratet und lebte 1885 kinderlos mit Frl. Olga Barchewitz (geb. 16.7.1866 Düben) und einer Magd in seiner Dienstwohnung.

1884   Hermannstraße 20, städtischer Schlachthof mit Schlachthalle, Stallgebäude und Wohnhaus

1885   Markt 1, Rathaus, Bestandspläne

1886   Parkstraße, Friedhof, neue Leichenhalle

1887   Brüderstraße 16, Krankenhaus, Anbau an der Westseite

1887   Brüderstraße 16, Krankenhaus, Krankenbaracke auf dem Hof

1890   Markt 1, Rathaus, Bestandspläne der Schornsteinanlage

1891   Heidestraße 7, Planungen für Neubau der Bürgerschule II

1891   Markt 1, Rathaus, Planung der neuen Schornsteine

1891   Parkstraße, Friedhof, Entwurf für das Südportal

Ruprecht, Adam
Zimmermeister.
1737 Dom, durchgehendes Dach mit liegendem Stuhl über den beiden westlichen Jochen (II, S. 419, Abb. 311)

Ruschmeyer
Tischlermeister, wohnte 1852 Pöttcherstraße 19.

Ruse oder Ruske, Henrick oder Henrik
Niederländischer Festungs-Baumeister (geb. 1624, gest. 1679). Seit 1659 im Dienst des brandenburgischen Kurfürsten (I.2, S. 31 74).
1657 Kalkar, Festungsbauten
1659 Lippstadt, Festungsbauten
1659 Berlin-Spandau, Festungsbauten
um 1660 Festungsplan (I.2, S. 31, 72, Abb. 28, Kat.-Nr. 3)

Saake, Johann
Maurermeister, wohnte Ortstraße 7. Saake starb zwischen 1876 und 1880.
1858–1860 Domkloster, Umbau des Südflügels zu Schule und Krankenhaus (zusammen mit Zimmermeister Schmidt) (Planung: Berghauer; Bauleitung: Hartung) (II, S. 519)
1864 Domkloster, Vermauern von Öffnungen des Ostflügels während Sicherungsarbeiten am Chor (II, S. 505)

Sabirowsky, Friedrich Carl Arnold
Maurermeister aus Tecklenburg. Legte 1858 seine Meisterprüfung ab.

Sabirowsky, Eduard
Bauunternehmer in Bad Oeynhausen (geb. 1858, gest. 1921) und wohl Bruder von Philipp Sabirowsky. Stadtverordneter und stell. Vorsitzender der Stadtverordnetenversammlung. Zu seiner Erinnerung erhielten die Eduardstraße und der Eduard-Sabirowsky-Platz in Bad Oeynhausen ihren Namen.

Sabirowsky, Moritz
Maurermeister in Bad Oeynhausen (geb. um 1823 Bad Oeynhausen als Sohn des Maurermeisters Philipp Sabirowsky). Ist 1846 Mieter bei der Witwe Schnabelrauch (Umradstraße 21) in Minden und scheint der Gründer eines seit 1847 in Bad Oeynhausen bestehenden Baugeschäftes an der Herforder Straße gewesen zu sein. 1849 eröffnete er in dem neu gegründeten Bad Oeynhausen einen eigenen Gasthof. Später ist er dort auch Stadtverordneter. 1886 wird er auch als Steinbruchbesitzer genannt.
1857/1858 Bad Oeynhausen, Kanalstraße, Dunstbadehaus (Plan: Kawerau)

Sabirowsky, Philipp
Maurermeister in Bad Oeynhausen. Wohl Sohn des Moritz Sabirowsky, von dem er später mit seinem Bruder Moritz das in dieser Stadt gegründete väterliche Baugeschäft übernahm, das später unter dem Namen »Gebrüder Sabirowsky-Baugeschäft für Hoch-, Tief-, Beton- und Eisenbetonbau – Wohnhaus- und Industriebau« bis nach 1920 weitergeführt wurde (KÖSTER 1985). Ein Bruder (?) von ihnen gründete wohl 1898 in Minden das Baugeschäft Albert Sabiroswky.
1888/1889 Bad Oeynhausen, Herforder Straße 25 für eigene Zwecke
1897 Bad Oeynhausen, Königstraße 19 für Gustav Krutmeyer
1898/1899 Bad Oeynhausen, Westkorso 9 für Maria Pries
1903/1906 Bad Oeynhausen, Bahnhofstraße 11/11a für eigene Zwecke

Sabirowsky, Moritz Heinrich Albert
Maurermeister und Bauunternehmer. Sohn des schon 1865 tätigen Maurermeisters Philipp Sabirowsky in Bad Oeynhausen. Geboren am 26.9.1868 Oeynhausen, heiratete er 1898 Martha Mathilde Koch aus Minden und ließ sich im gleichen Jahr hier als Bauunternehmer

nieder. Das Ehepaar bewohnte dann bis 1919 das eigene Haus Besselstraße 13, wo auch der Baubetrieb und das Büro angesiedelt waren.

1898 Besselstraße 13 für eigene Zwecke
1899 Bachstraße 14 für Bäckermeister August Welp
1899 Friedrich-Wilhelm-Straße 19, Abortgebäude
1899 Kampstraße 25, Schaufenstereinbau
1899/1900 Goebenstraße 14 (nach Plänen A. Kelpe)
1902 Immanuelstraße 20, städtisches Badehaus, Maurerarbeiten zur Erweiterung (zusammen mit G. Ed. König)
1903 Luisenstraße 6 (als Unternehmer)
1903/1904 Luisenstraße 8 (als Unternehmer)
1903/1904 Luisenstraße 10 (als Unternehmer)

Firma Sachse & Co.
Halle an der Saale.
1892 St. Marien, Heizung (III, S. 80)

Salbach, Hans
Dr. Ing. und Stadtbaurat. Der am 21.12.1898 in Finsterwalde (Niederlausitz) geborene Salbach besuchte von 1919 bis 1923 die Technische Hochschule Braunschweig und promovierte dort als Dr. Ing. Danach war er als Architekt bei der »Siedlungsgemeinschaft Ostmark« in Frankfurt/Oder beschäftigt. 1925 wurde er Geschäftsführer und Zweigstellenleiter der »Schlesischen Heimstätte« in Hirschberg und übernahm 1927 die Leitung des Stadtbauamtes Freiburg in Schlesien. Ab 1933 war er bei der Stadtverwaltung Wernigerode/Harz beschäftigt, wo er 1934 zum Stadtbaurat und Chef des Stadtbauamtes ernannt wurde. 1940 bis 1945 war er in Kalisch/Warthegau mit der Planung von Siedlungsvorhaben betraut, wurde zu Kriegsende noch Soldat und geriet in Gefangenschaft. 1946 aus Kriegsgefangenschaft entlassen arbeitet er als Chefarchitekt in einem Architekturbüro in Halle (Saale), seit Anfang

Hans Salbach

1948 in Minden (wohl auf Vermittlung von Dr. Martin Krieg, der ebenfalls ab 1933 in Wenigerode als Assessor gearbeitet hatte). Hier von 1948 bis zur Pensionierung am 31.12.1963 als Stadtbaurat wesentlich am Wiederaufbau der Stadt beteiligt (wohnte 1952 Heidestraße 22 und spätestens seit 1955 Birkenweg 11). Sein Nachfolger im Amt wurde Baurat Ast. Salbach verstarb fast 79jährig am 7.12.1977.

1949 Brüderstraße 16, städtisches Altenheim, Wiederaufbau des Wasch- und Stallgebäudes
1949 Im Schweinebruch 1, Abort- und Umkleidegebäude am städtischen Weserstadion

Salm, Erich
Architekt in Minden-Dützen
1971 Pulverstraße 4, Ladeneinbau für Ingrid Ehreke (II, S. 1346 f.)
1972 Lindenstraße 14, Umbau

1972 Pulverstraße 2, Einbau Spielhalle für Ehreke (II, S. 1344 f., Abb. 850)
1976 Lindenstraße 10, Sanierung
1976 Pulverstraße 4 und 6, Fassadensanierung für Willy Ehreke (II, S. 1346 f., Abb. 854)
1977 Rodenbecker Straße 14 für Karl-Heinz Schaper
1978 Lindenstraße 12, Sanierung
1978 Marienstraße 89 für Roswitha Grundmann

Salzenberg, Wilhelm
Architekt, zuletzt Geheimer Regierungs-Baurat im Ministerium für Handel, Abt. Bauwesen (geb. 20.1.1803 Münster, gest. 24.10.1887 Montreux). Sohn des Oberpräsidialsekretärs Heinrich Salzenberg und seiner Frau Charlotte geb. Budde. Da sich schon früh seine zeichnerische Begabung zeigte, begann er nach dem Abitur eine Ausbildung zum Architekten. Nach Ablegung des Feldmesserexamens 1822 in Münster zunächst praktisch tätig und als Geometer beim rheinisch-westfälischen Katasteramt in Münster beschäftigt. 1827 Baukondukteur in Münster bei der Ing.-Abt. des Kriegsminsteriums; 1832 in der gleichen Funktion in Minden. Von 1832 bis 1834 Studium an der Bauakademie in Berlin und Abschluß als Baumeister. Danach in zahlreichen unterschiedlichen Bereichen tätig: 1835 bis 1837 zunächst bei der Regierung in Münster und Stralsund, danach in der Bauabteilung des Finanzministeriums in Berlin bzw. des königlichen Gewerbe-Instituts. Er wirkte als Lehrer für Maschinenbau an der Bauakademie. 1842 ordnete er zusammen mit dem Architekten Soller den Nachlaß von Schinkel. 1846/1847 Studienreise nach Italien. 1847 reiste er im königlichen Auftrag nach Konstantinopel, um dort die Hagia Sophia und andere Kirchen zu vermessen (diese Forschungen wurden 1854 durch ihn in dem Tafelwerk: »Alt-Christliche Baudenkmale Constantinopels vom V. bis XII. Jahrhundert« veröffentlicht). 1848 ging er als Landbauinspektor nach Hirschberg, 1853 als Regierungs- und Baurat zur Regierung in Erfurt. 1857 Mitglied der königlichen technischen Baudeputation in Berlin und Ruf in die Bauabteilung des Handelsministeriums. Dort bis 1865 für die Leitung der Post- und Telegraphenbauten zuständig und ab 1865 nach dem Tode von Stüler Leiter des Dezernates für Kirchenbau und Denkmäler. 1862 Ernennung zum Geheimen Oberbaurat. 1863 erhielt er die Ehrenbürgerwürde seiner Heimatstadt Münster, für die er den Umbau des alten Rathauses geplant hatte. 1866 Ruf in das Direktorium der königlichen Bauakademie. Ab 1867 Vorsitzender der Berliner Dombaukommission. Pensionierung zum 1.10.1877 (siehe BARTH 1982, S. 941–942. – KIELING 1987, S. 210. – BUSKE 1992).

1827 Münster, Plan des Mauritztores (nach Briesen)
1827–1832 Münster, Ägidienkaserne (zusammen mit von Bütow)
1841 Berlin, Grabmal für Schinkel, Entwurf für ein Gitter
1844 Berlin, Projekt für die Petri-Kirche
1847 Rom, St. Pudenziana, Bauaufnahme
1847 Istanbul, Hagia-Sophia, Bauaufnahme
1859 Dom, Sicherung des Chores, Besichtigungen und Gutachten (II, S. 373)
1860 Dom, Sicherung des Chores, erneutes Gutachten (zusammen mit Hübner und Stüler) (II, S. 369, 373, 388, Abb. 293 f.)
1861/1863 Münster, Prinzipalmarkt 10, Rathaus, Umgestaltung des Ratssales
1862/1864 Berlin, Oberwallstraße, königliche Telegrafendirektion
1867/1870 Potsdam, Bassinplatz, Kirche St. Peter und Paul
1868 Bad Gastein, Wildbad Gastein, Christophorus-Kirche für den preußischen König
1871/1877 Lehnin, Klosterkirche, Wiederherstellung
1875 Berlin, Dom und Hohenzollerngruft, Projektentwürfe

Samm
Architekt.
1874 »Artillerie-Pferdeställe, Erweiterungsprojekte« (Simeonsplatz 8) (I.2, S. 498–500, Abb. 319, Kat.-Nr. 253)

Samuel
Maurermeister.
1721 Kampstraße 18 links, Baugutachten

Sana
Baumeister, wohnte 1853 in dem Haus Poststraße 1.

Sander, F.
Tischlermeister, wohnte 1851/65 Oberstraße 66 (hier auch der Tischlermeister Müller).

Sander
Architekt in Minden.
1969 Steinstraße 13, Umbau

Sandrock
1737 Landbauschreiber.

Saran (Sarau?)
1888 Bauinspektor bei der Regierung in Minden. In den Adressbüchern nicht erwähnt.
1890 Videbullenstraße 9, reformiertes Pfarrhaus
1891 Ritterstraße 7a, Konfirmandensaal für die reformierte Kirchengemeinde
1896 St. Petri, Planung und Kostenanschlag für den Turm (Bauleitung: C. Ambrosius, Baumeister in Minden) (III, S. 575, 594, Abb. 401)

Familie **Sassenberg**
Mitglieder der Familie arbeiteten über mehrere Jahrhunderte in der Stadt als Tischler oder Schreiner. Die Familie geht zurück auf Anton Caesar Johannes Sassenberg, der um 1500 auf dem Schloß Sassenberg (Kr. Warendorf) geboren wurde und sich später als Berittener des Grafen Johann IV von Schaumburg in Meinsen bei Bückeburg niederließ. Seine drei Söhne Claus, Hans und Melchior Sassenberg ließen sich alle im späteren 16. Jahrhundert in Minden als Bürger nieder.

Sassenberg, Albert
Maurermeister und Bauunternehmer, 1897 in Minden-Bölhorst, *auf dem Erbe* wohnend. Arbeitete 1901/1902 im Büro des Architekten Julius Drabert, wo er verschiedene Entwürfe fertigte.
1896 Lübbecker Straße 58 für den Klempner Carl Fißmann
1897 Lübbecker Straße 21 für Schuhmacher Heinrich Dallmeier (Ausführung: Stremming)
1897 Lübbecker Straße 33 für Hilfsschlosser Friedrich Witte
1900 Hahler Straße 82 für Postschaffner Wilhelm Lück (Ausführung: W. Riechmann)
1900 Lübbecker Straße 79 für Marie Rothenburg
1901 Dankerser Straße 28 (Planung) für Lokführer Friedrich Brink
1901 Marienstraße 112 für Maurermeister August Bade (Planung im Büro J. Drabert)
1901 Marienstraße 149 für Maurermeister August Bade (Planung im Büro J. Drabert)
1901 Wilhelmstraße 9 für J. Drabert und A. Scheidemann (Planung im Büro J. Drabert)
1903 Marienstraße 120 für Maurermeister August Bade (Planung im Büro J. Drabert)

Sassenberg, Claus
Geboren zwischen 1580 und 1620, gestorben vor 1663. 1637 als Schreiner und 1655 als Tischlermeister erwähnt. Seine Witwe schuldete 1663 den Vorstehern des Schreinerhandwerkes 15 Thl.
1655   St. Martini, Arbeiten an der Orgel (III, S. 384)

Sassenberg, Friedrich Gabriel
Geb. 1732. Tischlermeister und Sohn des Tischlermeisters Johann Gabriel Sassenberg. Erwarb 1760 das Haus Hufschmiede 15 und eröffnete dort nach seiner Eheschließung eine Werkstatt. Aus seiner Ehe ging der Tischlermeister Johann Rembert Gabriel Sassenberg hervor. 1768 und 1773 bei St. Marien geannnt.
1777   Großer Domhof 10, Kurienhof, Kostenanschlag zur Reparatur (zusammen mit anderen) (II, S. 1292)

Sassenberg, Johann Gabriel
Zimmer- und Tischlermeister. Am 5.7.1701 als Sohn von Jürgen Arend Sassenberg geboren (dieser seit etwa 1720 in dem Haus Deichhof 15 nachzuweisen). Lebte bis zu seinem Tode am 27.6.1773 im Elternhaus, wo er auch seine Werkstatt unterhielt. Aus seiner 1732 geschlossenen Ehe mit Anna Dorothea Grefens gingen der spätere Bauinspektor Johann Gabriel Sassenberg sowie Fr. Gabriel Sassenberg hervor, der den väterlichen Handwerksbetrieb weiterführte. Weitere Söhne dieser Ehe: Friedrich Wilhelm (geb. 11.8.1735), Arend Henrich (geb. 18.4.1740), Hermann Christian (geb. 3.5.1742), Johann Henrich (geb. 27.10.1745) und Christian Wilhelm Gottlieb (geb. 20.1.1750).
1765   Vinckestraße 1, Kurienhof, Kostenanschläge zur Reparatur (zusammen mit anderen) (II, S. 1311)

Sassenberg, Johann Georg
Tischlermeister, geb. 1744. Heiratete 1768 Maria Dorothea Grothus (geb. 1745, gest. 6.9.1806) und erwarb 1770 das Haus Obermarktstraße 4, wo er bis zu seinem Tode vor 1798 seine Werkstatt betrieb. Zeitweise besaß er auch die angrenzenden Bauten Obermarktstraße 6 sowie das dahinter liegende Hinterhaus Opferstraße 2.

Sassenberg, Johann Gabriel Ludewig
Bauinspektor und Tischler. Als Sohn des Tischlermeisters Gabriel Sassenberg am 2.8.1733 geboren. 1782 Bauinspektor bei der Regierung in Minden und zugleich Stadtbauschreiber, der Risse und Anschläge anfertigte (KAM, Mi, C 388 und 885), wohnte 1791 in dem Haus Hufschmiede 11. Verheiratet mit Christina Luise Bordewisch. Kind dieser Ehe war der Tischlermeister Johann Rembert Gabriel Sassenberg.
1760   Kleiner Domhof 13, Domsyndikathaus, Reparatur (zusammen mit anderen) (II, S. 1415)
1761   Großer Domhof 10, Kurienhof, Kostenanschlag zur Reparatur (II, S. 1291)
1768   Großer Domhof (ohne Nummer), Domkurie, Kostenanschlag zur Reparatur (zusammen mit anderen) (II, S. 1250)
1769   Domstraße 4/6, Vikarie St. Katharina, umfangreiche Reparatur (zusammen mit anderen) (II, S. 1442 f.)
1769   Großer Domhof (ohne Nummer), Domkurie, Teilerneuerung der Innenausstattung (zusammen mit Tischler Friedrich) (II, S. 1251)
1769/1770 St. Marien, Arbeiten auf dem Chor und an dem Altar (Hochaltar) (III, 164)
1769/1770 St. Marien, kleine Prieche im Chor (III, S. 221)

1770   Großer Domhof 10, Kurienhof, kleine Arbeiten (zusammen mit Meining, LeDoux und Lohaus) (II, S. 1291)
1781   Brüderstraße 10, Kostenanschlag
1781   Großer Domhof 7, Kurienhof, Kostenanschlag zu nicht ausgeführtem Fachwerkbau (II, S. 1258)
1781   Kampstraße 34, Kostenanschlag
1782   Brüderstraße 8, Kostenanschlag
1782   Greisenbruchstraße 12, Umbau und Erweiterung
1782   Hohnstraße 29 rechts, Anschlag für den Neubau
1782   Lindenstraße 32, Umbauplanung
1783   Bäckerstraße 24, Taxation des durchgeführten Neubaus
1783   Bäckerstraße 76, Taxation des durchgeführten Umbaus
1783   Videbullenstraße 17, Taxation des durchgeführten Umbaus
1783   Vinckestraße 1, Kurienhof, Kostenanschlag zur Dachreparatur (II, S. 1312)
1783   Domkloster, Einrichtung eines Landesarchivs im Ostflügel, Besichtigung der vorgeschlagenen Kammer (zusammen mit Sekretär Uhlemann) (Planung: Regierungspräsident von Foerder) (II, S. 498)

Sassenberg, Johann Heinrich
Geboren um 1715, gestorben vor 1757. Wohl Sohn von Jürgen Arend Sassenberg. (Tischler?)-Meister, der 1755 das Haus Kampstraße 32 bewohnte. In erster Ehe seit 1743 mit Maria Christina Heemann und in zweiter Ehe ab 1755 mit Anna Clara Batermann verheiratet.

Sassenberg, Johann Heinrich Gabriel
Tischlermeister. Geb. am 23.12.1746 als Sohn des Meisters Johann Heinrich Sassenberg (wohnte zur Miete Kampstraße 32).

Sassenberg, Johann Rembert Gabriel
Tischlermeister, geb. 30.12.1761 als Sohn des Bauinspektors und Tischlers Joh. Gabriel Ludwig Sassenberg. Heiratete 1787 Dorothee Sophie Günter, einzige Tochter des Tischlermeisters Günter und eröffnete danach eine eigene Werkstatt in dem Haus Hufschmiede 11. Starb am 3.4.1796. Seine Witwe heiratete vor 1800 den Tischlermeister Friedrich Hollo, der den Betrieb weiterführte.
1787   Domstraße 14, zwei Kamerariate, Kostenanschlag zur Reparatur (zusammen mit anderen) (II, S. 1467, 1470)

Sassenberg, Jürgen Arend
Zimmermeister (geb. um 1675), vermutlich Sohn von Gabriel Sassenberg, der Brüderstraße 27 wohnte. Heiratete 1699 Anna Maria Hohenkercker. Sohn dieser Ehe ist der Zimmer- und Tischlermeister Johann Gabriel Sassenberg. Seit etwa 1720 in dem Haus Deichhof 15 nachzuweisen.
1721   Großer Domhof 9, Kurienhof, Reparatur (II, S. 1277)

Sasterling, Friedrich Anton
Wohnte 1709 in einem Haus am Kuhtor.

Sattelmacher, C.D.
Tapetenhandlung, wohnte 1857 Johannisstraße 3.

Sauer
1846/1847 Sektionsbaumeister bei der Köln-Mindener-Eisenbahn für den Bereich Löhne. 1851 wohnte der Baumeister Sauer in dem Haus Poststraße 1.

Schacher, Wilhelm
1920   Hahler Straße 76, Umbau
1934   Hahler Straße 67, Erweiterungsplanung seines eigenen Hauses

Schäffer, Johann
Regierungsbaumeister (geb. 25.10.1861, katholisch). 1895 als bautechnischer Hilfsarbeiter bei der Regierung Minden, wohnte Bäckerstraße 51.

Schäffer & Walker
Erz- und Kunstgießerei in Berlin.
1882   Immanuelstraße 2, Gymnasium, 2 große Gaskronleuchter und 2 Wandarmleuchter für die Aula

Schäpsmeyer
1922   Im Schweinebruch 2, Toilettenanlage

Schaksmeier, A.
Baugeschäft in Erder (Kreis Lippe).
1969   Marienstraße 82/86 für Hans Horstmann

Schaeffer
1875/1876 Mitinhaber der Firma König und mit dieser auch an einer Ziegelei beteiligt.

Schänderling, Johann Daniel
1722 als Bildhauer genannt (KKA Minden, St. Martini).

Schanz, Reinhold
Ofensetzer (geb. 9.6.1862 in Berlin, reformiert), verheiratet mit Karoline Fahlsing (geb. 12.7.1866 in Stemmern). Die sechs gemeinsamen Kinder Reinhold, Hugo, Rudolf, Frida, Margarete und Willi sind zwischen 1891 und 1905 geboren. Die Familie wohnte 1895 Königswall 13 und verzieht 1904 nach Elim bei Herford.

Schaper, Hermann
Professor und Kunstmaler in Hannover (1853–1911), der zahlreiche Kirchenausmalungen durchführte.
1892   St. Marien, Beratung der Neuverglasung durch Lauterbach/Hannover (III, S. 102)

1907   Marienstraße 134/136, Nordfriedhof, Wandgemälde in der Kapelle

Schaper, Max
Dachdeckermeister (geb. 22.10.1897, gest. 31.3.1975). Nach vierjähriger Lehre, Gesellenzeit und Meisterprüfung übernahm er 1945 den von seinem Vater Oskar Schaper gegründeten Betrieb. 1949 wurde er Obermeister der Dachdecker-Innung (MT vom 31.1.1964), 1963 stellvertretender Landesinnungsmeister (MT vom 27.12.1963). Der Betrieb befand sich in der Gartenstraße 5.
  Schaper war seit 1936 mit Martha Bertermann (geb. 3.9.1904, gest. 13.7.1981) verheiratet. Aus dieser Ehe zwei Kinder: Brigitte (geb. 18.3.1933) und Elke (geb. 19.2.1944)
nach 1945 Eindeckung der Kirchen in Dehme, Bergkirchen, Hartum und Hille
1949   Stadthaus, Eindeckung des Zwiebelturmes (MT vom 31.1.1964)
1952   Dom, Wiederaufbau des Querhauses, Deckung (II, S. 430)
1954   Rathaus, Neueindeckung (MT vom 31.1.1964)
1955   Stiftsallee 2 a für Hermann Reinking, sämtliche Dachdeckerarbeiten (MT vom 14.1.1956)

Schaper, Oskar
Dachdeckermeister (geb. 10.8.1870, gest. 1945), gründete am 31.1.1904 den Betrieb am Königswall 73, den sein Sohn Max 1945 übernahm. 1928 als Dachdeckermeister genannt. O. Schaper war mit Marie (geb. 2.8.1871) verheiratet und wohnte 1900 mit den drei Kindern Oskar (geb. 23.2.1896, gest. 11.7.1921), Max (geb. 22.10.1897) und Anna (geb. 21.2.1900) im Haus Umradstraße 27. Die Söhne Oskar und Max wurden ebenfalls Dachdecker.
1912–1914 St. Petri, Instandsetzung und Umbau (zusammen mit anderen) (III, S. 584)

oben: Fa. Schaper, 1950

rechts: Dacharbeiten am Stadthaus Minde, Fa. Max Schaper, 1949

Schaper, Ernst
Dachdecker (geb. 4.3.1871 in Duingen, Kreis Alfeld), möglicherweise Bruder des Dachdeckermeisters Oskar Schaper. Lebte von 1919 bis 1929 in Minden und verzog dann nach Düsseldorf.

Scheck
1834 als Baukondukteur genannt.
1834 Borgentreich katholische Kirche, Bauleitung beim Neubau

Scheele
Major und Ingenieur.
1838 Großer Domhof, Pflasterreparatur (Steinlieferung: Fuhrmann Lübking) (II, S. 1176)

Scheibert, Justus
1872 Major und Platz-Ingenieur in Minden.

1874 »Garnison-Waschanstalt, Erweiterung« (Simeonsplatz 6) (I.2, S. 503 f., Abb. 324, Kat.-Nr. 256)
1874 »Fort A und B, Umbauprojekt« (Bahnhofsbefestigung) (I.2, S. 558 f., Abb. 358, Kat.-Nr. 287)
1875 Kleiner Domhof 10, Übersichtsplan mit Grundrissen (II, S. 1399)

Scheidemann
Zimmermeister. Begründete 1806 eine bis heute fortgeführte Zimmerei in Minden. 1851 wohnte der Zimmermeister Scheidemann auf der Mindener Heide (heute Petershäger Weg 26).
1820 Simeonsplatz 3, Trainschuppen/Proviantmagazin, Dachdeckerarbeiten (Planzeichnung: F. Stamm, Bearbeitung/Leitung: Kraushaar) (zusammen mit Schifferdecker Luckard) (I.2, S. 408)

1821 Dom, Reparatur des Dachreiters über der Vierung (zusammen mit Wehking junior) (II, S. 427)
1823 Markt 1, Rathaus, Sanierung des Turmes
1826 Portastraße 69, für eigenen Bedarf und die Zimmerei
1827 Dom, Reparatur und Umdeckung von Querhaus- und Chordächern (zusammen mit anderen) (II, S. 427)
1850 Minden-Rodenbeck, Oberdamm 50 für eigene Zwecke
1852 Großer Domhof 3, Kurienhof, Reparatur (zusammen mit Baumgarten und Gauffré) (Bauaufsicht: Goeker) (II, S. 1207)

Scheidemann, Friedrich
Zimmermann (geb. 27.2.1857, apostolisch) mit Christine Ahnefeld verheiratet. Kinder: Luise (geb. 10.8.1881), Hermann (geb. 15.12.1894), Paula (geb. 27.9.1896), Heinrich (geb. 12.7.1899) und Frieda (14.10.1900). Die Familie lebte Obermarktstraße 5, 1904 Königswall 79, 1905 Deichhof 21, 1906 Marienstraße 12 und 1907 Johannisstraße 8.

Scheidemann, Friedrich W.
Zimmermeister, der den Betrieb seines Vaters fortführte. Seine Schwester Christiane (geb. 25.4.1843, gest. 5.3.1916) heiratete Theodor Julius Drabert, Vater des seit 1895 in Minden tätigen Architekten Julius Drabert. Er besaß 1854 das Haus Johannisstraße 7, wo er in diesem Jahr einen Arbeitsschuppen errichtete.
1858 Dom, Sicherung des Chores, Einrüsten vor Gewölbeausbau (II, S. 373)
1860 Vinckestraße 3, Domkaplanei (zusammen mit anderen) (Plan: Jung) (II, S. 1327)
1861 Dom, Reparaturen am Glockenstuhl (II, S. 846)
1864–1865 Dom, Instandsetzung der Sakristei, Arbeiten (Plan: Marx, von Lesser) (II, S. 393)
1867 Vinckestraße 3, Domkaplanei, Reparatur (zusammen mit anderen) (II, S. 1328)
1861 Dom, Arbeiten am Glockenstuhl (II, S. 846)
1862 Viktoriastraße 3 für Kribbmeister Wehrmeister
1873 Fischerallee 15, Mietshaus für Bremser Gustav Berthold
1874 Portastraße 36, Gasthaus und Saal für Wirt Behrens (Plan und Mitarbeit: Maurermeister Heidemann)
1874 Portastraße 36, Scheune und Kegelbahn für Wirt Behrens (Plan und Mitarbeit: Maurermeister Sierig)
1875 Tränke 4 (Plan: Luhmann) für Schaffner Quirinus Bondkirch
1880 Dom, Dachreiter (über der Vierung?), Reparatur des Glockenstuhls (II, S. 429, 846)

Scheidemann, Heinrich
Zimmermeister, der nach Lehre und dem Besuch 1868/1869 der Baugewerbeschule in Höxter (zusammen mit seinen Freunden, dem Zimmermann Carl Krause und dem Maurer Gustav Sipp) die Tischlerei und das Baugeschäft seines Vaters übernahm und zu einem großen Betrieb ausbaute, der auch im großen Stil mit Holz handelte bzw. ein Sägewerk betrieb. 1878 wohnte er im Seidenbeutel und unterhielt offenbar einen Werksplatz auf dem südlichen Teil des Brückenkopfes; seit 1887 lebte er dann in dem großen, von ihm erbauten Haus auf dem von ihm zugleich dort aufgebauten Betriebsgelände Hahler Straße 57/59. Er betätigte sich auch als Bauunternehmer, wobei er die anspruchsvolleren, zumeist nach eigenen Entwürfen errichteten Mietshäuser mit ihren reich dekorierten Fachwerkgiebeln mit deutlichen Hinweisen auf sein Handwerk ausführte

(siehe 1902 Wilhelmstraße 11, 1903 Cecilienstraße 7). 1887 bei St. Marien, 1891 dort für Kirchenbänke genannt.

Heinrich Scheidemann (geb. 28.12.1845 Stemmer) war mit Louise Burhorn (geb. 13.4.1848 Werther/Halle) verheiratet. Aus dieser Ehe gingen neun Kinder hervor: Hugo (geb. 14.5.1874), Louise (geb. 8.7.1875), Carl (geb. 11.1.1878), Alma (geb. 7.12.1880), Agnes (geb. 24.7.1883), Mathilde (geb. 30.12.1884), Else (geb. 17.11.1886), Johanna (geb. 28.10.1887) und Emilie (geb. 23.7.1889).

In der Firma um 1902 der Buchhalter Hermann Geißler, der offensichtlich zur Familie gehörte und die Firma auch nach außen vertrat. Nachdem Heinrich Scheidemann wohl 1903 verstarb, wurde der Betrieb von seinem Sohn Albert Scheidemann übernommen, wobei durch den zweiten Sohn Karl für seine verwitwete Mutter das Haus Artilleriestraße 8 errichtet wurde. Karl Scheidemann führte später einen eigenen Baubetrieb.

1887   Hahler Straße 57, Wohnhaus, Stall und Arbeitsschuppen für eigene Zwecke
1889/1890 St. Martini, Aufbringen des Längssatteldaches über dem Mittelschiff (zusammen mit Dachdeckermeister Timmermann und Klempnermeister Eberling) (III, S. 125, 324)
1890   Friedrich-Wilhelm-Straße 129, Saal für Wirt Ad. Heintz
1891   St. Marien, Aufbringen eines Längssatteldaches über dem Mittelschiff (Planung: Kersten) (III, S. 125, 129)
1893   Ritterstraße 18, Saalbau für Wirt Albert Ludwig
1897   Königstraße 128, Erweiterung der Fabrik für Otto Zumpft
1899   Dom, Sicherung des Chores, Fundamentunterfangung (zusammen mit Usadel) (Planung: Grahmann, Paetz, Leitung: Engelmeier) (II, S. 377)
1900   Dom, Mitarbeit bei Teilrestaurierung des Marienkrönungsaltars (zusammen mit Bildhauer Mormann/Wiedenbrück und Maler Goldkuhle/Wiedenbrück) (II, S. 589)
1900   Bierpohlweg 38, Stallflügel
1901   Alte Sandtrift 2, Dachausbau
1901   Stiftsallee 29, Schuppen der Fabrik Hölterhoff
1902   Hahler Straße 37, Verandaaufbau
1902   Stiftstraße 36, hölzerne Veranda für Witwe Ziegler
1902/1903 Wilhelmstraße 11 als Unternehmerbau (Plan: O. Heurich)
1903   Cecilienstraße 7 als Unternehmerbau
1903   Luisenstraße 2 für Hermann Geißler (ist Familienmitglied)

Scheidemann, Heinrich <u>Albert</u>
Sohn des Zimmermeisters Heinrich Scheidemann. 1901 als Zimmermeister genannt und zusammen mit dem Architekten J. Drabert Bauherr des als Unternehmerbaus errichteten Hauses Wilhelmstraße 9. Albert Scheidemann war mit Luise Drabert verheiratet, die 51jährig am 22.2.1924 verstarb. Aus dieser Ehe stammen die Söhne Heinrich und Julius.

1902   Hahler Straße 59, Fachwerkverblendung des eigenen Hauses (Plan: A. Kelpe)
1904   Brühlstraße 16, Fabrikhalle für Wichsenfabrik Ferdinand Wilh. Meyer
1904   Hahler Straße 74, Schuppen an der Lessingstraße 5
1904   Königsglacis 9, Balkonvorbau mit Fahrstuhl
1904   Lübbecker Straße 36 für Lokführer Wilhelm Pohlmann
1904   Steinweg 2, neues Dach
1904/1905 Hafenstraße 16, Bürgerschule III (Pläne: Stadtbaumeister Kersten)
1905/1906 Weserglacis 2, Regierungsgebäude, Türen (teilweise)
1906   Hahler Straße 20, Gartenhalle

1907 Grüner Weg 3, Umbau
1907 Tonhallenstraße 5, Kreishaus, Fenster
1910 Grüner Weg 5, Lagerschuppen
1913 Königstraße 78, Wagenremise für Heinrich Bredemeyer
1914 Artillleriestraße 8, Einfriedung für seine Mutter, Witwe Luise Scheidemann
1914 Lindenstraße 13, zwei Hofüberdachungen
1915 Festungsstraße 1, Erweiterung Werkstattgebäude Michelsohn
1921 Blumenstraße 35, eigene Villa mit Nebengebäude
1921 Bismarckstraße 14, Doppelwohnhaus für Meister seines Betriebes
1922 Bismarckstraße 16 (Plan: Rohlfing) als Doppelhaus für seinen eigenen Betrieb

Scheidemann, Hugo
Malermeister (geb. 14. 5. 1874), wohl Sohn des Zimmermeister Heinrich Scheidemann, verheiratet mit Marie Grassow (geb. 8. 9. 1876). Kinder: Hugo (geb. 30. 12. 1899), Marie (geb. 19. 3. 1901) und Alma, Marie und Emilie (geb. 18. 2. 1903). Wohnen bis 1904 Hahler Straße 57, dann Weingarten 9 und Artilleriestraße 8.

Scheidemann, Julius
Zimmermeister.
1871 Marienstraße 12, Umbau

Scheidemann, <u>Karl</u> Friedrich August
Zimmermeister und Bautechniker (geb. 11. 1. 1878), Sohn des Zimmermeisters Heinrich Scheidemann. Besuchte vor 1903 wohl die Baugewerkeschule in Buxtehude. Sein Betrieb wurde nach dem Tode seines Vaters um 1925 aus der von seinem Bruder weitergeführten Firma Albert Scheidemann ausgegliedert, wobei er ein eigenes Gelände mit mehreren schon bestehenden Bauten an der Bismarckstraße 14/16 erhielt. 1939 als Bauunternehmer in der Paulinenstraße 2 genannt. 1958 Verlegung des Betriebes an die Memelstraße 16/Hermannstraße 46.
Der Sohn Karl (geb. 21. 6. 1907 in Hannover) studierte 1906/1907 in Rosenheim und verzog 1929 nach Strelitz.

1903 Artilleriestraße 8 für Zimmermeisterswitwe Luise Scheidemann
1925 Bismarckstraße 16, Lagergebäude für den eigenen Bedarf
1925 Marienstraße 176 a für Hilfspostschaffner Heinrich Wiese
1927 Bismarckstraße 16, Betriebsgebäude für den eigenen Bedarf
1927/1928 St. Martini, Umbau der Empore (Plan und Ausführung) (III, S. 388)
1929 Hermannstraße 57 für Otto Osten (Plan: L. Klein) (Bauleitung: Stremming)
1937 Priggenhagen 5, Hofüberdachung
1948 Herderstraße 28, Arbeiterwohnheim

Scheidemann, Wilhelm
Zimmermann (später auch Ackerer) und Bruder des Zimmermeisters und Bauunternehmers Heinrich Scheidemann. Wilhelm Scheidemann (geb. 18. 3. 1839 in Stemmer, gest. vor 1900), war mit Friederike Lachtrup (geb. 2. 3. 1840 Stemmer, gest. 9. 3. 1918) verheiratet. Aus dieser Ehe gingen bis 1885 folgende Kinder hervor: Wilhelm (geb. 13. 9. 1867), Friederike (geb. 16. 1. 1869), Hermann (geb. 1. 9. 1872), Alwine (geb. 18. 11. 1873 in Dortmund), Albert (geb. 20. 4. 1876 in Dortmund), Heinrich (geb. 12. 10. 1878), Luise (geb. 15. 4. 1883). 1885 lebten sie in Minder Heide 21 (heute Petershäger Weg 16), 1895 Am grünen Weg 32 (später Grüner Weg 32). Dort lebte 1895 ebenfalls der älteste Sohn, der Zimmermann Wilhelm mit seiner Frau Friederike (geb. 2. 9. 1873) und ihrem Sohn Wilhelm (geb. 18. 3. 1894) sowie die Tochter Alwine mit ihrem Ehemann, dem Arbeiter und späteren Holzhändler August Ahnefeld (siehe dort).

Scheidt, Josef
Baumeister und Oberbauinspektor aus Aachen. Kam Februar 1945 nach Minden, wohnte mit seiner Ehefrau Karoline Klerzenich? (geb. 31.3.1895 Aachen) und dem Sohn Günther (geb. 19.1.1935 Aachen) Lübbecker Straße 16, Uferstraße 1a, dann Gutenbergstraße 9. Ab 1948 vom Dombauverein in Minden eingestellt, zu dieser Zeit wohl im Ruhestand (II, S. 133 f.). 1950 zog er mit seiner Familie nach Aachen zurück.

ab 1948 Dom, Wiederaufbau, Leitung der statischen Sicherung (II, S. 134);
1948 Dom, Wiederherstellung des Westwerks, Grundrisse, Schnitte, technische Zeichnungen sowie Entwurf zur Säule der Schallöffnungen (II, S. 127)
1949 Dom, Wiederaufbau des Langhauses, Untersuchung von Hallengiebel und Strebepfeiler (II, S. 300)

Scheidt, Wilhelm
Baufirma in Herford.
1922 Friedrich-Wilhelm-Straße 79, neues Lagerhaus aus Beton
1922 Friedrich-Wilhelm-Straße 79, Betondecken im Lagerhaus (Plan: R. Moelle)

Scheitz
1766 Großer Domhof (ohne Nummer), Domkurie und Haus der Domfabrik, verschollene Zeichnung (II, S. 1249)

Schelle, Gustav
Die Lebensgeschichte dieses für das Baugeschehen Mindens in der ersten Hälfte des 19. Jahrhunderts äußerst rührigen Mannes ist bislang weitgehend unbekannt. Gustav Schelle wurde am 22.7.1792 in Zerbst geboren und ließ sich wohl gleich nach seiner Ausbildung – 1821 ist er als Wasserbauinspektor in Duisburg nachweisbar – spätestens 1823 in Minden nieder. Hier wird er 1824 als Bauinspektor und 1826 als Bauconducteur bezeichnet. Wenig später wird er als Bauinspektor (1828 für die Kreise Minden und Rhaden, 1832 für die Kreise Minden und Lübbecke) bzw. als Wasserbauinspektor bezeichnet. Er arbeitete zunächst in der Flußbauverwaltung der Regierung Minden. 1836 wird vermerkt, der *Baukonducteur Schelle* sei versetzt worden. 1845 ist Baukondukteur Schelle als sog. *Abteilungs-Ingenieur der Abteilung VII* (Strecke Herford-Minden) der entscheidende Planer des östlichen Streckenteils der Köln-Mindener Eisenbahn. 1852 wird er als Bauinspektor a. D. bezeichnet. Zwischen 1856 (noch in Minden genannt) und 1858 verzog er aus nicht bekannten Gründen von Minden nach Bochum.

Sein Tätigkeitsbereich war ausgesprochen reich, lag aber neben einzelnen Entwürfen im Bereich des Ingenieurwesens eher in vermessungstechnischen Arbeiten. Neben seinen zahlreichen Planungen und Bauleitungen nahm Schelle mit großem Elan an den Disskussionen um die großen Neuerungen und Projekte seiner Zeit teil. So findet er sich schon 1832 in der Mitgliederliste des *Comités zur Förderung der Eisenbahn in Minden* und hatte 1840 auch Aktien der *Rhein-Weser-Eisenbahn* gezeichnet. Möglicherweise brachte ihn schon seine Ausbildung in Duisburg um 1821 mit dem ebenfalls an allem Neuen interessierten Mechanicus Johann Dinnendahl (siehe dort) zusammen, mit dem er nach dessen Zuzug nach Minden 1837 zusammen mit dem Maurermeister Kraus die erste und recht erfolgreiche Zementfabrik der preußischen Westprovinzen in Porta Westfalica-Hausberge gründete. Um 1841 vertrat er – in den Lebenserinnerungen von Franz Haniel (HERZOG 1979, S. 85) als *Eisenbahn Inspektor* bezeichnet – offiziell die Interessen des neuen Eisenbahnprojektes von der Weser zum Rhein in der Diskussion um die sinnvollste Streckenführung.

Gustav Schelle war seit vor 1831 mit der 5 Jahre jüngeren Wilhelmine (oder Minna) Brettbinder verheiratet (Schwester seiner Schwäge-

rin), mit der er drei Töchter hatte. Schelle wohnte 1833 mit einem jährlichen Einkommen von etwa 400 Thl an der Königstraße 16, dann um 1834/1836 in dem Haus Markt 26, wo er ein Einkommen von 800 Thl versteuerte, 1846 dann zusammen mit seiner Schwiegermutter im sog. *Posthof* an der Poststraße 6.

QUELLEN: KAM, Mi, E 94, 712, 734, E 771, F 372.

LITERATUR: Behrens 1974, S. 309, 341, 363 ff. – Harries 1987, S. 405 (siehe auch die nicht ausgewertete Personalakte von 1826 im GSTA PK, I. HA Rep 89 geh. Zivilkabinett, jüng. Periode, Nr. 10974).

1824	Gutachten über einen Teil der Stützmauer
1826	Dom, Kostenanschlag zur Reparatur des Dachreiters über der Vierung (II, S. 427)
1826	Lindenstraße 6, Grundstücksvermessung
1827	Dom, Kostenanschlag zu Reparatur und Umdeckung des Chordaches (II, S. 427)
1827	Großer und Kleiner Domhof, Pflasterung (II, S. 1175, 1350)
1828	Markt 1, Arbeiten am Rathaus
1829	Domstraße, Kostenanschlag zur Umpflasterung mit Skizze (II, S. 1434 f.)
1830	Dom, Chorfenster, Kostenanschlag zur Reparatur (Ausführung: Glasermeister Köhler) (II, 441)
1831	Hohnstraße 29, Gutachten Umbau des Zoll-Amtes
1832	Vermessungen und umfangreiche Planungen für Umbauten des Bereiches Schlagde/Tränke
um 1832	Dom, Pläne zum Neubau einer Sakristei (II, S. 392)
1832	Dom, Umgestaltung des Inneren, Kostenanschlag und Erläuterung zu den Maßnahmen (II, S. 70, 457)
1832	Großer Domhof 3, Kurienhof, Gutachten zu Reparatur und Umbau des Gebäudes durch Domainenfiskus (II, S. 1206)
1832	Stemwede-Dielingen, Gutachten zum Neubau eines Pfarrhauses
1834	Gutachten zum Zustand des Gymnasiums Alte Kirchstraße
1835	Großer und Kleiner Domhof, Flächenberechnung und Skizze zur Pflasterung (vermutet) (II, S. 1348, 1350, 1433, Abb. 714)
1840	Lichtenau-Dalheim, Staatsdomäne, Gutachten zum Zustand der Wassermühle (Pieper 2000, S. 141)
1840	Lichtenau-Dalheim, Staatsdomäne, Auftrag für eine neue Uhr (Pieper 2000, S. 212)
1840	Lichtenau-Dalheim, Staatsdomäne, Konzept für einen Kartoffelkeller (Pieper 2000, S. 224)
1844/1847	Abschnittsbaumeister bei der Köln-Mindener Eisenbahn für die Strecke Herford–Minden
1844/1848	Eisenbahnbrücke über die Weser bei Rehme (Bauleitung durch Bauconducteur Covlin)
1846/1848	Bahnhof Minden, Empfangsgebäude, Planung und Bauleitung
1852	Domkloster, Planungen zum Umbau des Südflügels zu einem Krankenhaus (nicht ausgeführt) (II, S. 491, 518)

Schelle, Carl Emil

Wegebaumeister und Bruder des Bauinspektors Gustav Schelle. War seit vor 1829 verheiratet mit Friederike Aug. Brettbinder (Schwester seiner Schwägerin). 1831 für die Chausseen Bückeburg–Herford und Minden bis zur Osnabrückschen Grenze zuständig. 1833 als Wegebaumeister nach Höxter versetzt und dort 1852 verstorben.

1823	Plan und Anschlag für Regenabflußrinnen auf dem Martinikirchhof
1827	Aufsicht bei Pflasterung des Kleinen Domhofes
1835	Plan für die Pflasterung der beiden Domhöfe (II, S. 1174, Abb. 713 f.)

Schemel, Richard
Dipl.-Ingenieur beim Kanalbauamt, wohnte 1914 Marienstraße 37.
1913 Entwurf der Oberschleuse des zweiten Weserabstiegs (Mitarbeit)

Schenk
1880 Hauptmann und als Artillerie-Offizier vom Platz in Minden genannt.

Schenk, Carl
Maschinenfabrik in Darmstadt.
1892 Marienwall 19, städtische Brückenwaage

Schenk & Hardenack
1850 St. Mauritius-Kloster, Zeichnung der Dienstwohnung des Zeuglieutenants (III, S. 479, 562)

Scherer, Hans d. J.
Orgelbauer in Hamburg.
um 1625 Lübeck, St. Aegidien, Orgel (II, S. 833)
o. J. Tangermünde, St. Stephan (II, S. 833)
1625 St. Marien, erste Orgel (vermutet) (III, S. 170)
zwischen 1625 und 1630 Dom, Westorgel (vermutet) (möglicherweise zusammen mit Schreiner und Bildschnitzer Michael Sommer) (II, S. 822, 828, 833. – III, XXV)

Schering, Jobst Henrich
Schlosser- und Schmiedemeister.
1777/1778 Domkloster, Baumaßnahmen an der Kapitelstube (zusammen mit anderen) (II, S. 497)
1787 Domstraße 14, zwei Kamerariate, Kostenanschlag zur Reparatur (zusammen mit anderen) (II, S. 1467, 1470)
1791 Kleiner Domhof 7, Kostenanschlag zu Reparatur und Umbau (zusammen mit anderen) (II, S. 1377)

1792–1793 Großer Domhof 8, Kurienhof, Neubau des Wohnflügels (zusammen mit anderen) (Plan und Leitung: Landbaumeister Kloth) (II, S. 1256)

Scherzer
1851 der einzige Stuhlmachermeister in Minden, wohnte Pöttcherstraße 9.

Scheuermann, Harald
Dipl.-Ingenieur aus Gelsenkirchen-Buer.
1960/1963 Obermarktstraße 35, Lagerhaus Firma G. Höltke (Ausführung: Mülmstedt & Rodenberg)

Schickert-Werke
Maschinenbaubetrieb in Hannover (innerhalb der Siemens AG).
1963 Schachtschleuse, Steuerungsanlage

Schindeler oder **Schindler**, Johann Friedrich
Glasermeister und Glashändler (1857), wohnte 1851/1857 Kampstraße 20.
1845 Großer Domhof 1–2, neues Regierungsgebäude (II, S. 1196)

Schindeler oder **Schindler**
Organist an St. Marien (?), Minden.
1815 St. Marien, Feststellen von Schäden (III, S. 171)
1818 St. Marien, Bitte an Stadtdirektor um Genehmigung der Orgelreparatur (Ausführung: Birkemeyer) (III, S. 171)

Schindelberg
Landzimmermeister. Tritt 1770 im Streit um den Bau von Eisbrechern vor den Pfeilern der Weserbrücke als Widersacher des Mühlenbaumeisters Kloth auf.

Schindelberg
Glaser.
ab 1855 Großer Domhof 1–2, Reparatur am Regierungsgebäude (II, S. 1200)

Schinkel, Karl Friedrich
Geb. 13.3.1781 Neuruppin, gest. 9.10.1841 Berlin. Seit 1810 war Schinkel in der Oberbaudeputation in Berlin tätig, zu deren Leiter er später wurde. Durch die Revisionstätigkeit dieser Behörde ist ein Einfluß Schinkels auch auf Mindener Festungsbauten anzunehmen (siehe dazu I.2, S. 50–51).
1823 Schwichowwall 1, Schwichow-Denkmal, Entwurf (Ausführung: Kgl. Eisengießerei Berlin) (I.2, S. 911–916)
um 1832 Dom, Umgestaltung des Inneren, Gutachten mit Vorschlägen zu neuer Farbfassung und Entwürfen zur Ausstattung (Pläne: G. Stier, Bauführer: Fabra) (II, S. 70, 457, 748)

Schirnieke, Johan
M. (Meister) im *Ambte Reinenbergk* (vermutlich Zimmermeister).
1594 St. Simeon, Turm (Aufsetzen des Hahnes: Meister-Knecht Henrich Ostermeier; Schmieden des Hahnes: Jürgen Tacke) (III, S. 705)

Schlaich, Bergermann & Partner
Seit 1980 Büro für beratende Ingenieure im Bauwesen in Stuttgart. Prof. Dr.-Ing. Jörg Schlaich (geb. 1934). Nach Studium an der TH Stuttgart und der TU Berlin von 1953–1959 wurde er 1963 zum Dr.-Ing. ernannt. Von 1963–1979 im Büro Leonhardt & Andrä (beratende Ingenieure), ab 1969 dort als Partner. Seit 1974 ord. Professor an der Universität Stuttgart, Direktor des Instituts für Tragwerksentwurf und -konstruktion (früher Institut für Massivbau). Dipl.-Ing. Rudolf Bergermann (geb. 1941 war nach seinem Studium an der TH Stuttgart 1961–1966 von 1969–1979 ebenfalls im Büro Leonhardt & Andrä; ab 1976 dort als leitender Ingenieur.
1996 »Glacisbrücke«, Radbrücke über die Weser

Schlatter
Tischlermeister, wohnte 1851 wie der Tischlermeister Lau Obermarktstraße 6.

Schlattmeier, Friedrich Wilhelm
Dipl.-Ingenieur und Architekt BDA mit Büro in Herford, Bismarckstraße 23 a.
1971 St. Marienstift, Wettbewerbsentwurf für Neubau Gemeindezentrum St. Marien (III, S. 214)
1973/1975 St. Marienstift, Gemeindezentrum der St. Marien-Kirchengemeinde (III, S. 261)

Schleich (oder Schleif ?)
Maurer.
vor 1801 Großer Domhof 10, Kurienhof, Reparatur (zusammen mit anderen) (II, S. 1292)

Schleipen (auch Schleiffen?)
Auf dem Kleinen Domhof ansässiger Mindener Maler, der als Maler und Anstreicher mehrfach für das Domkapitel gearbeitet hat.
1743 Dom, Widmungsbild für Abt Arnold von Huysburg (gehörte ursprünglich zur Ausstattung von St. Mauritius) (II, S. 877. – III, S. 537)
1744 Dom, Reparatur der Sonnenuhr (II, S. 861)
1755 Dom, Kostenanschlag zur Fassung des Dachreiters über der Vierung (II, S. 424)

Schlemmer, Christian
Architekt in Essen (geb. 22.8.1896 Blankenheim/Eifel, gest. 3.1.1965 Essen), 1942–1946 Direktor der »Neue Heimat A.G.«) Düsseldorf und Essen, wohnte Essen-Bredeney, Am Hinsberg 8. Er war mit Magda Schwander verheiratet.
1955 Kuhlenstraße 31/31 a für Neue Heimat (Typ St 3), im Auftrage der Deutschen Bundesbahn

1955/1956 Kuhlenstraße 33/33 a für Neue Heimat (Typ St 2/4), im Auftrag der Deutschen Bundesbahn

Schlichthaber, E.
Instrumentenmacher, wohnte 1862 Pöttcherstraße 18.
1837–1840 St. Martini, Wartung der Orgel (III, S. 384)
1844–1847 St. Martini, Wartung der Orgel (III, S. 384)

Schlieben, Theodor
Architekt in Hannover.
1896 Kaiserstraße 8 für Kaufmann Franz Kirchhoff

Schlingmann, Johann Hermann
Kaufmann.
1837 Dom, Dachreparatur, Lieferung von Eichenholz und Solling- bzw. Höxtersteinen (II, S. 419)

Schloenbach, Johann Christoph
1771/1774 königlich preußischer Baurat und Architekt sowie Wasserbaudirektor, 1785 Landbaurat, 1783/1790 auch als Baudirektor bzw. Kriegs- und Domänenrat in Minden genannt. 1782 zum Baudirektor mit Sitz und Stimme im Kammerkollegium und zum Direktor der Saline Neusalzwerk im nahegelegenen Oeynhausen ernannt. 1790 kurzzeitig zum *Meliorationsbau* nach Unna-Königsborn versetzt. 1793 nach Schönebeck als dortiger »Salz-Amts-Direktor« versetzt und dort bis 1805 als Leiter auf der neu vom Staat übernommenen Saline mit ihrem Ausbau tätig.

Aus seiner vor 1770 geschossenen Ehe mit Charlotte Braun ging der Sohn Carl Ludwig Schloenbach (geb. 1770, gest. 1850) hervor, der 1804 als Schloenbach Junior in Schönebeck als Obergradiermeister nachweisbar ist und dort bis 1815 als Badeinspektor beschäftigt wurde. Dann arbeitete er auf der Saline Sülbeck, bevor er 1816 zur Saline Rothenfelde bei Osnabrück kam, diese von 1817 bis 1850 leitete und 1818/1824 dort auch das neue Gradierwerk errichten ließ. Er trat später mit verschiedenen Publikationen über das Salinenwesen hervor.

1771 Untersuchungen und Gutachten zur mangelnden Qualität des Kalkes aus den staatlichen Öfen in Hausberge
1771 Kleiner Domhof 10, Untersuchung für Graf von Eltz (II, S. 1401)
1772 Karte des Fürstentums Minden (Steinbring 1972)
1773 Brüderstraße 14, Pläne zum Neubau eines Zucht- und Arbeitshauses
1773 Simeonstraße, Brücke über die Bastau (Ausführung: Maurermeister Zingerlin)
1773 Porta Westfalica-Eisbergen, Pfarrhaus, Skizze zum Ausbau
1773/1774 St. Martini, Turm, Wiederaufbauprojekt mit Modell (III, S. XXIII, 337 f., 351, 384)
1774 Bastau, Gutachten über den Zustand und die Nutzer des Baches
1774 Herford, Gutachten zur Regulierung der Werre gegen Hochwasser
1774 Minden-Todtenhausen, Brücke der Poststraße Minden-Bremen, Anschlag
1774 Lübbecke-Gehlenbeck, Projekt für ein Pfarrhaus
1774 Bad Salzuflen, Salzhof, Pumpwerk, Gutachten zum Bau eines Kunstrades in der Salze
1774 Steinhagen-Brockhagen, Pfarrhaus, Anschlag zur Reparatur
1775 Flurkarte der Marientorschen Hude-Gründe
1775 Entwurf einer Feuerspritze
1775 Gutachter für die Auszahlung der Baufreiheitsgelder
1776 Bad Oeynhausen, Plan des »Großen Ziels« an der Werre bei Melbergen
1178 Großer Domhof, Gutachten zur Neuplanung des Domhofes (Projekt) durch Geometer Secretair Rahlfs (II, S. 1174)

1778 Königstraße 35, Revision der Baurechnungen
1780 Bartlingshof 3, Gutachten
um 1780 Weser-Schlachte, Kran
1781/1782 Steinhagen, Schloß Patthorst für Caspar Heinrich von Closter (Anschlag und Revision)
1782 Großer Domhof 7, Kurienhof, Begutachtung der Neubaupläne (nicht ausgeführter Plan: Zimmermeister Sassenberg) (II, S. 1258 f.)
1783 Kampstraße 14, Bauabnahme
1783 Königswall 25, Umbau (Ausführung: Maurermeister Zingerlin)
1783 Gutachten zu einer neuen Bauordnung für die Städte in Preußen (KRINS 1956)
1785 Lindenstraße 42, Anschlag zum Umbau der Priggenhäger Mühle
1786 Kuckuckstraße, Umbau des Gasthauses Kuckuck
1786/1788 Herford, Gutachten und Bauleitung zum Umbau des Werre-Siels am Bergertor
1788 Petershagen, Bau eines Weserhafens, Kostenanschlag
1789 Dispositionsplan zur generellen Verbesserung der Straßenverhältnisse in Minden-Ravensberg
1790 Gutachten zur Bedeutung und Geschichte der sog. Stützmauer
1790 Hohnstraße 1, Beschreibung der Bildhauerarbeiten
1790 Marienkirchplatz, Gutachten zum Zustand der Treppe
1790 Marienstraße Nr. 740, Neubau eines Gefängnisses für Minden, Gutachten und Anschlag
1798 Schönebeck, Umbau der Gradierwerke, Aufstellung einer Dampfmaschine für Pumpen

Schlotz, C.
Architekt in Castrop-Rauxel, Bauleitung der Klöcker-Werke, Mitglied in der Reichskammer der bildenden Künste.
1938 Herderstraße 7 für Regierungsdirektor Dr. Martin Dinter

Schlüter
Tischlermeister, wohnte 1851 Simeonskirchhof 4.

Schlusche & Rösner
Architekturbüro von Hans-Gerhard Schlusche (Architekt und Dipl.-Ingenieur in Obernkirchen, Eilser Straße 1), seit 1955 in Gemeinschaft mit Dipl.-Ing. Architekt Werner Rösner, wobei letzterer die Mindener Bauten betreute und nach 1965 schließlich das Büro allein fortführte. 1963 Teilrenovierung von St. Mauritius.
1953/1955 Poststraße 4, Volksbank, Umbau
1955 Kaiserstraße 3, Umbau Restaurant Laprell
1955 Poststraße 4, Ausbau Volksbank
1956/1968 Hermannstraße 56–60, Betriebsgebäude der RUWA
1957 Fasanenstraße 30 für Studienrat Dr. Felix Bussmann
1957 Markt 9, rückwärtiger Ausbau als Gaststätte »Quick am Dom«
1957 Roonstraße 11 für Studienrat H. Möller (Ausführung: Homann)
1958–1961 Pauline-von-Mallinckrodt-Platz 6/8, ehemalige neue Propstei und Brauhaus, Planung des Umbaus (zusammen mit Werner Rösner) (III, S. 565)
1958 Am Rathaus 2, Ausbau Schnellrestaurant »Quick an der Post«
1958 Königsglacis 17 für Glasermeister Hermann Nitschke
1958 Werftstraße 1, Garagenhof für RUWA
1959 Königsglacis 17, Anbau
1959 Kutenhauser Straße 17 a
1959 Obermarktstraße 38, Umbau

1959 Wettiner Allee, Katholische Kirche St. Bonifatius mit Pfarrhaus
1960 Marienstraße 28, Wohn- und Geschäftshaus für Kaufmann Fritz Böger
1960 Kutenhauser Straße 17 a, Anbau
1960 Sedanstraße 19, katholische Dreifaltigkeitskirche
1960/1961 Moltkestraße 3 für Frau Dr. Th. Ernst (durch Wohnhaus Minden GmbH)
1961 Bierpohlweg 14 für I. Lemcke
1961 Domstraße 10, Kolpinghaus, Neubauplanung (nicht ausgeführt) (II, S. 1459, Abb. 944 f.)
1961 Jagdweg 7 für Kaufmann Karl Watermann
1961 Karlstraße 17, Lagerhalle für Wäschefabrik Poll
1961 Werftstraße 6, Fahrzeughalle, Bürogebäude und Pförtnerhaus für Kuloge KG
1962 Friedrich-Wilhelm-Straße 87 a, Aufstockung
1962 Im Schweinebruch 2, Erweiterung des Tennisclubhauses
1963 Bäckerstraße 27, Umbau
1963 Bierpohlweg 16, Erweiterung
1963 Hermannstraße 55 a, Ausbau
1963 Hermannstraße 56, Kantinengebäude für RUWA
1963 Lohrmannweg 7 für Anneliese Köhler
1963 Memelstraße 5, Anbau
1963 Vinckestraße 5, Umbau zur Apotheke (II, S. 1336)
1964 Besselstraße 1a für Cord Jürgen Wuthmann
1964 Kaiserstraße 3, Plan zur Errichtung eines Hotels
1965 Königswall 18, Geschäftsanbau für Hermann Nitzsche (Ausführung Schülde)

Schmalfuß, Bertram
Maurer (?).
1717 Kleiner Domhof 1, Schornsteinbau

Schmargel, Gebrüder
Baufirma in Hannover.
1948 Oberschleuse am Kanal, oberes Leitwerk

Schmedding
1889 königlicher Ganisons-Bauinspektor in Minden, 1902 Intendantur- und Baurat beim VII. Armeekorps in Münster.
1982 »Lageplan des Simeonsplatzes« (I.2, S. 731, 759, 802, Abb. 480)
1892 »Umbau der Defensions-Kaserne« (Simeonsplatz 12) (I.2, S. 433–441, Abb. 266–274, Kat.-Nr. 221 f.)
1902 Königstraße 60, Offizier-Speiseanstalt, Vorentwurf

Schmidt
1752 Landbauschreiber bei der Regierung Minden. Bewohnte das ihm gehörende Haus Marienwall Nr. 761 j.

Schmidt
Tischlermeister, wohnte 1851 Poststraße 5.

Schmidt, Heinrich
Zimmermeister, Betrieb 1868 Lindenstraße 40.
1858–1860 Domkloster, Umbau Südflügel zu Schule und Krankenhaus (mit Maurermeister Saake) (Planung: Berghauer; Bauleitung: Hartung) (II, S. 519)

Schmidt
Ganisons-Bauinspektor in der Intendantur des VII. Armeekorps in Münster.
1896 St. Mauritius, Wiederherstellungspläne (Varianten der Bösensellpläne von 1896) (III, S. 481 f., 500, 502, Abb. 336)

Fa. **Schmidt**
Neuenheerse.
ab 1952 Dom, Wiederaufbau des Chores, Tuffsteine für den Innenraum (II, S. 379)

Schmidt, Karl
Dachdeckermeister, wohnte 1920/1929 Umradstraße 18.

Schmidt, Rudolf
Steinbruchbetrieb in Carlshafen-Helmarhausen (1899 Verwaltung in Hannover).
1889   Bunte Brücke, Steine für den Bau
1899   Immanuelstraße 20, städtisches Badehaus, Steinhauerarbeiten

Schmidt, Walter
Baugeschäft in Bad Oeynhausen-Bergkirchen.
1976   Weg in die Hanebek 26 für Horst Wesemann

Firma **Schmidt & Langen**
Die Baufirma wird um 1872 in Minden von den zwei aus Wesel zugezogenen Maurermeistern gegründet, wobei der Betrieb des Maurermeisters C. Sinemus übernommen wurde. Offensichtlich hatte dieser seinen Betrieb zunächst verpachtet, dann aber wohl 1878 einschließlich seines Hauses mit dem dahinter befindlichen Betriebshof verkauft. Während der Maurer Joh. Schmidt 1876 zunächst in der Neustadt lebte (Niedernstraße 3), wohnte Engelbert Langen zur Miete in dem großen, noch Sinemus gehörenden Komplex Obermarktstraße 24. Während Engelbert Langen nach 1900 zum Alleininhaber der Firma wurde, zog sich Eduard Schmidt als Rentier in dem Haus Königsglacis 3 zurück, das die Firma schon 1875 errichtet hatte und das er schon vor 1888 bezog.

Die Firma führte Entwürfe und Planungen von Bauten aus (die dann von anderen Maurern errichtet wurden), errichtete aber auch Bauten nach anderen Entwürfen (häufig von Robert Hoelscher) und wies sich in Annoncen mit einem Lager für sämtliche Baumaterialien aus sowie als Fabrik für Zementröhren und -stufen und Werkstatt für Ornamente aus Cement und Stuck für Innen und Außen. Für den Baustoffhandel und die Fabrikation unterhielt man wohl seit 1888 ein Lager und ein eigenes Fabrikgebäude Friedrich-Wilhelm-Straße 145 für den umfangreichen Betrieb, zu dem auch drei Arbeiterhäuser (Friedrich-Wilhelm-Straße 143, 147 und 151/153) gehörten. 1903 wurde ferner für die Firma das Haus Stiftsallee 40 errichtet.

Eine besondere Spezialität des Betriebes war der Tiefbau, wobei man nicht nur für die Stadt wesentliche Teile der Hauptsammler der städtischen Kanalisation herstellte, sondern auch zahlreiche private Hausanschlüsse. In diesem Bereich lag offensichtlich auch der Hauptteil des Absatzes der eigenen Zementrohrproduktion. Nach Auflösung der Firma vor 1935 ging das Fabrikgelände an der Friedrich-Wilhelm-Straße in anderen Besitz über.

Engelbert Langen wurde am 25. 2. 1845 (katholisch) in Wesel geboren, erhielt eine Ausbildung als Maurermeister und heiratete wohl 1872 seine Frau Bertha Pehmeyer (geb. 31. 1. 1851 in Minden). Aus dieser Ehe gingen zwei Söhne hervor: 1) Max (geb. 27. 8. 1873), wurde Architekt und arbeitet 1906 in der Firma seines Vaters. 2) Richard (geb. 8. 3. 1878) wurde zum Techniker ausgebildet und arbeitet 1906 in der Firma seines Vaters. Engelbert Langen verstarb am 24. 2. 1921. Zu diesem Zeitpunkt war er Vorsitzender des Vorstandes der Sektion II der Hannoverschen Baugewerks-Berufsgenossenschaft.

Eduard Schmidt wurde am 22. 10. 1843 (evangelisch) in Wesel geboren und heiratete vor 1877 seine Frau Emma (geb. 23. 4. 1856 in Rinteln).
1874   Lübbecker Straße 12, Sägewerk für Bäcker W. Münstermann (zusammen mit Lück)
1875   Königsglacis 3, Wohnhaus (für eigene Zwecke)
1875   Portastraße 12 für Kaufmann von Hausen
1876   Königsglacis 3, Remise (für eigene Zwecke)

1876 Königstraße 59, Anbau (Plan: Luhmann)
1876 Priggenhagen 8 für Tischlermeister Fromm
1876 Kleiner Domhof 8 für Kommerzienrat R. Noll (Pläne: Robert Hoelscher) (II, S. 1389)
1877 Marienglacis 47, Villa für Kaufmann Karl Schwake
1878 Alte Sandtrift 16 für Witwe Borgmann (Ausführung: Wilhelm und Heinrich Riechmann/Holzhausen II)
1878 Hermannstraße 46 für Kaufmann Georg Stucken (zusammen mit Schütte & Krause)
1878 Königstraße 71 für Kaufmann Rockel
1878 Portastraße 12, Wirtschaftsgebäude
1879 Hermannstraße 46, Stallanbau
1879 Königstraße 67 für Kaufmann Wilhelm Schröder (zusammen mit Zimmermeister Chr. Lück)
1879 Königstraße 69 für Kaufmann Georg Fuchs (zusammen mit Zimmermeister Chr. Lück)
1879 Marienglacis 41 für Lehrer Dr. Schroeder (zusammen mit Zimmermeister Chr. Lück)
1879 Marienglacis 47, Lagerhaus für Kaufmann Karl Schwake
1879 Marienstraße 11 für Kaufmann A. Goldschmidt (Entwurf: R. Hoelscher)
1879 Obermarktstraße 26 (zusammen mit Zimmermeister Lück), Lagerhaus der Druckerei Bruns
1879 Pionierstraße 1a, Anbau für Major von Schulz
1879/1880 Stiftstraße 34 für Werksführer Gustav Bösel (Entwurf: R. Hoelscher)
1880 Hermannstraße 46, Waschhausanbau
1880 Marienglacis 35 für Fr. Noll (Entwurf: R. Hoelscher)
1880 Stiftstraße 21 für Bäckermeister Hermann Klopp (zusammen mit Zimmermeister Chr. Lück)
1880 Festungsanlage, Abriß der Mauer vom Redan X bis zum Wassertor (I.2, S. 315)
1881 Domstraße, Lageskizze der Häuser mit Wegeverlauf (II, S. 1434)
1881 Königstraße 71, Umbau
1881 Marienstraße 42, Fabrikationsgebäude für Th. Müller
1881 Marienstraße 56 (Plan: R. Hoelscher) Villa für den Unternehmer Schaupensteiner
1881/1882 Lindenstraße 3 für Lohgerber Friedrich Stremmel
1882 Hahler Straße 65 für Arbeiter Heinrich Fleßner (Plan: G. Weimar) zusammen mit Schütte & Krause
1882 Marienstraße 42, Umbau
1882 Marienstraße 46 für Lokführer G. Lindenmann
1882 Martinitreppe 4, Erweiterung für Witwe Christ
1882 Obermarktstraße 26, Anbau Druckerei Bruns (zusammen mit Zimmermeister Chr. Lück)
1882 Simeonstraße 3 (zusammen mit Zimmermeister Chr. Lück) für Kürschner Vieweg
1883 Friedrich-Wilhelm-Straße 155, Neubau der Fabrikationsgebäude der Leimfabrik Lax
1883 Marienstraße 42, Kesselhaus
1883 Trippeldamm 38, Wohnhausanbau Bad Rodenbeck
1883/1884 Bauleitung bei der Kanalisation der Stadt Minden (zusammen mit Regierungsbaumeister Heckhoff)
1884 Friedrich-Wilhelm-Straße 123 (Plan: Zimmermeister Chr. Lück) für Wilhelm Harmann
1884 Rodenbecker Straße 46, Hinterhaus, Umbau
1884/1885 St. Martini, Gerüst sowie Putz- und Zimmerarbeiten bei der Restaurierung (III, S. 278)

1884	Stiftstraße 21, Anbau (zusammen mit Zimmermeister Chr. Lück)	1888	Immanuelstraße 3 Molkereigebäude (Plan: O. Ziegler)
1885	Kuckuckstraße 18, Pulvermagazin für Brücker & Zetschzsche (zusammen mit Zimmermeister Chr. Lück)	1888	Immanuelstraße 3, Pferdestall
		1888	Kisaustraße 3, Lagerhaus für den Zigarrenfabrikanten H. von der Heyde
1885	Kuckuckstraße 22, Arbeiterhaus für Brücker & Zetschzsche (zusammen mit Zimmermeister Chr. Lück)	1888	Königswall 4, Komptoir- und Lagergebäude sowie Schuppen für den Kohlenhändler W. Ruoff
1885	Marienstraße 42, Umbau zum Wohnhaus	1888	Marienstraße 50, Remisengebäude der Villa Wiese
1886	St. Martini, Restaurierung der Sakristei, Maurer- und Steinhauerarbeiten (Planung und Bauleitung: Architekt Heinrich Hutze/Barkhausen) (III, S. 466)	1888	Obermarktstraße 35, Umbau Hinterhaus
		1889	Alte Kirchstraße 13, Umbau
		1889	Lindenstraße 32, Wohnhaus für Schlossermeister Louis Bockelmann
1886	Trippeldamm 38, Umbau des Badehauses	1889	Marienstraße 42, Umbau
		1889	Marienwall 6, Anbau für Kohlenhändler Heinrich Wiese
1887	Friedrich-Wilhelm-Straße 129 (Plan: Zimmermeister Chr. Lück) für Wirt Ad. Heintz	1890	Friedrich-Wilhelm-Straße 121, Erweiterung der Fabrik Gebr. Busch
1887	Königstraße 3, Aufstockung, für Bäckermeister W. Münstermann	1890	Minden-Rodenbeck, Mitteldamm 52, Erweiterung der Volksschule (zusammen mit Max Schütte)
1887	St. Martini, Fundamentieren und Verputzen der Sockelzone am Chor (Planung: Kersten) (III, S. 280)	1890	Priggenhagen 18 als Anbau an Priggenhagen 16 für Witwe Kaufmann Niebur
1887	Obermarktstraße 16, Hintergebäude für Bäckermeister Ernst Meyer (zusammen mit Zimmermeister Chr. Lück)	1890	Stiftstraße 49, Einfriedung der Villa Hoppe
		1890	Simeonstraße 7 (linker Teil), Umbau des Lagerhauses
1887	Priggenhagen 16/18 für Witwe Kaufmann Carl Niebur	1891	Königswall 101, Umbau Scheune zum Wohnhaus für den Kornbrenner Strothmann
1887	Stiftstraße 13 für Regierungssekretair Schütz (vermutet)	1891	Priggenhagen 16, Verputz
1888	Alte Kirchstraße 9–15, Umbauten im Westflügel (IV, Abb. 30)	1891	Rodenbecker Straße 23, Villa Georg Zschetzsche (Plan: Max Hohl/Hamburg)
1888	Domstraße 10, Um- und Erweiterung für Pfarrer Wilhelm Bergmanns als Kolpinghaus (Ausführung: Usadel) (II, S. 1457–1460)	1891	Obermarktstraße 26, Neubau Freitreppe und Umbau Fenster für Druckereibesitzer Bruns
		1891/1892	Hermannstraße 17/19 für die Hauptleute von Drebber und Neubauer
1888	Friedrich-Wilhelm-Straße 143, Arbeiterwohnhaus für den eigenen Betrieb		
1888	Friedrich-Wilhelm-Straße 147, Wirtschafts- und Wohngebäude für den eigenen Betrieb	1892	Bäckerstraße 51, Umbau des Erdgeschosses

1892	Friedrich-Wilhelm-Straße 111, Erweiterung des Wohnhauses für Gebr. Busch	1895	Priggenhagen 6 für Kaufmann Niebur (Planung: Kelpe & Meyer)
1892	Friedrich-Wilhelm-Straße 121, Erweiterung der Firma Gebr. Busch	1895	Simeonstraße 7 für Kaufmann Niebur (Planung: Kelpe & Meyer)
1892	Friedrich-Wilhelm-Straße 129, Vorbau vor das Wohnhaus für Wirt Ad. Heintz	1896	Bäckerstraße 46, Anbau
		1896	Hohe Straße 3, Werkstattanbau
1892	Großer Domhof/Bäckerstraße Entwässerungsanlage für den gesamten Baublock (II, S. 1222, 1224, Abb. 754)	1896	Lindenstraße 1 a, Anbau des *Kindl-Saals* (zusammen mit Schütte & Krause)
		1897	Hohnstraße 26, Abbruch für Stadt Minden
1892	Stiftstraße 49, Remisengebäude der Villa Hoppe	1897	Tränkestraße 3, Projekt für einen Lagerschuppen der Mindener Schleppschiffahrtsgesellschaft
1892	Obermarktstraße 26, Verbindungsbau für Druckereibesitzer Bruns		
1893	Kleiner Domhof 6 und 8, Kanalanschluß (II, S. 1367, 1369, 1389, Abb. 873)	1898	Kuckuckstraße 18/20 Comptoir, Anbau an Arbeiterhaus, Kesselhaus und Weißehaus für Brücker & Zschetzsche
1893	Portastraße 36, Umbauten des Gasthauses	1898	Marienglacis 39, Erweiterung der Fabrik Noll
1893	Rodenbecker Straße 79, Anbau eines Kesselhauses für Kunstgärtner G. Stolle	1898	Ritterstraße 24 für Bäcker W. Tiemann (Entwurf: G. Jänicke/Berlin; Planung: W. Meyer)
1894	Bäckerstraße 46, Umbau		
1894	Bäckerstraße 21/23, Anbau einer Küche für Jochmus	1899	Obermarktstraße 18, Umbau und neue Fassade
1894	Kleiner Domhof 4, Entwässerungsplanung mit Grundrissen (II, S. 1362, Abb. 869)	1899	Obermarktstraße 26, Anbau Lagerhaus für Druckereibesitzer Bruns
		1900	Goebenstraße 4, Bezirkskommando, Lieferung der Treppenstufen
1894	Ritterstraße 2 für Gastwirt G.H. Thiele	1900	Kuckuckstraße 18/20 Umbau Kesselhaus für Brücker & Zschetzsche
1894	Tränkestraße 6, Anbau Balkon		
1894	Weingarten 20, Kesselhaus Kornbrennerei Strothmann	1900	Königswall 101, Umbau Brennerei (Kornbrenner Strothmann)
1895	Besselstraße 8, Schuppen-Anbau	1901	Hahler Straße 37 für Rentner Carl Schilling
1895	Königswall 101, Lagerhausumbau Kornbrennerei Strothmann	1902	Bäckerstraße 46, Umbau und neue Fassade
1895	Königstraße 15, Umbau (Planung, Ausführung zusammen mit Zimmermeister M. Müller)	1902	Marienglacis 39, Fabrik Noll, verschiedene Anbauten
		1902	Obermarktstraße 26, Lagerhausanbau und Aufstockung für Druckereibesitzer Bruns
1895	Lindenstraße 32, Werkstatt für Schlosser Hermann Weber		
1895	Markt 2, Umbau	1903	Kuhlenstraße 35/37, Umbau (Plan: Wilhelm Meyer)
1895	Obermarktstraße 26, Um- und Neubau des Druckereigebäudes Bruns		
		1903	Stiftsallee 40 für eigene Zwecke

1904	Hermannstraße 8, Umbau des Saales
1904	Königsglacis 1, Projekt für ein großes Wohnhaus (für eigene Zwecke)
1904	Marienglacis 39, Fabrik Noll, Schornsteinbau
1905	Marienglacis 39, Fabrik Noll, Lagerschuppen
1905	Rodenbecker Straße 27, Anbau für Druckereibesitzer G. Bruns
1906	Marienglacis 39, Fabrik Noll, Anbau
1906	Tränkestraße 6, Umbau
1907	Marienglacis 17, Umbau des Hauses für Gustav Hattenhauer
1907	Obermarktstraße 26, Aufstockung des Lagerhausanbaus für Druckereibesitzer Bruns
1909	Marienglacis 39, Fabrik Noll, Anbauten
1909	Stiftstraße 62, Erweiterung des Wohnhausanbaus an die Fabrik
1910	Martinitreppe 3, Umbau
1910	Marienglacis 39, Fabrik Noll, Um- und Anbauten
1911	Brüderstraße 12, Klosettanbau
1912	Fischerglacis 1 für Eisenbahn-Oberingenieur L. Haidacher (Plan: Kistenmacher)
1913	Rodenbecker Straße 60, Anbau
1914	Marienglacis 19, Umbau und Erweiterung (Plan: Fr. Bernhardt/Beendorf bei Helmstedt)
1917	Trockenhof 4, Anbau Setzerei für Druckereibesitzer Bruns
1919	Im Schweinebruch 3, Anbau an das Bootshaus für Mindener Ruder-Verein
1920	Markt 3, Konzept für Ladenumbau
1921	Im Schweinebruch 3, Vergrößerung des Bootshauses für Mindener Ruder-Verein (Ausführung: G.Ed. König)
1924	Obermarktstraße 26, Neubau Freitreppe für Druckereibesitzer Bruns
1924	Trockenhof 4, Anbau Setzerei für Druckereibesitzer Bruns

Schmied, Karl E.H.
Architekt in Kassel, Mitglied der Reichskammer der bildenden Künste. Er soll aus Minden stammen, wo später auch noch seine Schwester lebte. In seinem Büro in Kassel arbeitete während der Ausbildung 1937 der Mindener Architekt Wolfgang Moelle.
1936/1939 Neuplatz, Gemeindehaus für die St. Marienkirchengemeinde

Schmiedag, Louis
Maurer in Minden.
1874 Königstraße 61 für Louis Rasche (Plan: Luhmann)

Schmieder
Steinsetzer.
1809 Hufschmiede, Neupflasterung

Schnabel, Josef
Baumeister in Minden (geb. 17.10.1886 Breslau), kam 1946 aus Kemmern/Baberg nach Minden Hahlerstraße 94, später Marienstraße 146 und zog 1958 nach Hannover-Kirchrode, Tiergartenstraße.
1955 Kuhlenstraße 8 für Dr. med. Franz Schmack

Schnabelrauch, Johann Adam
Steinhauer. Seit vor 1819 verheiratet mit Caroline Lasca. 1819 wurde der Sohn Adolph Franz August (Pate: Hautboist August Laska in Münster) geboren und am 14.9.1820 der Sohn Heinrich Carl Peter Friedrich. Das Ehepaar wohnte seit etwa 1830 in dem ihm gehörenden Haus Umradstraße 21, wo 1846/1850 noch die Witwe lebte, die dort eine kleine Handlung unterhielt.
1828/1830 Martinitreppe, Neubau
1830 Markt 1, Rathaus, neue Treppe von der Laube zum Erdgeschoß
1835 südlich der Simeonstreppe, Stützmauer (nicht ausgeführter Anschlag)

Schnabelrauch, Julius
Maurer. Wohl 1831 als Sohn des Steinhauers Johann Adam Schnabelrauch geboren, lebte er Zeit seines Lebens in dem elterlichen Haus Umradstraße 21 und erhielt eine Ausbildung als Mauer.

Schnabelrauch, Carl
Maurermeister. Am 12.1.1851 in Clanhorst/Kreis Minden, wohl als Sohn der Eheleute Maurer Julius Schnabelrauch und Amalie (geb. 4.8.1810 in Adensen/Hannover, gest. nach 1880) geboren und 1873 als Polier in dem Haus seiner Mutter, Umradstraße 21, wohnend. Er war mit Marie Stolz (geb. 25.1.1860 in Bremerhaven) verheiratet. Aus der Ehe gingen die Töchter Erna (geb. 24.3.1887) und Käthe (geb. 13.11.1889) hervor. Die Familie lebte wohl seit etwa 1878 in dem Haus Königswall 18. 1883 errichtete er Königswall 18 ein eigenes Wohnhaus mit anschließendem Lagerhaus und Betriebshof für seine wohl bis um 1913 bestehende Baufirma. Er betrieb 1895/1898 auf dem Grundstück Bachstraße 24 auch eine Kiesgrube und baute dafür dort auch einen Lagerschuppen. Schnabelrauch errichtete auch Bauten als Bauunternehmer und handelte mit Grundstücken, die er aus großen ihm gehörenden Flächen den Bauherren zur Verfügung stellte, etwa Dankerser Straße 15, (17), 19, 21 und 23 sowie das anschließende Gelände an der über seine Flächen geführten Blücherstraße. Schnabelrauch verstarb zwischen 1924 und 1927.

um 1878/1879	Großer Domhof 10, Präsidialkurie, Modernisierung (zusammen mit anderen) (Bauführer: Hölscher) (II, S. 1295)
1877	Bäckerstraße 10, Umbau und Erweiterung für R. Fleischer
1877	Marienstraße 35 für Lehrer Fischer
1878	Marienstraße 75, Wohnhaus, Scheune und Treibhaus für den Gärtner Heine
1879	Rodenbecker Straße 58, Petroleumlager für Kaufmann E. Starke
1879/1880	Immanuelstraße 2, Direktorenwohnhaus am Gymnasium (zusammen mit Schütte & Krause)
1880	Markt 1, Rathaus, Reparatur der Fassaden
1883	Königswall 18 für eigene Zwecke
1885	Hafenstraße 14, Wohnhaus und Stall für Holzhändler Theodor Krah
1885	Königswall 18, Lagerhausanbau für eigene Zwecke
1885	Marienstraße 75, Treibhausbau für Gärtner F. Heine
1885/1886	Königstraße 62 für Kaufmann und Stadtrat Carl Schön
1886	Stiftstraße 49, Erweiterung der Villa Hoppe
1888	Hafenstraße 14, Stallgebäude, Umbau
1888	Stiftsallee 52 für Maurer Friedrich Schwenker
1889	Königstraße 74 für Kaufmann August Bracke (Mitarbeit von Zimmermeister Max Müller)
1890	Königstraße 39, Umbau Erdgeschoß
1891	Hafenstraße 14, Wagenschuppen für Theodor Krah
1891	Bäckerstraße 31/33 für Gebr. Sehlbrede (Plan: Geb/Hannover)
1891	Königswall 18, Umbau
1894	Königstraße 49, Umbau
1895	Königswall 18, Umbau
1899	Bartlingshof 13, Fabrikgebäude Kistenfabrik Sültemeyer (Plan: O. Funke/Osnabrück)
1899	Weingarten 34, Aufstockung
1901	Hafenstraße 14, Pferdestall für Theodor Krah
1903	Hafenstraße 14, Wagenremise für Theodor Krah
1903	Hafenstraße 16, Wohn- und Geschäftshaus für W.H. Müller (Fassade von Heurich überarbeitet)
1904	Bäckerstraße 33, Anbau zur Deichhofstraße für Gebrüder Sehlbrede
1906	Weingarten 34, Holzlagerschuppen

1907 Dankerser Straße 23 (Unternehmerbau)
1908 Königstraße 72, Anbau
1909 Dankerser Straße 15 für Lokführer Wilhelm von Schwichow
1909 Dankerser Straße 21 für Maler Franz Rieso
1909 Viktoriastraße 1, Wirtschaftsgebäude für den Holzhändler Th. Krah
1910 Königswall 16, Kindergarten des Vereins Kinderhort, Dachausbau
1911 Dankerser Straße 19 für Webermeister Franz Rieß
1911 Königswall 7, Umbau
1911 Viktoriastraße 1, Erweiterung des Wirtschaftsgebäudes
1913 Königswall 18, Umbau

Schnathorst, W.
Drechslermeister, wohnte 1851 Königstraße 6, 1857 Königstraße 34 links.

Schnathorst
Tischlermeister, wohnte 1851/1857 Königstraße 31.

Schneider II
Feldmesser bei der Aufnahme des Urkatasters von Minden 1828/1830.
1829 Katasterplan der Flur Kuhlen (vor dem Königstor)

Schneider, Friedrich
1878 als Zeichner Angestellter des Stadtbauamtes Minden, 1898 Baubote, 1904 im Büro des Baugeschäftes Stremming/Barkhausen.
1904 Lübbecker Straße 16, Entwurf

Schneider, Hermann
Gasdirektor und Stadtbaumeister. Am 20.1.1842 in Plauen/Sachsen als Sohn eines Postmeisters geboren und in Dresden aufgewachsen. Lernte an der Baugewerkschule und dem Politechnikum zu Dresden. Arbeitete dann für den Oberbau- und Brandversicherungsinspektor Götz in Bautzen und lernte dann bei dem Gastechniker und Commissionsrat Blochmann den Bau von Gasanstalten an Hand von Projekten für Waldheim und Zschopau. 1867/1870 als Assistent bei dem 1870 verstorbenen Rechts- und Gerichtsbaumeister Püttner in Johanngeorgenstadt beschäftigt. 1871 in Frankfurt beim Bau der Quellwasserleitung angestellt und von 1873 bis 1875 als Lehrer an der Baugewerkschule zu Idstein tätig. Ab 1875 beim Amt Hoerde (heute Dortmund-Hörde) als Stadtbaumeister und technischer Dirigent der Gasanstalt beschäfigt, wobei er auch das große Wasserwerk in Barop anlegte. Von 1878 bis 1883 in Verbindung mit der Leitung des Städtischen Gaswerkes (sog. Gasdirektor) als Stadtbaumeister in Minden angestellt (ihm folgte dort Otto Rumpf). Er wohnte in der mit diesem Amt verbundenen städtischen Dienstwohnung am Gaswerk, Friedrich-Wilhelm-Straße 8. Seit Apil 1883 dann als Stadtbaumeister in Cottbus angestellt (Lebenslauf nach KAM, Mi, F 1977).
1878 Bastion VII mit Hauptgraben und Gedecktem Weg (Zeichner: F. Schneider) (I.2, S. 233–235, Abb. 115, Kat.-Nr. 92)
1879/1880 Immanuelstraße 2, Planänderungen beim Neubau des Gymnasiums
1881 Mitteldamm 52, Glockenturm an der Volksschule in Minden-Rodenbeck
1883 Ritterstraße 21, Knabenschulhaus an der Alten Kirchstraße

Schneider, Maria
Berlin-Charlottenburg.
1922 St. Marien, Entwurf einer Pietà für Gefallenen-Ehrenmal (III, S. 207)

Schneider, Wilhelm
Baumeister (geb. 1828 in Groß Beeren/Kr. Teltow bei Berlin als Sohn eines königlichen Försters, gest. 14.4.1909 in Minden). Wilhelm

Schneider war über lange Jahre (wohl seit der Anlage 1846/1847 bis zur Verstaatlichung 1880) als technischer Assistent bei der Köln-Mindener-Eisenbahn unter der Leitung des örtlichen Betriebsinspektors Polko für alle Bauarbeiten im Bereich der Betriebsinspektion Minden zuständig (Streckenabschnitt Minden–Rheda), wobei die Arbeiten zunächst vom Maurermeister C. Baumgarten, dann von dessen Schwiegersohn F. Schütte ausgeführt wurden. Offensichtlich hatte er zugleich (von 1863 ?) bis zum 31.3.1872 die Funktion als letzter ehrenamtlicher Stadtbaumeister von Minden übernommen. Zwischen 1862 und 1865 hat für ihn auch der noch junge Architekt Gustav Usadel gezeichnet. Vereinzelt entwarf auch er selbst Bauten, doch ist bislang über sein Bauschaffen, das wohl insbesondere Bauten für die Eisenbahn umfaßte, nichts weiter bekannt.

Nachdem er zunächst vielfach innerhalb der Mindener Neustadt – wohl wegen der Nähe zum Bahnhof – umzog (1862/1865 Niedernstraße 23; 1865 Laxburg 2; 1873 Friedrich-Wilhelm-Straße 17; 1876 Friedrich-Wilhelm-Straße 9) erwarb er 1880 das städtebaulich äußerst wichtige Haus Bäckerstraße 71 unmittelbar vor der neuen Weserbrücke, wo er dann bis zu seinem Tode 1909 wohnte. In diesem Haus betrieb Emil Gremmels ab 1907 über Jahrzehnte das Büro seiner erfolgreichen Baufirma. Ob es zwischen beiden Beziehungen gab, ist nicht bekannt. Am 18.10.1897 veröffentlichte Schneider im Minden-Lübbecker Kreisblatt seine Erinnerungen aus der Zeit der Eröffnung der Köln-Mindener-Eisenbahn. Aus seiner Ehe gingen der Sohn Walter Schneider hervor, 1909 als Regierungs- und Baurat in Eschwege beschäftigt, sowie mehrere Töchter.

1867 Markt 1, Rathaus, Kostenanschlag zur Reparatur des Äußeren
1870 Parkstraße, Friedhof, Planung für eine neue Remise mit Aborten sowie Umbau des Leichen- und Wärterhauses
1868 Brüderstraße 16, Krankenhaus, Plan für einen Anbau
1871 Brüderstraße 16, Krankenhaus, Einrichtung eines Desinfektionsraumes
1871 Kasernenstraße 8, Wirtschaftsgebäude für Eduard Lax
1882 Brüderstraße 16, Krankenhaus, Abortanbau
1882 Vinckestraße 2, Kindergarten des Elisabeth-Vereins

Schneider
Stahlhallenbau in Petershagen.
1985 Fahrzeughalle der Museums-Eisenbahn Minden am Bahnhof Oberstadt

Schneider, D. & R. Schnitker
Büro in Minden.
1970 Moltkestraße 27, Ausstellungsbau für Rosemarie Fischer

Schnell
Regierungsbaumeister bei der Königlichen Eisenbahndirektion in Hannover.
1912 Eisenbahnbrücke über die Weser bei Rehme (zusammen mit Reg. Baurat Arnoldt)

Schnepel
Schmied.
1755 Dom, Eisenwerk des Dachreiters über der Vierung (Entwurf und Ausführung: J. C. Kloth)

Schniepl, Günther
Architekt in Söckheim.
1966 Königstraße 84, Umbau

Schnier, Horstheinrich
Architekt und Dipl.-Designer in Osnabrück.
1985 Viktoriastraße 69
1991 Bäckerstraße 9, Sanierung
1993/1994 Obermarktstraße 27, Sanierung

Schnitter, G.O.V.
Seit 1681 vermutlich zunächst als Kondukteur, seit 1693 als Kapitän und Ingenieur in brandenburgischen Diensten (I.2, S. 88).
1699   Plan der Festung mit Umland (I.2, S. 32 f., 87, Abb. 37, Kat.-Nr. 12)

Schnittger
1903   Oberstraße 36, Umbau

Schnitker, Rolf
Architekt. Zunächst in Bürogemeinschaft mit R. Schneider.
1973   Ulmenstraße 19, Anbau
1978   Fischerglacis 25, Umbau
1979   Hahler Straße 38, Anbau
1979/1980 Viktoriastraße 39/41, Einkaufszentrum

Schnütgen, Alexander
Köln (geb. 22.2.1843 Steele/Ruhr, gest. 24.11.1918 Listernohl), Theologe und Kunstsammler.
1894/1895 Dom, Korrekturen am Entwurf für neugotischen Marienaltar (Entwurf und Ausführung: Schweppenstedde/Wiedenbrück) (II, S. 663)
1907   Dom, Gutachten zur Aufstellung des Marienkrönungsaltars sowie des barocken Hochaltars (II, S. 592, 607, 611)

Schön(e), Georg Anton Christian
Goldschmied in Minden, geb. 1760 oder 1761 in Altona, gest. 18.8.1811.
1789 Dom, Versehkreuz (II, S. 950 f.)

Schönstedt, Arno
Kirchenmusikdirektor in Herford.
1974   St. Simeon, Dispositionsentwurf der neuen Orgel (zusammen mit Pastor Raimund Fricke) (Ausführung: Fa. Marcussen & Sohn/Apenrade in Dänemark) (III, S. 747)

Scholle, Heinrich
Dipl.-Ing., 1939 beim Stadtbauamt Minden beschäftigt, wohnte 1939 Königstraße 97a.
1938   Minden-Rodenbeck, Siedlung, Planungen für Volksschule mit Turnhalle (Bauleitung: Garnjost)
1938   Projekt für ein HJ-Heim für Minden (nicht ausgeführt)
1939   Roonstraße 18 für Kreissportlehrer H. Bakemeier (Ausführung: F. Meier)
1939   Lindenstraße 43, Entwurf für ein Mustereigenheim zum Westfalentag 1939

Scholz, Ernst
Oberregierungs- und Baurat (geb. 4.2.1906, gest. 3.1.1975). Wurde 1964 zum Direktor der Staatlichen Ingenieurschulen Minden ernannt und wohnte 1966 Königstraße 56. Scholz war mit Lina Öttking (geb. 4.6.1902, gest. 10.10.1980 Stolzenau) verheiratet.

Scholz, Hans
Bauingenieur (geb. 22.1.1904 Danzig), wohnte 1950/51 Simeonsplatz 12. Sein Erstwohnsitz war in Lübeck-Kucknitz.

Scholz, Heinrich
Dipl.-Ing. in Minden.
1939   Hopfengasse 1, Planungen für Bierverleger W. Riesenberg

Scholze
Militär-Bauamt in Minden.
1909   Marienwall 45, Marienwall-Kaserne/Litzmann-Kaserne, Wirtschaftsgebäude (I.2, S. 817 f., Abb. 535, 538)

Schonebohm, A.
Cementfabrik, wohnte 1857 Bäckerstraße 55.

Schoneweg
Bildhauer.
1954   Dom, Wiederaufbau des Langhauses, Wettbewerbsentwurf zu Pfeilerkapitellen (II, S. 304)

Schranz, Albert
1851 der einzige im Adressbuch aufgeführte Schieferdecker, 1857 Dachdecker, wohnte Kampstraße 34. Bestand 1859 in Minden die Meisterprüfung als Schiefer- und Ziegeldecker (KAM, Mi, F 372).
ab 1855 Großer Domhof 1–2, Reparatur am Regierungsgebäude (II, S. 1200)
1859   Dom, Dachreiter über der Vierung, Reparatur der Haube (II, S. 428)
1863–1865 Dom, Reparatur von Blei- und Schieferdeckung (zusammen mit Klempnermeister Waag) (II, S. 428)
1864–1865 Dom, Instandsetzung der Sakristei, Arbeiten (Plan: Marx, von Lesser) (II, S. 393)

Schreiber
Ingenieur-Hauptmann. 1863 Premier-Lieutenant, 1864 Hauptmann in Minden.
1863   Geschützrohrschuppen im Bastion VII (I.2, S. 235, Abb. 116, Kat.-Nr. 93)
1864   Entwurf zur Sicherung des Kriegs-Pulver-Magazins No. 1 (I.2, S. 208, Abb. 96, Kat.-Nr. 72)
1864   Pulvermagazin im Bastion VIII (I.2, S. 250, Abb. 127, Kat.-Nr. 106)
1866   Traversen und Hohlbauten im Bastion VIII (I.2, S. 251, Abb. 128, Kat.-Nr. 107)

Schreiber, Henning
Münzmeister in Lutterberg.
1622   Dom, 1/24 Taler (II, S. 103)

Schreiber, Richard
Architekt in Berlin (geb. 1847, gest. 1927).
1879/1880 Immanuelstraße 2, Neubau Gymnasium, Entwurf für die Ausstattung der Aula (nach Angaben von F. Hitzig)

Schröder, Franz
Maurermeister. Nachdem er 1851 in dem Haus Videbullenstraße 8 wohnte, erwarb er 1853 wohl das Haus Greisenbruchstraße 13 und baute es für eigene Zwecke aus. Hatte zugleich die Scheune des Hauses Alte Kirchstraße 5 angemietet. 1853/1857 lernt in diesem Betrieb der Maurer Carl Sinemus.
1852–1853 Dom, Langhaus, Fenstererneuerung (Planung mit Kostenanschlag: Berghauer) (II, S. 298)
1853   Greisenbruchstraße 13, Umbau und Erweiterung
1854/1855 Domkloster, Fundamentuntersuchung am Ostflügel (II, S. 505)
1855   Pöttcherstraße 4, Projekt für eine Scheune
1856   Hohnstraße 20, Umbau und Erweiterung
1860   Vinckestraße 3, Domkaplanei (zusammen mit anderen) (Plan: Jung) (II, S. 1327)

Schröder, Friedrich
Architekt (geb. 30.12.1902 Weinheim). Legte 1936 in Darmstadt die Prüfung als Baumeister ab. Nachdem er zwei Jahre in Schneidemühl im Stadtbauamt arbeitete, trat er zum 1.4.1938 in das Hochbauamt der Stadt Minden ein, wo er Herrn Fuchs ersetzte, da er seit 1933 Parteigenosse und politischer Leiter war. Er war zuständig für die Baupolizei (KAM, Mi, G V, Nr. 52). Später führte er ein selbständiges Büro.
    Friedrich Schröder war mit Pauline Witzler (geb. 10.4.1903 Heppenheim, gest. 18.2.1975) verheiratet. Nach ihrem Tod zog er zurück nach Weinheim.

1967 Königstraße 59, Garage
1967 Kutenhauser Straße 75, Aufstockung und Umbau
1967 Steinstraße 34, Erweiterung
1969 Königstraße 51, Um- und Erweiterungsbau
1971 Brückenkopf 3, Umbau und Erweiterung
1972/1975 Weserstraße 19, Umbau

Schroeder, Friedrich-Wilhelm
Architekt in Porta Westfalica, später in Minden.
1912 Ringstraße 111, Anbau eines Schuppens
1913 Ringstraße 111, Anbauten am Wohnhaus
1920 Kleiner Domhof 6, Grundrisse (II, S. 1367, Abb. 875)
1922 Kleiner Domhof 6, Umbauten (II, S. 1367, 1369)
1922 Markt 11, Umgestaltung des Viktoriahotels
1922 Rosentalstraße 3, Maschinenhandel Studenroth & Schramke
1923 Bertastraße 1/3, Erweiterung für Motorradhändler Adolf Effenberger
1924 Kleiner Domhof 6, Veränderungen Außenbau (Ausführung: Fa. Gremmels) (II, S. 1367, 1370)
1925 Simeonglacis 2, Erweiterung der Erfrischungshalle
1929 Stiftstraße 38, Umbau für Gustav König

Schröder, Hermann
Tischlermeister, wohnte 1895 Königstraße 32.

Schröder, Hugo
Tischlermeister, wohnte 1895 Königstraße 20.
1912–1914 St. Petri, Instandsetzung und Umbau (zusammen mit anderen) (III, S. 584)

Schröder, Wilhelm
Kaufmann. Gründete 1879 eine Holzhandlung an der Königstraße 67, die 1886 von Heinrich Schröder erweitert wurde. 1908 war die überdachte Holzlagerfläche auf dem Betriebsgelände 4900 qm groß. Zusätzlich befand sich an der Weser (Hermannstraße 46) ein großes Floßholzlager in dem man »Thüringer und Sollinger Rundhölzer« anbot. Wilhelm Schröder (geb. 25.5.1820) war mit Magdalene (geb. 28.1.1821) verheiratet. Vier Kinder: Heinrich (geb. 5.12.1852, 1880 Kaufmann), Anna (geb. 22.12.1855), Wilhelm (geb. 2.8.1864, 1880 *Commis*) und Dorothea (geb. 19.1.1864).

Schroeder & Sohn
Schmiede und Fabrik für Eisenkonstruktion, zunächst an der Hahler Straße 20, später verlegt zur Melittastraße 17/19. Die Firma wurde offenbar von dem Schlossermeister Friedrich Schröder sen. und seinem ältesten Sohn Gustav gegründet, die 1900 gemeinsam im Haus Hahler Straße 20 wohnten. Friedrich Schröder sen. (geb. 13.10.1833) war mit Dorothea (geb. 23.4.1834) verheiratet. Aus dieser Ehe stammten die Kinder Gustav (geb. 14.11.1866), Paula (geb. 5.11.1871) und Fritz (geb. 21.7.1873, 1900 Techniker). 1880 betrieb Friedrich Schröder auf dem Gelände Scharnstraße 4 eine Schlosserei. Neben seiner Familie wohnten auch der Schlossergeselle Fritz Bierbohm (geb. 25.7.1859 Erbe/Minden) und die Schlosserlehrlinge Julius Büsching (geb. 23.5.1868 Hausberge) und August Klocke (geb. 30.1.1866 Neesen) im Haushalt.

Gustav war 1900 mit Anna (geb. 8.12.1872 Petershagen) verheiratet und hatte 1900 drei Kinder: Fritz (geb. 28.5.1894), Erich (geb. 4.6.1898) und Elisabeth (geb. 27.4.1900).
1897/1907 Großer Domhof 8, Bankgebäude, Einfriedung (II, S. 1272 f.)
1904 Weserglacis, zweite Brücke über die neue Bastau oberhalb des Schwanen-

Firma Schröder & Sohn, 1951

teichs, Eisenkonstruktion (Bauleitung: Regierungs-Baumeister Hummel, Ausführung: Maurermeister Sierig) (I.2, S. 898, Abb. 591)
1905/1906 Weserglacis 2, Regierungsgebäude, Eisenkonstruktion des Archivs
1908 Tonhallenstraße 3, Stadttheater, eiserner Vorhang
1908 Tonhallenstraße 5, Kreishaus, Gitter
1912 Alte Aminghauser Straße, Brücke über das Unterhalt der Oberschleuse
1914 Kleiner Domhof 8, Balkonverdachung (II, S. 1390)

Schröter, Werner
Architekt in Röcke bei Bückeburg.
1953 Rampenloch 11 für Paula Hoffmann

Schubart
Maurermeister. Verstarb 1805. Der Betrieb von seiner Witwe mit Hilfe eines Poliers fortgeführt (siehe WMA 1805).

Schubert, Gerhard
Architekt in Garmisch-Partenkirchen.
1972 Blumenstraße 22 a für Dr. med. Blaimer

Schubert, Hellmut
Dr.-Ing.
1962 Gutachten über die Lage der drei in Minden erforderlichen Weserbrücken
1964 Verkehrsplan für die Stadt Minden

Schubert
Maurermeister.
1755 St. Petri, Reparaturen (zusammen mit anderen) (III, S. 580)

Schuch, W.
1872 Dom, Innenansicht nach Calamé (II, S. 8)

Schuchhardt, Uwe
Restaurator in Hildesheim.
1994–1996 Dom, Restaurierung des Petrusschreines aus der Zeit um 1050 (II, S. 997)

Schuck
Architekt
1923 Lindenstraße 39, Verwaltungsgebäude Wasserbauamt I

Schüeteler, Bernt
Meister.
um 1610 St. Martini, Schnitzwerk des Epitaphs Sobbe/Cholwoes (Tafelgemälde: Meister Hermann Mattemann; Faßmalerei: Meister Johan Bockmeyer) (III, S. 391)

Schülde, Johannes
Architekt und Bauunternehmer in Minden (geb. 11.9.1923 Sosnowice, gest. 20.11.1980 Bielefeld), war seit 1956 mit Johanna Pfitzer verw. Krüger (geb. 21.5.1915 Gelsenkirchen) verheiratet, wohnte seit 1953 in Minden, Leuthenstraße 44.
1965   Königswall 18, Ladenanbau (Plan: Schlusche & Rösner) für Hermann Nitschke
1972   Weg in die Hanebek 31 für Schiffseigner Wilhelm Springer
1978   Bäckerstraße 21/23, Ladenerweiterung

Schüller & Franzke
Bauunternehmung für Hoch-, Tief- und Eisenbahnbau, 1950 in dem Haus Pionierstraße 1 a ansässig.
1950   Bleichstraße 1 für Kaufmann Hermann Drüge
1954   Marienstraße 76 a für Hans Bevenitz

Schünemann, Ernst
Architekt in Osnabrück.
1925   Karlstraße 15, Ausbau der Fabrik für Kabel- und Gummiwerk AG Coesfeld (nicht ausgeführt)

Schürmann, Giesbert
Architekt in Lübbecke, Büro Am Kirchenplatz 2.
1950/1951   Opferstraße 1, Sanierung und Umbau des Hauptgebäudes
1951   Opferstraße 1, Umbau des Hintergebäudes

Schürmann, Heinrich
Zeichner und Buchhalter, wohnte 1878/1896 in dem Haus Kerbstraße 1.
1892   Wilhelmstraße 13 für eigene Zwecke

Schütte
Feldmesser.
1849   Aufnahme Flurplan Neustadt (V, Abb. 1325)
1849   Bahnhofsanlage, Nachträge der Veränderungen im Katasterplan

Schütte, Cord
1706 als Meister Cord Schutten genannt. Lebte 1748 als 73jähriger in Rhaden (III, S. 337) (auch SCHLICHTHABER II,1752, S. 17–24).
1706   St. Martini, Bau des »kleinen Turms« (Laterne) (III, S. 337)

Schütte, Ferdinand
Als ältester Sohn des Zimmermeisters Friedrich Schütte am 27.7.1838 geboren. Nach einer Lehre bei seinem Vater bestand er im Juni 1855 die Gesellenprüfung. Nachdem er zwei Winter die Baugewerkeschule in Holzminden besucht hatte, legte er im November 1862 die Zimmermeister-Prüfung ab, wofür er eine hölzerne Brücke für die Hannoversche Eisenbahn am Kölner Tor der Bahnhofsbefestigung baute (KAM, Mi, F 1861). Ferner lieferte er als schriftliche Arbeit den Entwurf eines dreigeschossigen Magazingebäudes auf kompliziertem Grundriß ab (KAM, Mi, F 1861). Er war verheiratet mit Pauline Baumgarten (geb. 18.4.1842, gest. 13.7.1926), einer Tochter des Maurermeisters Conrad Baumgarten. Er führte zunächst den Zimmereibetrieb seines Vaters fort, dessen praktische Leitung er schon vor 1860 inne hatte (er übernahm dabei 1862 den Vertrag mit der Köln-Mindener-Eisenbahn zur Bauunterhaltung ihrer Anlagen). Hier lernte und arbeitete seit 1860 auch Carl Krause, der diesen Betrieb dann zum 1.4.1872 zusammen mit seinem jüngeren Bruder Max Schütte als Baugewerk Schütte & Krause übernahm. Mit seinem schon zuvor erworbenen umfangreichen Kapital gründete er nun zusammen mit dem Maurermeister Theodor Wiese eine Baufirma (siehe dazu unter Schütte & Wiese), aus der die

erfolgreiche Ziegelei Heisterholz hervorging und deren Alleininhaber er später wurde. 1876 wird er als Ziegelei- und Bergwerksbesitzer im Adressbuch der Stadt geführt. 1878 ist er Grubenrepräsentant der Gewerkschaft der Steinkohlengruben Laura, Bölhorst und Preußisch Clus (Meißen 1990, S. 123) und 1880 wird er als Ziegeleibesitzer bezeichnet. 1884 ist er Mitglied der Kanalbaukommission der Stadt. Er erwarb umfangreichen Grund- und Gebäudebesitz in der Stadt: so kauft er 1872 den Komplex Simeonstraße 32/Rodenbecker Straße 5 und 1907 die aufwendige Villa Hahler Straße 33, in der er fortan bis zu seinem Tode am 2.1.1917 lebte.

Aus Ferdinand Schüttes Ehe mit Pauline Baumgarten gingen folgende Kinder hervor: Paula (geb. 24.1.1866), heiratete später Pfarrer em. Gotthilf Wehmeier; Martha (geb. 18.6.1868, 1926 verwitwete? Parisius), Luise (geb. 3.21870) und der Sohn Fritz (geb. 28.1.1874), der mit Johanna Kiel verheiratet war.

1862 Bahnhofsbefestigung, Brücke am Kölner Tor (I.2, S. 528, Kat.-Nr. 272)
1863 Marienwall, Marienwallkaserne (Zimmerarbeiten)
1864 Hafenstraße, Baracken für Gefangene
1866 Festungsarbeiten
1870 Königstraße 34, Wohnhaus für Drechsler C. Schnadhorst
1870 Barracken für Kriegsgefangene
1871 Parkstraße, Reparaturen am Leichen- und Wärterhaus des Friedhofes

Schütte, Friedrich Wilhelm
Zimmermeister, verheiratet mit Auguste Maschmeyer. Möglicherweise ebenfalls ein Sohn der Müllers Johann Georg Schütte (hatte von 1846 bis 1853 eine Windmühle hinter dem Gasthaus Tonne an der Friedrich-Wilhelm-Straße) wie der Hilfsgeometer Wilhelm Schütte, der 1846 in dem Haus der Eltern an der Pulverstraße 2 lebte. Er legte 1835 seine Meisterprüfung ab und wohnte 1846 mit seiner Familie in dem eigenen Haus Umradstraße 22, das 1853 schon an verschiedene Parteien vermietet war. Seit spätestens 1853 wohnte er in dem Haus Videbullenstraße 25 (wo noch bis 1879 Werkstätten des Betriebes bestanden) und seit 1860 lebte die Familie in dem von ihr erworbenen Haus Ritterstraße 19, in dessen Hof auch eine Werkstätte errichtet wurde. 1862/1863 war er Mitglied der Prüfungskommission, die seinem ältesten Sohn Ferdinand die Meisterprüfung abnahm (KAM, Mi, F 372). In seiner Arbeit erwies er sich als ein äußerst moderner und aufgeschlossener Handwerker. So führte er 1839 die Arbeiten bei der Erstellung des ersten wasserdichten Schachtes in den preußischen Westprovinzen auf dem Kohlenbergwerk Laura vor der Stadt Minden durch und 1857 baute er am Hüttenwerk in Porta. Ab 1863 führte die Firma in Nachfolge des Maurermeisters Baumgarten alle Bauarbeiten für die Köln-Mindener-Eisenbahn im Bereich der Betriebsinspektion Minden (Strecke Minden–Rheda) unter Leitung des Baumeisters Schneider durch, die durch den jungen Carl Krause gezeichnet und auch geleitet wurden. Ab 1873 mietete man als Zimmerplatz ein Gelände auf dem Brückenkopf an.

1886 war er im Sektions-Vorstand der Hannoverschen-Baugewerks-Berufsgenossenschaft (zusammen mit Ed. König und G. Usadel). Seine beiden Söhne Ferdinand und Maximilian wurden ebenfalls Zimmermeister und begründeten jeweils eine für das Mindener Bauwesen wesentliche Firma. Der Sohn Heinrich Schütte begründete einen Kohlenhandel (siehe dazu Marienwall 6). Ein weiterer Sohn Hugo (geb. 16.5.1849, gest. 19.5.1896). Die Tochter Pauline (geb. 1835, gest. 8.2.1924) heiratete den Mindener Maurermeister August Abel (Grabstätte auf dem alten Friedhof erhalten).

1838 Minden-Rodenbeck, Oberdamm 50 für Neubauer Kriete
1839 Stiftsallee 14/16

1850 Bauernhaus Minder Heide 15 für Christian Meier (KAM, Mi, E 697)
1850 Kleiner Domhof 7, Reparatur der Hoftorflügel (zusammen mit Gauffré und Vordiek) (II, S. 1379)
1850 Parkstraße, Leichen- und Wärterhaus am Friedhof, Anbau von Aborten
1853 Domkloster, Begutachtung der Böden im Ostflügel für die Intendantur des 7. Armeekorps/Münster (zusammen mit anderen) (II, S. 504 f.)
1855/1857 Kampstraße 31, Gerichtsgebäude, Zimmerarbeiten
1856 Dom, Chor, Kostenanschlag zu Einbauten (Überdachung Sakristeitreppe, Chorschranke) (II, S. 261)
1860 Ritterstraße 19, Werkstattgebäude für eigene Zwecke
1860 Vinckestraße 3, Domkaplanei (zusammen mit anderen) (Plan: Jung) (II, S. 1327)
1863 Brüderstraße 16, Krankenhaus, neue Böden
1863/1864 Marienwall 31, Marienwall-Kaserne, Zimmerarbeiten (Ausführungspläne: C. Marx) (I.2, S. 699)
1863 Pionierstraße 1a für Wagenmeister Kroch
1867 Friedrich-Wilhelm-Straße 17 für G. Koch, Planung (Ausführung Schütte & Wiese)
1867 Friedrich-Wilhelm-Straße 17, Scheune

Schütte, Hermann Friedrich
Schlosser. 1782 bei St. Martini genannt.
1756 Großer Domhof (ohne Nummer), Domkurie, Anschlag zur Reparatur (zusammen mit anderen) (II, S. 1250)
1774 Großer Domhof 5, Reparatur (II, S. 1228)

Schütte, Hermann Heinrich
Meister. 1735 und 1738 für Arbeiten am Turm von St. Martini genannt.

Schütte, Max(imilian)
Zimmermeister und Kaufmann, am 22.10.1847 als Sohn des Zimmermeisters Friedrich Wilhelm Schütte geboren und am 19.2.1929 gestorben. Heiratete 1875 die Kaufmannstochter Louise Kreideweiß (geb. 28.5.1851, gest. 2.3.1929 – dazu siehe Bäckerstraße 65), mit der er zwei Söhne, Dr. jur. Wilhelm (geb. 1.10.1876, gest. 11.2.1912) und Maximilian (geb. 18.7.1878) hatte, der als Max Schütte Junior später den Betrieb des Vaters weiterführte. Er wohnte zunächst zusammen mit seinem Bruder Ferdinand in dem elterlichen Hause Ritterstraße 19, bevor er 1880 den am 1.4.1872 zusammen mit dem Zimmermann Carl Krause von seinem Bruder übernommenen väterlichen Betrieb am Marienwall 8 (zur Firmengeschichte Schütte & Krause siehe unter dem Firmennamen) errichten ließ und dort die 1884 fertiggestellte Villa Marienwall 2 bezog, die er dann wohl bis zu seinem Tode bewohnte. Ein Teil der durch die Firma Schütte & Wiese (siehe dort) erstellten Bauten wurde von ihm entworfen. Nachdem Carl Krause die Firma nach Streitigkeiten um 1902 verließ, arbeitete Max Schütte als selbständiger Betrieb weiter, der alle Hochbauten erstellen konnte. So erhielt er in den folgenden Jahren den großen Auftrag, den Komplex des Walzwerkes Hoppe & Homann zu planen und zu errichten (siehe Karlstraße 12/22). Der Baubetrieb wohl 1908 von Max Schütte aufgegeben und von der Firma Plöger fortgeführt, während sich die Firma dann immer mehr auf den Holzhandel mit Sägewerk konzentrierte.

1893 wurde er zum Stadtverordneten berufen; 1895 war er im Aufsichtsrat der Mindener Straßenbahn, in deren Auftrag seine Firma auch deren ganzen Betriebshof errichten konnte. Ab 1898 ist er bis zu seinem Tod Vorsitzender des Aufsichtsrates der 1895 gegründeten »Mindener Schleppschiffahrt-Gesellschaft« die ihr Kontor in dem Haus Bäckerstraße 73 nahm (ihm zu Ehren wurde ein Dampfer »Max Schütte«

Max Schütte

Louise Schütte geb. Kreideweiß

getauft). Max Schütte war Mitbegründer und lange Zeit Kommandeur der 1872 gegründeten Freiwilligen Feuerwehr Minden, zudem Mitbegründer des Mindener Männergesangsvereins.

1883 Marienwall 2, Villa für eigene Zwecke
1890 Minden-Rodenbeck, Mitteldamm 52, Erweiterung der Volksschule (zusammen mit Schmidt & Langen)
1901 Am Alten Weserhafen 1, Kornhaus für Westf. Centralgenossenschaft (Entwurf: Bauamt des Westf. Bauernvereins/Münster)
1902 Bäckerstraße 45, Umbau des Erdgeschosses
1902 Friedrich-Wilhelm-Straße 79, Lagerhaus für die Haupt- Ein- und Verkaufsgenossenschaft
1902 Friedrich-Wilhelm-Straße 91, Aufstockung
1902 Immanuelstraße 20, städtisches Badehaus, Erweiterung, Zimmerarbeiten
1902 Königsstraße 80, Verandaanbau
1902 Obermarktstraße 35, Plan für Umbau (Ausführung: W. Homann)
1903 Am Alten Weserhafen, Nordwestseite, Kohlenschuppen für Bremer Schleppschiffahrts-Gesellschaft
1903 Friedrichstraße 10 für den Prokuristen Christian Bornemann
1903 Hellingstraße 1, Gartenhalle
1903 Karlstraße 12, Meisterwohnhaus für Hoppe & Homann
1903 Karlstraße 18, Walzwerk für Hoppe & Homann
1903/1905 Weserglacis 2, Regierungsgebäude, Zimmerarbeiten
1904 Friedrich-Wilhelm-Straße 79, Erweiterung des Lagerhauses
1904 Hermannstraße 6, Dachausbau
1904 Hermannstraße 12, Dachausbau
1904 Hermannstraße 68 für Schiffsführer W. Mühlenkamp (Ausführung: Stremming/Barkhausen)

Fa. Max Schütte, um 1910

Fa. Max Schütte, um 1910

1904 Karlstraße 20/22, Arbeiterhaus für Hoppe & Homann und verschiedene Anbauten
1904 Albrechtstraße 17, Mietshaus für Christian Hücker
1905 Am Brühl 6 Schuppen für Carl Frerich
1905 Bierpohlstraße 43 für Bremser Heinrich Hachmeister
1905 Im Schweinebruch 3, Bootshaus für den Mindener Ruder-Verein (Plan: F. Pook)
1905/1906 Weserglacis 2, Regierungsgebäude, Fenster und Möbel (teilweise)

1906 Karlstraße 16, Aufenthaltsgebäude für Hoppe & Homann und verschiedene Anbauten
1905 Rodenbecker Straße 35, Gartenhaus für Witwe Müller
1906 Friedrich-Wilhelm-Straße 105, Glashütte, 2 Schuppen
1907 Immanuelstraße 5, Verandaanbau
1907 Karlstraße 12/18, Lagerschuppen für Hoppe & Homann und verschiedene Anbauten
1907 Marienwall 14, Umbau der Schuppen

1907/1908 Tonhallenstraße 5, Kreishaus, Zimmerarbeiten, Fenster, Rollos sowie Tischlerarbeiten der Innenausstattung
1908 Hahler Straße 18, Gartenpavillon für Rentner Gustav Meyer
1908/1909 Tonhallenstraße 3, Stadttheater, Einrichtung des Bühnenhauses
1914 Weserstraße 9, Dauchgaupe
1919/1920 Im Bastaugrund, Siedlung mit 32 Häusern (zusammen mit Joh. Sierig) (Plan: F.A.Bergmann)
1920 Festungstraße 1, Lagerschuppen
1922 Im Schweinebruch 2, Sitzplätze für den Minden-Ravensberger Pferdezucht- und Reiterverein

Schütte, Julius
1901 Bäckerstraße 74, Umbau des Erdgeschosses

Baugewerk **Schütte & Krause**
Wesentlichen Einfluß auf das Baugeschehen Mindens in der zweiten Hälfte des 19. Jahrhunderts nahmen zwei Söhne des Mindener Zimmermeisters Friedrich Wilhelm Schütte. Die beiden Brüder Ferdinand (geb. 27.7.1838, gest. 2.1.1917) und Maximilian (geb. 22.10.1847, gest. 19.2.1929) lebten noch bis 1880 zusammen in dem vom Vater 1860 erworbenen Familienhaus Ritterstraße 19 und gründeten nach der Entfestigung Mindens jeder eine eigene Firma, die sie jeweils zusammen mit einem anderen Handwerker führten (Schütte & Wiese bzw. Schütte & Krause), von denen Wiese zudem eine Schwester der Brüder Schütte heiratete und sein Bruder ebenfalls in die neu gegründeten Geschäfte einbezogen wurde.

Das Baugewerk Schütte & Krause ging aus dem Zimmereibetrieb von Friedrich W. Schütte hervor, der zunächst von Ferdinand Schütte übernommen worden war. Nachdem dieser schon früh ein Kapital von 80000 Mark erworben hatte, übergab er zum 1.4.1872 die Firma seinem jüngeren Bruder Max Schütte sowie dem der Familie eng verbundenen und in der Firma groß gewordenen Carl Krause (zu den Personen siehe auch unter ihren Namen). Seitdem als Schütte & Krause benannt. Da die beiden Unternehmer zunächst ohne Kapital waren, wurden ihnen die nötigen Mittel von Ferdinand Schütte sowie dem Schwager, dem Maurermeister Paul Abel geliehen. Die praktische Leitung der Firma übernahm Carl Krause, während die geschäftliche Leitung durch Max Schütte vorgenommen wurde. Man führte weiterhin bis 1879 – wie schon Fr. Schütte – alle Bauarbeiten für die Köln-Mindener Eisenbahn durch. 1886 für St. Marien, 1891 für Sitzbänke und Fußboden in St. Martini genannt.

Noch 1876 wird Max Schütte im Adressbuch der Stadt allein als Besitzer eines Holzhandel- und Baugeschäftes bezeichnet. Zwischen 1878 und 1880 betrieben beide zusammen zunächst die Firma an der Videbullenstraße 25. Dieser Betriebshof dann an den Bauunternehmer Friedrich Pook (später Sinemus) verkauft, da man 1879 als Ersatz des zuvor bestehenden Zimmerplatzes auf dem Brückenkopf aus den ehemaligen Festungswerken ein weitläufiges Gelände aus den ehemaligen Festungswällen von der Stadt für 37000 Mark hatte erwerben können, wo sie ein neues größeres Betriebsgelände an der Marienwallstraße 8 aufbauten. Auf weiteren Teilgrundstücken erbauten sich die Kompagnons in den folgenden Jahren eigene Wohnhäuser (siehe dazu unter Marienwall 2). 1880 befindet sich die neue Firma, ausgestattet mit weitläufigen Holzlagern, Zimmerplätzen und großen massiven Betriebsgebäuden dann unter der Adresse Marienwall 2–8, die sich als Bauunternehmung und Holzhandlung bezeichnete. Man betrieb eine Zimmerei, Bautischlerei, Sägewerk und die Holzhandlung. Offensichtlich sind auch ganze Bauaufträge übernommen worden, bei denen auch Maurerarbeiten anfielen. Die Aufträge erhielt

der Betrieb insbesondere von den namhaften Architekten der Stadt, etwa Oskar Ziegler, Gustav Sipp oder Robert Hoelscher.

Nachdem es zu Streitigkeiten der beiden Kompagnons kam, verließ Carl Krause um 1901 die Firma, die in diesen Jahren (unter dem Namen Max Schütte) große Bauvorhaben ausführte (etwa auch den Aufbau des Walzwerkes Hoppe & Homann) und sich später (unter dem alten Namen) zunehmend auf den reinen Holzhandel spezialisierte, daneben aber auch noch eine Schreinerei betrieb. Vor 1919 ist schließlich die Zimmerei aus dem Betrieb ganz ausgegliedert und an Wilhelm Plöger vergeben und der Holzhandel wenig später nach dem Tode von Max Schütte an Niemann & Richmann verkauft worden.

1875 Königstraße 72 für Malermeister A. Vordiek (Ausführung zusammen mit G. Usadel)
1875 Lindenstraße 12/14 für Hauptmann von Hagen und Neukirch (zusammen mit König & Schäffer)
1876 Königsglacis 7 von und für Regierungs- und Baurat Eitner (Ausführung zusammen mit G. Usadel)
1876 Königstraße 75 für Kaufmann Friedrich Meyer (zusammen mit und nach Plan von G. Sipp)
1877 Bleekstraße 15, Wirtschaftsgebäude für Kaufmann Friedrich Meyer
1877 Ritterstraße 22 für den Zigarrenfabrikanten W. von der Heyde (nach Plan G. Sipp, der auch an der Ausführung mitarbeitet)
1878 Bäckerstraße 7, Druckereigebäude für Verleger Leonardy
1878 Hermannstraße 46 für Kaufmann Georg Stucken (zusammen mit Schmidt & Langen)
1879/1880 Immanuelstraße 2, Neubau Gymnasium
1879/1880 Immanuelstraße 2, Direktorenwohnhaus am Gymnasium (zusammen mit Schnabelrauch)
1880 Marienwall 8, Lagerhaus und weitere Betriebsgebäude für eigene Zwecke
1880 Markt 1, Rathaus, Einbau eines Kassenlokals
1880 Viktoriastraße 48, Musikhalle im Garten des Gasthauses Grille
1881 Bäckerstraße 23 für Klempner Jochmus (zusammen mit Usadel) (Pläne: Hoelscher)
1881 Friedrich-Wilhelm-Straße 36–76, Siedlung der Glashütte (Pläne: O. Ziegler)
1881 Friedrich-Wilhelm-Straße 105, Glashütte (Pläne: O. Ziegler)
1881 Marienstraße 7, Lagerhaus, Weinkeller und Wohnhaus für Rheder & Zaun (Pläne: O. Ziegler)
1881 Trippeldamm 38, Umbauprojekt sowie Umsetzen einer Scheune
1882 Friedrich-Wilhelm-Straße 105, Glashütte (Pläne: O. Ziegler)
1882 Hahler Straße 65 für Arbeiter Heinrich Fleßner (Plan: G. Weimar) zusammen mit Schmidt & Langen
1882 Marienwall 6 (Plan: Hoelscher) für Kohlenhändler Heinrich Wiese
1882 Rosentalstraße 2, Planung (Ausführung durch Maurermeister Pook) für Rentier Homann
1882 Viktoriastraße 18, Wagenremise für Gutsbesitzer H. Pleuger
1883 St. Marien, Bau der Nordempore (III, S. 75)
1883 Immanuelstraße 2, Gymnasium, Bänke für die Aula
1883 Marienstraße 28 für Fotograf Robert Kleemann
1883 Marienwall 4 (Plan: G. Niermann) für Zahnarzt H. Niemeyer
1883 Marienwall 14, Postwagenschuppen für Schmied C. Clausing
1883 Trippeldamm 38 für Rasche

Baugewerk Schütte & Krause, 1881

1884 Friedrich-Wilhelm-Straße 36–76, Erweiterung der Siedlung der Glashütte

1884 Friedrich-Wilhelm-Straße 105, Glashütte, Ausbauten (nach Plänen: O. Ziegler)

1885 Marienstraße 24, Projekt einer Villa für Zahnarzt Ernst Obermüller

1886 Viktoriastraße 18, Schuppen für Gutsbesitzer H. Pleuger

1887 Friedrich-Wilhelm-Straße 105, Pferdestall der Glashütte

1888 Friedrich-Wilhelm-Straße 36–76, vierter Block der Siedlung der Glashütte

1888 Königswall 4, zwei Lagerschuppen für Kohlenhandel W. Ruoff

1889 Marienwall 14, Stellmacherwerkstatt für Schmied C. Clausing

1889 Simeonglacis 15 für Arbeiter Friedrich Arnsmeyer

1889 Viktoriatraße 48, Anbau eines Orchesters an den Saal der Grille

1890 Fischerglacis 5, Vorbau einer hölzernen Veranda

1890 Königswall 59, Umbau des Erdgeschosses

1890 Marienglacis 9/11, Verbindungsbau der Treibhäuser von Gärtner Stolle

1890 Stiftstraße 62, Lagerschuppen für Carl Ilgner & Cie

1890 Fischerglacis 7, Vorbau einer hölzernen Veranda

1891 Fischerglacis 2 für eigene Zwecke (Ausführung durch Maurermeister König)

1891	Fischerglacis 5, Gartenpavillon für Zigarrenarbeiter Christian Horstmann	1898	Kaiserstraße 25, Verkaufspavillon für Ed. Pahde
1891	Königstraße 89 für Witwe Logenwirt Sievert	1899	Immanuelstraße 20, städtisches Badehaus, Zimmerarbeiten
1891	Obermarktstraße 19, Lagerhaus für M. Lilienthal	1900	Goebenstraße 4, Bezirkskommando, Zimmerarbeiten
1892	Hahler Straße 35 für Regierungs-Hauptkassierer Heinrich Krause	1900	Am Brühl 6, Wagenremise für Karl Frerich
1892	Marienstraße 24, Gartenhaus für Zahnarzt Obermüller	1903	Friedrich-Wilhelm-Straße 91, Fahrradwerk, Umbau
1892	Marienwall 14 für Schmiede C. Clausing Nachf.	1906	neues Regierungsgebäude, Zimmerarbeiten, ferner Teillieferung der Fenster und der wandfesten Möbel

1892 Videbullenstraße 21, Dachausbau
1893 Bachstraße 22 für Eisenbahn-Werkführer Friedrich Strender
1893 Brückenkopf 1, Villa für den Fabrikanten Siekmann
1893 Portastraße 21, Maschinenschuppen der Mindener Straßenbahn
1893 Portastraße 21, Wagenschuppen der Mindener Straßenbahn
1893 Tränkestraße 14, Aufstockung des Anbaus Marienwall 7
1894 Marienwall 29, Umbau zum Einquartierungshaus
1895 Portastraße 21, Erweiterung des Wagenschuppens der Mindener Straßenbahn
1896 Lindenstraße 1 a, Anbau des *Kindl-Saals* (zusammen mit Schmidt & Langen)
1896 Viktoriastraße 48, Gartenhalle bei der Gastwirtschaft Grille
1897 Friedrich-Wilhelm-Straße 91, Fahrradwerk, Umbau
1897 Markt 1, Rathaus, Parkett für den neuen Ratssaal
1897 Portastraße 21, Lackierschuppen der Mindener Straßenbahn
1897 Tränkestraße 3, Lagerschuppen für Mindener Schleppschiffahrtsgesellschaft
1898 Friedrich-Wilhelm-Straße 91, Fahrradwerk, Umbau

Schütte & Wiese (heute **Tonindustrie Heisterholz**)

Bauunternehmen, das um 1872 der Zimmermeister Ferdinand Schütte und der Maurermeister Theodor Wiese (zur Personengeschichte siehe unter den Nachnamen) gegründet wurde und sich bald auf den Ausbau einer zugehörenden Ziegelei zu einer bedeutenden Ziegelproduktionsstätte konzentrierte. Im April 1866 übergab F. Schütte seine vom Vater ererbte Firma an seinen Bruder Max und Carl Krause (siehe Schütte & Krause), weil er kein Interesse an der Fortführung hatte und schon 80 000 Mark erworben hatte. Die ersten Arbeiten, die beide – allerdings noch in getrennten Firmen – ausführten, sind für 1866 und 1867 nachzuweisen. Sie führten gemeinsam jeweils ein großes Fabrikationsgebäude für die Zigarrenfabrik Leonhardi und Noll an der Lindenstraße 20 auf, 1870 noch erweitert. 1869 folgte der Neubau des Saales im Viktoriahotel, Markt 11. In diesen Jahren besaß die Firma das Haus Kampstraße 29 (bis 1891). Allerdings endet die Bautätigkeit der Firma schon nach wenigen Jahren um 1879, da man sich nun ganz auf den weiteren Ausbau der Ziegelei konzentrierte.

Die Ziegelei, die ab 1873 ausgebaut wurde, lag zwar nicht auf dem Gebiet der Stadt Minden, hat aber für deren Baugeschichte eine wichtige Rolle gespielt. Im Gebiet der späteren

Ziegelfabrik lassen sich bereits über einen langen Zeitraum kleine Feldbrandziegeleien nachweisen: 1724 Privileg für R. Hersemann aus Petershagen für eine Ziegelei (später als »Amtsziegelei« bezeichnet). 1858 kam es zur Gründung einer neuen Ziegelei an der Stelle der eingegangenen Amtsziegelei durch die Brüder Wilhelm und Friedrich Rümpke aus Petershagen, ab 1866 Christian Barner. Daneben bestanden in der Nachbarschaft noch kleine Feldbrandziegeleien. 1873 kauften Ferdinand Schütte und Theodor Wiese diese Barnersche Ziegelei, die nun den Namen »Schütte und Wiese, Dampfziegelei und Thonwarenfabrik, Heisterholz« erhielt. Schon 1880 stellte man neben Ziegeln auch andere und moderne Bauprodukte her, etwa Formsteine für Schornsteine, wie sie z. B. in das Haus Marienstraße 21 eingebaut wurden.

1892 schied Theodor Wiese aus dem Betrieb aus, der nun den Namen »Dampfziegelei Heisterholz, F. Schütte« trug. Ferdinand Schütte wohnte bei seiner Fabrik in Heisterholz, wobei Bestellungen auch im Büro der Firma seines Bruders (Schütte & Krause, Marienwall 2) geleistet werden konnten.

1899 wurden ca. 5,8 Millionen Mauersteine und 1,7 Millionen Dachziegel hergestellt. Die Produktion war seit 1873 auf das vierfache angewachsen. Mit der Eröffnung der Mindener Kreisbahn erhielt die Firma 1899 Gleisanschluß, so daß die Produkte nicht mehr nur mit dem Schiff über die Weser abtransportiert werden konnten. 1905 übergab F. Schütte den Betrieb an seinen Sohn Fritz, die Belegschaft stieg bis 1910 auf 200 Beschäftigte. 1912 wurde neben den bestehenden Anlagen ein zweites Werk für Klinker erbaut, so daß es 1913 schon 300 Beschäftigte gab. In diesem Jahr wurde eine Ziegelei in Holtrup, 1916 eine in Dehme dazu erworben. Fritz Schütte zog wieder nach Minden, wo er 1912 die Villa Stiftstraße 16 erwarb und für sich modernisieren ließ. 1918 verlegte man auch die Hauptverwaltung nach Minden

Ernst Rauch

(die bis nach 1930 in der Villa Stiftstraße 31, später Marienstraße 36 untergebracht war), und 1922 wurde die Firma in eine Aktiengesellschaft umgewandelt, bei der Fritz Schütte die Mehrheit der Anteile hielt. Von 1919–1931 war er Vorsitzender der HK Minden. 1926 verkauften Fritz und Johann Schütte ihre Aktien an der Firma an Otto Heuer (geb. 1877 in Hecklingen/Anhalt), um den Betrieb bei der schwierigen wirtschaftlichen Lage zu retten. Nachdem 1929 Heuer den Vorstandsvorsitz der Portland-Cementwerke Heidelberg übernahm, wurde die Firma von seinem Schwiegersohn Ernst Rauch (geb. 1902 als Sohn eines Stadtbaumeisters in Posen) geleitet, der bereits seit 1926 dem Vorstand angehörte (MT vom 15.3.1951). 1934 verlegte dieser die Verwaltung wieder nach Heisterholz. Mitglieder der Familie Rauch waren auch später noch persönlich haftende Gesellschafter der »Tonindustrie Heisterholz«, wobei als repräsentativer Wohnsitz bis etwa 1990 die Villa Marienstraße 45 diente. 1936 und 1962 führten Brände jeweils zu einem Neubau des

Stammwerkes (nach Heisterholz 1973), das 1956 insgesamt 850 Beschäftigte hatte (Hundert Jahre MT, 1956, S. 4).

1992 wurde das ehemalige Fliesenwerk Karstädt zu gleichen Teilen von Meyer-Holsen und der Tonindustrie Heisterholz übernommen und unter dem Namen Brandenburger Dachkeramik weitergeführt. Heisterholz erwarb 1997 sämtliche Anteile der Brandenburger Dachkeramik die in die Tonindustrie Heisterholz aufging. 2000 wurde Heisterholz von der Rupp-Keramik, einer Tochtergesellschaft von Lafarge Roofing in Oberursel übernommen. Seit 2003 werden alle wichtigen Produkte von Braas und RuppKeramik unter der Produktmarke Braas geführt. (www.lafarge-dachsysteme.de)

1866   Lindenstraße 18/22, Fabrikgebäude für den Zigarrenfabrikanten Leonhardi
1867   Friedrich-Wilhelm-Straße 17, Wohnhaus und Wirtschaftsgebäude für G. Koch (nach Plan Zimmermeister Fr. Schütte)
1867   Lindenstraße 18/22, Erweiterung der Fabrik
1869   Markt 11, Saalanbau an Hotel Victoria für Hotelier Schäffer
1870   Lindenstraße 18/22, Erweiterung der Fabrik
1876   Minden-Rodenbeck, Mitteldamm 52, Volksschule (Plan: Luhmann), zusammen mit Maurermeister Pook
1936/1936 Gneisenaukaserne, Stabshaus (An der Grille 2) und Mannschaftsgebäude (Gneisenaustraße 2 und 6, Am Exerzierplatz 5–9), Terrakotta-Figuren und Reliefs (I.2, S. 859, Abb. 567–569)

Schütze, Ahasver
Orgelbauer in Minden (siehe BRANDHORST 1991 a, S. 282).
1676   Schwerin, Reparatur der Orgeln der Schloßkirche und des Domes

Schuld
Dipl.-Ingenieur in Herford.
1959   Bäckerstraße 45, Umbau

Schulde, Johan
Architekt in Minderheide.
1979   Bäckerstraße 25 (zusammen mit E. Raffloer/Gütersloh)

Schulte, Friedhelm
Dipl.-Ing. in Porta Westfalica.
1998/2002 Am Exerzierplatz, ehemalige Gneisenau-Kaserne, Umnutzung (Planung: Jörg Albersmeier zusammen mit Ingenieurbüro Plenge) (I.2, S. 864)

Schulte, Herwarth
Architekt in Minden.
1972   Stiftstraße 51, Betriebstennishalle für Melitta-Werke

Schulte, R.
Bildhauer in Paderborn.
1980   Dom, Ergänzung einer Paulusfigur (II, S. 809)

Schultheiß
St. Georgen im Schwarzwald.
1878   emaillierte Straßenschilder und alle etwa 1200 Hausnummernschilder der Stadt

Schultz
Lieutenant und Adjutant (I.2, S. 310)
1831   »Befestigung der Fischerstadt« (I.2, S. 310 f., Abb. 170, Kat.-Nr. 155)

Schultz, Fritz
Architekt in Pankow bei Berlin.
1904   Marienstraße 134/136, Nordfriedhof, prämierter Wettbewerbsentwurf für die Kapelle

Schultze, Gottlieb
Maurer, um 1770 geboren. 1813 mit Marie Elisabeth Rappel verheiratet.

Schulz
Schlossermeister, wohnte 1851 Brüderstraße 18.

Schulz I
1856 Hauptmann und Platzingenieur in Minden (geb. 1806). 1829 Lieutenant, 1831 Lieutenant und Adjutant, 1848 Kapitän, 1856 Major, 1862 Oberst. 1866 als Oberst und Festungs-Inspekteur genannt. 1868 als General-Major aus dem Dienst geschieden (von Bonin II, 1878, S. 304).
1845–1867 Bahnhofsbefestigung (zusammen mit anderen) (I.2, S. 606 f., 611, 613 f., Abb. 401, 404 f., Kat.-Nr. 315, 318, 320)

Schulz II (auch **Schultz 2t**)
Major (geb. 1767, gest. 1818 Minden). Stammte aus der Mark. 1787 Lieutenant, 1804 Kapitän. 1810 trat er in das reorganisierte Ingenieur-Corps über. 1813 Major, 1816 Oberst-Lieutenant. 1816–1818 Platzingenieur in Minden (von Bonin II, 1878, S. 135)
1816–1818 Leitung des Festungsbaus (I.2, S. 49)
1817 Bemerkung über die Festung Minden (I.2, S. 43)

Schulz, Walter
Zeichner und Professor in Halle/Saale.
1900 »Durchlaß im Glacis vor dem Königstor« (I.2, S. 257, Abb. 131, Kat.-Nr. 112)

Schulze
Steinhauer.
1855 Bäckerstraße 66, Hochwassergedächtnisstein an der Seitenfront für Stadt Minden

Schulze, A.
Cementfabrik, wohnte 1857 Ritterstraße 19.

Schulz-Franke, G.
Architekt BDA in Osnabrück und Nordhorn.
1959 Königstraße 28, Schaufenstereinbau

Schulzius, Albert
Glockengießer. Meister unbekannter Herkunft. Von ihm ist nur eine weitere Glocke im nahegelegenen Petzen (Kreis Grafschaft Schaumburg) bekannt geworden (III, S. 723)
1669 St. Simeon, Guß einer Glocke (es') (III, S. 641, 723, 725)

Schumann
Ingenieur-Lieutenant (geb. 1827). 1848 Lieutenant, 1861 Kapitän, 1870 Major. 1872 aus dem Dienst geschieden (von Bonin II, 1878, S. 309).
1854 »Krenelierte Bogenmauer der Bastion Schwichow« (I.2, S. 199, Abb. 90, Kat.-Nr. 64)
1854 »Traversierung von Bastion VII« (I.2, S. 228, Abb. 111, Kat.-Nr. 87)
1855 »Entwurf zur Korrektur einer Contrescarpen-Mauer an der Contregarde Schwichow« (I.2, S. 204, Abb. 93, Kat.-Nr. 69)
1855 »Brücke über den Hauptgraben vor dem Königstor« (I.2, S. 226, Abb. 109, Kat.-Nr. 85)

Schuster, Fritz
Dr. Ing., geb. 13.8.1906 Radeberg bei Dresden. Er schlug nach seinem Abschluß 1933 an der TH Braunschweig eine Laufbahn in der staatlichen Verwaltung ein und trat in das Wasserwirtschaftsamt Potsdam ein. Von 1933 bis 1935 Regierungsbauführer, 1936/1938 Bauassessor und 1938/1939 Regierungsbauassessor. In dieser Zeit leitete er den Bau des Flughafens Oranienburg einschließlich einer Siedlung für

10 000 Personen und den Bau des Wasserwerkes Glindow. Seit April 1939 bei der Regierung in Minden als Leiter des Wasserwirtschaftsamtes beschäftigt (bis nach 1953) und zu dieser Zeit im Haus Simeonglacis 9 wohnhaft. Ab 15.10.1943 vorübergehend von der Regierung Minden als komissarischer Stadtbaurat der Stadt Minden freigestellt. In dieser Tätigkeit bis 31.3.1945, wobei er insbesondere die Leitung aller sich aus dem Kriegsgeschehen ergebenden Sofortmaßnahmen zu planen und durchzuführen hatte: Trümmerbeseitigung, Sicherung der gesprengten Brücken, Wiederherstellungsmaßnahmen. 1943/1944 in Nebentätigkeit Bauleitung des Amtswasserwerkes Löhne.

Schwaan
Baudirektor bei der Regierung in Minden.
1802   Weserbrücke, Leitung der Reparatur

Schwagenscheid, Walter
Architekt in Kronberg am Taunus (geb. 23.1.1886 Elberfeld, gest. 16.1.1968).
1946   Scharn, Wettbewerb zum Wiederaufbau

Schwarte, Johann
Bildhauer bzw. *Steinhauer* und Meister in Minden und hier offenbar nachweisbar noch 1627 ansässig (siehe LANGE 1925, S. 37–40).
um 1575 Ritterstraße 23, Utlucht (Zuschreibung)
1598   St. Marien, Taufstein (vermutet) (III, S. 166)
1605   St. Marien, Kanzelkorb (mit Initialien IS) (III, S. 167)
1606   Porta Westfalica-Eisbergen, Kirche, Taufstein (mit Initialien IS)
um 1600 Ritterstraße 23, Utlucht (vermutet)
1622   Markt 1, Rathaus, Auftrag zu einer nicht näher bekannten Baumaßnahme

Schwartz, Abel Anton
Baukondukteur, 1806 Baumeister und Landvermesser bei der KDK Minden (seit 1795). 1802 Kostenanschlag zum Neubau einer Orgel für St. Petri erwähnt. Am 14.9.1769 in Magdeburg geboren, Studium in Dessau, Magdeburg, Halle, Frankfurt/Oder und Berlin, bis 1795 Kandidat der Theologie (siehe KOHL 1943).
1800   Grundriß der Stadt Minden *Behufs Strassen-Erleuchtung und Pflasterung* (NORDSIEK 1979, Abb. 71) (III, S. 18)
1803   Bauaufnahme Weserbrücke, Bunte Brücke und Chausseestrecke dazwischen (IV, Kat.-Nr. 1669,1691)
1806   Plan der Weser vor der Stadt Minden (Kopie einer Karte von 1749)

Schwartz, Carl
Dipl.-Ing. Architekt, beschäftigt bei der Ziegelei Schütte AG in Heisterholz.
1923   Portastraße 29, Beamtenwohnhaus der Ziegelei Schütte AG
1924   Goebenstraße 15, Gartenpavillon

Karl **Schwarze & Sohn**
Seit 1908 bestehende Metallbaufirma an der Pöttcherstraße 8 (zur weiteren Geschichte siehe dort). 1972 an die Wittelsbacher Allee verlegt.
1912–1914 St. Petri, Instandsetzung und Umbau, Schlosserarbeiten (zusammen mit anderen) (III, S. 584)
1951/1955 Markt 1, Fenster- und Türrahmen für den Neubau des Rathauses

Schwarze, Heinrich
Baumeister und Architekt (geb. 1.9.1890 Wüsten, gest. 3.5.1957), war mit Anna Prüssner (geb. 4.7.1891 Exter, gest. 11.10.1979) verheiratet, wohnten seit 1922 in Minden. 1932/1939 Friesenstraße 10, 1954 Friesenstraße 16.
1929   Ulmenstraße 17 für Reichsbahn-Betriebswerksvorsteher Robert Fichtel

1932 Steinstraße 25/25 a für Justizsekretair W. Müller und den Steuerassistenten F. Ahnefeld
1933 Marienstraße 60, Umbau
1933/1934 Königstraße 111 für Karl Blase
1934 Brühlstraße 8 für Heinrich Finke
1934 Königstraße 113 für W. Riechmann
1934 Lübbecker Straße 18 für Dreher Heinrich Struckmeyer
1935 Kleine Dombrede 14 für Waffenmeister Richard Gösel
1935 Kleine Dombrede 22 für Richard Honsel
1935 Kutenhauser Straße 27 für Schneidermeister August Horstmann
1936 Blumenstraße 48 für Albert Böke aus Bückeburg
1936 Grüner Weg 3, Umbau Wohnhaus
1936 Kuckuckstraße 4 für Verwaltungsobersekretair August Schulte
1937 Königstraße 66 a für Kriminalsekretair Ferdinand Schwentker
1937 Moltkestraße 19 für Vermessungsobersekretair Ferdinand Schäpsmeyer
1939 Alte Kirchstraße 9–15, Luftschutzraum
1940 Hardenbergstraße 8, Garagenhalle für Spedition Albert Kruse
1945 Ritterstraße 18, Umbauten
1945/1947 Marienglacis 47, Wiederaufbau
1946 Bäckerstraße 72, Einbau einer Backstube
1947 Königstraße 47, Umbau und Erweiterung
1948 Kampstraße 24, Wiederaufbau für Tischler Törner (erster Bauabschnitt)
1948 Königstraße 131, Lagerhaus für Fritz Blase
1949 Albrechtstraße 6, Wohnhaus für Holzhandel Böhne
1949 Königstraße 104, Anbau (Ausführung: W. Prinz)
1951 Rodenbecker Straße 86, Um- und Erweiterungsbau für Konsum-Genossenschaft

Schwarze, K.
1965 Bierpohlweg 28, Erweiterung der Halle

Schwarze & Co
Spezialfirma für den Bau von Gewächshäusern.
1949 Stiftstraße 47 für Kurt Stoye

Schwedhelm, Godehard
Architekt Dipl.-Ingenieur in München, Kufsteiner Platz 4. Spezialisiert auf Krankenhausbauten.
1951 Kuhlenstraße 82/84, Mutterhaus der Diakonissenanstalt Salem-Köslin (Ausführung: Mülmstedt & Rodenberg)

Schweitzer, Laage, Weisbach & Marondel
Architekturbüro in Braunschweig.
1967/1971 Portastraße 7/9, Frauenklinik

Schwenker, Christian
Neubauer und Zimmermann, Sohn des Zimmermanns Heinrich Schwenker.
1891 Bierpohlweg 36 für eigene Zwecke (Plan: Chr. Luhmann)

Schwenker, Friedrich
Maurer, wohl im Betrieb des Maurermeisters Carl Schnabelrauch beschäftigt, wohnte 1888 in Stiftsallee 84 (auf der Minder Heide), dann in dem durch ihn erbauten Haus Stiftsallee 52.
1888 Stiftsallee 52 für eigene Zwecke (Plan: C. Schnabelrauch)

Schwenker, Heinrich
Zimmermann, wohnte 1854 Bierpohlweg 78. Sein Sohn ist der Zimmermann Christian Schwenker
1854 Bierpohlweg 78 als eigenes Wohnhaus

Schweppenstedde, Heinrich
Bildhauer und Altarbauer in Wiedenbrück.
1894–1895 Dom, neugotischer Marienaltar (zusammen mit Mormann/Wiedenbrück und Kamlah/Minden) (II, S. 663 f.)

1907 Dom, Lieferung und Anbringung des hl. Antonius' mit Jesuskind und hl. Bonifatius' (Fertigstellung: Mormann/Wiedenbrück; Farbfassung: Goldkuhle/Wiedenbrück) (II, S. 817)

Schwerdtfeger
Glasermeister, wohnte 1851 Brüderhof 2.

Schwertmann, Jürgen
Orgelbauer.
1748/1749 St. Marien, Arbeiten an der Orgel (III, S. 170)

Schwier, Cord Hinrich
Zimmermeister.
1807 Marienstraße 68 für Johann Friedrich Kelle

Schwier, H.
1913 Kutenhauser Straße 96, Tischlereiwerkstatt für Tischler Gieseking

Schwier, Ludwig
Maurer, wohnte 1906 im Haus Königstraße 220 und ließ sich dann das Haus Stiftsallee 75 erbauen.

Schwier, Wilhelm
Zimmermeister in Todtenhausen, nannte sich später auch Bauunternehmer. Er erhielt eine Ausbildung am Technikum von Buxtehude, von wo er einen 1888 datierten Entwurf mitbrachte (siehe Kutenhauser Straße 86). Später offenbar Besitzer einer eigenen Ziegelei in Todtenhausen, die 1906 von L. Riechmann übernommen wird.
1886 Hahler Straße 28, Umbauten
1887 Hahler Straße 45 (Planung), für Böttchermeister Christian Bornemann (Ausführung: Maurermeister Sierig)
1887 Kutenhauser Straße 93, Stallgebäude

1887 Kutenhauser Straße 102 für Tischler Christian Meyer
1887 Sandtrift 47 für Oekonom Ludwig Becker
1888 Stiftsallee 60 Wohn- und Wirtschaftsgebäude (?) sowie Stallgebäude mit Backofen für Witwe Weber
1889 Bachstraße 19 für W. Bredemeyer
1889 Bachstraße 57 für Hilfsbremser Fr. Krallmann
1889 Kutenhauser Straße 86 für Maurer W. Gieseking
1889/1890 Bachstraße 15 für Arbeiter Christian Schäfer
1890 Bachstraße 69 (erschlossen, nicht belegt!)
1899 Bachstraße 9 für E. Weiland
1904 Alte Aminghauser Straße 41 für Weichensteller Gottlieb Thielking

Seelig, Wilhelm
Stadtgarteninspektor. Besaß das Haus Marienstraße 75. Nachfolger des zum 1.4.1925 pensionierten L. Isermann. Sein Nachfolger Stadtgarteninspektor Goosmann.
1925/1926 Marienstraße 134/136, Erweiterung des Nordfriedhofes
1932 Marienstraße 134/136, Nordfriedhof, Einfriedungsmauer des Friedhofwärterhauses

Seemann, Friedrich
1913/1919 Dipl.-Ing. und Baumeister bei der Regierung Minden; 1931 Regierungsbaurat, wohnte in dem Haus Hahler Straße 41, auf dem Gelände der Stadtgärtnerei.
1913 Entwurf der Oberschleuse des zweiten Weserabstiegs (Mitarbeit)

Seiffert & Sohn
Orgelbaufirma in Kevelaer.
1956 Dom, Westorgel (Entwurf: Werner March) (II, S. 841)

Seisel, Ernst <u>Eduard</u>
Zimmermeister. Stammte aus Erdmannsdorf (Schlesien), wo er 10.7.1846 geboren wurde. Heiratete am 28.9.1871 in Oeynhausen Caroline Friederike Henriette König, eine Cousine des Mindener Zimmermeisters Gustav H. König. Erbaute 1873/1874 das Haus Paulinenstraße 1, wo er offenbar zunächst auch den eigenen Baubetrieb unterbrachte. Fertigte auch Zeichnungen für den Zimmermeister Borgmann an. 1878 auch Taxator.

1873/1874 Paulinenstraße 1 für eigene Zwecke
1874 Hahler Straße 41 für Gärtner Heinrich Schaper
1877 Bäckerstraße 12, Erweiterungsbau (Plan und Mitarbeit: G. Usadel)
1877 Viktoriastraße 41 für Joh. Vogeler (Plan: G. Usadel)
1878 Paulinenstraße 10 (Ausführung: Zimmermeister Borgmann)
1878 Stiftstraße 24 (Ausführung: Zimmermeister Borgmann)
1879 Bleichstraße 20, Nebengebäude für Bleicher Baumhöfener
1879 Stiftstraße 22 (Ausführung: Zimmermeister Borgmann)
1880 Bachstraße 45, Wirtschaftsanbau (Ausführung: Zimmermeister Borgmann)

Seitz
Innenarchitekt in München.
1951 Rodenbecker Straße 21, Villa Strothmann, Innenausstattung (zusammen mit R. Fick/München)

Selenewski
Tischlermeister, wohnte 1851 Hohe Straße 3.

Sembtner, Paul
Maler in Minden (geb. 18.11.1865 Ziegenhals, katholisch). War verheiratet mit Margarethe Spatz (geb. 18.11.1865), Tochter eines nach Minden zugezogenen Kaufmanns (siehe Pionierstraße 5), die ebenfalls als Malerin arbeitete. Aus der Ehe ging die Tochter Margarethe (geb. 26.8.1899) hervor. 1900 lebte auch die Schwägerin Magdalene Spatz im Haushalt. 1914 wohnten sie Königstraße 59.

Zahlreiche der von ihm und seiner Frau erstellten Gemälde, darunter auch verschiedene Stadtansichten bzw. Porträts des Zigarrenfabrikanten Fritz Leonhardi Senior und seiner Frau sind im Museum Minden erhalten.

wohl 1897 Markt 1, Rathaus, Bild von Kaiser Wilhelm
1898 (?) Markt 1, Rathaus, Porträt von Friedrich Wilhelm, der Große Kurfürst für den Ratssaal
1902 Bild Bastaudurchfluß unter der Bäckerstraße (V, Abb. 1675)
1904 Klausenwall, Blick nach Nordwesten vor dem Umbau

Senfft/Senff
Schlossermeister.
1807 Großer Domhof 1–2, Kollegienhaus, Arbeiten (zusammen mit Glasermeister LeDoux) (II, 1184)
1819 Markt 1, Rathaus, Roste für Ofen im Ratssaal

Serodino
Klempnermeister in Nordhausen (I.2, S. 460)
1843 Portastraße 9, Garnison-Lazarett, Vorschlag zur Zinkdeckung nach schlesischer Methode (I.2, S. 460)

Seuffert, Robert
Maler in Düsseldorf (geb. 1874 Köln).
1912 Weserglacis 2, Regierungsgebäude, Gemälde im Vorflur des großen Sitzungssaales: »Huldigung des Großen Kurfürsten 1650 in Petershagen«

Sickert, Johann Jürgen
Geb. 1803, gest. 1864. Maler, Lithograph und Verleger in Altona.
1856/1857 Sammelbild mit Ansichten der Stadt Minden (I, Abb. 39):
- Kurie Kleiner Domhof (II, S. 7, Abb. 5)
- Dom von Nordosten mit Kurien und Regierungsgebäude (II, Abb. 6)
- Westansicht Westwerk/Westbau (II, Abb. 133.3)
- Marienkirche und Marientor von Norden (III, Abb. 46)
- Hausberger Tor, Feldseite von Süden (I.2, Abb. 222)
- Marientor, Stadtseite nach Nordwesten (I.2, Abb. 136)

Siebeking, Gustav
Tischlermeister. Der Betrieb später unter altem Namen von Volland fortgeführt. Die Werkstatt befand sich 1906 Königstraße 22, 1950 Göbenstraße 36.
1905/1906 Weserglacis 2, Regierungsgebäude, Möbel (teilweise)
1907/1908 Tonhallenstraße 5, Kreishaus, Bildhauerarbeiten der Innenausstattung (teilweise zusammen mit Tannhäuser)
1909 Markt 20, Fassadenschnitzerei (Plan: Kelpe)
1935 Goebenstraße 36, eigene Werkstatt

Siebert, Louis
1898 Baurat bei der Regierung Minden, wohnte Stiftstraße 35. Sein Nachfolger war 1900 der Baurat Richard Pohl.

Siebold, <u>Karl</u> Heinrich Friedrich
Königlicher Baurat, Regierungs-Baurat a. D. und Leiter des kirchlichen Bauamtes Bethel (Stadt Bielefeld). Wurde als Sohn des Pfarrers Carl Siebold in Bielefeld-Schildesche am 19.11.1854 geboren. Sein Vater war ein enger Freund von Friedrich von Bodelschwingh, der 1872 die Leitung der diakonischen Anstalten Bethel bei Bielefeld übernahm und diese zu ihrer überragenden Bedeutung ausbaute. Nach Gymnasialabschluß in Bielefeld begann er 1873 eine Ausbildung im Baufach (seine zwei Brüder wurden Pfarrer): bis 1874 Eleve bei Baurat Cramer in Halle/Saale, dann Bauakademie in Berlin bei Prof. Friedrich Adler und dort Freundschaft mit dem späteren Archäologen Wilhelm Dörpfeld. 1879 erstes Examen, danach ein halbes Jahr Privatpraxis in Bielefeld, dann Laufbahn in der staatlichen Bauverwaltung: Regierungs-Bauführer in Halle/Saale, 1881 bei der Regierung in Merseburg und danach 1882/1884 beurlaubt für den Bau des Museums in Olympia. Ab 1890 in dem von Reg.-Baumeister Hermann Held geleiteten, 1889 eingerichteten

Fa. Siebeking, 1921/1922

Baubüro der Anstalt Bethel, dessen Leitung er 1892 bis 1923 übernahm (zusammen mit Friedrich Graeber als seinem Stellvertreter). Seine immer umfangreicher werdende Beratungstätigkeit und die zahlreichen, von ihm erstellten Planungen zu kirchlichen und charitativen Bauten führten 1906 zu einem vom ihm bis 1931 geleiteten Provinzialkirchlichen Bauamt Bethel, in dem 1909 schon 40 Mitarbeiter beschäftigt wurden. Starb am 16.7.1937 in Bethel. Sein bis nach Rußland reichendes architektonisches Werk umfaßt allein 36 Kirchen, 8 Kapellen, 53 Erweiterungen von Kirchen und 37 Kirchenprojekte. Ferner konzipierte er große Siedlungsvorhaben mit insgesamt 2670 Häusern (insbesondere in Hamm-Heessen mit über 1000 Häusern) und auch 42 Pfarrhäuser, 48 Gemeindehäuser und 114 Wohnhäuser. Dem Siedlungsbau widmete er unter sozialen Aspekten 1906 die Schrift »Viventi satis«, auf den sich auch die Mindener Siedlungsbauten beziehen (nach SIEBOLD 1940 – zu den Kirchenbauten siehe auch ALTHÖFER 1998).

1901–1910 St. Simeon, Neubau des Turms (III, S. 643, 716 f.)
1902 Friedrichstraße 9–17, städtisches Krankenhaus
1907 Lübbecker Straße 14 (mit Askanierweg 1–7), Siedlung für den Mindener »Gemeinnützigen Bau-Verein«
1908 Neuplatz, Konzepte für den Bau einer Lutherkirche der St. Mariengemeinde
1909–1911 St. Simeon, Neubaupläne für den Nordturm (Bauleitung: W. Meyer/Minden, Ausführung: Fa. Plöger) (III, S. 643, 716, 718, 746, Abb. 485)
1909 St. Simeon, Entwurf eines neugotischen Fensters (III, S. 644)
1912–1914 St. Petri, Instandsetzung und Umbau und Ausstattung, Planung (III, S. 575, 581, 584, 600 f., Abb. 391 f.)
1912 Todtenhausen, Gemeindehaus für die Kirchengemeinde St. Marien in Minden
1913 Blumenstraße 19, Wohnhaus für Prof. Meinhold
1913 Ritterstraße 7 b, reformiertes Gemeindehaus
1912–1914 St. Petri, Planung und Leitung von Restaurierung und Sakristeianbau (III, 581, 584, 600, Abb. 391 f.)
1921 St. Marien, Genehmigung der neuen Glocken (Bochumer Verein) (III, S. 155)
1925 Neuplatz, Planungen für die Ladenzeile für St. Mariengemeinde
1925 Neuplatz, Vorplanungen für Lutherkirche der St. Mariengemeinde

Sieburg
Polier.
1791 Kleiner Domhof 7, Kostenanschlag zu Reparatur und Umbau (zusammen mit anderen) (II, S. 1377)

Siedler, R.
Schlossermeister.
1727 Kleiner Domhof 13, Domsyndikathaus, Reparatur (zusammen mit anderen) (II, S. 1415)

Sielemann, F.
Detmold.
1905 Portastraße 14, Lagerhaus für August Fuhs (Ausführung: W. Jacobi)

Siemens & Schuckert
Fabrik für Elektromotoren in Berlin.
1914 Schachtschleuse, Elektromotoren zum Antrieb der Schütze

Siekmann, Eckhard
Ingenieur-Büro für Baustatik, 1978 Henriettenstraße 8, 1985 Grille 5.
1971 Friedrich-Wilhelm-Straße 85 für Helmut Dorn

Sielken, Heinrich Ernst
Privatbaumeister in Bad Oeynhausen (geb. 30.1.1874 in Hannover). Studierte an der TH Hannover und war Schüler von C.A. Hase (KOKKELINK 1998, S. 582). Gründete 1902 den Ortsverein Bad Oeynhausen im »Verein für Feuerbestattung«. 1906 Mitglied im BDA. Hat 1906 neben seinem Büro in Bad Oeynhausen auch eines in Cuxhaven, das bald danach aufgegeben wird (KÖSTER 1985, S. 46, 66 und 75).

1893/1895	Bückeburg, Residenzschloß, örtliche Bauleitung beim Um- und Erweiterungsbau (mit Lange)
1899/1900	Bad Oeynhausen, Westcorso 8, Logierhaus für Carl Funke (KÖSTER 1985, S. 66)
1901/1902	Kirchlengern-Quernheim, Schulhaus für Dorf Quernheim
1901/1902	Kirchlengern-Häver, Schulhaus
1905	Kirchlengern-Quernheim, Klosterbauernschaft, Windmühle Eggersmann (zusammen mit Hahne/Bad Oeynhausen)
1906	Fischerallee 2, Wohnhaus und Augenklinik Dr. med. Otto Gleue
1906	Stiftstraße 4, Wohnhaus mit Praxis für Dr. med Karl Schlüter (Ausführung: Sierig)
1910	Bad Oeynhausen, Herforder Straße 33, Hotel Fürstenhof (KÖSTER 1985, S. 80)
1910	Bad Oeynhausen, provisorisches Kurtheater
1912	Bad Oeynhausen, Westcorso 2, Umbau
1922	Bad Oeynhausen, Westcorso 2, Umbau
1924	Bad Oeynhausen, Klosterstraße 7 a, Passagenbau

Sierig
Die Familie bildete über nahezu 150 Jahre eine erfolgreiche Maurerdynastie (von dieser Familie sind die Schlosser Sierig zu unterscheiden). Ein Foto der Firma Sierig beim Abbruch eines Hauses am 19.2.1891 erhalten (siehe rechts, KAM, Bildsammlung A I 97).

Franz <u>Eduard</u> Sierig, Maurermeister (geb. 1.5.1824, gest. 4.11.1903) war der Begründer der erfolgreichen Dynastie von Maurern. Aus seiner Ehe mit Christine <u>Louise</u> Rientsch (geb. 11.11.1829, gest. um 1900) gingen sieben Kinder hervor: Ludwig (<u>Louis</u>) (geb. 27.8.1854), <u>Johann</u> (geb. 15.5.1863), Luise (geb. 23.5.1866), Eduard (geb. 23.4.1868), Heinrich (geb. 3.1.1872) und Carl (geb. 18.9.1874). Die älteste Tochter war mit einem Sinemus verheiratet und verstarb vermutlich 1879 im Kindbett, da 1880 in Eduard Sierigs Haushalt der Enkel Heinrich Sinemus (geb. 23.4.1879 in Gelsenkirchen-Bickern) lebte. Sierigs Söhne wurden ebenfalls Maurer, wobei Johann später als Maurermeister den väterlichen Betrieb weiterführte.

Eduard Sierig wohnte in dem wohl von ihm um 1860 erbauten Haus Königswall 57, ab 1896 bis zu seinem Tode bei seinem Sohn, in dem großen 1896 errichteten Wohnhaus des Betriebes an der Immanuelstraße 28.

<u>Johann</u> Sierig (geb. 15.5.1863, gest. 13.6.1942 auf dem Alten Friedhof beerdigt) wurde ebenfalls Maurermeister und Bauunternehmer und führte das vom Vater F. <u>Eduard</u> aufgebaute Geschäft fort, das er auf Grund der guten Baukonjunktur weiter ausbauen konnte. 1920 feierte der Maurerpolier W. Prinz sein 25jähriges Betriebsjubiläum. Mit Unterbrechungen wegen Arbeitsmangel waren bei der Firma weiterhin beschäftigt: Maurergeselle J. Laumann (seit 33 J.), Maurergeselle W. Meier (28 J.), Maurergeselle H. Lüttge (27 J.), Maurerpolier Gg. Fröhling (25 J.), Fuhrmann Chr. Horstmann (25 J.) und Arbeiter W. Schmid (25 J.) (MT vom 4.5.1923).

Johann Sierig war Mitglied der reformierten Gemeinde und in erster Ehe mit Wilhelmine (geb. 6.5.1864 in Beckum, katholisch) verheiratet. Aus dieser Ehe stammen die Kinder Ludwig (Luis) (geb. 29.12.1887) und <u>Alexander</u> (geb. 23.12.1889). Die Familie wohnte Brüderhof 4. Nach dem Tod seiner ersten Ehefrau heiratete Johann Sierig nach 1890 in zweiter Ehe

Baufirma Sierig, am 19. Februar 1891 beim Abbruch des mittelalterlichen Steinhauses Simeonstraße 32

Marie Sofie Wöhler (geb. 17.11.1859 Südfelde/Kr. Minden, gest. 28.2.1921). Aus dieser Ehe gingen folgende Kinder hervor: Engelbert (noch aus erster Ehe?) (geb. 8.4.1891), Gustav (geb. 26.1.1893), Wilhelmine (geb. 15.4.1894), Luise (geb. 25.2.1896), Frieda (geb. 30.4.1897), Johann (geb. 15.5.1898) und Friedrich (geb. 22.7.1899). Die Familie wohnte 1895 Brüderhof 4, ab 1896 in dem großen, von Johann Sierig erbauten Wohnhaus unmittelbar beim Betrieb in der Immanuelstraße 28.

Die Söhne Alexander und Engelbert Sierig führten später den Familienbetrieb zusammen weiter.

Der Maurermeister Louis Eduard (Ludwig) Sierig (geb. 29.12.1886, gest. 3.12.1950 Stendal) war ein vorehelicher Sohn des Johann Sierig (geht aus der Volkszählung nicht hervor!) und arbeitete nach einer Lehre von 1904 bis 1906 in Nienburg und nach seinem Militärdienst von 1908 bis 1910 in der Firma seines Vaters. Nach Kriegsdienst kehrte er erst im Herbst 1919 aus englischer Gefangenschaft zurück und heiratete dann Herta Charlotte Kregeler (geb. 9.11.1890 in Wanne, Vater: Rechnungsrat Kregeler), die jedoch kurz nach der Geburt des ersten Kindes am 8.10.1920 verstarb. Er wohnte seit 1910 in dem Haus Viktoriastraße 18, wo auch der Sohn Ludwig Heinrich Gustav (geb. 6.10.1920, gest. 31.7.1949) zur Welt kam. 1922 verzog der Witwer nach Stendal.

Gustav J. W. Sierig (geb. 26.1.1893, gest. 1946) wurde Architekt. Er zog 1919 aus dem Elternhaus Immanuelstraße 28 zur Lehre als Maurer und dem anschließenden Studium von Minden fort und heiratete 1939 in Neustadt an der Weinstraße.

In der Firma war 1919 der Architekt F. A. Bergmann beschäftigt. Von etwa 1935 bis um

1950 unterhielt die Firma Joh. Sierig einen Betriebshof auf dem angepachteten Gelände Viktoriastraße 39 a, wo man auch um 1935 ein Betriebsgebäude errichtete. Ferner bestand ab 1928 ein weiteres Lager nahe dem Hauptbetrieb an der Hahler Straße 14 b. Die Firma Sierig bestand bis etwa 1970 an der alten Stelle und wurde dann aufgelöst.

Um 1860 Königswall 57 als eigenes Wohnhaus einschließlich Wirtschaftsgebäude
1874 Königstraße 59 für Lehrer G. Meyer (Plan: Luhmann)
1874 Portastraße 36, Scheune für Wirt Behrens (zusammen mit Zimmermeister Scheidemann)
1875 Hahler Straße 94 für Arbeiter Wilhelm Schinke (zusammen mit Zimmermeister Wiese/Holzhausen II)
1877 Königstraße 125 für Werkmeister H. Weber
1884 Alte Sandtrift 1, Anbau, Plan: W. Horstmann/Hahlen) zusammen mit Zimmermeister Rose
1887 Hahler Straße 45 für Böttchermeister Christian Bornemann (Plan: Schwier)
1888 Steinstraße 3 für Regierungs-Kanzlei-Sekretair Funke
1891 Simeonstraße 32, Abbruch
1891/1892 Kutenhauser Straße 42 für den Knecht Ferdinand Meier
1894 Bierpohlweg 37 für Arbeiter Christian Blanke
1894 Kutenhauser Straße 32, Stallerweiterung
1895 Kutenhauser Straße 32, Einfriedung
1895 Kutenhauser Straße 38 für Arbeiter Ferdinand Meier
1895 Marienstraße 27 und Paulinenstraße 2 für Eisenbahn-Betriebs-Sekretair a. D. F. Poggenpohl
1895 Umradstraße 5, Umbau und Anbau für Tischlermeister Wilhelm Kuhne
1896 Immanuelstraße 28, Wohnhaus und Wirtschaftsgebäude für eigene Zwecke
1897 Rodenbecker Straße 63, Stallgebäude
1898 Bäckerstraße 11, Fassade für Kaufmann Huge (Ausführung nach Plan Kelpe)
1898 Immanuelstraße 20, städtisches Badehaus, Terrazzoarbeiten
1898 Kuhlenstraße 61, Stallanbau
1899 Immanuelstraße 28, Lagerschuppen für eigene Zwecke
1899 Königstraße 75/77, Wagenremise und Stall an der Bleekstraße 13 für Spediteur Niemeyer
1900 Fischerallee 17 für Kaufmann Karl Wode
1900 Friedrich-Wilhelm-Straße 11, Erweiterung des Wirtschaftsgebäudes
1900 Friedrich-Wilhelm-Straße 13, kleinere Umbauten
1900 Hahler Straße 76, Umbau
1900 Königsglacis 15 für Witwe Wollbrink (Plan: Carl Breuer/Dortmund)
1900 Königswall 8, Eiskeller für Stiftsbrauerei
1900 Minden-Dützen, Saalbau am Gasthaus »Phönixhalle«
1900/1901 Paulinenstraße 1, Umbau und Erweiterung (Plan: Eigentümer, Stadtbaurat A. Kersten)
1901 Immanuelstraße 28, Kontorgebäude für eigene Zwecke
1901 Marienstraße 25 (nach Plan und für Stadtbaurat A. Kersten)
1902 Bäckerstraße 39 neues Vorderhaus und Backhaus (Plan: Kelpe)
1902 Hahler Straße 73, Anbau für Landwirt Wilhelm Sander
1902 Kutenhauser Straße 34, Anbau an Stall
1902 Marienglacis 43, Anbau an Wirtschaftsgebäude Stiftstraße 8
1903 Königswall 43 für Lokführer Heinrich Möhle (Pläne von 1899)
1903 Königswall 65, neue Fassade (erschlossen)
1904 Zweite Brücke über die neue Bastau oberhalb des Schwanenteiches (Baulei-

tung: Regierungs-Baumeister Hummell, Eisenkonstruktion: Schröder & Sohn) (I.2, S. 898, Abb. 591)
1904 Friedrich-Wilhelm-Straße 11, Umbau des Lagergebäudes
1904 Goebenstraße 9 für den Betriebsdirektor der Kreisbahn, Herrn Fritz Gehlhaus
1904/1905 Bäckerstraße 52 für Sattlermeister Bodmann (Plan: W. Meyer)
1905 Marienglacis 33, Erweiterung des Wirtschaftsgebäudes
1906 Alte Kirchstraße 9–15, Umbauten
1906 Bachstraße 7 für Karl Temme
1906 Immanuelstraße 3, Pferdestall für Molkerei Minden
1906 Königswall 101, Anbau Wohnhaus der Kornbrennerei Strothmann
1906 Stiftstraße 4 für Dr. med. Karl Schlüter (Plan: Sielken/Bad Oeynhausen)
1907 Deichhof 17, Erhöhung des Wirtschaftsgebäudes
1907 Königstraße 51, Umbau des Stallgebäudes
1908 Ringstraße 111, Lagerschuppen
1909 Prinzenstraße 1 für Kaufmann Friedrich Wöhler
1909/1910 Stadtbahnhof der Kreisbahn, Betriebswerkstätte
1911 Bäckerstraße 66, Umbau des Erdgeschosses
1911 Hardenbergstraße 26 für Gymasiallehrer A. Bertermann
1911 Lübbecker Straße 75, Wiederaufbau des Saals
1912 Bäckerstraße 66, Umbau der Gaststätte
1912 Lübbecker Straße 69, Waschküchenanbau und Dacherker
1914 Weingarten 18, Planung für Erweiterungsbau der Firma Strothmann
1915 Simeonstraße 25 für Schneidermeister Fritz Bickmeier (Pläne: M. Zimmerling)
1915 Papenmarkt 8, kleiner Umbau
1916 Karlstraße 42/44, Anbau Fabrikgebäude Stockmeyer
1916 Uferstraße 3, Windfang
1919 Immanuelstraße 3, Anbau an die Molkerei
1919 Immanuelstraße 28, Lagerschuppen für eigene Zwecke
1919 Königswall 20, Umbau und Erweiterung des Lagerhauses zur Druckerei
1919 Simeonglacis 11 für Regierungsbote Karl Kerker
1919/1920 Im Bastaugrund, Siedlung mit 32 Häusern (zusammen mit M. Schütte) (Plan: F.A.Bergmann)
1920 Bäckerstraße 66, Umbau des Hinterhauses
1920 Im Schweinebruch 3 a, Bootshaus für die Rudergesellschaft Wittekind
1920 Immanuelstraße 3, Umbau des Kesselhauses
1920 Königstraße 51, kleines Lagerhaus
1920 Königstraße 73, Schuppen
1920 Königswall 101, Anbau Wohnhaus der Kornbrennerei Strothmann
1920 Steinstraße 28, Ausbau des Dachbodens
1920 Viktoriastraße 14, Stallgebäude für August Wiehe
1920/1921 Hufschmiede 5, Umbau
1921 Deichhof 8, Umbau
1921 Dorotheenstraße 2, Wohngebäude für Carl Falkenberg
1921 Königswall 101, Filtrierturm der Kornbrennerei Strothmann
1921 Königstraße 68, Gemeindehaus für Evangelische Gemeinschaft (Auftrag von Wilhelm Strothmann)
1922 Bierpohlweg 2/2a, Doppelwohnhaus für Hufeisenfabrik Hoppe & Homann
1922 Dorotheenstraße 2, Schuppen
1922 Hafenstraße 6, Lagerhaus für Kaiser & Knake
1922 Hermannstraße 8, Umbau des Saals zum Kino

1922	Hermannstraße 48 für Holzhändler Heinrich Schroeder	1926	Im Schweinebruch 5, Bootshaus für Mindener Ruder-Verein
1922	Karlstraße 14, Anbau an das Kontorgebäude	1926	Artilleriestraße 14, Umbauten
1922	Rodenbecker Straße 11, Anbau Lager für Essigbrennerei Strothmann	1926	Hermannstraße 56, Umbau der Scheune an der Werftstraße
1922	Weingarten 23 für Fritz Hoppe	1926	Immanuelstraße 32, Kindergarten (Plan: Städt. Hochbauamt/Bergbrede)
1923	Immanuelstraße 3, Lagerschuppen für Molkerei	1926	Jagdweg 10, Gartenhaus für Bäcker Friedel Finke
1923	Immanuelstraße 28, Wohn- und Werkstattgebäude für eigene Zwecke	1926	Kaiserstraße 4, Lagerhaus, Schornstein
1923	Königstraße 3, rechter Bauteil	1927	Besselstraße 5 für Mittelschullehrer Wilhelm Linneweber
1923	Schwichowwall 6 für Brennereibesitzer Strothmann	1927	Hahler Straße 81 für Schneider August Fuhrmann (Ausführung: Bauhütte Minden)
1923	Schwichowwall 8 für Brennereibesitzer Strothmann	1927	Kuckuckstraße 22, Anbau
1923	Weingarten 20, Umbau Lagerhaus und Neubau Rektifizierungsturm der Kornbrennerei Strothmann	1927	Moltkestraße 8 für Witwe Berta Jankowsky
1923	Paulinenstraße 6 für Tierarzt Dr. Wegener (Ausführung: Maurermeister W. Meyer/Porta)	1927	Obermarktstraße 19, Umbau des Erdgeschosses
		1927/1928	Blumenstraße 40 für Klaus Böchel
1924	Immanuelstraße 3, Autoschuppen für Molkerei	1927	Dankerser Straße 49/49 a für Karl Stork
1924	Königstraße 75, Hintergebäude Bleekstraße 13, Umbau zum Betsaal	1927	Festungsstraße 3, Dachpappenfabrik Timmermann, Lagerschuppen
1924	Simeonglacis 2, Erfrischungshalle für Dietrich Diekmann	1927	Bismarckstraße 23 für Schornsteinfegermeister Fritz Hartmann
1924	Stiftstraße 40, Wintergarten für den Fabrikanten Hoppe (Plan: Karl Krause/ Herford)	1927	Rodenbecker Straße 54 für Oberpostsekretair Paul Rudolph
		1928	Immanuelstraße 28, Umbauten für eigene Zwecke
1925	Blumenstraße 17 für Kaufmann Wilhelm Kohlmeier	1928	Petersilienstraße 15, Garage für Otto Kiel
1925	Brüderstraße 3, Ausbau des Dachgeschosses	1928	Stiftstraße 51, Anbau eines Aufenthaltsraumes an Hufeisenfabrik Hoppe & Homann
1925	Dorotheenstraße 4, Lager- und Kontorgebäude	1928	Gutenbergstraße 9 für den Mittelschullehrer Dr. Daniel Voigt
1925	Steinstraße 22/22 a als Doppelhaus für Wilhelm Clausmeyer und Ferdinand Hageböke	1929	Kleiner Domhof 8, Erweiterung und Umbau zur Sparkasse (Plan: Städtisches Hochbauamt/Bergbrede)
1925/1926	Blumenstraße 36/38 als Doppelhaus für die Reg. Sekretaire Wilhelm Leue und H. Meyer	1929	Im Schweinebruch 5, Anbau an Bootshaus für Mindener Ruder-Verein (Ausführung: E. Gremmels)

1929 Im Schweinebruch 25, Sanierung der Betonkonstruktion im Bootshaus der Rudergesellschaft Wittekind
1929 Blumenstraße 18 für Wilhelm Budinger
1929 Blumenstraße 23 für Gertrud und Erna Wenzel
1929 Heidestraße 18 für Oberpostsekretair Wilhelm Budinger
1929 Festungsstraße 3, Dachpappenfabrik Timmermann, Wohlfahrtsgebäude und Garagengebäude
1929 Hohnstraße 27, Einbau einer Treppe im Kaufhaus Hagemeyer
1929 Königstraße 132, Ladenanbau
1929 Petersilienstraße 15, Fäberei und Wäscherei für Otto Kiel
1929 Stiftstraße 62, Erweiterung des Fabrikgebäudes für Maschinenfabrik Noll
1930 Brückenkopf 7a für Dr. Böse (Plan: H. Korth)
1930 Königstraße 76, Garagen
1930 Königswall 89 a, Holzlager für Tischlermeister Vieweg
1930 Parkstraße 14, Anbau
1930 Poelmahnstraße 3 für Cläre Bergmann aus Wittenberge
1930 Simeonstraße 26, Umbau der Werkstatt
1931 Rodenbecker Straße 13, Einfriedung für Essigbrennerei Strothmann
1931 Hohnstraße 31, Schaufenstereinbau
1931 Weingarten 18, Lagerhaus für Kornbrennerei Strothmann
1932 Besselstraße 2 für Dr. F. Ebhardt (Plan: H. Korth)
1932 Greisenbruchstraße 4, Ausbau
1932 Königstraße 76, Tankanlage
1932/1933 Hermannstraße 55 a, Werkstatt für Karl Kuloge
1933 Bleichstraße 20, Verandaanbau am Wohnhaus
1933 Cecilienstraße 6 für Kaufmann Heinrich Müller

1933 Hermannstraße 42 für Lokführer Ferdinand Leue
1933/1938 Hohnstraße 27, Umbauten im Kaufhaus Hagemeyer (Planung: H. Korth)
1934 Bäckerstraße 66, Umbau des Erdgeschosses
1934 Süntelstraße 8, Aufstockung und Umbau zum Wohnhaus
1934 Wolfskuhle 2, Umbau
1935 Bäckerstraße 45, Restaurierung der Fassade (Plan: H. Korth)
1935 Brückenkopf 3, Fabrikgebäude für Seifenfabrik Siekmann
1935 Obermarktstraße 34, Küchenanbau für Gustav Jacobi
1936 Im Schweinebruch 2, Clubhaus für den Mindener Tennisclub e. V. von 1912
1936 Fischerallee 1, Anbau eines Betriebsgebäudes
1936 Marienstraße 2, Umbau
1936 Priggenhagen 18, Einbau von Garagen
1937 Marienstraße 29, Umbauten in Haus und Lagerhaus
1937 Viktoriastraße 32, Gartenhaus
1937 Wolfskuhle 2, Umbau
1938 Artilleriestraße 14, Umbauten
1938 Bäckerstraße 12, Anbau Stall
1938 Blumenstraße 22, Garage
1938 Brühlstraße 18, Erweiterung der Uniformfabrik Muermann
1938 Brühlstraße 21, Luftschutzbau für Uniformfabrik Muermann
1938 Kampstraße 19, Umbau
1938 Königstraße 72, Umbau
1938 Petersilienstraße 15, Aufstocken der Färberei Kiel
1939 Hahler Straße 14, Lagerschuppen für eigene Zwecke
1939 Obermarktstraße 34, Schaufensterausbau und Ladenumbau
1939 Weberberg 3, Anbau Waschküche
1939 Weingarten 16, Lagerhaus für Kornbrennerei Strothmann (Plan: E. Huhn)

1940	Immanuelstraße 3, Umbau der Molkerei		1958	Goebenstraße 32, Garagen
1940	Weingarten 18, Erweiterungsbau für Firma Strothmann		1959	Deichhof 4/6, Umbau

1940 Immanuelstraße 3, Umbau der Molkerei
1940 Weingarten 18, Erweiterungsbau für Firma Strothmann
1946 Brüderstraße 11, Umbau des Ladens
1947 Königstraße 76, Kraftwagenschuppen
1948 Bäckerstraße 58, Aufstockung (nach Plan: W. Moelle)
1948 Hahler Straße 14 b, Lagerschuppen für eigene Zwecke
1949 Obermarktstraße 24, Umbau des Erdgeschosses
1949 Scharn 17, Umbau
1950 Marienstraße 2, Umbau
1951 Marienglacis 31, Kirche für die evangelisch-freikirchliche Christusgemeinde
1953 Petersilienstraße 15, Aufstocken der Färberei Kiel
1953 Scharn 13, Kaufhaus Hagemeyer (Plan: W. Nagel und A. Münstermann)
1953/1954 Scharn 11 für Hagemeyer und Feigel (Plan: A. Münstermann)
1954 Bäckerstraße 70, Umbau des Erdgeschosses
1954 Goebenstraße 32, Umbau
1954 Lübbecker Straße 75, Umbau des Saals
1955 Königstraße 72, Umbau
1955 Ritterstraße 7, Umbauten
1956 Petersilienstraße 15, Bügelhalle für Färberei Kiel
1956 Scharn 13, Kaufhaus Hagemeyer, Treppenhaus (Plan: A. Münstermann)
1956 Scharn 17, Einbau einer Betondecke
1956/1959 Königstraße 4/12, Wohn- und Geschäftshaus für Hans Weber (Plan: A. Münstermann)
1957 Brüderstraße 27, Umbau des Vordergiebels
1957 Lübbecker Straße 12, Neubauten des Fabrikteils Askanierweg 2
1957 Scharn 15, Kaufhaus Hagemeyer, Erneuerung des Altbaus (Plan: A. Münstermann)
1958 Goebenstraße 32, Garagen
1959 Deichhof 4/6, Umbau
1959 Robert-Koch-Straße 3 für Dr. Reuter (Plan: A. Münstermann)
1959 Schwarzer Weg 12, Anbau
1960 Brüderstraße 10 für Heinz Katthaus (Plan: G. Rodenberg)
1960/1961 Scharn 13/15, rückwärtige Erweiterung des Kaufhauses Hagemeyer (Plan: A. Münstermann)
1962 Melittastraße 32, Umbau für Hoppe & Homann
1963 Kampstraße 13/15, Umbau des Ladens
1964 Brückenkopf 2 a, Anbau
1967 Weingarten 12 für die Kornbrennerei Strothmann (Plan: G. Huhn/Düsseldorf)
1968 Hufschmiede 1, Umbau
1968 Weingarten 12, Lagerhaus für die Kornbrennerei Strothmann (Plan: G. Huhn/Düsseldorf)
1969 Moltkestraße 10 für Henry Heinßen (Fertighaus »Kanada«)
1969/1970 Hohnstraße 29, Umbau zum Kaufhaus Hagemeyer (Plan: A. Münstermann)
1969/1970 Kampstraße 19, Parkhaus für Kaufhaus Hagemeyer (Plan: A. Münstermann)
1970 Weingarten 14/16 Lagerhaus für Kornbrennerei Strothmann
1971 Königswall 95 Lagerhaus für Kornbrennerei Strothmann
1972 Weingarten 16, Aufstockung Lagerhaus Kornbrennerei Strothmann (Plan: G. Kirchhof)
1975 Hahler Straße 25, Umbauten
1978 Rodenbecker Straße 11, Umbau Lagerhaus Essigbrennerei Strothmann

Sierig, Carl
Bauunternehmer, 1939 Papenmarkt 1 a, unklar in welchem Verhältnis zu anderen Sierigs.

Sierig, Ludwig (Louis)
Als Maurer, später auch als Bauunternehmer bezeichnet, aber nicht zur erfolgreichen Baufirma Sierig gehörend. Louis Sierig (geb. 27.8.1854) war der älteste Sohn von Franz Eduard Sierig, dem Begründer der Dynastie, und damit Bruder des Bauunternehmers Johann Sierig. Er war mit Charlotte (geb. 5.2.1855) verheiratet, mit der er folgende Kinder hatte: Daniel (geb. 13.8.1878), Heinrich (geb. 15.3.1881), Bertha (geb. 21.3.1884), Adolph (geb. 13.1.1887), Ida (geb. 22.3.1888) und Friedrich (geb. 8.5.1890). Er erbaute sich 1886 das Haus Hahler Straße 55, das er 1897 wieder verkaufte. 1890 wohnte bei ihm der Lehrling Heinrich Oetting (geb. 23.7.1875 in Petershagen) zu Miete. 1889/1890 scheint Louis Sierig in Beziehungen zum Architekten O. Ziegler gestanden zu haben (da Sierig keine weiteren Bauten nachgewiesen werden konnten, dürfte er in Zieglers Baubetrieb gearbeitet haben). 1907 erbaute er sich (zog aus Erbe Nr. 92 dorthin) an der Straße Nach den Bülten 7 ein neues Haus. 1910 folgte diesem auf einem benachbarten Grundstück der Hilfsbremser Gottlieb Sierig. Unbekannt auch der Zusammenhang mit Karl Sierig, geboren am 27.9.1874, der verheiratet war mit Laura Blichterning (geb. 5.6.1874 in Minderheide).

1886   Hahler Straße 55, Wohnhaus für eigene Zwecke
1889   Hahler Straße 55, Umbauten (Plan: O. Ziegler)
1890   Hahler Straße 55, Umbauten (Plan: O. Ziegler)
1907   Nach den Bülten 7, für eigene Zwecke

Sierig, Ludwig
Klempnermeister, 1895 Werkstatt in der Simeonstraße 26.
1912–1914   St. Petri, Instandsetzung und Umbau (zusammen mit anderen) (III, S. 584)

Sieveking
Tischlermeister; Werkstatt in der Hellingstraße 1.
1909   Tonhallenstraße 3, Stadttheater, Bestuhlung

Sieveking oder **Siebeking**, Jobst Otto
Schmiedemeister. Ein Nachfolger, der Hufschmiedemeister Sieveking, wohnte 1851 Kampstraße 32. 1732 bei Arbeiten in St. Martini und in den 1740er und 1750er Jahren bei Arbeiten in St. Marien genannt.
1744/1745   St. Marien, Befestigung der Turmglocken (III, S. 151)
1746/1747   St. Marien, Arbeiten (zusammen mit Meister Ahlborn) (III, S. 151)
1751/1752   St. Marien, *Glockenturm wieder zurecht gemacht* (III, S. 151)
1753   St. Marien, Neubau des Turmhelms, Schmiedearbeiten (zusammen mit anderen) (III, S. 136)
1756/1757   St. Marien, Zahlungen für Arbeiten (III, S. 151)

Sievert
Baufirma in Porta Westfalica-Lerbeck.
1950   Brückenkopf 2 a, Umbau

Silke
Tischlermeister, wohnte 1851 Alte Kirchstraße 14.

Simeon, Erich M.
1923   Königswall 105, Gartenhaus Strothmann (zusammen mit Heinrich Schäfer)

Simon
Ing.-Lieutenant (geb. 1817), seit 1847 in Minden ansässig. 1838 Lieutenant, 1852 Kapitän, 1862 Major, 1868 Oberst, 1874 General-Major. 1874 als Inspektor der 1. Festungs-Inspektion

aus dem Dienst geschieden (von Bonin II, 1878, S. 306).

1845–1867 Bahnhofsbefestigung (zusammen mit anderen) (I.2, S. 56, 525 f., Kat.-Nr. 270)

Sinemus, Carl

Maurermeister und Ziegeleibesitzer. Am 10.1.1835 als Sohn des katholischen Schuhmachermeisters Heinrich Sinemus und seiner Frau Caroline Scheden (oder Helene Scheel) in Minden geboren. Ab April 1849 in der Lehre bei dem Maurermeister C. Bernhardt, von 1853 bis 1857 bei dem Maurermeister Franz Schroeder tätig, wo er zuletzt als Polier arbeitete. Am 22.3.1856 legte er die Gesellenprüfung ab. Zugleich besuchte er von 1856 bis 1859 die technische Schule in Minden, die der Architekt Burgheim leitete. Ab 1857 arbeitete er als Polier bei dem Maurermeister Assmann und legte am 11.4.1859 seine Meisterprüfung als Maurermeister in Minden ab, wobei als Probebau das Haus Hufschmiede 17 anerkannt wurde. Als Prüfungsaufgabe wurde Planung und Kalkulation eines massiven Logierhauses verlangt (KAM, Mi, F 874). Seinen Meisterbrief scheint er aber erst 1860 erhalten zu haben (Amtsblatt). 1866 erwirbt er das Anwesen Obermarktstraße 24, in dem er seinen Baubetrieb einrichtet. Es bestanden enge Beziehungen zu den Maurermeistern Schmidt & Langen, die zunächst offensichtlich ab etwa 1873 pachtweise, dann wohl 1878 durch Kauf den Betrieb und das Haus an der Obermarktstraße 24 übernahmen, während sich Sinemus nun als Rentier bezeichnet und das Amt eines Stadtverordneten bekleidet. Sinemus war über lange Jahre Rendant der Domgemeinde und Mitglied des Domkirchenvorstandes. 1884 ist er Mitglied der Kanalbaukomssion. Carl Sinemus war über 25 Jahre Mitglied städtischer Kollegien, aber auch Mitglied des westfälischen Städtetages (MLK 2.6.1899). Dennoch scheint er in kleinem Maße auch weiterhin Baumaßnahmen durchgeführt zu haben. 1886 übernahm Sinemus einen Betriebshof an der Videbullenstraße 25, den bis 1880 die Firma Schütte & Krause, dann Pook unterhalten hatte. 1895 ist er in der Kleinbahnkommssion des Kreises, die den Bau der Kreisbahn vorbereitete, tätig.

Sinemus war verheiratet mit Mathilde Bockelmann (geb. 19.4.1838, gest. 21.2.1906), die sich später von ihm trennte. Das Ehepaar (die Ehe blieb kinderlos) wohnte ab 1878 zunächst in der durch Sinemus selbst errichteten Villa Königsglacis 5. Er starb *nach längerem Leiden* am 1.6.1899. Seine Witwe wohnte 1906 Simeonstraße 22 und besaß noch die Häuser Königsglacis 5 sowie Ortstraße 10. Maurermeister Sinemus besaß auch das Gebäude Ortstraße 8 als Lager, wobei ein H. Sinemus in dem benachbarten Haus Ortstraße 4 wohnte. Später bestand zudem ein Kohlenhandel Karl Sinemus an der Brüderstraße 27.

1856   Hohnstraße 20 (als Polier bei Franz Schroeder)

1859   Hufschmiede 13 für Schuhmacher Drabert

1867   Lindenstraße 31, Wohnhaus des Zimmermeisters Lück (nach seinen Entwürfen)

1867   Markt 1, Rathaus, Reparatur der Fassade

1871   Priggenhagen 1 für Klempnermeister G. Waag

1872   Lindenstraße 10 für Hauptmann a.D. Th. von Hagen

1872   Dom, Maurerarbeiten im Domreventer

1873   Alte Aminghauser Straße 11/13 (zusammen mit Zimmermeister Lück), Arbeiterhaus für Firma Gbr. Busch

1878   Königsglacis 5, Villa für eigene Zwecke

1892   Bachstraße 46 für Mühlenbauer Heinrich Thielking

1896   Wesertor, Abbruch (I.2, S. 336)

Sinemus, Carl Ferdinand
Arbeiter, geb. 11.12.1865. Seine Eltern waren Maurer Carl Sinemus und Leonore Pflume. Seit 1888 verheiratet mit Sophie Hanne Schuncke (geb. 9.12.1865, Eltern: Maurer Friedrich Wilhelm Schuncke und Luise Schmidt).

Sinemus, Erich
Maurermeister, Sohn des Maurermeisters Fritz Sinemus.
1933 Hermannstraße 55, Einfriedung
1934 Weingarten 29, Umbauten

Sinemus, Fritz (Friedrich-Wilhelm)
Maurermeister und Bauunternehmer. Als Sohn von Heinrich Sinemus und Friederike Witte am 14.3.1869 in Minden geboren (katholisch) und wohl ein Neffe des Maurermeisters Carl Sinemus. Er ging von 1883 bis 1886 beim Maurermeister Pook in die Lehre und war danach bei verschiedenen Baufirmen beschäftigt (zugleich in den Wintern 1889/1892 in der Baugewerkschule Holzminden). Nach dem Militärdienst 1891 eröffnete er 1892 ein Baugeschäft und wohnte 1912 in der Weingartenstraße 34, dann ab 1914 (bis 1939) Oberstraße 10. Aus seiner 1895 geschlossenen Ehe mit Emma Schlaffke (Tochter des Werkführers Mathias Schlaffke) ging der Maurermeister Erich Sinemus hervor, der später den Betrieb seiner Vorfahren weiterführte. 1917/1919 wegen der schwierigen wirtschaftlichen Lage im Baugewerbe bei der Stadt Minden als Polizeisergant beschäftigt.
1897 Abbruch des Wesertores
1901 Königswall 20, Lagerhaus für Papiergroßhändler F. Lange
1912 Hermannstraße 49 für Lokführer Alfred Schlaffke
1914 Oberstraße 10, Umbau und Erweiterung für eigene Zwecke
1929 Hermannstraße 59 für Schiffer Wilhelm Wattenberg

Sinemus, Heinrich
Maurer, wohl Bruder des Maurermeister Carl Sinemus. Heinrich wurde am 12.4.1821 geboren und war mit Friederike Witte (geb. 31.12.1825) verheiratet. 1878 wohnen sie mit ihren Kindern Minna (geb. 21.7.1857) Fritz und Eduard (geb. 2.7.1877) in dem Haus Ortstraße 4.

Sipp, Adolf
Bauunternehmer (geb. 17.8.1841, gest. 22.8.1917), übernahm das Baugeschäft von seinem 1908 verstorbenen Vater Gustav Sipp und bekleidete hohe Ämter in der Stadt, so etwa als Stadtrat. 1895 war er im Vorstand der Loge »Wittekind zur Westphälischen Pforte«. Er war verheiratet mit Lina Nabe (geb. 16.9.1849, gest. 3.8.1921), aus der Ehe ging die Tochter Elisabeth hervor, die 1921 mit N. von Bedecker verheiratet war. Nach Adolf Sipps Tod wurde die noch 1960 bestehende Firma von Geschäftsführern weiter geführt, so etwa 1924 von Friedrich Meinecke.
1911 Fischerallee 11, Lagerschuppen
1912 Melittastraße 3, Umbau
1912 Fischerallee 15, Einfriedung
1912 Marienstraße 5, Anbau an das Pfarrhaus
1912 Marienstraße 74, Ausführung Villa Stadtbaurat Burr (Plan: Burr)
1916 Fischerallee 15, Anbau am Hinterhaus
1919 Obermarktstraße 35, Umbauten
1921 Bäckerstraße 42, Umbau
1922 Bahnhof Minden, Werkstätten, Neubau eines Werkstofflagers als Betonbau
1922 Marienwall 1, Umbauten
1923 Bäckerstraße 34, Umbauten u. a. Hinterhaus Großer Domhof 5 (II, S. 1233)
1923 Karlstraße 7, Stall und Fahrradschuppen für westf. Sperrholzindustrie
1924 Fischerallee 7, Anbau eines Benzinlagers

1925	Blumenstraße 1, Erneuerung des Balkons
1925	Oberstraße 14, Umbau
1927	Steinstraße 20 b für Telegrafendirektor Bock von Wülfingen (Plan: J.H. Müller/Hannover)
1927/1928	Bleichstraße 8 a für Studienrat Hermann Müller (Plan: Karl Krause Junior)
1928	Hermannstraße 16, Umbauten
1928	Hermannstraße 53, Umbau
1936	Dorotheenstraße 5, Anbau Lagerhaus für Richard Fleischer
1936	Hermannstraße 36, Garage
1936	Kaiserstraße 4, Umbau des Ladens
1950	Bäckerstraße 71, Unterkellerung des Hofes
1950	Hermannstraße 14, Umbau
1950/1951	Großer Domhof 6, Neubau Postgebäude (MT vom 9.3.1951)
1952	Marienglacis 35, Garage
1954	Kampstraße 29, Wiederherstellung
1955	Stiftsallee 2 a für Hermann Reinking
1956	Obermarktstraße 33, Umbau Laden und Hofüberbauung für G. Höltke
1960	Bäckerstraße 34, Ladenumbau

Sipp, Adolf Melchior
Kreistierarzt (geb. 1801, gest. 10.2.1871) in Minden, wohnte 1846 an der Poststraße 6 und ab etwa 1852 in dem von ihm erworbenen Anwesen Oberstraße 66/68 (dem ehemaligen Gesundbrunnen bei der Fischerstadt), das auch späteren Generationen und der durch seinen Sohn begründeteten Baufirma als Mittelpunkt dienen sollte. Aus der Ehe mit Elisabeth oder Charlotte Vogeler (geb. 1809, gest. 22.10.1872) gingen drei Söhne, der Baumeister Karl Adolf (geb. 1839), der spätere Stadtrat Adolf und der Maurermeister Gustav Sipp sowie die Tochter Anna hervor, die 1876 Julius Heinrich Rodenbeck heiratete.

Sipp, Gustav C.L.
Maurermeister und Baugewerksmeister. Als dritter Sohn des Kreistierarztes Adolf Sipp am 8.6.1846 geboren, seit 1874 verheiratet mit Hilde Dunker (Tochter des Salinenkassenrendanten Carl A. Dunker/Bad Oeynhausen). Nachdem er 1868/1869 (zusammen mit seinen Freunden, dem Zimmermann Carl Krause und dem Zimmermann H. Scheidemann) mit abschließender Meisterprüfung die Baugewerbeschule in Höxter besucht hatte, begründete er 1870 ein sehr erfolgreiches Baugeschäft und verstarb am 30.4.1908 in Minden. Er erbaute sich 1878/1879 das repräsentative Wohnhaus Hermannstraße 16 unmittelbar vor seinem Elternhaus, wo auch seine Firma untergebracht war. Die Firma wurde nach seinem Tode von seinem Sohn Adolf weitergeführt, während der Sohn Gustav (geb. 8.10.1878) Gärtner wurde und 1908 aus Minden verzog.

1879 scheint bei der Firma der Architekt Wihler als Bauleiter beschäftigt worden zu sein. 1893 ist Maurermeister Sipp einer der beiden aus Westfalen anwesenden Delegierten auf den 8. Delegiertentagen des »Innungs-Verbandes Deutscher Baugewerksmeister« in Hannover (zusammen mit Maurermeister Homann als Gast).

1872	Großer Domhof 10, Präsidialkurie, Verputz und Fassung eines Badezimmers (II, S. 1295)
1872	Viktoriastraße 1, Anbau für H. Nabe
1873	Friedrich-Wilhelm-Straße 90, Wohnhaus für Gustav Schneider
1874	Friedrich-Wilhelm-Straße 90, Scheune für Gustav Schneider
1874	Portastraße 2, Wohnhaus und Fabrik für den Zigarrenfabrikanten Jerrentrup (Zuschreibung)
1875	Hermannstraße 24 für Schiffer Carl Kregeler
1875	Marienstraße 103 für Steinhauermeister Friedrich Hollo

1876	Hermannstraße 4 für Tischlermeister H. Holle	1893	Am Brühl 6, Geflügelzuchthaus für Carl Frerich
1876	Kleiner Domhof 6, Hinterhaus (II, S. 1367, 1369, Abb. 871 f.)	1893	Ritterstraße 18, Anbau für Druckereibesitzer Gustav Bruns
1877	Königstraße 75 für Kaufmann Friedrich Meyer (Entwurf) (Ausführung zusammen mit Schütte & Krause)	1893	Rodenbecker Straße 44 für den Oberpostkassenrendanten Louis Schulz (Plan: W. Meyer)
1877	Ritterstraße 22 für den Zigarrenfabrikanten A. von der Heyde (Ausführung zusammen mit Schütte & Krause)	1894	Am Brühl 8, Stallgebäude für Kaufmann Karl Frerich
		1895	Marienstraße 60 für Rentier Heinrich Winter
1878	Hermannstraße 8, »Holles Kollosseum« (unter Mitarbeit von Zimmermeister Borgmann)	1896	Bäckerstraße 24 (erschlossen) für Schreinermeister Emil Preuß
		1896	Oberstraße 66, Lagerhaus für eigene Zwecke
1878/1879	Hermannstraße 16 als eigenes Wohnhaus	1897	Marienwall 13 (möglicherweise)
1879	Hermannstraße 6, Gartenhalle an »Holles Kollosseum«	1900	Oberstraße 66 für eigene Zwecke
		1901	Oberstraße 32, Umbau
1879	Marienstraße 13 (erschlossen) für Dr. Steinmeier (Plan: W. Moelle (?) und Bauleitung Wihler?)	1902	Großer Domhof 4, Verlegung des Eingangs zur Gaststube (II, S. 1221, 1224, Abb. 752)
1879/1880	Marienstraße 40 für Kaufmann Gustav Lampe	1902	Kaiserstraße 2, Erweiterung des Werkstattgebäudes für Möbelfabrik Schmidt
1880	Marienstraße 13, Wirtschaftsgebäude für Dr. Steinmeier	1902	Marienwall 14, Neubau einer Werkstatt für Clausing Nachf.
1880	Stiftstraße 11, Villa für Dr. Sieveke	1902	Oberstraße 11, Anbau
1881	Viktoriastraße 18 für Gutsbesitzer H. Pleuger (zusammen mit Zimmermeister Chr. Lück)	1903	Hermannstraße 22, Einfriedung
		1904	Stiftsallee 109, Stallgebäude für Fr. Tietzel (Gut Denkmal)
1882	Viktoriastraße 18, Stallanbau und Einfriedung für Gutsbesitzer H. Pleuger	1904	Stiftsallee 111, Stallanbau
1884	Tränkestraße 6, Wohnhaus und Lager für Wilhelm Steffen	1904/1905	Hafenstraße 16, Bürgerschule III (Pläne: Stadtbaumeister Kersten)
1887	Hermannstraße 11 für Fleischermeister Fritz Vogeler	1905	Marienwall 31, Marienwallkaserne, Einbau von Toiletten und Um-/Neubau des Latrinenbaus (I.2, S. 701)
1888	Hermannstraße 11, Nebengebäude für Fleischermeister Fritz Vogeler	1905	Oberstraße 66, Anbau für eigene Zwecke
1888	Viktoriastraße 18, Verandaanbau		
1889	Viktoriastraße 18, Neubau Stall für Gutsbesitzer H. Pleuger	1905	Portastraße 9, Garnison-Lazarett, Auftrag für Entwässerungsanlage und Anschluß an städtischen Kanal erhalten (I.2, S. 464)
1891	Brühlstraße 2 für Lokführer Hermann Sicars		
1891	Johannisstraße 1a für Kaufmann Carl Rubrecht	1908	Oberstraße 48, Anbau

Sipp, (Hermann?) Carl
Bauführer und königlicher Baumeister zu Magdeburg. Als erster Sohn des Kreistierarztes Adolf Sipp 1837 geboren, wohnte bis zu seinem frühen Tode am 20.8.1872 in dem Haus Tränkestraße 3. War verheiratet mit Antonie Bruch (Witwe von Reg. Hauptkassen-Buchhalter Lammers).
1862/1863 Hohe Straße 8, Bauleitung Neubau Proviantamt

Skobowsky, Klaus
Dipl. Ing. und Architekt in Minden. Bei der Kampa-Haus AG beschäftigt.
1993 Alte Sandtrift 11 a für Meta Mußmann

Slawinski, Friedrich
Architekt, Dr. Ing. und Regierungsbaudirektor a. D. (geb. 5.5.1910 Geiswald/Kreis Siegen, gest. 28.4.1999 Salzburg). Nach Studium an der TH in Hannover und Referendariat (1935–1938) in Düsseldorf zunächst als Architekt in Salzburg tätig. Dissertation über die Baugeschichte der Kirche Idensen. 1945 kam er auf Grund einer Bewerbung nach Minden, wo er schon während seiner Ausbildungszeit beim Militär gelegen hatte. Hier war er vom 1.4.1946 bis 1947 als Stadtbaurat bei der Stadtverwaltung tätig, dort aber dann wegen Zerwürfnissen mit dem Bürgermeister über die Ziele der städtischen Architektur ausgeschieden. Danach eröffnete er in Minden ein bis 1972 betriebenes Architekturbüro. Es befand sich bis 1956 in dem Haus Stiftstraße 35, dann in einem nach eigenen Plänen errichteten Neubau mit Atelier an der Hardenbergstraße 18. Neben der Planung von Einzelbauten wurden Ortsplanungen für zahlreiche Gemeinden in Ostwestfalen übernommen und auch deren Flächennutzungspläne erstellt. In dem Büro wurde 1950/1962 G. Kirchhoff als selbständig arbeitender Mitarbeiter beschäftigt. Slawinski übernahm 1971–1977 eine Professur an der Fachhochschule in Lage (Lippe). Er wirkte über 30 Jahre als vereidigter Sachverständiger bei der Industrie- und Handelskammer.
1947 Kutenhauser Straße 26, Umbau (Ausführung: Stremming)
1947 Manteuffelstraße, Firma Poll, Umbau
1950 Gartenstraße 11 für Peter Brauckhage/Meißen (Zeichnung: Kirchhoff)
1950 Hahler Straße 26, Um- und Erweiterungsbau für Herbert Rogall
1950 Marienstraße 7, Verkaufspavillon für A. Pardey
1950 Ulmenstraße 12 für Prokurist Heinz Baumbach (Zeichnung: Kirchhoff)
1950 Stemwede-Levern, Baubüro, später eigenes Wochendhaus (siehe Bauten in Westfalen 1945–1957, Nr. 9)
1950 Nach den Bülten, Wohnhaus für Bentz
1951 Stemwede-Levern, Stahlbadehaus Meier
um 1951 Stemwede-Levern, Siedlungspläne
1951 Bäckerstraße 48, Umbau und Erweiterung
1951 Kutenhauser Straße 22, Umbau
1951 Roonstraße 5 für Stadtoberinspektor Fritz Dallmeyer (Ausführung: Bauhütte Minden)
1952 Portastraße 36, Tankstelle
1952 Besselstraße 23, Wohnhaus für Frl. Frida Buhrmeister (Ausführung: von Behren)
1952 Ritterstraße 8, Verkaufspavillon für Milchhändler Friedrich Schmidt
um 1952 Birkenweg, Wohnhaus
1953 Kaiserstraße 17–21, Reihe von Verkaufspavillons für Friedrich Stahlhut
1953 Wilhelmstraße 22, Anbau
1954 Bäckerstraße 60, Umbau der Erdgeschoßfassade
1954 Königsglacis 11 für Kaufmann Florenz Mues
1954 Manteuffelstraße 18 für Städt. Musikdirektor Franz Bernhardt
1955 Marienstraße 59, Anbau

um 1955 Lessingstraße
1956 Bleichstraße 8 a, Balkonausbau
1956 Hardenbergstraße 18, Wohnhaus mit Atelier für eigene Zwecke
1956 Königstraße 50, Milchladen
1956 Ulmenstraße 12, Anbau
1957/1958 Brauereistraße 8, Neubau Albert-Schweitzer-Haus für evangelische Kirchengemeinde St. Marien
1958 Heidestraße 3, Anbau
1958 Stiftsallee 11, Lagerhaus
1959 Hardenbergstraße 18, Anbau
1959 Kutenhauser Straße 63, Anbau
1960 Blumenstraße 33 für Studienrätin Elisabeth Schäber
1960 Scharn 1, Wiederaufbaukonzept für Konditor Carl Schmidt
1961 Johansenstraße 17, Umkleidegebäude des städt. Sommerbades
1961 Ulmenstraße 12, Garagenbau
1961/1962 Moltkestraße 25 für Werner Baade
1961/1962 Königstraße 49 für Otto Belbe
1962 Marienglacis 9/11, Dienstgebäude der ländlichen Centralkasse
1962 Hohnstraße 1, Wiederaufbaukonzept
1962 Stiftsallee 11, Büroanbau (Plan: Kirchhoff)
1962 Porta Westfalica-Lerbeck, Flächennutzungsplan
1963 Hardenbergstraße 18, Anbau
1963 Königswall 93, Erweiterung der Klinik Dr. Walzberg
1963 Kuhlenstraße 8, Einfriedung
1964 Fischerglacis 21, Anbau eines Hotelflügels für Wilhelm Koch
1964 Hermannstraße 36, Umbau
1965 Hardenbergstraße 18, Verblendung
1966 Bäckerstraße 52, Umbau des Ladens
1966 Königswall 93, Sanierung der Klinik Dr. Walzberg
1968 Brühlstraße 11–13, Montagehalle für Fahrzeuge für die Firma Clausing & Co.
1969 Marienglacis 21, Umbau
1970 Bäckerstraße 34, Umbau des Ladens
1970 Porta Westfalica-Lerbeck, Bebauungsplan 2
1972 Bäckerstraße 43, Umbau
Kutenhauser Straße, Albert-Schweizer-Gemeindehaus
Ringstraße, Kleiderfabrik Lemke
Drabertstraße, Fabrikgebäude Drabert
Dielingen, Wirtschaftsplan
Salzkotten, Wirtschaftspläne für die Stadt Salzkotten und die Gemeinden im Amt Salzkotten
Weitere Häuser: Bierpohlweg, Blücherstraße, Blumenstraße, Harrelkamp, Königsweg, Moltkestraße, Weg in die Hanebek.

Slegel, Jürgen
Orgelbauer.
1591   St. Martini, Orgel (vermutet) (III, S. 383)

Sluyterman
Bauführer bei der Regierung Minden, wohnte 1857 mit (seinem Vater?) Premier-Lieutenant A.D. J. Sluytermann im Haus Markt 7.
1854   Hafeneisenbahn, Nivellementsplan und Kostenanschlag
1857   Hafeneisenbahn, Kostenanschlag zum Bau
1857   Kaiserstraße 31, Oberpostdirektion, Bauleitung

Sobbe
Nagelschmiedemeister, wohnte 1851 Brüderstraße 14.

Sommer, Michael
Schreiner und Bildschnitzer, Zusammenarbeit mit Hans Scherer d. J.
zwischen 1625 und 1630 Dom, Westorgel (vermutet) (Orgelbauer: wohl Hans Scherer d. J.) (II, S. 833)

Sönker, Franz
Dachdeckermeister.
1882 Dom, Sicherung des Chores, Reparatur der Bleideckung (zusammen mit vier Gesellen aus der Martinipfarre/Münster) (II, S. 429)

Sonnefeld, Albin
Baubeamter bei der Stadt Minden (geb. 18.3.1875, gest. 18.5.1942). Verheiratet mit Selma Buchenau (geb. 10.11.1879, gest. 17.4.1960). Sie wohnten über Jahrzehnte in dem Haus Kaiserstraße 10. Seit 17.4.1895 bei der Stadt Minden im Baubereich beschäftigt, 1908 Techniker, 1919/1924 Stadtbauinspektor, 1929 Stadtbauamtmann, 1935 nur noch Dienststellenleiter, das Amt wird nun von Stadtbaurat Hennemann geleitet (KAM, Mi, G V, Nr. 36 und 50).
1923 Marienstraße 75, Remisen- und Stallgebäude des städtischen Betriebshofes

Sontag
Ingenieur-Hauptmann (geb. 1822). 1842 Lieutenant, 1855 Kapitän, 1865 Major und 1871 Oberst. 1874 als General-Major aus dem Dienst geschieden. Inspekteur der 7. Festungs-Inspektion (VON BONIN II, 1878, S. 307).
um 1855/1859 »Kriegs-Pulver-Magazin No 2 im Bastion X« (kopiert durch Ingenieur-Lieutenant von Wolkowa-Feldkowicz) (I.2, S. 298 f., Abb. 161, Kat.-Nr. 145)
1858 »Laboratorium im Bastion II« (I.2, S. 350 f., Abb. 203 f., Kat.-Nr. 181)

Carl Sparmann & Co. GmbH
Steinbruchbetrieb in Dresden.
1912/1913 Schachtschleuse, Lieferung der Verblendsteine

Baugesellschaft **Sparrenberg**
Bielefeld.
1957 Lindenstraße 6, Umbau

Specht
Bau-Ingenieur in Rahden.
1956 Brückenkopf 3, Umbau und Instandsetzung der Fabrik für Fruchtsaftkellerei Löffler

Speith
Orgelbauanstalt in Rietberg, gegründet 1848 von Bernhard Speith. 1978 übergab sein Enkel Rudolf Speith das Unternehmen seinem langjährigen Betriebsleiter Günther Müller. Seit 1996 führt dessen Sohn Ralf die Firma in der fünften Generation weiter.
1964 St. Mauritius, Orgel (III, S. 533)

Speithling (auch **Speitling**), Heinrich Andreas
Dachdeckermeister.
1737 Dom, Dacherneuerung der westlichen Langhausjoche, Abnahme und Verkauf der vorhandenen Bleideckung sowie Eindecken der neuen Dachkonstruktion (II, S. 419, 421)

Spieker
Geheimer Oberregierungs-Rat.
1881 Dom, Besichtigung (zusammen mit dem Konservator der Kunstdenkmäler von Dehn-Rotfelser und Geh. Ober-Baurath Adler) (II, S. 449)

Spier, Heinrich
Tischlermeister, wohnte Kampstraße 30. Verstarb vor 1880.
1860 Vinckestraße 3, Domkaplanei (zusammen mit anderen) (Plan: Jung) (II, S. 1327)
1864–1865 Dom, Instandsetzung der Sakristei, Arbeiten (Plan: Marx, von Lesser) (II, S. 393)
1867 Vinckestraße 3, Domkaplanei, Reparatur (zusammen mit anderen) (II, S. 1328)
1876 Großer Domhof 3, Kurienhof, Reparatur (zusammen mit C. Jochmus, W. Menke und A. Mohrien) (II, S. 1208)

Spies
Architekt in Minden, verzog 1851 nach Berlin (MiSoBll, S. 78).

Spieske, C.
Architekt in Oldenburg.
1883   Immanuelstraße 20, Gutachten zum geplanten städtischen Badehaus

Spilker, Ernst
Architekt in Bad Oeynhausen.
1934   Bad Oeynhausen, Schützenstraße 2, Villa Rottmann (zusammen mit Stopfel/Bielefeld)
1954   Simeonglacis 1 für Kaufmann Dr. Fritz Macho

Spillner
Ingenieur-Seconde-Lieutenant in Minden (I.2, S. 379).
1854   »Entwurf für die Traversierung der Hausberger Front« (I.2, S. 379, Abb. 223, Kat.-Nr. 192)
1845–1867 Bahnhofsbefestigung (zusammen mit anderen) (I.2, S. 602–604, Abb. 398, Kat.-Nr. 311 f.)

Spitta
Bau- bzw. Regierungsrat/Berlin.
1896   Dom, Sicherung des Chores, Gutachten (zusammen mit den Bau- und Regierungsräten Eggert und Steinhausen, ebenfalls Berlin) (II, S. 376)

Spittler, Eduard
Architekt und Stadtrat in Colmar (geb. 26.2. 1868 in Colmar, evangelisch), verheiratet mit Louise Gschädler, wohnte dort Münsterkirchplatz 6. Da er als »franzosenfeindlich« eingestuft wurde, mußte er auf staatliche Anordnung ab dem 8.5. 1916 in Minden seinen Wohnsitz nehmen. Er bekam eine Wohnung in dem Haus Königstraße 59 und mußte fortan jeden Ausflug aus der Stadt der Polizei melden (KAM, Mi, GII, Nr. 101).

Splitt, Johann (auch Johannes)
Architekt in Celle.
1970   St. Petri, Umbau des Kircheninneren mit nicht ausgeführter neuer Empore (III, S. 575, 584)
1971   Marienglacis 31, Anbau an die Christuskirche
1984   Marienglacis 31, Erweiterung der Chrituskirche

Spengel
1975   Kaiserstraße 7, Erweiterung des Kaufhauses

Spengelin, Friedrich
Dipl.-Ingenieur und Professor für Architektur in Hannover (II, S. 1408: Berlin). Dort an zahlreichen Großbauten wie dem Architekturgebäude der Uni (1965/1966) beteiligt.
Bauten in Minden:
1976/1978 Bäckerstraße 61/67, Karstadt-Kaufhaus, Planung der Fassaden
1977/1978 Bäckerstraße 71, Umbau und Erweiterung (örtliche Bauleitung: W. Rösner)
1979   Kleiner Domhof 10 (14/30), »Haus am Dom« (zusammen mit W. Rösner) (II, S. 1408)
1979   Bäckerstraße, Osthälfte, Spielbrunnen (zusammen mit W. Rösner)
1980/1981 Bäckerstraße, Brunnenanlage (zusammen mit W. Rösner) (I.2, S. 962)

Spönemann, Friedrich
Tischlermeister, stirbt 72jährig am 7.7.1796.
1755   St. Petri, Reparaturen (zusammen mit anderen) (III, S. 580)

Spoinsky, Friedrich
Tischler (geb. 3.9.1810, gest. vor 1885), wohnte 1846 Weingarten 46. Aus der Ehe mit Charlotte (geb. um 1814) ging der Sohn Wilhelm hervor, der später auch die Tischlerei weiterführte.

Spoinsky, Wilhelm
Tischlermeister (geb. 3.3.1850, gest. vor 1893), war mit Lina (geb. 8.8.1861) verheiratet, mit der er zwei Söhne (Carl geb. 21.12.1880 und Hermann geb. 14.6.1884) hatte. Übernahm die Tischlerei seines Vaters Friedrich in Weingarten 46, die er bis zu seinem Tod weiterführte.

Sprendelmann, Emil
Baugeschäft in Meißen.
1965   Bachstraße 69, Umbauten

Springer, Siegfried
Bildhauer in Münster und Telgte.
1971   Dom, Restaurierung einer Pietà (zusammen mit Fa. Peter/Levern) (II, S. 793)
1979/1980 Dom, Ergänzung der Madonna mit der Taube (II, S. 803)

Sprute, Friedrich
Maurermeister mit eigenem Baugeschäft in Bad Oeynhausen (1928 im Besitz von Fr. Markmann).
1914   Blumenstraße 21 für Amtmann a. D. Albert Ross

Stahl, Wilhelm
Bis Sommer 1853 Wegebaumeister in Erfurt, dann als Kreisbaumeister nach Minden versetzt (Nachfolger von Berghauer) und in dieser Funktion bis zu seiner Pensionierung im Januar 1874 tätig. 1856 auch für die Revision der Dampfkessel zuständig. 1857 als Kreis-Wegebaumeister bezeichnet. 1862 begutachtet er die Meisterarbeit von Ferdinand Schütte, wohnte 1857/1862 Videbullenstraße 12.
1854   bei Neubauplanungen für Chausseen (unter Regierungs-Baurat Niermann) beteiligt.

Stahlbau Lavis Offenbach GmbH
1993/1998 Neue Kanalbrücke über die Weser

Stahlhut
Orgelbaufirma in Aachen.
1914   Dom, Beteiligung an der Erneuerungs- und Instandsetzungsplanung zur Westorgel (II, S. 826)

Stahlhut
Pumpenmacher.
1847   Vinckestraße 1, Kurienhof, Reparatur einer Pumpe (II, S. 1313)

Stahlhut, C
Zimmermeister aus Röcke.
1903   Viktoriastraße 68, Anbau

Stahlhut, Heinrich
Maurermeister aus Röcke, Nr. 15.
1928   Bachstraße 28 für Wilhelm Beiermann
1929   Waterloostraße 53 für Lokführer Erich Bischof
1929   Waterloostraße 55 für Lokführer W. Schulze

Stamm, F.
Zeichner bzw. Baukondukteur bei der Regierung Minden.
um 1815/1816 (?) Markt 13, Bestandsplan der Hauptwache
um 1817 Johanniskirchhof 6, Bauaufnahme des Lagerhauses
vor 1818 St. Mauritius und Simeon, Lageplan mit Zuckersiederei (I.2, S. 626–628, Abb. 412., Kat.-Nr. 329 f. – III, S. 478, 546, Abb. 369)
vor 1818 St. Mauritius-Kloster, Lageplan und Bestandspläne (I.2, S. 629, 644–646, Abb. 413, 423, Kat.-Nr. 331, 337. – III, S. 479, 511, 518, 530, 551, 556, Abb. 360)
1818   »Trainschuppen vor dem Simeonsplatz« und »Proviantmagazin« (Simeonsplatz 3) (I.2, S. 402–415, Abb. 238 f., Kat.-Nr. 207–209)

Stange, Johann Andreas
Maurermeister. Erwarb 1766 das Haus Marienstraße 14, das wohl wenig später von Zimmermeister Meier übernommen wurde.
1765   Vinckestraße 1, Kurienhof, Kostenanschläge zur Reparatur (zusammen mit anderen) (II, S. 1311)
1767   Marienstraße 12, Abbruch

Starcke
Major und Ingenieur-Offizier, um 1690 in Minden nachweisbar.
um 1690 Plan der Festung Minden mit umliegenden Gärten (I.2 S. 31, 92, Abb. 39, Kat.-Nr. 14)

Stark, Heimo
Dipl.-Ingenieur und Architekt, 1978 Schenkendorfstraße 69a, 1984 Bastaustraße 10.
1980 Marienstraße 17

Starke, Ernst
Schlossermeister, wohnte 1851/1868 Königstraße 44.

Statz
Maurer in Hartum.
1875   Rodenbecker Straße 63 für Schuhmacher W. Rohlfing (zusammen mit Zimmermann Fr. Rohlfing) (nach Plan: Luhmann)

Statz, Vinzens
Dombau-Werkmeister, später Dombaumeister in Köln (geb. 1819 Köln, gest. 1898 Köln).
1852   Sendenhorst, Plan zum Neubau der Pfarrkiche (1855–1865 Bauleitung Hilger Hertel)
1855   Dom, Gutachten zu Innengestaltung und statischen Sicherungsmaßnahmen (II, S. 261, 370, 393 f., 457, 602, 789)
1855/1856 Werl-Westönnen, Haus Lohe, Erweiterung Herrenhaus und Kapelle
1856/1859 Marl, St. Georg
1857   Büren-Böddeken, Meinolfuskapelle
1859/1860 Lippborg, St. Cornelius und Cyprian
1860   Schwelm, Haus Martfeld, Grabkapelle von Elverfeld
1861   Geldern, Kapelle für die Familie von Hoensbroech
1861/1863 Neheim-Hüsten, Hüsten, St. Peter

Staubermann, <u>Heinrich</u> Bernhard Theodor Emil
Dipl.-Ingenieur und Architekt. Am 11.4.1908 in Wuppertal-Elberfeld als Sohn eines Polizeimeisters geboren. Nach seiner Jugend in Coesfeld von 1928 bis 1933 Studium an der TH Hannover. 1933–1945 Planungsleiter beim Reichsarbeitsdienst, von September 1945 bis November 1945 beim Staatshochbauamt Minden, von Dezember 1945 bis November 1946 im Büro von Prof. W. March und dort mit der Detailplanung der verschiedenen Mindener Projekte betraut. Von November 1946 bis Januar 1950 als Architekt Leiter des Architekturbüros der Bauindustrie Gremmels und dort auch mit der Entwicklung des neuen Bausystems AULEI betraut. Ab 1.3.1950 als »Stadtarchitekt« Leiter des neu bei der Stadt Minden eingerichteten Planungsamtes und dort vor allem mit der Erstellung von Bebauungsplänen, Leitplanungen nach dem Aufbaugesetz von 1950, der Verkehrsplanung und den Hafenangelegenheiten betraut. Seit 1.6.1956 Baudezernent und Beigeordneter in Gummersbach.

Heinrich Staubermann war mit Margarethe Luhmann (geb. 27.6.1912) verheiratet, zwei Söhne: Horst (geb. 31.5.1939) und Gerd (geb. 8.11.1942). Bis zu dem Wegzug nach Gummersbach wohnte die Familie Sachsenring 17.
1947   Hameln, Angestelltensiedlung der AEG
1947   Heiligenhaus, Fabrikgebäude der AEG
1947   Mülheim/Ruhr, Betriebsgebäude der AEG

1948	Bierpohlweg 35 für den Geschäftsführer der Bauindustrie Gremmels, Ober-Ingenieur Carl Hübenthal
1948	Brühlstraße 29/31, Beamtensiedlung für das Eisenbahnzentralamt
1948	Goebenstraße 21–55, Beamtensiedlung für das Eisenbahnzentralamt
1950	Bleichstraße 20, Erweiterung der Klinik Baumhöfener
um 1954	Südfriedhof Minden, Planungen
1954	Martinitreppe, Neugestaltung
1954	Opferstraße, Treppenanlage zum Obermarkt

Steep, Gustav
Ingenieur-Büro in Röcke bei Bückeburg.
1965	Jahnstraße 2, Umbau der Turnhalle
1966	Königsglacis 3, Umbau des Wirtschaftsgebäude zum Wohnhaus für Dr. R. Böhm
1966	Königswall 93, Umbau der Klinik Dr. Walzberg
1969	Obermarktstraße 23, Umbau
1975	Simeonstraße 37, Umbau der Gaststätte

Steffen (auch Steffens), Johann Jürgen <u>Conrad</u>
Uhrmacher, wohnte 1740 ff. in seinem Haus Brüderstraße 27. 1735 für Arbeiten an der Uhr von St. Martini genannt. Starb am 25.1.1748.
1736	Dom, Kostenanschlag zur Reparatur des Uhrwerks (II, S. 859)
1740	Dom, Kostenanschlag zur Reparatur des Uhrwerks (II, S. 859)
1745/1748	St. Marien, Reparaturen an der Turmuhr (III, S. 158)
1747/1748	St. Marien, Bezahlung für Arbeiten (III, S. 158)

Stegemann
Tischlermeister, wohnte 1851 Weingarten 15.

Stein, Wolf-Dieter
Architekt.
| 1984 | Marienstraße 38 für Hummel-Hausbau GmbH |

Steinbeck
Generalmajor.
| 1635 | Wiederherstellung der abgebrochenen Festungswerke (SCHROEDER 1886, S. 577) (I.2, S. 30) |

Steindreischer, Hermann
Tischlermeister, wohnte 1935 Hermannstraße 46.

Steindrescher
Zimmerer.
| 1934 | Domstraße 4/6, Innenarbeiten (zusammen mit Maurer Homann und Brüder Maranca (Dachdecker/Klempner) (II, S. 1447) |

Steingrübel (Steingrübler), Wilhelm
Klempnermeister, wohnte 1868 Bäckerstraße 70.
1877, 1878 Dom, Dachreparaturen (II, S. 429)

Steinhausen
Bau- bzw. Regierungsrat/Berlin.
| 1896 | Dom, Sicherung des Chores, Gutachten (zusammen mit Bau- und Regierungsräten Eggert und Spitta, ebenfalls Berlin) (II, S. 376) |

Steinke
Landesbaumeister, wohnte 1916 in Dortmund.
| 1916 | Kreisbahnbrücke über die Staatsbahn bei Dankersen |
| 1916/1919 | Planung der Kleinbahn Bad-Eilsen-Bückeburg-Minden |

Fa. Gustav Steinmann
Orgelbaufirma in Vlotho/Weser. Gegründet 1910 durch Gustav Steinmann.
1946   St. Johannes, Notorgel aus Resten der Querhausorgel des Doms (II, S. 839)
1964–1966 St. Martini, Rückbau der Orgel in barocken Zustand (III, S. 386)
1974   Dom, Umbau der Westorgel (II, S. 841)

Steinmeier, Henrich
1646 Maurer- und Steinhauermeister (KAM, Mi, B 99/19).

Steinmeier, H.
1905   Brühlstraße 14, Wohnhaus für den Fabrikanten F. W. Meier

Steinmeister, C.
Ab 1779 als Bau-Konduckteur in Hamm und Kamen und dort mit zahlreichen Neubauten belegt, spätestens ab 1791 und noch 1800 märkischer Oberwege-Inspektor in Hagen; 1797 als Oberwegeinspektor bezeichnet und 1798 Leiter der Straßenbauarbeiten in und um Minden und dort 1800 – wohl als Zweitwohnsitz – auf der Clus vor der Stadt wohnend (STA MS, KDK Minden, 3501). Er kam wohl zusammen mit Heinrich Moritz Wesermann nach Minden.
1796   Planung der Chaussee Minden-Bielefeld (zusammen mit Wegebauinspektor Wesermann)
1798   Planung der Chaussee Minden-Clus und Minden-Porta
1808   Grafschaft Mark, Wegekarte

Stelling
Kaufmann.
1755   St. Petri, Transport von Obernkirchener Quadersteinen für Fenster und Gewölbe (III, S. 580)

Stenelt, Adam und Umkreis
Bildhauermeister in Osnabrück. In Freiberg/Sachsen geboren, seit 1606 in Osnabrück ansässig und dort bis 1631 nachweisbar. Er fertigte zahlreiche Epitaphe im nördlichen Westfalen (Minden, Levern) und im anschließenden südwestlichen Niedersachsen zwischen Emsland und Hannover. Mit dem Grappendorf-Epitaph im Mindener Dom hat sich eines der Schlüsselwerke Adam Stenelts erhalten.
frühes 17. Jh. St. Martini, Taufe Christi (Zuschreibung durch Wehking) (III, S. 405)
um 1617 Wiedenbrück, St. Ägidius-Kirche, Kanzel
um 1620 Dom, Mallinckrodt-Epitaph (vermutet) (II, S. 681–686. – III, S. 504)
um 1620 St. Martini, Bulläus-Epitaph (Zuschreibung) (III, S. 429, 431, Abb. 293)
nach 1624/1624 bis um 1629 Dom, Grappendorf-Epitaph (II, S. 686–691. – III, S. 504)
zwischen 1622 und 1628 Dom, Schorlemeraltar (vermutet) (II, S. 634)
nach 1628 Dom, von Langen-Epitaph (vermutet) (II, S. 696)
kurz nach 1621 St. Simeon, Epitaph des Arztes Bruno (glaubhaft zugeschrieben) (III, S. XXV, S. 760, 762, Abb. 520)
um 1640 St. Simeon, Altaraufsatz (Zuschreibung an Bildhauer aus Stenelt-Umkreis) (III, S. 732, Abb. 497)

Stenzel, Gustav
Bildhauer in Minden, 1914 Weberberg 3.
1912–1914 St. Petri, Instandsetzung und Umbau (zusammen mit anderen) (III, S. 584)

Stettner, Alois
Koblenz-Pfaffenrode.
1955　Dom, Wiederaufbau, Teilnahme am Wettbewerb zur Neuverglasung (II, S. 445)

Stieghorst, Martin
Architekt in Bad Oeynhausen, nach 1960 in Bürogemeinschaft mit Lothar Kappeler.
um 1925 Bad Oeynhausen, Wittekindshof
1927/1928 Bad Oeynhausen, Charlottenplatz, Gebäude der AOK
1929　Bad Oeynhausen, Friedhof Oeynhausen-Alt, Kapelle
1950　Feldstraße 9 für Postinspektor Richard Hapke
1962　Deichhof 16 für Kaufmann Hermann Tipper/Bad Oeynhausen
1964　Stiftstraße 43, KFZ-Ausstellungshalle für Ford-Meyer

Stiegmann, Anton
Zimmermeister.
1727　Kleiner Domhof 13, Domsyndikathaus, Reparatur (zusammen mit anderen) (II, S. 1415)

Stiegmann, Arendt
Maurer (?).
1717　Kleiner Domhof 1, Neubau eines Schornsteins

Stiegmann, Tönnies
1719 als Zimmermann in der Umradstraße genannt (KKA Minden, St. Martini).

Stiegmann
Pflasterer oder Steinsetzer.
1761/1763 Kisaustraße, Neupflasterung
1769/1770 Bunte Brücke über die Weser, Pflasterung

Stier, G.
Berlin.
1832　Dom, Pläne der Innenrestaurierung (Bauführer: Fabra) (II, S. 70, 457)

Stier, Wilhelm
Königlich-Preußischer Baurat in Berlin (sein Sohn Hubert Stier wurde ebenfalls erfolgreicher Architekt, der insbesondere zahlreiche große Bahnhofsbauten entwarf und seit 1879 in Hannover als Professor tätig war).

Stöber, Wilhelm
Ofensetzer (geb. 17. 3. 1851 Hildesheim), wohnte 1880 mit seiner Ehefrau Henny (geb. 2. 10. 1847 Heidenoldendorf/Lippe) und dem Schüler (und Stiefsohn?) Heinrich Meier (geb. 7. 12. 1864) Weingarten 6.

Stoedtner
1870/1878 Kreisbaumeister bei der Regierung in Minden nachweisbar, dann als Landbaumeister zur Regierung in Schleswig versetzt.
ab 1870 Vinckestraße 1, Leitung der Reparaturarbeiten (II, S. 1315)
1876/1877 Großer Domhof 1–2, Leitung der Arbeiten am Regierungsgebäude (II, S. 1200)
1877　Dom, Sanierung des Westwerks, Leitung der Arbeiten (II, S. 131)
1877　Dom, Sanierung des Westwerks, Entwurf zu Schalljalousien (Ausführung: Dachdecker Carl Jochmus 1886) (II, S. 127, 131, 845 f.)
1877　Dom, Außenrestaurierung des Langhauses, Mittelbereitstellung zur Verglasung (Entwurf: von der Forst) (II, S. 442)
1878　Dom, Außenrestaurierung des Langhauses, Planung zur Fenstererneuerung (II, S. 299)

Stöhr, Ludwig
Bau.-Ing. und Maurermeister. Baugeschäft, Marienstraße 57.
1950   Hahler Straße 28 a für August Beissner
1950   Portastraße 16, Umbau

Störmer, Rolf
Architekt BDA und Dipl.-Ingenieur in Bremen.
1951   Bremen, Turm des Funkhauses Bremen und 119 Betriebswohnungen
1955   Markt 1, Rathaus, Innengestaltung des große Saals

Stoinsky, Michael
Zimmermann. Zog 1903 aus Pakosch/Prov. Posen nach Minden und erwarb das Haus Weserstraße 13.
1903   Weserstraße 13, Aufstockung (erschlossen) für eigene Zwecke

Stolte
Maler, geb. um 1767. 1810 mit Margarethe Bloebaum verheiratet.
1792–1793 Großer Domhof 8, Kurienhof, Neubau des Wohnflügels (zusammen mit anderen) (Plan und Bauleitung: Landbaumeister Kloth) (II, S. 1256)

Stolte, Georg Andreas Gabriel
Maler. Sohn von Conrad Stolte und Marie Vaut. Verstarb 32jährig 1813 alleinstehend im Haus 230 (Petersilienstraße 10).

Stolte, Arnold Dietrich
Tischlermeister.
1727   Kleiner Domhof 13, Domsyndikathaus, Reparatur (zusammen mit anderen) (II, S. 1415)

Storm-Hollo, Regina
Steinmetzmeisterin, geboren am 25.9.1950 als Tochter des Steinmetzmeisters Fritz Wilhelm Max Hollo (zur Firmengeschichte siehe dort).

Nach Lehre 1966–1969 bei dem Bildhauermeister Theodor Henke in Bad Oeynhausen, 1969–1972 Gesellenjahre im elterlichen Betrieb. 1973 legte sie den Meisterbrief ab, übernahm 1994 den väterlichen Betrieb und führt ihn seitdem in vierter Generation bis heute weiter.
2000   Glacis, Marienstraße/Marienglacis, Jahn-Denkmal, Renovierung der Steinbüste
2001   Petershagen, Petrikirche, Altar und Kanzel
2006   Nordfriedhof, Gräberfeld für Föten

Stoy, C.
Tapetenhandlung, wohnte 1857 Markt 2.

Strack, Anton Wilhelm
Hofmaler in Bückeburg (geb. 10.8.1758 Haina, gest. 10.1.1829 Bückeburg). Lernte ab 1770 das Malen bei seinem Patenonkel Anton Wilhelm Tischbein in Hanau. Strack wurde wohl um 1780 nach Bückeburg gerufen, um für die Fürstin Juliane private Aufträge auszuführen und ihr Zeichenunterricht zu geben. Spätestens 1782 wurde er zum Hofmaler ernannt und 1783 erhielt er eine Anstellung als Zeichenlehrer am Gymnasium, eine Aufgabe, die er bis zu seinem Tode behielt. Ferner unterrichtete er Zeichnen an der Kadettenschule in Bückeburg. Als Hofmaler hatte er Porträts und Kopien von solchen der fürstlichen Familie bzw. Raumausstattungen in den Residenzen anzufertigen (nachweisbar für Schloß Hagenburg) und die Bildersammlungen zu pflegen und zu verwalten. Ferner lieferte er Zeichnungen als Vorlagen für Kupferstiche. Darüber hinaus entwarf er Innenausstattungen und überarbeitete Entwürfe der Hofarchitekten von Vagedes und Meissner. Ab 1801 gab er in drei Teillieferungen bei Hahn in Hannover das Tafelwerk »Malerische Reise durch Westphalen« heraus, in dem ein Teil seiner zahlreichen aufgenommenen Orts- und Landschaftsansichten abgedruckt wurde. Um 1810 erschien als weiteres Tafelwerk »National-Trachten ver-

schiedener Völkerschaften des nördlichen Deutschlands«.

W. Strack heiratete am 29.7.1787 in Bückeburg Wilhelmine G. R. S. Accum (geb. 6.12.1766, gest. 29.4.1839), Tochter eines Seifensieders aus Bückeburg, und erwarb 1799 für seine Familie das dortige Haus Lange Straße 65 (zu Leben und Werk siehe ALBRECHT 1997). Ein Sohn dieser Ehe ist der Architekt Johann Heinrich Strack. Ein Sohn seines Bruders, des Hofmalers Ludwig Strack und dessen Frau, der Blumenmalerin Magdalena Tischbein, war der spätere Oberbaurat Heinrich Strack (geb. 1810, gest. 1904) in Oldenburg.

1784	Bückeburg, Rathaus, Ausmalung des Theatersaales
1786	Porta Westfalica, Ansicht der Weserberge mit Hausberge von Norden
1791	Bückeburg, Schloßgarten, Umgestaltung, Zeichnungen nach Entwürfen v. Vagedes
1793	Bückeburg, Schloß, Ausmalung des Sommersaales
1795	Porta Westfalica, Ansicht der Weserberge mit Hausberge von Süden
1796	Bückeburg-Clusgarten, Entwurf für einen Monopterus und andere Elemente des Parkes
1797	Ansicht der Stadt Minden von Nordosten (I, Abb. 14, V, Abb. 1668, 1802 und 1803)
1799	Schloß Hagenburg, Ausstattung von Boudoir und Landschaftszimmer
1799	St. Petri, Kirchhof, Grabdenkmal für den Geh. Finanzrat von Waegern (Ausführung: Heyd/Kassel)
1803/1807	Ansicht der Stadt Minden von Nordosten (I, Abb. 18. – II, S. 7)
1805	Bückeburg-Bad Eilsen, Entwurf eines Brunnentempels über der Tuffsteinquelle
1805	Bückeburg-Bad Eilsen, Lageplan der Badeanlagen (Entwurf: Landbaumeister Meissner)
1805	Bückeburg-Bad Eilsen, Ansicht der Badeanlagen von Westen
1805	Porta Westfalica, Ansicht der Weserberge mit Hausberge von Süden
1808	Porta Westfalica, Ansicht der Weserberge mit Hausberge von Süden
1810	Schaumburg-Lippe, Karte des Wesertales
um 1810	Bückeburg-Bad Eilsen, Ansicht von Osten
1814	Bückeburg-Bad Eilsen, Ansicht und Querschnitt eines Dampfkessels
1816	Porta Westfalica, Ansicht der Weserberge mit Hausberge von Süden
1819	Obermarktstraße 24, Verzeichnis der Kunstsammlung von Dr. Meyer
1820	Verzeichnis der Kunstsammlung von Oberforst-Regierungsrat von Voigts-Rhetz
1826	Ansicht der Stadt Minden von Nordosten (I, Abb. 24)
1826	Porta Westfalica, Ansicht der Weserberge mit Hausberge von Süden
1828	Porta Westfalica, Ansicht von Südosten

Strack, Johann Heinrich
Hofarchitekt von Kaiser Wilhelm I. in Berlin (geb. 24.7.1805 Bückeburg, gest. 14.6.1880 Berlin). Sohn des Bückeburger Hofmalers Anton Wilhelm Strack und verheiratet mit Ernestine von Roeder (ein Vetter von ihm war Heinrich Strack 1810–1904, Oberbaurat in Oldenburg, dessen ebenfalls als Architekt in Berlin arbeitenden Sohn Heinrich Strack er später adoptierte). Nach Schulbesuch in Bückeburg ab 1824 Studium an der Kunstakademie in Berlin; 1825 Feldmesserprüfung, dann bis 1832 Mitarbeit in Schinkels Atelier. Ab 1827 auch Lehrer im Architektenverein und zugleich Studium an der Bauakademie bis zur Kondukteurprüfung. 1831 Reise mit Stüler nach Petersburg. Danach von 1832 bis 1837 als Privatbaumeister tätig. Nach weiterem Studium 1837 im Jahre 1838 Baumeisterprüfung. Ab 1839 Lehrer an

der Kunstakademie Berlin, ab 1841 Professor und ab 1842 Hofbauinspektor am Hofbauamt. 1845 im Auftrag des Königs in Kopenhagen. 1850 Hofbaurat und Mitglied der technischen Baudeputation, 1875 Geheimer Oberhofbaurat, 1876 mit Versetzung in den Ruhestand zum »Architekt des Kaisers« ernannt (siehe Weyres/Mann 1968, S. 101. – Albrecht 1997, S. 84).

Entwarf zahlreiche Großbauten in Berlin (etwa die Siegessäule, Nationalgalerie, Fertigstellung von Schloß Babelsberg oder die Anbauten am Brandenburger Tor, Kirchen St. Petri und St. Andreas). Zum Werk siehe Kieling 1987, S. 212.

Strangemann, Karl
Architekt und Bau-Ingenieur in Petershagen-Döhren Nr. 96, bis nach 1965 auch Baugeschäft.
1949   Königstraße 95 b für Fahrlehrer Josef Jopp (Ausführung: E. Glauert)
1954   Luisenstraße 15 für Wilhelm Brandt
1963   Stiftstraße 42/44, Lager- und Versandgebäude für Firma Drabert (Plan: Münstermann)
1964   Marienstraße 152 für Wilhelm Hemeier
1976   Lübbecker Straße 98 a für Eheleute Nolting
1992   Fischerglacis 19

Straßberger, Bruno Heinrich
Reproduktionsgraphiker (geb. 1832, gest. 1910).
1883   Ansicht der Stadt Minden von Osten (I, Abb. 43)
um 1890 Ansicht der Stadt Minden von Osten (I, Abb. 44)

Strasburger, Alexander
Regierungsbaurat, 1929–1939 Leiter des Wasserbauamtes II, wohnte 1935 Am Hohen Ufer 1.

Stratmann, Stephan
Werkstatt für Möbel- und Innenausbau Kaiserstraße 4.
1950   Hohnstraße 1, eingeschossiger Neubau, Ladenausbau (mit Bahn und Bergbrede) (MT vom 25.1.1951)

Strauch, Karl-Theodor
Oberregierungsbaurat Dr. Ing. (geb. 20.2. 1905), nach Studium an den TH München und Berlin 1932 Baumeisterexamen. Stellvertretender Vorstand des Wasser- und Wirtschaftsamtes Lauenburg/Elbe. In den letzten Kriegsjahren war er bei den Wasserstraßenämtern Stettin und Brieg/Oder beschäftigt 1955–1968 Leiter des Wasser- und Schiffahrtsamtes Minden-Weser.

Strehl
Dipl.-Ingenieur im Hochbauamt (Leitung: Ernst Becker) des Kohlenbergwerkes Minden.
1923/1924 Barbarastraße 15–25 und Portastraße 56–62, Siedlung des Kohlenbergwerkes Minden (Ausführung: Mülmstedt & Rodenberg)

Guss **Strehle**
Neuötting.
1979   Kleiner Domhof, Die Familie, Guß (Bronzegruppe) (Künstler: Ludwig Leitz) (I.2, S. 956)

Streich, Ottomar
Regierungsbaurat bei der Regierung in Minden (geb. 18.11.1885 Stockholm/Schweden), kam 1920 aus Königsberg nach Minden. War mit Marianne Zeeck (geb. 24.12.1895 Wolgast/Greifswald) verheiratet, ein Kind: Jürgen (geb. 2.11.1921). Die Familie wohnte anfangs Marienglacis 23, dann Weserglacis 2, seit 1924 Marienstraße 50 und verzog 1927 nach Schleswig.

Streich
Architekten und Ingenieure mit Büro in Bielefeld.
1983   Lindenstraße 1 a für Deutsche Bank

Stremming, Fritz (oder Friedrich)
Maurermeister in Porta Westfalica-Barkhausen. Er stammte offensichtlich aus der Bauernfamilie Stremming, Barkhausen Nr. 77. Die von ihm begründete Firma wurde später durch seinen Sohn Heinrich übernommen. Zeichnete teilweise auch die Pläne für Bauten, die er errichtete. 1901/1902 zeichnet Oskar Heurich Pläne für das Bauunternehmen (siehe Dankerser Straße 38, Hermannstraße 54).

1912 bei dem Architekten Kistenmacher beschäftigt. Bis 1953 unterhielt man auch eine Baustoffhandlung auf dem von der Stadt angepachteten Grundstück Hahler Straße 64, wo auch ein Lagerschuppen bestand.

1893   Besselstraße 28 für Postsekretair A. Streich (Plan: Bauführer W. Meyer)
1895   Lübbecker Straße 31 für Rentier Friedrich Freimuth
1897   Lübbecker Straße 21 für Schuhmacher Heinrich Dallmeier (Plan: A. Sassenberg)
1897   Lübbecker Straße 52 für Kistenmacher Wilhelm Rathert
1898   Dankerser Straße 43 (erschlossen) für den Bahnbeamten Karl Mathies
1898   Königstraße 110 für den Oberpostassistenten A. Brand
1898   Rodenbecker Straße 67, Anbau
1899   Dankerser Straße 51 (erschlossen) für Malermeister Fanz Rieß
1899   Bachstraße 42 für Lokheizer August Reese
1900   Dankerser Straße 3 für Militär-Büchsenmacher G. Brandenburg
1900   Dankerser Straße 5 für Schuhmacher Heinrich Holste
1900   Hermannstraße 26/28 für Zeichner Josef Hauke
1900/1901 Hermannstraße 32/34 für Zeichner Josef Hauke
1901   Hermannstraße 54 für Lokführer Heinrich Held
1902   Hermannstraße 45 für Lokführer Moritz Flögel
1903   Gutenbergstraße 11 für Schneidermeister Friedrich Pleitner
1903   Minden-Meißen, Grille 22 für Lokheizer Wilhelm Hemeyer
1903/1904 Hermannstraße 30 für Josef Hauke (Umplanung: Kistenmacher)
1904   Dankerser Straße 26 für Telegrafenarbeiter Karl Korte
1904   Hermannstraße 68 für Schiffsführer Wilhelm Mühlenkamp (Plan: Max Schütte)
1904   Lübbecker Straße 16 für Lokheizer Gustav Niemeier (Plan: F. Schneider)
1904   Minden-Meißen, Grille 24 für Lokheizer Meinert
1904/1905 Hermannstraße 25 für Josef Hauke (Plan: Kistenmacher)
1905   Besselstraße 28, Ausbau des Dachgeschosses
1905   Hermannstraße 37/39 für Josef Hauke (Plan: Kistenmacher)
1905   Viktoriastraße 60 für Lokführer Heinrich Kuhlwilm (Plan: R. Ahlert)
1906   Karlstraße 46, Doppelwohnhaus für H. Eggering und H. Breyer
1906   Obermarktstraße 38 für Uhrmachermeister B. Brandenburg (Plan: W. Meyer)
1907   Hermannstraße 58, Abortanbau
1907   Kaiserstraße 8, Gartenlaube
1908   Hafenstraße 16, Pferdestall für Kaufmann W. H. Müller
1908   Hermannstraße 45, Einfriedung
1909   Friedrichstraße 5, Mietshaus für Lokführer H. Moehle (Plan: Oskar Heurich)
1909   Hahler Straße 72, Umbau

Wohnungsbau in Bölhorst, 1950

1910   Hafenstraße 16, Wagenhalle für Kaufmann W. H. Müller
1910   Kaiserstraße 8, Einfriedung
1911   Portastraße 75, Anbau einer Küche

Stremming, Heinrich
Maurer, bezeichnet sich später auch als Architekt VFDA.
   Am 24. 8. 1900 als Sohn des Maurermeisters Fritz Stremming geboren und seit 1912 in Minden wohnend, wo er offensichtlich später in dem Büro des Architekten Kistenmacher Beschäftigung fand (1912/1924 nachzuweisen), 1927 aber wieder nach Barkhausen, Portastraße 27, verzog. 1929 Bauleiter bei Karl Scheidemann/Minden. Spätestens 1947 ist er als Architekt offensichtlich Inhaber der Baufirma E. Gremmels, Bäckerstraße 71.

1929   Kleine Dombrede 2 für Heinrich Riechmann
1929   Marienstraße 165 für Tischler A. Uhlitzsch
1930   Wittekindsallee 5 für Friedrich Spier
1933   Am Brühl 5, Montagehalle für Maschinenbau Herzig
1933   Salierstraße 6 für Ernst Wömpner
1934   Kutenhauser Straße 38, Umbau und Erweiterung
1947   Kutenhauser Straße 26, Umbau (Plan: Slawinski)

Stremming, Heinrich
Bauingenieur in Minden (geb. 15. 4. 1892, gest. nach 1966), war mit Lisbeth Fülle (geb. 21. 4. 1897 Döbeln, gest. 1. 8. 1956 Minden) verheiratet, hatte einen Sohn: Egon (geb. 24. 12. 1931). Die Familie lebte Rodenbeckerstraße 98, verzog 1951 nach Velbert. Stremming kam 1962 zurück nach Minden.

Stremming, Heinrich und Karl
1925 richteten die Gebrüder Stremming auf dem Anwesen Blumenstraße 14 (zuvor Kelpe) einen Großhandel für Baustoffe und Dünger ein. Da beide Brüder im Zweiten Weltkrieg fielen wurde die Firma nach 1945 von der Witwe Lucie Stremming weiterbetrieben. Ein dritter Bruder, Walter Stremming, gründete nach 1945 ebenfalls einen Baustoffhandel, der bis heute von seinem Sohn weiterbetrieben wird.

Strempel
Klempnermeister.
1827–1833 Dom, Bauunterhaltung der Dächer (zusammen mit Maurermeister Bernhard) (II, S. 427)
1827 Dom, Reparatur und Umdeckung von Querhaus- und Chordächern (zusammen mit anderen) (II, S. 427)

Strieboll, Martin
1912 Baurat beim Kanalbauamt Minden, wohnte Göbenstraße 9. Strieboll (geb. 10.6. 1883 Breslau, gest. 18.11.1915) war mit Rose Haisker (geb. 22.3.1873 Trebnitz) verheiratet.

Strohmeyer, K.
1912 Kutenhauser Straße 61, Remise (Ausführung: Rose)

Strube, Carl Dietrich
Maurer, wohnte 1853 in seinem Haus Pöttcherstraße 12.
1893 Domkloster, Weißen von Kreuzgang und Wand zum Reventer (II, S. 506)

Struckmeyer, Karl
Architekturbüro, Kleinenbremen Nr. 186, später Kreisbaumeister Landkreis Minden.
1934 Kleine Dombrede 20 für Motorenschlosser Heinrich Held
1951 Hahler Straße 42 für GSW Minden
1951 Lichtenbergstraße 14 für GSW Minden
1952 Stadtbahnhof der Kreisbahn, Umbau des Empfangs- und Verwaltungsgebäudes
1954 Porta Westfalica-Holzhausen, Vlothoer Straße 118, Haus Oheimb, Umbau zum Mütterkurheim
1956 Marienstraße 70, Erweiterungsbau des Kreisgesundheitsamtes

Strümpeler, Henrich
Steinsetzer, 1722 als Meister bezeichnet, wohnte 1751 Weingarten 26.
1722 Brüderstraße, Pflasterung des Platzes vor dem Commandantenhaus
1751 Tränke, Reparatur der Pflasterung

Strupp
Architekt in Münster.
1939 Lindenstraße 43, Beratung Musterhaus für Siedlungsbauten in Westfalen (Plan: G. Wolf/Münster)

Stuchtey, Günter
Restaurator in Münster.
1968 St. Marien, Restaurierung der Pieta (III, S. 117)

Stucke
Maurer, wohnte 1853 in dem ihm gehörenden Haus Weingarten 9.

Stuckenholz, Ludwig
Dampfkessel- und Maschinenfabrik, Eisen- und Messinggießerei in Wetter an der Ruhr.
1879 Weser-Schlachte, Laufkran

Stübbe & Schubli
Norddeutsche Betonbaugesellschaft in Bremen (1927 als Gustav Schubli AG bezeichnet).
1919 Portastraße 21, Wagenhalle der Mindener Straßenbahn
1928 Portastraße 21, Erweiterung der Wagenhalle der Mindener Straßenbahn

Stühmeier, Friedrich
Zimmermann in Dützen.
1910 Lübbecker Straße 110 für Postbote Wilhelm Stühmeier
1921 Lübbecker Straße 110, Anbau

Stühmeier, Wilhelm
Maurer, wohl Sohn des Zimmermanns Friedrich Stühmeier aus Dützen.
1954   Lübbecker Straße 110, Scheunenbau für eigene Zwecke

Stüler, Friedrich August
Geheimer Oberbaurat in Berlin. Geb. 28.1.1800 in Mühlhausen (Thüringen), gest. 18.3.1865 in Berlin.
1856   Dom, Sicherung des Chores, Besichtigung und Untersuchungsbericht (II, S. 219, 372)
1856   Dom, Gutachten zur Verglasung der Polygonfenster (II, S. 441)
1858   Dom, Sicherung des Chores, Revision des Kostenanschlags von Jung 1857 (II, S. 259)
1860   Dom, Sicherung des Chores, Revision der Bauaufnahme von Berring 1858 (II, S. 259)
1860   Dom, Sicherung des Chores, Gutachten zum Zustand nach Ausbau der Gewölbe und weiteren Verfahren (zusammen mit Hübner und Salzenberg) (II, S. 373 f.)
1860   Dom, Sicherung des Chores, Gutachten zu geplanter Gewölbeverankerung und -erneuerung (zusammen mit Hübner und Salzenberg) (II, S. 373 f.)
1864   Dom, Innenrestaurierung des Chores, Besichtigung und Farbvorschlag für neue Innenraumfassung (Zeichnungen: F. A. Mohrien) (II, S. 457)
1864   Dom, Instandsetzung der Sakristei, Revision der Marx'schen Pläne 1864 (II, S. 259, 393, 398, 400)
1864/1865 Dom, Instandsetzung der Sakristei, Änderungsvorschläge zur Dachlösung (Visitation 1864 zusammen mit von Quast) (II, S. 393, 428)

Stumpe, Johann Henrich
1747   Steinweg, Neupflasterung

Struppeck
Architekt in Bielefeld.
1968   Kaiserstraße 13, Umbau und Erweiterung

Stute
Maurer aus Dützen.
1879   Lübbecker Straße 4 für Schneidermeister H. Bickmeyer (zusammen mit Zimmerer Lange)

Stute & Franzmeyer
Barkhausen.
1912–1914 St. Petri, Instandsetzung und Umbau, Tischlerarbeiten (zusammen mit anderen) (III, S. 584)

Struve (auch Stuve), Gottfried Conrad Wilhelm
1750 Inspektor bei der Kriegs- und Domänenkammer in Minden, 1752 als Ingenieur bezeichnet und 1753 als Salineninspektor. In dieser Funktion war er für Bau und Instandhaltung aller technischen Anlagen bei der im Aufbau befindlichen Saline Neusalzwerk (heute Bad Oeynhausen) zuständig. 1765 Kriegs- und Domänenrat bei der Regierung in Magdeburg, dann Geh. Finanzrat. Ab 1770 Leiter des neu eingerichteten Oberbau-Departements (zuständig für den staatlichen Hochbau-, Straßen-, Verkehrs- und Wasserbauwesen) im preußischen Generaldirektorium, ab 1787 zum Geh. Oberbaurat ernannt und 1789 pensioniert.
1747/1760 Bad Oeynhausen, Plan zur Anlage und Bau der Saline Neusalzwerk
1751   Bastau, Untersuchung des Verlaufs einschließlich einer Kartenskizze
nach 1751 St. Marien, zwei nicht ausgeführte Entwürfe des Turmhelms (III, S. 135 f., Abb. 98)

1753/1760 Bad Oeynhausen, Saline Neusalzwerk, Gradierhaus I
1768 Bad Oeynhausen, Saline Neusalzwerk, Gradierhaus II (örtl. Leitung: Landbaumeister Angermann)

Stürmer
Ingenieur-Offizier (geb. 1817). 1838 Lieutenant, 1852 Kapitän, 1861 Major, 1868 Oberst, 1873 General-Major. Inspekteur der 6. Festungs-Inspektion und seit 1873 Inspekteur der Garnisonsbauten in Elsaß-Lothringen (VON BONIN II, 1878, S. 306).

Suberg, Jürgen
Kunstatelier in Olsberg.
1994 Dom, Gestaltung der Glocke V des Westwerks (II, S. 856)

Suckow
Steuerinspektor.
1909 Simeonsplatz, Gemarkungskarte, Aufnahme (zusammen mit Landvermesser Bohm) (Kartierung: Riechert) (I.2, S. 734, 751)

Sudau & Hahm
Planungsbüro in Osnabrück.
1972 Verkehrsgutachten als Grundlage der Stadtsanierung mit Konzept des Zentralen Omnibusbahnhofes
1979 Lindenstraße 9, Betriebsgebäude des Zentralen Omnibusbahnhofes

Sudhölter, Manfred
Dipl.-Ingenieur in Bünde.
1987 Hahler Straße 76, Umbau

Süchting, Fritz
Ingenieur in Bielefeld.
1902 Hermannstraße 21, technische Planung des städtischen Elektrizitätswerkes

Sürth, Carl
Maurermeister. Am 18. 8. 1834 in Wesel geboren, besuchte er zunächst das Gymnasium in Köln, bis er 1848 nach Minden verzog, um bei dem Maurermeister Luhmann in die Lehre zu gehen. 1856 Geselle und zu dieser Zeit bei verschiedenen Bauprojekten in der Porta beschäftigt. 1861 legte er die Prüfung als Maurermeister ab, wobei er versuchte als Meisterbau das von ihm entworfene Haus Bäckerstraße 60 für den Stadtrat Vogeler anerkennen zu lassen. Er beabsichtigte, bei der Eisenbahn zu arbeiten (Lebenslauf nach KAM, Mi, F 372).
1861 Bäckerstraße 60 für Schlachter Vogeler (Ausführung: Maurermeister Assmann)

Süssmilch (auch **Süßemilch**), Johann Christian
Kupferschmied in Minden.
1738 Dom, Reparatur am Langhausdach (Mittel- und Ostjoche) (II, S. 421)
kurz vor 1744 St. Martini, Bleidecktung (III, S. 323)
1744–1746 Dom, Dachwerkerneuerung des Langhauses, Reparatur des Bleis (II, S. 421)
1749 Dom, Dachreiter über der Vierung, Kostenanschlag zu Bleiarbeiten (II, S. 422)
1747/1748 St. Marien, Turm, Ab- und Neudeckung in Blei, und Arbeiten an vier kleinen Türmen (III, S. 133)
1752 Dom, Visitation der Dächer (zusammen mit Elverfeld, Zengerle und Beese) (II, S. 422)
1752 Dom, Langhaus und Westwerk, Gutachten zu Dach- und Gewölbeschäden (II, S. 423)

Sulze & Schroeder
Schornsteinbau in Hannover.
1917 Kutenhauser Straße 2/4, Schornstein für die Ölwerke Hahnel & Ries

Swiersen-Diepenbrock
Die Paramentenhandlung von Clemens Swiersen-Diepenbrock in Münster wird in den Dreißiger Jahren des 20. Jahrhunderts und zuletzt 1950 erwähnt, als die Firma geschlossen wird.

19. Jh. Dom, Überarbeitung eines Ornats des 18. Jahrhunderts (vermutet) (heute Kunstgewerbemuseum Berlin) (II, S. 1082)

2. Hälfte 19. Jh. Dom, Ornat aus dem Domschatz (heute Kunstgewerbemuseum Berlin) (II, S. 1094–1096)

Seydel
Holzhändler. 1803 hat er von der Stadt eine vor der Stadt an der Weser liegende Weide von 1 ½ Morgen auf 4 Jahre zur Holzniederlage gepachtet. Da ihm aber schon öfter Dielen gestohlen worden waren, sollte *eine Planque* oder Mauer gezogen werden. (KAM, Mi C 141).

Seydel
Landmesser und Zeichner. Oberfeuerwerker im 4ten Artillerie-Regiment Minden.

1853 Gesamtplan von Stadt und Festung (Nachtrag von 1872) (I.2, S. 175, 373, 723, Abb. 75, Kat.-Nr. 47)

1854 Markt 13, Bestandspläne der Hauptwache

1856 »Laboratorium und Feuerhaus im Bastion II« (kopiert durch Daniel) (I.2, S. 348 f., Abb. 202, Kat.-Nr. 180)

Sympher, Leopold Arthur
Dr. Ing. h.c., Ministerial- und Oberbaurat. Geboren am 19. 10. 1854 als Sohn eines Offiziers in Hannoversch-Münden, gestorben am 16. 1. 1922 in Berlin. Nach Studium als Bau-Ingenieur im Wasserbau an der TH Hannover bei C. A. Hase (KOKKELINK 1998, S. 584) und Ablegung des ersten Staatsexamens 1879 in der Ausbildung zum höheren technischen Baubeamten beim Ausbau des Saar-Kohle-Kanals. Nach dem zweiten Staatsexamen 1882 zum Regierungsbaumeister ab 1883 im technischen Büro der Bauabteilung des preußischen Ministeriums der öffentlichen Arbeiten beschäftigt und dort mit vorbereitenden Entwürfen für das neu geplante Kanalnetz einschließlich von verkehrswissenschaftlichen Untersuchungen betraut. Zunächst standen hier die Planung des Dortmund-Ems-Kanals im Mittelpunkt, bevor er 1886 zum bauleitenden Beamten bei dem 1886 beschlossenen und 1895 vollendeten Nord-Ostsee-Kanal ernannt wurde, wo er mit der Ausführung der östlichen Mündung mit der Schleuse Holtenau betraut wurde. Von 1895 bis 1897 war er als Wasserinspektor in Münster/Westf. beim Bau des Dortmund-Ems-Kanals beschäftigt, dann als Regierungs- und Baurat bis 1899 in Lüneburg. Danach wurde er in das Ministerium in Berlin berufen, wo er verschiedene Wasserstraßenvorlagen für den Landtag vorbereitete und wesentlichen Anteil an dem 1905 erlassenen preußischen Wasserstraßengesetz hatte. Die zentrale Aufgabe war nun insbesondere die Konzeption, Planung und bauliche Durchführung des Ems-Weser-Kanals einschließlich des Wasserstraßenkreuzes in Minden und der zugehörigen Edertalsperre, dessen Bau er als oberster Bauleiter übernahm. Bis 1. 4. 1921 blieb er Leiter der Wasserbauabteilung beim preußischen Ministerium der öffentlichen Arbeiten in Berlin. Er erhielt 1905 den Dr.-Ing. h.c. der TH Dresden. Zu seinen Ehren wurde 1928 an der Fuldastraße ein Gedenkstein errichtet (heute an die Sympherstraße versetzt).

Siehe LEO SYMPHER, Die Wasserwirtschaft Deutschlands und ihre neuen Aufgaben. Hrsg. auf Anregung des preussischen Ministers der öffentlichen Arbeiten und unter Förderung der zuständigen Zentralbehörden des deutschen Reiches und der Bundesstaaten. 6 Teile in zwei Bänden, Berlin 1921.

Szekessy, Zoltan
Bildhauer in Düsseldorf (geb. 7.3.1899 Dombiratos, gest. 1968).
1954   Kleiner Domhof 8, Genius der Zeit (Bronzefigur) (I.2, S. 955)
um 1955 Dom, Erneuerung der Innenausstattung, Entwurf der Kanzelreliefs (Motive: Propst Parensen) (II, S. 722)

P.A. Tacchi Nachfahren
Frankfurt am Main.
1908   Tonhallenstraße 5, Kreishaus, Lüster im Sitzungssaal

Tack, Joseph
Dr., Paderborner Domkapitular (II, S. 75).
1949   Dom, Wiederaufbau des Westwerks, denkmalpflegerisches Gutachten (II, S. 135, 430)
1951/1952 (Druck) Dom, Wiederaufbau des Westwerks (II, S. 136 f., 176)
1954   Dom, Gestaltung des Vierungsaltars (zusammen mit Alois Fuchs) (Entwürfe: W. March) (II, S. 644 f.)

Tacke, Jürgen
Schmied.
1594   St. Simeon, *Hanen geschmiedet und sonst allerhand Schmiedewerk zum Turm* (III, S. 705)

Tadje, Karl
Baugeschäft in Auetal.
1984   Gustav-Adolf-Straße 18 a/b

Taake
Tischlermeister.
1808   Domkloster, Kostenanschlag zu einem *Stanket in Domskreutzgang* (II, S. 503)

Eisenhütten- und Emaillierwerk Tangerhütte
1888   Brüderstraße 16, technische Einrichtung des Bades

Taske, August
Zimmermeister, baute 1876 das Haus Kutenhauser Straße 44 für sich selbst. 1878 Bremser bei der preußischen Staatseisenbahn. Seine Söhne, die Kaufleute August und Wilhelm Taske ließen 1911 das große Mietshaus Marienstraße 119 errichten.

Tatter, G.
Hofgärtner in Hannover-Herrenhausen.
1891   Gutachten über die zukünftige Behandlung der Glaciswaldungen (zusammen mit J. Trip/Hannover)

Tegtmeier, Ludwig (Tegtmeyer)
Drechslermeister (geb. 9.1.1845 Duderstadt), wohnte 1880 Simeonstraße 26, 1903 Simeonstraße 27.

Tegtmeier
Nagelschmiedemeister, wohnte 1851 Hufschmiede 6.

Terhorst, Bernd
1931   Dom, Umgestaltungspläne zum Innenraum (II, S. 891)

Ter Moye, Dietrich
Gold/Silberschmied. Seit 1618 (Lehrjunge) bis 1653 in Hamburg nachgewiesen, 1633 Meister.
1640/1650 St. Marien, Weinkanne (III, S. 214 f.)

Teubert, Dr.
Regierungs- und Baurat
1919/1923 Bauhofstraße, Planungen zum Ausbau der Staatswerft

Teutoburgerwald-Sandsteinbrüche
Horn.
1889   St. Martini, Materiallieferung zur Erneuerung der Maßwerkfenster (III, S. 319)

Tewer, Ernst
Tischlerei. Zunächst im Komplex Friedrich-Wilhelm-Straße 17, nach etwa 1930 an der Viktoriastraße 35.
1907   Tonhallenstraße 5, Kreishaus, Türen

Thannhäuser, Rudolf (auch Tannhäuser)
Holzbildhauer (geb. 28.1.1857 im Kreis Glatz). Zog 1886 nach Minden, wo er zunächst in dem Haus Alte Kirchstraße 27 lebte. Ab 1891 Aufbau eines größeren Anwesens an der Besselstraße 34 mit Werkstatt und großem Wohnhaus. 1890/1892 Lieferungen im Zuge der Restaurierung von St. Martini. Thannhäuser nennt sich später Kunsttischler und erhält den Titel »fürstlicher Hoflieferant«. Aus der Ehe mit Clementine (geb. 13.7.1864) stammen die Söhne Hans (geb. 18.9.1887) und Rudolf (geb. 3.10.1889). Die Möbelfabrik besteht noch 1954 und wird zu dieser Zeit von seinem ältesten Sohn Hans geführt.
1905/1906 Weserglacis 2, Regierungsgebäude, Türen (teilweise)
1908   Tonhallenstraße 5, Kreishaus, Pulte und Kasse
1925   Marienstraße 134/136, Nordfriedhof, Sitzbänke und Tisch in der Kapelle

Therdorkuhl
Bautechniker in Minden.
1892   Alte Sandtrift 13 für Briefträger Otto Koch

Thiel, Johann Heinrich
Dachdeckermeister in Osnabrück.
1736   Dom, Angebot zur Dachreparatur (II, S. 419)

Thielking, Ferdinand
Maurermeister und Schlachter, wohnte 1890 Stiftsallee 60 und erbaute sich dann das Haus Bierpohlweg 38. Nachdem er dieses 1900 verkaufte, erwarb er das Haus Lübbecker Straße 67.
1891   Bierpohlweg 38 für eigene Zwecke (nach Plan: H. Heine)
1901   Lübbecker Straße 67, Wiederaufbau nach Brand (für eigene Zwecke)

Thiemann, Gerd
Zimmermann, wohnte 1642 in einem Häuschen auf der Pöttcherstraße und konnte wegen seines hohen Alters nicht mehr arbeiten (KAM, Mi, B 66, 22).

Thieman, Henrich
1646 *Maurer und Bürger* (KAM, Mi, B 99/19). 1653 wohnte ein *Thyman* in dem Haus Scharnstraße 11.

Tiemann, Otto
1663 Zimmermeister (KAM, Mi, B 122). Möglicherweise der Zimmermeister Tiemann aus Hille-Hartum, der 1659 in Hille-Südhemmern ein neues Schulhaus errichtete.

Tiemann
Tischlermeister, wohnte 1851 Pöttcherstraße 28.

Thiemann, Ingo
Architekt in Kalletal.
1981   Fischerallee 1, Umbau

Thies, K.
1925   Waterloostraße 42 (Ausführung Baugeschäft Prange/Cammer) für Lokführer Fr. Naue/Herford

Thissen, Carl
Sattler.
1878   Großer Domhof 1–2, Reparatur am Regierungsgebäude (II, S. 1200)

Thomas, Adolf
Geheimer Baurat; seit 1910 Regierungs- und Baurat und Leiter des Wasserbauamtes I bei der Regierung in Minden. Wohnte 1910 Paulinenstraße 1.
1913/1914 Weserbrücke, Planungen zum Umbau
1916 Weser, Pegelhäuschen am westlichen Ufer

Thorburg, Friedrich Wilhelm
Tischlermeister. Schon 1732 genannt (KKA Minden, St. Martini). Wohl Sohn des Blechschlägers Gabriel Hinrich Thorborg, der 1730 genannt wird und am 25.11.1751 in St. Martini beerdigt wurde.

Thorberg (auch **Thorborg**)
Tischlermeister in Minden.
1769/1770 St. Marien, Tischlerarbeiten (u. a. Priechen) (III, S. 221)

Thornow, Paul
Geb. 14.6.1848 Zielenzig, gest. 6.6.1921 Metz. Architekt in Bad Oeynhausen (1872 in Bielefeld), später Kaiserlicher Bezirksbaumeister in Metz und Dombaumeister der Kathedrale von Metz. 1871 publiziert er die Ergebnisse seiner Bauuntersuchung des Mindener Domes mit Gesamt- und Detaildarstellungen, welche bei Regierung und Ministerien in Berlin die Beurteilungsgrundlage für die umfassende Außenrestaurierung des Langhauses in den 1870er Jahren bildete (II, S. 49).
1869/1871 Dom, Bauuntersuchung (II, S. 49)
1870/1872 Bad Oeynhausen, evangelische Auferstehungskirche, Bauleitung
1871 (Druck) Dom, Nordansicht (II, Abb. 8),
1871 (Druck) teilrekonstruierte Westansicht (II, S. 216 f., Abb. 133.4)
1871 (Druck) Grundriß (II, S. 9)
1871 (Druck) Vorhalle, Grundriß Obergeschoß und Details (II, S. 199)
1871 (Druck) Vorhalle, Bogenansatz Westwand (II, S. 199)
1871 (Druck) Querhaus, Zeichnung Fenstergewände (II, S. 218)
1871 (Druck) Querhaus, Querschnitt, Pfeilergrundriß und Profile (II, S. 218)
1871 (Druck) Langhaus, Fenstergewände, Querschnitt, Pfeilergrundriß und Profile, Fenstermaßwerke, Südportal (II, S. 295)
1871 (Druck) Pfeilerprofil des Chores (II, S. 368)
1872/1873 Großer Domhof 10–11, Kurienhöfe, nicht ausgeführter Entwurf für Saalanbau (Revision: Pietsch) (II, S. 1302)
1872 Herford, Friedhof an der Hermannstraße, Gesamtgestaltung, Friedhofstor und Hochkreuz
1873 Vlotho, Brauerei Volbracht, Felsenkeller und Brauereigebäude
1871/1874 Bad Oeynhausen, katholische Pfarrkirche St. Peter und Paul, Bauleitung
1873 Oelde-Stromberg, Münsterstraße 18, Kesselhaus und Schornstein
1874 Weserstraße, Denkmal für die Gefallenen des Krieges 1870/1871, Entwürfe (Ausführung: Moelle) (Denkmal nur Reste erhalten, in der ehemaligen Kapelle des alten Friedhofs) (I.2, S. 925–928, Abb. 607)
1876 Weserglacis, Entwurf Kriegerdenkmal für die Gefallenen 1870/1871 (Ausführung: W. Moelle 1879)

Thüren (Thuren), Paul
Uhrmacher, verstarb wohl 1761. War 1750 der von der Stadt Minden bestellte Uhrmacher (II, S. 859).
1747/1748, 1750/1751, 1755/1756 St. Marien, Reparaturen an der Turmuhr (III, S. 158)

Thümmler, Hans
Kunsthistoriker (geb. 1910, gest. 1972) von 1939 bis 1972 Mitarbeiter im Westfälischen Amt für Denkmalpflege, Münster.
ab 1948 Dom, Leitung der Grabungen (II, S. 97, 111–115, 188–198)
1967 (Druck) Dom, Chor, Bestands- und Rekonstruktionszeichnungen (II, S. 259)

Thumann, Paul Friedrich
Beliebter und vielbeschäftigter Maler, Zeichner und Illustrator in Berlin (geb. 5.10.1834 Tzschaksdorf/Lausitz, gest. 20.12.1908 Berlin). Bekannt wurde er mit einem 1873 fertig gestellten Bilderzyklus aus dem Leben Luthers für die Ausstattung der Wartburg.
1880/1884 Immaunelstraße 2, zwei Gemälde für die Aula des Gymnasiums: Siegreiche Rückkehr von Arminius und Widukinds Taufe

Tiegler Maschienenbau AG
Duisburg-Meiderich.
1925 Abstiegshafen, Kran für Stadt Minden

Timmermann, Heinrich
1880 Zeichner bei der Köln-Mindener Eisenbahn bei Baumeister Schneider. Timmermann (geb. 13.7.1850 Renkhausen/Lübbecke) wohnte mit Ehefrau Martha (geb. 10.8.1852) und Tochter Elise (geb. 14.8.1874) Marienwall 39.

Timmermann, Heinrich
Meister mit Dachdeckergeschäft in Minden, wohnte 1908 Kampstraße 10, vorher Weingarten 6. Der Betrieb wird spätestens 1929 durch G. Kuhlmann weitergeführt (G. Kuhlmann vormals H. Timmermann). Heinrich Timmermann (geb. 16.1.1858) war mit Johanne (geb. 15.11.1861) verheiratet, 1895 zwei Kinder: Robert (geb. 23.3.1882) und Anna (geb. 27.8.1884)
1885–1891 Domkloster, Bauunterhalt der Dächer (II, S. 505)
1885 St. Martini, Reparatur des Blitzableiters (III, S. 338)
1886 St. Martini, Kostenanschlag für neuen Blitzableiter (III, S. 324)
1886 St. Martini, Arbeiten am Sakristeidach (III, S. 466)
1886–1887 Dom, Sicherung des Chores, Dachreparaturen (zusammen mit anderen) (II, S. 429)
1889/1890 St. Martini, Aufbringen des Längssatteldaches über dem Mittelschiff (zusammen mit Zimmermeister Scheidemann und Klempnermeister Eberling) (III, S. 324)
1892 St. Marien, Arbeiten am Turm (III, S. 138)
1910 Dom, Chor, Kostenanschlag zur Umdeckung (II, S. 430)
1910–1934 Dom, Dachreparaturen (II, S. 430)

Timmermann, Otto
Hochbau-Ingenieur.
1955 Lübbecker Straße 29, Umbau

Tipper, G.
Tischlermeister, wohnte 1851 Rodenbeckerstraße 10, 1857 Rodenbeckerstraße 16.
1853 Kleiner Domhof 7, Tischlerarbeiten (II, S. 1379)
1872 Dom, Tischlerarbeiten im Domkloster

Tipper, Karl
Tischlermeister (geb. 24.8.1836, katholisch), wohl Sohn des Tischlermeister G. Tipper, dessen Werkstatt Rodenbecker Straße 16 er weiterführte. Tipper war mit Sofie (geb. 22.1.1839 Petershagen) verheiratet.

Tober
Architekt in Espelkamp.
1991 Brückenkopf 1, Wintergarten

Philipp Todt, abgedruckt zum 100jährigen Bestehen in Westfälische Neueste Nachrichten 1936

Todt, Phillip
Drechslermeister, wohnte 1851 Hohnstraße 10, 1857 Hohnstraße 20, wo er auch ein Möbelmagazin betrieb. Die Werkstatt wurde 1895 von seiner Witwe im Haus Obermarktstraße 8 weitergeführt. 1911 wird ein Karl Phillip Todt genannt, 1926 der Kunstdrechsler (und Enkel?) Victor Todt.

Tönsmann
Mitarbeiter des Hochbauamtes.
1932   Dom, Westwerk, Sicherung, Fundamentuntersuchung mit Bericht (II, S. 131, 146)

Tönniges, Edmund
Maurer, wohnte 1846 zur Miete in dem Haus Lindenstraße 6.

Törner, Gustav
Tischlermeister, wohnte 1865/1873 Brüderstraße 26, 1878 Greisenbruchstraße 26.

Törner, Heinrich
Tischlermeister (geb. 14.9.1862, gest. 26.1.1930 Iserlohn), Sohn des Tischlermeisters Gustav Törner. Heinrich Törner war mit Wilhelmine Richter (geb. 3.5.1864 Hausberge, gest. 27.11.1928) verheiratet. Aus dieser Ehe sechs Kinder: Wilhelm (geb. 8.3.1890), Heinrich (geb. 23.11.1891), Albert (geb. 30.3.1893), Elisabeth (geb. 30.12.1895), Karl (geb. 4.4.1898) und Gustav (geb. 22.4.1900). Die Familie wohnte Kampstraße 24.

Törner, Albert und Gustav
1931 betreiben die beiden Tischlermeister Albert und Gustav (Söhne des Heinrich Törner?) eine Bau- und Möbelschreinerei, sowie ein Beerdigungsinstitut auf der Kampstraße 24. Das Bestattungsunternehmen wurde von Lina (Karoline) Törner geb. Abel (geb. 26.5.1894 Obernkirchen, gest. 20.2.1984), Witwe des Gustav Törner weitergeführt.

Albert Törner (geb. 30. oder 31.3.1893 oder 1894, gest. 6.3.1948) war mit Caroline Dallmeier (geb. 16.4.1897 Barkhausen/Minden, gest. 10.3.1981) verheiratet.

Tonmacher (auch Tonnenmacher)
Landmesser. Fertigt 1713 verschiedene Grundrisse (wohl von Ackerland) für die Stadt Minden an (KAM, Mi, B 759).
1718   Flurkarte der Ländereien vor dem Marien- und Hahler Tor

Tonndorf
Regierungsbaumeister.
1884   Großer Domhof 6, Postgebäude, Situationsplan (II, S. 1240)

Tonnenralb, Hermann
Architekt in Minden (evangelisch), wohnte mit 19 Jahren 1846 in dem Haus Obermarktstraße 34 zur Miete. Wohl sein Bruder der 32 Jahre alte, dort ebenfalls wohnende Zahnarzt Albert Tonnenralb.

Tovenraht, J.

Dortmund.

1970/1971 Martinikirchhof 7, ehemalige Heeresbäckerei, Umbau zum Gemeindehaus, Wiederherstellung der Sandsteinfassade (Minéros) (I.2, S. 691)

Tornow, Paul siehe **Thornow**, Paul

Tramontin & Francescou

Terrazzowerk und Marmorschleiferei in Minden.

1906 neues Regierungsgebäude, Terrazzoböden

Tranitz, Werner

Dipl.-Ingenieur, Baurat a. D. in Holzminden.

1969 Marienstraße 108 b für den Gastwirt Kruse

Trapp, F. C.

Bauunternehmen in Wesel.

1976/1978 Bäckerstraße 61/67, Karstadt-Kaufhaus

Trappmann

Architekt in Bielefeld, der das dortige Büro des Architekten Dustmann weiterführte.

1966/1970 Scharn 9, Um- und Erweiterungsbau der Kreissparkasse Minden

Trendelmann, Gebr.

Baugeschäft in Meißen.

1951 Bachstraße 6 a, Lagerhaus mit Wohnung für Kaufmann Willy Beyer

Tretow, Peter

Architekt in Lübeck, Ratzeburger Allee.

1970 Hopfengasse 3 für Klaus Kizio

Tribbe, Jorin oder Jürgen

Bürgermeister und Bildhauer in Obernkirchen (geb. 1604, gest. 5.3.1665 Obernkirchen). Richtete seine Werkstatt an den Steinbrüchen von Obernkirchen ein und arbeitete vor allem für die Herzöge in Celle.

1633/1634 Celle, Stadtkirche, Epitaph für Herzog Christian

Mitte 17. Jh. Dom, Hochaltar (II, S. 613)

1664 Dom, Kreuzaltar/Stifteraltar von Vincke (Zuschreibung) (II, S. 643)

Triebsch, Franz

Porträtmaler in Berlin (geb. 14.3.1870, gest. 16.12.1956). Porträt von Fritz Leonhardi Junior im Museum Minden erhalten.

Trip, J.

Stadtgarteninspektor in Hannover.

1891 Gutachten über die zukünftige Behandlung der Glaciswaldungen (zusammen mit G. Tatter/Hannover (I.2, S. 894)

Trippler

Baukondukteur.

1810 Brakel-Gehrden, Klosteranlage, Bestandsaufnahme

1818 Kleiner Domhof 10, Kopie des Lageplans (II, S. 1399, Abb. 902)

1820 Simeonsplatz 3, Trainschuppen/Proviantmagazin (Bauleitung) (I.2, S. 411)

1820 Kuckuckstraße, Gasthaus Kuckuck, Gutachten über den Bauzustand

1821 Marienwall, Haus Nr. 761 r, Bauaufnahme (IV, Abb. 886)

1824 Kleiner Domhof 13, Domsyndikathaus und Vikariat SS. Johannis et Pauli, Vermessung (Bauaufnahme?) (II, S. 1416, 1418)

1828 Oberstraße 66/68, Gesundbrunnen, Planaufnahme der Grundstücke (IV, Abb. 1820)

1829 Markt 1, Rathaus, Bestandsplan und Planung zum Umbau des Erdgeschosses für Einrichtung der Leihbank

1833 Brüderstraße 16, Gutachten zum Zustand des Beginenhauses

1833 Parkstraße, Plan für das Leichen- und Wärterhaus am Friedhof
1833 Tränkestraße, Bestandsplan des Hafens und der anliegenden Bauten
1834 St. Martini, Zeichnung des Inneren (III, S. 372)

Trost, Erentrud OSB
Benediktinerin und Künstlerin im Kloster Varensell, geb. 1923 Paderborn, gest. 2004. Das Œvre ihrer sakralen Werke umfaßt Bildhauerarbeiten, Mosaiken, Kirchenfenster, Fresken und Paramente.
1988–1990 St. Mauritius, Verglasung des Westfensters (Ausführung: Glasmalerei B. Jostmann/Paderborn-Elsen; Maßwerkfenster: W. Rösner) (III, S. 505)
1994 Dom, Gestaltung der Glocke VII des Westwerks (II, S. 856)
1994 Innenseiten eines Evangelistars (Buchdeckel: Lioba Munz OSB/Fulda) (II, S. 995)

Trümpker, Evert
1559 als Zimmermann in Minden genannt (KAM, Mi, A I, Nr. 639).

Tschesche, Franziska
Dipl.-Ingenieur in Minden.
1996 Brüderstraße 13, Bauaufnahme

TUBAG Essen
1952 Dom, Wiederaufbau des Querhauses, Erneuerung von Maßwerkfenstern (II, S. 218, 222)

Türner
Tischlermeister, wohnte 1851 Königswall 13.

Tüting
Maurer in Kutenhausen.
1881 Kutenhauser Straße 81, Wagenremise (nach Plan: Rose)

Christian Tüting

Tüting, Christian
Steinhauermeister und Bildhauer (geb. 2.9.1868, gest. 14.4.1927) war mit Luise Riechmann (geb. 4.3.1876, gest. 20.1.1965) verheiratet. Tüting läßt sich 1899 das kleine Wohnhaus Marienstraße 153 nach Plänen des Zimmermanns H. Heine errichten. Tüting verlegt seinen Betrieb 1910 in das von ihm neu erbaute Haus Marienstraße 125, das günstiger zum Friedhofseingang lag. Das *Grabesteinatelier* wurde von dem Grundstück Marienstraße 153 dorthin versetzt. Um 1953 bestand die Firma aus einem Steinbildhauermeister, vier Gesellen und einem Lehrling.
1908 Domkloster, Totenleuchte (Entwurf: Bildhauer Mormann/Wiedenbrück) (II, S. 558)
1920 Minden-Todtenhausen, Kriegerdenkmal aus Süntelstein (MT vom 9.10.1920)
1928 Fuldastraße, Sympher-Denkmal, Ausführung zusammen mit Bauunternehmen Homann) (Gesamtplanung: Fürstenau, Entwurf: Lüdtcke) (I.2, S. 949–953, Abb. 620–622)

1950   Lindenstraße 29, Bürogebäude für AOK Minden, Steinmetzarbeiten (Planung: Hempel u. Ibrügger) (MT vom 6.4.1951)
1953   Markt 1, Rathausneubau Steinmetzarbeiten (zusammen mit Wilhelm Meyer und Fritz Hollo)

Tüting, Christian
1971 für den Steinbildhauermeister Christian Tüting durch das Baugeschäft von Behren eine neue Werkstatt errichtet.

Tuleweit, Winfried
Dipl.-Ingenieur in Porta Westfalica.
1986   Grüner Weg 15

Tunn, Susanne
Bildhauerin in Salzburg (geb. 1958 Detmold).
1987   Schwichowwall, Große Scholle (Sandsteinskulptur) (I.2, S. 959)

Tuxhorn, Victor
Akademischer Kunstmaler in Bielefeld (geb. 23.6.1892 Bielefeld, gest. 28.6.1964 in Bielefeld-Schildesche). Nach einer Malerlehre erhielt er in Abendkursen an der Kunstgewerbeschule in Bielefeld als Schüler von Milberg und Ludwig Godewols eine erste Ausbildung und gehörte dem Bielefelder Kreis um Godewols an. Von 1918 bis 1920 in Dresden zusammen mit dem ebenfalls aus Bielefeld stammenden Hans Böckstiegel Meisterschüler von Prof. Dreher. Mitglied der Künstlervereinigung »Rote Erde« und befreundet mit den Bielefelder Künstlern Böckstiegel, Sagewka, Freudenau, Oberschelp und Lewerena. 1941 Austellung auf der Großen Kunstausstellung »Volk der Arbeit« in Münster. Schuf in seinem Atelier in Bielefeld-Schildesche, Engersche Straße vor allem Landschaftsbilder und Porträts, die in verschiedensten Techniken ausgeführt wurden (Öl, Aquarell, Pastell, Lithographien und Holzschnitte). Werke sind im Bielefelder Museum erhalten. Verheiratet mit Erna Ertel.

Tuxhorn, Georg
Kunstmaler in Bielefeld (geb. 1903, gest. 1941). Nicht näher verwand mit dem Kunstmaler Victor Tuxhorn, aber ebenfalls aus Bielefeld. Nach einer Ausbildung an der Bielefelder Werkkunstschule bei Ludwig Godewols folgte eine Ausbildung in Dresden und Düsseldorf, hier bei Thorn-Prikker.
1926   Immanuelstraße 32, Elisabeth-Kindergarten, Wandgemälde und Glasfenster mit Märchendarstellungen

Ueckermann, Wilhelm
Architekt Ing. in Vlotho-Valdorf.
1956   Hohnstraße 31, Neubau des Hinterhauses für Apotheker Krönke
1956   Marienglacis 15, Haus »Neu-Norm« für G. Hattenhauer (zusammen mit Kissing/Osnabrück)
1958   Simeonglacis 21 für Ilse Siekmann

Uhlemann
Zunächst wohl Sekretär, dann Vikar am Mindener Dom, der in seiner Funktion als Strukturar die Kirchenfabrik bzw. den Strukturarfond verwaltete (siehe hierzu allgemein II, S. 84).
1741   Domkloster, Schadensmeldung zum Westflügel (II, S. 496)
1783   Domkloster, Einrichtung eines Landesarchivs im Ostflügel, Besichtigung der vorgeschlagenen Kammer (zusammen mit Bauinspektor Uhlemann) (Planung: Regierungspräsident von Foerder) (II, S. 498)
1789   Dom und Domkloster, Schadensmeldung zu Chorfenstern und Kreuzgang (II, S. 439)
1791   Dom, Sakristei, Visitation und Schadensmeldung (zusammen mit Meining) (II, S. 425, 498)

1791 Dom, Langhaus, Schadensmeldung zur Dachkonstruktion (II, S. 425)
1794 Dom, Kostenrechnung zur Reparatur eines Chorfensters (II, S. 440)
1797 Domkloster, Meldung über Baufälligkeiten an den Doppelkapellen, Kreuzganggewölben (II, S. 499)

Ulmer, Gerd
Architekt in Osnabrück.
1959 Bäckerstraße 36, Umbau

Ulrich, W.
Dipl.-Ing., Architekt in Bad Eilsen.
1987 Simeonglacis 17 für Hummel-Hausbau/Bückeburg
1988/1989 Simeonglacis 19 für Hummel-Hausbau/Bückeburg

Ungewitter, Georg Gottlob/Karl **Mohrmann**
1890 (Druck) Dom, Langhaus, Zeichnungen Fenstermaßwerke (II, S. 295)

Graf **Unruh**
Berlin.
1892 St. Marien, Gutachten zu den Lauterbach'schen Fensterentwürfen (III, S. 102)

Usadel, Gustav
Maurermeister. Geboren am 4. 2. 1844 als Sohn des Schneidermeisters und Oekonoms Carl Gustav Usadel in Greifenhagen, kam er mit 15 Jahren in die Lehre des Maurermeisters und Geometers Würdig in seinem Heimatort. Danach ging er ein halbes Jahr in Berlin in die Lehre, wo er beim Rathausbau mitarbeiten konnte, später in Hildesheim und Wenigerode, bis er schließlich in Minden bei dem Stadtbaumeister Assmann blieb. Dieser setzte ihn unter anderem als Aufseher beim Brückenbau in Porta Westfalica ein, zudem arbeitete er als Zeichner und zur Erstellung von Anschlägen beim Bauführer Hoelscher sowie dem Baumei-

Gustav Usadel

ster Schneider. Am 20. 11. 1865 legte er in Minden seine Meisterprüfung als Maurermeister ab, wobei er als Meisterarbeit die Kellergewölbe des durch den Maurermeister Wiese errichteten Hauses Marienwall 3 ausführte und als Prüfungsaufgabe Planung und Veranschlagung eines großen Gasthauses mit Tanzsaal und Garten ausführte (Pläne dazu in KAM, Mi, F 698). 1868 gründete er dann einen eigenen Baubetrieb, dem 1884 eine eigene Kiesgrube an der Johansenstraße 32 und um 1890 auch eine Zementwarenfabrik angegliedert wurde. Sie hatte ihren Standort auf einem großen Gelände zwischen der Pionierstraße und der Bahnstraße im Bereich des ehemaligen Lagerplatzes des Unternehmers Eduard Lax (siehe dazu Pionierstraße 11/13), wo sogar ein unmittelbarer Gleisanschluß bestand. Zeitweise scheint der Baubetrieb an den Unternehmer C. Poetsch verpachtet zu sein. Ab 1901 ist Otto Seiler an der Firma beteiligt, zu der seit 1900 auch ein Dachplattenwerk in der Kiesgrube Johansenstraße 32 gehörte. Die Firma lieferte 1904/1906 den Sand, der für den Bau des neuen Regierungsge-

Gustav Usadel im Magistrat der Stadt Minden, bei der Besichtigung der Flußbadeanstalt auf Kanzlers Weide, 1914

bäudes benötigt wurde, und führte dort auch die Zementestriche aus.

1886 ist G. Usadel im Sektions-Vorstand der Hannoverschen-Baugewerks-Berufsgenossenschaft (zusammen mit Ed. König und M. Schütte). Vor 1918 veräußerte Gustav Usadel seine Bauten an der Lindenstraße an C. Heller, den Eigentümer des dahinter liegenden Badehauses, und verzog aus Minden. Er verstarb am 7.1.1926. Die Erben wurden in Minden von Hellmuth Schlüter und Emil Gremmels vertreten, wobei die Baufirma als »Usadel Nachfolger« weiter bestand und 1930 von Ludwig Schatz übernommen wurde (wohnte Viktoriastraße 28, zum Lebenslauf siehe dort), der sie 1959 an Walter Meyer veräußerte.

G. Usadel baute zahlreiche Häuser, die er als Unternehmer entweder fertiggestellt veräußerte oder aber als Mietobjekte in eigener Verwaltung behielt. Zum Teil erwarb er größere zusammenhängende Grundstücke und parzellierte sie in Baugrundstücke, die von ihm dann bebaut verkauft wurden (etwa im Bereich zwischen Marienglacis und Hahler Straße oder an der Königstraße). Auftragsarbeiten für Bauherren traten hingegen bei ihm immer in den Hintergrund. So erwarb er schnell umfangreichen Grund- und Gebäudebesitz und besaß ab 1878 die Simeonstorsche Mühle (Simeonstraße 35) und auch die Priggenhäger Mühle (Lindenstraße 42/44), ferner den anschließenden Komplex Lindenstraße 38/40.

1865 wohnte G. Usadel in dem Haus Weingarten 10, spätestens ab 1868 aber Lindenstraße 19, wo auch ein umfangreiches Betriebsgelände in dem ehemaligen Garten des Apothekers Wilken aufgebaut wurde. Von 1891 bis 1905 wohnte die Familie in dem selbst erbauten, aufwendigen Einfamilienhaus Königstraße 86, danach wieder Lindenstraße 19 (nach den Volkszählungen lebten sie allerdings durchgängig 1880–1900 Lindenstraße 19). 1907 wird die Firma durch Herrn Dreyer vertreten.

Gustav Usadel heiratete die Maurermeistertochter Emma Baumgarten (geb. 30.6.1846, gest. 23.1.1927) mit der er fünf Kinder hatte. Während die unverheiratete Tochter Emma (geb. 6.5.1870, gest. 11.11.1930) als Musiklehrerin später wieder im Haushalt der Eltern

lebte und der Sohn Max (siehe unten) Maler wurde, ließen sich zwei seiner Söhne als Architekten ausbilden. Sohn Gustav (siehe unten) starb 35jährig als königlicher Baumeister schon früh und Sohn Fritz (siehe unten) betrieb später ein erfolgreiches »Atelier für Architektur und Kunstgewerbe« in Hannover. Die jüngste Tochter Frieda (geb. 27.6.1877) zog vor 1900 aus und heiratete einen Itzerott.

Usadel bekleidete auch verschiedene Ämter. So war er z. B. 1902/1912 Vorstandsmitglied im Gemeinnützigen Bauverein und ab 1899 bis zu seinem Tode Mitglied der Stadtverordnetenversammlung.

1860–1867 Domkloster, Bauunterhalt der Dächer (II, S. 505)
1864 Porta-Westfalica, Brückenbau Mitarbeit
1865 Marienwall 3, Kellergewölbe (als Meisterarbeit)
1866 Dom, Außenbereich, Kostenanschlag zu Tor, Gitter und Geländer (zusammen mit E. Gauffrés) (Planung: Bauinspektor Berghauer) (II, S. 1176)
1867 Kleiner Domhof 7, Umdeckung des Daches (II, S. 1379)
1867 Vinckestraße 3, Domkaplanei, Reparatur (zusammen mit anderen) (II, S. 1328)
1868 Großer Domhof 3, Kurienhof, kleinere Reparatur (II, S. 1208)
ab 1868 Domkloster, Nutzung des sog. Domkellers als Materiallager (II, S. 506)
1868 Lindenstraße 19 als eigenes Wohnhaus
1869 Großer Domhof 3, Verbindungstrakt zwischen Regierungsgebäude und Kurienhof (Bauführer) (II, S. 1208)
um 1870 Lindenstraße 23, Saalbau der Harmonie (vermutet)
um 1870 Lindenstraße 25 (vermutet)
nach 1870 Großer Domhof 1–2, Renovierung des Regierungsgebäudes (II, S. 1200)
1871 Bäckerstraße 70 für Justizrat Neukirch
1871 Bäckerstraße 72 für Bäckermeister Squarr
1871 Lindenstraße 15 für Kaufmann G. Lampe
1873 Domkloster, Reparaturen am Südflügel (II, S. 521)
1873 Marienglacis 43 für Kaufmann Otto Quante
1873 Marienwall 14, Wohnhaus und Werkstatt für den Stellmacher C. Clausing
1874 Stiftstraße 18/20, Fabrik und Wohnhaus Rasche (vermutet)
1875 Königstraße 72 für Malermeister A. Vordiek (zusammen mit Schütte & Krause)
1875 Marienglacis 17, Unternehmerbau
1876 Marienglacis 19, Unternehmerbau
1876 Marienglacis 21, Unternehmerbau
1876 Hahler Straße 21, Unternehmerbau
1876 Hahler Straße 23, Unternehmerbau
1876 Königsglacis 7 von und für Regierungs- und Baurat Eitner (zusammen mit Schütte & Krause)
1876 Marienstraße 58 für Rechnungsrat Serres
1877 Bäckerstraße 12, Erweiterungsbau für Schlachter C. Vogeler (Ausführung zusammen mit Zimmermeister Seisel)
1877 Viktoriastraße 41 für Joh. Voegeler (Ausführung: Zimmermeister Seisel)
um 1878/1879 Großer Domhof 10, Präsidialkurie, Modernisierung (zusammen mit anderen) (Bauführer: Hölscher) (II, S. 1295)
1878 Dom, Außenrestaurierung des Langhauses, Maßwerkerneuerung für W. Moelle (II, S. 299)
1879 Marienglacis 43, Wirtschaftsgebäude Stiftstraße 8 (nicht ausgeführter Entwurf)
1879 Marienwall 14, Wohnhaus mit Werkstatt sowie Remise für Schmied C. Clausing

1880	Dom, Instandsetzung des Querhauses, provisorische Ausbesserung des Radfensters (Nordwand) (II, S. 221)
1880	Simeonstraße 35, Wohnhaus der Mühle, Umbau (eigener Besitz)
1881	Bäckerstraße 23 für Klempner Jochmus (zusammen mit Schütte & Krause) (Plan: Hoelscher)
1882	Kleiner Domhof 7, Reparatur (II, S. 1380)
um 1883	Dom, Instandsetzung der Sakristei, Neuverputz (Planung: Harhausen) (II, S. 393)
1883	Kuckuckstraße 18/20 Fabrikanlage für Brücker & Zschetzsche
1883	Rodenbecker Straße 11, Zigarrenfabrik Holstein & Münch (Pläne: O. Ziegler)
1884	Marienstraße 32, Einfriedung des Parks der Villa für Fritz Leonhardi
1884	Johansenstraße 32, Maschinenschuppen der eigenen Kiesgrube
1884/1886	Reparatur der Kanalmauer des Stadtbachs (II, S. 1380)
1886	Lindenstraße 13, Lohscheune für Lederfabrik E. Disselhorst
1886	Marienstraße 22 für Bäckermeister Laup
1887	Lindenstraße 13, Kesselhaus für Lederfabrik E. Disselhorst
1887	Rodenbecker Straße 42 für Lehrer Fr. Zimpel
1887	Marienstraße 29 für Kaufmann Augustin Endler
1887/1889	St. Martini-Kirche, Restaurierung (Bauleitung: Kersten, Planung: Hutze)
1888	Domstraße 10, Umbau und Erweiterung zu Kolpinghaus (Planung: Schmidt & Langen sowie Kelpe und Meyer) (II, S. 1458)
1888	Königstraße 82 als Unternehmerbau
1888	Königstraße 84 als Unternehmerbau
1888	Kuckuckstraße 18/20, Anbau an das Arbeiterhaus und das Guttaperchahaus für Brücker & Zschetzsche
1888	Marienglacis 9/11, IV. Treibhaus für Kunstgärtner Stolle
1888	Rodenbecker Straße 25 für Regierungs- und Schulrat Hechtenberg
1889	Lindenstraße 36/38 als Unternehmerbau für Spediteur Hermann Theine
1889	Paulinenstraße 3, Lagerhaus für Kaufmann Steinmeier
1890	Königstraße 86 für eigene Zwecke
1890	Lindenstraße 7 für Gutsbesitzer Ferdinand Seydel (vermutet)
1890	Pionierstraße 11, Lagerschuppen des Zementwarenwerkes Usadel
1890	Opferstraße 2, Lagerhaus (für Kaufmann Muermann)
um 1890	Lindenstraße 3 für Lohgerber Stremmel (vermutet)
1891	Königstraße 40, Wiederaufbau Maschinenhaus Sültemeyer
1891	Lübbecker Straße 12, Kistenfabrik Peters & Völker
1891	Pionierstraße 11, Lagerschuppen des Zementwarenwerkes Usadel
1892	Domstraße 14, größeres Kamerariat und Rektoratshaus, Abbruch (II, S. 1471, 1475)
1892	Königstraße 78, Scheune für Landwirt Heinrich Bredemeyer
1892	Lindenstraße 13, Lagerhausanbau
1892	Marienglacis 13, Wohnhaus für Kunstgärtner Gustav Stolle
1892	Bünde, Hindenburgstraße 39, Wohnhaus für Buchdruckereibesitzer Karl Rahning
1893	Domstraße 14, kleines Kamerariat Nr. 147 N, Reparatur für die Gemeinde (II, S. 1469)
1894	Fischerallee 5 für Tischlermeister Carl Preuß (Plan: Luhmann)
1894	Hahler Straße 25 für Amtsgerichtsrat Schmidt
1895	Pionierstraße 11, Lagerschuppen für das Zementwarenwerk Usadel

1895/1896 Rodenbecker Straße 21 für Fabrikbesitzer Heinrich Brücke (Plan: Architekt W. Meyer)

1896 Dom, Sicherung des Chores, Kostenschätzung (zusammen mit anderen) (II, S. 368, 376)

1896 Friedrich-Wilhelm-Straße 19, Werkstattgebäude für R. Gelbke

1896 Lindenstraße 9, Umbau der Werkstätte

1896 Lindenstraße 18/22, Anbau für Zigarrenfabrik Leonhardi

1896 Rodenbecker Straße 21 für den Fabrikanten Heinrich Brücker

1898 Johansenstraße 32, Arbeitsschuppen in der eigenen Kiesgrube

1898 Lindenstraße 18/22, Anbau Nr. 18 für Zigarrenfabrik Leonhardi (Plan: W. Meyer)

1898 Pionierstraße 11, Lagerschuppen für das Zementwarenwerk Usadel

1899 Dom, Sicherung des Chores, Fundamentunterfangung (zusammen mit Heinrich Scheidemann) (Planung: Grahmann, Paetz, Leitung: Engelmeier) (II, S. 377)

1899 Domstraße 14, Domschule, vermutlich Bauausführung (II, S. 1476)

1899 Lindenstraße 18/22, Unterkellerung des Hofes für Zigarrenfabrik Leonhardi (Plan: W. Meyer)

1899 Tränkestraße 6, Umbau

1900 Deisterstraße 4/8, Umbau

1900 Johansenstraße 32, Wärterwohnung und Umbau des Arbeitsschuppens zur eigenen Fabrik

1900 Obermarktstraße 2/4 für Kaufmann Muermann (Plan: F. Usadel)

1901 Lindenstraße 18/22, Aufbau Speisesaal für Zigarrenfabrik Leonhardi (Plan: W. Meyer)

1901/1902 Viktoriastraße 7, Ladengeschäft für W. Willms

1902 Hahler Straße 59 für und unter Mitwirkung von Zimmermeister Albert Scheidemann (Plan: A. Kelpe)

1902 Lindenstraße 18/22, Abortanbau für Zigarrenfabrik Leonhardi (Plan: W. Meyer)

1903 Dom, Pflasterung zwischen den Strebepfeilern des Chores (II, S. 377)

1903 Brückenkopf 2 a, Erweiterung des Druckereigebäudes

1903 Lindenstraße 19, Materialschuppen für eigene Zwecke

1903/1904 Bastauverlegung, Ausführung der Erdarbeiten (Auftrag von 1901)

1903/1905 Weserglacis 2, Regierungsgebäude, Zementestriche

1904 Domkloster, Umbaumaßnahmen im Südflügel für Kleinkinderbewahranstalt (II, S. 491, 522)

1904 Kuckuckstraße 18/20, Neubau des Teerhauses, neue Fassade Arbeiterhaus für Brücker & Zschetzsche

1904 Lichtenbergstraße 6/8 (vermutet) für den Gemeinnützigen Bauverein

1904 Lindenstraße 18/22, Anbau auf Grundstück Nr. 22 für Zigarrenfabrik Leonhardi (Plan: W. Meyer)

1904 Lindenstraße 18/22, Aufbau Bekleberaum für Zigarrenfabrik Leonhardi (Plan: W. Meyer)

1904/1905 Hafenstraße 16, Bürgerschule III (Pläne: Stadtbaumeister Kersten)

1904/1905 Lichtenbergstraße 2/4 (vermutet) für den Gemeinnützigen Bauverein

1905 Königstraße 78, Einbau eines Kellers

1905 Lindenstraße 18/22, Umbau Erdgeschoß Nr. 20 für Zigarrenfabrik Leonhardi (Plan: W. Meyer)

1905 Weberberg, Erneuerung der Treppenanlage

1905/1906 Brüderstraße 24 für Schneidermeisterwitwe Friedrich Jahns

1906 Heidestraße 15, Einfriedung

1906/1908 Tonhallenstraße 5, Kreishaus (nach Plan: Prof. Kanold)
1907 Hahler Straße 27, Anbau einer massiven Veranda
1907 Marienstraße 7, Umbauten des Wohnhauses
1911 Lindenstraße 15, Balkonanbau
1911 Papenmarkt 1, Stallgebäude
1912 Lindenstraße 19, Laube neben dem eigenen Haus
1914 Hahler Straße 27, Dachausbau
1916 Königswall 22, Margarethen-Kinderkrippe (Plan: Stadtbaurat Burr)
1919 Lindenstraße 19, Umbau der Wirtschaftsgebäude

Usadel, Fritz
Architekt in Hannover; Sohn von Maurermeister Gustav Usadel aus Minden (geb. 11.4.1872, gest. 4.9.1939 Hannover). Nach Ausbildung an der Baugewerkschule in Stuttgart von 1891–1893 und 1896 Studium an der TH Hannover (KOKKELINK 1998, S. 571), danach als erfolgreicher Architekt in Hannover (1903 wohl Boedekerstraße 41) niedergelassen, wo er ein *Atelier für Architektur und Kunstgewerbe* unterhielt und zahlreiche Großbauten plante. Betätigte sich auch als Maler (Gemälde von ihm sind im Museum Minden und der Sakristei St. Martini erhalten).
1900 Obermarktstraße 4, Wohn- und Geschäftshaus sowie das zugehörige Lagerhaus Opferstraße 2 (Ausführung durch das Baugeschäft seines Vaters)
1901 Hannover, Wettbewerb Beamtenwohnhäuser Kleefeld (siehe Deutsche Konkurrenzen 13, 1901/02, Heft 12, S. 20–29)
1902 Recklinghausen, Entwurf für ein Kreishaus (siehe Deutsche Konkurrenzen 16, 1904, Heft 3)
1904/1905 Brüderstraße 24
1908 Großer Domhof 3, Bankgebäude (II, S. 1214, 1216, Abb. 742)
1910 Hannover, Wasserturm
1910 Hannover, Stadthalle, Wettbewerbsentwurf (siehe Bau-Rundschau 4, 1913, S. 360–361)
1911 Hannover, Rudolf von Benningsen-Straße, Bebauungsentwurf (siehe Moderne Bauformen 10, 1911, S. 460–463)
1913 Hannover, Eichendorfstraße, Einfamilienhäuser (siehe Norddeutsche Bauzeitung 9, 1913, S. 856, 861)
1913 Hannover, Ellerstraße 6–6c, Einfamilienhäuser (siehe Norddeutsche Bauzeitung 9, 1913, S. 856, 860)
1913 Hannover, Seelhorststraße, Wohnhäuser (siehe Bau-Rundschau 4, 1913, S. 217–218)
1914 Hannover, Gellertstraße 53–56, Miethaus (siehe Deutsche Bauhütte 8, 1914, S. 222)
Bremerhaven, Kirche

Usadel, Gustav
Königlicher Regierungsbaumeister (geb. 7.9.1868, gest. 7.1.1903 Göttingen). Gustav Usadel war mit Margarethe Wedekind verheiratet, ein Kind. Er verstarb 35jährig *nach längerem schweren Leiden* in Göttingen und wurde nach Gotha überführt, wo sich die Familie wohl niedergelassen hatte.

Usadel, Max
Maler und Sohn des Maurermeisters Gustav Usadel (geb. 21.6.1874), lebte 1899 in Düsseldorf.
1894 St. Martini, Empore, drei Gemälde für das neue Dirigentenpult der Westempore (III, S. 389 f.)
1899 Markt 1, Rathaus, Porträt Wilhelm II

Vagedes, Wilhelm
Oberlandmesser (geb. 28.11.1853 Driburg, katholisch) verheiratet mit Ida (geb. 13.5.1839 Osterode), wohnten 1900 mit Tochter Ida Zimmermann (geb. 5.7.1868) Rodenbeckerstraße 39.

vam Dressche, Reineke
Mindener Goldschmied geb. um 1430 Minden, gest. nach 1493. 1456 mit eigenem Hausstand erwähnt, 1462 erwarb er einen Garten vor der Stadt. 1459, 1461, 1470 und zuletzt 1493 in Minden nachweisbar.
Mitte 15. Jh. Dom, Armreliquiar der Hl. Anna (Zuschreibung) (II, S. 1024)
1484 Dom, Pluvialschliesse (heute Kunstgewerbemuseum Berlin) (II, S. 1063 f.)

van Lon, Gert
Westfälischer Maler geb. 1465 in Geseke, gest. 1530. Etwa von 1480 an lernte er vermutlich in Soest in der Werkstatt des Meisters des Liesborner Hochaltars. Nach seiner Lehrzeit unterhielt er eine Werkstatt in Geseke, wo er 1530 verstarb (WESSING 1986, S. 11–16).
um 1480 Dom, Altarbild (Kreuzigung) (II, S. 866)

Veltmann
Garnison-Bauinspektor in Minden.
1885 »Fort B, Umbauprojekt« (Bahnhofsbefestigung) (Pionierstraße 10) (I.2, S. 560–562, 563–566, Abb. 359 f., 361–364, Kat.-Nr. 288–290, 292)

Vereinigte Werkstätten München
1908 als »Vereinigte Werkstätten für Kunst und Handwerk« in München gegründet und schnell zu einer der führenden Stätten Deutschlands für exklusive Inneneinrichtungen vorwiegend konservativer Kreise aufgestiegen. Zentrale Firma zwischen 1933 und 1945. Arbeiten insbesondere nach Entwürfen von Paul Ludwig Troost, Bruno Paul und später Albert Speer.
1951 Rodenbecker Straße 21, Villa Strothmann, Innenausstattung (zusammen mit R. Fick/München und Seitz/München)

Verroth
Strukturar.
1774 Domstraße 14, Kamerariatshaus Nr. 147 N, Visitation (Kostenanschläge: Zimmermeister Kloth, Meining) (II, S. 1467)

Vierthaler, Ludwig
Bildhauer und Professor in Hannover.
1880 (?) Marienstraße 32, Plastik auf der Veranda

Vieweg, Ernst Karl
Möbeltischlermeister in Minden (geb. 6. 4. 1849 in Schildbau bei Torgau, gest. 21. 2. 1924) wohnte seit etwa 1888 Weingarten 10. Seit 1900 Betriebsstätte Königswall 79. War verheiratet mit Louise Brünger (geb. 16. 12. 1845, gest. 6. 10. 1896), in zweiter Ehe mit Christine Krüger. Karl Vieweg war Mitbegründer und bis 1913 Vorstandsmitglied der »Tischler-Zwangsinnung Minden« sowie über 30 Jahre im Männer-Gesangverein Einigkeit e. V. Der Betrieb wurde von Sohn Herman Karl Vieweg weitergeführt.

Vilse, Johann Heinrich
Uhrmacher.
1753–1754 St. Marien, Uhr für neuen Turmhelm (Plan: Kloth) (III, S. 136)

Vincenz
Ingenieur-Offizier (geb. 1830). 1849 Lieutenant, 1852 Ingenieur-Seconde-Lieutenant in Minden, 1861 Kapitän, 1870 Major und Festungs-Baudirektor in Friedrichsort (VON BONIN II, 1878, S. 309).
1852 »Gewehrkoffer und Zugbrücke am äußeren Fischertor« (I.2, S. 324 f., Abb. 183, Kat.-Nr. 163)
1854 Entwurf für die Anlage von Traversen (I.2, S. 200, Abb. 91, Kat.-Nr. 65)

Visarius
Baurat bei der Weserstrombauverwaltung in Hannover.
1916   Mitarbeit an der Denkschrift über den erweiterten Ausbau der Weser

Voegeler, Johann Carl Wilhelm
Kunstdrechsler, wohnte 1819 mit seiner Ehefrau Charlotte Henr. Wilhelm. Müller Greisenbruchstraße 13.

Völker, Jacob
Bauunternehmen in Düsseldorf, das wegen seiner großen Baustelle in Minden dort ein eigenes Büro unterhielt.
1936/1939 Melittastraße 17, Um- und Erweiterungsbauten der Flugzeugwerke Peschke

Vogel, Heinz Werner
Architekt in Bremen, Lilienthaler Heerstraße.
1966   Königstraße 68, Kirche für die Evangelische Gemeinschaft

Vogeler
1794/1795 St. Marien, Reparatur in der Sakristei (III, S. 224)

Vogeler, Friedrich
Tischlermeister (geb. 18.7.1801), wohnte 1851 Stiftstraße 1 (im Haushalt auch die Gesellen Mathias Kaufmann und Jacob Rotaig), betrieb dort 1857/80 ein Möbelmagazin. Aus der Ehe mit Amalie (geb. 3.5.1815) gingen die Kinder Luise (geb. 1.5.1835), Alfred (geb. 27.4.1849, 1880 Handlungsgehilfe), und Therese (geb. 21.10.1855) hervor. 1880 wohnten auch die Tischlergesellen Wilhelm Spier (geb. 24.5.1857 Kleinenbremen) und Gustav Lohse (geb. 18.10.1860 Lauenburg) im Haushalt.
1852   Vinckestraße 3, Vikarie, Arbeiten (II, S. 1324)
1854   Dom, Reparatur des spätgotischen Chorgestühls und Anfertigung eines Kinderbetstuhls (II, S. 739, 745)
1883   Immanuelstraße 2, Gymnasium, Bänke für die Aula

Vogeler, L.H.
Holzhändler, wohnte 1857 Simeonstraße 28.

Vogelsang Junior, Caspar Heinrich
Goldschmied in Minden. Er wurde 1688 als Sohn des Everdt getauft, bei dem er das Goldschmiedehandwerk erlernte und arbeitete später als Geselle in Bremen und Hamburg.
1718   Dom, Sonnenmonstranz (II, S. 933)

Vogt, Friedrich
Maurermeister, der sich später auch als Bauunternehmer bezeichnet. Zunächst in Röcke Nr. 65, seit 1895 an der Dankerser Straße wohnend.
1893   Dankerser Straße 9 als Unternehmerbau
1895   Rodenbecker Straße 60 als Unternehmerbau

Voigt, Christian
Glockengießer in Minden. Arbeitete 1717 für die Stadt Minden. Sein Enkel möglicherweise der am 14.1.1769 geborene Johan Gotlieb Voigt (Eltern: Bürger und *Blechenschläger* Johan Adam Voigt und Johanna Maria Kuhlmann).
1708   Petershagen-Windheim, Pfarrkirche, Glocke
1710   Bad Oeynhausen-Rheme, Pfarrkirche, Glocke
1712   Stemwede-Alswedde, Pfarrkirche, Glocke
1717   Minden-Stemmer, Schule, Glocke
1720   Porta Westfalica-Kleinenbremen, Pfarrkirche, Glocke (nicht erhalten)
1721   Obermarktstraße 36, Glocke des Hospitals
1721   Petershagen-Lahde, Pfarrkirche, Glocke
1723   Stemwede-Wehdem, Pfarrkirche, Glocke
1723   Halle-Hörste, Pfarrkirche, Glocke (nicht erhalten)

Voigt & Hoeffner AG
Frankfurt am Main.
1913 Wasserstraßenkreuz, Hauptpumpwerk am Kanal, Hauptschaltpult

Volkening, Karl
Sohn des Papier- und Schreibwarenhändlers Eduard Volkening aus dem Hause Obermarktstraße 9 (dieser betrieb ab 1908 auch eine Buchdruckerei an der Lindenstraße 36). Karl Volkening (geb. 9.10.1866, gest. 10.10.1938) erhielt eine Ausbildung als Baugewerksmeister und verzog während seiner ersten Ehe mit Mathilde Weisbrodt in die Nähe von Hildburghausen/Thüringen. Ab etwa 1908 wieder in Minden (1912 Hermannstraße 15), wo er in zweiter Ehe mit Marie Poppelbaum ab 1919 in dem von ihm erworbenen Haus Marienstraße 24 lebte. Hier betrieb er in den folgenden Jahren nach Umbauten auch sein »bautechnisches Büro«, ferner unterhielt er einen Baustoffgroßhandel. Er war Mitglied der »Krieger-Kameradschaft Minden« und der »Pionier-Kameradschaft Minden«.

Karl Volkening

1909 Brückenkopf 2 a, Erweiterung des Druckereigebäudes
1909 Jahnstraße 2, Vereinshaus mit Turnhalle für TV Jahn
1909 Obermarktstraße 9, Ladenumbau für Rudolf Volkening
1910 Viktoriastraße 57, Neubau des Wirtschaftsgebäudes für Karl August Wiehe
1911 Marienstraße 63, Bauleitung für Steinbildhauer August Richter (Plan: M. Zimmerling)
1912 Marienstraße 20, Abbruch des Altbaus für Christian Vehlewald
1912 Marienwall 47, Abbruch des Altbaus für Christian Vehlewald
1912 Marienstraße 20, Wohn- und Geschäftshaus für Christian Vehlewald
1919 Bäckerstraße 3, Umbau Treppenhaus
1919 Marienstraße 24, Umbau für eigene Zwecke
1921 Karlstraße 25, Statik Bürogebäude Baugesellschaft Michelsohn (Plan: Weidner/Bremen)
1923 Ritterstraße 2–6, Umbauten
1925 Viktoriastraße 64, Umbau des Stallgebäudes
1926 Marienstraße 24, Umbau für eigene Zwecke
1929 Fischerallee 2, Umbauten
1931 Markt 22, Anbau eines Kinos, Ausführungsplanung (Pläne: K. Ritzdorf/Mönchengladbach)
1934 Markt 22, Umbauten
1935 Priggenhagen 7, neue Fassade
1936 Deichhof 19, Um- und Erweiterungsbau für Fuhrunternehmer Hermann Harig
1936 Fasanenstraße 4 für Bankprokurist Otto Hofmann
1936 Lindenstraße 36, Umbau
1937 Goebenstraße 7, Umbau Stall
1937 Hermannstraße 25, Garage für Josef Hauke
1937 Lindenstraße 29, Umbau

1937 Marienstraße 24, Umbau für eigene Zwecke
1937 Weserstraße 8, Zaun vor dem Haus

Volkhausen, H.
1894 Dom, Entwurf zu Rahmen der Kreuzwegstationen von Prof. Klein (II, S. 891)

Volkmann
Maurerpolier.
1904 Dom, Sicherung des Chores, Arbeiten (II, S. 377)

von Bamberg
Lieutenant.
ab 1814 oder später Neubefestigung (I.2, S. 50)

von Baranowski
Feldmesser.
1878 Friedrich-Wilhelm-Straße 15, Bahnhofskaserne, Lageplan (I.2, S. 712, Abb. 466)

von Beaufort, Alexander
Oberst in Wesel, 1739 als Festungskommandant in Minden tätig, in St. Petri bestattet (III, S. 578, 611)
1739 St. Petri, Plan zur reformierten Petri-Kirche
1739 St. Petri, Grundsteinlegung (Plan: von Foris/Kleve) (III, S. 578, 611)

von Behren, Cord Hinrich
1782 als Zimmermeister genannt.
1782 Postweg Minden-Rahden, Brücke bei Dreyers Krug, Kostenanschlag

von Behren, Heinrich
Bauunternehmer mit Geschäftsniederlage an der Marienstraße 109. Die Firma 1925/1930 als von Behren & Grannemann bestehend (später betrieben beide eigenes Geschäft). Heinrich von Behren Senior entstammte einer Handwerkerfamilie an der Kutenhauser Straße, wo er in dem Haus Nr. 15 bis zum Bau seines Hauses Marienstraße 71 wohnte. 1911 beschäftigte er Hermann Elbers als Zeichner, um als Bauunternehmer auftreten zu können, wobei er nach und nach einen größeren Geländestreifen auf der Ostseite der Kutenhauser Straße bebaute. Schon 1919 verlegte er den Betrieb in das ebenfalls von ihm erbaute Haus Marienstraße 109, wo sich auf dem Hof auch ein Lagerhaus befand. Heinrich von Behren (geb. 21. 4. 1879 Friedewalde) war mit Luise Beckemeyer (geb. 2. 4. 1883 Hahlen) verheiratet. Aus dieser Ehe stammen folgende Kinder: Charlotte <u>Luise</u> (geb. 8. 4. 1903), <u>Hugo</u> Friedrich (geb. 3. 2. 1905), <u>Heinrich</u> Wilhelm Christian (geb. 14. 9. 1906), Frieda Luise (geb. 15. 9. 1912), Hedegard (geb. 14. 9. 1915?), Wilma (geb. 15. 2. 1917, gest. 2. 5. 1919), Anneliese (geb. 18. 10. 1918, gest. 29. 8. 1920), Irmgard (geb. 19. 9. 1920), Wilma (geb. 7. 4. 1922) und Eberhard (geb. 7. 12. 1926). Der zweitgeborene Sohn Heinrich übernahm 1953 den Betrieb.

1909 Kutenhauser Straße 24 für eigene Zwecke
1911 Kutenhauser Straße 26 für Maschinist Paul Stellbrink (Plan: Hermann Elbers)
1911/1912 Kutenhauser Straße 26 a als Unternehmerbau
1912 Kutenhauser Straße 28 als Unternehmerbau
1913 Kutenhauser Straße 22 für Witwe Karoline Flotho (Plan: Bautechniker Flotho)
1913 Marienstraße 71 für eigene Zwecke (Plan: J. Drabert)
1914 Stiftstraße 48 a für Friederike Meyer/ Hahlen Nr. 193
1919 Marienstraße 109 für eigene Zwecke
1921 Bierpohlweg 4 für Maurer Wilhelm Rohlfing
1921 Cecilienstraße 20/22, Wohnhaus für Gärtner Ferdinand Forch
1925 Königstraße 51, Lagerschuppen

1928	Hahler Straße 85 für Maurer Friedrich Gieseking	1949	Bleichstraße 28, Lagerhaus für Firma Schlötel
1928	Hahler Straße 87 für Monteur Ludwig Meinsen	1949	Marienstraße 109, Garage für eigene Zwecke
1930	Wittekindsallee 2 für Lagerhalter Oskar Warmschmidt	1949	Sympherstraße 27, Verkaufsbaracke für Karl Adam
1930	Wittekindsallee 4 für Emil Becker	1949/1950	Sympherstraße 23 für Christian Meyer
1931	Brückenkopf 10, Bootshaus		
1931	Marienstraße 97 für Buchdruckermeister Fr. Twelsing	1950	Friedrich-Wilhelm-Straße 81, Verkaufspavillon
1932	Brauereistraße 32	1950	Heidestraße 3 für Frau E. Mailänder
1932	Rodenbecker Straße 40 für Karl Waltke/Hahlen Nr. 15	1950	Im Hohlweg 9, Anbau
		1950	Marienstraße 93, Erweiterung
1933	Königstraße 79, Kesselhaus am Treibhaus	1950	Waterloostraße 58 für Schneidermeister H. Meier
1933	Marienstraße 115 für Vermessungsobersekretair A. Rosebrock	1951	Im Hohlweg 9, Anbau
		1951	Viktoriastraße 50 für Karl Pieper (Pläne: H. F. Möller)
1934	Kutenhauser Straße 62, Dachausbau		
1934	Marienstraße 117 für Bildhauer Hano Schaper	1952	Besselstraße 23 für Frl. Frida Buhrmeister (Pläne: Slawinski)
1935	Blumenstraße 31 für Studienrat Heinz Ley	1952	Königswall 18, Umbau (Plan: Garnjost)
		1952	Weg in die Hanebek 13, Umbau Stallgebäude
1935	Marienstraße 113 für Adele Schubert		
1935	Marienstraße 115 c für eigene Zwecke	1952	Wilhelmstraße 24, Miethaus für die Cherusker AG/Minden
1935	Marienstraße 117 a für Maler Heinrich Horstmann	1952/1953	Im Hohlweg 7 für Hermann Schonhofen
1936	Brühlstraße 17 für Friedrich Krull		
1936	Brühlstraße 19 für Willhelm Branat		

von Behren, Heinrich

Um 1953 hat Heinrich von Behren (geb. 14. 9. 1906) den Betrieb von seinem Vater Heinrich übernommen. Er verlegte die weiter wachsende Firma 1953/1955 auf das Gelände Marienstraße 132/134. Der Betrieb ging später an den Sohn Heinrich (geb. 27. 12. 1934).

1936	Marienstraße 115 a für Dipl.-Ing. Walter Gerlach
1936	Marienstraße 115 für Rentner Wilhelm Müller
1937	Blumenstraße 28 für Studienrat Dr. Karl Bönicke
1937	Hahler Straße 88 für Lokheizer Heinrich Dallmeyer
1938	Königstraße 52, Umbau
1938	Kutenhauser Straße 15, Umbau und Aufstockung
1939	Marienstraße 109, Lagerhaus für eigene Zwecke
1944	Sympherstraße 23 a, Notwohnhaus für Feldschlößchen-Brauerei
1948	Weserstraße 18, Umbau
1953	Kutenhauser Straße 21
1953	Marienstraße 132, Betriebshof für eigene Firma
1954	Bäckerstraße 24, Wiederherstellung des Hinterhauses
1954	Bleichstraße 24 a für Wilhelm Langhans
1954	Melittastraße 38, Wohnhaus für Gertrud Schmidt

1954	Stiftstraße 54, Neubau Lagerhalle die Maschinenfabrik Noll
1955	Feldschlößchenweg 10, Wohn- und Geschäftshaus für Gustav Brinckmann
1955	Hansastraße 14 Lagerhalle für Kaufmann Walter Bauerfeind
1955	Marienstraße 115, Wintergarten
1955	Marienstraße 134 für eigene Zwecke
1955	Stiftstraße 58, Garage
1956	Marienstraße 132, Lagerschuppen für eigene Zwecke
1957	Marienstraße 60 für Kaufmann Carl Muffler
1957	Stiftsallee 60, Umbau
1957	Windmühlenstraße 38, Betriebsgebäude mit Wohnung für Karl Pieper
1958	Marienstraße 109, Garage für eigene Zwecke
1959	Bleichstraße 20 a für Dr. Baumhöfener
1959	Stiftstraße 58, Anbau
1959	Wallfahrtsteich 17 für Zugführer Gustav Altvater
1960	Nach Poggenmühle 2, Bürogebäude für Heinrich Mesch
1961	Hahler Straße 33, Lager und Garagen für Firma W. Möring
1961	Stiftsallee 60, Umbau
1962	Alte Sandtrift 4 für Kurzwarengroßhändler R. Wachenfeld
1962	Lübbecker Straße 4, Anbau
1963	Gustav-Adolf-Straße 7/9 für Dr. Hans Joachim Blanke
1963	Marienstraße 112 a für Emma Senmeyer
1963	Marienstraße 132 a für eigene Zwecke
1964	Gustav-Adolf-Straße 9 für Dr. Hans Joachim Blanke
1964	Marienstraße 109, Umbau des eigenen Lagerhauses
1964	Nach Poggenmühle 8 für Heinrich Mesch
1964	Marienstraße 107 a
1969	Stiftstraße 62, Anbau an den Büroflügel der Fabrik
1970	Stiftstraße 62, Verlängerung der Fabrikhalle der Maschinenfabrik Noll nach Westen
1971	Kutenhauser Straße 26, Umbau
1971	Marienstraße 125, Werkstattgebäude
1971	Stiftstraße 58, Umbau
1983	Alte Sandtrift 9 a
1983	Brückenkopf 14, Erweiterung des Bootshauses
1983	Brühlstraße 39, Mietshaus für eigene Zwecke
1985	Prinzenstraße 4, Umbau Fabrik zu Wohnungen

von Berchner
Gießmeister aus Schweden.
1732	Schwichowwall, Schwichowdenkmal, 2 sächsische Kanonenrohre (I.2, S. 918, Abb. 603b)

von Bezold, Gustav/ **Dehio**, Georg
1887–1901 (Druck)	Dom, Grundriß (II, S. 9)
1887–1901 (Druck)	Dom, Westansicht (II, S. 216 f., Abb. 133.5),
1887–1901 (Druck)	Dom, Langhaus, Querschnitt und Jochaussenansicht (II, S. 295),
1887–1901 (Druck)	Dom, Langhaus, Zeichnung Scheidbogenprofil (II, S. 195),
1887–1901 (Druck)	Dom, Langhaus, Zeichnungen Maßwerkfenster (II, S. 295)

von Bielefeld, Alexander
1. Drittel 17. Jh.	St. Martini, Taufe Christi (Zuschreibung durch Lange) (III, S. 405)
nach 1615	St. Martini, Hängeepitaph des Rudolf Lieffers (III, S. XXIV, 426, Abb. 292)

von Boyen
Offizier (geb. 1780, gest. 1845). 1837–1843 Generalmajor und Kommandant der Festung Minden.

von Boyen
Geb. 1809. Lieutenant 1830, Kapitän 1848, Major 1856. Als Platzingenieur in Neiße 1861 aus dem Dienst geschieden (siehe von BONIN II 1878, S. 305).
1844 »Marientor, Feldseite« (I.2, S. 262 f., Abb. 135, Kat.-Nr. 116)

von Briesen
1827–1831 Kommandeur der Festung Minden.

von Bülow
Regierungsrat.
1886 Dom, Sicherung des Chores, Gutachten (zusammen mit Regierungs- und Baurat Eitner) (II, S. 375 f.)

von Bütow
Ingenieur-Offizier (geb. 1793). Lieutenant 1813, Kapitän 1818, Major 1842. 1828 Ingenieur-Hauptmann in Münster. Als Platzingenieur von Koblenz 1849 aus dem Dienst geschieden. Lebte von etwa 1820 bis um 1825 in Minden. 1827/1828 unterzeichnete er die Pläne für die Infanteriekaserne in Münster. Laut Rang-Liste von 1828 ist er von der 3. Ing. Inspektion zur Garnisons-Baudirektion bei VII AK abkommandiert.
ab 1820 Neubefestigung (I.2, S. 50)
um 1820 St. Johannis, Umbauprojekt zum Landwehrzeughaus mit Zeichnungen (III, S. 1, 24, Abb. 11)
1821 St. Mauritius-Kloster, Umbau zum Artillerie-Zeughaus (I.2, S. 633–635, 640–642, 644–647, Abb. 415, 420, 423, Kat.-Nr. 332, 335–337a. – III, S. 479, 498, 551, 555, 560, Abb. 335, 370)
1825 »Lageplan zum Grunderwerb für die äußeren Festungsanlagen« (I.2, Abb. 66, S. 154 f., Kat.-Nr. 37 b)
1825 »Tor im Reduit vor dem Marientor« (I.2, S. 264 f., Abb. 137, Kat.-Nr. 117)

1828/1831 Münster, Aegidiistraße 66/68, Aegidii-Kaserne
1868 Kleiner Domhof, Lageplan (II, Abb. 855)

von Buttlar-Gleichen
Berlin.
1871 St. Marien, Genehmigung des Entwurfes von der Forsts zum Chorscheitelfenster (I) (III, S. 100)

von Campe, K.
Dipl.-Ingenieur in Ülzen.
1954 Wilhelmstraße 1, Umbauplanung

von Closter, G. P.
Miniaturmaler und Kupferstecher in Berlin (nachgewiesen zwischen 1794 und 1810).
um 1800 Ansicht der Stadt Minden von Norden (I.1, Abb. 16)

von Dechen
Ingenieuroffizier und Inspektor der 6. Festungs-Inspektion (geb. 1794). 1813 Lieutenant, 1831 Käpitan, 1841 Major und 1851 Oberst. 1857 als Generalmajor aus dem Dienst geschieden.

von Dehn-Rotfelser
Geheimer Regierungsrat und Konservator der Kunstdenkmäler.
1881 Dom, Besichtigung (zusammen mit Geh. Ober-Reg.-Rath Spieker, Geh. Ober-Baurath Adler) (II, S. 449)
1884 Dom, Außenrestaurierung des Langhauses, Gutachten zur Neuverglasung (Entwurf: von der Forst 1878–1880) (II, S. 448)

von Delitz, Ludwig Hannibal
Generalmajor. Von 1871 bis 1874 letzter Festungskommandant in Minden.
1874 Stellungnahme zum Abbruch des Simeonstores (I.2, S. 51, Kat.-Nr. 88)

von Eisfeld
Festungs-Ingenieur und Zeichner in Minden (I.2, S. 78).
um 1670/1680 Grundriß der Festungswerke (I.2 S. 31, Abb. 31, Kat.-Nr. 6)

von Foris, Friedrich Arnold
Festungs-Ingenieur. Geboren 1685 in Kleve. Wurde 1709 Leutnant, 1716 Major. 1734 Oberstlieutenant und 1742 Oberst. In diesem Jahr scheidet er als Kommandeur des Walraweschen Pionierregiments aus dem Pionierkorps aus (VON BONIN I, 1877, S. 295). Fertigte zwischen 1716 und 1740 zahlreiche Pläne für die Festung Wesel und für Stralsund an, nahm den Grenzverlauf zwischen Preußen und Braunschweig-Lüneburg an der Elbe auf und zeichnete 1728–1731 Karten vom Rheinverlauf bei Wesel (HANKE/DEGNER 1935, passim. – ARAND/BRAUN/VOGT 1981, passim). Er scheint um 1737 auch für den Festungsbau in Minden sowie Projekte in Geldern (Festungsbau und/oder Neubau der reformierten Heilig-Geist-Kirche) verantwortlich gewesen zu sein. Möglicherweise auch Planverfasser anderer zeitnaher, bisher nicht zugeschriebener Staatskirchen in Westfalen?
1736–1740 Geldern, Reformierte Garnisonskirche Heilig-Geist (?)
1737 St. Petri, Plan (*7 Abriße mit dem Anschlag*) für Neubau der reformierten Kirche (III, S. 578, 586)

von der Forst, Viktor
Glasmaler in Münster. 1886 bei St. Marien genannt.
1871/1872/1878 St. Marien, Neuverglasung (III, S. 71, 80, 100–103, Abb. 73 f.)
1878–1880 Dom, Außenrestaurierung des Langhauses, Neuverglasung (Einsetzen der Scheiben: Glasermeister Iburg) (II, S. 442 f., 448)

1881 Dom, Querhaus, Kostenanschlag zur Fensterverglasung (Planung und Leitung: Bauinspektor Haupt) (II, S. 443)
1886 St. Martini, Entwürfe neuer Sakristeifenster (III, S. 468)
1901 Dom, Entwurfskizzen zur Neuverglasung eines Chorfensters (II, S. 443)
1903 Dom, Instandsetzung dieses Chorfensters (Leitung: Baurat Engelmeier) (II, S. 443)

von Foerder
Regierungspräsident.
1783 Domkloster, Planung eines Landesarchivs im Ostflügel (Ausführung ?) (II, S. 498)

von Gaertner, Hermann August Gottlieb
Geb. 25.11.1818 Neuwied, gest. 12.3.1886 Wiesbaden. Sec.-Lieutenant im Ing.-Corps. Wurde am 15. April 1845 zur Fortification Minden abgeordnet (VON PRIESDORF 1937–1942, IX, S. 201) und war hier bis 1847 an den Planungen für die Festung beteiligt (I.2, S. 592).
1845–1867 Bahnhofsbefestigung (zusammen mit anderen) (I.2, S. 56, 529, 538–541, 591–593, 600 f., Abb. 340, 344, 389, 397, Kat.-Nr. 273, 279, 303 f., 309)

von Gayette, Karl Ludwig Ferdinand
Geb. 9.9.1793 Bernau/Niederbarnim, gest. 20.1.1856 Hirschberg/Schlesien. Major und von 1818 bis 1822 Platzingenieur und Leiter der Fortifikation in Minden (I.2, S. 332).
1815 »Projektiertes Wesertor« (I.2, S. 330–332, Abb. 188, Kat.-Nr. 169)
1818–1822 Leitung des Festungsbaus (I.2, S. 49)
1875 »Simeonstor« (I.2, S. 368–370, Abb. 214–216, Kat.-Nr. 188)

von Giese
Major (geb. 1829). 1869 Ingenieur vom Platz in Minden. 1846 als Lieutenant, 1858 als Kapitän, 1867 als Major genannt. 1870 zur Infanterie übergetreten.

von Gosen, Markus
Maler und Graphiker in Prien am Chiemsee. Sohn des Bildhauers Theo von Gosen. Der Vater war um die Jahrhundertwende in München sehr geschätzt und wurde dann nach Breslau berufen (III, S. 104).
1949–1951 St. Marien, Entwürfe für Neuverglasung (Ausführung: Fa. Zettler, München) (III, S. 81, 104–106, 225 f.)
1950–1952 St. Martini, Entwürfe für Neuverglasung (Ausführung: Fa. Zettler, München) (III, S. 283, 308 f., 311 f., Abb. 214)

von Hamme, Johann
1559 als Steinhauer in Minden genannt (KAM, Mi, A I, Nr. 639).

von Huene
Ingenieur-Offizier (geb. 1792, gest. 1858). 1809 Lieutenant, 1816 Kapitän, 1828 Major, 1840 Oberst-Lieutenant, 1840 Oberst, 1847 Generalmajor. 1851 als Generallieutenant vom Dienst verabschiedet (VON BONIN II, 1878, S. 300). 1837 *interimistischer* Festungs-Inspekteur, 1940 Festungs-Inspekteur, später Inspekteur der 3. Ingenieur-Inspektion.

von Keller, Hans
Bau-Ingenieur in Hamburg-Farmsen.
1957   Kuhlenstraße 6 für Georg Teichmann

von Kleist
Major.
1814   Entwürfe für Neubefestigung und Leitung der Arbeiten (I.2, S. 40 f.)

von Köckritz
Leutnant.
ab 1814 oder später Neubefestigung (I.2, S. 50)

von Kölln, August
Bau-Ingenieur und Architekt, Büro 1970/1985 Sophienweg 23. August von Kölln (geb. 13. 11. 1933) ist mit Dagmar Behring verheiratet. Ihr Sohn Thomas wurde ebenfalls Architekt.
1977   Kuhlenstraße 1 für Klaus Welsh
1979   Ritterstraße 38, Sanierung
1980   Hohe Straße 11 für August Böckmann
1980   Ritterstraße 36, Neubau

von Kölln, Thomas
Betreibt 2006 mit Peter Kruse ein Architekturbüro Rodenbecker Straße 69.

von Köppen
Ingenieur-Offizier. 1851 als Sek. Lieutenant der Landwehr Pioniere in Minden genannt.
1851   »Wallprofile der Fischerstadt-Befestigung« (I.2, S. 320, Abb. 180, Kat.-Nr. 160)

von Ledebur, Christian Heinrich Ernst
Geb. 1739, gest. 1794. Kammerdirektor (1771–1786) der Kriegs und Domänenkammer in Hamm, später Kammerpräsident (1787–1793). Domherr und erster evangelischer Possesor der Kurie Großer Domhof 7. Großvater Leopolds von Ledebur (siehe LEDEBUR 1825, bzw. GRIESE 1934).
1781   Großer Domhof 7, Kurienhof, Gutachten über Zustand (II, S. 1258)
1793   Großer Domhof 7, Kurienhof, Situationsplan (Federzeichnung) (II, S. 1257)

von Leistner, Ysra
Prof. h. c. Bildhauerin in Rom (geb. 1921 München).
1994   Marienkirchplatz, »Wiederkehrender Christus« (Bronze) (I.2, S. 964)

von Lengerken, Ernst
Architekt BDA in Bielefeld.
1919 Am Fort C, Umbau zur chemischen Fabrik für Karl Heinrich Buchwald

von Lesser
1854/1861 Wasser-Baumeister in Lenzen an der Elbe, von 1861 bis 1863 Bauinspektor in Arnsberg. 1863 Versetzung als Bauinspektor zur Regierung Minden und dort bis 1866 nachweisbar.
zwischen 1856 und 1863 Dom, Sicherung des Chores, Planung der Neuverglasung (Revision: von Quast, Ausführung: Glasmaler Carl Hagemann) (II, S. 441)
1864 Hafeneisenbahn, Plan der Trassierung
1864 Dom, Sicherung des Chores, Entwürfe zur Neuverglasung weiterer Fenster (Revision: von Quast, Ausführung: Glasmaler Carl Hagemann) (II, S. 442)
1864 Dom, Außenrestaurierung des Langhauses, Revision der Planungen von Marx 1864 (II, S. 295)
1864 Dom, Instandsetzung der Sakristei, Erläuterungsbericht und Kostenanschlag (II, S. 393, Abb. 296)
1864 Dom, Instandsetzung der Sakristei, Bitte, Zimmer- und Schieferdeckerarbeiten zu verdingen (II, S. 393)
1865 Dom, Innenrestaurierung des Chores, Kostenanschläge zur Neufassung (Zeichnungen: F. A. Mohrien, Ausführung: Mohrien und Büchtermann) (II, S. 457 f.)
1867 Dom, Instandsetzung der Sakristei, neuer Kostenanschlag gemäß Änderungsvorschlägen von Quasts und Stülers 1867 (II, S. 393)

von Linden, Max
Maler, geb. 31.6.1866. Heiratete 1918 die Malerwitwe Anna Suchland geb. Tipper.

von Luphe, J. G.
1740 Dom, Untersuchung der Uhr (II, S. 859)

von Meckel
1814 als Lieutenant in Minden genannt.
1814 Escarpen und Grabenprofile, Grundriß des Rondells an der Weserbrücke (I.2, S. 138, Abb. 58, Kat.-Nr. 32)

von Mertens
Ingenieur-Offizier (geb. 1808). 1830 Lieutenant, 1848 Kapitän, 1856 Major, 1863 Oberst, 1867 Genralmajor. 1868 als Kommandant von Mainz aus dem Dienst geschieden (VON BONIN II, 1878, S. 305).

von Pelser-Berensberg, Franz
1893 Bauinspektor bei der Regierung Minden, wohnte Kaiserstraße 3. 1894 königlicher Baurat in Minden.

von Quast, Ferdinand
Baurat und Konservator der Kunstdenkmäler in Berlin.
vor 1844 Domkloster, Visitation mit Nutzungsvorschlag zum Südflügel (Museum) (II, S. 512)
1845–1846 Domkloster, Südflügel, Revisionen der Umbauplanungen Goeckers (Museum/Turnhalle) (II, S. 512–514)
1852 (?) Dom, Sicherung des Chores, Untersuchungsbericht mit besonderer Berücksichtigung des Gewölbes (Visitation zusammen mit Minister von Raumer) (II, S. 370)
1864 Dom, Sicherung des Chores, Revision der Glasmalereientwürfe von Lessers 1864 (II, S. 442, 449)
1864/1867 Dom, Instandsetzung der Sakristei, Änderungsvorschläge (Visitation 1864 zusammen mit Stüler) (Pläne: Bauführer Marx 1867) (II, S. 393, 428, 435)
1912 St. Simeon, Abnahme des Nordturms von 1911/1912 (III, S. 720)

von Rauch, Johann Georg Gustav
Ingenieur-Offizier (geb. 1.4.1774 Braunschweig, gest. 2.4.1841 Berlin). 1788 Eleve der Ingenieur-Akademie Potsdam, 1790 Lieutenant; 1805 Major im Generalstab, 1812 Oberst, 1813 Chef des Ingenieur-Corps; 1814 Generalinspekteur sämtlicher preußischer Festungen, 1815 Leiter des Festungsbauwesens, 1817 Generallieutenant, 1837 Kriegsminister; 1841 in den Ruhestand versetzt (VON BONIN I, 1877, S. 302 und II, 1878, S. 134 und 300).
ab 1814 Neubefestigung (Zeichner: Rohde) (I.2, S. 40–42, 47, 49 f., 144–146, 373 f., 417, 444 f., Abb. 18, 61, Kat.-Nr. 34)

von Rohwedel
Ingenieur-Capitain.
1813   Neubefestigung (I.2, S. 39)

von Sabelitz, Friedrich
Generalmajor. Zum Gubernator über die eroberten Plätze in Westfalen bestellt.
1635   Abbruch der Stadtmauer (I.2 S. 30, 68)

von Saher
Stuckateurbetrieb in Bielefeld.
1905/1906   Weserglacis 2, Regierungsgebäude, Stuckarbeiten
1908   Tonhallenstraße 5, Kreishaus, Stuckarbeiten innen und an den Fassaden

von Salem, Magnus
Uhrmacher, wohnte 1710/1719 im Pachthaus von St. Martini, Hohe Straße 3. Starb am 25.11.1729.

von Scheel I
Ingenieuroffizier (geb. 1794). 1812 Lieutenant, 1816 Kapitän, 1837 Major, 1847 zur Infanterie versetzt, bald darauf aus dem Dienst geschieden und ertrunken (VON BONIN II, 1878, S. 300). 1840–1846 Major und Platzingenieur von Minden.

von Scheel II
Ingenieuroffizier (geb. 1796). 1812 Lieutenant, 1817 Kapitän, 1837 Major, 1849 Oberst. Inspekteur der 3. Pionier-Inspektion. 1851 aus dem Dienst geschieden (VON BONIN II, 1878, S. 300). Wohl 1847 Major und Platzingenieur von Minden.

von Schlegel
Sec. Lieutenant im Garde-Reserve-Rgt. (I.2, S. 392)
1849   »Zeichnung für fünf Blockhäuser« (I.2, S. 392, Kat.-Nr. 200)

von Schulz
Ingenieur-Offizier (geb. 19.6.1811 Berlin, gest. 14.11.1891 Minden). Sohn des Obersten z.D. Wilhelm Schulz. 1831 Lieutenant, 1833–1844 in Mainz, 1848 Kapitän, 1856 Hauptmann und Platzingenieur in Minden, 1857 Major, 1863 Oberst, 1864 Festungs-Inspekteur, 1869 Generalmajor, 1871 General-Lieutenant. 1872 aus dem Dienst geschieden und geadelt (VON BONIN II, 1878, S. 305). 1877 Stadtrat in Minden. Ließ sich 1879 das Haus Pionierstraße 1 a errichten, wo seine Witwe Maria Sophie Therese geb. Schönermarck bis zu ihrem Tode 1901 lebte.

von Schwichow, Johann Friedrich Michael Ernst
Offizier (geb. 5.11.1759 Bochow/Kr. Stolp, gest. 28.5.1823 Minden). 1786 Sec.-Lieutenant, 1795 Stabskapitän, 1799 Major, 1805 Kommandeur, 1813 Obristlieutenant und Oberst, 1815 Generalmajor. 1815–1818 sowie von 1819 bis 1823 Kommandant in Minden.

von Spillner
Ingenieur-Offizier in Minden (geb. 1827). 1854 Sec.-Lieutenant in Minden, 1847 Lieutenant, 1859 Kapitän, 1868 Major und Platzingenieur in Sonderburg. 1871 aus dem Dienst geschieden (VON BONIN II, 1878, S. 309).

von Spreckelsen, H. F.
Holzhändler, wohnte 1851 Bäckerstraße 61.

von Untzer
Ingenieur-Offizier in Minden. 1835 als Premier Lieutenant bezeichnet.
ab 1814 oder später Neubefestigung (I.2, S. 50)
1835 »Graben-Caponière am Ravelin Neutor« (I.2, S. 239, Abb. 119, Kat.-Nr. 96)
1835 »Königstor« (I.2, S. 215 f., Abb. 101, Kat.-Nr. 76)
1835 »Graben-Caponière am Ravelin Königstor« (I.2, S. 225, Kat.-Nr. 83)
1835 »Umbau des Blockhauses No 2 zum Friedens-Pulver-Maganzin« (I.2, S. 393 f., Abb. 232, Kat.-Nr. 201)

von Uthmann, Franz Erdmann Konrad
Ingenieur-Offizier (geb. 30. 3. 1790, gest. 26. 1. 1861 Wiesbaden). 1809 Lieutenant, 1816 Kapitän, 1829 Major, 1840 Oberst und Festungs-Inspekteur, 1843 Inspekteur der 6. Festungs-Inspektion, 1847 als General-Major aus dem Dienst geschieden (VON BONIN II, 1878, S. 301). Von 1822 bis 1837 Platzingenieur in Minden.
1822–1837 Leitung des Festungsbaus (I.2, S. 49)
vor 1825 (?) »Garnisons-Lazarett, Projekt I« (Portastraße 9) (Zuschreibung, Zeichner: Creuzinger) (I.2, S. 445–448, Abb. 278 f., Kat.-Nr. 225 f.)
vor 1827 »Entwurf für die Defensions-Kaserne« (Simeonsplatz 12) (Zuschreibung) (I.2, S. 50, 415–422, Kat.-Nr. 210–213)
um 1830/1832 »Garnison-Lazarett, Ausführungsplan, Grundrisse, Schnitte, Ansichten« (Portastraße 9) (Zuschreibung, Zeichner: Creuzinger) (I.2, S. 454–458, Abb. 282–285, Kat.-Nr. 230–232)
1833 »Kaimauer der Fischerstadt« (I.2, S. 311–316, Abb. 171–177, Kat.-Nr. 156)
1834 Martinikirchhof 6a, Proviant-/Körnermagazin (zusammen mit Ingenieur-Hauptmann Marcus Johann Friedrich Wegelin, kopiert von Bender) (I.2, S. 50, 669–672, Abb. 434–437, Kat.-Nr. 352)
1854 Martinikirchhof 7, Garnisonbäckerei (zusammen mit Marcus Wegelin) (Zeichnungen: Daniel) (I.2, S. 685–687, Abb. 446, Kat.-Nr. 361)

von Vagedes, Clemens August
Hofbaumeister in Bückeburg (geb. 1760 Bonn, gest. 1795). Ab 1778 Ausbildung bei Wilhelm Ferdinand Lipper in Münster. Am 19. 5. 1790 in Bückeburg als Hofbaumeister vereidigt.
1791 Dom, Langhaus, Gutachten zur Dachkonstruktion (II, S. 425)
1791 Markt 22, Umbauplanung
1792 Großer Domhof 9, Kurienhof mit angrenzendem Torhaus, Neubauprojekt (Kostenanschlag: Wehdeking) (II, S. 1276, 1280, 1283, 1286, 1288 f., Abb. 804 f.)
1792 Tränkestraße 1, Umbauplanung (nach Bestandsplan Kunstmesser Bielert)
1793 Großer Domhof 9, Kurienhof, abgeändertes Projekt (II, S. 1281)

von Vigny
Ingenieur-Offizier (geb. 1820). 1840 Lieutenant, 1854 Kapitän, 1863 Oberst und Ingenieur-Inspektor, 1864 Major. 1871 als Platzingenieur von Glogau aus dem Dienst geschieden (VON BONIN II, 1878, S. 307).

von Walrave, Gerhard Cornelius
Ingenieur-Offizier (geb. 1692, gest. 1773 Magdeburg). Sohn eines holländischen Offiziers, stammte angeblich aus Westfalen. Seit 1708 als Ingenieur in den Niederlanden beschäftigt. Kam 1715 auf Vermittlung von Fürst Leopold I. von Anhalt-Dessau als Ingenieur-Lieutenant in preußische Dienste nach Magdeburg und wurde

dort im Festungsbau eingesetzt. 1718 wurde ihm die Leitung des Festungsbaus in Magdeburg übertragen. Er wird 1719 zum Ingenieur-Lieutenant befördert, 1722 zum Oberstlieutenant und erhält 1724 das Adelsdiplom. Von Walrave betätigte sich auch im Wohnungsbau von Magdeburg. 1724 als Festungs-Baumeister nach Stettin versetzt. Später ist von Walrave, der zu den bedeutenden Meistern seiner Generation gehörte, auch für andere preußische Festungen tätig (1737 z. B. mit Foris in Wesel). 1748 wird er wegen Unterschlagung verhaftet und lebte bis zu seinem Tode am 16.1.1773 in Haft auf der Sternschanze der Festung Magdeburg (siehe HECKMANN 1998, S. 277–285).

1729 Plan der Festung (I.2, S. 33, 128, Kat.-Nr. 26, 53)
1740 Altes Hahler Tor (I.2, S. 243 f., Abb. 122, Kat.-Nr. 100)

von Wasserschleben
Ingenieur-Offizier (geb. 1798, gest. 1867). 1816 Lieutenant, 1844 Major, 1853 Oberst, 1857 Generalmajor, 1858 Ingenieur-Inspektor in Koblenz, 1861 Generallieutenant. Zuletzt Chef und Generalinspekteur der Festungen (VON BONIN II, 1878, S. 303).

von Westphal
Ing.-Lieutenant bzw. Ing.-Offizier (geb. 1797). Lieutenant 1816, Major 1819, Kapitän 1836. Als Festungs-Baudirektor in Lötzen 1855 aus dem Dienst geschieden (VON BONIN II, 1878, S. 302). 1816–1820 in Minden nachweisbar.
ab 1816 Neubefestigung (I.2, S. 50)
1816/1818/1821 St. Mauritius, Kirche und Kloster, Bestandspläne und Umbaupläne zum Artillerie-Zeughof (I.2, S. 631–633, 651 f., 651 f., Abb. 414, Kat.-Nr. 331 a/b, 341. – III, S. 479, 551 f., 554, 557, 560, 567 f., Abb. 368, 370, 381)
1820 Stadtplan innerhalb der Festungswälle (I.2, Abb. 65, S. 152–154. – II, Abb. 697. – III, S. 478, 551, 567, Abb. 333/Ausschnitt)
1820 Kleiner Domhof 7, Lageplan und Grundrisse (II, S. 1375, Abb. 881, 883)

von Wolkowa-Feldkowicz/Fedkowicz
Ingenieur-Offizier. 1855 als Lieutenant in Minden genannt.
um 1855/1859 »Kriegs-Pulver-Magazin No 2 im Bastion X« (Anfertigung einer Kopie) (I.2, S. 298 f., Abb. 161, Kat.-Nr. 145)
1859 »Krenelierte Mauer auf der Kehlfront« (Bahnhofsbefestigung) (I.2, S. 616, Kat.-Nr. 322)

Vorderbrügge
Tischlerei in Bielefeld
1905/1906 Weserglacis 2, Regierungsgebäude, Fenster und Möbel (teilweise) und Ausstattung von zwei Sitzungssälen

Vordiek (auch **Vordick**), August
Malermeister und Glaser, wohnte 1851/1880 Umradstraße 6. Vordieck (geb. 26.3.1815 Osnabrück, katholisch) war mit Maria (geb. 11.4.1820 Damme/Oldenburg) verheiratet. 1880 wohnten die Kinder Wilhelm (geb. 26.4.1852), Maria (geb. 31.3.1848) und Agnes (geb. 19.3.1850) ebenso wie der Gehilfe Gustav Fricke (geb. 14.9.1861 Herford) und die Lehrlinge Paul Schlüter (geb. 25.7.1865) und Ferdinand Kruse (geb. 8.12.1862) im Haus. Der Sohn Wilhelm ist 1880 ebenfalls Malermeister, heiratet später Louise (geb. 17.3.1853) und übernimmt den Betrieb. 1900 wird er als Rentner bezeichnet.

1850 Kleiner Domhof 7, Reparatur der Hoftorflügel (zusammen mit Gauffrés und Schütte) (II, S. 1379)
1854 Dom, Fassung des älteren Chorgestühls sowie neuer Kinder- und Lehrerbänke (II, S. 736, 745)

ab 1855 Großer Domhof 1–2, Reparatur am Regierungsgebäude (II, S. 1200)
1858 Großer Domhof 3, Kurienhof, Streichen der Fenster (II, S. 1207)
1860 Vinckestraße 3, Domkaplanei (zusammen mit anderen) (Plan: Jung) (II, S. 1327)
1866 Dom, Anstrich im Domkloster
1884 Dom, Fassung von Kirchenbänken, Beichtstühlen und Reliquienschränken (II, S. 743, 748, 751)

Vorländer (Vorlaender), Johann Jacob
Am 7.10.1799 zu Allenbach bei Siegen als Sohn des Forstverwalters und Stiftsjägers Vorländer des Stiftes Keppel geboren. Kam im Jahre 1824 als Geometer nach Minden, wo ihm auf Grund seiner schon erkennbaren besonderen Begabung die Leitung der Katastervermessungen im Regierungsbezirk Minden übertragen wurde. Nach Abschluß der von ihm mit neu entwickelten und richtungsweisenden Methoden durchgeführten Katastervermessungen wurde Vorländer 1833 zum Katasterinspektor bei der Regierung Minden ernannt und bald zu einer der einflußreichen Personen der Stadt und zu einem überregional bedeutenden Wissenschaftler. Nachdem er zunächst in Hausberge gewohnt hatte, bezog er bald das Haus Königstraße 21, das er schließlich erwarb und bis zu seinem Tode bewohnte. Schrieb bedeutende Werke zur Vermessungskunde, darunter das 1871 herausgekommene Lehrbuch für dieses Fach. Zur Fixierung wichtiger Vermessungspunkte regte er den Bau von Türmen und den Wiederaufbau von Burgruinen an: etwa 1829 auf dem Weddigenstein, 1836 die Ravensburg bei Halle, 1842 die Sparrenburg bei Bielefeld, 1846 Unterbau des Hermannsdenkmals und 1847 den Idaturm auf dem Harrl bei Bückeburg. Für seine Verdienste um die Vermessungskunde wurde er mit zahlreichen Orden und Medaillen ausgezeichnet. Er starb am

Johann Jacob Vorlaender

9.3.1886 und wurde auf dem Alten Friedhof beerdigt, wo (allerdings an anderer Stelle) die Grabplatte für ihn und seine Frau F. A. Kuhlemann (geb. 24.9.1809, gest. 21.12.1868) erhalten ist. Zur Erinnerung wurde 1961 eine Straße im Nordwesten Mindens nach ihm benannt. Seine Vermessungswerkzeuge gelangten mit dem Nachlaß an das preußische Finanzministerium, einige der Werkzeuge sind heute im Geodätischen Institut der Universität Bonn (siehe auch Wilhelm KOHL, Geschichte des rheinisch-westfälischen Katasters. In: Vermessungstechnische Rundschau 1956. Wiederabdruck in: Karl HENGST u. a., Bewahren und Bewegen. Festgabe für Wilhelm Kohl. Paderborn 1998, S. 77–95, hier S. 90–91).
1857 Paderborn, Stadtplan
1872 Brückenkopf, Bebauungsplan (I.2, S. 879, V, S. 1154, Abb. 1243)

Voß, Julius
Schlossermeister, Betrieb lag Hahler Straße 119.
1930   St. Marien, Drahtgitter für Sakristeifenster (III, S. 224)

Voß, Clemens
Schlossermeister. Sohn von Julius Voß?
1950/1951 St. Marien, Kostenvoranschlag für Schutzgitter der Fenster (III, S. 104)

Voss-Bau
Leese-Stolzenau.
1980   Besselstraße 2 a, Wohnhaus

Voßmeier, Heinrich
Maurermeister.
1910   Lübbecker Straße 110 für Bahnschaffner Gottfried Kollmeyer

Waag, J. Georg
Klempnermeister. 1846 zur Miete in Hohe Straße 21 und 1853 in Ritterstraße 40. Ab 1871 die von seinem Sohn geb. Christian (?) übernommene Firma G. Waag in dem eigenen Haus Priggenhagen 1. 1834 und 1848 bei Arbeiten in St. Marien genannt.
1834   St. Marien, Dachreparaturen (III, S. 123)
1839/1845 St. Marien, Klempnerarbeiten bei Anbringen eines Blitzableiters (zusammen mit Maurer Lax und Kupferschmied Wegelin) (Bauleitung: Hauptmann Wegelin) (III, S. 137)
1848   Markt 1, Rathaus, neue Rinnen
1859   Dom, Dachreiter über der Vierung, Kostenanschlag zu Wetterboden (II, S. 428)
1863–1865 Dom, Reparatur von Blei- und Schieferdeckung (zusammen mit Schieferdecker Schranz) (II, S. 428)
nach 1870 Großer Domhof 1–2, Renovierung des Regierungsgebäudes (II, S. 1200)

Clemens Voss und Sohn

1885   St. Marien, Zifferblätter der neuen Turmuhr (III, S. 160)
1886–1887 Dom, Sicherung des Chores, Dachreparaturen (zusammen mit anderen) (II, S. 429)

Waag, August
Klempnermeister, wohl als Sohn des Klempnermeisters Georg Waag und Bruder des Klempnermeisters Gerhard Waag am 13.11.1841 geboren. War mit Caroline (geb. 19.7.1846) verheiratet und wohnte 1880 mit dem Sohn Georg (geb. 18.6.1874), der Tochter Anna (geb. 21.9.1875) und seiner Mutter Anna (geb. 11.10.1802, reformiert) im Haus Ritterstraße 40. Im Haus zudem der Lehrling Albert Wolter (geb. 26.8.1864).

Waag, Gerhard
Klempnermeister, wohl als Sohn des Klempnermeisters Georg Waag und Bruder des Klemp-

nermeisters August Waag am 24.9.1835 geboren. War mit Anna (geb. 2.9.1837) verheiratet und wohnte 1885 mit dem Sohn Georg (geb. 18.6.1874), den Töchtern Anna (geb. 21.8.1865), Helene (geb. 7.3.1871) und dem Sohn Gerhard (geb. 8.8.1875) im Haus Obermarktstraße 37. Im Haus zudem der Lehrling Karl Graf (geb. 3.1.1868).

Waag, Chr.
1885   St. Martini, Reparatur von Kronleuchtern (III, S. 439)

Wagener
Malermeister, wohnte 1851 Weingarten 13.

Wagner
Gefreiter der königlichen IV. Pionier-Abteilung (I.2, S. 542).
1847   »Fort A, Ansichten des Reduits« (Bahnhofsbefestigung) (I.2, S. 541–547, 581 f., Abb. 345–352, Kat.-Nr. 280, 298)

Waikardt, Richard
Bauunternehmer in Minden-Meißen.
1898   Lübbecker Straße 10, Einfriedung

Waldburg
1875   Dom, Westwerk, Instandsetzung und Erneuerung des Äußeren (Schallklappen) (II, S. 127)

Waltemate, Heinrich
Maurermeister. 1656–1664 als Stadtmaurermeister von Minden genannt.

Walter (auch Walther), B.A.
Uhrmacher, wohnte vor 1766 in dem Haus Kampstraße 7, 1802/1806 Bäckerstraße 53. Sohn ist wohl Bernhard Walter Junior sowie vielleicht Evert Walter, die beide in dem Haus Bäckerstraße 53 wohnten. Eine Witwe Uhrmacher Walter noch 1836 in dem Stammhaus an der Kampstraße 7.
1770   St. Marien, Wartung der Turmuhr (III, S. 158)
1770   Markt 1, Rathaus, Wartung der Uhr
1773   Dom, Reparatur der Uhr (Gutachten: Uhrmacher Benckert/Minden) (II, S. 860)

Walter, Bernhard Gottlieb (?) Junior
Uhrmacher, Sohn des Uhrmachers Walter, wohnte 1809/1812 in dem Haus Bäckerstraße 53.
ab 1821 Markt 1, Rathaus, Wartung der Uhr
1823   Markt 1, Reparatur der Uhr
1834   St. Marien, Reparatur der Turmuhr (III, S. 158 f.)
1835   Dom, Reparatur der Uhr (Leitung: Ingenieurhauptmann Wegelin) (II, S. 860)

Walter, Friedrich Senior
Uhrmacher.
1783/1784 und 1794/1795 St. Marien, Wartung der Turmuhr (III, S. 158)

Walter, Friedrich Junior
Uhrmacher, starb mit 65 Jahren am 30.4.1821. Übernahm von seinem Vater Auftrag zur Wartung der Uhr an St. Martini (III, S. 370)
1796/1821 Markt 1, Rathaus, Wartung der Uhr
1800/1801 und 1826/28 Dom, Unterhalt der Uhr (II, S. 860)
1800/1803/1815 St. Martini, Reparaturen der Turmuhr (III, S. 338, 370)

Waltke, Hermann
Dipl.-Ingenieur. In Bürogemeinschaft mit A. Münstermann (siehe dort).

Waltke, Hans-Günter
Zusammen mit Jörg Halstenberg in der »Planungsgruppe Minden« (siehe dort).

Waltking, August
Bautechniker.
1928 Brüderstraße 2, Ausbau der dritten Etage und Umbau des Dachwerkes

Wandhut, Adolf
Architekt BDA in Uelzen.
1950 Waterloostraße 60 für Reichsbahnamtmann Christoph Mensching

Wanz
Klempner.
1866 Dom, Klempnerarbeiten am Domreventer

Warath
Meister. 1829 gestorben (III, S. 324).
1826 St. Martini, Decken des Kirchendaches nebst Turm (III, S. 324)

Warmbold, Bernhard
Architekt in Porta Westfalica (lebte 1946/1947 in Hannover).
1915/1916 Porta Westfalica-Neesen, Schule
1920 Friedrich-Wilhelm-Straße 79, Erweiterung des Lagerhauses Weinberg
1921 Friedrich-Wilhelm-Straße 79, Anbau für Aborte
1924 Klausenwall 24 für Autohändler Hans Hermann
1924 Lindenstraße 46, Anbau für Wirt Emil Frackmann
1925 Obermarktstraße 1, Umbau des Erdgeschosses
1925 Viktoriastraße 35, Fabrik und Wohnhaus für Georg Nordhaus (nur teilweise ausgeführt)
1926 Steinstraße 20 für Paula Weiskam (Ausführung: Baugeschäft W. Rohlfing/Hahlen)
1927 Viktoriastraße 35, Zweifamilienwohnhaus für eigene Zwecke
1946 Salierstraße 10, Behelfsheim für Heinrich Rahm

Wartenberg, Erwin
Baurat Dr.-Ing. in Münster.
1950 Markt 1, Gutachten zur Standfestigkeit der Rathausruine

Wassermann, H.
Organist der Martini-Kirche.
1891 St. Martini, Beschreibung der Orgel in Druckschrift anläßlich der Kirchweihe, erschienen bei J.C.C. Bruns (III, S. 384, 387)
1908 Dom, Gutachten zur Westorgel (II, S. 826)

Waterman(n), Wilhelm
Goldschmied in Minden, geb. 1916, gest. 1984. Bis heute werden die Ehrenringe der Stadt Minden von der Werkstatt Watermann hergestellt, die Wilhelm Watermann 1946 gründete und bis zu seinem Tod führte. Sein Sohn Hans Watermann führt die Werkstatt in Porta Westfalica-Hausberge weiter.
1966 Dom, Ehrenring der Stadt Minden für Propst Parensen (II, S. 1045)

Wayss & Freitag AG
Baufirma in Berlin.
1911/1912 Überführung des Kanals im Zuge der Werftstraße

Weber
Schiffer.
1755 St. Petri, Reparaturen (zusammen mit anderen) (III, S. 580)

Weber (I.)
Ingenieur-Offizier. 1816 als Lieutenant in Minden genannt, 1840 Kapitän in Minden.
ab 1814 oder später Neubefestigung (I.2, S. 50)
1840 »Blockhaus No 6 samt Batardeau und Flankenmauer am Redan III« (I.2, S. 394–396, Abb. 233, Kat.-Nr. 202)

Weber
Vermesser.
1844   Köln-Mindener Eisenbahn, Mitvermessung und Kartierung der Bahntrasse Minden-Rehme

Weber
Tischlermeister, wohnte 1851 Weserstraße 5, 1857 Alte Kirchstraße 11/13.
1854   Dom, Umbau des älteren Chorgestühls und Anfertigung von Kinderbetstühlen (II, S. 736, 745)
1855   Dom, Übergangsaltar (II, S. 643)

Weber
Bildhauer und Vergolder.
1855   Dom, Arbeiten am Übergangsaltar (II, S. 643)

Weber, Hans
Dipl.-Ing. und Architekt beim Stadtbauamt in Minden, wohnte 1939 Marienstraße 153
1940/41 Simeonsplatz, Projekt NSDAP-Forum, Bearbeiter der Pläne (I, 2, S. 900–905)

Weber, J.
Architekt in Aachen, Jülicher Straße.
1950   Markt 11–13, Renovierung des Kinos »Scala«, »architektonische Gesamtleitung und Ausstattung von Saal und Bühne« (MT vom 11.8.1950)

Weber, Karl
Baufirma in Porta Westfalica für Eisen- und Stahlbetonbau und Betonwerk. In der 1919 gegründeten und seit 1925 am Pfahlweg in Lerbeck ansässigen Firma wurden seit 1922 Fertigteile für Betonhohlkörperdecken und schon vor 1943 auch Betonfertigteile erstellt, aus denen Baracken gefertigt wurden. 1943 erhielt die Firma den staatlichen Auftrag, Massivbetonbaracken für 20 000 in der Rüstungsindustrie und im Bergbau tätige Arbeitskräfte herzustellen. Hierfür wurde das Werksgelände erheblich erweitert. Ferner fertigte man ab 1944 für den Ausbau der unterirdisch in der Porta Westfalica untergebrachten Rüstungsbetriebe Betonteile für den Einbau von Zwischendecken in den hohen Stollen. Seit dem 4.9.1944 war das Firmengelände durch andere Rüstungsbetriebe beschlagnahmt.
1923   Karlstraße 15, Fabrikgebäude für Herm. Eberts (Plan: Kistenmacher)
1926   Wilhelmstraße 6 für Bankrat Henning (Plan: A. Ott/Dortmund, örtliche Bauleitung: R. Moelle)
1930   Brückenkopf 7 a, Hohlsteindecke nach System Weber (nach Plan: H. Korth)
1938/1941 Oberschleuse am Kanal, Einfahrtsleitwerk am unteren Vorhafen
1946   Karlstraße 15, Baracke nach System Weber (Plan: Niemann) für die Wäschefabrik Poll

Weber, W.
Architekt in Minden.
1910   Kutenhauser Straße 96 für Tischler Gieseking

Wecking, Carl Heinrich
Dachdecker (?)
1794   St. Martini, Arbeiten am Bleidach (III, S. 324)

Wedemeier, Gebr.
Bauunternehmen.
1930   Königgrätzer Straße 6 für Paul Bade

Wedepohl, Paul
Bildhauer in Bad Oeynhausen-Wulferdingsen und Marburg (geb. 1908, gest. 1991).
1946   Dom, Querhaus-Nordportal, Ergänzungen und Rückversetzen der Tympanonmadonna (II, S. 757)
1949   Dom, Wiederaufbau des Westwerks, Beteiligung am Wettbewerb für Kapitelle der Ostgalerie (II, S. 135)

| 1986 | Martinitreppe, Mindener Buttjer (Bronzefigur) (I.2, S. 958, IV, S. 1426, Abb. 1000) |

Wefing, Johann <u>Heinrich</u>
Bildhauer (geb. 12. 9. 1854 Eickum bei Herford, gest. 6. 7. 1920 Berlin). Stammte von einem großen Bauernhof in Eickum bei Herford. Nachdem seine künstlerische Neigung schon früh durchbrach, nahm er zunächst Privatunterricht in Herford und ging 1870 nach Berlin, um an der dortigen königlichen Akademie der bildenden Künste 1871 bis 1878 zu studieren. Neben seiner freiberuflichen Tätigkeit war er seit 1887 als Kunst-Lehrer bei der Stadt Berlin tätig, blieb aber seiner Heimat Herford immer verbunden (so war er seit 1884 für das 1899 erstellte Wittekind-Denkmal). 1906 wurde er wegen seiner Verdienste um die bildnerische Kunst zum Professor ernannt (siehe REICH/ULRICH 1997).

1876/1879	Herford, Alter Markt, Denkmal für die Kriege 1864 und 1870/1871
1880	Enger, Stiftskirche, Relief der Taufe Widukinds
1880	Berlin, Domkandidatenstift, Plastik Hagar
1895	Gardelegen, Denkmal für Kaiser Wilhelm I.
1896	Berlin, Krankenhaus Bethanien, Christus-Statue
1899	Herford, Wilhelmsplatz, Wittekindsbrunnen
1899	Herford, Friedhof an der Hermannstraße, Grabstätte Sieveke, Reliefbild
1900	Herford, Luttenberg, Projekt für ein Denkmal Kaiser Friedrichs III.
1900	Sorau/Niederlausitz, Zwei-Kaiser-Denkmal
um 1900	Poststraße 1, Gedenktafel für den Dichter Otto Weddigen
1902	Herford, Bahnhofsplatz, Denkmal für Friedrich Wilhelm I., den Großen Kurfürsten
1902	Porta Westfalica-Hausberge, Bismarckturm, Relief Bismarck
1903	Enger, Kirchplatz, Widukind-Standbild
1904	Neutrebbin, Denkmal Friedrich der Große als Kolonisator
1905	Wildberg, Denkmal Kaiser Wilhelm I
1907	Herford, Jahnstraße, Jahnstein
1907	Detmold, Bronzestandbild des Grafregenten Ernst
1909	Bielefeld, Grafschaftsdenkmal, Adler
1911	Essen-Steele, Denkmal für Kaiser Wilhelm I.
1920	Herford, Münsterkirche, Südwand, Projekt für eine Gedenkstätte der Äbtissin Elisabeth

Wegelin, Marcus Johann Friedrich
Geb. 14. 3. 1785 Sanderleben, gest. 24. 10. 1848 Stralsund. Kam 1816 nach Minden, wo er als Königlich-Preußischer Ingenieur-Hauptmann beim Festungsbau beschäftigt wurde; 1820 als Ingenieur-Premierlieutenant und zuletzt als Ingenieur-Kapitän bezeichnet (VON BONIN II, 1878, S. 135, 277). Um 1830 bei Arbeiten an der neuen Uhr für St. Marien genannt. 1837 nach Stralsund versetzt, wo er als Ingenieur-Major a. D. starb (M. KRIEG 1953, I.2, S. 149). Wegen seiner besonderen technischen und naturwissenschaftlichen Begabungen, die er immer wieder für die Stadt – insbesondere bei der Herstellung einer einheitlichen Zeitmessung – eingesetzt hatte, wurde ihm von der Mindener Bürgerschaft bei seiner Abschiedsfeier im Haus der Ressource am 16. 5. 1837 das Ehrenbürgerrecht der Stadt Minden verliehen.

1816	»Projekt für das Kuhtor« (Königstor) (I.2, S. 212, Abb. 99, Kat.-Nr. 74)
1816	»Projekt für die Hauptgraben-Caponière am Kuhtor (Königstor)« (kopiert von Weber) (I.2, S. 216 f., Abb. 102, Kat.-Nr. 77)
1816	»Hauptgraben-Caponière am Neuen Tor« (kopiert von Volontär Kreuzinger) (I.2, S. 236 f., Abb. 117, Kat.-Nr. 94)

1816 »Bestandsplan mit projektierter Neubefestigung« (I.2, S. 43, 147 f., Abb. 62, Kat.-Nr. 35)

wohl 1816/1817 »Entwurf für den Ausbau des Marientores und den Bau eines Kasemattencorps« (I.2, S. 258, Abb. 133, Kat.-Nr. 113)

1817 »Wallprofile und Grundriß eines Normalpulvermagazins« (I.2, S. 148 f., Abb. 63, Kat.-Nr. 36)

1820 Bielefeld, Sparrenburg, Bestandsaufnahme (zusammen mit Kriele)

1820 »Entwurf für die Befestigung der Fischerstadt« (I.2, S. 306, Abb. 168, Kat.-Nr. 153)

1822 Alte Kirchstraße 9–15, Bestandsplan der Zuckersiederei (IV, Abb. 28)

1825 Lindenstraße 10/12, Gasbereitungsanlage der Ressource (vermutlich)

1834 »Korrigierter Entwurf für das Proviantmagazin« (Martinikirchhof 6 a) (zusammen mit von Uthmann, kopiert von Bender) (I.2, S. 50, 669–672, Abb. 434–437, Kat.-Nr. 352)

1835 Markt 1, Rathaus, Berechnung der neuen Rathausuhr

um 1830 Dom, neue Uhr (?)

1835 Dom, Uhr, Leitung der Reparatur (Ausführung: Uhrmacher Walter) (II, S. 860)

um 1830 Simeonsplatz, Heereslazarett, neue Uhr

1837 Martinikirchhof 6 a, Proviantmagazin/Körnermagazin, Ausführungszeichnungen (I.2, S. 673–675, Abb. 438, Kat.-Nr. 355)

1839 St. Marien, neuer Blitzableiter, Bauleitung (III, S. 137)

1854 Martinikirchhof 7, Garnisonsbäckerei (zusammen mit von Uthmann) (Zeichnungen: Daniel) (I.2, S. 685–687, Abb. 446, Kat.-Nr. 361)

Wegener, Josef
1950 Friedrich-Wilhelm-Straße 131, Wohnhaus für Konrad Schem

Wehde, Friedrich
Glasmeister in Hannover.
1881 Dom, Querhaus, Kostenanschlag zur Neuverglasung von Radfenstern (Planung und Leitung: Bauinspektor Haupt) (II, S. 443)

Wehdeking siehe **Wehking**

Wehking, Friedrich
Mühlenbaumeister, auch Müller und Zimmermeister (vor 1800 auch Stadtzimmermeister), Begründer der Dynastie von Müllern und Baufachleuten (siehe auch I.1, S. 484–485, 488). Baute sich ein Mühlenunternehmen an der Rodenbecker Straße 7 auf. Geboren um 1728. War seit 1794 in zweiter Ehe verheiratet mit Leonora Dorothea Goetke (diese war in erster Ehe mit dem Koch Peine verheiratet und starb am 26.5.1804 mit 75 Jahren), von der er das dann von seinem Sohn erneuerte und bewohnte Haus Bäckerstraße 13 erbte. Sein Sohn Johann Friedrich Wehking übernahm später den Betrieb.

1768 St. Simeon, Abnahme der Turmspitze (III, S. 641, 710)

1770 Rodenbecker Straße 7, Windmühle für eigene Zwecke

1773 Weingarten 23, Reparatur

1775 Rodenbecker Straße 7, Lohmühle für eigene Zwecke

1776 Deichhof 13, Reparatur

1777 Marienwall, Haus Nr. 1761 l für Polizeimeister Briest

1777 Simeonstraße 35, Neubau der Ölmühle

1778 Hohnstraße 31, Umbau

1781 Großer Domhof 9, Kurienhof, Untersuchung Erhaltungszustand zusammen mit Maurermeister Meining (II, S. 1278)

1782	Brüderstraße 18, Taxation
1782	Hille, Pfarrhaus
1782	Weingarten 1 für Gastwirt Reuter
1784	Schiffsmühle Vögeler, Hebung und Reparatur
1786	St. Simeon, Kontrakt über Bau eines Fachwerkkirchturms (Revision des Kostenanschlags: Baudirektor Schlönbach) (III, S. 642, 712)
1787	Domstraße 14, zwei Kamerariate, Kostenanschlag zur Reparatur (zusammen mit anderen) (II, S. 1467, 1470)
1790	Lübbecke, Schulhaus
1791	Gutachten über Zustand der Bastau
1792–1793	Großer Domhof 8, Kurienhof, Neubau des Wohnflügels (Plan und Bauleitung: Kloth) (II, S. 1256)
1792	Großer Domhof 9, Kurienhof, Kostenanschlag für Neubau (nicht ausgeführter Plan: Vagedes) (II, S. 1280)
1793	Großer Domhof 9, Kurienhof, Neubau (Plan: Kloth 1793) (II, S. 1281)
1793	Großer Domhof 10, Kurienhof, Kostenanschlag zur Reparatur (II, S. 1292)
1794–1804	St. Simeon, Fachwerkturm über der Westkapelle mit Riß und Anschlag (Revision des Kostenanschlags: Landbaumeister Kloth) (III, S. S. 463, 623, 642, 662, 696, 712 f., 715, 728, Abb. 484)
1794	Marienkirchplatz 3, Reparatur des Küsterhauses
1795	Königstraße 16, Gutachten über Bauzustand
1795	Großer Domhof (ohne Nummer), Domkurie, Untersuchung Erhaltungszustand (II, S. 1251)
1796	Marienkirchplatz 5, Sanierung
1796/1797	Petershagen-Windheim, Pfarrhaus (zusammen mit Henniger) nach Plan Landbaumeister Kloht
vor 1797	Domstraße 8, Diakonatshaus II, Kostenanschlag zur Reparatur (nicht ausgeführt) (II, S. 1453)
1797	Brüderstraße 10, Gutachten über den Bauzustand
1797	Hahler Straße 7, große Scheune, Gutachten zur Einrichtung als Schauspielhaus
1798	Königstraße 5, Sanierung und Sicherung
1799	Bunte Brücke, Errichtung einer Notbrücke
1801	Brückenkopf, Zollhaus, Plan vom Anbau mit Scheune mit Saal (V, Abb. 1165)
1801	Kampstraße 10, Gutachten über Bauzustand
1802	Weserstraße 10, Gutachten über Bauzustand
1803	Markt 6, Bauaufnahme der Martinitreppe
1803	Weingarten 36, Gutachten
1806	Tränke, Bestandsplan des Hafens und der anliegenden Bauten
1807	Großer Domhof 10, Kostenanschlag für Neubau des Kurienhofes (Plan: Kloth) (II, S. 1294)
bis 1809	Großer Domhof 10, Ausbesserungen am Neubau (II, S. 1294)

Wehking, Johann Georg Heinrich
Zimmermeister und Mühlenbaumeister. Sohn des Müllers und Zimmermeisters Friedrich Wehking, 1795/1800 als Bauschreiber, 1800/1805 als Stadtzimmermeister bezeichnet (1803 auch als Stadtbaumeister). Er heiratete 1775 die Tochter des Pfarrers Conrad Heinrich Tiezel und starb 1838 (bestattet auf dem Familienfriedhof Voegler an der Berliner Allee 52 in Minden-Rodenbeck). Besaß von 1802 bis 1804 das große Anwesen Brüderstraße 26 und pachtete seit 1821 den alten städtischen Bauhof an der Alten Kirchstraße als Zimmerplatz. Seine Betriebe wurden von seinem Sohn Friedrich Wehking fortgeführt, die Gerberei an der Rodenbecker Straße von Dietrich Wehking.

Ein weiterer Sohn der Zimmermann Johann Hermann Wehking.

1767/1768 Lindenstraße 44, Neubau der Lohmühle für das Schusteramt
1784 Kostenanschlag und Reparatur der Schiffsmühle Vogeler
1785 Lindenstraße 42, Kostenanschlag zu Reparaturen an der städtischen Priggenhäger Mühle
1793 Lindenstraße 42, Neubau der Priggenhagener Mühle
1795 Bäckerstraße 13 für eigene Zwecke
1795 Bäckerstraße 28 für Ernst Friedrich Habenicht
1795 Kleiner Domhof 13, Vikariat SS. Johannis et Pauli, Kostenanschlag zur Reparatur (II, S. 1418)
1797 Domstraße 8, Diakonatshaus II, Abbruch (II, S. 1453)
1797 Oberstraße, Haus Nr. 768, Gutachten
1799/1800 Kaiserstraße, Dammbau beim Neubau der Bunten Brücke
1799/1800 Markt 1, Rathaus, Aufsicht über die Rathausuhr
1799–1802 Vinckestraße 5, Neubau als Unternehmerbau (II, S. 500 f., 1334 f.)
1800 Domkloster, Ankauf von Abbruchmaterial (westliche Doppelkapelle) für Hausbau Vinckestraße 5 (II, S. 501)
1800 Domkloster, neue Kamerariats-Stube im Ostflügel (zusammen mit Maurergeselle Matthies) (II, S. 501)
1801 Brückenkopf, Gasthaus Piele, Bestandsplan
1801 Gutachten der neuen Windmühle Meyer
1802 Hufschmiede 4 für eigene Zwecke
1803 Weingarten 30, Reparatur
1803 Weingarten 58, Anbau
1804 Domkloster, Ankauf von Abbruchmaterial des Westflügels (II, S. 501)
1804 Weingarten 24, Neubau im Auftrag des Armenhauses St. Nicolai
1805 Bäckerstraße 56, Taxation
1805 Kampstraße 30, Neubau für eigene Zwecke
1806 Tränkestraße 2, Bestandsplan
1807 Bäckerstraße 27, Baugutachten
1807 Kuckuckstraße, Gasthaus Kuckuck, Gutachten zum Bauzustand
1808 Domkloster, Bitte, den Kreuzhof als Bauplatz pachten zu dürfen (II, S. 502)
1808 Großer Domhof, Ehrenpforten und Musikempore
1809 Tränkestraße, Reparatur der Tränkebrücke
1810 Priggenhagen 3, Reparatur
1810 Scharnstraße 3, Gutachten über Bauzustand
1810 Kaserne am Paradeplatz, Reparatur (I.2, S. 356)
1813 Tränkestraße, Reparatur der Tränkebrücke
1815 Gutachten der disponiblen königlichen Gebäude (KAM, Mi E 941)
1816 Domstraße 2, Haus der Vikarienkommunität, Visitation und Kostenschätzung für Umbau zur Predigerwohnung (zusammen mit Stadtdirektor Müller) (II, S. 1439 f.)
1816 Stiftstraße, auf dem Äbtissinnenhof, Haus Nr. 682 b, Abbau und Versetzung nach Dützen
1817 Oberstraße, Haus Nr. 767, Gutachten
1818 Festungsbau, Taxation von Grundstücken und zum Abbruch vorgesehener Häuser (zusammen mit Stadtmaurermeister Georg Krah, Regierungs-Baukondukteur und Landesmesser Friemel, Regierungsbaumeister Ganzer) (I.2 S. 44)
1819 Markt 1, Rathaus, Kostenanschlag zur Sanierung der sog. »Schulzenburg«
1821 Dom, Reparatur des Dachreiters über der Vierung (zusammen mit Zimmermeister Scheidemann) (II, S. 427, 846)

Wehking, Friedrich Wilhelm
Sohn des Müllers und Zimmermeisters Johann Henrich Wehking. Wurde Baumeister und legte vor 1821 seine Meisterprüfung als Zimmermeister ab (KAM, Mi, F 372), starb um 1861. Wie seine Vorfahren auch Pächter der Priggenhäger Mühle und Besitzer der Simeonsthorschen Mühle. Vor 1828 bis um 1850 als Stadtbaumeister nachweisbar, wohnte 1851 in dem Haus Simeonstraße 35. Erstellte von 1830 bis 1846 für die Brandversicherung als vereidigter Taxator die notwendigen Gutachten (KAM, Mi, E 691 und 697).
1826 Parkstraße, Mitarbeit am Tor des neuen Friedhofes
um 1828 Großer Domhof 3, Kurienhof mit Kapelle St. Georg, Abbruch der beiden Durchfahrtsbögen (II, S. 1213)
1828 Rampenloch 1, Gutachten über den Bauzustand
1828 Vinckestraße 3, Vikarie, Gutachten über Zustand (II, S. 1323)
1829 Stadtbach, Brücke der Poststraße
1829 Gutachten über den Zustand der Mühlen in Minden für die Regierung Minden
1829 Markt 1, Rathaus, Anschlag zum Einbau der Leihbank im Erdgeschoß
1829 St. Martini, Beseitigung von Gräbern in der Kirche (zusammen mit Bocks, Schreiber und Borchers) (III, S. 187)
1830 Gasthaus Kuckuck, Baugutachten
1831 Alte Kirchstraße 11, Küsterhaus, Anschlag zur Renovierung
1831 Markt 1, Rathaus, Konzept für ein Wagengebäude
1831 Wolfskuhle 6, Gutachten über Bauzustand
1834 Großer Domhof, Reparatur der Kanalklappe (II, S. 1175)
1834 Großer Domhof 3 A, Magazin, Umnutzung zum Leichen- und Spritzenhaus, Projekt (II, S. 1218)
um 1840 Kampstraße 30, Neubau der Fassade

Wehking, Johann Hermann
Zimmermann. Als Sohn des Zimmermeisters Joh. Georg Heinrich Wehking um 1805 geboren. Heiratete 1823 Wilhelmine Catharina Oexener, Tochter des Schusters Oexener im Weingarten.

Wehking, Joh. Heinrich (auch Wehdeking)
Zimmergeselle aus Minden. Geht 1851 als Junggeselle auf Wanderschaft (KAM, Mi, F 208). 1858 ist er Zimmergeselle in Höxter und legt seine Meisterprüfung ab.
1847 Wallstraße 1 für eigene Zwecke

Wehking, August
1928 Johanniskirchhof 2, Umbau

Wehking
Bildhauer in Minden.
1920 Kriegerdenkmal in Petershagen-Wietersheim (MT vom 18.10.1920)

Wehking
Steinmetz in Porta Westfalica-Barkhausen.
1935 Bäckerstraße 45, Fassadenrestaurierung (zusammen mit Sierig) (Plan: H. Korth)

Wehking, Horst-Dieter
Maurermeister und Gastronom. Geb. 14.5. 1938, gest. 28.7.2005.

Wehling, Friedrich
Architekt in Minden, 1984 Seydlitzstraße 61.

Wehmer & Paulus
Architekturbüro in Essen.
1965 Brühlstraße 26, Dienstgebäude des Straßenneubauamtes für den Landschaftsverband Westfalen-Lippe

Wehrmann, Heinrich
Maurer.
1886 Dankerser Straße 38 für den Schaffner H. Höltkemeyer (zusammen mit Anton Otte) (nach Plan Jacobi)

Wehrmann, Heinrich
Zimmermeister in Cammer Nr. 67, der später auch ein Baugeschäft betrieb. Verstarb 76jährig am 26.11.1950.
1928 Aminghauser Straße 56, Remise
1966 Lübbecker Straße 12, Sozialgebäude des Fabrikteils Askanierweg 2
1967 Deichhof 2, Umbau und Ausbau
1982 Ulmenstraße 18, Erweiterung für Konditor Heinrich Lenz

Wehrmann, W.
Baubeamter. Kribbmeister bei der Strombauverwaltung der Regierung Minden. 1857 als Strombauaufseher bezeichnet, wohnte Weserstraße 22. Ließ sich 1862 das Haus Viktoriastraße 3 errichten.
1856 Karte der Buhnen im Flußbett vor der Stadt Minden

Wehrmeister, Heinz
Professor an der Fachhochschule in Minden.
1983/1984 Weserstraße 10, Sanierung für eigene Zwecke

Weichsel (auch Weichel), Christoffer
Zimmermann, arbeitete 1717 auf dem städtischen Bauhof und wohnte nachweisbar 1729/1740 in dem Haus Umradstraße 12. Sein Sohn war der Zimmermeister Carl Weichell.
1709 Brüderstraße 16, Sanierung und Umbau des Beginenhauses

Weichell, Johann Carl (auch Carol bzw. Carll)
Baumeister und Zimmermeister (1746 auch Stadtbaumeister). Wohl Sohn des Zimmermanns Christoffer Weichell. Die Vielzahl der von ihm ausgeführten komplizierten Bauaufgaben läßt darauf schließen, daß er in der Mitte des 18. Jahrhunderts der führende Zimmermeister in Minden war. 1740 bei Arbeiten an St. Martini genannt. Er besaß 1727/1748 das Haus Umradstraße 10 und heiratete am 18.8.1746 Anna Catharina Lübking.

1737 Dom, Dacherneuerung der westlichen Langhausjoche, Klage gegen Domkapitel wegen Stillegung der Baustelle (II, S. 419)
1739/1741 St. Petri, Dachwerk sowie Baugerüst und weitere Lieferungen (III, S. 591 f.)
1747–1753 St. Marien, Kostenanschläge und Reparaturen an Kirchendachwerken sowie neuer Turmhelm (III, S. 70, 123, 125 f., 133–135)
1751 Gutachten zur Reparatur des großen Glintweges (siehe Fasanenstraße)
1752–1754 Dom, Dachwerksanierung von Querhaus und Chor (II, S. 424)
1752 Königstraße 16, Reparatur des Vikariatshauses (zusammen mit Zengerle)
1755 St. Petri, Reparaturen (zusammen mit anderen) (III, S. 580)

Weicke, H.
Dipl.-Ing.
1950 Esso-Tanklager am Mittellandkanal (Ausführung: Mülmstedt & Rodenberg) (MT vom 17.10.1950)

Weidemann, J.
1894 Kleiner Domhof 11, Entwässerungsantrag mit Zeichnungen (II, S. 1410, Abb. 910)
1895 Vinckestraße 5, Grundrisse und Schnitte (II, S. 1334)

Weidtholtz, Bernhard Henrich
Tischlermeister.
1766 vor Domstraße 1, Succentoratshaus und Kommende SS. Fabian und Sebastian, Innenreparatur (II, S. 1437)
1771 Vinckestraße 5, Rektoratshaus, Reparatur für Rektor Obermeyer (II, S. 1332)
1790 Großer Domhof 11, Kurienhof, Umbau (zusammen mit anderen) (II, S. 1301)

Weidner, G.
Architekt BDA in Bremen.
1921   Großer Domhof 8, Bankgebäude, Umbau des Erdgeschosses (II, S. 1272)
1921   Karlstraße 25, Bürogebäude der Baugesellschaft Michelsohn (Statik: Volkening)

Weimar, G.
1882   Hahler Straße 65 für Arbeiter Heinrich Fleßner (Ausführung: Schmidt & Langen und Schütte & Krause)

Weiß, Karl-Heinz
Dipl.-Ing. zunächst in Porta Westfalica, später in Minden (1984 Charlottenstraße 2).
1979   Ortstraße 2, Umbau
1982   Ritterstraße 24, Umbau
1986   Priggenhagen 10, Sanierung
1990   Königswall 31, Scheune an der Kerbstraße, Sanierung

Weitzenkorn, Fritz
Maurermeister mit Baugeschäft in Bückeburg-Röcke.
1935   Kutenhauser Straße 29 für Werkmeister Adolf Werhan
1937   Viktoriastraße 44 a für Kassenangestellter Wilhelm Steinkämper
1951   Viktoriastraße 46 a, Umbau

Wehmeyer
Malermeister, wohnte 1851 Seidenbeutel 7.

Wehmeyer
Schlossermeister, starb 28jährig im August 1884.

Wehmeyer, Wilhelm
Bau-Ingenieur.
1953   Fuldastraße 24 für eigene Zwecke

Weinemann, Adreas
Zimmermann und Baumeister.
1718   Alte Kirchstraße 11 hinten, Lehrerwohnhaus für Stadt Minden
1724   Weserbrücke, Reparaturen für Stadt Minden

Wellhausen
Steinbruchbetriebe in Holtensen bei Hameln.
1903/1905 Weserglacis 2, Regierungsgebäude, Steinhauerarbeiten der Außenarchitektur

Wellner, Jeremias
1664   Dom, Sakristeischrank, Gemälde der Türfüllungen (II, S. 754)

Wellstein, Johann Henrich
Zimmermeister.
1764   Lindenstraße 42, Reparaturen an der städtischen Priggenhäger Mühle

Wemmer, Johan
1606   »*Schmedemester dero Stadt Minden*«, wohnte »*oben dem marckte*«.

Wenderoth, August
Landschaftsmaler und Zeichner für Druckgrafik.
1823   Ansicht der Weserbrücke von Norden (V, Abb. 1670)
1838   Dom von Nordosten (gestochen von J. Gray) (II, Abb. 4)
1839/1842 Ansicht der Stadt Minden von Nordosten (gestochen von J. Grey) (I, Abb. 26)

Wendling, Anton
Aachen
1955   Dom, Wiederaufbau, Neuverglasung (zusammen mit Vinzenz Pieper) (Wettbewerb 1955) (Ausführung: Dr. Heinrich Oidtmann) (II, S. 445, 451–453)

Walter Wendtland, Mitarbeiter Marchs vor einem Wiederaufbaumodell

Wendt
1843/1845 als *Bauconducteur* in Minden nachgewiesen. 1842 Bauinspektor in Paderborn, 1853 Baumeister in Paderborn, später dort auch als Kirchenbaumeister bezeichnet.
1842/1844 Marsberg-Essentho, St. Antonius (Bauleitung: Baldamus), Ausführung Disselmeier/Elsen
1843 Vinckestraße 1, Kurienhof, Taxierung und Lageplan (II, S. 1313, 1316, Abb. 829)
1844 Domkloster, Bauuntersuchung des Südflügels auf Anordnung der Regierung (II, S. 512)
1845 Petershagen, Goebenstraße 3, Synagoge (Ausführung: Maurermeister Rümbke)
1853/1854 Lichtenau, Bauleitung evangelische Kirche (Plan: Baldamus/Paderborn), (Ausführung: Knoop/Peckelsheim)
1856 Paderborn, Busdorfkirche, Gutachten zum Baubestand
1867/1870 Paderborn, Busdorfkirche, Bestandsaufnahme und Leitung der Wiederherstellung

Wendtlandt, Walter
Architekt (geb. 28.11.1909 in Deutsch Eylan/Rosenberg), zog 1948 aus Frankfurt/Oder nach Minden, Lübbecker Straße 20. Bereits ein Jahr später verzog er nach Bielefeld.

Wennebier
Kleinschmied.
1761/1762 St. Martini, Reparatur und Wartung der Turmuhr zusammen mit den anderen Uhren in städtischer Obhut (III, S. 370)
1762/1770 Markt 1, Rathaus, Wartung der Uhr

Werner, Johann Michael
Uhrmacher. Starb 1730.

Werner, H. A.
Maurermeister in Hausberge.
1739 Neubau Petrikirche, Werner sollte Bruchsteine zur Probe für den Kirchenneubau brechen (III, S. 578)

Werner, K.
Bauunternehmen in Porta.
1924 Schwarzer Weg 18, Öl- und Benzollager für Industrie- und Bergwerksbedarf GmbH/Hannover

Wernicke, Julius
Maurermeister, wohnte nach 1900 in dem ihm gehörenden Haus Deichhof 12.

Wernicke, Richard
Wohl Sohn des Maurermeister Julius Wernicke.
1959 Deichhof 12 für Friseur August Windheuser

Wesener, Alexander
Getauft 16.9.1793 in Werden, gest. 1879 Minden, katholisch. 1814 Mitarbeiter des Wasserbauinspektor Münnich in Hattingen, 1815 erstes Examen in Berlin, dann in Magdeburg bei Münnich fest angestellt, 1817 architektonisches Examen in Berlin, 1820 Baukondukteur für die Lippe von Lippstadt bis Dorsten, 1823/1838 Baukondukteur in Lünen, 1831 dort als Wasser-Baumeister nachweisbar und 1832 dort zum Wasser-Bauinspektor ernannt. 1843 Wasser-Bauinspektor in Hamm und 1847 als Regierungs- und Baurat in Koblenz nach Minden versetzt (nach anderen Quellen 1851 als Regierungsbaurat in Münster zum Regierungs- und Baurat (I) in Minden ernannt). Dort bis 1865 nachzuweisen. 1865 zum Geheimen Regierungsrat bei der Regierung Minden ernannt und in den Ruhestand versetzt (siehe STA DT, M 1 Pr. Pers. II Nr. 174 und 175). Wesener wohnte 1862 Obermarktstraße 5.
1823 Waltrop, Lippeschleuse (zusammen mit Ritter/Münster)
1824/1826 Lünen-Cappenberg, Stiftskirche, Reparaturen (SCHREIBER 1969, S. 232)

Weserhütte, Reklame

Weserhütte AG
Eisengießerei und Maschinenfabrik mit Brückenbauanstalt in Bad Oeynhausen. Der Betrieb wurde 1864 von dem Techniker Schuster und dem Kaufmann Krutmeyer als Maschinenbauanstalt gegründet, der bald eine Gießerei angegliedert wurde. Nachdem 1869 die schon 1844 in Rehme gegründete Maschinenbauanstalt von Kuntze & Kaufmann übernommen wurde, nahm man den Namen »Eisenwerk Weserhütte Schuster & Krutemeyer« an. Ab 1913 Aktiengesellschaft, seit 1937 in die Gruppe Otto Wolff in Köln eingegliedert. Die Firma lieferte um 1900 wohl regelmäßig die Eisenteile für Baukonstruktionen in Minden, wobei als Handel hierfür wohl vor allem das Geschäft Lagemann & Schelken an der Tränkestraße 1 auftrat.
1899 Marienstraße 2, Eisenträger

1900   Kampstraße 13 links, Lagerhaus, Stützen
1902   Bäckerstraße 39, Gußsäulen
1902   Friedrich-Wilhelm-Straße 79, Gußsäulen
1902   Bad Oeynhausen, Hängebrücke über die Werre
1927   Markt 11, eiserner Dachstuhl über dem Kinosaal

Wesermann, Heinrich Moritz
Ab 1789 mit dem Bau von Kunststraßen in der Grafschaft Mark betraut; 1796/1798 als Wegebauinspektor bei der Regierung in Minden nachweisbar, später großherzoglich-bergischer Oberinspektor des Brücken- und Straßenbauwesens (1804 Wegeinspektor und 1809 Oberwegeinspektor) und als solcher 1802 wohnhaft in Dortmund-Hoerde, 1818 wohnhaft in Düsseldorf (BRUNS 1992, S. 35ff., 57) und dort 1818 bis 1829 als Oberwegebauinspektor nachzuweisen (siehe WEYRES/MANN 1968, S. 109). 1825–1829 Kreisbaumeister in Elberfeld, wo er zahlreiche Bauten ausführte. 1828 Einsetzung als technischer Beamter beim Rathausneubau (hierbei schlägt er als Mitarbeiter Julius Burgheim aus Minden vor). Starb am 29.7.1829 (ZINN 1968, S. 32, 171).

Wesermann gab heraus: Taschenbuch für die Straßen- und Bergbaubeamten, Spediteurs und Landmesser zwischen dem Rheine und der Weser. Düsseldorf 1814.

1790   Chausseebau Aplerbeck-Herdecke, Bauleitung
1798/1799 Chausseebau Witten-Ruhr, Bauleitung
1796   Entwurf der Chaussee Minden-Bielefeld (zusammen mit Ober-Wegeinspektor Steinmeister)
1798   Bauleiter bei der Anlage der Chaussee Minden-Bückeburg
1798   Bauleiter bei der Anlage der Chaussee Minden-Aulhausen (Porta Westfalica)
1799   Dortmund-Wickede, Situationskarte der neu anzulegenden Chaussee durch den Ort
1801   Dortmund-Aplerbeck, lutherische Kirche und Schule, Anschlag zur Reparatur
1802   Projektierung Chaussee Unna-Lippstadt (zusammen mit E. Freymann)
1804   Berechnung des Kaufwertes der Chaussee Steele-Oberhausen der Reichsabtei Essen
1825/1827 Wuppertal-Elberfeld, Armenhaus, Bauleitung
1826   Wuppertal-Elberfeld, Schlachthaus, Entwurf
1827   Wuppertal-Elberfeld, Rathaus (Kostenanschlag zum Entwurf von Cremer und Überarbeitung der Pläne)

Weseroth, Johann Heinrich
Schmiedemeister.
1753–1754 St. Marien, Neubau des Turmhelms, Schmiedearbeiten (zusammen mit anderen) (Plan: Kloth) (III, S. 136)

Wessel, Otto
Zimmermeister und Dachdecker; 1688 als Besitzer des Hauses Greisenbruchstraße 22 nachzuweisen.
1699   Großer Domhof zwischen 9 und 10, Torhaus mit Hieronimuskapelle (1793 abgebrochen), Besichtigung (II, S. 1287)
1699   Großer Domhof 10, Kurienhof, Revision (II, S. 1291)
1700   Brüderstraße 26, Anschlag zum Neubau der Scheune

Westermann, Daniel
1715 als Maurer genannt.

Westeroth, Johann Heinrich
Dachdecker.
1752 Dom, Reparaturen am Dach des Westwerkes
1752/1754 Dom, Querhaus und Chor, Reparatur der Bleideckung (II, S. 424)
1765 Dom, Langhaus, Reparatur der Bleideckung (II, S. 425)

Westfälische Baugesellschaft GmbH
Die Gesellschaft errichtete 1923 auf dem Grundstück Viktoriastraße 54 ein kleines Kontorgebäude mit Flachdach, wobei der Architekt Garnjost als Planverfasser auftrat, der Bau aber vom Architekten Ernst Becker entworfen worden sein soll. Geschäftsführer und Statiker (wohl auch Inhaber) der Firma scheint Kurt Panzer gewesen zu sein, der 1928 in dem Haus Besselstraße 1 wohnte. Die Baufirma ging im Frühjahr 1928 in Konkurs. Das zugehörige Kontorgebäude gelangte 1932 in anderen Besitz und wurde umgebaut. Möglicherweise war auch der Mindener Bauunternehmer Plöger an der Firma beteiligt.
1923 Viktoriastraße 54 (Plan: Garnjost) für die Verwaltung der eigenen Gesellschaft
1924 Hansastraße 29, Magazingebäude des städtischen Gaswerkes (Entwurf: Tiefbauamt)
1925 Karlstraße 1–5, Lagerhaus, Kutscherhaus und Verwaltung der Konsum- und Spargenossenschaft (Plan: R. Moelle)
1926 Karlstraße 19, Erweiterung Lagerhaus (Plan: Baubüro der Konsum-Genossenschaft)
1927 Im Schweinebruch 25, Bootshaus für Rudergesellschaft »Wittekind« (Plan: E. Huhn/Düsseldorf)
1927 Brückenkopf, »Ludwig-Hempel-Bad« für Turnverein Jahn
1928 Brückenkopf, Toiletten- und Pumphaus am »Ludwig-Hempel-Bad« für Turnverein Jahn

Westfälische Glasmalerei
Bielefeld.
1912–1914 St. Petri, Instandsetzung und Umbau, Glaserarbeiten (zusammen mit anderen) (III, S. 584)

Westfälische Handwerksbau AG
Baugesellschaft in Dortmund, Reinoldistraße 7/9.
1953/1954 Blücherstraße 16–32, Besatzerwohnungen (Plan: Th. Busch/Düsseldorf)
1954/1957 Fasanenstraße 42–54, Besatzerwohnungen (Plan: Th. Busch/Düsseldorf)
1954/1957 Habichtsweg 2–16, Besatzerwohnungen (Plan: Th. Busch/Düsseldorf)
1954/1957 Hohenstaufenweg 46–84, Besatzerwohnungen (Plan: Th. Busch/Düsseldorf)
1954/1957 Kuckuckstraße 49–55, Besatzerwohnungen (Plan: Th. Busch/Düsseldorf)
1954/1957 Sperberweg 15, 2–20, Besatzerwohnungen (Plan: Th. Busch/Düsseldorf)
1954/1957 Zeisigweg 7–13, Besatzerwohnungen (Plan: Th. Busch/Düsseldorf)
1955 Lübbecker Straße, Austauschwohnungen (Plan: Th. Busch/Düsseldorf)
1955 Alsenweg 20, Austauschwohnungen (Plan: Th. Busch/Düsseldorf)
1956 Lübbecker Straße, Austauschwohnungen (Plan: Th. Busch/Düsseldorf)
1956 Sandtrift, Austauschwohnungen (Plan: Th. Busch/Düsseldorf)
1958 Sandtrift, Besatzerwohnungen (Plan: Th. Busch/Düsseldorf)
1960 Bastaustraße, Besatzerwohnungen (Plan: Th. Busch/Düsseldorf)
1961 Sandtrift, Besatzerwohnungen (Plan: Th. Busch/Düsseldorf)

Westermann, Wilhelm
Dipl.-Ing. und Architekt in Porta Westfalica-Eisbergen.
1954 Portastraße 77 für Fritz Venzke
1967 Brühlstraße 4 für Emmi Freiwald

Westhoff
Ingenieur.
1624 Erweiterung der Festungswerke (I,2 S. 27)

Westphal, Karl
Malerbetrieb in Minden.
1924 St. Marien, Kostenanschlag zur Neuausmalung (III, S. 81)

Westphal, R.
Seit 1855 Kreisbaumeister bei der Regierung Minden.
1855 Vinckestraße 1, Kurienhof, Reparatur Einfahrtstür und Mauer (Leitung: Goeker) (II, S. 1315)
1855/1856 Kaiserstraße 33, Oberpostdirektion, Bauleitung
1856 Dom, Sicherung des Chores, Gutachten zum Bauzustand (Untersuchung zusammen mit Stüler, Wesener und Maurer- und Zimmermeister Hartung) (II, S. 259, 368, 372)
1856 Domstraße 14, grösseres Kamerariat Nr. 147 O, Beschreibung mit Lageplan und Grundrissen (II, S. 1469, 1471 f., Abb. 953–955)
1856 Vinckestraße 3, Bauaufnahme mit Beschreibung, Lageplan und Grundrissen (II, S. 1321, 1324, 1326, Abb. 835–837)

Weule, J. F.
Uhrenfabrik in Bockenem.
1895 Artilleriestraße 9, städtische Kaserne, Uhr am Mannschaftsgebäude (I.2, S. 805)

Weverinck jun.
Maler in Minden (?).
1865 Dom, Innenrestaurierung des Chores, Angebot zur Neufassung des Inneren (Ausführung: Mohrien und Büchtermann) (II, S. 457)

Wiechmann, F.
Bauunternehmer.
1908 Luisenstraße 7 für den Buchhalter F. Richter (vermutet)
1912 Luisenstraße 11 für Steinmetz August Ebeling

Wickenkamp, K.
Maurermeister in Porta Westfalica-Lerbeck.
1893 Stiftstraße 62, Lagerschuppen (ehemals Interimskirche) für den Fabrikanten A. Knoop (Plan: Bautechniker O. Otto)

Widtstein, Johann H.
Stadtzimmermeister in Minden.
1761 Großer Domhof 10, Kurienhof, Kostenanschlag zur Reparatur (zusammen mit anderen) (II, S. 1291)

Wiedermann, Wolfgang
Architekt BDB und Ing. (grad.) in Porta Westfalica-Barkhausen.
1965 Bleekstraße 10 für Dr. med. Waldemar Horstmannshoff
1965 Königstraße 3, Umbau Erdgeschoß
1966 Bleekstraße 1, Anbau
1968 Lübbecker Straße 54, Umbau
1970 Besselstraße 25 für K.H. Pott
1979 Hahler Straße 28, Umbau

Wiegand
Steinbruchbetriebe.
1899 Immanuelstraße 20, städtisches Badehaus, Lieferung der Sandsteine
1899 Immanuelstraße 22, städtische Turnhalle, Lieferung der Sandsteine

Wieland, Hans
Architekt in Porta Westfalica-Hausberge, 1955 Ortstraße 9.
1927 Blücherstraße 1 für Lokführer August Schulte
1927 Blumenstraße 39 für Kaufmann August Gymnich

1933 Viktoriastraße 52 b für Lokführer Heinrich Backhaus
1936 Viktoriastraße 46 für Reservelokführer Wilhelm Steinmann
1936/1937 Simeonglacis 19 a für Postamtmann Karl Schulz
1936/1937 Minden-Meißen, Grille 34 für Gustav Weidekamp
1938 Hansastraße 12 für Lokführer Heinrich Tebbe (Ausführung: Homann)
1949/1952 Hermannstraße 18 für Fritz Raulwig (Ausführung: E. Krämer/Meerbeck)
1950 Hafenstraße 19, Trocknungsgebäude der Trocknungsgenossenschaft
1952 Simeonglacis 15 b für Postamtmann a. D. Karl Schulz
1954 Im Schweinebruch 2, Anbau an das Clubhaus des Mindener Tennisclubs
1982 Königstraße 76, Umbau

Wieneke
Tischlermeister, wohnte 1851 Johanniskirchhof 2.

Wiese
Zimmermeister in Holzhausen II.
1875 Hahler Straße 94 (zusammen mit Maurermeister Sierig) für Arbeiter Wilhelm Schinke

Wiese, Alfred
Zimmermeister in Todtenhausen.
1955 Stiftsallee 2 a für Hermann Reinking, sämtliche Zimmererarbeiten (MT vom 14.1.1956)

Wiese, F.
1884 Dom, Restaurierung des ›Christus am Kreuz‹ (II, S. 881)

Wiese, Gottfried
Maurermeister aus Minden, legte 1835 hier seine Meisterprüfung ab. Als Meisterbau scheint das 1834 durch ihn entworfene und wohl auch errichtete Haus Pulverstraße 1 gegolten zu haben, von dem sich der Bauplan im Archiv der Regierung erhalten hat. Hier ferner der *Entwurf zu einem Wohngebäude*, der offensichtlich die technische Prüfungsarbeit war und ein dreigeschossiges und siebenachsiges Wohngebäude in Ecklage darstellt, dessen Fassaden mit Gesimsen und Quaderputz gegliedert wurden (STA DT, D 73, Tit. 4 Nr. 9931 und Nr. 9932/33). In ähnlicher Weise, allerdings spärlicher gegliedert und mit einer anderen inneren Gliederung, das durch ihn errichtete Haus Friedrich-Wilhelm-Straße 13 ausgeführt. Wiese betätigte sich bald in vielen innovativen Bereichen des Bauwesens (z. B. Zusammenarbeit mit Dinnendahl siehe I.1, S. 547 und 682).

1846 ließ er einen eigenen Kalkofen bei Kleinenbremen errichteten, wofür die Kolonen Harting Nr. 45 und Korff Nr. 53 Ländereien als Mitbetreiber zur Verfügung stellten.

Vater des Maurermeisters Theodor Wiese, der zusammen mit Ferdinand Schütte ein großes Baugeschäft (Schütte & Wiese) mit angeschlossener Ziegelei aufbaute, aus dem sich die noch heute bestehenden Ziegelwerke Heisterholz entwickelten. 1846 wohnte er in dem Haus Seidenbeutel 7/9, erwarb 1847 das Haus Johannisstraße 8 und wohnte 1851 in dem Haus Kampstraße 21, 1865 in dem Haus Marienwall 3. Er muß geschäftlich erfolgreich gewesen sein, denn 1853 gehörten ihm schon die Häuser Brüderhof 6, Alte Kirchstraße 26, Kampstraße 21, Johannisstraße 8 und 9, die er vermietete.

Ein weiterer Sohn, Heinrich Wiese, baute ab 1882 einen Kohlenhandel auf dem Gelände Marienwall 6 auf (zur Geschichte der Firma und der Familie siehe auch dort).

Möglicherweise ist Wiese Planverfasser einiger durch den Maurermeister Franz Lax erbauter Häuser auf der Friedrich-Wilhelm-Straße (1, 3 und 5), da sie mit der inneren massiven tragenden Querwand ein besonderes Charakteristikum zeigen, das auch der für ihn

belegte und 1868 datierte Entwurf des Hauses Nr. 13 an der gleichen Straße zeigt.

1834   Pulverstraße 1 für Amtsdiener Joseph Leye (auch Leihe) (II, S. 1343)
1845   Großer Domhof 1–2, neues Regierungsgebäude (II, S. 1196)
1845   St. Marien, Arbeiten an den Dächern (III, S. 123)
1846   Bäckerstraße 72, Baugutachten
1848   Friedrich-Wilhelm-Straße 3 (vermutet) für Maurermeister Lax
um 1850 Friedrich-Wilhelm-Straße 1 (vermutet) für Maurermeister Lax
um 1850 Friedrich-Wilhelm-Straße 5 (vermutet) für Maurermeister Lax
1855   Kampstraße 31, Sandlieferung für den Bau des Gerichtsgebäudes
1863   Hohnstraße 3 für Endeler & Kumpf
1865   Marienwall 3 für Schwellenkontrolleur Brinkmann
1866   Lindenstraße 22, Fabrikationsgebäude Zigarrenfabrik Leonhardi
1868   Friedrich-Wilhelm-Straße 13 für Geschwister Zilly
1869   Markt 11, Saalbau Victoria-Hotel

Wiese, Johann Henrich
Tischlermeister. 1747/1748 und 1756/1757 Tischlerarbeiten für St. Marien.
1741   Kampstraße 10, Gutachten zum kleinen Haus der Kurie

Wiese, Heinrich W.
Zimmermeister, wohnte 1955 Herzog-Ferdinand-Straße 5, der Betrieb Karolingerring 30.
1949   Dom, Wiederaufbau des Westwerks, Dachstühle (Planung: Gelderblom und March) (II, S. 430)
1949   Dom, Wiederaufbau des Langhauses, Dachstühle (II, S. 431)
1950   Markt 11–13, Renovierung des Kinos »Scala« (MT vom 11. 8. 1950)
1950   Schillerstraße 35, Verwaltungsgebäude und Lager für Firma H. W. Küster (Planung: Hempel und Ibrügger)
1956   Lindenstraße 23, Colosseum-Lichtspiele, Umbau nach Brand (Planung: Hempel) (MT vom 14. 1. 1956)

Wiese, Reinhard
Dipl.-Ing. und Architekt in Minden, Büro 1984 Stiftstraße 17.
1978/1879 Pionierstraße 2, Umbauplan
1984   Königswall 93, Umbau
1989   Bäckerstraße 72, Umbau
1991   Kaiserstraße 12, Sanierung

Wiese, Theodor
Theodor Wiese (geb. 22. 5. 1836, gest. 15. 3. 1906), Sohn des Mindener Maurermeister Gottfried Wiese. Legte 1861 seine Prüfung als Maurermeister ab. Stieg als Mitinhaber der um 1866 gegründeten Baufirma Schütte & Wiese und als erfolgreicher Handwerker schließlich zum Besitzer einer bedeutenden Ziegelei auf. Er war verheiratet mit Louise Schütte (geb. 31. 8. 1845, gest. 27. 4. 1910), der Schwester seines Kompagnons. 1884 ist er Mitglied der Kanalbaukommission der Stadt. Schon 1865 wohnte er am Marienwall 3, unmittelbar gegenüber dem Gelände seines späteren Betriebes. 1868 als Ziegeleibesitzer genannt, erbaute er 1879 die Villa Marienstraße 50, die das Ehepaar bis zum Tode bewohnte. Kinder aus dieser Ehe sind unter anderem Helene Wiese (geb. 1871, gest. 1954), verheiratet mit Prof. Dr. Karl Westerwick (geb. 1863, gest. 1936) sowie Dr. Theodor Wiese (geb. 26. 1. 1878), der Bergbauingenieur in Braunschweig studierte und dann in Grasleben als Direktor eine Steinsalzgrube aufbaute und am 14. 9. 1914 bei Courtecon fiel. Nachdem Theodor Wiese sich 1892 aus dem Geschäftsleben zurückgezogen hatte, war er 1897 in der Kleinbahnkommission des Kreises tätig, die den Bau der Kreisbahn vorbereitete, womit die zu diesem Zeitpunkt nicht

mehr in seinem Besitz befindliche Ziegelei 1899 einen Bahnanschluß erhielt, Grundlage ihrer weiteren Blüte. Wiese war zudem fast 20 Jahre Mitglied der Kreiswegebaukommission.

1861 Opferstraße 9, Neubau des nördlichen Seitengiebels
1864 Friedrich-Wilhelm-Straße, Gasometer des städtischen Gaswerkes, massive Bereiche
1865 Marienwall 3 für Schwellenkontrolleur Brinkmann
1879 Marienstraße 50, Villa für eigene Zwecke
1886 Brückenkopf 7 für Getreidehändler G. Böse (Plan: O. Ziegler)

Wiese, Wilhelm
Zimmermann aus Kutenhausen (geb. 31.10. 1858, gest. 20.12.1916), bei Zimmermeister Borgmann beschäftigt. Großvater des Zimmermeister H.W. Wiese.

Wiesner & Co
Dr. Wiesner & Co. Baugeschäft an der Friedrich-Wilhelm-Straße, später als »Ingenieurbaugesellschaft« auf den Eisenbau und hier auf die Errichtung von Stahlbrücken, Kranbauten, Behälter und schlüsselfertige Hallen spezialisiert.

1946/1947 Großer Domhof 1, Mitarbeit am Wiederaufbau des Stadthauses
1952 Herford, Bruchstraße 4, Kino »Weltlichtspiele« aus Eisenfachwerk (Plan: Friedmann & Seher/Herford)
1954 Garagenhalle der Mindener Kreisbahn am Stadtbahnhof
1956 Herford, Gehrenberg 17, Dachkonstruktion über dem Lichtspielhaus (Plan: Friedmann & Seher/Herford)

Wihler
Architekt.
1879/1880 Marienstraße 13, Bauleitung für Wilhelm Moelle (?) bei der Firma Sipp

Wilcke, Bernhard
1896 Lübbecker Straße 66 für Maurer Carl Jungmann

Wild, Fritz
Baugeschäft in Bad Oeynhausen-Bergkirchen, Haus Nr. 148.
1958 Am Fort C, Anbau

Wild, Ursula siehe **Bach-Wild**

Wilke-Werke AG
Braunschweig.
1959 Hansastraße 29, Spiralgasbehälter im städtischen Gaswerk

Wilkening, Wilhelm
Maurer und Baumeister aus Röcke, auch als Bauunternehmer bezeichnet.
1893 Lübbecker Straße 69, Windfang
1894 Simeonstraße 1, Abbruch
1895 Marienstraße 144 für Arbeiter Christian Köhnemann
1903 Meißen, Grille 14 für Schaffner Friedrich Kuhlmann

Wilkens
Zeichner bei der Festungsbaubehörde.
1875 »Passage am Simeonstor« (I.2, S. 371–373, Kat.-Nr. 189)

Wilkens
Maurermeister.
1890 Bachstraße 61 für Schaffner Buschmann

Wilkens, Julius
Bauführer, im Adressbuch 1878 als Architekt genannt, wohnte Johannisstraße 8.
um 1870 St. Marienstift, Lageplan des Festungsbauhofs (III, S. 227, 234, Abb. 156)
1878 Porta Westfalica-Lerbeck, Leitung des Baus der Schule (Plan: Luhmann)
1882 Porta Westfalica-Veltheim, Pfarrhaus

Willert, Johannes
Architekt aus Dankersen.
1975   Bachstraße 19, Anbau

Fa. Gustav **Wilmking**
Gütersloh.
1889   St. Martini, Kirchenheizung (Kohle) (III, S. 282)

Wilms
1906   Bierpohlweg 30 für Tischler Ernst Weizenkorn (Ausführung: Maurermeister Altvater)

Wilthmöller, genannt Memlick, Arndt
1559 als Steinhauer in Minden genannt (KAM, Mi, A I, Nr. 639).

Wimmer, Caspar
Maurer. Wurde am 8.1.1734 auf dem Martini-Kirchhof begraben.

Windell
Kupferschmied. 1851 lebte der Kupferschmied G. Windel in Ritterstraße 22.
1773/1774 St. Marien, Orgelreparatur (III, S. 170)
1783/1784 St. Marien, Arbeiten am Turmdach (III, S. 136)
1792/1793 St. Marien, Reparaturen am Turmdach zusammen mit Reuter (?) und Schieferdecker Roczenfüs (III, S. 123, 137)
1839   St. Marien, Kostenanschlag, Klempnerarbeiten bei Anbringen eines Blitzableiters (Bauleitung: Ingenieur-Hauptmann Wegelin) (III, S. 137)

Windel, Friedrich
Maurer, geb. wohl 1803, wohnte 1846 zur Miete in dem Haus Oberstraße 66, 1853 in Oberstraße 68.

Windhorst
Glasermeister, wohnte 1851 Bierpohlweg 99.

Winkelmann, Walter
Architekt in Schramberg.
1937   Goebenstraße 15, Umbauten

Winkler, Hans (Johannes)
Dipl.-Architekt. Möglicherweise der Ingenieur Winkler, der 1923 bei der MEWAG als Baustellenleiter arbeitete.
1950   Hahler Straße 97 für Dentist Reinhold Feige
1951   Lübbecker Straße 57, Gärtnerei Rosin
1952   Königstraße 75, Hintergebäude Bleekstraße 13, Umbau zum Wohnhaus
1954   Hopfengasse 1 für W. Riesenberg
1955   Königstraße 69 a für Ehepaar Reinshagen
1955   Viktoriastraße 30, Wohnhaus mit Wirtschaft (nicht ausgeführt)

Winter, H.
Regierungs- und Baurat beim Reichsbauamt in Minden.
1939   Schwichowwall 3, Planung für ein Arbeitsamt

Winterfeld & Plöger
Betrieb für Glasmalerei in Bielefeld.
1925   Marienstraße 134/136, Nordfriedhof, Verglasung der Kapelle

Wipperling
Bildhauer und Vergolder. 1853/1857 als Mieter in dem Haus Hahler Straße 5 nachzuweisen.
1838   St. Martini, 2 Altarentwürfe (III, S. 276, 442)

Wischmeyer, Anton
1768 als Tischlermeister genannt (KAM, Mi, C 380).
1743   Kampstraße, unbekanntes Haus im Bereich Stiftskurien von St. Martini, Reparaturen

Wischmeier, Wilhelm
Bauführer in Kutenhausen Nr. 27, der dort später auch ein Baugeschäft betrieb, das sich dann 1929 Friedrich und Wilhelm Wischmeyer, Kutenhauser Straße 20 nannte.
1898/1899 Dankerser Straße 53 für Molkereiverwalter Friedrich Elff
1911 Weg in die Hanebek 32 für Lohnarbeiter Heinz Waltke
1912 Kutenhauser Straße 108 für Maler Hermann Burmeister
1914 Königgrätzer Straße 21 für Mühlenbauer H. Thielking (nach Plan Bergbrede)
1920 Kutenhauser Straße 43 für Hermann Kruse
1929 Marienstraße 167 für Hermann Sander
1929 Ulmenstraße 19 für Schneidermeister August Krüger
1937 Stiftstraße 21, Aufstockung des Hauses
1938 Weg in die Hanebek 32, Planung für Anbau

Wiskenkamp, Karl
Bauunternehmer aus Porta Westfalica-Neesen.
1905 Obermarktstraße 23, Abbruch des Hauses

Witte, Hans
1646 Bild- und Steinhauermeister in Obernkirchen (KAM, Mi, B 99/19).

Witte, Carl Wilhelm
Architekt in Stadthagen.
1960 Wallfahrtsteich 29 für Gerda Marowsky

Witte, Walter
Architekt in Löhne.
1963 Bachstraße 27, Anbau

Withus, Andreas
Pflasterer.
1724 Weserbrücke, Neupflasterung

Withus, Otto
1728 Bauinspektor.

Witthaus, Johann Wilhelm
Steinsetzer in Minden, wohnte 1743 in dem Haus Simeonstraße 30.
1722 Weserbrücke, Pflasterarbeiten
1722 Brüderstraße, Pflasterung des Platzes vor dem Commandantenhaus
1730 Tränke, Reparatur des Pflasters
1741 Tränke, Anschlag über die Pflasterung

Wittich (auch **Wittick**)
Ingenieur-Capitain. 1817 als Kapitän und Ingenieur vom Platz in Minden genannt. 1822 in Berlin, wo er mit Schinkel die Artillerie- und Ingenieur-Schule Unter den Linden entwirft.
1818 Festungsbau, Arbeiten an der Hausberger Front und Neuanlage der Brückenkopf-Befestigung (MEINHARDT 1958, S. 49) (I.2, S. 47)

Witting, Gabriel (auch **Wittig**)
Steinhauermeister, geb. in Sommerschenburg bei Helmstedt, vor 1817 verheiratet mit Louise Knaust aus Aulhausen (sie wohnte 1832 als Witwe in Alte Kirchstraße 14). 1820 beabsichtigte man, ihm den alten städtischen Bauhof an der Alten Kirchstraße als Werkplatz zu verpachten.

Wittkopp, P.
Maler in Lippstadt.
1881 Dom, Innenrestaurierung des Langhauses, auf Aufforderung durch Regierung Kostenanschlag zur Innenausmalung (II, S. 458)

Wittstein, Johann Heinrich
Zimmermeister. 1764 als einer der vier in der Stadt arbeitenden Zimmermeister genannt.
1760 Lindenstraße 18, Plan Neubau der Doppelbude

1765 Vinckestraße 1, Kurienhof, Kostenanschläge zur Reparatur (zusammen mit anderen) (II, S. 1311)

Wöchthoff
Schmied.
1761 Großer Domhof 10, Kurienhof, Kostenanschlag zur Reparatur (zusammen mit anderen) (II, S. 1291)

Wöbking, H.
Zimmerei und Treppenbau in Röcke bei Bückeburg.
1929 Herderstraße 24 für Postschaffner Wilhelm Breier

Wölfer, Gottlob
Maurer.
1907 Friedrich-Wilhelm-Straße 32, Anbau

Wörz, Robert
Bauunternehmer, 1939 Schenkendorffstraße 14.

Woesthoff
Schlossermeister.
1767 Opferstraße 11, Reparaturen

Woiwode, Fritz
Baumeister, wohnte Gutenbergstraße 9.
1952 St. Martini, Grundriß (III, S. 265, 284, 411, Abb. 190)

Wolecke
Drechslermeister, wohnte 1851 Bäckerstraße 56.

Wolf
Ingenieur-Offizier, 1858 als Lieutenant bezeichnet.

Wolf
Vermesser.
1844 Köln-Mindener Eisenbahn, Mitvermessung der Bahntrasse Minden-Rehme

Wolf, Gustav
Prof. Dr. Ing. e.h. (geb. 1887 Osterode/Harz, gest. 28. 4. 1962). Nach Schulzeit und Handwerkspraxis in Gera studierte er in Breslau bildende Kunst und in München Architektur und Städtebau. Zusammen mit Schmitthenner erarbeitete er die Gartenstädte Breslau-Carlowitz und Berlin-Staaken, danach als Bezirksarchitekt beim Wiederaufbau Ostpreußens, Kreisbaumeister in Merseburg, Stadtarchitekt in Soest, 1923/1927 Baudirektor der »Westfälischen Heimstätte« in Münster; 1927/1934 Direktor der Handwerks- und Kunstgewerbeschule in Breslau, 1934/1938 Dozent der Staatsbauschule in Berlin-Neukölln, danach von 1939 bis 1952 Landesbaupfleger von Westfalen. 1934 gründete er das Bauernhofbüro, in dem das Werk »Haus und Hof deutscher Bauern« herausgegeben werden sollte. 1949 wesentlich treibende Kraft bei der Gründung des Arbeitskreises für Hausforschung, dessen erster Vorsitzender er dann von 1950 bis 1955 war.
um 1920 Gütersloh, Siedlung Zumhagenhof für Westfälische Heimstätte
1922 Münster, Gartenstadt Habichtshöhe/ Grüner Grund
1926 Münster, Hittorfstraße 46, Professorenwohnhaus
1926/1929 Ahlen, Siedlung Ulmenhof
1939 Lindenstraße 39, Musterhaus für Siedlungsbauten in Westfalen (zusammen mit Strupp/Münster)
1941 Simeonsplatz, Beratung der Planungen zum NSDAP-Forum (I.2., S. 904 ff.)
1949 Telgte, Wohnhaus G.
1951 Warendorf-Freckenhorst, Kirchplatz, Umgestaltung
1955 Münster, Am Schloßgraben 32, eigenes Haus (zusammen mit Peter Wolf)

Wolf, R.
Maschinenfabrik in Magdeburg-Buckau, die 1862 gegründet wurde und insbesondere Lokomobile produzierte.

1899 Hahler Straße 20, Kesselhaus der Firma Schroeder

Wolff oder **Wolf**, Johann Martin
Maurermeister. Starb am 26.1.1798 und wohnte wohl in dem ihm gehörenden Haus Brüderstraße 13. 1788 für St. Martini genannt.
1782 Brüderstraße 8 für Buchdrucker Enax (zusammen mit Zimmermeister Kloth)
1788 Markt 4, Reparatur der Stützmauer im Hof des Hauses
um 1790 Neubau des Hauses Nr. 553
1790 Deichhof 13, Kostenanschlag
1790 Großer Domhof 11, Kurienhof, Umbau (zusammen mit anderen) (II, S. 1301)
1792 Brüderstraße 18, Taxierung
1792–1793 Großer Domhof 8, Kurienhof, Neubau des Wohnflügels (Plan und Bauleitung: Kloth) (II, S. 1256)
1793 Großer Domhof 9, Kurienhof, Neubau (Plan: Kloth 1793) (II, S. 1281)
1793 Brüderstraße 18, Renovierung
1793 Großer Domhof 8, Kurienhof, Erneuerung von Dach und Gartentreppe (II, S. 1265)
1794 Brüderstraße 26, Renovierung des Kommandantenhauses
1794 Großer Domhof 9, Kurienhof, Abnahme (Plan: Kloth 1793) (II, S. 1281)
1794/1795 St. Martini, Reparatur der Blei- und Ziegeldeckung (III, S. 324)
1796 Brüderstraße 16, Beginenhaus, Dachdeckung
1796/1797 Domkloster, Dachreparatur an der westlichen Doppelkapelle (II, S. 498)
1796 Marienkirchplatz 5, Sanierung
um 1798 Brüderstraße 13, Renovierung für eigene Zwecke

Wolff
Uhrmacher. 1771/1772 Reparaturen an der Turmuhr von St. Marien.
1777/1778 St. Marien, Reparaturen der Turmuhr (III, S. 158)

Wolff-Fertighaus
Ottbergen.
1957 Albrechtstraße 2 für Kurt Baldeweg
1967 Viktoriastraße 46 b für Viktor Topolinsky

Wolfferts, J.
Ingenieur für Gesundheitstechnik und Installationen in Düsseldorf.
1914 Marienstraße 32, Sanitärinstallation für Kommerzienrat Fritz Leonhardi

Wollenweber, Paul
Bau-Ingenieur in Minden (geb. 26.4.1934), wohnte bis 1960 Stiftsallee 33, dann Marienstraße 29 und verzog 1962 nach Hoya/Weser.
1960 Stiftsallee 33, Anbau

Wollschläger, Hellmuth E.
Architekt in Minden, 1984 Büro Lübbecker Straße 76.
1984 Lübbecker Straße 41 a für Franz Werres

Worch
Restaurator in Münster-Wolbeck.
1973 St. Petri, Kirche und Kirchhof, Grabsteine (16.–19. Jh.) restauriert und umgesetzt (St. Petri/Kirchhof)

Würdemann
Architekt in Minden.
1911 Brühlstraße 1 für Bauunternehmer Josef Hauke

Wulf, Cort Arend
1712 als Dachdeckermeister genannt (KAM, Mi, B 733).

Wulf, Cort Arendt
1712 als Maurer genannt (KAM, Mi, B 733).
1725 für Arbeiten am weißen Gewölbe in St. Martini genannt.

Wulff, Friedrich
1782 als Tischlermeister genannt (KAM, Mi, C 388).
1743   Kampstraße, unbekanntes Haus im Bereich Stiftskurien von St. Martini, Reparatur
1767   Opferstraße 11, Reparatur

Wulff, Hermann
Maurermeister und Bildhauer in Lemgo (gest. 1597 Lemgo).
1565   Lemgo, Rathaus, Laube und Beischlagwange
1566   Lemgo, Mittelstraße 128/130, Umbau für Balthasar von Wulffen
1568   Kalletal-Langenholzhausen, Mühle
1569   Blomberg, Burg, Erker für Hermann Simon zur Lippe-Spiegelberg
1571   Lemgo, Breite Straße 19, Fassade für Kaufmann Hermann Krüwell
1572   Varenholz, Schloß, Scheune für Graf Simon VI. zur Lippe
1575/1579 Lemgo, Rathaus, Umbauten
1576   St. Marien, Hängeepitaph für Georg von Holle und Gertrud von Horne (Zuschreibung) (III, S. 192)
1578   Lemgo, St. Nicolai, Epitaph für Anna von Kerssenbrock
1582   Detmold, Falkenburg, Projekt für einen Palast
1584/1592 Lemgo, Lippehof, Projekt für Simon VI. zur Lippe
1584/1892 Lemgo-Brake, Schloß Brake, Nordflügel
1587   Burg Sternberg, nördliches Steinwerk, Kamin und Fenster
1591   Lemgo, Mittelstraße 13, Wohnhaus für den lippischen Rat Bernhard Höcke (zugeschrieben)
1597   Schlangen, Schloß Oesterholz für Simon VI. zur Lippe

Wulke, Fritz
1951 Dachdeckermeister in Porta Westfalica-Barkhausen, Wilhelmstraße 17.
1950/1951 Großer Domhof 6, Neubau Postgebäude (MT vom 9.3.1951)

Zaag, W.
Dipl.-Ingenieur in Bremen, zeitweise in Bürogemeinschaft mit G. Hänmstedt.
1959   Bäckerstraße 13, Kaufhaus Leffers, Erweiterung
1964   Bäckerstraße 13, Kaufhaus Leffers, Erweiterung für Strangemann (MT vom 20.1.1965)
1988   Bäckerstraße 15, Neubau Treppenhaus

Zacke
Feldmesser.
1880   Simeonsplatz, Gemarkungskarte (I.2, S. 731, 751, Abb. 479, Plan Nr. 1)

Zadeh, Hossein Azim
Bildhauer.
1992   Portastraße 9, Frau in den Wehen (I.2, S. 963, Abb. 626)

Zaegel
Strukturar.
1752   Domkloster, Schadensmeldung (II, S. 497)
1758   Vinckestraße 3, Vikarie, Besichtigung (zusammen mit Maurermeister Becker und Zimmermeister Kloth) (II, S. 1322)
1759   Kleiner Domhof 13, Vikariat St. Maria Magdalena, Visitation und Kostenanschlag zu Arbeiten an Dach und Dachboden (zusammen mit Maurermeister Becker und Zimmermeister Kloth) (II, S. 1420)
1763   Vinckestraße 1, Kurienhof, Rechnungen zu Reparaturen eingereicht (II, S. 1311)

Zahn, Wilhelm
Maler, Lithograph und Architekt in Berlin; geb. am 21.8.1800 in Rodenberg bei Hannover. Sohn des in Minden ansässigen Gastwirtes Zahn, in dessen Haus er später auch eine Antikensammlung einrichtete und oft verkehrte (NORDSIEK 1979, S. 257).
1838 Markt 11, Gasthaus Zahn, Entwurf (vermutet)

Zastrow & Böhme
Ziegelei in Wittenberg.
1879/1880 Immanuelstraße 2, Neubau Gymnasium, Lieferung der Verblendklinkersteine

Zelle, Friedrich
1700 Stadt-Zimmermeister, 1708 Tischler. Besaß ein nicht näher bekanntes Haus am Weingarten.
1700 Brüderstraße 26, Neubau Scheune, Mitarbeit

Zeller
Steinbruchbetriebe in Miltenberg/Main.
1904/1906 Weserglacis 2, Regierungsgebäude, Steinhauerarbeiten der Innenarchitektur

Zellmer, Erhard
Ing. Grad in Lübbecke.
1977 Herderstraße 19 für Firma Detlef Hesse KG in Espelkamp
1979 Bachstraße 1 a für Engelbert Luck

Zegerlin (auch Zegelin oder Zaegelin), Heinrich Daniel Gottlieb
Tischlermeister aus Bergen auf Rügen. Heiratete 1796 Johanne Cath. Sophie Drion, einzige Tochter des Tischlermeisters Drion und übernahm später auch dessen Haus Nr. 741 b am Deichhof (1805 zur Miete in dem Haus Hufschmiede 23).

1797/1798 Domkloster, Abbruch der westlichen Doppelkapelle, neue Kapitelstube im Ostflügel und Arbeiten an der östlichen Doppelkapelle (zusammen mit anderen) (II, S. 500)
1802 Großer Domhof 10, Kurienhof, Kostenanschlag zur Reparatur (II, S. 1292)

Zengerle (auch Zengerten, Zegerlin oder Zengelin), Johannes
Maurermeister, aus Tirol zugewandert. War ab etwa 1743 Besitzer des Hauses Greisenbruchstraße 13, in dem er um 1765 auch verstarb (ein ebenfalls aus Tirol zugewanderter Maurermeister Franz Zengerle oder Zengerlin ist 1737 beim Neubau des Chores der Pfarrkirche von Ascheberg/Kr. Coesfeld beschäftigt).
1737 Dom, Arbeiten am Domturm
1737 Dom, Dacherneuerung der westlichen Langhausjoche (II, S. 421)
1740 Domkloster, Gutachten zum Schaden am Westflügel (zusammen mit Stadtzimmermeister Neumann) (II, S. 496)
1749 Domkloster, Reparatur des Westflügels (II, S. 497)
1746 Großer Domhof 7, Kurienhof, Besichtigung (zusammen mit Johann Meyer) (II, 1258)
1746 Königstraße 7, Abbruch Kornhaus des Domkapitels
1749 Tränke, Gutachten zum Zustand des Hafenbeckens
1751 Großer Domhof 5, Visitation (zusammen mit Beese und Strukturar Elverfeld) (II, S. 1228)
1752 Dom, Visitation der Dächer (zusammen mit Elverfeld, Beese und Süßemilch) (II, S. 422)
1752 Domstraße 4/6, Visitation (zusammen mit Elverfeld, Beese und Süßemilch) (II, S. 1442)

1752 Domstraße 8, Diakonatshaus II, Visitation (zusammen mit Elverfeld, Beese und Süßemilch) (II, S. 1453)
1752 Domstraße 12, Sacellanathaus I, Visitation (zusammen mit Elverfeld, Beese und Süßemilch) (II, S. 1461)
1752 Domstraße 14, zwei Kamerariate, Visitation (zusammen mit Elverfeld, Beese und Süßemilch) (II, S. 1467, 1470)
1752 Großer Domhof (ohne Nummer), Fabrikhaus »in Deppen Gange«, Visitation (zusammen mit Beese und Strukturar Elverfeld) (II, S. 1256)
1752 Großer Domhof 5, Kommendehaus/2 Sacellanathäuser, Visitation (zusammen mit Beese und Strukturar Elverfeld) (II, S. 1228, 1229)
1752 Kleiner Domhof 7, Visitation (zusammen mit Strukturar Elverfeld) (II, S. 1377, 1382)
1752 Kleiner Domhof 13, Domsyndikathaus/Vikariatshäuser, Visitation (zusammen mit Beese und Strukturar Elverfeld) (II, S. 1415, 1417, 1420)
1752 Königstraße 7, Abbruch der Umfassungsmauer
1752 Königstraße 16, Reparatur des Vikariatshauses (zusammen mit J. C. Weichel)
1752 Pulverstraße 1, zwei Vikariatshäuser, Besichtigung (zusammen mit Beese und Strukturar Elverfeld) (II, S. 1340)
1752 Vinckestraße 3, Vikarie, Besichtigung (zusammen mit Beese und Strukturar Elverfeld) (II, S. 1322)
1752 Vinckestraße 5, Rektoratshaus, Besichtigung (zusammen mit Beese und Strukturar Elverfeld) (II, S. 1332)
1752 vor Domstraße 1, Succentoratshaus/Kommende SS. Fabian und Sebastian, Visitation (zusammen mit Beese und Strukturar Elverfeld) (II, S. 1437)
1756 Großer Domhof (ohne Nummer), Domkurie, Anschlag zur Reparatur (zusammen mit Fincke, G. Sassenberg, J. H. Kostede) (II, S. 1250)
1758 Königstraße 16, Neubau der östlichen Seitenwand

Fa. **Franz Xaver Zettler**
Glasmalereiwerkstatt in München
1950ff. St. Marien, Ausführung der Neuverglasung (Entwurf: von Gosen) (III, S. 104 f., 225)
1950ff. St. Martini, Ausführung der Neuverglasung (Entwurf: von Gosen) (III, S. 309)

Zeugert
Maurermeister.
1755 St. Petri, Reparaturen (zusammen mit anderen) (III, S. 580)

Zeuner, Louis Carl Friedrich (auch Karl)
Regierungsbaurat (geb. 30.1.1853 Zellerfeld, gest. 16.4.1932 Minden, evangelisch). Nach Besuch des Gymnasiums in Göttingen 1861–1870 in den Jahren 1871/1872 Baulehre in Berlin und 1872–1875 Ausbildung zum Bauführer. Danach bis 1878 an verschiedenen Orten bei der preußischen Bauverwaltung und 1878–1882 Privatarchitekt in Hamburg. 1881 Baumeisterprüfung in Berlin. 1886 zum Reg.-Baumeister in Schwarzenwasser (Schlesien) ernannt, 1888 Reg.-Baumeister in Zülz (Kr. Neustadt/Schlesien), 1889–1894 Kreisbaumeister in Rawitsch, 1895–1901 Kreisbaumeister in Harburg (Reg.-Bezirk Lüneburg), 1898 Ernennung zum Baurat, 1902–1905 Landbauinspektor in Frankfurt/Oder; 1905–1911 Baurat bei der Landesinspektion in Allenstein. Ab 1.3.1911 bis zum Eintritt in den Ruhestand am 1.4.1921 bei der Regierung in Minden als Regierungs-Baurat (Hochbau) beschäftigt. 1914–1918 Kriegsdienst mit zahlreichen Auszeichnungen. 1920 Ernennung zum Oberbaurat und Aufnahme als beratendes Mitglied der Schaumburgisch-lippischen Regierung in Bückeburg für bautechnische Fra-

gen. 1924 übernahm er für einige Monate das Amt des Stadtbaurates von Minden.

Verheiratet mit Theodore von Dassel. Während der Dienstzeit wohnte das Ehepaar in dem Haus Vinckestraße 4, später bis zu seinem Tode in dem Haus Simeonglacis 3 (alle Angaben nach STA DT, M 1 pr. Pers. I Nr. 1078–1083). Aus der Ehe ging die 1932 unverheiratete Tochter Berta Zeuner hervor.

1876/1878 Straßburg, Universität, Mitarbeit im Baubüro (unter Leitung Baumeister Eggert)
1882/1884 Kiel, Jacobi-Kirche, Bauleitung
1884 Fulda, Priesterseminar, Erweiterung, Bauleitung
1885 Burgsteinfurt, Kirche, Erweiterung
1886/1888 Long (Kr. Konitz), Kirche, Bauleitung
1888 Groß Pramsen, katholische Kirche, Bauleitung

Zingerlin, L. (auch Zingerly)
Maurermeister und Sohn des Maurermeisters J. Zengerle. In seinem späteren Leben scheint Zingerlin in wirtschaftliche Schwierigkeiten gekommen zu sein. 1777 verkauft er die ihm gehörenden Häuser Königswall 21, 25 und Brüderstraße 5. 1781 wird festgestellt, daß der Maurermeister Zingerlin wegen hoher Schulden aus der Stadt entwichen sei. Am 4.5.1791 wird zur Begleichung der vorhandenen Schulden sein Haus und Besitz versteigert (siehe auch Archiv St. Martini O 4, Bd. 2, Fasz. 1).

1765 Ritterstraße 23, Umbauten
1766/1767 Bunte Brücke über die Weser, Erneuerung eines Pfeilers
1766/1768 Greisenbruchstraße 17, Umbau und Sanierung
1767 Opferstraße 11, Reparatur
1767 Ritterstraße 28 a/30, Neubau (zusammen mit Zimmermeister Meyer)
1770 Brüderstraße 5, Umbau und Erweiterung für eigene Zwecke
1770 Alte Kirchstraße 11, Bauaufnahme der Brüder-Kirche (IV, Abb. 21)
1773 Simeonstraße, Brücke über die Bastau (Plan: Schloenbach)
1777 Königswall 25, Umbau
1777 Marienwall, Haus Nr. 761 l für Polizeimeister Briest
1778 Königstraße 35, Taxation
1780 Bäckerstraße 17, Gutachten über Umbau 1764

Ziegler, Oskar
Architekt. Als jüngerer Sohn der Friederike Carsdorf (geb. 27.9.1820 in Sunderhausen, Kr. Sangerhausen, gest. 15.11.1905 in Lüneburg) und ihres vor 1873 verstorbenen Mannes Ziegler (über den keine weiteren Angaben zu ermitteln waren) am 1.10.1853 geboren. Spätestens 1879 eröffnete er ein eigenes Büro, dem wohl auch schon ein Baubetrieb angeschlossen war. Er starb in noch jungen Jahren als einer der erfolgreichsten Architekten Mindens am 16.6.1898. Oskar Ziegler war verheiratet mit Emma Peuckmann (geb. 14.12.1855 in Unna, gest. 27.12.1919). Aus ihrer Ehe stammten zahlreiche Kinder: Friederike (Frieda) (geb. 6.6.1880 Soest) heiratete den Regierungssekretär Fritz Meyeringh (später Eigentümer des Elternhauses Stiftstraße 39); Emma (geb. 1.9.1881) heiratete den Pastor Karl Grauthoff; Oskar (geb. 30.4.1883, gest. 4.3.1885); Wilhelm (geb. 25.11.1884, gest. 2.2.1944) wird später Kaufmann und heiratet Clementine Römermann; Margarethe (geb. 18.8.1891) heiratete am 7.4.1911 den Lyzealdirektor Julius Zassenhaus und Hermann (geb. 31.3.1883) verstarb wohl vor 1919.

1885 lebte der Architekt Oskar Ziegler zusammen mit seiner Mutter in dem Hause Weingartenstraße 18 (später Brennerei Strothmann), wo seine verwitwete Mutter schon 1873 nachweisbar ist. 1888 wird er dann zusammen mit seinem älteren Bruder Wilhelm Ziegler (geb. 15.10.1851, gest. 23.6.1929 in Ebertsheim) als Inhaber der Tapetenfabrik Gebr.

Ziegler (1893 Tapetenversandgeschäft) auf der Stiftstraße 39 genannt. Auch hier lebt er mit seiner Mutter in einem Haushalt, während der Bruder 1893 in dem benachbarten Hause Stiftstraße 41 wohnt. Das Tapetengeschäft Gebr. Ziegler wurde nach dem Tode Oskars 1898 von seinem Bruder allein weiter betrieben. Die Baufirma von Oskar Ziegler wird 1900 offensichtlich noch durch den im Haushalt lebenden Bauunternehmer Emil Ramnüter abgewickelt, der am 30.11.1871 in Soest geboren wurde und offensichtlich mit Ziegler in einem verwandtschaftlichen Verhältnis stand. Ein weiterer Bruder der beiden, der Eisenbahndirektor Hermann (geb. 2.2.1847 in Petershagen, gest. 26.7.1923 in Fulda) lebte lange bei seinen Bruder Wilhelm im Haus. Wilhelm Ziegler hinterließ bei seinem Tod drei Söhne mit abgeschlossener Militärlaufbahn in Ebertsheim, Laage und Gutengermendorf: Königlich-Preußischer Hauptmann a. D. Wilhelm Ziegler, verheiratet mit Tilly Mann; Königlich-Preußischer Hauptmann a. D. Emil Ziegler, verheiratet mit Hildegard Thiemer; Königlich-Preußischer Hauptmann a. D. Oskar Ziegler, verheiratet mit Irma Thieme.

Oskar Ziegler war als Architekt bis zu seinem Todesjahr 1898 in Minden tätig, seine Witwe sowie seine verwitwete Mutter blieben weiterhin in Minden wohnen. Neben einer großen Zahl repräsentativer Bauten in Minden sind auch Gebäude in Bad Oeynhausen, in Porta Westfalica und wohl auch in Soest in seinem Büro entworfen worden. Die Palette der in seiner Firma geplanten Bauten ist ausgesprochen weit: neben zahlreichen Villen plante er auch ganze Fabrikanlagen einschließlich der technischen Einrichtungen, wie etwa ab 1881 die Glasfabrik Wittekind an der Friedrich-Wilhelm-Straße 105 einschließlich der zugehörigen Arbeiterhäuser 36–68 (sowie zugleich auch die Glashütte »Berghütte« in Porta Westfalica-Lerbeck). Er entwarf auch 1888 die Molkerei (Immanuelstraße 3) oder 1886 die Stiftsklause (Markt 15) bzw. eine nicht ausgeführte öffentliche Badeanstalt für die Stadt Minden.

Seine umfangreiche Tätigkeit, die neben der Planung auch unternehmerische Aufgaben umfaßte, führte zur Ausbildung eines regelrechten Betriebes auf einem zunächst großen Baublock an der *verlängerten Stiftstraße, Ecke Kohlstraße* (heute Steinstraße). Nachdem er sich offenbar bis um 1887 auf den Entwurf von Bauten beschränkte, scheint er danach dort einen eigenen Baubetrieb aufgebaut zu haben (sein Bruder eröffnete zudem einen Tapetenhandel). Dafür errichtete er auf dem Grundstück zunächst 1888 ein eigenes Bürogebäude mit Wohnung für seine Familie (heute Steinstraße 6 a) und ergänzte den Betrieb 1890 noch um ein großes Lagerhaus (heute Steinstraße 8). Möglicherweise beschäftigte er als Bauführer den Maurer Louis Sierig. Sein Bruder erhielt 1889/1890 am nördlichen Rand des Grundstücks ein eigenes Wohnhaus (Stiftstraße 39), und 1894 wurde auf der südöstlichen Ecke des großen Grundstückes noch ein großes Miethaus (Stiftstraße 37) aufgeführt, das bei Zieglers Tod 1898 als Traueradresse angegeben wurde (zu dieser Zeit hier Wohnung der Familie?). Auch auf weiteren Parzellen in der Nachbarschaft baute er zusammen mit seinem Bruder Wilhelm in wenigen Jahren großformatige Miethäuser, die in ihrem Besitz verblieben: 1888 Stiftstraße 32 und 39; 1889 Stiftstraße 29, 1892 Stiftstraße 36 und 1894 Nr. 35. Nach seinem Tode verblieben diese Häuser zum Teil noch Jahrzehnte im Besitz der Erben Ziegler. So war etwa Nr. 36 noch 1936 im Besitz des Sohns von Wilhelm Ziegler, des Hauptmanns a. D. Wilhelm Ziegler aus Eberstein/Rheinpfalz eingetragen (siehe auch KÖSTER 1985, S. 51).

1879   Königswall 8, Stiftsbrauerei mit Wohnhaus

1881   Brückenkopf 2 a, Buchdruckereigebäude Köhler (Ausführung: Maurermeister Pook)

1881	Domstraße 6, Druckerei (dort nicht ausgeführt) (II, S. 1449, 1451, Abb. 936, 938)	1886	Brückenkopf 7, Brotfabrik für Getreidehändler Böse (Ausführung: Wiese)
1881	Friedrich-Wilhelm-Straße 36–68, Siedlung der Glashütte	1886/1889	Immanuelstraße 7, Wohn- und Geschäftsgebäude für den Rendanten der Kreissparkasse Hubert Vogeler
1881	Friedrich-Wilhelm-Straße, 105 Glasfabrik mit Öfen, Meisterhaus und Nebenbauten	1886	Klausenwall, Planungen zu einem Badehaus
1881	Marienstraße 7, Villa, Lagerhaus und Weinkeller für Rehder & Zaun (Ausführung: König und Schütte & Krause)	1886	Königstraße 67, Lagerschuppen für Kaufmann Heinrich Schröder
		1886	Lindenstraße 9, Werkstatt für die Schreinerei Kamlah
1881/1883	Um- und Neubau Martinitreppe	1886	Markt 15, »Stiftsklause« für die Stiftsbrauerei AG
1881	Porta Westfalica-Lerbeck, Glashütte »Berghütte«, Hüttengebäude	1886	Stiftstraße 3, Brennerei Arning (erschlossen)
1882	Friedrich-Wilhelm-Straße 105, Glashütte, Stallgebäude und Lagerschuppen	1886	Stiftstraße 16, Wohnhaus für Bergrat Goedeke (Aussführung: Pook)
1882/1884	Alte Kirchstraße, Neubau der Bürgerschule	1887	Obermarktstraße 35, Planung Umbau für Wirt J. Goliberzuch (Ausführung: Pook)
1883	Friedrich-Wilhelm-Straße 105, Glashütte, Sandschuppen		
1883	Rodenbecker Straße 11 (Ausführung G. Usadel), Zigarrenfabrik Holstein & Münch	1887	Steinstraße 6 a als eigenes Bürogebäude
		1887	Bad Oeynhausen, Portastraße 5, Villa Wippermann (KÖSTER 1985, S. 51)
1883	Stiftstraße 49, Villa Hoppe	1888	Friedrich-Wilhelm-Straße 129, Anbau an Kistenfabrik Busch
1883	Markt 13, Umbau der alten Wache zum Hotel Victoria	1888	Immanuelstraße 3, Mindener Molkerei (Ausführung: Schmidt & Langen)
1883	Martinitreppe, Erneuerung		
1884	Friedrich-Wilhelm-Straße 91, Pappenfabrik als Unternehmerbau (Ausführung: Pook)	1888	Stiftstraße 37, Büro- und Wohngebäude für eigene Zwecke
		1888/1889	Stiftstraße 32, Mietshaus für ihn und seinen Bruder
1884	Friedrich-Wilhelm-Straße 129, Fabrik Gebr. Busch, Wiederaufbau von Holzschneiderei und Lager	1889	Hahler Straße 55, Umbauten
		1889	Marienstraße 33, Villa für den Zigarrenfabrikanten August von der Heyde
1884	Marienstraße 36, Villa für den Zigarrenfabrikanten Hermann Rocholl (Ausführung: Pook)	1889	Rodenbecker Straße 27 für Kaufmann C. Stoy
		1889	Stiftsallee, Ehrenpforte des Kreises für den Kaiserbesuch
1884	Stiftstraße 14, für Zivilingenieur Goedeke (Ausführung: Pook)	1889	Stiftstraße 29, Mietshaus für ihn und seinen Bruder
1885	Friedrich-Wilhelm-Straße 105, Glashütte, Ofenerweiterung	1889/1890	Stiftstraße 39, Wohnhaus für seinen Bruder Wilhelm Ziegler
1885/1886	Stiftstraße 5, Villa Kaspohl (Ausführung: Schmidt & Langen und Schütte & Krause)	1890	Steinstraße 8, Lagerhaus für seinen Baubetrieb

1890 Stiftstraße 62, Fabrikgebäude für Carl Ilgner & Cie (Ausführung: G. Ed. König)
1890/1891 Rodenbecker Straße 35 für Arzt Dr. Max Ohlemann
1891 Viktoriastraße 27, Villa Editha mit Wirtschaftsgebäuden für Rentner Woldemar Schmitz
1892 Stiftstraße 36, Miethaus für ihn und seinen Bruder
1894 Stiftstraße 25, eigenes Miethaus
1894/1895 Stiftstraße 35, Miethaus für ihn und seinen Bruder

Zieseniss
Regierungsbaurat beim Heeresbauverwaltungsamt in Hannover (I.2, S. 673, 772, 820)
1925 Johansenstraße 4, Feuerhaus, Ausbau zu Wohnzwecken (I.2, S. 771 f., Abb. 511)
1925 Johansenstraße 6, Artillerie-Material-Schuppen/Wagenhaus, Ausbau zu Wohnzwecken (I.2, S. 773 f., Abb. 512)
1925 Kleine Dombrede 33, Pionier-Landübungsplatz bei Fort B, Unterrichtsgebäude (I.2, S. 870 f., Abb. 572 f.)
1926 »Korrigierter Entwurf für das Proviantmagazin« (Martinikirchhof 6 a) (Nachtrag) (I.2, S. 673, Kat.-Nr. 354)
1928 Marienwall 24, Marienwall-Kaserne/Litzmann-Kaserne, Mannschaftshaus (unter Verwendung älterer, vom Mindener Militärbauamt gefertigter Pläne aus dem Jahr 1914) (I.2, S. 819–822, Abb. 540–543)

Zimmermann, Max
Landmesser, wohnte 1895 beim Steinhauermeister Düx (Oberstraße 68) zur Miete.

Zimmermann
Regierungs-Baurat beim Kanalbauamt Minden (vor 1929 bis nach 1934).
1934 Werftstraße 11/17, Kesselschmiede

Zimmermann, Otto
1959 Blücherstraße 17 für Wilhelm Kramer

Zimmermann, Siegfried
Bildhauer in Hannover.
1963 Unterdamm 32, Neubau der Erlöserkirche, Kruzifix (Silber auf Holz) und bronzene Altarleuchter (MT vom 14. 12. 1963)

Zippel
Marktfeger.
1832 Großer und Kleiner Domhof, Vertrag zur Reinigung (II, S. 1350)

Zipf, Rudolf
Glockengießer und -sachverständiger in Bad Oeynhausen-Melbergen.

Zirke, Leonhard
1955 Rodenbecker Straße 8, Umbau Lagerhaus zu Wohnhaus

Zimmerling, Max
Architekt, 1899 im Büro des Architekten Meyer, in Minden als Bauführer und 1903 mit der Zeichnung von Plänen beschäftigt (etwa bei Marienstraße 2 und Bäckerstraße 32). Spätestens 1905 eröffnete er ein eigenes Büro. 1922 bestand ein Zusammenhang seines Büros mit der Mindener Eisenbetonbau GmbH, für die er verschiedene Pläne erstellte. Die zumeist schlicht gestalteten Bauten wiedersprachen insbesondere der Vorstellung von Architektur des seit 1910 tätigen Stadtbaurates Burr, so daß er Zimmerling in den folgenden Jahren immer wieder zu Änderungen von Fassadenplänen brachte, die dann entweder durch Burr selbst oder von anderen Architekten entworfen wurden. Seit 1912 bis zu seinem Tode lebte er in dem von ihm erbauten Haus Besselstraße 16.

Max Zimmerling (geb. 22. 8. 1878 Berlin) war verheiratet mit Anna (geb. 13. 8. 1878 Erkner/Nieder-Barsirk). Die Familie wohnte

1900 mit Tochter Erna (geb. 15.2.1900) Artilleriestraße 5.
1905 Lübbecker Straße 96 für Arbeiter Friedrich Schomburg
1905 Pöttcherstraße 1 für Kaufmann Heinrich Rahm
1905 Weingarten 22, Einbau eines Betsaales für die evangelische Gemeinschaft in Preußen
1911 Königstraße 114 für Handelsgärtner Albert Böke
1911 Marienstraße 49 für Kaufmann Wilhelm Schmidt (Fassaden und Ausführung: C.W. Homann)
1911 Marienstraße 61 für Gärtner Arthur Schürenberg
1911 Steinstraße 12 für Lehrer Hünefeld (Fassade von Stadtbaurat Burr überarbeitet)
1911 Steinstraße 14 für Lokführer Carl Fuhs (Fassade von Stadtbaurat Burr überarbeitet)
1911 Stiftstraße 52 für Schlachter Bendix (Ausführung: Baugeschäft W. Müller/Aminghausen)
1911 Wilhelmstraße 2, Lagerhaus für Kaufmann Wilhelm Schmidt (Ausführung: C.W. Homann)
1911/1912 Marienstraße 119 für Kaufleute Taske (Ausführung: G. Kuhlmann/Todtenhausen)
1912 Besselstraße 16 für eigene Zwecke
1912 Festungsstraße 3, Dachpappenfabrik Timmermann, Wirtschaftsgebäude
1912 Immanuelstraße 17, Villa Adele für Ricke & Hoberg
1912 Königstraße 52, Umbau des Erdgeschosses
1912 Lübbecker Straße 102 für Diedrich Buddenbohm
1912 Marienstraße 148 für Maler Heinrich Weber
1912 Simeonstraße 30, Umbauten für Roßschlächter G. Büter
1913 Blumenstraße 13, Villa für den Stadtrat Hoppe
1913 Brüderstraße 14, Anbau eines Schuppens
1913 Königstraße 19, Einbau Schaufenster
1913 Lübbecker Straße 100 für Postschaffner Ludwig Knief
1913 Steinstraße 16 für Bäckermeister Fritz Bendix (Ausführung: Höltkemeyer/Vennebeck)
1913 Stiftstraße 16, Garagenhaus für Ziegeleibesitzer Fritz Schütte
1915 Simeonstraße 25 für Schneidermeister Fritz Bickmeier (Ausführung L. Sierig)
1915 Stiftstraße 29, Umbau
1915 Wilhelmstraße 15, Anbau an Lager für Fritz Drabert
1918 Stiftstraße 31, Anbau für Ziegeleibesitzer Fr. Schütte
1919 Bäckerstraße 53, Umbau des Erdgeschosses
1919 Bäckerstraße 55, Umbau und neue Fassade
1919 Königstraße 76, Umbau
1919 Kutenhauser Straße 44, Lagerschuppen
1919 Melittastraße 10, Anbau (Ausführung: Halstenberg)
1919 Simeonstraße 26, Umbau der Werkstatt
1920 Bleichstraße 20, Stallanbau
1920 Königstraße 76, Überdachung der Laderampe
1920 Kutenhauser Straße 75, Ausbau Dach
1920 Stiftstraße 31, Anbau eines Büroflügels für Ziegeleibesitzer Fr. Schütte
1921 Kampstraße 20, Maschinenraum
1921/1922 Lübecker Straße 12, verschiedene Anbauten der Fabrik Kaufmann
1922 Friedrich-Wilhelm-Straße 79, Kontorgebäude (Ausführung: MEWAG)
1922 Kampstraße 20, Werkstattgebäude für Klavierfabrik Brinkmann
1923 Friedrich-Wilhelm-Straße 79, Erweiterung des Lagerhauses (Ausführung:

MEWAG) sowie Einfriedung zur Friedrich-Wilhelm-Straße
1923 Lindenstraße 18/22, Dachumbau der Fabrik Leonhardi
1923 Markt 16, Umbau des Wirtschaftsgebäudes Opferstraße 8
1923 Parkstraße 4 für Schneidermeister Heinrich Freymuth (Ausführung: MEWAG)
1923 Poststraße 4, Umbau der Gewerbebank
1924 Friedrich-Wilhelm-Straße 79, Rampe mit Dach am Lagerhaus
1924 Lübbecker Straße 12, Autoschuppen und Lagerschuppen
1925 Hausberger Straße 6 für Th. Meyer, örtliche Leitung (Plan: Prof. Kanold/Hannover; Ausführung: MEWAG)
1925 Johannisstraße 1, Umbau und Bauaufnahme
1925 Kutenhauser Straße 44, Anbau
1925 Marienstraße 45, Dachausbau
1926 Friedrich-Wilhelm-Straße 79, Neubau Lagerhaus
1927/1931 Domkloster, Ostflügel, zweite Umbauphase (Leitung: Regierungs–Oberbauinspektor Lütgehaus, Ausführung: Sinemus, Plöger und Maranca) (II, S. 490, 509, Abb. 364–366)
1927 Lichtenbergstraße 5, Anbau
1928 Kampstraße 20, Neubau der zurückgesetzten Fassade
1928 Stiftstraße 31, Wiederaufbau nach Brand für Ziegelei Heisterholz AG
1934 Kasernenstraße 4, Umbau
1934 Stiftstraße 32, Erweiterungsbau für die St. Mariengemeinde
1935 Wilhelmstraße 35, Anbau einer Stuhlfabrik für Firma Drabert
1936/1938 Wilhelmstraße 17, Verwaltungsgebäude der Firma Drabert (Ausführung: Mülmstedt & Rodenberg)
1937 Marienwall 14, neue Werkstatt für Clausing & Co.
1949 Wolfskuhle 8, Umbau
1950 Besselstraße 14 als Ersatzbau für sein seit 1945 beschlagnahmtes Haus Besselstraße 16
1951 Wilhelmstraße 15, Garagengebäude mit Lagerboden für Firma Drabert
1952 Kutenhauser Straße 75, Anbau von Läden
1953 Stiftstraße 60 a für Firma Drabert
1955 Kutenhauser Straße 75, Umbau und Aufstockung

Zotz Gebr.
Stuckgeschäft in Münster.
1900/1901 Dom, Abformungen des Marienkrönungsaltars (II, S. 589)

Zuberbier, Johann Andreas
Orgelbauer in Obernkirchen.
1767 Dom, Kostenanschlag zur Reparatur der Orgeln (II, S. 822, 834, Abb. 657)
1784 Dom, Kostenanschlag zur Reparatur der kleinen Orgel (II, S. 834)

Zuberbier, August Wilhelm
Orgelbauer.
1784/1785/1786 Dom, Reparatur der Westorgel (II, S. 822)

Zucht, Otto
1715 Maurer.

Zumpft, Otto
1883 Königstraße 128, Fabrikgebäude für August und Wilhelm Zumpft (Ausführung: Maurermeister Homann)

Zwirner
Baukonducteur.
1830 Großer Domhof 1–2, Zeichnungen zum sog. Kassenbau (altes Regierungsgebäude) (II, S. 1185)

VI.2 Verzeichnis besonderer Bezeichnungen, ehemaliger und heutiger Straßennamen, Ortsbenennungen und Einrichtungen

Fett gedruckt und mit Seitenverweisen versehen sind die Straßen, denen in den Bänden ein Abschnitt gewidmet ist. Nicht verzeichnet wurden die Bauten der Stadtbefestigung und der preußischen Festung. Die Lage der Gebäude öffentlicher Einrichtungen ist auch Teil I.1, Kap. II.3, S. 300 ff. zu entnehmen, die einzelnen Bauten, Einrichtungen und Institutionen des Verkehrswesens sind über den Beitrag im Teil V, Kap. X zu erschließen. Die Kirchen und Kapellen sind erschlossen in Teil III, S. XVII ff.

(Die Bezeichnungen wurden in der Regel in der hochdeutschen Schreibweise wiedergegeben).

Abdeckerei	**Johansenstraße** 26
Abtsgang	15.–17. Jahrhundert für zwei Budenreihen auf dem Grundstück **Videbullenstraße** 7
Adolf-Hitler-Platz	1934 bis 1945 für **Großer Domhof**
Äbtissinnenhof	Wohnhof der Äbtissin von St. Marien, später mit vielen Hausstätten überbaut. Siehe **Stiftstraße**
Albrechtstraße	Teil V, S. 1263–1265
Alsenweg	Teil V, S. 1265–1266
Alte Aminghauser Straße	siehe **Aminghauser Straße**
Alte Kirchstraße	Teil IV, S. 21–119
Alte Sandtrift	siehe **Sandtrift**
Alte Wache	siehe **Großer Domhof**
Alter Hausberger Weg	um 1900 für **Kurfürstenstraße**
Alte Hausberger Straße	seit etwa 1920 **Kurfürstenstraße**
Am Alten Weserhafen	Teil V, S. 1266–1275
Am Bahnhof Königstor	zunächst für **Lichtenbergstraße**
Am Bahnhof Minden-Stadt	Teil V, S. 968–969
Am Brühl	Teil V, S. 969–971
Am Fort C	Teil V, S. 1275–1276
Am Hohen Ufer	Teil V, S. 972–974
Am Rathaus	Teil IV, S. 119
Am Weserstadion	siehe **Im Schweinebruch**
Aminghauser Straße	Teil V, S. 1277–1285
An der Hochzeitstreppe	Teil V, S. 436–437
An der Tränke	Teil IV, S. 119
Armenhaus	siehe **Hospitäler**
Artilleriestraße	Teil V, S. 437–445
auf dem Deichhof	bis um 1800 für das Gebiet zwischen **Poststraße** und **Deichhof**
auf dem Hof	16. Jahrhundert für **Alte Kirchstraße/Brüderhof**
Auf dem Lichtenberg	siehe **Königsglacis** und **Lichtenbergstraße**
Auf den Kuhlen	siehe **Kuhlenstraße**

Auf der Grille	in der 1. Hälfte des 19. Jahrhunderts für **Viktoriastraße**
auf der Masch	1878/81 für die Straße **Am Fort C** (siehe auch **Viktoriastraße** 18)
Bachstraße	Teil V, S. 1286–1318
Bäckerstraße	Teil IV, S. 120–349
Bahnstraße	Teil V, S. 1318–1319
Bartlingshof	Teil IV, S. 349–364
Bastaustraße	1737 für **Lindenstraße**
Bauhofstraße	Teil V, S. 975. Ende 18. Jahrhundert bis 1878 auch für **Alte Kirchstraße**
beim Zeughaus	**Brüderhof/Alte Kirchstraße**
Berenskamp	im Mittelalter Wohnplatz vor dem Marientor (siehe Teil V, S. 426)
Berliner Postweg	im 18. Jahrhundert für **Viktoriastraße**
Bertastraße	Teil V, S. 1320–1321
Besselplatz	nach 1880 für die heutigen Grundstücke **Heidestraße** 7 und 10
Besselstraße	Teil V, S. 445–463
Beyershove	im Mittelalter Wohnplatz vor dem Königstor (siehe Teil V, S. 231–232)
Bierpohlweg	Teil V, S. 463–470
Bischöflicher Hof	**Großer Domhof** 1/2
Bismarckstraße	Teil V, S. 240–245, heute der östliche Teil umbenannt in Robert-Koch-Straße
Bleekstraße	Teil V, S. 246–247
Bleichstraße	Teil V, S. 975–998
Blücherstraße	Teil V, S. 1321–1322
Blumenstraße	Teil V, S. 470–493
Bölhorster Kohlenweg	18./19. Jahrhundert für **Fasanenstraße**
Brandstraße	bis Anfang des 19. Jahrhunderts für eine Gasse bei **Bäckerstraße** 6
Braunbierbrauhaus	**Simeonstraße** 5 (1719 bis um 1810)
Bremer Postweg	im 18. Jahrhundert für **Friedrich-Wilhelm-Straße**
Bremer Straße	bis 1878 für Teile der **Friedrich-Wilhelm-Straße**
Bremer Straße	1906 bis 1973 für **Industrieweg**
Brink	Platz zwischen **Simeonstraße** 12 und 14 (heute Max-Ingberg-Platz)
Bruchgärten	17./18. Jahrhundert Bezeichnung für die Ostseite der **Lindenstraße**
Bruderwort	**Ritterstraße** 21
Brückenkopf	Teil V, S. 1165–1177
Brüderhof	Teil IV, S. 364–372
Brüderstraße	Teil IV, S. 372–498
Brüggemanns Mühle	siehe **Hafenstraße** 24/30 sowie **Viktoriastraße** 21
Brühl	Bezeichnung einer Flur nördlich der Stadt (siehe Teil V, S. 961–967)
Brühlhirtenhaus	siehe **Werftstraße**
Brühlstraße	Teil V, S. 999–1006
Brüningstraße	Teil V, S. 493–500
Büntestraße	Teil V, S. 500–501
Bürgermeister-Kleine-Straße	Teil V, S. 501–502
Brunswicks Lust	siehe **Marienstraße** 82/86

Charlottenstraße	um 1925 als östliche Verlängerung der **Dorotheenstraße** geplant
Cecilienstraße	Teil V, S. 502–507
Clenkenhof	siehe Hof von Klenke
Cloppenhagen	Flur vor dem Simeonstor
Crollage-Mühle	bis 17. Jahrhundert Mühle vor dem Königstor (Teil V, S. 229–231)
Dahlhof	im Mittelalter Wohnplatz vor dem Königstor (siehe Teil V, S. 230)
Dankelmannsche Mühle	siehe **Viktoriastraße** 21
Dankerser Feldweg	siehe **Feldstraße**
Dankerser Straße	Teil V, S. 1323–1345
Danziger Straße	Teil V, S. 508
Dechanei	Dechantin von St. Marien: **Königswall** 1
	Dechant von St. Martini: **Martinikirchhof** 6 a
	Dechant von St. Johannis: **Marienwall** Nr. 761 r
	Dechant des Domes: **Großer Domhof** 6
Deichhof	Teil IV, S. 498–525
Deichhofpassage	Teil IV, S. 526
Deichmühle	**Vinckestraße** 9
Deisterstraße	Teil V, S. 1346
Deppen Gang	Stichgasse am **Großen Domhof** (siehe **Großer Domhof** 6 und **Vinckestraße** 1)
Dessauer Straße	Teil V, S. 508–510
Dicker Baum	Ortsbezeichnung für Wegegabelung zwischen **Stiftstraße** und **Kutenhauser Straße** (siehe Teil V, S. 880)
Diefenstraße	wohl die mittelalterliche Bezeichnung für die heutige **Brühlstraße**
Diepenauer Straße	1878 für **Stiftstraße/Stiftsallee** gebräuchlich, 1906/08 für Stiftsallee eingeführt
Dombrede	Bezeichnung einer Flur am rechten Weserufer (siehe Teil V, S. 1221 und **Kleine Dombrede**)
Domhof	1934–1945 für **Kleiner Domhof**
Domhofstraße	1868/78 für den nördlichsten Abschnitt der **Lindenstraße**
Domstraße	Teil II, S. 1433–1477 und Teil IV, S. 526. 1868 für den nördlichsten Abschnitt der **Lindenstraße** geplant
Dorotheenstraße	Teil V, S. 1007–1009
Dreiecksplatz	nichtoffizielle Bezeichnung für die Fläche zwischen **Lindenstraße**, **Klausenwall** und **Portastraße** (Teil des Simeonsplatzes)
Düppelstraße	Teil V, S. 1346
Düstere Straße	um 1400 bis Mitte 16. Jahrhundert für westlichen Abschnitt des **Weingartens** (später ein Gartenweg vor der Stadt)
Düstere Straße	1566 für die **Deichhofstraße** gebraucht
Düsternkammer	Gefängnis des Blutgerichtes im »Neuen Werk«, **Kleiner Domhof** 2
Erbeweg	Teil V, S. 126–127
Färberhof	16. Jahrhundert für westlichen Teil der **Alten Kirchstraße**
Falkenstraße	bis um 1938 für Unter den Bäumen

Fasanenstraße	Teil V, S. 127–131
Feldstraße	Teil V, S. 1347–1353
Festungsstraße	Teil V, S. 1353–1358
Fischerallee	Teil V, S. 1009–1020
Fischerglacis	Teil V, S. 1020–1033
Fischerstraße	15. Jahrhundert für die **Tränkestraße**
Fischertor	Teil IV, S. 2492–2498
Fischertorwall	19. Jahrhundert (bis 1878) für den östlichen Abschnitt des **Marienwalls**
Fischmarkt	bis 17. Jahrhundert für den **Steinweg** der Fischerstadt
Friedewalder Weg	im 18. Jahrhundert für **Bierpohlstraße**
Friedrichstraße	Teil V, S. 248–269
Friedrich-Schlüter-Weg	siehe **Marienstraße** 82/86 und **Brühlstraße** 34
Friedrich-Wilhelm-Straße Teil V, S. 1358–1439	
Fröbelstraße	Teil IV, S. 536–533
Fuldastraße	Teil V, S. 1034–1036
Galgen	**Johansenstraße** 26
Gartenstraße	Teil V, S. 132–133
Gasthaus	siehe Hospital
Gasthaus	siehe Hotel
Gaussstraße	1910 für Stichstraße vom **Fischerglacis** 21 zum Bahnhof Minden-Stadt vorgesehen
Geistmühle	Teil IV, **Simeonstraße** 35
Geiststraße	Gasse neben dem Haus **Simeonstraße** 36 zur Erschließung der rückwärtigen Buden
Gelindestraße	in der 2. Hälfte des 19. Jahrhunderts für **Fasanenstraße**
Georgstraße	Teil V, S. 1440–1441
Gerberhof	16./17. Jahrhundert an der **Pulverstraße**, 18./19. Jahrhundert **Lindenstraße** 46/48
Gerichtsstätte	**Johansenstraße** 26
Gieselerstraße	16./17. Jahrhundert für eine Gasse mit Buden auf dem Grundstück **Ritterstraße** 8 bzw. **Obermarktstraße** 36 (heute Petrikirchweg)
Glintweg	bis um 1900 für **Fasanenstraße**
Goebenstraße	Teil V, S. 1036–1056
Grasweg	im 18. Jahrhundert für **Weg in die Hanebek**
Graven	im Mittelalter Wohnplatz nördlich der Stadt (siehe Teil V, S. 968)
Greisenbruchstraße Teil IV, S. 533–569	
Grille	Gasthaus. Siehe **Viktoriastraße** 48
Grimpenwall	Teil IV, S. 569
Großer Domhof	Teil II, S. 1173–1308
Großer Glintweg	bis um 1900 für **Fasanenstraße**
Große Masch	Bezeichnung einer Flur am rechten Weserufer (siehe Teil V, S. 1221)
Grüner Triftweg	im 19. Jahrhundert für **Grüner Weg**
Grüner Weg	Teil V, S. 510–514
Gustav-Adolf-Straße Teil V, S. 1057–1058	
Gustav-Radbruch-Straße siehe südlicher Abschnitt der **Immanuelstraße**	

Gut Denkmal	**Stiftsallee** 109 (1777 angelegt)
Gut Kuhlenkamp	**Stiftsallee** 100 (um 1775 angelegt)
Gut Masch	siehe **Viktoriastraße** 18
Gut Rodenbeck	siehe Vor dem Königstor (Teil V, S. 239–240)
Gutenbergstraße	Teil V, S. 514–521
Hafenstraße	Teil V, S. 1441–1458
Hahler Mittelweg	bis 19. Jahrhundert für die heutige **Bismarckstraße**
Hahler Straße	Teil IV, S. 570–603 und Teil V, S. 522–565
Hahne-Mühle	**Johansenstraße** (19. Jahrhundert)
Hanebeck	Bezeichnung einer Flur nordwestlich der Stadt (siehe **Weg in die Hanebek**)
Hannoverscher Postweg	im 18. Jahrhundert für **Friedrich-Wilhelm-Straße**
Hansastraße	Teil V, S. 1059–1062
Hardenbergstraße	Teil V, S. 270–276
Hasle	im Mittelalter Hof vor dem Simeonstor (siehe Teil V, S. 117)
Hasselmühle	Mühle vor dem Simeonstor (siehe Teil V, S. 117)
Hauptwache	siehe **Markt**
Hauptzollamt	**Kleiner Domhof**
Hausberger Straße	Teil V, S. 1177–1179
Heidestraße	Teil V, S. 565–590
Heinrichstraße	1899/1900 für Gutenbergstraße, dann bis 1908 für **Hardenbergstraße**
Hellingstraße	Teil IV, S. 603–606
Herderstraße	Teil V, S. 591–593
Hermannstraße	Teil V, S. 1063–1108
Hinter dem Dom	siehe **Domstraße**
Höpkenburg	**Rosentalstraße** 1–5
Hohe Straße	Teil IV, S. 607–636
Hohenstaufenring	Teil V, S. 133
Hohes Feld	Bezeichnung einer Flur am rechten Weserufer (siehe Teil V, S. 1221)
Hohnstraße	Teil IV, S. 636–703
Hohof	Teil der Marienvorstadt (siehe Teil V, S. 979)
Hopfengasse	Teil V, S. 276–277
Hospitäler	Armenhaus St. Georg (1566–1827): **Rampenloch** 1
	Gasthaus: 1396 bis 1833 **Obermarktstraße** 36
	Heilig-Geist-Hospital: **Markt** 26 (vor oder um 1240 bis 16. Jahrhundert), dann **Simeonstraße** 34/36
	Marienhospital: ab 1309 **Simeonstraße** 34/36
	Nicolaihospital: an der **Kuckuckstraße** (vor 1303 bis 17. Jahrhundert)
	Hospital St. Nicolai: **Obermarktstraße** 36 (17. Jahrhundert bis 1833)
Hotel	Hotel König von Preußen: **Bäckerstraße** 49 (1914–1948)
	Hotel Kronprinz: **Friedrich-Wilhelm-Straße** 1 (seit Anfang 20. Jahrhundert)
	Hotel Stadt London: **Bäckerstraße** 49 (1834–1914)
	Victoria-Hotel: **Markt** 11/13 (ab 1837)
	Bahnhofshotel: **Friedrich-Wilhelm-Straße** 7 (1855–1904), dann Nr. 13

Hinter dem Turm	bis Anfang 19. Jahrhundert für den nördlichen Teil der **Hohen Straße**
Hinter der Kurie	bis Anfang 19. Jahrhundert für den nördlichen Teil der **Ritterstraße**
Hinter der Mauer	bis Anfang des 19. Jahrhunderts für **Lindenstraße, Petersilienstraße** und **Rodenbecker Straße**

Hof von Barkhausen: **Hahler Straße** 9
Hof der Herforder Augustiner-Eremiten: **Videbullenstraße** 11 (1332–1530)
Hof der Grafen von Schaumburg: **Kleiner Domhof** 8
Hof des Priors der Kommende Wietersheim (bis 1721): **Brüderstraße** 18
Hof des Wichgrafen: **Poststraße**

Hof Barkhausen:	**Hahler Straße** 7/9
Hof von Busche:	**Marienwall** 33 (18. Jahrhundert)
Hof von Borries:	**Königswall** 103/105
Hof von Behren:	**Hahler Straße** 7/9
Hof von Derenthal:	**Marienwall** 33 (18. Jahrhundert)
Hof von Flodorf:	**Marienwall** Haus-Nr. 761 j (18. Jahrhundert)
Hof von Flodorp:	**Marienwall** 25/27
Hof Familie Garse:	**Ritterstraße** 7 (bis um 1600)
Hof Familie Garse:	**Hahler Straße** 7 (17. Jahrhundert)
Hof Familie Gevekote:	**Königstraße** 23
Hof von Halle:	**Hahler Straße** 7/9
Hof von Holle:	**Kampstraße** 31

Hof Grafen von Hoya: **Kampstraße** 31 (bis 1539)

Hof von Klenke:	**Tränkestraße** 10 (um 1435 bis 1530?), von 1530 bis 1546 Kurie **Ritterstraße** 21, 1567–17. Jahrhundert **Brüderstraße** 20

Hof von Kannenberg: **Marienwall** 25 (17. Jahrhundert)
Hof der Minoriten: **Videbullenstraße** 11/13
Hof von Münchhausen: **Poststraße** 7, später **Videbullenstraße** 9 (14. Jahrhundert)
Hof von Münchhausen/Weiße Linie: **Kampstraße** 25
Hof von Münchhausen/Schwarze Linie: **Videbullenstraße** 9 (seit vor 1428)
Hof von Spiegel (Spenthof): **Hahler Straße** 7/9
Hof von Wentrup: **Hohe Straße** 6 (16. Jahrhundert)
Hof vom Kloster Loccum: **Tränkestraße** 5 (1295–16. Jahrhundert)

Hoher Feldweg	im frühen 19. Jahrhundert für den südlichen Teil der **Friedrich-Wilhelm-Straße**
Holzstraße	bis 1908 für den östlichen Teil der **Königstraße** in der Altstadt
Hufschmiede	Teil IV, S. 703–739

Im Hohlweg	Teil V, S. 1108–1111
Im Rosental	siehe **Rosentalstraße**
Im Sack	im Spätmittelalter für die Verbindung zwischen **Markt** und **Lindenstraße**
Im Schweinebruch	Teil V, S. 134–138
Immanuelstraße	Teil V, S. 593–623
In der Borch	Verbindung zwischen **Markt** und dem **Kleinen Domhof** (auch In der Burg)
In der Masch	nicht bebaute und um 1900 entstandene Straßentrasse zwischen Goeben- und Schierholzstraße, nach 1970 unter dem Vordamm der Nordbrücke verschwunden

In Kuhlmanns Freuden	Teil V, S. 1111–1113
Industrieweg	Teil V, S. 1458, 1492
Jagdweg	Teil V, S. 139–140
Jahnstraße	Teil V, S. 1179–1182
Johanniskirchhof	Teil IV, S. 739–753
Johannisstraße	Teil IV, S. 754–765
Johansenstraße	Teil V, S. 140–151
Judenfriedhof	vor dem Simeonstor: Teil V, S. 125 (Mittelalter), **Nach den Bülten** 23 (ab 1895)
Kaak	ursprünglich Bezeichnung des städtischen Prangers oder Schandpfahls, der bis 1683 auf dem **Markt**, dann vor dem Haus **Hohnstraße** 36 und ab etwa 1720 am Obermarkt stand. Dort im 18. Jahrhundert auf einen Platz zwischen **Priggenhagen** und **Simeonstraße** übertragen (siehe **Obermartkstraße**)
Kämmererhaus	Kämmerer der Stadt **Martinikirchhof** 5 (16./17. Jahrhundert)
	Kämmerer von St. Martini: **Opferstraße** 11
	Kämmerer von St. Johannis: **Johanniskirchhof** 3
	Kämmerer vom Dom: **Kleiner Domhof** 5
	Kämmerer von St. Marien: **Stiftstraße** 1
Kaiserstraße	Teil V, S. 1183–1202, 1458–1474
Kampstraße	Teil IV, S. 765–883
Kanzlers Mühle	siehe **Viktoriastraße** 21
Kanzlers Weide	städtische Viehweide rechts der Weser. Siehe Band V, S. 1158–1163
Karlstraße	Teil V, S. 1474–1497
Kasernenstraße	Teil V, S. 1497–1501
Kasinostraße	1908/11 für **Johansenstraße**
Kemenate	im 16. Jahrhundert Bezeichnung des Anwesens **Hohe Straße** 8
Kerbstraße	Teil IV, S. 883–887
Kisaustraße	Teil IV, S. 887–891
Klausenwall	Teil V, S. 31–43
Kleine Dombrede	Teil V, S. 1501–1504
Kleiner Domhof	Teil II, S. 1348–1432 und Teil IV, S. 891–901
Kleiner Schweinebruch	siehe **Im Schweinebruch** 1
Kloppenplatz	bis um 1920 für Hindenburgplatz (**Im Schweinebruch** 2)
Klosterkamp	Bezeichnung einer Flur auf dem rechten Weserufer (siehe Teil V, S. 1224)
Köllingsplatz	im 19. Jahrhundert für einen Platz nördlich der **Königstraße** (siehe **Königstraße** 46–52)
Königgrätzer Straße	Teil V, S. 1504–1507
Königsborn	siehe **Bleichstraße**
Königsglacis	Teil V, S. 277–284
Königsplatz	siehe **Königswall**
Königstraße	Teil IV, S. 901–1047 und Teil V, S. 285–321
Königswall	Teil IV, S. 1048–1130 und Teil V, S. 321–348 (Westfront)

Kohlenufer	18./19. Jahrhundert für nördlicher Bereich der **Friedrich-Wilhelm-Straße**	
Kohlenweg	19. Jahrhundert für **Erbeweg**	
Kohlpott/Kohltopf	alte Flurbezeichnung. Siehe **Sandtrift**	
Kohlstraße	Teil V, S. 624. Bis 1906 für Steinstraße (bis 1895 auch für **Artilleriestraße**)	
Krumme Kisau(straße) siehe **Kisaustraße**		
Kuckuckstraße	Teil V, S. 151–165	
Kümmelgasse	im Volksmund für Stichgasse der **Oberstraße** zu den Häusern Nr. 44/46	
Kümmelgasse	im Volksmund um 1900 gebräuchlich für einen Stichweg hinter **Ritterstraße** 30–34	
Küsterhaus	Küster von St. Martini (bis 16. Jahrhundert): **Ritterstraße** 26/28, danach siehe Schulen	
	Küster von St. Marien: **Marienkirchplatz** 3	
	Küster von St. Simeon: **Simeonskirchhof** 1	
	Küster von St. Johannis: **Seidenbeutel** 1	
	reformierte Gemeinde: **Videbullenstraße** 7, später **Ritterstraße** 7	
Kuhlenstraße	Teil V, S. 348–357	
Kuhtor	alte Bezeichnung für das Königstor (bis 19. Jahrhundert)	
Kumpfmühle	Walkmühle im Stadtgraben der Fischerstadt. Siehe **Steinweg** (bis 18. Jahrhundert)	
Kurfürstenstraße	Teil V, S. 1202–1205	
Kurienhaus/-hof	Domstift	sog. Kurie von Adelmann: **Großer Domhof** 3
		Sog. Kurie von Mallinckrodt: bei **Großer Domhof** 12
		Sog. Kurie von Münchhausen: bei **Großer Domhof** 12
		Sog. Kurie von Schaffgot: **Großer Domhof** 8
		Sog. Kurie von Spiegel: **Großer Domhof** 7
		Kommende St. Georg: **Großer Domhof** 5
		Kommende St. Jacobi: **Großer Domhof** 3
	Stift St. Johannis	**Hellingstraße** 3
		Johanniskirchhof 1
		Johanniskirchhof 2
		Johanniskirchhof 6
		Johannisstraße 8
		Marienwall 21
		Marienwall 23
		Marienwall Haus-Nr. 761 l
		Marienwall Haus-Nr. 761 m
		Marienwall Haus-Nr. 761 r (Dechanei)
		Tränkestraße 1 (Propstei)
		Tränkestraße 14
	Stift St. Martini	**Hohe Straße** 5
		Hohe Straße 8
		Kampstraße 2–28
		Ritterstraße 28
		Ritterstraße 36

Kurienhaus/-hof	Stift St. Marien	**Hahler Straße** 8–12
		Königswall 1(Dechantin ?)
		Königswall 3
		Stiftstraße 4 (Äbtissin)
Kutenhauser Straße	Teil V, S. 625–641	

Lahder Postweg	im 19. Jahrhundert für **Friedrich-Wilhelm-Straße**
Laxburg	Teil V, S. 1507–1513
Lederhagen	siehe **Leiterstraße**
Leiterstraße	Teil IV, S. 1130–1133
Leprosenhaus	**Kuckuckstraße** (1309–1634)
Lichtenberg	Flurbezeichnung vor dem Königstor (siehe Teil V, S. 229)
Lichtenbergstraße	Teil V, S. 357–361
Lindenstraße	Teil IV, S. 1133–1218
Ludendorffstraße	1938–1945 für **Immanuelstraße**
Lübbecker Straße	Teil V, S. 165–191. Um 1800 auch für **Fasanenstraße**
Luisenstraße	Teil V, S. 362–365

Manteuffelstraße	Teil V, S. 1113–1117
Maultasche	im 17./18. Jahrhundert für einen Teil der Befestigung zwischen Fischerstadt und Stadt (siehe **Steinweg**)
Marienglacis	Teil V, S. 641–662
Marienkirchplatz	Teil IV, S. 1218–1227
Mariensteg	Teil IV, 1227
Marienstraße	Teil IV, S. 1228–1257 und Teil V, S. 662–795
Marientorweg	Teil V, S. 796
Marienvorstadt	bis 1552 nördlich der Stadt (siehe Teil V, S. 976-983)
Marienwall	Teil IV, S. 1257–1280 und Teil V, S. 1117–1127 (Nordseite)
Markt	Teil IV, S. 1281–1529
Martinikirchhof	Teil IV, S. 1529–1553
Martinitreppe	Teil IV, S. 1553–1566
Maschhaus	Vorwerk des Doms. Siehe **Viktoriastraße** 18
Max-Ingberg-Platz	Fläche westlich der **Simeonstraße** zwischen den Häusern 10, 12 und 14
Meißer Bruch	Bezeichnung einer Flur am rechten Weserufer (siehe Teil V, S. 1221)
Meyers Mühle	siehe **Bachstraße** 2
Melittastraße	Teil V, S. 797–803
Memelstraße	Teil V, S. 1127–1128
Mertesloh	im Mittelalter Wohnplatz vor dem Marientor (siehe Teil V, S. 425–426)
Militärgerichtsplatz	am rechten Weserufer siehe Teil V, S. 1223
Mindener Trift	alte Bezeichnung für **Hausberger Straße**
Mittelstraße	bis 1858 für **Laxburg**
Mittelweg	bis 1914 für Robert-Koch-Straße bzw. **Bismarckstraße**
Moltkestraße	Teil V, S. 366–368
Mühlengasse	siehe **Mühlenstraße**

Minden-Lübbecker-Chaussee bis 1878 für **Lübbecker Straße**
Mühlenplatz im 16. Jahrhundert für das Gelände **Königstraße** 46–52
Mühlenstraße Teil IV, S. 1566–1571. Seit 1974 Mühlengasse
Mühlsteinlager siehe Kanzlers Weide

nach den Bleichen siehe **Bleichstraße**
Nach den Bülten Teil V, S. 192–196
nach den Kohlwiesen bis um 1950 für Erikaweg
Nach Poggenmühle Teil V, S. 1128–1130
Nachtigallenstraße Gasse zwischen dem **Weingarten** und dem **Königswall** (siehe **Königswall** 93)
Neeser Bruch Bezeichnung einer Flur auf dem rechten Weserufer (siehe Teil V, S. 1221)
Neissestraße 1956 zunächst für die **Gustav-Adolf-Straße** vorgesehen
Nettelbeckstraße Teil V, S. 243
Neue Straße im 16. Jahrhundert für **Bartlingshof**
Neues Werk bis um 1530 wohl Dienstgebäude des Wichgrafen, **Kleiner Domhof** 2, danach Laube des Rathauses, **Markt** 1
Neuplatz Teil V, S. 1514–1517
Neutorstraße Teil V, S. 803–805
Niedernstraße Teil V, S. 1518–1519
Nienburger Straße 1905 bis 1925 für eine Parallelstraße zur **Albrechtstraße** (siehe **Karlstraße** 13)
Nottorn Bezeichnung einer Flur auf dem rechten Weserufer (siehe Teil V, S. 1222–1223)

Obere Straße Teil V, S. 1520–1521
Oberstraße Teil IV, S. 2498–2547
Obermarktstraße Teil IV, S. 1572–1712
Oldendorfscher Postweg im 18. Jahrhundert für **Friedrich-Wilhelm-Straße**
Opferstraße Teil IV, S. 1712–1741. Bis um 1795 auch für **Poststraße**
Ortstraße Teil IV, S. 1741–1751

Papenmarkt Teil IV, S. 1751–1772
Papenpohl Teich (bis 16. Jahrhundert) im Bereich der **Kampstraße**
Parkstraße Teil V, S. 369–389
Pauline-von-Mallinckrodt-Platz Teil IV, S. 1772–1773
Paulinenstraße Teil V, S. 805–817
Petershagener Chaussee für **Marienstraße** (etwa 1850–1873)
Petersilienstraße Teil IV, S. 1773–1786
Petrikirchweg Teil IV, S. 1786. Seit 1908 für die Rückgebäude von **Obermarktstraße** 34 und **Ritterstraße** 10
Pionierstraße Teil V, S. 1521–1534
Pfannkuchen im 18. Jahrhundert Teil der nördlichen Wallanlagen an der Fischerstadt (siehe **Oberstraße** 66)
Pfarrhof Dom I. Pfarrer: **Großer Domhof** 4 (?), bis 17. Jahrhundert
II. Pfarrer: **Kleiner Domhof** 7 (1818–1905), danach **Großer Domhof** 10

Pfarrhof St. Martini I. Pfarrer: bis um 1548 **Hohe Straße** 8 (?), 1548–um 1690 **Alte Kirchstraße** 18, seit 1780 **Videbullenstraße** 11
II. Pfarrer: bis 1666 **Hohe Straße** 5, dann bis 1811 **Kampstraße** 22
franz. Pfarrer: 1697–1759 **Alte Kirchstraße** 18 dann **Lindenstraße** 6
Pfarrhof St. Marien I. Pfarrer: bis 1906 **Kampstraße** 33 dann **Marienstraße** 3
II. Pfarrer (bis 1833): **Marienkirchplatz** 5
Pfarre Neustadt (ab 1907) **Hafenstraße** 2
Pfarrhof St. Simeon **Simeonskirchhof** 3 (ab 1894 **Königstraße** 7)
Pfarrhof St. Petri ab 1714 **Videbullenstraße** 9
Pfarrhof französische Gemeinde 1697–1759 **Alte Kirchstraße** 18 dann **Lindenstraße** 6
Poelmannstraße Teil V, S. 389–390
Pöttcherstraße Teil IV, S. 1787–1812
Poggenmühle siehe **Nach Poggenmühle**
Portastraße Teil V, S. 196–214
Posaune Bezeichnung für das Gefängnis unter dem Rathaus, **Markt** 1
Posthof in der Neuzeit an verschiedenen Standorten (siehe I.1, S. 577 f.)
Poststraße Teil IV, S. 1813–1833
Priggenhagen Teil IV, S. 1833–1853
Prinzenstraße Teil V, S. 1206–1211
Propstei Dom: **Kleiner Domhof** 10
St. Johannis: **Tränkestraße** 1
Pulverstraße Teil II, S. 1309 f., 1340–1347 und Teil IV, S. 1853–1856

Quäkerfriedhof **Kuckuckstraße** 26

Rampenloch Teil IV, S. 1856–1865
Reckertsche Schulstraße heute **Fröbelstraße** (bis 1975 Schulstraße)
Regierungsgebäude bis 1903 **Großer Domhof** 1–2, bis 1948 **Weserglacis** 2
Reventer (Remter = Refektorium) Dominikanerkloster: **Alte Kirchstraße** 9–15
Stift St. Johannis: **Marienwall** Nr. 761 q
Stift St. Marien: **Königswall** 1–3 ?
Stift St. Martini: **Martinikirchhof** 1
Richard-Wagner-Straße 1935–1945 für **Tonhallenstraße**
Ringstraße Teil V, S. 817–824
Ritterstraße Teil IV, S. 1866–2006
Robert-Koch-Straße heute für den östlichen Teil der **Bismarckstraße**
Rodenbecker Straße Teil IV, S. 2006–2020
Roonstraße Teil V, S. 419–421
Rosentalstraße Teil V, S. 1130–1140
Rosmarinstraße im 18. Jahrhundert nachweisbar für südlichen Teil des **Seidenbeutels**

Sandtrift Teil V, S. 824–836
scarpe armode im 15. Jahrhundert belegt für eine Gasse nördlich vom **Martinikirchhof** (siehe **Kampstraße**)

Schäferei	vor dem Marientor siehe **Stiftsallee** 100
	vor dem Kuhtor siehe **Stiftsallee** 109
	auf dem Rodenbeck siehe Gut Rodenbeck
	auf dem Brühl siehe **Werftstraße**
Scharfrichterhof	**Lindenstraße** 22 (vor 1460–18. Jahrhundert)
Scharn	Teil IV, S. 2022–2041
Scharnstraße	Teil IV, S. 2041–2077
Schlachthofstraße	1908 bis 1964 für die nördliche Verbindung zwischen **Weserstraße** und **Hermannstraße** (heute zu ersterer Straße gezählt)
Schlageterplatz	1936/45 für **Fischertor**
Schopenstel	1550 als kleine Gasse neben einem Haus auf dem **Marienkirchplatz** genannt
Schulen	zusammenfassend siehe auch Band I, 1, S. 579–590
	Armen- und Waisenschule: **Brüderstraße** 16 (1712–1843)
	St. Martini: **Brüderstraße** 15 (1584 ?–17. Jahrhundert)
	St. Martini: **Martinikirchhof** 5 (1661–1804), **Alte Kirchstraße** 9 rechts vorne (1804–1866), **Videbullenstraße** 11 (1829–1836)
	St. Johannis: **Seidenbeutel** 1 (17.–19. Jahrhundert)
	St. Marien: **Marienkirchplatz** 3 (bis 1900)
	St. Petri: **Videbullenstraße** 7 rechts (1698–1920)
	St. Simeon: **Simeonskirchhof** 1 (16.–19. Jahrhundert)
	kath. Schule: Domkloster (Mittelalter–nach 1800)
	kath. Schule: **Vinckestraße** 5 (1570–1796)
	kath. Knabenschule: **Domstraße** 12 (1778–1975)
	kath. Mädchenschule: **Domstraße** 8 (1828–1975)
	Schule der Fischerstadt: **Oberstraße** 44 (1740–1840)
	Schule der Quäkergemeinde: **Königswall** 67/**Videbullenstraße** 28 (Mitte 19. Jh.)
	jüdische Schule: **Videbullenstraße** 15 (1688–1865), **Kampstraße** 6 (ab 1865)
	Städtische Mädchenschule: **Brüderstraße** 8 (um 1785), **Hohe Straße** 6 (1826–1850), **Kampstraße** 18 links und **Kampstraße** 31 (1850–1854), **Kampstraße** 18 rechts (1854–1860), **Martinikirchhof** 1 (1860–1894), dann Brünigstraße 2, ab 1964 auch **Königswall** 10/12
	Reckersschule (ab 1843): **Fröbelstraße** 5
	Bürgerschule I (ab 1836): **Ritterstraße** 21
	Bürgerschule II (ab 1893) **Heidestraße** 7
	Bürgerschule III (ab 1903): **Hafenstraße** 18
	Gymnasium: **Alte Kirchstraße** 9 (1530–1880), **Immanuelstraße** 2 (1880–1920), dann **Königswall** 28
	Landwirtschaftsschule: **Rosentalstraße** 3–5
Schulstraße	bis 1906 für **Bertastraße**
Schulstraße	bis 1975 für **Fröbelstraße**
Schwarzer Schuppen siehe **Friedrich-Wilhelm-Straße** 117	
Schwarzer Weg	Teil V, S. 1535–1541. Im 19. Jahrhundert für den Weg »Weserufer« südlich von Leteln (siehe **Friedrich-Wilhelm-Straße**)
Schwichowwall	Teil V, S. 421–423

VI.2 *Verzeichnis besonderer Bezeichnungen, Straßennamen, Ortsbenennungen und Einrichtungen*   531

Schierholzstraße	Teil V, S. 1140–1144
Sedanstraße	Teil V, S. 1542–1545
Seidels Grille	**Viktoriastraße** 48
Seidenbeutel	Teil IV, S. 2078–2094
Sekreteriatshaus	Stift St. Marien: **Stiftstraße** Haus-Nr. 688 b
	vom Dom: **Kleiner Domhof** 5
Simeonglacis	Teil V, S. 214–224
Simeonskirchhof	Teil IV, S. 2095–2105
Simeonsplatz	Teil V, S. 224
Simeonstorsche Mühle	Teil IV, **Simeonstraße** 35
Simeonstraße	Teil IV, S. 2106–2224
Simeonsvorstadt	Teil V, S. 128–130
Simeonwallstraße	bis etwa 1890 für den östlichen Teil der **Rodenbecker Straße**
Soodstraße	Teil IV, S. 2224–2229
Sonneneck	Teil V, S. 224
Soststraße/Gasse	17. Jahrhundert für **Soodstraße**
Spaneshof	im Mittelalter Wohnplatz vor dem Königstor (siehe Teil V, S. 232)
Spatzenburg	Spitzname für den östlichen Teil der Neustadt (siehe Teil V, S. 1248)
Spenthof	bis 1623 **Bleichstraße** 23, danach **Hahler Straße** 9
Sprekernehof	im Mittelalter Wohnplatz vor dem Königstor (siehe Teil V, S. 232)
Spritzenhaus	Spritzenhaus I: etwa 1780 bis 1954 **Brüderstraße** 1
	Spritzenhaus II: 1837 bis 1862 Anbau am Rathaus, **Markt** 1, dann bis nach 1900 Ecke **Marienwall/Deichhof**
	Spritzenhaus III: 1864 bis nach 1900 **Fischertor**
	Spritzenhaus IV: 1880–1960 **Königswall**, auf dem Königsplatz
	Spritzenhaus VII: 1897–1959 **Friedrich-Wilhelm-Straße** 8
Stadtbrauhaus	**Ritterstraße** 5 (um 1700–1749)
Stadtmühle	**Friedrich-Wilhelm-Straße** 96
Stadtweide	alte Bezeichnung für Kanzlers Weide
Stakette	Bezeichnung für **Viktoriastraße** 57
Steinbrede	Bezeichnung einer Flur am rechten Weserufer (siehe Teil V, S. 1221)
Steinweg	Teil IV, S. 2547–2562. Bis 1554 die Hauptstraße der Marienvorstadt (siehe **Bleichstraße**)
Steinstraße	Teil V, S. 836–853
Stiftsallee	Teil V, S. 854–879
Stiftstraße	Teil IV, S. 2229–2237 und Teil V, S. 880–934
Stockhof	im 17. Jahrhundert für die Hauptwache in dem Haus **Königstraße** 23/27
Südstraße	zunächst 1878 für den Schwichowwall vorgesehen
Süntelstraße	Teil V, S. 1545–1546
Sympherstraße	Teil V, S. 1144–1147
Syndikatshaus	Domstift: **Kleiner Domhof** 13
	der Stadt: **Martinikirchhof** 6 (1649–1724)
	vom Stift St. Johannis: **Johanniskirchhof** 3
	vom Stift St. Martini: **Opferstraße** 9 bzw. 11

Talerweg   westlicher Teilbereich von **Wallfahrtsteich**
Tempel   im 18. Jahrhundert für **Lindenstraße** 6
Taubenweg   von 1959 bis 1975 für Askanierweg (siehe **Lübbecker Straße** 14)
Theaterstraße   1878/um 1920 für den nördlichsten Abschnitt der **Lindenstraße**
Tonhallenstraße Teil V, S. 43–86
Tonne   Gasthaus. Siehe **Hafenstraße** 26–30
Tränkestraße   Teil IV, S. 2238–2270
Triftweg   alte Bezeichnung für **Hausberger Straße**
Trockenhof   Teil IV, S. 2271–2272

Uferstraße   Teil V, S. 1211–1218
Ulmenstraße   Teil V, S. 225–228
Umradstraße   Teil IV, S. 2273–2311
Untermarkstraße   1868 für den nördlichsten Abschnitt der Lindenstraße geplant
Unterstraße   bis 1908 für **Niedernstraße**
Unter dem Neuenbogen 1818 für die Verbindung von **Markt** und **Kleinem Domhof**
Unter dem Schwibbogen im 18. Jahrhundert für die Verbindung von **Markt** und **Kleinem Domhof**

Viktoriastraße   Teil V, S. 1546–1592
Videbullenstraße Teil IV, S. 2312–2373
Viehmarkt   siehe **Königswall**
Vinckestraße   Teil II, S. 1309–1340 und Teil V, S. 87–92
Vinkestraße   1891 bis 1906 für **Bleekstraße**
Vikariatshaus/-Hof   Allerheiligen (am Dom): **Königswall** 93
                     Dreikönig (am Dom): **Königstraße** 16
                     Heilig Kreuz (am Dom): **Kleiner Domhof** 7
                     Mariä Heimsuchung (am Dom): **Brüderstraße** 20
                     Nativitatis beate Marie virginis (am Dom): **Deichhof** 13
                     11000 Jungfrauen (am Dom): **Pulverstraße** 1
                     St. Anna (am Dom): **Domstraße** 2
                     St. Barbara (am Dom): **Kleiner Domhof** 1
                     St. Bartolomäi (am Dom): **Brüderstraße** 26
                     St. Bartholomäi (an St. Martini): **Greisenbruchstraße** 29
                     St. Dyonisius (am Dom): **Simeonstraße** 6
                     St. Georg (am Dom): **Großer Domhof** 5
                     St. Jacobi (am Dom): **Großer Domhof** 3
                     St. Johannis Evangelist (am Dom): **Deichhof**, Haus-Nr. 741 b
                     St. Johannis und Paul (am Dom): **Kleiner Domhof** 13
                     St. Katharina (am Dom): **Domstraße** 4/6
                     St. Mariä Egyptäe (an St. Martini): **Videbullenstraße** 7
                     St. Maria Heimsuchung (am Dom): **Kleiner Domhof** 13
                     St. Maria Magdalena (am Dom): **Kleiner Domhof** 13
                     St. Matthias (am Dom): **Vinckestraße** 3
                     St. Margarete (an Johannis): **Seidenbeutel** 5
Vikariatshaus/-Hof   St. Peter und Paul (am Dom): **Kleiner Domhof** 2

	St. Thomas (an St. Martini): **Königswall** 33
	St. Trinitatis (an St. Martini): **Videbullenstraße** 7
	St. Ursula (am Dom): **Pulverstraße** 1
Vogelstraße	um 1970 für den Bau der Nordbrücke eingezogen, westlich der **Friedrich-Wilhelm-Straße** 89/89 a

Waage	bis 1629 auf dem Marktplatz, seit etwa 1650 **Hohnstraße** 31
Wallfahrtsteich	Teil V, S. 935–940
Wallstraße	Teil IV, S. 2373–2376
Walven	im Mittelalter Dorf nördlich der Stadt (siehe Teil V, S. 935)
Waterloostraße	Teil V, S. 1593–1596
Weberberg	Teil IV, S. 2377–2382
Weg in die Hanebek	Teil V, S. 941–943
Weg nach Diepenau	siehe **Stiftstraße**/**Stiftsallee**
Weg nach Petershagen	siehe **Marienstraße**
Weg nach dem Pulverschuppen	1849/80 für einen Teilbereich der **Paulinenstraße**
Weingarten	Teil IV, S. 2382–2472
Weißbierbrauhaus	**Simeonstraße** 7 (18. Jahrhundert–um 1810)
Weißbierbrauhaus	**Scharnstraße** 7 (Mitte 18. Jahrhundert–1774)
Werder	Bezeichnung einer Flur am rechten Weserufer (siehe Teil V, S. 1221)
Werftstraße	Teil V, S. 1147–1151
Weserglacis	Teil V, S. 92–116
Weserpromenade	siehe **Im Schweinebruch**
Weserstraße	Teil IV, S. 2562–2604
Wiehestraße	um 1890 zunächst für **Wilhelmstraße**
Wilhelmstraße	Teil V, S. 943–959
Winddie(h)le(n)	Flur nördlich der Stadt (siehe Teil V, S. 426, 522), im 17. Jahrhundert für die äußere **Hahler Straße**
Windloch	Teil IV, S. 2472. Nördlicher Teil der **Hohen Straße** (siehe dort)
Windmühlenstraße	Teil V, S. 1579–1599
Wietersheimer Chaussee	im 19. Jahrhundert für **Friedrich-Wilhelm-Straße**
Windmühlenweg	1887/1906 für Windmühlenstraße
Wolfskuhle	Teil IV, S. 2472–2476

Zeughaus	**Brüderhof** 6 (von 1563), dann **Martinikirchhof** 8 (bis 1723)
Ziegelfeld	Bezeichnung einer Flur nördlich der Stadt (siehe Teil V, S. 427)
Zollhof	auf dem Brückenkopf (siehe Teil V, S. 1164)
Zur Bleiche	seit etwa 1975 für den nördlichen Teil der **Bleichstraße**
zur Lust	zu den Bauten an dieser Straße siehe **Marienstraße** 82/86, **Brühlstraße** 34

II. Ringstraße	zunächst für **Hohenstaufenring**
15er Straße	von 1936 bis 1945 für **Poststraße**
58er Straße	von 1935 bis 1945 für **Parkstraße**

VI.3 Verzeichnis der benutzten Quellen

Die Liste enthält die für die Darstellung der Profanbauten ausgewerteten Quellen, ohne die Quellen zu Festung, Dom und Domfreiheit. Die Quellen sind ausführlich dargestellt in I.1, Kap. I.4, S. 75–94, Teil I.2, S. 1–3 (zur Festung) und Teil II, S. 1–11 (zu Dom und Domfreiheit).

STAATSARCHIV DETMOLD (STA DT)
D 73 Kartensammlung Tit. 4, Nr. 9900–9907; Tit. 5, Nr. 226, 3134, 3137, 3140, 3141.
M 1 I C (Regierung Minden), Nr. 230–232, 235, 236, 241, 243, 245, 247, 250, 798–800, 802, 881.
M 1 Pr. Pers. I Nr. 69–73, 430–432, 1078–1083; II Nr. 62, 83, 120–122, 174, 175; VII Nr. 865.

STAATSARCHIV HANNOVER (STA HN)
Bestand Hann 133: III 54–60; acc 13/74, Nr. 96–97, 291–294, 334–338, 780–781, 811–812; acc 27/81, Nr. 440–442; acc 102/81, Nr. 103–105, 394, 441–442; acc 30/82, Nr. 40–46, 211.

KOMMUNALARCHIV MINDEN (KAM)
A I Nr. 597, 618, 629, 649, 662–666, 668–670, 673, 674, 690, 702, 709, 711, 716, 720, 722, 723, 743, 725, 750, 752, 770, 779, 781, 835a.
A III Nr. 206, 209, 219.
A IV Nr. 1617, April 28; 1620, April 19.
B 54,2 alt; 55; 55,3 alt; 56; 57; 58,8 alt; 61,12 alt; 61; 62; 63,15 alt; 63,16 alt; 63,17 alt; 63,18 alt; 66,22 alt; 66,23 alt; 66; 24 alt; 67; 25 alt; 67,26 alt; 86; 99; 101; 101 alt; 101,3 alt; 101,4 alt; 101,5 alt; 103b,1 alt; 103c,9 alt; 103b,3 alt; 103e,14 alt; 103e,19 alt; 105; 108–110; 114; 116,2 alt; 130,1 alt; 146,1 alt; 146,2 alt; 146,3 alt; 146,4 alt; 147,5 alt; 147,6 alt; 154,4 alt; 155; 163b,2 alt; 226 alt; 240 alt; 274 alt; 274,4 alt; 275 alt; 293; 298; 304; 309; 348–356; 358–365; 445; 454; 470; 728–733; 756; 759; 785; 787–790; 811; 816, 817; 819; 823; 827; 840.
C 20,1 alt; 20,2 alt; 20,3 alt; 35a,15 alt; 41,3 alt; 43,1 alt; 47,8 alt; 57,44 alt; 57,45 alt; 57,46 alt; 70,20 alt; 73; 86; 93; 94; 95; 102–108; 110; 111; 111,1 alt; 112; 113; 115; 116; 118–121; 124–130; 129,13 alt; 132–139; 132,5 alt; 141–145; 146,2 alt; 152; 156,12 alt; 156,13 alt; 156,15 alt; 158,32 alt; 158,36 alt; 161; 163,6 alt; 175; 180,5 alt; 180,8 alt; 181; 199,1 alt; 199,66 alt; 200,4 alt; 201,1 alt; 203,22 alt; 204,23 alt; 204,29 alt; 213,85b alt; 213,85c alt; 213,86 alt; 213,87 alt; 214,1 alt; 214,4 alt; 217,22 alt; 217,22a alt; 246; 260; 268,3 alt; 268,4 alt; 274,2 alt; 274,5 alt; 306,1 alt; 316,9 alt; 329,23 alt; 329,24 alt; 331,1 alt; 337; 338; 338,1 alt; 339; 341,10 alt; 341,11 alt; 341,12 alt; 343,17a alt; 344; 344,22 alt; 344,23 alt; 345–348; 350; 350,15 alt; 351; 351,1 alt; 351,2 alt; 352; 352,4 alt; 352,5 alt; 352,6 alt; 352,7 alt; 353; 353,9 alt; 353,10 alt; 354,11 alt; 354,12 alt; 354,13 alt; 355,14 alt; 355,15 alt; 355,16 alt; 356,17 alt; 356,18 alt; 369,2 alt; 369,3 alt; 369,6 alt; 370,10 alt; 371,14 alt; 375,9 alt; 375,13 alt; 377; 377,28 alt; 378; 378,33 alt; 378,34 alt; 379; 379,45 alt; 380, 381–389; 387,2 alt; 391; 391,1 alt; 391,2 alt; 391,3 alt; 391,4 alt; 391,6 alt; 392; 392,7 alt; 393,11 alt; 393,16 alt; 394; 413; 427; 459; 467–486; 498–513; 532; 536; 537; 558; 563; 566; 567; 571; 572; 575; 582; 584; 585; 587; 589, 590; 591; 592; 597; 603; 611; 615; 656; 664; 667; 679 (ohne Martinikirche); 682; 687; 688; 698; 706–708; 754; 759; 768; 791; 803; 804; 811; 816; 827–830; 832–835; 849; 859; 865–871; 873–883; 885–892; 894–897; 919; 969; 999–1001; 1003–1016; 1018–1023; 1025–1027; 1057; 1058; 1062; 1067; 1072–1092; 1108, 1109; 1112.

D 60, 63, 65–67, 69, 140, 173–187, 189–191, 213, 269, 270, 272, 275–277, 279–282, 293, 298, 302, 384, 387–390, 392, 405, 407, 996
E 120, 126, 128, 129, 132, 134, 200, 282, 295, 305, 316, 317, 319, 343, 352, 355, 358, 365, 369, 370, 374, 375, 441, 443, 444, 450, 453, 454, 456, 457, 462–464, 476, 550, 552, 560, 564–566, 582, 677, 691, 693, 694, 697–700, 704, 712, 716, 717, 719, 720, 726–731, 733–741, 743, 764, 766, 767, 769, 771, 817, 829, 831, 837, 839, 886–888, 894, 941, 954, 955, 957, 958, 970, 981, 998, 999, 1024, 1026, 1029, 1040, 1041, 1065, 1074, 1075.
F 51, 61, 65, 67, 68, 95–97, 104–106, 146, 166, 179, 199, 208, 215, 245, 272, 274, 284, 285, 304, 316, 318, 320, 351, 356, 359, 360, 366, 370, 372, 374, 379, 388, 392, 395, 396, 401, 405, 407–410, 416, 429–431, 443, 485, 493, 587, 588, 595, 600, 623, 624, 627, 629, 630, 636, 639, 640, 641, 651, 660, 662, 663, 667, 668, 672, 680, 681, 687, 691, 692, 698, 710, 714, 716, 717, 720, 724, 726, 727, 795, 810, 817, 830, 842, 863, 864, 866, 867, 876, 900–902, 909, 916, 955, 962, 976, 992, 1005, 1009, 1012, 1035, 1038, 1053, 1059, 1061, 1135, 1137, 1171, 1175, 1218, 1240, 1263, 1354, 1415, 1441, 1635, 1669, 1672, 1703, 1729, 1730, 1732, 1733, 1735, 1739, 1816, 1861, 1862, 1884, 1920, 1921, 1956, 1961, 1977, 2030, 2031, 2032, 2035, 2038, 2050, 2053, 2056–2059, 2063, 2065, 2071, 2087, 2121, 2122, 2124–2126, 2133, 2135, 2178, 2193, 2199, 2220–2223, 2232, 2234, 2239, 2240, 2254, 2295, 2305, 2320, 2321, 2322, 2324–2328, 2330, 2331, 2334–2343, 2345, 2352, 2353, 2361–2364, 2386, 2392, 2394, 2395, 2399, 2400, 2404, 2440, 2477, 2478, 2487, 2495, 2499, 2641, 2654, 2659, 2666–2668.
G I A 6, 213, 220, 245, 247, 248.
I C 175–181, 230, 237, 241, 242.
II 10, 60, 93–101, 145, 211, 217, 251, 293, 400, 411, 417, 420, 436, 640, 703, 750, 775–779, 791–799, 830, 843, 844, 860.
IV 45, 49, 80, 82, 85.
V 2, 5, 14, 24, 27, 28, 29, 35–40, 44, 45, 50, 52, 54–71, 82–108.
H 60 Nr. 5, 16, 27–29, 35, 157–165, 167–170, 171–172, 175–178, 184–187, 188–193, 196, 202–218, 220, 221, 223–229, 242–250, 252, 254, 256, 269, 274, 275, 281, 283, 284.
W 270, 415, 416, 446–448, 567, 907, 1077.
X 16,2, 141.

Kreisausschuß Minden
310–315, 317, 486, 487, 1325, 1511, 1518, 1531–1535, 1561, 1562, 2101, 2143, 2145, 2160, 2233, 2234, 2275, 2374, 2399, 2528, 3670 ff. (Kreisbahn).

Verwaltungsberichte der Stadt Minden
1856, 1862, 1871–1900 (für die Jahre 1901 bis 1911 erschien kein Bericht), 1912, 1913–1926.

Jahresberichte der Handelskammer Minden
bis 1869 sowie 1871–1873, 1893, 1895.

Allgemeiner Mindener Anzeiger (AMA)
1854 (Heft 31).

Mindener Sonnagsblatt (MSB)

1850–1853 (1850 ohne Fama).

Mindener öffentlicher Anzeiger (MÖA)
1822

Mindener Intelligenz Blatt (MIB)
1815, 1816

Mindensche Beyträge (MB)
1771–1778

Paderbornsches Intelligenzblatt (PIB)
1820

folgende Zeitungen wurden nur sporadisch ausgewertet, wenn sie anderen Quellen beigeheftet waren:
Wöchentlich Mindisch-Ravenberg-Tecklenburg und Lingische Frag- und Anzeigungsnachrichten (WMR), Mindener Intelligenz-Blatt (MIB), Wöchentlich Mindensche Anzeigen (WMA): 1728, 1772, 1776, 1777, 1805, Mindener Tageblatt (MT), Mindener Kreisblatt (MKB), Öffentlicher Anzeiger für den Regierungsbezirk Minden (Beilage zum Amtsblatt) (ÖA), Fama – Beilage zum Mindener Sonntagsblatt (FAMA)

ARCHIV DER KIRCHENGEMEINDE ST. MARTINI
B 2 – C 2.2; M 3 – N 2; M 14.1; N 4; N 4 – N 5.4; N 5; N 9 – O 2.2; O 3.1. – O 4.2; P 3.1. – P 5; Q 16 – Q 22.2; Q 23– Q 30.

STAATSARCHIV MÜNSTER
St. Martini, Minden, Urkunden: 581, 583, 584, 586– 588, 593–597, 600, 602, 603, 605, 607, 608, 610–612, 615–620, 623, 627, 628, 630–632, 636–639, 642–644, 646, 655, 659–663, 668, 673, 675, 681, 683, 694–697, 702–705, 707, 708, 712, 715, 717, 718, 720–725, 728, 741–751, 753–755, 759, 761, 766, 768, 769, 771, 772, 774, 775, 778, 779, 781–784, 786–789, 791, 792, 794–803, 805, 807–809, 811, 812, 815, 816.
St. Martini, Minden, Akten: 4–8, 11b, 20a - 20c, 38–46, 48–51, 56, 65, 66, 74, 83, 144a - 144c, 145–174.

Stift St. Johannis, Minden, Akten: 1 a, 1b, 2b, 2c, 3, 4, 5a, 5b, 6a, 6b, 6c, 7, 8, 9a, 9b, 10, 24, 26, 28.2, 28.3, 28.4, 29.1, 31, 32, 34, 36.

KDK Minden
3324–3326, 3414, 3500, 3501, 3506, 3508, 3509, 3511–3513, 3546, 3548–3553, 3556, 3572–3575, 3579, 3624, 3625.

ARCHIV DES LANDSCHAFTSVERBANDS WESTFALEN-LIPPE
Bestand C 76 (Landeskonservator Münster) 42 a, 76, 549, 550, 551, 1033.

VI.4 Literaturverzeichnis

ABEL 1981: Wilhelm ABEL, Stufen der Ernährung. Eine historische Skizze. Göttingen 1981.
ABELER 1977: Jürgen ABELER, Meister der Uhrmacherkunst. Wuppertal 1977.
ABELSHAUSER 1999: Werner ABELSHAUSER (Hrsg.), Die etwas andere Industrialisierung. Studien zur Wirtschaftsgeschichte des Minden-Lübbecker Landes im 19. und 20. Jahrhundert. Essen 1999.
ABSHOFF 1904: Fritz ABSHOFF, Deutschlands Ruhm und Stolz. Berlin 1904.
ADRIAN 1953: W. ADRIAN, Beiträge zur Steinzeitforschung in Ostwestfalen. In: Bericht des Naturwissenschaftlichen Vereins für Bielefeld und Umgebung 13, 1952/1953, 74–81.
AFWL Ausgrabungen und Funde in Westfalen-Lippe. Im Auftr. d. Landschaftsverbandes Westfalen-Lippe hrsg. LWL-Archäologie für Westfalen
ALBRECHT 1995 a: Thosten ALBRECHT, Die Hämelschenburg. Ein Beispiel adeliger Schloßbaukunst des späten 16. und frühen 17. Jahrhunderts im Weserraum. (Materialien zur Kunst- und Kulturgeschichte in Nord- und Westdeutschland Band 13). Marbug 1995.
ALBRECHT 1995: Thorsten ALBRECHT, Pläne und Bauten C. A. von Vagedes. Architekt und Schumburg-lippischer Landbaumeister. Bückeburg 1995.
ALBRECHT 1997 Thorsten ALBRECHT, Malerische Reise durch das Weserbergland. Anton Wilhelm Strack, Hofmaler und Professor für Zeichenkunst in Bückeburg (1758–1829). Katalog der Ausstellung im niedersächsischen Staatsarchiv Bückeburg. Bückeburg 1997.
ALEWELD 1989: Norbert ALEWELD, Der Sakralbau im Kreis Iserlohn vom Klassizismus bis zum Ende des Historismus. Altena 1989.
ALTHÖFER 1998: Ulrich ALTHÖFER, Der Architekt Karl Siebold (1854–1937). Zur Geschichte des evangelischen Kirchenbaus in Westfalen. Bielefeld 1998.
ANDRÉ 1955: Gustav ANDRÉ, Beischlagwangen aus der ersten Hälfte des 16. Jahrhunderts an der Weser. In: Westfalen 33, 1955, S. 151–163.
ANGERMANN 1965: Gertrud ANGERMANN, Drei Porträtmedaillen des Georg von Holle. In: Mindener Mitteilungen 37, 1965, S. 81–84.
ANGERMANN 1966: Gertrud ANGERMANN, Der Oberst Georg von Holle 1514–1576. Ein Beitrag zur Geschichte des 16. Jh. (Mindener Beiträge 12). Minden 1966.
ANGERMANN 1995: Gertrud ANGERMANN, Volksleben im Nordosten Westfalens zu Beginn der Neuzeit (Beiträge zur Volkskultur in Nordwestdeutschland 89). Münster 1995.
ANONYMUS 1906: Zum Martini-Turmbau in Minden. In: Ravensberger Blätter 6, 1906, Nr. 4, S. 28 f.
ARAND/BRAUN/VOGT 1981: Werner ARAND/Volkmar BRAUN/Josef VOGT, Die Festung Wesel (Weseler Museumsschriften 3). Köln 1981.
ARENHÖVEL 1982: Willmuth ARENHÖVEL, Eisen statt Gold. Preußischer Eisenkunstguß aus dem Schloß Charlottenburg, dem Berlin-Museum und anderen Sammlungen. Ausstelungs-Katalog Burg Linn, Krefeld und Schloß Charlottenburg. Berlin 1982/1983.

Assmann 1968: Helmuth Assmann, Beiträge zur Geschichte des Kreises Minden von 1816 bis 1945. In: Mindener Mitteilungen 40, 1968, S. 79–121.

Bach 1985: Martin Bach, Studien zur Geschichte des deutschen Kriegerdenkmals in Westfalen und Lippe. Frankfurt a. M./New York 1985.

Bachmann 1965: Friedrich Bachmann, Die alten Städtebilder. Ein Verzeichnis der graphischen Ortsansichten von Schedel bis Merian. Leipzig 1939, 2. unv. Aufl. Stuttgart 1965.

Bachmann 1965a: Erich Bachmann, Schloß Aschaffenburg und Pompejanum. Amtlicher Führer. München 1965.

Bachmann 1987: Jutta Bachmann, »Eine Hafen-Anlage ist hier so nothwendig wie wir das Brod bedürfen«. Die Mindener Häfen in ihrer historischen Entwicklung. In: Jutta Bachmann/Helmut Hartmann (Hrsg.), Schiffahrt, Handel, Häfen. Beiträge zur Geschichte der Schiffahrt auf der Weser und Mittellandkanal (im Auftrag der Mindener Hafen GmbH zum 70jährigen Bestehen der Mindener Häfen erschienen). Minden 1987, S. 355–376.

Bachmann/Hartmann 1987: Jutta Bachmann/Helmut Hartmann (Hrsg.), Schiffahrt, Handel, Häfen. Beiträge zur Geschichte der Schiffahrt auf der Weser und Mittellandkanal (im Auftrag der Mindener Hafen GmbH zum 70jährigen Bestehen der Mindener Häfen erschienen). Minden 1987.

Bartels 1939: Hermann Bartels: Die Großbauten der Partei im Gau Westfalen-Nord. Detmold 1939.

Barth 1982: Ulrich Barth: Die Profanbaukunst im märkischen Sauerland 1815–1880. Altena 1982.

Barthold 1996: Peter Barthold: Der Wentrupsche Freihof in Hille-Rothenuffeln. Zum Aufstige und Niedergang einer Mindener Beamtenfamilie. In: Der Adel in der Stadt des Mittelalters und der frühen Neuzeit (Materialien zur Kunst- und Kulturgeschichte in Nord- und Westdeutschland 25/1996), S. 37–58.

Barthold 1996 a: Peter Barthold, »... um dem Stroh seine Endzündbarkeit zu benehmen«. Preußische Bau- und Feuerschutzverordnungen des 18. und 19. Jahrhunderts und ihre Umsetzung in den Kreisen Minden und Lübbecke. In: Mindener Mitteilungen 68, 1996, S. 143–156.

Barthold 2005: Peter Barthold, Bauen im Grenzgebiet. Die Baubetriebe der Zimmermannsfamilie Prange in Bückeburg-Cammer. In: Heinrich Stiewe (Hrsg.), Auf den Spuren der Bauleute (Berichte zur Haus- und Bauforschung Bd. 8). Marburg 2005, S. 227–248.

Bartsch 1980: The illustrated Bartsch. Vol. 11, formerly vol 7/2. Sixteenth Century German Artist. Ed. Tilmann Falk. o. O. 1980.

Barz 1969: Sabine Barz, Zwei Gedenkartikel an den Architekten Hans Korth in Mindener Tageblatt vom 4. 10. 1969 und 24. 10. 1969.

Bath 1974: Friedrich Carl Bath, Das Mindener Museum für Geschichte, Landes- und Volkskunde. Minden 1974.

Bath 1977: Friedrich Carl Bath, Das Mindener Museum der Westphälischen Gesellschaft für vaterländische Cultur. In: Hans Nordsiek (Hrsg.), Zwischen Dom und Rathaus. Minden 1977, S. 303–312.

BATH 1977 a: Friedrich Carl BATH, Mindener Geschichte in Bildern. 9 Gemälde von Fritz Grotemeyer. Minden 1977.

BATTA 1986: Ernst BATTA, Obelisken. Frankfurt a. M. 1986.

BAUM/MORITZ 1997: Harald BAUM/Horst MORITZ, Fahrt frei! 150 Jahre Eisenbahn in Erfurt. Begleitschrift zur Jubiläumsausstellung des Stadtarchivs Erfurt und des Stadtmuseums Erfurt 1997.

BAUMEIER 1995: Stefan BAUMEIER, Deelenhäuser in Minden. In: Beiträge zur Volkskunde und Hausforschung 7, 1995, S. 95–132.

BAYREUTHER 1957: Ernst BAYREUTHER, »Welsche Giebel« am Mindener Rathaus. In: Mindener Heimatblätter 29, 1957, S. 64–66.

BECK 1967: B. BECK, Geschichtsabriß der Methodistengemeinde Minden o. J. (1967).

BEDAL 1993: Konrad BEDAL, Historischen Hausforschung (Quellen und Materialien zur Hausforschung in Bayern 6 = Schriften und Kataloge des Fränkischen Freilandmuseums des Bezirks Mittelfranken in Bad Winsheim 18). Bad Windsheim 1993.

BEHNKE 1889: Gustav BEHNKE, Niedere und höhere Schulen. In: Handbuch der Architektur, Teil IV, 6. Halbband, 1. Heft. Darmstadt 1889.

BEHR 1977: Hans-Joachim BEHR, Das Ende des Mindener Stapels. In: Hans NORDSIEK (Hrsg.), Zwischen Dom und Rathaus. Minden 1977, S. 233–248.

BEHR 1979: Hans-Joachim BEHR, Stift und Kirche St. Martin zu Minden – Ein geschichtlicher Überblick. In: St. Martini zu Minden. Hrsg. von Ursula SCHNELL. Minden 1979, S. 5–17.

BEHR 1987: Hans-Joachim BEHR, Freiheit der Schiffahrt und Stapelzwang. Die Ausbildung des Stapelrechts an der Weser. In: Jutta BACHMANN/Helmut HARTMANN (Hrsg.), Schiffahrt, Handel, Häfen. Beiträge zur Geschichte der Schiffahrt auf der Weser und Mittellandkanal (im Auftrag der Mindener Hafen GmbH zum 70jährigen Bestehen der Mindener Häfen erschienen). Minden 1987, S. 51–74.

BEHR 1992: Hans-Joachim BEHR, Minden – Kollegiatstift St. Martini. In:In: Karl HENGST (Hrsg.), Westfälisches Klosterbuch, Band 1. Münster 1992, S. 619–624.

BEHR 1996: Hans-Joachim BEHR, Franz von Waldeck. Fürstbischof zu Münster und Osnabrück, Administrator zu Minden (1491–1553). Sein Leben in seiner Zeit. Teil 1: Darstellungen (Westfälische Biographien Band 9). Münster 1996 .

BEHR/HEYEN 1985: Hans-Joachim BEHR/Franz-Josef HEYEN, Geschichte in Karten. Düsseldorf 1985.

BEHRENDT 1932: Walter Curt BEHRENDT, Carl Ferdinand Busse – ein preußischer Baubeamter. In: Zentralblatt der Bauverwaltung 52, 1932, S. 628–636.

BEHRENS 1974: Hedwig BEHRENS, Mechanikus Johann Dinnendahl 1780–1849. Neustadt an der Aisch 1974.

BEHRENS 1978 auch als BEHRENS 1973: Helmut BEHRENS, Die Profanbauten von Christoph Hehl. Diss. Berlin. Kiel 1978.

BEI DER WIEDEN 1977: Helge BEI DER WIEDEN, J.C.C. Bruns als deutscher Verleger Multatulis. In: Hans NORDSIEK (Hrgs.), Zwischen Dom und Rathaus. Minden 1977, S. 313–325.

Bei der Wieden 1991: Brage Bei der Wieden: Die Schaumburg-Lippischen Landbaumeister, ihre Vorgänger und Nachfolger. In: Schaumburg-lippische Mitteilungen 29/30, 1991, S. 195–208.

Berger 1856: W. Berger, Zeichnungen des königl. Preußischen Artillerie-Materials. II. Abteilung, B: Festungs- und Belagerungsartillerie. Berlin 1856.

Berges 1975: Hermann Josef Berges, Hamm so wie es war. Düsseldorf 1975.

Berghaus 1956: Peter Berghaus, Kleine Münz- und Geldgeschichte von Minden. In: Mindener Heimatblätter 28, 1956, S. 41–47.

Berghaus 1965: Peter Berghaus, Der mittelalterliche Münzschatzfund von der Lindenstraße zu Minden 1875. In: Mindener Mitteilungen 37, 1965, S. 78–81.

Bergner 1906: Heinrich Bergner, Handbuch der Bürgerlichen Kunstaltertümer in Deutschland. Zwei Bände. Leipzig 1906.

Beste/Fredrich 1984: Herbert Beste/Michael Fredrich, Bischof Sigibert von Minden. In: Mitteilungen des Mindener Geschichtsvereins 56, 1984, S. 7–23.

Bickel 1994: Beate Bickel, Senf – Zur Geschichte seiner Produktion. In: Technische Kulturdenkmale 29, 1994, S. 26–29.

Binding 1986: Günther Binding, Städtebau und Heilsordnung. Künstlerische Gestaltung der Stadt Köln in ottonischer Zeit. Düsseldorf 1986.

Birkmann/Stratmann 1998: Günter Birkmann/Hartmut Stratmann, Bedenke vor wem du stehst. 300 Synagogen und ihrer Geschichte in Westfalen und Lippe. Essen 1998.

BKW Höxter 1914: Die Bau- und Kunstdenkmäler des Kreises Höxter. Bearb. von A. Ludorff (Bau- und Kunstdenkmäler von Westfalen 37). Münster 1914.

Bleckwenn 1984: Hans Bleckwenn, Die friderizianischen Uniformen 1753–1786. 4 Bde. (Die bibliophilen Taschenbücher Nr. 444). Dortmund 1984.

Bleckwenn 1987: Hans Bleckwenn, Zum Militärwesen des Ancien Règime. Osnabrück 1987.

Bloth 1970: Hugo Gotthard Bloth, Abschied von König Friedrich II. und Huldigung für seinen Nachfolger 1786 in Minden. In: Mindener Mitteilungen 42, 1970, S. 55–72.

Bockhorst 1989: Wolfgang Bockhorst, Höfe in der Stadt. In: G. Ulrich Grossmann (Hrsg.), Adelshöfe in der Stadt (Schriften des Weserrenaissance-Museums Schloß Brake 3). München/Berlin 1989, S. 20–31.

Böhm 1993: Gabriele Böhm, Mittelalterliche figürliche Grabmäler in Westfalen von den Anfängen bis 1400. (Kunstgeschichte 19). Münster/Hamburg 1993.

Bohnenkamp 1913: Bohnenkamp, Geschichte der Bürgerschule I zu Minden. In: Festschrift zu dem 35. Westfälischen Provinzial-Lehrertage am 13., 14. und 15. Mai 1913 in Minden. Minden 1913, S. 38–47.

Bohrmann 1994: Hans Bohrmann, Biografien bedeutender Dortmunder, Bd. 1. Dortmund 1994.

Böker 1988: Hans-Josef Böker, Die »Lippoldsberger Bauschule«. Zur Soziogenese und Rezeption einer Kirchenbauform des 12. Jhs. In: Franz J. Much (Hrsg.), Baukunst des Mittelalters in Europa. Festschrift für Hans Erich Kubach. Stuttgart 1988, S. 123–140.

Böker 1989: Hans-Josef Böker, Die Marktpfarrkirche St. Lamberti zu Münster (Denkmalpflege und Forschung in Westfalen 18). Bonn 1989.

Bölsche o. J. [1897]: Bölsche, Skizzen aus Mindens Vergangenheit. Die Zeit des Dreißigjährigen Krieges. Minden o. J.

Böhme/Peter 1997: Ulrich Böhme/Claus Peter, Mechanische Turmuhren – ein unaufgebbares Kulturgut. In: Glocken in Geschichte und Gegenwart Bd. II. Karlsruhe 1997.

Bönninghausen 1983: Helmut Bönnighausen, Technische Denkmäler in der Porta-Westfalica. In: An Weser und Wiehen. Festschrift für Wilhelm Brepohl. Minden 1983, S. 357–362.

Borchert 1988: Jörn Borchert, Notlösungen. Alltag in Minden 1945–1948 (Texte und Materialien aus dem Mindener Museum Heft 7). Minden 1988.

Börsch-Supan 1977: Eva Börsch-Supan, Berliner Baukunst nach Schinkel 1840–1870 (Studien zur Kunst des neunzehnten Jahrhunderts, Bd. 25). München 1977.

Börsch-Supan 1980: Helmut Börsch-Supan, Die Kunst in Brandenburg-Preußen. Berlin 1980.

Böth 1998: Gitta Böth, »Baierisches Bier« aus Westfalen. Zur Geschichte westfälischer Brauereien und Biere (Forschungsbeiträge zu Handwerk und Technik, 12). Hagen 1998.

Brandes 1895: Hofprediger D. Brandes, Geschichte der ev.-ref. Petrigemeinde zu Minden i. W. Minden 1895 (Wiederabdruck in: Festschrift zum 250-jährigen Kirchenjubiläum der evangelisch-reformierten Petrikirche Minden 1743–1993. Minden 1994, S. 125–136).

Brandhorst 1960: Hans Eberhard Brandhorst, Aus der Vorgeschichte der Köln-Mindener Eisenbahn. In: Mindener Heimatblätter 32, 1960, S. 121–123.

Brandhorst 1964: Hans Eberhard Brandhorst, Die Mindener Stadtmusicii und ihre Aufgaben. In: Mindener Heimatblätter 36, 1964, S. 241–245.

Brandhorst 1967: Hans Eberhard Brandhorst, Warum in Hartum vor 75 Jahren eine neue Kirche gebaut wurde. In: Mindener Mitteilungen 39, 1967, S. 49–54.

Brandhorst 1977: Hans Eberhard Brandhorst, Das Elektrizitätswerk der Stadt Minden. In: Mindener Mitteilungen 49, 1977, S. 137–141.

Brandhorst 1980: Hans Eberhard Brandhorst, 450 Jahre Ratsgymnasium. Ein historischer Überblick. In: Friedhelm Sundergeld (Bearb.), Land und Leuten dienen. Ein Lesebuch zur Geschichte der Schule in Minden, zum 450jährigen Bestehen im Auftrag des Ratsgymnasiums Minden. Minden 1980, S. 17–20.

Brandhorst 1981: Hans Eberhard Brandhorst, Vom Rethof in Osterhahlen. In: MT vom 27.6.1981.

Brandhorst 1986: Jürgen Brandhorst, Orgeln in Minden. Inventar. Manuskript 1986 (Exemplar im LWL-Amt für Denkmalpflege in Westfalen, Münster).

Brandhorst 1987: Hans Eberhard Brandhorst, Die evangelische Schiffergemeinde und das Schifferkinderheim in Minden. In: Jutta Bachmann/Helmut Hartmann (Hrsg.), Schiffahrt, Handel, Häfen. Beiträge zur Geschichte der Schiffahrt auf der Weser und Mittellandkanal (im Auftrag der Mindener Hafen GmbH zum 70jährigen Bestehen der Mindener Häfen erschienen). Minden 1987, S. 419–422.

Brandhorst 1991 a: Jürgen Brandhorst, Musikgeschichte der Stadt Minden. Studien zur städtischen Musikkultur bis zum Ende des 19. Jhs. (Schriften zur Musikwissenschaft aus Münster 3). Hamburg/Eisenach 1991.

Brandhorst 1991: Hans Eberhard Brandhorst, Jüdische Friedhöfe in Minden. Ein Beitrag zur Stadttopographie des 18. und 19. Jahrhunderts. In: Mindener Mitteilungen 63, 1991, S. 167–171.

Brandhorst 1992: Hans Eberhard Brandhorst, Das Judenbad am Deichhofe zu Minden. Eine bisher unbekannte Stätte jüdischen Gemeindelebens in Minden. In: Mindener Mitteilungen 64, 1992, S. 165–168.

BRANDHORST 1995: Hans Eberhard BRANDHORST, Minden – ein verlorenes Stadtbild. Gudensberg-Gleichen 1995.

BRANDHORST/LÜSCHEN 1991: Jürgen BRANDHORST/Wolfgang LÜSCHEN (Hrsg.), 1591–1991. 400 Jahre historische Orgel in der St. Martinikirche Minden. Minden 1991.

BRANDT 1990: Hans Jürgen BRANDT, Victrix Mindensis ecclesia: Die Mindener Bischöfe und Prälaten des Hohen Domes. Festgabe der Freunde für Propst Wilhelm Garg zum 80. Geburtstag, Bischof Dr. Paul Nordhues zum 75. Geburtstag. Paderborn 1990.

BRANDT 1992: Hans Jürgen BRANDT: Minden – Domstift St. Petrus und Gorgonius. In: Karl HENGST (Hrsg.), Westfälisches Klosterbuch, Band 1. Münster 1992, S. 593–606.

BRANDT 1992 a: Hans Jürgen BRANDT, Minden – Benediktinerinnen, gen. Marienstift. In: Karl HENGST (Hrsg.), Westfälisches Klosterbuch, Band 1. Münster 1992, S. 606–613.

BRANDT 1992 c: Hans Jürgen BRANDT, Minden – Jesuiten. In: Karl HENGST (Hrsg.), Westfälisches Klosterbuch, Band 1. Münster 1992, S. 635–637.

BRAUN 1930: L. BRAUN, Das Eisenwerk Friedrichshütte. In: Mindener Heimatblätter 8, 1930, Nr. 17.

BRECHT 1980: Martin BRECHT, Reformation und Kirchenordnung in Minden 1530. In: Jahrbuch für westfälische Kirchengeschichte 73, 1980, S. 19–38.

BREEMEIER 1960: Adolf BREEMEIER, Der Stiegweg. In: Mindener Heimatblätter 32, 1960, S. 27–32.

BREHER/MASUCH 1958: Anna BREHER/Horst MASUCH, Die Halbkreisaufsätze in der Weserrenaissance. Stilelemente des Baumeisters Jörg Unkair. In: Mindener Heimatblätter 30, 1958, S. 257–264.

BREITFELD 1985: Bernd BREITFELD: Von der Privat- zur Staatsbahn. In: Zug der Zeit – Zeit der Züge, Katalog. Berlin 1985, S. 185–193.

BREPOHL 1955: Wilhelm BREPOHL, Die Gräfin von Wietersheim. In: Mindener Heimatblätter 27, 1955, S. 68–77.

BRÖNNER 1987: Wolfgang BRÖNNER, Die bürgerliche Villa in Deutschland 1830–1890. Unter besonderer Berücksichtigung des Rheinlandes (Beiträge zu den Bau- und Kunstdenkmälern im Rheinland, Band 29). Düsseldorf 1987.

BROSIUS 1981: Maria BROSIUS, Bischof Milo von Minden. In: Mindener Mitteilungen 53, 1981, S. 120–126.

BUFE 2000: Thomas BUFE u. a., Gartenreise. Ein Führer durch Gärten und Parks in Ostwestfalen-Lippe. Hrsg. vom Landschaftsverband Westfalen-Lippe, Westfälisches Amt für Landes- und Baupflege. Münster 2000.

BRÜGGE 1996: Herbert BRÜGGE, Orgeln und Orgelbauer in der Provinz Westfalen. Eine Übersicht aus dem Jahre 1823. In: Jahrbuch für Westfälische Kirchengeschichte 90, 1996, S. 121–134.

BRUNS 1985: Alfred BRUNS, Minden und seine Kalender. In: Mindener Mitteilungen 57, 1985, S. 7–26.

BRUNS 1992: Alfred BRUNS, Die Straßen im südlichen Westfalen. Münster 1992.

BÜNEMANN 1730: Johann Ludolph BÜNEMANN, Historia Domus et Fratrum Praedicatorum, sive Dominicanorum, Templi Paulini, et initiis Gymnasii Mindensis 1530 ab Senatu Minden amplissimo fundati, Minden 1730 (STA MS, Mscr VII, Nr. 2421).

BURCHARD 1937 oder 1937/38: Max BURCHARD: Die Kirchenstuhlbücher von St. Martini als familiengeschichtliche Quelle. In: Mindener Heimatblätter 9, 1937/38, S. 5–64.
Bürgerschule: Die neue Bürgerschule. Ein Wort an Mindens Bürger zur Schulweihe am fünften Januar 1836. Minden 1836.
BURGER 1870/71: Ludwig BURGER, Die Denkmäler. In: Theodor FONTANE, Der Deutsche Krieg von 1866. Berlin 1870/71, Nachdruck Düsseldorf/Köln 1979.
BUSKE 1992: Stefan BUSKE, Wilhelm Salzenberg – Architekt des Historismus in Münster und Berlin. Ausstellungskatalog Stadtmuseum. Hrsg. von Hans Galen. Münster 1992.
BUSSE 1855: Carl Ferdinand BUSSE, Kreisgerichtshaus nebst gerichtlicher Gefangenen-Anstalt zu Minden. In: Zschridt für Bauwesen 5, 1855, Sp. 101–108, Atlas Bl. 13–20.
BUSSE 1989: Sabine BUSSE, Die Geschichte der Kinos in Minden. Vom Wanderkinematographen zum Programmkino (Typoskript im KAM). Bielefeld 1989.
BUSSMANN 1891: Ferdinand BUSSMANN, Die Porta Westfalica und das Wesergebirge. Führer durch das Wiehengebirge. Minden 1891.
CERVINUS 1908: J. D. Hirsch, Cui honor, reddite honorem! – Zum Andenken an Ernst Michael von Schwichow. In: Ravensberger Blätter 8, 1908, S. 20 ff.
COLE 1988: Doeglas COLE, Kindheit und Jugend von Franz Boas. In: Mindener Mitteilungen 60, 1988, S. 111–134.
CONRAD 1983: Horst CONRAD, Friedrich Ludwig Tenge. In: Rheinisch-westfälische Wirtschaftsbibliografien Band 11. Münster 1983, S. 56–92.
CRAMER 1910: Alfred CRAMER, Geschichte des Infanterie-Regiments Prinz Friedrich der Niederlande (2. Westfälisches) Nr. 15. Berlin 1910.
CRUSIUS 1995: Irene CRUSIUS (Hrsg.), Studien zum weltlichen Kollegiatstift in Deutschland. (Veröffentlichungen des Max-Planck-Instituts für Geschichte 114, Studien zur Germania Sacra 18). Göttingen 1995.
CULEMANN 1747/48: Ernst Albrecht Friedrich CULEMANN, Mindische Geschichte. Band I bis V. Minden 1747/48.
DALLMEYER 1995: Herbert DALLMEYER, Tietzels Denkmal. Die Geschichte eines Gutes in Minderheide. In: Mindener Mitteilungen 67, 1995, S. 57–75.
DAMMEYER 1957: Wilfried DAMMEYER, Der Grundbesitz des Mindener Domkapitels, Minden 1957.
DAUTERMANN 1991: Christoph DAUTERMANN, Die Bauvorschriften des Sachsenspiegels und ihre Behandlung in den Codices picturati. In: Ruth SCHMIDT-WIEGAND/Dagmar HÜPPER (Hrsg.), Der Sachsenspiegel als Buch. Frankfurt/Main 1991, S. 261–284 und 495–514.
DE REN 1982: Leo DE REN, De familie Robijn-Osten, Ieperse renaissance-Kunstnaars in Duitsland (Verhandlingen van de koniklijke Academie voor Wetenschappen, Lettern en Schonen Kunsten van Belgie, Kl. der Schonen Künsten 44). Brüssel 1982.
DEBUS 1913: DEBUS, Bürgerschule III. In: Festschrift zu dem 35. Westfälischen Provinzial-Lehrertage am 13., 14. und 15. Mai 1913 in Minden. Minden 1913, S. 49 f.
DEHIO Hessen 1982: Georg DEHIO, Handbuch der deutschen Kunstdenkmäler. Hessen. Bearb. v. Magnus Backes. München/Berlin 1982.
DEHIO Niedersachsen 1992: Georg DEHIO, Handbuch der Deutschen Kunstdenkmäler. Bremen und Niedersachsen. Bearb. v. Gerhard Weiß u. a. München/Berlin 1992.

Dehio Westfalen 1969: Georg Dehio, Handbuch der deutschen Kunstdenkmäler. Nordrhein-Westfalen, Band 2: Westfalen. Bearb. Von Dorothea Kluge und Wilfried Hansmann. München/Berlin 1969.

Dellwing/Lissem 1986: Herbert Dellwing/Udo Lissem, Stadt Koblenz – südliche Vorstadt und Oberwerth (Denkmaltopographie Bundesrepublik Deutschland. Kulturdenkmäler in Rheinland-Pfalz, Band 3.1). Düsseldorf 1986.

Denecke 1980: Dietrich Denecke, Sozialtopographie und sozialräumliche Gliederung der spätmittelalterlichen Stadt. Problemstellungen, Methoden und Betrachtungsweisen der historischen Wirtschafts- und Sozialgeographie. In: Josef Fleckenstein/Karl Stackmann (Hrsg.), Über Bürger, Stadt und städtische Literatur im Spätmittelalter. Bericht über Kolloquien der Kommission zur Erforschung der Kultur des Spätmittelalters 1975–1977 (Abhandlungen der Akademie der Wissenschaften in Göttingen, Philologisch-Historische Klasse 3, 121). Göttingen 1980, S. 161–202.

Diamant 1982: Adolf Diamant, Jüdische Friedhöfe in Deutschland – eine Bestandsaufnahme. Frankfurt a. M. 1982.

Dieckhoff 1929: Otto Dieckhoff, Weserbergland II. Teil (Hüpkes Reisehandbücher). 4. Auflage, Holzminden 1929.

Diekmann 1925 richtig Dieckmann 1925: [Karl] Dieckmann, Minden, Lübbecke, Bad Oeynhausen, Vlotho. Berlin 1925.

Diekmann 1928 richtig Dieckmann 1928: [Karl] Dieckmann, Minden, Lübbecke, Bad Oeynhausen, Vlotho. 3. Aufl., Berlin 1928.

Dingelstedt 1838: Franz Dingelstedt, Das Weserthal von Münden bis Minden. Cassel 1838, Neudruck Hildesheim/New York 1972.

Ditt 1983: Hildegard Ditt, Stadteinzugsbereich von Minden und Kulturraumgrenzen des Wesergebietes in der frühen Neuzeit. In: Wilfried Ehbrecht/Heinz Schilling (Hrsg.), Niederlande und Nordwestdeutschland. Studien zur Regional- und Stadtgeschichte Nordwestkontinentaleuropas im Mittelalter und in der Neuzeit. Franz Petri zum 80. Geburtstag (Städteforschung A 15). Köln 1983, S. 180–218.

Dittrich 1990: Lothar Dittrich, Erstmalig in Europa: Exotische Kostbarkeiten. Von Nashörnern, Affen und Papageien. In: Der Zoofreund. Zeitschrift der Zoofreunde Hannover 78, Dezember 1990, S. 2–9.

Döhler 1932: Benno Döhler, Die Inschrift an dem Hauses Königswall 51. In: Mindener Heimatblätter 10, 1932, Nr. 5.

Doose/Peters 1991: Conrad Doose/Siegfried Peters, Renaissancefestung Jülich. Jülich 1991.

Dortmunder Urkundenbuch III: Karl Rübel, Dortmunder Urkundenbuch, Band 3. Dortmund 1899.

Dove 1943: Walter Dove, Geschichte einer Mindener Bürgerfamilie. In: Mindener Heimatblätter 20, 1943, Nr. 5/6.

Dräger 1936: Wilhelm Dräger, Das Mindener Domkapitel und seine Domherren im Mittelalter. Diss. Münster. Wattenscheid 1936. Auch erschienen als: Mindener Jahrbuch 1936.

Drengemann 1957 und Drengemann 1958: G. Drengemann, Das Problem der Steinmetzzeichen– unter besonderer Berücksichtigung des Weserraumes. In: Mindener Heimatblätter 29/30, 1957/58, S. 264–269.

EBERT 2001: Helmuth EBERT, Lexikon der Bildenden und Gestaltenden Künstlerinnen und Künstler in Westfalen-Lippe. Münster 2001.

EBINGHAUS 1912: Hugo EBINGHAUS, Das Ackerbürgerhaus der Städte Westfalens und des Wesertales. Dresden 1912.

ECKERT 1980: Willehad Paul ECKERT, Die Dominikaner in Minden. In: Friedhelm SUNDERGELD (Bearb.), Land und Leuten dienen. Ein Lesebuch zur Geschichte der Schule in Minden, zum 450jährigen Bestehen im Auftrag des Ratsgymnasiums Minden. Minden 1980, S. 21–30.

EGGERS 1994: Cristian EGGERS, Grundherrschaft des Unternehmens. Die Wirtschaft des Klosters Loccum im 17. und 18. Jahrhundert. In: Carl-Hans HAUPTMEYER (Hrsg), Hannover und sein Umland in der frühen Neuzeit. Bielefeld 1994, S. 17–46.

EHBRECHT 1985: Winfried EHBRECHT, Stadtentwicklung bis 1324. In: Lippstadt. Beiträge zur Stadtgeschichte, Teil I. Lippstadt 1985, S. 19–88.

EHLERS 1984: Erna EHLERS, Karl Ehlers – Das Plastische Werk. Marl 1984.

Eisenbahn in Minden 1987: Die Eisenbahn in Minden – von der Coeln-Mindener-Eisenbahn bis zur Gegenwart (hrsg. vom Bundesbahn-Zentralamt Minden). Minden 1987.

EIYNCK 1991: Andreas EIYNCK, Häuser, Speicher, Gaden. Städtische Bauweisen und Wohnformen in Steinfurt und im nordwestlichen Münsterland vor 1650 (Denkmalpflege und Forschung in Westfalen 19). Bonn 1991.

ELLERBROCK/SCHUSTER 1997: Karl-Peter ELLERBROCK/Martina SCHUSTER (Hrsg.), 150 Jahre Köln-Mindener Eisenbahn. Essen 1997.

ELLMERS 1972: Detlev ELLMERS, Frühmittelalterliche Handelsschiffahrt in Mittel- und Nordeuropa. Diss Kiel 1968, Neumünster 1972.

ELLMERS 1987: Detlev ELLMERS, Frühe Schiffahrt auf Ober- und Mittelweser und ihren Nebenflüssen. Neue Forschungsergebnisse der Schiffsarchäologie. In: Jutta BACHMANN/Helmut HARTMANN (Hrsg.), Schiffahrt, Handel, Häfen. Beiträge zur Geschichte der Schiffahrt auf der Weser und Mittellandkanal (im Auftrag der Mindener Hafen GmbH zum 70jährigen Bestehen der Mindener Häfen erschienen). Minden 1987, S. 17–50.

ELLMERS 1990: Detlev ELLMERS, Die Verlagerung des Fernhandels vom öffentlichen Ufermarkt in die privaten Häuser der Kaufleute. In: Lübecker Schriften zu Archäologie und Kulturgeschichte 20, 1990, S. 101–118.

ELM 1977: Kaspar ELM, Termineien und Hospize der westfälischen Augustiner-Eremitenklöster Osnabrück, Herford und Lippstadt. In: Jahrbuch für westfälische Kirchengeschichte 70, 1977, S. 11–49.

ENGEL 1938: Gustav ENGEL, Geistiges Leben in Minden, Ravensberg und Herford während des 17. und 18. Jahrhunderts. In: 52. Jahresbericht des hist. Vereins für die Grafschaft Revensberg 1938, S. 1–158.

ENGEL 1956: Heinrich ENGEL, Die Banken in Minden. In: MT vom 3.11.1956.

FABER/MEYER 1985: Ulrike FABER/Monika MEYER, Weserrenaissance – Kunsthistorische Betrachtungen. In: Volker RODEKAMP (Hrsg.), Weserrenaissance in Minden. Architekturfragmente aus der Sammlung des Mindener Museums. Katalog zur Ausstellung des Mindener Museums, Minden 1985, S. 39–78.

Faber-Hermann 1989: Ulrike Faber-Hermann, Bürgerlicher Wohnbau des 19. und frühen 20. Jahrhunderts in Minden. Diss. Münster 1989 (im Druck mit anderer Seitenzählung, aber unter dem gleichen Namen erschienen: Münster 2000).

Faber-Hermann 1992: Ulrike Faber-Hermann, Wohnbauten der Neorenaissance in Minden. In: Renaissance 1992, S. 316–330.

Faber-Hermann 1994: Ulrike Faber-Hermann, Das Giebelhaus am Mindener Markt. In: Hildesheimer Heimatkalender 1994, S. 130–133.

Faber-Hermann 2000: Ulrike Faber-Hermann, Bürgerlicher Wohnbau des 19. und frühen 20. Jahrhunderts in Minden. Diss. Münster 1989. Münster 2000.

Faber-Hermann/Kaspar 1997: Ulrike Faber-Hermann/Fred Kaspar, Neustadt Minden. Die Köln-Mindener Eisenbahn fährt in die Festung. Minden 1997.

Faber-Hermann/Meier 1991: Ulrike Faber-Hermann/Monika Meier, Architektur um 1900. Öffentliche und private Bauten im wilhelminischen Minden. In: Joachim Meynert, Josef Mooser und Volker Rodekamp (Hrsg.), Unter Pickelhaube und Zylinder. Das östliche Westfalen im Zeitalter des Wilhelminismus 1888 bis 1914 (Studien zur Regionalgeschichte Band 1). Bielefeld 1991, S. 135–156.

Fabricius 1918: Cajus Fabricius, Karl von Tschirschky-Boegendorf. In: Jahrbuch des Vereins für die evangelische Kirchengeschichte Westfalens 20, 1918, S. 1–91.

Fama   Die Fama, Beilage zum Mindener Sonntagsblatt

Fauser 1978:   Alois Fauser, Repertorium älterer Topographie. Druckgraphik von 1486 bis 1750, Bd. 1.2. Wiesbaden 1978.

Festschrift Handwerkersäule 1998: Kreishandwerkerschaft Minden-Lübbecke (Hrsg.), Festschrift Handwerkersäule. Minden 1998.

Festschrift Kirchweihjubiläum 1993: Festschrift zum 250-jährigen Kirchweihjubiläum der Evangelisch-reformierten Petrikirche Minden 1743–1993. Maschinenschriftliche Vervielfältigung, Minden 1993 (Exemplar im LWL-Amt für Denkmalpflege in Westfalen, Münster).

Festschrift der städischen Realschule Minden (Westf.) 1836–1961. Minden 1961.

Festschrift Regierung 1904: Festschrift zur Einweihung des neuen Regierungsgebäudes zu Minden am 27. Oktober 1904. Bielefeld 1904.

Fischer 1913: Fischer, Bürgerschule II. In: Festschrift zu dem 35. Westfäl. Provinzial-Lehrertage am 13., 14. und 15. Mai 1913 in Minden. Minden 1913, S. 47–49.

Fischer 1989: Gernot Fischer, Balkendecken mit Preßstuck im Wesergebiet um 1600. In: Georg Ulrich Grossmann (Hrsg.), Adelshöfe in Westfalen. München 1989, S. 170–190.

Fischer/Reuter 1978: Franz Fischer/Rudolf Reuter, Maßnahmen an historischen Orgeln und Orgelgehäusen (1974–1976). In: Westfalen 56, 1978, S. 305–315.

Flaskamp 1955: Franz Flaskamp, Das Epitaph des Mindener Kanzlers Heinrich Bulle. In: Funde und Forschungen zur Westfälischen Geschichte. Gesammelte Aufsätze von Franz Flaskamp (Quellen und Forschungen zur westfälischen Geschichte 81). Münster 1955, S. 22–24 mit Anm. S. 122–124.

Flaskamp 1960: Franz Flaskamp, Westfälische Menschen aus neun Jahrhunderten. Gütersloh 1960.

Fok 1995:   Oliver Fok, Gaststätten im Landkreis Harburg – dargestellt anhand historischer Bauakten. In: Jahrbuch für Hausforschung 43, 1995, S. 179–202.

FORERO 1992: Albert FORERO, Militäranalyse – Britische Liegenschaften, Standort Minden. Minden 1992 (Hektograph. Mskr. bei der Stadt Minden, Amt für Liegenschaften und Wirtschaftsförderung).

FRANTZ 1912: H. FRANTZ, Zwei Kirchturm-Fachwerke aus Eisenbeton (St.-Simeons-Kirche in Minden). In: Deutsche Bauzeitung, Mitteilungen über Zement-, Beton- und Eisenbetonbau 9, 1912, S. 11–13.

FREDERKING 1933: Benno FREDERKING, Die Mindener Westorpe und ihre Bauten. In: Mindener Heimatblätter 11, 1933, Nr. 2.

FREILOGRATH/SCHÜCKING 1841: Ferdinand FREILIGRATH/Levin SCHÜCKING, Das malerische und das romantische Westphalen, Barmen/Leipzig 1841, Nachdruck Hildesheim 1974.

FRENSDORFF 1882: Ferdinand FRENSDORFF, Dortmunder Statuten und Urtheile (Hansische Geschichtsquellen 3). Halle a. d. Saale 1882.

FRIE 1909: Bernhard FRIE, Die Entwicklung der Landeshoheit der Mindener Bischöfe, Münster 1909.

Friedrich Wilhelm IV. 1995: Friedrich Wilhelm IV. Künstler und König. Zum 200. Geburtstag. Katalog zur Ausstellung 1995 in der Neuen Orangerie im Park von Sanssouci, Stiftung Preußische Schlösser und Gärten Berlin-Brandenburg. Frankfurt 1995.

FRITSCH 1895: Karl Emil Otto FRITSCH, Der Kirchenbau des Protestantismus von der Reformation bis zur Gegenwart. Berlin 1895.

FS Landwirtschaftsschule 1957: Festschrift zum 75jährigen Bestehen der Landwirtschaftsschule Minden (Westf.). Minden 1957.

FS Regierung 1906: Festschrift zur Einweihung des neuen Regierungs-Gebäudes in Minden. Bielefeld 1906.

Führer durch die Stadt Minden i. W. 1913: Führer durch die Stadt Minden i. W. und deren nächste Umgebung. Minden 1913.

Führer Museum 1922: Führer durch die Sammlungen des Heimatmuseums Minden in Westfalen (bearbeitet von Stadtbauführer M. Matthey). Minden 1922.

Führer Museum 1929: Führer durch die Sammlungen des Heimatmuseums Minden in Westfalen (bearbeitet von Stadtbauführer M. Matthey). 2. Aufl., Minden 1929.

FUHRING/LUIJTEN 1997: Peter FUHRING/Ger LUIJTEN, Vredeman de Vries, Teil I: 1550–1571 (Hollstein's Dutch and Flemish etchings, engravings and woodcuts 1450–1700, Vol. 47). Rotterdam 1997.

FUHRMEISTER 1999: Christian FUHRMEISTER, Es entwickelte sich in Minden ein kleiner Religionskrieg: Das Schlageter-Denkmal an der Porta Westfalica (1933/34), ein Fallbeispiel für den Symbolkampf zwischen Christenkreuz und Hakenkreuz in den ersten Jahren des Nationalsozialismus. In: Westfalen 77, 1999, S. 350–379.

FUNK 1809: Franz Ernst Theodor FUNK, Beschreibung der Saline Neusalzwerk. In: Beiträge zur allgemeinen Wasserbaukunst oder ausführliche Maschinen-Berechnungen und andere hydraulische Untersuchungen, mit besonderer Anwendung auf der die Saline Neusalzwerk im Weser-Departement, Distrikt Bielefeld, des Königreichs Westfalen. Lemgo 1809.

FUNK 1812: Franz Ernst Theodor FUNK, Abhandlung über die vorzügliche Anwendbarkeit der Bohlenbogen zu hölzernen Brücken, die große Öffnungen überspannen. Rinteln 1812.

FUNK 1993:   Michael FUNK, Unternehmerkultur in Ostwestfalen. In: Technische Kultur-Denkmale 27, 1993, S. 36.
FUNK/DEBO 1851: Adolf FUNK/Ludwig DEBO, Die Eisenbahnen im Königreich Hannover. In: Allgemeine Bauzeitung 16, 1851, S. 213–289.
GALLE 1989:   Georg GALLE, Kammer und Kommissariat. Die Entwicklung der Kammer- und Kommissariatsverwaltung in Minden-Ravensberg zur Zeit Friedrich Wilhelm I. In: Mindener Mitteilungen 61, 1989, S. 45–69.
Gas 1990:   200 Jahre Gas in Minden 1790–1990. Hrsg. von den Stadtwerken Minden. Texte von Werner HEUSER und Klaus ATTIG. Minden 1990.
GAUL 1951:   Otto GAUL, die steinernen Ziergiebel des 16. Jahrhunderts in Ostwestfalen und Lippe. Ein Beitrag zur Stilentwicklung der Spätgotik und Renaissance. In: Westfalen 29, 1951, S. 208–220.
GAUL 1958:   Otto GAUL, Zierschnitzereien der Renaissance an lippischen Fachwerkbauten. In: Lippische Mitteilungen aus Geschichte und Landeskunde 27, 1958, S. 53–102.
GAUL/KORN 1983: Otto GAUL/Ulf-Dietrich KORN, Die Bau- und Kunstdenkmäler der Stadt Lemgo (Die Bau- und Kunstdenkmäler von Westfalen, Band 49, Teil 1). Münster 1983.
GEISBERG I, 1932: Max GEISBERG, Die Stadt Münster. Teil 1: Die Ansichten und Pläne – Grundlage und Entwicklung. Die Befestigung. Die Residenzen der Bischöfe (Bau- und Kunstdenkmäler von Westfalen 41). Münster 1932.
GEISBERG IV, 1935: Max GEISBERG, Die Stadt Münster. Teil 4: Die profanen Bauwerke seit dem Jahr 1701 (Bau- und Kunstdenkmäler von Westfalen 41). Münster 1935.
GELDERBLOM 1950: Hans GELDERBLOM, Die Kriegsschicksale der Mindener Kirchen. In: Mindener Heimatblätter 22, 1950, Nr. 2, S. 9–11, Nr. 3, S. 4–6.
GELDERBLOM 1964: Hans GELDERBLOM, Die Grabungen und Funde im Mindener Dom (Mindener Beiträge 10). Minden 1964, S. 13–48.
GELDERBLOM 1967: Hans Gelderblom, Der Kreuzgang am Dom zu Minden. Minden 1967 (erschienen zugleich in Mindener Mitteilungen 39, 1967, S. 1–36).
GELERKE 1990: Gregor GELERKE, Bergbau in Minden-Ravensberg. Aus einem Bericht des Bergmeisters Brassert von 1862. In: Mindener Mitteilungen 62, 1990, S. 163–170.
GELLERT 1994: Andrea GELLERT, Minden – eine gesunde Stadt? Maschinenschriftlich, Bielefeld 1994.
GERHOLD 1995: Claudia GERHOLD, Das Dachwerk der St. Martini-Kirche in Minden/Westf. Das Quergiebeldach einer westfälischen Hallenkirche des 14. Jahrhunderts. Abschlußarbeit für das Aufbaustudium Denkmalpflege der Otto-Friedrich-Universität Bamberg und der Fachhochschule Coburg. Text- und Tafelband. Manuskript, Bamberg 1995. (Exemplar im LWL-Amt für Denkmalpflege in Westfalen, Münster).
GERLACH 1986: Hans-Henning GERLACH, Atlas zur Eisenbahngeschichte. Zürich 1986.
Gerresheim 1964: 100 Jahre Gerresheimer Glas 1864–1964 (hrsg. von der AG der Gerresheimer Glashüttenwerke). Düsseldorf 1964.
GIESSELMANN 1991: Roland GIESSELMANN: »Die Provinz Westfalen: Hurrah!«. Das Kaiser-Wilhelm-Denkmal an der Porta Westfalica 1888–1896. In: Joachim MEYNERT, Josef MOOSER und Volker RODEKAMP (Hrsg.), Unter Pickelhaube und Zylinder. Das östliche Westfalen im Zeitalter des Wilhelminismus 1888 bis 1914 (Studien zur Regionalgeschichte Band 1). Bielefeld 1991, S. 177–210.

GÖBEL 1993:   Ilka GÖBEL, Die Mühle in der Stadt, Müllerhandwerk in Göttinge, Hameln und Hildesheim vom Mittelalter bis ins 18. Jahrhundert. Bielefeld 1993.
GOEHRTZ 1941   Emil GOEHRTZ, Das Bürgerhaus im Regierungsbezirk Hannover und seinen Nachbargebieten. Göttingen 1941.
GÖRLER 1993:   Hans Ulrich GÖRLER (Hrsg.), Diakonissenanstalt Salem-Köslin in Minden 125 Jahre. Minden 1993.
GOHLKE 1911:   Wilhelm GOHLKE, Geschichte der gesamten Feuerwaffen bis 1850 – die Entwicklung der Feuerwaffen von ihrem ersten Auftreten bis zur Einführung der gezogenen Hinterlader, unter besonderer Berücksichtigung der Heeresbewaffnung. Leipzig 1911.
GOHLKE 1977:   W. GOHLKE, Die Geschiche der gesamten Feuerwaffen bis 1850. Berlin 1911 (2. erweiterte Auflage Krefeld 1977).
GORENFLO 1988: Roger M. GORENFLO, Verzeichnis der bildenden Künstler von 1880 bis heute. Ein biographisch-bibliographisches Nachschlagewerk zur Kunst der Gegenwart. 3 Bde. Rüsselsheim 1988.
GRAEFE 1989:   Rainer GRAEFE, Zur Geschichte des Konstruierens. Stuttgart 1989.
GRÄTZ 1997:   Theodor und Horst GRÄTZ, Minden – unbekannte Photographien 1889 bis 1939. Herausgegeben von Karin BRINKMANN-GRÄTZ und Thomas AHLERT. Minden 1997.
GRÄTZ 1998:   Horst GRÄTZ, Minden 1940–1950. Photographien aus einem bewegenden Jahrzehnt. Herausgegeben von Karin BRINKMANN-GRÄTZ und Thomas AHLERT. Minden 1998.
GRAUTOFF 1880: GRAUTOFF, Beschreibung der neuen Gebäude. In: Evangelisches Gymnasium und Realschule I. Ordnung zu Minden. Festschrift zur Feier der Einweihung des neuen Schulgebäudes und dem 350jährigen Bestehen des Gymnasiums. Minden 1880, S. 37–54.
GROHS 1987:   Wolfgang GROHS, Projekte zur Verbesserung der Schiffbarkeit auf der Oberweser und ihren Zuflüssen. In: Jutta BACHMANN/Helmut HARTMANN (Hrsg.), Schiffahrt, Handel, Häfen. Beiträge zur Geschichte der Schiffahrt auf der Weser und Mittellandkanal (im Auftrag der Mindener Hafen GmbH zum 70jährigen Bestehen der Mindener Häfen erschienen). Minden 1987, S. 233–255.
GRÖNEGRESS 1975: Herbert GRÖNEGRESS, Die Stiftungsurkunde Friedrichs des Großen für das Ordenskreuz des Marienstiftes zu Minden. In: Mindener Mitteilungen 47, 1975, S. 130–137.
GROSSMANN 1924: Karl GROSSMANN, Kirche und Bergbau. In: Mindener Heimatblätter 2, 1924, Nr. 2.
GROSSMANN 1983: Georg Ulrich GROSSMANN, Östliches Westfalen – Kunst und Kultur zwischen Soest und Paderborn, Minden und Warburg. Köln 1983.
GROSSMANN 1989: Georg Ulrich GROSSMANN, Renaissance entlang der Weser. Kunst und Kultur in Nordwestdeutschland zwischen Reformation und Dreißigjährigem Krieg, Köln 1989.
GROSSMANN 1989: Karl GROSSMANN, Katalog der Mindener Leichenpredigtsammlung (Mindener Beiträge 14). Minden 1972, S. 174.

GROSSMANN 1992: Georg Ulrich GROSSMANN, Die Renaissance der Renaissance-Baukunst. Eine Einführung mit Blick auf den Weserrraum. In: Renaissance der Renaissance. Ein bürgerlicher Kunststil im 19. Jahrhundert. Aufsätze (Schriften des Weserrenaissance-Museums Schloß Brake 6). München 1992, S. 201–223.

GROSSMANN 1993: Georg Ulrich GROSSMANN, Einführung in die historische Bauforschung. Darmstadt 1993.

GROSSMANN 1996: Georg Ulrich GROSSMANN, Die Maler tom Ring und die Architektur. In: Angelika LORENZ (Hrsg.), Die Maler tom Ring. Ausstellungskatalog Westfälisches Landesmuseum für Kunst- und Kulturgeschichte. Münster 1996, Bd. 1, S. 151–171; Bd. 2, S. 619 f.

GROTEFEND 1873: Carl L. GROTEFEND, Die Chronik des Stifts SS. Mauritii et Simeonis zu Minden. In: Zeitschrift des Historischen Vereins für Niedersachsen 1873, S. 143–178.

GRUBER 1994: Karl GRUBER, Das deutsche Rathaus. München 1943.

GRÜNER 1967: Gustav GRÜNER, Die Entwicklung der höheren technischen Fachschulen im deutschen Sprachgebiet. Braunschweig 1967.

GÜNTHER 1963: Pfarrer GÜNTHER, Denkschrift zur Renovierung der St.-Simeonis-Kirche zu Minden in Westfalen. Manuskript 1963 (in Münster, LWL-Archiv, C 76, Nr. 543).

GÜNTHER 1977: K. GÜNTHER, Die Ausgrabungen auf dem Domhof in Minden 1974–1977. In: Hans NORDSIEK, Zwischen Dom und Rathaus. Minden 1977, S. 21–35.

GÜNTHER 1999 Klaus GÜNTHER (Hrsg.), Klosterkirche, Burgkapelle, Familiengrab? Ergebnisse eines interdisziplinären Kolloquiums auf der Wittekindsburg (Archäologie in Ostwestfalen 4). Bielefeld 1999.

GÜNTZEL 1997: Jochen Georg GÜNTZEL, Herrmann Cuno Heufer (1851–1928), Stadtbaumeister, Privatarchitekt und Leiter der »Lippischen Baugewerkschule«. In: Eckhart BERGMANN/Jochen Georg GÜNTZEL (Hrsg.), Baumeister und Architekten in Lippe. Bielefeld 1997.

HAARLAND 1835: HAARLAND, Beitrag zur Geschichte der vormaligen evangelisch reformierten, jetzt evangelischen Petri-Gemeinde in der Stadt Minden. Colligiert und dargestellt aus archivalischen Verhandlungen. Minden 1835 (zugleich Mindener Sonntagsblatt 1835, S. 204–207, 209–212).

HAAS/KRAMER 1985: Walter HAAS/Johannes CRAMER, Klosterhöfe in norddeutschen Städten. In: Cord MECKSEPER (Hrsg.), Stadt im Wandel. Kunst und Kultur des Bürgertums 1150–1650. Landesausstellung Niedersachsen 1985. Ausstellungskatalog, Bd. 3: Aufsätze. Stuttgart/Bad Cannstatt 1985, S. 399–440.

HABERMAYER 1983: Robert HABERMAYER, Mauerwerkstechnik und Steinbearbeitung der romanischen Zeit im ehemaligen Bistum Minden. Diss. 1982, Hannover 1983.

HAGELS 1934: HAGELS, Der alte Steinbau. 1934.

HAGEMANN 1985: Gunter HAGEMANN, Die Festung Lippstadt (Denkmalpflege und Forschung in Westfalen 8). Bonn 1985.

HAGSPIEL 1996: Wolfram HAGSPIEL, Köln – Marienburg. Bauten und Architekten eines Villenvorortes (Stadtspuren. Denkmäler in Köln, Band 8). Köln 1996.

HAGSPIEL 1998: Wolfram HAGSPIEL, Carl Moritz 1863–1944, der »Hausarchitekt« des Barmer Bankvereins. In: Johannes BUSMANN u. a. (Hrsg.), Kunst und Architektur. Festschrift für Hermann J. Mahlberg zum 60. Geburtstag. Wuppertal 1998, S. 58–65.

Hahlen 1990: Hahlen – lebendiger Ort mit alter Geschichte. Minden 1990.

Hähnel 1975: Joachin Hähnel, Stube – Wort- und sachgeschichtliche Beiträge zur historischen Hausforschung. Münster 1975.

Hanke/Degner 1935: Max Hanke/Hermann Degner, Geschichte der amtlichen Kartographie Brandenburg-Preußens bis zum Ausgang der friderizianischen Zeit (Geographische Abhandlungen Dritte Reihe, Heft 7). Stuttgart 1935.

Hänsel-Hohenhausen 1991: Markus Hänsel-Hohenhausen, Clemens August Freiherr Droste zu Vischering, Erzbischof von Köln. Egelsbach 1991.

Hansen 1966: Wilhelm Hansen, Fachwerkbau im Oberweserraum. In: Kunst und Kultur im Weserraum 800–1600, Katalog Corvey. Münster 1966.

Hansen/Kreft 1980: Wilhelm Hansen/Herbert Kreft, Fachwerk im Weserraum. Hameln 1980.

Harries 1987: Dieter Harries, Geschichte der Wasser- und Schiffahrtsverwaltung unter besonderer Berücksichtigung Mindens und des Weserraumes. In: Jutta Bachmann/Helmut Hartmann (Hrsg.), Schiffahrt, Handel, Häfen. Beiträge zur Geschichte der Schiffahrt auf der Weser und Mittellandkanal (im Auftrag der Mindener Hafen GmbH zum 70jährigen Bestehen der Mindener Häfen erschienen). Minden 1987, S. 399–417.

Harting 2000: Harting 1945–2000. Informationsschrift der Fa. Harting KGaA. Espelkamp 2000.

Hartung 1853: F. Hartung, Der Weserübergang der Köln-Mindener Eisenbahn. In: Allgemeine Bauzeitung 1853, S. 265–269.

Hartung 1855: F. Hartung, Der Bahnhof Minden. In: Allgemeine Bauzeitung 20, 1855, S. 266–268, Abb. Bl. 719.

Hasseberg 1929: Adolf Hasseberg, Der Kampf des Dietrich Reckefuß und seiner Freunde um Duldung und Anerkennung. In: Mindener Heimatblätter 7, 1929, Nr. 1–7.

Hasseberg 1932: Adolf Hasseberg, Aus den Glaubenskämpfen der Mindener Quäkerfamilien 1796–1800. In: Mindener Heimatblätter 10, 1932, Nr. 8 und 9.

Heckmann 1998: Hermann Heckmann, Baumeister des Barock und Rokoko in Brandenburg-Preußen. Berlin 1998.

Heil 1987: Georg Heil, Gegen den Strom. Über den Menschen- und Pferdelinienzug. In: Jutta Bachmann/Helmut Hartmann (Hrsg.), Schiffahrt, Handel, Häfen. Beiträge zur Geschichte der Schiffahrt auf der Weser und Mittellandkanal (im Auftrag der Mindener Hafen GmbH zum 70jährigen Bestehen der Mindener Häfen erschienen). Minden 1987, S. 143–170.

Heimann 1987: Hans Heimann, Mittelweser – Maßnahmen an der Schiffahtsstraße. In: Jutta Bachmann/Helmut Hartmann (Hrsg.), Schiffahrt, Handel, Häfen. Beiträge zur Geschichte der Schiffahrt auf der Weser und Mittellandkanal (im Auftrag der Mindener Hafen GmbH zum 70jährigen Bestehen der Mindener Häfen erschienen). Minden 1987, S. 277–292.

Heine 1956: Heinrich Heine, Werke in einem Band. Ausgewählt und eingeleitet von Walter Vontin. Jubiläumsausgabe Hamburg 1956.

Heine 1973: Wilhelm Heine, Die Glashütten an der Porta Westfalica. In: Mindener Mitteilungen 45, 1973, S. 89–106.

Heintz 1987   Cornelia Heintz, Die topographische Entwicklung des mittelalterlichen Stadtkerns unter besonderer Berücksichtigung der Bäckerstraße. In: Bendix Trier (Hrsg.), Ausgrabungen in Minden. Bürgerliche Stadtkultur des Mittelalters und der Neuzeit. Münster 1987, S. 15–30.

Heisterholz 1973: Festschrift 100 Jahre Heisterholz 1873–1973, Minden 1973.

Hengst I 1992: Karl Hengst (Hrsg.), Westfälisches Klosterbuch, Band 1. Münster 1992.

Henke 2000:   Johannes Henke, Von der Königlichen Saline Neusalzwerk bei Rehme zu den Anfängen des Königlichen Solbades Oeynhausen. Bad Oeynhausen 2000.

Henke-Bockschatz 1993: Gerhard Henke-Bockschatz, Glashüttenarbeiter in der Zeit der Frühindustrialisierung. Hannover 1993.

Herold 1930:   Richard Herold, Vom Mindener Gymnasium in den letzten 100 Jahren. Festschrift zu seinem 400jährigen Bestehen. Minden 1930.

Herzfeld 1996:   Erika Herzfeld, Preußische Manufakturen – Großgewerbliche Fertigung von Porzellan, Seide, Gobelins, Uhren, Tapeten, Waffen, Papier u. a. im 17. und 18. Jahrhundert in und um Berlin. Berlin 1996.

Herzig 1978:   Arno Herzig, Das Sozialprofil der jüdischen Bürger von Minden im Übergang vom 18. bis 19. Jahrhundert. In: Mindener Mitteilungen 50, 1978, S. 45–70.

Herzog 1979:   Bode Herzog und Klaus J. Mattheier, Fanz Haniel 1779–1868. Materialien, Dokumente und Untersuchungen zu Leben und Werk des Industriepioniers. Bonn 1979.

Hilker 2000:   Evelyn Hilker, Öffentliche Grünanlagen in Ostwestfalen-Lippe. In: Querbeet durch historische Gärten in Ostwestfalen-Lippe (Schriften der Historischen Museen der Stadt Bielefeld 16). Bielefeld 2000, S. 165 ff.

Hille 1959:   Erhard Hille, 25 Jahre Dr. Ing. Boehme & Co. Köln 1959.

Hobein 1987:   Beate Hobein, Vom Tabaktrinken und Rauchschlürfen. Hagen 1987.

Hoelscher 1877: Ludwig August Theodor Holscher, Beschreibung des vormaligen Bisthums Minden. Münster 1877.

Hoffmann/Beutelspacher 2000: Christiane Hoffmann/Martin Beutelspacher, Als Minden eine Festung war (1500–1873) (Der historische Ort 82). Berlin 2000.

Hofmeister 1956: Hans Hofmeister, Rechts und links der Weser – Eine kleine Monographie des Landkreises Minden. In: 100 Jahre Mindener Tageblatt. Minden 1956, Teil II, S. 1–93.

Hohmann 1990: Klaus Hohmann, Bauten des Historismus in Paderborn 1800–1920. Paderborn 1990.

Hollstein o. J. Friedrich Wilhelm Heinrich Hollstein, German Engravings, Etchings and Woodcuts ca. 1400–1700. Amsterdam 1954 ff.

Holscher 1877: Ludwig August Theodor Holscher, Beschreibung des vormaligen Bisthums Minden. In: Zeitschrift für vaterländische Geschichte und Alterthumskunde 35, 1877, 2. Abteilung S. 1–95 (als Sonderdruck erschienen Münster 1877).

Hoof/Korn 1998: Manfred Hoof/Ulf-Dietrich Korn, Das Fort C der Mindener Bahnhofsbefestigung. In: Denkmalpflege in Westfalen-Lippe 1998, Heft 2, S. 59–67.

Hoppe 1951:   Hoppe & Homann 1876–1951, Festschrift zum 75jährigen Bestehen der Firma, Minden 1951.

HORMANN 1953: HORMANN, Die Flurnahmen der Gemeinde Todtenhausen. In: Mindener Heimatblätter 25, 1953, S. 97–102.

HORSTMANN 1932: Kurt HORSTMANN, Alte Mindener Flurnamen. In: Mindener Heimatblätter 10, 1932, Nr. 1.

HORSTMANN 1935 oder HORSTMANN 1934/35: Kurt HORSTMANN: Die Entwicklung von Landschaft und Siedlung in der Umgebung Mindens. In: Mindener Jahrbuch 7, 1934/35, S. 7–72.

HORSTMANN 1993: Hartmut HORSTMANN, Der letzte Quäker starb 1851 in Volmerdingsen. In: Westfalen-Blatt (Minden) vom 24.7.1993.

HÜLSMANN 1971: Paul HÜLSMANN, Die Kanzel von St. Simeonis in Minden. Ein Beitrag zur Weserrenaissance. In: Mindener Mitteilungen 43, 1971, S. 13–20.

HÜLSMANN 1977: Paul HÜLSMANN, Die St.-Simeon-Kirche in Minden. Eine baugeschichtliche Betrachung. In: Mindener Mitteilungen 49, 1977, S. 94–120.

HÜLSMANN 1979: Paul HÜLSMANN, Die Kanzel von 1608. In: Ursula SCHNELL (Hrsg.), St. Martini zu Minden. Minden 1979, S. 42–48.

IGEL 2001: Karsten IGEL, Zentren der Stadt. Überlegungen zur Stadtgestalt und Topographie des spätmittelalterlichen Osnabrücks. In: Osnabrücker Mitteilungen 106, 2001, S. 11–32.

ILGEN 1889: Theodor ILGEN, Die Westfälischen Siegel des Mittelalters. Heft III. Die Siegel der geistlichen Corporationen und der Stifts-, Kloster- und Pfarrgeistlichkeit. Münster 1889.

IMHOF 1996: Michael IMHOF, Historisches Fachwerk. Zur Architekturgeschichte im 19. Jahrhundert in Deutschland, Großbritannien, Frankreich, Österreich, der Schweiz und der USA. Bamberg 1996.

Im Wandel 1992: Im Wandel der Zeit. 100 Jahre Westfälisches Amt für Denkmalpflege, hrsg. vom Landschaftsverband Westfalen-Lippe und Museum für Kunst- und Kulturgeschichte der Stadt Dortmund. Münster 1992.

In beiderley Gestalt 1983: In beiderley Gestalt. Evangelisches Altargerät von der Reformation bis zur Gegenwart. Eine Ausstellung des Kreises Unna. Unna 1983.

Inventar zur Geschichte der preußischen Bauverwaltung 1723–1848 (Veröffentlichungen aus den Archiven Preußischer Kulturbesitz, Arbeitsberichte 7), Geheimes Staatsarchiv PK. Berlin 2005.

IRSIGLER 1996: Franz IRSIGLER, »ind machden alle lant beirs voll«. Zur Diffusion des Hopfenbierkonsums im westlichen Hanseraum. In: Günter WIEGELMANN/Ruth-E. MOHRMANN (Hrsg.), Nahrung und Tischkultur im Hanseraum. Münster 1996, S. 377–398.

ISENBERG 1977 a: Gabriele ISENBERG, Die Ausgrabungen an der Bäckerstraße in Minden 1973–1976. In: Westfalen 55, 1977, S. 427–449.

ISENBERG 1977 b: Gabriele ISENBERG, Stadtkernarchäologische Untersuchungen an der Bäckerstraße in Minden 1973–1976. In: Hans NORDSIEK (Hrsg.), Zwischen Dom und Rathaus. Minden 1977, S. 129–146.

ISENBERG 1983 a: Gabriele ISENBERG, Zur ursprünglichen Baugestalt der Stiftskirche St. Johannis in Minden. Ein Vorbericht über die Ausgrabungen 1977 und 1979. In: Westfalen 61, 1983, S. 107–110.

ISENBERG 1983 b: Gabriele ISENBERG, Zur Frage der Lokalisierung des Mindener Wichgrafenhofes. In: Westfalen 61, 1983, S. 111–115.

ISENBERG 1983: Gabriele ISENBERG, Zur Frage der Lokalisierung des Mindener Wichgrafenhofes. Ein Vorbericht über die Ausgrabungen an der Hellingstraße in Minden 1978. In: Westfalen 61, 1983, S. 111–115.

ISENBERG 1987: Gabriele ISENBERG, Zur Siedlungsentwicklung an der Bäckerstraße nach den Befunden der Ausgrabungen 1973–1979. In: Bendix TRIER (Hrsg.), Ausgrabungen in Minden. Bürgerliche Stadtkultur des Mittelalters und der Neuzeit. Münster 1987, S. 30–48 und Abbildungen S. 205–248.

ISENBERG 1988: Gabriele ISENBERG, Mittelalterlicher Holzwohnbau aus archäologischer Sicht. Neuere Befunden zum städtischen Wohnbau des Mittelalters in Westfalen. In: Günter WIEGELMANN/Fred KASPAR (Hrsg.), Beiträge zum städtischen Bauen und Wohnen in Nordwestdeutschlandvon). Münster 1988, S. 17–26.

ISENBERG 1991: Gabriele ISENBERG, Ausgrabungen 1986 im Dom St. Petrus und Gorgonius zu Minden. In: Ausgrabungen und Funde in Westfalen-Lippe 6/B, 1991, S. 79–110.

ISENBERG 1992: Gabriele ISENBERG, Bemerkungen zur Baugeschichte des Mindener Doms. In: Westfalen 70, 1992, S. 92–111.

ISENBERG/LOBBEDEY 1974: Gabriele ISENBERG/Uwe LOBBEDEY, Scherben schreiben Geschichte. Archäologische Stadtkernforschung Minden-Bäckerstraße. Münster 1974.

ISENBERG/PEINE 1998: Gabriele ISENBERG/Hans-Werner PEINE, Was sucht das Gold im Schlamm – Archäologische Spurensuche in der Mindener Bäckerstraße (Hrsg. von der Stadt Minden und dem Westfälischen Museum für Archäologie, Amt für Bodendenkmalpflege). Minden 1998.

ISRAEL 1995: Uwe ISRAEL, Zwei Bildquellen zum Augsburger Reichstag von 1530. In: Geschichte in Wissenschaft und Unterricht 46, 1995, S. 81–95.

JAKOBI 2004: Verena JAKOBI, Die städtebauliche Konzeption der drei nordhessischen Plandörfer Neu-Berich, Neu-Brinkhausen und Neu-Asel. In: Denkmalpflege und Kulturgeschichte in Hessen, 4, 2004, S. 27–33.

JAHR 1927: Hermann JAHR, Der bürgerliche Wohnbau in Minden. Ein Beitrag zur Geschichte des niedersächsischen Bürgerhauses (Mindener Jahrbuch 4, 1928/1929). Minden 1929.

Jahresbericht Köln-Mindener Eisenbahn: Bericht der Direktion der Köln-Mindener-Eisenbahn-Gesellschaft über Bau und Betrieb der unter ihrer Verwaltung stehenden Eisenbahnen. Jährliches Erscheinen 1848 bis 1879 in Köln.

JANSSONIUS 1657: Johannes JANSSONIUS, urbium totius germaniae speriosis. Amsterdam 1657.

JELLINGHAUS 1913: Hermann JELLINGHAUS, Eine Geldsammlung für die Mindener Simeonskirche in London und Amsterdam 1763. In: Ravensberger Blätter für Geschichts-, Volks- und Heimatkunde 13, 1913, S. 53–54.

JOHANNEK 1984: Peter JOHANNEK, Eicke von Repgow, Hoyer von Falkenstein und die Entstehung des Sachsenspiegels. In: Helmut JÄGER/Franz PETRI/Heinz QUIRIN (Hrsg.), Civitatum communitas. Studien zum europäischen Städtewesen. Festschrift Heinz Stoob zum 65. Geburtstag. Köln/Wien 1984, S. 716–755.

JOST 1998: Bettina JOST, Vier Gedenktafeln für die Gefallenen der Befreiungskriege (1813–1815) in Minden. In: Denkmalpflege in Westfalen-Lippe 1, 1998, S. 13–18.

Jost 1998: Bettina Jost, Spätklassizistische Altarleuchter der Berliner Eisengießerei in Minden. In: Denkmalpflege in Westfalen-Lippe 1997, S. 3–8.

Jucho 1926: Max Jucho, Alte Hammer Bauten. In: 700 Jahre Stadt Hamm (Westf.), hrsg. vom Magistrat der Stadt Hamm. Hamm 1926, S. 177–230.

Junghanns 1959: Kurt Junghanns, Die deutsche Stadt im Frühfeudalismus. Berlin 1959.

Junkelmann 1985: Marcus Junkelmann, Die Eisenbahn im Krieg. In: Zug der Zeit – Zeit der Züge, Katalog. Berlin 1985, S. 232–247.

Jürgens 1989: Renate Jürgens, Malerei und Plastik im Bereich der »Weserrenaissance« – ein Überblick. In: Georg Ulrich Grossmann (Hrsg.), Renaissance im Weserraum, Bd. 2: Aufsätze. München 1989, S. 71–92.

Jütte 1991: Robert Jütte, Das Stadtviertel als Problem und Gegenstand der frühneuzeitlichen Stadtgeschichtsforschung. In: Blätter für Deutsche Landesgeschichte 127, 1991, S. 235–269.

Kahre 1970: Wilhelm Kahre, Rückblick auf 25 Jahre Mindener Theatergeschichte. Maschinenschriftlich, Minden 1970.

Kaib 1992: Hildegard Kaib, Minden – Franziskaner. In: Karl Hengst (Hrsg.), Westfälisches Klosterbuch, Band 1. Münster 1992, S. 634.

Kaib 1992 a: Hildegard Kaib, Minden – Minoriten. In: Karl Hengst (Hrsg.), Westfälisches Klosterbuch, Band 1. Münster 1992, S. 632–634..

Kaiser 1994: Stephan Kaiser, Das deutsche Militärbauwesen. Untersuchungen zur Kasernierung deutscher Armeen vom Anfang des 19. Jahrhunderts bis zum Zweiten Weltkrieg. Diss. Mainz 1994.

Kaiser 1995: Hermann Kaiser, Der Große Durst. Von Biernot und Branntweinfeinden – rotem Bordeaux und schwarzem Kaffee. Cloppenburg 1995.

Kameke 1843: H. F. Kameke, Sammlung von Steindruckzeichnungen, durch welche die Einrichtung der materiellen Gegenstände der Preussischen Artillerie bildlich dargestellt ist. 2. Aufl. Berlin 1843.

Kanold 1908: Paul Kanold, Über die Farbe in der Architektur. In: Zentralblatt der Bauverwaltung 28/1908, S. 242–246, 254–256.

Kanold 1910: Paul Kanold, Das neue Kreishaus und seine Umgebung in Minden. In: Zentralblatt der Bauverwaltung 30, 1910, S. 337–340 (Abb. auf S. 341–343).

Kanold Kreishaus 1907: Paul Kanold, Das neue Kreishaus in Minden. In: Zentralblatt der Bauverwaltung 27, 1907, S. 31–33.

Kanold Regierung 1907: Paul Kanold, Das neue Regierungsgebäude in Minden. In: Zentralblatt der Bauverwaltung 27, 1907, S. 1–4 sowie Abb. 7 und 8 auf S. 5.

Kanold Regierung 1910: Paul Kanold, Das neue Regierungsgebäude in Minden. In: Zeitschrift für das Bauwesen 60, 1910, Sp. 5–26, Atlas Tafel 4–7.

Kanold Stadttheater 1907: Paul Kanold, Das neue Stadttheater in Minden. In: Zentralblatt der Bauverwaltung 27, 1907, S. 349–352.

Karrenbrock 1993: Reinhard Karrenbrock, Adam Stenelt. In: Westfalen in Niedersachsen (Begleitband zu den Ausstellungen in Münster, Cloppenburg, Osnabrück und Schloß Iburg 1993/1994). Cloppenburg 1993, S. 215–219.

Kaspar 1986: Fred Kaspar, Fachwerkbauten des 14. bis 16. Jahrhunderts in Westfalen (Beiträge zur Volkskultur in Nordwestdeutschland, Heft 52). Münster 1986.

Kaspar 1987: Fred Kaspar, Zur Entwicklung des profanen Bauwesens in nordwestdeutschen Städten. Ergebnisse der Bauforschung und der Archäologie. In: Bendix Trier (Hrsg.), Ausgrabungen in Minden. Bürgerliche Stadtkultur des Mittelalters und der Neuzeit. Münster 1987, S. 49–64.

Kaspar 1993: Fred Kaspar, Brunnenkur und Sommerlust. Gesundbrunnen und Kleinbäder in Westfalen. Bielefeld 1993.

Kaspar 1994: Fred Kaspar, Das Rathaus in Schwalenberg (Gemeinde Schieder-Schwalenberg, Kr. Lippe). In: Westfalen 72, 1994, S. 288–303.

Kaspar 1994 a: Fred Kaspar, Vom Typenhaus zum Haustyp. Phasen bürgerlichen Lebens in Nordwestdeutschland zwischen Mittelalter und füher Neuzeit. In: Westfalen 72, 1994, S. 260–287.

Kaspar 1996: Fred Kaspar, Die »Grille« vor Minden oder »Der Ausflug aus der Stadt«. Zum bürgerlichen Freizeitleben zwischen dem 18. und 20. Jahrhundert. In: Mindener Mitteilungen 68, 1996, S. 117–141.

Kaspar 2001: Fred Kaspar, Akten als Spiegel bauaufsichtlicher Kontrolle des privaten Bauwesens. In: Denkmalpflege in Westfalen-Lippe 2001, Heft 2, S. 70–74.

Kaspar 2001 a: Fred Kaspar, Dielenhaus oder Freitreppe? Zeichen zwischen Tradition und Moderne. In: Ruth-E. Mohrmann (Hrsg.), Städtische Volkskultur im 18. Jahrhundert (Städteforschung A 51), Köln/Wien 2001, S. 185–205.

Kaspar 2002: Kaspar, Unterschichtenwohnen in Westfalens Städten zur frühen Neuzeit – insbesondere am Beispiel der Stadt Warendorf. Stand der Forschung, offene Fragen und denkmalpflegerische Konzepte. In: Westfälische Zeitschrift 151/152, 2001/2002, S. 133–152

Kaspar/Schulte 1999: Fred Kaspar/Monika Schulte, Text und Entwurf zum Blatt Minden. In: Westfälischer Städteatlas (Hrsg. von W. Ehbrecht), Lieferung VI, Blatt 3. Altenbeken 1999.

Kastler/Lüpkes 2000: José Kastler/Vera Lüpkes (Hrsg.), Die Weser – Ein Fluß in Europa, Bd. 2: Aufbruch in die Neuzeit. Weserrenaissance-Museum Schloß Brake, Lemgo. Holzminden 2000.

Kat. Berlin und die Antike 1979: Berlin und die Antike. Architektur, Kunstgewerbe, Malerei, Skulptur, Theater und Wissenschaft vom 16. Jh. bis heute. Deutsches Archäologisches Institut, Staatliche Mussen Preußischer Kulturbesitz. Ausstellung Berlin, Schloß Charlottenburg, Große Orangerie 22.4.–22.7.1979, 1. Katalog hrsg. von Willmuth Arenhövel. 2. Aufsätze, hrsg. von Willmuth Arenhövel und Christa Schreiber. Berlin 1979.

Katalog Münster 1993: Reinhard Karrenbrock, Adam Stenelt. In: Westfalen in Niedersachsen (Begleitband zu den Ausstellungen in Münster, Cloppenburg, Osnabrück und Schloß Iburg 1993/1994). Cloppenburg 1993, S. 215–219.

Katalog Worms 1995: Der Wormser Reichstag von 1495. Worms 1995.

Keber 1950: Paul Keber, Warum Immanuelstraße? In: Mindener Heimatblätter 22, 1950, Nr. 4, S. 5–7.

Keber 1950: Paul Keber, Der Wiederaufbau Mindens. In: Mindener Heimatblätter 22, 1950, Nr. 2, S. 11 f..

Keber 1950 f. auch als Keber 1953: Paul Keber, Wiederaufbau und Neubau in Minden [mit 19 Fortsetzungen]. In: Mindener Heimatblätter 22, 1950, Nr. 7, S.1–4; 23, 1951, S. 64 f., 74 f., 93 f., 107; 24, 1952, S. 17–19, 35–37, 81 f., 103–105; 25, 1953, S. 44, 82, 102, 127; 26, 1954, S. 43, 62, 76, 83, 110, 142; 27, 1955, S. 83–85.

Keber 1951: Paul Keber, Aenny Hindermann und Minden. In: Mindener Heimatblätter 23, 1951, S. 124–127.

Keber 1955: Paul Keber, 425 Jahre Mindener Gymnasium. In: 1530–1955. 425 Jahre Staatliches Altsprachliches Gymnasium Minden. Minden 1955, S. 17–30.

Keber 1955: Paul Keber, Das Mindener Rathaus, eingeweiht am 24. 9. 1955. Bericht über das letzte Baujahr. In: Mindener Heimatblätter 27, 1955, S. 126–128.

Keber 1960/61: Paul Keber, Minden im Jahr 1945. Versuch einer Darstellung des Kriegsendes und der ersten Nachkriegszeit in unserer Vaterstadt. In: Mindener Heimatblätter 32, 1960, S. 32–34, (1. Forts.:) S. 37–45, (2. Forts.:) S. 58–62, (3. Forts.:) S. 93–98 und (4. Forts.:) 33, 1961, S. 26–31, (5. Forts.:) S. 77–88 und (6. Forts.:) S. 140–141.

Keber Gymnasium 1950: Paul Keber, Vier Jahrhunderte Mindener Gymnasium. In: Der Ravensberger, Heimatkalender für das Minden-Ravensberger Land 22, 1950, S. 61 ff.

Kenter 1979: Gerhard Kenter, Das Gogericht zu Windheim. In: Mindener Mitteilungen 81, 1979, S. 7–24.

Kerner 1961: Friedrich Kerner, 125 Jahre Bürger-, Mittel- und Realschule Minden. In: Festschrift der städtischen Realschule Minden (Westf.) 1836–1961. Minden 1961, S. 7–29.

Kersten 1891: August Kersten, Die Restauration der St. Marienkirche in Minden. In: Wiener Bauindustrie-Zeitung 8, 1891, S. 234.

Kessemeier/Koch 1993: Siegfried Kessemeier/Petra Koch, Bischofsländer. Bilder und Dokumente zur Geschichte der westfälischen Bistümer Münster – Osnabrück – Paderborn – Minden (Bildhefte des Westfälischen Landesmuseums für Kunst und Kulturgeschichte Münster 32). Münster 1993.

Keweloh 1987: Hans-Walter Keweloh, Die Flößerei auf der Weser. In: Jutta Bachmann/Helmut Hartmann (Hrsg.), Schiffahrt, Handel, Häfen. Beiträge zur Geschichte der Schiffahrt auf der Weser und Mittellandkanal (im Auftrag der Mindener Hafen GmbH zum 70jährigen Bestehen der Mindener Häfen erschienen). Minden 1987, S. 171–185.

Keweloh 1991: Nicola Borger-Keweloh/Hans-Walter Keweloh, Flößerei im Weserraum. Leben und Arbeiten in einem alten Gewerbe. Bremen 1991.

Kieling 1986: Uwe Kieling, Berliner Baubeamte. Berlin 1986.

Kieling 1987: Uwe Kieling, Berlin, Baumeister und Bauten. Von der Gotik bis zum Historismus. Berlin/Leipzig 1987.

Kienecker 1979: Friedrich Kienecker, Gertrud von Le Fort (1876–1971). In: Robert Stupperich (Hrsg.), Westfälische Lebensbilder, Band 12. Münster 1979, S. 191–209.

Kirchenkreis Minden 1980: Kirchenkreis Minden 1530–1980. Schlaglichter auf Geschichte und Gegenwart. Hrsg. Georg Speitel. Minden 1980.

Klarhorst 1919: Ludwig Klarhorst, Die Bielefelder bürgerliche Baukunst. Die Baugeschichte des Bielefelder Wohnhauses und die Abstraktion seiner Raum- und Körperform. Bielefeld 1919.

KLAUSMEIER 1972: Fritz KLAUSMEIER, Von der »Napoleonstraße« zur preußischen Staatsstraße. Der Ausbau der Straße Minden-Lübbecke-Osnabrück im 19. Jahrhundert. In: Mindener Mitteilungen 44, 1972, S. 126–136.

KLEE 1982 Wolfgang KLEE, Preußische Eisenbahngeschichte. Stuttgart 1982.

KLEE 1997: Wolfgang KLEE, Die Lokomotiven der Cöln-Mindener Eisenbahn. In: Karl-Peter ELLERBROCK/Marina SCHUSTER (Hrsg.), Katalog 150 Jahre Köln-Mindener Eisenbahn. Essen 1997, S. 142–148.

KLINKOTT 1988: Manfred KLINKOTT, Die Backsteinkunst der Berliner Schule von K. F. Schinkel bis zum Ausgang des Jahrhunderts (Die Bauwerke und Kunstdenkmäler von Berlin, Beiheft 15). Berlin 1988.

KLUGE 1975 und 1978: Dorothea KLUGE, Kurzinventarisation der Kirchen und Kapellen des 19. und frühen 20. Jahrhunderts in Westfalen-Lippe. Teil I: 1970–1973. In: Westfalen 53, 1975, S. 223–252 und Teil II: 1974–1976. In: Westfalen 56, 1978, S. 260–300.

KNEPPE/PEINE 1992: Cornelia KNEPPE/Hans-Werner PEINE, Grabungsbericht Minden, Marienstift. In: Ausgrabungen und Funde in Westfalen-Lippe 7, 1992, Nr. 158, S. 205–213.

KOCH 1983: Horst G. KOCH, Eisenbergbau im Wesergebirge. 100 Jahr Grube Wohlverwahrt. Siegen 1983.

KÖCHLING 1970: Ludwig KÖCHLING, Die Kirchenbücher und kirchenbuchähnlichen Aufzeichnungen des ehemaligen Fürstentums Minden sowie der übrigen Kirchspiele der heutigen Kreise Minden und Lübbecke (Mindener Beiträge 13). Minden 1970.

KOECHLING 1962 und 1963: Ludwig KOECHLING, Minden-Ravensberg und die Herrenhuter Brüdergemeinde. In: Jahrbuch des Vereins für westfälische Kirchengeschichte 53/54, 1960/61, S. 94–109 und 55/56, 1962/63, S. 69–103.

KOEMANN 1967:Cornelis KOEMAN, Atlantes neerlandici. Bibliography of terrestrial, maritime and celestial atlasses and pilot books, published in the Netherlands up to 1880, Bd. I–V. Amsterdam 1967–1971.

KOHL 1943: Wilhelm KOHL, Preußische Beamte in Minden-Ravensberg. In: Beiträge zur westfälischen Familienforschung 7, 1942, S. 33–51; 6, 1947, S. 2–38; 7, 1948, S. 49–52.

KOHL 1977: Wilhelm KOHL, Die Apotheken der Stadt Minden in der älteren Zeit. In: Hans NORDSIEK (Hrsg.), Zwischen Dom und Rathaus. Minden 1977, S. 215–232.

KOHL 1983: Wilhelm KOHL, Westfälische Geschichte, Band 2: das 19 und das 20. Jahrhundert – Politik und Kultur. Düsseldorf 1983.

KÖHLER 1994: Hubert KÖHLER, »Die Kunst im Gewerbe«. In: Historismus in Lippe (Materialien zur Kunst- und Kulturgeschichte in Nord- und Westdeutschland 9). Marburg 1994.

KOKKELINK 1998: Günther KOKKELINK und Monika LEMKE-KOKKELINK, Baukunst in Norddeutschland. Architektur und Kunsthandwerk der Hannoverschen Schule 1850–1900. Hannover 1998.

KOLLMEYER 1980: Alfred KOLLMEYER, Zur Geschichte der Mindener Freimaurerlogen. Ein Beitrag zum 200. Jahrestag ihrer Gründung im Jahre 1980. In: Mindener Mitteilungen 52, 1980, S. 112–126.

KORN 1966: Barbara KORN, In Memoriam Hans Gelderblom. In: Mindener Mitteilungen 38, 1966, S. 81–85, Abb. Vorsatz.

Korn 1970:	Barbara Korn, »Deformitär und Unzierde ruinöser Häuser«. In: MT vom 5.9.1970.
Korn 1988:	Salomon Korn, Synagogenarchitektur in Deutschland nach 1945. In: Hans-Peter Schwartz (Hrsg.), Die Architektur der Synagoge. Frankfurt a. M. 1988.
Korn 1999:	Ulf-Dietrich Korn, Klassizistische Bauten in der Festung Minden. In: Denkmalpflege in Westfalen-Lippe 1999, S. 47–53.
Korzus 1974:	Bernard Korzus, Das malerische und romantische Westfalen. Aspekte eines Buches, Ausstellungskatalog Westfälisches Landesmuseum für Kunst und Kulturgeschichte Münster. Münster 1974.
Kossack 1993:	Kristian Kossack, Viktor Agartz und das »Zentralamt für Wirtschaft« in Minden. Wirtschaftspolitische Initiative in den ersten Nachkriegsjahren. In: Mindener Mitteilungen 65, 1993, S. 95–119.
Kossack 1998:	Kristan Kossack, Die Anfänge der Reichswehr in Minden. Der Garnisonsoldatenrat und die Reorganisation mit Hilfe von Freiwilligen und Freikorps 1918 bis 1924. In: Mindener Mitteilungen 70, 1998, S. 47–105.
Kossack 1999:	Kristan Kossack, Von der Reichswehr zur Wehrmacht. Die Mindener Garnison von 1924 bis 1933. In: Mindener Mitteilungen 71, 1999, S. 65–111.
Kossack 2001:	Kristan Kossack, Mindener Wehrmachtsverbände. Garnisonsentwicklung und Kriegseinsätze im Dritten Reich (1933–1945) (Mindener Beiträge 29). Minden 2001.
Köster 1941:	Isolde Köster, Grundgedanken des deutschen evangelischen Kirchenbaus im 18. Jahrhundert. In: Kunst und Kirche NF 18, 1941, S. 1–5.
Köster 1985:	Baldur Köster, Bad Oeynhausen – Ein Architekturmuseum. München 1985.
Kranz 1976:	Gisbert Kranz, Gertrud von le Fort. Leben und Werk in Daten, Bildern und Zeugnissen. Frankfurt/Main 1976.
Kreft/Soenke 1964:	Herbert Kreft und Jürgen Soenke, Die Weserrenaissance. Hameln 1964.
Kreishaus 1980:	Das neue Kreishaus in Minden. Vorgeschichte – Planung – Ausführung. Hrsg. vom Oberkreisdirektor. Minden o. J. (1980).
Krickau 1926:	Katharina Krickau, Die Geschichte des Mindener Oberlyzeums 1826–1926. Minden 1926.
Krieg 1926:	Martin Krieg, Vom Neubau des Mindener Rathauses. In: Mindener Heimatblätter 4, 1926, Nr. 7.
Krieg 1927:	Martin Krieg, Zur Geschichte der Mindener Bürgerwehr. In: Mindener Heimatblätter 5, 1927, Nr. 14.
Krieg 1928 A:	Martin Krieg, Zur Entwicklungsgeschichte des Mindener Stadtbildes von den Anfängen bis ins 18. Jahrhundert. In: Mindener Heimatblätter 5, 1928, Nr. 5.
Krieg 1928:	Martin Krieg, Die Pauliner- oder Brüderkirche in Minden und ihre Umgebung. In: Mindener Heimatblätter 6, 1928, Nr. 17.
Krieg 1928:	Martin Krieg, Von St. Nicolai und dem Gasthaus zu Minden. In: Mindener Heimatblätter 6, 1928, Nr. 21.
Krieg 1929:	Martin Krieg, Streit um die Priggenhagenmühle in Minden vor 500 Jahren. In: Die Heimat 22, 1929, S. 86 f.
Krieg 1930:	Martin Krieg, Vom Raths-Kühr in der Stadt Minden Anno 1539. In: Mindener Heimatblätter 8, 1930, Nr. 22.

Krieg 1931: Martin Krieg, Das Mindener Stadtbuch von 1318. Bearb. von Martin Krieg (Veröffentlichungen der Historischen Kommission des Provinzialinstituts für Westfälische Landes- und Volkskunde 13. Mindener Geschichtsquellen 3). Münster 1931.

Krieg 1932: Martin Krieg, 700 Jahre Mindener Wochenmarkt. In: Mindener Heimatblätter 10, 1932, Nr. 4.

Krieg 1935/39: Martin Krieg, Des Domherren Heinrich Tribbe Beschreibung von Stadt und Stift Minden (um 1460). Abschnittsweise aus dem mittelalterlichen Latein ins Deutsche übersetzt. In: Mindener Heimatblätter 13, 1935, Nr. 9 bis 17, 1939, Nr. 9/12.

Krieg 1935: Martin Krieg, Das Schoßregister der Stadt Minden von 1557. In: Mindener Heimatblätter 13, 1935, Nr. 2.

Krieg 1937: Martin Krieg, Die Juden in der Stadt Minden bis zum Stadtreglement von 1723. In: WZ 93, 1937, S. 113–196.

Krieg 1942: Martin Krieg, Alte Mindener Rechtsdenkmäler. Stätten, Gebäude und Werkzeuge der Gerichtsbarkeit. In: Mindener Heimatblätter 19, 1942, Nr. 1/2, 3/4.

Krieg 1942 a: Martin Krieg, Das Brauamtsgeld der Mindener Bürger. In: Mindener Heimatblätter 19, 1942, Nr. 11/12.

Krieg 1949: Martin Krieg, Mindener Bürgerhäuser um 1300. In: Der Ravensberger 21, 1949, S. 68–69.

Krieg 1950: Martin Krieg, Die Begräbnisstätten der Mindener Bischöfe. In: Mindener Heimatblätter 22, 1950, Nr. 9, S. 1–4.

Krieg 1950: Martin Krieg, Kreis Minden (Kreis- und Stadthandbücher des Westfälischen Heimatbundes, Heft 9). Münster 1950.

Krieg 1950 a: Martin Krieg, Die Baugeschichte des Mindener Rathauses. In: Mindener Heimatblätter 22, 1950, Nr. 2, S. 1–5.

Krieg 1950 b: Martin Krieg, Streit um die Buden im Neuen Werk. In: Mindener Heimatblätter 22, 1950, Nr. 9, S. 9 f..

Krieg Reformation 1950: Martin Krieg, Die Einführung der Reformation in Minden. In: Jahrbuch des Vereins für westfälische Kirchengeschichte 43, 1950, S. 31–108 (zugleich erschienen als Sonderdruck Minden 1950).

Krieg 1951: Martin Krieg, Das Besitzverzeichnis der Mindener Bürger von 1663 (Besprechung der Publikation von Max Burghard in Göttinger Mitteilungen der Arbeitsgemeinschaft genealogischer Verbände Heft 6, 1951). In: Mindener Heimatblätter 23, 1951, S. 112–113.

Krieg 1951: Martin Krieg, Das Haus des Vierziegermeisters von der Wiek. In: Mindener Heimatblätter 23, 1951, S. 97–99.

Krieg 1951: Martin Krieg, Der Willkomm der Mindener Hutmacher 1674. In: Mindener Heimatblätter 23, 1951, S. 25–26.

Krieg 1952: Martin Krieg, Das wehrhafte Minden. Zur Geschichte des Mindener Bürgerbataillons (Mindener Beiträge zur Geschichte, Landes- und Volkskunde des ehemaligen Fürstentums Minden = Mindener Jahrbuch NF 4). Minden 1952.

Krieg 1952: Martin Krieg, Die alte Fischerstadt von Minden. In: Mindener Heimatblätter 24, 1952, S. 1–6, 21–24, 45–47.

Krieg 1953: Martin Krieg, De Radt wil difse Wnkeller annehmen. Die Errichtung des ersten Ratsweinkellers vor rund 400 Jahren. In: Mindener Tagblatt vom 12. 12. 1953.

KRIEG 1953 A: Martin KRIEG, Domburg und Kaufmannswik. Die Anfänge der Stadt Minden. In: Mindener Heimatblätter 25, 1953, S. 58–62.

KRIEG 1954:   Martin KRIEG, Das Beginenhaus in Minden. In: Mindener Heimatblätter 26, 1954, S. 5–8.

KRIEG 1954 a: Martin KRIEG, Das Mindener Bischofswappen und der Reichsadler. In: Mindener Heimatblätter 26, 1954, S. 89–93.

KRIEG 1955:   Martin KRIEG, Die Mindener Chronik des Stadtkämmerers Heinrich Piel. In: Mindener Heimatblätter 27, 1955, S. 49–58.

KRIEG 1955:   Martin KRIEG, Der städtische Ziegelhof auf dem Werder. In: Mindener Heimatblätter 27, 1955, S. 45–46.

KRIEG 1955:   Martin KRIEG, Die Bastau und ihre Bedeutung in der Mindener Stadtgeschichte. In: Denkschrift zur Einweihung eines Spiel- und Sportplatzes der Nachbarschaft Salem. Minden 1955.

KRIEG 1956/57:   Martin KRIEG, Bericht eines Mindener Bürgermeisters aus dem Dreißigjährigen Krieg. In Teilabschnitten veröffentlicht in Mindener Heimatblätter 28, 1956, S. 32–34, 65–68, 79–81, 126–129 sowie 29, 1957, 3–7, 29–32, 58–60, 90–92 und 106–108.

KRIEG 1957:   Martin KRIEG, Handschriften der Mindener Chronistik im 16. und 17. Jahrhundert. In: Westfälische Zeitschrift 107, 1957, S. 107–134.

KRIEG 1961:   Martin KRIEG, Die Hugenotten in Minden. In: Mindener Heimatblätter 33, 1961, S. 89–93.

KRIEG 1962:   Martin KRIEG, Die Mindener Bäckerinnung. In: Mindener Heimatblätter 34, 1962, S. 216–221.

KRIEG 1966 = M. KRIEG 1966:   Margrit KRIEG, Vom Mindener Hudewesen. In: Mindener Mitteilungen 38, 1966, S. 112–134.

KRIEG 1981:   Martin KRIEG, Das Chronicon domesticum et gentile des Heinrich Piel (Veröffentlichungen der Historischen Kommission für Westfalen XIII. Geschichtsquellen des Fürstentums Minden 4). Münster 1981.

M. KRIEG 1931:   Margit KRIEG, Der Minder Bader erste Zunftordnung. In: Mindener Heimatblätter 9, 1931, Nr. 16.

M. KRIEG 1950:   Margit KRIEG, Von den Anfängen des Mindener Gaswerkes. In: Mindener Heimatblätter 22, 1950, Nr. 5, S. 1–5.

M. KRIEG 1952:   Margit KRIEG, Von alten Fahnen des Mindener Bürgerbataillons. In: Mindener Heimatblätter 24, 1952, S. 33–34.

M. KRIEG 1953:   Margit KRIEG, Marcus Johann Friedrich Wegelin. Ehrenbürger der Stadt Minden. In: Mindener Heimatblätter 25, 1953, S. 87–89.

M. KRIEG 1954:   Margit Krieg: Rolle des Weins in Mindens Stadtpolitik. In: Mindener Heimatblätter 26, 1954, S. 33–35.

M. KRIEG 1959:   Margrit KRIEG, Mehr Licht in den Umrad! In: Mindener Heimatblätter 31, 1959, S. 117 f.

M. KRIEG 1959:   Margrit KRIEG, Vom Mindener Henker. In: Mindener Heimatblätter 31, 1959, S. 10–16.

M. KRIEG 1959 a: Margrit KRIEG, Zum Brande des Marienkirchturmes vor 390 Jahre. In: Mindener Heimatblätter 31, 1959, S. 38.

M. KRIEG 1966:	Margrit KRIEG, Vom Mindener Hudewesen. In: Mindener Mitteilungen 38, 1966, S. 112–134.
KRINS 1951:	Franz KRINS, Hausinschriften der Stadt Minden. In: Mindener Heimatblätter 23, 1951, S. 88–91.
KRINS 1951 a:	Franz KRINS, Niederdeutsche Inschriften in der Marienkirche. In: Mindener Heimatblätter 23, 1951, S. 120 f.
KRINS 1952:	Franz KRINS, Eine Minden-Ravensberger Bauordnung aus dem Jahr 1769 und ihre Beziehung zu Justus Möser. In: Ravensberger Blätter 51, 1951, Nr. 19, S. 199; Nr. 21, S. 223.
KRINS 1954:	Franz KRINS, Die Zinngießerfamilie Maranca in Minden. In: Mindener Heimatblätter 26, 1954, S. 1–5.
KRINS 1956:	Franz KRINS, Entwurf einer Bauordnung für die Städte in Minden-Ravensberg aus dem Jahre 1783. In: Rheinisch-westfälische Zeitschrift für Volkskunde 3, 1956, S. 232–343.
KRINS 1974:	Franz KRINS, Ein Meßkelch von Albrecht Künne, Altena, aus dem Besitz der St. Matthäus Pfarrgemeinde Altena. In: Der Märker 23, 1974, S. 155–156.
KROSTA 1998:	Frank KROSTA, Die Geschichte der Stadtbibliothek Minden von 1906 bis 1945. Ein Beitrag zur Entwicklung der Literaturversorgung seit dem 18. Jahrhundert. Marburg 1998.
KUHLEMANN 1994:	Frank-Michael KUHLEMANN, Politik und Konfession. Zur Geschichte der Evangelisch-reformierten Petri-Gemeinde in Minden vom 17. Jahrhundert bis 1945. In: Zeitschrift für Westfälische Kirchengeschichte 88, 1994, S. 113–138.
KÜHNEL 1984:	Harry KÜHNEL, Das Alltagsleben im Hauses der spätmittelalterlichen Stadt. In: Alfred HAVERKAMP (Hrsg.), Haus und Familie in der spätmittelalterlichen Stadt. Köln/Wien 1984.
KUHNERT 1984:	Reinhold KUHNERT, Urbanität auf dem Lande. Badereisen nach Pyrmont im 18. Jahrhundert. Göttingen 1984.
KULKE 1968:	Leopold KULKE, Das Zoll- und Akzisewesen in Minden bis 1813. In: Mindener Mitteilungen 40, 1968, S. 7–21.
KULKE 1968:	Leopold KULKE, Gedenkschrift zum 150. Jahrestag der Errichtung des Hauptzollamtes Minden 20. September 1818 – 20. September 1968. Manuskript, Minden 1968.
KULKE 1970:	Leopold KULKE, Minden und die Hanse. In: Mindener Mitteilungen 42, 1970, S. 7–54 (auch als Sonderdruck Minden 1970).
KULKE 1971:	Leopold KULKE, Graf von Estorf und die Belagerungen von Minden und Wesel 1758. In: Mindener Mitteilungen 43, 1971, S. 138–139.
KULKE 1971 a:	Leopold KULKE, Die Schlacht bei Minden 1759 und ihre Folgen aus französischer Sicht. In: Mindener Mitteilungen 43, 1971, S. 75–89.
KULKE 1972:	Leopold KULKE, Die Familie La Fayette und die Schlacht bei Minden. In: Mindener Mitteilungen 44, 1972, S. 114–125.
KULKE 1973 fälschlich KUHLKE 1973:	Leopold KULKE, Die wirtschaftliche Entwicklung der Stadt Minden nach der Entfestigung 1873. In: Mindener Mitteilungen 45, 1973, S. 15–80.

Kulke 1975:	Leopold Kulke, Tausend Jahre Markt in Minden. In: Mindener Mitteilungen 47, 1975 (auch als Sonderdruck Minden 1977).
Künzl 1984:	Hannelore Künzl, Islamische Stilelemente im Synagogenbau des 19. und 20. Jahrhunderts. In: Johann Maier (Hrsg.), Judentum und Umwelt, Band 9. Frankfurt a. M. 1984.
Kutzleb 1923	Hjalmar Kutzleb, Das Mindener Bürgerhaus. In: Mindener Heimatblätter 1, 1923, Nr. 1.
Laag 1939:	Otto-Kurt Laag, Gräber im Mindener Dom. In: Mindener Jahrbuch 9, 1939, S. 145–160.
Laag 1950:	Otto-Kurt Laag, Fundmeldungen im Kreise Minden. In: Mindener Heimatblätter 22, 1950, Nr. 8.
Laag 1953:	Otto-Kurt Laag, Aufbau und Gestaltung des Mindener Heimatmuseums. In: Mindener Heimatblätter 25, 1953, S. 3–10.
Laag 1955:	Otto-Kurt Laag, Die Bodenfliesen des 13. Jahrhunderts von St. Mauritz auf dem Werder vor Minden. In: Mindener Heimatblätter 27, 1955, S. 38–44.
Laag 1960:	Otto-Kurt Laag, Beschreibung des Geländes und Beobachtungen im Gebiet der Altstadt und der Marientorschen Feldmark. In: Mindener Heimatblätter 32, 1960, S. 49–78.
Laag 1961:	Otto-Kurt Laag, Die Oelmühle am Wallfahrtsteich. In: Mindener Heimatblätter 33, 1961, S. 39–94.
Laag 1966:	Otto-Kurt Laag, Die Mindener Beischlagwangen. Minden hat das erste Menschenpaar »Adam und Eva« wieder. In: Mindener Mitteilungen 38, 1966, S. 134–141.
Laag 1974:	Otto-Kurt Laag, Die Mindener Superbia-Laster-Schale. In: Mindener Mitteilungen 46, 1974, S. 40–59.
Lahrkamp 1997:	Helmut Lahrkamp, Dreißigjähriger Krieg – Westfälischer Frieden. Münster 1997.
Lampe 1902:	Bericht über das 50jährige Jubiläum des Bankhauses Lampe. In: MT vom 1. 10. 1902, S. 2.
Lampmann 1927:	Theodor Lampmann, Die Stadt Minden in ihrem Verhältnis zum brandenburgisch-preußischen Staate 1648 bis 1723. In: Mindener Jahrbuch 3, 1927, S. 5–83.
Landgericht Bielefeld 1917:	Landgericht Bielefeld. Festschrift zur Einweihung des neuen Dienstgebäudes des Landgerichts. Bielefeld 1917.
Landgraf 1987:	Eleonore Landgraf, Mittelalterliche Bodenfliesen. In: Bendix Trier (Hrsg.), Ausgrabungen in Minden. Bürgerliche Stadtkultur des Mittelalters und der Neuzeit. Münster 1987, S. 65–74.
Landgraf 1993:	Eleonore Landgraf, Ornamentierte Bodenfliesen des Mittelalters in Süd- und Westdeutschland 1150–1500. I. Textband, II. Musterkatalog, III. Fundortkatalog (Forschungen und Berichte der Archäologie des Mittelalters in Baden-Württemberg 14). Stuttgart 1993.
Lange 1925:	Bruno Lange, Die Bildhauerkunst des Kreises Minden i. W. im 16. und 17. Jahrhundert. In: Mindener Jahrbuch 1, 1925, S. 3–48.
Lange 1928:	Bruno Lange, Minden: Die Brüderkirche in Minden. In: Mindener Heimatblätter 6, 1928, Nr. 14.

LANGE 1947: W. LANGE, Vermerk Minden, Ostflügel des Domklosters. Manuskript 1947 (Archiv des WLVF, Außenstelle Bielefeld).

LAPPE/BLANKENBURG 1995: U. LAPPE/H. BLANKENBURG, Ein frühneuzeitlicher Brunnen aus Vacha, Wartburgkreis. In: Ausgrabungen und Funde 40, 1995, S. 273–277.

LATTUSCHKE/SCHMIDT 1977: G. LATTUSCHKE/E. SCHMIDT, Dessauer Barock-Kacheln (Schriftenreihe des Museums für Naturkunde und Vorgeschichte Dessau). Dessau 1977.

LAUFFS 1933: Frid LAUFFS, Das Mindener Zunft- und Gewerbewesen im Mittelalter. In: Mindener Jahrbuch 6, 1932/33, Minden 1934, S. 1–57.

LEESCH 1992: Wolfgang LEESCH, Verwaltung in Westfalen 1815 bis 1945. Organisation und Zuständigkeit. Münster 1992.

LEHNEMANN 1982: Wingolf LEHNEMANN, Eine Ansicht von Minden aus dem Jahre 1819. In: Mindener Heimatblätter 54, 1982, S. 152–153.

LENZ/UNHOLTZ 1912: Friedrich LENZ/Otto UNHOLTZ, Die Geschichte des Bankhauses Gebr. Schickler 1712–1912. Festschrift zum 200jährigen Bestehen. Berlin 1912.

LEO 1965: Peter LEO, Minden – Formen und Leistungen seiner tausendjährigen Kultur. Minden 1965.

Lerbeck 1983: 950 Jahre Lerbeck. Beiträge zu seiner Geschichte (hrsg. von der Stadtverwaltung Porta-Westfalica). Porta-Westfalica 1983.

LEUTTNER 1913: LEUTTNER, Die Knaben- und Mädchenmittelschule. In: Festschrift zu dem 35. Westfälischen Provinzial-Lehrertage am 13., 14. und 15. Mai 1913 in Minden, Minden 1913, S. 53–57.

LIESSEM 1985: Udo LIESSEM, Zur ästhetischen Gestaltung von Festungswerken aus der ersten Hälfte des 19. Jahrhunderts, dargestellt am Beispiel des Forts Großfürst Constantin und des Löwentors in Koblenz. In: Zeitschrift für Festungsforschung 1985, S. 10–13.

LINNEMANN 1977: Klaus LINNEMANN, Leo Sympher, Mskr. v. 15.5.1977 im Wasser- und Schiffahrtsamt Minden.

LINNEMEIER 1986: Bernd-Wilhelm LINNEMEIER, Beiträge zur Geschichte von Flecken und Kirchspiel Schlüsselburg. Stolzenau 1986.

LINNEMEIER 1995: Bernd-Wilhelm Linnemeier: »Weß gestalt meine Eltern und Voreltern alhie in dieser loblichen Stadt Minden ihre Wohnung gehat«. In: Beiträge zur westfälischen Familienforschung 53, 1995, S. 323–342.

LINNEMEIER 1995: Bernd-Wilhelm LINNEMEIER, Der bischöfliche Hof zu Minden. In: Mindener Mitteilungen 67, 1995, S. 9–42.

LINNEMEIER 1997: Bernd-Wilhelm LINNEMEIER, Zur Geschichte des Metzgerhandwerks in der Stadt Minden vom späten Mittelalter bis zum Ende des Alten Reiches. In: Ruth-E. MOHRMANN/Volker RODEKAMP/Dietmar SAUERMANN, Volkskunde im Spannungsfeld zwischen Universität und Museum. Festschrift zum 65. Geburtstag von Hinrich Siuts, Münster 1997, S. 253–281.

LINNEMEIER 1998: Bernd-Wilhelm LINNEMEIER, Städtische Obrigkeit als ordnungsstiftende Instanz. Die Mindener Polizeiordnungen von 1566 und 1604. In: Mindener Mitteilungen 69, 1997, S. 205–248.

LOBBEDEY 1977: Uwe LOBBEDEY, Minden, Marienstift. In: Ausgrabungen des westfälischen Landesamtes für Denkmalpflege zur Mittelalterarchäologie 1972–1976. In: Westfalen 55, 1977, S. 254–284.

LOBBEDEY 1996: Uwe LOBBEDEY, Wohnbauten bei frühen Bischofs-, Kloster- und Stiftsbauten in Westfalen nach den Ausgrabungsergebnissen. In: Rudolf SENNHAUSER (Hrsg.), Wohn- und Wirtschaftsbauten frühmittelalterlicher Klöster. Acta zum internationalen Symposium vom 26.9.–1.10.1995 in Zurzach und Münstair. Zürich 1996, S. 91–105.

LOBBEDEY/SCHOLZ/VESTRING-BUCHOLZ 1993: Uwe LOBBEDEY/Holst SCHOLZ/Siegrid VESTRING-BUCHHOLZ: Der Dom zu Münster 793 – 1945 – 1993, Band 1: Der Bau (Denkmalpflege und Forschung in Westfalen 26). Münster 1993.

LÖFFLER 1917: Klemens LÖFFLER (Hrsg.), Mindener Geschichtsquellen. Bd. I: Die Bischofschroniken des Mittelalters (Hermann von Lerbek, Jüngere Mindener Bischofschronik) (Veröffentlichungen der Historischen Kommission der Provinz Westfalen XIII. Mindener Geschichtsquellen 1). Münster 1917.

LÖFFLER 1932: Klemens LÖFFLER (Hrsg. und bearb.), Des Domherren Heinrich Tribbe Beschreibung von Stadt und Stift Minden (um 1460). Veröffentlichungen der Historischen Kommission des Provinzialinstitutes für Westfälische Landes- und Volkskunde: Mindener Geschichtsquellen Band II, Münster 1932 (Übersetzung des lateinischen Textes in Fortsetzungen durch Martin KRIEG veröffentlicht in: Mindener Heimatblätter 13–17 (1935–1939).

LOHRUM 1992: Meinolf LOHRUM, Minden – Dominikaner. In: Karl HENGST (Hrsg.), Westfälisches Klosterbuch, Band 1. Münster 1992, S. 629–632.

LUDORFF 1893: Albert LUDORFF, Die Bau- und Kunstdenkmäler des Kreises Lüdinghausen (Die Bau- und Kunstdenkmäler von Westfalen 1). Münster 1893.

LUDORFF 1899: Albert LUDORFF, Die Bau- und Kunstdenkmäler des Kreises Paderborn (Die Bau- und Kunstdenkmäler von Westfalen 7). Münster 1899.

LUDORFF 1900: Albert LUDORFF, Die Bau- und Kunstdenkmäler des Kreises Ahaus (Die Bau- und Kunstdenkmäler von Westfalen 9). Münster 1900.

LUDORFF 1902: Albert LUDORFF, Die Bau- und Kunstdenkmäler des Kreises Minden (Bau- und Kunstdenkmäler von Westfalen 11). Münster 1902.

LÜKEN-ISBERNER/MÖLLER 2000: Folkert LÜKEN-ISBERNER/Holger MÖLLER, Kasernenkonversion – Umnutzung aus der Sicht der Planung. In: Militärbauten und Denkmalpflege (Arbeitsheft der rheinischen Denkmalpflege 54). Essen 2000, S. 141–151.

LÜBKE 1853: Wilhelm LÜBKE, Die mittelalterliche Kunst in Westfalen. Leipzig 1853.

LÜBKE/HAUPT II 1914: Wilhelm LÜBKE, Geschichte der Renaissance in Deutschland, zweiter Band, dritte Auflage (neu bearbeitet von Albrecht HAUPT). Esslingen 1914.

LÜBKING 1923: Wilhelm LÜBKING, General-Major von Schwichow. Zu seinem 100. Todestage am 28. Mai. In: Mindener Heimatblätter 1, 1923, Nr. 5, S. 1 f.

LÜPKES 1996: Vera LÜPKES (Hrsg.), Adel im Weserraum um 1600. Ausstellung des Weser-Renaissance-Museums Schloß Brake 1996 (Schriften des Weserrenaissance-Museums Schloß Brake 9). München 1996.

LURZ 1985: Meinhold LURZ, Kriegerdenkmäler in Deutschland, Bd. 2: Einigungskriege. Heidelberg 1985.

LYNCH 1996: Kevin LYNCH, Gutachten zur archäologischen Bestandserhebung in historischen Stadt- und Ortskernen in Nordrhein-Westfalen – Stadt Minden. Köln 1996.

MAIER 1965   Konrad MAIER, Die Dekorationsformen der Renaissancearchitektur im Wesergebiet und ihre Enwtwicklung bis etwa 1575. Diss. Göttingen 1965.

MAROWSKY 1952: Klaus MAROWSKY, Gesundbrunnen in der Mindener Fischerstadt. In: Mindener Heimatblätter 24, 1952, S. 12–14, 30–32.

MAROWSKY 1953: Klaus MAROWSKY, Eine Medaille der Stadt Minden aus dem Jahre 1695. In: Mindener Heimatblätter 25, 1953, S. 121–125.

MAROWSKY 1953 a: Klaus MAROWSKY, Ein Triumphstein Bischof Hermanns? Der Wappenstein an der Ostseite des Marienkirchturmes in Minden. In: Mindener Heimatblätter 25, 1953, S. 10–12.

MAROWSKY 1954: Klaus MAROWSKY, Die Johannesglocke von St. Martini. In: Mindener Heimatblätter 26, 1954, Nr. 8, S. 93–95

MAROWSKY 1957: Klaus MAROWSKY, Das Wappen der Familie von Leteln. In: Mindener Heimatblätter 29, 1957, S. 97–101.

MAROWSKY 1958: Klaus MAROWSKY, Wappen des Torbogens von Bäckerstraße 1. Lebendige Erinnerung an eine Mindener Bürgerfamilie des 17. Jahrhunderts. In: Mindener Tageblatt 1. 4. 1958.

MAROWSKY 1965: Klaus MAROWSKY, Medaille auf die Einweihung des Kriegerdenkmals 1870/71 am Wesertor in Minden. In: Mindener Mitteilungen 37, 1965, S. 95 f.

MAROWSKY 1965: Klaus MAROWSKY, Im Wappen die Gans auf dem Scheiterhaufen. In: Mindener Mitteilungen 37, 1965, S. 155–158.

MAROWSKY 1965 a: Klaus MAROWSKY, Zwei Wappensteine aus dem Jahre 1666. Christoph von Kanneberg und Maria geb. von Bartensleben. In: Mindener Mitteilungen 37, 1965, S. 152–154.

MARSCH 1978: Angelika MARSCH, Stadtansichten in sächsischen Monatsschriften des 18. und 19. Jahrhunderts. Ein Werkstattbericht. In: Nordost-Archiv 11, 1978, H. 50/51, S. 67–76.

MARTIN 1989: Werner MARTIN, Manufakturbauten im Berliner Raum seit dem ausgehenden 17. Jahrhundert. Berlin 1989.

MASSELINK 1991: Thomas MASSELINK, »… daß Benzin dazugehört«. Tankstellen auf öffentlichen Straßen und Plätzen in Hannover der zwanziger Jahre. In: Adelheid VON SALDERN/Sid AUFFAHRTH (Hrsg.), Wochenend und schöner Schein. Berlin 1991, S. 122–130.

MASUCH 1958: Horst MASUCH, Stadthager Ratsbaumeister in der Renaissance. In: Schaumburger Heimatblätter 1958, S. 12 ff.

MASUCH 1989: Horst MASUCH, Zur Baugeschichte des Rathauses. In: Hans-Herbert MÖLLER (Hrsg.), Das Rathaus in Duderstadt. Hannover 1989, S. 41–98.

Mathematisches Calcul 2000: Mathematisches Calcul und Sinn für Ästhetik: Die preußische Bauverwaltung, 1770–1848. Ausstellung des Geheimen Staatsarchivs Preußischer Kulturbesitz in Zusammenarbeit mit der Kunstbibliothek der Staatlichen Museen zu Berlin Preußischer Kulturbesitz. Berlin 2000.

MATTHEY 1925: Max MATTHEY, Das Mindener Heimatmuseum. In: Mindener Jahrbuch 1, 1925, S. 57–61.

MECKSEPER 1982: Cord MECKSEPER, Kleine Kunstgeschichte der Deutschen Stadt im Mittelalter. Darmstadt 1982.

Mehrtens 1900: Georg Mehrtens, Der deutsche Brückenbau im 19. Jahrhundert. Denkschrift bei Gelegenheit der Weltausstellung des Jahres 1900 in Paris. Berlin 1900.
Meier 1914: Barkhard Meier, Das Landesmuseum der Provinz Westfalen in Münster, Bd. 1: Die Skulpturen. Berlin 1914.
Meier 1989: Konrad Meier, Bemerkungen zur Baugeschichte und Stellung im Rathausbau des Mittelalters und der frühen Neuzeit. In: Hans-Herbert Möller (Hrsg.), Das Rathaus in Duderstadt. Hannover 1989, S. 135–160.
Meier 1992: Monika Meier, Das Regierungsgebäude in Minden. In: Renaissance der Renaissance. Ein bürgerlicher Kunststil im 19. Jahrhundert. Katalog (Schriften des Weserrenaissance-Museums Schloß Brake 5). München/Berlin 1992, S. 303–315.
Meinhardt 1954: Volkmar Ulrich Meinhardt, Aus der Festung Minden. Das Leben und Treiben in einer festen Stadt. In: Mindener Heimatblätter 26, 1954, S. 125–131.
Meinhardt 1958: Volkmar Ulrich Meinhardt, Die Festung Minden. Gestalt, Struktur und Geschichte einer Stadtfestung (Mindener Jahrbuch NF 7). Minden 1958.
Meinhardt 1958: Volkmar Ulrich Meinhardt, Stufen der Neuordnung im Mindener Städtebau. In: Mindener Tageblatt vom 31. 12. 1958.
Meißen 1990: 900 Jahre Meißen 1090–1990. Beiträge zu seiner Geschichte (hrsg. von Helmut Oevermann). Minden 1990.
Menne 1939: Paul Menne, Die Festungen des norddeutschen Raumes vom 15. bis 19. Jahrhundert. Eine geschichtliche und wehrpolitische Untersuchung. Diss. Göttingen 1939.
Mennemann 1980: Hans-E. Mennemann, Die Entwicklung der Dachkonstruktionen westfälischer Kirchen während des Mittelalters und deren Weiterentwicklung im 17. und 18. Jh. Diss. TH Aachen 1980.
Menninghaus 1983: Werner Menninghaus, Die Cöln-Mindener Eisenbahn in Ostwestfalen. Lübbecke 1983.
Menzel 1930: Werner Menzel, Arbeiten der Architeken Wilhelm, Richard, Fritz, Robert Moelle. Privatdruck 1930.
Merian 1647: Matthias Merian, Topographia Westphaliæ. Das ist, Beschreibung der Vornembsten, und bekantisten Stätte, und Plätz, im Hochlöbl: Westphälischen Craiße, an tag gegeben von Matthaeo Merian. Frankfurt a. M. 1647.
Merian 1965: Matthaeus Merian, Die Bilder zur Bibel. Mit Texten aus dem Alten und Neuen Testament. Herausgegeben und eingeleitet von Peter Meinhold. Hamburg 1965.
Meyer 1982: Birgit Meyer, Die Wichgrafenvillification als Begründung des Wichgrafenamtes in Minden. In: Mindener Mitteilungen 54, 1982, S. 53–69.
Meyer 1983: Hans Gerhard Meyer, Zwei romanische Leuchter aus Minden im Bayrischen Nationalmuseum. Überlegungen zum Stand der Forschung. In: An Weser und Wiehen. Festschrift für Wilhelm Brepohl. Minden 1983, S. 127–134.
Meyer 1987: Heinrich Meyer, Der Mittellandkanal. In: Jutta Bachmann/Helmut Hartmann (Hrsg.), Schiffahrt, Handel, Häfen. Beiträge zur Geschichte der Schiffahrt auf der Weser und Mittellandkanal (im Auftrag der Mindener Hafen GmbH zum 70jährigen Bestehen der Mindener Häfen erschienen). Minden 1987, S. 257–276.
Meyer 1913: K. Meyer, Das Dorf Neu-Berich bei Arolsen. In: Der Städtebau 10, 1913 Heft 8, S. 85 und Tafel 43.

MEYER 1923: K. MEYER, Siedlungsbauten im Bereich der Waldecker Talsperre. In: Zeitschrift für Bauwesen 79, 1923, S. 33.

MEYER VON FROREICH 1979: Hartmut MEYER VON FROREICH, Zur Geschichte des Apothekerwesens der Grafschaft und des Fürstentums Lippe. Marburg 1979.

MEYNERT 1991: Joachim MEYNERT, Ausgegrenzt und allein – Jüdische Jugend in Minden-Ravensberg. In: Mindener Mitteilungen 63, 1991, S. 115–134.

MEYNERT/MOOSER/RODEKAMP 1991: Joachim MEYNERT, Josef MOOSER und Volker RODEKAMP (Hrsg.), Unter Pickelhaube und Zylinder. Das östliche Westfalen im Zeitalter des Wilhelminismus 1888 bis 1914 (Studien zur Regionalgeschichte Band 1). Bielefeld 1991.

MGH DD H III: Die Urkunden Heinrichs III. Hrsg. von Harry BRESLAU und Paul KEHR (Die Urkunden der Deutschen Könige und Kaiser. Hrsg. von der Gesellschaft für Ältere Deutsche Geschichtskunde Bd. 5). Berlin 1957.

MGH DD K II: Die Urkungen Konrads II. Hrsg. von Harry BRESLAU (Die Urkunden der Deutschen Könige und Kaiser. Hrsg. von der Gesellschaft für Ältere Deutsche Geschichtskunde Bd. 4). Hannover/Leipzig 1909.

MICHEL 1980: Gert MICHEL, Das Solevorkommen in Minden. In: Heilbad und Kurort. Zeitschrift für das gesamte Bäderwesen 32, 1980, S. 273–277.

MICHELS 1995: Hubertus MICHELS, Eine spätexpressionistische Fabrikantenvilla in Lübbecke. In: Denkmalpflege in Westfalen-Lippe 1995, Heft 1, S. 16–21.

MIELKE 1979: Heinz-Peter MIELKE, Die Weserbrücke im Wandel der Zeit. Katalog zur Ausstellung im Mindener Museum. Minden 1979.

MIELKE 1979 a: Heinz-Peter MIELKE, Ein Mindener Doomkapitelkalender, der keiner ist. In: Mindener Mitteilungen 51, 1979, S. 111–114.

MIELKE 1979b: Heinz-Peter MIELKE, Die Inschriften von St. Martin. In: Ursula SCHNELL (Hrsg.), St. Martini zu Minden. Minden 1979, S. 49–60.

MIELKE 1981: Heinz-Peter MIELKE, Irdenware aus Minden. In: Heinz-Peter MIELKE (Hrsg.), Keramik an Weser, Werra und Fulda (Schriften des Mindener Museums für Geschichte, Landes- und Volkskunde. Kunstgeschichtliche Reihe 1). Lübbecke 1981, S. 125–134.

MIELKE 1981a: Heinz-Peter MIELKE, Von der Ofenkachel zum Kachelofen. In: Heinz-Peter MIELKE (Hrsg.), Keramik an Weser, Werra und Fulda (Schriften des Mindener Museums für Geschichte, Landes- und Volkskunde. Kunstgeschichtliche Reihe 1). Lübbecke 1981, S. 107–114.

MIELKE 1982: Heinz-Peter MIELKE, Soziale Phänomene in einer Festungsstadt im 19. Jahrhundert. In: Volker SCHMIDTCHEN (Hrsg.), Festung, Garnison, Bevölkerung, Band 2. Wesel 1982, S. 185–197.

MIELKE 1983: Heinz-Peter MIELKE, Zur Geschichte des Krankenhaus- und Medizinalwesens in Minden. In: Mindener Mitteilungen 55, 1983, S. 55–69 (Nachdruck des gleichnamigen Aufsatzes in: Zeitschrift der deutschen Gesellschaft für Krankenhausgeschichte 14, 1982, S. 95–122).

MIELKE 1986: Heinz-Peter MIELKE, Wandeln über Dächern. Bedachungsmaterial in Vergangenheit und Gegenwart. Viersen o. J. (1986).

MIELKE 1991: Ruth MIELKE, Lebensbild einer westfälischen Pfarrerin. Erfahrungen mit Theologinnengesetzen von 1927 bis 1974. Minden 1991.

MIELKE/SCHNELL 1979: Heinz-Peter MIELKE/Ursula SCHNELL, Zur Baugeschichte. In: Ursula SCHNELL (Hrsg.), St. Martini zu Minden. Minden 1979, S. 21–36.

Militärbauten und Denkmalpflege 2000: Vortragstexte zur Fachtagung Militärbauten und Denkmalpflege am 8. und 9. Dezember 1998 in Mülheim an der Ruhr (Arbeitsheft der rheinischen Denkmalpflege 54). Essen 2000.

Minden 1954: Minden. Die Pforte Westfalens (hrsg. vom Fremdenverkehrsverein Minden-Porta). Dortmund 1954.

Mindener Heimatblätter: Mindener Heimatblätter bis 36, 1964. Seit 1965 werden die als Beilage zum Mindener Tageblatt erscheinenden Mindener Heimatblätter jährlich als Mindener Mitteilungen zusammengebunden.

Mindener Mitteilungen: Mitteilungen des Mindener Geschichts- und Museumsvereins 37, 1965–42, 1970. Hrsg. vom Mindener Geschichts- und Museumsverein. Seit 43, 1971 als Mitteilungen des Mindener Geschichtsvereins. Heimatkundliches Organ für den Kreis Minden-Lübbecke. Hrsg. vom Mindener Geschichtsvereins.

MOELLE 1877: Wilhelm MOELLE, Schwebende Bahn bei Minden. Leipzig 1877.

MOELLE 1881: Wilhelm MOELLE, Das Steinwerk der alten Fenster des Domes zu Minden in Westfalen. Minden 1881.

MOELLE 1898: W. MOELLE, Das Kaiserdenkmal an der Porta Westfalica. In: Deutsche Bauzeitung 32, 1898, Nr. 1, S. 1–3 und 5.

MOELLE o. J.: W. MOELLE, Lebenserinnerungen. Minden o. J.

MÖLLER 1982: Wilfried MÖLLER, Itinerar Mindener Bischöfe des 11. Jahrhunderts (1002–1080). In: Mitteilungen des Mindener Geschichtsvereins 54, 1982, S. 103–112.

MÖLLER 1992: Petra MÖLLER, Beobachtungen zum Getreidehandel im Weserraum. In: Der Weserraum zwischen 1500 und 1650 (Materialien zur Kunst- und Kulturgeschichte in Nord- und Westdeutschland 4). Marburg 1992, S. 115–141.

MOMBURG 1996: Rolf MOMBURG, Die Zigarrenmacher. Aus der Geschichte der Zigarrenindustrie im Minden-Lübbecker Land von 1830 bis zur Gegenwart. Hüllhorst 1996.

MOMBURG 2000: Rolf MOMBURG, Ziegelein überall. Die Entwicklung des Ziegeleiwesens im Minden-Lübbecker Land und in der angrenzenden Nachbarschaft. Minden 2000.

MOOYER 1843: E[rnst] F[riedrich] MOOYER, Verzeichniß der Mindenschen Dompröpste. In: Westphälische Provinzial-Blätter 3, 1843, H. 1, S. 173–176.

MOOYER 1846: E[rnst] F[riedrich] MOOYER, Die alte Heerstraße von Minden nach Stade. In: Archiv des historischen Vereins für Niedersachsen NF 1846, S. 346–365.

MOOYER 1847: E[rnst] F[riedrich] MOOYER, Chronologische Reihefolge der Bischöfe von Minden. In: Westphälische Provinzial-Blätter 4, 1847, H. 1, S. 25–54.

MOOYER 1852: E[rnst] F[riedrich] MOOYER, Historisch-topografische Nachrichten von der Fischerstadt und dem Brühl im Mittelalter. In: Mindener Sonntagsblatt 36, 1852, S. 172–179.

MOOYER 1852: E[rnst] F[riedrich] MOOYER, Bitte um Belehrung. In: Mindener Sonntagsblatt 36, 1852, S. 287.

MOOYER 1853: E[rnst] F[riedrich] MOOYER, Nachrichten von den Apotheken der Stadt Minden. In: Mindener Sonntagsblatt 37, 1853.

MÜLLER 1991: Heinrich MÜLLER, Das Heerwesen in Brandenburg und Preußen von 1640 bis 1806. Band 1: Die Bewaffnung. Berlin 1991.

MÜLLER 1996: Helmut MÜLLER, Weinbau und Weinkonsum in Westfalen. In: Günter WIEGELMANN/Ruth-E. MOHRMANN (Hrsg.), Nahrung und Tischkultur im Hanseraum. Münster 1996, S. 399–428.

MÜLLER-ASSHOFF 1977: Horst MÜLLER-ASSHOFF, Die Mindener Dombibliothek und die liturgischen Bücher des vormaligen Bistums Minden. In: Hans NORDSIEK (Hrsg.), Zwischen Dom und Rathaus. Minden 1977, S. 85–105.

MÜLLN 1953: MÜLLN, Chronik des Wasserwirtschaftsamtes Minden 1899 bis 1953. Privatdruck Minden 1953.

MUMM 1959: Reinhard MUMM (Hrsg.), Die St. Martini-Gemeinde in Minden/Westfalen. Minden 1959.

MUMM 1963: Reinhard MUMM (Hrsg.), Die St. Martini-Gemeinde in Minden/Westfalen. Minden 2. Aufl. 1963.

MUMMENHOFF 1965: Karl Eugen MUMMENHOFF, Die Profanbaukunst im Oberstift Münster von 1450 bis 1650. Münster 1965.

MUMMENHOFF 1965 A: Karl Eugen MUMMENHOFF, Profanbauten des westfälischen Herrenstandes. In: Hermann AUBIN u. a. (Hrsg.), Der Raum Westfalen, Bd. IV. Beiträge zur Volkskunde und Baugeschichte, Teil 2. Münster 1965, S. 229–260.

MUMMENHOFF 1968: Karl Eugen MUMMENHOFF, Die Baudenkmäler in Westfalen. Kriegsschäden und Wiederaufbau. Dortmund 1968.

NAGEL 1971: Gerhard NAGEL, Das mittelalterliche Kaufhaus und seine Stellung in der Stadt. Berlin 1971.

NELLNER 1953: Werner NELLNER, Die natürlichen Grundlagen der Besiedlung des Mindener Landes (Mindener Beiträge 1 = Mindener Jahrbuch, Neue Folge 1). Minden 1953.

NERDINGER 1985: Winfried NERDINGER, Süddeutsche Bautraditionen im 20. Jahrhundert. Architekten der Bayerischen Akademie der Schönen Künste. München 1985.

NERDINGER 1993: Winfried NERDINGER (Hrsg. in Zusammenarbeit mit Katharina BLOHM), Architekturschule München 1868–1993. 125 Jahre technische Universität München. München 1993.

NERDINGER/MAI 1994: Winfried NERDINGER/Ekkehard MAI, Wilhelm Kreis. Architekt zwischen Kaiserreich und Demokratie 1873–1955. München/Berlin 1994.

NEUGEBAUER 1969: Wolfgang Joachim NEUGEBAUER, Kirchen und Kapellen im Regierungsbezirk Münster aus der ersten Hälfte des 19. Jahrhunderts. Diss. Aachen 1969.

NEUHANN 1991: Christiane NEUHANN, Bettler und Vagabunden in Minden. In: Mindener Mitteilungen 63, 1991, S. 135–151.

Neujahrsgruß: Herausgegeben von der LWL-Archäologie für Westfalen und der Altertumskommission für Westfalen beim Landschaftsverband Westfalen-Lippe in Münster. Jährlich erscheinende Berichte für das jeweils vergangene Jahr.

NEULICH/NIEMEYER/STEINACKER 1939: Albert NEULICH/Bernhard NIEMEYER/Karl STEINACKER, Renaissanceschlösser Niedersachsens (Veröffentlichung der Historischen Kommission für Hannover, Oldenburg, Braunschweig, Schaumburg-Lippe und Bremen I), Textband II. Hannover 1939.

Neumann 1961: Heinz Neumann, Das Boten- und Postwesen in Minden. In: Mindener Heimatblätter 33, 1961, S. 102–109, 142–150, 157–215 und 245–260.

Neumann 1963: Heinz Neumann, Die Oberpostdirektion Minden. In: Mindener Heimatblätter 35, 1963, Nr. 9/10, 65–71 und 105–117.

Neumann 1968: Eberhard G. Neumann, Geschichte und Bau. In: Horst Apphun und Eberhard G. Neumann (Hrsg.), Das alte Rathaus zu Dortmund. Dortmund 1968, S. 10–56.

Neumann 1969: Heinz Neumann, Die Oberpostdirektion Minden (Westf.) 1850–1859 und 1876–1934. In: Beiträge zur Geschichte der Post in Westfalen. Münster 1969, S. 83–100.

Neumann 1978: Eberhard G. Neumann, Die Bauwerke der Eisenbahngesellschaften in Nordrhein-Westfalen in der ersten Epoche (1839–1869). In: Technische Kulturdenkmale 11, 1978, S. 20–40.

Neumann 1983: Heinz Neumann, Postpersonal in Minden-Ravensberg 1807. Späte Auswertung eines Fragebogens. In: Mindener Mitteilungen 55, 1983, S. 11–31.

Neumann 1984: Heinz Neumann, 150 Jahre Postdrucksachenlieferant J. C. C. Bruns in Minden. In: Mindener Mitteilungen 56, 1984, S. 121–131.

Neumann 1986: Hans-Rudolf Neumann, Die Bundesfestung Mainz 1814–1866 – Entwicklung und Wandlungen. Mainz/Berlin 1986.

Neumann 1988: Hartwig Neumann, Festungsbaukunst und Festungsbautechnik. Deutsche Wehrarchitektur vom XV. bis XX. Jahrhundert (Architectura militaris Band 1). Koblenz 1988.

Neumann 1991: Hartwig Neumann, Das Zeughaus (Architektura militaris Band 3), Teil I: Textband Bonn 1992 und Teil II: Bildband. Koblenz 1991.

Neumann/Liessem 1989: Hartwig Neumann/Udo Liessem: Die klassizistische Großfestung Koblenz (Architektura militaris Band 2). Koblenz 1989.

Niemann 1912: Fritz Niemann, Die St. Simeonskirche in Minden in Vergangenheit und Gegenwart. Festschrift zum 700jährigen Bestehen der Kirche. Minden 1912.

Niermann 1979: Erwin Niermann, Stadterneuerung in Minden 1970–1979. In: Hans Nordsiek (Hrsg.), Minden – Zeugen und Zeugnisse seiner städtebaulichen Entwicklung. Minden 1979, S. 141–156, Bildteil S. 376–393.

Noak 1904   Gerhard Noak, Das Stapel- und Schiffahrtsrecht Mindens vom Beginnn der preußischen Herrschaft 1648 bis zum Vergleiche mit Bremen 1769. Hannover/Leipzig 1904.

Nolte 1980:   Jutta Nolte, Vom Beginenhaus zum Klinikum – kurze Darstellung der Entwicklung des Krankenhauswesens in der Stadt Minden vom 13. Jahrhundert bis zur Gegenwart. Minden 1980 (Manuskript im KAM, Mi, Nr. 8499).

Nordhoff 1873: Julius Bernhard Nordhoff, Der Holz- und Steinbau Westfalens in seiner culturgeschichtlichen und systematischen Entwicklung. Münster 1873.

Nordsiek 1968 (Festschrift Ressource): Hans Nordsiek, 180 Jahre Gesellschaft zur Weserklause 1788–1968. Minden 1968.

Nordsiek 1977: Hans Nordsiek, Die Regalienverleihung an die Mindener Kirche im Jahre 977 und die Entwicklung Mindens von der Marktsiedlung zur Stadt. In: Mindener Mitteilungen 49, 1977, S. 13–34.

Nordsiek 1977 A: Hans Nordsiek (Hrsg.), Zwischen Dom und Rathaus. Beiträge zur Kunst- und Kulturgeschichte der Stadt Minden. Minden 1977.

NORDSIEK 1977 B: Hans NORDSIEK, Nicolaus Meyer (1775–1855) und das kulturelle Leben in Minden. In: Hans NORDSIEK (Hrsg.), Zwischen Dom und Rathaus. Minden 1977, S. 249–268.

NORDSIEK 1979: Hans NORDSIEK (Hrsg. und Autor mehrerer Beiträge), Minden – Zeugen und Zeugnisse seiner städtebaulichen Entwicklung. Minden 1979.

NORDSIEK 1980: Hans NORDSIEK, Minden 1530. Bilder und Dokumente zur Reformation der Stadt. Katalog zur Ausstellung des Kommunalarchivs vom 22. Oktober bis 20. November 1980 in der Bürgerhalle des Rathauses Minden. Minden 1980.

NORDSIEK 1982: Hans NORDSIEK, Minden als Festungsstadt des 19. Jahrhunderts. In: Zeitschrift für Festungsforschung, Heft 1, 1982, S. 32–36.

NORDSIEK 1984: Hans NORDSIEK, Die schwedische Herrschaft in Stadt und Stift Minden (1634–1650). In: Mindener Mitteilungen 56, 1984, S. 27–48.

NORDSIEK 1985: Hans NORDSIEK, Glaube und Politik. Beiträge zur Geschichte der Reformation im Fürstbistum Minden (Mindener Beiträge 22). Minden 1985.

NORDSIEK 1986: Hans NORDSIEK, Vom Kreishaus zum Kommunalarchiv Minden 1908–1986, hrsg. vom Kreis Minden-Lübbecke. Minden 1986.

NORDSIEK 1986 und NORDSIEK 1986 a: Hans NORDSIEK, Das preußische Fürstentum Minden zur Zeit Friedrich des Großen. In: Mindener Mitteilungen 58, 1986, S. 11–102 (auch als Sonderdruck hrsg. vom KAM aus Anlaß der Ausstellung »Getreue Untertanen« 1986).

NORDSIEK 1987: Hans NORDSIEK, Schiffsverkehr und Frachtgüter in der ersten Hälfte des 18. Jahrhunderts. In: Jutta BACHMANN/Helmut HARTMANN (Hrsg.), Schiffahrt, Handel, Häfen. Beiträge zur Geschichte der Schiffahrt auf der Weser und Mittellandkanal (im Auftrag der Mindener Hafen GmbH zum 70jährigen Bestehen der Mindener Häfen erschienen). Minden 1987, S. 93–104.

NORDSIEK 1987 A: Hans NORDSIEK, Mindener Handwerker im Mittelalter. In: Bendix TRIER (Hrsg.), Ausgrabungen in Minden. Bürgerliche Stadtkultur des Mittelalters und der Neuzeit. Münster 1987, S. 75–87.

NORDSIEK 1988: Hans NORDSIEK, 200 Jahre Gesellschaft zur Weserklause in Minden 1788–1988. Minden 1988.

NORDSIEK 1988: Hans NORDSIEK, Juden in Minden. Dokumente und Bilder jüdischen Lebens vom Mittelalter bis zum 20. Jahrhundert. Minden 1988.

NORDSIEK 1989: Hans NORDSIEK, Vom Beginenhaus zum Armenhaus. Zur Geschichte der Mindener Beginen (1295–1839). In: Mindener Mitteilungen 61, 1989, S. 19–44.

NORDSIEK 1991: Hans NORDSIEK, Vom »landrätlichen Büro« zur Kreisverwaltung. Beitrag zur Verwaltungsgeschichte des Kreises Minden-Lübbecke aus Anlaß des 175jährigen Kreisjubiläums am 1. November 1991. Hrsg. von der Kreisverwaltung Minden-Lübbecke. Minden 1991.

NORDSIEK, Kaiserwetter 1991 und NORDSIEK 1991: Hans NORDSIEK, »Kaiserwetter« in Minden. Stadtentwicklung in wilhelminischer Zeit. In: Joachim MEYNERT, Josef MOOSER und Volker RODEKAMP (Hrsg.), Unter Pickelhaube und Zylinder. Das östliche Westfalen im Zeitalter des Wilhelminismus 1888 bis 1914 (Studien zur Regionalgeschichte Band 1). Bielefeld 1991, S. 29–134.

Nordsiek 1992: Hans Nordsiek, Minden – Beginen. In: Karl Hengst (Hrsg.), Westfälisches Klosterbuch, Band 1. Münster 1992, S. 637–638.

Nordsiek 1992 a: Hans Nordsiek, Minden – Kollegiatstift St. Johannis. In: Karl Hengst (Hrsg.), Westfälisches Klosterbuch, Band 1. Münster 1992, S. 624–629.

Nordsiek 1993: Hans Nordsiek, Geschichte des Stadtarchivs und Kommunalarchivs Minden. In: H. Nordsiek (Hrsg.), Kommunalarchiv Minden. Archiv der Stadt Minden und des Kreises Minden-Lübbecke. Geschichte, Bestände, Sammlungen(Veröffentlichungen des Kommunalarchivs Minden 1). Minden 1993 S. 11–181.

Nordsiek 1993 a: Hans Nordsiek, Die Anfänge der ev.-ref. Petri-Gemeinde in Minden. In: Mindener Mitteilungen 65, 1993, S. 120–125.

Nordsiek 1994: Hans Nordsiek, Das wiederentdeckte Kaufhaus. Ein Beitrag zur Mindener Stadtgeschichte. In Mindener Mitteilungen 66, 1994, S. 87–112.

Nordsiek 1995: Hans Nordsiek, Die verdunkelte Stadt. Minden in der Endphase des Zweiten Weltkrieges 1944/45. Minden 1995.

M. Nordsiek 1973: Marianne Nordsiek, Der »Märtyrer von Minden«. Die Haft des Kölner Erzbischofs Droste zu Vischering in Minden 1837–1839. In: Mindener Mitteilungen 45, 1973, S. 107–126.

M. Nordsiek 1976: Marianne Nordsiek, Die Schulbildung der bürgerlichen Frau im 19. Jahrhundert am Beispiel der Mindener Töchterschule 1826–1909. Ein Beitrag zum hundertfünfzigjährigen Bestehen des Caroline-von Humboldt-Gymnasiums Minden. In: Mindener Heimatblätter 48, 1976, S. 29–64.

M. Nordsiek 1980: Marianne Nordsiek, Siegmund Imanuel (1790–1874) und die Reorganisation des Mindener Gymnasiums. In: Friedhelm Sundergeld (Bearb.), Land und Leuten dienen. Ein Lesebuch zur Geschichte der Schule in Minden, zum 450jährigen Bestehen im Auftrag des Ratsgymnasiums Minden. Minden 1980, S. 103–123.

M. Nordsiek 1984: Marianne Nordsiek, Mindener Theaterlokale. In: Der Minden-Ravensberger 56, 1984, S. 60–62.

M. Nordsiek 1988: Marianne Nordsiek, Die Simeonstraße in Minden. Beiträge zur Geschichte einer Altstadtstraße und ihrer Häuser. In: Mindener Mitteilungen 60, 1988, S. 7–50 (auch als Separatdruck Minden 1988).

M. Nordsiek 1990: Marianne Nordsiek, Blaudruck aus der Simeonstraße. In: Mindener Mitteilungen 62, 1990, S. 143–154.

M. Nordsiek 1992: Marianne Nordsiek, Vom »Kuhtor« zum »Königstor«. Ein Beitrag zur Geschichte der Mindener Stadtbefestigung. In: Mindener Mitteilungen 64, 1992, S. 157–163.

M. Nordsiek 1997: Marianne Nordsiek, Brühl und Fischerstadt. Untersuchungen zur mittelalterlichen Siedlungsgeschichte der Stadt Minden. In: Mindener Mitteilungen 69, 1997, S. 149–184.

Nottarp 1954: Hermann Nottarp, Ein Mindener Dompropst des 18. Jahrhunderts. In: Westfälische Zeitschrift 103, 1954, S. 93–163.

Nussbaum 1995: Norbert Nussbaum, Deutsche Kirchenbaukunst der Gotik. Entwicklung und Bauformen. 2. erweiterte Auflage Darmstadt 1995.

OPITZ 1772: OPITZ, Kurze physikalische Beschreibung und Nachricht von dem in der Stadt Minden entdeckten Mineralischen Brunnen. In: Mindensche Beyträge 36, 1772, Sp. 282–288 und 37, 1772, Sp. 289–296.

ORTMANN 1949: Bernhard ORTMANN, Vororte Westfalens seit germanischer Zeit. Paderborn 1949.

ORTMANNS 1972: Kurt ORTMANNS, Das Bistum Minden in seinen Beziehungen zu König, Papst und Herzog bis zum Ende des 12. Jhs. Ein Beitrag zur Germania Pontificia (Reihe der Forschungen 5). Benberg 1972.

ORZSCHIG 1998: Chistiane ORZSCHIG, Die Liebsten ruhn schon lange. Der Alte Friedhof in Minden. Bielefeld 1998.

PANOFSKY 1964: Erwin PANOFSKY, Grabplastik. Vier Vorlesungen über ihren Bedeutungswandel von Alt-Äygpten bis Bernini. New York/Köln 1964.

PARTHEY 1853: Gustav PARTHEY, Wenzel Hollar. Beschreibendes Verzeichnis seiner Kupferstiche. Berlin 1853.

PAUL 1985: Jürgen PAUL, Rathaus und Markt. In: Cord MECKSEPER (Hrsg.), Stadt im Wandel. Kunst und Kultur des Bürgertums 1150–1650. Landesausstellung Niedersachsen 1985, Bd. 4. Stuttgart/Bad Cannstatt 1985, S. 89–118.

PAULI 1890: Gustav PAULI, Die Renaissancebauten Bremens im Zusammenhang mit der Renaissance in Nordwestdeutschland. Leipzig 1890.

PECZYNSKY 1990: Christa PECZYNSKY, Die Dominikaner in Minden. Zur Geschichte des ehemaligen Dominikanerklosters St. Pauli in der Alten Kirchstraße. In: Mindener Mitteilungen 62, 1990, S. 131–142.

PECZYNSKY 1991: Christa PECZYNSKY, Das Hospital St. Nicolai in Minden. Ein Beitrag zur Kirchen- und Sozialgeschichte der Stadt. In: Mindener Mitteilungen 63, 1991, S. 153–165.

PEINE 1988: Hans-Werner PEINE, Untersuchungen zur mittelalterlichen Keramik Mindens. Auswertungen der Stadtkerngrabungen Bäckerstraße und Hellingstraße (Denkmalpflege und Forschung in Westfalen 17). Bonn 1988.

PEINE 1998: Hans-Werner PEINE, ABC der Mindener Bodenfunde. In: Gabriele ISENBERG/Hans-Werner PEINE, Was sucht das Gold im Schlamm – Archäologische Spurensuche in der Mindener Bäckerstraße (Hrsg. von der Stadt Minden und dem Westfälischen Museum für Archäologie, Amt für Bodendenkmalpflege). Minden 1998, S. 17–44.

PESCH/WEHKING 1999: Alexandra PESCH/Sabine WEHKING, Die Grabplatte des Mindener Vikars Arnold Karemann. In: Mindener Mitteilungen 71, 1999, S. 193–197.

PESCHKEN 1979: Goerd PESCHKEN, Das architektonische Lehrbuch (Karl Friedrich Schinkel Lebenswerk, Bd. 14). München/Berlin 1979.

PETER 1984: Claus PETER, Zur Entwicklung des Turmuhrenbaus in Westfalen. In: Westfalen 62, 1984, S. 216–244.

PETER 1989: Claus PETER, Die Glockenlandschaft Westfalen. Folge 1: Die deutschen Glockenlandschaften. Hrsg. v. K. KRAMER. München 1989 (Tonkassette mit ausführlichem Beiheft).

PFÄNDER 1957: E. PFÄNDER, Putz und Farbe der Weserrenaissance. In: Mindener Heimatblätter 29, 1957, S. 67–68.

PHILIPPI 1880: Friedrich PHILIPPI, Die Ausgaben der Stadt Minden im Jahre 1365. In: Monatsschrift für die Geschichte Westdeutschlands 6, 1880, S. 272–278.

PHILIPPI 1894: Friedrich PHILIPPI, Zur Verfassungsgeschichte der westfälischen Bischofsstätte. Osnabrück 1894.

Piel = KRIEG 1981: Martin KRIEG (Hrsg.), Das Chronikon Domesticus et Gentile des Heinrich Piel (Veröffentlichng der Historischen Kommission für Westfalen 13. Geschichtsquellen des Fürstentums Minden 4). Münster 1981.

PIEPER 1993: Roland PIEPER, Die Kirchen der Bettelorden in Westfalen. Baukunst im Spannungsfeld zwischen Landespolitik, Stadt und Orden im 13. und frühen 14. Jh. (Franziskanische Forschungen Heft 39). Werl 1993.

PIEPER 2000: Roland PIEPER, Dalheim. Pfarrort – Kloster – Staatsdomäne. Münster 2000.

PIEPER-LIPPE 1980: Margarete PIEPER-LIPPE, Zinn im nördlichen Westfalen. Münsterlisches Zinn bis 1700. Minden-Ravenberger Zinn. Dülmener Zinn. (21. Sonderheft der Zeitschrift Westfalen). Münster 1980.

PLATH 1905: Johannes PLATH, Die Glocken in Minden-Ravensberg. In: Jahrbuch des Vereins für die evangelische Kirchengeschichte Westfalens 7, 1905, S. 209–210.

POECK 1993: Dietrich W. POECK, St. Marien in Minden: Stiftung und Erinnerung. Ein Beitrag zur Kirchengeschichte des Bistums Minden. In: Mindener Mitteilungen 65, 1993, S. 49–70.

PÖSTGES 1982/83: Die Geschichte der Obenkirchener Sandsteinbrücke. In: Bremisches Jahrbuch 60/61, 1982/83, S. 95–116.

POLKO 1886: Elise POLKO, Kleine Bildermappe. Federzeichnungen von Elise Polko. Karlsruhe 1886.

POTTHAST 1859: August POTTHAST (Hrsg.), Liber de rebus mirabilioribus sive Chronicon Henrici de Hervordia. Göttingen 1859.

PRACHT 1998: Elfi PRACHT, Jüdisches Kulturerbe in Nordrhein-Westfalen. Teil III: Regierungsbezirk Detmold (Beiträge zu den Bau- und Kunstdenkmälern von Westfalen, Bd. 1.1). Köln 1998.

PREUSCHOF 1964: Hugo PREUSCHOF, Stammfolge der Familie Schlick – Minden. In: Mindener Heimatblätter 36, 1964, S. 157–173.

PREUSCHOF 1967: Hugo PREUSCHOF, Ahnenliste des Christian Friedrich Schlick aus Minden. In: Mindener Mitteilungen 39, 1967, S. 88–97.

PREUSLER 1985: Burghard PREUSLER, Walter Schwagenscheidt 1886–1968. Architektenideale im Wandel sozialer Figurationen. Stuttgart 1985.

Preußentour 1996: Volker RODEKAMP/Mindener Museum (Hrsg.), Preußentour, Historische Stadtrundgänge Minden Nr. 1. Minden 1996.

VON PRIESDORFF 1937–42: Kurt VON PRIESDORFF, Soldatisches Führertum, Bd. 1–10. Hamburg 1937–1942.

PRINZ 1971: Josef PRINZ, Vom mittelalterlichen Ablaßwesen in Westfalen. Ein Beitrag zur Geschichte der Volksfrömmigkeit. In: Westfälische Forschungen 23, 1971, S. 107–171.

PUDENZ 1948: Albert PUDENZ, Chronik vom Solbad Minden. Maschinenschriftlich, Minden 1948 (Exemplar im Kommunalarchiv Minden).

Rabe 1994:	Holger Rabe, Vom spätromanischen Consistorium zum sozio-kulturellem Bürgerhaus. In: G. U. Grossmann, Das Rathaus in Höxter (Schriften des Weserrenaissance-Museums Schloß Brake 7), München 1994, S. 93–116.
Rasch 1977:	Gunnar Rasch, Die Geschichte der Städtebaupolizei von Münster (Westfalen) von den Anfängen bis zum Ende des Hochstiftes im Jahre 1803. Diss. Münster 1977.
Rasche 1961:	Wilhelm Rasche, Geschichte der Familie Rasche in Minden. Minden 1961.
Rauch 1990:	Andreas von Rauch/Barbara Leisner/Heiko K. L. Schulze/Ellen Thormann, Der Hamburger Hauptfriedhof Ohlsdorf, Geschichte und Grabmäler. Hamburg 1990.
Rave 1933:	Wilhelm Rave: Die große Dienstreise Schinkels 1833 durch Westfalen. In: Westfalen 18, 1933, S. 253–261.
Rave 1935:	Wilhelm Rave, Kunstführer des westfälischen Heimatbundes, Heft 3: Kreis Minden. Münster 1935.
Rave 1951:	Wilhelm Rave, Westfalens Kunststätten im Untergang und Wiederaufbau. Münster 1951.
Rave 1962:	Paul Ortwin Rave, Karl Friedrich Schinkel Lebenswerk: Berlin. Dritter Teil: Bauten für Wissenschaft, Verwaltung, Heer, Wohnbau und Denkmäler. Berlin 1962.
Rave 1981:	Paul Ortwin Rave, Karl Friedrich Schinkel. 2. Aufl., bearb. von Eva Börsch-Supan. München/Berlin 1981.
Rave o. J.:	Wilhelm Rave, Kunstführer des Kreises Minden.
Reclam Westfalen:	Anton Henze, Nordrhein-Westfalen. Kunstdenkmäler und Museen (Reclams Kunstführer Deutschland 3). 6. Auflage Stuttgart 1982.
Regierung 1992:	Minden, Regierungsgebäude am Weserglacis. In: Renaissance der Renaissance. Ein bürgerlicher Kunststil im 19. Jahrhundert. Katalog (Schriften des Weserrenaissance-Museums Schloß Brake 5). München/Berlin 1992, S. 535–537.
Rehme 1953:	1200 Jahre Rehme. Ein Heimatbuch zur 1200-Jahrfeier. Hrsg. von der Gemeinde Rehme. Bad Oeynhausen 1953.
Reich/Ulrich 1997:	Katja Reich/Anke M. Ulrich, In der Heimat verwurzelt – Der Bildhauer Heinrich Wefing zwischen Westfalen und Berlin. In: Historisches Jahrbuch für den Kreis Herford 1997, S. 109–126.
Reichsbank 1900:	Die Reichsbank 1876–1900. Berlin 1900.
Reininghaus 1997:	Wilfried Reininghaus et alii, Eisenbahnen zwischen Rhein und Weser 1825–1995. In: Karl-Peter Ellerbrock/Marina Schuster (Hrsg.), Katalog 150 Jahre Köln-Mindener Eisenbahn. Essen 1997, S. 12–73.
Reinke 1977:	Ulrich Reinke, Spätgotische Kirchen am Niederrhein im Gebiet von Ruhr, Maas und Issel zwischen 1340 und 1540. Diss. Münster 1975. Münster 1977.
Renaissance 1992:	Renaissance der Renaissance. Ein bürgerlicher Kunststil im 19. Jahrhundert. Katalog und Aufsatzband zur Ausstellung (Schriften des Weserrenaissance-Museums Schloß Brake Band 5 und 6). München/Berlin 1992.
Reuleaux 1912:	Reuleaux, Die geschichtliche Entwicklung des Befestigungswesens vom Aufkommen der Pulvergeschütze bis zur Neuzeit (Sammlung Göschen 569). Leipzig 1912.
Reuter 1965:	Rudolf Reuter, Orgeln in Westfalen. Inventar historischer Orgeln in Westfalen und Lippe. Im Auftrag des Landschaftsverbandes Westfalen-Lippe hrsg. v. Hermann Busen. Kassel 1965.
Reuter 1968:	Rudolf Reuter, Große Orgeln im Weserraum. In: Westfalen 46, 1968, S. 146–158.

Reuter 1971:   Rudolf Reuter, Die Orgel in der Denkmalpflege Westfalens 1949–1971. Kassel 1971.
Reuter 1981:   Rudolf Reuter, Historische Orgeln im Münsterland (Westfälische Kunststätten 17). Münster 1981.
Reuter 1982:   Rudolf Reuter, Historische Orgeln im Kreis Olpe (Westfälische Kunststätten 22). Münster 1982.
Reuther 1969: Hans Reuther, Die Sakralbauten von Christoph Hehl. Ein Beitrag zur hannoverschen Bauschule Conrad Wilhelm Hases. In: Niederdeutsche Beiträge zur Kunstgeschichte 8, 1969, S. 211–264.
Richard-Wiegandt 1996: Ursula Richard-Wiegandt, 50 Jahre Wiederaufbau und Stadtentwicklung 1945–1995. Münster 1996.
Richter/Speitel 1975: Gerhand Richter/Georg Speitel, Festschrift aus Anlaß der Einweihung des Gemeindezentrums der evangelisch-lutherischen St. Marienkirchengemeinde zu Minden in Westfalen. Minden 1975.
Riechmann 1996: Helmut Riechmann, 50 Jahre Klinikum Minden. Zweckverband Stadt- und Kreiskrankenhaus. Akademisches Lehrkrankenhaus der Westf. Wilhelms-Universitär Münster 1946–1996. Minden 1996.
Riese 1979:   Bernhard Riese, Füchtorf in alten Ansichten. Zaltbommel/Niederlande 1979.
Rocholl 1938: Richard Rocholl, Geschichte des Geschlechts Rocholl aus Radevormwald. Berlin (Selbstverlag) 1938.
Röckemann 1909: [A.] Röckemann, Altertumsfunde auf der früheren Stätte des Mindener Klosters zu St. Moritz und Simeon. In: Ravensberger Blätter 9, 1909, S. 89 f.
Röckemann o. J.: [A.] Röckemann, Volksleben, Volksglaube und volkstümliche Geschichtsauffassung im Fürstentum Minden. Minden o. J. [nach 1911].
Rodekamp 1985:Volker Rodekamp (Hrsg.), Weserrenaissance in Minden. Architekturfragmente aus der Sammlung des Mindener Museums. Katalog zur Ausstellung des Mindener Museums. Minden 1985.
Rogge 1992:   Jörg Rogge, Miteinander und Gegeneinander. Die Städte Rinteln, Hameln, Minden und ihre Landesherren. In: Der Weserraum zwischen 1500 und 1650 (Materialien zur Kunst- und Kulturgeschichte in Nord- und Westdeutschland 4). Marburg 1992, S. 15–40.
Röhrs 1992:   Hans Röhrs, Erz und Kohle. Bergbau und Eisenhütten zwischen Ems und Weser. Ibbenbüren 1992.
Ronicke 1957: 100 Jahre Ronicke & Söhne 1857–1957 (Festschrift). Minden 1957.
Rook 1980:   Günter Rook, Schulturnen-Leibesübungen-Sport. In: Friedhelm Sundergeld (Bearb.), Land und Leuten dienen. Ein Lesebuch zur Geschichte der Schule in Minden, zum 450jährigen Bestehen im Auftrag des Ratsgymnasiums Minden. Minden 1980, S. 123–135.
Rose 1846:   August Viktor Wilhelm Rose, Zur Geschichte der Stadt Herford. In: Westphälische Provinzial-Blätter, Verhandlungen der Westphälischen Gesellschaft zur Beförderung der vaterländischen Cultur 3, 1846, Heft 4, S. 4 f.
Rose 1939:   Hermann Rose, Friedrich Wilhelm Seydel vom Rodenbeck und seine Nachfahren. Göttingen 1939.
Roth, Leichenpredigten: Fritz Roth, Auswertungen von Leichenpredigten und Personalschriften. Band 1–10. Boppard (Selbstverlag) 1959–1980.

Rothe 1942: Waldemar Rothe, Straßennamen der Stadt Minden. In: Mindener Heimatblätter 19, 1942, Nr. 9/10, 11/12 und 20, 1943, Nr. 1/2–7/8.

Rothert 1949–1951: Hermann Rothert, Westfälische Geschichte, Band I–III. Gütersloh 1949–1951.

Röwer-Dahl 1992: R. Röwer-Dahl, Bürgerliches Bildungs- und Kunstbewußtsein 1500–700. Ofenkacheln aus Duderstadt. In: Göttinger Jahrbuch 40, 1992, S. 165–277.

Rublack 1979: Hans-Christoph Rublack, Probleme der Sozialtopographie der Stadt im Mittelalter und in der frühen Neuzeit. In: Wilfried Ehbrecht (Hrsg.), Voraussetzungen und Methoden geschichtlicher Städteforschung (Städteforschung A7). Köln/Wien 1979, S. 177–193.

Rüter/Hampel 1986: Karin Kristin Rüter/Christian Hampel, Schicksale 1933–1945. Die Judenpolitik in Deutschland 1933–1945 unter besonderer Berücksichtigung von Einzelschicksalen jüdischer Bürger der Gemeinden Minden, Petershagen und Lübbecke. Minden 1986.

Rüthing 1986: Heinrich Rüthing, Höxter um 1500. Analyse einer Stadtgesellschaft (Studien und Quellen zur westfälischen Geschichte 22). Paderborn 1986.

Rüthing 1987: Heinrich Rüthing, Beobachtungen zur Weserschiffahrt im 16. Jahrhundert. In: Jutta Bachmann/Helmut Hartmann (Hrsg.), Schiffahrt, Handel, Häfen. Beiträge zur Geschichte der Schiffahrt auf der Weser und Mittellandkanal (im Auftrag der Mindener Hafen GmbH zum 70jährigen Bestehen der Mindener Häfen erschienen). Minden 1987, S. 75–92.

Sachse 1848: Carl Robert Sachse, Sachsenspiegel oder Sächsisches Landrecht ... mit Übersetzung und reichhaltigem Repertorium. Heidelberg 1848.

Sagebiel 1973: F. Sagebiel, Baumeister in und um Corvey – unter besonderer Berücksichtigung der Neuzeit. Detmold 1973.

Salter 1935: Siegbert Salter, Das Deutsche Rathaus. Sonderdruck aus der illustrierten Zeitschrift »Europa auf Reisen«. Berlin 1935.

Sander-Berke 1995: Antje Sander-Berke, Baustoffversorgung spätmittelalterlicher Städte Norddeutschlands (Städteforschung A 37). Köln 1995.

Saur 1992 ff.: Allgemeines Künstler-Lexikon. Die Bildenden Künstler aller Zeiten und Völker. Bd. 1, München/Leipzig 1992 ff.

Schäfer 1990: Jost Schäfer, Frühe Schulbauten im Rheinland (Landschaftsverband Rheinland, Landeskonservator Rheinland, Arbeitsheft 27). Köln 1990.

Schäfer 1998: Jost Schäfer, Das ehemalige Luftkreiskommando IV in Münster von Ernst Sagebiel. In: Westfalen, 76, 1998, S. 380–401.

Schätze aus der Fremde 1985: Schätze aus der Fremde. Deutsche und europäische Goldschmiedekunst in Rheinland und Westfalen. Eine Ausstellung des Kreises Unna. Unna 1985.

Schallenberg 1980: Erwin Schallenberg, Vom Werden einer Sparkasse. Die Geschichte der Kreissparkasse Minden 1855–1980. Maschinenschriftlich, Minden 1980 (im KAM).

Scheffler 1965: Wolfgang Scheffler, Goldschmiede Niedersachsens. Daten, Werke, Zeichen. Berlin 1965.

Scheffler 1973: Wolfgang Scheffler, Goldschmiede Rheinland-Westfalen. Daten, Werke, Zeichen. Berlin/New York 1973.

SCHELTER 1981: Alfred SCHELTER, Der protestantische Kirchenbau des 18. Jahrhunderts in Franken. Kulmbach 1981.

SCHEPERS 1965: Josef SCHEPERS, Westfalen in der Geschichte des nordwestdeutschen Bürger- und Bauernhauses. In: Hermann AUBIN u. a. (Hrsg.), Der Raum Westfalen, Bd. IV. Beiträge zur Volkskunde und Baugeschichte, Teil 2. Münster 1965, S. 124–294.

SCHEPERS 1997: Josef SCHEPERS, Der mittelalterliche profane Steinbau Westfalens im europäischen Zusammenhang. Aus dem Nachlaß herausgegeben von Fred Kaspar. Detmold 1997.

SCHIRMER 1948: E. SCHIRMER, Der Stand der siedlungsarchäologischen Forschungen in der Mindener Unterstadt, insbesondere der Mindener Domfreiheit. Manuskript im WLVF Bielefeld (Kopien im Mindener Museum und im WMfA).

SCHLICHTHABER I und II: Anton Gottfried SCHLICHTHABER, Mindische Kirchengeschichte in fünf Bänden. Minden 1749–1754 (Neudruck in zwei Bänden, Osnabrück 1979: Band I: 1. bis 3. Teil, Band II, 4. und 5. Teil).

SCHLIPKÖTHER 1990: Bernd SCHLIPKÖTHER, Zwischen »Freesenstrate« und »Umberadene Strate«. Zur Topographie eines Stadtviertes in der Mindener Oberstadt vom 13. bis 16. Jahrhundert. In: Mindener Mitteilungen 62, 1990, S. 75–109.

SCHLIPKÖTHER 1997: Bernd SCHLIPKÖTHER, Klerikerwissen und Stadtgesellschaft. Die Dominikaner in Minden von 1236 bis 1530. In: Mindener Mitteilungen 69, 1997, S. 85–148.

SCHLUCKEBIER 1957: Richard SCHLUCKEBIER, 200 Jahre Familienname Windel in Minden. In: Mindener Heimatblätter 29, 1957, S. 109.

SCHMEKEN 1961: Ewald SCHMEKEN: Die sächsische Gogerichtsbarkeit im Raum zwischen Rhein und Weser. Diss (masch.), Münster 1961.

SCHMIDT 1930: Hans SCHMIDT, Das Steinkohlenbergwerk Böllhorst. In: Die Heimat 6, 1930, Nr. 5.

SCHMIDT 1981: Eva SCHMIDT, Der preußische Eisenkunstguß. Technik, Geschichte, Werke, Künstler. Berlin 1981.

SCHMIDT 1988: Thomas SCHMIDT, Werner March (1894–1976). Eine biographische Skizze zu seiner Tätigkeit als Architekt und Städtebauer. In: Wolfgang RIBBE (Hrsg.), Berlin-Forschungen 3. Berlin 1988, S. 231–278.

SCHMIDT 1992: Thomas SCHMIDT, Werner March. Architekt des Olympia-Stadions 1894–1976. Basel/Berlin 1992.

SCHMIDT 2000: Wolfgang SCHMIDT, Nutzung und Bauform von Kasernenbauten in den dreißiger Jahren. In: Militärbauten und Denkmalpflege (Arbeitsheft der rheinischen Denkmalpflege 54). Essen 2000, S. 35–56.

SCHMIDT-RUSCH 2003: Olaf SCHMIDT-RUSCH, Im Strom der technischen Revolution. Ludwig Henz. Vom Wasserbau-Techniker an der Ruhr zum Eisenbahn-Direktor in Preußen 1798–1860. Essen 2003.

SCHMIEDER 1993: Siegfried SCHMIEDER, Die Stadt- und Gilderechte der Stadt Warendorf. Warendorf 1993.

SCHMITZ 1955: Philibert SCHMITZ: Geschichte des Benediktinerordens, Band I bis III. Einsiedeln/Zürich 1955.

Schmuhl 1994: Hans-Werner Schmuhl: 250 Jahre Petrikirche in Minden. Beiträge zur Sozial- und Kulturgeschichte der Evangelisch-reformierten Gemeinde vom 17. bis zum 19. Jahrhundert. In: Jahrbuch für westfälische Kirchengeschichte 88, 1994, S. 84–112 (Wiederabdruck in: Festschrift zum 250-jährigen Kirchweihjubiläum der Evangelisch-reformierten Petrikirche Minden 1743–1993, Minden 1994).

Schneider 1897: Baumeister W. Schneider, Erinnerungen aus der Zeit der Eröffnung der Köln-Mindener Eisenbahn. In: Minden-Lübbecker Kreisblatt vom 10. 10. 1897.

Schneider 1994: Karl Heinz Schneider, Schaumburg in der Industrialisierung Teil I: Vom Beginn des 19. Jahrhunderts bis zur Reichsgründung. Melle 1994.

Schneider 1995: Karl Heinz Schneider, Der Bau der Eisenbahn Hannover-Minden. In: Schaumburg-lippische Mitteilungen 31, 1995, S. 113–142.

Schnell 1973: Hugo Schnell, Der Kirchenbau des 20. Jahrhunderts in Deutschland. Dokumentation – Darstellung – Deutung. München/Zürich 1973.

Schnell 1979: Ursula Schnell (Hrsg.), St. Martini zu Minden. Minden 1979.

Schnitzler 1992: Norbert Schnitzler, »ein goldt und silber gruben?«. Apotheken und Apotheker im Weserraum 1550–1650. In: Der Weserraum zwischen 1550 und 1650. Materialien zur Kunst- und Kulturgeschichte in Nord- und Westdeutschland, Band 4. Marburg 1992, S. 203–234.

Schock 1967: Karl-Heinz Schock, Theodor Storm und Elise Polko. In: Mindener Mitteilungen 39, 1967, S. 55–86.

Scholz 1995: Carsten Scholz, Das Verdener Fischerviertel – eine karolingische Dienstsiedlung?. In: Rotenburger Schriften 82/83, 1995, S. 72–81.

Schönermark III/1891: Gustav Schönermark (Hrsg.), Die Architektur der Hannoverschen Schule. Herausgegeben im Auftrage der Bauhütte zum weißen Blatt, Band III. Hannover 1891.

Schrader 1951: Gerhard Schrader, Gernheim. Die Gründung Johann Christoph Friedrich Schraders. Ein Beitrag zur westfälischen Wirtschaftsgeschichte im 19. Jahrhundert (Mindener Jahrbuch NF, Heft 3). Minden 1951.

Schreiber 1957: Heinrich Schreiber, Bericht eines Mindener Bürgermeister aus dem dreißigjährigen Kriege 1625–1636. Belagerung Mindens durch die Schweden. In: Mindener Heimatblätter 28, 1956, S. 32–34, 65–68, 79–81, 126–129; 29, 1957, S. 3–7, 29–32, 58–60, 90–92, 106–108.

Schreiner 1963: Ludwig Schreiner: Das Schwichow-Grabmal zu Minden. Ein Werk Schinkels auf westfälischen Boden. In: Mindener Heimatblätter 35, 1963, S. 145–150.

Schreiner 1968: Ludwig Schreiner, Karl Friedrich Schinkel und die erste westfälische Denkmäler-Inventarisation – Ein Beitrag zur Geschichte der Denkmalpflege Westfalens. Münster 1968.

Schreiner 1969: Ludwig Schreiner, Westfalen (Karl Friedrich Schinkel Lebenswerk, Bd. 10). München 1969.

Schreiner 1977: Ludwig Schreiner, Die Bautätigkeit in Minden zur Zeit des Klassizismus. In: Hans Nordsiek (Hrsg.), Zwischen Dom und Rathaus. Minden 1977, S. 269–302.

Schreiner 1983: Ludwig Schreiner, Architektur des 19. und 20. Jahrhunderts. In: Wilhelm Kohl, Westfälische Geschichte, Band 2: das 19 und das 20. Jahrhundert – Politik und Kultur. Düsseldorf 1983, S. 431–488.

SCHROEDER 1880: Wilhelm SCHROEDER, Geschichte des Gymnasiums von 1800–1822. In: Evangelisches Gymnasium und Realschule I. Ordnung zu Minden. Festschrift zur Feier der Einweihung des neuen Schulgebäudes und dem 350jährigen Bestehen des Gymnasiums. Minden 1880.

SCHROEDER 1880: Wilhelm SCHROEDER, Geschichte des Neubaus. In: Evangelisches Gymnasium und Realschule I. Ordnung zu Minden. Festschrift zur Feier der Einweihung des neuen Schulgebäudes und dem 350jährigen Bestehen des Gymnasiums. Minden 1880.

SCHROEDER 1883: Wilhelm SCHROEDER, Chronik der Stadt Minden. Minden 1883.

SCHROEDER 1886: Wilhelm SCHROEDER, Chronik des Bistums und der Stadt Minden. Minden 1886.

SCHROEDER 1893: Wilhelm SCHROEDER, Die Entwicklung des Volksschulwesens in der Stadt Minden. In: Festschrift für den 17. Westfälischen Provinzial-Lehrertag am 22., 23. und 24. Mai 1893 in Minden. Minden 1893, S. 65–117.

SCHRÖTER 1952: Hermann SCHRÖTER, Adam Stenelt. In: Westfalen 30, 1952, S. 222.

SCHUCKMAN 1995: Christiaan SCHUCKMAN, Maarten de Vos (Hollstein's Dutch and Flemish etchings, engravings and woodcuts 1450–1700, Vol. 44–46). Rotterdam 1995.

SCHÜCKING 1856: Levin SCHÜCKING, Von Minden nach Köln. Leipzig 1856 (Nachdruck unter dem Titel: Eine Eisenbahnfahrt von Minden nach Köln. Minden 1987).

SCHULTE 1997: Monika M. SCHULTE, Macht auf Zeit. Ratsherrschaft im mittelalterlichen Minden. Diss. Münster 1995. Warendorf 1997.

SCHUMANN 1996: Klaus Peter SCHUMANN, Heinrich von Herford (Veröffentlichungen der historischen Kommission für Westfalen 44. Quellen und Forschungen zur Kirchen- und Religionsgeschichte Bd. 4). Münster 1996.

SCHÜTTE 1980: Leopold SCHÜTTE, St. Maritius und Simeon. In: Die Benediktinerklöster in Nordrhein-Westfalen. St. Odilien 1980, S. 476–498.

SCHÜTTE 1986: Ingrid und Werner SCHÜTTE, Minden und seine Straßenbahn. Lübbecke 1986.

SCHÜTTE 1990: Ingrid und Werner SCHÜTTE, Die Mindener Kreisbahnen. 2. verbesserte Auflage, Lübbecke 1990.

SCHÜTTE 1992: Leopold SCHÜTTE, Minden – Benediktiner. In: Karl HENGST (Hrsg.), Westfälisches Klosterbuch, Band 1. Münster 1992, S. 613–619.

SCHWARK 1994: Thomas SCHWARK, »Streit und Irrsahlen in Bawsachen ....«. Quellen zur Baurechtsprechung im frühneuzeitlichen Lemgo. In: Jahrbuch für Hausforschung 42, 1994, S. 33–46.

SCHWARZ 1954: Friedrich SCHWARZ, Von der Festungs- zur Industriestadt. In: Minden, die Pforte Westfalens. Dortmund 1954.

SCRIVERIUS 1966: Dieter SCRIVERIUS, Die weltliche Regierung des Mindener Stiftes von 1140–1397 (Band I), Diss., Hamburg 1966.

SCRIVERIUS 1974: Dieter SCRIVERIUS, Die weltliche Regierung des Mindener Stiftes von 1140–1397 (Band II): Lage und Geschichte des bischöflichen Lehnsgutes. Marburg 1974.

SCRIVERIUS 1977: Dieter SCRIVERIUS, Die Entmachtung des Mindener Wichgrafens. In: Hans NORDSIEK (Hrsg.), Zwischen Dom und Rathaus. Minden 1977, S. 157–168.

SEIB 1989: Gerhard SEIB, Monumente aus dem Meisterbuch. In: Mindener Mitteilungen 61, 1989, S. 125–130.

SEIDEL 1907: Paul SEIDEL (Hrsg.), Der Kaiser und die Kunst. Berlin 1907.

SEIFEN 2000: Barbara SEIFEN, Minden, Hausberger Front/Simeonsplatz – Umnutzung und bauliche Ergänzung der ehemaligen militärischen Anlage. In: Denkmalpflege in Westfalen-Lippe 2000, Heft 1, S. 23–30.

SIEBEN 1990: Hermann Josef SIEBEN, Konzilsdarstellungen – Konzilsvorstellungen. 1000 Jahre Konzilsikonographie aus Handschriften und Druckwerken. Würzburg 1990.

SICKEN 1995: Bernhard SICKEN u. a., Die Garnison im kommunalen Kalkül. Stadt und Militär in der Rheinprovinz und der Provinz Westfalen 1815–1914. In: Jürgen REULECKE (Hrsg.), Die Stadt als Dienstleistungszentrum. Beiträge zur Geschichte der »Sozialstadt« in Deutschland im 19. und frühen 20. Jahrhundert. St. Katharinen 1995, S. 57–124.

SICKEN 2000: Bernhard SICKEN, Kasernenbau – Impulse für die Stadtentwicklung im Kaiserreich und im »Dritten Reich«? In: Militärbauten und Denkmalpflege (Arbeitsheft der rheinischen Denkmalpflege 54). Essen 2000, S. 23–33.

SIEBMACHER II. Bd. 9, 1870: Johann SIEBMACHER, Siebmacher's Wappenbuch II. Bd. 9: Der Hannöversche Adel, bearb. von Ad. M. HILDEBRANDT, Nürnberg 1870. Reprograf. ND in: J. Siebmacher's Großes Wappenbuch, Bd. 19: Die Wappen des niederdeutschen Adels. Neustadt a. d. Aisch 1977.

SIEBOLD 1940: Werner SIEBOLD, Karl Siebold – ein großer Baumeister Niedersachsens. Düsseldorf 1940.

SIEWERT 2002: Klaus SIEWERT, … und sie knespelte ihr ersten Kutschabo. Die Mindener Buttjersprache. Minden 2002.

SOENKE 1953: Jürgen SOENKE, Die Wappensteine des Schlosses Petershagen. In: Mindener Heimatblätter 25, 1953, S. 106–110.

SOENKE 1956: Jürgen SOENKE, Jörg Unkair. Der Baumeister und Bildhauer der frühen Weserrenaissance. in: Mindener Heimatblätter 28, 1956, S. 13–31.

SOENKE 1957 II: Jürgen SOENKE, Schloßbaumeister Jörg Unkair genannt Meister Jürgen von Tübingen. In: Mindener Heimatblätter 29, 1957, S. 69–89.

SOENKE 1957 III: Jürgen SOENKE, Der Meister des Mindener Apostelfrieses. Neue Forschungsergebnisse des Ksutos am Focke-Museum Bremen, Dr. Siegfried Fliedner. In: Mindener Heimatblätter 29, 1957, S. 66–67.

SOENKE 1957: Jürgen SOENKE, Das Epitaph des Ritters von Holle in der Marienkirche zu Minden. In: Mindener Heimatblätter 29, 1957, S. 137–144.

SOENKE 1957: Jürgen SOENKE, Johann Robyn – der Meister J. R. In: Mindener Heimatblätter 29, 1957, S. 121–144.

SOENKE 1961: Jürgen SOENKE, Vom Nekar zur Weser. Zusammenhänge zwischen der schwäbischen Spätgotik und der Weserrenaissance. In: Mindener Heimatblätter 33, 1961, S. 2–13.

SOENKE 1963 A: Jürgen SOENKE, Minden unter Bischof Anton. In: Mindener Heimatblätter 7/8, 1963, S. 81–88.

SOENKE 1963: Jürgen SOENKE, Triumph des Bachhus im Schloß Stadthagen. In: Mindener Heimatblätter 35, 1963, S. 37–48.

SOENKE 1969 II: Jürgen SOENKE, Der Figurenzyklus der »Sieben guten helden« in Minden. In: Mindener Mitteilungen 41, 1969, S. 109–114.

SOENKE 1969: Jürgen SOENKE, Haus Hagemeyer – Ein Mindener Patrizierhaus der Renaissance. In: Mindener Mitteilungen 41, 1969, S. 81–108.

Soenke 1977:	Jürgen Soenke, Spätgotische Backsteinhäuser in Minden. In: Hans Nordsiek (Hrsg.), Zwischen Dom und Rathaus. Minden 1977, S. 181–202.
Soenke 1978:	Jürgen Soenke, Der Grabstein des Arztes Bernhardus Becker in der St.-Martini-Kirche, Minden. In: Mindener Mitteilungen 550, 1978, S. 144–146.
Soenke 1979:	Jürgen Soenke, Die Messingtaufe des Bürgermeisters Thomas von Kampen. In: Ursula Schnell (Hrsg.), St. Martini zu Minden. Minden 1979, S. 37–41.
Soenke 1979a:	Jürgen Soenke, Der Grabstein des Arztes Bernhardus Becker. In: Ursula Schnell (Hrsg.), St. Martini zu Minden. Minden 1979, S. 61–63.
Sonnen 1918:	Max Sonnen, Die Weserrenaissance. Münster 1918.
Sonnen 1923:	Max Sonnen, Holzbauten östlich der Weser. Der Weserrenaissance erste Fortsetzung. Die Entwicklung des Holzbaus um die Wende des 16. und 17. Jahrhunderts in den Landesteilen zwischen Weser und Elbe. Münster 1923.
Spannagel 1894:	Karl Spannagel, Minden und Ravensberg unter brandenburgisch-preußischer Herrschaft von 1648 bis 1719. Hannover/Leipzig 1894.
Speitel 1979:	Georg Speitel, Paul Thumann (1834–1908) und seine in Minden befindlichen Monumentalgemälde. In: Mindener Mitteilungen 51, 1979, S. 85–92.
Speitel 1980:	Georg Speitel (Hrsg.), Kirchenkreis Minden 1530–1980. Schlaglichter auf Geschichte und Gegenwart. Minden 1980.
Speitel 1983:	Georg Speitel, Die Taufsteine in der Klosterkirche Loccum und in St. Marien zu Minden. In: Mindener Mitteilungen 55, 1983, S. 103–110.
Speitel 1984:	Georg Speitel, Das Holle-Epitaph in der St. Marienkirche zu Minden. Versuch einer Zuschreibung an Vater und Sohn Eckbert Wulff aus Hildesheim. In: Mindener Mitteilungen 56, 1984, S. 113–120.
Speitel 1989:	Georg Speitel, St. Simeonis zu Minden (Große Baudenkmäler 371). München/Berlin 1989.
Springer 1981:	Peter Springer, Kreuzfüße. Ikonographie und Typologie eines hochmittelalterlichen Gerätes (Denkmäler Deutscher Kunst. Bronzegeräte des Mittelalters 3). Berlin 1981.
Springhorn 1995:	Rainer Springhorn, Historische Erdbeben seit dem Jahre 1612 am Teutoburger Wald. In: Geologie und Paläontologie in Westfalen 41, 1995, S. 69–81.
Sprinzels 1938:	Franz Sprinzels, Hollar, Handzeichnungen. Wien/Leipzig/Prag 1938.
St. Mauritius 1990:	St. Mauritius, die ehemalige Klosterkirche der Benediktiner und ihr neues Westfenster. Hrsg. vom Kath. Pfarrvikariemt St. Mauritius. Minden 1990
Stadler V, 1882:	Johann Evangelist Stadler, Vollständiges Heiligen-Lexikon, Bd. V. Augsburg 1882.
Städteforschung C1:	Urkunden zur Geschichte des Städtewesens in Mittel- und Niederdeutschland, Bd. 1: Bis 1350. Bearb. von Heinz Stoob, Friedrich Bernward Fahlbusch und Wolfgang Hölscher. In. Verb. mit Hans Patze und Heinz Quirin hrsg. von Heinz Stoob. Köln/Wien 1985.
Städteforschung C4:	Urkunden zur Geschichte des Städtewesens in Mittel- und Niederdeutschland, Bd. 2: 1351–1475. Bearb. von Friedrich Bernward Fahlbusch, Friedrich-Wilhelm Hemann, Heinz Stoob und Michael Tönsing. Hrsg. von Friedrich Bernward Fahlbusch und Heinz Stoob. Köln/Weimar/Wien 1992.
Stange 1912:	E. Stange, Geld- und Münzgeschichte des Bistums Minden. Münster 1912.
Steffen 1998:	Susanne Steffen, Westfälische Golschmiedekunst. Vom Klassizismus bis zum Beginn der Moderne. Rheinbach 1998.

STEINBRING 1997: Heinz STEINBRING, Die Karte des Fürstentums Minden von Johann Christoph Schloenbach aus dem Jahre 1772. In: Mindener Mitteilungen 64, 1992, S. 43–50.

STEINMANN/SCHWIETERS/ASSMANN 1994: Friederike STEINMANN/Karl Josef SCHWIETERS/Michael ASSMANN, Paderborner Künstlerlexikon. Lexikon Paderborner Künstlerinnen und Künstler des 19. und 20. Jahrhunderts in der bildenden Kunst. Schernfeld 1994.

STIEHL 1905: O. STIEHL, Das deutsche Rathaus im Mittelalter in seiner Entwicklung geschildert, Leipzig 1905.

STIFF 1948: Ursula STIFF, Adam Stenelt. Ein Beitrag zur Geschichte der westfälischen Plastik in der Zeit der Spätrenaissance und des werdenden Barock. Diss. Masch. Münster 1948 (Exemplar im LWL-Amt für Denkmalpflege in Westfalen, Münster).

STOLL 1993: Gerhard E. STOLL (Hrsg.), Evangelische Heimat. Kirchen in Westfalen. Bielefeld 1993.

STOOB 1962: Heinz STOOB, Über Zeitstufen der Marktsiedlung im 10. und 11. Jahrhundert auf sächsischen Boden. In: Westfälische Forschungen 15, 1962, S. 73–78.

STÖWER 1956: Herbert STÖWER, Johann Christoph Friemel – ein Maler und Landmesser in lippischen Diensten. In: Lippische Mitteilungen 25, 1956, S. 145–166.

STRACK 1997: Karsten Ernst STRACK (Hrsg.), Mindener Lesebuch – 800 Jahre Literatur in Minden. Paderborn 1997.

STRATMANN/BIRKMANN 1987: Hartmut STRATMANN/Günther BIRKMANN, Jüdische Friedhöfe in Westfalen und Lippe. Düsseldorf 1987.

STRECKE 2000: Reinhart STRECKE, Anfänge und Innovation der preußischen Bauverwaltung. Von David Gilly zu Karl Friedrich Schinkel. (Veröffentlicheungen aus den Archiven Preußischer Kulturbesitz, hrsg. Von Jürgen KLOOSTERHUIS und Iselin GUNDERMANN, Beiheft 6). Köln/Weimar/Wien 2000.

STROHMANN 1995: Dirk STROHMANN, Neufunde dekorativer Wand- und Deckenmalerei der Spätgotik und des Barock im Hauses Simeonstraße 19 in Minden und ihre Präsentation. In: Die Denkmalpflege 1, 1995, S. 66–72.

STÜHMEIER 1978: Wilhelm STÜHMEIER, Chronik des Dorfes Todtenhausen. Minden 1978.

STUPPERICH 1977: Robert STUPPERICH, Geistige Strömungen und kirchliche Auseinandersetzungen in Minden im Zeitalter der Reformation. In: Hans NORDSIEK (Hrsg.), Zwischen Dom und Rathaus. Minden 1977, S. 203–214.

STUPPERICH 1979: Robert STUPPERICH, Caroline von Humboldt (1766–1829). In: Robert STUPPERICH (Hrsg.), Westfälische Lebensbilder, Band 12. Münster 1979, S. 68–87.

SUHLE 1964: Arthur SUHLE, Staatliche Museen zu Berlin. Petschafte des Münzkabinetts aus dem 13.–16. Jahrhundert. Hsrg. von den Staatlichen Museen zu Berlin. Kleine Schriften Nr. 8. Berlin 1964.

SUNDERGELD 1980: Friedhelm SUNDERGELD (Bearb.), Land und Leuten dienen. Ein Lesebuch zur Geschichte der Schule in Minden, zum 450jährigen Bestehen im Auftrag des Ratsgymnasiums Minden. Minden 1980.

SYDOW 1962: Jürgen SYDOW, Zum Namen des Baumeisters Jörg Unkair. In: Mindener Heimatblätter 1962, S. 267–268.

TÄNZEL 1941: Arno TÄNZEL, Das Giebelhaus in Minden am Markt (anläßl. d. 75jähr. Bestehens d. Fa Geschw. Flamme, Minden i. W. am 15. März 1941). Minden 1941.

Taverne 1979: Ed Taverne, Henrick Ruse und die »verstärkte Festung« von Kalkar. In: Soweit der Erdkreis reicht – Johann Moritz von Nassau-Siegen 1604–1679. Ausstellungskatalog Städtisches Museum Haus Koekkoek. Kleve 1979, S. 151–158.

Thielking 1988: Bernd-Friedrich Thielking, Die Entstehung und Frühphase der Minden-Ravensberger Zigarrenindustrie 1830–1875. In: Hans Jürgen Teuteberg (Hrsg.), Westfalens Wirtschaft am Beginn des Maschinenzeitalters. Dortmund 1988, S. 171–198.

Thieme-Becker: Allgemeines Lexikon der bildenden Künstler von der Antike bis zur Gegenwart, begründet von Ulrich Thieme und Felix Becker. 37 Bde. Leipzig I (1907) – XXXVII (1950).

Thier 1994: B. Thier, Die spätmittelalterliche und frühneuzeitliche Keramik des Elbe-Weser-Mündungsgebietes (Probleme der Küstenforschung im südlichen Nordseegebiet, Bd. 20). Oldenburg 1994.

Thümmler 1953: Hans Thümmler, Neue Funde zur mittelalterlichen Baukunst Westfalens. In: Westfalen 31, 1953, 274–303.

Thümmler 1966: Hans Thümmler, Mittelalterliche Baukunst im Weserraum. In: Kunst und Kultur im Weserraum 800–1600. Münster 1966, Band 1, S. 166–191.

Thümmler/Kreft 1970: Hans Thümmler/Herbert Kreft, Weserbaukunst im Mittelalter. Hameln 1970.

Tippach 2000: Thomas Tippach, Koblenz als preußische Garnison- und Festungsstadt. Köln 2000.

Tjaden 1954: Adolf Tjaden, Quelle. Eine kleine Heimatgeschichte. Bielefeld 1954.

Toynbee 1973: Jocelyn Mary Catherine Toynbee, Animals in roman life and art (Aspects of Greek and Roman life) London 1973 (Deutsch: Ph. v. Zabern Mainz 1983).

Treude 2002: E. Treude, Die Ausgrabungen auf dem kleinen Domhof in Minden. Auswertung der Funde und Befunde. Münster 2002.

Tribbe = Löffler 1932: Klemens Löffler (Hrsg.), Des Domherren Heinrich Tribbe Beschreibung von Stadt und Stift Minden (Veröffentlichungen der Historischen Kommission für Westfalen XIII. Geschichtsquellen des Fürstentums Minden 2). Münster 1932.

Trier 1987: Bendix Trier (Hrsg.), Ausgrabungen in Minden. Bürgerliche Stadtkultur des Mittelalters und der Neuzeit. Münster 1987.

Trotier 1988: Peter Trotier, Geschichte der katholischen Pfarrgemeinde St. Kilian, Letmathe. Beiträge zur westfälischen Kirchen- und Ortsgeschichte. Letmathe 1988.

Tümpel 1909: Hermann Tümpel (Hrsg.), Minden-Ravensberg unter der Herrschaft der Hohenzollern. Festschrift zur Erinnerung an die 300-jährige Zugehörigkeit der Grafschaft Ravensberg zum brandenburg-preuss. Staate. Bielefeld 1909.

Uber 1977: Ursula Uber, Freiplastiken in Münster. Münster 1977.

Ulfers 1995: Gerd-Dieter Ulfers, Zwischen Alpen und Ostsee: Szenen aus dem Leben Heinrichs des Löwen in der Malerei des 19. Jahrhunderts. Ein Überblick. In: Jochen Luckhardt/Franz Niehoff (Hrsg.), Heinrich der Löwe und seine Zeit. Herrschaft und Repräsentation der Welfen 1125–1225, Katalog der Ausstellung Braunschweig, Band 3. München 1995, S. 58–73.

Vahrenhold 1966: Wilhelm Vahrenhold, Kloster Marienfeld. Besitz- und Wirtschaftsgeschichte des Zisterzienserklosters Marienfeld in Westfalen. Warendorf 1966.

van Klass 1965: Gert van Klass, Weit spannt sich der Bogen. 1865–1965. Die Geschichte der Bauunternehmung Dyckerhoff & Widmann. Wiesbaden 1965.

Veddeler 1994: Peter Veddeler (Redaktion), Ludwig Freiherr Vincke (1774–1844), Ausstellungskatalog zum 150. Todestag, Staatsarchiv Münster. Münster 1994.

Venske 1955: Walter Venske, Unsere Schule heute und morgen. In: 1530–1955. 425 Jahre Staatliches Altsprachliches Gymnasium Minden. Minden 1955, S. 9–12.

Vermeuelen 1931: F. A. J. Vermeuelen, Handboek tot de geschiedenis der Niederlandsche Bouwkunst II, S'Gravenhage 1931.

Versorgung 1989: 125 Jahre kommunale Versorgung 1864–1989 (hrsg. von den Stadtwerken Minden GmbH mit Texten von Ludwig Schopp). Minden 1989.

Vieth 1937/38: Wilhelm Vieth, Verzeichnis der Begräbnisse in der St. Marien-Kirche zu Minden. In: Mindener Jahrbuch 9, 1937/38, S. 139–144.

Vieth 1950: Wilhelm Vieth, Die Orgel von St. Martini zu Minden. In: Mindener Heimatblätter 22, 1950, S. 1–5.

Vieth 1954/55: Wilhelm Vieth, Die Marienkirche in Minden. In: Mindener Heimatblätter 26, 1954, S. 135–141 und Mindener Heimatblätter 27, 1955, S. 2–6.

Vieth 1954: Wilhelm Vieth, Broncegußwerkstätte der Renaissancezeit in Minden. In: Mindener Heimatblätter 26, 1954, S. 31–33

Vieth 1954 a: Wilhelm Vieth, Das romanische Marientympanon an der Marienkirche in Minden. In: Mindener Heimatblätter 26, 1954, S. 113–117.

Vieth o.J.: Wilhelm Vieth, Beiträge zur Baugeschichte der St. Marienkirche zu Minden (ungdr. Mscr.; Archiv LWL-Amt für Denkmalpflege in Westfalen).

Vieth 1955: Wilhelm Vieth, Gottesdienstliche und historische Gegenstände in der St. Marienkirche. In: Mindener Heimatblätter 27, 1955, S. 17–23.

Vieth 1956: Wilhelm Vieth, Zur Baugeschichte des Marienturms in Minden. In: Mindener Heimatblätter 28, 1956, S. 11 f.

Vogeler 1977: Wilfried Vogeler, Das war Tietzels Denkmal. Die Vogelersche Gesellschaft Minden. In: Mindener Tageblatt 11.6.1977 sowie als Privatdruck Minden 1977.

Vogelsang 2001: Reinhard Vogelsang, Die Bielefelder Bürgersprachen aus dem 16. und 17. Jahrhundert. In: Jahresbericht des historischen Vereins für die Grafschaft Ravensberg 87, 2001, S. 49–72.

Vogt 1987: Arnold Vogt, Kriegerdenkmäler und Mahnmäler. In: Westfälische Forschungen 37, 1987, S. 23–57.

Vogt 1993: Arnold Vogt, Den Lebenden zur Mahnung. Denkmäler und Gedenkstätten. Zur Traditionspflege und historischen Identität vom 19. Jahrhundert bis zur Gegenwart. Hannover 1993.

Volckmann 1921: Erwin Volckmann, Alte Gewerbe und Gewerbegassen. Deutsche Berufs-, Handwerks- und Wirtschaftsgeschichte älterer Zeit. Würzburg 1921.

Volksbank 1972: 75 Jahre Volksbank Minden 1897–1972, hrsg. von der Volksbank Minden e.GmbH. Minden 1972.

Vollmer 1953–1962: Hans Vollmer, Allgemeines Lexikon der bildenden Künstler des XX. Jahrhunderts. 6. Bde. Leipzig I, 1953 – VI, 1962.

von Bergmann-Korn 1987: Philipp von Bergmann-Korn, Wohnen in Minden. Zur Wohnsituation in einer Festungsstadt im ersten Drittel des 19. Jahrhunderts. In: Mindener Mitteilungen 59, 1987, S. 111–126.

von Bessel 1934: Leopold von Bessel, Die Ahnen des Astronomen Fr. Wilh. Bessel. In: Mindener Heimatblätter 12, 1934, S. 1–6.

von Bodelschwingh 1853: Ernst von Bodelschwingh, Leben des Oberpräsidenten Frh. Von Vincke. I. Teil (1774–1816). Berlin 1853.

von Bonin I, 1877: Udo von Bonin, Geschichte des Ingenieur-Corps und des der Pioniere in Preußen, Band I. Berlin 1877.

von Bonin II, 1878: Udo von Bonin, Geschichte des Ingenieur-Corps und des der Pioniere in Preußen, Band II. Berlin 1878.

von Borries 1975: Melitta von Borries, Familienbuch der von Borries. Krefeld 1975.

von Campe 1958: Edwin von Campe (Hrsg.), Die graphischen Porträts Friedrich des Großen aus seiner Zeit und ihre Vorbilder. München 1958.

von der Horst 1884: Karl Adolf Frhr. von der Horst, Die Rittersitze der Grafschaft Ravensberg und des Fürstentums Minden. Berlin 1894 (Reprint Osnabrück 1979).

von der Horst 1898: Karl Adolf Frhr. von der Horst, Die Rittersitze der Grafschaft Ravensberg und es Fürstentums Minden, Nachtrag. In: Vierteljahrschrift für Wappen-, Siegel- und Familienkunde, Jg. 23, Heft 1 (als Reprint zusammen mit dem Hauptteil von 1894 neu erschienen Osnabrück 1979).

von Falke/Meyer 1935: Otto von Falke/Erich Meyer, Romanische Leuchter und Gefässe. (Denkmäler Deutscher Kunst. Bronzegeräte des Mittelalters. 1). Giessgefässe der Gotik. Berlin 1935.

von Hohenhausen 1819: Elise Freifrau von Hohenhausen, Minden und seine Umgebungen, das Weserthal und Westphalens Pforte etc. Minden 1819 (Nachdruck in MiHll 33, 1961, S. 23 ff., S. 110 ff. sowie 34, 1962, S. 261–264).

von Kerckering 1912: Engelbert von Kerckering zur Borg, Beiträge zur Geschichte des westfälischen Bauernstandes. Berlin 1912.

von Kerckering zur Borg/Klapheck 1912: Engelbert Frhr. von Kerckering zur Borg/Richard Klapheck, Alt Westfalen. Die Bauentwicklung Westfalens seit der Renaissance. Münster 1912.

von Knorre 1974: Alexander von Korre, Turmvollendungen deutscher gotischer Kirchen im 19. Jh. (5. Veröffentlichung der Abteilung Architektur des Kunsthistorischen Instituts der Universität Köln). Köln 1974.

von Ledebur 1825: Leopold von Ledebur, Minden-Ravensberg. Denkmäler der Geschichte, der Kunst und des Altertums. Nach der im Jahre 1825 verfaßten Handschrift »Das Fürtentum Minden und die Grafschaft Ravensberg in Beziehung auf Denkmäler der Geschichte, der Kunst und des Altertums« herausgegeben von Gustav Heinrich Griese. Bünde i. W. 1934.

von Ledebur 1832: Leopold von Ledebur, Über die Glocken im Fürstentum Minden und in der Grafschaft Ravensberg. In: Allgemeines Archiv für die Geschichtskunde des Preußischen Staates 8, 1832, S. 76.

von Ledebur oder Giese 1934: Leopold von Ledebur, Minden-Ravenberger Denkmäler der Geschichte, der Kunst und des Altertums. Nach der im Jahr 1825 verfaßten Handschrift »Das Fürtentum Minden und die Grafschaft Ravensberg in Beziehung auf Denkmäler der Geschichte, der Kunst und des Altertums« herausgegeben von Gustav Heinrich Giese. Bünde i. W. 1934.

von Lenthe 1976: Gebhard von Lenthe/Hans Mahrenholtz, Stammtafeln der Familie von Münchhausen, Teil II: Textband. Rinteln 1976.

von Priesdorff 1937–42: Kurt von Priesdorff, Soldatisches Führertum, Bd. 1–10. Hamburg 1937–1942.

von Prittwitz 1836: Moritz von Prittwitz und Gaffron, Beiträge zur angewandten Befestigungskunst, erläutert durch Beispiele aus den neuen Preußischen Befestigungsanlagen, auf 100 Tafeln. Posen o. J. (1836).

von Schroeder 1961: Johann Karl von Schroeder, Zum 400. Geburtstag des Hauses Johanniskirchhof 2. In: Mindener Heimatblätter 33, 1961, S. 150–153.

von Schroeder 1962: Johann Karl von Schroeder, Philipp Heinrich Poelmann (1809–1871). In: Mindener Heimatblätter 34, 1962, S. 268–287.

von Schroeder 1964: Johannes Karl von Schroeder, Mittelalterliche Mindener Zunftsiegel. In: Mindener Heimatblätter 36, 1964, S. 199–202.

von Schroeder 1963/64: Johannes Karl von Schroeder, Der Mindener Minnesänger Eberhard von Zersen. In: Mindener Heimatblätter 35/36, 1963/64, S. 300–304.

von Schroeder 1964 und von Schroeder 1964 a: Johann Karl von Schroeder, Amtmeister Johann Stolte, der beste Schütze des ersten Freischießens 1682. Ein Beitrag zur Geschichte des Mindener Bürgerbataillons. In: Mindener Heimatblätter 36, 1964, S. 246–250.

von Schroeder 1965: Die Ehrenbürger der Stadt Minden. In: Mindener Mitteilungen 37, 1965, S. 141–151.

von Schroeder 1965 a: Wilhelm von Schroeder, Ein Aquarell von 1539, die älteste Ansicht der Stadt Minden. In: Mindener Mitteilungen 37, 1965, S. 156–159.

von Schroeder 1966: Johann Karl von Schroeder, Mindener Buchgewerbe. Buchdrucker, Buchbinder, Buchhändler und Verlger in Minden seit dem 16. Jahrhundert. In: Mindener Mitteilungen 38, 1966, S. 1–80.

von Schroeder 1966 a: Johann Karl von Schroeder, Ein Bilderzyklus zur Geschichte der Stadt Minden. In: Mindener Mitteilungen 38, 1966, S. 152–160.

von Schroeder 1966 b: Johann Karl von Schroeder, Kennen Sie Minden? Zur Bauinschrift an der Martinikirche. In: Mindener Mitteilungen 38, 1966, S. 162 f.

von Schroeder 1967: Johann Karl von Schroeder, Die Bauinschrift von 1338 an der Martinikirche in Minden. In: Mindener Mitteilungen 39, 1967, S. 127.

von Schroeder 1969: Johann Karl von Schroeder, Das Bildnis des Mindener Superintendenten Hermann Huddaeus von Ludger tom Ring dem Jüngeren. In: Westfalen 47, 1969, S. 119–130.

von Schroeder 1969a: Johann Karl von Schroeder, Eine Nachfahrentafel Sobbe mit Porträtdarstellungen aus dem Jahre 1610. In: Westfalen 47, 1969, S. 131–133.

von Schroeder 1971: Johann Karl von Schroeder, Minden und das Mindener Land in alten Ansichten. Minden/Münster 1971.

VON SCHROEDER 1976: Johann Karl VON SCHROEDER, Berichtigung der Datierung einer Urkunde von angeblich 1308 (WUB X, 247). In: Westfälische Zeitschrift 126/127, 1976/77, S. 163 f.

VON SCHROEDER 1977: Johann Karl VON SCHROEDER, Das Mindener Stadtbuch von 1376. In: Hans NORDSIEK (Hrsg.), Zwischen Dom und Rathaus. Minden 1977, S. 169–180.

VON SCHROEDER 1990: Johann Karl VON SCHRÖDER, Zum Epitaph der Anna Sobbe geb. Cholwoes von 1610. In: Westfalen 68, 1990, S. 213–216.

VON SCHROEDER 1997: Johann Karl VON SCHROEDER, Mindener Stadtrecht 12. Jahrhundert bis 1540. Bearb. von Johann Karl VON SCHROEDER (Veröffentlichungen der Historischen Kommission für Westfalen 8, Westfälische Stadtrechte 2). Münster 1997.

VON SENGER UND ETTERLIN 1980: Ferdinand M. VON SENGER UND ETTERLIN (Hrsg.), Soldaten zwischen Rhein und Weser. Heeresgeschichte in Nordrhein-Westfalen von den Anfängen der stehenden Heere bis zur 7. Panzergrenadierdivision der Bundeswehr. Koblenz/Bonn 1980.

VON SIMSON 1996: Jutta VON SIMSON, Christian Daniel Rauch. Oeuvre-Katalog. Berlin 1996.

VON SOBBE 1966: VON SOBBE, Kennen Sie Minden? In: Mindener Mitteilungen 38, 1966, S. 188 f.

VON SPILCKER 1827: Burchard Christian VON SPILCKER, Gesciche der Grafen Wölpe und ihrer Besitzungen aus Urkunden und anderen gleichzeitigen Quellen zusammengestellt (Beiträge zur älteren deutschen Geschichte I). Arolsen 1827.

VON SPIESSEN 1901–1903: Max VON SPIESSEN, Wappenbuch des Westfälischen Adels. Görlitz 1901–1903.

VON ULMENSTEIN 1958: Frhr. VON ULMENSTEIN, Die Festung Minden. In: Mindener Heimatblätter. 30, 1958, S. 169–172.

VON WESTPHALEN 1980: Ludger Graf VON WESTPHALEN, Die Tagebücher des Oberpräsidenten Ludwig Frh. Vincke 1813–1818. Münster 1980.

VON ZASTROW 1854: Alexander VON ZASTROW, Geschichte der beständigen Befestigung. 3. Aufl. Leipzig 1854, Nachdruck Osnabrück 1983.

Vorromanische Kirchenbauten. Katalog der Denkmäler bis zum Ausgang der Ottonen. Bearbeitet von Werner Jacobsen, Leo Schäfer, Hans-Rudolf Sennhäuser (Veröffentlichungen des Zentralinstituts für Kunstgeschichte in München III/2). München 1991.

WAGENER 1925: F. WAGNER, Aus der St. Marienkirche zu Minden. In: Mindener Heimatblätter 3, 1925, Nr. 6.

WAGENER 1993: Christoph WAGENER, Vom Kienspan zum Gaslicht. In: Jörn CHRISTIANSEN (Hrsg.), Bremen wird hell. 100 Jahre Leben und Arbeiten im Elektrizität. Bremen 1993, S. 118–127.

WÄHLER 1996: Heinz WÄHLER, Minden . Bewegte Zeiten – Die 50er Jahre. Gudensberg-Gleichen 1996.

WALTERS 1990: Heinrich WALTERS, Post- und Telekommunikation im nördlichen Westfalen. Münster 1990.

WALZ 1998: Markus WALZ, Zinngießerfamilien aus Italien in Westfalen und im Rheinland. (Beiträge zur westfälischen Familienforschung 56). Münster 1998.

WARNECKE 1995: Hans-Jürgen WARNECKE, Westfälische Vorfahren der schwäbischen Familien Feyerabend und Uhland. In: Beiträge zur westfälischen Familienforschung 53, 1995, S. 455–496.

Wassermann 1892: Heinrich Wassermann, Die Orgel in der St. Martinikirche zu Minden. In: Urania 49, 1892, S. 18–20.

Wegmann 1969: Dietrich Wegmann, Die leitenden staatlichen Verwaltungsbeamten der Provinz Westfalen 1815–1918. Münster 1969.

Wehking 1997: Sabine Wehking, Die Inschriften der Stadt Minden (Die Deutschen Inschriften 46 Band). Wiesbaden 1997.

Wehler 1987–1995: Hans-Ulrich Wehler, Deutsche Gesellschaftsgeschichte 4 Bde. München 1987–2003. Bd. 3: Von der »Deutschen Doppelrevolution« bis zum Beginn des Ersten Weltkrieges: 1849–1914. Bonn 1995.

Wehlt 1983: Hans Peter Wehlt, Acht Siegelstempel aus Minden und Levern. In: An Weser und Wiehen. Festschrift für Wilhelm Brepohl. Minden 1983, S. 135–142.

Weibgen 1966: Georg Weibgen, Die Grimpe. Kleiner Fisch mit großer Vergangenheit. In: Mindener Mitteilungen 38, 1966, S. 144–150.

Weiss 1998: Hermann Weiss (Hrsg.), Biographisches Lexikon zum Dritten Reich. 2. Aufl. Frankfurt am Main 1998.

Wenzel 1926: Rechnungsrat Wenzel, Geschichte der Kleinkinder-Bewahranstalt des »Elisabeth-Vereins« zu Minden. Minden 1926.

Westfalia Picta 1987: Westfalia Picta. Die westfälischen Ortsansichten vor 1900. Ausstellungskatalog Westfälisches Landesmuseum für Kunst und Kulturgeschichte Münster. Bielefeld 1987.

Westfälische Pforte: Heimatbrief für alle Soldaten aus Stadt und Kreis Minden. Hrsg. von der Kreisleitung der NSDAP. Minden 1940–1943.

Westfälischer Nationalkalender 1, 1801 bis 4, 1805.

Westheider 1991: Rolf Westheider, Krieg, Einheit und Denkmal – Beispiele politischer Symbolik in Minden-Ravensberg. In: Joachim Meynert, Josef Mooser und Volker Rodekamp (Hrsg.), Unter Pickelhaube und Zylinder. Das östliche Westfalen im Zeitalter des Wilhelminismus 1888 bis 1914 (Studien zur Regionalgeschichte Band 1). Bielefeld 1991, S. 487–502.

Westphal 1993: Herbert Westphal, Die Zweihandschwerter und Ringpanzer der Hornschen Schlachtschwertier. Horn-Bad Meinberg 1993.

Weyres/Mann 1968: Willy Weyres/Albrecht Mann, Handbuch zur rheinischen Baukunst des 19. Jahrhunderts (1800–1880). Köln 1968.

Wichert-Pollmann 1967: Ursula Wichert-Pollmann, Das Glasmacherhandwerk im östlichen Westfalen. Münster 1967.

Wiemers 1954: Franz Wiemers, Konrad Gerhard Rappard, der Gründer Neusalzwerks an der Stelle der heutigen Stadt Bad Oeynhausen. Ein Leben in den wirtschaftlichen Kämpfen in Minden 1737 bis 1767. In: Mindener Heimatblätter 26, 1954, S. 101–103, 117–120, 144–146 und 27, 1955, S. 12–16, 23–26.

Wilbertz 1995: Gisela Wilbertz, Zur sozialen und geographischen Mobilität einer Scharfrichterfamilien in der frühen Neuzeit. Die Clauss aus Lemgo. In: Beiträge zur westfälischen Familienforschung 53, 1995, S. 253–322.

Wilbertz 1996: Giesela Wilbertz, 1. Fortsetzung von Wilbertz 1995. In: Beiträge zur westfälischen Familienforschung 54, 1996, S. 183–246.

Wilbertz 1997: Gisela Wilbertz, 2. Fortsetzung von Wilbertz 1995. In: Beiträge zur westfälischen Familienforschung 55, 1997, S. 204–243.

Wildeman 1967: Diether Wildeman, Erneuerung denkmalwerter Altstädte. Historischer Stadtkern als Ganzheit – lebendige Stadtmitte von morgen (Sonderheft der Zeitschrift des Lippischen Heimatbundes). Detmold 1967.

Wilmans 1881: Roger Wilmans (Hg.), Die Kaiserurkunden der Provinz Westfalen. 777–1313. Band II: Die Urkunden der Jahre 901–1254, I. Abt.: Die Texte, bearbeitet von F. Philippi. Münster 1881.

Wilms 1860: G. L. Wilms, Zur Geschichte des Gymnasiums zu Minden Heft 1: Die Reformation in Minden (Beilage zum Programm). Minden 1860.

Winter 1989: Engelbert Winter, Bischof Siegwart von Minden 1120–1140. Ein Beitrag zur Geschichte des Bistums Minden. In: Mindener Mitteilungen 61, 1989, S. 7–18.

Winterfeld 1955: Luise Winterfeld, Die stadtrechtlichen Verflechtungen in Westfalen. In: Hermann Aubin/Franz Petri (Hrsg.), Der Raum Westfalen Band II, Untersuchungen zu seiner Geschichte und Kultur, Teil 1. Münster 1955, S. 171–254.

Wirsig 1987: Martina Wirsig, Heinrich Funk 1807–1877. Münster 1987.

With 1986: Christopher B. With, The Prussian Landeskunstkommission 1862–1911. A study in state subvention of the arts (Kunst, Kultur und Politik im deutschen Kaiserreich 6). Berlin 1986.

Witte 1985: Hermann Witte, Eisenbahnen, Banen und Finanzwirtschaft. In: Zug der Zeit – Zeit der Züge, Katalog. Berlin 1985, S. 194–195.

WKB Westfälisches Klosterbuch. Lexikon der vor 1815 errichteten Stifte und Klöster von ihrer Gründung bis zur Aufhebung. Hrsg. von Karl Hengst (Veröffentlichungen der Historischen Kommission für Westfalen XLIV. Quellen und Forschungen zur Kirchen und Religionsgeschichte 2). Teil 1. Münster 1992. Teil 2. Münster 1994.

Wolf 1999: Christiane Wolf, Gauforen. Zentren der Macht. Zur nationalsozialistischen Architektur und Stadtplanung. Berlin 1999.

Wortmann 1972: Wilhelm Wortmann, Eisenbahnbauarbeiter im Vormärz. Sozialgeschichtliche Untersuchung der Bauarbeiter der Köln-Mindener-Eisenbahn in Minden-Ravensberg 1844/1847. Köln 1972.

WPB Westphälische Provinzial-Blätter. Verhandlungen der Westphälischen Gesellschaft für vaterländische Cultur. Hier: Codex diplomaticus. In: Bd. 1, Zweites Heft, Minden 1828. S. (1)–(40) und Bd. 1, Viertes Heft, Minden 1830. S. (41)–(71).

WUB Westfälisches Urkundenbuch. Bd. I–X. Münster 1847–1977.

WUB VI Westfälisches Urkundenbuch. Hrsg. von dem Verein für Geschichte und Alterthumskunde Westfalens. Bd. 6: Die Urkunden des Bisthums Minden vom J. 1201–1300. Bearb. von Hermann Hoogeweg (Veröffentlichungen der Historischen Kommission Westfalens I, Westfälisches Urkundenbuch 6). Münster 1874–1880.

WUB X Westfälisches Urkundenbuch. Hrsg. von dem Verein für Geschichte und Alterthumskunde Westfalens. Bd. 10: Die Urkunden des Bistums Minden 1301/1325. Bearb. von Robert Krumbholtz. 2., verb. und erg. Aufl. besorgt von Joseph Prinz (Veröffentlichungen der Historischen Kommission Westfalens I, Westfälisches Urkundenbuch 10). Münster 1977.

Würdtwein, NSD: Stephan Alexander Würdtwein, Nova subsidia diplomatica, ad selecta juris ecclesiastici Germaniae et historiarum capita elucidanda, ex originalibus et authenticis documentis congesta. 14 Bde. Frankfurt/Leipzig 1781–1789. Nachdruck Frankfurt 1969.

Würdtwein, SD: Stephan Alexander Würdtwein, Subsidia diplomatica ad selecta juris ecclesiastici Germaniae et historiarum capita elucidanda. 13 Bde. Frankfurt/Leipzig 1772–1780. Nachdruck Frankfurt 1969.

Wüthrich 1972: Lucas Heinrich Wüthrich, Das druckgraphische Werk von Matthaeus Merian d. Ä., Bd. II: Die weniger bekannten Bücher und Buchillustrationen. Basel 1972,

Wüthrich 1996: Lucas Heinrich Wüthrich, Das druckgraphische Werk von Matthaeus Merian d. Ä., Bd. IV: Die großen Buchpublikationen II. Die Topographien. Hamburg 1996.

Zakrzewski 1889: A. E. von Zakrzewski, Die Polizei-Verordnungen und Polizei-Gesetze im Regierungsbezik Minden. Minden 1889.

Zatsch 1988: Angela Zatsch, Alte und neue Getreidemühlen. In: Hans Jürgen Teuteberg (Hrsg.), Westfalens Wirtschaft am Beginn des Maschinenzeitalters. Dortmund 1988, S. 129–156.

ZHVN 1873 und Grotefend 1873: Carl L. Grotefend, Die Chronik des Stifts SS. Mauritii et Simeonis zu Minden. In: Zeitschrift des Historischen Vereins für Niedersachsen 1873, S. 143–178.

Zeigert 2000: Dieter Zeigert, Militärische Kommandostrukturen, Standortverteilung und Kasernenbau in der jüngeren Geschichte. In: Militärbauten und Denkmalpflege (Arbeitsheft der rheinischen Denkmalpflege 54). Essen 2000, S. 11–22.

Zimmermann 1830: Zimmermann, Bemerkungen über das Tragvermögen der Bögen aus eichernen Bohlen und über ihre Anwendung zu Brücken. In: Journal für die Baukunst in zwanglosen Heften 3, 1830, S. 367–395.

Zinn 1968: Ernst Zinn, Die Baukunst in Elberfeld während der ersten Hälfte des 19. Jahrhunderts. Düsseldorf 1968.

Züche 1998: Brunhild Barbara Züche, Kalkgewinnung am Weser- und Wiehengebirge. Porta-Westfalica 1998.

Zuhorn 1910: Wilhelm Zuhorn, Die Gesellschaft Harmonie zu Warendorf. Warendorf 1910.

50 Jahre Kreisbahn: 50 Jahre Mindener Kreisbahnen 1898/1948. Minden 1948.

75 Jahre Stadttheater. Hrsg. von Hans Joachim Stahlhut. Minden 1984.

75 Jahre Volksbank in Minden 1897–1972, hrsg. von der Volksbank Minden e.GmbH. Minden 1972.

100 Jahre MT: 100 Jahre Mindener Tageblatt 1856–1956. Erinnerungsgabe des Verlegers J. C. C. Bruns zur 100-Jahr-Feier seines Mindener Tageblattes am 3. November 1956. Minden 1956.

150 Jahre Bürger-, Mittel- und Realschule 1836–1986, Freiherr-von-Vincke-Schule, Städt. Realschule für Jungen und Mädchen zu Minden. Minden 1986.

Abkürzungen

AFWL	Ausgrabungen und Funde in Westfalen-Lippe
AMA	Allgemeiner Mindener Anzeiger
B	Breite
BA	Bauakte
Bd./Bde.	Band / Bände
BDA	Bund Deutscher Architekten
BDB	Bund Deutscher Baumeister, Architekten und Ingenieure e. V.
Bearb.	Bearbeiter
bearb.	bearbeitet
BÜZ	Bürgerzentrum (in der St. Johannis-Kirche)
BZA	Bundesbahnzentralamt
d	Denar (Pfennig)
dc	decimal
ddc	duodecimal
DFW	Denkmalpflege und Forschung in Westfalen
DBZ	Deutsche Bauzeitung
Diss.	Dissertation
Dm	Durchmesser
EMR	Elektrizitätswerk Minden-Ravensberg
EZA	Eisenbahnzentralamt
FAMA	die Fama, Beilage zum Mindener Sonntagsblatt
G	Gulden
geb.	geboren
gest.	gestorben
gr	Groschen
gfl	Goldflorin = Gulden
ggr	gute Groschen
GSTA PK	Geheimes Staatsarchiv Preußischer Kulturbesitz Berlin
GSW	Gemeinnützige Siedlungsgenossenschaft Minden
H	Höhe
HDV	Heeresdienstvorschrift
HK Minden	Handelskammer Minden
Hrsg.	Herausgeber
hrsg.	herausgegeben
KAM	Kommunalarchiv Minden
KDK	Kriegs- und Domänenkammer
KKA	Kreiskirchenamt Minden
KrKatA	Kreiskatasteramt
L	Länge
LEG	Landesentwicklungsgesellschaft
LWL	Landschaftsverband Westfalen-Lippe

M	Mark
MA	Mindener Anzeiger
MB	Mindensche Beyträge zum Nutzen und Vergnügen
MIB	Mindener Intelligenz-Blatt
MiHbll	Mindener Heimatblätter
MiMitt	Mindener Mitteilungen
MiSobl	Mindener Sonntagsblatt
Mgr, mgr	Mariengroschen
MJ	Mindener Jahrbuch
MKB	Mindener Kreisblatt
MLK	Minden-Lübbecker Kreis-Blatt. Mindener Anzeiger für Stadt und Land
MÖA	Mindener öffentlicher Anzeiger
Mscr.	Manuscriptum
MSB	Mindener Sonntagsblatt
MT	Mindener Tagblatt
NP	Normalprofil
NW	Neue Westfälische
NWM	Neues Westphälisches Magazin
PIB	Paderbornsches Intelligenzblatt
Pf	Pfennig
PfA	Pfarrarchiv
pp	praemissis praemittendis = u.s.w. oder praeter propter = ungefähr
rfl	Rheinische Florin bzw. Gulden
RKG	Reichskammergericht
RM	Reichsmark
Rthl	Reichstaler
rhein.	rheinisch
SB PK	Staatsbibliothek zu Berlin Preußischer Kulturbesitz
Sgr, sgr	Silbergroschen
STA BÜ	Staatsarchiv Bückeburg
STA DT	Staatsarchiv Detmold
STA HANN	Hauptstaatsarchiv Hannover
StaA Herford	Staatsarchiv Herford
STA MS	Staatsarchiv Münster
T	Tiefe
Thl	Taler
VBI	Verband Beratender Ingenieure VBI
Verw.-Ber.	Verwaltungsbericht der Stadt Minden
VfDA	Vereinigung freischaffender Architekten Deutschlands e. V. (VFA)
WAfD	Westfälisches Amt für Denkmalpflege in Münster
WB	Westfalen-Blatt
Westfalen	Westfalen, Hefte für Geschichte, Kunst und Volkskunde
WKB	Westfälisches Klosterbuch
WMfA	Westfälisches Museum für Archäologie in Münster

WMA	Wöchentlich Mindensche Anzeigen
WMR	Wöchentliche Mindisch-Ravensberg-Tecklenburg und Lingische Frag- und Anzeigungsnachrichten
WNN	Westfälische Neueste Nachrichten NS. Volksblatt für Westfalen/Bielefelder Stadtanzeiger
WPB	Westphälische Provinzial-Blätter
WUB	Westfälisches Urkundenbuch
WZ	Westfalen-Zeitung
ZHVN	Zeitschrift des Historischen Vereins für Niedersachsen
ZOB	Zentraler Omnibus-Bahnhof

Abbildungsnachweis

Berlin: Staatliche Museen Preußischer Kulturbesitz, Münzkabinett: I.1, Abb. 2 (Akz. 411/1896)
Darmstadt: Hessische Landes- und Hochschulbibliothek: I.1, S. 705 Kat.-Nr. 18
Detmold: Nordrhein-Westfälisches Staatsarchiv: I.1, S. 693 Kat.-Nr. 5 (77/2/125 B)
Marburg: Hessisches Staatsarchiv: I.1, S. 692 Kat.-Nr. 2 (P II 1180)
Minden: Kommunalarchiv, Bildsammlung: I.1, Abb. 5; I.1, Abb. 10; I.1, Abb. 19 (A I 86); I.1, Abb. 23a und b; I.1, Abb. 25; I.1, Abb. 27; I.1, Abb. 29; I.1, Abb. 38; I.1, Abb. 54 (A I 501); I.1, Abb. 55; I.1, Abb. 58 (A I 501); I.1, Abb. 59 (A I 501); I.1, Abb. 60 (A I 501); I.1, Abb. 61 (A I 501); I.1, Abb. 62 (A I 501); I.1, Abb. 63 (A I 501); I.1, Abb. 64 (A I 501); I.1, Abb. 65 (A I 501); I.1, Abb. 66 (A I 501); I.1, Abb. 67 (A I 501); I.1, Abb. 68; I.1, Abb. 82; I.1, Abb. 83; I.1, Abb. 87 (Adressbuch); I.1, Abb. 91; I.1, Abb. 92; I.1, Abb. 93; I.1, Abb. 94; I.1, Abb. 95; I.1, Abb. 96; I.1, Abb. 104 (A II 8f2); I.1, Abb. 105 (A II 8f2); I.1, Abb. 106; I.1, Abb. 107; I.1, Abb. 108; I.1, Abb. 109; I.1, Abb. 110; I.1, Abb. 111; I.1, Abb. 112; I.1, Abb. 113; I.1, Abb. 114; I.1, Abb. 115; I.1, Abb. 116; I.1, Abb. 117; I.1, Abb. 118; I.1, Abb. 119; I.1, Abb. 120; I.1, Abb. 121; I.1, Abb. 123; I.1, Abb. 124; I.1, Abb. 128; I.1, Abb. 131; I.1, Abb. 132; I.1, Abb. 133; I.1, Abb. 135; I.1, Abb. 136; I.1, Abb. 139; I.1, Abb. 142; I.1, Abb. 144. – (wenn nicht anders angegeben: Signatur D): I.3, Abb. S. 4; I.3, Abb. S. 27 (Foto Hans Pape); I.3, Abb. S. 28 (Foto Eva Kramer); I.3, Abb. S. 29; I.3, Abb. S. 35; I.3, Abb. S. 39; I.3, Abb. S. 44 (MT); I.3, Abb. S. 59; I.3, Abb. S. 60 (C 7); I.3, Abb. S. 79; I.3, Abb. S. 113; I.3, Abb. S. 124; I.3, Abb. S. 125; I.3, Abb. S. 135 (Photo-Kastel); I.3, Abb. S. 146 (MT 20.2.1980); I.3, Abb. S. 157 (Repro); I.3, Abb. S. 158 (B IV 3, Foto Eva Kramer); I.3, Abb. S. 176; I.3, Abb. S. 181; I.3, Abb. S. 209; I.3, Abb. S. 235 (ehm. Kreisarchiv); I.3, Abb. S. 247 (Foto Eva Kramer); I.3, Abb. S. 261 (links: A I 61c; rechts: Foto Hans Pape); I.3, Abb. S. 264 (A I 61c); I.3, Abb. S. 267; I.3, Abb. S. 300 (Foto Eva Kramer); I.3, Abb. S. 315; I.3, Abb. S. 319 (W 521); I.3, Abb. S. 338 (B IV 17, Foto Eva Kramer); I.3, Abb. S. 339 (B IV 17, Foto Eva Kramer); I.3, Abb. S. 355; I.3, Abb. S. 357 (B IV 17, Foto Eva Kramer); I.3, Abb. S. 373; I.3, Abb. S. 374 (B IV 17, Foto Eva Kramer); I.3, Abb. S. 381; I.3, Abb. S. 387 (links: B IV 3; rechts: B IV 17; beide: Foto Eva Kramer); I.3, Abb. S. 409 (B IV 17, Foto: Eva Kramer); I.3, Abb. S. 413; I.3, Abb. S. 414 (unten: Foto Carl Steinert, Helmstedt); I.3, Abb. S. 419; I.3, Abb. S. 426; I.3, Abb. S. 429 (A I 97); I.3, Abb. S. 453 (A I 402, Foto Eva Kramer); I.3, Abb. S. 462; I.3, Abb. S. 464; I.3, Abb. S. 466 und 467 (Foto Max Schütte); I.3, Abb. S. 485; I.3, Abb. S. 486 (Foto Hans Pape); I.3, Abb. S. 497 (Foto Hans Pape); I.3, Abb. S. 499

Kreiskirchenamt Minden: I.1, Abb. 1 (Mi, Hc 26a)

Museum Minden: I.1, Abb. 3; I.1, Abb. 8; I.1, Abb. 12; I.1, Abb. 13; I.1, Abb. 17; I.1, Abb. 18; I.1, Abb. 33; I.1, Abb. 43 (A I 113a); I.1, Abb. 44; I.1, Abb. 90 (A I 501); I.1, Abb. 101 (A I 204); I.1, Abb. 103; I.1, Abb. 125 (A I 231); I.1, Abb. 126 (A I 231); I.1, Abb. 127 (A I 222); I.1, S. 695 Kat.-Nr. 6; I.1, S. 696-697 Kat.-Nr. 9; I.1, S. 698 und 699 Kat.-Nr. 10; I.1, S. 704 Kat.-Nr. 16; I.1, S. 706 Kat.-Nr. 19; I.1, S. 707 Kat.-Nr. 20; I.1, S. 709 Kat.-Nr. 23; I.1, S. 710

Kat.-Nr. 24; I.1, S. 713 Kat.-Nr. 30; I.1, S. 714 Kat.-Nr. 31; I.1, S. 716 Kat.-Nr. 36; I.1, S. 717 Kat.-Nr. 37; I.1, S. 721 Kat.-Nr. 45. – I.3, Abb. S. 417 (A I 120)

Stadt Minden, Bauakten: I.1, Abb. 69; I.1, Abb. 70; I.1, Abb. 71; I.1, Abb. 73; I.1, Abb. 74; I.1, Abb. 75; I.1, Abb. 86; I.1, Abb. 88; I.1, Abb. 89. – I.3, Abb. S. 210

Stadt Minden, Planungsamt: I.1, Abb. 16; I.1, Abb. 22; I.1, Abb. 30; I.1, Abb. 77; I.1, Abb. 78; I.1, Abb. 79; I.1, Abb. 80; I.1, Abb. 81

Stadt Minden, Hochbauamt, Plansammlung: I.1, Abb. 170

Münster, LWL-Amt für Denkmalpflege in Westfalen:
I.1, Abb. 4; I.1, Abb. 6; I.1, Abb. 11; I.1, Abb. 14 (F. Kaspar); I.1, Abb. 15; I.1, Abb. 20 (H. Nieland); I.1, Abb. 21; I.1, Abb. 24; I.1, Abb. 26 (Repro); I.1, Abb. 28; I.1, Abb. 34 (P. Barthold); I.1, Abb. 35 (P. Barthold); I.1, Abb. 36 (A. Ludorff); I.1, Abb. 37 (A. Ludorff); I.1, Abb. 39 (A. Brockmann-Peschel); I.1, Abb. 40; I.1, Abb. 41 (A. Ludorff); I.1, Abb. 42; I.1, Abb. 45; I.1, Abb. 46; I.1, Abb. 47 (F. Kaspar); I.1, Abb. 48 (H. Nieland); I.1, Abb. 49 (A. Brückner); I.1, Abb. 50 (A. Brückner); I.1, Abb. 51; I.1, Abb. 52 (A. Ludorff); I.1, Abb. 53; I.1, Abb. 56; I.1, Abb. 57; I.1, Abb. 72; I.1, Abb. 76 (H. Dülberg); I.1, Abb. 85 (Repro); I.1, Abb. 97; I.1, Abb. 98; I.1, Abb. 99; I.1, Abb. 102; I.1, Abb. 122; I.1, Abb. 134 (P. Barthold); I.1, Abb. 137; I.1, Abb. 143 (Repro: Domgemeinde, Lichtbildarchiv); I.1, Abb. 145 (P. Barthold); I.1, Abb. 146 (P. Barthold); I.1, Abb. 147 (P. Barthold); I.1, Abb. 148 (P. Barthold); I.1, Abb. 149 (P. Barthold); I.1, Abb. 150 (P. Barthold); I.1, Abb. 151 (P. Barthold); I.1, Abb. 152 (P. Barthold); I.1, Abb. 153 (P. Barthold); I.1, Abb. 154 (P. Barthold); I.1, Abb. 155 (P. Barthold); I.1, Abb. 156 (P. Barthold); I.1, Abb. 157 (P. Barthold); I.1, Abb. 158 (P. Barthold); I.1, Abb. 159 (P. Barthold); I.1, Abb. 160; I.1, Abb. 161 (P. Barthold); I.1, Abb. 162 (A. Ludorff); I.1, Abb. 163 (P. Barthold); I.1, Abb. 164 (A. Ludorff); I.1, Abb. 165 (A. Ludorff); I.1, Abb. 166 (A. Ludorff); I.1, Abb. 167; I.1, Abb. 168 (P. Barthold); I.1, Abb. 169 (P. Barthold); I.1, Abb. 175. – I.3, Abb. S. 21 (Repro: Bauakte Marienwall 5); I.3, Abb. S. 274 (Repro)

LWL-Archäologie für Westfalen: I.1, Abb. 7; I.1, Abb. 9; I.1, Abb. 31; I.1, Abb. 32; I.1, Abb. 138.

LWL-Landesmuseum für Kunst und Kulturgeschichte: I.1, S. 702 Kat.-Nr. 13; I.1, S. 702 Kat.-Nr. 14; I.1, S. 711 Kat.-Nr. 26; I.1, S. 712 Kat.-Nr. 27

Staatsarchiv Münster: I.1, Abb. 100; I.1, Abb. 171 (Domkap. Mi, Akten Nr. 36 Bl. 103)

Privatbesitz: I.1, Abb. 129; I.1, Abb. 130; I.1, S. 690 Kat.-Nr. 1; I.1, S. 695 Kat.-Nr. 7; I.1, S. 719 Kat.-Nr. 41. – I.3, Abb. S. 191; I.3, Abb. S. 219; I.3, Abb. S. 277; I.3, Abb. S. 379; I.3, Abb. S. 474

nach Publikationen:
Adressbuch der Stadt Minden: I.1, Abb. 87

BAU- UND KUNSTDENKMÄLER DER STADT MINDEN
Bearbeitet von Fred Kaspar und Ulf-Dietrich Korn
Bau- und Kunstdenkmäler von Westfalen Band 50
Hrsg. vom Landschaftsverband Westfalen-Lippe, LWL-Amt für Denkmalpflege in Westfalen
ISBN 978-3-88474-630-1

Teil I.1
Einführungen und Darstellung der prägenden Strukturen
Bearb. von Fred Kaspar
XXII und 721 S. mit 199 Abb.
ISBN 978-3-88474-631-8; erschienen 2003

Teil I.2
Einführungen und Darstellung der prägenden Strukturen – Festung und Denkmäler
Bearb. von Ulf-Dietrich Korn
XXII und 972 S. mit 628 Abb.
ISBN 978-3-88474-631-8; erschienen 2005, ISBN 978-3-89861-519-8 (als Einzelband)

Teil I.3
Einführungen und Darstellung der prägenden Strukturen – Register
Bearb. von Peter Barthold und Fred Kaspar
VI und 599 S. mit 73 Abb.
ISBN 978-3-88474-631-8; erschienen 2007

Teil II
Altstadt 1: Der Dombezirk. Teilband 1 und 2
Bearb. von Roland Pieper und Anna B. Chadour-Sampson
XIII, VIII u. 1507 S. mit 1188 z. T. farbigen Abb.
ISBN 978-3-88474-632-5; erschienen 1998 und 2000

Teil III
Altstadt 2: Die Stifts- und Pfarrkirchen
Bearb. von Ulf-Dietrich Korn und Bettina Jost
XXVIII u. 796 S. mit 549 Abb.
ISBN 978-3-88474-633-2; erschienen 2003

Teil IV
Altstadt 3: Die Profanbauten. Teilband 1 und 2
Bearb. von Fred Kaspar und Peter Barthold
XVI, VII u. 2556 S. mit 1866 Abb.
ISBN 978-3-88474-634-9; erschienen 2000

Teil V
Minden außerhalb der Stadtmauern. Teilband 1 und 2
Bearb. von Fred Kaspar
XVI, VIII u. 1846 Seiten mit 1842 Abb.
ISBN 978-3-88474-635-6; erschienen 1998